원역사

제사장 나라

하나님 나라

to the Cross
(창~말, 구약 39권)

1 천지창조와 하나님의 거룩
1. 천지 만물 창조 - 피조물에게 복주심
2. 사람 창조 - 사람에게 복주심
3. 안식일 창조 - 복되고 거룩한 날
4. 첫 아담의 불순종 - 하나님의 구원 약속
5. 노아 번제 - 하나님의 은혜

2 아브라함을 통한 나라 큰그림
1. 가나안 땅과 자손 번성 언약
2. 하나님의 제사장 멜기세덱의 축복
3. 입애굽과 출애굽 예고
4. 나라를 통한 모든 민족의 복
5. 이삭 모리아산 번제

3 시내산 언약(관유)을 통한 제사장 나라
1. 히브리인의 신앙 - 첫 번째 유월절 어린양을 통한 12지파 장자 거룩
2. 모세 율법 - 거룩한 백성
3. 성막 제작 - 거룩한 기름(관유, Holy Anointing oil)
4. 아론에게 거룩한 기름 부음 - 공직자 첫 대제사장
5. 다윗 왕에게 거룩한 기름 부음 - 예루살렘 성전 건축
 : 엘리야가 엘리사(선지자)와 하사엘(아람 왕)에게 거룩한 기름 부음

4 북이스라엘의 멸망을 통한 이사야의 메시아(그리스도) 신앙
1. 이사야의 메시아 신앙 - 히스기야의 성전 기도
2. 하나님의 아들 메시아 - 임마누엘
3. 왕 - 이새의 줄기, 평강의 왕
4. 선지자 - 기묘자라 모사라, 아름다운 소식
5. 대제사장 - 그의 영혼을 속건 제물로

→ 메시아의 3중직 - 내게 기름을 부으사

5 남유다의 멸망을 통한 예레미야의 새 언약 예고
1. 예레미야의 새 언약 예고 - 제사장 나라 징계 3단계
2. 예루살렘 성전 전소 - 내가 잠깐 그들에게 성소
3. 에스겔의 성전 조감도 - 하늘 성소
4. 다니엘의 제국 변동 - 하나님 나라 도래
5. 유대인의 신앙 - 스룹바벨 성전 재건

the Cross
(4복음서)

6 예수 그리스도(메시아)의 새 언약(보혈)을 통한 하나님 나라
1. 그리스도의 성육신 - 거룩한 이, 임마누엘
2. 그리스도의 세례 - 하나님의 어린양, 하나님의 아들
3. 그리스도의 첫 번째 성찬식 - 새 언약, 관유에서 보혈로
4. 그리스도의 십자가 하늘 성소 단번 제사 - 속량과 새 휘장
5. 그리스도의 부활과 승천 - 재림, 우편 보좌

(2–3) 하나님 사랑 이웃 사랑의 제자도

from the Cross
(행~계, 신약 23권)

7 그리스도인(교회), 하나님 나라 거룩한 공직자
1. 그리스도인의 성령 세례
 - 우리는 성령 세례 받은 하나님 나라의 거룩한 예배자입니다.
2. 그리스도인의 부활 영생
 - 우리는 부활 영생을 믿고 순교신앙으로 사는 제자들입니다.
3. 그리스도인의 지상명령
 - 우리는 예수님의 승천과 재림 사이에 지상명령을 수행하는 전도인입니다.
4. 그리스도인의 예수 재림 소망
 - 우리는 속히 오시리라는 예수님의 재림 약속을 믿는 마라나타 신앙인입니다.
5. 그리스도인의 새 하늘 새 땅 소망
 - 우리는 하나님과 어린양이 성전인 거룩한 성에서 영원히 사는 하나님 나라 백성입니다.

모세5경

왕정 500년

페르시아 7권

중간사 400년

4복음서

사도행전 30년
공동서신 9권

맛있는 레시피 52개

성경통(通)독 레시피

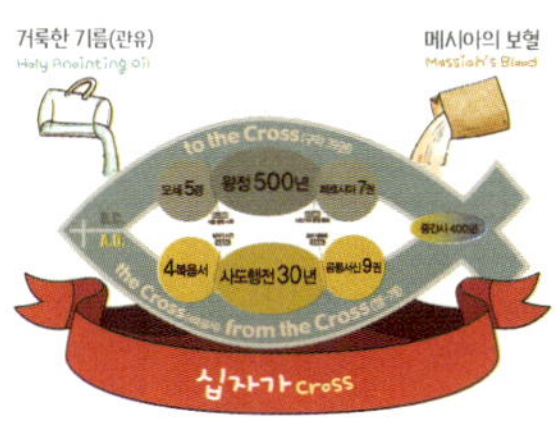

성경 통(通)독 레시피

초판 1쇄 2025년 8월 20일
3쇄 2025년 12월 12일

지은이 · 조병호
펴낸곳 · 도서출판 **통독원**
디자인 · 전민영

주소 · 서울시 강남구 선릉로 806
전화 · 02)525-7794 팩 스 · 02)587-7794
홈페이지 · www.tongbooks.com
등록 · 제21-503호(1993.10.28)

ISBN 979-11-90540-67-4 03230

*연대는 대략적인 표기입니다.

맛있는 레시피 52개

성경통독(通) 레시피

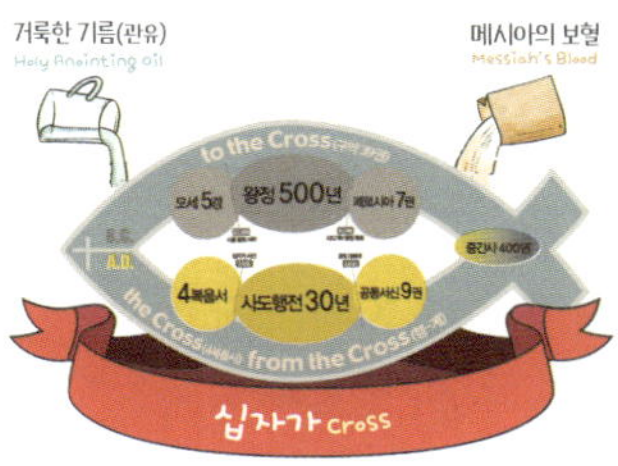

조병호 지음

통독원

Recommendation 추천사

레너드 스윗 박사 Dr.Leonard Sweet

미래학자이자 베스트셀러 작가(《예수 인간》 《디자이너 예수》 《빛의 소리》 등), 미국 드루대학교 교수

In a world where sacred stories can sometimes feel like faded echoes, Dr. Byoungho Zoh's "Bible Tongdok Recipe: 52 Delicious Bible Recipes" serves them up fresh, fragrant, and alive—straight to your table. With inspired imagination, this one-of-a-kind cookbook stirs together Scripture and supper, blending the drama of covenants and cross with the comfort of soups, stews, and breads that warm body and soul alike. Each recipe is more than a dish; it's a doorway—inviting you to taste the goodness of God's Word in the everyday rhythms of the kitchen. Zoh has given us not only a guide to eating well, but a way of savoring the Bible as a feast of faith. Whether you come hungry for spiritual insight or simply curious about holy flavors, this book will leave you full—and longing to share the table with others. Pull up a chair, open the pages, and let the banquet begin.

세상의 거룩한 이야기들이 때로는 희미한 메아리처럼 들리는 오늘날, 조병호 박사의 《성경통독 레시피: 맛있는 레시피 52개》는 그 이야기를 신선하고 향기롭게 되살려 우리의 식탁 위로 올려놓습니다. 영감을 불러일으키는 상상력으로, 이 독창적인 요리책은 성경과 식탁을 한데 버무려 언약과 십자가의 드라마를 몸과 영혼을 따뜻하게 하는 수프, 스튜, 빵의 위로와 함께 풀어냅니다. 각 요리는 단순한 음식이 아니라 하나의 문입니다. 이는 하나님 말씀의 선하심을 주방의 일상 속에서 맛보도록 초대하는 길입니다. 조병호 박사는 잘 먹는 법을 가르쳐줄 뿐만 아니라, 성경을 믿음의 향연으로 음미하는 법을 우리에게 선물합니다. 영적 통찰에 목마른 사람이든, 단지 '거룩한 맛'에 호기심이 생긴 사람이든, 이 책은 당신을 충만하게 하고, 다른 이들과 그 식탁을 나누고 싶게 만들 것입니다. 의자에 앉아 이 책을 펼치고, 잔치를 시작하십시오.

크레이그 S. 키너 박사 Dr. Craig S. Keener

애즈버리 신학교 신약학 교수 , 미국복음주의신학회 전 의장

Byoungho Zoh has read through the Bible more than one thousand times. He finds genuine threads of theological unity throughout that provide a whole-biblical lens for each passage he studies. His work will reward readers, inviting them to deeper immersion in God's holy Word.

조병호 박사는 성경을 천 번 이상 통독한 탁월한 성경학자입니다. 그는 성경 전체에 일관되게 흐르는 신학적 통일성을 발견하여, 모든 본문을 '성경 전체의 관점'에서 해석하는 통전적 시각을 제시합니다. 그의 연구와 저서는 성경을 사랑하는 독자들에게 깊이 있는 통찰과 감동을 선사하며, 하나님의 말씀 안으로 더 깊이 들어가도록 이끌 것입니다.

로니 W. 플로이드 박사 Dr. Ronnie W. Floyd

미국 남침례교 전 총회장, 미국 국가기도의 날 전 의장, 크로스처치 원로목사

One of the joys in my life in these recent years is meeting and getting to know Dr. Byoungho Zoh. His personal devotion, scholarship, and commitment to God, the Bible, and sharing the story of Jesus with the world is extraordinary. This is why I highly recommend his newest work to you, The Bible Tongdok Recipe. His insights into Scripture and God's story are a treasure to the global church.

최근 몇 년간 제 인생의 큰 기쁨 중 하나는 조병호 박사를 만나고 그를 알아가게 된 일입니다. 그의 개인적인 헌신, 탁월한 학문, 그리고 하나님과 성경, 예수님의 이야기를 세상에 전하려는 열정은 실로 놀랍습니다. 그래서 나는 그의 최신 저서인《성경통독 레시피》를 자신 있게 추천합니다. 그가 성경과 하나님의 이야기에서 발견한 통찰은 전 세계 교회에 주어진 귀중한 보물입니다.

제임스 O. 데이비스 박사 Dr. James O. Davis
글로벌처치네트워크(GCN) 대표

I have made it a top priority of my life to travel and learn from the finest thinkers of this generation throughout the Body of Christ. Dr. Byoungho Zoh, who has authored more than 100 books is considered to be in the top ten elite Bible Scholars of the 21st Century. He has devoted his entire life to digesting, dividing and delivering the Word of God to all ages. When we are not able to sit and discuss personally with the author, the second best opportunity is to read what he or she has written for us. I enthusiastically recommend to you Bible Tongdok Recipe. You will be enriched by all 52 delicious Bible recipes and will grow and go further with Christ than ever before.

저는 그리스도의 몸 안에서 이 시대 최고의 사상가들에게 배우기 위해 세계를 여행하며 배우는 일을 인생의 최우선 과제로 삼아왔습니다. 100권 이상의 저서를 집필한 조병호 박사는 21세기 최고의 성경학자 열 명 안에 드는 인물로 평가받고 있습니다. 그는 평생을 하나님의 말씀을 소화하고, 바르게 나누며, 모든 세대에게 전하는 일에 헌신해 왔습니다. 우리가 저자와 직접 마주 앉아 대화할 수 없다면, 그다음으로 좋은 방법은 저자가 우리를 위해 남긴 글을 읽는 것입니다. 《성경통독 레시피》를 여러분께 열정적으로 추천합니다. 이 책의 52가지 '맛있는 성경 레시피'를 통해 여러분은 풍성한 영적 영양을 얻게 될 것이며, 그리스도와 함께 이전보다 더 깊고 멀리 나아가게 될 것입니다.

박영호 목사

대한예수교장로회 고신총회 전 총회장, 창원새순교회 원로목사

기독교의 유일한 경전으로서 성경은 결코 만만한 책이 아닙니다. 가볍게 생각해도 안 되지만 너무 무겁게 생각하고 멀리해도 안 됩니다. 반드시 익숙하게 가까이 둬야 합니다. 《성경통독 레시피》는 100여 권의 책을 저술한 조병호 박사님이 마지막 진액을 쏟아 쓴 책입니다. 조박사님은 성경이라는 에베레스트와 그랜드 캐니언 답사를 직접 천 번을 더 여행하고 그 성경을 알려주기 위해 마지막에 《성경통독 레시피》를 썼습니다. 최고의 맛집 레시피는 영업비밀이기 때문에 알려주지 않지만, 조병호 박사님은 숨김없이 말하고 글로 기록하여 언제나 볼 수 있게 해주었습니다. 함께 성경 읽고, 함께 그리스도의 지상명령을 성취하여 성부 성자 성령 삼위일체 하나님을 함께 높이고자 하기 때문입니다.

예수님 생애 마지막 시간이 가까워져 왔을 때, 예수님을 잘 아는 최고의 실력을 갖춘 율법사가 "선생님, 율법 중에서 어느 계명이 크니이까?"(마 22:34~40)라고 물었습니다. 예수님을 시험하기 위해 토라에 관한 가장 완전한 지식을 테스트하는 질문이었습니다. 예수님은 첫째는 하나님 사랑이고, 둘째는 이웃 사랑이라고 완전하게 답하셨습니다. 성경을 읽는 독자들에게 "성경 66권을 이해하는 중앙 기둥이 무엇입니까?"라는 가장 중요한 질문에 조병호 박사님은 '예수님의 십자가 이야기'라고 대답합니다. "성경 66권은 한 권이며, '구약 39권'은 십자가로 향하는(to the Cross) 이야기이고, '사복음서'는 십자가(the Cross) 이야기이며, '사도행전부터 요한계시록까지'는 십자가로부터 시작되는(from the Cross) 이야기"라고 52과에 충분히 내용물을 담아서 보여줍니다. 읽어보면 가슴 떨리게 될 것입니다.

《성경통독 레시피》는 성경을 이해하기 위해 반드시 함께 알아야 할 애굽, 앗수르, 바벨론, 페르시아, 헬라, 로마 제국 그리고 하스몬 왕가와 헤롯 가문에 대한 역사 배경을 넉넉하게 제시하며 십자가 중심 이야기로 성경을 풀어냅니다. 밭에 감추인 보화를 발견하고 자기 소유를 다 팔아 밭을 산 지혜로운 사람처럼 성경을 알고자 하는 모든 분에게 이 책 《통박사의 맛있는 레시피 52개》를 돈과 시간이라는 대가를 치르고 꼭 읽어보시길 소원합니다. 나아가 통독교회처럼 목사님이 즐겨하는 성경통독을 가족들이 함께하고, 온 교회 성도가 함께하는 멋진 교회를 세워 가길 소망합니다. 이 레시피를 따라 성경 읽기를 반복할 때 가장 큰 수확은 예수님의 십자가와 부활 그리고 재림과 영원한 하나님 나라에 관한 복음이 담긴 성경 한 권을 묶어 베드로처럼, 스데반처럼, 바울처럼 충분히 풀어낼 수 있다는 것입니다. 나아가 십자가 이야기와 함께 덤으로 10분에 성경 전체 이야기, 모세오경, 왕정 500년, 페르시아 7권, 사복음서, 사도행전 30년, 공동서신 9권 이야기를 10분에 말할 줄 아는 실력과 지혜까지 얻게 해 줄 이 책을 온 마음으로 추천합니다.

김형배 목사

서산성결교회 담임목사

신앙생활을 하면서 말씀에 대한 영적 갈증을 느끼는 두 부류가 있습니다. 성경을 사랑하지만 '어디서부터, 어떻게' 읽어야 할지 몰라 막막한 분들, 구절은 익숙하지만 '전체 이야기'의 맥락을 몰라 목마른 분들입니다. 조병호 박사의 이번 《성경통독 레시피》는 성경 전체를 십자가(the Cross) 원 스토리로 정리해 줍니다. "구약을 To the Cross, 복음서를 The Cross, 〈사도행전〉과 〈요한계시록〉까지는 From the Cross"라는 흐름으로 성경 66권을 하나의 이야기로 연결하여, 두 갈증을 한 번에 풀어줍니다. 〈창세기〉부터 〈요한계시록〉까지 원 스토리로 풀어내는 것은 놀랍습니다. 감사합니다. 축복입니다.

AI가 새로운 세상을 펼치고 있습니다. 이 시대에 가장 필요한 것이 영성이고, 성경 전체를 하나의 이야기로 풀어내는 통성경이라고 생각합니다. 《성경통독 레시피》를 통하여 하나님을 더 깊이 알아가므로 믿음이 깊어지고 더 온전한 순종 가운데 하나님을 체험하고 하나님께 영광 돌리게 될 것을 기대하면서 기쁨으로 추천합니다. 이 귀한 책을 통해 말씀의 강이 다시 교회 가운데 넘쳐 흘러서 생명의 역사가 일어나기를 기도합니다. 예수가 생명이다!

프롤로그

1. 성경은 어떤 책입니까?

성경은 얇은 책입니다.

성경은 하늘을 두루마리 삼고 바다를 먹물 삼아도 다 기록할 수 없는 그 무한한 사랑과 진리를 담은 책의 두께치고는 무척 얇습니다. 그래서 부분이 아닌 전체로 읽습니다.

성경은 소리 내서 읽을 책입니다.

성경은 하나님의 음성을 문자로 담아낸 책입니다. 그래서 문자로 읽고 음성으로 들어야 합니다. 성경을 소리 내어 읽으면 말씀이 더욱 생생하게 느껴집니다.

성경은 1년 10번 들을 책입니다.

성경을 들으면 들을수록 우리의 믿음이 자랍니다. 그래서 1년에 10번은 반복해서 들어야 합니다.

성경은 하나님의 마음이 담긴 책입니다.

성경은 온 세상을 담고 있으며 각 시대마다 함께하신 하나님의 마음이 담겨 있습니다. 그래서 성경 전체를 그 흐름에 따라 통(通)으로 읽어야 합니다. 또한 통시적(通時, diachronic), 공시적(共時, synchronic) 성경 읽기를 통으로, 서양의 분석적, 동양의 직관적 해석을 통으로 살펴 성경을 정경적이며 동시에 심정적으로 해석해야 합니다.

성경은 개인, 가정, 나라 이야기를 담은 책입니다.

성경은 약 2,000년의 시간, 1,500여 곳의 공간, 5,000여 명의 인간을 통으로 담고 있으며, 개인 · 가정 · 나라 이야기가 통으로 들어 있습니다. 하나님께서 한 개인을 먹이시고, 고치시고, 가르치시고, 용서하시고, 기도하신 이야기부터, 가정을 통해 일하시고, 제사장 나라, 5대 제국, 하나님 나라를 통해 세계를 경영하신 이야기에 이르기까지 성경은 통으로 읽어야 합니다.

2. 성경통독 레시피란?

: to the Cross, the Cross, from the Cross

성경 66권은 한 권, to the Cross, the Cross, from the Cross입니다.

창조주 하나님께서 피조물인 우리 인간에게 하나님을 알 수 있도록 계시하신 책, 성경은 66권이 각각 완성도를 지닌 책이지만, 동시에 전체가 하나의 이야기로 연결된 한 권의 책입니다. 그 이유는 성경의 첫 책인 〈창세기〉부터 마지막 책인 〈요한계시록〉까지 하나의 이야기로 이어지기 때문입니다. 바로 to the Cross, the Cross, from the Cross, 곧 예수 그리스도의 십자가 이야기입니다.

성경의 시작과 끝은 하나의 이야기입니다.

〈창세기〉의 시작은 하나님께서 복 주시고 거룩하게 하신 안식일 이야기와 가인이 동생 아벨을 죽인 죄로 인해 인간이 땅에서 저주를 받게 되는 이야기, 그리고 〈요한계시록〉의 끝은 복되고 거룩한 그리스도인의 부활과 다시는 저주가 없는 새 하늘과 새 땅 이야기입니다.

"하나님이 그 일곱째 날을 복되게 하사 거룩하게 하셨으니"(창 2:3)
"네가 땅에서 저주를 받으리니"(창 4:11)
"이 첫째 부활에 참여하는 자들은 복이 있고 거룩하도다"(계 20:6)
"다시 저주가 없으며 하나님과 그 어린 양의 보좌가 그 가운데에 있으리니"(계 22:3)

우리 인간이 말하는 복과 저주는 아무런 효력도 없는 그저 덕담이나 악담에 불과합니다. 그러나 피조물인 인간의 생사화복(生死禍福)을 주관하시는 창조주 하나님께서 말씀하시는 복과 저주는, 영생에 이르거나 영벌에 처하게 되는 인류에게 가장 중요한 문제입니다.

우리는 아담으로부터 시작된 원죄와 율법에 따른 죄로 인해 공의의 하나님 앞에서 저주받고 죽을 수밖에 없는 존재입니다. 죄의 값은 사망이기 때문입니다. 그러나 죄로 인해 하나님께 버림받고 저주를 받아야 할 우리를 대신하여, 죄 없으신 하나님의 독생자 예수 그리스도께서 나무 십자가에 달려 하나님께 버림받고 저주받으심으로 우리를 구원해 주셨습니다.

"나무에 달린 자는 하나님께 저주를 받았음이니라"(신 21:23)
"나의 하나님, 어찌하여 나를 버리셨나이까 하는 뜻이라"(마 27:46)

우리는 예수 그리스도의 십자가와 부활을 믿음으로 예수의 사람, 즉 그리스도인이 되었습니다. 이제 우리는 예수님께서 재림하실 때까지 지상명령을 수행해야 합니다. 마침내 예수님께서 재림하시면 우리는 첫째 부활에 참여하여 다시는 저주가 없는 새 하늘과 새 땅에서 영원히 하나님을 찬양하며 살게 될 것입니다.

성경의 시작과 끝, '복과 거룩과 저주'를 이어주는 중간 기둥은 '예수님의 십자가'입니다.

예수님의 십자가에는 '아브라함의 모리아산 번제' 사건과 애굽에서의 '첫 번째 유월절 어린양' 사건이 함께 묶여 있습니다.

먼저, '아브라함의 모리아산 번제' 이야기입니다. 〈창세기〉에 기록된 이 사건은 하나님을 경외한 아브라함이 하나님의 말씀에 순종하며 그의 독자 이삭을 번제로 바치려 했던 일입니다. 아브라함이 경험한 '여호와 이레' 모리아산 번제 사건은 2,000여 년 후 갈보리 언덕에서 하나님께서 독생자 예수 그리스도를 우리를 구원하시기 위한 속죄 제물로 내어주신 일의 예표가 되었습니다.

"여호와께서 이르시되 네 사랑하는 독자 이삭을 데리고 모리아 땅으로 가서 그를 번제로 드리라"(창 22:2)

"하나님이 세상을 이처럼 사랑하사 독생자를 주셨으니"(요 3:16)

이처럼 '예수님의 십자가'에는 아브라함이 하나님을 경외함으로 목숨보다 소중한 아들을 내어드린 사랑 이야기와, 하나님께서 세상을 이처럼 사랑하사 독생자를 내어주신 사랑 이야기가 함께 담겨 있습니다.

다음은 '첫 번째 유월절 어린양의 희생' 이야기입니다. 〈출애굽기〉에는 애굽에서 있었던 첫 번째 유월절에, 히브리 모든 가정의 장자들과 짐승의 초태생들을 살린 흠 없는 1년 된 어린양의 희생 이야기가 기록되어 있습니다. 이 이야기는 그로부터 약 1,500년 후 예수님께서 마지막 유월절에 첫 번째 성찬식을 제정하시며 '세상 죄를 지고 가신 하나님의 어린양'으로 자신을 내어주신 희생으로 이어집니다.

"모세가 이스라엘 모든 장로를 불러서 그들에게 이르되 너희는 나가서 너희의 가족대로 어린 양을 택하여 유월절 양으로 잡고"(출 12:21)

"보라 세상 죄를 지고 가는 하나님의 어린 양이로다"(요 1:29)

그러므로 〈창세기〉에 기록된 '복과 거룩'은 예수 그리스도의 십자가를 통해 모든 그리스도인에게로 향합니다. 또한 〈창세기〉에 기록된 '땅의 저주'가 '다시는 저주가 없는 새 하늘과 새 땅'으로 바뀌게 됩니다.

"그리스도께서는 참 것의 그림자인 손으로 만든 성소에 들어가지 아니하시고 바로 그 하늘에 들어가사"(히 9:24)

"예수 그리스도의 몸을 단번에 드리심으로 말미암아 우리가 거룩함을 얻었노라"(히 10:10)

그러므로 성경 66권은 한 권이며,
'구약 39권'은 십자가로 향하는(to the Cross) 이야기이고,
'사복음서'는 십자가(the Cross) 이야기이며,
'사도행전부터 요한계시록까지'는 십자가로부터 시작되는(from the Cross) 이야기입니다.

이와 같은 이유로 사도 바울이 "나는 십자가 외에는 다른 어떤 것도 알지 않겠다."라고 선언한 것입니다.

"내가 예수 그리스도와 그가 십자가에 못 박히신 것 외에는 아무것도 알지 아니하기로 작정하였음이라"(고전 2:2)

우리가 성경 66권을 부분이 아닌 전체로 통독해야 하는 이유입니다.

열방의 모든 사람이 성경통通독하는 날을 꿈꾸며

목차

● 프롤로그

● 성경통독 오리엔테이션

1. 성경통독이란?
- 시간 · 공간 · 인간을 통(通)으로
- 개인 · 가정 · 나라를 통(通)으로
- 제사장 나라 · 5대 제국 · 하나님 나라를 통(通)으로
- 부분이 아닌 전체로
- 역사순으로 재배열해서
- 성경 전체에 흐르는 하나님의 마음을 읽는 것

2. 성경 66권 통독을 위한 권별 시작과 끝 이야기

3. 성경통독 레시피, '10분에 성경 전체 이야기'

통通트랙1 - 모세5경

1. 원역사 창 1~11장 _ 32

1. 천지 창조
2. 복되고 거룩한 안식일
3. 인간의 범죄와 하나님의 용서
4. 가인과 아벨
5. 노아 홍수 – 하나님의 눈물
6. 족보 – 약속의 성취
7. 바벨탑 사건

To the Cross 십자가로 향하는 레시피

8. 하나님의 거룩, 십자가로

2. 족장사 창 12~36장 _ 40

1. 갈대아 우르에서 가나안으로 – 하나님의 공간 경영
2. 제사장 멜기세덱의 축복과 아브라함을 나라로
3. 이삭을 번제로 바치라 – 하나님의 친구
4. 막벨라굴에 묻힌 아브라함과 사라
5. 순종과 양보의 사람 이삭
6. 야곱의 하란 생활
7. 고향으로 돌아온 야곱, 이스라엘로

To the Cross 십자가로 향하는 레시피

8. 아브라함을 통한 나라 큰 그림

3. 입애굽과 민족 창 37~50장 _ 50

1. 요셉의 훈련 시작
2. 요셉의 훈련 과정
3. 애굽의 총리가 된 요셉
4. 22년 만의 형제 화해와 유다의 리더십
5. 야곱의 축복과 미래 나라 이야기
6. 출애굽을 위한 요셉의 핵심 사명

To the Cross 십자가로 향하는 레시피

7. 첫 번째 유월절 준비

4. 출애굽과 제국 출 1~18장 _ 58

1. 자손에 대한 약속의 성취와 제국 경험
2. 애굽 왕자 모세
3. 모세의 떨기나무 거룩 체험
4. 모세와 바로의 협상 – 히브리인의 하나님과 아홉 가지 재앙
5. 첫 번째 유월절 – 이날을 기념하라
6. 출애굽과 홍해 기적
7. 광야 학교 입학

To the Cross 십자가로 향하는 레시피

8. 첫 번째 유월절과 장자 거룩

5. 세계 선교의 꿈 - 제사장 나라 출 19~40장 _ 67

1. 시내산 언약
2. 십계명, 3대 절기, 3대 명절
3. 하나님의 용서, 이웃과 나눔, 민족과 평화의 센터 성막
4. 금송아지 사건과 모세의 중보기도
5. 성막 제작 – 아름다운 동역
6. 거룩한 기름 관유
7. 움직이는 성막 봉헌과 하나님의 임재

To the Cross 십자가로 향하는 레시피

8. 시내산 언약을 통한 제사장 나라

6. 거룩한 시민학교 교과서 레 _ 77

1. 다섯 가지 제사를 세 가지 방법으로
2. 제사장 나라 공직자 대제사장 아론의 첫 제사
3. 거룩하고 정결한 삶을 위한 규례들
4. 대속죄일 – 대제사장의 핵심 사명
5. 거룩은 사랑입니다
6. 제사장 나라의 삼겹줄 – 절기, 명절, 제사
7. 하나님의 통치 계획표

To the Cross 십자가로 향하는 레시피

8. 첫 번째 대제사장, 마지막 대제사장

7. 만나세대 민_87
1. 세상 나라와 근본적으로 다른 제사장 나라 공직자
2. 출애굽세대 인구조사와 진 배치
3. 1년 만에 시내산에서 가나안으로 출발
4. 가데스 바네아 사건 – 만나세대의 시작
5. 250명의 반역 사건
 – 제사장 나라 시스템이냐 vs. 모세의 왕정이냐
6. 만나세대 인구조사와 새 지도자
7. 요단 동편 분배

To the Cross 십자가로 향하는 레시피

8. 성막을 통한 하나님과의 동행 시작

8. 만나학교 졸업 신, 시90편_98
1. 만나세대 40년 회고
2. 제사장 나라 패밀리 스쿨(Family School) 시작
3. '기록된 바', 과거 현재 미래를 위해
4. 만나세대 누구에게나 쉬운 율법
5. 제사장 나라의 긴 미래 이야기 – 복과 저주
6. 모세의 노래

To the Cross 십자가로 향하는 레시피

7. 예수님의 십자가를 예고하는 '나무에 달린 자'

9. 약속의 땅 입성 수_107
1. 여호수아와 만나세대
2. 여리고성 정탐
3. 요단강을 마른 땅으로 – 가나안 정복
4. 가나안 땅 분배와 갈렙의 선택
5. 사명으로 흩어진 레위 지파 – 제사장 나라의 48개 관공서
6. 여호수아의 마지막 선언

To the Cross 십자가로 향하는 레시피

7. 500년 약속의 성취와 1,500년 후 이루어질 약속의 출발

10. 사사들이 다스리던 시기 삿_114
1. 쫓아내지 못한 족속들
2. 만나세대의 신앙 교육 소홀
 – 제사장 나라 징계 1단계와 2단계
3. 기드온과 3백 용사의 제사장 나라 간증
4. 사사들의 이력서
5. 나실인 사사 삼손
6. 사사 시대 사회상

To the Cross 십자가로 향하는 레시피

7. 진정한 나실인의 사명

11. 교육의 성공 사례 룻_121
1. 나오미의 귀향과 룻의 선택
2. 룻과 보아스의 만남
3. 룻과 보아스의 결혼 – 베들레헴 성문 재판
4. 보아스의 족보

To the Cross 십자가로 향하는 레시피

5. '기업 무를 자' 예수님의 베들레헴 탄생

통通트랙 2 - 왕정 500년

12. 미스바세대 삼상 1~7장_132
1. 한나의 기도와 제사장 나라 이야기
2. 준비된 한 사람, 사무엘
3. 제사장 나라 전쟁과 언약궤
4. 미스바세대의 탄생
5. 사무엘의 순회 교육 – 제사장 나라 부흥 시대

To the Cross 십자가로 향하는 레시피

6. 제사장 나라 부흥과 메시아 삼중직의 예표

13. 왕정의 시작 삼상 8~31장, 삼하 1장_138
1. 왕을 요구하는 백성
2. 사울의 초기 정치
3. 사울의 권력 사유화
4. 기름 부음 받음으로 왕으로 예선된 다윗
5. 다윗의 도피 생활과 시편
6. 다윗의 망명과 사울의 최후

To the Cross 십자가로 향하는 레시피

7. 기름 부음 받은 다윗 왕과 왕이신 예수님

14. 세 번의 기름 부음 - 제사장 나라 충성도 삼하 2~10장_148
1. 두 번째 기름 부음 – 유다 지파의 왕이 된 다윗
2. 세 번째 기름 부음 – 통일 이스라엘의 왕이 된 다윗
3. 통일 왕국의 왕 다윗의 업적
4. 다윗과 나단의 과거 천 년을 통한 미래 천 년의 대화
5. 제사장 나라의 충성도 – 천년모범

To the Cross 십자가로 향하는 레시피

6. 예루살렘 성전 건축 허락을 통한
메시아 신앙과 새 예루살렘의 시작

15. 하나님의 종 다윗 삼하 11~24장, 왕상 1~2장 _ 156
1. 우슬초 정결 – 제사장 나라 시민 다윗
2. 압살롬 쿠데타 – 권력의 공공성
3. 다윗의 인구조사와 민수기 인구조사의 차이
4. 다윗의 신앙적 유언과 정치적 유언
5. 다윗의 시편
To the Cross 십자가로 향하는 레시피
6. 다윗의 시편 기도가 예수님의 십자가 기도로

16. 솔로몬과 시가서 왕상 3~11장, 잠, 아, 전, 시 _ 165
1. 솔로몬의 통치 전반기 – 열방을 향한 성전 건축
2. 솔로몬의 마음과 사랑 노래
3. 솔로몬의 통치 후반기 – 어중간한 제국의 모습
4. 솔로몬이 깨달은 '헛되다' 보석
5. 찬양의 책 – 시편
To the Cross 십자가로 향하는 레시피
6. 열방을 향한 성전이 예수 십자가를 통해 '너희 몸이 성전'으로

17. 하늘 보석 욥 욥 _ 175
1. 하나님의 자랑 욥
2. 욥과 친구들의 질문
3. 하나님의 질문
4. 욥의 제사와 중보기도
To the Cross 십자가로 향하는 레시피
5. 고난에 대한 질문이 예수 십자가의 답으로

18. 남북 분열 왕조 왕상 12~22장, 왕하 1~14장, 암, 호 _ 180
1. 남북 분열의 표면적인 이유와 근본적인 이유
2. 오므리 왕조와 엘리야의 사역
3. 오므리 왕조와 엘리사의 사역
4. 예후 왕조
5. 예후 왕조와 아모스의 사역
6. 예후 왕조와 호세아의 사역
To the Cross 십자가로 향하는 레시피
7. 엘리사가 받은 기름 부음이
메시아의 삼중직인 선지자의 기름 부음으로

19. 요나의 기적 욘 _ 191
1. 열방을 향한 하나님의 마음
2. 선지자 요나와 물고기 배 속 3일
3. 앗수르의 큰 성읍 니느웨
4. 박넝쿨을 통한 하나님의 마음 선포
To the Cross 십자가로 향하는 레시피
5. 요나의 물고기 배 속 3일이
예수님의 십자가 죽음과 부활 사이 3일로

20. 북이스라엘 멸망 왕하 15~20장, 사 1~39장 _ 197
1. B.C.8세기 국제 정세와 이사야의 사명
2. 아하스의 선택과 이사야의 충고
3. 북이스라엘 멸망 – 끊어진 사명의 줄
4. 임마누엘 – 기름 부음 받은 왕의 탄생 예고
5. 히스기야의 선택과 이사야의 충고
6. 히스기야의 기도
To the Cross 십자가로 향하는 레시피
7. 기름 부음 받은 히스기야 왕과 대제사장과 선지자가
협력하는 성전 기도가 메시아의 하늘 성소 기도로

21. 메시아와 베들레헴의 목동 사 40~66장, 미 _ 209
1. 이사야를 통한 가까운 미래와 먼 미래 이야기
2. 이사야를 통한 메시아 신앙
3. 미가의 사마리아와 예루살렘 멸망 경고
4. 미가를 통한 메시아의 베들레헴 탄생 예고
To the Cross 십자가로 향하는 레시피
5. 만민이 기도하는 집 성전

22. 남유다 멸망 왕하 21~23장, 습, 합, 나, 욜 _ 217
1. 왕정 총결산
2. 스바냐와 렘넌트
3. 하박국의 질문
4. 나훔과 앗수르 멸망 선포
5. 요엘의 모든 민족 구원 예고
To the Cross 십자가로 향하는 레시피
6. '여호와의 날'의 심판이 공의로운 십자가 심판으로

23. 70년의 징계 왕하 24~25장, 렘, 애, 옵 _ 226
1. 70년의 네 가지 의미가 새 언약 예고로
2. 남유다 멸망 후 예레미야의 애곱 행
3. 예레미야의 슬픈 노래
4. 예레미야의 희망 노래
5. 오바댜와 제사장 나라
To the Cross 십자가로 향하는 레시피
6. 예레미야의 새 언약 예고와 예수님의 첫 번째 성찬식 새 언약

24. 역대기 - 재건세대 선물 대상 · 하 _ 237
1. 선물, 열왕기상 · 하
2. 선물, 역대상 · 하
3. 역대기 족보 – 언약의 줄기
4. 역대기 속 다윗 – 성전을 통한 하나님의 통치에 순종한 종
5. 역대기 속 솔로몬, 히스기야, 요시야의 제사장 나라 이야기
To the Cross 십자가로 향하는 레시피
6. 성전 재건을 통해 십자가 하늘 성소로

통通트랙 3- 페르시아 7권

25. 포로민 설득 - 유대인의 시작 겔_250
1. 에스겔의 소명
2. 1단계 에스겔의 설득 – 예레미야 70년을 포로민에게
3. 이방 민족에 대한 심판 선언
4. 2단계 에스겔의 설득 – 쌍무 언약의 징계와 은혜 언약
5. 3단계 에스겔의 설득 – 영광이 가득한 성전 조감도
To the Cross 십자가로 향하는 레시피
6. 내가 잠깐 그들에게 성소가 되리라

26. 제국 변동의 밑그림 단_259
1. 제사장 나라 음식과 제국 음식
2. 제국 변동의 밑그림 – 네 짐승 환상
3. 솔로몬의 기도와 다니엘의 기도
4. 예레미야의 편지와 하나님의 통치를 위한 다니엘의 기도
5. 선지자 다니엘 – 미래에 대한 환상
To the Cross 십자가로 향하는 레시피
6. 영원히 변하지 않을 하나님 나라 도래의 시간

27. 성전 재건 - 귀환과 투자 스1~6장, 학, 슥_268
1. 고레스 왕의 투자 정책과 유대인의 신앙
2. 1차 귀환 – 거룩한 절기 회복과 성전 토대 놓기의 감격
3. 학개의 권면 – 임마누엘을 통한 성전 소망의 감동
4. 스가랴의 환상 – 메시아가 이끄시는 영원한 성전을 향하여
5. 에스겔의 성전 조감도, 드디어 스룹바벨 성전으로
To the Cross 십자가로 향하는 레시피
6. 성전의 나중 영광이 이전 영광보다 크리라

28. 에스더의 파티 에_276
1. 유대인 에스더, 페르시아 왕후가 되다
2. 죽으면 죽으리라 – 두 번의 파티 정치
3. 왕의 조서를 뛰어넘는 왕의 조서
4. 에스더의 파티가 이웃과 함께하는 부림절 파티로
To the Cross 십자가로 향하는 레시피
5. 에스더의 헌신으로 새 언약 소망세대 유대인을 보존 – 유대인의 왕 메시아 예수님으로

29. 에스라의 권한 스7~10장_283
1. 2차 귀환의 지도자 에스라
2. 에스라의 율법 연구, 준행, 가르침의 꿈
3. 페르시아 왕에게 부여받은 에스라의 권한
4. 에스라와 함께한 2차 귀환의 헌신자들
5. 에스라의 개혁, 산헤드린 공회 설립으로
To the Cross 십자가로 향하는 레시피
6. 아론의 16대손 대제사장 에스라, 마지막 대제사장 예수 그리스도

30. 성벽 재건 느_291
1. 느헤미야의 천 년을 담은 기도
2. 페르시아 왕과의 담판
3. 3차 귀환의 지도자 느헤미야
4. 52일 만에 이룬 예루살렘 성벽 재건의 기적
5. 성경통독 집회와 초막절
6. 예레미야의 눈물, 150년 후 느헤미야의 웃음꽃으로
To the Cross 십자가로 향하는 레시피
7. 느헤미야의 3차 귀환의 헌신, 예루살렘을 중건하라는 다니엘의 예고 성취

31. 고백과 침묵 말_299
1. 하나님과 이스라엘의 서로 다른 1,500년 고백
2. 제사장들과 백성의 '마음이 빠진 형식주의' 책망
3. 새 언약 소망세대
4. 하나님의 침묵
To the Cross 십자가로 향하는 레시피
5. 메시아의 '새 언약' 시작 시점 선포

통通트랙 4- 중간사 400년

32. 헬라 제국과 중간사 - 모세오경의 세계화 _309
1. 페르시아 제국의 멸망
2. 그리스 문명
3. 헬라 제국의 등장
4. 헬라 제국의 프톨레미 왕조(이집트 헬라 제국)
5. 헬라 제국의 프톨레미 왕조와 모세오경의 세계화

33. 헬라 제국과 중간사 - 마카비 혁명 _315
1. 헬라 제국의 셀루커스 왕조(시리아 헬라 제국)와 헬라화 강요 정책
2. 유대의 마카비 혁명 시작 – 마타디아
3. 유대의 마카비 혁명 – 유다 마카비
4. 수전절 (하누카)
5. 마카비 혁명 후
6. 유대 분파

34. 하스몬 왕조와 중간사 - 왕 겸 대제사장 통치 _321
1. 하스몬 왕조
2. 요한 힐카누스
3. 아리스토불루스 1세
4. 알렉산데스 야나이우스
5. 살로메 알렉산드라, 힐카누스 2세, 아리스토불루스 2세

35. 로마 제국과 중간사 - 헤롯 왕조 _325
1. 율리우스 카이사르 이전 로마
2. 로마의 통치와 헤롯 왕조
3. 예수님과 가이사
4. 신약 시대 로마 총독들

통通트랙 5- 4복음서

36. 예수님의 탄생 마, 막, 눅, 요 _ 336
1. 족보 – 임마누엘을 위한 여호와 이레
2. 요셉과 마리아 – 새 언약 소망세대
3. 예수님의 탄생과 어린 시절
4. 예수님의 길을 예비한 세례 요한
5. 보이는 하나님의 말씀, 세례
6. 시험을 받으신 예수님과 구약의 기록
The Cross 십자가 복음 레시피
7. 메시아의 성육신을 통한 하나님 나라

37. 예수님의 한 영혼 사랑 - 제자의 길(1) 마, 막, 눅, 요 _ 346
1. 먹이시고
2. 고치시고
3. 가르치시고
4. 용서하시고
5. 기도하시고
The Cross 십자가 복음 레시피
6. 한 영혼 사랑의 길 – 제자도의 십자가

38. 사랑 때문에 피곤하신 예수님 - 제자의 길(2) 마, 막, 눅, 요 _ 367
1. 사람을 사랑하는 예수님의 손
2. 사랑 때문에 피곤하신 예수님
3. 거라사 광인을 온전하게 하심
The Cross 십자가 복음 레시피
4. 우리의 연약함을 동정하시는 예수님 – 제자도의 십자가

39. 사마리아인과 세리의 친구 예수님 - 제자의 길(3) 마, 막, 눅, 요 _ 374
1. 사마리아 수가성 여인과 대화
2. 선한 사마리아인 비유
3. 나병을 치유받고 감사한 사마리아인
4. 소외된 사람들의 친구 예수님
5. 이방인에게 복음 전도
The Cross 십자가 복음 레시피
6. 모든 민족이 영생을 얻는 길 – 제자도의 십자가

40. 마지막 일주일 - 1차 산헤드린 공회 재판과 빌라도 재판 마, 막, 눅, 요 _ 386
1. 유대인의 왕, 만왕의 왕 예수님의 예루살렘 입성
2. 성전 청결과 대제사장 세력들과의 논쟁
3. 종말에 대한 교훈 – 〈요한계시록〉의 밑그림
4. 마지막 유월절 첫 번째 성찬식 – 새 언약 체결
5. 1차 산헤드린 공회 재판 – 그리스도 논쟁
6. 예수님의 나라와 빌라도의 나라
The Cross 십자가 복음 레시피
7. 제사장 나라 관유에서 하나님 나라 보혈로

41. 십자가 승리 - 하나님 나라 새 언약 마, 막, 눅, 요 _ 399
1. 십자가 네 가지 배경
2. 십자가 6시간 – 하늘 성소 단번 제사
3. 성전 휘장이 새 휘장 예수님의 몸으로
4. 물과 피로부터 무덤까지
5. 영광과 평화로의 초대 – 부활 영생 소망의 시작
6. 모든 민족을 위한 지상명령과 예수님의 승천
The Cross 십자가 복음 레시피
7. 십자가 속량과 하나님의 의 – 이신칭의

통通트랙 6- 사도행전 30년

42. 열리는 제자 시대 - 하나님 나라 거룩한 공직자 그리스도인 행 1~12장 _ 418
1. 예수님의 승천과 제자세대 탄생
2. 하나님 나라 거룩한 공직자들의 예루살렘 공회 시작
3. 첫 번째 성찬식 선언과 오순절 성령 강림 – 교회의 시작
4. 변화된 제자들, 변하지 않는 사두개파들 –2, 3차 산헤드린 공회 재판
5. 2차 예루살렘 공회 – 일곱 일꾼 선출
6. 4차 산헤드린 공회 재판 – 스데반 순교
7. 비로소 깨달은 '함께'의 의미 – 3차 예루살렘 공회
From the Cross 십자가로 시작하는 레시피
8. 새 휘장 예수님의 몸을 통한 하나님 나라 거룩한 공직자 그리스도인 : 교회

43. 바울의 1차 전도여행 - 4차 예루살렘 공회 행 13장~15:35 _ 433
1. 바울과 바나바, 안디옥 교회의 파송을 받다
2. 바울의 1차 전도여행
3. 4차 예루살렘 공회 – 오직 십자가 선언
4. 바울, 바나바와 같은 사역자로 세우다
From the Cross 십자가로 시작하는 레시피
5. 모든 민족을 위한 오직 십자가 선언

44. 바울의 2차 전도여행 - 복음 편지 시작 행 15:36~18:22, 살전 · 후, 갈 _ 442
1. 바나바의 2차 전도팀과 바울의 2차 전도팀
2. 바울의 2차 전도여행 3년
3. 데살로니가 교회에 보낸 첫 번째 편지
4. 데살로니가 교회에 보낸 두 번째 편지
5. 갈라디아 교회에 보낸 편지
From the Cross 십자가로 시작하는 레시피
6. 예루살렘 공회의 오직 십자가 선언이 갈라디아에 보낸 복음 편지로

45. 바울의 3차 전도여행 - 제자 훈련
행 18:23~19장, 고전·후 _453

1. 바울의 3차 전도여행 – 에베소와 고린도의 제자 훈련
2. 바울의 에베소 성령 세례
3. 고린도 교회에 보낸 첫 번째 편지
4. 고린도 교회 분파, 성찬식을 통해 하나 되다
5. 고린도 교회에 보낸 두 번째 편지
6. 고린도 교회에 보낸 세 번째 편지

From the Cross 십자가로 시작하는 레시피

7. 예수님의 지상명령이 수행된 증거들

46. 바울의 예루살렘 여행 - 5차 산헤드린 공회 재판
행 20~23장, 롬 _464

1. 고린도에서 로마 교회에 보낸 편지
2. 선교팀장 바울이 로마서를 쓴 이유
3. 예루살렘으로 떠나는 길
4. 이방인 기독교와 유대인 기독교의 동행을 위한 아름다운 선택, 5차 예루살렘 공회
5. 예루살렘에서 붙잡힌 바울
6. 5차 산헤드린 공회 재판 – 바울의 마지막 설득

From the Cross 십자가로 시작하는 레시피

7. 선교팀장 바울의 지상명령 재강조

47. 죄수 바울 로마 도착 - 로마 시민 바울의 황제 재판 선택
행 24~28장 _477

1. 벨릭스 총독 재판 – 가이사랴 감옥에서 2년
2. 베스도 총독 재판과 로마 시민 바울의 황제 재판 선택
3. 바울과 누가, 죄수 이송선을 타고 로마로
4. 로마 감옥에서 2년 – 전도인의 일과

From the Cross 십자가로 시작하는 레시피

5. 제국의 시민보다 하나님 나라의 그리스도인으로

48. 교회론과 기독론 - 바울의 옥중서신
엡, 빌, 골, 몬 _484

1. 그리스도와 그리스도인
2. 에베소 교회에 보낸 편지
3. 빌립보 교회에 보낸 편지
4. 골로새 교회에 보낸 편지
5. 빌레몬에게 보낸 편지

From the Cross 십자가로 시작하는 레시피

6. 하나님의 비밀이 그리스도의 십자가를 통해 그리스도인에게로

49. 믿음의 아들에게 남긴 편지 - 로마 대화재 사건
딤전, 딛, 딤후 _494

1. 디모데에게 보낸 편지
2. 디도에게 보낸 편지
3. A.D.64년 로마 대화재 사건과 복음 1세대의 순교
4. 디모데에게 보낸 마지막 편지

From the Cross 십자가로 시작하는 레시피

5. 준비된 면류관, 남겨진 부탁

통通트랙 7 - 공동서신 9권

50. 복음 2세대를 위한 편지 히, 약, 벧전·후, 유 _508

1. 히브리서 – 하나님의 아들 예수
2. 대제사장 예수의 하늘 성소 단번 제사
3. 야고보의 편지
4. 베드로의 첫 번째 편지
5. 베드로의 두 번째 편지
6. 유다의 편지

From the Cross 십자가로 시작하는 레시피

7. 예수 그리스도의 십자가로부터 나라와 권세와 영광이!

51. 요한의 사랑 선언 편지 요일·이·삼 _525

1. 사도 요한의 증언, 알파와 오메가 되신 예수 그리스도
2. 요한의 첫 번째 편지
3. 요한의 두 번째 편지
4. 요한의 세 번째 편지

From the Cross 십자가로 시작하는 레시피

5. 고난을 딛고 승리한 복음 1세대 사도 요한의 증언과 격려

52. 새 하늘과 새 땅의 노래 - 하늘 보좌 신앙 계 _533

1. 보좌에 계신 어린양과 보좌에 앉을 이긴 이(순교자들)
2. 소아시아 일곱 교회에 주시는 약속 – 장단점 코칭
3. 지상명령을 수행하는 가운데 대환난을 이기는 그리스도인
4. 예수 그리스도의 재림과 천 년의 보좌 통치
5. 새 하늘 새 땅 – 하나님과 어린양이 성전
6. 마라나타, 오직 그리스도인의 신앙

From the Cross 십자가로 시작하는 레시피

7. 순교신앙과 하나님 나라 거룩한 공직자 신앙

● 부록 _561

- 통通프레임 1~9
- 성경통독 레시피 '10분에 성경 전체 이야기'
  – 영어, 일본어, 중국어, 태국어
- 역사순 성경통독, '왜 역사순으로 통독해야 하는가'
- 주요 성경 지도
- 성경통독 노래
- 통通성경 7트랙–익투스 프레임

1.성경통독(聖經通讀)이란?

성경통독은 성경 66권 전체를 파편화(fragmented books and multiple disconnected stories)하지 않고, 하나의 이야기(One Story)로 소리 내어 읽는 것입니다.

● 시간 · 공간 · 인간을 통(通)으로

성경에는 대략 2,000여 년의 시간과 1,500여 곳의 공간, 그리고 5,000여 명의 인간이 들어있습니다. 먼저 성경 속의 시간에는 '태초'로부터 시작하여 '종말'에 이르기까지, 알파와 오메가 되시는 예수님의 시간인 '처음'과 '끝'이 모두 들어 있습니다. 그리고 성경 속의 절기와 명절로는 안식일, 안식년, 희년, 그리고 유월절, 오순절, 초막절 등이 있습니다. 또한 성경에는 아브라함부터 다윗까지 1,000여 년의 시간, 다윗부터 예수님까지 또 1,000여 년의 시간이 들어 있습니다. 이처럼 성경에는 2,000여 년의 '시간'이 들어 있습니다. 그리고 성경에는 1,500여 곳의 공간이 들어 있습니다. 성경 속 공간은 일정 지명들을 포함해 '보여줄 땅'에서부터 '땅끝까지' 1,500여 곳에 이릅니다.

성경에서의 공간은 시간만큼이나 중요합니다. 공간은 하나님의 사람들이 일한 곳이고, 나아갈 방향으로 제시된 곳이기 때문입니다. 하나님께서 보여주신 땅에 집중한 하나님의 사람은 아브라함부터 시작하여 이삭, 야곱, 요셉, 그리고 모세, 여호수아와 갈렙, 다윗 등 참으로 많습니다. 반면 하나님께서 지시하신 땅을 삶의 방향으로 따르지 않은 사람들은 여호수아와 갈렙을 제외한 가나안 정탐꾼 열 명을 비롯해 여로보암, 예후, 그리고 바벨론 포로로 끌려가지 않고 오히려 애굽으로 도망했던 사람들 등이 있습니다. 이렇게 성경은 시간과 공간과 함께 5,000여 명의 인간을 담고 있는데, 그들은 하나님의 뜻에 따라 살았던 사람들과 하나님의 뜻을 거역했던 사람들로 크게 나뉩니다.

이처럼 성경에는 시간과 공간과 인간이 공존하고 있는데, 그 시간과 공간과 인간은 각각 별개로 보아서는 안 되며 반드시 통(通)으로 함께 보아야 합니다. 예를 들어 안식일, 안식년, 희년, 그리고 유월절, 오순절, 초막절 등은 성경 속의 시간이지만, 동시에 그 절기가 행해지는 장소가 있고, 그 시간과 장소에는 인간이 있기 때문입니다.

그러므로 성경 속의 2,000여 년의 시간과 1,500여 곳의 공간과 5,000여 명의 인간을 시간 따로, 공간 따로, 인간 따로, 파편처럼 별개로 보지 않고 그 시간, 그 공간에서, 그 사람이 어떻게 하나님의 이야기를 펼치고 있는지 통(通)으로 보아야 합니다. 그렇게 성경을 통(通)으로 보는 것이 통(通)성경입니다.

● 개인 · 가정 · 나라를 통(通)으로

모세가 태어난 지 3개월째 되던 시점에 갈대 상자에 놓인 것은 모세 개인의 일입니다. 한편 모세의 아버지가 갈대 상자를 만들었고, 어머니가 그를 그 안에 태웠으며, 누나가 강에 띄운 갈대 상자를 따라가면서 망을 보았습니다. 이처럼 모세의 갈대 상자 이야기는 완벽하게 뜻이 잘 맞고 화목한(?) 모세의 가정 이야기이기도 합니다. 그렇다면, 그렇게 가정 내에서 문제가 없고 마음이 하나였던 가족이 어린 모세가 죽을 확률 99.9%인 갈대 상자에 태워 나일강에 떠내려 보낸 이유는 무엇입니까? 그것은 모세의 가정이 히브리 민족이라 불릴 만큼 하나의 민족을 이루고 있었으나 나라를 가지지 못했기 때문입니다.

예수님의 베들레헴 탄생 이야기도 마찬가지로 개인 · 가정 · 나라에 관한 이야기입니다. 예수님께서 베들레헴에 태어나신 것은 예수님 개인 이야기이지만, 동시에 예수님의 육신의 부모인 요셉과 마리아가 함께한 가정 이야기입니다. 동시에 아기 예수님이 베들레헴에서 탄생하게 되신 것은 로마 제국이 다스리는 모든 식민지 백성에게 고향에 가서 호적하라고 했기 때문입니다. 즉, 로마 제국과 유대 민족 이야기가 예수님의 베들레헴 탄생 이야기와 함께한다는 것입니다. 이처럼 성경 속 모든 이야기는 하나님의 사람들의 개인 · 가정 · 나라 이야기로 함께 통(通)으로 보아야 합니다. 이것이 통(通)성경입니다.

● 제사장 나라 · 5대 제국 · 하나님 나라를 통(通)으로

우리나라 헌법 제1조 1항과 2항은 "대한민국은 민주공화국이다. 대한민국의 주권은 국민에게 있고, 모든 권력은 국민으로부터 나온다."입니다. 마치 대한민국 헌법 제1조처럼, 제사장 나라의 법 제1조는 "나는 너를 애굽 땅, 종 되었던 집에서 인도하여 낸 네 하나님 여호와니라"(출 20:2)입니다. 이는 제사장 나라가 여타 제국들처럼 다른 나라를 종으로 두어서는 안 되는 나라임을 뜻합니다. 제사장 나라는 하나님과 모든 민족 사이에서 평화를 만드는 나라이지, 제국들처럼 다른 나라를 수직적으로 아래에 두고 지배하는 나라가 아니기 때문입니다. 하나님께서는 제사장 나라의 법을 모세 시대에 하나님과 제사장 나라의 언약을 맺은 아브라함의 후손들에게 주셨습니다.

그런데 아브라함의 후손들은 약속의 땅 가나안에 들어간 이후 하나님과 맺은 제사장 나라의 법을 지키지 않고, 거룩한 시민의 일도 하지 않을 때가 많았습니다. 그러자 하나님께서는 이스라엘에 선지자들을 보내셔서 하나님과 언약을 맺은 제사장 나라의 사명을 감당하라고 경고하셨습니다. 이 과정에서 하나님께서는 5대 제국을 하나님의 세계 경영의 도구로 사용하셨습니다. 그러므로 〈이사야〉는 앗수르 제국을, 〈예레미야〉는 바벨론 제국을, 〈에스라〉는 페르시아 제국을 알지 못하면 이해할 수 없습니다.

또한 성경 속 명절인 수전절은 헬라 제국과 깊은 관련이 있고, 예수님의 십자가는 로마 제국의 사형 틀이기에 신약성경과 로마 제국은 떼려야 뗄 수 없습니다. 하나님께서는 이처럼 제사장 나라에서 하나님 나라로 가는 과정 중에 5대 제국을 들어 사용하시면서 선지자들을 보내셨고, 예수님께서 율법과 선지자를 완전하게 하시면서 마침내 하나님 나라를 도래하게 하셨습니다.

구약성경은 제사장 나라 이야기이고, 신약성경은 제사장 나라를 담은 하나님 나라 이야기입니다. 그리고 그 안에는 하나님께서 세계 경영을 위해 사용하신 5대 제국인 앗수르, 바벨론, 페르시아, 헬라, 로마 제국이 들어 있습니다. 이렇게 제사장 나라, 5대 제국, 하나님 나라를 통(通)으로 보는 것이 통(通)성경입니다.

● 부분이 아닌 전체로

성경통독이란 성경 66권을 한 권으로 보고, 부분이 아닌 전체로 읽어 내려가는 것입니다. 이를테면 동양의《삼국지》나 서양의《로마 제국 쇠망사》를 읽을 때, 순서대로 첫 권부터 마지막 권까지 전체를 다 읽어 내려가는 것처럼 말입니다.

성경 한 구절이 주는 메시지도 있고, 한 장이 주는 메시지도 있고, 성경의 각 권이 주는 메시지도 있지만, 성경 전체의 메시지도 있습니다. 매일 몇 절씩 묵상하는 방법으로는 성경 전체의 메시지를 찾기 어렵습니다. 또한 부분적으로 말씀을 접하는 방식으로 성경을 보면, 보는 부분은 계속 보게 되고, 보지 않던 부분은 계속 보지 않게 됩니다. 영의 양식인 성경을 편식하게 되는 것입니다. 신앙이 한쪽으로 치우치면, 하나님의 마음을 온전히 헤아릴 수 없습니다.

원래 '통독(通讀)'은 동양에서 배움과 지식 연구 과정 가운데 유용하게 사용하던 방법입니다. 예를 들어 '천자문(千字文)'이나 '사서삼경(四書三經)' 등을 배울 때 동양에서는 책 전체를 여러 번 읽어가는 가운데 자연스럽게 직관(直觀, intuition)에 이를 수 있도록 가르쳤습니다. 이처럼 전체를 반복하여 읽는 것은 텍스트(text) 전체의 큰 흐름을 파악하는 데에 가장 좋은 방법입니다.

이처럼 성경을 읽되, 부분이 아닌 전체로 읽는 것, 즉 66권 전체를 통째로 빠른 시간 내에 읽는 성경통독을 한 번, 두 번, 여러 번 반복하다 보면 성경에 대한 놀라운 직관이 생기는 것을 경험하게 됩니다. 성경을 통독하면, 하루에 5~10구절씩 묵상하는 방법으로 7~8년에 걸쳐 성경을 한 번 읽는 것, 일주일에 한 번씩 주일 설교를 통해서 듣는 몇 구절의 말씀만으로 30년 넘게 신앙생활하는 것과는 차원이 다른 '말씀의 해일, 은혜의 쓰나미'를 경험하게 될 것입니다.

● 역사순으로 재배열해서

성경통독이란 성경 66권을 역사 순서대로 읽는 것입니다. 지금 우리가 보고 있는 성경이 취하고 있는 주제별, 장르별 순서보다는 역사 순서를 따라 읽으며 각 부분이 전체 속에서 어떤 흐름 가운데 있는가를 생각하는 것이 중요합니다. 예를 들어, 구약의 한 권을 읽을 때에는 구약 전체 혹은 성경 전체를 염두에 두며 읽고, 한 장을 읽을 때에는 앞장과 뒷장의 맥락을 고려하며 읽는 것입니다.

현재 우리가 보는 성경은 역사순으로 편제된 측면이 있기도 하지만, 주로 장르별 편제를 따르고 있습니다. 율법서는 율법서대로 따로 모으고, 역사서는 역사서대로, 시가서는 시가서대로, 예언서는 예언서대로 모아놓은 것입니다. 그러므로 성경통독을 할 때에는 성경의 각 권이 가진 저마다의 역사적인 순차성을 고려하여 역사순으로 재배열하여 읽는 것이 효과적입니다.

역사의 주인이시자, 세계를 경영하시는 분이 하나님이시기 때문에, 하나님의 역사 경영을 알기 위해서 성경을 역사순으로 재배열하는 것입니다. 그렇게 되면 성경의 말씀이 역사 속에서 살아 숨 쉬는 말씀으로 이해되기 시작하며, 오늘도 역사를 주관하시며 세계를 경영하시는 하나님을 만날 수 있습니다.

● 성경 전체에 흐르는 하나님의 마음을 읽는 것

성경통독은 하나님의 마음을 느끼는 것입니다. 단어, 구절, 문장, 문단, 결국 성경 66권을 읽어가는 동안, 성경 전체에 흐르는 하나님의 마음 또한 읽어가게 됩니다. 그리하여 성경은 펼칠 때마다 우리의 마음을 두근거리게 하는 '하나님의 러브레터'가 되는 것입니다.

성경통독은 지식만을 쌓기 위해 하는 것이 아니라, 하나님의 마음을 헤아리고 하나님과 더 깊은 관계를 맺기 위해 하는 것입니다. 알아가는 것은 기본입니다. 알지 못하면 오해가 쌓입니다. 그러나 거기에서 멈추면 안 됩니다. 성경에 기록된 하나님의 사람들을 인격적으로 만나고, 그들의 삶을 배우며 하나님의 마음을 헤아려 깨달아야 하는 것입니다.

성경은 우리의 믿음과 삶의 기준이 되는 하나님의 말씀인 동시에, 특정 시대와 상황을 살았던 사람들의 언어로 되어 있습니다. 성경을 통독하면서 바로 이 사실을 확인해 가고, 하나님께서 오늘 우리를 통해 성경 말씀에 새로이 부여하시는 의미와 생명력을 파악할 수 있다면, 이는 진정한 성경통독이 되는 것입니다.

2. 성경 66권 통독을 위한 권별 시작과 끝 이야기

1. 창세기 **시작**은 **천지창조**이며(창 1:1), **중간**은 하나님께서 아브라함을 선택하신 이야기이고(창 12:1), **끝**은 **요셉의 유언**입니다(창 50:25).

2. 출애굽기 **시작**은 **모세가 갈대 상자를 탄 이야기**이며(출 2:3), **중간**은 시내산에서 제사장 나라 언약을 체결하는 이야기이고(출 24:3), **끝**은 **성막을 하나님께 봉헌**하는 이야기입니다(출 40:34).

3. 레위기 **시작**은 **다섯 가지 제사**이며(레 1:2), **중간**은 아론의 첫 제사장 취임식이고(레 8:33), **끝**은 **서원 예물의 값을 정하는** 이야기입니다(레 27:2).

4. 민수기 **시작**은 시내 광야에서의 **인구조사**이며(민 1:2), **중간**은 가데스 바네아 사건 이야기이고(민 14:29), **끝**은 **슬로브핫의 딸 법**입니다(민 36:2).

5. 신명기 **시작**은 **모압 평지에서 두 달간 율법을 교육**하는 것이며(신 1:1), **중간**은 "네 자녀에게 가르치라"(신 11:19), 즉 쉐마 이야기이고, **끝**은 **느보산에서의 모세의 죽음**입니다(신 34:5).

6. 여호수아 **시작**은 여호수아를 향한 **하나님의 명령 "요단강을 건너가라"**이며(수 1:2), **중간**은 가나안 땅 분배 이야기이고(수 14:1). **끝**은 **요셉의 뼈를 세겜에 장사**하는 이야기입니다(수 24:32).

7. 사사기 **시작**은 **유다 지파와 시므온 지파의 땅 정복**이며(삿 1:3), **중간**은 길르앗 입다 이야기이고(삿 11:1), **끝**은 **베냐민 지파의 쇠락과 총회의 결정**입니다(삿 21:5).

8. 룻기 **시작**은 **나오미 집안이 모압으로 이주**하는 것이며(룻 1:2), **중간**은 룻과 보아스의 만남 이야기이고(룻 2:3), **끝**은 **보아스의 족보**입니다(룻 4:21).

9. 사무엘상 **시작**은 **한나의 기도**이며(삼상 1:12), **중간**은 다윗의 첫 번째 기름 부음 이야기이고(삼상 16:13), **끝**은 **80세 된 사울의 자결**입니다(삼상 31:4).

10. 사무엘하 **시작**은 **사울 죽음에 대한 다윗의 애가**이며(삼하 1:12), **중간**은 하나님께서 다윗의 성전 건축을 허락하신 이야기이고(삼하 7:13), **끝**은 **다윗의 아라우나 타작마당 제사**입니다(삼하 24:24).

11. 열왕기상 시작은 솔로몬 왕의 즉위이며(왕상 1:38), 중간은 솔로몬의 성전 낙성식이고(왕상 8:11), 끝은 아람과의 전쟁에서 아합이 죽는 이야기입니다(왕상 22:34).

12. 열왕기하 시작은 엘리야와 아하시야 왕이 만난 이야기이며(왕하 1:2~3), 중간은 북이스라엘의 멸망이고(왕하 17:6), 끝은 남유다의 멸망입니다(왕하 25:9).

13. 잠언 시작은 다윗의 아들 솔로몬의 잠언이며(잠 1:1), 중간은 지혜로운 자의 입술 이야기이고(잠 15:7), 끝은 르무엘 왕 어머니의 훈계입니다(잠 31:1).

14. 아가 시작은 솔로몬과 술람미 여인의 만남이며(아 1:15), 중간은 나의 사랑이 어여쁘다는 이야기이고(아 4:1), 끝은 사랑은 죽음보다 강하다는 솔로몬의 이야기입니다(아 8:6).

15. 전도서 시작은 해 아래 모든 수고가 헛되다는 것이며(전 1:3), 중간은 잔칫집보다 초상집에 가라는 이야기이고(전 7:2), 끝은 청년의 때 창조주를 기억하라는 솔로몬의 당부입니다(전 12:1).

16. 욥기 시작은 하나님의 자랑 욥 이야기이며(욥 1:8), 중간은 하나님의 질문이 시작되는 이야기이고(욥 38:1), 끝은 친구들을 위한 욥의 기도입니다(욥 42:10).

17. 시편 시작은 복 있는 사람의 길이 무엇인지 알려주는 것이며(시 1:1), 중간은 오직 재판장이신 하나님 이야기이고(시 75:7), 끝은 호흡이 있는 자마다 찬양하라는 이야기입니다(시 150:6).

18. 아모스 시작은 각 나라의 서너 가지 죄를 지적하는 것이며(암 1:3), 중간은 바산의 암소들에 대한 이야기이고(암 4:1), 끝은 남은 자들이 본토에 심기리라는 예언입니다(암 9:15).

19. 호세아 시작은 호세아와 고멜의 결혼 이야기이며(호 1:2), 중간은 우리가 여호와께 돌아가자는 이야기이고(호 6:1), 끝은 긍휼의 하나님께 돌아오라는 호세아의 절규입니다(호 14:1).

20. 요나 시작은 다시스로 향하는 배에 오른 요나 이야기이며(욘 1:3), 중간은 물고기 배 속에 들어간 요나 이야기이고(욘 1:17), 끝은 박넝쿨 비유를 통해 하나님의 마음을 깨달은 요나 이야기입니다(욘 4:11).

21. 이사야 시작은 남유다와 예루살렘에 대한 계시이며(사 1:1), 중간은 히스기야의 예루살렘 성전 기도이고(사 37:1), 끝은 새 하늘과 새 땅에 대한 하나님의 약속 선포입니다(사 66:22).

22. 미가 시작은 사마리아와 예루살렘에 관한 묵시이며(미 1:1), 중간은 베들레헴에서 이스라엘을 다스릴 분이 나타난다는 미가의 예언이고(미 5:2), 끝은 남은 자의 허물을 용서하시는 하나님을 찬양하는 이야기입니다(미 7:18).

23. 스바냐 시작은 여호와의 날이 가까이 왔다는 스바냐의 외침이며(습 1:7), 중간은 공의와 겸손을 구하라는 이야기이고(습 2:3), 끝은 그날에 남은 자가 명성과 칭찬을 얻게 되리라는 하나님의 약속 선포입니다(습 3:20).

24. 하박국 **시작**은 악인의 형통에 대한 **하박국의 질문**이며(합 1:3), **중간**은 "의인은 믿음으로 말미암아 살리라"라는 하박국의 고백이고(합 2:4), **끝**은 구원의 하나님을 찬양하는 **하박국의 찬양**입니다(합 3:17~18).

25. 나훔 **시작**은 **니느웨에 대한 중한 경고**이며(나 1:1), **중간**은 야곱의 영광을 회복하신다는 이야기이고(나 2:2), **끝**은 피의 성 **니느웨가 황무할 것**이라는 나훔의 예언입니다(나 3:7).

26. 요엘 **시작**은 이스라엘의 임박한 환난을 **메뚜기와 황충을 통해 비유**하는 이야기이며(욜 1:4), **중간**은 옷을 찢지 말고 마음을 찢으라는 하나님의 말씀이고(욜 2:13), **끝**은 **그날에 대한 예언**입니다(욜 3:20).

27. 예레미야 **시작**은 예레미야가 **선지자로 부름 받은 이야기**이며(렘 1:7), **중간**은 바벨론이 예루살렘을 포위하는 이야기이고(렘 32:2), **끝**은 **예루살렘 성전이 불타는 이야기**입니다(렘 52:13).

28. 예레미야애가 **시작**은 밤새도록 **애곡하는 예레미야**이며(애 1:2), **중간**은 여호와의 분노의 매 이야기이고(애 3:1), **끝**은 "우리의 날을 다시 새롭게 하사 옛적 같게 하옵소서"라는 **예레미야의 기도**입니다(애 5:21).

29. 오바댜 **시작**은 "**에돔**이 별 사이에 깃들일지라도 **거기에서 끌어내리라**"라는 하나님의 말씀이며(옵 1:4), **중간**은 에돔이 형제 야곱에게 행한 포학 이야기이고(옵 1:10), **끝**은 **나라가 여호와께 속하리라**는 선포입니다(옵 1:21).

30. 역대상 **시작**은 **아담과 아브라함의 족보**이며(대상 1:1), **중간**은 다윗이 헤브론에서 열두 지파의 왕이 되는 이야기이고(대상 11:3), **끝**은 **성전 건축을 위한 다윗의 예물 준비** 이야기입니다(대상 28:14).

31. 역대하 **시작**은 **솔로몬의 기브온 산당 번제**이며(대하 1:3), **중간**은 이스라엘의 남북 분단(한 민족 두 국가) 이야기이고(대하 11:4), **끝**은 **고레스의 예루살렘 성전 건축 명령**입니다(대하 36:23).

32. 에스겔 **시작**은 그발 강가에서 **에스겔이 부름**을 받는 것이며(겔 1:3), **중간**은 예루살렘의 함락이고(겔 33:21), **끝**은 예루살렘 성읍의 이름을**여호와 삼마**로 불러주시는 이야기입니다(겔 48:35).

33. 다니엘 **시작**은 **다니엘의 바벨론 1차 포로**이며(단 1:4), **중간**은 다니엘의 사자 굴 기도이고(단 6:10), **끝**은 **다니엘의 마지막 때에 대한 예언**입니다(단 12:7).

34. 에스라 **시작**은 **고레스의 예루살렘 귀환 명령**이며(스 1:3), **중간**은 에스라의 예루살렘 귀환이고(스 7:9), **끝**은 **에스라의 제사장 개혁** 이야기입니다(스 10:12).

35. 학개 **시작**은 **성전 건축의 시기가 이미 지났다**고 외치는 학개 이야기이며(학 1:2), **중간**은 이 성전의 나중 영광이 이전 영광보다 크리라는 말씀이고(학 2:9), **끝**은 **스룹바벨을 인장으로 삼으신다**는 하나님의 약속입니다(학 2:23).

36. 스가랴 시작은 다리오 왕 때 스가랴가 선지자로 부름받은 이야기이며(슥 1:1), 중간은 다리오 왕 제 사년 아홉째 달 이야기이고(슥 7:1), 끝은 열국에 남은 자가 초막절을 지킬 것이라는 예언의 말씀입니다(슥 14:16).

37. 에스더 시작은 아하수에로의 잔치이며(에 1:3), 중간은 금식 3일 후 왕과 대면하는 에스더 이야기이고(에 5:1), 끝은 부림절이 제정되었다는 이야기입니다(에 9:22).

38. 느헤미야 시작은 느헤미야의 금식기도이며(느 1:4), 중간은 예루살렘 성벽 재건 이야기이고(느 7:1), 끝은 느헤미야의 안식일 개혁 이야기입니다(느 13:18).

39. 말라기 시작은 하나님의 사랑 고백이며(말 1:2), 중간은 온전한 십일조 이야기이고(말 3:10), 끝은 아버지의 마음과 자녀의 마음을 위해서 선지자 엘리야를 보내시겠다는 하나님의 약속입니다(말 4:5~6).

40. 마태복음 시작은 아브라함과 다윗의 족보이며(마 1:1), 중간은 예수님의 예루살렘 입성이고(마 21:1), 끝은 예수님의 지상명령입니다(마 28:19~20).

41. 마가복음 시작은 요단강에서의 세례 요한 이야기이며(막 1:5), 중간은 예수님의 예루살렘 입성이고(막 11:1), 끝은 예수님께서 하나님 우편에 좌정하시는 이야기입니다(막 16:19).

42. 누가복음 시작은 세례 요한의 출생이며(눅 1:13), 중간은 예수님의 예루살렘 입성이고(눅 19:28), 끝은 예수님의 승천입니다(눅 24:50~51).

43. 요한복음 시작은 태초에 말씀이 계시다는 요한의 증언이며(요 1:1), 중간은 예수님의 예루살렘 입성이고(요 12:13), 끝은 부활 후 제자들과의 조찬 이야기입니다(요 21:12).

44. 사도행전 시작은 예수님의 승천이며(행 1:9), 중간은 예루살렘 공회 이야기이고(행 15:11). 끝은 죄수 신분이 된 바울의 로마 도착 이야기입니다(행 28:16).

45. 데살로니가전서 시작은 마게도냐와 아가야의 모든 믿는 자의 자랑, 데살로니가 성도 소개이며(살전 1:7), 중간은 디모데를 보낸다는 이야기이고(살전 3:2), 끝은 주의 강림을 강조한 것입니다(살전 5:23).

46. 데살로니가후서 시작은 환난 중에 인내와 믿음을 지닌 데살로니가 교회를 격려한 것이며(살후 1:4), 중간은 주의 날이 이르렀다고 해서 마음이 쉽게 흔들려서는 안 된다는 이야기이고(살후 2:2), 끝은 규모 있는 신앙생활을 강조한 것입니다(살후 3:11).

47. 갈라디아서 시작은 다른 복음은 없다, 오직 그리스도 복음만 있다는 바울의 선언이며(갈 1:7), 중간은 우리로 아바 아버지라 부르게 하셨다는 이야기이고(갈 4:6), 끝은 "내 몸에 예수의 흔적을 지니고 있노라"라는 바울의 고백 이야기입니다(갈 6:17).

48. 고린도전서 **시작**은 고린도 교회를 향한 안부이며(고전 1:2~3), **중간**은 자유자 바울이 복음을 위해 모든 사람의 종이 된다는 이야기이고(고전 9:19), **끝**은 예루살렘 교회 성도를 위한 연보를 강조하는 것입니다(고전 16:3).

49. 고린도후서 **시작**은 고린도 교회를 향한 안부이며(고후 1:1~2), **중간**은 우리는 하나님의 성전이라는 이야기이고(고후 6:16), **끝**은 고린도 교회로 세 번째 갈 것을 밝히는 이야기입니다(고후 13:1).

50. 로마서 **시작**은 로마 성도들에게 안부를 묻는 것이며(롬 1:7), **중간**은 생명의 성령의 법 이야기이고(롬 8:2), **끝**은 바울의 동역자들에게 서로 문안하는 것입니다(롬 16:3).

51. 에베소서 **시작**은 바울의 창세전, 하나님의 예정을 찬송하는 것이며(엡 1:3~4), **중간**은 성령님께서 하나 되게 하신 것을 힘써 지키라는 이야기이고(엡 4:3), **끝**은 특별히 너희를 위로하기 위하여 두기고를 보낸다는 이야기입니다(엡 6:22).

52. 빌립보서 **시작**은 빌립보 성도를 위한 기쁨의 감사와 간구이며(빌 1:3~4), **중간**은 그리스도의 낮아지심 이야기이고(빌 2:6), **끝**은 에바브로디도 편에 보낸 선물에 대한 감사입니다(빌 4:18).

53. 골로새서 **시작**은 골로새 교회를 향한 안부이며(골 1:2), **중간**은 하나님의 비밀, 그리스도 이야기이고(골 2:2), **끝**은 두기고와 오네시모를 보내며 격려한 바울의 친필 문안입니다(골 4:18).

54. 빌레몬서 **시작**은 빌레몬에 대한 칭찬과 감사이며(몬 1:4), **중간**은 바울이 갇힌 중에서 낳은 아들 오네시모 이야기이고(몬 1:10), **끝**은 빌레몬을 형제로 부르며 오네시모를 부탁하는 이야기입니다(몬 1:20).

55. 디모데전서 **시작**은 믿음의 아들 디모데에게 주는 교훈이며(딤전 1:18), **중간**은 감독의 직분에 대한 이야기이고(딤전 3:1~2), **끝**은 믿음의 선한 싸움을 싸우라는 바울의 당부입니다(딤전 6:12).

56. 디도서 **시작**은 그레데에 디도를 남겨둔 이유를 밝힌 것이며(딛 1:5), **중간**은 범사에 선한 일의 본이 되라는 이야기이고(딛 2:7), **끝**은 디도에게 니고볼리로 급히 올 것을 부탁하는 내용입니다(딛 3:12).

57. 디모데후서 **시작**은 외조모 로이스와 어머니 유니게, 디모데 가족 이야기이며(딤후 1:5), **중간**은 하나님의 견고한 터가 섰다는 이야기이고(딤후 2:19), **끝**은 디모데에게 어서 속히 오라는 부탁입니다(딤후 4:21).

58. 히브리서 **시작**은 구약의 선지자들 이야기이며(히 1:1), **중간**은 예수님께서 장래 좋은 일의 대제사장이시라는 선언이고(히 9:11), **끝**은 영문 밖으로 예수님께 나가자는 것입니다(히 13:13).

59. 야고보서 **시작**은 흩어져 있는 열두 지파에게 문안하는 것이며(약 1:1), **중간**은 말에 실수가 없는 사람의 이야기이고(약 3:2), **끝**은 의인의 간구는 역사하는 힘이 크다는 선언입니다(약 5:16).

60. 베드로전서 시작은 부활의 소망을 찬송하는 것이며(벧전 1:3), 중간은 악을 악으로 갚지 말고 도리어 복을 빌라는 이야기이고(벧전 3:9), 끝은 함께 장로 된 이들에게 주는 권면입니다(벧전 5:1).

61. 베드로후서 시작은 나의 장막을 벗어날 것이 임박한 줄을 알고 있다는 것이며(벧후 1:14), 중간은 거짓 선생들을 조심하라는 이야기이고(벧후 2:1), 끝은 성경을 억지로 풀지 말라는 경고입니다(벧후 3:16).

62. 유다서 시작은 믿음의 도를 위하여 힘써 싸우라는 당부이며(유 1:3), 중간은 천사장 미가엘 이야기이고(유 1:9), 끝은 의심하는 자들을 긍휼히 여기라는 것입니다(유 1:22).

63. 요한일서 시작은 하나님과의 사귐이 무엇인지를 알려주는 것이며(요일 1:3), 중간은 "하나님은 사랑이심이라"라는 선포이고(요일 4:8), 끝은 그리스도 안에서의 영생을 하나님께 속한 자인 우리에게 알게 하신 이야기입니다(요일 5:19~20).

64. 요한이서 시작은 어느 부녀에게 전하는 서로 사랑하라는 당부이며(요이 1:5), 중간은 미혹하는 적그리스도 이야기이고(요이 1:7), 끝은 가서 대면하기를 원한다는 사도 요한의 소망입니다(요이 1:12).

65. 요한삼서 시작은 가이오에 대한 축복이며(요삼 1:2), 중간은 으뜸 되기를 좋아하는 디오드레베를 조심하라는 이야기이고(요삼 1:9), 끝은 속히 보기를 바라는 사도 요한의 소망입니다(요삼 1:14).

66. 요한계시록 시작은 밧모섬으로 요한을 찾아오신 예수님 이야기이며(계 1:9), 중간은 일곱 인을 떼신 어린양 이야기이고(계 5:7), 끝은 속히 오리라고 강조해 주신 예수님의 약속입니다(계 22:20).

결국 성경 66권은 예수 그리스도의 십자가 원 스토리(One Story)입니다.

The Bible; to the Cross, the Cross, from the Cross.

3. 성경통독 레시피, '10분에 성경 전체 이야기'

우리가 사도행전 7장의 스데반처럼 성경 전체를 틀리지 않게, 치우치지 않게, 선을 넘지 않고, 사람들 앞에서 10분 안에 이야기한다면 하나님께서 얼마나 기뻐하실까요?

성경 창세기부터 요한계시록까지 66권은 **하나의 이야기**입니다.

창세기는 하나님의 천지창조, 노아 홍수 심판, 하나님의 마음 이야기를 담은 역사 이전의 역사, **원역사**로 시작됩니다. 이어서 모리아산 번제로 하나님과 친구가 된 아브라함, 흉년에 100배 결실을 거둔 이삭, 열두 아들로 열두 지파의 기둥을 세운 야곱, 이렇게 족장 세 사람의 가나안 이야기, 그리고 요셉 때 **민족**을 만들기 위해 **입애굽**한 이야기입니다. 400년 후 히브리 민족이 첫 번째 유월절을 지키고 출애굽 합니다. **출애굽**의 표면적 이유는 애굽 **제국**의 박해 때문입니다. 그러나 실제로는 하나님과 히브리 민족 사이에 모든 민족을 위한 **세계선교**의 **꿈**인 **'제사장 나라' 언약**을 세우기 위해서였습니다. 레위기는 5대 제사를 비롯한 제사장 나라의 **거룩한 시민학교 교과서**이며, 민수기는 광야 40년 동안 모세에게 제사장 나라 교육을 받은 **만나세대** 이야기이고, 신명기는 **만나학교 졸업식** 설교입니다. 만나학교 졸업생들이 **약속의 땅** 가나안에 48개 관공서를 중심으로 제사장 나라를 세운 이야기가 여호수아이며, 사사기는 350년 동안 제사장 나라 1단계 흉년 징계와 2단계 수탈 징계 가운데 진행된 **사사들**을 **통한 구원** 이야기이고, 룻기는 사사 시대 제사장 나라 **교육 성공 사례** 이야기입니다.

사무엘이 어두웠던 사사 시대를 마감하고 **미스바세대**를 탄생시켜 제사장 나라를 꽃피웁니다. 이어서 **사울**이 이스라엘의 **초대 왕**이 됩니다. 사울과 사무엘의 갈등은 왕정 500년 동안 왕과 선지자 대립의 시작이 됩니다. **다윗**이 **세 번 기름 부음**을 받고 왕이 되어 성전 건축을 준비하고 제사장 나라 충성도를 높이며 **하나님의 종**으로 인정을 받습니다. 그리고 하늘 문을 연 다윗의 여러 시편과 하나님의 자랑, **하늘보석 욥** 이야기가 있습니다. **솔로몬**은 모든 민족을 위한 성전 건축, 그리고 잠언, 아가, 전도서를 남깁니다. 솔로몬 사후 **남북 분열 왕조 200년** 동안 엘리야, 엘리사, 아모스, 호세아의 외침과 열방을 위한 하나님의 마음을 깨달은 **요나의 3일 기적** 이야기가 선포됩니다. 그러나 여러 선지자의 설득에도 끝내 여로보암의 길로 행한 **북이스라엘**이 B.C.8세기 앗수르에 **멸망**합니다. 이때 이사야, 미가 선지자는 **메시아 예언**과 **베들레헴 탄생**을 예고합니다. 150년 후 **남유다**가 바벨론에 **멸망**할 때 스바냐, 하박국, 나훔, 요엘 선지자가 500년 왕정 평가를 포괄적으로 선언합니다. 이때 예레미야는 제사장 나라 징계 3단계인 바벨론 **포로 70년**의 **네 가지 의**

미–징계, 교육, 안식, 제국 수명을 말하며 **새 언약**을 **예고**합니다. 그리고 바벨론 포로 징계를 마치고 예루살렘으로 돌아갈 **재건세대**에게 하나님의 미래 **선물**, 역대기가 주어집니다.

에스겔이 바벨론에서 남유다 **포로민**들을 하나님의 말씀으로 **설득**함으로 **유대인**이 **시작**됩니다. 그 사이 다니엘은 환상 가운데 바벨론, 페르시아, 헬라, 로마 **제국 변동**의 **밑그림**을 그리며 영원한 하나님 나라를 예언합니다. 바벨론 제국은 하나님의 약속대로 70년 만에 페르시아에 멸망하고, 페르시아 제국은 스룹바벨, 학개, 스가랴와 함께 유대인들을 돌려보내며 예루살렘에 **성전**을 **재건**하게 함으로 레반트 지역에 **투자**를 합니다. 한편 페르시아에 남은 유대인들은 아말렉족 하만의 계략으로 죽을 위기에 처하지만, **에스더의 파티**를 통해 위기를 극복합니다. 이후 에스라가 2차 귀환을 이끌어 **산헤드린 공회**를 설치하고, 느헤미야가 3차 귀환을 이끌어 **성벽**을 **재건**함으로 제사장 나라 재건을 이룹니다. 제사장 나라를 세운 지 1000년 만에 하나님께서는 말라기 선지자를 통해 그동안의 사랑 **고백**과 엘리야를 보내 아버지 마음을 자녀에게로, 자녀들의 마음을 아버지에게로 돌이키게 하겠다는 약속을 주신 후 400년 동안 **침묵**하십니다.

신구약 중간기 400년 동안 제국들이 변동합니다. 페르시아 제국이 멸망하고 **헬라 제국**이 등장하는데, 헬라 제국의 프톨레미 왕조 때에 **모세오경**이 헬라어로 번역되어 **세계화**가 이루어집니다. 이어서 헬라 제국의 셀루커스 왕조가 예루살렘 성전을 모독하자 **마카비 가문**이 **혁명**을 일으켜 성전을 청결하게 한 후 **하스몬 왕조**를 세웁니다. 그런데 하스몬 왕조는 80여 년 동안 **대제사장**이 **왕**을 **겸직**하므로 제사장 나라 법을 어깁니다. 이후 헬라 제국이 로마에 넘어가면서 유대는 **로마 제국**의 **통치**하에 들어갑니다. 이때 로마는 에돔족인 **헤롯 가문**을 **유대**의 **분봉 왕**으로 삼아 예루살렘 **성전**을 **재건축**하게 함으로 성전을 로마의 통치 도구로 전락시킵니다.

바로 이때 B.C와 A.D 분기점에 예수님께서 천사들과 목자들의 기쁨 속에 **베들레헴**에서 **탄생**하십니다. 예수님께서는 공생애 3년 동안 하나님 사랑을 말씀하시며 **한 영혼의 가치**를 천하보다 귀하게 여기셨습니다. 때론 **사랑 때문에 피곤**하고 지치기도 하셨습니다. 그리고 약한 자의 비빌 언덕이 되시며 **사마리아인과 세리의 친구**가 되어주십니다. 공생애 **마지막 일주일** 동안 예수님께서는 예루살렘에서 마지막 유월절 첫 번째 성찬식을 통해 **새 언약**을 **체결**하신 후 **1차 산헤드린 공회 재판**과 **빌라도 재판**을 받으시고 로마의 형틀이자 **하늘 성소**인 **십자가**에 달리십니다. 예수님께서 십자가에서 **다 이루었다**고 선언하시는 순간 예루살렘 성전의 휘장이 위에서 아래로 찢어집니다. 이는 예수님께서 율법과 선지서의 완성으로 **단번 제사**를 드리시고 우리를 위한 새로운 살길의 휘장이 되심으로 **하나님 나라 복음**을 완성하신 것입니다. 십자가 죽음 후 3일에 부활하신 예수님께서는 승천하시기 전 모든 민족에게 전할 **지상명령**을 말씀하십니다.

이후 오순절 성령 체험을 한 열두 사도들이 **제자 시대**를 열고 예루살렘 공회를 열며 **2차, 3차, 4차 산헤드린 공회** 재판의 위협 속에서도 하나님 나라 복음을 전하고 교회를 세워갑니다. 한편 바울은 다메섹 길에서 예수님을 만난 후 이방인의 사도로 부름을 받습니다. 바울은 예루살렘 공회에서 바나바를 안디옥 교회에 파송할 때 동행하게 되어 소아시아 **1차 전도 여행**을 합니다. 2년 후 안디옥 교회에 생긴 할례 문제를 놓고 **예루살렘 공회**가 열립니다. 이때 오직 예수 십자가만이 하나님 나라 구원의 기준이라고 선언합니다. 그리고 바울도 바나바와 같은 사랑받는 형제로 결의합니다. 이후 바울 팀은 **2차, 3차 전도 여행**을 하며 데살로니가, 갈라디아, 고린도, 로마 교회에 편지를 써 보냅니다. 바울 팀은 3차 전도 여행이 끝날 무렵, 로마를 거쳐 땅끝인 스페인까지 복음을 전하기 위한 계획을 세우고 **예루살렘 교회**를 **방문**하여 이 소식을 알립니다. 이때 예루살렘 공회의 당부로 바울은 예루살렘 성전에 갔다가 유대인들에게 잡혀 죽을 위기에 처하게 되지만, 오히려 로마 천부장의 협조로 **5차 산헤드린 공회**를 열어 공회원들에게 마지막 설득을 시도합니다. 그러나 산헤드린 공회의 위협이 거칠어지자 바울은 의도적으로 부활 신앙을 고백함으로 사두개파와 바리새파를 분열시키고 그곳을 빠져나옵니다. 그날 밤 바울은 로마 천부장의 보호 속에 가이사랴로 이송되고, 다음 날 로마 총독 벨릭스의 재판을 받고 2년간 구금됩니다. 이후 바울은 새로 부임한 로마 총독 베스도의 재판을 받던 중, 산헤드린 공회의 살해 위협을 피하려고 결국, 로마 시민권을 이용해 로마 황제 재판을 요구하며 **죄수의 길**을 **선택**합니다. 그래서 죄수 이송선을 타고 로마에 도착합니다. 바울은 로마 감옥에서 황제 재판을 기다리는 2년 동안 하나님 나라 복음을 전하며 **교회론**인 에베소서, **기독론**인 골로새서와 빌립보서, 빌레몬서를 써 보냅니다. 그리고 2년 만에 잠시 자유의 몸이 된 바울은 또다시 전도 여행을 진행합니다.

그런데 A.D.64년 **로마 대화재 사건**이 발생합니다. 이때 로마 제국은 기독교 복음 1세대 지도자 200여 명을 로마 방화범으로 지목하여 잔인하게 처형합니다. 바울도 죽음이 임박했음을 알고 **믿음의 아들 디모데에게 유언**과 같은 디모데후서를 써 보냅니다. 바로 이때 순교를 눈앞에 둔 복음 1세대들이 복음 2세대들을 위한 **편지**, 히브리서, 베드로전 · 후서, 유다서를 남깁니다. 이는 **복음 2세대**들이 로마 제국의 박해 속에서 **선한 싸움**을 싸우며 하나님 나라 복음을 땅끝까지 전하도록 격려하기 위함입니다. 그러나 사도 요한은 복음 1세대로, 로마 대화재 이후 30여 년 동안 더 살아남아 로마 제국의 박해 가운데 있는 복음 2세대들을 돌보는 일을 감당합니다. 이때 요한일 · 이 · 삼서를 기록하여 권면하면서 **'하나님은 사랑'**이라고 **선언**합니다. 그리고 사도 요한은 복음 2세대가 이끄는 소아시아 일곱 교회에 하나님과 어린양의 보좌, **새 하늘과 새 땅**을 소개하며 주님

속히 다시 오시리라는 예수님의 간절한 **재림 약속**을 전하며 계시록 이야기를 끝냅니다.

성경을 열면 기적이 열립니다.
하나님의 말씀, 성경으로 **우리는** 21세기 **신앙 부흥** 운동을 곱셈하며
교회 부흥 운동을 곱셈할 것입니다. 아멘

tong track-1
모세5경

*Pentateuch_* 제사장(왕이 아닌) 중심으로 세워진 제사장 나라

핵심 질문 *key questions*

왜! 모세, 여호수아, 기드온, 사무엘은 왕이 되지 않으려고 노력까지 했습니까?

⇒ 왜냐하면, 제사장 나라의 거룩한 백성이 되고 싶어서입니다.

분위기 *the atmosphere*

'모세5경'은 아브라함에서 시작하여 모세 시대에 형성되는 하나님의 꿈인 '제사장 나라 셋업(setup)' 분위기입니다.

하나님께서는 아브라함의 후손들로 제사장 나라(A Kingdom of Priests)를 세우기 위해 그들을 흉년에 곡식이 풍성한 애굽(이집트)으로 이주하게 하셨습니다. 그리고 그곳에서 그들을 보호하시며, 애굽 사람들이 '히브리 민족'이라 부를 만큼 큰 민족을 이루게 하셨습니다.

"세계가 다 내게 속하였나니 너희가 내 말을 잘 듣고 내 언약을 지키면 너희는 모든 민족 중에서 내 소유가 되겠고 너희가 내게 대하여 **제사장 나라가 되며 거룩한 백성이 되리라** 너는 이 말을 이스라엘 자손에게 전할지니라"(출 19:5~6).

하나님께서는 '민족'은 있으나 '나라'를 갖지 못한 히브리인들에게 제국주의를 꿈꾸던 애굽의 오만과 억압을 민족적으로 체험하게 하십니다. 그리고 그들에게 제국이 아닌 제사장 나라를 세우도록 하나님과 이스라엘 민족 사이에 언약을 맺으시고 이를 훈련시키십니다.

10분에 '모세5경' 통으로 이야기 *tongbible*

〈**창세기**〉는 역사 이전의 역사인 **원역사**로 시작됩니다. 원역사는 하나님의 천지창조, 인간의 범죄와 하나님의 용서, 노아 홍수, 바벨탑 사건으로 정리할 수 있습니다. 그 가운데 노아 홍수는 온 우주 만물을 창조하시고, 하나님의 형상을 닮은 인생들을 복 주시며 그토록 기뻐하셨던 하나님께서 세상을 죄로 가득하게 만든 인간들로 인해 한탄하시고 근심하심으로 비롯된 사건입니다. 결국 공의의 하나님께서는 세상을 물로 심판하십니다. 세상을 다 뒤덮었던 그 많은 빗물은 바로 하나님의 눈물이었습니다. 노아는 하나님의 눈물을 그의 땀으로 닦아냈고, 다시 생육하고 번성하게 되는 복을 받아 하나님 말씀의 성취인 '족보'를 남깁니다. 그리고 하나님의 사람 아브라함이 준비됩니다.

족장사는 믿음의 조상 아브라함에서 시작합니다. 하나님의 뜻은 **아브라함**을 통해 한 민족을 만드시고, 그 민족을 통해 **모든 민족**에게 복을 주시는 것이었습니다. 하나님께서는 아브라함에게 자손과 땅을 주겠다고 약속하셨습니다. 아브라함은 우여곡절 끝에 100세에 아들 이삭을 얻게 되고, 그 아들에게 하나님을 가르치며 잘 기릅니다. 그런데 하나님께서 아브라함에게 하나뿐인 그 아들을 모리아산에서 번제로 바치라 명령하십니다. 아브라함은 하나님의 그 말씀까지도 순종하며 아들 이삭과 사흘 길을 걸어 모리아산으로 갑니다. 모리아산 번제 사건으로 아브라함은 아들 이삭과 함

께 '여호와 이레'를 체험하고, 하나님을 경외하는 신앙인의 모범이 됩니다. 사실 **모리아산 번제**는 2,000년 후 성부 하나님께서 성자 예수님을 십자가에 오르게 하신 '갈보리산 번제'의 밑그림이었습니다.

그 후 **이삭**은 아버지의 믿음과 순종의 삶을 이어받아 흉년에도 가나안 땅에서 100배의 결실을 거둡니다. 이삭의 둘째 아들 **야곱**은 형 에서와의 갈등으로 가나안에서 하란으로 도망하여 그곳에서 20년을 살면서 열두 아들을 낳습니다. 이후 이들이 **이스라엘의 열두 지파**가 됩니다. 야곱의 아들 **요셉**은 형들의 미움과 시기로 종으로 팔려 애굽으로 내려갔고, 이후 야곱이 흉년에 70명의 가족을 이끌고 입(入)애굽합니다. 이는 아브라함의 후손들이 애굽에서 430여 년을 살면서 모든 민족을 위한 한 민족 만들기, 즉 '제사장 나라 거룩한 백성'이 되기 위한 선발대의 역할이 되었습니다.

〈**출애굽기**〉는 입애굽이 있었기 때문에 가능했습니다. 입애굽의 지도자가 야곱과 요셉이었다면, 출애굽의 지도자는 **모세**입니다. 하나님께서는 출애굽을 위해 모세를 애굽 왕자가 되게 하셨습니다. 모세가 애굽의 왕자가 아니었다면, 바로와 6개월 동안 아홉 번이나 협상 테이블에 마주 앉는 것은 불가능했을 것입니다. 바로와 모세의 협상은 끝내 결렬되었지만, 아홉 가지 재앙은 '히브리인의 하나님께서' 행하신 기적임을 바로와 애굽 백성이 알게 됩니다. 그리고 열 번째 재앙이자 하나님의 기적으로 히브리 민족은 애굽에서 **'첫 번째 유월절'**을 지키고 **출애굽**하게 됩니다. 출애굽한 이스라엘 백성은 시내산에서 하나님과 '제사장 나라' 언약을 맺습니다. 출애굽의 표면적 이유는 애굽 **제국**의 박해 때문이었습니다. 그러나 실제로는 하나님과 히브리 민족 사이에 모든 민족을 위한 **세계 선교의 꿈**인 **'제사장 나라' 언약**을 세우기 위해서였습니다. 이스라엘 백성은 시내산에서 1년여 동안 머물면서 금송아지 우상을 만드는 잘못도 하지만, 하나님께서 주신 설계도대로 성막을 만들고 제사장 제도도 확립합니다.

〈**레위기**〉는 한마디로 제사장 나라의 **거룩한 시민 학교 교과서**입니다. 〈레위기〉에는 하나님과 제사장 나라 언약을 맺은 이스라엘 백성이 세 가지 방법으로 다섯 가지 제사를 드리는 법이 기록되어 있습니다. **제사장 나라의 다섯 가지 제사**는 죄지은 인간이 공의의 하나님 앞에 나아가 용서를 받을 수 있는 길입니다. 제사를 드리는 세 가지 방법은 누구든지 '예물'을 가지고, '하나님의 이름을 두려고 택하신 곳'에서, '제사장의 도움'을 받는 것입니다. 또한 〈레위기〉에는 하나님의 **미래 경영**, 즉 복과 저주의 두 가지 미래가 기록되어 있습니다. 제사장 나라 백성은 하나님께서 주신 율법을 지키면 두 가지 복, 국방과 경제의 복을 받게 되고, 율법을 지키지 않으면 3단계 처벌인 흉년, 수탈, 포로 징계를 받게 됩니다. 이는 하나님의 말씀을 전하는 선지자들이 제사장 나라를 이어가는 데 중요한 기준이 됩니다.

〈**민수기**〉는 이스라엘의 두 번의 **인구조사**를 기록한 책입니다. 첫 번째 인구조사는 출애굽한 사람들의 숫자이며, 두 번째 인구조사는 가나안에 들어갈 사람들의 숫자, 즉 광야 40년 동안 모세에게 제사장 나라 교육을 받은 만나세대의 숫자입니다. 인구조사의 기준은 첫째, '20세 이상 싸움에 나갈 만한 남자들의 숫자'를 계수하는 것이었고, 둘째, '이스라엘 장자들의 숫자'와 '레위 지파의 1개월 이상 된 남자들의 숫자'를 계수하는 것이었습니다. 인구조사의 목적은 군대를 조직하고, 약속의 땅 가나안에 들어가 땅을 분배하기 위함이었습니다. 그리고 무엇보다 중요한 것은 하나님께 제사를 드리기 위한 제사자의 수와 제사장의 수를 파악하기 위함이었습니다. 첫 번째 인구조사를 마친 이스라엘 백성이 드디어 시내산을 출발해 가데스 바네아에 도착합니다. 그런데 가나안을 정탐하고 돌아온 12명의 정탐꾼 가운데 10명의 믿음 없는 보고로 이스라엘 백성은 다시 입애굽을 요구합니다. 이때를 기준으로 **출애굽세대와 만나세대**가 나뉩니다. 하나님께서는 이 일로 인해 가나안 입성을 40년 뒤로 연기하셨고, 그 기간 동안 만나세대는 **광야**에서 모세를 통해 **제사장 나라 교육**을 제대로 받습니다.

〈**신명기**〉는 모세가 가나안이 멀리 보이는 모압 평지에서 마지막으로 두 달 동안 만나세대에게 남긴 4편의 역사 특강이자 **만나학교 졸업식 설교**입니다. 40년 전 시내산에서 제사장 나라의 꿈이 모세 한 사람의 기쁨이었다면, 〈신명기〉에는 만나세대 60만 명이 제사장 나라의 꿈으로 함께 기뻐하는 모습이 펼쳐집니다. 지난 세월 동안 하나님을 사랑해 온 모세가 만나세대에게 하나님 사랑을 다시 가르치며, 제사장 나라 율법을 **'네 자녀에게 가르치기'**를 당부합니다. 이어서 모세는 제사장 나라 언약을 잘 지킬 때와 지키지 않을 때, 하나님께서 주시는 복과 저주에 대한 미래 경영과 **'움직이는 성막 500년'** 시대를 보내고 맞이하게 될 움직이지 않는 '예루살렘 성전 1,000년' 시대의 밑그림이 되는 기록을 남깁니다.

'모세5경'과 '왕정 500년' 사이에는 〈**여호수아, 사사기, 룻기**〉가 있습니다. 〈여호수아〉는 모세의 뒤를 이어 이스라엘의 지도자가 된 여호수아가 만나세대와 함께 믿음으로 5년간 가나안 정복 전쟁을 승리로 이끈 후, **약속의 땅** 가나안에 48개 관공서를 중심으로 제사장 나라를 세운 이야기와 모세처럼 자신도 왕이 되지 않고 제사장 나라의 거룩한 백성이 되겠다고 선언한 이야기입니다. 〈사사기〉는 만나세대가 자녀들에게 신앙 교육을 소홀히 함으로 350여 년 동안 제사장 나라 법에 따라 1단계 흉년 징계와 2단계 수탈 징계 가운데 진행된 **사사들**을 통한 **구원 이야기**입니다. 각자 자기 소견에 옳은 대로 살던 사사 시대였지만, 이스라엘은 큰 틀에서 이 시기에 '왕정'이 아닌 '제사장 나라 시스템'을 유지했습니다. 〈룻기〉는 사사 시대의 제사장 나라 **교육 성공 사례 이야기**입니다. 제사장 나라의 율법으로 공동체에 닥친 어려움을 잘 해결한 보아스 가문은 이후 마태복음 1장의 족보로 연결됩니다.

모세5경 프레임 *pentateuch frame*

제사장 나라 — **to the Cross** (창~말, 구약 39권)

1 천지창조와 하나님의 거룩
1. 천지 만물 창조 - 피조물에게 복주심
2. 사람 창조 - 사람에게 복주심
3. 안식일 창조 - 복되고 거룩한 날
4. 첫 아담의 불순종 - 하나님의 구원 약속
5. 노아 번제 - 하나님의 은혜

2 아브라함을 통한 나라 큰그림
1. 가나안 땅과 자손 번성 언약
2. 하나님의 제사장 멜기세덱의 축복
3. 입애굽과 출애굽 예고
4. 나라를 통한 모든 민족의 복
5. 이삭 모리아산 번제

3 시내산 언약(관유)을 통한 제사장 나라
1. 히브리인의 신앙 - 첫 번째 유월절 어린양을 통한 12지파 장자 거룩
2. 모세 율법 - 거룩한 백성
3. 성막 제작 - 거룩한 기름(관유, Holy Anointing oil)
4. 아론에게 거룩한 기름 부음 - 공직자 첫 대제사장
5. 다윗 왕에게 거룩한 기름 부음 - 예루살렘 성전 건축
   : 엘리야가 엘리사(선지자) 와 하사엘(아람 왕)에게 거룩한 기름 부음

4 북이스라엘의 멸망을 통한 이사야의 메시아(그리스도) 신앙
1. 이사야의 메시아 신앙 - 히스기야의 성전 기도
2. 하나님의 아들 메시아 - 임마누엘
3. 왕 - 이새의 줄기, 평강의 왕
4. 선지자 - 기묘자라 모사라, 아름다운 소식
5. 대제사장 - 그의 영혼을 속건 제물로

(3~5 → 메시아의 3중직 - 내게 기름을 부으사)

5 남유다의 멸망을 통한 예레미야의 새 언약 예고
1. 예레미야의 새 언약 예고 - 제사장 나라 징계 3단계
2. 예루살렘 성전 전소 - 내가 잠깐 그들에게 성소
3. 에스겔의 성전 조감도 - 하늘 성소
4. 다니엘의 제국 변동 - 하나님 나라 도래
5. 유대인의 신앙 - 스룹바벨 성전 재건

the Cross (4복음서)

6 예수 그리스도(메시아)의 새 언약(보혈)을 통한 하나님 나라
1. 그리스도의 성육신 - 거룩한 이, 임마누엘
2. 그리스도의 세례 - 하나님의 어린양, 하나님의 아들
3. 그리스도의 첫 번째 성찬식 - 새 언약, 관유에서 보혈로
4. 그리스도의 십자가 하늘 성소 단번 제사 - 속량과 새 휘장
5. 그리스도의 부활과 승천 - 재림, 우편 보좌

(2~3 → 하나님 사랑 이웃 사랑의 제자도)

하나님 나라 — **from the Cross** (행~계, 신약 23권)

7 그리스도인(교회), 하나님 나라 거룩한 공직자
1. 그리스도인의 성령 세례
   - 우리는 성령 세례 받은 하나님 나라의 거룩한 예배자입니다.
2. 그리스도인의 부활 영생
   - 우리는 부활 영생을 믿고 순교신앙으로 사는 제자들입니다.
3. 그리스도인의 지상명령
   - 우리는 예수님의 승천과 재림 사이에 지상명령을 수행하는 전도인입니다.
4. 그리스도인의 예수 재림 소망
   - 우리는 속히 오시리라는 예수님의 재림 약속을 믿는 마라나타 신앙인입니다.
5. 그리스도인의 새 하늘 새 땅 소망
   - 우리는 하나님과 어린양이 성전인 거룩한 성에서 영원히 사는 하나님 나라 백성입니다.

모세5경 | 왕정 500년 | 페르시아 7권 | 중간사 400년 | 4복음서 | 사도행전 30년 | 공동서신 9권

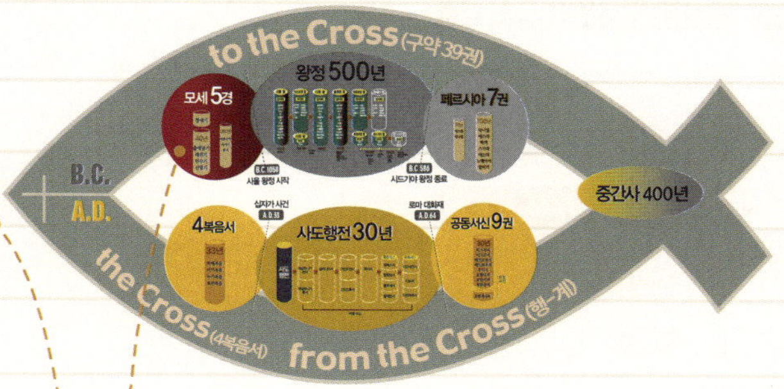

1 천지창조와 하나님의 거룩
1. 천지 만물 창조 - 피조물에게 복주심
2. 사람 창조 - 사람에게 복주심
3. 안식일 창조 - 복되고 거룩한 날
4. 첫 아담의 불순종 - 하나님의 구원 약속
5. 노아 번제 - 하나님의 은혜

2 아브라함을 통한 나라 큰그림
1. 가나안 땅과 자손 번성 언약
2. 하나님의 제사장 멜기세덱의 축복
3. 입애굽과 출애굽 예고
4. 나라를 통한 모든 민족의 복
5. 이삭 모리아산 번제

3 시내산 언약(관유)을 통한 제사장 나라
1. 히브리인의 신앙 - 첫 번째 유월절 어린양을 통한 12지파 장자 거룩
2. 모세 율법 - 거룩한 백성
3. 성막 제작 - 거룩한 기름(관유, Holy Anointing oil)
4. 아론에게 거룩한 기름 부음 - 공직자 첫 대제사장

1과 원역사

창세기 1~11장

큰글자 일년일독 통독성경 *one year tongdok bible as one story*

1일 : 좋아, 토브, Good **2일** : 불순종한 아담과 하와 **3일** : 노아 홍수, 하나님의 눈물 **4일** : 족보, 약속의 성취

시간 흐름 *time flow*

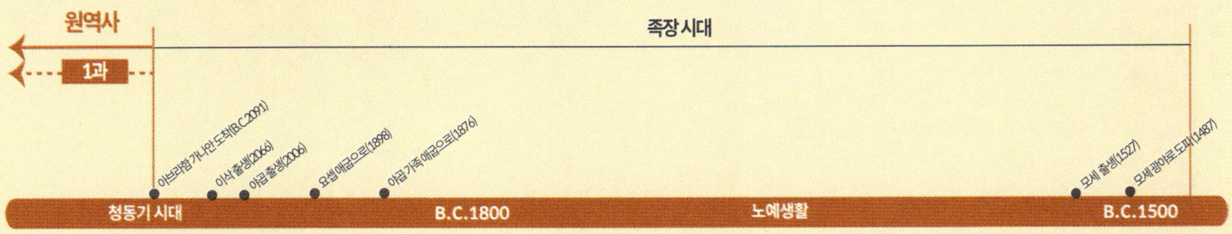

지금 공간 *current location* 에덴동산, 방주, 아라랏산

주요 인물 *main character* 아담, 하와, 가인, 아벨, 노아, 셈, 야벳

통通포인트 *tong point*

하나님의 마음과 거룩

원역사 부분인 창세기 1~11장을 읽어가면서, 온 세상 우주 만물을 창조하시고 기뻐하신 하나님, 그리고 하나님의 형상을 닮은 사람들을 지으시고 정말 기뻐하신 하나님을 봅니다. 그런데 다른 피조물이 아닌 사람들이 죄를 짓는 모습을 보시고, 창조 후 그렇게 좋아하셨던 하나님께서는 사람 지으셨음을 한탄하시며 후회하십니다. 노아 시대 홍수는 아픈 하나님의 마음이 드러난 하나님의 눈물이었습니다. 이처럼 원역사에는 하나님의 마음이 잘 드러나 있습니다. '하나님의 마음'을 헤아리는 것은 <창세기>부터 <요한계시록>까지 성경 전체를 통독할 때 중요하게 여겨야 할 관점입니다. 또한 성경 전체에는 하나님께서 인간에게 주시는 '복'과 하나님의 속성인 '거룩'이 담겨 있습니다. <창세기>에서 안식일의 '복과 거룩'은 <요한계시록>의 첫째 부활에 참여하는 이들의 '복과 거룩'으로 이어집니다. 하나님께서 하나님의 복과 거룩에 인간을 참여하게 하십니다.

1. 천지 창조 창 1장

#큰글자 일년일독 통독성경 | 1~3p

한여름 밤, 어느 한적한 시골 들녘에서 가슴속으로 쏟아질 듯 무수하게 반짝이는 하늘의 별들을 보신 적이 있습니까? 누구나 이 세상을 보면서 '이

모든 것을 지으신 분이 계시겠구나! 창조자가 계시구나!'라고 생각할 수 있을 것입니다. 마치 이 세상에 존재하는 모든 작품을 보면서, 그 작품을 만든 사람에 관해 생각하듯 말입니다.

하나님께서 태초에 천지를 창조하셨습니다. '최초의 진정한 설계자이시며 디자이너이신 창조주 하나님'이라고 별명을 붙여드릴 만합니다. 첫째 날에는 빛을 만드시고, 둘째와 셋째 날에는 궁창(하늘)과 땅과 바다와 온갖 식물을 만드셨습니다. 넷째 날에는 이미 만들어진 궁창에 해와 달과 별들을 두셨습니다. 다섯째와 여섯째 날에는 하늘과 바다와 땅에 살아 있는 생명체들을 채워주셨습니다. 그리고 하나님의 형상을 따라 인간을 만드셨습니다. 이렇게 하나님께서 '시간, 공간, 인간'을 모두 창조하셨습니다. 하나님께서는 창조물들이 조화와 균형을 이루도록 자연스럽고 아름답게 지으셨으며, 지으신 모든 것을 보시고 무척 기뻐하셨습니다.

하나님께서는 천지를 창조하시고, 지으신 모든 창조물에게 복을 주셨습니다. 먼저 물고기들과 새들에게 복을 주시며 생육하고 번성하라고 하셨습니다(창 1:21~22). 그리고 하나님께서는 이 모든 것을 누리며 다스리고 관리하는 책임을 우리 인간에게 주시고, 또 복까지 주시며 기뻐하셨습니다.

이때부터 성경의 중요한 키워드인 '하나님의 복(blessing)' 이야기가 시작됩니다. 공중 나는 새들과 바다의 물고기들, 그리고 하나님의 형상을 닮은 우리 인생들을 포함한 모든 피조물은 창조 때부터 지금까지 하나님께서 복 주심으로 생육하고 번성하여 존속하고 있습니다. 이러한 하나님의 마음을 영어로는 '굿(Good)', 히브리어로는 '토브(טוב)', 우리말로는 '정말 좋고 기쁘다'로 표현할 수 있습니다.

하나님께서 모든 것을 다 주셨습니다. 우리는 남에게 무언가를 주면서 되받기를 원하고, 또 주면서 아까워합니다. 하지만 우리 하나님께서는 주고 또 주시면서 좋아하고 기뻐하시는 분입니다. 온 세상 만물을 만드시고 그 만드신 만물 중에 특별히 우리를 만드시고, 복 주시며 기뻐하시는 하나님의 마음을 창세기 1장에서 흠뻑 느낄 수 있습니다.

2. 복되고 거룩한 안식일 창 2:1~3

#큰글자 일년일독 통독성경 | 3p

하나님께서 6일 동안 천지를 창조하신 후, 일곱째 날을 복되고 거룩하게

원역사(primeval history, pre-history)
창세기 1장부터 11장까지는 원역사이다. 원역사는 '역사 이전의 역사'로, 역사를 기록하기 이전에 있었던 일로 시간과 공간을 정확하게 기록할 수 없는 시대의 역사를 말한다. 인류 역사 전체를 통틀어 '원역사'를 문자로 생생하게 기록한 것은 오직 성경뿐이다.

천지 창조
- 첫째 날 : 빛을 만드시고 낮과 밤을 구별하심
- 둘째 날 : 궁창(하늘)을 만드심
- 셋째 날 : 땅과 바다와 온갖 식물을 만드심
- 넷째 날 : 해와 달과 별들을 만드심
- 다섯째 날 : 새와 물고기들을 각기 종류대로 만드심
- 여섯째 날 : 동물들과 사람을 만드심
- 일곱째 날 : 일곱째 날을 복 주시고 거룩하게 하시며 안식하심

하나님께서 인류에게 주신 복
- 복되고 거룩한 안식일 (창 2:3)
- 삶의 아름다운 터전 (창 2:8)
- 하나님의 창조 사역에 동역하게 하신 것 (창 2:15)
- 서로 도울 수 있는 동역자 (창 2:24)

하시며 안식하심으로 '거룩'이 시작되었습니다. 거룩은 '하나님의 속성'입니다. 하나님께서 안식일을 통해 피조물인 인간이 하나님의 거룩에 참여할 수 있도록 기회를 주신 것입니다. 그러므로 안식일은 하나님의 창조를 기억하며 하나님과의 관계를 회복하는 날입니다.

안식일은 이후 제사장 나라 율법을 통해 중요한 절기가 됩니다. 안식일이 있어야 안식년과 희년을 지킬 수 있으며, 하나님과 이웃 사이에서 거룩한 삶을 살 수 있습니다.

안식일

안식일은, 하나님께서 6일 동안 천지를 창조하시고, 7일째 안식하신 날이다. 하나님께서는 이날을 복되게 하시고 거룩하게 하시며, 하나님의 형상을 닮은 사람들뿐 아니라 소나 나귀 같은 짐승들까지도 안식일에는 쉬게 하셨다. 안식일은 거룩한 날이며 '안식일의 주인' 되시는 예수님을 예배하는 날이다.

3. 인간의 범죄와 하나님의 용서 창 2:4~3장

큰글자 일년일독 통독성경 | 3~6p

하나님께서 아담과 하와를 위해 에덴동산을 지어주셨습니다. 하나님의 형상을 닮은 사람에게 "생육하고 번성하여 땅에 충만하라"(창 1:28)라는 복을 주시고, 그에 적합한 삶의 터전을 주신 것입니다. 에덴동산에 있는 많은 나무 가운데 선악을 알게 하는 나무도 있었습니다. 하나님께서는 아담에게 "동산 각종 나무의 열매는 네가 임의로 먹되 선악을 알게 하는 나무의 열매는 먹지 말라 네가 먹는 날에는 반드시 죽으리라"(창 2:16~17)라고 말씀하셨습니다. 하나님께서는 피조물인 인간이 선악과를 보면서 창조주 하나님을 생각하고 순종하기를 원하셨습니다. 그것은 인생들에게 복된 일이었습니다. 그런데 이처럼 큰 복을 받은 인간이 작은 것에 흔들립니다.

뱀은 먼저 하와를 유혹했고, 하와는 아담을 미혹하여 결국 두 사람은 하나님의 말씀에 불순종하며 선악과를 따 먹었습니다. 그러자 아담과 하와는 눈이 밝아져 자기들이 벗은 것을 알고 무화과나무 잎을 엮어 치마로 삼으며, 수치와 두려움에 하나님으로부터 멀어져 숨었습니다. 인간이 죄의식을 갖기 시작한 것입니다. 첫 사람 아담과 하와의 불순종은 그들의 죄뿐만 아니라 그의 후손인 모든 인류에게 이어지는 근본적인 죄가 되었습니다. 이를 '원죄'라고 합니다. 죄는 모든 관계를 깨뜨립니다. 하나님과 인간의 관계, 인간 자신과의 관계, 이웃과의 관계, 창조 세계와의 관계가 모두 깨진 것입니다.

이 일의 결과로 뱀이 하나님께 저주를 받습니다. "내가 너로 여자와 원수가 되게 하고 네 후손도 여자의 후손과 원수가 되게 하리니 여자의 후손은 네 머리를 상하게 할 것이요 너는 그의 발꿈치를 상하게 할 것이니라 하시고"(창 3:15). 인간의 범죄로 인해 땅도 하나님께 저주를 받게 됩니다.

에덴동산
(the Garden of Eden, Paradise)

에덴동산은 하나님께서 만드신 하나님의 동산, 기쁨의 정원이다. 에덴동산에는 생명나무와 선악을 알게 하는 나무가 중앙에 있다. 에덴동산으로부터 비손강, 기혼강, 힛데겔강(티그리스강), 유브라데강이 흘러나온다.

사망과 생명

첫 사람 아담과 하와의 불순종으로 하나님의 저주와 징계가 내려졌다. 아담의 불순종으로 시작된 저주와 사망의 문제는 둘째 아담 예수님의 갈보리 십자가에서 완성하신 대속으로 해결되며, 이후 새 예루살렘에서의 최후 승리로 이어진다.

하나님의 저주

하나님의 복과 저주는 제사장 나라 율법을 통해 더욱 분명해진다. 오랜 시간이 흐른 후 남유다가 멸망할 때, 다니엘은 "이스라엘이 주의 율법을 범하고 치우쳐 가서 저주가 내렸고 이는 모세 율법에 기록된 대로 되었다"라고 고백했다(단 9:11). 그러나 하나님의 아들 예수님께서 우리 대신 저주를 받으심으로 죄지은 인간이 용서받게 되었고, 하나님의 공의와 거룩이 드러나게 되었다.

그러나 하나님께서는 인간의 죄와 그에 대한 처벌에 대해 분명히 말씀하신 후에, 죄지은 아담과 하와를 불쌍히 여기셔서 가죽옷을 지어 입혀주십니다. 이것은 죄지은 인간들을 향한 하나님의 용서이며, 하나님의 긍휼이었습니다.

4. 가인과 아벨 창 4~5장

큰글자 일년일독 통독성경 | 6~9p

에덴동산에서 쫓겨난 후, 아담과 하와는 두 아들 가인과 아벨을 낳아 기릅니다. 그들은 장성하여 각각 농업과 목축업에 종사합니다. 세월이 지난 후에 가인은 땅의 소산으로 제물을 삼아 하나님께 드렸고, 아벨은 양의 첫 새끼와 그 기름으로 하나님께 제사를 드렸습니다. 그런데 하나님께서 가인과 그의 제물은 받지 않으시고, 아벨과 그의 제물만 받으셨습니다(창 4:3~5). 그러자 가인이 동생 아벨을 시기하여 인류 최초의 살인 사건이 일어납니다. 천지 창조 후 그렇게 좋아하셨던 하나님의 마음은 악한 인간의 마음 때문에 한탄으로 바뀝니다.

공의와 사랑
공의의 하나님께서 인간을 징계하시면서도 끝까지 사랑하심은 <창세기>를 시작으로 성경 전체에 유유히 흐르는 주제이다.

그러나 하나님께서는 아담과 하와에게 가인이 죽인 아벨 대신에 또 다른 아들 '셋'을 주심으로써 의인의 계보를 이어가게 하십니다. 이는 하나님의 구원 역사를 이루기 위한 준비였습니다.

우리는 창세기 5장의 족보를 통해서도 하나님의 크신 은혜를 느낄 수 있습니다. 아담에게 주신 복이 아담 당대로 끝나지 않고, 그 후손들에게 계속 이어지는 것을 확인할 수 있습니다.

5. 노아 홍수 - 하나님의 눈물 창 6~9장

큰글자 일년일독 통독성경 | 9~15p

첫 사람 아담 이후 세월이 지나 그의 후손 가운데 노아가 살던 시대의 상황을 보면, 아담이 범죄한 때와는 비교도 할 수 없을 만큼 많은 사람이 죄를 짓고 타락한 시대였습니다. 하나님께서는 하나님의 형상을 닮은 첫 사람 아담의 후손들이 저지르는 그 많은 죄악을 보시며 땅 위에 사람 지으셨음을 한탄하셨습니다. 창세기 1장에서는 하나님께서 천지 만물을 창조하시고 피조물을 보시며 심히 좋아하셨는데, 창세기 6장에서는 사람 지으셨음을 한탄하시며 근심하십니다.

하나님의 통치 명령 수행
- 아담의 특별 사명
  - 이름 짓기
- 노아의 특별 사명
  - 방주 짓기, 방주 속 짐승 돌보기

하나님께서 홍수로 세상을 심판하심으로, 본격적인 하나님의 심판 이야기가 성경에 드러나게 됩니다. 그런데 홍수 심판 가운데 하나님께서 노아에게 은혜를 베푸십니다. "그러나 노아는 여호와께 은혜를 입었더라"(창 6:8). 성경에서 '은혜'는 노아 때 처음 등장하는데, 하나님께서 베푸신 은혜는 인간과 하나님의 관계 회복을 위함입니다. 결국 하나님의 은혜는 예수님의 십자가에서 가장 크게 나타납니다. '하나님의 은혜'라는 말은 성경에서 손꼽히는 중요한 용어입니다.

노아의 방주 (뉘른베르크 연대기 1493 삽화)

노아는 하나님의 명령에 순종하며, 하나님께서 주신 설계도대로 고페르 나무로 방주를 짓습니다. 그리고 방주에 자신과 가족, 혈육 있는 모든 생물을 암수 한 쌍씩 넣어 생명을 보존하게 하시려는 하나님의 계획에 순종했습니다. 온 우주 만물을 창조하시고 심히 좋아하셨던 하나님의 그 마음을 기억한다면, 노아 때 홍수로 온 세상을 처벌하신 그 빗물이 하나님의 눈물이며 하나님의 아픈 마음임을 알 수 있습니다.

방주
노아가 지은 방주는 길이 135m, 폭 22.5m, 높이 13.5m로 총 3층이었다. 학자들은 이 정도 크기의 선박이라면 43,000톤 이상을 실을 수 있었을 것으로 추정한다. 방주는 아라랏산 정상에 멈추었다.

마침내 홍수 심판이 끝납니다. 홍수로 인해 세상 모든 사람과 생명 있는 모든 짐승이 다 죽었지만, 방주 안에 있던 노아와 그의 가족과 혈육 있는 모든 생물은 살아남았습니다. 노아는 방주에서 홍수 기간에 정성을 다해 돌보았던 정결한 짐승과 정결한 새 가운데 제물을 골라 하나님께 번제로 드렸습니다(창 8:20). 노아가 짐승을 제물로 드렸다는 것은 번제를 통해 생명의 주인이 하나님이심을 인정하고 하나님 앞에 순종하는 모습을 보여준 것입니다.

뒷걸음쳐 들어가는 마음
셈과 야벳은 뒷걸음쳐 들어가 아버지 노아의 허물을 덮었다. 예수님께서도 우리의 허다한 죄와 허물과 부끄러움을 보혈의 피로 덮어주셨다. 예수님의 십자가는 우리의 죄를 덮으신 하나님의 사랑이었다.

노아의 번제는 죄지은 인간이 하나님께 용서받는 방법의 길을 연 것입니다. 번제는 이후 아브라함이 이어갑니다.

노아의 번제를 받으신 하나님께서는 노아에게 다시금 "생육하고 번성하여 땅에 충만하라"(창 9:1)라는 복을 주시며, 노아와 '무지개 언약'을 맺으십니다. 이는 후손에 대한 복을 약속하신 것입니다.

6. 족보 - 약속의 성취 창 10장

큰글자 일년일독 통독성경 15~17p

족보는 하나님께서 행하신 통치의 연속성을 보여주는 기록입니다. 족보는 하나님의 형상을 닮은 인간들이 생육하고 번성하여 땅에 충만한 복을 누렸다는 증거입니다. 하나님께서 복을 베풀어주시지 않으면 어떤 피조물도 생육하고 번성할 수 없습니다. 홍수로 인해 생명 있는 땅의 모든 것이 사라졌지만 다시 땅에 하나님의 피조물들이 가득하게 되고, 노아의 족보가 성경에 기록되었다는 사실은 창조주 하나님께서 피조물에게 복을 주시며 계속 통치하셨다는 증거입니다.

창세기 10장은 노아의 아들들로 시작된 족보입니다. 창세기 10장을 이해하기 위해 창세기 9장 1절을 읽어본다면, "아하!" 하고 무릎을 치게 될 것입니다. 창세기 10장에 나오는 수많은 사람의 이름, 즉 노아 자손의 이름을 보면서 우리는 창세기 9장 1절에 기록된 하나님의 약속, 즉 "생육하고 번성하여 땅에 충만하라"라고 하신 약속을 기억하게 됩니다. 창세기 10장에 나오는 많은 사람의 이름은 바로 그 약속의 말씀이 성취된 증거입니다.

성경 속 족보 이야기
성경 속 족보는 수많은 이름 속에 더 깊은 이야기가 압축된 흥미로운 이야기이다. "아브라함과 다윗의 자손 예수 그리스도의 계보라"(마 1:1). 마태복음 1장은 구약성경 전체를 담은 압축이었다. 족보는 성경 전체의 흐름, 즉 줄기 이야기로 이어가면 그 감동이 더욱 커진다.

7. 바벨탑 사건 창 11장

#큰글자 일년일독 통독성경 | 17~18p

노아 홍수 후 하나님의 뜻은 '가라(go)'였습니다. 그런데 사람들은 하나님의 뜻과는 반대로 흩어지지 않으려고, 높은 성읍과 탑을 쌓아 자신들의 이름을 내고, 하늘에 닿을 만큼 높이 올라가고자 하는 계획을 세웠습니다. 하나님께서는 스스로 흩어지기를 거부한 그들을 어쩔 수 없이 강제로 흩으십니다. 이것이 바벨탑 사건입니다. 바벨탑 사건으로 인해 수많은 언어가 세상에 존재하게 됩니다. 그런데 놀라운 사실은, 온 세계 그리스도인의 언어가 '성경'으로 통한다는 것입니다. 즉, 세계 공용어는 '오직 성경'입니다.

이어서 창세기 11장 후반부에 등장하는 노아의 큰아들 셈의 족보를 통해 하나님의 견고한 구원 계획을 다시 볼 수 있습니다. 바벨탑 사건 속에서 준비되는 한 사람, 아브라함을 기대하게 됩니다. 셈의 족보를 통해 노아의 번제가 이후 아브라함에게 학습되었다는 사실을 충분히 짐작할 수 있습니다.

'바벨'의 의미
바벨론을 의미하는 '바벨'에는 '헛소리'라는 뜻이 있다.
헛소리 1: "탑의 꼭대기를 하늘에 닿게 하겠다"
헛소리 2: "우리 이름을 내자"
헛소리 3: "흩어짐을 면할 수 있다"

바벨탑 _ 피터 브뤼겔 作

8. 하나님의 거룩, 십자가로

● 창조에서 새 창조로

하나님께서는 처음 하늘과 처음 땅을 지으셨습니다. 이것이 창세기 1장의 기록입니다. 이 놀라운 창조 기록은 〈요한계시록〉에 나오는 새 하늘과 새 땅으로 이어집니다. 새 하늘과 새 땅은 처음 하늘과 처음 땅이 있었음을 전제로 합니다. 새 하늘과 새 땅의 창조는 하나님께서 예수 그리스도의 십자가로부터 시작하십니다.

● 안식일과 안식일의 주인 예수님

하나님께서는 6일 동안 천지 만물을 창조하시고, 일곱째 날 안식하시며 그날을 복되게 하시고 '거룩'하다고 말씀하셨습니다. 거룩은 하나님의 속성입니다. 그런데 하나님께서는 놀랍게도 "내가 거룩하니 너희도 거룩할지어다"(레 11:45)라고 말씀하시며, 인간이 거룩할 수 있는 길을 여셨습니다. 하나님께서는 하나님의 형상을 닮은 인간이 하나님의 말씀에 순종하며 거룩해지기를 원하십니다. 예수님께서는 안식일의 주인이십니다. 거룩함을 입은 그리스도인은 예수님을 통해 영원한 안식으로 가게 됩니다.

● 아담의 불순종과 둘째 아담 예수님의 십자가 순종

첫 사람 아담의 불순종으로 인간의 원죄가 시작되었습니다. 하나님께서 "여자의 후손은 네 머리를 상하게 할 것이요"(창 3:15)라고 말씀하시며, 저주를 언급하셨습니다. 하나님께서 인간들에게 말씀하셨던 거룩은 산 너머로 멀리 사라져 버린 듯했습니다. 그런데 둘째 아담 예수 그리스도의 십자가 순종을 통해 하나님의 약속이 성취됩니다. "예수 그리스도의 몸을 단번에 드리심으로 말미암아 우리가 거룩함을 얻었노라"(히 10:10). 결국 우리는 예수 십자가를 통해 거룩하게 되는 놀라운 복을 받았습니다.

● 심판, 은혜, 언약, 복은 십자가로 수렴

노아 홍수 심판은 '공의의 하나님'의 '거룩'이 드러난 사건입니다. 그리고 노아를 통해 하나님의 은혜와 언약, 복이 시작되었습니다. 이 모든 것은 십자가로 수렴됩니다. 피조물인 인간이 무엇으로 창조주 하나님을 기쁘시게 해드릴 수 있겠습니까. 〈창세기〉의 원역사 기록을 통해 우리가 알 수 있는 것은, 하나님께서 아벨의 번제와 노아의 번제 제물을 기쁘게 받으셨다는 사실입니다. 그러므로 피조물인 인간이 하나님 앞에 나아가 제사를 드릴 수 있다는 그 사실이 은혜입니다. 하나님께 올려드린 제사의 하이라이트는 예수 그리스도께서 십자가 단번 제사의 제물이 되심으로 하나님을 기쁘시게 하시고, 우리를 저주와 죄(원죄와 율법에 기록된 죄)에서 구원하시며 하나님의 자녀가 되게 하신 기적입니다.

2과 족장사

창세기 12~36장

큰글자 일년일독 통독성경 *one year tongdok bible as one story*

5일 : 하나님의 약속과 아브라함의 순종 **6일** : 무지개, 할례, 언약궤, 십자가 **7일** : 아브라함, 복의 통로
8일 : 모리아산, 2,000년 후 갈보리산 **9일** : '다음 세대' 이삭 **10일** : 빈손 야곱, 십일조 약속
11일 : 야곱과 에서, 20년 만에 화해 **12일** : 야곱, 이스라엘로

시간 흐름 *time flow*

지금 공간 *current location* 갈대아 우르, 하란, 가나안, 모리아산, 막벨라굴, 브엘세바

주요 인물 *main character* 아브라함, 사라, 멜기세덱, 엘리에셀, 이삭, 야곱, 에서, 야곱의 열두 아들

통通포인트 *tong point*

아브라함의 신앙, 히브리인의 신앙으로

하나님께서는 모든 민족을 위한 복의 통로로 아브라함을 '나라'로 세우겠다고 말씀하셨습니다. 하나님의 말씀대로 아브라함의 후손들은 입애굽을 통해 큰 민족을 이루었고, 출애굽을 통해 마침내 '모든 민족을 위한 한 민족'으로 나라를 세웠는데, 그 나라가 바로 '제사장 나라'입니다. 장차 하나님 나라로 수렴되는 '제사장 나라'는 이처럼 아브라함 때부터 준비된 나라였습니다. 성경은 아브라함이 모리아산 번제로 하나님의 친구가 되었다고 기록하고 있습니다. 아브라함과 하나님께서 서로를 위해 사랑하는 아들을 내어놓는 경험을 공유했기 때문입니다. 아브라함과 이삭의 모리아산 번제는 이후 히브리인의 신앙을 이어가는 중요한 사건이 되며, 2천 년 후 갈보리산 번제의 '여호와 이레'가 됩니다.

1. 갈대아 우르에서 가나안으로 - 하나님의 공간 경영 창 12장

#큰글자 일년일독 통독성경 | 19~20p

어느 날 하나님께서 아브람(아브라함의 전 이름)에게 찾아오십니다. 그리고 그 땅을 떠나 '보여줄 땅'으로 가라고 명령하십니다. 당시 문명이 매우 발달

족장사란?
'족장(族長)'이란 한 부족을 지배하는 권한을 가진 우두머리를 뜻한다. 히브리 민족의 출발점인 아브라함, 이삭, 야곱 세 사람의 족장 이야기를 담은 창세기 12장부터 50장까지를 '족장사'로 공부한다. 이제부터는 '역사 이전의 역사'가 아닌, 기록 가능한 역사가 시작되기 때문에 시간과 공간과 인물이 명확해지기 시작한다.

해 있던 도시 갈대아 우르에 살고 있던 아브람은 하나님의 말씀에 순종하여 고향을 떠나 약속의 땅으로 향했습니다.

하나님께서는 아브람에게 '자손과 땅'에 대한 두 가지 약속을 주셨습니다. 아브람의 자손을 하늘의 별처럼, 바닷가의 모래처럼 많게 해주시겠다는 것이고, 아브람이 머물게 될 가나안 땅을 그의 후손에게 기업으로 주시겠다는 것입니다. 하나님께서 아브람 '개인'과 그의 '가정'을 먼저 선택하신 이유는, 결국 의와 공도의 나라인 '제사장 나라'를 가나안 땅에 세우시기 위함입니다.

아브람의 여행
갈대아 우르에서 하란까지는 직선거리로 약 1,000km였다. 서울과 부산 사이의 거리(일반열차)가 444.3km임을 생각할 때 굉장히 먼 거리이다. 또한 하란에서 가나안까지는 약 800km였다. 아브람은 총 약 1,800km의 직선거리(실제로는 구불구불 여행했을 것)를 여행한 것이다.

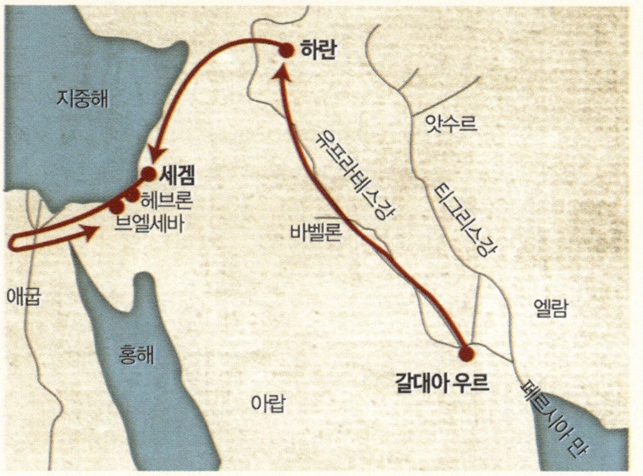

'가나안'은 성경에서 가장 중요한 공간입니다. 훗날 아브람의 후손들은 입애굽과 출애굽을 거쳐 약속의 땅 가나안으로 돌아오게 됩니다. 다윗 때에는 가나안 땅 가운데 한 곳인 '예루살렘'이 이스라엘의 수도가 되고, 언약궤를 이곳으로 옮겨옵니다. 그리고 다윗의 성전 건축 준비를 이어받은 솔로몬이 성전을 건축함으로써, 예루살렘은 하나님의 이름을 두려고 택한 곳이 됩니다. 그로부터 천 년 후 예수님께서 예루살렘에서 십자가를 지셨고, 예수님의 지상명령 이후부터 복음은 예루살렘에서 땅끝으로 퍼져나가게 됩니다. 하나님께서 '가나안'으로 시작하신 공간 경영은 결국 새 하늘과 새 땅으로 가는 중요한 지점이 됩니다.

갈대아 우르 (Ur of the Chaldeans)
갈대아 우르는 메소포타미아 하류, 페르시아만 근처 유프라테스강 어귀에 있었던 도시로, 고대 수메르 문명의 주요 도시였다. 영국의 고고학자 울리(C.T.Wooley)의 발굴로 우르가 실제로 존재했던 도시였음이 드러났다. 아브람은 하나님의 말씀에 순종해 문명이 주는 혜택을 뒤로하고, 황무지나 다름없는 가나안 지역으로 옮겨왔다.

〈창세기〉에서 말씀하신 하나님의 원대한 뜻, 자손에 대한 약속은 이후 출애굽기 1장과 민수기 1장에서, 땅에 대한 약속은 여호수아의 가나안 정복을 거쳐 다윗 시대에 성취됩니다. 그래서 '자손과 땅'에 관한 하나님의 약속은 모세오경과 〈여호수아〉를 이해하는 데 핵심이 되며, 하나님의 세계 경영을 이해하는 데에도 중요한 기초가 됩니다.

2. 제사장 멜기세덱의 축복과 아브라함을 나라로 창 13~20장

#큰글자 일년일독 통독성경 | 20~34p

아브람의 조카 롯이 앗수르 도시국가들과의 전쟁으로 사로잡혔습니다. 이때 소돔의 한 사람이 도망쳐 나와 아브람에게 이 소식을 전합니다. "도망

세계 최초의 야습 - 롯 구출 전쟁
가나안 지역 5개 도시국가(소돔, 고모라, 아드마, 스보임, 벨라)와 앗수르 지역 4개 도시국가(시날, 엘라살, 엘람, 고임)의 전쟁

한 자가 와서 히브리 사람 아브람에게 알리니"(창 14:13). 성경에 기록된 '히브리 사람'이라는 표현이 처음 사용된 것인데, 이는 아브람에게 붙여진 호칭이었습니다. 일반적으로 '히브리'는 '반대편에서 건너오다'라는 뜻으로, 아브람이 하나님을 알리기 위해 유브라데강을 건너온 사람이라는 의미의 별칭입니다. 이 소식을 들은 아브람은 조카 롯을 구출하기 위해 집에서 훈련시킨 318명을 이끌고 전쟁에 참여합니다.아브람이 기습과 야습을 통해 전쟁에서 완벽하게 승리하고 돌아오던 그때 하나님의 제사장인 살렘 왕 멜기세덱이 떡과 포도주를 가지고 아브람을 맞으러 나옵니다.

이때 성경에 처음으로 '제사장'이 등장합니다(창 14:18). 제사장은 출애굽 이후 제사장 나라의 중요한 공직자가 됩니다. 멜기세덱이 아브람을 위해 준비했던 '떡과 포도주'는 2천 년 후 예수님께서 마지막 유월절 첫 번째 성찬식 때 사용하신 '떡(빵)과 포도주'로 이어집니다. 또한 예수님께서 하나님의 어린양으로 제물이 되어 하늘 성소인 십자가에 오르셔서, '대제사장'으로 친히 제사를 드리셨습니다. 그때 예수님께서는 아론의 반차가 아니라 멜기세덱의 반차를 따르는 영원한 대제사장으로서 제사를 집례하셨습니다.

멜기세덱은 아브람에게 "너희 대적을 네 손에 붙이신 지극히 높으신 하나님을 찬송할지로다"(창 14:20)라고 전쟁 해석을 해주며 축복했고, 아브람은 전리품의 십분의 일을 제사장 멜기세덱에게 바쳤습니다.

그 일 후에 하나님께서는 아브람에게 '자손과 땅'의 약속을 다시 한번 알려주시며, 입애굽과 출애굽의 밑그림을 그려주셨습니다. 하나님께서는 아브람의 후손들이 출애굽할 때 애굽에서 빈손으로 나오지 않고, 애굽 사람들의 물품을 취하게 될 것이라고 알려주셨습니다. 이 말씀은 아브람의 후손들이 애굽에서 첫 번째 유월절을 지키고 출애굽할 때 성취되며, 애굽에서 취한 많은 재물은 이후 시내산에서 금송아지를 만들 때, 그리고 성막을 지을 때 사용됩니다.

아브람은 그 후로 수십 년 동안 후손에 대한 약속을 믿고 하나님과 깊이 사귀며 살아가는 시간을 갖습니다. 여러 훈련 과정을 통해 하나님과 동행하며 살아온 아브람은 99세 때 할례를 받고, 이름도 '아브람'에서 '아브라함'으로 바뀌게 됩니다. 아브라함은 "너희 중 남자는 다 할례를 받으라 이것이 나와 너희와 너희 후손 사이에 지킬 내 언약이니라"(창 17:10)라고 명하신 할례를 집안의 모든 남자에게 행했습니다. 이처럼 언약의 표징으로 주신 할례와

아브라함에게 말씀하신 약속의 땅 가나안

1. 갈대아 우르에서
"보여 줄 땅으로 가라"(창 12:1)

2. 가나안에 도착했을 때
"내가 이 땅을 네 자손에게 주리라"(창 12:7)

3. 조카 롯이 떠난 후
"너는 일어나 그 땅을 종과 횡으로 두루 다녀 보라 내가 그것을 네게 주리라"(창 13:17)

4. 조카 롯을 구출한 후
"내가 이 땅을 애굽 강에서부터 그 큰 강 유브라데까지 네 자손에게 주노니"(창 15:18)

입애굽과 출애굽 예고
"여호와께서 아브람에게 이르시되 너는 반드시 알라 네 자손이 이방에서 객이 되어 그들을 섬기겠고 그들은 사백 년 동안 네 자손을 괴롭히리니 그들이 섬기는 나라를 내가 징벌할지며 그 후에 네 자손이 큰 재물을 이끌고 나오리라"(창 15:13~14)

가나안 땅 약속의 성취
가나안 땅에 대한 하나님의 약속은 500년 후 모세 때 가나안 땅의 동서남북 경계가 정해지고, 여호수아의 가나안 땅 정복을 거쳐 1,000년 후 다윗과 솔로몬 때 완전하게 성취된다.

함께 기억해야 할 성경에 등장하는 언약의 징표는 무지개, 언약궤, 그리고 십자가입니다. 아브라함에 이어 하나님께서는 그의 아내 사래의 이름도 '사라'로 바꿔주십니다. 아브라함은 '여러 민족의 아버지'라는 뜻이고, 사라는 '여러 민족의 어머니'라는 뜻입니다.

하나님께서 아브라함을 선택하신 이유는 아브라함을 '나라'로 삼으시기 위해서였습니다. "아브라함은 강대한 나라가 되고 천하 만민은 그로 말미암아 복을 받게 될 것이 아니냐"(창 18:18). 이는 '모든 민족'을 위한 하나님의 꿈인 제사장 나라를 위한 준비였습니다.

한편, 아브라함의 조카 롯이 살던 소돔과 고모라는 의인 열 명이 없어 유황과 불로 멸망하게 됩니다. 소돔과 고모라를 위한 아브라함의 중보기도는 이후 제사장 나라 거룩한 백성이 되는 아브라함의 후손들에게 '모든 민족을 위한 복의 통로'로서 좋은 신앙의 모범이 됩니다.

3. 이삭을 번제로 바치라 - 하나님의 친구 창 21~22장

큰글자 일년일독 통독성경 | 34~38p

모리아산으로 가는 아브라함과 이삭 _ 안토니 반 데이크 作

오랜 기다림 끝에 마침내 아들 이삭이 태어납니다. 이삭의 출생으로 하나님의 계획 '모리아산 번제'가 준비됩니다. 아브라함은 100세에 낳은 아들 이삭을 눈에 넣어도 아프지 않을 만큼 사랑하고 아꼈을 것입니다. 그런데 어느 날, 하나님께서 아브라함에게 "네 아들 네 사랑하는 독자 이삭을 데리고 모리아 땅으로 가서 내가 네게 일러 준 한 산 거기서 그를 번제로 드리라"(창 22:2)라고 명하십니다. 이삭은 하나님께서 말씀하신 약속의 아들인데, 하나님께서 그 아들을 내어놓으라고 하시는 것입니다. 그러나 하나님께서는 시험장에 아무나 들여보내지 않으십니다.

마침내 아브라함은 아들 이삭과 함께 시험장에 들어갑니다. 그리고 하나님의 말씀에 순종하기로 결심합니다. 하나님의 요구 사항, 내용 자체보다는 그 요구를 하신 분이 하나님이시라는 점에 집중했기 때문입니다.

순종의 길
아브라함에게 있어 모리아산으로 가는 길은 예수님께서 갈보리로 향하시던 길처럼 '고통의 길'(Via Dolorosa)이었다. 그는 아무런 불평의 소리 없이 하나님의 말씀에 순종했다.

모리아산 번제를 위해 아브라함은 하나님의 말씀대로 아들 이삭을 데리고 사흘 길을 갔습니다. 모리아산 근처에 도착한 아브라함은 두 종을 산 아래에 남겨두고 이삭만 데리고 하나님께 번제를 드리기 위해 산에 오릅니다.

아브라함은 번제에 쓸 나무를 이삭의 등에 지웠습니다. 산을 오르며 이삭은 아브라함에게 "불과 칼과 나무는 있는데 번제에 쓸 어린양은 어디에 있습니까?"라고 묻습니다. 이는 이삭이 아버지 아브라함에게 번제에 관해 잘 배워서 정확하게 알고 있었다는 증거입니다. 아브라함은 이삭에게 "내 아들아 번제할 어린 양은 하나님이 자기를 위하여 친히 준비하시리라"(창 22:8)라고 답합니다.

모리아산 번제는 하나님의 말씀에 순종한 아브라함과, 아버지의 말씀에 순종한 아들 이삭의 이야기입니다. 이삭의 순종은 아버지 아브라함과의 사랑과 믿음의 관계가 전제되었기에 가능했습니다. 또한 아버지 아브라함이 하나님의 명령에 순종했기에 이삭도 순종할 수 있었습니다. 모리아산에서 이루어진 아브라함과 이삭의 순종은 하나님의 심장을 터뜨릴 만큼 하나님께 큰 기쁨을 드렸습니다. "네가 네 아들 네 독자까지도 내게 아끼지 아니하였으니 내가 이제야 네가 하나님을 경외하는 줄을 아노라"(창 22:12). 번제는 하나님과의 관계를 드러내는 행위입니다. 즉, 하나님을 경외함이며, 이는 하나님의 기쁨입니다. 아브라함이 이삭에게 말했던 대로 번제에 쓸 제물은 하나님께서 미리 준비해 주셨습니다. 이것이 '여호와 이레'입니다.

모리아산에서 아브라함이 이삭을 향해 칼을 잡는 그 순간, 하나님께서 아브라함을 친구로 삼으셨습니다. 아브라함은 사랑하는 독자를 하나님을 위해 내어놓았고, 2천 년 후 하나님께서는 아브라함의 후손들을 위해 갈보리산 십자가 위에서 독생자 예수 그리스도를 내어주십니다. 가장 아끼는 아들을 서로 내어놓는 경험의 공유를 통해 하나님과 아브라함이 친구가 된 것입니다. 모리아산 사건을 통해 믿음의 사람 아브라함은 '순종의 아이콘'이 됩니다.

믿음과 순종의 조상 아브라함
출애굽 후 금송아지 사건 때, 모세 기도의 근거는 아브라함이었다. 모세는 하나님께서 아브라함에게 주신 자손에 대한 약속과 복을 가지고 "기억하소서"라고 기도했다.
"주의 종 아브라함과 이삭과 이스라엘을 기억하소서 주께서 그들을 위하여 주를 가리켜 맹세하여 이르시기를 내가 너희의 자손을 하늘의 별처럼 많게 하고 내가 허락한 이 온 땅을 너희의 자손에게 주어 영원한 기업이 되게 하리라 하셨나이다"(출 32:13)

모리아산 (Mt. Moriah)
이후 다윗이 오르난의 타작마당에 번제단을 쌓고 하나님께 용서를 구했는데, 바로 그곳이 아브라함과 이삭의 모리아산이다. 솔로몬 때 이곳에 예루살렘 성전이 세워진다.

헤브론 (Hebron)
아브라함이 사라의 매장지로 구입한 막벨라굴이 있는 헤브론은 이스라엘 역사에서 대대로 매우 중요한 땅이 된다. 후일 유다 지파 갈렙의 삶의 근거지가 되고, 다윗이 이스라엘의 왕으로 기름 부음을 받는 중심지가 된다.

4. 막벨라굴에 묻힌 아브라함과 사라 창 23~25장

큰글자 일년일독 통독성경 | 38~47p

세월이 지나 아브라함의 아내 사라가 죽습니다. 갈대아 우르에서부터 믿음의 여정에 동행해 온 아내 사라가 죽자, 아브라함은 헤브론에 있는 막벨라굴을 사서 사라를 장사 지냅니다. 그리고 아브라함은 아들 이삭을 위해 그의 아내를 찾아줄 계획을 세웁니다.

아브라함은 그의 종 다메섹 사람 엘리에셀에게 이삭의 신붓감을 구해오

아브라함 가문의 장지(葬地), 막벨라굴
- 아브라함의 장례는 이삭과 이스마엘이 함께(창 25:9)
- 이삭의 장례는 에서와 야곱이 함께(창 35:29)
- 야곱의 장례는 야곱의 아들들이 함께(창 50:12~13)

는 일을 맡깁니다. 다메섹 사람 엘리에셀은 아브라함이 믿음의 삶을 사는 동안 아브라함의 충성스러운 종이자, 든든한 믿음의 친구로서 곁에 있었던 사람입니다. 엘리에셀은 아브라함의 기대를 저버리지 않고, 멀리 하란까지 가서 아브라함을 위해 이삭의 아내 리브가를 택해 함께 옵니다.

아브라함, 그도 향년 175세에 하나님의 부름을 받고 아내 사라가 묻혀 있는 막벨라굴에 장사됩니다. 아브라함과 그의 아내 사라가 약속의 땅 가나안 막벨라굴에 묻힘으로, 아브라함의 후손들에게 가나안 땅은 약속의 땅이자 고향 땅이 됩니다.

5. 순종과 양보의 사람 이삭 창 26장

#큰글자 일년일독 통독성경 47~49p

이제 이삭이 아브라함의 믿음과 순종의 삶을 이어받아 그의 시대를 열어 갑니다. 하나님의 꿈이 아브라함에게서 '다음 세대 이삭'으로 계승된 것입니다. 그런데 이삭이 리브가와 결혼한 지 20년이 지나도록 자식이 생기지 않았습니다. 드디어 이삭의 나이 60세 되던 해, 이삭 부부의 간절한 기도를 들으신 하나님께서 쌍둥이 아들 에서와 야곱을 자녀로 주셨습니다(창 25:24~26).

이삭과 야곱 이야기 - 믿음의 계승
- 이삭 이야기 (창 25:12~26장)
  아브라함에서 이삭으로 이어지는 믿음의 계승
- 야곱 이야기 (창 27~35장)
  이삭에서 쌍둥이 아들 가운데 형 에서가 아닌 동생 야곱으로 이어지는 믿음의 계승

아브라함 때처럼 이삭 때에도 가나안 땅에 흉년이 들었습니다. 하나님께서는 이삭에게도 '자손과 땅'에 대한 약속을 주시며 애굽으로 내려가지 말라고 말씀하십니다(창 26:2~5). 이삭은 하나님의 명령을 받아들여 그랄에 그대로 머물며 척박한 땅에 씨앗을 뿌렸습니다. 극심한 흉년 중에 지은 농사였음에도 하나님께서 복 주심으로 이삭은 100배의 결실을 거두었습니다. 하나님께서 이삭의 순종을 보시고 큰 복을 주신 것입니다.

풍년과 흉년은 하나님께서 땅을 경영하시는 방법입니다. 이삭 때의 흉년 이야기는 이후 요셉이 애굽에서 바로의 꿈을 해석하고, 7년 풍년과 7년 흉년, 총 14년간의 국가 비상사태를 관리하는 근거가 됩니다. 이후 하나님께서는 아브라함의 후손들에게 "너희가 내 규례와 계명을 준행하면 내가 너희에게 철따라 비를 주리니 땅은 그 산물을 내고 밭의 나무는 열매를 맺으리라"(레 26:3~4)라고 말씀하시면서 가나안 땅에서 주실 복을 약속해 주셨습니다.

이삭의 순종
- 아버지에 대한 순종
  - 번제물로 묶일 때 (창 22장)
  - 신붓감에 대한 명령 (창 24장)
- 하나님에 대한 순종
  - 흉년 때에도 그 땅을 떠나지 말라는 말씀 (창 26장)

그런데 그랄 백성이 이삭이 파는 우물마다 흙으로 메우는 사건이 발생합니다. 이는 갑자기 거부가 된 이삭을 향한 시기 때문이었습니다. 이삭은 그

들과 다투지 않기 위해 떠나고, 다시 파고, 옮기고, 또다시 파기를 반복합니다. 그 결과, 그들이 이삭의 선함과 하나님의 함께하심을 인정하며 이삭을 찾아와 계약을 맺습니다. 이처럼 양보의 사람 이삭의 삶의 방식은 하나님의 사람들이 본받고 배워야 할 아름다운 신앙의 모습 중 하나입니다.

6. 야곱의 하란 생활 창 27~31장

#큰글자 일년일독 통독성경 | 49~64p

이삭과 리브가의 자손에 대한 기도가 응답될 때, 하나님께서는 "큰 자가 어린 자를 섬기리라"(창 25:23)라고 말씀하셨습니다. 이것은 결코 간단한 문제가 아닙니다. 따라서 이삭과 리브가는 이 문제를 신중하고 성숙하게 처리해야 했습니다. 그러나 이삭은 하나님의 뜻을 소홀히 여기고 큰아들 에서에게 축복하려 합니다. 이 사실을 알아차린 리브가는 하나님의 말씀을 이삭에게 상기시키는 옳은 절차를 생략한 채, 아들 야곱으로 하여금 아버지를 속여 축복을 받게 합니다. 야곱은 그런 옳지 못한 방법에 동조하여 아버지 이삭으로부터 축복을 받습니다. 그러자 지난번에도 팥죽 한 그릇에 자신의 장자권을 가로챘던 동생 야곱이(창 25:29~34), 또다시 자신이 받을 아버지의 축복까지 도둑질했다고 생각한 에서는 야곱을 향해 크게 분노했습니다.

결국 야곱은 화가 머리끝까지 난 형 에서를 피해 하란에 있는 외삼촌 라반의 집으로 도망쳐야 했습니다. 이는 두 아들을 하루에 모두 잃을 수 없다고 생각한 리브가와 이삭의 생각이었습니다. 장자의 축복을 받으려 형과 아버지까지 속였던 야곱은 빈손으로 도망길에 올라 길에서 노숙하며 돌베개를 베고 잠을 자야 했습니다. 그 길에 하나님께서 야곱의 꿈에 나타나셔서 '자손과 땅'에 대한 약속과 임마누엘의 복을 주십니다. 그러자 야곱이 아침

장자권
'장자의 명분'에 해당하는 히브리어 '베코라'는 짐승의 초태생을 가리키며, 장자의 상속권을 뜻한다. 장자는 부모로부터 다른 형제들이 받는 재산보다 두 배 많은 재산을 상속받는 특권이 있었다. 율법에 의하면 비록 미움을 받는 사람의 아들이 장자라고 할지라도 그에게 장자의 권한이 있음을 인정하고, 자기 소유에서 두 몫을 주도록 되어 있다(신 21:17).

벧엘 (Bethel)
벧엘은 예루살렘 북쪽 약 17km 지점에 있는 본래 '루스'로 불리던 성읍이다. 야곱의 돌베개 사건 이후 '하나님의 집'이란 뜻의 벧엘로 바뀌었다. 벧엘은 사무엘이 매년 정기적으로 순회했던 이스라엘의 중요한 도시 가운데 하나이다. 이후 안타깝게도 북이스라엘의 여로보암 왕이 예루살렘 대신 하나님의 이름을 두려고 택한 곳이라고 하며 금송아지를 세운 두 곳 '단과 벧엘'의 그 벧엘이기도 하다.

야곱의 가족

No	이름	뜻	어머니	No	이름	뜻	어머니
1	르우벤	보라, 아들이다	레아	9	잇사갈	고용하다	레아
2	시므온	들으심		10	스불론	후한 선물	
3	레위	연합하다		11	요셉	그가 더하시기를 바란다	라헬
4	유다	그를 찬미하자		12	베냐민	오른손의 아들. 라헬이 지은 이름은 '베노니'로, 슬픔의 아들이라는 뜻	
5	단	심판관	빌하 (라헬의 여종)				
6	납달리	씨름					
7	갓	행운	실바 (레아의 여종)	13	므낫세	잊어버림	므낫세와 에브라임은 원래 요셉의 아들이었으나, 야곱이 애굽으로 이주한 후 자신의 아들로 삼았음
8	아셀	기쁨		14	에브라임	풍성함	

일찍 일어나 지난밤에 베개로 삼았던 돌을 가져다가 기둥으로 세우고 그 위에 기름을 붓고, 루스라 불렸던 그곳을 벧엘이라 부릅니다. 야곱은 그곳에서 하나님께 자신을 고향 땅으로 돌아오게 해주시면 자신이 기름을 부은 그 돌은 하나님의 집이 되게 하고, 하나님께서 자신에게 주신 모든 소득에서 십분의 일을 하나님께 바치겠다고 서원했습니다. 벧엘에서 서원한 야곱의 십일조 이야기는 아브라함의 십일조 이야기에서 시작되었습니다.

야곱의 도망

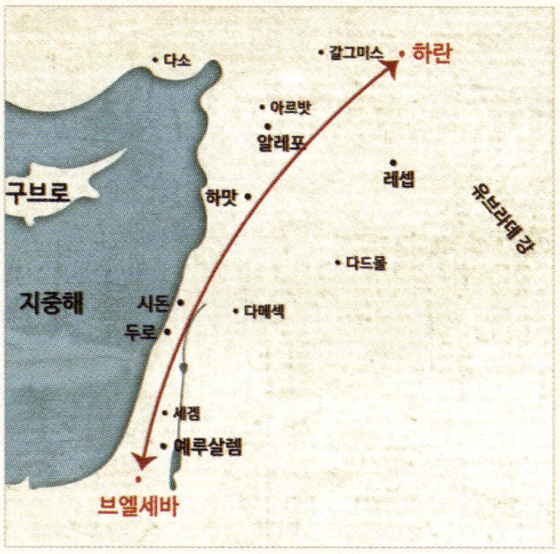

가나안에서 출생한 야곱은 이후 요셉의 초청으로 애굽으로 향하기까지 가나안을 '두 번'이나 떠나는 인생을 살게 됩니다. 처음 가나안을 떠나 하란에 도착한 야곱은 라반의 집에서 일을 시작했습니다. 아내와 재물을 얻기 위한 치열한 노력 끝에 야곱은 하란에서 네 명의 아내와 열한 명의 아들, 한 명의 딸을 둔 가장이 되었습니다. 이렇게 하란에서 태어난 열한 명의 아들과 이후에 태어난 베냐민까지, 야곱의 열두 아들은 400년 후 애굽에서 열두 지파가 됩니다. 한편, 언니와 동생 관계이면서도 서로를 한없이 질투하는 부인 레아와 라헬의 갈등으로 야곱 가정에는 늘 불안과 다툼이 있었습니다. 야곱은 외삼촌이자 장인인 라반과도 재산 문제로 갈등을 일으킵니다. 이를 계기로 야곱은 20년의 하란 생활을 정리하고 고향 가나안을 향해 출발하게 됩니다.

야곱은 하란에서 목축업자가 되어 대단한 성공을 이루었는데, 이는 놀랍게도 출애굽을 위한 하나님의 밑그림이었습니다. 아브라함을 통해 미리 예고하셨던 입애굽과 출애굽의 큰 그림에서 시작된 것입니다. 야곱이 목축업자가 되어 하란에서 시작한 어린양 준비는 출애굽의 '첫 번째 유월절 어린양'의 준비가 되었으며, 이후 신약성경에서 세례 요한을 통한 '하나님의 어린양', 그리고 예수님의 십자가 단번 제사의 제물 이야기로 이어집니다.

7. 고향으로 돌아온 야곱, 이스라엘로 창 32~36장

큰글자 일년일독 통독성경 | 64~74p

20년 전 가나안에서 도망 나왔던 야곱이 다시 20년 만에 하란에서 도망치듯 나왔습니다. 과거 아브라함에게 가나안은 '보여줄 땅'이었는데, 이제 야곱이 다시 돌아가는 가나안은 '고향 땅'이 되었다는 것이 큰 발전입니다.

가나안(Canaan)
성경에서 가나안은 넓게는, '애굽 강에서부터 그 큰 강 유브라데까지', 좁게는 '단에서 브엘세바까지'로 묘사된다. 동쪽은 아라비아 사막, 서쪽은 지중해, 남쪽은 신 광야, 북쪽은 레바논산을 경계로, 유럽과 아시아와 아프리카 대륙이 동시에 만나는 요충지이다.

고향으로 돌아가라는 하나님의 말씀대로 가나안 땅으로 향하면서도 야곱의 마음속에는 형 에서에 대한 두려움이 가득했습니다.

이때 하나님께서는 얍복 나루에서 야곱의 이름을 '이스라엘'로 바꾸어주셨습니다. '이스라엘'은 이후 아브라함의 후손들이 세우게 되는 나라의 이름이 됩니다. 야곱은 놀라운 복을 받았음에도 아직 두려움 속에 있었지만, 하나님께서는 이미 에서의 마음을 움직이시고 진심 어린 화해의 식탁을 준비하고 계셨습니다. 하나님의 은혜로 야곱은 에서를 만나 극적인 화해를 이룰 수 있었습니다.

야곱은 벧엘 근처에서 사랑하는 아내 라헬을 잃습니다. 또한 이삭도 삶의 기한이 다 되어 헤브론 땅에서 숨을 거두자, 에서와 야곱이 함께 이삭을 막벨라굴에 장사합니다. 이처럼 아브라함에 이어 이삭이 묻히면서, 막벨라굴은 아브라함 가문의 장지(葬地)가 됩니다. 이후 야곱도 이곳에 장사됩니다.

창세기 36장에 나오는 에서 후손의 족보는 에돔 족속의 기원을 알려주고 있습니다. 성경 전체의 숲에서 보면, 에서 후손의 족보는 이후 예언서 〈오바댜〉 등의 배경이 됩니다.

에서
에서는 명분보다도 실리를 챙기는 사람이었다. 그래서 에서는 장자 명분 같은 건 실속에 비해 의미 없다 하여, 팥죽 한 그릇에 장자권을 팔아버렸던 사람이다. 하지만 창세기 36장에 나오는 에서 후손의 족보는 하나님께서 사람을 차별 없이 사랑하신다는 사실을 다시 한번 증명하고 있다. 하나님께서는 아브라함에게 주셨던 약속을 야곱이 이을 수 있도록 하셨다. 그렇지만 에서에게 무관심하셨던 것은 아니다.

#To the Cross 십자가로 향하는 레시피

8. 아브라함을 통한 나라 큰 그림

● 가나안에서 예루살렘, 예루살렘에서 땅끝으로

하나님께서는 아브라함을 갈대아 우르에서 '보여줄 땅' 가나안으로 인도하셨습니다. 이후 야곱에게 가나안은 고향 땅이 되었고, 입애굽과 출애굽 후 아브라함의 후손들에게 가나안은 약속의 땅이 됩니다. 아브라함 이후 500여 년 만에 아브라함의 후손 히브리 민족은 모세 때 '움직이는 성막 500년' 시대를 거쳐, 다윗 때 '예루살렘 성전 1,000년' 시대를 열게 됩니다. 솔로몬 때 예루살렘에 성전이 세워지면서, 명실공히 예루살렘은 하나님의 이름을 두려고 택한 곳이 되어 가나안 땅에서 가장 중요한 곳이 됩니다. 그리고 1,000년 후 예수님께서는 성전이 있는 바로 그곳 예루살렘에서 십자가를 지십니다. 부활하신 예수님께서는 승천하시기 전 제자들에게 '지상명령'을 주시며, 예루살렘에서 땅끝까지 예수님의 증인이 될 것을 명령하십니다. 성경에서 가장 중요한 지명인 가나안 땅의 예루살렘은 예수님의 지상명령으로 '모든 민족'을 위한 '땅끝까지'로 확대됩니다.

● 아브라함과 다윗의 자손 예수 그리스도의 계보라

성경은 한마디로 '아브라함과 다윗의 자손 예수 그리스도의 계보'입니다. 성경에는 대략 2,000여 년의 시간, 1,500여 곳의 공간과 5,000여 명의 인간이 등장합니다. 창세기 12장에 등장한 아브라함은 성경에 기록된 5,000여 명의 인간 가운데 하나님께 순종한 대표적인 신앙인이며 믿음의 조상입니다. 마태는 아브라함부터 다윗까지 열네 대, 다윗부터 바벨론 포로까지 열네 대, 바벨론 포로부터 예수님까지 열네 대라고 소개합니다(마 1:17).

● 멜기세덱의 반차 예수 그리스도

하나님의 제사장 살렘 왕 멜기세덱을 만나 축복을 받은 아브라함은 전리품의 십분의 일을 그에게 바쳤습니다. 이 사건은 〈시편〉과 〈히브리서〉에 언급된 대로, "멜기세덱의 서열에 따라 영원한 제사장"(시 110:4; 히 7:17)이 되시는 예수님과 연결됩니다.

● 모리아산 번제에서 갈보리산 단번 제사로

이삭이 자신의 번제에 쓰일 장작을 메고 올라갔듯이, 2천 년 후 예수님께서 십자가를 지고 골고다 언덕을 올라가셨습니다. 다른 누구도 아닌 아버지 아브라함이 아들 이삭에게 칼끝을 겨누며 손에 힘이 들어갈 때, 하나님께서 "너희는 거기까지"라고 하시면서 "이제야 네가 하나님을 경외하는 줄을 아노라"(창 22:12)라고 말씀하셨습니다. 하나님께서 "너희는 거기까지"라고 말씀하신 아브라함과 이삭의 모리아산 번제는, 2천 년 후 바로 그곳에 하나님께서 그의 아들을 보내셔서 십자가에서 죽게 하심으로 단번 제사를 드리게 하신 이야기의 밑그림입니다.

● 입애굽과 출애굽 예고를 통한 제사장 나라 큰 그림

하나님께서는 아브라함이 강대한 '나라'가 될 것이라 말씀하셨습니다. 그 나라는 천하 만민이 복을 받는 나라이며, 여호와의 도를 지켜 의와 공도를 행하는 나라, 즉 제사장 나라를 일컫는 것입니다. 이를 위해 하나님께서는 아브라함의 후손들이 입애굽하고 출애굽하게 될 것이라고 말씀하셨던 것입니다. 제사장 나라는 예수님의 십자가를 통해 하나님 나라로 수렴됩니다.

3과 입애굽과 민족

창세기 37~50장

큰글자 일년일독 통독성경 *one year tongdok bible as one story*

13일: 유다의 마음　**14일**: 국가 자연 재난 대책　**15일**: 22년 만에 이룬 형제 상봉
16일: 요셉의 눈물　**17일**: 입애굽과 출애굽

시간 흐름 *time flow*

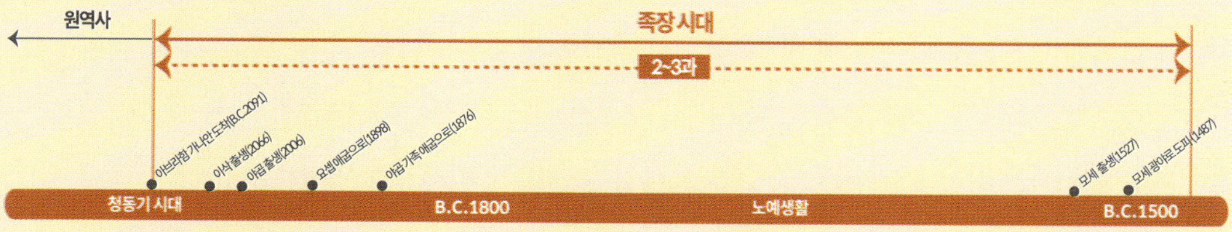

지금 공간 *current location* 도단, 애굽, 브엘세바, 고센, 가나안 막벨라굴

주요 인물 *main character* 요셉, 바로, 야곱, 유다를 비롯한 야곱의 아들들

통通포인트 *tong point*

제사장 나라를 위한 입애굽과 출애굽

구약성경의 첫 번째 책은 <창세기>이고, 두 번째 책은 <출애굽기>입니다. <출애굽기>는 말 그대로 애굽에서 나온 이야기입니다. 그렇다면 애굽으로 들어간 이야기가 전제되어야 합니다. 창세기 37장에서 50장까지는 아브라함의 후손인 야곱 가족 70명이 애굽으로 들어간 이야기, 즉 입애굽 이야기입니다. 그리고 출애굽기 1장에서 18장까지 출애굽 이야기로 이어집니다. 그러므로 아브라함 후손들의 입애굽과 출애굽 이야기는 같은 비중으로 묶어서 통(通)으로 읽어야 합니다. 하나님께서는 이미 아브라함에게, 장차 아브라함의 후손들이 애굽에 들어가 큰 민족을 이루고, 출애굽한 후 약속의 땅 가나안을 차지할 것이라고 말씀해 주셨습니다. 이번 과는 요셉과 그 형제들의 이야기, 그리고 요셉·바로·야곱 '세 사람의 꿈' 이야기를 통해 펼쳐집니다. 요셉은 아브라함에서 시작된 그의 가문이 큰 민족을 이루어가는 과정에서 중요한 징검다리 역할을 감당했습니다. 요셉의 꿈이 개인적인 삶을 예고한 꿈이라면, 바로의 꿈은 자연재난에 관한 꿈이고, 야곱의 꿈은 민족 형성 430년을 위한 꿈입니다. 이 세 사람의 꿈을 합하면, 하나님의 꿈인 '입애굽과 민족'이 만들어집니다. 이는 제사장 나라를 위한 밑그림입니다.

1. 요셉의 훈련 시작 창 37~38장

큰글자 일년일독 통독성경 | 75~79p

물질과 사랑에 대한 야곱의 집착은 타의 추종을 불허할 정도로 강렬했습니다. 하지만 그 사랑의 대상에서 제외된 다른 가족에게는 그런 야곱의 행동이 큰 아픔일 수밖에 없었습니다. 야곱은 사랑하는 아내 라헬이 죽자, 라헬이 낳은 아들 요셉에게 집중적인 편애를 쏟기 시작합니다. 그 결과, 요셉은 형들의 시기와 질투로 먼 타국 땅 애굽에 종으로 팔리게 되었습니다. 형들에 의해 요셉이 애굽에 팔린 것이 요셉의 죽음인 줄 알았던 야곱은, 그 후에는 요셉의 동생인 베냐민을 집중적으로 사랑하기에 이릅니다. 요셉은 애굽의 친위대장 보디발 집에 노예로 팔렸고, 이때부터 여러 해 동안 종의 훈련을 받게 됩니다.

한편, 아버지의 편애에 맞서 집을 떠나 살던 유다는 두 아들의 죽음을 겪은 후, 아버지 야곱의 마음을 헤아리게 됩니다. 이는 유다가 성숙해지는 계기가 됩니다.

요셉 이야기
<창세기>의 상당 부분이 요셉의 이야기로 채워져 있다(창 37~50장). 또한 요셉은 가족과 민족을 연결시키고 있다.

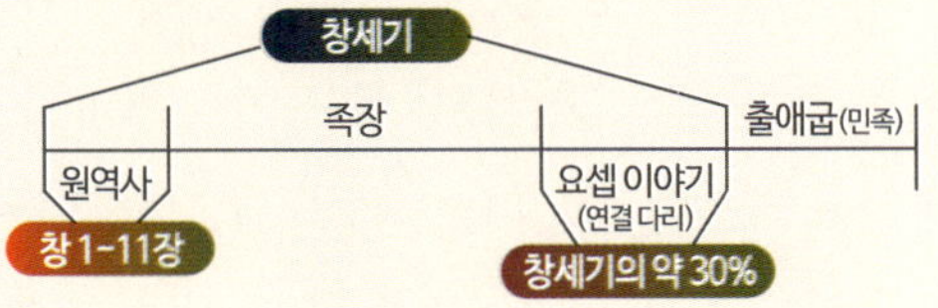

유다 이야기
<창세기>를 읽을 때 37장을 읽고 38장 없이 39장으로 넘어가도 이야기 흐름에는 큰 문제가 없다. 그러나 성경 전체 숲에서 볼 때 창세기 38장은 매우 중요한 장이다. 창세기 38장의 주인공 유다의 성숙으로 야곱 가정에 화해가 일어나기 때문이다.

2. 요셉의 훈련 과정 창 39~40장

큰글자 일년일독 통독성경 | 79~83p

17세의 어린 나이에 시작된 종살이는 고되고 힘들었습니다. 말도 통하지 않았고, 매일매일 몸은 지쳤으며, 무엇보다도 고향과 아버지, 동생에 대한 그리움으로 요셉은 밤마다 눈시울을 붉혔을 것입니다. 하지만 요셉은 도무지 영문을 알 수 없는 자신의 고난 속에서도, 하나님께서 어떤 계획과 섭리 가운데 자신을 애굽에 보내셨을 것이라 생각했습니다. 그는 하나님을 향한 신뢰와 하나님께서 주신 꿈을 가슴에 품고 있었기에, 감당하기 힘든 애굽에서의 노예 생활을 견뎌낼 수 있었습니다.

긴 시간 동안 요셉을 지켜본 주인 보디발은 "여호와께서 그와 함께 하심을 보며 또 여호와께서 그의 범사에 형통하게 하심"(창 39:3)을 알게 되었습니다. 그렇게 요셉의 영특함과 성실함, 탁월한 일 처리 능력을 알아본 보디발은 마침내 그에게 자신의 모든 소유를 주관하는 가정 총무의 직책을 맡깁니다. 그러던 어느 날, 용모가 수려한 요셉에게 보디발의 아내가 유혹하자, 요셉은 단호한 말로 거절하고 그녀와 함께하지도 않았습니다. 하지만 자신

요셉 스쿨
- 야곱 가정 학교(family school)
  - 신앙 교육(17세까지)
- 보디발 가정 학교
  - 실물 경제 교육(17세부터, 수년간)
- 감옥 학교
  - 정치 행정 교육(30세 전까지, 수년간)

을 피해 달아나는 요셉에게 앙심을 품은 보디발 아내의 거짓말로 인해 요셉은 결국 감옥에 갇히고 맙니다. 그는 보디발의 집과 감옥에서 마치 훈련과도 같은 고난의 과정을 거치는 사이에 더 큰일을 맡을 만한 자질을 갖추게 됩니다.

감옥 안에서도 요셉은 간수의 눈에 띄어 감옥의 모든 일을 맡아 하게 됩니다. 그곳에서 요셉은 떡 굽는 관원장과 술 맡은 관원장을 알게 되고, 그들의 꿈을 해석해 줍니다. 그때 요셉은 술 맡은 관원장에게 "나는 히브리 땅에서 끌려온 자요 여기서도 옥에 갇힐 일은 행하지 아니하였나이다"(창 40:15)라고 말하며 석방을 부탁했습니다. 요셉의 해석대로 떡 굽는 관원장은 죽게 되고, 술 맡은 관원장은 복직됩니다. 요셉은 술 맡은 관원장이 감옥을 나간 그날부터 자신을 감옥에서 꺼내주기를 매일 기다렸지만, 2년 동안이나 아무 연락이 없었습니다.

요셉 인생의 전체 숲

요셉의 인생은 총 110년. 30세에 애굽의 총리가 된 후로 최소한 14년 이상을 재직했고, 그 후에도 야곱의 장례식을 애굽의 국장 수준인 70일장으로 치를 정도로 애굽에서의 그의 영향력은 대단했다. 그러므로 채색옷을 입었던 17세의 요셉과 30세에 애굽의 총리가 된 요셉의 모습에만 집중해서는 안 된다. 요셉 인생의 전체 숲을 보고 하나님의 계획과 섭리가 무엇인지 알아야 한다.

3. 애굽의 총리가 된 요셉 창 41장

#큰글자 일년일독 통독성경 83~86p

바로의 꿈 해석
"꿈과 그 해석은 하나님께 있다"

- **나일 강가의 살지고 아름다운 일곱 암소** ⇒ 7년 풍년 : 무성하고 충실한 일곱 이삭
- **파리하고 흉한 일곱 소** ⇒ 7년 흉년 : 가늘고 마른 일곱 이삭

그러던 어느 날 아침입니다. 애굽의 왕 바로가 간밤에 꾼 꿈의 풀이를 두고 궁중이 떠들썩할 때, 2년 전 요셉의 부탁을 까마득하게 잊고 있던 술 맡은 관원장이 아직 감옥에 있는 요셉을 떠올립니다. 드디어 요셉이 30세에 '보디발의 가정학교'와 '감옥학교'를 졸업하게 된 것입니다. 감옥에서 불려 나와 바로 앞에 선 요셉은 바로에게서 꿈에 대한 모든 이야기를 들은 뒤 한마디로 대답합니다. "바로의 꿈은 하나라"(창 41:25). 그리고 꿈을 일목요연하게 해석합니다. 요셉은 한 걸음 더 나아가 7년 풍년과 7년 흉년에 대비한 대처 방안까지 제시합니다.

바로의 꿈을 해석하는 요셉 _ 레지날드 아서 作

요셉이 애굽을 다스리는 국정 파트너로 적합한 탁월한 인재임을 한눈에 알아본 바로는 벌떡 일어나, 신하들에게 "이와 같이 하나님의 영에 감동된 사람을 우리가 어찌 찾을 수 있으리요"(창 41:38)라고 말합니다. 이는 히브리 사람 요셉이 하나님을 섬기는 신앙인임을 애굽 전역에 공표한 것입니다. 이어 바로는 요셉을 "너와 같이 명철하고 지혜 있는 자가 없도다"(창 41:39)라고 인정하며 총리로 세우고, 풍년과 흉년에 대한 국가 경영을 그에게 맡

총리가 된 요셉
- 애굽 권력의 핵심이 되다

1. 애굽의 14년 국가비상사태 총리로 임명
2. 금사슬을 목에 걸어주고, 인장반지와 세마포 옷을 줌
3. 버금 수레 퍼레이드를 통한 총리 등극 퍼포먼스
4. 애굽식 '사브낫바네아'로 이름 개명
5. 애굽 제사장 딸과 혼인(노예 → 계급 이동)

깁니다. 바로의 선택은 요셉이 권력의 몸통이 되고, 자신은 권력의 깃털이 되는 것이었습니다. 이때부터 요셉은 애굽의 총리가 되어 14년 동안 '국가 재난 대책 프로젝트'를 이끕니다.

4. 22년 만의 형제 화해와 유다의 리더십 창 42~47장

큰글자 일년일독 통독성경 | 86~101p

요셉이 총리가 된 지 약 9년이 지났습니다. 흉년은 애굽뿐 아니라 가나안 땅에도 찾아왔고, 야곱 가정 또한 흉년 2년 만에 양식을 찾아 애굽으로 가야만 했습니다.

요셉의 토지법
흉년이 극심해지자, 가진 재물과 가축, 땅까지 곡식과 바꾸었던 백성들에게 요셉은 종자를 주어 심게 하고, 토지 소산의 5분의 4는 개인이 소유하고, 5분의 1은 나라에 바치게 하는 토지법을 시행했다. 이 제도는 2천여 년 후 로마의 초대 황제 옥타비아누스 때까지 이어졌다.

총리 요셉 앞에 나아온 열 명의 형이 그 앞에 엎드려 절합니다. 한눈에 형들을 알아본 요셉과 달리 형들은 요셉을 알아보지 못했습니다. 요셉은 일행 중에 동생 베냐민이 보이지 않자, 형제 갈등을 근원적으로 해결하기 위해 형들을 '정탐'으로 몰아 궁지에 빠뜨립니다. 시므온 형을 그들 앞에서 가두고 "너희 막내 아우를 내게로 데리고 오라."라고 말한 뒤 나머지 아홉 명의 형을 돌려보냅니다.

아들들이 야곱에게 가서 베냐민을 데려오라고 한 애굽 총리의 말을 전하자, 야곱이 아들들을 나무라며 절대 보낼 수 없다고 말합니다. 이는 베냐민에 대한 집착 때문입니다. 숲에서 보면, 야곱이 그 집착을 빨리 버렸다면 아들 요셉을 만나는 날이 훨씬 앞당겨졌을 것입니다.

처음에 장자 르우벤이 설득할 때는 마음을 바꾸지 않았던 야곱이 넷째 아들 유다가 나서서 간절히 설득하자 "내가 자식을 잃게 되면 잃으리로다"(창 43:14)라고 결심하며 집착을 내려놓습니다. 야곱이 자신의 욕심과 집착을 포기했을 때, 그 가정의 기초가 다시 세워지게 됩니다.

야곱의 아들들은 아버지의 지독한 편애로 형제간에 심한 갈등을 겪었습니다. 그런데 야곱 아들들의 형제 갈등에도, 그리고 형제 화해에도 그 중심에 야곱의 넷째 아들 유다가 있었습니다. 유다는 아버지 야곱이 편애하는 요셉을 팔자고 제안하기도 했고, 이후 흉년 때 애굽에 내려가서는 베냐민 대신 자기가 애굽에 남아 종이 되겠다고 했습니다. 이것이 창세기 38장에 유다 이야기가 들어 있는 이유입니다. 야곱 가족 70명이 입애굽한 후 야곱은 유다에게 가장 의존하는 모습을 보입니다. 유다의 성숙이 야곱 가정을

유다와 베냐민

유다	베냐민
• 넷째 형 유다	• 막내 베냐민
• 유다 지파인 다윗	• 베냐민 지파인 요나단
• 남유다는 유다 지파 + 베냐민 지파	
• 멸망의 위기에 놓인 유대인들	• 베냐민 지파인 왕후 에스더
• 유다 지파인 예수님	• 베냐민 지파인 사도 바울

화해의 길로 인도했던 것입니다.

한편, 다시 양식을 구하기 위해 애굽에 찾아온 형들과 동생 베냐민이 요셉을 만났습니다. 요셉은 마지막으로 형들을 시험합니다. 자신이 아끼는 은잔을 베냐민이 훔친 것으로 상황을 만들어 베냐민을 종으로 삼겠다고 위협한 것입니다. 누구도 감히 어길 수 없는 애굽 총리의 명령이었습니다. 이 어찌할 수 없는 상황에서 넷째 유다가 나섭니다. "주의 종에게 노하지 마소서"(창 44:18)라는 말로 시작한 유다의 이야기는 한마디로 아버지와 막냇동생은 단순한 부자지간이 아니라 생명이 결탁된 관계이므로 자신이 막냇동생 대신 종으로 남겠으니, 혐의가 있는 동생은 아버지를 위해 돌려보내 달라는 것입니다. 동생 베냐민과 아버지에 대한 유다의 진심 어린 사랑과 가족 공동체를 위한 유다의 깊은 헌신을 확인한 요셉이 드디어 방성대곡합니다. "나는 요셉이라"(창 45:3), 그리고 "나를 이리로 보낸 이는 당신들이 아니요 하나님이시라"(창 45:8)라는 고백으로 형들이 가진 그간의 죄책감을 덜어줍니다. 이 이야기를 하면서 요셉은 그동안 아껴두었던 울음을 다 쏟아놓습니다. 그리고 그 '울음'을 통해 요셉은 형들 앞에서 동생 요셉의 자리를 다시 찾습니다.

야곱의 가족은 요셉의 제안과 하나님의 허락에 따라 애굽으로 이주했습니다. 요셉은 총리의 자리에서 가족 공동체가 고센 땅에 정착하는 일과 국가적 재난인 7년의 흉년 문제를 풀어내는 일을 훌륭히 수행해 나갑니다.

5. 야곱의 축복과 미래 나라 이야기 창 48~49장

큰글자 일년일독 통독성경 | 101~105p

어느덧 세월이 흘러 야곱이 생을 마감할 날이 가까워져 옵니다. 야곱은 지난날 입애굽 때 브엘세바에서 꾸었던 꿈을 생각합니다.

"나는 하나님이라 네 아버지의 하나님이니 애굽으로 내려가기를 두려워하지 말라 내가 거기서 너로 큰 민족을 이루게 하리라 내가 너와 함께 애굽으로 내려가겠고 반드시 너를 인도하여 다시 올라올 것이며 요셉이 그의 손으로 네 눈을 감기리라"(창 46:3~4). 야곱의 꿈은 놀랍게도 '하나님의 꿈'인 제사장 나라 밑그림이 됩니다.

야곱은 죽기 전 요셉의 두 아들 므낫세와 에브라임을 자기 아들로 삼고, 그들에게 유언을 남겼습니다. 그로 인해 이후 이스라엘 열두 지파에서 요셉

자손에 대한 약속의 성취
'누가 하나님 나라의 백성인가'는 창세기 12장에서 처음 등장했던 주제이다. <창세기>가 끝나면서 그 뚜껑을 열어보니, 70명의 야곱 가족으로 귀결되었다. <창세기>와 <출애굽기> 사이에서 야곱의 가족은 70명에서 200만 명가량으로 늘어나 히브리 민족이 되었다.

의 이름이 사라지고, 므낫세 지파와 에브라임 지파가 나와 열세 지파가 됩니다. 야곱은 므낫세와 에브라임을 축복하며 큰 자가 작은 자를 섬길 것이라고 유언하는데(창 48:11~20), 야곱의 유언대로 요셉의 둘째 아들 에브라임은 이후 북이스라엘 열 지파를 지칭하는 대명사가 됩니다.

요셉의 두 아들을 자기 아들 삼아 축복하고 유언을 남긴 야곱은 그 후 열두 아들을 모두 불러 그들에게 축복하고 유언을 남깁니다. 야곱이 열두 아들에게 남긴 유언 가운데 하이라이트는 넷째 아들 유다에게 남긴 유언입니다. 야곱이 유다를 축복하며 사용한 용어 가운데 '규'는 왕의 지팡이이며, '실로'는 메시아를 의미합니다. 이는 다윗 왕과 예수님의 탄생을 예고한 것이었습니다. 야곱의 열두 아들은 이후 이스라엘의 열두 지파가 되는데, 유다의 후손들인 유다 지파에서 다윗이 나오고, 그 가문에서 예수님께서 태어나셨습니다.

야곱은 입애굽한 지 17년째 되던 해, 즉 147세에 애굽에서 숨을 거둡니다. 야곱은 자신의 시신을 애굽 땅이 아닌 가나안 땅 막벨라굴에 장사 지내 달라는 유언을 남겨, 후손들에게 출애굽의 비전이 되게 합니다.

고센(Goshen)
고센은 나일강 삼각주 지대에 있는 비옥한 땅이다. 매년 나일강이 범람할 때마다 물과 함께 떠내려오는 부유물로 인해 땅이 검고 비옥해 곡식이 잘 자라고, 목축하기에 적합한 땅이었다. 히브리 민족은 이 땅에서 400여 년 사는 동안 양과 염소를 키우며 '오이, 참외, 부추, 파, 마늘'까지도 재배해 먹었기에, 출애굽해 광야에서 기억을 떠올리며 그때의 음식을 찾기까지 했다.

규(scepter)
규는 왕이 손에 들었던 특별한 지팡이다. 개역한글판 성경에서는 '홀'로 번역했던 규는 오직 왕에게만 사용된 용어다. 이는 왕의 통치와 절대적 권위의 상징이었다. 야곱이 유다에게 "규가 유다를 떠나지 아니하며"(창 49:10)라고 축복하며, 유다 지파를 통해 장차 왕이신 메시아가 오실 것을 예고했다.

6. 출애굽을 위한 요셉의 핵심 사명 창 50장

#큰글자 일년일독 통독성경 | 105~107p

야곱의 장례는 애굽 사람들이 곡한 기간 70일로, 이는 애굽의 국장 규모의 장례였습니다. 요셉은 바로의 허락을 받아 자신의 가족은 물론 애굽의 많은 신하까지 모두 이끌고 가나안 땅 막벨라굴까지 아버지의 장례를 치르러 다녀왔습니다. 요셉이 애굽 왕 바로의 모든 신하와 바로 궁의 원로들, 즉 애굽의 고위 공직자들을 모두 장례 조문객으로 동원한 것입니다. 이때 요셉은 가나안 땅 막벨라굴까지 가는 장례 일정에 어린아이들과 가축은 고센 땅에 남겨두었습니다.

야곱의 장례가 모두 끝난 후, 요셉의 형제들은 흉년이 이미 오래전에 끝났음에도 막벨라굴이 있는 고향 땅 가나안에 머물지 않고 다시 입애굽합니다. 요셉의 형들이 애굽의 권력자가 된 요셉을 두려워했음에도, 아버지 야곱의 유언대로 애굽에서 민족을 만들기 위한 요셉의 계획에 따랐던 것입니다. 두려워하는 형들의 마음을 헤아리고 있던 요셉은 형들을 안심시키며 형들의 자녀들을 교육하고 책임지겠다고 약속했습니다. 이는 자신의 슬하에

출애굽의 예행연습
모세 때 히브리 민족이 애굽을 나가 광야로 가겠다고 했을 때 애굽 왕 바로는 야곱의 장례를 기억하며 "그렇게 하지 말고 너희 장정만 가서 여호와를 섬기라"(출 10:11)라고 말한다. 예전의 관례대로, 야곱의 장례 때처럼 어린아이들과 가축은 남기고 나갔다가 오라는 것이다. 그러나 이후에 모세는 모든 이스라엘 백성과 가축을 다 함께 데리고 출애굽한다.

서 조카들을 양육하며 민족 정체성을 교육하기 위함이었습니다.

17년 전 야곱 가족 70명이 애굽으로 내려왔을 때, 아버지 야곱을 통해 하나님의 뜻을 알게 된 요셉은 입애굽의 선발대로서 '민족 만들기 사명'을 위해 고센 땅을 선택했습니다. 고센 땅은 아버지 야곱을 통해 발전된 목축업이 그 근거가 되었고, 애굽 사람들과의 혼맥을 차단하여 히브리 민족으로 성장하는 기반이 됩니다. 이 일은 놀랍게도 400여 년 후 아브라함 후손들이 민족을 이루고 출애굽하기 전, 애굽에서의 첫 번째 유월절에 이스라엘 23,000여 가정에서 모두 1년 된 어린양을 잡을 수 있는 기반이 됩니다.

가나안으로 가는 야곱의 장례 행렬 _ 제임스 티소 作

창세기 50장과 출애굽기 1장 사이
요셉의 죽음으로 끝나는 창세기 50장과 '요셉을 모르는 새 왕'이 등장하는 출애굽기 1장 사이에는 적어도 400여 년이 넘는 세월의 간격이 있다.

요셉은 출애굽을 위한 모든 밑그림을 그려놓고, 하나님의 때에 아브라함의 후손들이 출애굽하게 될 때 자신의 해골을 메고 나가라는 유언을 남겼습니다. 요셉의 유언은 야곱의 유언과 마찬가지로 아브라함 후손들에게 출애굽의 비전이 되었습니다. 입애굽한 지 430년 후 아브라함의 후손들이 하나님의 말씀대로 민족을 이루고 모세의 지도하에 출애굽할 때, 그들은 요셉의 해골을 메고 나갑니다. 요셉의 유언은 〈출애굽기, 레위기, 민수기, 신명기, 여호수아〉를 거쳐 가나안 정복 전쟁을 마치고 열두 지파에 땅이 분배된 후, 가나안 땅 세겜에 요셉의 뼈가 묻힘으로 성취됩니다.

#To the Cross | 십자가로 향하는 레시피

7. 첫 번째 유월절 준비

● 고센 땅 선택과 민족 만들기

흉년에 입애굽한 야곱 가족 70명은 요셉의 준비로 애굽에서 고센 땅에 정착했습니다. 아버지 야곱을 통해 하나님의 뜻을 알게 된 요셉은 아브라함의 후손들이 애굽에서 큰 민족을 이루고, 하나님의 때에 약속의 땅 가나안으로 돌아가기 위해 고센 땅과 목축업을 선택했습니다. 요셉이 혈통을 보존하기 위해 애굽 사람들이 가증히 여기는 목축업을 굳이 선택한 것입니다. 고센 땅에서 야곱 가족은 생육하고 번성하는 복을 누리며 마침내 히브리 민족이 됩니다. 이는 '모든 민족을 위한 한 민족', 즉 제사장 나라를 위한 준비였으며, 더 나아가 '모든 민족'을 구원하시기 위해 이 땅에 오시는 예수님을 위한 준비였습니다.

● 첫 번째 유월절 준비

고센 땅에서 야곱 가족 70명이 목축업에 종사할 수 있었던 이유는, 야곱이 하란에서 목축업에 종사하며 탁월한 성과를 냈기 때문입니다. 요셉의 선택으로, 430년 후 아브라함의 후손들인 히브리 민족은 출애굽하기 전 첫 번째 유월절에 모든 가정에서 1년 된 어린양을 준비할 수 있게 됩니다. 첫 번째 유월절 어린양은 1,500년 후 십자가의 희생 제물이 되어 단번 제사를 드리신 하나님의 어린양 예수님의 밑그림이 됩니다.

● 야곱의 축복을 통한 유다 지파 이야기

입애굽의 지도자 야곱은 애굽에 들어간 지 17년 만에 애굽에서 죽습니다. 그런데 야곱은 죽기 전에 요셉의 두 아들을 자기 아들로 삼아 축복했고, 열두 아들도 축복하며 그들 모두에게 유언을 남겼습니다. 특히 야곱은 넷째 아들 유다에게 하나님의 통치를 나타내는 '규'가 유다 지파를 떠나지 않을 것이며, 유다 지파에서 '메시아'가 태어날 것을 예언했습니다. 하나님께서는 이후 유다 지파 다윗과 언약을 맺으시고, 메시아이신 예수 그리스도께서 아브라함과 다윗의 후손으로 이 땅에 오시게 됩니다.

● 요셉의 교육

야곱은 그의 유언대로 애굽 땅이 아닌 가나안 땅 막벨라굴에 묻혔습니다. 요셉은 아버지 야곱의 장례를 출애굽 예행연습이 되게 하고, 형들과 그 자녀들을 책임졌습니다. 입애굽의 선발대이자 아버지 야곱과 함께 입애굽의 책임자로서 요셉은 출애굽을 위해 세 가지 준비를 미리 했다고 평가할 수 있습니다. 출애굽을 위한 요셉의 세 가지 준비는 첫째 고센 땅, 둘째 목축업, 셋째는 교육(family school)이었습니다. 이 세 가지 준비는 '애굽에서의 첫 번째 유월절'을 위한 준비이기도 했습니다.

4과 출애굽과 제국

출애굽기 1~18장

큰글자 일년일독 통독성경 *one year tongdok bible as one story*

18일 : 제국 체험　**19일** : 하나님의 모세 설득　**20일** : 기적, 협상 동력　**21일** : 모세와 바로의 9차 협상
22일 : 유월절과 성찬식　**23일** : 홍해 영적 전략 5단계　**24일** : 드디어, 광야 학교 입학

시간 흐름 *time flow*

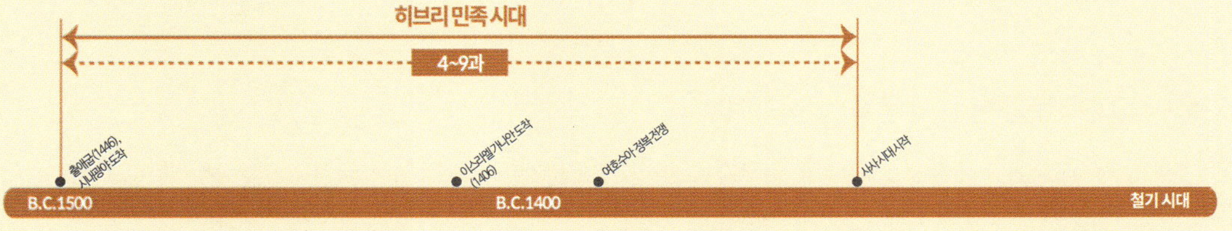

지금 공간 *current location* 애굽, 호렙산, 고센, 홍해, 신 광야, 르비딤

주요 인물 *main character* 모세, 아론, 바로, 이스라엘 백성

통通포인트 *tong point*

제국과 제사장 나라의 분기점, 첫 번째 유월절

출애굽 전 과정은 '설득과 기적 그리고 심판'으로 요약할 수 있습니다. 협상을 달리 표현하면 설득입니다. 아홉 가지 재앙은 하나님의 '기적'이며 하나님의 '심판'입니다. 하나님의 기적은 기적 그 자체보다 애굽 백성을 설득하는 중차대한 방법이었습니다. '모든 민족'을 복 주고자 하시는 하나님께서는 애굽 백성에게도 동일하게 기적을 통해 하나님이 누구신지 알리셨습니다. 그러나 하나님의 기적에 애굽은 제국의 문명으로 하나님과 맞섭니다. 하나님께서는 아홉 번의 기적(재앙) 후 첫 번째 유월절을 통해 제국을 무너뜨리시고, 아브라함의 후손인 히브리 민족을 출애굽시키신 후 제사장 나라를 세우십니다.

1. 자손에 대한 약속의 성취와 제국 경험 출 1장

큰글자 일년일독 통독성경 | 107~109p

야곱 가족 70명이 입애굽한 지 400여 년이 지나면서 아브라함의 후손은 "생육하고 불어나 번성하고 매우 강하여 온 땅에 가득하게"(출 1:7) 되었습니다. 당시 애굽은 왕조가 여러 번 바뀌면서 요셉을 알지 못하는 새 왕조

가 들어섰고, 나일강을 기반으로 문명을 일으키며 제국으로 나아가고 있었습니다. 그런데 히브리 민족이 애굽에서 기하급수적으로 수가 늘어나자, 애굽은 자국 군대가 멀리 전쟁을 위해 나라를 비운 사이, 히브리 민족이 애굽에서 반란을 일으키고 출애굽할지도 모른다는 두려움을 갖게 되었습니다(출 1:8~10).

그래서 애굽은 무임금 유노동자 60만여 명의 히브리 노예들을 계속해서 부리기 위해 히브리인들을 가혹하게 강제 노역에 동원했습니다.

그러나 히브리 민족이 더욱 번성하자, 당시 무서운 속도로 제국으로 나아가고 있던 애굽은 국가 행정 명령으로 히브리인들을 대상으로 인구조절 정책을 시행했습니다. 애굽이 행한 히브리인들에 대한 첫 번째 인구조절 정책은 히브리 산파들을 통해 태어난 사내아이들을 죽이는 것이었습니다. 그런데 히브리 산파들은 애굽 왕 바로의 명령을 듣지 않았습니다. 이는 하나님을 경외하며 두려워하는 히브리 산파들의 신앙적 선택이었습니다. 그러자 애굽은 히브리인들에 대한 두 번째 인구조절 정책으로 히브리 가정에서 "아들이 태어나거든 너희는 그를 나일 강에 던지고 딸이거든 살려두라"(출 1:22)라는 명령을 공개적으로 내렸습니다.

하나님께서는 말살될 위기에 놓인 이들의 고통을 굽어보시고 출애굽을 준비하십니다. 이때 아브라함의 후손인 히브리 민족이 겪는 애굽에서의 '제국 경험'은 이후 '제사장 나라'를 세우는 데 기초가 됩니다.

언약과 성취
하나님께서 아브라함에게 하신 약속 중 '자손'에 대한 약속은 출애굽기 1장에서 500여 년 만에 성취되고, '땅'에 대한 약속은 여호수아 10장 이후에서 실현되는 것을 알 수 있다. 이처럼 하나님의 약속과 계획은 길고 원대하다.

출애굽 당시 애굽(이집트)의 배경
애굽에 힉소스 왕조가 들어서면서 이전의 12왕조를 무너뜨리고, 12왕조 때 귀히 여겼던 요셉을 알지 못하는 새 왕이 나라를 통치하게 된다. 그는 히브리인의 거주 이동을 제한하고 직업 선택의 자유를 박탈함으로써 그들을 노예화했다. 이후 힉소스 왕조가 멸망하고, 애굽 역사상 가장 거대했던 18왕조가 세워진다. 그런데 18왕조는 히브리 남자아이들을 죽이려는 계획까지 세울 정도로 히브리 민족을 더욱 괴롭혔다. 모세가 이때 바로의 딸 하셉수트라는 여인의 손에서 애굽 왕자로 자라게 된다.

2. 애굽 왕자 모세 출 2장

#큰글자 일년일독 통독성경 | 109~111p

이즈음 한 사람이 준비되고 있었습니다. 히브리 남자아이라는 이유로 태어나면서부터 죽음의 위기에 처했던 한 아이가 갈대 상자에 담겨 강물에 떠내려갔습니다. 차마 아이를 죽게 할 수 없었던 아므람과 요게벳의 고육책이었습니다. 바로의 공주에 의해 구해진 이 남자아이는 '물에서 건져내다'라는 뜻에서 '모세'라는 이름이 지어졌습니다.

모세는 40세가 될 때까지 애굽 왕자로 살면서 애굽 왕족이 받는 최고의 교육을 받았습니다. 그러나 늘 자신이 히브리 사람이라는 사실을 잊지 않았던 모세는 어느 날 궁 밖으로 나갔다가 히브리 사람과 애굽 사람이 싸우는 것을 보고, 그 애굽 사람을 죽여 시체를 감추었습니다. 하지만 이 일이 탄로

모세가 갈대상자를 탄 네 가지 이유
1. 엄마가 태웠기 때문
2. 히브리 민족이 나라를 가지지 못했기 때문
3. 애굽의 제국주의 정책 때문
4. 하나님께서 출애굽의 시기를 결정하셨기 때문

나자, 모세는 그날 밤 모든 것을 버리고 미디안으로 도망합니다. 다음 날 아침, 〈애굽일보〉 1면 톱기사는 모세의 망명 뉴스로 가득했을 것입니다.

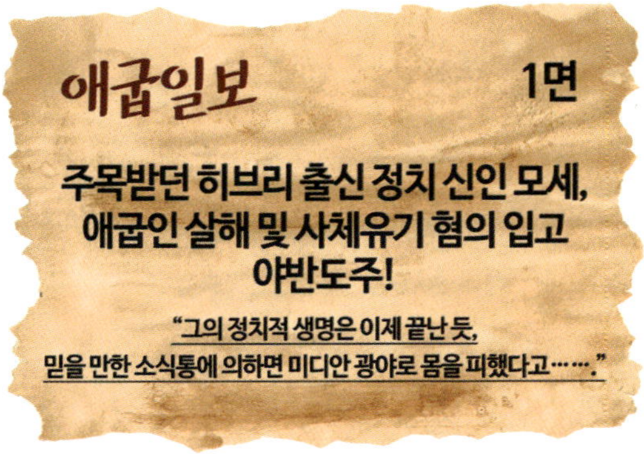
애굽일보 1면

주목받던 히브리 출신 정치 신인 모세, 애굽인 살해 및 사체유기 혐의 입고 야반도주!

"그의 정치적 생명은 이제 끝난 듯, 믿을 만한 소식통에 의하면 미디안 광야로 몸을 피했다고……."

3. 모세의 떨기나무 거룩 체험 출 3~4장

#큰글자 일년일독 통독성경 | 111~115p

애굽의 왕자 신분에서 하루아침에 광야에서 양을 치는 목자가 되어버린 모세. 그렇게 지낸 세월이 무려 40년이었습니다. 그러던 어느 날, 늘 다니던 호렙산에 이르러 양 떼를 돌보고 있던 모세에게 하나님께서 찾아오셨습니다. 모세는 그곳에서 불이 붙었음에도 타지 않는 떨기나무를 보았습니다. 그때 하나님께서는 모세에게 "네가 선 곳은 거룩한 땅이니 네 발에서 신을 벗으라"(출 3:5)라고 말씀하셨습니다. 여기에서 모세는 '하나님의 거룩'을 체험합니다.

안식일이라는 시간 거룩이 떨기나무라는 공간 거룩으로 나타난 것입니다. 그리고 하나님께서는 모세에게 "나는 네 조상의 하나님이니 아브라함의 하나님, 이삭의 하나님, 야곱의 하나님"(출 3:6)이라고 말씀하십니다. 어린 시절 어머니 요게벳의 신앙 교육이 있었기에 모세는 하나님의 말씀을 바로 알아들었습니다(출 2:7~10). 아브라함의 후손인 히브리 민족이 '신앙 민족'이라는 예가 바로 이것입니다.

거룩의 시작
- 시간 거룩 : 안식일(창 2:3)
- 공간 거룩 : 떨기나무 임재(출 3:5)
- 인간 거룩 : 첫 번째 유월절 때 장자 (출 13:2)

하나님께서 모세를 찾아오신 이유는 '내 백성'인 아브라함의 후손들이 당하는 고통과 근심을 아시고, 그들을 약속의 땅 가나안으로 인도하시기 위함이었습니다. 그들은 '모든 민족'을 위한 '제사장 나라 거룩한 백성'으로 하나님과 언약을 맺을 하나님의 백성이었습니다.

하나님께서는 출애굽의 계획을 말씀하시며 이 일을 모세에게 맡기겠다고 하십니다. 하지만 처음에 모세는 애굽의 강성함을 너무나도 잘 알았기에 하나님의 말씀을 들으려 하지 않았습니다. 하나님께서는 광야 생활 40년을 통해 결이 다 썩은 모세를 설득하십니다. 기적을 보이시며 말씀하시고 노를 발하기까지 하시며 끝내 설득하십니다. 마침내 모세가 하나님의 뜻에 설득됩니다. 애굽의 힘보다 하나님의 능력이 더 크심을 알게 되었고 믿게 되었기 때문입니다. 이때 하나님께서는 모세의 형 아론을 협력자로 붙여주셨습니다.

제국의 본질
물질주의 + 공성전 + 노예 제도(민족 우월주의)

4. 모세와 바로의 협상 - 히브리인의 하나님과 아홉 가지 재앙

출 5~10장

#큰글자 일년일독 통독성경 | 115~128p

애굽일보 사회면

"지난밤 40년 전 미디안으로 망명했던 모세 돌아옴"

40년 만에 지팡이 하나 들고 애굽의 정치 무대에 재등장한 모세의 겉모습은 정말 초라하기 이를 데 없었습니다. 그래도 과거 왕궁에 살던 예우로 바로가 모세를 만나줍니다. 모세는 아론과 함께 애굽 궁정으로 들어가 바로에게 말합니다. "이스라엘의 하나님 여호와께서 이렇게 말씀하시기를 내 백성을 보내라 그러면 그들이 광야에서 내 앞에 절기를 지킬 것이니라"(출 5:1). 그러자 바로는 여호와가 누구이기에 이스라엘을 보내겠냐며 자신은 여호와를 알지 못한다고 말합니다. 이때 모세가 '히브리인의 하나님'께서 말씀하셨다고 밝힙니다.

히브리인은 애굽의 노예입니다. 그런데 히브리 노예들이 바로에게 임금 협상이나 노동 처우 개선 정도가 아니라, 자신들은 하나님을 섬기는 백성이므로 광야로 사흘 길쯤 가서 하나님께 제사를 드려야 하며, 그렇지 않으면 하나님께서 자신들을 전염병이나 칼로 벌하실 것이라고 말합니다. 하지만 장정만도 60만 명이나 되는 노동력을 쉬게 하는 일을 바로가 허락할 리 없습니다.

성경 속 3일 이야기
- 아브라함과 이삭의 3일 길 모리아 산 번제
- 모세의 3일 길 출애굽 광야 제사
- 요나의 물고기 배 속 3일
- 예수님의 십자가 죽음 후 3일째 부활

이때부터 하나님의 능력(하나님의 기적)이 여러 재앙을 통해 나타납니다. 약 6개월 동안 모세는 하나님의 기적으로, 바로는 애굽 문명으로 히브리인들의 '3일 길 제사'를 놓고 아홉 번의 협상을 시도합니다. 하나님께서는 입애굽 때 요셉을 통해 사용하셨던 나일강을 출애굽 1차 협상에 다시 사용하십니다. 약 6개월간 모세는 〈애굽일보〉의 주인공처럼 매일 대서특필되었을 것입니다. 피, 개구리, 이, 파리, 우박 등 매번 재앙이 있을 때마다 모세는 "히브리 사람의 하나님 여호와께서 말씀하시기를 내 백성을 보내라 그들이 나를 섬길 것이니라"(출 9:1)라고 하나님의 명령을 전했습니다.

애굽의 불순종과 하나님의 징계

내용	바로의 반응	기타 사항
1. 피	말을 듣지 않음	애굽 요술사들도 행함
2. 개구리	말을 듣지 않음	애굽 요술사들도 행함
3. 이	말을 듣지 않음	애굽 요술사들은 행하지 못함
4. 파리	출애굽 허락, 다시 거절	고센 지역은 제외
5. 가축의 죽음	마음이 완강	이스라엘 가축은 제외
6. 악성 종기	마음이 완강	
7. 우박	"여호와는 의로우시고 나와 나의 백성은 악하도다"라고 고백	고센 지역은 제외
8. 메뚜기	장정만 출애굽 허락	
9. 흑암	가축을 제외한 출애굽 허락	고센 지역은 제외
10. 장자의 죽음	이스라엘 전체 출애굽	애굽 전 지역

약 6개월 동안 바로는 세 번이나 사람을 보내 히브리인이 사는 고센 땅에도 재앙이 일어났는지 확인하며 주저했습니다. 바로는 남자들만 가서 제사를 드려

라, 아이들까지는 데려가고 가축들은 두고 가라 등 어떻게 해서든 히브리인의 노동력을 놓지 않으려 했습니다. 바로는 계속 버티며, 지난날 야곱의 장례와 같은 역사 기록이나 들춰내며 잔꾀를 부렸던 것입니다.

바로는 아홉 가지 재앙을 경험하며 이 일이 단지 모세와 아론이 행한 것으로만 보지 않았습니다. 모세 개인의 기적이 아니라, 히브리인이 섬기는 하나님의 능력으로 보았습니다. 히브리인은 아브라함과 이삭과 야곱의 하나님을 믿는 신앙을 500여 년 동안 이어온 민족입니다. 이제 이들의 순종과 헌신으로 '히브리인의 하나님'을 섬기는 제사장 나라가 곧 세워집니다.

5. 첫 번째 유월절 - 이날을 기념하라 출 11장~12:36

#큰글자 일년일독 통독성경 | 129~132p

하나님의 기적이 바로의 애굽 문명을 대항하는 모세의 협상 카드였습니다. 바로의 거절로 아홉 번의 협상은 결국 결렬되었습니다. 이제 마지막 재앙만이 남았습니다. 마지막 재앙인 장자의 죽음, 이것은 바로에게는 하나님의 말씀을 듣지 않은 것에 대한 책임을 묻는 것이었고, 이스라엘 백성에게는 최소한의 실천적 순종을 요구하시는 것이었습니다. 그 최소한의 순종이란, 모세가 전한 하나님의 말씀을 믿고 어린양을 잡아 그 피를 집 좌우 문설주와 인방에 바르는 일입니다.

애굽에서의 첫 번째 유월절에 이스라엘 모든 가정(약 23,000가정)은 각 가족대로 1년 된 어린양을 잡은 덕분에, 이스라엘의 모든 장자와 짐승의 초태생까지 생명을 구했습니다. 〈민수기〉를 보면, 당시의 장자 수가 레위 지파를 제외한 열두 지파의 장자 수만 해도 22,273명이었습니다. 하나님께서는 이때 살아남은 장자들을 '거룩'하게 구별하시며 '내 것'이라고 하셨습니다. 하나님께서는 안식일 거룩, 떨기나무 거룩에서 이제 사람을 거룩하게 하십니다(출 13:2).

'유월절' 이날은 이스라엘 백성이 수백 년 만에 가장 기뻐한 날이었습니다. 유월절 이날을 기점으로 '애굽 제국의 기반'이 무너지고, '제사장 나라의 기반'이 세워집니다. 그리고 애굽에서의 '첫 번째 유월절'로부터 1,500년이 지난 '마지막 유월절'에 예수님께서 제자들과 함께 '첫 번째 성찬식'을 시작하십니다. 첫 번째 유월절은 오랜 종살이를 끝낸 새로운 출발의 날이 되었으며, 오래도록 기억하고 기념해야 할 날이 됩니다. 하나님께서도 이날을

유월절
- 유월절은 칠칠절, 초막절과 함께 제사장 나라 3대 명절 중 하나이다. 히브리어 '페사흐', 영어 'Passover'로, '넘어가다, 지나가다'라는 뜻이다.
- 아빕월(태양력 3~4월) 14일 저녁에 유월절 명절을 지키고, 다음날 15일부터 무교절을 7일간 지킨다.
- 첫 번째 유월절 명령
  1. 각 가족대로 흠 없고 1년 된 수컷 어린양을 잡을 것
  2. 양의 피를 우슬초에 적셔 좌우 문설주와 인방에 바를 것
  3. 그 밤에 양 고기는 불에 구워 무교병, 쓴 나물과 함께 먹을 것
  4. 먹을 때, 허리에 띠를 띠고 손에 지팡이를 잡고 급히 먹을 것
  5. 뼈를 하나도 꺾지 말 것
  6. 모두 먹은 후 아침까지 남은 것은 태울 것

중요하게 여기셔서 이스라엘 역사의 원년으로 삼으셨습니다.

애굽에서의 첫 번째 유월절에는 1년 된 어린양이 이스라엘 모든 장자와 짐승의 초태생을 살렸습니다. 1,500년 후 예수님께서는 '세상 죄를 지고 가는 하나님의 어린양'으로 우리 모두를 살리셨습니다. 제사장 나라 1,500년 동안 유월절은 '이날을 기념하라'는 명령과 함께 지켜졌습니다. 그러나 1,500년 후 예수님께서 십자가 지시기 전, 제자들과 함께 마지막 유월절을 지키시고 첫 번째 성찬식을 거행하시며 '이날을 기념하라'에서 '나를 기념하라'로 바꾸십니다.

첫 번째 유월절과 첫 번째 성찬식

"내가 고난을 받기 전에 너희와 함께 이 유월절 먹기를 원하고 원하였노라"(눅 22:15)

1,500여 년

유월절	▶ 성찬식
유월절 어린양	⇒ 하나님의 어린양
출애굽 전날	⇒ 십자가 지시기 전날(유월절 밤)
각 가정에서 가족들과	⇒ 정하신 집 다락방에서 제자들과 함께
어린양의 고기와 무교병	⇒ 예수님의 살과 피를 기념하는 떡과 포도주

첫 번째 유월절에 하나님께서는 모세와 아론에게 유월절 규례로, "그 고기를 조금도 집 밖으로 내지 말고 뼈도 꺾지 말지며"(출 12:46)라고 말씀하셨습니다. 유월절 어린양의 뼈를 꺾지 말라는 말씀은 이후 다윗의 시편(시 34:19~20)을 통해 예수님의 십자가 사건을 예고했으며, 실제 예수님께서 십자가에서 죽으셨을 때, 로마 군인은 예수님의 뼈를 꺾지 않았습니다(요 19:36).

6. 출애굽과 홍해 기적 출 12:37~15장

#큰글자 일년일독 통독성경 | 132~140p

마침내 하나님의 신호가 떨어지고 이스라엘 백성이 신속히 출애굽합니다. 그런데 얼마 지나지 않아, 애굽 군대가 마병과 병거들을 동원해 이스라엘을 뒤쫓자, 백성들은 두려워 떨며 모세를 원망합니다.

그러자 모세는 "여호와께서 너희를 위하여 싸우시리니 너희는 가만히 있을지니라"(출 14:14)라는 말과 함께 지팡이를 들어 바다 위로 손을 내밉니다. 그 순간 이스라엘 백성의 앞을 가로막고 있던 홍해가 갈라지고, 바다가 마른 땅이 됩니다. 이스라엘 백성은 그 길을 따라 속히 홍해를 건너갈 수 있었고, 이스라엘이 다 건너자 하나님께서는 바로와 그의 군대를 홍해 한가운데서 멸하십

입애굽과 출애굽

애굽의 총리 요셉 → 입애굽의 지도자
애굽의 왕자 모세 → 출애굽의 지도자

출애굽 예상 경로

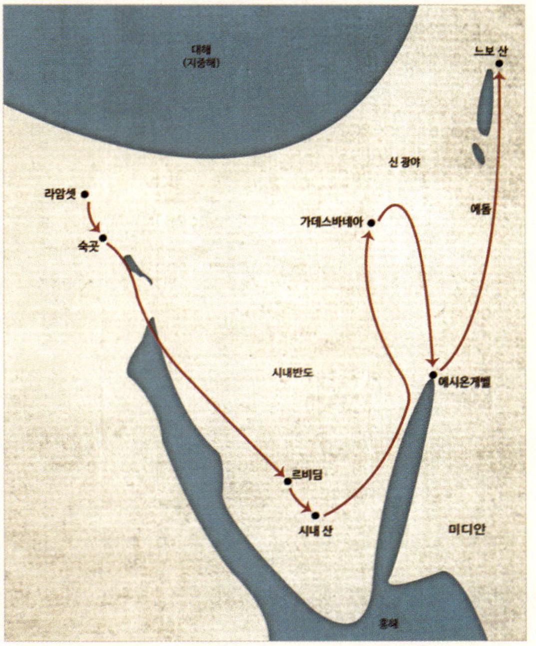

니다. 입애굽은 나일강 기적으로 시작되었고, 이처럼 출애굽은 홍해 기적으로 끝났습니다. 홍해 기적으로 히브리인들은 더 이상 애굽 제국의 문명을 두려워하지 않게 됩니다.

출애굽기 15장에는, 모세와 이스라엘 백성이 하나님께서 행하신 이 모든 일을 지켜본 후 하나님께 감사와 영광을 돌리며 부른 노래가 기록되어 있습니다.

모세와 이스라엘 백성의 찬양

"내가 여호와를 찬송하리니 그는 높고 영화로우심이요 말과 그 탄 자를 바다에 던지셨음이로다 여호와는 나의 힘이요 노래시며 나의 구원이시로다 그는 나의 하나님이시니 내가 그를 찬송할 것이요 내 아버지의 하나님이시니 내가 그를 높이리로다"(출 15:1~2)

미리암의 찬양

"너희는 여호와를 찬송하라 그는 높고 영화로우심이요 말과 그 탄 자를 바다에 던지셨음이로다"(출 15:21)

7. 광야 학교 입학 출 16~18장

#큰글자 일년일독 통독성경 | 140~146p

출애굽한 이스라엘 백성은 한 달 만에 신 광야에 도착합니다. 이는 출애굽한 이스라엘 백성의 '광야 학교' 입학이었습니다. 광야 학교의 교육 목적은 이스라엘 백성에게 제사장 나라의 '거룩'을 훈련하는 것입니다. 광야 학교에서 실력을 키우는 방법은 반복 학습과 크고 작은 시험이었습니다. 그런데 식량이 다 떨어지자, 이스라엘 백성이 모세를 원망합니다. 하나님께서는 이미 만나를 준비하고 계셨는데 그들은 안타깝게도 '원망'이라는 단어를 벌써 사용하기 시작합니다.

신 광야를 떠난 이스라엘 백성이 르비딤에 이르러 마실 물이 없자 다시 모세를 원망합니다. 이때 하나님께서 모세에게 "지팡이로 반석을 치라"라고 명하십니다. 보통 사람의 생각으로는 이 말씀을 따르기가 쉽지 않습니다. 그러나 모세는 바위를 치라는 하나님의 명령에 순종하면 물이 나올 것을 믿고 바위를 칩니다. 하나님을 믿는 사람, 그가 모세입니다.

이스라엘 백성이 출애굽하면서 애굽에서 큰 재물을 가지고 나왔다는 소문이 퍼졌는지 아말렉이 이스라엘 행렬의 후미를 칩니다. 광야에서 전쟁이 일어난 것입니다. 이에 모세는 여호수아를 대장 삼아 노예 경험뿐인 이스라엘 남자들을 전쟁에 내보내고, 산 위에 올라가 전투를 바라보며 두 손을 들고 하나님께 기도했습니다. 전투가 길어지자 아론과 훌이 모세의 두 팔을 들어주며, 모세가 계속 기도할 수 있도록 도왔습니다. 그러자 기적처럼 이스라엘이 승리합니다.

이스라엘은 아말렉과의 전쟁 승리를 통해 전쟁이 '하나님의 손'에 달려 있음을 배우게 됩니다. 하나님께서 승리하게 하셨음을 배운 것입니다. 모세는 이 전쟁을 '여호와 닛시(여호와는 나의 깃발)'라고 선포했습니다. 하나님께서

성경에 나오는 하나님의 별칭

- 여호와
  - 나는 스스로 있는 자 (출 3:14)
- 여호와 이레
  - 준비하시는 하나님 (창 22:13~14)
- 여호와 라파
  - 치료하시는 하나님 (출 15:26)
- 여호와 닛시
  - 여호와는 나의 깃발 (출 17:15)
- 여호와 살롬
  - 여호와는 나의 평강 (삿 6:24)
- 여호와 삼마
  - 여호와는 거기 계신다 (겔 48:35)
- 여호와 체바오트
  - 만군의 여호와 (시 24:10)
- 여호와 치두케누
  - 여호와는 우리의 공의 (렘 23:6)

는 아말렉과의 전쟁 이야기를 책에 기록하여 기념하고, 여호수아의 귀에 들려 외우게까지 하라고 말씀하셨습니다(출 17:14~16). 여호수아의 아말렉 전쟁 경험은 이후 가나안에 입성하면서 더욱 발휘됩니다.

모세의 장인 이드로가 출애굽에 대한 놀라운 일들을 확인하고, 모세에게 그의 아내와 두 아들을 데려다주기 위해 찾아옵니다. 모세는 이드로에게 출애굽의 모든 과정과 홍해를 육지처럼 건넌 일, 아말렉과의 전쟁에서 승리한 일 등 모든 것을 말해주었습니다. 이러한 출애굽의 여러 과정은 사실 모세에게 피가 마를 정도로 힘든 일이었습니다. 그런 만큼, 이드로 앞에서 한 번쯤은 으스댈 만한 절호의 기회였습니다.

그런데 모세는 이드로에게 자기의 무용담이 아니라 하나님께서 하신 모든 일을 말합니다. 결국 이드로는 '들음으로' 하나님을 알게 되고, 하나님을 믿게 됩니다. 그러자 이드로가 모세에게 좋은 제안을 하나 합니다. 이스라엘 백성 가운데 지도자들을 세워 각자에게 역할을 분담하라는 것입니다. 모세는 장인 이드로의 조언을 따라 십부장, 오십부장, 백부장, 천부장을 세워 일을 맡겼습니다. 과연 모세는 '불세출의 지도자'라고 불리기에 마땅한 사람이었습니다.

만나와 반석 되신 예수 그리스도
"나는 하늘에서 내려온 살아 있는 떡이니 사람이 이 떡을 먹으면 영생하리라"(요 6:51)
"다 같은 신령한 음료를 마셨으니 이는 그들을 따르는 신령한 반석으로부터 마셨으매 그 반석은 곧 그리스도시라"(고전 10:4)

#To the Cross | 십자가로 향하는 레시피

8. 첫 번째 유월절과 장자 거룩

● 첫 번째 유월절이 마지막 유월절 첫 번째 성찬식으로

애굽에서의 첫 번째 유월절은 1,500년 후 마지막 유월절 첫 번째 성찬식을 위한 하나님의 준비였습니다. 하나님께서는 제사장 나라 거룩한 백성으로 하나님과 언약을 맺은 이스라엘 백성에게 "이날을 기념하라"라고 말씀하시며, 유월절을 제사장 나라 법으로 정해주셨습니다. 그리고 1,500년 후, 예수님께서 십자가 지시기 전 제자들과 함께 마지막 유월절을 지키시고, 첫 번째 성찬식을 거행하시며 이제부터는 "나를 기념하라"라고 말씀하셨습니다. 이때부터 우리는 유월절, 이날을 기념하는 것이 아니라, 예수님의 살과 피를 언제 어디서든 떡과 포도주로 기념합니다. 예수님의 십자가를 통해 제사장 나라를 수렴하는 하나님 나라가 시작되었기 때문입니다.

1년 된 유월절 어린양이 하나님의 어린양 희생 제물로

애굽에서의 첫 번째 유월절에 1년 된 어린양이 희생 제물이 되었다면, 1,500년 후 마지막 유월절 첫 번째 성찬식 후 예수님께서는 십자가에서 하나님의 어린양으로 제물이 되셔서 단번 제사를 통해 우리를 구원하셨습니다.

뼈를 꺾지 말라

하나님께서는 모세에게 유월절 어린양의 뼈는 꺾지 말 것을 규례로 말씀하셨습니다. 이는 1,500년 후 예수님의 십자가 사건을 예고한 것입니다. 예수님께서 십자가에서 죽으셨을 때, 로마 군인들이 예수님 옆에 있던 강도들의 다리를 꺾어 그들이 죽었음을 확인했습니다. 그런데 로마 군인들이 예수님께서 이미 죽으신 것을 보고 다리를 꺾지 않고 창으로 옆구리를 찌릅니다. 이는 유월절 규례(출 12:46)와 다윗의 시편(시 34:20)을 통한 예언이 성취된 사건입니다. 사도 요한의 말처럼, 이는 '성경을 응하게 하려 함'이었습니다.

열두 지파 장자 거룩이 십자가를 통해 그리스도인의 거룩으로

애굽에서의 첫 번째 유월절에, 1년 된 어린양의 피로 히브리인의 열두 지파 장자들이 살아남았습니다. 하나님께서는 그 살아남은 장자들을 '내 것'이라 구별하시며, 그들을 '거룩'하다 하셨습니다. 그리고 그들을 대신해 레위인들을 제사장 나라의 거룩한 공직자로 삼으셨습니다. 레위인이 제사장 나라의 거룩한 공직자로서 사명을 감당했다면, 하나님 나라에서는 예수님의 십자가를 통해 우리를 '나라와 제사장'으로 삼으시고, 거룩하게 하셔서 하나님 나라의 공직자로 서게 하셨습니다.

5과 세계 선교의 꿈 - 제사장 나라

출애굽기 19~40장

큰글자 일년일독 통독성경 *one year tongdok bible as one story*

25일: 십계명, 제국이 아닌 제사장 나라 26일: 거룩, 시장에 살아 있다! 27일: 성막의 설계도 28일: 하늘 보석으로!
29일: 기도의 향을 사르다 30일: 용서, 절망 속의 희망 31일: 낡아진 설계도 32일: 손으로 지은 성막

시간 흐름 *time flow*

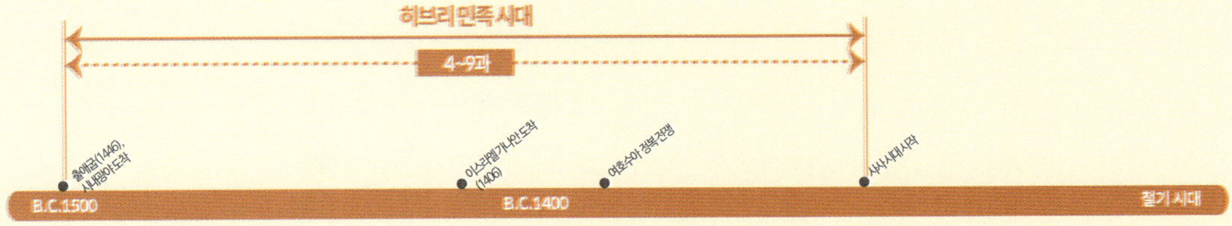

지금 공간 *current location* 시내산

주요 인물 *main character* 모세, 아론, 브살렐, 오홀리압, 이다말

통通포인트 *tong point*

세계 선교의 꿈과 관유 (Holy Anointing Oil)

시내산에서 하나님과 아브라함의 후손들이 제사장 나라 언약을 체결한 후, 1년여 기간 동안 하나님의 '세계 선교의 꿈'을 위한 기초가 놓입니다. 제사장 나라 거룩한 백성은 모든 민족을 위한 세계 선교의 초석입니다. 시내산에서 세워진 제사장 나라의 기초는 '성막'과 '제사'입니다. '설계'는 전문가이신 하나님의 작품이요, '시공'은 이스라엘 백성의 순종과 참여, 헌신이었습니다. 성막 제사에 필요한 모든 기구가 만들어지자, 하나님께서는 모세를 통해 그 모든 기구에 관유를 바르게 하셨습니다. 관유의 레시피 또한 성막의 설계도처럼 하나님께서 모세에게 주셨습니다. 그리고 하나님께서는 아론의 머리에 관유를 붓게 하셨습니다. 관유, 즉 기름 부음을 통해 성막 제사를 위한 모든 기구와 대제사장이 '거룩'하게 된 것입니다. 성막과 제사의 설계에는 우리와 '함께'하고자 하시는 임마누엘 하나님의 마음이 담겨 있으며, 이는 제사장 나라 1,500년을 이어갈 설계였습니다.

1. 시내산 언약 출 19장

큰글자 일년일독 통독성경 | 146~148p

이스라엘 백성은 출애굽한 후 제3월에 시내산에 도착합니다. 이제 하나

님께서는 이스라엘 백성과 함께 아주 중요한 일을 이루시기 위해 준비하십니다.

먼저 하나님께서 이스라엘 백성에게 말씀하십니다. 하나님의 '제사장 나라 거룩한 백성'이 되면 어떠하겠느냐는 것입니다. 이것은 500년 전 그들의 조상 아브라함 '한 사람'과 맺으셨던 언약을, 이제 아브라함의 후손인 히브리 민족, 즉 '이스라엘 백성'과 공식적으로 맺으시려는 것입니다. 하나님의 거룩한 백성이 되어 모든 민족을 위한 제사장 나라로서 하나님의 일에 앞장서 달라고 말입니다. 이것은 이스라엘 백성에게 주신 특권이며 동시에 사명이었습니다.

참 감사하게도 이스라엘 백성이 "우리가 다 행하리이다"(출 19:8)라고 기쁘게 대답합니다. 이렇게 하여 하나님과 이스라엘 백성 사이에 언약이 맺어집니다. 이 언약을 기반으로, 이스라엘이 하나님의 백성으로서 어떤 삶을 살아야 할지 말씀하시는 내용이 출애굽기 19장부터 레위기 전체, 민수기 1~10장에 걸쳐 나옵니다.

시내산 캠프
- **시내산**(Mt. Sinai) : 시내 반도 남단에 위치한 일명 호렙산이다.
- **기간** : 시내산에서 약 1년간
- **내용** : 출 19~40장, 레 1~27장, 민 1장~10:10

출애굽세대는 이 기간에 모세를 통해 하나님의 율법을 받고, 성막을 지으며 제사장 나라를 배웠다.

하나님의 잔치에 초대받은 74명
시내산 언약 체결식 후, 출애굽 때 모세와 함께 유월절에 특별히 수고한 70명의 장로가 하나님의 잔치에 초대되었다. 이때 모세, 아론, 나답, 아비후도 동참하여, 총 74명이 이스라엘 자손들의 존귀한 사람들로 초대되어 하나님의 잔치에서 먹고 마시는 영광을 누렸다.

약 6개월(열 가지 재앙) (시내산에 도착)
애굽 → 출애굽(라암셋에서 출발) → 시내산
시내산에서 1년여 간 머무름
(출애굽기 19~40장, 레위기, 민수기 1장~10:10)

하나님과 히브리인들, 즉 이스라엘 백성과 제사장 나라를 세우기 위한 '시내산 언약' 체결식 내용을 살펴보면 다음과 같습니다(출 24:3~8).

첫째, 하나님의 언약 선포와 이스라엘 백성의 응답
둘째, 언약서 기록과 제단 쌓기, 열두 기둥 세우기
셋째, 청년들이 번제와 화목제를 드리고, 모세가 피를 제단에 뿌림
넷째, 언약서 낭독과 백성의 응답 "여호와의 모든 말씀을 우리가 준행하리이다"
다섯째, 언약 체결식 – 피를 백성에게 뿌림

열방을 향한 꿈
- 모든 민족(창 12:1~3)
- 세계가 다 내게 속했다(출 19:5)
- 예루살렘과 온 유대와 사마리아와 땅 끝까지(행 1:8)

2. 십계명, 3대 절기, 3대 명절 출 20~24장

큰글자 일년일독 통독성경 | 148~158p

하나님께서 이스라엘 백성에게 제사장 나라의 율법을 말씀하기 시작하

십니다. 그 대표적인 것이 십계명입니다. 십계명은 제사장 나라의 대헌장이자 나아가 그리스도인의 대헌장입니다. 출애굽기 20장부터 23장의 내용은 십계명을 기초로 한 시행 세칙이라 할 수 있습니다. 하나님께서 십계명을 통하여 이스라엘에게 요구하시는 핵심은 '하나님 사랑과 이웃 사랑'입니다. 이는 거룩한 백성이 마땅히 지켜야 할 기본 원칙이며, 더 나아가 인간의 인간 됨을 위한 본질입니다. 그런데 시내산에서 직접 말씀하시는 하나님의 음성을 듣고, 이스라엘 백성이 두려워하며 모세를 통해 하나님의 말씀을 듣게 해달라고 간청합니다. 두려워하는 백성의 부탁을 받아, 십계명 이후 모든 율법은 모세를 통해 이스라엘 백성에게 전달됩니다. 이때부터 모세는 시내산을 오르락내리락하면서 하나님과 이스라엘 사이에서 중간 역할을 감당합니다.

하나님께서 모세를 통해 이스라엘 백성에게 주신 율법 가운데 중요한 것은 3대 절기, 즉 안식일, 안식년, 희년을 지킬 것, 그리고 3대 명절, 즉 유월절, 칠칠절, 초막절을 지키라는 것이었습니다. 하나님과 언약을 맺은 제사장 나라 거룩한 백성 이스라엘은 하나님의 말씀에 따라 매년 3대 절기와 3대 명절을 지키며 하나님을 만나야 했습니다.

하나님께서 주신 율법은 예수님께서 십자가 위에서 "다 이루었다"라고 말씀하시기 전까지, 즉 제사장 나라를 수렴하여 더 큰 하나님 나라를 이루시기까지 1,500년을 이어갔습니다.

십계명 - 하나님 사랑 이웃 사랑

1. 나 외에는 다른 신들을 네게 두지 말라
2. 우상을 만들지 말라
3. 여호와의 이름을 망령되게 부르지 말라
4. 안식일을 거룩하게 지키라
5. 네 부모를 공경하라
6. 살인하지 말라
7. 간음하지 말라
8. 도둑질하지 말라
9. 네 이웃에 대하여 거짓 증거하지 말라
10. 네 이웃의 집을 탐내지 말라

율법의 두 줄기

1. 하나님에 대한 태도에 관한 법률
2. 이웃에 대한 태도에 관한 법률

-어느 율법사와 예수님의 대화 (마 22:35~40)

"선생님, 율법 중에서 어느 계명이 크니이까?"
"주 너의 하나님을 사랑하라 하셨으니 이것이 크고 첫째 되는 계명이요 둘째도 그와 같으니 네 이웃을 네 자신 같이 사랑하라 하셨으니 이 두 계명이 온 율법과 선지자의 강령이니라."

3. 하나님의 용서, 이웃과 나눔, 민족과 평화의 센터 성막

출 25~31장

큰글자 일년일독 통독성경 | 158~173p

이스라엘 백성에게 기다릴 것을 당부하고 시내산에 오른 모세는 하나님과 만납니다. 하나님께서 시내산 위에서 모세에게 전해주신 말씀은 크게 '성막 짓기'와 '제사장의 위임과 사명'으로 요약할 수 있습니다. 하나님께서는 성막의 설계도를 설명하시고, 그밖에도 성막 기구와 관련된 내용, 성막 뜰과 제사장의 의복과 위임식 그리고 관유 등에 대해 자세히 일러주십니다. 하나님께서는 "거기서 내가 너와 만나고"(출 25:22)라고 말씀하신 성막을 통해 이스라엘 백성과 꾸준히 만나는 계획을 세우셨습니다.

성막은 제사장 나라 거룩한 백성이 하나님께 제사드리기 위해 모이는 이

분향단과 관련된 규례

분향단(향단, 금단)은 제사장이 하나님께 분향을 드리는 금 제단이다.

1. 거룩한 관유를 발라 구별할 것
2. 제사장이 매일 아침저녁으로 향을 사를 것
3. 여호와 앞에 향을 끊이지 말 것
4. 지정한 것 외에는 다른 향을 사르지 말 것

동식 성소였습니다. 하나님의 임재를 상징하는 성막이 이스라엘 진 중앙에 위치함으로써, 이스라엘 백성은 누구든지 언제나 하나님께 가까이 나아갈 수 있게 됩니다. 앞으로 제사장 나라 이스라엘은 '하나님의 용서, 이웃과 나눔, 민족과 평화'라는 놀라운 성과를 내게 될 것입니다. 이를 위한 센터가 이스라엘 백성이 살아가는 한복판에 성막으로 세워진 것입니다. 드디어 성막을 통한 하나님의 통치가 시작됩니다.

또한 하나님께서는 성막에서 제사를 주관할 사람들로 아론과 그의 아들들을 지명하십니다. 이후 대대로 이스라엘의 제사를 주관할 사람은 제사장 아론과 그 후손들이 됩니다. 제사장이 해야 할 일은 생각보다 많습니다. 양을 잡아 매일 아침과 저녁으로 상번제를 드리는 일에서부터, 정성스럽게 향을 피우는 일까지 다양합니다. 하나님께서는 아론과 그의 아들들에게 이러한 사명을 주시고자 그들을 구별하신 것입니다.

속죄소
속죄소는 언약궤(증거궤, 법궤)를 덮는 순금으로 만든 덮개로, 하나님께서 제사장 나라 백성과 만나고 모든 일을 알려주시는 성소에서 가장 핵심이 되는 장소이다(출 25:22). 금으로 만든 그룹 둘이 마주 보며 날개로 속죄소를 덮는 모습을 하고 있다. 일명 은혜를 베푸는 자리라는 의미로 시은좌(施恩座)라고 불린다.

4. 금송아지 사건과 모세의 중보기도 출 32~34장

#큰글자 일년일독 통독성경 | 173~180p

● 모세의 40일 vs. 이스라엘 백성의 40일

모세가 하나님의 부르심을 받고 시내산에 올라간 지 40일도 채 되지 않았을 때, 이스라엘 백성이 그만 큰 죄를 짓고 맙니다. 그때 하나님께서는 모세에게 이스라엘 백성에게 주실 하나님의 임재의 상징, '성막'의 설계도를 일러주고 계셨습니다. 그런데 이스라엘 백성이 하나님의 깊고 소중한 준비를 기다리지 못하고 금송아지 우상을 만든 것입니다.

시내산에서의 모세 _ 장 레옹 제롬 作

금송아지 우상 _ 제임스 티소 作

산 아래에서 벌어지는 어이없는 광경을 보신 하나님께서는 크게 진노하시며 이스라엘 백성을 진멸하겠다고 하십니다. 그러자 모세는 '진멸'을 언급하시는 하나님 앞에 엎드려 하나님의 긍휼을 구하며 기도했습니다. 모세는 하나님께 맹렬한 노를 그치시고 뜻을 돌이켜주실 것을 간절히 기도합니다. 한 걸음 더 나아가 하나님의 체면을 걱정합니다. 애굽 사람들이 이스라엘을 미워하고 이스라엘 백성이 잘못되기만을 바라고 있을 텐데, 이 일로 인해 애굽 사람들이 "여호와가 자기의 백성을 산에서 죽이고 지면에서 진멸하려는 악한 의도로 인도해 내었다"(출 32:12)라며 하나님을 오해할까 걱정된다는 것입니다.

이어서 모세는 500년 전 하나님께서 언약을 맺으셨던 아브라함과 이삭과 야곱을 기억해 달라고 기도했습니다. 이스라엘 백성이 무지하고 어리석어 금송아지 우상을 만들었지만, 그들이 아브라함의 후손임을 기억하셔서 긍휼을 베풀어달라는 간절한 기도였습니다. 이것이 불세출의 지도자 모세의 진정성이었습니다.

● 하나님의 마음을 헤아리는 모세의 기도

모세의 간절한 기도를 들으신 하나님께서는 일단 이스라엘을 진멸하겠다는 뜻을 돌이키십니다. 그 말씀을 들은 후, 모세가 황급히 산 아래로 내려와 보니 도저히 눈 뜨고 볼 수 없는 광경이 펼쳐져 있었습니다. 화가 난 모세는 두 돌판을 던져 깨뜨리고, 금송아지를 불살라 부수어 가루로 만들게 합니다. 그리고 그것을 물에 타서 온 백성에게 '금가루 차'를 마시게 합니다. 또한 그 죄에 대한 벌로 3천 명가량이 죽임을 당합니다.

이튿날 모세는 다시 하나님께 나아가 백성의 죄를 대신하여 회개합니다. 자신의 이름을 주의 책에서 지워도 좋으니 백성의 죄를 용서해 주시라고 간구합니다. 하나님께서 이스라엘 백성을 얼마나 사랑하고 아끼시는지 잘 알고 있는 모세가 하나님의 마음을 붙잡고 용서를 구한 것입니다. 이에 하나님께서 '여호와'의 이름을 선포하시며 두 번째 돌판을 주십니다. 여호와는 '자비롭고, 은혜롭고, 노하기를 더디 하고, 인자와 진실이 많은 하나님'이십니다. 이번에는 이스라엘 백성이 40일 동안 다시 시내산에 오른 모세를 잘 기다려줍니다. 이 일을 통해 하나님과 이스라엘 백성은 다시 가까워질 수 있게 되었습니다.

공동체를 위한 지도자 모세의 기도
"이제 그들의 죄를 사하시옵소서 그렇지 아니하시오면 원하건대 주께서 기록하신 책에서 내 이름을 지워 버려 주옵소서"(출 32:32).
진멸의 위기 앞에서 모세가 간절히 기도하자, 하나님께서는 이스라엘 백성을 용서하시고 이스라엘과의 동행을 결정하셨으며, 모세는 하나님의 영광을 보는 체험으로까지 나아갔다.

5. 성막 제작 - 아름다운 동역 출 35장~39:31

#큰글자 일년일독 통독성경 | 180~190p

40일 만에 시내산에서 내려온 모세의 지휘하에 이스라엘의 성막 제작 작업이 시작됩니다. 금송아지를 만들었던 잘못을 뉘우친 이스라엘 백성은 이제 하나님께서 기뻐하시는 일에 자신들의 귀중품을 아낌없이 내어놓습니

설계와 시공
• 설계 : 하나님의 섭리, 경영
• 시공 : 인간의 노력, 땀, 헌신, 충성, 봉사

설계	시공	창조 작품
하나님	하나님	→ 에덴동산
	인간	→ 방주
	인간	→ 성막과 언약궤
	인간	→ 성전
	하나님	→ 새 하늘과 새 땅

다. 설계도는 하나님께서 주셨지만, 사람들의 순종과 참여, 그리고 실천을 통해 성막이 완성됩니다. 이 일은 하나님과 이스라엘의 아름다운 동역이었습니다.

모세는 하나님께서 말씀하신 대로 성막 제작의 구체적인 책임자이자 실행자로 브살렐과 오홀리압을 세웁니다. 출애굽의 지도자가 모세와 아론이었다면, 성막 건축의 지도자는 브살렐과 오홀리압이었습니다. 그들은 모든 정성을 다하여 성막을 완성합니다. 또한 대제사장인 아론과 그의 아들들을 위한 옷도 만듭니다. 대제사장 아론의 거룩하고 화려한 옷은 앞으로 땀내 나는 작업복이 될 것입니다.

성막 (The Story of the Bible 삽화)

하나님이 원하시는 것, 동사(動詞)
성막 제작에는 숫자와 재료만 있는 것이 아니다. 동사로 표현되는 땀과 정성이 들어 있다. 만들다, 서로 연결하다, 달다, 접어 드리우다, 꿰다, 늘어뜨리다, 금으로 싸다, 정교하게 수놓다, 놋으로 붓다 등등.

하나님께서는 하나님 앞에서 거룩하게 쓰임 받을 제사장들이 입을 옷에 열두 보석이 달린 흉패를 붙이게 하시는데, 그 열두 보석에 이스라엘 열두 지파의 이름을 새기게 하셨습니다. 하나님께서 이스라엘 백성을 제사장 나라 거룩한 백성으로 삼으시고, 그 이름을 보석에 새기도록 하신 것입니다. 그 사랑의 하나님께서 지금 우리의 이름 또한 하늘 보석처럼 귀히 여겨주신다는 사실이 얼마나 감사한지 모르겠습니다.

6. 거룩한 기름 관유

하나님께서는 성막의 모든 기구를 거룩하게 하도록, 그리고 대제사장이 제사장 나라의 권위 있고 책임 있는 공직자로 거룩하게 세워지도록 모세에게 '관유'를 만들게 하셨습니다. 하나님께서는 성막의 설계도를 주셨던 것처럼 관유의 레시피도 친히 주셨습니다. "너는 상등 향품을 가지되 액체 몰약 오백 세겔과 그 반수의 향기로운 육계 이백오십 세겔과 향기로운 창포 이백오십 세겔과 계피 오백 세겔을 성소의 세겔로 하고 감람 기름 한 힌을 가지고 그것으로 거룩한 관유를 만들되 향을 제조하는 법대로 향기름을 만들지니 그것이 거룩한 관유가 될지라"(출 30:23~25).

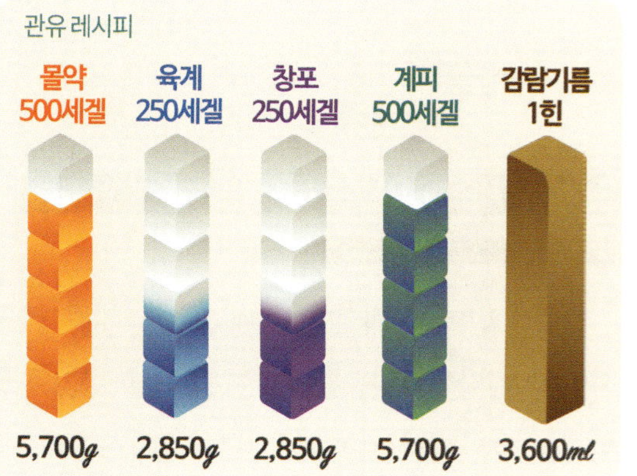

성막이 하나님의 거룩한 임재의 상징이 되기 위해서는 반드시 거룩한 관유를 성막의 모든 기구에

발라야 합니다. 거룩한 관유를 성막의 모든 기구에 바르는 순간, 성막은 하나님의 거룩한 임재의 장소가 됩니다. 관유를 바르기 전까지는 아무리 하나님께서 주신 설계도대로 성막을 만들었다고 해도 그 자체로 거룩한 성소가 될 수 없습니다. 그래서 관유가 중요합니다.

성막이 만들어지고 난 후에는 성막 제작에 참여한 사람까지도 언약궤를 만지거나 지성소에 들어가면 죽듯이, 관유 또한 성막의 모든 기구와 제사장의 머리에 붓는 일 외에 이 방법대로 만들거나 타인에게 붓는 모든 사람은 죽습니다. 이것이 하나님께서 제사장 나라에 주신 법입니다(출 30:30~33).

공식적으로 관유가 대제사장의 머리에 부어진 후, 제사장 나라에서는 기름 부음을 받은 대제사장의 감독하에 5대 제사, 3대 절기, 3대 명절이 실행되어 거룩이 일상화되고 상시화됩니다. 이를 통해 제사장 나라 모든 백성이 하나님의 속성인 '거룩'을 경험하고 체험할 수 있게 됩니다.

7. 움직이는 성막 봉헌과 하나님의 임재 출 39:32~40장

#큰글자 일년일독 통독성경 190~192p

성막과 대제사장과 제사장들의 옷 만들기가 끝난 후, 모세가 하나님께서 주신 설계도대로 모든 것이 잘 만들어졌는지 철저히 확인하고 점검하는 시간을 갖습니다. 모세는 꼼꼼하게 점검한 후, 이 일에 헌신한 모든 사람을 축복했습니다. 이렇게 해서 약 6개월간의 성막 제작 대장정이 마무리되었습니다.

모세가 하나님의 말씀대로 성막의 모든 기구와 아론과 그 아들들에게 관유를 부어 거룩하게 하며 성막의 역사를 마치자, 성막 위에 구름이 덮이고 여호와의 영광이 성막에 충만해졌습니다. 이제 하나님을 만날 장소인 성막이 완성되었고, 하나님과 사람 사이를 중재할 제사장이 준비되었습니다. 하나님과 제사장 나라 언약을 맺은 이스라엘 백성이 하나님과 만날 수 있는 공식적인 통로가 열린 것입니다. 이스라엘 백성 '누구든지' 제물을 가지고 성막에 가서 제사장의 도움을 받아 하나님께 제사를 드리면, 어떤 죄라도 '용서받을 수 있는 길'이 열리게 된 것입니다.

이처럼 시내산에서 만들어진 성막은 하나님의 계획에 따라 '움직이는 성막 500년' 시대를 보내게 됩니다. 이후 다윗 시대를 거쳐 '움직이는 성막 500년' 시대가 마감되고, '움직이지 않는 예루살렘 성전 1,000년' 시대가 시

거룩한 안식일 지키기
성막 제작은 약 6개월 동안 진행되었다. 그 기간에 약 25번의 안식일이 있었는데, 하나님께서는 성막을 제작하는 동안에도 반드시 안식일을 지키게 하여 그날을 '거룩한 날'이 되게 하셨다.

하늘 보석 이스라엘 열두 지파
하나님께서 이스라엘 열두 지파의 이름을 대제사장의 판결 흉패에 박힌 보석 위에 새기게 하셨다. 불과 얼마 전까지만 해도 애굽의 노예였던 히브리 민족을 하나님께서 제사장 나라의 '하늘 보석'으로 삼으셨다.

작됩니다. 이렇게 하나님께서 주신 설계도대로 손으로 지은 성막과 예루살렘 성전은 이후 '손으로 짓지 아니한, 창조에 속하지 아니한' 하늘 성소인 '십자가'의 그림자로 준비됩니다.

시내산에서 약 1년 동안 있었던 일을 역사순으로 정리하면 다음과 같습니다.

성막 제작의 역할
- 하나님 - 성막의 식양을 주심
- 모세 - 하나님께 받은 식양을 전달하고 성막 제작을 총감독함
- 이다말 - 재료의 물목을 계산함
- 브살렐 - 기명들을 만듦
- 오홀리압 - 수 놓고 조각함
- 이스라엘 백성 - 각자 자신이 가진 것을 즐거운 마음으로 드림

- 제1년 3월 ———— 시내산 도착(출 19:1)
  - 십계명과 함께 제단, 종, 배상, 도덕, 정의와 복지, 절기 등에 관한 율법을 주심(출 20장~24:2)
  - 언약 체결식(출 24:3~8)
  - 성막 설계도와 제사장에 관한 규례를 주심(40일간, 출 24:12~31장)
  - 금송아지를 만든 백성 앞에서 모세가 돌판을 깨뜨림, 모세의 중보기도(출 32~33장)
  - 두 번째 돌판을 받기 위해 모세가 다시 시내산에 오름(40일간), 다시 언약을 세워주심(출 34장)
  - 성막 제작 : 백성으로부터 자원하는 예물을 모으고, 브살렐과 오홀리압 등의 일꾼을 세워 성막과 제사장의 의복 제작 시작, 약 6개월에 걸쳐 완성(출 35~39장)
- 제2년 1월 1일 ———— 성막 봉헌(출 40:17)
  - 성막이 세워진 후 시내산을 떠나기 전까지 1개월 20일 동안 〈레위기〉 말씀을 주심
- 제2년 1월 14일 ———— 두 번째 유월절(민 9:1~3)
- 제2년 2월 1일 ———— 1차 인구조사(민 1:2~3)
- 제2년 2월 20일 ———— 시내산을 출발하여 바란 광야를 향해 나아감(민 10:11~12)

#To the Cross | 십자가로 향하는 레시피

8. 시내산 언약을 통한 제사장 나라

시내산 언약과 새 언약

하나님께서 계시로 주신 성경에는 중요한 '언약'이 기록되어 있습니다. 시내산에서 하나님과 이스라엘 백성 사이에 맺은 제사장 나라 언약을 '시내산 언약'이라고 부릅니다.

하나님께서는 다윗과도 언약을 맺으셨습니다. 다윗 언약은 성전 건축을 소망하는 다윗에게 하나님께서 성전 건축을 허락하시며 '다윗은 모든 원수에게서 벗어나 편히 쉴 것이며, 수명을 다하고 죽으면 다윗의 후손들이 뒤를 이어 왕이 되어 나라를 견고하게 할 것이고, 하나님의 이름을 위하여 집을 건축할 것이며, 하나님께서 다윗의 나라와 왕위를 영원히 견고할 것'이라고 말씀해 주신 언약입니다(삼하 7:11~13).

이후 하나님께서는 예레미야 선지자를 통해 '새 언약을 예고'하셨습니다. "여호와의 말씀이니라 보라 날이 이르리니 내가 이스라엘 집과 유다 집에 새 언약을 맺으리라 이 언약은 내가 그들의 조상들의 손을 잡고 애굽 땅에서 인도하여 내던 날에 맺은 것과 같지 아니할 것은 내가 그들의 남편이 되었어도 그들이 내 언약을 깨뜨렸음이라 여호와의 말씀이니라 그러나 그날 후에 내가 이스라엘 집과 맺을 언약은 이러하니 곧 내가 나의 법을 그들의 속에 두며 그들의 마음에 기록하여 나는 그들의 하나님이 되고 그들은 내 백성이 될 것이라 여호와의 말씀이니라"(렘 31:31~33).

그리고 예수님께서 십자가 지시기 전, 마지막 유월절 첫 번째 성찬식 때 마침내 '새 언약'을 세우셨습니다. "저녁 먹은 후에 잔도 그와 같이하여 이르시되 이 잔은 내 피로 세우는 새 언약이니 곧 너희를 위하여 붓는 것이라"(눅 22:20). 이때 새 언약을 체결하심으로 시내산 언약은 옛 언약이 됩니다.

● 관유에서 보혈로

관유와 보혈의 공통점은 '흐른다'는 것입니다. 흘러서 소통하게 하고 살아 있게 하는 것입니다. 하나님께서는 제사장 나라 공직자인 '제사장, 왕, 선지자'의 머리에 관유를 부어 그들을 구별해 거룩하게 하셨습니다. 이들을 통하여 나라를 경영하시며, 이스라엘 백성을 '모든 민족'을 위한 거룩한 백성으로 살게 하셨습니다. 그리고 하나님께서는 제사장 나라를 수렴하는 하나님 나라가 이 땅에 도래하도록 하나님의 때에 '기름 부음 받은 이'(메시아, 그리스도)이신 성자 예수님을 보내셔서 '하나님 사랑 이웃 사랑'의 모범을 보여주시고, 십자가 보혈을 통해 우리를 죄에서 구원하셨습니다. 그리고 예수 그리스도의 보혈을 통해 우리 그리스도인들을 하나님 나라 공직자로 살게 하셨습니다.

● 제사장 나라 거룩한 백성과 거룩하신 분 예수 그리스도

아브라함의 후손 히브리 민족은 시내산에서 하나님과 제사장 나라 언약을 맺으며 '모든 민족'을 위한 거룩한 백성이 되었습니다. 그러나 연약한 인간들은 원죄와 율법에 기록된 죄로 죽을 수밖에 없었습니다. 그러자 하나님께서는 죄 없으신 거룩하신 예수 그리스도를 성육신하여 이 땅에 오게 하시고, 십자가 단번 제사를 통해 우리를 죄에서 구원하시며 영생을 얻게 하셨습니다.

● 성막(휘장)과 새 휘장 예수님의 몸

제사장 나라 1,500년 동안 성막과 성전의 지성소와 성소는 휘장으로 구분되었습니다. 대제사장은 1년에 한 번 휘장을 통과해 지성소에 들어가 백성들의 죄를 용서받고 나왔습니다. 그런데 예수님께서 하늘 성소인 십자가에 오르시고, 하나님의 어린양으로 제물이 되시며, 대제사장으로 단번 제사를 집례하심으로, 건물 성전의 휘장이 찢어지고 예수님의 몸이 새 휘장이 되어 우리를 죄에서 구원하셨습니다. "그 길은 우리를 위하여 휘장 가운데로 열어 놓으신 새로운 살 길이요 휘장은 곧 그의 육체니라"(히 10:20).

6과 거룩한 시민학교 교과서

레위기

큰글자 일년일독 통독성경 *one year tongdok bible as one story*

33일 : 번제, 소제, 화목제, 속죄제, 속건제 34일 : 제사장, '항상 대기조' 35일 : 제사장, 첫 '공식 업무' 시작
36일 : 레위기 11장이 다니엘 1장으로 37일 : 힘이 미치지 못하면 38일 : 자신을 위한 속죄제 39일 : 밭모퉁이 법
40일 : 제사장, 대대로 + 전문직 41일 : 생각의 되새김, '창조'와 '출애굽' 42일 : 두 가지 길, 두 가지 미래

시간 흐름 *time flow*

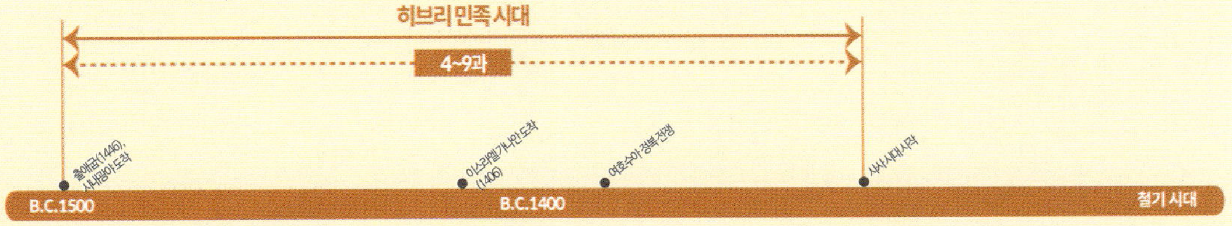

지금 공간 *current location* 시내산

주요 인물 *main character* 모세, 아론, 나답, 아비후, 엘르아살, 이다말

통通포인트 *tong point*

제사장 나라 미래 경영 핵심 노트

하나님께서는 이스라엘 백성을 1년여 동안 시내산에 머물게 하시며, 애굽에서 노예였던 그들을 제사장 나라 거룩한 백성이 되게 하셨습니다. 성막이 세워진 후 시내산을 떠나기 전까지 1개월 20일 동안 알려주신 <레위기>는 이스라엘 백성이 하나님과 맺은 제사장 나라 언약을 잘 지키는 거룩한 백성이 되기 위한 시민학교 교과서입니다. <레위기>의 중요한 교육 내용은 '5대 제사, 3대 절기, 3대 명절'에 대한 학습입니다. 이를 통해 이스라엘 백성은 '하나님의 용서, 이웃과 나눔, 민족과 평화'를 이루는 센터가 되는 제사장 나라를 세우고, '하나님 사랑 이웃 사랑'을 실천하는 거룩을 일상화할 것입니다. 특히 레위기 26장은 하나님께서 주신 규례와 계명을 잘 지켜 행할 때와 그렇지 않을 때 어떤 일들이 있을지 두 가지 미래가 기록되어 있는 제사장 나라 미래 경영의 '핵심 노트'입니다. 이는 1,500년 동안 제사장 나라에서 선지자들이 하나님의 말씀을 선포한 심판의 근거가 되었고, 제사장 나라 미래를 이끄는 중요한 기준으로 하나님의 통치를 위한 미래 계획표가 되었습니다.

1. 다섯 가지 제사를 세 가지 방법으로 레 1~7장

#큰글자 일년일독 통독성경 | 193~204p

성막 건축이 완성되자, 이제 본격적으로 하나님께서는 성막에서 행해야 할 다섯 가지 제사법에 대해 말씀해 주십니다. 다섯 가지 제사법은 쉽게 말해 하나님과 인간의 만남을 위한 절차입니다. 죄지은 인간이 '제사'를 통해 하나님을 만나 용서받을 수 있습니다. 그러므로 제사장 나라의 제사에는 인생들을 향하신 하나님의 마음이 깊숙이 담겨 있습니다. 제사는 은혜의 통로입니다. 더 놀라운 사실은, 하나님의 용서는 '누구든지' 차별이 없다는 것입니다. 그리고 '무슨 허물이든지' 사함을 얻는다는 것입니다. 이 제사법 안에 담긴 여러 의미를 살펴보는 것은 21세기를 사는 오늘의 그리스도인에게도 꼭 필요한 일입니다.

다섯 가지 제사
- **번제**(燔祭) (The Burnt Offering)
  - 제물을 불로 태워 전부 드림
  - 생명 있는 제물로 자신의 생명을 대속하는 의미(생명 헌신)
- **소제**(素祭) (The Grain Offering)
  - 곡식 가루에 기름과 향을 넣어 굽거나 부치거나 삶아서 드림
  - 자신의 수고로 얻은 재산을 하나님께 바치는 헌신의 의미(재산 헌신)
- **화목제**(和睦祭) (The Fellowship Offering)
  - 기름, 간, 콩팥 등만 불사르고, 나머지는 제사장과 제사자가 나누어 먹음
  - 감사한 일이 있을 때, 이웃과 나눠 먹게 하심
- **속죄제**(贖罪祭) (The Sin Offering)
  - 제물에 안수한 후, 제사장이 제물의 피를 제단에 뿌림
- **속건제**(贖愆祭) (The Guilt Offering)
  - 하나님의 것이나 이웃의 것에 손해를 끼쳤을 때, 1/5를 더해 바치거나(하나님), 보상한 후(이웃) 바침

먼저, 번제는 자신의 생명을 드리는 마음으로 하나님께 소, 양, 염소, 비둘기를 가져다가 그 머리에 안수하고 불사르는 제사로, 이는 하나님 앞에 향기로운 냄새를 드리는 것입니다.

곡식을 드리는 소제에는 재산을 바친다는 의미가 있습니다. 성실하게 노력한 결과로 얻은 곡식을 감사하는 마음으로 하나님께 드리는 것입니다.

제사 _ 루벤스 作

그런가 하면, 감사한 일이 있을 때나 서원이나 자원할 때 드리는 화목제는 특별히 이웃과 나눔이 있는 제사입니다. 내장은 불살라 하나님께 드리고, 남은 고기는 이웃과 함께 나누어 먹습니다.

속죄제는 이스라엘 백성이 죄를 범하여 하나님과의 관계에서 문제가 생겼을 때, 이를 바로잡기 위한 제사입니다. 이는 〈레위기〉를 통해 전하시는 하나님의 복된 소식, 즉 복음입니다. 우리를 용서하시려는 하나님의 마음을 속죄제에서 느낄 수 있습니다.

화목제 - 사람과 사람 사이

감사 화목제물의 고기는 그날 하루 안에, 서원과 자원 화목제물은 그다음 날까지 먹을 수 있다. 화목제물로 드린 소 한 마리는 '하루에' 절대 혼자 다 먹을 수 없다. 이웃과 함께 나누어 먹으며 감사의 제목을 서로 기뻐하라는 뜻이다. 화목제는 가진 이의 헌신을 통해 덜 가진 이의 필요를 채우는, 사람과 사람 사이를 평균하게 하는 배려와 품위가 있는 법이다.

속건제는 자신도 잘 인식하지 못한 사이에 하나님의 말씀을 어기거나, 이웃에게 잘못하는 등 실수로 저지른 잘못에 대해 하나님께 용서를 구하는 제사입니다. 하나님께서는 죄를 회개하면 용서해 주시지만, 이웃에게는 반드시 보상해서 잘못에 대한 책임을 지는 사람들이 되도록 교육하십니다. 신약성경을 보면, 여리고성의 세리장 삭개오가 속건제를 알고 있었음을 확인할 수 있습니다.

〈레위기〉에 기록된 다섯 가지 제사는 세 가지 방법으로 드려야 합니다. 첫째, '제물'을 가지고 나아가 제사를 드려야 합니다. 둘째, '하나님의 이름을 두려고 택하신 곳'에서 제사를 드려야 합니다. 셋째, '제사장의 도움을 받아' 제사를 드려야 합니다. 제사장 나라의 다섯 가지 제사는 이렇게 세 가지 방법으로 1,500년을 이어갔습니다. 그러다가 예수님께서 하늘 지성소인 십자가 위에서 하나님의 어린양으로, 왕 같은 대제사장으로 제사장 나라의 제사를 '단번 제사'로 완성하십니다.

우리는 〈레위기〉에 나오는 다섯 가지 제사법을 통해 인간과 거룩한 관계를 맺고자 하시는 하나님, 나눔과 섬김을 향기로 받으시는 하나님, 인간의 건강을 생각하시는 하나님의 마음을 읽을 수 있습니다.

속죄제 제물 준비 - 힘의 분량대로
• 소, 염소, 어린양 → 산비둘기나 집비둘기 2마리 → 고운 가루 1/10에바
하나님께서는 제사의 제물을 준비할 때 힘의 분량대로 할 수 있도록 길을 열어주셨다. 죄를 지었지만 힘이 미치지 못해 제물을 준비할 수 없어 제사를 드리지 못할까 염려하신 것이다. 고운 가루 한 움큼이라도 들고 하나님 앞에 나와 죄를 용서받게 하시려는 하나님의 마음이 여기에 담겨 있다.

2. 제사장 나라 공직자 대제사장 아론의 첫 제사 레 8~10장

#큰글자 일년일독 통독성경 | 205~210p

제사를 책임질 제사장으로 아론과 그의 아들들이 새로운 지도자로 세워집니다. 군대에 '5분 대기조'가 있듯, 제사장은 '항상 대기조'입니다. 제사장은 성막에서 항상 대기할 만큼 많은 막중한 임무를 수행해야 합니다. 이제 온 이스라엘이 그들을 따르기로 약속합니다. 하나님과 백성들 사이의 중재자인 대제사장으로 세움 받은 아론이 첫 제사를 드립니다. 모세를 비롯한 모든 이스라엘 백성이 손에 땀을 쥐며 아론을 지켜보았을 것입니다. 아론이 첫 제사를 집례하고 나오자, 불이 여호와 앞에서 나와 제단 위의 번제물과 기름을 모두 사르고, 백성들은 소리 지르며 엎드립니다. 하나님께서 아론이 집례하는 첫 제사를 기쁘게 받아주신 것입니다. 참으로 감격적인 순간이었습니다. 이로써 아론의 제사장 나라 공직자로서 첫 공식 업무가 시작되었습니다. 레위기 9장의 첫 제사를 기반으로, 제사장 나라의 '첫 번째 대제사장' 아론 이후 1,500년이 지나 예수님께서 십자가 위에서 '마지막 대제사장'으로 우리 모두의 죄를 대신하는 산 제사를 집례하십니다.

리더십 (leadership)
민족을 이끌어갈 지도자가 세워진다는 것은 중요한 문제가 아닐 수 없다. 특히 애굽에서 종살이하던 이스라엘에게는 더욱 그랬다. 그동안 이스라엘은 애굽의 통치하에 있었을 뿐, 그들만의 어떠한 리더십도 허락되지 않았기 때문이다. 하나님께서는 제사장 나라의 새로운 지도자로 제사장을 세워 거룩한 공직을 감당하게 하셨다.

제사장 위임식과 첫 제사 후, 아론 집안은 물론 이스라엘 전체가 깜짝 놀랄 만한 사건이 일어납니다. 아론의 큰아들과 둘째 아들인 나답과 아비후에게 하나님의 불이 내려와 그들을 태워버린 일입니다. 정확하게 이유는 나타나 있지 않지만, 곧이어 나오는 말씀을 통해 추측해 보건대, 나답과 아비후가 포도주를 지나치게 마신 나머지 지정된 불이 아닌 다른 불을 들고 성소에

피스메이커 (peacemaker)
제사장은 하나님과 제사장 나라 백성 '사이의 존재'라는 사실을 항상 기억해야 한다. 즉, 하나님과 백성 사이에서 평화를 만드는 사람 '피스메이커'가 되어야 한다. 제사장 나라 역시 하나님과 모든 민족 '사이의 존재', 즉 하나님과 모든 민족 사이에 진정한 평화를 만드는 나라가 되어야 한다.

나아간 것으로 보입니다. 술에 취해 분별력을 잃고 자신의 책임을 소홀히 하다가 그 벌을 받은 것입니다. 이 일은 제사장들에게 주어진 사명이 얼마나 큰 책임을 동반하는지 확실히 알려준 사건이었습니다. 이 사건 후, 나답과 아비후 대신 아론의 셋째와 넷째 아들인 엘르아살과 이다말이 '제사장 나라의 모범적인 공직자'가 됩니다.

대제사장 아론 _ 헨리 쉴레 作

3. 거룩하고 정결한 삶을 위한 규례들 레 11~15장

#큰글자 일년일독 통독성경 | 210~224p

● 레위기 11장 : 먹어도 되는 음식, 먹지 말아야 할 음식

레위기 11장에는 먹어도 되는 음식, 먹지 말아야 할 음식의 목록이 꼼꼼하게 적혀 있습니다. '뭐 이런 것까지 세세하게 간섭하시는가' 싶겠지만, 지금처럼 음식을 신선하게 냉장 보관할 수 없던 당시 환경에서는 그들의 건강을 위해 꼭 알아야 할 사항들이었습니다. 인간의 몸을 창조하신 하나님께서 가장 확실한 영양사가 되어주신 것입니다. 놀라운 사실은, 레위기 11장이 없었다면 이후 다니엘 1장은 시작도 할 수 없었다는 점입니다. 다니엘이 바벨론에서 제사장 나라 음식 법(레 11장)을 지키며 살면서, 결국에는 '하나님 나라의 뜨인 돌'(예수 그리스도)까지 보는 영성의 사람이 됩니다(단 2:45).

● 레위기 12장 : 산후조리

하나님께서는 천하보다 귀한 한 생명을 탄생시킨 여인의 산후조리 기간에 관해서도 말씀하십니다. 아이를 낳은 여인들이 힘든 일을 하지 않고 편히 쉬면서, 하나님과 생명 탄생의 신비를 묵상할 수 있는 시간을 가질 수 있도록 법으로 정해주셨습니다. 이처럼 산모에게 출산 휴가를 꼭 주는 것이 하나님의 거룩입니다.

● 레위기 13~14장 : 나병 환자에 관한 규례

하나님께서는 나병(악성 피부병)의 경우, 그 증상에 대해 116절에 달하는 긴 내용으로 꼼꼼하게 말씀하시면서, 제사장에게 분별의 권한과 의무를 부여하시고 분별 방법을 세밀하게 규정하십니다. 특히 병이 나았을 때 다시 이스라엘 공동체로 돌아올 수 있도록 그 절차를 규정하신 레위기 14장은 나병 환자들에게 두말할 나위 없이 귀중한 '복음'이었습니다. 그러므로 제사장

나병 환자 진찰
제사장의 여러 가지 역할 중 중요한 역할이 다른 사람이 대하기 꺼리는 나병 환자를 만나 진찰하는 일이었다. 진찰하는 데 있어서 한 치의 실수도 있어서는 안 된다. 그 환자의 일생이 달린 순간이기 때문이다.

들에게 레위기 13장과 14장은 밑줄 치며 반드시 외워야 하는 필수 암기 사항이었습니다. 이후 예수님께서도 제사장 나라의 나병 환자 법을 지키신 모습을 사복음서 곳곳에서 볼 수 있습니다.

그러나 '십자가 그 순간' 이후부터는 나병 환자가 제사장에게 가서 몸을 보일 필요가 없습니다. 예수님께서 십자가 위에서 "다 이루었다"라고 말씀하시는 순간 성전 휘장이 찢어짐으로, 대제사장이 휘장을 지나 지성소로 들어갈 이유가 없어집니다. 대제사장이 지성소에 들어가는 역할이 끝났다는 것은 대제사장을 돕는 제사장의 역할도 끝났다는 뜻입니다. 이 때문에 예수님의 십자가 그 순간 이후부터는 나병 환자에게 나은 몸을 제사장에게 보이라고 말할 필요가 없습니다. 오직 예수 이름으로 나아가면 됩니다.

약자의 편에 서서
제사장 나라 최고 공직자인 제사장이 살이 썩어 고통스러워하는 한 사람의 상처 부위를 주의 깊게 살펴야 하는 장면에 주목하자. 하나님의 마음은 소외된 사람, 가난한 사람, 약한 사람에게 향해 있다. <레위기>뿐만 아니라 성경 전체를 살펴보면, 하나님께서는 약자에게 관심이 많으시다는 결론에 이르게 된다.

● 레위기 15장 : 생명을 위한 선물

하나님께서 약속하신 생육과 번성의 복, 그리고 가정의 평화와 안정은 건전한 성생활을 통해서 이루어질 수 있습니다. 하나님께서는 복으로 주신 성(性)이 무분별하게 사용되는 것을 미리 방지하시고자 레위기 15장을 통해 여러 규례를 말씀해 주십니다. 이처럼 〈레위기〉의 모든 규례를 포함해 '모든 성경'은 언제나 굿 뉴스(Good News)입니다.

4. 대속죄일 - 대제사장의 핵심 사명 레 16~17장

#큰글자 일년일독 통독성경 | 224~228p

대제사장의 핵심 사명은 1년에 한 번 드리는 대속죄일 제사와 매일 드리는 상번제(출 29:42)입니다. 7월 10일은 대속죄일로, 이날에는 이스라엘 백성 전체가 본토인이든, 거류민이든 모두 아무 일도 하지 않습니다. 이날은 이스라엘 백성이 자신들의 허물과 잘못을 회개하며 스스로 괴롭게 함으로, 1년 중 남은 364일을 거룩하게 살겠노라 결심하고 다짐하는 날입니다. 이날은 백성 전체가 회개하여 깨끗하게 되는 기쁨과 감사의 날입니다. 이를 위해 대제사장은 1년에 한 번, 자신의 목숨을 걸고 지성소에 들어갑니다. 이는 예수님의 대속 사역의 예표라 할 수 있습니다. 대제사장은 1년에 한 번이지만, 십자가는 영원한 대속입니다.

지성소와 성소
• **지성소 :** 대제사장이 1년에 한 번, 대속죄일에 들어가는 성막 가장 안쪽 공간으로, 성소와 휘장으로 구별되어 있다.
• **성소 :** 제사장이 하나님께 제사드린 곳이다. 성막에서 휘장으로 구별된 지성소 바깥쪽 공간이다. 하나님께 제사드리는 데 사용되는 등잔대, 진설병상, 분향단 등이 놓여 있다.

대제사장은 매일 상번제를 드리며 어린양의 피 흘림을 통해 죄와 속죄에 대해 깊이 생각하는 책임 있는 제사장 나라 최고 공직자입니다. 속죄의 길에는 반드시 피 흘림이 따릅니다. "생명이 피에 있으므로 피가 죄를 속하느니라"(레 17:11).

예수님께서는 6시간 동안 십자가에 달려 계시다 숨을 거두셨습니다. 그런데 놀라운 사실은, 예수님께서 십자가에 오르신 시간은 대제사장이 아침 상번제를 드리는 시간이었고, 예수님께서 십자가에서 숨을 거두신 시간은 대제사장이 저녁 상번제를 드리는 시간이었다는 점입니다. 예수님께서는 마지막 대제사장으로 친히 제사를 집례하시며, 하늘 성소인 십자가에 오르셨고, 하나님의 어린양으로 화목제물이 되셨습니다. 1,500년 동안 대제사장이 상번제를 드리는 데 백만 마리의 어린양을 사용했다면, 예수님께서는 단번 제사로 우리를 위한 영원한 속죄를 이루셨습니다.

지성소를 가리는 휘장
지성소와 성소를 구분하는 장막으로, 청색 자색 홍색 실과 가늘게 꼰 베 실로 짜고 그 위에 그룹들을 정교하게 수놓아서 여러 폭의 천을 이어 만들었다.

5. 거룩은 사랑입니다 레 18~22장

큰글자 일년일독 통독성경 | 228~238p

거룩은 무엇입니까? 하나님께서는 "너희는 거룩하라 이는 나 여호와 너희 하나님이 거룩함이니라"(레 19:2)라고 말씀하셨습니다. 거룩은 하나님의 속성입니다. 그런데 하나님께서는 우리에게 거룩하라고 말씀하시며, 〈레위기〉를 통해 무엇이 거룩인지 구체적으로 가르쳐주셨습니다.

하나님께서는 추수할 때 밭모퉁이 일부를 남겨두고, 포도원의 열매를 다 따지 말라고 말씀하십니다(레 19:9~10). 이는 가난한 사람과 타국인을 위함입니다. '밭모퉁이 법'은 거룩의 일상화를 드러내는 가장 좋은 예입니다. 참으로 놀라운 사실은, 하나님께서 이 율법을 주신 곳이 '광야'라는 것입니다. 하나님께서는 약속의 땅 가나안에 들어가 지켜야 할 품위 있는 '밭모퉁이 법'을 풀 한 포기 나지 않는 광야 생활 가운데 주셨습니다. 이후 보아스가 밭모퉁이 법을 포함한 제사장 나라 법을 잘 지킴으로 예수님의 족보에 오르게 됩니다.

신약 시대에 한 율법사가 예수님께 어느 계명이 큰지를 묻습니다. 이때 예수님께서 첫째로 하나님 사랑, 둘째로 이웃 사랑을 말씀하셨습니다. "네 이웃을 네 자신 같이 사랑하라"(마 22:39). 하나님 사랑과 이웃 사랑이야말로 구체적 행함이 따르는 '거룩한 일'입니다. '거룩'은 말로만 외치는 것이 아니라, 사랑의 행동으로 나타나야 하는 구체적인 실천임을 꼭 기억해야 합니다. 예수님께서는 공생애 3년 동안 친히 하나님 사랑 이웃 사랑을 보여주시

이웃 사랑을 위한 거룩 실천
- 곡식 거둘 때 밭모퉁이 일부를 남기는 것
- 떨어진 이삭을 줍지 않는 것
- 도둑질하지 않기
- 거짓말하지 않기
- 거짓 맹세하지 않기
- 이웃을 억압하거나 착취하지 않기
- 품꾼의 삯을 제때 주기
- 장애인을 존중하기
- 공의로 재판하기
- 타인을 비방하지 않기
- 형제를 마음으로 미워하지 않기
- 노인 공경하기
- 거류민을 학대하지 않기

멋있는 제사장 나라 법
<레위기>에 기록된 율법이 있었기에, 이방인 룻이 밭에 남겨둔 이삭을 거두어 시어머니와 살 수 있었고, 보아스의 성문 법정을 통해 제사장 나라 거룩한 백성이 될 수 있었다. 또한 이방인 페르시아 왕이 에스라를 통해 본 그 나라의 법(공의로 재판하기, 가난한 이들이라고 편들지 않기, 세력 있는 이라고 두둔하지 않기, 공평한 저울 사용하기 등)은 참으로 멋있는 법이었다. 이 때문에 에스라가 산헤드린 공회를 세울 수 있었다.

며, 그리스도인이 가야 할 거룩한 제자의 길을 가르쳐주셨습니다.

6. 제사장 나라의 삼겹줄 - 절기, 명절, 제사 레 23~25장

큰글자 일년일독 통독성경 239~247p

하나님께서는 〈레위기〉를 통해 제사장 나라 거룩한 백성이 어떻게 살아가야 할지 크게 세 가지 방법으로 알려주셨습니다. 첫째, 제사장 나라 거룩한 백성은 3대 절기인 안식일, 안식년, 희년을 통해 땅과의 관계, 이웃과의 관계를 설정하면서 하나님 앞에 드릴 제사 제물을 만들어야 합니다. 이는 삶의 자리에서 지킬 수 있습니다. 둘째, 제사장 나라 거룩한 백성은 3대 명절인 유월절, 칠칠절(오순절), 초막절(장막절)에는 1년 세 차례 하나님의 이름을 두려고 택하신 곳에 함께 모여 제사장 나라 법을 공부하며 하나님께서 주신 명절을 기념해야 합니다. 셋째, 제사장 나라 거룩한 백성은 5대 제사를 통해 하나님 앞에 나아가 용서를 받고 더 나은 모습으로 새롭게 시작해야 합니다. 3대 절기와 3대 명절과 5대 제사는 제사장 나라 거룩한 백성이 항상 상호 융합적으로 지켜야 할 삶의 방식입니다.

하나님께서 제안하시는 제사장 나라 절기와 명절은 우선 '쉬는 문화'이며, '약자를 위한 문화'입니다. 하나님께서는 절기와 명절 기간에는 아무 일도 하지 말라고 명령하셨습니다. 품꾼, 거류민, 땅까지 안식하게 하여, 삶의 현장에서 제사장 나라를 생각하는 기간이 되게 하셨습니다. 하나님께서는 출애굽한 이스라엘 백성에게 "나는 너를 애굽 땅, 종 되었던 집에서 인도하여 낸 네 하나님 여호와니라"(출 20:2)라고 말씀하셨습니다. 애굽에서 종으로 살아본 그들에게 인간이 인간을 종으로 만들지 않고, 사회의 약자들까지 충분히 쉬게 하며, 모든 이스라엘 백성이 함께 하나님을 깊이 생각해 보는 시간을 갖게 하신 것입니다.

<레위기>의 7
매 7일은 안식일이다.
매 7년은 안식년이다.
7년을 7번 곱한 다음 해는 희년이다.
나팔절은 7째 달에 있다.
초막절은 7째 달에 있다.
대속죄일은 7째 달에 있다.

나팔절
'나팔을 불어 기념할 날'로서, 일곱 번째 달 첫 날이다. 이 달에는 10일에는 대속죄일, 15일부터 한 주간은 초막절이 들어 있다. 이날 나팔 소리가 울려 퍼지면, 제사장 나라 백성은 어떤 노동도 하지 않고 안식하며, 성회를 열고 하나님께 화제를 드렸다.

안식년과 희년
• **안식년** : 6년 동안 경작하고 7년째 되는 해에 땅을 쉬게 하고 안식한다. 이스라엘 동족을 종에서 해방하고 채무를 탕감해 주는 해여서 면제년이기도 하다.
• **희년** : 일곱 번째 안식년 다음 해가 희년이다. 희년에는 제비뽑아 분배받았던 원래의 소유지로 돌아가므로 땅의 경작권이 회복된다.

이스라엘의 절기

명절 이름	날짜	관련 구절	의미
유월절과 무교절	1월 14일 유월절 다음 날부터 7일	출 12~13장; 레 23장	애굽으로부터 해방된 날, 제사장 나라의 시작
칠칠절(오순절)	3월 6일	민 28:26	곡식의 첫 소산을 하나님께 드리며 감사
초막절(장막절)	7월 15일	민 29:12~40	한 해의 농사를 마치고 감사 출애굽 후 광야 생활을 기념하며 감사

7. 하나님의 통치 계획표 레 26~27장

#큰글자 일년일독 통독성경 | 247~253p

레위기 26장에는 이스라엘이 하나님의 말씀대로 준행하며 살 때와 그렇지 않을 때 어떤 일이 있을 것인지, 두 가지 미래가 기록되어 있습니다. 이스라엘 백성의 선택에 따라 받을 복과 저주가 결정됩니다.

시내산에서 하나님과 제사장 나라 언약을 체결한 이스라엘 백성은 하나님께서 주신 율법을 지켜 행할 때 '두 가지 복'(국방과 경제)을 받고, 율법을 지켜 행하지 않을 때는 '3단계 처벌'(흉년, 수탈, 포로)을 모두 달게 받겠다고 약속했습니다. 이후 예레미야 선지자는 남유다가 멸망하는 위기 속에서 '레위기 26장'을 기준으로 시내산 언약(옛 언약)을 새롭게 할 '예수님의 새 언약'을 예고합니다(렘 31:31~33). 하나님의 두 가지 미래 통치는 신명기 28장의 복과 저주로 이어집니다.

<레위기>에 나타난 하나님의 제사장 나라 경영

1. 규례, 계명을 준행하면
   ⇒그 땅에 평화, 묵은 곡식을 먹다가 새 곡식으로 (레 26:8~10)
2. 규례, 계명을 준행하지 않으면
   ⇒1단계 징계 : 흉년 - 땅은 그 산물을 내지 아니하고 (레 26:19~20)
   ⇒2단계 징계 : 수탈 - 너희가 파종한 것은 헛되리니 너희의 대적이 그것을 먹을 것 (레 26:16, 25)
   ⇒3단계 징계 : 포로 - 너희가 원수의 땅에 살 동안에 (레 26:34~35)
3. 깨닫고, 형벌을 기쁘게 받으면
   ⇒은혜 언약으로 또다시 시작 (레 26:41~42)

#To the Cross | 십자가로 향하는 레시피

8. 첫 번째 대제사장, 마지막 대제사장

● 첫 번째 대제사장, 마지막 대제사장

출애굽한 이스라엘 백성이 1년여 동안 머물렀던 시내산을 출발하기 전에, 제사장 나라의 최고 공직자인 첫 번째 대제사장 아론의 위임식이 있었습니다. 이어서 아론은 대제사장으로서 공식적인 첫 제사를 집례한 후 백성을 축복했고, 모세와 함께 회막에 들어갔다가 나와서 백성을 또다시 축복했습니다. 그러자 여호와의 영광이 온 백성에게 나타났습니다. 불이 여호와 앞에서 나와 제단 위의 번제물과 기름을 모두 사른 것입니다. 이 놀라운 광경을 보고 이스라엘 온 백성은 소리를 지르며 엎드렸습니다. 첫 번째 대제사장 아론 이후 1,500여 년이 지나, 예수님께서는 갈보리 십자가 위에서 '마지막 대제사장'으로서 우리 모두의 죄를 대속하는 산 제사, 단번 제사를 집례하셨습니다.

● 상번제 시간과 십자가 시간

예수님께서 십자가에 달려 계신 시간은 6시간이었습니다. 보통 로마 제국에서 십자가에 처형된 사람들은 더 오랜 시간 고통을 겪으며 죽었습니다. 그런데 예수님께서 6시간 동안 십자가에 달리시고 죽으신 것은 제사장 나라 율법에서 정한 대제사장의 상번제 시간과 연관이 있습니다. 예수님께서 십자가에 오르신 시간은 대제사장이 매일 아침 상번제를 드리는 시간이었고, 예수님께서 십자가에서 숨을 거두신 시간은 대제사장이 매일 저녁 상번제를 드리는 시간이었습니다(민 28:3~4).

● 대속죄일과 단번 제사

대제사장은 매년 대속죄일에 지성소에 들어가 하나님께 이스라엘 백성의 죄를 대신 용서받고 나와야 했습니다. 이때 하나님께서 죄를 용서하지 않으시면, 대제사장은 지성소 안에서 죽습니다. 그래서 대제사장은 매년 대속죄일에 죽음을 각오하고 지성소에 들어가야 했습니다. 이렇게 1,500여 년을 이어오다가, 대제사장이신 예수님께서 십자가 단번 제사를 통해 영원한 속죄를 이루셨습니다.

● 피 흘림이 없으면

피 흘림이 없이는 사함이 없습니다(히 9:22). 제사장 나라 1,500여 년 동안 인간의 죄를 대신해 수많은 짐승이 제물이 되어 피를 흘렸습니다. 그런데 예수님의 십자가 단번 제사는, 죄 없으신 예수님께서 하나님의 어린양으로 제물이 되어 피 흘리심으로 우리의 죄를 대신 지시고, 우리를 영원히 속량해 주신 것입니다.

● 징계 3단계를 통한 새 언약 예고

레위기 26장에는 이스라엘 백성이 하나님께서 주신 제사장 나라 법을 잘 지켰을 때 받게 되는 두 가지 복과, 제사장 나라 법을 지키지 않았을 때 받게 되는 3단계 징계가 기록되어 있습니다. 광야 생활 40년과 5년간의 정복 전쟁을 마친 후, 이스라엘 백성은 약속의 땅 가나안에 들어가 제사장 나라 법을 잘 지켜 두 가지 복을 받을 때도 있었지만, 대부분의 시간에는 제사장 나라 법을 지키지 않아 1단계 흉년, 2단계 수탈, 그리고 3단계 포로가 되는 징계까지 받았습니다. 그런데 남유다 백성이 3단계 징계를 받아 바벨론 포로로 끌려갔을 때, 하나님께서는 예레미야 선지자를 통해 놀랍게도 은혜 언약인 새 언약을 예고해 주셨습니다. 예레미야 선지자의 새 언약 예고는 이후 유대인들이 새 언약 소망으로 신앙을 이어가는 기반이 되었고, 결국 예수님께서 마지막 유월절 첫 번째 성찬식에서 말씀하신 예수님의 피로 세우는 새 언약으로 성취하십니다.

7과 만나세대

민수기

큰글자 일년일독 통독성경 *one year tongdok bible as one story*

43일 : 다섯이 백을 이깁니다!
44일 : 제사장 나라 회막, 공직자 8,580명
45일 : 나실인, 대제사장급 헌신
46일 : 화려한 작업복은 없지만!
47일 : 시내산 캠프 1년 종료
48일 : 정말 사소한 것
49일 : 10 대 2가 만든 40년
50일 : 이스라엘의 불순종에 대한 눈높이 기적
51일 : 소금 언약
52일 : 가나안에 갈 수 없게 된 모세
53일 : 레반트의 국가들 긴장
54일 : 두 번째 인구조사
55일 : 거룩한 절기와 제사
56일 : 모세와 요단 동편 땅들
57일 : 제사장 나라 '공간' 이야기

시간 흐름 *time flow*

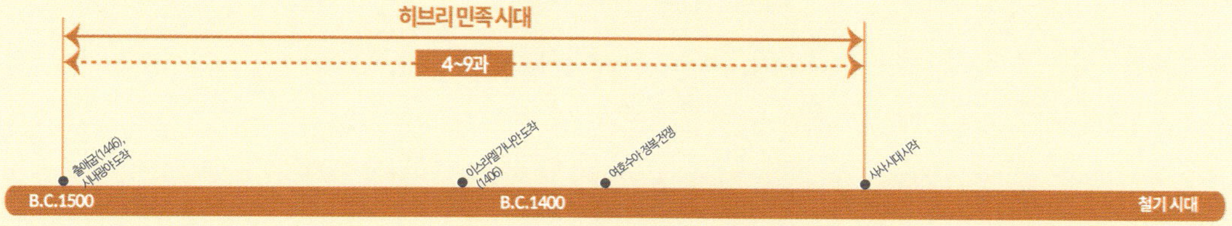

지금 공간 *current location* 시내산, 가데스 바네아, 광야 40여 곳

주요 인물 *main character* 모세, 아론, 열두 정탐꾼, 고라 및 반역자들, 두 지파 반 사람들

통通포인트 *tong point*

출애굽세대와 만나세대

<민수기>의 인구조사는 제사장 나라 시스템을 위한 인구조사로 두 번에 걸쳐 진행됩니다. 첫 번째 인구조사는 출애굽세대, 두 번째 인구조사는 만나세대가 대상이었습니다. 인구조사를 시행한 목적은 첫째, 군대를 조직하기 위함이었습니다. 둘째, 약속의 땅 가나안에 들어가 땅을 분배하기 위함이었습니다. 셋째, 하나님께 제사드리기 위한 제사자의 수와 제사장의 수를 파악하기 위함이었습니다. 만나세대는 출애굽세대의 자녀 세대(출애굽 당시 20세 미만과 광야에서 태어난 자녀들)로, 가데스 바네아의 정탐 사건 이후에 '모세에게 광야에서 40년 동안 제사장 나라 율법을 배운 세대'입니다. 출애굽세대는 여호수아와 갈렙 외에는 아무도 약속의 땅 가나안에 들어가지 못했지만, 만나세대는 가나안에서 땅을 분배받습니다. 출애굽세대와 만나세대의 가장 큰 차이는 '율법 교육'에 있습니다.

1. 세상 나라와 근본적으로 다른 제사장 나라 공직자

제사장 나라 공직자는 인간이 만든 동서고금의 어떤 나라와도 다릅니다. 애굽에서의 첫 번째 유월절 때, 애굽의 장자들과 짐승의 초태생들은 모두 죽었으나, 하나님께서는 이스라엘 열세 지파의 장자들과 짐승의 초태생들은 모두 살려주셨습니다. 하나님께서는 그때 살리신 이스라엘 열세 지파의 장자 모두를 '하나님의 소유'라고 선언하셨습니다. 즉, 제사장 나라 공직자는 이스라엘 모든 가정의 장자로부터 시작된 것입니다. 이처럼 제사장 나라는 어느 한 가정도 배제하지 않고 모든 가정을 토대로 시작된 나라입니다.

그 후 하나님께서는 모세를 통해 광야에서 이스라엘의 첫 번째 인구조사(출애굽세대)를 시행하게 하신 뒤, 이스라엘 열두 지파의 장자들을 대신해 한 지파인 레위 지파를 제사장 나라 공직자로 세우셨습니다. 이때부터 이스라엘은 '12+1', 즉 약속의 땅 가나안에서 땅을 분배받는 '열두 지파'와, 그 열두 지파의 장자들을 대신해 제사장 나라 공직자가 된 '레위 지파'로 나뉘는 틀이 정해졌습니다. 이처럼 제사장 나라는 철저하고 치밀하게 개인, 가정, 나라를 통(通)으로 세운 나라입니다.

이와 같은 제사장 나라에 대한 이해가 바탕이 되어야 1,500여 년 후 제사장 나라를 수렴하는 하나님 나라를 이해할 수 있습니다. 하나님 나라에서는 하나님을 '우리 아버지'라고 부릅니다. 하나님을 아버지라고 부르는 그리스도인들은 하나님 나라 공직자입니다.

1과 603,550
<민수기>는 'Numbers', 즉 '숫자들'이라는 뜻이다. 책의 제목대로 <민수기>에는 많은 숫자가 등장한다. <민수기>를 시작하면서 곧바로 등장하는 숫자는 1과 603,550이다. 아브라함의 아들 이삭 한 명에서 시작하여 500여 년 만에 아브라함의 후손이 603,550명이 되었다. 하나님께서 아브라함에게 약속하신 대로, 그의 후손들이 '하늘의 별과 같고 바닷가의 모래와 같이' 크게 번성했음이 구체적인 숫자로 증명된다.

민수기
- 민수기 1장~10:10
  =약 1년간의 시내산 캠프 계속
- 민수기 10:11~36장
  =40여 년의 광야 생활
  광야에서 자란 새로운 세대인 '만나세대' 형성 시기

이스라엘 열두 지파
야곱의 열두 아들(12명)
→요셉의 두 아들 에브라임, 므낫세가 야곱의 아들이 됨(14명)
→요셉은 에브라임, 므낫세로(13명)
→모든 가정의 장자를 대신해 레위 지파를 제사장 지파로
※ **제사장 나라의 틀**
=열두 지파+레위 지파(12+1)

2. 출애굽세대 인구조사와 진 배치 민 1~8장

#큰글자 일년일독 통독성경 | 253~276p

● 첫 번째 인구조사

하나님께서는 이스라엘 백성을 1년여 동안 시내 광야에 머물게 하시며 모세를 통해 제사장 나라 율법을 교육하신 후, 두 가지 방식으로 인구조사를 하게 하십니다. 첫째, '20세 이상 싸움에 나갈 만한 남자들의 수'를 계수합니다. 둘째, '이스라엘 장자들의 수'와 '레위 지파의 1개월 이상 된 남자들의 수'를 계수합니다. 인구조사의 토대는 야곱의 축복으로 탄생한 이스라엘 열세 지파로, 하나님께서는 애굽에서의 첫 번째 유월절에 이스라엘 열세 지파 모든 가정의 장자들을 살려주시고, 그들을 '거룩'하다고 하시며 내 것(하나

구별
다른 지파의 남자들은 20세 이상과 미만으로 나누었다. 그런데 레위인은 1개월 이상 남자를 구별하고, 그 남자들 중에서 30세 이상 50세 이하를 또 구별한다. 다른 지파 남자들은 20세가 되면 성인으로서 민족을 위해 일할 수 있다. 그런데 레위인들은 20세에서 10년을 더 준비해야 헌신할 수 있었다. 태어난 지 1개월만 되면 계수가 되고, 그 뒤로 30년을 준비하고, 20년 일하고, 현역에서 물러났다. 50세 이후엔 30세 이전의 예비 공직자들을 가르치는 계승 작업을 했을 것이다.

님의 소유)으로 구별하셨습니다.

인구조사 결과, 레위 지파를 제외한 열두 지파 장자들의 수는 22,273명으로 계수됩니다. 그리고 레위 지파의 1개월 이상 된 남자들의 수는 22,000명으로 계수됩니다. 계수해서 보니 열두 지파 장자들의 수가 레위 지파의 1개월 이상 된 남자들의 수보다 273명이 더 많습니다.

우리 생각에는 이 정도면 대략 엇비슷하니 '퉁치면'(?) 될 것 같습니다. 그런데 하나님께서는 레위 지파 사람이 열두 지파 장자들보다 273명이 부족한 것을 정확히 따지셨습니다. 그 부족한 수만큼 속전을 요구하시고, 그 속전을 레위 지파 사람들에게 주어 그들의 수고에 보답하게 하십니다. 그래서 레위 지파의 부족 수 273명에 대해 각각 5세겔씩 계산하여, 총 1,365세겔을 받게 하십니다.

그리고 하나님께서는 레위 지파의 인구조사에서 1개월 이상 된 남자들의 수와 함께 30세 이상 50세까지의 남자들의 수도 계수하게 하십니다. 또한 레위 지파 내에서도 고핫 자손과 게르손 자손과 므라리 자손을 구분해 각각 계수하게 하십니다.

출애굽세대의 인구조사 결과
- 싸움에 나갈 만한 20세 이상의 남자 ⇒603,550명
- 1개월 이상 된 레위 지파 남자 ⇒22,000명
- 레위 지파를 제외한 열두 지파의 장자 ⇒22,273명
- 레위인이 부족해 속전을 낸 사람 ⇒273명
- 레위 지파 중 30~50세의 남자 ⇒8,580명

- 민수기 1장 : 첫 번째 인구조사 – 출(出)애굽한 사람들, 즉 출애굽세대의 숫자
- 민수기 26장 : 두 번째 인구조사 – 입(入)가나안할 사람들, 즉 만나세대의 숫자

● 진영 구축

각 지파별로 인구를 계수한 후, 진영을 갖춥니다. 동서남북 각 방향에 세 지파씩 배치됨으로써 이스라엘은 조직화된 군대를 가지게 되었습니다. 그런데 중요한 점은, 이렇게 동서남북으로 둘러선 지파들의 중앙에 레위 지파와 함께 성막(회막)이 놓인다는 것입니다. 이것이 이스라엘 진영이 다른 민족의 진영과 구별되는 차이점입니다.

한편, 민수기 8장에서는 레위인들이 하나님의 일을 위해 구별됩니다. 출애굽 직전 마지막 재앙 때, 이스라엘 백성은 양의 피를 좌우 문설주와 인방에 바르라는 하나님의 말씀에 순종한 결과로 장자들이 목숨을 건질 수 있었습니다. 그래서 열두 지파의 장자들을 대신하는 그룹으

이스라엘의 진 배치 (사람 수)

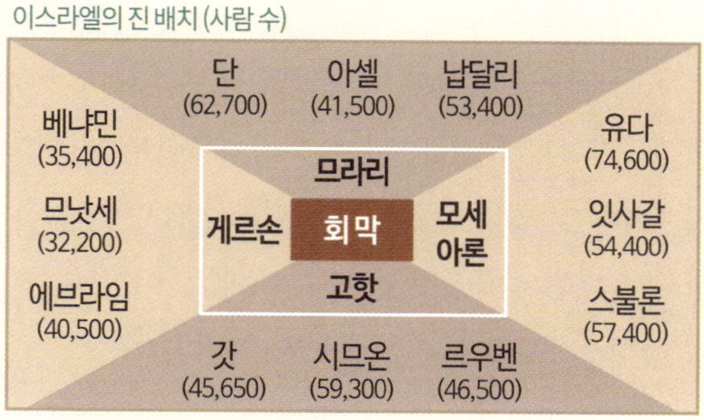

로 레위 지파가 선택된 것입니다. 이제부터 구별된 8,580명의 레위인(30~50세의 남자)은 제사장 나라 공직자로서 매일 '동분서주(東奔西走)'합니다. 레위인들은 성막에서 제사장을 돕는 일을 담당하게 됩니다. 특히 고핫 자손은 성막을 움직일 때 언약궤를 비롯해 성소 안 기구들을 어깨에 메어 옮기고, 게르손과 므라리 자손은 성막 기구들을 수레에 실어 운반하는 특별한 사명을 맡습니다.

제사장들과 레위인들은 이스라엘 백성이 다섯 가지 제사(번제, 소제, 화목제, 속죄제, 속건제)를 '세 가지 방법'(각자 제물을 들고 지정된 곳에서 제사장들의 도움을 받아 제사드리는 방법)으로 드리는 일을 이끌었습니다. 그래서 제사자들을 위한 제사장의 수와 제물 준비를 위한 땅 분배가 중요했기에, 인구조사를 할 때 끝자리 숫자까지 철저히 조사했던 것입니다.

3. 1년 만에 시내산에서 가나안으로 출발 민 9~10장

#큰글자 일년일독 통독성경 | 276~280p

출애굽한 지 어느덧 1년여 시간이 지났습니다. 이스라엘 백성은 지난 시간을 감사하며 두 번째 유월절을 지킵니다. 애굽에서의 첫 번째 유월절은 '급하게', 그러나 시내산에서의 두 번째 유월절은 '규례대로' 지킵니다. 지난 1년여 동안 그들은 성막을 지었고, 그 위에 하나님의 영광이 임하는 것을 체험했습니다. 하나님의 백성으로 살아가는 데 필요한 규례들도 제정받았습니다.

제사장 나라 세팅 완료
1단계 - 시내산 언약 체결
2단계 - 성막 제작
3단계 - 제사장 취임
4단계 - 인구조사

드디어 제2년 2월 20일, 시내산을 떠날 시간이 되었습니다. 구름이 성막에 떠오르고, 이스라엘 진영에는 행진 나팔 소리가 힘차게 울려 퍼집니다. 1년여 전 애굽에서의 출발은 바로의 명령으로 이루어졌으나, 시내산에서의 출발은 아론 자손의 은 나팔 소리로 시작되었습니다.

유월절의 새로운 규정
하나님께서는 유월절을 지키지 못할 상황을 대비하여 새로운 규정을 세워주셨다. 사람이 시체로 인해 부정하게 되었거나, 먼 여행 중에 있는 사람들은 한 달 후인 2월 14일 해질 때 유월절을 지키라고 하셨다. 제사장 나라 백성은 유월절을 반드시 지켜야 하기 때문이다. 후에 히스기야 왕이 유월절을 지키려 할 때, 제사장들이 부족하고 백성들도 예루살렘에 모이지 못해 정한 때에 유월절을 지키지 못하고 둘째 달에 지켰다.

시내산을 출발하기 전까지는 하나님을 두려워하며 모세를 중재자로 앞세우고 멀찍이 서 있던 이스라엘 백성이 드디어 성막에 임재하신 하나님과 동행하기 시작합니다. 이는 '하나님께서 우리와 함께하시다', 즉 '임마누엘'이 시작된 것입니다. 모세 때로부터 1,500여 년 후, 예수님께서 우리와 함께하시기 위해 성육신하셔서 임마누엘로 이 땅에 오시고, 성령님께서도 우리와 함께하시며 우리 안에 임재하십니다.

4. 가데스 바네아 사건 - 만나세대의 시작 민 11~14장

#큰글자 일년일독 통독성경 | 280~289p

드디어 약속의 땅 가나안 근처인 가데스 바네아에 도착했습니다. 이때 각 지파에서 촉망받는 젊은 지도자 열두 명을 가나안 정탐꾼으로 선출하여 보냈습니다. 그들은 모두 여호수아와 갈렙 정도의 수준을 갖춘 지도자들이었습니다.

그들이 40일 동안 가나안 땅을 두루 정탐하고 돌아옵니다. 그런데 이게 웬일입니까! 정탐을 마치고 돌아온 열두 명 중 10명과 2명의 이야기가 너무나 다른 것입니다. 10명의 지도자들은 거인 같은 가나안 사람들과 견고한 성읍을 보고 겁에 질려, 차라리 애굽의 노예 생활로 돌아가는 편이 낫다고 주장합니다. 가나안 정탐 40일 만에 백성들은 입(入)가나안과 입(入)애굽으로 갈라서게 된 것입니다.

가데스 바네아 (Kadesh Barnea)
브엘세바에서 남서쪽으로 약 80km 떨어진 곳으로 바란 광야와 신 광야 사이에 있다. 성경에 엔미스밧(창 14:7), 가데스(창 20:1), 신 광야 가데스의 므리바 물(민 27:14), 게데스(수 15:23), 므리봇 가데스 물(겔 47:19), 므리바가데스 샘(겔 48:28) 등으로 시대에 따라 다양한 이름으로 기록되었다. 가데스 바네아는 시내산(호렙산)에서 열 하룻길이었는데, 이스라엘은 이곳에서 세렛 시내를 건너기까지 38년이 걸렸다. 그 이유는 바로 이곳에서 가나안 정탐 보고를 들은 백성들이 입애굽을 결정했기 때문이다.

모세와 가나안 정탐꾼들 _ 지오반니 란프링코 作

갈렙과 여호수아가 "그들은 우리의 먹이라 그들의 보호자는 그들에게서 떠났고 여호와는 우리와 함께 하시느니라 그들을 두려워하지 말라"(민 14:9)라고 목놓아 외쳤지만, 오히려 돌에 맞아 죽을 위기에 처합니다. 이날 밤, 이스라엘 백성의 선택은 하나님께서 이루신 위대한 출애굽 사건과 아브라함 때부터 500여 년간 꿈꾸어오신 하나님의 원대한 계획을 송두리째 없었던 일로 하겠다는 것과 다름없었습니다. 이때 하나님께서 모세를 제외한 모두의 진멸을 말씀하시자, 모세가 백성들을 위해 중보기도했습니다.

하나님께서는 이 일로 인해 가나안 정복 계획을 40년 뒤로 연기하실 수밖에 없으셨습니다. 그러나 하나님께서는 이스라엘 백성이 그토록 불평하던 칠흑 같은 그 밤에도, 다음 날 먹을 만나를 내려주셨습니다. 가데스 바네아에서의 가나안 정탐 사건을 기준으로 출애굽세대와 만나세대가 나뉩니다.

가데스 바네아에서 내리신 하나님의 결정
- 이스라엘 백성의 광야 생활을 40년으로 연장
- 출애굽세대는 모두 광야에서 죽음 (여호수아와 갈렙 제외)
- 출애굽세대의 20세 미만과 광야에서 태어난 세대는 가나안 입성

5. 250명의 반역 사건 - 제사장 나라 시스템이냐 vs. 모세의 왕정이냐 민 15~19장

#큰글자 일년일독 통독성경 | 290~301p

가나안에 들어가지 못한다는 소식을 들은 이스라엘 백성은 자신들의 잘못을 깊이 반성하기보다는, 가나안에 들어가지 못하게 된 결과만을 두고 지

도자 모세에게 불만을 드러냅니다. 레위 자손 고라와 르우벤 자손 다단, 아비람, 온이 이스라엘 지휘관 250명을 선동해 모세와 아론에게 반기를 들었습니다. 그들은 모세가 레위 지파 가운데 자기 형 아론 가문에게 대제사장과 제사장의 지위를 주고, 같은 레위 가문인 고핫 자손에게 맡긴 성막에서의 일은 제사장만 못한 일이라 오해했던 것입니다. 더 나아가 열두 지파가 모두 거룩한데 왜 레위 지파 아론 가문만 대제사장과 제사장으로 삼아 그들만 거룩하게 했느냐며, 이것은 모세의 사심이 작용한 것이라고 주장하며 모세에 대항하는 당을 만들어 반역합니다. 이때 250명의 반역 사건은 모세 120년 인생 가운데 일어났던 금송아지 사건, 가데스 바네아 사건에 이어 세 번째 큰 위기였습니다. 지난 1년여간 세운 제사장 나라의 모든 세팅이 한꺼번에 무너질 위기였습니다.

그러자 모세가 그들과 하나님 앞에서 자신이 얼마나 사심 없이, 공적으로 제사장 나라 지도자의 사명을 감당해 왔는지 밝힙니다. "주는 그들의 헌물을 돌아보지 마옵소서 나는 그들의 나귀 한 마리도 빼앗지 아니하였고 그들 중의 한 사람도 해하지 아니하였나이다"(민 16:15). 모세는 심히 화가 난 상황에서도 하나님께서 제사장 나라 법으로 처벌해 주시길 기도했습니다. 즉, '그들의 헌물을 돌아보지 마옵소서'라는 기도를 통해 볼 수 있듯이, 그들이 제물을 들고 제사할 때 용서하지 말아 달라는 기도입니다. 처벌 또한 제사장 나라 법으로 하나님의 뜻에 맡기는 모세입니다.

소금 언약
제사장과 레위인들을 구별하여 세우신 하나님께서는 그 직분에 따른 특권과 사명을 주시고, 소금 언약을 맺어주셨다. 이는 소금처럼 변하지 않는 영원한 언약이었다.

모세는 고라를 따르는 이스라엘 지휘관 250명에게 내일 각자 자기 향로를 들고 여호와 앞에 나아오라고 고라를 통해 명령합니다. 고라와 아론도 각각 자기 향로를 들고 여호와 앞에 나아오라고 말합니다. 다음 날, 고라의 편에 서서 모세에게 반기를 든 이스라엘 지휘관 250명과 고라와 아론 모두 각자 자기 향로에 불을 담고, 향을 그 위에 얹고 나아와 여호와 앞에 서서 향로 대결을 펼쳤습니다.

그러자 땅이 입을 벌려 250명의 반역자들을 산 채로 삼켜 버렸습니다. 그런데도 이튿날, 이스라엘 백성은 하나님의 판결에 반성하기는커녕, 오히려 모세와 아론이 하나님의 백성을 죽였다며 억지를 부렸습니다. 그들은 반

원망의 여정

1. 다베라
악한 말로 하나님을 원망함 → 여호와의 불이 진 끝을 불사름(민 11:1~3).

2. 기브롯 핫다아와
고기가 먹고 싶다고 원망함 → 고기를 씹기 전에 큰 재앙으로 죽음(민 11:4~35).

3. 하세롯
모세가 구스 여자를 취한 것에 대해 미리암이 비방함 → 미리암이 7일간 나병에 걸림(민 12장).

4. 가데스 바네아
정탐 보고를 듣고 애굽으로 돌아가자며 모세를 죽이려 함 → 광야에서 40년간 방황하게 됨(민 13~14장).

5. 호르마
고라, 다단, 아비람, 온이 당을 짓고 모세와 아론에 대항함 → 반역의 주동자와 가족들이 산 채로 매장됨(민 16:1~35).

6. 신 광야 가데스
물이 없다고 모세에게 원망함 → 모세가 반석에서 '명령하여' 물을 내지 않고 반석을 '쳐서' 물을 냄. 이 때문에 모세와 아론은 가나안에 못 들어가게 됨(민 20:2~13).

7. 에돔 땅
험한 길로 인하여 원망함 → 불뱀에 물려 많은 사람이 죽음(민 21:4~9).

역자들의 주장대로 아론뿐 아니라 이스라엘 모든 백성이 다 거룩한데, 왜 모세가 형 아론을 대제사장으로 삼아 아론만 거룩하게 만들었느냐는 생각이었습니다. 제사장 나라 거룩한 시민 1호 모세의 공적 활동에 대해 고라를 비롯한 이스라엘 백성은 그들 수준으로 모세를 오해했던 것입니다. 이는 더 나아가 하나님의 통치에 반기를 든 것이었습니다.

결국, 하나님의 진노로 이스라엘 진영에 염병이 시작되었습니다. 그러자 모세는 대제사장 아론에게 명령하여 향로를 가져다 제단의 불을 담고 향을 피워 백성들 안으로 들어가 그들을 위해 속죄하게 했습니다. 그제야 염병이 그쳤지만, 그때 이미 이스라엘 백성 14,700명이 죽었습니다. 이 사건 후, 하나님께서는 대제사장 아론의 권위를 다시 세워주시기 위해 아론의 지팡이에 꽃이 피고 열매가 맺히는 기적을 베풀어주십니다. 아론의 싹 난 지팡이는 하나님의 백성을 향한 눈높이 기적이었습니다. 하나님께서는 향로를 통해서, 땅을 통해서, 아론의 지팡이를 통해서 제사장 나라는 모세 왕정이 아니라, 하나님께서 통치하시는 제사장 나라임을 보여주셨습니다.

눈높이 하시는 하나님
천지를 만드신 하나님께서 이미 죽은 지 오래인 나무 지팡이에 굳이 싹이 나게 하시고 꽃이 피게 하신 이유는 무엇인가? 이는 제사장 제도가 하나님께서 만드셔서 이스라엘 백성에게 선물로 주신 소중한 약속의 증거물임을 확증하시고자 함이다. 다시 말해, 아론의 싹 난 지팡이는 하나님께서 원하신 바가 아니라, 믿음이 부족한 이스라엘의 낮은 수준에 눈높이를 맞추신 하나님의 배려였다.

6. 만나세대 인구조사와 새 지도자 민 20~31장

#큰글자 일년일독 통독성경 | 301~329p

● 놋뱀 이야기 (장대 위의 놋뱀)

이스라엘 백성은 호르산을 출발해 홍해 길을 따라 에돔 땅을 우회하는 길로 가다가, 너무나도 힘든 광야 길로 인해 또다시 그들의 주특기인 원망과 불평을 쏟아내기 시작했습니다. 그러자 하나님께서 불뱀을 보내셔서 이스라엘 백성을 물게 하십니다. 이때 그들이 스스로 죄를 범했음을 깨닫고 다급하게 모세에게 매달립니다. 하나님께서 "불뱀을 만들어 장대 위에 매달아라 물린 자마다 그것을 보면 살리라"(민 21:8)라고 그들이 살 수 있는 길을 말씀하시자, 모세가 놋뱀을 만들어 장대 위에 달아 보게 함으로 이스라엘 백성의 생명을 구합니다.

모세와 놋뱀 _ 안토니 반 다이크 作

이후 예수님께서 니고데모와의 대화 중에 놋뱀 이야기를 언급하십니다. "모세가 광야에서 뱀을 든 것 같이 인자도 들려야 하리니 이는 그를 믿는 자마다 영생을 얻게 하려 하심이니라"(요 3:14~15). 놋뱀을 보는 사람마다 생명을 구했듯이, 예수님의 부활을 믿는 사람에게는 하나님의 구원이 임하게 됩니다.

● 마지막까지 최선을 다하는 모세

므리바에서 모세와 아론이 하나님의 명령대로 반석에게 '명령하여' 물을 내지 않고, 지팡이로 반석을 두 번 '쳐서' 물이 나오게 했습니다(민 20:8~11). 이 일을 두고 하나님께서 중대한 선언을 내리셨습니다. 하나님의 거룩함을 드러내지 않았기에 모세와 아론은 가나안 땅에 들어갈 수 없다는 것입니다. 이는 지난 세월 이스라엘 백성의 잘못은 수도 없이 용서하신 하나님께서 지도자 모세와 대제사장 아론에게는 제사장 나라 표준으로 엄격한 잣대를 적용하신 것입니다. 이후 모세는 간절히 요단을 건너가 아름다운 땅을 보게 해 달라고 하나님께 간구했지만, 하나님께서는 '너의 사명은 여기까지'라고 말씀하시며, 모세가 가나안 땅을 멀리서 바라보는 것으로 만족하게 하십니다.

모세의 사역 마무리 세 가지
- 리더 세우기 - 여호수아
- 선봉대 세우기 - 요단 동편 분배
- 율법 총 복습하기 - 신명기

모세는 자신이 약속의 땅 가나안에 못 들어간다는 사실을 알고도, 남은 삶을 소홀히 하지 않았습니다. 가나안 땅이 가까워질수록 이스라엘은 여러 이방 민족과 전쟁을 치러야 했는데, 요단 동편을 점령할 때에는 모세가 전쟁을 이끕니다(민 21장). 모세가 이끈 전쟁에서 승리함으로 이스라엘은 아모리 왕 시혼의 땅과 바산 왕 옥의 땅을 얻습니다. 이후 성경에서는 이 지역을 '요단 동편', '길르앗 땅'이라고 일컫습니다.

새 지도자 탄생
- **대제사장** - 아론에서 엘르아살로 (대제사장의 옷을 입힘)
- **지도자** - 모세에서 여호수아로 (안수함)
- **엘르아살과 여호수아의 협력** - "엘르아살은 그를 위하여 우림의 판결로써 여호와 앞에 물을 것이며"(민 27:21)

● 모압 왕 발락 이야기

이스라엘이 가나안 근처에 이르렀을 즈음에는 주변국에 명성을 떨칠 만한 하나님의 군대로 바뀌어 있었습니다. 모압 왕 발락은 이스라엘에 대한 소문을 듣고 두려움이 밀려오자, 복채를 받고 예언해 주는 복술가 발람에게 이스라엘을 저주해 줄 것을 수차례에 걸쳐 간청합니다(민 22장). 그러나 발락 왕과 발람의 잔꾀는 한마디로 '완전한 헛수고'입니다. 하나님의 세계 경영은 복술가가 잔꾀를 부리는 복술 예언으로 움직여지는 것이 아닙니다.

● 두 번째 인구조사

그즈음 하나님께서는 모세를 통해 이스라엘 백성에 대해 두 번째 인구조사를 시행하도록 하십니다(민 26장). 출애굽세대 인

지파별 인구 변동

지파	1차 인구조사	2차 인구조사	인구변동
르우벤	46,500	43,730	-2,770
시므온	59,300	22,200	-37,100
갓	45,650	40,500	-5,150
유다	74,600	76,500	+1,900
잇사갈	54,400	64,300	+9,900
스불론	57,400	60,500	+3,100
에브라임	40,500	32,500	-8,000
므낫세	32,200	52,700	+20,500
베냐민	35,400	45,600	+10,200
단	62,700	64,400	+1,700
아셀	41,500	53,400	+11,900
납달리	53,400	45,400	-8,000
총계	603,550	601,730	-1,820

구조사 이후, 40년 만에 만나세대를 대상으로 두 번째 인구조사가 실행된 것입니다. 제사장 나라의 인구조사는 '제사'를 최종 목적으로 두고 실시하는 것입니다. 2차 인구수는 601,730명으로, 1차 조사 때의 숫자 603,550명과 비교해 볼 때 큰 변동이 없었습니다. 이는 여러 가지 열악한 조건의 광야 생활 중에도 하나님께서 이스라엘 백성과 함께하시며 그들을 돌보고 지켜주신 결과였습니다.

만나세대는 출애굽세대와는 달리 40년간 광야에서 하나님께서 내려주시는 만나를 먹으며, 모세를 통해 하나님의 율법을 제대로 교육받은 세대입니다. 이것은 말 그대로 '성공적 계승'이었습니다.

● 모세의 마지막 사명 : 만나세대 1만 2천 명의 전쟁 승리

죽음을 앞둔 모세는 하나님의 명령대로 여호수아를 이스라엘의 새 지도자로 세우고, 자신의 모든 존귀를 여호수아에게 돌리며 힘을 실어줍니다(민 27장). 여호수아는 하나님의 명령대로 아론의 뒤를 이어 대제사장이 된 엘르아살과 협업하여 제사장 나라를 이끌게 됩니다.

모세의 마지막 전쟁
- 만나세대 12,000명 vs. 미디안
- **참전**=열두 지파에서 1,000명씩 12,000명 참전
- **준비물**=성소의 기구, 신호 나팔, 12,000개의 칼
- **의미**=31번의 가나안 정복 전쟁을 위한 예행 연습
- **결과**=대승 + 만나세대 12,000명 모두 생환

민수기 31장에는 모세의 마지막 사명이라 할 수 있는 미디안과의 전쟁 기록이 상세히 나와 있습니다. 모세의 명령을 받고 출전한 만나세대 1만 2천 명은 미디안과의 전쟁에서 승리한 후 전원 생환합니다. 그 때 하나님께서는 만나세대 1만 2천 명에게 전리품의 분배 방식을 가르쳐주십니다. 하나님께서 가르쳐주신 전리품 분배 원칙은 전쟁에 참여한 군인들은 물론이고, 이스라엘 공동체 모두에게 그리고 제사장 나라의 공직자인 레위인들에게 분배하는 것입니다.

요단 동편 분배

7. 요단 동편 분배 민 32~36장

큰글자 일년일독 통독성경 | 329~340p

이스라엘이 거주할 땅은 요단강을 중심으로 동쪽과 서쪽으로 나누어집니다. 요단강 동쪽은 이미 점령했고(민 21장), 이제 서쪽 지역이 남아 있습니다. 그런데 요단 서쪽 지역을 점령하기 전에 동쪽 지역에 머물겠다고 하는 사람들이 생겼습니다. 그들은 르우벤 지파와 갓 지파 사람들입니다. 큰 틀에서

볼 때, 아직은 땅을 점령할 때이지, 땅을 나눌 때가 아닙니다. 그러므로 요단 동편에 머물겠다는 이들의 제안은 자칫 백성의 사기를 떨어뜨릴 수도 있었습니다. 그래서 그들의 제안을 들은 모세가 처음에는 무척 화를 냅니다.

그런데 그들이 모세에게 말합니다. "우리의 가축과 아이들만 이곳에 머물게 하고, 싸움에 나갈 수 있는 남자들은 다른 지파들이 요단 서편 땅을 모두 점령할 때까지 함께 가서 싸우겠습니다. 싸울 때에는 가장 앞에 서서 싸우고, 싸움이 다 끝날 때까지 집으로 돌아가지 않겠습니다." 모세는 이 말을 듣고 그들의 제안을 허락합니다. 그리고 므낫세 반 지파에게도 동편 땅을 분배해 줍니다. 다른 지파들보다 먼저 요단 동편을 차지한 두 지파 반 사람들은 이후 전쟁의 선봉대로 가나안 정복 전쟁을 이끕니다. 이때의 결정은 요단 서편 가나안 입성을 위한 가장 현실적인 디딤돌이 되었습니다.

40년 광야 생활 중 있었던 싸움

성경구절	대적자	싸움 장소
출 17:8~16	아말렉	르비딤
민 14:45	아말렉과 가나안인	호르마
민 21:1~3	아랏	호르마
민 21:21~25	아모리	야하스
민 21:33~35	바산	에드레이
민 31:1~12	미디안	미디안

민수기 34장에는 그들이 들어가 정착할 가나안 땅의 구체적인 규모와 지역이 나타나 있습니다. 가나안은 아브라함 이후 500여 년 동안 하나님의 마음에 간직되어 온 바로 그 땅입니다. 하나님께서 제사장 나라의 '공간(땅)'을 법으로 정해주신 것입니다. 땅의 경계를 지키느냐, 넘느냐가 '제국'과 '제사장 나라'의 근본 차이가 될 것입니다.

사명을 위해 흩어지는 사람들
레위인에게는 땅이 분배되지 않는다. 그 대신 48개의 성읍과 그 사면의 초장이 주어진다(민 35장). 그런데 48개의 성읍은 어느 한 지역이 아니라, 이스라엘 백성이 사는 지역에 넓게 흩어져 있다. 레위인은 각 지역에서 백성을 가르치며 그들이 하나님 중심으로 살아갈 수 있도록 돕는 역할을 한다. 이것은 야곱의 축복 내용이 성취된 것이기도 했다(창 49:5~7).

#To the Cross | 십자가로 향하는 레시피

8. 성막을 통한 하나님과의 동행 시작

● 광야 만나가 하늘의 만나 예수로

출애굽한 이스라엘 백성은 농사지을 수 없고 풀 한 포기도 나지 않으며 뱀과 전갈이 있는 광야에서 40년 동안이나 살았음에도 옷이 해이지 않고 발이 부르트지 않으며, 인구도 거의 그대로 유지되는 기적과 같은 삶을 살았습니다. 그 이유는 하나님께서 성막을 통해 그들과 함께하셨고, 하늘로부터 하늘 양식인 만나를 내려주시며 모세를 통해 제사장 나라 율법을 배우도록 놀라운 기회를 주셨기 때문입니다. 이후 예수님께서는 유대 백성이 오병이어의 기적을 보고도 떡에 주목함을 보시고, "나는 하늘에서 내려온 살아 있는 떡이니 사람이 이 떡을 먹으면 영생하리라 내가 줄 떡은 곧 세상의 생명을 위한 내 살이니라"(요 6:51)라고 말씀하십니다.

● 반석에서 생수, 반석이신 예수님의 생명수

이스라엘 백성이 광야에서 물이 없다고 모세를 원망했을 때, 하나님께서는 모세를 통해 반석에서 물이 나오게 하심으로 그들을 살리셨습니다. 이후 예수님께서는 물과 관련해, 누구든지 목마른 사람은 예수님께 나아와 마시라고 말씀하시며 예수님을 믿는 사람은 성경에 기록된 대로 그 배에서 생수의 강이 흘러나올 것이라고 가르쳐주셨습니다(요 7:37~38). 사도 바울은 모세 때 반석에서 물이 나왔던 사실을 언급하며, 그 '반석은 예수 그리스도'라고 가르칩니다(고전 10:4).

● 광야의 놋뱀처럼 인자도 들려야 하리라

이스라엘 백성은 광야에서 불평하고 원망함으로 하나님께서 보내신 불뱀에 물려 죽을 위기를 맞습니다. 그들이 모세에게 매달려 살려달라고 애원하자, 모세가 하나님께 이스라엘 백성을 위해 중보기도합니다. 모세의 기도를 들으신 하나님께서는 불뱀을 만들어 장대 위에 매달게 하시고, 그것을 보게 하셨습니다. 그때 장대에 매달린 놋뱀을 본 사람은 살았습니다. 이후 예수님께서는 성경에 기록된 이 사건을 언급하시며, 모세가 광야에서 뱀을 든 것 같이 인자도 들려야 할 것이라 말씀하셨습니다. 이는 예수 그리스도를 믿는 사람에게 영생을 주시기 위함이었습니다(요 3:14~15).

● 움직이는 성막이 움직이지 않는 예루살렘 성전으로, 그리고 십자가를 통해 너희 몸이 성전으로

하나님께서 모세를 통해 주신 설계도대로 지은 성막은 '움직이는 성막 500년' 시대를 이끌었습니다. 그리고 하나님께서 다윗을 통해 주신 설계도대로 지은 성전은 '예루살렘 성전 1,000년' 시대를 이끌었습니다. 예수님께서는 십자가를 통해 구원을 얻은 모든 그리스도인을 '너희 몸이 성전'이 되게 하셨습니다. '거기서 너와 만나고'의 시작은 성전과 교회를 통해 계속해서 하나님과의 동행, 임마누엘로 이어지고 있습니다.

8과 만나학교 졸업

신명기, 시편 90편

큰글자 일년일독 통독성경 *one year tongdok bible as one story*

58일 : 광야 여정에 대한 회고와 반성
59일 : 60만 명, 율법 대박
60일 : 하나님을 사랑하라
61일 : 거룩한 문화
62일 : 천 대를 이을 천수답(天水畓)
63일 : 너무 멀면, 돈 주고 사라
64일 : 종이 주인 되었을 때
65일 : 겁내는 자, 집으로 가라
66일 : 태형은 40대까지
67일 : 언약에 따른 복과 저주
68일 : 율법? 쉽다!
69일 : 국민가요
70일 : 모세의 리더십

시간 흐름 *time flow*

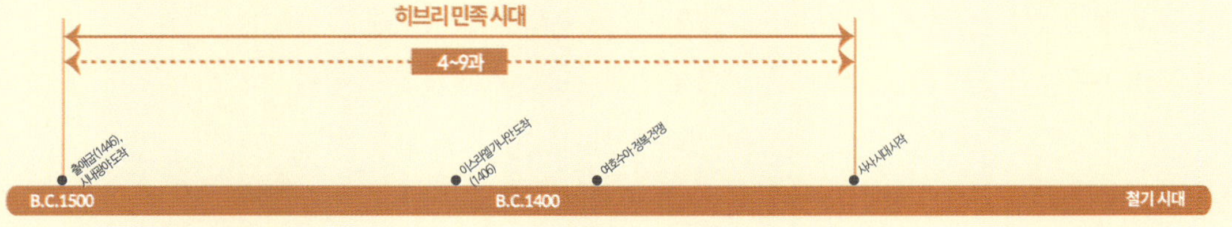

지금 공간 *current location* 모압 평지

주요 인물 *main character* 모세, 만나세대

통通포인트 *tong point*

1,500년 미래를 위한 만나학교 졸업식

<신명기>는 제사장 나라 1,500년 미래를 위한 만나학교 졸업식 설교입니다. 40년 전 시내산에서 제사장 나라 꿈이 모세 한 사람의 기쁨이었다면, 지금은 만나세대 60만 명의 기쁨이 되었습니다. 만나세대는 40년 동안 광야에서 하늘 양식인 만나를 먹으며 모세에게 제사장 나라 교육을 받은 세대입니다. 죽음을 앞둔 모세는 모압 평지 아라바 광야에서 만나세대에게 광야 학교 졸업식 설교와 같은 네 번의 역사 특강을 합니다. 이제 모세 없이 약속의 땅 가나안에 들어갈 만나세대에게 모세는 아브라함 이후 지금까지 500여 년의 역사와, 특히 지난 40년의 광야 여정을 돌아보며 하나님께서 어떻게 제사장 나라 이스라엘 백성을 돌보시고 사랑하셨는지, 그리고 십계명을 비롯한 언약의 조항들을 다시 말해 줍니다. 이제 만나세대는 모세를 통해 제사장 나라 율법을 모두 배운 로스쿨(Law School) 졸업생이 되어 약속의 땅 가나안으로 향합니다.

1. 만나세대 40년 회고 신 1~4장

큰글자 일년일독 통독성경 | 340~353p

모세는 지난 40년 동안 만나세대에게 매일 해왔던 하나님의 말씀 교육을 마지막으로 두 달 동안 유언과도 같은 역사 특강으로 이어갑니다. 그는 하나님께서 이스라엘 백성을 애굽에서 구하셔서 가나안으로 들어가게 해주시는 것은 단지 그들의 조상이 과거에 그곳에서 살았기 때문이 아니라고 강조합니다. 그들이 하나님 앞에서 의롭기 때문도 아닙니다. 그들이 가나안에 들어갈 수 있는 이유는, 오직 하나님께서 아브라함과의 약속을 기억하시고 그 땅을 그들에게 주셨기 때문입니다.

교육하라
한 사람이 공동체 안에서 적합하게 살아가기 위해서는 교육이 꼭 필요하다. 모세가 지금 <신명기>의 말씀을 전하는 것도 교육의 일환이다. 그 내용은 그들이 가나안 땅에 정착해서 살 때 출애굽 경험과 광야 생활의 경험을 잊지 말고 하나님의 율법을 삶의 바탕으로 삼으라는 것이다. 모세는 또한 그들이 교육받은 대로 그들의 자녀들을 가르치라고 당부한다(신 4:9~10).

모세는 만나세대의 출발점인 가데스 바네아 사건을 다시 언급하며, 마음을 굳게 잡고 흔들리지 말 것을 당부합니다. 이어서 모세는 이곳 모압 평지에서 여호수아와 갈렙에게 '순종의 훈장'을 달아줍니다. 그리고 만나세대에게 우상을 섬기지 말고 지금까지 그들을 인도해 오신 하나님만 섬기라고 강조합니다. 또한 모세는 만나세대에게 "오늘부터 내가 천하 만민이 너를 무서워하며 너를 두려워하게 하리니"(신 2:25)라고 하신 하나님의 말씀을 전하며 용기를 불어넣어 줍니다.

모세의 만나학교 졸업식 역사 특강 <신명기>
- **특강 1** = 출애굽과 광야 생활의 회고(과거)(신 1:1~4:43)
- **특강 2** = 하나님의 율법 총 강론(현재)(신 4:44~26장)
- **특강 3** = 가나안에 들어가서 해야 할 일과 언약의 갱신 (미래)(신 27~30장)
- **특강 4** = 마지막 당부와 모세의 노래와 축복(신 31~34장)

2. 제사장 나라 패밀리 스쿨(Family School) 시작 신 5~11장

큰글자 일년일독 통독성경 | 353~368p

모세는 40년 전 시내산에서 80일간은 '들었고', 이제 모압 평지에서 60일간은 '말을 합니다'. 모압 평지의 모세 특강은 두 달 동안 진행된 만나학교 60만 명의 졸업식 설교였습니다. 40년 전 시내산에서는 모세 혼자 하나님의 말씀을 듣고 감동했습니다. 그런데 지금 〈신명기〉에서는 만나세대 60만 명이 동시에 감동하고 있습니다.

쉐마(Shema)
신명기 6장 4~9절의 문장을 가리켜 히브리어로 '쉐마(들으라)'라고 한다. 이것은 유대교의 기반이 되는 성경의 핵심 텍스트로, 이스라엘 가정에서는 매일 아침저녁으로 쉐마를 묵상했다.

드디어 모세 특강의 본론이 시작됩니다. 모세가 만나세대에게 진심으로 당부하고 싶은 이야기를 꺼냅니다. 모세는 하나님께서 친히 돌판에 새겨주셨던 하나님 사랑과 이웃 사랑의 열 가지 계명을 담은 제사장 나라의 꿈을 만나세대에게 정성을 다해 다시 가르쳐줍니다.

특히 "이스라엘아 들으라"라는 말로 시작되는 신명기 6장 4~9절의 말씀을 '쉐마'라고 부르는데, 그 의미가 매우 깊고 중요합니다. "이스라엘아 들으

경문(phylactery)
유대인 남자들은 '쉐마'(신 6:4~9)를 비롯한 율법 규례를 작은 가죽 상자에 넣어 이마와 왼팔 위쪽에 매고 다녔다. 그들은 매일 세 차례 기도 시간 때 경문을 착용하고 기도했다. 이후 예수님께서 서기관과 바리새인들이 자신의 경건을 과시하는 수단으로 경문을 사용하는 것을 보고 책망하신 일이 있다(마 23:2~5).

라 우리 하나님 여호와는 오직 유일한 여호와이시니 너는 마음을 다하고 뜻을 다하고 힘을 다하여 네 하나님 여호와를 사랑하라"(신 6:4~5).

"또 그것을 너희의 자녀에게 가르치며 집에 앉아 있을 때에든지, 길을 갈 때에든지, 누워 있을 때에든지, 일어날 때에든지 이 말씀을 강론하고 또 네 집 문설주와 바깥 문에 기록하라 그리하면 여호와께서 너희 조상들에게 주리라고 맹세하신 땅에서 너희의 날과 너희의 자녀의 날이 많아서 하늘이 땅을 덮는 날과 같으리라"(신 11:19~21).

이스라엘 백성은 광야 생활 40년 동안 23,000여 가정에서 제사장 나라 패밀리 스쿨을 시작했습니다. 이것은 인류 역사상 처음 있는 일입니다. 모세 율법을 기반으로 한 패밀리 스쿨은 모든 가정의 율법 배우기였습니다. 앞으로 만나세대에게 율법은 가나안에서 삶의 기준이 될 것입니다.

지난 세월 하나님을 사랑하며 살아온 모세가 만나세대에게 하나님 사랑하기를 다시 간절히 당부합니다. 삶 전체를 통해 하나님을 깊이 사랑했던 모세가 전하는 당부의 핵심은 바로 '하나님 사랑'이었습니다. 모세는 하나님께 복 받는 길이 '좌로나 우로나 치우치지 않는 것'이라고 강조하며 만나세대를 격려했습니다.

만나 교육
광야 40년 동안 하나님께서 대론 백성을 낮추시고 주리게 하시며 간나를 통해 교육하신 이유가 있다.
- 왜 그들을 낮추셨는가?
  낮아져야 모든 민족을 섬기는 큰 민족이 될 수 있다.
- 왜 그들을 주리게 하셨는가?
  하나님의 의에 목마르게 하시기 위함이었다.
- 왜 그들에게 만나를 먹이셨는가?
  마침내 복을 주시기 위해서였다.

3. '기록된 바', 과거 현재 미래를 위해

〈신명기〉는 모세가 광야 생활 40년 동안 제사장 나라 율법을 가르쳤던 만나세대에게 마지막으로 남긴 회고이자 역사 특강이며, 현재 삶의 이야기이자 미래를 위한 기록입니다. 그런데 한 걸음 더 들어가 살펴보면, 〈신명기〉는 오실 메시아 예수님의 미래를 위한 기록이었습니다. 그래서 〈신명기〉는 선지서이고, 모세는 선지자입니다.

예수님께서는 공생애 3년을 앞두고 광야에서 40일 금식하신 후, 사탄에게 세 번의 시험을 받으셨습니다. 이때 예수님께서는 모두 구약성경의 기록, 곧 〈신명기〉 기록으로 이기셨습니다. 모세의 시내산 40일 금식이 제사장 나라를 다시 살리기 위함이었다면, 예수님의 40일 금식은 제사장 나라를 수렴하여 하나님 나라를 완성하시기 위한 공생애 시작의 첫걸음이었습니다. 그래서 구약성경은 'to the Cross(십자가로 향하는)' 이야기입니다.

〈신명기〉에 기록된 왕 이야기(신 17:14~20)는 이후 이스라엘 왕정으로 이어지며, "여호와께서 너희에게 너희 주위의 모든 대적을 이기게 하시고 너

<신명기> 기록으로 사탄의 시험을 이기신 예수님
- "기록되었으되(It is written) 사람이 떡으로만 살 것이 아니요 하나님의 입으로부터 나오는 모든 말씀으로 살 것이라"(마 4:4/신 8:3)
- "기록되었으되(It is written) 주 너의 하나님을 시험하지 말라"(마 4:7/신 6:16)
- "기록되었으되(It is written) 주 너의 하나님께 경배하고 다만 그를 섬기라"(마 4:10/신 6:13)

희에게 안식을 주사 너희를 평안히 거주하게 하실 때에"(신 12:10)의 기록은 다윗 왕의 성전 건축 결심으로 이어집니다.

또한 "너와 같은 선지자 하나를 그들을 위하여 일으키고 내 말을 그 입에 두리니"(신 18:18)는 예수님 탄생의 예표였으며, "나무에 달린 자는 하나님께 저주를 받았음이니라"(신 21:23)는 예수님의 십자가 사건의 예표가 됩니다.

4. 만나세대 누구에게나 쉬운 율법 신 12~26장

큰글자 일년일독 통독성경 | 368~395p

신명기 12장부터 26장까지의 내용은 만나세대가 약속의 땅 가나안에 들어가 제사장 나라 거룩한 백성으로서 어떻게 거룩하게 살 것인가에 관한 구체적인 가르침이라고 할 수 있습니다. 40년 전에 고라, 다단, 아비람이 제사장 나라의 '거룩'을 엉뚱하게 해석했던 것에 반해, 지난 40년 동안 광야에서 모세에게 교육받은 만나세대는 누구나 제사장 나라 율법을 알고 하나님의 거룩을 삶의 현장에서 실행해 옮길 수 있는 수준이 되었습니다. 이미 가나안 땅의 문화를 알고 계신 하나님께서는 이스라엘이 우상숭배가 만연하고 음란한 가나안 문화 대신 제사장 나라의 거룩한 문화를 세워가기를 바라시며, 미리 모세를 통해 만나세대를 교육하셨습니다.

천 대를 이을 천수답(天水畓)
약속의 땅 가나안은 천수답으로 일명 하늘바라기, 천둥지기, 즉 물꼬를 하늘에 대고 있는 땅이다. 비에 전적으로 의존해 농사를 짓는 땅이기 때문에 하나님께서 이른 비와 늦은 비를 내려주셔야 한다. 그래서 가나안은 하나님께서 때를 따라 비를 내려주심으로 인간이 물을 얻기 위한 힘든 노동을 하지 않아도 되는 땅이다.

● 지정하신 예배 장소 (신 12장)

이스라엘이 하나님의 백성으로서 드려야 할 예배는 하나님께서 지정하신 성막, 바로 그 약속 장소에서 드려야 합니다. 다시 말해 '제사'는 반드시 '하나님의 이름을 두려고 택하신 곳'에서 드려야 합니다.

'하나님의 이름을 두려고 택하신 곳'을 강조하신 이유는?
그곳에서 '하나님 경외하기'를 배워야 하기 때문이다. '배우다'의 히브리어 '라마드'는 '훈련받다, 익숙해지다'로 가르쳐서 익숙해지도록 배운다는 뜻이다.

● 면제년 (신 15장)

이스라엘을 종 되었던 곳에서 구해내신 하나님께서는 면제년을 명하십니다. 해방의 기쁨이 무엇인지 경험한 이스라엘 백성에게 아직 종으로 남아 있는 형제들에게 자유를 주라고 말씀하시는 것입니다.

● 명절을 통한 이웃 사랑 나누기 (신 16장)

하나님께서 이스라엘에 명령하신 3대 명절(유월절, 칠칠절, 초막절)은 종과 나그네, 레위인, 약한 이웃에게 유익이 돌아가도록 배려하는 기간입니다.

하나님과 제사장 나라 언약을 맺은 이스라엘 백성은 약자들과 함께 먹고, 함께 기뻐해야 합니다. 공동체가 함께 지키는 명절은 제사장 나라의 신앙 훈련이며, 거룩을 행하는 일입니다.

제사자들을 위한 배려의 법
하나님께서는 제사자가 하나님의 이름을 두려고 택하신 곳에서 '너무 멀리 살면' 제사 장소 근처에서 '제사 제물을 돈 주고 살 수 있는 법'을 주셨다(신 14:24~26). 그런데 예수님 당시에 이 제도를 악용한 사람들로 인해 예수님의 성전 청결 사건이 일어났다(막 11:15~16). 예루살렘 성전의 대제사장들이 로마 전역에서 큰돈을 들고 성전을 찾는 디아스포라 유대인들이 편하게 환전도 하고 제물도 살 수 있도록 '이방인의 뜰'을 환전소와 제물 파는 곳으로 용도 변경했기 때문이다.

- **도피성** (신 19장)

자신이 의도하지 않았는데 부지중에 사람을 죽였을 때 몸을 피하여 생명을 건지는 곳이 도피성입니다. 도피성은 요단 동편에 세 곳, 요단 서편에 세 곳을 정하여 억울한 사람이 없도록 배려한 제사장 나라의 법입니다. 가나안 정복 후 설치된 6개의 도피성은 전국 어디에서든 하루 만에 도착할 수 있는 약 48km 이내에 있었습니다. 그곳으로 도망한 사람은 먼저 도피성의 성읍 장로들에게 재판을 받아 살인의 고의성이 없었음을 인정받아야 들어갈 수 있습니다. 그는 현직 대제사장이 죽기까지 도피성에 거주하다가 그 후에야 자기 성읍으로 돌아갈 수 있습니다. 제사장 나라의 도피성 제도는 크게 보면 우리 삶의 도피성 되시는 메시아 예수님의 예표입니다.

- **토지 소산과 십일조의 올바른 사용** (신 26장)

하나님께서는 가나안 땅에 살게 되었을 때 농사를 지어 추수한 것의 십일조를 하나님 앞으로 가져오라고 명하십니다. 십일조는 고아, 과부, 나그네, 레위인과 함께 나누어 그들을 배부르게 하는 데 사용됩니다. 십일조는 범사에 복 받는 길입니다.

5. 제사장 나라의 긴 미래 이야기 - 복과 저주 신 27~30장

#큰글자 일년일독 통독성경 | 395~406p

모세는 만나세대가 가나안 땅에 들어가서 가장 먼저 해야 할 일을 이야기합니다. 그것은 큰 돌들을 세워 거기에 율법을 기록하고, 단을 쌓아 하나님께 번제와 화목제를 드리는 일입니다. 이스라엘에게 가장 중요한 것은 하나님과의 관계입니다. 하나님께서는 이스라엘 백성과 특별한 언약, 곧 하나님께서 이스라엘의 하나님이 되시고, 이스라엘은 하나님의 백성이 되는 언약을 맺으셨습니다. 모세는 하나님과 이스라엘의 이 특별한 관계는 시대가 흘러도 변해서는 안 된다고 강조합니다.

그리심산과 에발산 (Mt.Gerizim & Mt.Ebal)
세겜의 남쪽에는 그리심산, 마주보는 북쪽에는 에발산이 있다. 그리심산은 숲이 울창하여 축복의 말씀과 어울리는 곳인 반면, 에발산은 벌거숭이산이자 바위산이었다. 가나안에 들어가 시므온, 레위, 유다, 잇사갈, 요셉, 베냐민 여섯 지파는 그리심산에서 '축복'을, 르우벤, 갓, 아셀, 스불론, 단, 납달리 여섯 지파는 에발산에서는 '저주'의 말씀을 낭독하고 화답해야 한다.

만나세대는 가나안(요단 서편)에 들어가 여섯 지파는 백성을 축복하기 위해 그리심산에 서고, 다른 여섯 지파는 저주를 선포하기 위해 에발산에 서야 합니다. 모세는 이때 레위 지파가 어떤 일이 저주받는 일인지 알게 하기 위해 율법의 항목들을 외칠 것이며, 모든 백성은 이에 아멘으로 응답해야 한다고 명합니다. 모세가 이를 당부하며 강조한 신명기 28장은 레위기 26장과 같은 제사장 나라의 긴 미래 이야기입니다. 첫째, 하나님께서 주신 모든 명령을 지켜 행하면 복을 받을 것입니다. 둘째, 그러나 만일 불순종하면 저주를 받을 것입니다. 하나님께서는 모세를 통해 먼 훗날 발생하게 될 안타까운 역사 현실을 예고하며 경고해 주십니다. 하나님께서 주신 복과 저주의 경고는 개인이, 그리고 민족이 하나님의 말씀에 순종하느냐 불순종하느냐에 달려 있습니다.

신명기 28장의 복과 저주

- 복
  - 자녀와 토지 소산과 가축의 복
  - 광주리와 떡 반죽 그릇의 복
  - 적군을 이기고 전쟁에서 승리하는 복
- 저주
  - 광주리와 떡 반죽 그릇의 저주
  - 폐병, 열병, 한재, 풍재 등의 저주
  - 적군에게 패하고 압제를 받는 저주
  - 자녀가 포로로 잡혀가는 저주
  - 살던 곳에서 뽑혀 흩어지는 저주

율법에 대해 다시 정리하면 다음과 같습니다.

첫째, 율법, 늘 새롭습니다.

둘째, 율법, 가까이 '입'에 있습니다.

셋째, 율법, 어렵지 않습니다.

넷째, 율법, 새 언약을 예고합니다.

다섯째, 율법, 영원한 언약 복음으로 향합니다.

율법 613조항

- 중세 시대에 유대 랍비 마이모네데스(Maimonides, 1135~1204)가 정리
- '하라'는 긍정적인 율법 : 248개
- '하지 말라'는 부정적인 율법 : 365개

6. 모세의 노래 신 31~34장/ 시 90편

#큰글자 일년일독 통독성경 | 407~417p

신명기 31~34장에는 만나세대를 향한 모세의 마지막 당부와 축복이 기록되어 있습니다. 지난 40년 동안 하나님과 이스라엘 백성 사이를 오가며 하나님의 종으로, 이스라엘 백성을 위한 지도자로 살아온 모세는 그의 사역을 정리하는 시점에서 이제 자신의 후계자로 정해진 여호수아의 리더십을 세우고, 만나세대가 약속의 땅 가나안에 들어가 제사장 나라 거룩한 백성으로서 행해야 할 일들을 전했습니다. 특히 모세의 노래(신 32장)는 지금까지의 이스라엘 역사를 요약한 것으로 이스라엘 백성이 영원히 기억해야 할 노래입니다.

불세출의 지도자 모세의 리더십

1. **온유함** - "이 사람 모세는 온유함이 지면의 모든 사람보다 더하더라" (민 12:3)
2. **협상** - 애굽 왕 바로와 6개월에 걸쳐 아홉 번 협상
3. **믿음** - 홍해도, 광야도, 그 어디에서도 믿음으로 순종
4. **교육** - 40년 만나세대 교육
5. **계승** - 자신의 존귀를 모두 여호수아에게 계승

모세의 유언과 죽음 _ 루카 시뇨렐리 作

〈신명기〉는 모세의 죽음으로 마무리됩니다. 이스라엘 역사의 광야 시대가 대단원

의 막을 내리고, 이제 여호수아와 함께 가나안에서의 역사가 시작됩니다.

모세는 광야 40년을 되돌아보며 하나님의 은혜를 기억하고 신앙을 고백하는 시편을 남겼는데, 바로 시편 90편입니다. 모세는 노년이라 할 수 있는 120세에 다섯 권의 책(창세기, 출애굽기, 레위기, 민수기, 신명기)과 시편 90편을 썼습니다. 이후 사도 요한도 모세처럼, 90세가 넘는 노년에 다섯 권(요한복음, 요한일서, 요한이서, 요한삼서, 요한계시록)의 책을 기록했습니다. 성경 속 하나님의 사람들은 이처럼 나이가 들수록 더 총명해지고 하나님을 더욱 사랑했습니다. 모세오경과 모세의 시편은 이후 다윗의 시편으로 이어지며 메시아 사역을 예고합니다.

모세의 기도 (시 90편)
모세의 직업 중 하나는 장례위원장이었다. 그는 주의 진노하심과 수많은 사람이 광야에서 죽어 묻히는 것을 경험했다. 그 열매가 바로 시편 90편의 기도이다.
"누가 하나님의 진노를 알랴?"(11절)
"인생이 아침에 돋았다 저녁 때 마르는 풀과 같다"(5~6절)
모세는 광야 40년 동안 하나님께서 이스라엘을 어떻게 인도하시는지를 체험하며, 하나님 앞에 선 인간들의 연약함을 철저히 깨달았다.

To the Cross | 십자가로 향하는 레시피

7. 예수님의 십자가를 예고하는 '나무에 달린 자'

● 나무에 달린 자 저주 → 예수님의 십자가 예고

성경에는 복과 저주가 기록되어 있습니다. 〈창세기〉에서 시작된 복과 저주 이야기는 모세 시대에 구체적인 내용으로 표현됩니다. 예를 들어 〈신명기〉에 기록된 "나무에 달린 자는 하나님께 저주를 받았음이니라"(신 21:23)에서 저주의 실체는 '나무에 달린 예수 십자가'로 귀결되어 해결됩니다. 인간의 죄와 저주는 떼려야 뗄 수 없기에 십자가의 속량이 필요한 것입니다. 저주의 문제는 예수 그리스도께서 십자가 단번 제사를 통해 우리의 죄를 속량하심으로 해결되었습니다. 궁극적으로 〈요한계시록〉에 계시된 새 하늘과 새 땅에는 저주가 없습니다(계 22:3). 성경의 복과 저주는 세상 사람들이 말하는 복과 저주와 다릅니다. 성경이 말하는 복과 저주는 하나님의 중요한 통치 내용이기 때문입니다. "그리스도께서 우리를 위하여 저주를 받은 바 되사 율법의 저주에서 우리를 속량하셨으니 기록된 바 나무에 달린 자마다 저주 아래에 있는 자라 하였음이라"(갈 3:13).

● 움직이는 성막 시대에서 움직이지 않는 성전 시대 예고 → 하늘 성소 예수님의 십자가

다윗이 성전 건축에 대해 나단 선지자와 의논한 것은 〈신명기〉 기록을 기준으로 '움직이는 성막' 시대에서 '움직이지 않는 성전' 시대를 열고자 했기 때문입니다. 다윗이 성전 건축의 기준으로 삼은 〈신명기〉의 기록은 다음과 같습니다. "여호와께서 너희에게 너희 주위의 모든 대적을 이기게 하시고 너희에게 안식을 주사 너희를 평안히 거주하게 하실 때에 너희는 너희의 하나님 여호와께서 자기 이름을 두시려고 택하실 그 곳으로 내가 명령하는 것을 모두 가지고 갈지니"(신 12:10~11).

다윗이 성전 건축을 마음에 품었던 이유는 〈신명기〉에 기록된 대로, 당시 주위의 모든 대적을 이기고 하나님께서 안식을 주심으로 평안했기 때문입니다(삼하 7:1~3). 다윗 시대 주변 국가 정세가 〈신명기〉의 기록처럼 '안식을 주사 평안히 거주하게' 된 것은, 이미 하나님께서 아브라함에게 주셨던 언약 중 하나였습니다. 이는 "애굽 강에서부터 그 큰 강 유브라데까지"(창 15:18)의 평안을 말씀하신 것입니다. 다윗은 모세오경을 밤낮으로 읊조릴 만큼 하나님을 경외하는 사람이면서 또한 국방과 외교에 월등한 사람이었습니다. 그는 골리앗과의 싸움에서 승리한 순간부터 왕이 된 이후까지도 전쟁에 능한 사람이었습니다. 그런 다윗이 〈창세기〉의 말씀과 〈신명기〉의 말씀을 전제로 나단과 함께 성전 건축의 시기를 해석했던 것입니다. 성전 건축을 소망했던 다윗이 모세오경에 대해 얼마나 진심이었는지 충분히 알 수 있습니다. 손으로 지은 예루살렘 성전이 있어야 예수님께서 손으로 짓지 아니한 하늘 성소에 오르셔서 십자가 사역을 완성하실 수 있습니다.

● 제사장 나라에서 왕정 시대가 열릴 것을 예고 → 진정한 왕이신 예수님의 통치로

왕정에 대한 〈신명기〉의 말씀(신 17:18~20)은 모세 이후 500여 년이 지나 다윗이 이 말씀을 기억하며 이스라엘 왕정에 적용합니다. 이스라엘의 초대 왕 사울과 달리, 다윗은 제사장 나라 이스라엘의 왕을 대제사장에 이어 기름 부음을 받은 중요한 제사장 나라의 공직자로 인식했습니다. 대제사장이 성전 제사와 명절을 이끌며 중앙으로 집중하게 하는 사명자라면, 왕은 제사장 나라 국방의 경계를 지키고, 사회적 안정성을 도모하는 사명자입니다. 다윗은 앞장서서 하나님께 헌신하는 제사장 나라 공직자가 왕이라는 사실을 알았던 것입니다.

다윗은 제사장 나라 거룩한 백성으로, 하나님의 통치를 받는 제사장 나라의 공직자로, 그리고 하나님의 종으로 제사장 나라의 충성도를 높이는 삶을 살았습니다. 다윗의 이러한 삶은 예수님께서 '다윗의 후손으로, 유대인의 왕으로, 만왕의 왕으로' 이 땅에 오시기 위한 준비였습니다.

● 선지자로 오실 예수님 예고

제사장 나라에서 '기름 부음'의 상징은 대제사장 아론, 왕 다윗, 그리고 선지자 엘리사입니다. 예수님께서는 '기름 부음 받은 이', 곧 메시아(그리스도)로 이 땅에 오셨습니다. 구약성경은 'to the cross(십자가로 향하는)' 이야기입니다. 구약성경은 결국 예수님께서 '대제사장, 왕, 선지자'로 오실 것을 예표하고 있습니다. 〈신명기〉에는 예수님께서 선지자로 이 땅에 오실 것이 예언되어 있습니다. "네 하나님 여호와께서 너희 가운데 네 형제 중에서 너를 위하여 나와 같은 선지자 하나를 일으키시리니 너희는 그의 말을 들을지니라" (신 18:15).

9과 약속의 땅 입성

여호수아

큰글자 일년일독 통독성경 *one year tongdok bible as one story*

71일 : 500년 만의 성취 **72일** : 할례와 유월절 **73일** : '음성' 파워 **74일** : 5년간의 전쟁, 두려움에서 용기로
75일 : 갈렙, 여호수아의 자랑 **76일** : 땅 이름 수백 개 **77일** : 48개 관공서, 레위인 성읍 **78일** : 여호수아의 유언

시간 흐름 *time flow*

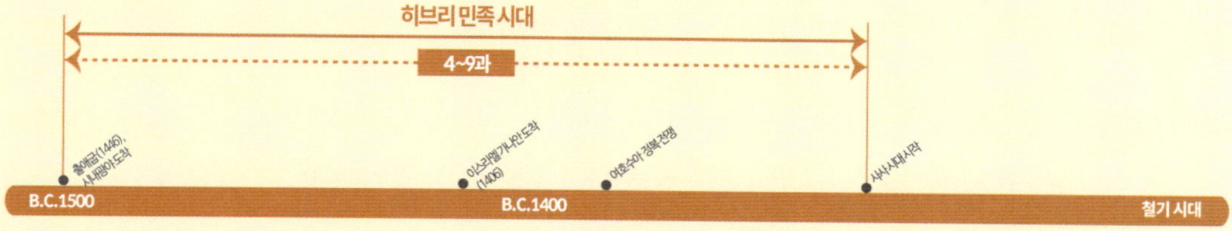

지금 공간 *current location* 요단 서편 31개의 성

주요 인물 *main character* 여호수아, 라합, 두 정탐꾼, 아간, 갈렙

통通포인트 *tong point*

아브라함에게 주신 하나님의 두 가지 통치 약속의 성취 - 가나안 정복을 통해

<여호수아>에서 가나안 정복은 하나님께서 약속하신 두 가지 통치가 이루어진 일입니다. 첫째, 제사장 나라가 본격적으로 실행되는 약속의 성취입니다. 하나님께서 아브라함에게 주신 '강대한 나라'가 되게 하시겠다는 말씀은 500여 년 후 모세 때 제사장 나라를 세움으로 성취되었습니다. 이후 여호수아와 만나세대의 5년간의 가나안 정복 전쟁을 통해 마침내 약속의 땅을 확보하고, 가나안에서 제사장 나라 시스템을 실행함으로 하나님의 통치가 시작됩니다. 둘째, 하나님께서 아브라함에게 말씀하셨던 가나안 민족들의 죄에 대한 처벌입니다. 하나님께서 행하시는 공의의 심판은 아담 처벌, 노아 시대 때 처벌, 소돔과 고모라 처벌, 애굽 장자 처벌에 이어 가나안 7족 처벌로 이어집니다. 죄의 문제를 해결하고, 그 기반 위에 제사장 나라를 실행해 가도록 하신 것입니다.

1. 여호수아와 만나세대 수 1장

#큰글자 일년일독 통독성경 | 418~419p

<여호수아>
- 여호수아 1~12장
  =여호수아와 만나세대가 약 5년간 치른 가나안 정복 전쟁
- 여호수아 13~24장
  =가나안 땅 분배와 정착 이야기

이스라엘의 지도자가 모세에서 여호수아로 바뀌고, 이제 광야 학교를 졸업한 만나세대들의 역사가 시작됩니다. 그런데 가나안 점령을 앞둔 여호수

아가 상당히 떨고 있었습니다. 하나님께서는 두려워하는 여호수아에게 "강하고 담대하라 두려워하지 말며 놀라지 말라"(수 1:9)라고 말씀하시며, 여호수아가 어디로 가든지 함께하겠다는 약속을 주십니다.

하나님께 위로와 용기를 얻은 여호수아는 전쟁의 선발대를 세웁니다. 이와 관련해서 이미 요단 동편에서 자신들의 땅을 분배받은 르우벤, 갓, 므낫세 반 지파가 모세와 약속하기를, 다른 지파들이 요단 서편을 점령하러 갈 때 자신들이 선봉에 서겠다고 했습니다. 이제 여호수아가 두 지파 반에게 "너희는 그 말을 기억하라"(수 1:13)라고 약속을 상기시켜 줍니다. 그러자 그들이 "당신이 우리에게 명령하신 것은 우리가 다 행할 것이요 당신이 우리를 보내시는 곳에는 우리가 가리이다 우리는 범사에 모세에게 순종한 것 같이 당신에게 순종하려니와"(수 1:16~17)라고 말합니다. 참으로 멋진 장면입니다. 출애굽했던 이들의 자녀 세대, 즉 광야에서 만나를 먹으며 자라난 '만나세대'가 얼마나 훌륭하게 훈련되었는지를 보여주는 장면입니다.

여호수아는 "우로나 좌로나 치우치지 말라"(수 1:7)라는 하나님의 말씀대로, 전쟁 중에도 모세오경을 주야로 묵상하며 치우치지 않는 길을 걸어갔습니다. 하나님의 말씀, 모세오경의 기록은 여호수아와 만나세대에게 중요한 삶의 기준이었습니다.

정리하면, 가나안 정복 전쟁에서 여호수아와 만나세대가 승리할 수 있었던 요인은 첫째, 하나님께서 여호수아와 만나세대에게 주신 은혜인 모세오경, 둘째, 광야 40년 동안 모세가 가르친 제사장 나라 교육, 셋째, 요단 동편에서 먼저 땅을 분배받은 두 지파 반의 약속 이행과 선봉에 선 용기 때문이었습니다.

여호수아 (Joshua)
여호수아의 본명은 '호세아'다. 그는 에브라임 지파 출신이며, 아버지의 이름이 '눈'이었기에 '눈의 아들'이라고도 불렸다. 여호수아는 출애굽 이후 모세를 돕는 충실한 참모였으며, 가나안 열두 명의 정탐꾼 중 한 명으로서 갈렙과 함께 가나안 정복이 가능하다고 주장했다. 그는 모세의 뒤를 이어 이스라엘의 지도자가 되었다.

여호수아가 책을 쓴 네 가지 이유
1. 하나님께서 모세와 함께하신 것과 같이 나와도 함께하셨다.
2. 내 친구 갈렙이 정말 '멋'있다.
3. 나도 모세처럼 왕이 되지 않겠다.
 - 제사장 나라 거룩한 시민 1호 모세
4. 내 자녀들도 왕이 되지 않겠다.
 - 제사장 나라 거룩한 시민 2호 여호수아

2. 여리고성 정탐 수 2장

#큰글자 일년일독 통독성경 | 419~421p

이제부터 힘을 내서 가나안 정복 전쟁을 시작해야 합니다. 여호수아는 여리고성 정복에 앞서 심사숙고 끝에 두 명의 정탐꾼을 여리고로 보냅니다. 믿음 있는 두 명이면 충분했기 때문입니다. 그런데 두 정탐꾼이 여리고성에 들어간 지 얼마 되지 않아 들통이 나고 맙니다. 그러나 다행히 이들은 여리고성에 사는 라합이라는 여인의 도움으로 무사히 위기를 넘기게 됩니다. 이때 라합이 두 정탐꾼 앞에서 놀라운 고백을 합니다.

여리고 (Jericho)
요단강 서쪽으로 약 8km 지점에 있는 가나안의 가장 오래된 성읍이다. 가나안 정복 전쟁의 첫 대상을 여리고성으로 택한 이유는 요단 서편의 비옥한 평원을 지키는 여리고가 가나안 중심으로 들어가는 제1지점이었기 때문이다. 여호수아와 만나세대는 요단 서편 중심인 여리고성을 쳐서 가나안의 남쪽, 북쪽 지역이 연합전선을 펼 수 없게 했다.

하나님께서 이스라엘 백성을 출애굽시키시며 홍해를 마르게 하신 것과 요단 동편의 두 왕 시혼과 옥을 전멸시키신 것을 이미 들어 알고 있으며, 그래서 그 하나님이 '상천하지(上天下地)'의 하나님이심을 믿고 있다고 말합니다. 자기뿐만 아니라 그 땅 백성이 모두 그 사실을 듣고 두려워 떨었다고 고백합니다(수 2:9~11). 가나안 사람들은 40년 전에도, 지금도 똑같이 떨고 있었던 것입니다. 그러면서 오히려 정탐꾼들에게 자신과 가족을 살려달라고 부탁합니다. 정탐꾼들은 라합의 부탁을 받아들이고 약조를 맺습니다. 라합의 도움으로 정탐을 마친 그들은 여호수아에게 돌아와 믿음의 보고를 합니다. 이 보고는 정복 전쟁을 앞둔 이스라엘에게 큰 힘이 되었습니다.

라합과 여호수아의 정탐꾼 _ 작자 미상

당시 가나안에 살던 족속들

족속	위치
헷	광야와 레바논에서부터 유브라데에 이르는 지역
가나안	베니게 지역의 해변가와 요단강 계곡
블레셋	가나안 해안 지대
히위	가나안 북부 산간 지대와 기브온
여부스	예루살렘과 그 주변의 산간 지대
브리스	주로 변두리나 산간 지역
기르가스	요단 서편 지역

3. 요단강을 마른 땅으로 - 가나안 정복 수 3~12장

#큰글자 일년일독 통독성경 422~443p

출애굽한 이스라엘은 홍해를 마른 땅으로 밟고 건너는 기적을 경험했습니다. 40년이 지난 지금, 만나세대가 하나님께서 약속하신 가나안 땅에 들어가는 첫 관문인 요단강을 역시 마른 땅으로 건넙니다. 홍해의 기적은 모세의 지팡이로, 요단강의 기적은 언약궤로 시작되었습니다. 여호수아가 하나님의 명을 받았고, 언약궤를 멘 제사장들이 앞장섰습니다. 그렇게 요단강을 건넘으로 광야 시대가 끝나고 가나안 시대가 시작됩니다. 바로 이때 이스라엘 백성은 광야에서 40년간 행하지 못했던 할례를 다시 행하고, 약속의 땅에서 유월절을 지킵니다. 그리고 만나세대에게 지난 40년 동안 매일의 양식이었던 만나는 이제 언약궤 안쪽 항아리에만 남게 됩니다.

드디어 가나안 정복 전쟁이 시작됩니다. 이스라엘은 가나안 정복 전쟁의 첫 번째 성인 여리고를 칼과 창을 사용하지 않고 하나님께서 지시하신 방법으로 함락시킵니다. 제사장 일곱 명이 일곱 개의 나팔을 들고 7일 동안 앞장선 후, 칼이나 창이 아닌 '소리'와 하나님의 기적으로 승리했습니다. 이때 '전쟁은 사람에게 달린 것이 아니요, 하나님께 속한다'는 믿음의 원칙이 세워집니다.

모세가 정복한 요단 동편의 왕 두 명과 여호수아가 정복한 요단 서편의

다시 일어난 기적
홍해에서는 바다가 먼저 갈라지고 마른 땅이 드러난 후 이스라엘 백성이 건넜던 반면, 요단강에서는 언약궤를 멘 제사장들의 발이 물속에 잠기자 길이 열렸다. 더욱이 그때는 요단강의 물이 넘치는 시기였던 것으로 볼 때, 하나님의 명령에 대한 만나세대의 믿음이 충만했음을 알 수 있다. 40년의 율법 교육을 통해 만나세대가 하나님을 믿는 신앙으로 담대히 전진하게 된 것이다.

여호수아의 거룩한 땅 체험
하나님의 군대 대장이 여리고성 공성전을 앞둔 여호수아에게 나타나 "신을 벗으라 네가 선 곳은 거룩하니라"(수 5:15)라고 명령했다. 이는 마치 이전에 모세가 떨기나무 거룩을 체험한 그 모습이었다. 그 후 하나님께서는 상상하지 못한 여리고성 전쟁 수행 방식을 알려주셨다.

왕 31명의 명단이 여호수아 12장에 기록되어 있습니다. 가나안 정복은 그 동안 가나안 7족이 저지른 죄에 대한 하나님의 처벌이었습니다. 하나님께서는 가나안 처벌의 이유를 '가나안 땅에 거하는 민족들이 행한 가증한 일과 악행 때문'이라고 분명히 밝히셨습니다(신 18:9~14). 여호수아와 만나세대는 이 말씀에 순종하여 가나안 정복 전쟁에 나섰고, 가나안 31명의 왕을 물리치고 승리했습니다. 그랬기에 하나님의 말씀에 대한 믿음과 순종, 그리고 이스라엘 백성의 땀과 수고가 어우러져 33번의 승전 기록이 남게 되었습니다. 모세는 애굽에서 바로와 약 6개월간 '협상 전쟁'을 했고, 여호수아는 가나안에서 31명의 왕과 5년간 '공성전'을 했습니다. 만나세대의 5년간 전쟁 승리는 하나님의 500년 약속 성취입니다.

하나님의 기적, 여리고성 공성전
전쟁사에서 유래를 찾아볼 수 없는 전술
• **전쟁 1~6일째** : 제사장 7명이 7개 양각 나팔을 들고 언약궤 앞에 서고, 군사들과 함께 6일 동안 매일 여리고성을 1바퀴씩 돔
• **전쟁 7일째** : 여리고성을 7바퀴 돈 후 양각 나팔을 불면 이스라엘 모든 백성이 큰 소리로 외침 → 칼과 창이 아닌 '소리'로 여리고성을 무너뜨림

가나안 점령

만나세대는 전쟁이 하나님께 속한 것이라는 믿음과 순종으로 끝내 가나안 땅을 차지할 수 있었습니다. 결국 믿음이 이깁니다. "믿음이 이기네 믿음이 이기네 주 예수를 믿음이 온 세상 이기네!"

4. 가나안 땅 분배와 갈렙의 선택 수 13~19장

큰글자 일년일독 통독성경 | 443~457p

가나안 땅 정복을 어느 정도 마친 후, 각 지파는 자신들이 거주할 땅을 위해 제비뽑기를 합니다. 제비뽑기는 하나님께서 정해주신 방법이었습니다. 가나안 땅 분배는 이스라엘 인구조사 후 숫자대로 분배하는 계민수전 방식과 하나님께 주도권을 드리며 그 뜻에 순종하겠다는 제비뽑기 방식으로 이루어졌습니다. 그리고 특례법으로, 아들이 없을 때는 딸이 상속을 받는 슬로브핫의 딸법(민 36장)을 염두에 두고 땅 분배를 행했습니다(수 17:3~6). 이는 모두 하나님께서 정해주신 약속의 땅, 가나안의 땅 분배 원칙이었습니다.

그러나 오직 한 사람, 갈렙만이 이 원칙에서 예외였습니다. 이는 45년 전 가데스 바네아에서 충성으로 하나님을 선택했던 갈렙에게 하나님께서 주신 특권이었습니다. 실제로 땅을 분배하는 시점에, 갈렙이 자기의 가족과 친족들을 다 데려와서 옆에 세워놓고 여호수아에게 과거에 부여받은 자신의 특권을 상기시킵니다.

갈렙은 40세에 목숨과 맞바꿔 얻은 '특권'을 85세에 하나님께 '선물'로 드립니다. 그는 이미 정복한 땅 중에서 물 좋고 산 좋은 곳을 선택할 수도 있었습니다. 그런데 갈렙이 아직 정복하지 못한 헤브론 땅을 두고 "이 산지를 내게 주소서!"라고 말했을 때, 여호수아는 오랜 친구 갈렙이 참으로 고맙고 든든했을 것입니다. 갈렙의 요청대로 아직 정복하지 못한 헤브론이 그의 기업으로 주어졌고, 이후 그 땅은 갈렙과 그 후손인 다윗의 땅이 됩니다. 여호수아는 갈렙의 도움으로 땅 분배에 성공할 수 있었습니다.

가나안 땅 분배

수 13장	요단 동편 땅을 분배받은 두 지파 반 (르우벤, 갓, 동쪽 므낫세 지파)
수 14장	갈렙이 헤브론을 선택하고 점령함
수 15~17장	유다, 에브라임, 서쪽 므낫세 지파가 요단 서편에서 땅을 분배받음
수 18~19장	나머지 일곱 지파가 아직 정복하지 못한 땅을 분배받음
수 20~21장	레위 지파가 도피성을 포함한 48개 성읍을 분배받음

이는 하나님께서 아브라함에게 "애굽 강에서부터 그 큰 강 유브라데까지 네 자손에게 주노니"(창 15:18)라고 하신 약속이 500여 년 만에 구체화된 것이다.

여호수아는 모두에게 땅을 분배한 후, 가장 늦게 자신과 자신의 후손들을 위한 땅인 딤낫 세라를 분배받습니다. 이는 여호수아가 자신이 속한 에브라임 지파에게 갈렙의 모범을 따라 하게 한 것입니다. 여호수아 또한 모세의 뒤를 이은 훌륭한 지도자였습니다.

헤브론 (Hebron)
- 예루살렘 남쪽 약 35km 지점에 위치한 오래된 성읍
- 성경 속 헤브론 기록

1. 아브라함과 사라가 묻힌 '막벨라굴'이 있던 마므레(헤브론)(창 23:19)
2. 갈렙이 요구한 땅 헤브론 "이 산지를 지금 내게 주소서"(수 14:12)
3. 다윗이 이스라엘의 왕이 된 헤브론 (삼하 5:3)

5. 사명으로 흩어진 레위 지파 - 제사장 나라의 48개 관공서

수 20~22장

#큰글자 일년일독 통독성경 | 457~464p

이스라엘 열두 지파에게 땅을 모두 분배한 후, 레위 지파가 거주할 48개 성읍과 목초지가 분배됩니다. 성읍을 분배받은 레위 자손들은 이스라엘 각 지파 중에 흩어져 살게 됩니다. 레위인들은 이제부터 여러 지역에 흩어져 맡은 사명대로 하나님의 말씀을 가르쳐야 합니다. 레위 지파가 공직자로 일하는 제사장 나라는 5대 제사와 3대 명절을 위한 하나님의 중앙 성소와 도피성 6곳을 포함한 48개의 관공서로 운영되는 나라입니다. 이 성읍들은 구체적으로 제사장 나라의 '율법 학교'이자, '도피성 관리', '지역 보건소'의 역할을 감당하게 됩니다. 48개 성읍과 목초지 분배는 하나님께서 제사장 나라 공직자인 레위인들을 책임지시기 위함이었습니다.

땅 분배가 모두 마무리된 후, 모세와의 약속대로 가나안 정복 전쟁의 선봉에 섰던 르우벤, 갓, 므낫세 반 지파는 요단 동편으로 되돌아갑니다.

약속의 땅 분배

"이에 땅 나누는 일을 마쳤더라"(수 19:51). 이 한 절이 있기 위해 얼마나 많은 노력이 있었는지 모른다. 아브라함에게 땅에 대한 약속을 주신 하나님, 그 약속을 붙들고 땀 흘렸던 수많은 믿음의 사람들. 그 오랜 세월 끝에 드디어 약속의 땅이 모든 지파에게 돌아가고, 땅 분배가 종결된다.

성경에 나오는 가나안 땅

- 히브리 땅(창 40:15)
- 기름진 땅(렘 2:7)
- 젖과 꿀이 흐르는 땅(민 14:8)
- 이스라엘 온 땅(삼상 13:19)
- 영화로운 땅(단 8:9)
- 여호와의 땅(호 9:3)
- 거룩한 땅(슥 2:12)
- 유대인의 땅(행 10:39)
- 약속하신 땅(히 11:9)

6. 여호수아의 마지막 선언 수 23~24장

#큰글자 일년일독 통독성경 | 464~469p

모세의 뒤를 이어 이스라엘의 지도자로서 가나안 정복 전쟁을 마치고,

땅 분배까지 완수한 여호수아의 인생도 저물어갑니다. 자신의 생명이 다 되어가는 시점에, 여호수아 역시 모세처럼 마음을 담아 백성에게 부탁합니다. "그러므로 스스로 조심하여 너희의 하나님 여호와를 사랑하라"(수 23:11). 기억합니까? 전임 지도자 모세가 이스라엘 백성에게 남겼던 말과 동일한 메시지입니다. "하나님을 사랑하라"라는 두 지도자의 공통된 당부는, 이후 이스라엘이 나아갈 삶의 방향이 됩니다. 그리고 여호수아는 "오직 나와 내 집은 여호와를 섬기겠노라"(수 24:15)라고 단호히 선언합니다. 그렇게 전쟁 영웅 여호수아는 모세처럼 왕이 되지 않고, 제사장 나라의 거룩한 시민으로 승리와 기쁨이 가득한 삶을 살았습니다.

여호수아가 죽은 후, 모세의 당부대로 이스라엘 백성이 요셉의 뼈를 세겜에 묻음으로 창세기 50장의 요셉의 유언은 여호수아 24장에서 성취됩니다.

여호수아의 마지막 선언 후 행동

1. 이스라엘 백성에게 신앙 결단을 요구했다.
2. 경고의 메시지를 들려주었다.
3. 이스라엘 백성과 언약을 체결했다.
4. 언약을 율법책에 기록하고 기념비를 세워 증거로 삼았다.

세겜 (Shechem)

- 예루살렘 북쪽 66km 지점으로, 그리심산과 에발산 사이에 위치
- 성경 속 세겜 기록

1. 아브라함이 가나안에 들어와 처음으로 단을 쌓은 곳(창 12:7)
2. 야곱이 정착한 곳, 또한 새 출발을 다짐한 곳(창 35:4)
3. 요셉의 유언대로 애굽에서 가져 온 요셉의 뼈를 묻은 곳(수 24:32)

#To the Cross | 십자가로 향하는 레시피

7. 500년 약속의 성취와 1,500년 후 이루어질 약속의 출발

● 약속의 땅 가나안을 확보하여 예수님의 십자가가 이루어질 예루살렘으로

성경은 시간, 공간, 인간을 통(通)으로 보아야 합니다. 특히 하나님의 통치가 이루어지는 '성경 속 공간'은 크게 일곱 번 바뀌는데, 처음 공간은 갈대아 우르에서 아브라함의 가나안 땅입니다. 두 번째 공간은 가나안에서 애굽입니다. 세 번째 공간은 애굽에서 여호수아와 만나세대의 가나안입니다. 네 번째 공간은 가나안에서 바벨론입니다. 다섯 번째 공간은 바벨론에서 스룹바벨과 1차 귀환자들의 가나안입니다. 그 후 가나안으로 2차와 3차 귀환이 이어집니다. 여섯 번째 공간은 예수님의 지상명령으로, 가나안 땅 예루살렘에서 땅끝까지입니다. 그리고 일곱 번째, 성경의 마지막 공간은 새 하늘과 새 땅입니다.

성경의 공간을 통(通)으로 조망해 보면, 약속의 땅 가나안 선택은 결국 예수님께서 예루살렘에서 십자가를 지시기 위함이었음을 알 수 있습니다.

● 제사장 나라 48개 관공서를 설치하며 제사장 나라 시스템 시작

5년간의 정복 전쟁을 승리로 이끌고 마침내 약속의 땅 가나안을 차지하게 된 만나세대는 아직 차지하지 못한 땅이 남아 있었지만, 계민수전과 제비뽑기를 통해 땅을 분배했습니다. 땅을 분배받은 열두 지파는 각자의 땅에

서 안식일, 안식년, 희년을 지켰습니다. 그리고 제사장 나라 공직자인 레위 지파는 가나안 땅 48개 관공서를 중심으로 공직자의 사명을 감당했습니다. 드디어 약속의 땅 가나안이 '하나님의 용서, 이웃과 나눔, 민족과의 평화'를 이루는 센터가 된 것입니다. 모든 이스라엘 백성은 유월절과 칠칠절과 초막절 명절에 성막이 있는 곳에 함께 모였고, 이 시스템은 1,500여 년 동안 유지되었습니다. 결국, 제사장 나라는 예수님의 십자가에서 하나님 나라로 수렴됩니다.

● 가나안 7족 심판, 죄에 대한 처벌과 심판의 지속성은 십자가로

여호수아와 만나세대의 가나안 정복 전쟁과 가나안 땅 분배는 이미 500여 년 전 하나님께서 아브라함에게 말씀하신 약속의 성취였습니다. 이때 이스라엘이 가나안 7족을 진멸한 이유는 그들의 죄에 대한 하나님의 공의로운 심판이었습니다. "네 자손은 사대 만에 이 땅으로 돌아오리니 이는 아모리 족속의 죄악이 아직 가득 차지 아니함이니라 하시더니"(창 15:16). 하나님의 의의 심판은 제사장 나라 경영과 함께 지속되고, 결국 모든 죄에 대한 심판은 예수님의 십자가에서 이루어지며, 하나님의 의가 드러납니다. 그리고 마지막으로 〈요한계시록〉에서 최후 심판이 이루어집니다.

● 가나안 땅에서 시작된 안식이 십자가를 통해 영원한 안식으로

약속의 땅 가나안에 들어가 땅을 분배받고 정착한 만나세대가 과거 애굽에서의 종살이와 척박한 광야 생활 40년, 그리고 5년간의 가나안 정복 전쟁을 모두 끝내고 마침내 안식을 누리게 되었습니다. 이는 하나님께서 전쟁에서 이기게 하시고, 그들 주위에 안식을 주셨기 때문입니다(수 21:44). 이후 예수님께서는 하늘 아버지 집에 우리가 거할 곳이 많다고 말씀하시며, 우리를 위하여 거처를 예비하러 가신다고 말씀하셨습니다(요 14:2~3). 예수님께서는 우리를 위한 거처가 준비되면 다시 오셔서 우리를 예수님 계신 곳으로 영접하시고, 예수님과 함께하는 영원한 안식을 약속해 주셨습니다. 히브리서 기자는, 여호수아가 만나세대에게 안식을 준 것을 언급하며, "그런즉 안식할 때가 하나님의 백성에게 남아 있도다"(히 4:9)라고 기록합니다. 약속의 땅 가나안에 들어간 만나세대가 안식을 누렸듯이, 예수님의 십자가를 통해 우리는 영원한 안식을 얻게 됩니다.

10과 사사들이 다스리던 시기

사사기

큰글자 일년일독 통독성경 *one year tongdok bible as one story*

79일: 만나세대의 세 번째 울음 80일: 출애굽 · 만나 · 제3세대 81일: 전쟁이 300 용사를 만들다 82일: 아버지의 성공과 아들의 실패
83일: '쉽'과 '십' 84일: 나실인 삼손 85일: 기초가 무너진 사회 86일: 소견대로 비상 총회

시간 흐름 *time flow*

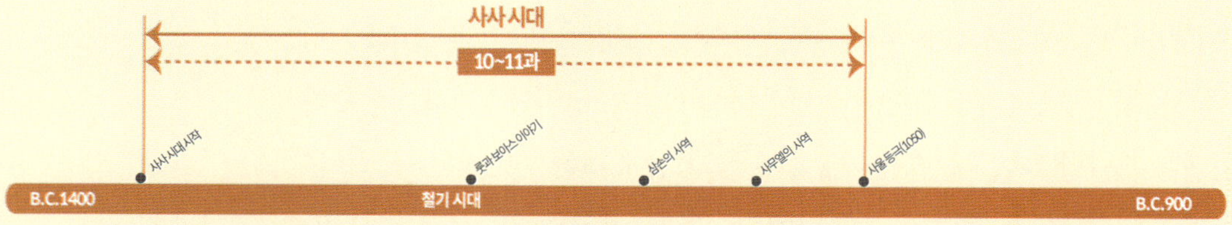

지금 공간 *current location* 가나안 땅

주요 인물 *main character* 사사들, 300 용사

통通포인트 *tong point*

만나세대와 미스바세대 사이의 350년

만나세대와 미스바세대는 제사장 나라를 꽃피운 시대를 이끌었습니다. 그러나 그 사이에 있었던 사사 시대는 하나님의 용서는 크고, 이웃과 나눔은 작고, 민족 간의 평화가 없는 쓸쓸한 시기였습니다. 하지만 왕정으로 가지 않고 '제사장 나라 틀을 유지한 시기'이기도 합니다. 사사 시대는 제사장 나라의 핵심인 율법과 제사장 나라 공직자인 제사장 시스템이 제대로 운영되지 않아, 이스라엘 역사에서 암흑기라고 할 만큼 어두운 시기였습니다. 이스라엘 백성은 제사장 나라 거룩한 백성의 삶 대신 각자 자기 소견에 옳은 대로 살았기에 만나세대와 미스바세대의 수준에 크게 못 미쳤습니다. 사사 시대가 이처럼 기초가 무너져 내린 이유는 부모들이 자녀들의 신앙 교육을 소홀히 했기 때문입니다. 하나님께서 제사장 나라를 이끌 사사들을 보내셨지만, 사사 시대 백성들은 제사장 나라 1단계 흉년 징계와 2단계 수탈 징계를 반복해서 받는, 기초가 무너진 사회를 살아갔습니다.

1. 쫓아내지 못한 족속들 삿 1장~2:10

#큰글자 일년일독 통독성경 | 469~472p

만나세대는 광야 40년의 세월을 잘 참아 견디며 훈련받았습니다. 목숨

<사사기>
<사사기>는 사사들이 이스라엘을 다스리던 350여 년 동안의 이야기이다. 사사(judge)의 히브리어 '소페트'는 '재판하다, 다스리다'라는 뜻이다. 이들은 제사장 나라 이스라엘의 지도자로, 하나님께서 긍휼과 구원을 베푸는 통로로 보내신 사람이다.

을 건 5년 동안의 정복 전쟁도 잘 치러냈습니다. 갈렙의 의연하고 놀라운 선택 후, 땅을 제비 뽑아 분배하는 일도 잘 해냈습니다. 더 이상 천막과 짐들을 가지고 이동하지 않아도 되고, 농사를 지어 추수하는 기쁨도 누릴 수 있습니다. 정말 꿈에 그리던 가나안에서 하나님을 기쁘시게 하며 제사장 나라 백성으로 살아갈 수 있게 되었습니다.

그러나 사사기 1장 27~36절에는 이스라엘 백성이 아직 다 쫓아내지 못하여 가나안 땅에 그대로 머물러 사는 여러 거민의 이름이 등장합니다. 이들은 아직 정복하지 못한 가나안 족속입니다.

만나세대는 하나님의 뜻에 따라 차례차례 힘을 모아 아직 정복하지 못한 가나안 족속들을 그 땅에서 완전히 쫓아내야 했습니다. 하나님께서 가나안 족속들을 한 번에 멸하시지 않고 조금씩 쫓아내신 이유는 가나안 땅이 황폐하게 되고 들짐승이 번성하여 이스라엘 백성을 괴롭게 할까 염려하신 배려였습니다(출 23:29~30). 또한 하나님께서는 가나안의 이방 민족들을 통해 이스라엘을 시험하여 전쟁을 알게 하시고, 그들의 조상들에게 말씀하신 명령을 백성들이 계속해서 순종하는지 알고자 하셨습니다. 가나안 땅을 정복하는 일은 만나세대에게도, 그 다음 세대에게도 제사장 나라 백성으로서 해결해야 할 중요한 과제였습니다.

남아 있는 땅
이스라엘이 아직 다 정복하지 못하고 남은 땅들이 있었는데(수 13:1~6), 대표적으로는 블레셋이 거주하던 지중해 북서부에서부터 갈릴리 북쪽 지역, 갈릴리 바다를 끼고 오른쪽으로 동전 모양으로 붙어 있는 그술이라는 땅 등이다. 블레셋은 워낙 호전적인 해양 민족이었고, 갈릴리 북부의 산지 거인(네피림, 아낙 자손)들은 철기와 전차 부대를 가진 강한 민족들이었다(삿 1:19). 이 지역들은 다윗 때 완전히 정복된다.

2. 만나세대의 신앙 교육 소홀 - 제사장 나라 징계 1단계와 2단계

삿 2:11~5장

#큰글자 일년일독 통독성경 | 473~481p

여호와 하나님을 알지 못하면 결국 불행해집니다. "백성이 여호수아가 사는 날 동안과 여호수아 뒤에 생존한 장로들 곧 여호와께서 이스라엘을 위하여 행하신 모든 큰 일을 본 자들이 사는 날 동안에 여호와를 섬겼더라 … 그 세대의 사람도 다 그 조상들에게로 돌아갔고 그 후에 일어난 다른 세대는 여호와를 알지 못하며 여호와께서 이스라엘을 위하여 행하신 일도 알지 못하였더라"(삿 2:7~10).

'그 후에 일어난 다른 세대', 즉 만나세대 이후 하나님께서 행하신 큰일을 보지 못한 세대는 하나님을 알지 못했습니다. 이는 만나세대가 자녀들에게 신앙 교육을 소홀히 했다는 증거입니다. 이것은 사사 시대에 어두운 그림자를 드리운 결정적인 원인이었습니다. 만나세대의 자녀 세대가 안타깝게도 '제사장 나라 문화'는 약화시키고, 오히려 '가나안 문화'를 따르기 시작한 것

교육 부재
모세는 "하나님 여호와를 사랑하라"(신 6:5)라는 명령과 함께 자녀들에 대한 신앙 교육을 강조하며 당부했다. 그런데 이스라엘을 가나안으로 인도하신 하나님의 큰 역사를 함께한 만나세대가 그 후손들에게 하나님을 바르게 가르치지 않았다. 그 결과는 다음 세대들의 타락과 이탈이었다.

입니다.

하나님께서는 이들을 깨우치고 바로 세우기 위하여 징계와 용서를 되풀이하십니다. 그러나 이방 족속의 학대와 억압을 받을 때만 하나님을 찾고, 위기에서 벗어났다고 생각되면 다시 죄악의 길로 들어서는 이스라엘의 모습은 답답하고 한탄스럽습니다. 그래서 사사 시대 350여 년 동안 제사장 나라 법(레 26장)에 따라 징계 1단계(흉년)와 2단계(수탈)가 반복됩니다.

사사 시대에 이스라엘 백성이 제사장 나라 법을 지키지 않았을 때 받았던 1단계 흉년 징계, "땅은 그 산물을 내지 않고"(레 26:20)의 예는 사사 시대 초기인 〈룻기〉에 나오는 흉년을 보면 알 수 있습니다. 2단계 수탈 징계, "너희를 대적 손에 넘길 것이며"(레 26:25)의 예는 기드온 시대에 미디안이 추수한 모든 것을 빼앗아가는 과정을 통해 나타납니다.

하나님께서는 이스라엘을 징계하시면서도 포기하지 않으시고, 사사들을 보내 긍휼을 베풀어주십니다. 사사는 왕도 아니고, 선지자도 아니고, 대제사장도 아닌 사명자로서, 이방 민족의 지배로부터 이스라엘을 구원하는 구원자 역할을 감당했습니다. 사사는 완전한 구원자이신 예수님을 예표하는 직분이었습니다.

가나안 문화
가나안은 일찍이 B.C.2500년경에 메소포타미아에 예속되어 그들의 언어와 문명을 수용했다. 특히 가나안 7족의 음란하고 부도덕하며 잔인한 종교의식으로 말미암아, 고대 근동 지방의 문화는 도덕적으로 타락하고 천박한 문화였다. 종교적으로는 바알 숭배가 만연했다. 그래서 이스라엘은 가나안의 악을 따르지 말라는 하나님의 경고를 계속 받았다.

3. 기드온과 3백 용사의 제사장 나라 간증 삿 6~9장

#큰글자 일년일독 통독성경 | 481~494p

이스라엘 자손이 또다시 하나님 앞에서 악을 행하여 7년 동안 미디안으로부터 압제를 받습니다. 이때 하나님께서 기드온을 부르시고 그를 사사로 세우십니다. 기드온을 비롯한 이스라엘 백성은 메뚜기처럼 많은 미디안 군대 때문에 두려웠습니다. 그러나 하나님께서 그들과 함께하신다면, 더 이상 군대의 숫자는 중요하지 않습니다. 미디안과의 전쟁에 참가하기 위해 모여든 사람 32,000명 가운데, 하나님께서는 제사장 나라를 간증할 오직 300명만 남겨두고 모두 돌려보내게 하셨습니다.

미디안과의 전쟁을 앞두고 기드온이 손으로 물을 떠먹는 병사를 선택하다 (Alba Bible 삽화)

기드온과 3백 용사가 횃불을 들고 나팔을 불 때 하나님께서 싸우셨습니다. 결국 기드온과 3백 용사는 미디안 군대를 물리쳤고, 이스라엘은 오랜만에 평화로운 시대를 맞이합니다. 믿음과 순종으로 미디안을 물리치고 대승을 거둔 기드온과 3백 용사는, 하나님께서 이스라엘을 구원하셨음을 간증했습니다. 그들은 "너희 다섯이 백을 쫓고 너희 백이 만을 쫓으리니 너희 대적들이 너희 앞에서 칼에 엎드러질 것이며"(레 26:8)를 성취하며 하나님의 제사장 나라 통치를 알린 예가 되었습니다.

한편, 미디안을 물리친 3백 용사와 달리, 다른 이스라엘 백성은 기드온에게 왕이 되어달라고 요청하는 낮은 수준을 보여줍니다. 사사 기드온은 백성들에게 자신뿐 아니라 자기 아들도 왕이 되지 않을 것이며, 이스라엘의 왕은 오직 하나님뿐이라고 선언합니다. 기드온이 모세와 여호수아처럼 제사장 나라 거룩한 백성이 되기를 소망하며, 왕이 되지 않는 길을 택한 것입니다.

그러나 안타깝게도 기드온은 1700세겔의 금 귀고리를 가지고 대제사장이 입는 에봇 하나를 자기 성읍에 두는 잘못을 범했습니다. 이로 인해 온 이스라엘이 에봇을 우상처럼 섬겨 하나님과 멀어지게 되었습니다. 또한 기드온은 여러 명의 아내를 두어 아들이 무려 70명이나 되었지만, 이들에 대한 신앙 교육을 제대로 하지 못했습니다. 심지어 기드온이 세겜의 한 첩에게서 낳은 아들 아비멜렉은 세겜 사람들을 충동하여 지지 기반을 만든 후 자신의 형제들을 죽이고 스스로 왕이 되었습니다. 아비멜렉의 소행으로 사사 시대의 암흑은 한층 더 깊어만 가고, 제사장 나라 거룩한 백성으로서의 이스라엘 정체성은 희미해 갑니다.

기드온과 함께한 300명이 용사인 네 가지 이유

1. 겁내지 않았다.
2. 순종했다.
3. 생환했다.
4. 제사장 나라 이야기를 간증했다.

각종 우상

사사 시대에 이스라엘이 섬겼던 우상들의 이름이 나열되어 있다(삿 10:6). 바알들, 아스다롯, 아람의 신들, 시돈의 신들, 모압의 신들, 암몬 자손의 신들, 블레셋 사람들의 신들 …. 정작 그들을 구원하신 하나님은 섬기지 않고, 눈에 보이는 온갖 우상들은 손에 잡히는 대로 섬기고 있는 이스라엘 백성이 참으로 답답하기만 하다.

4. 사사들의 이력서 삿 10~12장

#큰글자 일년일독 통독성경 | 494~500p

제사장 나라 1단계 흉년 징계와 2단계 수탈 징계를 받으면서 이스라엘 백성은 하나님을 찾기 시작했습니다. 그러자 하나님께서는 제사장 나라 지도자로 사사를 세우셔서 그들을 구원하셨습니다. 하나님께서 처음 보내신 사사 옷니엘은 메소보다미아의 8년 지배를 끝내고 이스라엘에 40년 동안 평안을 가져다주었습니다. 사사 에훗은 모압으로부터, 사사 삼갈은 블레셋으로부터 이스라엘을 구했습니다. 사사 드보라는 군대 장관 바락과 함께 하솔 왕의 20년 압제에서 이스

이스라엘의 사사

사사 이름	출신 지파	재임 기간	물리친 이민족 (왕)
옷니엘	유다	40년	메소보다미아 (구산 리사다임)
에훗	베냐민	80년	모압 (에글론)
삼갈	?	?	블레셋
드보라	에브라임	40년	가나안 (야빈)
기드온	므낫세	40년	미디안
돌라	잇사갈	23년	
야일	길르앗 사람	22년	
입다	길르앗 사람	6년	암몬
입산	유다	7년	
엘론	스불론	10년	
압돈	에브라임	8년	
삼손	단	20년	블레셋

라엘을 구해 40년 동안 평안을 누리게 했습니다. 드보라는 특히 〈사사기〉에 등장하는 12명의 사사 가운데 유일한 여성 사사이며, 하나님을 찬양한 사사로 기록되었습니다.

그런데 사사들의 이력은 수준 차이가 크게 났습니다. 예를 들어, 야일이라는 사사의 이력서는 다음과 같습니다. "그에게 아들 삼십 명이 있어 어린 나귀 삼십을 탔고 성읍 삼십을 가졌는데"(삿 10:4). 하나님의 말씀을 따라 백성을 이끌어야 할 지도자의 이력으로 참으로 실망스럽지 않을 수 없습니다.

그런가 하면, 또 다른 사사 입다는 하나님의 능력을 힘입어 이스라엘을 암몬 자손의 손에서 구해냈습니다. 그런데 입다는 전쟁에서의 승리를 위해 "내가 암몬 자손에게서 평안히 돌아올 때에 누구든지 내 집 문에서 나와서 나를 영접하는 그는 여호와께 돌릴 것이니 내가 그를 번제물로 드리겠나이다"(삿 11:31)라는 경솔한 서원을 했고, 그로 인해 자신의 외동딸을 번제로 드리는 비극을 겪게 되었습니다. 사람을 제물로 바치는 것은 이미 모세의 율법을 통해 하나님께서 금하신 일입니다. 입다의 서원 장면은 지도자로 세움 받은 사사들조차도 얼마나 하나님의 말씀에 무지했는지를 잘 보여주고 있습니다.

5. 나실인 사사 삼손 삿 13~16장

#큰글자 일년일독 통독성경 | 501~510p

하나님께서 시대를 새롭게 할 지도자를 계속 찾으시는 중에 제사장 나라의 특별법인 '나실인 법'을 직접 발동하십니다. 비록 어두운 사사 시대였지만 마노아의 가정도, 이후 사무엘의 어머니 한나도 모두 제사장 나라의 나실인 법을 알고 있었습니다. 나실인은 대제사장급의 헌신을 드리는 사람입니다. 나실인은 대제사장처럼 부모의 시신조차 만지면 안 될 정도로 철저하게 제사장 나라 법을 지켜야 했습니다. 나실인 법은 하나님께서 일방적으로 지명한 공직이 아님을 보여준 제도로, 자원하는 헌신을 중요하게 여기시며 만드신 제도였습니다.

그런데 이번에는 하나님께서 직접 나실인으로 삼손을 택하셨습니다. 나실인 삼손은 복 받은 사람이었고, 하나님의 영이 함께한 사람이었습니다. 사사 삼손에게 맡겨진 두 가지 과제는 첫째, 이스라엘을 블레셋으로부터 해방시키는 일, 둘째, 이스라엘에서 우상을 없애고 하나님만 섬기는 민족으로

나실인 (Nazirite)
히브리어 '나지르'를 음역한 말로, 하나님께 자신을 거룩하게 구별하기로 서원한 사람을 뜻한다. 하나님께서는 레위 지파 외의 사람들도 일정 기간 자기를 거룩하게 구별하여 하나님께 드릴 수 있도록 나실인 법을 제정하여 주셨다. 나실인 법에 따라, 나실인은 정한 기간에 포도나무 소산은 씨나 껍질이라도 먹어서는 안되며, 삭도를 머리에 대어서도 안 되고, 시체를 가까이해서도 안 된다(민 6:1~21).

나실인 법 시행 세 가지 방법
- 본인의 서원(민 6:2)
- 부모의 서원(삼상 1:11) : 사무엘
- 하나님의 부르심(삿 13:5; 눅 1:15)
  : 삼손, 세례 요한

개혁하는 일입니다. 그런데 삼손은 블레셋과의 싸움에서 여러 차례 승리를 거두기는 했지만, 20년을 사사로 있으면서 하나님의 기대에는 미치지 못했습니다. 그는 하나님과의 약속과 블레셋 여인 들릴라 사이에서 갈등하며 마음을 정하지 못하다가 결국 실패하고 맙니다. 이런 삼손의 모습은 마치 하나님과 우상들 사이에서 갈등하던 당시 이스라엘 백성의 모습과도 같았습니다.

블레셋 사람들에게 붙잡힌 삼손 _ 구에르치노 作

6. 사사 시대 사회상 삿 17~21장

#큰글자 일년일독 통독성경 | 510~522p

사사기 17~18장에 나오는 미가라는 사람의 이야기는 당시 사회가 얼마나 무너져 있었는지를 말해줍니다. 살 곳을 찾아 방황하던 한 레위인이 미가의 집에 오게 되고, 미가는 그를 자기 개인의 제사장으로 세워 자기를 위해 복을 빌게 합니다. 이 사건을 통해 사사 시대에 레위인의 삶이 어떠했는지를 알 수 있습니다. 사사 시대 사람들은 레위인이 생계를 꾸려갈 수 있도록 제사 제물을 드리지 않았고, 그로 인해 제사장과 레위인이 생계를 꾸려나가기 위해 떠돌아다니거나 다른 직업을 찾아야 했던 것입니다.

이어지는 사사기 19~21장의 사건은 더욱 암울합니다. 한 레위인과 그의 첩이 베냐민 지파의 땅인 기브아라는 지역에 들어갔다가, 그곳 불량배들에 의해 레위인의 첩이 죽습니다. 문에 엎드러져 죽어 있는 첩을 보고 복수를 꿈꾼 레위인은 시체를 열두 덩이로 나누어 이스라엘 사방에 보냅니다. 이 일로 이스라엘 사회가 큰 혼란에 빠지고 맙니다. 베냐민 지파와 나머지 열한 지파 간에 전쟁이 벌어졌고, 이때 베냐민 지파의 장정 2만 5천여 명과 열한 지파의 수많은 장정이 죽었습니다. 이로 인해, 베냐민 지파는 소멸될 위기에까지 처하게 됩니다. 전투가 벌어지는 동안에는 앞뒤 가릴 것 없이 서로 죽이는 데 열중했지만, 그 폭풍 같았던 시간이 흐른 뒤 돌이켜보니 참담함만 남을 뿐이었습니다.

〈사사기〉에 소개된 사건들과 인물들은 자기의 소견을 따라 살았던 당시의 시대상을 보여줍니다. 제사장 나라 백성으로서 기본이 지켜지지 않았고, 하나님 앞에 중심을 잡지 못한 이 시대의 이스라엘은 안타깝게도 하나님의

방황하는 레위인
사사 시대에 개인, 가정, 지파 모두가 제사장 나라 법과 먼, 각자 소견에 옳은 대로 행동함으로 제사장 나라 48개의 관공서 시스템이 무너져버렸다. 그래서 레위 지파 사람들은 자신의 자리에 있지 못하고 살 곳을 찾아 방황했다. "나는 유다 베들레헴의 레위인으로서 거류할 곳을 찾으러 가노라 하는지라"(삿 17:9).

제사장 나라 율법, 무늬만 있던 사사 시대
- 입다의 경솔한 서원
- 입다와 에브라임의 전쟁
- 나실인의 삶을 소홀히 여겼던 삼손
- 이스라엘 지파 간의 전쟁
- 길르앗 거민에 대한 처리 방식
- 베냐민의 기업을 잇기 위해 꾸민 계략

<사사기>의 교훈
하나님께서 이미 모세를 통해 알려주신 삶의 방식인 제사장 나라 율법에는 하나님을 섬기는 방법부터 시작하여 이웃과의 관계, 다른 민족과의 관계에 이르기까지 폭넓고 깊은 내용들이 담겨 있다. 그러나 아무리 좋은 방법도 백성들이 따르지 않는다면 아무런 의미가 없다. <사사기>는 하나님의 말씀과 어긋난 선택이 어떤 결과를 가져오는지를 우리에게 교훈해 준다.

큰 근심이 되었습니다. 사사 시대는 이처럼 개인, 가정, 지파를 넘어 '총회'까지도 각자의 소견에 옳은 대로 행동하는 시대였으며, 제사장 나라 율법이 희미하게 무늬로만 남아 있던 시대였습니다.

To the Cross 십자가로 향하는 레시피

7. 진정한 나실인의 사명

● 나실인 세례 요한이 말한 '하나님의 어린양'

사사 시대에 제사장 나라 틀이 유지되었기에, 자발적 헌신이 가능한 나실인이 등장할 수 있었습니다. 하나님께서 지명하신 나실인 삼손, 아들이 나실인이 되기를 기도한 한나가 그 예입니다. 제사장 나라의 특별법인 나실인 법은 계속 유지되어, 마침내 세례 요한이 나실인으로서 예수님의 오시는 길을 예비했습니다. 진정한 나실인의 사명은 예수님께서 감당하십니다.

● 진정한 구원자 예수 그리스도

사사 시대에 하나님께서 나실인으로 선별하여 보낸 이가 사사 삼손입니다. 그러나 삼손은 사사로서도, 나실인으로서도 사명을 온전히 감당하지 못했습니다. 사사는 왕이나 대제사장이나 선지자는 아니지만, 그 시대를 향한 하나님의 뜻을 전하며 구원자의 역할을 감당해야 합니다. 사사는 완전한 구원자 예수 그리스도의 예표였습니다. "아들을 낳으리니 이름을 예수라 하라 이는 그가 자기 백성을 그들의 죄에서 구원할 자이심이라 하니라"(마 1:21).

11과 교육의 성공 사례

룻기

큰글자 일년일독 통독성경 *one year tongdok bible as one story*

87일 : 아름다운 율법의 구현

시간 흐름 *time flow*

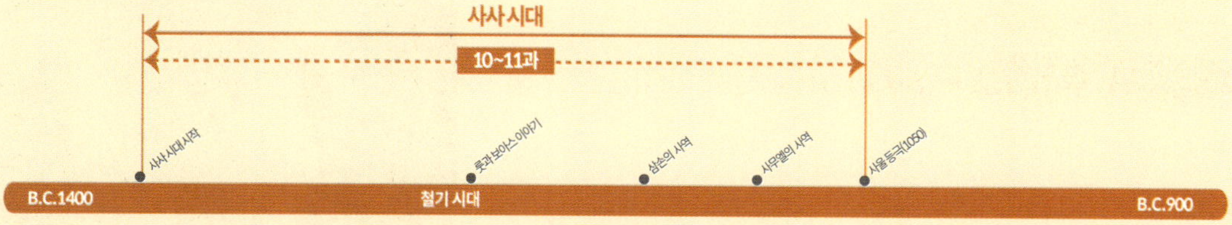

지금 공간 *current location* 베들레헴

주요 인물 *main character* 룻, 보아스, 나오미

통通포인트 *tong point*

사사 시대 아름다운 율법 구현의 예

<룻기>에는 공동체 안에 닥친 어려움을 제사장 나라 율법에 의거하여 해결해 가는 과정이, 베들레헴 땅에서 아름다운 이야기로 펼쳐집니다. 제사장 나라에서는 모든 백성이 '제사자'가 되는 것이 가장 중요합니다. 제사장 나라 법을 잘 알고 실천하는 보아스는 나오미가 제사장 나라의 '제사자'로 설 수 있도록 땅을 찾아주고, 룻을 통하여 가문을 이어갑니다. 한마디로 <룻기>는 제사장 나라 이야기입니다.

1. 나오미의 귀향과 룻의 선택 룻 1장

#큰글자 일년일독 통독성경 | 522~524p

사사 시대에 흉년이 듭니다. 흉년은 하나님과 제사장 나라 언약을 맺은 이스라엘이 제사장 나라 법을 지키지 않았을 때 받게 되는 1단계 징계입니다. 〈룻기〉는 사사 시대에 제사장 나라 1단계 흉년 징계가 있었던 때의 이야기입니다. 베들레헴 땅에 살던 엘리멜렉과 나오미, 그들의 두 아들은 하나님의 징계를 피해 땅의 경작권을 팔아서 모압 땅으로 이주했습니다. 모압 땅에서 엘리멜렉과 나오미의 두 아들은 이방인인 모압 여인들과 결혼도

<룻기>
사사 시대 때 일어난 룻과 보아스의 '사막의 오아시스' 같은 사건을 기록하고 있다. 우리는 <룻기>에서 제사장 나라 법 가운데 '계대결혼법, 기업 무를 자의 법, 희년법' 등을 알 수 있다.

했습니다. 그들이 흉년을 잠시 피해 도망할 수는 있었지만, 그들의 행복은 그리 오래가지 못했습니다.

모압 땅에서 남편을 잃고, 두 아들마저 잃은 나오미는 깊은 생각 끝에 결국 자신이 돌아갈 곳은 고향 땅 베들레헴뿐임을 깨닫습니다. 나오미는 며느리들에게 제사장 나라의 계대결혼법으로도 희망이 없기에, 이제는 모압 생활을 정리하고 고향으로 돌아가겠다고 결심을 밝힙니다(룻 1:12~13). 그러면서 며느리들에게 친정으로 돌아가 새 삶을 시작하라고 이야기합니다. 함께 한참을 울던 오르바는 친정으로 돌아갑니다. 그런데 룻은 시어머니 나오미를 따르겠다고 말합니다.

제사장 나라 1단계 흉년 징계
하나님의 징계는 하나님의 또 다른 사랑으로, 회개할 수 있는 기회를 주시는 것이다. 엘리멜렉과 나오미는 흉년의 징계를 달게 받으며 하나님께 더 가까이 나아가야 했다. 그러나 그들은 이를 회피하며 자기 가정만 잘 살겠다고 땅의 경작권을 팔아 모압으로 이주했다.

나오미가 룻과 오르바에게 모압으로 돌아갈 것을 권하다 _ 윌리엄 블레이크 作

연로한 시어머니를 따라가면 좋은 일이 생긴다는 보장이 있는 것도 아닌데, 오히려 자신이 시어머니를 책임져야 할 어려운 상황이 올 것이 예상되는데도, 룻은 어머니를 따르겠노라고 강하게 주장합니다. 룻의 말(룻 1:16~17)을 통해 볼 때, 룻은 시어머니를 혼자 두고 떠날 수 없었던 효성 깊은 여인이었던 동시에, 그동안 가족이 되어 함께 지내는 사이에 시어머니가 섬기는 하나님에 대해 알고 믿게 된 믿음의 여인이었을 것입니다. 이렇게 해서 결국 룻은 나오미의 귀향길에 동행하게 됩니다.

2. 룻과 보아스의 만남 룻 2장

큰글자 일년일독 통독성경 | 524~526p

그토록 그리웠던 고향에 돌아오긴 했지만 당장 먹을 양식이 없었습니다. 나오미가 왜 이런 상황에 처했는지를 살펴보면 이렇습니다. 나오미와 엘리멜렉이 10여 년 전, 베들레헴에 흉년이 들었을 때 조상 대대로 물려받은 땅의 경작권을 팔고 그 돈을 챙겨 모압으로 이사 갔던 것입니다.

베들레헴(Bethlehem)
예루살렘에서 약 8km 떨어진 곳에 위치한 해발 700m 정도의 고지대로, 토지가 비옥하여 '빵(떡)집'이라는 뜻의 베들레헴으로 불렸다. 성경에서는 '유다 베들레헴', '베들레헴 에브라다', '다윗의 동네'로도 기록되어 있다. 베들레헴은 다윗 왕, 미가 선지자, 예수님 탄생으로 이어지는 중요한 곳이다.

이스라엘 백성은 여호수아 시대에 각 지파별로 땅을 분배받은 이후 그 땅에서 조상 대대로 살고 있었는데, 땅은 희년(50년)을 기준으로 하여 '경작권', 즉 농사지을 수 있는 권리는 사고팔 수 있었습니다. 그러나 땅의 '소유권' 자체는 사고팔 수 없습니다. 왜냐하면 모든 땅의 주인은 하나님이시고, 땅은 이스라엘 각 지파에게 공평하게 영속적인 선물로 주신 것이기 때문입니다. 하나님께서는 사람들이 땅의 소유권을 사고팔아 한 지파의 땅이 다른 지파의 땅으로 옮겨지는 것을 금지하셨고, 이로써 공동체 내에서 일어나는 빈부 격차가 고정되는 것 또한 방지하셨습니다. 그러므로 '경작권'만 사고팔 수 있었고, 이 또한 희년이 되면 원래 주인에게로 돌아가는 것이 원칙입니다. 이것이 제사장 나라의 '희년법'입니다.

<룻기>에 나타난 제사장 나라 율법

내용	룻기	율법서
인사에 관한 법	룻 2:4	민 6:24~26
이방인과 가난한 사람에 관한 법	룻 2:15~16	레 19:9~10

그래서 나오미는 희년까지 남은 연수를 값으로 계산하여 자기 땅의 경작권을 팔고 모압으로 갔던 것입니다. 그러나 아직 희년이 돌아오기까지는 오랜 시간이 남아 있는 터라, 자신에게는 경작할 땅이 없는 처지였습니다. 농사를 지으려면 팔았던 경작권을 다시 사와야 하는데, 그런 형편도 되지 않았습니다.

이런 상황에서 며느리 룻이 자신과 시어머니의 먹을거리를 구하기 위해 다른 사람들의 밭으로 나섭니다. 부끄러움을 무릅쓰고 남의 밭에 떨어진 이삭을 주우러 간 것입니다. 룻이 그렇게 발걸음을 옮겨 다다른 곳은 바로 보아스의 밭이었습니다.

이때 보아스가 등장합니다. 보아스는 자기 밭의 추수꾼들에게 "여호와께서 너희와 함께 하시기를 원하노라"(룻 2:4)라고 인사합니다. 밭 주인의 축복 인사를 들은 추수꾼들 또한 "여호와께서 당신에게 복 주시기를 원하나이다"(룻 2:4)라고 대답합니다. 하나님의 이름으로 서로를 축복하는, 이렇게 아름다운 노사 관계를 본 적이 있습니까? 게다가 그 당시가 사사 시대임을 생각하면, 이 모습은 참 놀라운 장면이 아닐 수 없습니다.

희년법
희년법은 제사장 나라의 근본이 되는 '경제법'으로, '계민수전과 제비뽑기'를 통해 가문별로 소유한 토지를 50년을 기준으로 원천적으로 재확인하는 '토지 원천 복귀 제도'이다. 또한 하나님께서는 희년을 기준으로 경작권 매매를 허용해 주셔서 경제의 융통성을 높여주셨다.

그뿐만 아니라, 보아스는 이방 여인인 룻을 배려해 줍니다. 그는 자기 밭의 종들에게 룻을 건드리지 말라고 한 뒤, 룻에게는 다른 밭으로 가지 말라고 말합니다. 이는 사사 시대가 어떠한지를 간접적으로 보여주는 장면입니다. 보아스는 룻에게 홀로 된 시어머니를 모시는 착한 여인이라는 소문을 들어 알고 있다고 하면서 따뜻한 격려의 말을 건넵니다. 그러자 룻은 보아스의 말을 듣고 "마음을 기쁘게 하는 말씀"(룻 2:13)이라고 기뻐하며 제사장 나라 법으로 행복할 수 있었습니다.

보아스의 밭에 온 룻 _ 슈노어 폰 카롤스펠트 作

보아스는 룻에게 떡을 건네고, 볶은 곡식도 줍니다. 또한 그는 추수하는 소년들에게 곡식을 일부러 뽑아 버려두라고 말합니다. 이것은 "너희가 너희의 땅에서 곡식을 거둘 때에 너는 밭 모퉁이까지 다 거두지 말고 네 떨어진 이삭도 줍지 말며 네 포도원의 열매를 다 따지 말며 네 포도원에 떨어진 열매도 줍지 말고 가난한 사람과 거류민을 위하여 버려두라"(레 19:9~10)라는 〈레위기〉의 율법을 기억하고 지키는 모습입니다. '아! 하나님의 말씀은 이렇게 실천하는 거구나!'라는 감탄이 나옵니다. 하나님을 마음에 모신 두 사람, 룻과 보아스의 만남이 참으로 아름답습니다.

아름다운 제사장 나라 법, 가까이 있다
"내가 오늘 네게 명령한 이 명령은 네게 어려운 것도 아니요 먼 것도 아니라 하늘에 있는 것이 아니니 … 오직 그 말씀이 네게 매우 가까워서 네 입에 있으며 네 마음에 있은즉 네가 이를 행할 수 있느니라"(신 30:11~14)

3. 룻과 보아스의 결혼 - 베들레헴 성문 재판 룻 3장~4:17

큰글자 일년일독 통독성경 | 526~529p

나오미와 룻이 베들레헴에 돌아왔을 때는 보리 추수를 시작할 때였다고 기록되어 있습니다(룻 1:22). 보통 2주 정도 걸리는 추수 기간이 끝나갈 무렵, 시어머니 나오미가 룻을 불러 보아스가 자기 집안의 기업을 무를 사람이라고 말합니다. 기업을 무른다는 것은 형제가 자식 없이 죽었을 경우, 가까운 친족이 죽은 형제의 미망인과 결혼을 하여 그 가문의 후사가 끊어지지 않도록 하는 것입니다. 이것을 '계대결혼'이라고 합니다. 그리고 '기업 무를 자'의 또 하나의 의무는, 어떤 친족이 가난하여 생계를 위해 자신의 토지 경작권을 팔았을 때, 그 판 것을 무를 사람이 되어 산 사람에게 그 값을 대신 치르고 친족의 재산을 되찾아주는 것입니다. 나오미는 보아스가 이 의무를 이행해 줄 적합자라고 보았던 것입니다.

기업 무를 자
친족이 기업을 무르는 제도는 모세를 통해 주신 규례 중 하나로(레 25:24~28), 기업을 잃은 친족을 대신해 그 값을 치르고 기업을 되찾아주는 것이다. 기업을 잃은 사람과 가장 가까운 친족이 기업을 물러줄 으 무를 지니지만, 이 제도는 원하는 사람에게 적용되었기 때문에 그가 거절할 경우 순위가 그다음 친족에게로 넘어간다. 이 제도는 본래 경제력을 상실한 친족을 보살피기 위한 제도이나, 혈통의 보존이나 억울한 죽음을 당한 사람의 가문을 존속시키는 것 등의 깊은 목적으로도 시행되었다.

룻은 시어머니의 말대로 목욕하고 기름을 바르고 의복을 입은 후, 보아스의 밭으로 갑니다. 보아스가 밤에 곡식 단 더미 끝에 눕는데 뭔가 발에 닿습니다. 깜짝 놀라 일어난 보아스에게 룻이 "나는 당신의 여종 룻이오니 당신의 옷자락을 펴 당신의 여종을 덮으소서 이는 당신이 기업을 무를 자가 됨이니이다"(룻 3:9)라고 말합니다. 그런데 보아스는 밤중에 두려운 마음으로 자기 곁을 찾아온 룻에게 "내 딸아 여호와께서 네게 복 주시기를 원하노라 … 네가 현숙한 여자인 줄을 나의 성읍 백성이 다 아느니라"(룻 3:10~11)라고 말하며 위로해 줍니다. 그리고 나오미 가족의 '기업 무를 자'로 자기보다 더 가까운 친족이 있다는 사실을 알려줍니다. 그래서 하나님의 율법을 제대로 지키기 위해 보아스와 룻은 그날 밤 아무 일 없이 지내고, 룻은 보아스가 준 곡식을 가지고 새벽에 아무도 보는 사람이 없을 때 몰래 돌아갑니다.

다음 날, 보아스는 성읍 장로들을 부릅니다. 제사장 나라 성문 법정에서 민 · 형사 문제를 결정하기 때문입니다. 이곳에서 보아스는 자신보다 엘리멜

왜 손해였는가?
첫 번째 기업 무를 자는 처음에는 아이를 낳지 못하는 나오미만 받아들이면 그녀의 모든 소유가 자기 것이 된다고 생각했으나, 젊은 며느리 룻으로 인해 재산 손실이 우려되므로 기업 무를 자의 책임 이행을 포기했다. 그러나 보아스는 큰 손해를 감수하면서 나오미가 팔았던 경작권을 다시 사고 룻을 아내로 맞았다. 이후에 나오미에게 룻과의 사이에서 낳은 아들과 재산을 모두 넘겨 엘리멜렉 가문을 회복시켜 주었다.

렉과 더 가까운 친족을 불러 '기업 무를 자'의 법을 말하며 나오미의 기업을 물러주라고 이야기합니다. 이 말을 들은 첫 번째 기업 무를 자가 나오미를 책임지겠다고 말하자, 보아스가 '계대결혼법'을 꺼내며 룻의 존재를 알립니다. 그러자 그는 자신의 기업에 손해가 있을 것을 염려해 기업을 무르지 못하겠다고 물러섭니다. 그래서 이 일은 보아스의 순위로 넘어옵니다. 보아스는 그 책임을 받아들여, 룻을 자기 아내로 삼습니다. 하나님의 기쁨과 이웃의 기쁨을 위해 살았던 보아스와 룻, 이들의 인생이 참으로 아름답습니다.

여기서 또 한 가지 생각할 것은, 제사장 나라로 들어온 이방 여인을 허락해 준 놀라운 성문 법정의 판결입니다. 룻이 이방 여인임에도 성읍 장로들은 제사장 나라 법에서 제외시키지 않았습니다. 그들은 베들레헴 성문 재판을 통해 제사장 나라 법이 모든 민족을 위한 법이라는 실례를 보여주었습니다.

나봇의 포도원 성문 재판
북이스라엘 왕 아합 때 나봇의 포도원 성문 재판이 있었다. 그때는 이세벨 왕후에게 매수당한 재판관들이 잘못된 판결을 내려, 나봇이 신성모독 했다는 누명을 쓰고 돌에 맞아 죽었다. 그런데 <룻기>의 베들레헴 성문 법정의 재판관들은 절차에 따라 공정하게 판결했다.

4. 보아스의 족보 룻 4:18~22

#큰글자 일년일독 통독성경 529p

보아스가 살던 사사 시대는 대부분의 사람이 자기 소견에 옳은 대로 살았던 시대입니다. 그런데 보아스는 다른 사람들과는 달리 하나님의 말씀을 붙들며 살았습니다. 첫째는 물론 하나님의 은혜요, 둘째는 그의 족보를 통해 그 이유를 짐작해 볼 수 있습니다.

〈룻기〉의 맨 마지막 부분에 보아스의 족보가 나옵니다. "살몬은 보아스를 낳았고 보아스는 오벳을 낳았고"(룻 4:21). 그런데 여기서 잠깐 마태복음 1장 5절을 찾아봅시다. "살몬은 라합에게서 보아스를 낳고 보아스는 룻에게서 오벳을 낳고 오벳은 이새를 낳고 이새는 다윗 왕을 낳으니라"(마 1:5~6). 살몬의 아내가 누구입니까? 바로 여리고성에서 정탐꾼을 숨겨주었던 믿음의 여인 라합입니다.

라합은 역사를 보는 안목을 가진 여인, 하나님을 볼 줄 아는 여인이었습니다. 그래서 여리고 사람들이 다 죽어갈 때 그 여인은 자신과 가족의 생명을 구했고, 동시에 하나님의 능력으로 여리고성이 무너지는 것을 목격할 수 있었습니다. 그런 라합이 후손들에게 무엇을 가장 열심히 가르쳤겠습니까? 무엇보다 자기 일생 최대의 경험, 즉 여리고성이 순식간에 무너지는 틈바구니에서 생명을 건질 수 있었던 이유를 들려주며, '살아 계신 하나님'을 가르치지 않았겠습니까? 그래서 보아스가 하나님의 말씀을 열심히 외우고 실천하며 살아갔던 것입니다. 그야말로 '제사장 나라 교육의 빛나는 성공 사례'로 꼽힐 만한 아름다운 가정입니다.

이처럼 〈룻기〉에는 하나님의 말씀대로 책임을 다한 보아스의 순종과 믿음, 아픈 세월을 통해 성숙한 신앙인으로 거듭난 나오미, 그리고 생명을 다해 하나님과 시어머니를 믿고 따른 룻의 삶이 아름답게 그려져 있습니다. 하나님께서 주신 율법이 진정 인간의 삶과 공동체의 수준을 아름답고 존귀하게 가꿔 갈 수 있는 가장 좋은 길이라는 사실을 분명하게 보여준 〈룻기〉 이야기는 과연 사사 시대의 한 줄기 시원한 생수 같습니다.

#To the Cross | 십자가로 향하는 레시피

5. '기업 무를 자' 예수님의 베들레헴 탄생

● 보아스의 제사자를 위한 헌신, 예수님의 십자가 대속으로 이어지다

보아스는 베들레헴으로 돌아온 나오미와 룻이 하나님께 제사자로 다시 설 수 있도록 헌신했습니다. 즉, 그는 '기업 무를 자'의 법에 따라 자신의 기업에 손해가 있음에도 룻을 아내로 삼아 엘리멜렉의 기업을 대신 책임져주었습니다. 제사자는 반드시 제물을 들고 하나님 앞에 서야 합니다. 땅의 소출을 통해 예물을 얻지 못하면 제사할 수 없습니다. 따라서 보아스를 통해 이들은 하나님 앞에 용서받을 수 있는 제사자의 조건을 갖추게 됩니다. 제사자를 위한 보아스의 헌신은 이후 예수님의 십자가 대속으로 이어집니다. 예수님께서는 모든 민족이 하나님 앞에 예배자로 설 수 있도록 십자가를 대신 지시며 희생 제물이 되셨습니다. 베드로의 고백처럼 '죄에서 대속함을 받은 것은 은이나 금 같이 없어질 것으로 된 것이 아니요 오직 흠 없고 점 없는 어린양 같은 그리스도의 보배로운 피'(벧전 1:18~19)로 된 것입니다.

● 미가 선지자, 보아스와 다윗의 베들레헴을 예수님의 탄생지로 예고하다

〈룻기〉는 베들레헴이라는 작은 마을에서 일어난 이야기입니다. 사사 시대였지만, 베들레헴은 '거룩'이 삶의 현장에서 실현되는 장소였습니다. 보아스와 성문 재판을 이끄는 장로들은 제사장 나라 법을 잘 지켜 행함으로 하나님의 기쁨과 이웃의 기쁨을 만들었습니다. 베들레헴의 복된 이야기는 〈룻기〉에서 본격적으로 시작됩니다. 베들레헴은 이후 다윗이 태어난 장소이며, 이곳에 사무엘이 기름을 들고 찾아와 다윗을 왕으로 예선합니다. 그리고 보아스와 다윗의 베들레헴은 미가 선지자를 통해 예수님의 탄생지로 예고됩니다. 베들레헴은 룻과 보아스의 만남, 다윗과 사무엘의 만남이 이루어진 장소였고, 이후 예수님의 탄생 때에는 천사들, 목자들, 동방박사들이 찾아와 아기 예수님을 경배한 소중한 장소가 됩니다.

● 아브라함과 다윗 족보의 징검다리 보아스

〈룻기〉의 마지막 장에 기록된 다윗까지 이어지는 족보를 통해 신앙이 계승되었음을 확인할 수 있습니다. 성경의 족보는 신앙 계승의 증거입니다. 족보에 등장하는 이름 중 살몬은 여호수아가 여리고성에 보냈던 두 명의 정탐꾼 중 한 명이었고, 라합은 상천하지의 하나님을 고백한 지혜로운 여인이었습니다. 또한 보아스와 룻은 오벳을 낳았는데, 그는 다윗 왕을 낳은 이새의 아버지입니다. 하나님을 경외하고 섬기는 아브라함의 후손 히브리인의 신앙은 이렇게 족보를 통해 이어지며, 결국 아브라함과 다윗의 자손 예수 그리스도로 이어집니다. "아브라함과 다윗의 자손 예수 그리스도의 계보라 … 살몬은 라합에게서 보아스를 낳고 보아스는 룻에게서 오벳을 낳고 오벳은 이새를 낳고 이새는 다윗 왕을 낳으니라 … 야곱은 마리아의 남편 요셉을 낳았으니 마리아에게서 그리스도라 칭하는 예수가 나시니라"(마 1:1~16).

tong track-2
왕정 500년

*500 years of Monarchy_* 선지자와 왕의 대립과 협력 속에 경영된 제사장 나라

핵심질문 *key questions*

왜! 나단, 엘리야, 이사야, 예레미야는 왕과 대립했습니까?

⇒ 왜냐하면, 왕의 통치가 제사장 나라의 기준에 못 미치기 때문입니다.

분위기 *the atmosphere*

'왕정 500년'은 '제사장 나라를 두고 왕과 선지자들이 대립하고 협력하는' 분위기입니다. 하나님께서는 이스라엘이 왕에 의한 통치가 아닌, 제사장 나라의 사명을 감당하는 민족이 되기를 원하셨습니다. 그런데 이스라엘 백성이 약속의 땅 가나안에 정착해 살면서 다른 나라들처럼 이스라엘도 왕이 통치하는 나라가 되기를 요구하고 나섰습니다.

사무엘상 8장에서 백성들의 왕정 요구로 시작된 '왕정 500년'은 '모세5경'과 분위기가 확연하게 바뀝니다.

"우리에게 왕을 주어 우리를 다스리게 하라 했을 때에 사무엘이 그것을 기뻐하지 아니하여 여호와께 기도하매 여호와께서 사무엘에게 이르시되 백성이 네게 한 말을 다 들으라 이는 그들이 너를 버림이 아니요 **나를 버려 자기들의 왕이 되지 못하게 함이니라**"(삼상 8:6~7).

하나님께서는 왕정의 폐해가 어떤 것인지 자세히 설명해 주셨지만, 이스라엘 백성은 뜻을 굽히지 않았습니다. 그렇게 '왕정 500년'이 시작됩니다.

'왕정 500년' 동안 하나님께서는 이스라엘이 우상을 섬기고 하나님으로부터 멀어질 때마다 선지자들을 보내셨습니다. 왕과 선지자들은 '제사장 나라(A Kingdom of Priests)'를 두고 대립과 협력의 500년 시기를 보냈습니다.

10분에 '왕정 500년' 통으로 이야기 *tongbible*

'왕정 500년'은 사울 왕에서부터 시드기야 왕까지 약 500년 동안 왕들이 이스라엘을 통치하던 시대의 기록이자, 동시에 그 시대에 활동했던 선지자들의 기록입니다. '왕정 500년'의 성경 기록은 〈사무엘상 · 하, 열왕기상 · 하, 잠언, 아가, 전도서, 욥기, 시편, 아모스, 호세아, 요나, 이사야, 미가, 스바냐, 하박국, 나훔, 요엘, 예레미야, 예레미야애가, 오바댜, 역대상 · 하〉입니다.

사무엘이 어두웠던 사사 시대를 마감하고 **미스바세대**를 탄생시켜 제사장 나라를 꽃피웁니다. 모세가 광야 40년 동안 율법을 교육해 '만나세대'를 길러냈다면, 사무엘은 전국을 순회하며 율법을 교육해 '미스바세대'를 길러냈습니다. 사무엘 시대는 제사장 나라의 꿈이 실현되는 새 시대였습니다. 사무엘 시대는 첫째, 왕이 없었습니다. 둘째, 국내에 내분이 없었습니다. 셋째, 외적의 침입이 없었습니다. 그런데 사무엘이 늙자 이스라엘 백성은 제사장 나라의 하나님 통치를 거부하고, 다른 나라들처럼 왕의 통치를 요구합니다. 하나님께서 사무엘을 통해 '왕정 제도'는 백성들이 '왕의 종'이 되는 제도라고 경고하셨지만, 결국 사울 왕의 즉위와 사무엘의 고별사를 기점으로 왕

정 시대가 시작됩니다. 이스라엘의 **초대 왕 사울**은 처음에는 겸손했지만 차츰 권력을 사유화하며 제사장 나라에서 멀어져갔습니다. 사울과 사무엘의 갈등은 '왕정 500년' 동안 왕과 선지자 대립의 시작이 됩니다. 그러자 하나님께서 이스라엘의 두 번째 왕을 예선하셨고, 하나님의 뜻을 들은 사무엘이 베들레헴으로 가서 이새의 아들 다윗의 머리에 기름을 붓습니다.

다윗은 **세 번의 기름 부음**을 받고 통일 왕국 이스라엘의 두 번째 왕이 됩니다. 다윗은 열두 지파를 하나로 묶어내며 수도를 예루살렘으로 옮긴 후 하나님의 궤를 예루살렘으로 옮겨옵니다. 다윗은 권력을 사유화하지 않고 자신의 지위를 **하나님의 종**으로 정의하며 이스라엘 백성을 주의 백성으로 섬깁니다. 그러자 이스라엘은 고대 근동에서 가장 힘 있는 나라가 되는 복과 평안을 누리게 됩니다. 나라가 평안해지자 다윗은 〈창세기〉와 〈신명기〉 말씀을 기반으로 '움직이는 성막 500년'을 끝내고 '움직이지 않는 예루살렘 성전 1,000년' 시대를 열어갈 성전 건축을 소망합니다. **다윗의 소망**에 하나님께서는 "네 집과 네 나라가 내 앞에서 영원히 보전되고 네 왕위가 영원히 견고하리라"라는 놀라운 약속을 주십니다. 그러자 다윗은 성전 건축을 위한 만반의 준비를 하며 제사장 나라 충성도를 높이고, **다윗의 길**을 만듭니다. 다윗도 인간이기에 허물이 있을 수밖에 없었습니다. 하지만 다윗은 죄로 인해 하나님께로부터 멀어지지 않고 오히려 하나님께 더 가까이 나아가 회개함으로 용서의 은총을 받습니다. 다윗은 〈**시편**〉으로 늘 하나님을 찬양하며, 하나님의 율례와 계명과 법도가 입술의 말과 마음의 묵상이 되기를 소망했습니다. 성전 건축을 위한 다윗의 모든 준비 기반 위에 그의 아들 솔로몬이 이스라엘의 왕이 되고 마침내 **성전**을 **건축**해 하나님께 봉헌합니다.

솔로몬은 하나님께서 주신 놀라운 지혜로 이스라엘을 다윗 때보다도 더 부강한 나라로 만듭니다. 솔로몬의 지혜는 예루살렘 성전을 건축한 후 드린 모든 민족을 위한 **'성전 낙성식 기도'**를 통해 가장 잘 드러납니다. 솔로몬의 성전 낙성식 기도는 레위기 26장에 근거한 성경을 통한 기도로, 이후 다니엘이 바벨론에서 예루살렘 성전을 향해 창문을 열고 기도한 이유가 됩니다. 솔로몬이 〈**잠언**〉을 통해 전하는 지혜의 핵심은 '하나님'이며 〈**아가**〉를 통해 전하는 사랑의 핵심은 '인생들을 향한 하나님의 사랑'입니다. 한편 솔로몬이 통치 후반기에 하나님을 사랑했던 마음을 잃어버리면서 제사장 나라 충성도는 낮아지고 제국에 대한 모방은 높아집니다. 이는 이후 르호보암 때 이스라엘이 남과 북으로 나뉘는 계기가 됩니다. 그래도 솔로몬이 마지막에 이르러 하나님을 떠난 모든 것이 '헛되다'라는 것을 깨닫고, 젊은이들에게 청년의 때에 **창조주 하나님을 기억하라**고 권면합니다. 하나님의 자랑, 하늘 보석 욥 이야기인 〈**욥기**〉는 시대적 배경이 아브라함 때이지만, 시가서로 분류되므로 〈잠언, 아가, 전도서, 시편〉와 함께 통독합니다.

이스라엘은 왕정을 시작한 후 '사울, 다윗, 솔로몬' 때까지 120년 동안 '한 민족 한 국가'였습니다. 그런데 솔로몬의 아들 르호보암 때 나라가 둘로 나뉘게 되는데, 12지파 가운데 10지파가 북쪽으로 올라가 '북이스라엘'을 세우고, 남은 두 지파인 유다 지파와 베냐민 지파는 '남유다'가 됩니다. 이렇게 이스라엘은 **'한 민족 두 국가'**로 분열되어 200여 년을 보냅니다.

200여 년 동안 북이스라엘은 여로보암 왕조, 오므리 왕조, 예후 왕조, 그리고 반복된 쿠데타를 통해 총 19명의 왕이 통치했는데, 그들은 하나같이 하나님께서 원하신 '다윗의 길'이 아닌 '여로보암의 길'로 나아갔습니다. 이때 하나님께서는 북이스라엘에 **엘리야, 엘리사, 아모스, 호세아** 선지자를 보내셔서 레위기 26장에 기록된 경고와 설득의 메시지를 전하십니다. 그리고 앗수르의 큰 성읍 니느웨에는 **요나** 선지자를 보내셔서 모든 민족을 사랑하시는 하나님의 마음을 전하셨습니다. **요나의 3일 기적** 이야기는 이후 예수님의 부활을 예고합니다. 선지자들의 외침에도 불구하고 북이스라엘은 끝내 제사장 나라의 사명을 저버리고 하나님의 말씀을 듣지 않았습니다. 결국 **북이스라엘**은 B.C.8세기에 앗수르 제국에 **멸망**해 혼혈족 사마리아인이 됩니다. 사마리아인에 대한 하나님의 긍휼은 800여 년이 지난 후 예수님께서 품으시므로 회복됩니다.

북이스라엘이 앗수르 제국에 멸망한 후, 남유다는 150여 년 동안 나라를 더 유지합니다. 하나님께서는 북이스라엘과 마찬가지로 남유다에도 이사야, 미가, 스바냐, 하박국, 나훔, 요엘, 예레미야, 오바댜 등 하나님의 선지자들을 보내시며, 그들이 하나님과 맺은 언약을 지키고 제사장 나라의 사명을 감당하기를 원하셨습니다. **이사야** 선지자는 남유다의 잘못을 지적하며 진정한 미래에 대한 소망인 **'메시아'** 예수님의 모습을 **예언**합니다. 또한 **미가** 선지자는 사마리아와 예루살렘 두 도시의 죄악을 꾸짖으며 남유다의 작은 마을인 **베들레헴**에서 메시아가 **탄생**하실 것을 예고합니다. 그러나 남유다 또한 북이스라엘과 마찬가지로 끝내 하나님의 말씀을 듣지 않았습니다. 결국 **남유다**도 바벨론 제국에 **멸망**해 70년 동안 나라의 문을 닫고 바벨론으로 끌려가 그곳에서 노예 생활을 하게 됩니다. 남유다가 바벨론에 멸망할 때 **스바냐, 하박국, 나훔, 요엘** 선지자가 500년 왕정 평가를 포괄적으로 선언합니다. 이때 **예레미야** 선지자는 제사장 나라 징계 3단계인 바벨론 **포로 70년**의 **네 가지 의미** – 징계, 교육, 안식, 제국 수명을 말하며 **새 언약**을 **예고**합니다. 새 언약은 600여 년 후 예수 그리스도의 피로 세운 십자가로 완성됩니다.

B.C.586년 바벨론에 완전히 멸망한 예루살렘을 보고 **예레미야**는 슬픈 노래를 부릅니다. 그러나 예레미야는 예루살렘이 함락되기 전에 1,2차로 바벨론에 끌려갔던 백성들, 즉 **다니엘**과 **에스겔** 같은 이들에게 소망이 있음을 깨닫고 하나님의 긍휼과 자비하심을 기도합니다. **오바댜** 선지자는 이스라엘이 고통당하는 날, 형제의 환난을 슬퍼하기보다는 오히려 즐거워하고 바벨론을 도운 에돔족의 심판을 선언합니다. 하나님께서 바벨론 포로로 끌려가는 남유다 백성에게 〈**열왕기상·하**〉를 선물로 주셨다면, 바벨론 포로 징계를 마치고 예루살렘으로 돌아갈 재건세대, 즉 **메시아 신앙**을 가진 **새 언약 소망세대**에게는 하나님의 미래 **선물,** 〈**역대상·하**〉를 주십니다.

왕정 500년 프레임 *500 years of Monarchy frame*

제사장 나라

to the Cross (창~말, 구약 39권)

1 천지창조와 하나님의 거룩
1. 천지 만물 창조 - 피조물에게 복주심
2. 사람 창조 - 사람에게 복주심
3. 안식일 창조 - 복되고 거룩한 날
4. 첫 아담의 불순종 - 하나님의 구원 약속
5. 노아 번제 - 하나님의 은혜

2 아브라함을 통한 나라 큰그림
1. 가나안 땅과 자손 번성 언약
2. 하나님의 제사장 멜기세덱의 축복
3. 입애굽과 출애굽 예고
4. 나라를 통한 모든 민족의 복
5. 이삭 모리아산 번제

모세5경

3 시내산 언약(관유)을 통한 제사장 나라
1. 히브리인의 신앙 - 첫 번째 유월절 어린양을 통한 12지파 장자 거룩
2. 모세 율법 - 거룩한 백성
3. 성막 제작 - 거룩한 기름(관유, Holy Anointing oil)
4. 아론에게 거룩한 기름 부음 - 공직자 첫 대제사장
5. 다윗 왕에게 거룩한 기름 부음 - 예루살렘 성전 건축
: 엘리야가 엘리사(선지자) 와 하사엘(아람 왕)에게 거룩한 기름 부음

4 북이스라엘의 멸망을 통한 이사야의 메시아(그리스도) 신앙
1. 이사야의 메시아 신앙 - 히스기야의 성전 기도
2. 하나님의 아들 메시아 - 임마누엘
3. 왕 - 이새의 줄기, 평강의 왕
4. 선지자 - 기묘자라 모사라, 아름다운 소식 → 메시아의 3중직 - 내게 기름을 부으사
5. 대제사장 - 그의 영혼을 속건 제물로

왕정 500년

5 남유다의 멸망을 통한 예레미야의 새 언약 예고
1. 예레미야의 새 언약 예고 - 제사장 나라 징계 3단계
2. 예루살렘 성전 전소 - 내가 잠깐 그들에게 성소
3. 에스겔의 성전 조감도 - 하늘 성소
4. 다니엘의 제국 변동 - 하나님 나라 도래
5. 유대인의 신앙 - 스룹바벨 성전 재건

페르시아 7권

중간사 400년

the Cross (4복음서)

6 예수 그리스도(메시아)의 새 언약(보혈)을 통한 하나님 나라
1. 그리스도의 성육신 - 거룩한 이, 임마누엘
2. 그리스도의 세례 - 하나님의 어린양, 하나님의 아들 → 하나님 사랑 이웃 사랑의 제자도
3. 그리스도의 첫 번째 성찬식 - 새 언약, 관유에서 보혈로
4. 그리스도의 십자가 하늘 성소 단번 제사 - 속량과 새 휘장
5. 그리스도의 부활과 승천 - 재림, 우편 보좌

4복음서

하나님 나라

from the Cross (행~계, 신약 23권)

7 그리스도인(교회), 하나님 나라 거룩한 공직자
1. 그리스도인의 성령 세례
- 우리는 성령 세례 받은 하나님 나라의 거룩한 예배자입니다.
2. 그리스도인의 부활 영생
- 우리는 부활 영생을 믿고 순교신앙으로 사는 제자들입니다.
3. 그리스도인의 지상명령
- 우리는 예수님의 승천과 재림 사이에 지상명령을 수행하는 전도인입니다.
4. 그리스도인의 예수 재림 소망
- 우리는 속히 오시리라는 예수님의 재림 약속을 믿는 마라나타 신앙인입니다.
5. 그리스도인의 새 하늘 새 땅 소망
- 우리는 하나님과 어린양이 성전인 거룩한 성에서 영원히 사는 하나님 나라 백성입니다.

사도행전 30년
공동서신 9권

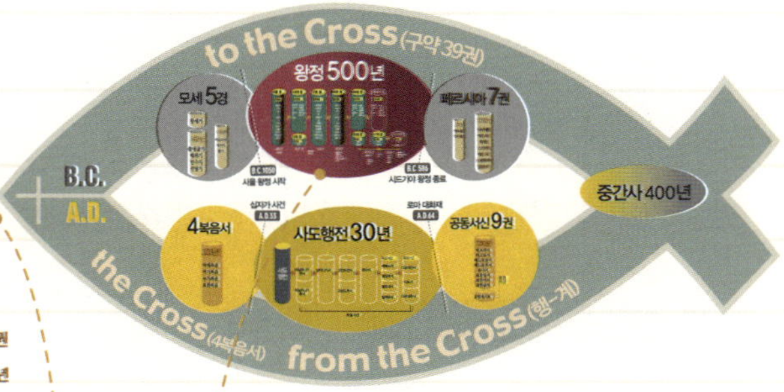

3 시내산 언약(관유)을 통한 제사장 나라
5. 다윗 왕에게 거룩한 기름 부음 - 예루살렘 성전 건축
: 엘리야가 엘리사(선지자) 와 하사엘(아람 왕)에게 거룩한 기름 부음

4 북이스라엘의 멸망을 통한 이사야의 메시아(그리스도) 신앙
1. 이사야의 메시아 신앙 - 히스기야의 성전 기도
2. 하나님의 아들 메시아 - 임마누엘
3. 왕 - 이새의 줄기, 평강의 왕
4. 선지자 - 기묘자라 모사라, 아름다운 소식 → 메시아의 3중직 - 내게 기름을 부으사
5. 대제사장 - 그의 영혼을 속건 제물로

5 남유다의 멸망을 통한 예레미야의 새 언약 예고
1. 예레미야의 새 언약 예고 - 제사장 나라 징계 3단계
2. 예루살렘 성전 전소 - 내가 잠깐 그들에게 성소

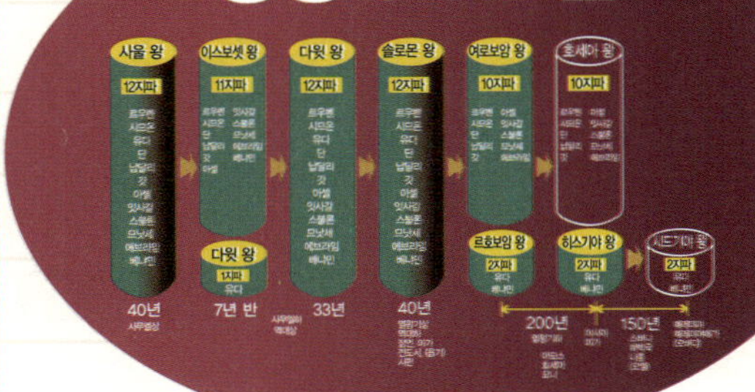

12과 미스바세대

사무엘상 1~7장

큰글자 일년일독 통독성경 *one year tongdok bible as one story*

88일 : 한나의 제사장 나라 기도　　89일 : 미스바세대 탄생

시간 흐름 *time flow*

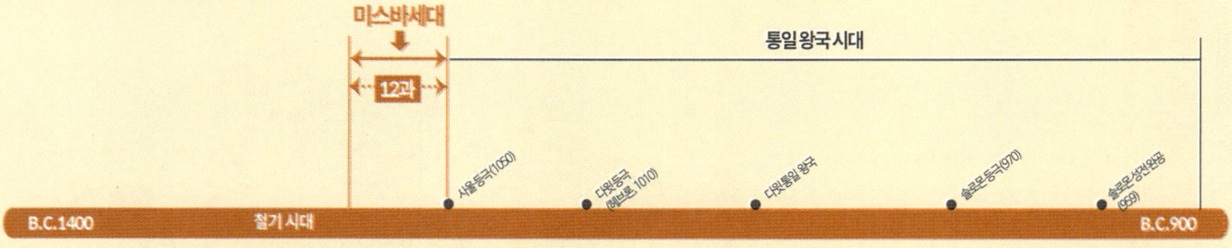

지금 공간 *current location* 라마, 실로, 미스바

주요 인물 *main character* 엘리, 사무엘, 한나, 미스바세대

통通포인트 *tong point*

미스바세대, 제사장 나라 부흥 시대

제사장 나라 법을 기반으로 기도하는 어머니 한나, 어려서부터 충실하게 제사장 나라 교육을 받은 준비된 지도자 사무엘, 그리고 사무엘의 노력으로 하나님을 알고 하나님의 말씀을 배우게 된 이스라엘 백성, 하나님의 계획에 따라 이들이 '미스바세대'로 활약합니다. '미스바세대'는 만나세대에 이어 제사장 나라 통치의 월등함을 나타낸 세대였습니다. 사무엘 시대는 사사 시대와 큰 차이가 있습니다. 사무엘 시대는 첫째, 왕이 없었습니다. 둘째, 국내에 내분이 없었습니다. 사사 시대에는 지파 간의 분열 때문에 외적의 침입이 많았지만, 사무엘 시대에는 지파 간에 갈등이 없었습니다. 셋째, 그래서 외적의 침입이 없었습니다. 이처럼 사무엘 시대는 하나님의 통치로 말미암아 온 세상에 하나님의 공의와 사랑이 꽃피는 제사장 나라 부흥 시대였습니다.

1. 한나의 기도와 제사장 나라 이야기 삼상 1장~2:11

#큰글자 일년일독 통독성경 529~533p

여호수아가 죽고 난 후 이스라엘 백성은 하나님을 따르며 율법을 지키며 살기보다는 가나안의 문화와 우상숭배에 빠져 답답한 역사의 시간을 보

내고 있었습니다. 이때 하나님께서 안타까운 마음으로 그 시대를 지켜보시는 중에 한 여인을 주목하십니다. 아이를 낳지 못하는 괴로움을 안고, 하나님의 앞에 나아와 눈물로 기도하는 여인, 한나였습니다. 한나의 기도에는 1,000년 전에 살았던 아브라함과 사라의 이야기, 그리고 500년 전에 기록된 제사장 나라 '나실인 법'이 들어 있습니다.

한나는 하나님께서 자신에게 아들을 주시면, 그 아들을 포도주나 독주를 입에 대지 않고, 머리에 삭도를 대지 않으며, 시체를 가까이하지 않는 사명자로, 오직 하나님께 평생 헌신하는 '나실인'으로 살게 하겠다고 기도했습니다. 나실인은 자기 부모의 시신까지도 만지지 않는 대제사장급의 헌신으로 사명을 감당하는 사람입니다.

이때 한나가 너무 간절하게 기도한 나머지 얼굴이 붉게 변하자, 그것을 멀리서 지켜보던 엘리 제사장이 다가와 포도주를 끊으라고 충고합니다. 한나는 그런 엘리에게 자기의 기도 제목을 이야기했습니다. 사정 이야기를 다 들은 엘리는 한나에게 하나님께서 기도를 들으셨다고 말해주었고, 한나는 그의 말을 믿고 집으로 돌아갔습니다.

한나는 과연 믿고 구한 대로 아들을 낳았고, 그 아들의 이름을 '하나님께 구하였다'는 뜻으로 '사무엘'이라 짓습니다. 그리고 아이가 젖을 떼자 서원한 대로 엘리 제사장에게 아들 사무엘을 맡기고, 평생 하나님을 섬기며 살도록 교육받게 합니다. 한나는 사무엘을 나실인으로 하나님께 드린 후 찬양의 기도를 드렸습니다. 한나의 신앙고백이 담긴 기도에는 '하나님께서 기름 부음을 받은 자의 뿔을 높이신다'는 메시아의 예표가 담겨 있습니다(삼상 2:10). 하나님을 향한 한나의 믿음이 얼마나 깊은지를 알 수 있습니다.

한나가 엘리 제사장에게 사무엘을 맡기다 _ G. 에크호우트 作

어둠을 걷어내는 준비
역사는 사람이 준비되어야 변한다. 사사 시대의 어두운 역사를 단절시킬 한 사람, 사무엘이 준비되고 있다. 아울러 작은 마을 베들레헴에서 있었던 룻과 보아스의 결혼은 이후 어두운 사울 시대를 단절시킬 다윗을 준비하시는 하나님의 크신 섭리였다.

한나의 기도
한나는 하나님께서 자식이 없던 사라에게 아들을 주신 이야기, 사라가 이삭을 아브라함의 신앙 계승자로 키운 이야기, 나실인 이야기 등 모세오경을 충분히 알고 있었다. 한나는 괴로운 자신의 현실을 오히려 기도할 수 있는 기회로 삼았다. 어떤 고난의 순간이라도 기도할 수 있다면, 그 고난의 순간은 미래를 향한 소망의 순간이 된다.

2. 준비된 한 사람, 사무엘 삼상 2:12~3장

#큰글자 일년일독 통독성경 | 533~536p

사무엘은 부모를 떠나 하나님의 사람으로 준비되기 시작합니다. 엘리 제사장은 비록 자신의 아들들은 제대로 교육시키지 못했지만, 사무엘에게는 훌륭한 스승이었습니다. 그는 어린 제자 사무엘에게 '모세오경'은 물론 하나님의 음성 앞에 엎드리는 법을 가르쳤으며, 심지어 하나님께서 자신에게 내

엘리 집안에 심판이 임한 까닭
"내가 그의 집을 영원토록 심판하겠다고 그에게 말한 것은 그가 아는 죄악 때문이니 이는 그가 자기의 아들들이 저주를 자청하되 금하지 아니하였음이니라"(삼상 3:13)
⇒어린 사무엘에게 하나님의 말씀을 들은 엘리의 반응
"이는 여호와이시니 선하신 대로 하실 것이니라"(삼상 3:18)

리신 심판의 말씀까지도 수납하는 모습을 보여주며 사무엘을 교육했습니다. 그리고 사무엘은 엘리의 두 아들 홉니와 비느하스의 악한 행실을 보면서, 오히려 자신의 행동을 지키는 지혜를 배웠습니다. 또한 그 뒤에는 어머니 한나의 간절한 기도가 뒷받침되었습니다.

하나님께서는 사무엘의 말이 하나도 땅에 떨어지지 않게 하셨습니다. 이로써 온 이스라엘은 그가 하나님의 선지자로 세워졌음을 알게 됩니다. 이제 사무엘은 350여 년의 어두운 역사를 끊는 사명을 감당하게 됩니다. 여호수아의 '실로'가 마침내 수백 년 만에 사무엘의 '실로'로 되살아나게 됩니다. "여호와께서 실로에서 다시 나타나시되 여호와께서 실로에서 여호와의 말씀으로 사무엘에게 자기를 나타내시니라"(삼상 3:21).

실로 (Shiloh)
'안식의 장소'라는 뜻의 실로는 예루살렘 북쪽 약 32km 지점에 위치한 성읍이다. 여호수아가 실로에 성막을 세워 중앙 성소가 된 후, 이곳은 '하나님의 이름을 두려고 택하신 곳'이 되었다. 실로의 엘리 제사장 밑에서 사무엘이 교육받으며 하나님의 사람으로 준비된다.

3. 제사장 나라 전쟁과 언약궤 삼상 4~6장

#큰글자 일년일독 통독성경 537~541p

어느 날 블레셋과 이스라엘 사이에 전쟁이 일어나고, 홉니와 비느하스가 이 전쟁에서 죽습니다. 또한 어리석게도 전쟁터에 하나님의 궤를 들고 나갔던 이스라엘은 적군 블레셋에게 하나님의 궤를 빼앗기고 맙니다. 전쟁은 하나님께 속한 것으로, 제사장 나라 율법을 지키면 하나님께서 다섯이 백을 이기고, 백이 만을 이기게 하십니다. 그런데 이스라엘 백성은 율법을 잘 지켜 행할 생각보다는, 승리를 위해 언약궤를 전쟁터에 가지고 가겠다는 잘못된 생각을 했던 것입니다. 예를 들면, 요단강을 건널 때 제사장들이 언약궤를 메고 백성들보다 앞서 건넜습니다. 그리고 여리고성을 무너뜨릴 때 제사장들이 언약궤를 메고 양각 나팔을 불며 나아갔습니다. 이처럼 언약궤를 사용했던 역사를 오해하여, 언약궤를 블레셋 전쟁의 승리 도구로 잘못 사용한 것입니다. 또한 그들의 생각을 바로잡아야 했던 제사장 엘리는 오히려 이를 승인한 격이 되어, 결국 언약궤를 빼앗기고 맙니다.

두 아들의 전사 소식과 함께 하나님의 궤까지 빼앗겼다는 소식을 들은 엘리 제사장은 그 충격으로 쓰러져 죽고 맙니다. 이는 사무엘을 통해 하나님께서 말씀하신 "엘리 집의 죄악은 제물로나 예물로나 영원히 속죄함을 받지 못하리라"(삼상 3:14)라는 심판

블레셋 (Philistine)
블레셋은 이른바 '펜타폴리스,' 즉 다섯 개의 도시 국가(아스돗, 아스글론, 에글론, 가드, 가사)로 조직되어 있다. 블레셋인들은 가나안 사람보다 군사적으로 훨씬 더 강한 결속을 보였다. 늘 블레셋의 위협을 당했던 이스라엘 백성은 다윗이 왕이 된 후에야 불안한 생활을 면하게 된다. 그들은 다곤, 아스다롯, 바알세붑 등 다양한 우상을 숭배했다.

언약궤 이동 경로

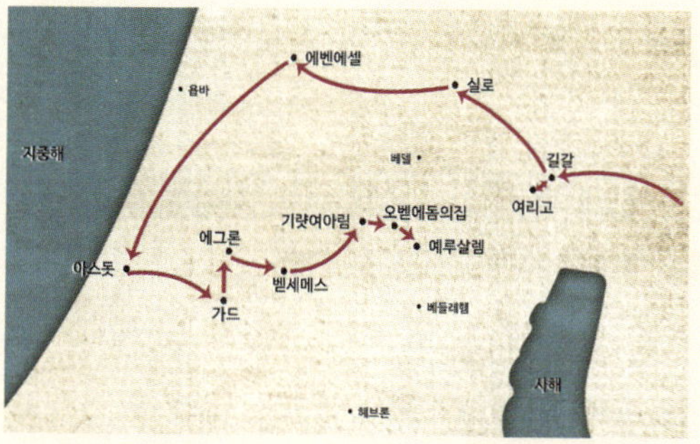

시내산 → 광야 → 길갈(여리고) → 실로 → 에벤에셀(블레셋과의 전쟁터) → 블레셋의 아스돗 → 블레셋의 가드 → 블레셋의 에그론 → 벧세메스 → 기럇여아림 →오벧에돔의 집 → 예루살렘

의 예언이 이루어진 것입니다.

하나님의 궤로 인해 블레셋에 여러 가지 재앙이 일어나자, 블레셋은 일곱 달 만에 언약궤를 수레에 실어 돌려보냅니다. 이때부터 하나님의 궤는 오랫동안 기럇여아림이라는 마을에 놓여 보관됩니다.

4. 미스바세대의 탄생 삼상 7:1~14

#큰글자 일년일독 통독성경 | 542~543p

사무엘의 간절한 사역을 통해 모든 이스라엘 백성이 미스바에 모여 진심으로 회개합니다. 블레셋은 사무엘을 중심으로 모인 이스라엘 열두 지파의 단결을 해체하기 위해 철 병기를 들고 침략했습니다. 사무엘은 미스바에 모인 백성들에게 두려워하지 말라고 설득했습니다. 그리고 이스라엘을 위하여 번제를 드리며 하나님께 부르짖자, 하나님께서 응답해 주셨습니다. 바로 그때 큰 우렛소리와 함께 기적이 일어나 블레셋 군대를 물리칩니다. 제사장 나라가 실현될 때, 하나님께서 경제와 국방을 지켜주시는 것입니다.

이 사람들을 '미스바세대'라고 부릅니다. 만나세대가 광야 40년 동안 모세에게 교육받고 약속의 땅 가나안 입성이라는 놀라운 일을 공통으로 체험한 세대였다면, 미스바세대는 사무엘에게 교육받고 미스바에서 하나님의 능력을 공통으로 체험한 세대라고 할 수 있습니다. 만나세대의 진정한 탄생이 미디안 전쟁 후였다면, 미스바세대는 블레셋 전쟁으로 마침내 진정한 제사장 나라의 세대로 탄생합니다.

제사장 나라 법에 무지했던 사람들
블레셋이 암소가 끄는 수레에 언약궤를 돌려보내자, 벧세메스 사람들이 골짜기에서 밀을 베다가 언약궤를 보고 크게 기뻐했다. 그런데 제사장 나라의 법을 제대로 알지 못했던 벧세메스 사람들이 돌아온 언약궤를 들여다보다가 죽는 일이 일어났다. 이 사건은 사사 시대 끝자락에서 마주한 어두운 한 단면이었다.

세대(generation)란?
생물학적으로 보면 보통 30여 년의 시간 폭을 가지는 같은 연령대를 뜻하나, 사회학적으로 볼 때 동일한 역사 사건, 정치와 문화적 경험을 공유하는 동시대인을 가리킨다. 성경에는 출애굽세대, 만나세대, 미스바세대, 재건세대(새언약소망세대), 제자세대가 등장한다.

제사장 나라 실현 시기 - 미스바세대
미스바세대는 제사장 나라 제도와 사무엘을 통해 정치, 경제, 국방이 행복한 시대를 이루었다. 이들의 시대는 사무엘이 뇌물 없는 권력, 곧 공정한 권력의 지도자였기에 정의가 살아 있는 정치가 이루어진 시기였고, 하나님께서 제사장 나라의 경제와 국방의 복을 주신 시기였다. 그래서 백성들이 왕을 요구할 때 하나님께서 제사장 나라가 실현되었던 미스바세대를 생각하시며 슬퍼하셨다.

5. 사무엘의 순회 교육 - 제사장 나라 부흥 시대 삼상 7:15~17

#큰글자 일년일독 통독성경 | 543p

온 이스라엘의 지도자로 세워진 사무엘은 최선을 다해 사사 시대의 어두운 과거를 씻어내고, 이스라엘을 다시 하나님을 섬기는 민족으로 바꾸기 위해 일생을 바쳤습니다. 그는 전국을 순회하며 직접 하나님의 말씀을 선포하고, 바알과 아스다롯 같은 우상을 없애도록 하며, 오직 여호와 하나님만을 섬기도록 백성들을 가르쳤습니다. 사사 시대에 보아스는 베들레헴을 행복하게 만들었다면, 사무엘은 전국을

사무엘의 순회 교육

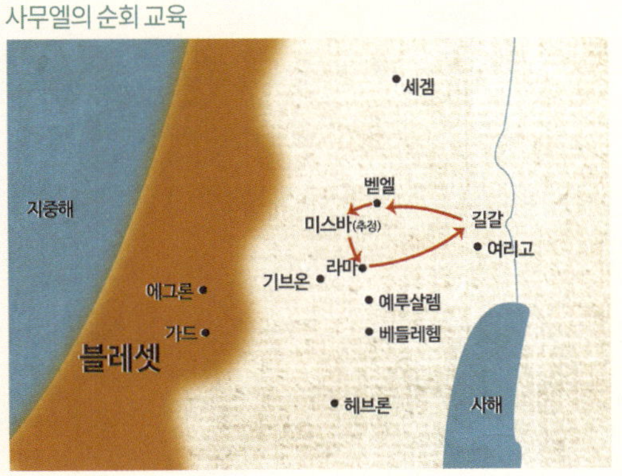

행복하게 만들었던 것입니다.

역대기 기자는 "선지자 사무엘 이후로 이스라엘 가운데서 유월절을 이같이 지키지 못하였고"(대하 35:18)라고 기록하며, 사무엘의 제사장 나라 부흥 시대를 증언합니다. 이스라엘은 지도자 사무엘을 통해 제사장 나라 율법 교육을 받고 실행함으로, 지파 내부의 갈등이 없고, 새 곡식으로 묵은 곡식을 치우며, 외적이 침입하지 못하는, 경제와 국방의 복을 받았습니다.

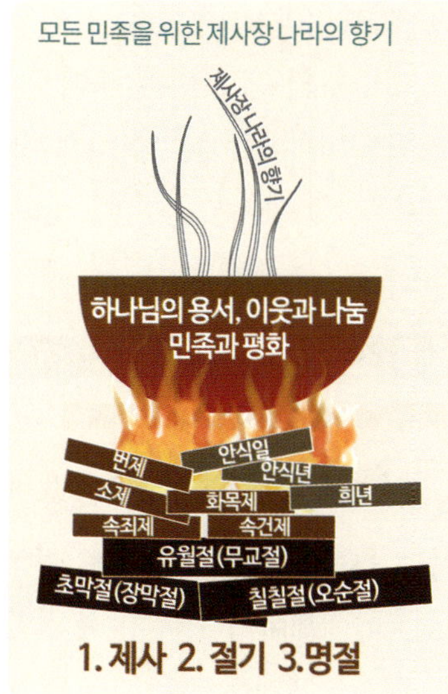

#To the Cross | 십자가로 향하는 레시피

6. 제사장 나라 부흥과 메시아 삼중직의 예표

● 나실인 사무엘 – 메시아의 삼중직 사명의 예표

나실인 사무엘은 사울이 즉위하면서 이스라엘의 왕정이 시작되기 전까지 이스라엘의 실제적인 통치자인 사사로, 선지자와 제사장 역할까지 감당했습니다. 모세가 아론에게 거룩한 기름을 부어 제사장 나라의 공직자 대제사장이 되게 했듯이, 이후 사무엘은 다윗에게 거룩한 기름을 부어 제사장 나라의 또 하나의 공직자 왕이 되게 합니다. 구약성경에서 '왕(통치자), 대제사장, 선지자'라는 세 가지 직분을 동시에 감당한 사람은 모세와 사무엘, 단 두 사람뿐입니다. 그리고 예수님께서 '기름 부음 받은 이(메시아, 그리스도)'로 이 땅에 오셔서 왕, 대제사장, 선지자의 삼중직을 모두 감당하십니다.

● 한나의 기도로 나타난 메시아의 예표

한나가 하나님께 감사와 찬양을 올리는 기도를 하면서 "여호와께서 땅 끝까지 심판을 내리시고 자기 왕에게 힘을 주시며 자기의 기름 부음을 받은 자의 뿔을 높이시리로다"(삼상 2:10)라고 고백했습니다. 이는 기름 부음 받은 이, 곧 메시아에 대한 예표였습니다. 신약에서 예수님께서 승천하신 후 베드로가 사람들 앞에서 "모세로 시작하여 사무엘을 포함한 모든 선지자는 하나님께서 만물을 회복하실 때까지 예수님은 하나님 우편에 계시다가 우리를 위하여 선지자로 예정하신 그리스도 예수로 오실 것인데 이는 사무엘 때부터 예언되었다"라고 증언했습니다(행 3:21~24). 한나와 사무엘이 보여준 기도와 삶의 내용은 기름 부음 받은 이, 곧 메시아의 오심을 예고하고 준비하는 신앙이었습니다.

● 제사장 나라 부흥을 이끈 사무엘의 유월절, 예수님의 마지막 유월절 첫 번째 성찬식으로

사무엘은 제사장 나라 부흥 시대를 이끌었습니다. 사무엘이 유월절을 잘 지켰다는 것은, 결국 이스라엘 백성 전체가 제사장 나라의 안식일, 안식년, 희년 3대 절기와 유월절, 칠칠절, 초막절 3대 명절을 충실히 지켰다는 것을 의미합니다. 사무엘을 모범으로 하여 히스기야, 요시야 왕이 나서서 제사장 나라의 유월절 제사를 지켜 유월절을 후대로 이어지게 했고, 결국 예수님께서 마지막 유월절을 지키시며 첫 번째 성찬식으로 하나님 나라 부흥 시대를 여셨습니다.

13과 왕정의 시작

사무엘상 8~31장, 사무엘하 1장

큰글자 일년일독 통독성경 *one year tongdok bible as one story*

90일 : 제사장 나라 제도 vs. 왕정 제도 **91일** : 사무엘 퇴임사 **92일** : 왕정 500년의 시작 **93일** : 사울의 권력 사유화
94일 : 다윗과 요나단 **95일** : 사울과 맞서지 않는 다윗 **96일** : 기도로 여는 하늘 문 **97일** : 사울의 공포 정치
98일 : 하나님의 임명권 **99일** : 3,000명을 잠들게 하신 이유 **100일** : 망명지에 들려온 조국의 슬픈 소식

시간 흐름 *time flow*

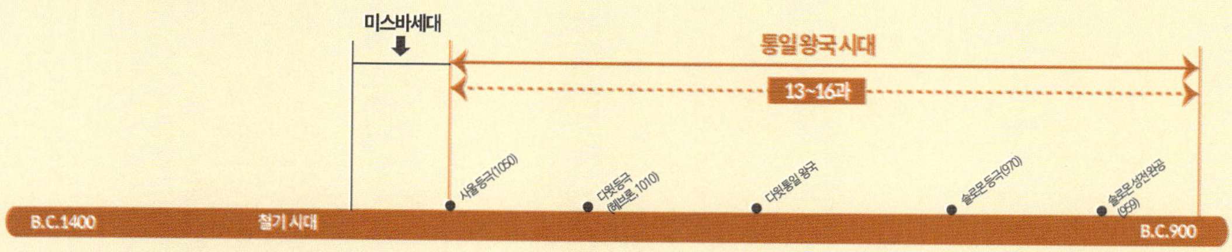

지금 공간 *current location* 기브아, 길갈, 베들레헴, 엘라 골짜기, 블레셋

주요 인물 *main character* 사무엘, 사울, 다윗, 요나단, 길르앗 야베스 사람들

통通포인트 *tong point*

제사장 나라 또 하나의 공직자 왕 세우기

하나님께서는 모세 때 이스라엘과 제사장 나라 언약을 맺으시고 거룩한 기름, 관유를 대제사장에게 부어 제사장 나라의 첫 번째 공직자로 세우셨습니다. 그리고 500여 년 만에 또 하나의 제사장 나라 공직자로 '왕'을 기름 부어 세우십니다. 사무엘상 9장부터 31장까지는 이스라엘 왕정이 시작된 사울 왕의 40년 집권 기간을 다루고 있습니다. 사울이 이스라엘의 초대 왕으로 임명되고, 뒤를 이어 다윗이 이스라엘의 두 번째 왕으로 임명됩니다. '임명권자'는 당연히 하나님이십니다. 임명이라는 말은 임명받은 내용, 즉 무엇을 위해 임명받았는지가 핵심입니다. 제사장 나라 공직자인 왕에게는 임명받아 행해야 할 일, 임명하시며 기대하시는 하나님의 뜻이 있습니다. 그 실체와 내용은 바로 제사장 나라 '율법'입니다.

1. 왕을 요구하는 백성 삼상 8장

큰글자 일년일독 통독성경 | 543~545p

어느덧 하나님의 사람 사무엘도 늙어 지도자의 사명을 감당할 수 없게

됩니다. 그런데 어찌 된 일인지, 사무엘은 자신의 자녀 교육에는 성공하지 못했습니다. "그의 아들들이 자기 아버지의 행위를 따르지 아니하고 이익을 따라 뇌물을 받고 판결을 굽게 하니라"(삼상 8:3). 이를 계기로, 이스라엘 백성과 장로들은 다른 나라들처럼 이스라엘도 왕의 제도를 세우자고 말합니다. 하나님께서 이스라엘 백성에게 주신 정치 제도는 각 지파별로 공동체를 이루고 살면서 모든 백성이 평등하고 자유로운 관계를 맺고, 제사장과 레위인을 중심으로 하여 하나님을 섬기며 율법대로 사는 것입니다. 그런데 이스라엘 백성이 하나님의 통치를 거부하고, 다른 나라들처럼 왕을 요구한 것입니다.

이스라엘 왕정의 시작, <사무엘상>
사무엘상 8~31장은 사무엘이 기름 부어 세운 이스라엘의 초대 왕 사울 이야기와 그 다음 왕으로 예선된 다윗의 이야기이다. 다윗 부분은 당시 상황과 연관이 있는 다윗의 시편(시 34, 52, 54, 56, 57, 59, 142편 등)과 함께 읽으면 좋다.

백성들이 생각하는 왕정 제도
1. 국민이 왕 중심으로 단합할 것이다.
2. 왕이 외적의 침입으로부터 보호해 줄 것이다.
⇒ 그러나, 왕정 제도의 본질은 백성이 왕의 종이 되는 것

사무엘은 이스라엘 백성의 이러한 요구를 기뻐하지 않았습니다. 하나님께서도 이들의 결정에 매우 실망하십니다. 그 이유는 이스라엘이 사사 시대 350년의 암흑기를 끝내고 사무엘과 미스바세대가 제사장 나라를 꽃피우고 있었는데, 이스라엘 백성이 그 시대를 뒤로하고 다른 나라들처럼 왕을 요구했기 때문입니다. 사무엘의 눈물은 '왕정 500년' 내내 선지자들을 통한 하나님의 눈물로 계속됩니다.

왕정 제도와 제사장 제도의 차이

왕정 경영	vs.	제사장 나라
• 왕의 통치 • 내 백성 = 노예 백성 • 계급체제 • 강자 중심의 명령 체제		• 하나님의 통치 • 주의 백성 = 거룩한 시민 • 어우러지는 공동체 • 사회적 약자 배려가 우선

하나님께서는 사무엘을 통해 이스라엘 백성에게 왕정 제도에 대해 가르쳐주십니다. 왕정을 하면, 결국 백성이 '왕의 종'이 될 것이라고 말씀해 주십니다(삼상 8:9~18). 그래도 백성은 한사코 왕정을 고집합니다. 하나님께서 정말로 많이 속상하셨을 것입니다.

그런데 우리 하나님께서는 그 어리석고 고집스러운 백성의 말을 들어주기로 하십니다. "자식 이기는 부모는 없다."라는 말이 있습니다. 이스라엘 백성과 하나님의 관계에서도 사랑이 많으신 하나님께서 이스라엘 백성의 요구에 어쩔 수 없이 손을 들어주십니다.

라마에 있는 사무엘 (삼상 8:4) _ 제임스 티소 作

2. 사울의 초기 정치 삼상 9~12장

#큰글자 일년일독 통독성경 | 545~553p

이스라엘 백성은 왕이 세워지면 나라가 안정되고, 위기가 생길 때마다 왕이 앞장서서 나라를 구해줄 것으로 생각했습니다. 하지만 이것은 그들만

의 소망이요, 짧은 생각이었습니다. 그럼에도 하나님께서는 사무엘을 통해 사울에게 기름 부어 이스라엘의 첫 번째 왕으로 세우셨습니다. 하나님께서 사울을 왕으로 세우실 때는 그에게 그만한 자질이 있었기 때문입니다. 그는 키가 크고 외모가 준수했으며, 부모를 걱정할 줄 아는 효자였습니다. 또한 하나님의 사람 사무엘 앞에서 예의를 갖출 줄도 알았고, 자신을 돌아볼 줄 아는 겸허함도 가지고 있었습니다. 시대의 흐름을 읽는 안목도 갖추고 있던 사울은 자신이 왕으로 세워졌음에도 불구하고 곧바로 왕궁을 짓고 신하들을 모으기보다는, 고향으로 돌아가 예전처럼 농사를 지으며 자신의 리더십을 발휘하게 될 때를 기다리고 있었습니다.

얼마 지나지 않아, 바로 '때'가 옵니다. 암몬 사람들이 길르앗 야베스를 침략하러 온 것입니다. 길르앗 영토 안에 있는 야베스라는 지역은 이스라엘 다른 지역과는 다소 떨어진 외진 곳이었기에, 남쪽으로는 암몬 사람들로부터, 북쪽으로는 아람 사람들로부터 공격받기 쉬운 지역이었습니다. 이번에도 암몬 사람 나하스가 쳐들어와 그들을 괴롭힙니다. 길르앗 야베스 사람들이 언약을 맺자고 요청해 보지만, 나하스는 "너희 오른 눈을 다 빼야 너희와 언약하리라"(삼상 11:2)라며 야베스 사람들을 위협했습니다. 다급해진 야베스의 장로들이 이스라엘 온 지역에 전령들을 보내 도움을 요청했습니다. 고향 기브아에서 이 소식을 들은 사울은 곧바로 몰고 오던 소를 잡아 각을 떠 각 지파에 보내면서, 이 싸움에 동참할 것을 강력히 요구했습니다. 뛰어난 리더십을 발휘하여 모든 지파를 한마음으로 묶어낸 사울은 암몬 족속과의 전쟁에서 크게 승리를 거두고, 이 일로 왕의 자리를 확고히 합니다. 그리고 길르앗 야베스 사람들은 이때의 은혜를 흐르는 물이 아닌 심비에 새겼습니다. 이렇게 초기의 사울은 하나님을 섬기며 백성을 돌볼 줄 아는 사람이었습니다.

사울 왕의 초기 모습

사울은 자기가 왕위에 오른 것을 못마땅해하던 일부 사람들을 처단하려는 측근을 자제시키며, 온 백성이 함께 길갈에서 화목제를 드리고 기뻐하며 새 시대를 열었다.

사울 측근들	사울	사무엘
"사울이 어찌 우리를 다스리겠느냐 한 자가 누구니이까 그들을 끌어내소서 우리가 죽이겠나이다"	"이 날에는 사람을 죽이지 못하리니 여호와께서 오늘 이스라엘 중에 구원을 베푸셨음이니라"	"오라 우리가 길갈로 가서 나라를 새롭게 하자"

한편 사무엘이 길갈에서 사울 왕의 즉위를 축하한 뒤 고별식을 행합니다. 이때 '우레와 비' 기적을 통해 왕정 요구의 잘못을 재확인합니다. 사무엘의 고별사를 기점으로 사사 시대가 막을 내리고, 본격적인 왕정 시대가 열립니다. 모세와 사무엘은 제사장 나라를 위한 권력의 공공성을 지킨 선지자들이었습니다.

길갈 (Gilgal)

요단강에서 약 5km 지점에 위치 한 곳으로, 여호수아와 만나세대가 열두 개의 돌을 세워 요단강을 건넌 표징으로 삼았던 곳이다. 사무엘은 매년 라마 → 벧엘 → 길갈 → 미스바로 순회하며 이스라엘 백성을 가르쳤다. 바로 그 길갈에서 사울 왕의 공식 취임식, 사무엘 사사의 공식 은퇴식이 열렸다.

3. 사울의 권력 사유화 삼상 13~15장

#큰글자 일년일독 통독성경 | 553~563p

사울이 즉위한 지 20여 년이 지나고 나라가 강성해졌을 즈음, 사울에게 하나님의 사명이 주어집니다. 아말렉 족속을 쳐서 모든 사람과 그 소유를 남김없이 진멸하라는 명령이었습니다. 아말렉은 4백여 년 전 이스라엘이 애굽에서 나올 때, 대열에서 뒤처질 수밖에 없는 약자들을 쫓아와 약탈하며 괴롭혔던 족속이었습니다. 그런데 세월이 많이 흐른 지금까지도 그 같은 삶의 방식을 여전히 이어가고 있는 것을 보신 하나님께서 그들의 죄를 갚으라고 하신 것입니다.

이때 사울이 귀를 크게 열고 들어야 하는 말 중 하나가 '진멸'입니다. 아말렉의 소유는 정당하게 모은 것이 아니라 약한 사람들로부터 빼앗은 불의한 것이므로, 이를 모두 없애라는 것입니다. 일찍이 하나님께서는 이스라엘 백성이 애굽에서 나올 때 아말렉이 한 일을 기억하라고 하시면서 "모든 적군으로부터 네게 안식을 주실 때에 너는 천하에서 아말렉에 대한 기억을 지워버리라"(신 25:19)라고 명령하셨습니다. 그리고 이 부분에 대해 사무엘이 다시 한번 아말렉 진멸에 대한 하나님의 말씀을 전했습니다(삼상 15:1~3). 그런데 사울이 이 말씀에 순종하지 않습니다. 사울이 아말렉 왕 아각을 살려주고, 빼앗은 소유물 중에서 가장 좋은 것들은 따로 골라 남겨두었던 것입니다. 이를 보신 하나님께서 사울을 왕으로 삼으신 것을 크게 후회하십니다. 이스라엘의 초대 왕 사울이 백성들과 가까워진 만큼 하나님과는 멀어진 것입니다.

요나단과 마음을 합한 사람
제사장 나라 기준으로 요나단이 첫 번째로 마음을 합한 사람은 자신의 무기를 든 소년이었다. "여호와의 구원은 사람이 많고 적음에 달리지 아니하였느니라"(삼상 14:6)의 믿음으로 서로 마음을 같이하며 전쟁터로 나아가서 승리했다. 요나단이 두 번째로 마음을 합한 사람은 다윗이었다.

제사장 나라 법을 어긴 사울

사울의 불순종	본문
블레셋과의 싸움에서 사무엘 없이 번제를 드림	삼상 13장
아말렉 족속을 진멸하지 않고 재물 탈취	삼상 15장
엔돌의 신접한 여인을 찾아감	삼상 28장

아말렉 (Amalek)
아말렉은 약탈을 일삼던 유목민들로 우기에는 가나안 남쪽이나 시내 반도 저지대에 살다가 건기에는 목초지가 발달한 고원 지대로 이동하며 살았다. 그들은 이스라엘 백성이 출애굽할 때에도, 사사 시대에도, 이스라엘을 괴롭혔던 족속이다. 그 때문에 하나님께서는 약속의 땅 가나안에 들어가 평안해지면 반드시 그들을 멸하라고 말씀하셨다(신 25:19). 아말렉에 대한 하나님의 명령은 다윗 때 실행된다.

제사장 나라의 새로운 공직자로서 사명을 다해주기를 바랐던 사울은 하나님 앞에서의 처음 모습과는 달리 자신이 속한 베냐민 지파 중심으로 나라를 운영하며 권력을 사유화했습니다. 제사장 나라 권력은 레위 지파를 48개 성읍으로 분산하고 3대 명절을 지키게 함으로 지파의 내분이 없게 하는 것입니다. 그런데 사울은 베냐민 지파로 권력을 집중하고 지파 갈등을 부추기면서 시간이 갈수록 더 실망스러운 모습만 보여주었습니다(삼상 22:7).

4. 기름 부음 받음으로 왕으로 예선된 다윗 삼상 16~17장

#큰글자 일년일독 통독성경 | 563~569p

라마로 돌아온 사무엘은 사울 왕 때문에 큰 슬픔에 빠져 있었습니다. 바로 이때 하나님께서 사무엘에게 다음 왕을 예선하였으니 뿔에 기름을 채워서 베들레헴 사람 이새에게 가라고 하십니다. 하나님의 선택, 다윗. 외모보다는 사람의 마음 중심을 보시는 하나님께서는 심지가 굳은 다윗을 다음 왕으로 예선하셨습니다. 그러나 사무엘의 일거수일투족을 감시하고 있던 사울 왕으로 인해 사무엘은 목숨을 걸고 베들레헴으로 가서 다윗에게 기름을 붓습니다.

제사장 나라 기름 부음의 첫 번째 공직자인 대제사장에 이어, 제사장 나라 두 번째 공직자인 '왕'으로서 다윗이 기름 부음을 받습니다. 이때 다윗이 사무엘을 통해 받은 기름 부음은 첫 번째 기름 부음이었습니다. 하나님께서는 제사장 나라 공직자의 사명을 권력 사유화로 전락시킨 사울 대신, 사무엘을 통해 다윗을 왕으로 지명하신 것입니다.

얼마 후, 나라에 큰 위기가 닥칩니다. 엘라 골짜기에서 이스라엘 군대와 블레셋 군대가 벌써 40일째 대치 상태에 있었던 것입니다. 마침 그때, 아버지의 심부름으로 형들을 만나러 엘라 골짜기에 온 다윗이 그 상황을 보고 골리앗과 싸우기로 결심합니다. 그에게는 하나님의 이름이 모욕당해서는 안 된다는 생각, 자기 목숨보다 하나님의 이름을 더 사랑하는 열정이 있었습니다. 그 열정과 용기로 다윗은 블레셋의 거대한 장수 골리앗을 향해 나아가며 외칩니다.

"온 땅으로 이스라엘에 하나님이 계신 줄 알게 하겠고 또 여호와의 구원하심이 칼과 창에 있지 아니함을 이 무리에게 알게 하리라 전쟁은 여호와께 속한 것인즉 그가 너희를 우리 손에 넘기시리라"(삼상 17:46~47).

왜 사무엘이 베들레헴 가기를 주저했는가?
사울이 권력을 지키기 위해 스승 사무엘이라 할지라도 서슴없이 죽일 수 있었기 때문이다. 그래서 하나님께서 사무엘에게 '제사를 드리러 왔다' 하고 이새를 제사에 청하라고 지혜를 주셨던 것이다. 베들레헴 성읍 장로들도 이를 눈치채고, 사울의 권력과 공안정치를 무서워하며 떨면서 사무엘을 맞았다.

하나님의 것 지키기
하나님께서는 아버지의 양을 지키기 위해 반복적인 연습을 통해 물매 들리는 기술을 익히고 사자나 곰과도 싸웠던 다윗을 주목하셨다. 열성을 다해 아버지의 양을 지켰듯이, 하나님의 것을 충성스럽게 지켜주리라고 기대하셨던 것 같다. 골리앗과의 싸움에서 하나님의 것을 목숨 걸고 지키려는 다윗의 믿음이 드러난다(삼상 17:45~47).

요나단과 다윗
요나단은 사울 왕의 장남으로 왕우 계승자였다. 그러나 요나단은 다윗이 제사장 나라의 차기 왕으로 기름 부음 받은 사람임을 인정하며 다윗을 보호했고, 끝까지 우정을 나누었다. "너는 이스라엘 왕이 되고 나는 네 다음이 될 것을 내 아버지 사울도 안다 하니라 두 사람이 여호와 앞에서 언약하고"(삼상 23:17~18).

물매로 골리앗을 이긴 엘라 골짜기에서의 승리는 다윗을 순식간에 이스라엘을 구한 영웅으로 만들었습니다. 다윗이 물매로 아버지의 재산도, 그리고 제사장 나라 이스라엘도 지켜낸 것입니다.

5. 다윗의 도피 생활과 시편 삼상 18~26장

큰글자 일년일독 통독성경 569~597p

많은 사람은 골리앗을 물리친 다윗을 보고 그저 놀랍다고만 생각했습니다. 하지만 같은 장면을 보면서도 더 중요한 것을 깨달은 사람이 있었습니다. 사울의 아들, 왕자 요나단입니다. 다윗과 요나단이 "전쟁은 여호와께 속해 있다."라는 말로 통했던 것입니다. 요나단은 엘라 골짜기에서 '다윗이 얼마나 하나님을 사랑하는지', 그리고 '하나님께서도 얼마나 다윗을 사랑하시는지' 확실히 알아봅니다. 이때부터 요나단은 자기 생명같이 다윗을 사랑하며 귀히 여깁니다.

다윗과 <시편>

시편	다윗의 상황	사무엘상
59편	사울이 사람을 보내어 다윗을 죽이려고 그 집을 지킨 때	19장
34편	다윗이 아비멜렉 앞에서 미친 체하다가 쫓겨나서 지은 시	21장
56편	다윗이 가드에서 블레셋인에게 잡힌 때	
52편	에돔인 도엑이 사울에게 이르러 다윗이 아히멜렉의 집에 왔다고 말하던 때	22장
57편	다윗이 사울을 피하여 굴에 있던 때	24장
142편	다윗이 굴에 있을 때	24장
54편	십 사람이 사울에게 다윗의 거처를 밀고할 때	23, 26장

사울 왕은 다윗을 군대 장관으로도 임명하고, 자기 사위로도 삼았지만, 다윗을 향한 사울의 질투심은 시간이 갈수록 더 깊어져만 갔습니다. 급기야 사울 왕의 귀에 들리는 여인들의 '사울 천천 다윗 만만' 노래는 다윗을 서둘러 죽이려는 계획으로 치닫게 합니다. 다윗은 사울의 칼끝을 피해 도망쳐야만 하는 신세가 됩니다. 사울 왕의 딸이자 다윗의 아내가 된 미갈도, 왕자 요나단도 다윗의 생명을 지켜줄 수 없었습니다. (이때 지은 시가 시편 59편입니다.) 사울이 딸 미갈을 이용해 다윗을 제거하려고 차도살인(借刀殺人)까지 시도했던 것입니다.

사방이 막힌 곳에서 드린 다윗의 기도 (시편 59편)

다윗이 할 수 있는 일은 오직 하나님만 바라며 기도하는 것뿐이었다. 다윗에게 고난은 하나님께 올라가는 '희망의 사닥다리'였다.

"나를 건지시고 높이 드소서"
"구원하소서"
"살펴주소서"
"위하여 일어나소서"
"주는 나의 요새이시며 나의 환난 날에 피난처심이니이다"

사울을 피해 제사장들의 성읍인 놉 땅으로 피신한 다윗은 제사장 아히멜렉으로부터 골리앗의 칼과 떡 조금을 얻습니다. 사실, 진설병은 제사장만 먹을 수 있습니다. 그래서 제사장 아히멜렉은 하나님께 여쭤본 후 제사에서 물린 떡과 골리앗의 칼을 다윗에게 주었던 것입니다. 이후 다윗은 몸을 옮겨 블레셋 가드 왕에게로 갑니다. 그런데 그만 블레셋의 신하들이 다윗을 알아보고, 그가 골리앗을 죽인 사람인 것을 왕에게 알립니다. 이때 위기에서 벗어나기 위해 다윗이 택한 방법은 미친 척하는 것이었습니다. 살아남기 위한 몸부림으로 미친 체하는 다윗의 마음이 얼마나 괴로웠겠습니까. 실감

나는 연기로 아기스 왕 앞에서 내쫓김을 당해 가까스로 목숨을 건진 다윗은 그 무너지는 가슴을 부둥켜안고 하나님을 향해 노래했습니다. 사방이 다 막히자, 다윗이 기도로 하늘 문을 연 것입니다. 그 노래가 시편 34편과 56편입니다.

다윗의 도피 과정

도피 장소	사건	사무엘상
놉	제사장 아히멜렉에게서 골리앗의 칼과 떡 조금 얻음 에돔 사람 도엑의 밀고	21:1~9
블레셋 가드 왕 아기스	미친 체함	21:10~15
아둘람 굴	환난당한 사람, 빚진 사람, 마음이 원통한 사람들 400명의 신진정치세력 규합	22:1~2
모압	미스베 망명 희망. 그러나 선지자 갓을 통해 하나님께서 유다로 돌아오라고 명하심	22:3~5
엔게디 황무지	사울의 옷자락만 벰	24장
십 광야	사울을 두 번째로 살려줌	26장

"이 곤고한 자가 부르짖으매 여호와께서 들으시고 그의 모든 환난에서 구원하셨도다 … 젊은 사자는 궁핍하여 주릴지라도 여호와를 찾는 자는 모든 좋은 것에 부족함이 없으리로다"(시 34:6~10).

다윗이 블레셋 왕 아기스 앞에서 미친 체하고 쫓겨난 후 고백한 시편 34편의 찬양은 이후 예수님의 십자가를 예고한 시였습니다. 그 후 아둘람 굴로 피신한 다윗은 그곳에서 자기와 엇비슷한 처지에 놓인 사람들 400여 명을 만납니다. 자기 한 몸 돌보기도 어려운 상황이었지만, 다윗은 그 많은 사람을 끌어안고 함께 가기로 합니다. 안전한 상황을 찾아 이스라엘 동쪽에 있는 모압으로 망명하기를 원하며 요새에 머물고 있을 때, 선지자 갓이 다윗을 찾아옵니다. 거기서 편히 머물러 있지 말고 유다 땅으로 들어가라는 것입니다.

다윗은 그 말씀에 순종하여 유다로 돌아옵니다. 그런데 이때 사울 왕이 예전에 다윗이 놉 지방에 들렀을 때 다윗에게 골리앗의 칼과 먹을 것 조금을 주었다는 이유로 놉의 제사장 85명과 남녀노유를 불문한 놉의 모든 사람과 가축들까지 다 죽이는 악행을 자행합니다. (이때 지은 시가 시편 52편입니다.) 누구든 다윗을 조금이라도 도와주거나 숨겨주는 사람은 가만두지 않겠다는 단호한 의지를 보여준 것입니다.

다윗에게 모여든 백성들

- 환난당한 사람
  사울의 포학한 정치로 인해 고통당한 사울의 정치적 정적들
- 빚진 사람
  사울의 그릇된 경제 정책으로 '경제공동체 복원 시스템'이 붕괴되어 빚진 사람들
- 마음이 원통한 사람
  사울의 잘못된 왕정 체제로 비통함, 억울함을 당한 사람들

사울은 다윗을 잡기 위한 특수부대 3,000명과 함께 다윗을 추적합니다. 사울 왕의 특수부대 3,000명은 마온 황무지에서 다윗의 오합지졸 600명을 포위하기까지 합니다. 다윗은 사울의 칼끝을 피해 라마로, 놉으로, 아둘람 굴로, 헤렛 수풀로, 십 황무지로, 엔게디 황무지로 계속 도망 다녔습니다. 이 와중에 다윗은 다시 한번 엔게디 광야 굴속에서 제사장 나라 세계 경영의 꿈을 새롭게 했습니다. (다윗이 사울을 피해 굴에 있을 때, 또 사람들에게 숨어 있던 곳을 밀고당할 때 지은 시

다윗을 죽이려는 사울 왕 _ 게르치노 作

는 시편 52편, 54편, 57편, 142편입니다.)

하나님께서는 다윗과 동행하셨습니다. 비록 사울의 칼끝이 다윗의 코앞까지 다가와도, 다윗의 생명은 하나님의 보호하심 가운데 있었습니다. 오히려 사울 왕을 죽일 수 있는 기회가 다윗에게 두 번이나 있었습니다. 그때마다 다윗은 '여호와께 기름 부음 받은 사람'이라는 이유로 사울 왕을 죽이지 않았습니다. 그는 사울 왕의 옷자락을 벤 것만 가지고도 마음에 찔림을 느끼며 괴로워했습니다. 이렇게 하나님의 뜻을 존중하고 높이는 다윗을 하나님께서는 더욱 큰 기대로 바라보시게 되었을 것입니다.

6. 다윗의 망명과 사울의 최후 삼상 27~31장/ 삼하 1장

#큰글자 일년일독 통독성경 | 597~605p/ 605~607p

사울의 추적을 견디다 못한 다윗이 또다시 망명을 시도했고, 이번에는 하나님께서도 이를 허락하셔서 다윗은 블레셋 아기스 왕 밑에서 얼마간 지내게 됩니다. 다윗은 블레셋 왕 앞에서 한 번은 '미친 척', 또 한 번은 '충성스러운 척'해서 위기를 극복합니다. 바로 이 시기에 이스라엘과 블레셋의 전쟁이 시작되어, 블레셋에 망명 중이던 다윗이 자칫하면 블레셋 편에서 이스라엘과 전쟁할 뻔한 위기를 만나게 됩니다. 다행히 블레셋 왕의 결정으로 전쟁 참전을 면한 다윗이 안도의 한숨을 돌리며 시글락으로 돌아왔습니다. 그런데 시글락이 아말렉에 의해 약탈당한 것입니다. 다윗은 이때 10여 년간 자기를 따르던 600명의 내부 붕괴라는 절체절명의 위기에 직면했지만, '하나님께서 주시는 용기'를 가지고 위기를 기회로 살려냅니다.

한편 사울은 블레셋과의 전쟁에서 크게 중상을 입고, 나이 80세에 자살로 생을 마감합니다. 요나단을 포함한 사울의 세 아들도 이 전쟁에서 함께 죽습니다. 블레셋 군인들은 죽은 사울 왕과 세 왕자의 목을 잘라 블레셋으로 가져가고, 목이 없는 사울 왕과 세 아들의 시체는 길보아산 근처 벧산 성벽에 못 박아 걸어놓습니다. 이런 처참한 상황 속에서 40년 전 자신들을 도와준 사울의 은혜를 기억하고 있던 길르앗 야베스 사람들이 사울 왕과 왕자들의 시신을 수습해 장례를 치러준 일은 그나마 이 슬픈 장면을 덮어주는 따뜻한 이야기입니다.

다윗의 두 번째 블레셋 망명
-블레셋 아기스 왕의 계산
다윗이 있음으로 외적으로부터 블레셋 변방의 시글락성을 보호할 수 있다.
-다윗의 계산
이스라엘과 접경지대인 시글락성에서 600명의 측근을 보호할 수 있고, 이스라엘과 계속 관계를 맺을 수 있다.

시글락 위기를 극복하면서 세운 분배의 원칙
다윗은 적군을 향해 돌진했던 군인들과 아군 진영에 남아 소유물을 지켰던 군인들에게 동일하게 전리품은 분배한다는 원칙을 세웠다. 만약 전리품을 다르게 나눈다면 공동체는 분열될 것이다. 다윗은 승리의 기쁨과 함께 재물을 나눔에 있어서도 사람들을 넓게 끌어안는 사람이었다.

은혜 갚으러 떠난 사람들 (삼상 31:11~13)
길르앗 야베스 사람들, 이들은 40년 전에 사울로부터 은혜를 입었던 사람들이다(삼상 11장). 사울이 왕으로 세움을 받던 그해에, 사울의 주도로 위기를 모면했던 일을 후손들에게 교육했던 것으로 보인다. 이들도 40년 동안 사울이 악한 정치를 폈다는 사실을 알고 있다. 그러나 오래전에 입었던 은혜를 심중 깊은 곳에 기억하면서, 은혜를 갚고자 했다. '원수는 돌에 새기고 은혜는 물에 새긴다'는 말이 있다. 하지만 길르앗 야베스 사람들은 그렇지 않았다. 사울 왕의 장례를 치르기 위해 산을 넘고 물을 건너 밤새워 길보아산 근처 벧산 성벽으로 찾아간 이들은 은혜를 깊은 심비에 새겼던 아름다운 사람들이다.

To the Cross 십자가로 향하는 레시피

7. 기름 부음 받은 다윗 왕과 왕이신 예수님

● 제사장 나라의 왕 다윗의 기름 부음이 만왕의 왕 예수님으로

거룩한 기름인 '관유'는 제사장 나라의 특별한 사명을 위해 하나님께서 주신 레시피로 만들어졌습니다. 관유는 모세 때 성막과 대제사장 아론과 그 아들들에게 부어졌으며, 이 외에 다른 곳이나 다른 목적으로 사용해서는 안 됩니다. 이스라엘은 '모든 민족을 위한 한 민족'으로 기름 부음 받은 대제사장을 중심으로 제사장 나라의 사명을 감당했습니다. 그런데 사무엘 후반기에 이스라엘 백성이 다른 나라들처럼 왕을 요구하면서, 결국 이스라엘도 왕정을 실시하게 됩니다. 하나님께서는 대제사장에게 부은 관유를 '왕'에게 부으셔서, 그도 제사장 나라에 충성을 다하는 통치자로서 사명을 감당하게 하셨습니다. 초대 왕 사울의 실패를 딛고 다윗이 사무엘에게 첫 기름 부음을 받고 왕으로 예선됩니다. 이제 다윗은 때가 되면 제사장 나라의 공직자인 왕으로서 제사장 나라 충성도를 높일 것입니다. 이후 메시아, 곧 기름 부음 받은 이 예수 그리스도께서 '만왕의 왕'으로 오셔서 하나님 나라를 이루시고 통치하십니다.

● 안식일의 주인이신 예수님께서 다윗이 진설병 먹은 일을 예로 말씀하시다

예수님께서는 안식일에 제자들이 시장하여 밀 이삭을 잘라 먹은 일을 문제 삼는 바리새인들에게 다윗이 놉에서 제사장만 먹을 수 있는 진설병을 먹은 일을 언급하셨습니다(마 12:3~4). 다윗이 사울을 피해 도망하는 길에 놉의 제사장 아히멜렉을 만나 먹을 것을 구했을 때, 아히멜렉은 하나님께 여쭙고 난 후 진설병을 내어주었습니다. 예수님 당시 사두개파와 바리새파는 이스라엘 왕의 대명사인 다윗의 행동에 대해서는 시시비비를 말할 수 없었습니다. 예수님께서는 하나님의 허락 안에서 다윗이 겪은 일을 상기시키시며, 제사장들이 성전 안에서 안식일을 범해도 죄가 되지 않음을 말씀하셨습니다. 예수님께서는 성전보다 더 크신 분이며, 안식일의 주인이시기 때문에 예수님과 함께 있는 제자들이 안식일에 밀 이삭을 먹은 일은 다윗의 경우처럼 아무 문제가 되지 않음을 가르쳐주셨습니다.

● 다윗의 고난 속 고백이 예수님의 십자가 이야기로

시편 34편은 다윗이 아비멜렉 앞에서 미친 체하다가 쫓겨난 후 지은 시로, 고난 속에서도 다시 하나님의 영광을 찬송하는 내용입니다. 그중 "그의 모든 뼈를 보호하심이여 그 중에서 하나도 꺾이지 아니하도다"(시 34:20)라는 고백이 있습니다. 이 말씀은 놀랍게도 예수님께서 십자가에서 뼈가 꺾이지 않을 것을 예고한 것입니다. 사도 요한은 예수님께서 십자가에서 죽으셨을 때, 로마 군인이 예수님의 옆구리를 창으로 찌르는 것을 보고 "이 일이 일어난 것은 그 뼈가 하나도 꺾이지 아니하리라 한 성경을 응하게 하려 함이라"(요 19:36)라고 기록했습니다. 이 일은 애굽에서 첫 번째 유월절 어린양의 '뼈를 꺾지 말라'는 말씀에서 시작되어, 다윗의 시편을 거쳐 하나님의 어린양 예수님의 뼈가 꺾이지 않았던 십자가 이야기로 이어집니다.

14과 세 번의 기름 부음 – 제사장 나라 충성도

사무엘하 2~10장

큰글자 일년일독 통독성경 *one year tongdok bible as one story*

101일 : 유다 지파의 왕으로 추대 된 다윗
102일 : 다윗의 세 번째 기름 부음과 통일 왕조 수립
103일 : 1,000년의 정치 의제
104일 : 성전 건축과 다윗

시간 흐름 *time flow*

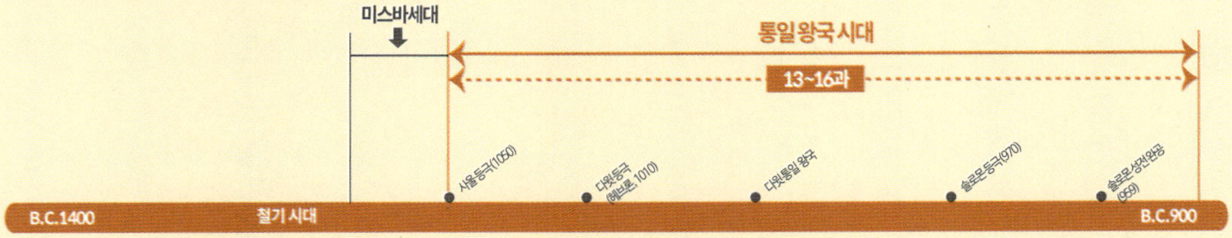

지금 공간 *current location* 헤브론, 마하나임, 예루살렘

주요 인물 *main character* 다윗, 이스보셋, 아브넬, 요압, 나단

통通포인트 *tong point*

성전 건축 허락과 다윗 언약

다윗이 하나님의 마음에 합한 하나님의 종으로 인정받았던 이유는, 다윗이 모세오경을 기록대로 이해했기 때문입니다. 다윗은 <창세기>와 <신명기> 기록을 기준으로 성전 건축의 시기를 나단 선지자에게 물었고, 전쟁을 통해 제국을 만들기보다는 하나님께서 말씀하신 제사장 나라 이스라엘 땅의 경계를 지켰으며, 권력을 베냐민 지파로 집중하여 사유화한 사울과 달리 유다 지파로 권력을 집중하지 않았습니다. 이는 다윗이 아브라함을 통한 하나님의 큰 그림을 이룰 조건들을 만든 것입니다. 다윗은 제사장 나라 법을 지킴으로 하나님의 용서, 이웃과 나눔, 그리고 민족 간의 평화를 이루었습니다. 다윗은 이러한 조건 속에서 나단을 통해 하나님께 성전 건축 허락을 받았고, 이때 다윗 언약, 즉 기름 부음으로 "네 왕위가 영원히 견고하리라"라는 하나님의 약속을 받습니다. 다윗은 성전 건축을 위한 준비를 시작하면서 앞으로 움직이지 않는 예루살렘 성전 1,000년 시대를 위해 성전에서 일할 레위인의 역할을 재조정합니다. 다윗의 인생은 언제나 '하나님 앞에서(코람데오)'의 신앙으로 살아온 삶이었고, 제사장 나라 공직자의 삶이었습니다.

1. 두 번째 기름 부음 - 유다 지파의 왕이 된 다윗 삼하 2장

#큰글자 일년일독 통독성경 | 607~609p

다윗은 청소년 시절, 사무엘을 통해 첫 번째 기름 부음을 받았습니다. 그 후 골리앗과 맞서 싸워 나라를 위기 가운데 구했음에도 불구하고, 다윗은 이스라엘의 왕이 되기는커녕 사울 왕의 견제를 받는 도망자가 되고 말았습니다. 그 기간 다윗은 블레셋으로, 모압으로 망명을 생각하기도 했고, 다시 이스라엘 땅으로 돌아와 숨어 지내며 사울 왕과 3,000명의 토벌대를 피해 다니기도 했습니다. 마지막에는 사울 왕이 죽기까지 다시 블레셋으로 도망해 목숨을 부지하는 삶을 살았습니다.

어느 날, 시글락에서 사울과 요나단의 죽음 소식을 들은 다윗은 슬피 울며 금식합니다. 그리고 사울과 요나단을 위한 슬픈 노래를 지어 유다 지파 사람들에게 따라 부르게 하고, 사울 왕의 명예를 회복시켜 줍니다.

혼란스러운 시대 상황 속에서 사울 왕의 신하였던 아브넬은 사울의 아들 이스보셋을 왕으로 내세워 열한 지파의 정권을 북쪽 마하나임에 세웁니다. 그리고 다윗은 헤브론에서 유다 지파만의 왕으로 두 번째 기름 부음을 받습니다. 그렇게 7년 6개월 동안 남북이 분열된 채 시간이 흐릅니다.

기름 부음
'기름 부음'을 뜻하는 히브리어는 '마쉬아흐'이다. 기름 부음을 통해 하나님의 거룩을 부여받는데, 이때 사용하는 거룩한 기름이 관유이다. 구약성경에서 성막 기구와 제사장, 왕, 선지자를 세울 때 그의 머리에 기름을 부어 거룩하게 했다. 여기에서 '메시아', 헬라어 '그리스도'가 나온다. 즉, 그리스도, 메시아는 '기름 부음을 받은 이'라는 뜻으로 제사장, 왕, 선지자 삼중직을 모두 부여받으신 구원자이시다.

아브넬이 마하나임을 선택한 이유
마하나임(Mahanaim)은 '하나님의 군대'라는 뜻으로 야곱이 하나님의 사자를 만난 후 붙인 지명이다. 이곳은 요단 동편에 있어 블레셋의 위협이 적은 곳이며 유다 지파의 영향권에서 먼 곳이었다. 그래서 아브넬 정권(열한 지파)이 이곳을 수도로 삼아 다윗과 대립했다.

2. 세 번째 기름 부음 - 통일 이스라엘의 왕이 된 다윗 삼하 3장~5:5

#큰글자 일년일독 통독성경 | 609~614p

전쟁보다는 평화 통일을 바라며 7년 6개월을 인내하며 참아 기다린 다윗에게 마침내 기회가 찾아옵니다. 북쪽 왕국의 실제 권력자인 아브넬이 다윗에게 모든 북쪽 지파의 실권을 넘겨주고자 헤브론으로 찾아온 것입니다.

다윗은 피 흘리지 않고 평화롭게 남북 통일을 이룰 수 있게 된 것을 기뻐하며 아브넬과 협상을 잘 마친 뒤 그를 돌려보냅니다.

그런데 아브넬은 돌아가던 길에, 다윗의 오른팔이자 다윗 왕국의 2인자였던 요압의 손에 암살당하고 맙니다. 요압이 과거에 아브넬이 자기 동생 아사헬을 죽인 것에 대한 개인적인 원한, 그리고 다윗과 아브넬이 손을 잡으면 현재 2인자인 자신의 자리가 위협받게 될 것이라는 위기의식 속에서 아브넬을 죽인 것입니다.

잘못하면 다윗이 요압에게 아브넬을 죽이라고 지시한 것으로 오해를 받아 남북 간에 전쟁이 벌어질 수도 있는 위험천만한 상황이었습니다. 요압의 아브넬 살해는 남북 갈등을 최고조로 만들었습니다. 이 상황에서 다윗은 크게 소리 내어 웁니다. 애가를 지어 부르고, 음식도 먹지 않았습니다. 그제야 남쪽과 북쪽의 온 백성은 다윗이 아브넬을 죽인 것이 아니라, 요압이 단독으로 저지른 범행임을 믿게 됩니다. 이렇게 해서 다윗은 동족상잔의 위기를 극복할 수 있었습니다.

이 같은 우여곡절 끝에, 드디어 다윗은 헤브론에서 열두 지파에게 세 번째 기름 부음을 받으며 이스라엘의 두 번째 왕이 됩니다. 긴 기다림 끝에, 마침내 다윗이 열두 지파 전체의 왕으로 공식 인정을 받은 것입니다.

통일 이스라엘
사울, 다윗, 솔로몬이 각각 40년씩 B.C.1050년부터 B.C.930년까지 120년 동안 열두 지파 이스라엘을 다스렸다. 다윗의 유다 지파 헤브론 통치는 7년 6개월간, 이후 통일 이스라엘을 통치한 33년의 기간은 B.C.1004년부터 B.C.971년까지였다.

3. 통일 왕국의 왕 다윗의 업적 삼하 5:6~6장

#큰글자 일년일독 통독성경 | 615~618p

● 예루살렘

통일 왕국 이스라엘의 왕이 된 다윗은 먼저 수도를 예루살렘으로 옮기려는 계획을 추진합니다. 그러기 위해 다윗은 아직까지도 여부스족이 살고 있던 예루살렘을 마침내 점령하여, 그곳을 새 수도로 삼습니다. 다윗의 예루살렘 점령으로 1,000년 만에 '땅에 대한 하나님의 약속'이 완전하게 성취됩니다. 이후 다윗은 왕의 자리에 있으면서 사울의 베냐민 지파까지 끌어안으며 제사장 나라의 '정의와 공의를 행하는 정치'를 펼쳤습니다.

예루살렘 (Jerusalem)
살렘 왕 멜기세덱으로 처음 성경에 등장한 예루살렘(살렘)은 지중해 연안에서 약 53km, 사해 북쪽에서 22.5km에 있는 해발 640~770m의 성이다. "산들이 예루살렘을 두름과 같이"(시 125:2)의 표현대로 높은 구릉에 둘러싸인 난공불락의 요새다. 다윗이 이곳을 통일 이스라엘의 수도로 삼았고, 1,000년 후 메시아 예수님께서 이곳에 오셔서 십자가 구원 사역을 완성하신다.

● 하나님의 궤(언약궤) 옮기기

예루살렘으로 수도를 옮긴 후, 다윗은 하나님의 궤를 수도로 옮기려는 중요한 일을 계획합니다. 다윗은 하나님의 궤를 예루살렘으로 옮기는 프로젝트에 3만 명의 빼어난 군인들을 동원하며 거대한 국가 규모의 행사로 진행했습니다. 그런데 하나님의 궤를 옮기는 도중에 웃사가 죽는 큰 위기를 맞습니다. 하나님의 궤를 실은 수레를 끌고 가던 소가 나곤의 타작마당에서 나는 소리를 듣고 놀라 뛰었는데, 그때 흔들리는 하나님의 궤를 붙들었던 웃사가 그 자리에서 죽은 것입니다. 이를 작은 촌극으로 치부하며 행사를 계속 진행할 수도 있었지만, 다윗은 행사를 중단하고 다시 하나님 앞에 겸손히 무릎을 꿇었습니다. 다윗이 왕으로서 대규모 국가 행사를 중단시키는 것은 쉬운 일이 아니었습니다. 왕위의 정통성을 의심받을 가능성에도 불구하고, 다윗이 제사장 나라 충성도에 더 집중하며 중단 명령을 내린 것입니다.

예루살렘으로 수도를 이전한 의미
다윗은 예루살렘을 점령해 제사장 나라 땅의 경계를 지키며 약속의 성취를 이루었다. 다윗은 유다 지파의 헤브론이나 베냐민 지파의 마하나임이 아닌 레위 지파 중심으로 열두 지파와 함께할 수 있는 곳을 택했다. 예루살렘은 북쪽과 남쪽의 백성이 모이기 좋은 위치였다.

법궤 앞에서 춤추며 노래하는 다윗 왕 _ 페터 반 린트 作

다윗이 예루살렘으로 언약궤를 옮긴 것은 권력의 공공성 측면에서 예루살렘의 권력이 인간에게 있는 것이 아니고 하나님께 있음을 확고히 하기 위함이었습니다. 다윗은 예루살렘을 위대한 왕 다윗이 있는 곳이 아니라 "하나님 여호와께서 자기 이름을 두시려고 택하실 그 곳"(신 12:11)이자, 이스라엘 모든 성인 남자가 1년에 세 차례 모이는 곳이 되게 하고 싶었습니다.

행사를 전면 중단하고 궁으로 돌아온 다윗은 깊은 고민과 연구 끝에, 자신의 열심은 좋았으나 그 방식이 하나님의 방식이 아니었다는 사실을 깨달았습니다. 일찍이 하나님께서 '레위 자손 중 고핫 자손이 법궤를 어깨에 메고

옮길 것'이라고 정해놓으셨던 규례를 지키지 않았던 것입니다(민 4:15).

석 달 후쯤, 다윗은 하나님의 말씀에 따라 고핫 자손들로 하여금 하나님의 궤를 메게 하고 조심조심 여섯 걸음을 걷게 해봅니다. 하나님께서 언약궤 운반을 허락해 주셨음이 확인되자, 다윗 왕은 황소를 잡아 화목제와 번제를 드리고 하나님 앞에서 춤을 추며 기뻐합니다. 마침내 시내산에서 만들어진 언약궤가 500년 만에 예루살렘에 자리 잡습니다. 그로 인해 다윗은 제사장 나라의 충성된 하나님의 종이 되었고, 예루살렘은 1,000년 후 메시아이신 예수님이 오실 장소의 시작이 됩니다.

4. 다윗과 나단의 과거 천 년을 통한 미래 천 년의 대화 삼하 7장

#큰글자 일년일독 통독성경 | 618~620p

다윗은 고대 근동의 주변 모든 나라를 물리치고 이스라엘이 마침내 '평화'를 말할 수 있게 되자, 이때가 〈창세기〉와 〈신명기〉에서 말한 성전을 건축할 때인지를 나단 선지자와 의논했습니다.

"그 날에 여호와께서 아브람과 더불어 언약을 세워 이르시되 내가 이 땅을 애굽 강에서부터 그 큰 강 유브라데까지 네 자손에게 주노니"(창 15:18)

"여호와께서 너희에게 너희 주위의 모든 대적을 이기게 하시고 너희에게 안식을 주사 너희를 평안히 거주하게 하실 때"(신 12:10).

다윗의 마음을 받으시고 무척 기뻐하신 하나님께서는 나단 선지자를 통하여 성전은 다윗의 아들이 짓도록 허락하시며, 성전 설계도를 다윗에게 주셨습니다. 또한 "네 집과 네 나라가 내 앞에서 영원히 보전되고 네 왕위가 영원히 견고하리라"(삼하 7:16)라는 약속을 주십니다. 하나님께서 '기름 부음'으로 다윗 후손들에게 왕위가 이어지며 영원히 왕권이 계승될 것이라고 다윗에게 언약을 주신 것입니다. 이렇게 다윗 언약을 통해 영원한 왕이신 메시아가 다윗의 후손으로 오실 것이 예고됩니다.

다윗과 나단이 나눈 대화를 통해 알 수 있는 것은, 두 사람이 모세오경 기록에 매우 정통했다는 사실입니다. 그들은 당시 고대 근동을 바라보는 시대 상황에 대한 시각이 같음을 알고, 성전 건축 시기에 대한 합의를 이룬 것입니다. 〈신명기〉 기록은 하나님의 미래 계획표였고, 다윗 왕과 나단 선지자가 시대를 통찰하며 뜻을 같이했던 것입니다.

다윗과 선지자
선지자는 '하나님의 대변인'으로 하나님의 뜻과 경고의 말씀을 전하는 사람이다. 다윗은 사무엘, 갓, 나단 선지자를 통해 하나님의 뜻을 듣고 순종하며 제사장 나라의 길로 나아갔다. 하나님께서는 이를 '다윗의 길'로 인정하시며 모든 왕이 그 길을 따라 걷기를 원하셨다.

다윗의 도발적 상상-성전 건축
언약궤는 처음부터 어깨에 메어 옮기도록 설계되었다. 이것은 하나님께서 주신 설계도대로 만들어진 것이었다. 그런데 다윗은 어느 누구도 상상조차 해보지 않은, 즉 건물을 지어 더 이상 언약궤를 옮겨 다니지 않겠다는 도발적인 상상을 했다.

제사장 나라 이스라엘의 다윗 내각
- 군대 사령관 : 요압과 브나야
- 감역관 : 아도람
- 사관 : 여호사밧
- 제사장 : 사독과 아비아달 (아들 아히멜렉)
- 서기관 : 스라야(스와)
- 대신 : 이라와 다윗의 아들들

5. 제사장 나라의 충성도 - 천년모범 삼하 8~10장

큰글자 일년일독 통독성경 | 620~624p

열두 지파가 하나가 된, 통일 이스라엘의 왕이 된 다윗의 정치 의제는 언제나 제사장 나라였습니다. 사울을 비롯한 이스라엘 대부분의 왕이 보여 준 대로 왕정 제도는 치명적인 결함을 가지고 있었습니다. 그러나 다윗은 오히려 왕정을 도구로 삼아 제사장 나라의 충성도를 높이는 공직자로서의 왕이 되기를 소망했습니다. 하나님과 제사장 나라 언약을 맺은 이스라엘 백성에 대해 사울이 '나의 백성'이라고 말했다면, 다윗은 '주의 백성'이라고 표현했습니다. 그리고 다윗은 왕의 자리에 있으면서도 하나님께 나아가 기도하며 자신을 '종'이라고 말했습니다. 이 모습을 보시고 하나님께서는 '내 종 다윗'이라고 친히 말씀해 주셨습니다.

다윗의 전쟁

대적 국가와 반란	왕	전쟁 장소	성경
블레셋		르바임 골짜기	삼하 5:17~25
여부스		예루살렘	대상 11:4~7
모압			삼하 8:2
소바, 다메섹 아람	하닷에셀	유브라데강 근처	삼하 8:3~6
에돔		소금 골짜기	대상 18:12
암몬과 아람 외	하눈, 하닷에셀	헬람	삼하 10:1~19
암몬		랍바	삼하 12:26~31
압살롬의 반란	압살롬	에브라임 수풀	삼하 18:1~15
세바의 반란	세바(지도자)	벧마아가 아벨	삼하 20:1~22
블레셋		곱	삼하 21:18~22

하나님께서는 다윗이 어디로 가든지 크게 승리하게 하셨습니다. 사무엘하 10장은 다윗 시대의 이스라엘이 국제 외교 관계에서 얼마나 높은 위상을 얻게 되었는지를 보여줍니다. 다윗은 157만 명의 군대를 가진 강대국을 이루었음에도 제국의 길로 가지 않고, 하나님께서 말씀하신 땅의 경계를 지키며 민족 간에 평화를 이루었습니다.

다윗이 전쟁을 통해 정복한 땅

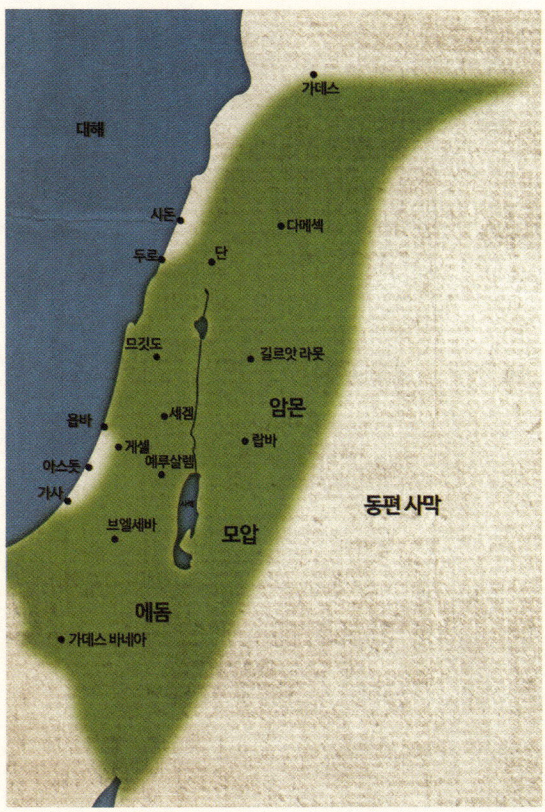

다윗은 예루살렘에 언약궤를 안치한 후 내각 조직을 편성합니다. 이때 다윗은 베냐민 지파 권력을 소외시키지 않습니다. 그리고 앞으로 건축될 성전을 위해 성막 중심의 조직에서 '성전 제사' 중심으로 레위인 조직을 총체적으로 재편성했습니다(대상 16:37~40; 23:1~6). 다윗은 왕 중심의 나라가 아니라, 성전 중심의 나라를 세워 하나님의 의와 공도가 이루어지도록 했습니다. 그는 자신이 온갖 노력으로 이룬 모든 업적

을 자신의 공로로 과시하지 않았습니다. 자신은 하나님의 종으로 수행했을 뿐이라고 고백했습니다. 다윗은 두로 왕의 선물을 받고 "여호와께서 자기를 세우사 이스라엘 왕으로 삼으신 것과 그의 백성 이스라엘을 위하여 그 나라를 높이신 것"(삼하 5:12)을 알고 고백하는 신앙인이었습니다.

다윗 때에 실행한 '정의와 공의를 행하는 나라'는 1,000년 전, 이미 하나님께서 아브라함 때부터 꿈꾸신 나라입니다. 그래서 제사장 나라의 충성스러운 공직자인 왕 다윗은 마침내 예수님의 오심을 준비하는 '천년모범 다윗'이 됩니다.

#To the Cross | 십자가로 향하는 레시피

6. 예루살렘 성전 건축 허락을 통한 메시아 신앙과 새 예루살렘의 시작

● 예루살렘, 천 년 약속의 성취는 천 년 후 예수님의 예루살렘 입성 준비

여호수아와 만나세대조차 점령하지 못하고 400년 동안이나 여부스족이 차지하고 있던 예루살렘을 마침내 다윗이 정복합니다. 이는 하나님께서 1,000년 전 아브라함에게 주신 약속의 땅 가나안 정복이 다윗의 예루살렘 정복으로 완전히 성취된 것입니다. 다윗은 예루살렘을 새 수도로 삼고 제사장 나라의 센터가 되게 했습니다. 다윗 때로부터 1,000년 후 예수님께서는 십자가 사역을 위한 마지막 일주일을 보내시기 위해 예루살렘으로 입성하십니다. 이렇게 예루살렘은 하나님의 천 년 약속 성취와 앞으로 천 년 후에 이루어질 약속의 준비 장소였습니다.

● 성전 건축 허락과 메시아사상의 시작

하나님께서는 성전 건축을 소망하는 다윗의 마음을 기쁘게 받으셨습니다. 그리고 나단 선지자를 통해 다윗의 아들이 성전을 건축할 것이라는 응답을 주시며 다윗에게 성전 설계도를 주셨습니다. 그래서 다윗은 아들이 지을 성전 건축을 위한 모든 준비에 온 정성을 다했습니다. 이때 하나님께서는 다윗의 후손들이 기름 부음을 받아 유다 지파 다윗의 왕권이 계속 이어질 것이라는 약속을 주셨습니다(삼하 7:12~16). 그러면서 다윗의 후손으로 오실 메시아가 하나님의 언약으로 예고됩니다. 이를 통해 "호산나 다윗의 자손이여"(마 21:9)라고 다윗의 후손으로 오실 메시아를 기다리는 '메시아 신앙'

이 시작됩니다.

● 예루살렘 성전 시대를 위한 레위인의 역할 재편성

움직이는 성막 시대에는 고핫, 게르손, 므라리 자손들의 역할이 중요했습니다. 성막 기구와 제사 기구, 언약궤 등을 싸고 메고 싣고 이동해야 했기 때문입니다. 다윗은 움직이지 않는 성전 시대를 준비하며, 레위인들의 역할을 재편성합니다. 즉, 30세 이상의 레위인 38,000명 중 성전 직무자 24,000명, 관원과 재판관 6,000명, 성전 문지기 4,000명, 성전 찬양대 4,000명으로 조직을 개편한 것입니다(대상 23:1~5). 예수님께서 겟네마네 동산에서 잡히실 때 대제사장 세력들과 함께 올라온 성전의 경비대장들이 이때의 편성으로 계속 존재한 것입니다.

● 다윗의 뿌리요 자손으로 오실 예수님

다윗의 후손 이야기는 예수님의 족보로 이어집니다. 다윗의 자손으로 오실 메시아 예언은 〈창세기〉부터 시작되었습니다. 야곱이 유다를 축복할 때 "규가 유다를 떠나지 아니하며"(창 49:10)라고 말함으로 왕권이 유다 지파로 이어질 것이 예고되었습니다. 바울은 로마 교회에 예수님에 대해 "육신으로는 다윗의 혈통에서 나셨고"(롬 1:3)라고 편지를 썼습니다. 예수님께서는 다윗의 후손이지만 실제 근원으로 가면 하나님과 동등된 분이 성육신하신 것으로, 사도 요한의 기록대로 "다윗의 뿌리"(계 22:16)이십니다.

15과 하나님의 종 다윗

사무엘하 11~24장, 열왕기상 1~2장

큰글자 일년일독 통독성경 *one year tongdok bible as one story*

105일: 우슬초 정결
106일: 험악한 형제 갈등
107일: 쿠데타 이야기1-압살롬의 반역
108일: 쿠데타 이야기2-쿠데타 일반 심리
109일: 쿠데타 이야기3-친위쿠데타
110일: 3년 기근 사건
111일: 민수기 인구조사 vs. 다윗의 인구조사
112일: 신앙적 유언, 정치적 유언

시간 흐름 *time flow*

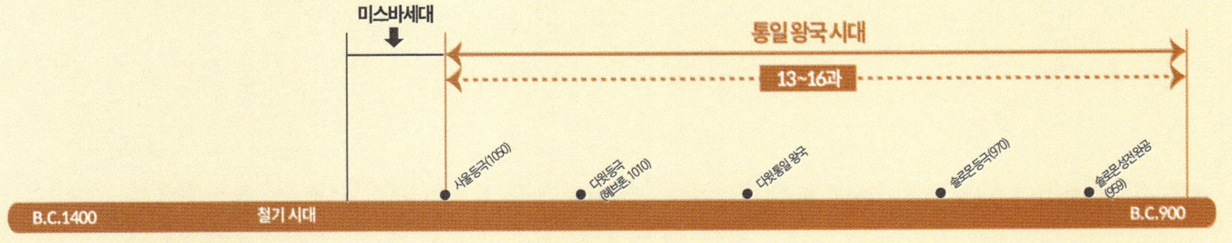

지금 공간 *current location* 예루살렘

주요 인물 *main character* 다윗, 나단, 압살롬, 요압, 솔로몬

통通포인트 *tong point*

제사장 나라 권력의 공공성

다윗은 민족 분단을 이겨내고 통일을 이루어 제사장 나라 권력의 공공성을 지키며 열두 지파 모두에게 공과 의의 정치를 행한 사람입니다. 예를 들면 첫째, 민족 통일을 앞두고 아브넬이 요압에게 죽었을 때 권력의 공공성이 무너질 위기 앞에서 다윗은 아브넬의 죽음을 진심으로 슬퍼하며 눈물을 흘려 극복했습니다. 둘째, 다윗은 우리아를 차도살인한 자신의 잘못을 지적한 선지자 나단을 왕의 권력으로 죽이지 않고 제사장 나라 법 앞에 죄를 시인하고 하나님의 저주를 달게 받았습니다. 셋째, 다윗은 압살롬의 쿠데타 후에 자신을 저주했던 시므이와 베냐민 지파 반체제 세력들을 끌어안았습니다. 다윗은 정의와 공의의 정치를 위해 권력의 공공성뿐만 아니라 권력의 목적성, 법치성, 변동성, 계승성을 뚜렷이 하며 끝까지 제국주의로 나아가지 않고, 모든 민족과 평화를 이루는 제사장 나라의 정치를 실행했습니다. 다윗은 레위기 26장에 기록된 '하나님의 복과 저주'의 통치 앞에 순종한 제사장 나라 공직자이자 하나님의 종으로, 통치자의 천년모범을 실현했습니다.

1. 우슬초 정결 - 제사장 나라 시민 다윗 삼하 11~12장

#큰글자 일년일독 통독성경 | 624~630p

다윗은 정말 대단했습니다. 하지만 그도 허물 많은 인간이었습니다. 어느 날, 우리아의 아내 밧세바를 범한 다윗은 그녀의 임신 소식을 듣자, 우리아를 맹렬한 싸움터로 보내 그의 죽음을 유도하는 악한 일을 꾸밉니다. 다윗이 편지 한 장으로 우리아에 대한 '차도살인'을 시행한 것입니다. 차도살인(借刀殺人)은 남의 칼을 빌려 사람을 죽이는 계책으로 왕이 갖는 권력에서 일어날 수 있는 최악의 폐단이라 할 수 있습니다. 다윗이 자신의 욕망을 채우고 그 죄를 감추고자 왕의 권력을 이용해 죄 없는 우리아를 죽인 것입니다. 다윗이 행한 그 일은 하나님께서 보시기에 매우 악한 것이었습니다.

다윗의 남다른 점
나단의 비유를 들으며 분노를 금치 못했던 다윗이 나단으로부터 "당신이 그 사람이라"(삼하 12:7)라는 말을 들었을 때 취한 행동은 곧바로 자신의 잘못을 시인하는 것이었다. 사무엘의 지적을 받고 이리저리 핑계를 찾던 사울(삼상 15:15)과 전혀 다른 다윗을 하나님께서 긍휼히 여기셨을 것이다. 다윗은 하나님 앞에서 제사장 나라의 거룩한 백성으로서 늘 순종하며 살았다.

다윗과 나단 _ J. 백커 作

하나님께서는 나단 선지자를 보내셔서 다윗의 잘못을 지적하십니다. 다윗은 곧바로 자신의 잘못을 인정하고, 하나님 앞에 나아와 울면서 크게 회개합니다. 다윗이 제사장 나라 법 앞에 무릎을 꿇은 것입니다. (이때 지은 시가 시편 51편입니다.)

우슬초는 애굽이나 이스라엘 등지에서 볼 수 있는 박하과의 식물로, 매우 쓴 맛이 납니다. 다윗은 하나님 앞에서 자신의 죄를 우슬초로 정결하게 씻어달라고 기도합니다. 다윗은 고대 근동에서 가장 힘 있는 왕이었지만, 자신에게 인생의 쓴맛이 찾아왔을 때 하나님과의 관계를 회복하는 것이 가장 우선임을 고백했던 것입니다. 신앙인의 올바른 자세는 어떠한 죄를 지었더라도 하나님을 떠나지 않고 하나님 앞에 나아가 자신의 죄를 자백하고 사죄의 은총을 구하는 것입니다. 그러면 사랑과 긍휼의 하나님께서 은혜와 자비를 베푸셔서 주홍같이 붉은 죄도 눈과 같이 희게 해주십니다. 다윗은 이 사실을 알고 끝까지 하나님 앞에 나아갔습니다. 하지만 다윗이 지은 죄에 대한 처벌로 밧세바가 낳은 첫아이는 죽고 맙니다.

"우슬초로 나를 정결하게 하소서"
시편 51편은 나단 선지자의 책망 후 지은 다윗의 시이다. 시편 51편에서 다윗은 '나(내)'라는 1인칭 주어를 무려 32회나 사용하며 하나님께 자신의 죄를 우슬초로 정결하게 씻어달라고 기도했다. 다윗의 진실하고도 깊은 회개는 하나님과의 관계가 회복되는 계기가 되었다.

이 일은 천 년 후 〈마태복음〉의 족보에 다시 기록됩니다. "다윗은 우리야의 아내에게서 솔로몬을 낳고"(마 1:6). 다윗은 제사장 나라 법 앞에서 자신의 죄를 인정하고 회개함으로 하나님으로부터 '내 종'이라는 말을 가장 많이 듣게 됩니다.

우리아를 죽인 다윗의 죄에 대한 하나님의 처벌
1. 다윗의 집에 칼이 끊이지 않을 것
2. 다윗의 아내를 다른 사람에게 주게 될 것
3. 밧세바와의 사이에서 태어난 첫아이가 죽을 것

2. 압살롬 쿠데타 - 권력의 공공성 삼하 13~20장

#큰글자 일년일독 통독성경 | 631~655p

〈사무엘하〉의 나머지 부분에는 다윗의 죄에 대한 처벌로 그가 겪게 되는 고통들이 나옵니다. 다윗의 큰아들 암논이 배다른 누이 다말을 욕보이고, 셋째 아들 압살롬이 그런 암논에게 복수합니다. 다윗의 아들들의 형제 갈등은 야곱의 아들들의 형제 갈등보다 더 험악했습니다. 암논을 죽인 일로 다윗과 멀어진 압살롬은 다시금 다윗과 화해하는 척했지만, 곧 자신이 왕이 되기 위해 반역을 일으킵니다. 다윗의 인생에 수많은 위기가 있었지만, 내부적인 두 번의 큰 위기는 시글락에서 600명의 동지들이 '돌'을 든 사건과 압살롬의 '쿠데타' 사건이었습니다.

비극의 씨앗
압살롬은 여동생의 복수를 위해 치밀한 계획 끝에 암논을 죽인다. 형제끼리 칼부림하는 비극이 일어난 것이다. 성경은 이 비극이 다윗이 뿌린 죄의 씨앗(삼하 11장)이 가져온 열매라고 말한다.

압살롬은 일부러 이스라엘 사람의 마음을 얻고자(훔치고자) 재판을 잘해 주며 편을 만들고, 다윗의 책사인 아히도벨을 설득해 자기편에 서도록 합니다. 그렇게 서서히 준비해 압살롬은 쿠데타를 실행에 옮기고, 다윗은 아들의 쿠데타를 피해 예루살렘에서 도망칩니다. (이때 지은 시가 시편 3편입니다.)

이 상황에서 제사장 사독이 언약궤를 메고 다윗을 따라 나옵니다. 다윗 왕에게 권력의 정당성을 뒷받침해 주기 위해서였습니다. 그러나 다윗은 언약궤를 성안으로 돌려보냅니다. 다윗은 권력이 하나님에게서 나온다는 권력의 변동성을 인정하면서 하나님께 은혜를 입으면 다시 그곳으로 인도해 주실 것이라고 고백합니다.

친위쿠데타 효과를 얻은 다윗
통치자가 자신의 권력을 더욱 단단히 하기 위해 벌이는 자작극 같은 쿠데타를 친위쿠데타라고 한다. 다윗이 압살롬 쿠데타를 진압하고 예루살렘으로 돌아가자, 시므이가 천 명의 베냐민 지파를 이끌고 다윗에게 무릎 꿇었다. 다윗은 시므이의 반체제 세력 천 명을 체제 안으로 거두게 되어 친위쿠데타 이상의 효과를 거둔다.

다윗은 도망길에 아히도벨이 압살롬 편에 있다는 소식을 듣고 주저앉습니다. 그리고 기도합니다. "여호와여 원옵건대 아히도벨의 모략을 어리석게 하옵소서". 이때 후새가 옷을 찢고 흙을 머리에 덮어쓰고 다윗에게 오자, 다윗은 후새를 압살롬 진영으로 거짓 투항하게 하고 다시 도망길에 오릅니다. 이번에는 그 길목에 서 있던 베냐민 지파 사울의 친족 시므이가 다윗에게 저주를 퍼붓습니다. 시므이의 저주를 들은 다윗의 신하들이 그를 죽이려 하자, 다윗이 말합니다. "내 몸에서 난 아들도 내 생명을 해하려 하거든 하물며 이 베냐민 사람이랴 … 오늘 그 저주 때문에 여호와께서 선으로 내게 갚아 주시리라"(삼하 16:11~12). 다윗이 권력의 변동성과 하나님의 처벌을 인정했기에 시므이를 죽이지 않고 살려둔 것입니다.

아히도벨은 압살롬의 쿠데타가 친위쿠데타가 아님을 알리기 위해 아들 압살롬과 아버지 다윗의 천륜을 끊는 방법을 사용합니다. 압살롬을 다윗의 후궁과 동침하게 함으로 압살롬의 쿠데타가 권력 변동을 위한 쿠데타임을 확신하도록 한 것입니다. 그리고 아히도벨은 쿠데타를 완성하기 위한 속전속결 방법으로, 군사 만 이천 명을 데리고 가서 다윗 왕만 죽이고 오겠다고 제안합니다. 그런데 이때 압살롬이 아렉 사람 후새도 불러 그의 책략을 듣고자 합니다. 후새는 압살롬에게 이스라엘을 단부터 브엘세바까지 바닷가의 모래같이 모으고 친히 전장에 나가서 완벽한 승리를 이루라고 말합니다. 다윗은 후새를 압살롬 진영으로 보내면서 쿠데타의 일반 심리 때문에 결국 압살롬이 후새의 책략을 선택할 것으로 판단했습니다. 아히도벨은 쿠데타가 실패했음을 직감하고 스스로 목매어 죽습니다.

쿠데타의 일반 심리란?
비밀리에 준비하여 성공한 쿠데타에 뒤늦게 합류한 사람들에 대해 필요 이상으로 과한 대접을 하는 심리를 말한다. 다윗은 '쿠데타의 일반 심리'를 이용해 자신의 긴 손 후새를 압살롬 진영에 거짓 투항시키는 전략을 펼쳤고, 이를 통해 아히도벨의 계략을 무력화시켰다.

결국 쿠데타는 실패로 끝나 압살롬은 요압의 창에 죽고, 다윗은 예루살렘으로 돌아와 복귀합니다. 이때 시므이가 베냐민 사람 천 명과 함께 다윗을 맞으러 나와 사죄하며 항복합니다. 다윗은 아들의 죽음이라는 아픔 속에서도 베냐민 지파 반체제 세력까지 끌어안고 권력의 공공성으로 위기를 극복하며 후반 정권을 이어갑니다.

3. 다윗의 인구조사와 민수기 인구조사의 차이 삼하 21~24장

#큰글자 일년일독 통독성경 | 655~665p

● 베들레헴 우물 사건

용사가 용사를 만듭니다. 다윗에게는 충성스러운 신하가 많았습니다. 먼저, 이스라엘과 블레셋 사이에는 전쟁이 끊이지 않았다는 것을 생각해 두어야 합니다. 이스라엘과 블레셋 사이의 전쟁은 사사 시대에 이어 사울 왕 때에도 계속되었고, 다윗 시대까지도 이어졌습니다. 그런데 사울 때와는 달리 다윗이 왕이 된 후부터 블레셋은 이스라엘과 싸워 이기지 못했습니다. 누구와 싸워도 이기는 다윗이 특히 '블레셋 킬러'였기 때문입니다.

요나단의 아들 므비보셋과 다윗
다윗은 열두 지파 전체의 왕이 되었을 때 요나단의 아들 므비보셋을 찾아 요나단과의 약속을 지켰다. 다윗은 므비보셋에게 사울의 모든 밭을 돌려주고 늘 자신의 식탁에서 함께 식사하도록 했다. 요나단과의 약속을 '왕의 자리'에서도 신실하게 지킨 다윗이다.

한 예로, 블레셋과의 전쟁 중에 베들레헴에 이르렀을 때 다윗이 자신의 고향인 베들레헴 성문 곁에 있는 우물물을 마시고 싶다고 말했습니다. 그러자 순식간에 세 명의 용사가 다윗을 위해 죽음을 무릅쓰고 적진 가운데로 들어가 우물물을 길어 왔습니다. 곧바로 다윗이 그 일을 후회합니다. 자신 때문에 세 명의 용사가 죽을 수도 있었기 때문입니다. 다윗은 크게 뉘우치며 그 물을 마시지 않고 하나님께 부어드립니다.

● 다윗의 인구조사

다윗이 인생 끝 무렵에 또다시 잘못을 저지릅니다. 자신이 이룬 업적을 과시하고 싶은 마음에 인구조사를 강행한 것입니다. 오래전 하나님께서 모세에게 인구조사를 명령하신 적이 있습니다. "너희는 이스라엘 자손의 모든 회중 각 남자의 수를 그들의 종족과 조상의 가문에 따라 그 명수대로 계수할지니"(민 1:2). 이때의 인구조사는 제사장 나라 구축을 위한 것이었습니다. 인구조사를 시행해 이를 토대로 체계적인 진 배치를 완료하여 군대 조직과 세금 징수와 교육 커리큘럼 설계가 가능하도록 했습니다. 무엇보다 인구조사는 '제사를 최종 목적'으로 합니다. 제비뽑기와 계민수전을 토대로 땅을 분배하여 제사드릴 제물 준비에 누구도 빠진 이가 없도록 하기 위해서였습니다. 그런데 하나님께서 다윗의 인구조사를 악하게 여기신 이유는 다윗의 마음 상태 때문입니다. 다윗은 강성해진 군사력과 경제력이 하나님께서 주신 복의 결과임을 잠시 잊고, 자신의 능력과 위업을 자랑하고자 했던 것입니다.

다윗은 자기 과시를 위한 '숫자 과시'가 죄라는 사실을 깨닫고 후회합니다. 죄를 뉘우친 다윗이 갓 선지자의 말에 따라 아라우나(오르난)의 타작마당에 단을 쌓고 제사드리는데, 이후에 그의 아들 솔로몬이 성전을 건축하는 장소가 바로 이곳입니다. 또한 이곳은 오래전 아브라함이 하나님께 이삭을 드리려 했던 모리아산이기도 합니다.

평화는 하나님께서 주신 것
다윗 때 이스라엘은 군사령관 요압이 10개월 정도 왕궁을 떠나 인구조사를 실행해도 문제없을 정도로 평안한 시대였다. 이 평화는 하나님께서 주신 것이었는데, 다윗은 마음이 교만해져서 이를 망각하고 말았다.

반성할 줄 아는 용기
다윗은 '숫자 과시'가 죄라는 사실을 깨닫고, 하나님 앞에 이를 고백하며 바로 회개하고 용서를 구했다. 다윗은 반성해야 할 때를 놓치지 않고 탄성하며, 방향 설정을 다시 할 수 있는 결단력과 용기를 가진 사람이었다.

4. 다윗의 신앙적 유언과 정치적 유언 왕상 1~2장

#큰글자 일년일독 통독성경 | 666~674p

군사령관 요압과 제사장 아비아달이 도운 아도니야 반란 사건은, 마치 사울이 죽고 난 후 군사령관 아브넬이 사울의 아들 이스보셋을 통해 정권을 잡으려 했던 상황과 비슷했습니다. 만약 국가 권력이 아도니야에게 넘어간다면, 하나님께서 다윗에게 허락하신 성전 건축이 다윗의 아들 대에 이루어지지 못할 위험이 있습니다. 이때 나단 선지자가 밧세바와 함께 다윗에게 아도니야 반란 사건을 알리고, 솔로몬으로 왕위 계승이 이루어지도록 돕습니다. 다윗은 제사장 사독, 선지자 나단, 그리고 브나야를 불러 솔로몬을 기혼으로 데려가 거기서 제사장 사독과 선지자 나단이 기름을 부어 왕이 되게 하도록 명령합니다(왕상 1:33~39).

베들레헴 목동으로 시작해 이스라엘의 왕으로 인생을 살았던 다윗이 인

기혼(Gihon)샘
예루살렘 동쪽 기드론 골짜기에 있는 샘으로, 예루살렘에 물을 공급하는 근원이다. "제사장 사독과 선지자 나단이 기혼에서 기름을 부어 왕으로 삼고"(왕상 1:45). 이곳에서 솔로몬이 기름 부음을 받아 다윗의 뒤를 이어 이스라엘의 왕이 되었다. 이후 히스기야 왕이 앗수르의 공격에 대비해 지하 수로를 만들어 기혼 샘물을 예루살렘 안으로 끌어들였다.

생을 마감하면서 솔로몬에게 유언합니다. 권력 계승자에게 남기는 유언은 유언자의 마지막 통치 행위입니다. 다윗은 아들 솔로몬에게 두 가지 중요한 유언을 남깁니다. 하나는 신앙적 유언이고, 또 하나는 정치적 유언입니다. 먼저, 신앙적 유언은 힘써 대장부가 되고 하나님의 법을 지키는 통치자가 되라는 것입니다. 그리고 정치적 유언은 집권 초기의 현실 정치 극복 노하우를 알려주는 것으로, 요압과 시므이를 경계하고 바르실래의 아들들을 언급하며 폭넓게 인재를 등용하라는 것입니다. 다윗은 이렇게 세상을 떠나고, 솔로몬이 그 뒤를 이어 이스라엘의 왕이 됩니다.

다윗이 남긴 것
파란만장했던 삶을 마감하며, 다윗은 성전을 지을 수 있는 많은 재물을 남겼다(대상 29:3). 다윗의 모범으로 이스라엘 백성은 즐거운 마음으로 하나님께 자신의 소유를 드리는 공동체가 되었다(대상 29:9,14). 그리고 다윗은 하나님의 꿈이 아들 솔로몬의 가슴에 남겨지도록 기도드리며(대상 29:19) 생을 마무리했다. 이렇게 멋진 인생을 살았기에 그의 이름은 오늘 우리의 가슴에까지 남게 되었다.

솔로몬 초반 3년의 정적 처리
1. 아도니야를 죽여 왕정을 튼튼히 함
2. 아도니야의 쿠데타를 모의한 아비아달 추방 (제사장 가문은 엘르아살로 이어진 사독 가문으로 계승)
3. 아도니야의 쿠데타를 모의한 요압을 죽임
4. 개각을 통해 왕정을 튼튼히 함 (군사령관 브나야, 대제사장 사독)
5. 주거 제한 명령을 어긴 시므이를 죽임

5. 다윗의 시편 시

#큰글자 일년일독 통독성경 | 830~964p

총 150편의 〈시편〉이 구약성경에 기록되어 있습니다. 그 가운데 73편이 다윗이 지은 시입니다. 〈사무엘상 · 하〉를 통해 정치인으로서의 다윗을 볼 수 있다면, 〈시편〉에서는 찬양과 기도로 하나님과 깊고 친밀한 만남을 가졌던 신앙인으로서의 다윗을 볼 수 있습니다. 사울 정권의 어두운 시대 흐름을 하나님 중심으로 돌려놓을 수 있었던 다윗의 힘이 시편의 신앙고백 안에 담겨 있습니다. 특히 다윗의 시편에는 메시아 사역의 밑그림이 많이 그려져 있습니다. 이후에 보면 예수님께서도 다윗의 시편을 많이 인용하셨습니다.

작자 미상의 다윗 시편은?
시편 150편 가운데 73편이 다윗 시편이다. 작자 미상의 시편 가운데 신약성경을 통해 다윗의 시편이 두 편 더 있음을 확인할 수 있다.
시편 2편 = 사도행전 4:25~26을 통해
시편 95편 = 히브리서 4:7을 통해

너무나 아름다운 시를 지은 사람, 시인 다윗입니다. 사울을 피해 다니며 위태롭게 목숨을 이어가던 때조차도 그의 노래는 하나님을 향한 감사와 찬미로 가득했습니다. 하나님을 간절히 찾는 간구와 호소도 결국에는 하나님을 향한 기쁨의 노래로 끝나곤 했습니다. 불평과 불만으로 인생을 살지 않고 하나님의 영광을 위해 살며, 하나님께 찬송을 올려드렸던 다윗의 아름다운 시를, 오늘을 살아가는 우리도 함께 읽고 노래할 수 있어서 참 감사합니다.

다윗 왕 _ 루벤스 作

- 다윗 시편과 메시아 예수님

① "어린 아이들과 젖먹이들의 입으로 권능을 세우심이여"
예루살렘 입성 – 시 8:2 | 마 21:16

② "주의 집을 위하는 열성이 나를 삼키고"
성전 청결 – 시 69:9 | 요 2:17

③ "나의 가까운 친구도 나를 대적하여 그의 발꿈치를 들었나이다"
가룟 유다의 배신 – 시 41:9 | 요 13:18

④ "위증자와 악을 토하는 자가 일어나 나를 치려 함이니이다"
거짓 증언 – 시 27:12 | 마 26:60~61

⑤ "까닭 없이 나를 미워하는 자가 나의 머리털보다 많고"
미워하는 이들 – 시 69:4; 35:19 | 요 15:24~25

⑥ "내 겉옷을 나누며 속옷을 제비 뽑나이다"
예수님의 십자가 – 시 22:16~18 | 요 19:23~24

⑦ "내 친구들이 내 상처를 멀리하고 내 친척들도 멀리 섰나이다"
예수님의 십자가 – 시 38:11 | 마 27:55

⑧ "목마를 때에는 초를 마시게 하였사오니"
예수님의 십자가 – 시 69:21 | 요 19:28~30

⑨ "내 하나님이여 내 하나님이여 어찌 나를 버리셨나이까"
예수님의 십자가 – 시 22:1 | 마 27:46

⑩ "도리어 나를 대적하니 나는 기도할 뿐이라"
예수님의 십자가 – 시 109:4 | 눅 23:34

⑪ "내가 나의 영을 주의 손에 부탁하나이다"
예수님의 십자가 – 시 31:5 | 눅 23:46

⑫ "그의 모든 뼈를 보호하심이여 그 중에서 하나도 꺾이지 아니하도다"
예수님의 십자가 – 시 34:20 | 요 19:36

⑬ "내가 네 원수들로 네 발판이 되게 하기까지"
예수님의 부활 승천 – 시 110:1 | 마 22:44

#To the Cross | 십자가로 향하는 레시피

6. 다윗의 시편 기도가 예수님의 십자가 기도로

예수님께서 하늘 성소인 십자가에 오르셔서, '하나님의 어린양으로 제물이 되시고, 대제사장으로 친히 제사를 집례'하시는 가운데, 기도하시며 다윗의 시편을 인용하셨습니다.

다윗의 입에 있는 제사장 나라 율법
"오직 그 말씀이 네게 매우 가까워서 네 입에 있으며 네 마음에 있은즉"(신 30:14). 모세의 당부대로 다윗의 입에는 항상 '제사장 나라 율법'이 있었다. 다윗은 시편 19편의 고백처럼 '여호와의 율법', '여호와의 증거', '여호와의 교훈', '여호와의 계명', '여호와의 법'을 입술의 노래로 달고 살았다. 이 노래는 당연히 '모세오경'이다.

"내 영혼아 여호와를 송축하라"
왕의 자리에서 언제나 누군가에게 명령하는 것에 익숙했던 다윗이 이번에는 자신에게 "내 영혼아 여호와를 송축하라"라고 명령했다. 이는 하나님을 찬양하는 것이 인생들의 본분임을 다윗이 깊이 깨달았기 때문이다. 다윗은, 하나님께서는 하나님을 경외하는 사람을 불쌍히 여기시는 분이며, 인생의 체질을 아시고 그 근본을 기억하시는 분이심을 고백했다. 우리가 하나님의 이름을 송축하는 복된 인생으로 살아갈 수 있는 비결은, 다윗처럼 먼저 하나님이 어떤 분이신지를 알고 하나님의 사랑을 믿으며 하나님 앞에 나아가는 것이다.

왕으로 오실 메시아를 노래한 다윗
시편 110편은 다윗의 '제왕시'이자 '메시아 예언시'로, 신약성경에서 가장 많이 인용되는 시편 중 하나이다. 이 시편은 메시아의 통치와 심판을 예고한다. 첫째, 왕으로 오실 메시아이다. 메시아는 하나님의 우편에 계시며, 원수들을 발판으로 삼으시고, 시온에서 권능의 규를 받으신다. 거룩한 옷을 입은 주의 백성들은 메시아를 섬기게 될 것이다. 둘째, 멜기세덱의 서열을 따라 오시는 대제사장 메시아이다. 셋째, 심판자로 오실 메시아이다. 이 시편의 말씀은 예수님께서 직접 인용하셨고, 사도 베드로와 바울, 그리고 <히브리서>에서도 반복적으로 인용되며 메시아 예수님을 설명하는 데 사용되었다.

● 대제사장 멜기세덱

"여호와는 맹세하고 변하지 아니하시리라 이르시기를 너는 멜기세덱의 서열을 따라 영원한 제사장이라 하셨도다"(시 110:4). 예수님께서는 멜기세덱의 서열을 따른 영원한 대제사장이십니다. 대제사장이 해야 할 중요한 일 중의 하나는 아침 상번제와 저녁 상번제를 드리는 일이었습니다. 예수님께서는 대제사장의 아침 상번제 시간에 십자가에 오르시고, 저녁 상번제 시간에 숨을 거두시며 십자가 단번 제사를 드리심으로 6시간 동안 대제사장의 책무를 모두 감당하셨습니다.

● 나의 하나님 나의 하나님

"내 하나님이여 내 하나님이여 어찌 나를 버리셨나이까 어찌 나를 멀리 하여 돕지 아니하시오며 내 신음 소리를 듣지 아니하시나이까"(시 22:1). 죄 없으신 예수님께서 인간의 죄를 대신하여 하나님께 저주를 받아 십자가를 지십니다. "엘리 엘리 라마 사박다니 하시니 이는 곧 나의 하나님, 나의 하나님, 어찌하여 나를 버리셨나이까"(마 27:46). 예수님의 이 외침은 하나님께서 그 아들을 십자가에 내어놓으신 고통을 감당하신 순간이었습니다.

● 기름 부음

"여호와께서 자기에게 기름 부음 받은 자를 구원하시는 줄 이제 내가 아노니 그의 오른손의 구원하는 힘으로 그의 거룩한 하늘에서 그에게 응답하시리로다"(시 20:6). 기름 부음 받은 이, 메시아(그리스도)이신 예수님께서 십자가에서 피 흘리심으로 구원 사역의 핵심인 '하나님의 의'를 드러내셨습니다. 모세 때 만든 거룩한 기름, 관유를 통해 제사장 나라를 이어왔다면, 기름 부음 받은 메시아 예수님을 통해 십자가 보혈로 하나님 나라가 이어집니다.

● 겉옷을 제비 뽑나이다

"내가 내 모든 뼈를 셀 수 있나이다 그들이 나를 주목하여 보고 내 겉옷을 나누며 속옷을 제비 뽑나이다"(시 22:17~18). 산헤드린 공회 재판과 빌라도 재판을 마친 예수님을 로마 군인들이 끌고 가 조롱합니다. 옷을 벗기고 홍포를 입히며 가시관을 엮어 머리에 씌우고, 침 뱉고 머리를 치고 …. 그리고 예수님을 십자가에 못 박은 후, 그 옷을 제비 뽑아 나누었습니다(마 27:35).

뼈를 보호하심이여

"그의 모든 뼈를 보호하심이여 그 중에서 하나도 꺾이지 아니하도다"(시 34:20). 예수님께서 십자가에서 죽으십니다. 그런데 유대인들이 안식일에 시체를 십자가에 두는 것은 제사장 나라 법에 어긋나므로 빌라도에게 죄인의 다리를 꺾어 시체를 치워달라고 청합니다. 빌라도의 허락하에 군인들이 가서 먼저 예수님 옆에 달렸던 사람들의 다리를 꺾었습니다. 그러나 예수님께서 이미 죽으신 것을 보고 다리를 꺾지 않았습니다(요 19:31~34). 이때 사도 요한은 "그 뼈가 하나도 꺾이지 아니하리라 한 성경을 응하게 하려 함"(요 19:36)이라고 증언했습니다.

예수님의 십자가 기도

"내가 나의 영을 주의 손에 부탁하나이다 진리의 하나님 여호와여 나를 속량하셨나이다"(시 31:5). 예수님의 십자가 고통은 세상의 어떤 고통과도 비교할 수 없습니다. 그런데 예수님께서는 6시간 동안 십자가에서 고난받으시면서 아프다는 말씀을 하시지 않았습니다. 아프시지 않아서가 아니라, 십자가 위에서 정말 중요한 일곱 말씀을 하시기 위함이었습니다. 예수님께서는 십자가에서 "아버지 저들을 사하여 주옵소서"(눅 23:34)라는 말씀으로 시작하셔서, "아버지 내 영혼을 아버지 손에 부탁하나이다"(눅 23:46)라고 말씀하신 후 숨을 거두셨습니다.

예수님의 하나님 우편 좌정

"여호와께서 내 주에게 말씀하시기를 내가 네 원수들로 네 발판이 되게 하기까지 너는 내 오른쪽에 앉아 있으라 하셨도다"(시 110:1). 예수님께서 산헤드린 공회 재판을 받으실 때 "네가 하나님의 아들 그리스도인지 우리에게 말하라"(마 26:63)라는 대제사장의 말에 예수님께서 대답하십니다. "네가 말하였느니라 그러나 내가 너희에게 이르노니 이 후에 인자가 권능의 우편에 앉아 있는 것과 하늘 구름을 타고 오는 것을 너희가 보리라"(마 26:64). 이때 예수님께서는 하나님 우편에 앉아 계실 것을 말씀하셨습니다. 이후 스데반이 순교할 때 예수님께서 하나님 우편에 서신 것을 확인합니다(행 7:55).

16과 솔로몬과 시가서

열왕기상 3~11장, 잠언, 아가, 전도서, 시편

큰글자 일년일독 통독성경 *one year tongdok bible as one story*

113일: 솔로몬의 지혜
116일: 모든 민족을 위한 '이방인의 뜰'
119일: 지혜자와 동행하면
122일: 미련한 자의 특징
125일: 참사랑
128일: 하나님 없는 인생은?
141일: 시와 찬미
144일: 노염은 잠깐, 은총은 평생
147일: 나의 눈물을 주의 병에 담으소서
150일: 주의 얼굴빛을 비추사
153일: 내 영혼아 여호와를 송축하라
156일: 하나님의 도움을 찬양
114일: 1,000년 성전 개막
117일: 세상 지혜에는 없는 것
120일: 인생의 참 행복
123일: 진주보다 귀한 여인
126일: 솔로몬 통치 후반기
129일: '헛되다'를 배우다
142일: 오직 주만 나의 복입니다
145일: 불의를 행하는 자들을 시기하지 말라
148일: 황소를 드림보다 찬양을
151일: 두 손 들고 부르짖습니다
154일: 다윗은 메시아를 노래합니다
157일: 입술에 파수꾼을
115일: 세계 정치 선언 기도-성전 낙성식
118일: 지혜와 미련함의 갈림길
121일: 악인의 형통함을 부러워 말라
124일: 아가서 사랑 이야기
127일: 수고와 헛수고
130~140일은 <17과>에서 통독합니다.
143일: 율법, 송이꿀보다 달다
146일: 새벽에 하나님이 도우십니다
149일: 성소에 들어갔을 때 깨달은 것
152일: 새 노래로 찬양하라
155일: 나의 명철함이 스승보다, 노인보다
158일: 신앙인 다윗의 찬양

시간 흐름 *time flow*

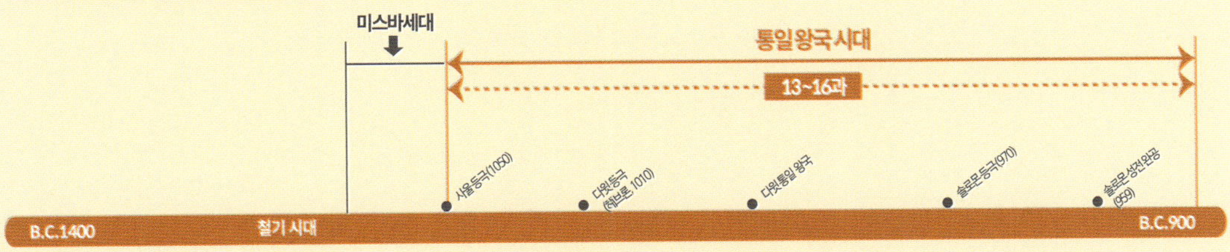

지금 공간 *current location* 예루살렘

주요 인물 *main character* 솔로몬, 스바 여왕, 술람미 여인

통通포인트 *tong point*

천 년을 담아 다시 천 년 미래로 향하는 솔로몬의 기도

솔로몬의 통치 전반기는 내각 정비 3년 + 성전 건축 7년 + 왕궁 건축 13년 = 총 23년으로 정리해 볼 수 있습니다. 모세 시대 때 제사장 나라 거룩한 백성으로서 민족의 기초를 세운 이스라엘은 500여 년이 지나 솔로몬 시대에 열방을 향한 복의 통로가 되는 꿈을 이룰 수 있는 시기가 되었습니다. 모리아산 번제를 통해 하나님께 대한 아브라함의 '경외'가 드러난 그 자리에 1,000년 후 예루살렘 성전이 지어집니다. 솔로몬은 성전 낙성식 때 땅의 만민이 하나님을 경외하게 해달라고 기도했습니다. 이는 아브라함 한 사람의 하나님을 향

한 경외가 1,000년 만에 제사장 나라 이스라엘 모든 백성의 경외로 이어진 것입니다. 레위기 26장의 제사장 나라 미래 경영 예고를 기반으로 한 솔로몬의 성전 낙성식 기도는 이후에 다니엘의 기도로 이어지고, 예수님의 '내 집은 만민이 기도하는 집'(막 11:17)의 기반이 됩니다. 솔로몬의 통치 후반기 17년은 통치 전반기에 쌓아왔던 모든 기반, 다시 말해 수많은 잠언, 지식과 지혜, 그리고 열방을 향한 성전이었던 예루살렘의 모든 기반을 잃어버리게 되는 안타까운 시기입니다. 솔로몬 사후에 나라를 남과 북으로 나누어야 할 만큼 솔로몬이 마음의 중심을 잃어버린 것입니다. 이러한 인생의 뒤안길에서 솔로몬이 마지막으로 찾은 보석은 '헛되다'입니다. 그리고 '유한 인생 무한 지혜'의 깨달음을 담은 책이 '전도서'입니다.

1. 솔로몬의 통치 전반기 - 열방을 향한 성전 건축 왕상 3~10장

#큰글자 일년일독 통독성경 674~696p

● 솔로몬의 통치 전반기

다윗이 세상을 떠나고, 솔로몬이 그 뒤를 이어 이스라엘의 세 번째 왕이 됩니다. 솔로몬 왕은 기브온에서 하나님께 일천 번제를 드립니다. 솔로몬의 제사를 기쁘게 받으신 하나님께서는 솔로몬의 꿈에 나타나셔서, 그가 원하는 것이 무엇인지 물으셨습니다. 그러자 솔로몬은 백성들을 잘 통치할 수 있도록 재판을 위한 지혜를 달라고 구합니다. 하나님께서는 솔로몬에게 그가 구한 지혜에 더하여 부귀와 영광도 주겠다고 약속하십니다.

하나님께서 솔로몬에게 주신 지혜는 솔로몬의 재판에서 빛을 발합니다. 솔로몬의 재판 이야기는 성경에 기록되었을 뿐만 아니라, 3,000년이 지난 지금도 세상에서 손에 꼽히는 유명한 재판으로 사람들에게 여전히 회자되고 있습니다. 이처럼 솔로몬의 통치 전반기는 하나님께서 주신 지혜와 부귀와 영광이 빛나는 시기였습니다. 솔로몬 시대 모든 백성은 "단에서부터 브엘세바에 이르기까지 각기 포도나무 아래와 무화과나무 아래에서 평안히"(왕상 4:25) 살았습니다. 솔로몬은 백성으로부터 큰 신뢰와 사랑을 받으며, 다윗에게 물려받은 정치적, 물질적 유산의 기반 위에서 드디어 성전 건축에 착수합니다.

솔로몬과 시가서
솔로몬의 통치 전반기 내용은 열왕기상 3~10장에 기록되어 있다. 이대 <잠언>, <아가>를 함께 읽는다. 그리고 솔로몬의 통치 후반기 내용이 있는 열왕기상 11장과 솔로몬이 생의 후반에 남긴 <전도서>를 함께 읽는다.

지혜
'지혜'를 뜻하는 히브리어는 '호크마'이다. 이는 성경에서 지혜 문학이라 일컫는 <잠언>, <전도서>, <시편>, <욥기>에 자주 언급된다. 솔로몬은 일천 번제를 드린 후 송사를 듣고 분별할 수 있는 지혜를 하나님께 구하여, 하나님으로부터 지혜와 총명과 넓은 마음을 받았다(왕상 4:29).

솔로몬의 재판
하나님의 지혜로 충만했던 솔로몬은 유전자 검사(DNA 검사) 확인보다 빠른 것이 '마음 확인'이라는 것을 알았다. 아이의 생명을 지키기 위해 '소유'를 포기하는 어머니의 마음을 정확히 보고 재판하여 그 진실을 밝혀냈다.

● 열방을 향한 성전

솔로몬은 18만 3,300명의 인원을 동원하여 국제적인 규모의 성전 건축을 시작합니다. 과거 시내산에서 진행된 성막 제작의 헌신자는 브살렐과 오

솔로몬의 재판 _ 니콜라스 푸생 作

훌리압이었고, 예루살렘 성전(솔로몬 성전) 건축의 헌신자는 아도니람과 히람이었습니다. 다윗의 준비 기반 위에 7년간 모두의 협력과 노력을 기울인 긴 공사 끝에 성전이 세워짐으로, 예루살렘성은 정치적 수도일 뿐 아니라 종교적인 성지(聖地)로서 이스라엘 모든 백성의 중심이 됩니다. 과거 성막 봉헌 때에도, 그리고 500여 년 후 이날 예루살렘 성전 봉헌 때에도 구름이 덮이는 하나님의 기적과 영광이 그 위에 충만했습니다. 성전 낙성식 날, 이스라엘 백성을 대표하여 솔로몬이 하나님을 온 이스라엘의 주로 고백하고 주의 율례와 법도를 지킬 것을 선언했습니다.

솔로몬의 성전

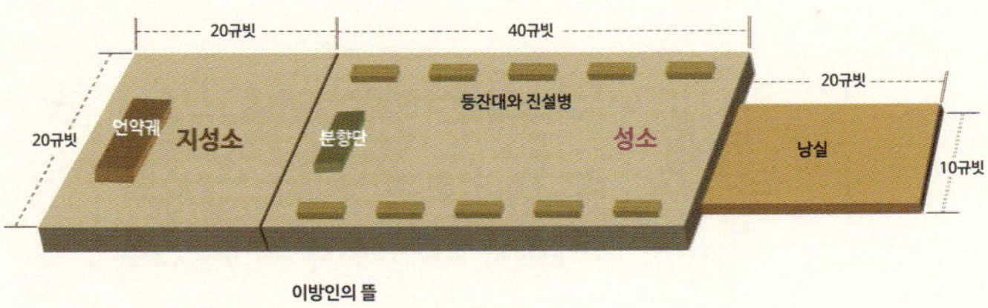

- 성전 건축 시작 : 출애굽 480년, 솔로몬 왕 4년 시브월 (2월)
- 성전 건축 기간 : 7년 / - 성전 완공 : 솔로몬 왕 11년 불월 (8월)
- 성전 외곽의 장 60, 광 20, 고 30 (규빗) / 지성소의 장 20, 광 20, 고 20 (규빗)

솔로몬의 성전 낙성식 기도는 솔로몬 지혜의 극치였습니다. 그는 세계 열방이 하나님의 뜻을 알아가는 데 이 성전이 쓰일 것이며, 이스라엘 백성은 그 일에 책임과 사명을 다할 것이라는 기도를 드렸습니다. 솔로몬의 기도는 모세가 제사장 나라의 두 가지 미래 이야기를 기록한 레위기 26장에 근거를 둔 기도였습니다. 이후 다니엘이 바벨론에서 예루살렘 성전을 향해 창문을 열고 하루 세 번 기도했던 것(단 6:10)은 솔로몬의 성전 낙성식 기도를 근거로 한 것입니다(왕상 8:33~34). 또한 예루살렘 성전을 방문한 스바의 여왕이 '지성소'나 '성소'가 아닌, '이방인의 뜰'에서 기도했다는 사실도 기억해 두어야 합니다. 예루살렘 성전이 세워진 장소는 아브라함과 이삭이 번제를 통해 "이제야 네가 하나님을 경외하는 줄을 아노라"(창 22:12)라는 놀라운 말씀을 들은 모리아산이었습니다. 그 자리에 예루살렘 성전이 세워졌고, 솔로몬은 땅의 모든 만민(모든 민족)이 하나님을 경외하게 해달라고 기도했습니다(왕상 8:43). 하나님께 대한 아브라함 한 사람의 경외가 모든 만민의 경외로 이어진 것입니다.

이처럼 열방을 향한 제사장 나라의 사명을 인식했던 지혜의 왕 솔로몬이 다스리던 때, 이스라엘은 주변 나라가 부러워할 만큼 놀라운 풍요를 누렸습

성경에 기록된 성전

- **솔로몬 성전** : B.C.586년 바벨론에 의해 파괴되었다(왕하 25:8~9).
- **스룹바벨 성전** : 스룹바벨을 비롯한 1차 귀환자들에 의해 B.C.516년 페르시아 제국 때 완공되었다(스 5:2; 6:15~18).
- **헤롯 성전** : 수십 년의 재건축 기간을 거쳐 A.D.63년에 완공되었다. 혹자는 그때에도 계속 공사중이었다고 한다. 이후 A.D.70년 로마 장군 티투스(Titus)에 의해 파괴되었고, 지금은 바위의 돔이 그 자리를 차지하고 있다.

솔로몬의 성전 낙성식 기도

=솔로몬의 세계 정치 성명서

1. 맹세의 기도
2. 포로의 기도
3. 가뭄 때의 기도
4. 여러 재앙 때의 기도
5. 이방인들을 위한 기도(솔로몬의 핵심 기도)

니다. 이 역시, 사명을 전제로 한 특권임은 두말할 나위가 없을 것입니다.

2. 솔로몬의 마음과 사랑 노래 잠 1~31장/ 아 1~8장

큰글자 일년일독 통독성경 | 696~751p

● 솔로몬의 마음 – 잠언

〈잠언〉은 솔로몬이 지은 지혜에 관한 책입니다. 솔로몬은 지혜가 무엇인지 〈잠언〉을 통해 자세히 알려줍니다. 솔로몬의 지혜는 인문, 사회, 자연과학 그 이상이었습니다. 참된 지혜는 깊은 연구를 통해 얻어지는 노력의 결과라기보다, 하나님을 의뢰하고 신뢰하려는 마음 자세에서 비롯되는 것입니다.

잠언 (proverbs)
잠언을 가리키는 히브리어 '미-샬'은 지혜를 담은 짧은 문장을 지칭하는 말이다. 격언, 속담, 비유 등을 가리킨다. 솔로몬은 잠언 3,000가지와 노래 1,005편을 지었다고 한다.

솔로몬은 하나님께 지혜를 얻은 사람입니다. 그래서 솔로몬이 전하는 지혜의 핵심은 '하나님'입니다. 지혜는 하나님을 경외하는 마음으로부터 나옵니다. 그리고 거룩하신 하나님을 아는 것이 명철입니다.

누구나 얻을 수 있는 지혜
솔로몬은 하나님을 경외하며, 하나님께 지혜를 간구하는 모든 사람에게 지혜가 주어진다고 확신했다. 그 이유는 지혜의 근본이신 하나님께서 사람들에게 지혜 주시는 것을 기뻐하시기 때문이다.

● '잠언'이 말하는 지혜 – 무엇이 지혜인가?

① 여호와를 경외하며 의뢰하는 것 – 잠 1:7; 15:33; 16:3; 19:23
② 인간의 부족함과 약함을 아는 것 – 잠 30:2~4
③ 정직한 마음으로 진실을 말하는 것 – 잠 11:6; 20:23
④ 가난한 이웃을 돌아보는 것 – 잠 3:27~28; 11:25; 14:31
⑤ 훈계와 징계받기를 즐겨하는 것 – 잠 3:12; 12:1; 13:1
⑥ 입술의 말을 조심하는 것 – 잠 10:11; 10:19; 20:15; 21:23
⑦ 부지런한 삶의 자세를 갖는 것 – 잠 6:6~11; 10:4~5
⑧ 좋은 친구를 사귀는 것 – 잠 13:20; 22:24~25; 27:1
⑨ 악인의 형통을 부러워하지 않는 것 – 잠 24:1~2; 24:19~20
⑩ 어리석은 유혹을 물리치는 것 – 잠 4:23~27; 5:7~8
⑪ 노하기를 더디 하는 것 – 잠 16:32; 25:15; 29:11

참 지혜의 본체 예수님
세상의 지혜는 하나님의 창조 후에 만들어진 것이다. 그러나 참 지혜는 창세전에 하나님 안에 있는 것이다. 솔로몬은 "하나님의 지혜는 그 시작이 태초부터"라고 말한다(잠 8:22~30). 이를 성경 전체의 숲에서 본다면, 우리는 예수 그리스도를 통해 하나님의 자녀가 됨으로 하나님께서 주시는 참 지혜를 가질 수 있다.

● 솔로몬의 사랑 노래 – 아가

〈아가〉는 솔로몬과 술람미 여인 사이에서 이루어진 순결하고 아름다운 사랑 이야기입니다. 두 사람은 아름답고 애절한 사랑 노래를 통해 서로를 향한 마음이 얼마나 풍성한지를 보여줍니다. 〈아가〉에 흐르는 사랑은 성경 전

<아가>의 사랑
<아가>를 통해 나타난 사랑은 이스라엘 백성을 향한 하나님의 사랑과, 그리스도의 신부인 교회를 향한 그리스도의 사랑에 비유되기도 한다.

체에 흐르는 하나님의 사랑, 특히 인생들을 향한 사랑입니다. 독생자를 보내시기까지 베푸신 사랑, 자신의 생명을 다 내어주시기까지 희생하신 큰 사랑, 예수 그리스도의 십자가 사랑을 생각하며 〈아가〉를 읽어가기를 바랍니다.

술람미 여자 (Shulammite)
술람미 여자는 <아가>의 주인공인 솔로몬이 사랑하는 여인으로 '평화'라는 뜻이다. '술람미' 용어에 관해 여러 견해가 있지만, 대체적으로 술람미를 갈릴리의 나사렛 남쪽 약 11km에 위치한 잇사갈 지파의 성읍 수넴(Shunem) 마을로 추측한다.

- '아가'가 말하는 사랑 – 무엇이 사랑인가?

① 한계를 넘어서는 것 – 아 1:5~6
② 서로에 대해 집중하는 것 – 아 2:2~3
③ 세밀한 관심을 가지고 배려하는 것 – 아 2:6~7
④ 동행하는 것 – 아 2:10~13
⑤ 서로의 허물을 덮는 것 – 아 4:7
⑥ 서로에게 속하는 것 – 아 2:16; 6:3
⑦ 죽음까지도 이기는 것 – 아 8:6~7

3. 솔로몬의 통치 후반기 - 어중간한 제국의 모습 왕상 11장

큰글자 일년일독 통독성경 | 751~755p

솔로몬의 통치 전반기를 특징짓는 중요한 점은 바로 그가 하나님을 사랑했다는 것입니다. 그런데 통치 후반기에는 솔로몬이 하나님을 사랑했던 마음의 중심을 잃어버립니다. 솔로몬은 통치 전반기에 가졌던 제사장 나라 충성도가 점점 낮아지면서 다윗 시대부터 만들어놓은 경제력과 국방력으로 주변 국가를 좌지우지하기 시작했습니다(왕상 4:21).

시돈 (Sidon)
지중해 연안의 항구도시로 해상 무역의 중심지였다. 솔로몬 통치 후반기에 이곳의 우상 아스다롯이 이스라엘로 들어와 백성들을 우상숭배에 빠지게 했다. 이후 북이스라엘 아합 왕의 악명 높은 왕후 이세벨이 시돈 출신이다. 시돈은 신약 시대까지 언급되는 도시이다.

이스라엘이 조공을 받는 힘 있는 나라였기에 그 조공의 항목에는 각 나라의 공주들이 포함되어 있었습니다. 솔로몬은 정략결혼으로 각국에서 맞이한 이방 공주들을 위해 예루살렘에 호화스런 궁전을 건축해 주었습니다. 거기에 더해 이들이 섬기던 그모스, 밀곰, 아스다롯을 비롯한 수많은 우상의 신전이 세워졌습니다. 하나님께서는 두 번이나 솔로몬에게 돌아오라고 하셨지만, 솔로몬은 쉽게 자신의 마음을 돌이키지 못합니다. 결국 솔로몬에게 있던 모든 것이 사라지기 시작합니다. 이처럼 지혜는 한 번 얻었다고 해서 마지막 순간까지 지킬 수 있는 것이 아닙니다.

솔로몬 통치 후반기에 유입된 우상들

시돈의 우상 '아스다롯'	• 가나안 지역의 대표적인 우상 • 쾌락과 풍요와 다산의 신, 바알의 배우자 • 모압 그모스의 배우자 신으로 여기기도 했음
암몬의 우상 '몰렉'(밀곰)	• 암몬의 민족 신 • 사람의 몸, 황소의 머리, 두 팔을 벌리고 있는 형상 • 어린아이를 바치는 인신제사를 주로 행함 • 밀곰, 몰록, 말감으로도 불림
모압의 우상 '그모스'	• 모압의 민족 신, 자신들을 그모스의 백성이라고 함 • 인신제사를 행하고 전쟁의 신으로 섬김

솔로몬 통치 후반기에는 다윗과 달리 제사장 나

라 충성도는 낮아지고 제국에 대한 모방은 높아졌습니다. 솔로몬 통치 후반기의 폐단을 세 가지로 정리한다면, 왕실의 사치, 과다한 세금, 그리고 종교적 부패입니다. 하나님을 향한 제사장 나라 공직자 다윗 왕의 마음은 처음부터 끝까지 변함이 없었습니다. 그러나 솔로몬은 처음 마음을 지키지 못했습니다. 안타깝게도 열방을 향한 예루살렘 성전의 모든 기반이 흔들리기 시작했습니다. 감당하기 어려울 정도의 왕실 비용이 발생함으로 백성들의 불만이 고조되었고, 유다 지파 중심의 권력 사유화가 이루어지면서 솔로몬은 어중간한 제국의 형태로 나라를 통치했습니다. 이는 남북 분단의 원인이 되었고, 결국 하나님께서는 아히야 선지자를 통해 여로보암을 택하셔서 그에게 열두 지파 가운데 열 지파를 주시고, 솔로몬의 아들 르호보암은 두 지파만 다스리게 하십니다(왕상 11:29~36).

4. 솔로몬이 깨달은 '헛되다' 보석 전 1~12장

#큰글자 일년일독 통독성경 | 755~771p

솔로몬은 인류 역사의 그 누구보다도 많은 물질을 가져보았고, 부족함 없이 누려본 사람입니다. 만끽할 수 있는 갖가지 쾌락과 향락도 즐겨보았습니다. 그런데 이 땅에서의 삶을 마감해야 하는 때가 되었을 때, 그는 과거에 자신이 누린 그 모든 것이 허무하다는 것을 깨닫게 됩니다. 이 깨달음을 담은 책이 바로 '전도서'입니다.

- 전도자의 인생 고백

① 사람의 수고가 헛되다 – 전 1:14

② 해 아래 새로운 것은 없다 – 전 1:10

③ 즐거움도 헛되다 – 전 2:1

④ 인간 지혜에는 한계가 있다 – 전 2:14~16

⑤ 모든 일에 때가 있다 – 전 3:1~8

⑥ 모든 인생은 흙으로 간다 – 전 3:20

⑦ 재물로 만족할 수 없다 – 전 5:10

전도자
솔로몬은 자신을 '전도자'라고 말한다. 전도자는 히브리어 '코헬레트'로 사람을 불러 모으는 사람, 모임에 모인 많은 사람에게 선포하는 사람을 가리킨다. 솔로몬은 하나님을 떠난 모든 것이 헛됨을 깨닫고 후대의 사람들에게 하나님 안에서 바르게 살길을 알려 주기 위해 <전도서>를 기록했다.

● 전도자의 권면 – 행복한 인생을 살려면

① 선을 행하는 사람이 행복하다 – 전 3:12

② 서로 돕는 사람이 행복하다 – 전 4:12

③ 입술을 지키는 사람이 행복하다 – 전 5:2

④ 죽음을 기억하는 사람이 행복하다 – 전 7:2

⑤ 치우치지 않는 사람이 행복하다 – 전 7:16~18

때가 있다 (전 3장)
"범사에 기한이 있고 천하 만사가 다 때가 있나니"

날 때	죽을 때
심을 때	뽑을 때
죽일 때	치료할 때
헐 때	세울 때
울 때	웃을 때
슬퍼할 때	춤출 때
돌을 던져 버릴 때	돌을 거둘 때
안을 때	안는 일을 멀리 할 때
찾을 때	잃을 때
지킬 때	버릴 때
찢을 때	꿰맬 때
잠잠할 때	말할 때
사랑할 때	미워할 때
전쟁할 때	평화할 때

"하나님이 모든 것을 지으시되 때를 따라 아름답게 하셨고 또 사람들에게는 영원을 사모하는 마음을 주셨느니라 그러나 하나님이 하시는 일의 시종을 사람으로 측량할 수 없게 하셨도다"(전 3:11).

● 전도자의 당부 – 기억하라

① 모두 다 하나님의 손에 있음을 기억하라 – 전 9:1

② 모든 인생이 죄인임을 기억하라 – 전 9:3

③ 하나님의 심판을 기억하라 – 전 11:9; 12:14

④ 이후에 노인이 될 것을 기억하라 – 전 12:1~7

⑤ 청년의 때, 너의 창조주를 기억하라 – 전 12:1,13

〈전도서〉가 인생의 무상함과 덧없음을 선포하고 있지만, 그것이 〈전도서〉의 전체 주제는 아닙니다. "모든 것이 헛되도다"(전 1:2)라는 전도자의 강한 선언 속에는 이미 그 헛됨을 극복할 수 있는 대안이 들어 있습니다. 전도자가 제시하는 그 대안은 하루라도 젊을 때 창조주 하나님을 기억하는 것입니다.

5. 찬양의 책 - 시편 시

#큰글자 일년일독 통독성경 | 830~964p

〈시편〉은 하나님께 예배하고자 하는 이스라엘 민족의 소망과 열정의 내용을 담고 있습니다. 우리는 여러 시인의

<시편>의 저자

권	편	저자
제1권	1~41편	다윗, 무명
제2권	42~72편	다윗, 고라 자손, 아삽, 솔로몬, 무명
제3권	73~89편	다윗, 고라 자손, 아삽, 헤만, 에단
제4권	90~106편	모세, 다윗, 무명
제5권	107~150편	다윗, 솔로몬, 무명

시편을 통해 온 마음과 정성을 다해 하나님을 함께 찬양할 수 있습니다. "이 백성은 내가 나를 위하여 지었나니 나를 찬송하게 하려 함이니라"(사 43:21). 하나님의 형상을 닮은 인생들이 존재하는 중요한 이유 중 하나는, 우리를 지으신 창조주 하나님을 찬양하기 위함입니다. 〈시편〉은 하나님을 향한 하늘 언어가 담긴 아름다운 책입니다.

'하나님의 말씀'에 대한 시편 119편의 다양한 표현들

용어	히브리어	대표적인 구절
율법	토라	"내가 주의 율법을 항상 지키리이다 영원히 지키리이다"(44절)
증거	에두트	"주의 증거들은 나의 즐거움이요 나의 충고자니이다"(24절)
법도	피쿠딤	"주께서 명령하사 주의 법도를 잘 지키게 하셨나이다"(4절)
율례	호크	"내 길을 굳게 정하사 주의 율례를 지키게 하소서"(5절)
계명	미쯔바	"내가 주의 계명들을 금 곧 순금보다 더 사랑하나이다"(127절)
판단	미쉬파트	"여호와여 주는 의로우시고 주의 판단은 옳으니이다"(137절)
말씀	다바르	"주의 말씀은 내 발에 등이요 내 길에 빛이니이다"(105절)

● 시와 찬미

① 복 있는 사람이란? – 시 1~9편
② 하나님을 향한 믿음이 있기에 – 시 10~18편
③ 깊은 탄식 가운데에서도 – 시 19~27편
④ 참된 보호자요, 피난처이신 하나님 – 시 28~34편
⑤ 하나님의 공의로운 심판 – 시 35~41편
⑥ 하나님께서는 우리의 힘과 도움이시니 – 시 42~53편
⑦ 의인의 기도에 귀를 기울이시는 하나님 – 시 54~66편
⑧ 모든 복의 근원이신 하나님 – 시 67~72편
⑨ 하나님께서 행하신 크고 놀라운 일 – 시 73~78편
⑩ 하나님께서 거하시는 장막 안에서 – 시 79~85편
⑪ 주의 길을 따르는 자들에게 힘주시는 분 – 시 86~89편
⑫ 능력과 아름다움이 충만하신 하나님께 – 시 90~102편
⑬ 하나님께서 베푸시는 놀라운 사랑 – 시 103~106편
⑭ 우리의 사정을 아시는 하나님 – 시 107~118편
⑮ 주의 율례와 계명과 법도를 사모하며 – 시 119편
⑯ 주의 성전에 오르는 기쁨의 찬양 – 시 120~134편
⑰ 모든 인생의 마음을 감찰하시는 분 – 시 135~142편
⑱ 인자하심이 영원하시며 무궁하신 하나님 – 시 143~150편

시와 찬미
복 있는 사람은 하나님의 말씀을 따라 사는 사람이며, 하나님의 말씀을 다른 그 어떤 것보다도 즐거워하여 주야로 묵상하는 사람이다.

셀라(Selah)
'들어올리다', '찬양하다'라는 뜻. '셀라'는 <시편>과 <하박국>에서만 사용되었다. 예배 음악에서 사용했던 일종의 기호로, 시를 읽을 때 특정한 행동을 하도록 지시하는 것으로 추측된다. 일반적으로 소리 높여 찬양하는 것을 의미한다고 본다.

하나님을 경외하는 사람
'경외한다'(시 103:17)라는 표현은 창조주이신 하나님을 '두려워하고 공경하는 자세'를 말한다. 하나님을 경외하는 사람은 늘 하나님을 기억하며 의식하는 사람이다. 그런 사람에게 자손 대대로 하나님의 의가 미친다는 약속이 주어진다. 스스로 자신이 하나님의 피조물임을 잊지 않는 것, 그것이 하나님의 복을 받는 조건이다.

#To the Cross | 십자가로 향하는 레시피

6. 열방을 향한 성전이 예수 십자가를 통해 '너희 몸이 성전'으로

● 모든 민족을 위한 성전 건축, 이방인의 뜰

솔로몬은 성전 낙성식 기도를 드릴 때 '이방인의 뜰'을 만민이 기도하는 집으로 규정하며 하나님께 기도했습니다. 이후 예수님께서는 십자가를 지시기 전 성전에 올라가셔서, 이방인의 뜰을 강도의 소굴로 만들어놓은 것을 보시고 장사하는 자들의 상을 둘러엎으셨습니다. 예수님 당시 예루살렘 성전의 대제사장 세력들은 메시아가 오시는 것보다 성전에서 그들의 기득권과 경제적 만족을 누리는 것이 더 중요했던 것입니다. 그래서 이방인의 뜰이 만민이 기도하는 곳이 아닌, 그들의 황금알을 낳는 장소로 바뀌었던 것입니다. 이에 예수님께서는 솔로몬의 성전 낙성식 기도에 근거해 '내 집은 만민이 기도하는 집'이라고 이방인의 뜰에 대한 잘못된 상황을 바로잡으셨습니다. 하나님께서 원하시는 성전은 모든 민족을 위한 성전이었습니다. 이를 위해 결국 하나님의 아들 예수 그리스도께서 십자가에 오르셔서 모든 인류를 위해 단번 제사를 드리심으로 '너희 몸이 성전'이 되는 놀라운 일이 일어납니다.

● 잠언의 지혜는 곧 예수님 (잠언 8장)

메시아이신 예수님께서는 참 지혜의 본체이십니다. 예수님께서는 "내가 곧 길이요 진리요 생명이니"(요 14:6)라고 말씀하셨습니다. 우리는 예수님의 지혜를 따라 하나님께 나아갈 수 있으며, 이를 통해 하나님의 공의를 볼 수 있습니다. 솔로몬은 "하나님의 지혜는 그 시작이 태초부터"라고 말합니다(잠 8:22~30). 그리고 사도 바울은 "그리스도는 하나님의 능력이요 하나님의 지혜니라"(고전 1:24), "그 안에는 지혜와 지식의 모든 보화가 감추어져 있느니라"(골 2:3)라고 예수님께서 지혜의 본체이심을 증언합니다. 하나님께서 주시는 지혜는 세상의 것과 다릅니다. 거룩하신 하나님을 경외하는 것이 지혜의 근본이며 명철입니다(잠 9:10).

● 메시아의 오심을 예고하는 시편들

〈시편 2편〉

시편 2편에 기록된 '기름 부음 받은 왕, 하나님의 아들'은 예수 그리스도를 가리킵니다. 예수님께서 세례를 받으실 때, 하나님께서 직접 "이는 내 사랑하는 아들이요 내 기뻐하는 자라"(마 3:17)라고 말씀하십니다. 그리고 사도 바울이 비시디아 안디옥에서 예수님을 소개하면서, 시편 2편의 기록을 근거로 하나님의 아들임을 증언합니다. "곧 하나님이 예수를 일으키사 우리 자녀들에게 이 약속을 이루게 하셨다 함이라 시편 둘째 편에 기록한 바와 같이 너는 내 아들이라 오늘 너를 낳았다 하셨고"(행 13:33).

〈시편 45편〉

시편 45편의 '규' 그리고 '기름을 왕에게 부어'는 통치자의 상징으로, 규와 기름 부음을 받은 왕 예수 그리스도를 가리킵니다. 히브리서 기자도 〈시편〉의 기록을 인용하며 '하나님의 아들'의 능력을 증언합니다. "아들에 관하여는 하나님이여 주의 보좌는 영영하며 주의 나라의 규는 공평한 규이니이다 주께서 의를 사랑하시고 불법을 미워하셨으니 그러므로 하나님 곧 주의 하나님이 즐거움의 기름을 주께 부어 주를 동류들보다 뛰어나게 하셨도다 하였고"(히 1:8~9).

〈시편 118편〉

시편 118편의 '건축자가 버린 돌, 집 모퉁이의 머릿돌'은 예수 그리스도를 가리킵니다. 예수님께서도 제자들에게 〈시편〉의 말씀을 인용하여 말씀하십니다. "예수께서 이르시되 너희가 성경에 건축자들이 버린 돌이 모퉁이의 머릿돌이 되었나니 이것은 주로 말미암아 된 것이요 우리 눈에 기이하도다 함을 읽어 본 일이 없느냐"(마 21:42). 예수님께서 부활하시고 승천하신 후, 베드로와 요한이 산헤드린 공회에 붙잡혀 재판을 받을 때, 베드로는 담대히 예수 그리스도에 대해 '건축자의 버린 돌로서 집 모퉁이의 머릿돌이 되셨음'을 증언합니다(행 4:11~12).

17과 하늘 보석 욥

욥기

큰글자 일년일독 통독성경 *one year tongdok bible as one story*

130일 : 의인의 고난
131일 : 엘리바스의 책망
132일 : 네 시작은 미약하였으나?
133일 : 하나님께 호소하기
134일 : 가슴속 울음소리
135일 : 오직 소망의 대상
136일 : 진실한 사랑이 없는 친구들
137일 : 하나님을 갈망하는 욥
138일 : 심판 날을 기다리는 욥
139일 : 하나님과의 대면 임박
140일 : 욥, 하나님의 자랑이 되다

시간 흐름 *time flow*

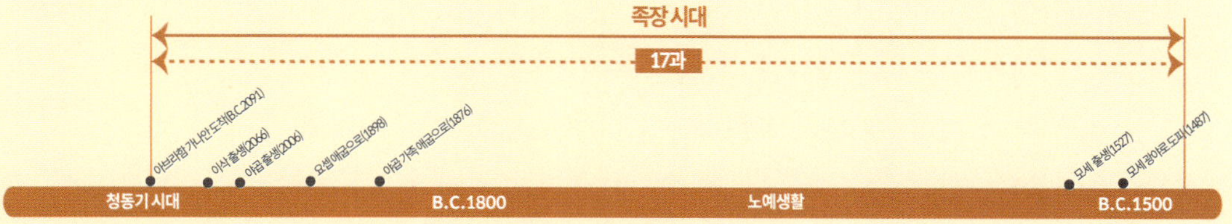

지금 공간 *current location*

우스

주요 인물 *main character*

욥, 엘리바스, 빌닷, 소발, 엘리후

통通포인트 *tong point*

친구들의 질문, 욥의 질문, 하나님의 질문

욥은 하나님의 기쁨이고 하나님의 자랑이었습니다. 그는 악에서 떠나 순전하며 하나님을 경외하는 사람이었습니다. 그러한 욥이 어느 날, 하나님의 허락하심으로 사탄을 통해 감당하기 힘든 고난을 겪게 됩니다. 욥이 처한 소식을 전해 듣고 찾아온 친구들은 욥을 위로하며 도움을 주는 듯했지만, 시간이 지나면서 친구들의 말은 욥에게 비수가 되었습니다. 욥은 친구들과 대화하면 할수록 하나님을 향한 질문도 커져만 갔습니다. 욥의 질문에 하나님께서는 창조 지혜의 범주 안에서 가장 근본적인 것들에 대해 욥에게 되물으십니다. 결국 욥은 창조주 하나님 앞에 자신은 피조물일 뿐임을 깨닫고, "내 입을 가릴 뿐이로소이다"라고 겸손히 엎드립니다. <욥기>는 인간의 고난을 정면으로 다룬 책입니다. 인간을 창조하신 하나님께서는 고난이 쓸모없는 것이 아니라, 인간 안에 보석을 만드는 과정이라고 말씀해 주십니다. 인간의 아픔과 함께 눈물 흘리시며 많은 것을 사랑으로 이해시켜 주시는 하나님 안에서 인생들이 하늘 보석으로 빚어져 간다는 사실을 우리는 <욥기>를 통해 확인할 수 있습니다.

1. 하나님의 자랑 욥 욥 1~3장

#큰글자 일년일독 통독성경 | 771~776p

'온전하고 정직하여 하나님을 경외하며 악에서 떠난 사람'이라는 평가를 받았던 하나님의 사람 욥이 어느 날 갑자기 이해할 수 없는 고난을 겪게 됩니다. 사탄이 욥을 시험하기 시작한 것입니다. 욥의 고난은 사탄이 욥을 시험하는 것이었지만, 욥에게는 견딜 수 없는 현실적인 고난이었습니다. 욥의 모든 재산은 한순간에 다 사라졌고, 자식들은 한날한시에 모두 죽었습니다. 게다가 욥의 몸은 병들어 욥의 정수리에서부터 발바닥까지 악성 종기가 났습니다. 욥은 이제 사탄의 시험에 정면으로 맞서 싸워야 했습니다.

우리는 하나님의 자랑이었던 신실한 하나님의 사람 욥까지도 사탄의 시험에 들었다는 사실에 주목해야 합니다. 사탄은 욥뿐만 아니라, 심지어 하나님의 아들이신 예수 그리스도까지 시험합니다. 그러므로 누구나 시험에 들 수 있다는 사실을 알아야 합니다. 다만 사탄의 시험을 싸워 이기느냐, 아니면 사탄에게 지느냐가 문제입니다. 욥은 끝내 사탄이 원하는 '입술과 마음으로 하나님을 원망'하는 일을 하지 않음으로 시험에서 이깁니다.

이후 예수님께서는 구약성경에 기록된 하나님의 말씀으로 사탄의 시험을 이기십니다. 사탄의 시험을 이기는 길은 사람의 의(義)가 아닙니다. 끝까지 하나님을 신뢰하는 믿음과 하나님을 아는 지식, 곧 '기록된 성경'으로 이기는 것입니다.

욥과 예수님의 이야기에서 알 수 있듯이, 끝내 사탄의 시험을 이기게 되면 우리는 '순금같이 단련된 하늘 보석'이 될 것입니다.

<욥기> 통독

<욥기>는 동서고금을 막론하고 가장 위대한 '시'이자 '희곡'으로 평가받는 책이다. <욥기>는 <시편>, <잠언>, <아가> 등과 같이 시가서로 분류되므로, 지혜 문학의 연장선상에서 다른 시가서와 함께 읽기 위해 이곳에 바 치했다. 욥은 아브라함과 비슷한 족장 시대의 사람이므로 <창세기>와 같이 읽어도 좋다.

순금같이 단련된 하늘 보석

진주조개가 모래알 하나를 감싸고 아픔을 참아내면 결국 놀랍도록 아름다운 진주를 만들게 된다. 하나님께 서는 인생들의 울음과 아픔에 함께하신다. 그리고 언제나 하나님의 뜻대로 살고자 애쓰며 눈물 흘리는 사람들과 동행하신다. 고난을 통해 인생들은 하늘 보석이 되어 빛난다.

2. 욥과 친구들의 질문 욥 4~37장

#큰글자 일년일독 통독성경 | 776~822p

욥이 큰 어려움에 처하게 되었다는 소식을 전해 듣고, 욥의 세 친구가 찾아옵니다. 일단 고통 가운데 있는 욥을 찾아와 주었다는 점에서 욥의 세 친구는 고마운 사람들입니다. 욥의 고난이 생각 이상으로 얼마나 극심했던지, 친구들은 7일 동안이나 욥에게 말 한마디 걸지 못하고 그저 그의 곁에 있어 줄 뿐이었습니다. 시간이 지나면서 친구들이 욥을 위로하기 시

욥의 친구들

엘리바스	에돔 인근 지역인 데만 사람. 욥을 찾아왔던 세 친구 가운데, 일주일의 침묵 기간을 끝내고 처음 입을 연 사람
빌닷	에돔 남쪽 또는 남동쪽에 살던 종족으로 추정되는 수아 사람. 엘리바스와 동일하게 욥과 세 번 논쟁함
소발	나아마 사람, 욥과 두 번 논쟁함
엘리후	람 종족 부스 사람 바라겔의 아들로 욥의 세 친구보다 젊은 친구. 엘리후의 발언은 하나님의 말씀을 위한 준비 단계가 되었다.

작합니다. 그런데 위로에서 시작된 그들의 말은 차츰 욥을 정죄하는 쪽으로 방향이 바뀌며 불편한 논쟁이 되고 맙니다.

욥과 친구들 _ 일리야 레핀 作

욥과 친구들 사이에 오간 논쟁 중, 너무나도 유명해진 말이 있습니다. 그것은 "네 시작은 미약하였으나 네 나중은 심히 창대하리라"(욥 8:7)입니다. 이 말은 심지어 액자로 제작되어 벽에 걸릴 정도입니다. 그러나 이 말은 욥이 한 말도, 하나님께서 하신 말씀도 아닙니다. 수아 사람 빌닷이 욥과의 논쟁 중 욥을 괴롭게 한 '헛소리'일 뿐입니다. 심지어 이 말은 이후에 하나님께서 빌닷을 비롯한 욥의 친구들에게 회개를 요구하실 정도로 잘못된 말 중 하나입니다. 이는 마치 예레미야와 맞선 거짓 선지자 하나냐의 헛소리와 같은 말입니다(렘 28:2~4). 그러므로 성경을 통(通)으로 읽지 않고 구절로 떼어내어 읽으면, 헛소리를 성구로 오해하는 어리석음을 범하게 됩니다.

<욥기>의 질문
1. 인간의 고통은 그가 지은 죄에 비례하는가?
2. "욥이 어찌 까닭 없이 하나님을 경외하리이까?"
3. 어찌하여 의로우시고 전능하신 하나님이 의인으로 하여금 이토록 큰 고통을 당하게 하시는가?

세 차례에 걸친 욥과 세 친구의 논쟁이 끝난 후, 욥이 자신의 논리를 다시 폅니다. 그리고 친구들과의 대화를 통해서도 인간의 고통과 고난에 대해 어떤 답도 찾지 못한 욥은 하나님 앞에 자신의 고통을 토로합니다.

이어서 욥과 세 친구의 평행선 같은 논쟁을 지켜보던 엘리후가 등장합니다. 그런데 엘리후 또한 욥의 고통에 대해 제대로 이해하지 못하며 아무런 해결도 주지 못합니다. 그의 발언을 계기로, 욥과 친구들의 논쟁은 하나님의 말씀, 곧 하나님과 욥의 만남이라는 반전으로 이어집니다.

왜 나입니까? (욥 7:11~15)
벌써 여러 달째. 육신의 고통뿐만 아니라 영혼을 짓누르는 아픔이 욥으로 하여금 잠을 이루지 못하게 했다. "왜 나입니까?" 이는 자신의 약함을 절절히 느끼는 욥의 질문이었다. 비록 지금은 하나님께서 욥의 그 질문에 침묵하시지만, 하나님께서는 침묵 속에서 욥이 고난을 이겨내길 바라시며 더 큰 섭리로 그를 돌보고 계셨다.

욥과 친구들은 인과율, 즉 모든 일에는 원인이 있고 원인 없이는 어떤 결과도 일어나지 않는다는 법칙 아래에서 질문을 주고받았습니다. 이는 인간이 경험적으로 체득하며 궁금해 할 수 있는 하나님의 창조 지혜의 일부분일 뿐입니다. 욥은 친구들과의 논쟁을 통해 고난에 대한 질문이 더욱 깊어졌고, 결국 도저히 인과율적 이해로는 해석되지 않는 것에 탄식하며, 그의 모든 질문은 하나님께로 향합니다.

세 친구의 논쟁점이 된 인과율
인과율(causality)은 모든 일에는 원인이 있고 원인 없이 어떤 결과도 일어나지 않는다는 법칙이다. 욥의 친구들은 "욥의 고난은 분명 하나님 앞에 행한 '잘못'에 그 원인이 있을 것"이라고 해석했다.

3. 하나님의 질문 욥 38~41장

#큰글자 일년일독 통독성경 | 822~828p

오랫동안 침묵하시던 하나님께서 마침내 세상의 시작과 하나님의 세계 경영에 관한 폭풍 같은 질문을 욥에게 하십니다.

"무지한 말로 생각을 어둡게 하는 자가 누구냐 … 내가 땅의 기초를 놓을 때에 네가 어디 있었느냐 … 바다가 그 모태에서 터져 나올 때에 문으로 그것을 가둔 자가 누구냐 … 네가 바다의 샘에 들어갔었느냐 깊은 물 밑으로 걸어 다녀 보았느냐 … 땅의 너비를 네가 측량할 수 있느냐 … 어느 것이 광명이 있는 곳으로 가는 길이냐 … 누가 홍수를 위하여 물길을 터 주었으며 우레와 번개 길을 내어 주었느냐 …"(욥 38:2~41:34).

하나님께서는 창조 아래 인간이 경험으로 이해할 수 있는 범위, 즉 창세기 1장 범위에서만 질문하셨습니다. 하나님의 창조 이전의 '섭리와 예정'에 대해서는 언급조차 하지 않으셨습니다. 오직 창조 지혜에 관한 편린들만으로도 하나님의 크고 위대하심을 깨달을 수 있도록 하신 것입니다. 하나님께서는 질문들을 통해 욥이 스스로 답을 찾기 바라셨습니다.

욥은 하나님의 질문에 어떠한 답도 하지 못했습니다. 그는 손으로 입을 가리며 하나님 앞에 꿇어 엎드립니다. 피조물인 인간은 창조주 하나님의 주권과 통치를 다 알 수 없습니다. 결국 욥은 인간의 고통과 고난까지도 하나님의 권한임을 인정하고 하나님 앞에 바로 서게 됩니다.

하나님의 질문
훌륭한 스승은 단지 정답을 알려주는 것이 아니라, 학생이 스스로 답을 찾아가도록 이끌어주는 질문을 건넨다. 마찬가지로 하나님께서도 욥에게 곧바로 상급을 주시기보다는, 그가 일련의 과정을 통해 지혜를 얻을 수 있도록 하신다. 그 방법 중 하나가 욥에게 질문을 던지시는 것이었다. 욥은 그 질문들의 답을 깊이 생각하면서, 지혜와 의의 주인이 하나님이시며 자신은 하나님의 피조물일 뿐이라는 사실을 깨달았을 것이다.

4. 욥의 제사와 중보기도 욥 42장

#큰글자 일년일독 통독성경 | 828~829p

욥은 하나님의 위대한 경륜을 깨닫지 못하고 탄식했던 자신을 회개하며, 고통과 고난의 단련을 통해 자신을 순금같이 만드신 하나님을 찬양합니다. 하나님께서는 욥을 정죄하며 고통스럽게 한 친구들을 용서하시는 조건으로 욥의 '중보기도'와 '번제'를 요구하셨습니다. 욥의 친구들은 그들이 직접 하나님께 용서를 구하는 번제를 드릴 자격조차 얻지 못한 것입니다. 결국 욥의 중보기도로 친구들은 하나님께 용서를 받게 됩니다.

욥이 친구들을 위해 중보기도할 때, 하나님께서는 욥의 곤경을 돌이키시고 다시 놀라운 복을 주십니다. 마침내 욥은 사탄의 모든 시험을 이기고 순금같이 단련된 하늘 보석이 됩니다.

"티끌과 재 가운데에서 회개하나이다"
'티끌'은 먼지나 티를 일컫는 말이며 '재'는 불에 타고 남은 찌꺼기다. 욥은 '티끌과 재 가운데에서' 자신이 아무것도 아님을 깨닫고 지극히 겸손한 자세로 자신의 허물과 죄를 회개했다. 당대의 의인이라 칭송받던 욥이라도 공의의 하나님 앞에 서면 회개할 수밖에 없다. 이것이 피조물의 당연한 자세다.

#To the Cross 십자가로 향하는 레시피

5. 고난에 대한 질문이 예수 십자가의 답으로

모든 인생이 가지는 '고난'에 대한 질문은 창조주 하나님의 피조 세계, 즉 인과율 안에서 생겨나는 고뇌입니다. 욥은 악에서 떠나 살며 순전하고 하나님을 경외하는 사람이었음에도, 사탄의 시험으로 인해 깊은 고난에 빠졌습니다. 예수님께서도 공생애 시작 전, 광야에서 사탄의 시험을 받으셨습니다. 이는 예수님께서 가장 큰 고난, 곧 하나님의 저주인 십자가로 가시는 길에서 이루어진 시험이었습니다. 욥은 끝까지 하나님을 경외함으로 사탄의 시험을 이겨냈습니다. 예수님께서는 하나님의 '의'를 드러내시기 위해 구약 성경의 기록된 말씀을 가지고 시험을 이기셨습니다. 그리고 고난과 고통의 십자가 6시간을 모두 감당하심으로 말미암아, 우리의 죄를 완전히 대속해 주셨습니다.

대속자이신 예수님께서 십자가에서 죽으시고 부활하셨습니다. 이는 우리에게 '부활 신앙'과 함께, 주님 다시 오시리라는 '재림 신앙'을 갖게 하시기 위함입니다. 예수님의 십자가 사역에 대한 긴 미래의 밑그림은 욥의 고백을 통해 예시됩니다. "내가 알기에는 나의 대속자가 살아 계시니 마침내 그가 땅 위에 서실 것이라 내 가죽이 벗김을 당한 뒤에도 내가 육체 밖에서 하나님을 보리라"(욥 19:25~26). 또한 하나님과 죄지은 욥의 친구들 사이에서 욥이 중보자의 역할을 하는 장면은, 중보자이신 예수님의 메시아 사역을 예표합니다(욥 42:7~9).

18과 남북 분열 왕조

열왕기상 12~22장, 열왕기하 1~14장, 아모스, 호세아

큰글자 일년일독 통독성경 *one year tongdok bible as one story*

159일 : 200년의 남북 분단
160일 : 여로보암의 길
161일 : 갈멜산 대결
162일 : 갈멜산 대결의 결말
163일 : 이세벨, 율법 악용으로 나봇 살해
164일 : 엘리야에서 엘리사로
165일 : 엘리사의 기적들의 의미
166일 : 하나님의 기적
167일 : 예후 1, 2차 종교개혁
168일 : 아모스, 호세아, 요나의 역사적 배경
169일 : 아모스 선지자의 공의
170일 : 아모스의 환상
171일 : 호세아 선지자의 타는 마음
172일 : 호세아의 선언
173일 : 불붙는 긍휼, 십자가 예고

시간 흐름 *time flow*

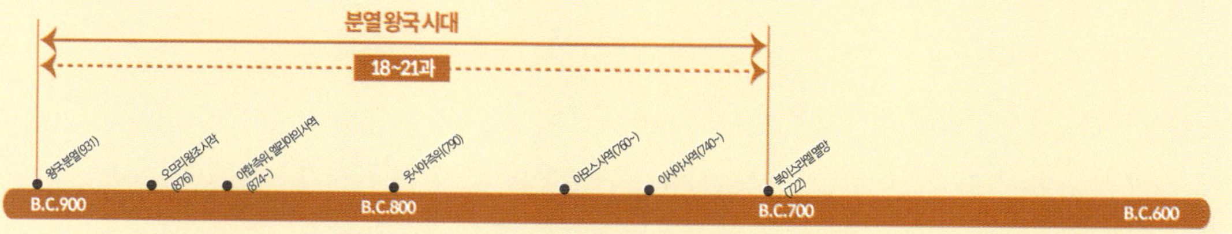

지금 공간 *current location* 예루살렘, 세겜, 디르사, 사마리아

주요 인물 *main character* 르호보암, 여로보암, 아합, 엘리야, 엘리사, 예후, 아모스, 호세아

통通포인트 *tong point*

남북 분단 200년 - 다윗의 길과 여로보암의 길

'왕정 500년'은 3단계로 설명할 수 있습니다. 1단계는 사울, 다윗, 솔로몬의 통일 왕국 시대, 2단계는 남북 분단 200년, 3단계는 북이스라엘 멸망 후 남유다 150년입니다. 남북 분단 200년 동안 눈에 띄는 특징은 '대제사장'과 '왕'에 이어 기름 부음을 받은 제사장 나라의 공직자인 '선지자'가 등장한다는 것입니다. 하나님께서 선지자들을 많이 보내신 이유는 다윗의 길, 즉 제사장 나라 통치를 이어가게 하시기 위함입니다. 그래서 선지자는 율법을 기준으로 끊임없이 왕과 대립하면서 다윗의 길로 나아갈 것을 촉구했습니다. 그러나 북이스라엘은 앗수르 제국에 멸망하기까지 200년 동안 여로보암의 길로 직진해 '제사장 나라 거룩한 백성'의 사명과 멀어집니다. '남북 분단 200년' 역사를 다음과 같은 특징으로 살펴봅시다.

- 남유다는 다윗의 길과 여로보암의 길로 지그재그를 반복했습니다.
- 북이스라엘은 네 가지로 설명할 수 있습니다.
  - 첫째, 여로보암의 길로 200년을 직진했습니다.

- 둘째, 여로보암 왕으로 시작해 호세아 왕으로 끝났고, 중간에 오므리 왕조와 예후 왕조가 있었습니다.
- 셋째, 오므리 왕조 때 엘리야와 엘리사 선지자가, 예후 왕조 때 아모스와 호세아 선지자가 다윗의 길로 유턴을 시도했습니다.
- 넷째, 결국 B.C.8세기 앗수르가 등장해서 북이스라엘을 멸망시키고 사마리아인(혼혈족)으로 만들었습니다.

1. 남북 분열의 표면적인 이유와 근본적인 이유 왕상 12장~16:20

큰글자 일년일독 통독성경 | 964~976p

솔로몬의 아들 르호보암 때 이스라엘이 북이스라엘과 남유다로 나뉘게 되면서 분열 왕국 시대가 시작됩니다. 이스라엘이 남북으로 분단된 표면적 이유는 솔로몬 통치 후반기의 어중간한 제국 표방과 그로 인한 정치적 폐단을 아들 르호보암이 그대로 답습했기 때문입니다. 르호보암은 백성들이 노역과 세금을 줄여달라고 호소하는데도 원로들의 제사장 나라 경영 조언을 무시하고 젊은 신하들의 의견을 따르면서 오히려 나라를 분열로 몰아갑니다(왕상 12:13~14). 결국 하나님께서는 남북 분단을 통해 제사장 나라 충성도를 높이고자 계획하십니다. 따라서 남북 분단의 근본적인 이유는 솔로몬 후반기의 어중간한 제국 모습에서 다시 제사장 나라 이스라엘로 돌이키기 위함입니다.

남북 분열 왕조
솔로몬의 아들 르호보암 때 이스라엘이 북이스라엘과 남유다로 나뉘면서 분열 왕국 시대가 시작된다. <열왕기상·하>는 북이스라엘과 남유다의 이야기를 함께 다루고, <역대상·하>는 남유다만의 역사를 다룬다. 18과에는 B.C.931년의 남북 분단 이후부터 B.C.8세기 중엽 북이스라엘의 여로보암 2세 시대까지의 이야기가 담겨 있다.

다윗의 길 vs. 여로보암의 길

다윗의 길	VS.	여로보암의 길
· 제사장 나라 충성도		· 제사장 나라 도구화
1. 하나님의 용서 (통회하는 심정)		1. 레위 자손이 아닌 사람으로 제사장 삼음
2. 이웃 사이의 나눔 (주의 백성)		2. 예배 장소 변경, 우상숭배 (단, 벧엘에 금송아지 우상)
3. 민족 사이의 평화 (하나님이 높이신 것을 알았음)		3. 제사장 나라 3대 명절 변경

하나님께서는 선지자 아히야를 통해 여로보암을 칭찬하시며, 이스라엘 열두 지파 가운데 열 지파를 그에게 맡기시고 다윗의 길로 행할 것을

북이스라엘 200년

연도(B.C.)	북왕국(재위 기간)	왕조	활동 선지자	중요 사건
931	① 여로보암 1세 (22년)		아히야, 잇도 등	
910	② 나답 (2년)			
909	③ 바아사 (24년)		예후	
886	④ 엘라 (2년)			
885	⑤ 시므리 (7일)			
885	⑥ 오므리 (12년)			'사마리아'를 수도로 정함
874	⑦ 아합 (22년)	오므리 왕조	엘리야	갈멜산 대결 / 나봇의 포도원 사건 / 남유다와 동맹하여 아람과 전쟁 (아합 전사)
853	⑧ 아하시야 (2년)		엘리야, 엘리사	엘리야의 승천 / 엘리사의 기적 이야기
852	⑨ 여호람(요람) (12년)		엘리사	
841	⑩ 예후 (28년)		엘리사	
814	⑪ 여호아하스 (17년)		엘리사	
798	⑫ 요아스 (16년)	예후 왕조		
793	⑬ 여로보암 2세 (41년)		아모스, 호세아, 요나	
753	⑭ 스가랴 (6개월)		호세아	아모스의 사역
752	⑮ 살룸 (1개월)			호세아의 사역
752	⑯ 므나헴 (10년)		호세아	요나의 사역
742	⑰ 브가히야 (2년)			
740	⑱ 베가 (20년)		호세아, 오뎃	
732	⑲ 호세아 (9년)		호세아	
722	북왕국 멸망 (약 210년)			

당부하셨습니다(왕상 11:38). 이때 하나님께서는 비록 이스라엘을 남북으로 나누셨지만, 신앙적 중심지 예루살렘을 중심으로 두 국가가 함께하기를 원하셨습니다. 그래서 북이스라엘에 사는 모든 성인 남자도 1년에 세 차례 예루살렘 성전이 있는 남유다로 오라고 명하셨습니다. 제사장 나라 3대 명절을 법대로 지키기를 기대하셨던 것입니다. 정치적으로는 나라가 나뉘어 있어도, 하나님을 향한 신앙은 동일하게 유지되어야 하기 때문입니다.

그런데 북이스라엘의 왕이 된 여로보암은 1년에 세 차례씩 남쪽 예루살렘으로 성인 남자들을 보내면, 백성들의 마음이 남쪽으로 기울지 않을까 우려했습니다. 결국 여로보암은 단과 벧엘에 금송아지 우상을 세우고, 레위 자손이 아닌 보통 백성으로 제사장을 세우며, 하나님께서 지키라고 명하신 제사장 나라 명절을 무시하고 자기 마음대로 명절의 날짜를 바꿔버리는 죄악을 저지릅니다.

이제부터 하나님께서는 이스라엘 왕들의 길을 두 가지로 평가하십니다. 바로 다윗의 길과 여로보암의 길입니다. 그런데 북이스라엘에서는 여로

여로보암 (Jeroboam)
솔로몬 시대에는 건축이 주요 국책 사업이었다. 이때 여로보암은 탁월한 건축 기술자이면서 감독자였다. 전쟁 때에는 군인이 중요 엘리트이지만, 평화 때에는 건축을 담당하는 사람들이 엘리트였다.

우상숭배하는 여로보암 _ 장 오노레 프라고나르 作

보암 이후 세워지는 18명의 왕 모두가 여로보암의 길을 따라 우상을 섬기는 안타까운 역사가 계속되었습니다.

2. 오므리 왕조와 엘리야의 사역 왕상 16:21~22장/ 왕하 1장

#큰글자 일년일독 통독성경 | 976~998p

● 갈멜산 대결

북이스라엘에서는 쿠데타가 끊이지 않았습니다. 오므리도 쿠데타로 정권을 잡아 왕이 됩니다. 오므리 왕은 사마리아를 수도로 정하고, 아들 아합을 위해 당시 매우 번성한 해안 국가였던 시돈의 공주 이세벨을 며느리로 데려옵니다. 이세벨로 인해 아합 왕 때 북이스라엘이 바알 신앙으로 물들어 버립니다.

오므리 왕과 아합 왕
오므리는 시므리가 죽자 세력 다툼을 하던 디브니를 물리치고 왕이 되었다. 그는 수도를 사마리아로 정했고 땅을 크게 넓혔으며, 그의 아들 아합과 시돈의 공주 이세벨을 결혼시켰다. 한편, 아합과 이세벨의 결혼은 단순한 국제결혼의 의미에 그치지 않았다. 그들은 바알 숭배를 위해 하나님의 선지자들을 모두 죽이는 데 뜻을 모은 악한 지도자였다.

하나님께서는 안타까운 마음으로 엘리야 선지자를 보내십니다. 당시 북이스라엘은 하나님의 징계로 3년 동안 가뭄이 이어졌는데, 이 일을 두고 엘리야와 아합이 논쟁을 벌입니다. 엘리야는 악한 시대 상황을 바꿔보려고 목숨을 걸고 '갈멜산 대결'을 제안합니다. 갈멜산에서 각자의 신에게 제사를 드려, 불로 응답하는 신이 참 하나님이심을 증명해 보이자는 것입니다.

결국 엘리야의 제단에 하나님의 불이 내려와 번제물과 나무와 돌과 흙을 태우고 도랑의 물까지 핥자, 그 이전까지 엘리야를 무시하고 조롱하던 북이스라엘 모든 백성이 엘리야 앞에 엎드립니다. 그리고 "여호와 그는 하나님이시로다"(왕상 18:39)라고 외치며 엘리야를 인정합니다. 이는 명백한 하나님의 역사였습니다. 과거 시내산에서 대제사장 아론이 첫 제사를 드리자, 여호와의 영광이 나타나며 불이 나와 제단 위의 번제물과 기름을 태운 사건이 있었습니다. 그때도 온 백성이 보고 소리 지르며 엎드렸습니다(레 9:22~24).

갈멜산 (Mt. Camel)
엘리야가 아합과 대결을 벌였던 장소, 갈멜산은 지중해 연안 중앙부에 있는 해발 약 546m의 산으로, 사람이 거의 살지 않았다. 갈멜산 아래에는 기손 강이 흐르고, 산 위에 오르면 남북 평원이 모두 보인다. 엘리야 선지자가 바알과 아세라 선지자와의 대결에서 이김으로 '엘리야의 산'이라고도 불린다.

엘리야는 이 기회를 놓치지 않고, 그곳에 있던 바알 선지자 450명을 모두 죽입니다. 그런데 왕후 이세벨은 눈도 깜짝하지 않을뿐더러, 오히려 자객을 보내 엘리야를 죽이려 합니다. 그러자 엘리야가 목숨을 보전하기 위해 도망합니다. 하나님께서는 남유다 땅까지 도망하다가 지쳐 쓰러져 모든 것을 포기하려는 엘리야를 찾아오셔서 위로하시며, 다시 사명을 주십니다.

● 기름 부음의 사명

하나님께서 엘리야에게 주신 사명은 '엘리사에게 기름을 부어 선지자로,

하사엘에게 기름을 부어 아람의 왕으로, 예후에게 기름을 부어 북이스라엘 왕으로 삼는 것'입니다. 이는 하나님께서 선지자를 통해 제사장 나라의 통치를 계속 이어가시고, 북이스라엘과 남유다가 두려워하는 아람도 하나님의 통치하에 있음을 알게 하시며, 하나님께서 모든 민족의 하나님이심을 드러내신 것입니다. 그리고 하나님께서는 엘리야에게 아직 바알에게 무릎 꿇지 않은 7,000명이 남아 있음을 알려주시며 용기를 북돋아 주십니다.

이제 드디어 제사장 나라에서 중요한 공직자로서 대제사장, 왕, 그리고 선지자가 기름 부음을 받게 됩니다.

엘리야의 도망길
엘리야는 이세벨의 자객을 피해 북이스라엘의 땅 이스르엘에서 약 142km 떨어진 남쪽 경계 브엘세바까지 도망했다. 그곳에서 엘리야는 사환을 남겨두고 홀로 광야로 들어가 하룻길을 간 뒤 로뎀나무에 머물며 하나님께 죽기를 소원했지만, 하나님께서는 엘리야에게 천사를 보내 숯불에 구운 떡과 물 한 병을 마시게 하시며 위로해 주셨다. 다시 힘을 얻게 된 엘리야는 광야 40일을 도망해 자객으로부터 생명을 구하며 하나님의 산 호렙에 도착했다.

● 나봇의 포도원 재판 사건 – 제사장 나라 율법 악용

열왕기상 21장에 나오는 '나봇의 포도원 사건'은 아합 시대의 불의함을 한층 더 드러낸 단적인 예입니다. 아합 왕이 나봇의 포도원을 탐내며 갖고 싶어 했습니다. 나봇은 제사장 나라 희년법과 토지법을 지키는 사람이었기 때문에 왕의 제안을 받을 수 없었습니다. 그러자 이세벨이 포도원을 빼앗으려고 제사장 나라 법을 악용해 나봇에게 누명을 씌웁니다. 이세벨이 성읍 장로와 귀족들을 매수하고 불량자 두 명을 시켜 나봇이 하나님과 왕을 저주했다고 거짓 증언을 하도록 한 것입니다. 그렇게 이세벨은 재판을 악용해 나봇을 돌로 처형하고, 그의 포도원을 빼앗아 아합에게 넘기는 악행을 저질렀습니다. 이렇게 아합 왕은 여로보암의 '유사 제사장 나라'보다 더 악한 상황을 만들었습니다.

아합과 이세벨을 만난 엘리야 선지자 _ 프레데릭 레이턴 作

이후 북이스라엘과 남유다가 동맹을 맺고 아람과 전쟁을 벌이게 되는데, 이 전쟁에서 아합 왕이 화살에 맞아 죽습니다. 이로써 〈열왕기상〉이 마무리되고, 아합의 아들 아하시야 이야기로 〈열왕기하〉가 시작됩니다.

3. 오므리 왕조와 엘리사의 사역 왕하 2~8장

큰글자 일년일독 통독성경 | 998~1016p

엘리야로부터 기름 부음을 받아 선지자가 된 엘리사는 많은 제자를 가르치며 선지 학교를 운영했습니다. 그리고 하나님의 말씀대로 제자를 통해 예후의 머리에 기름을 부었고, 결국 예후는 북이스라엘의 왕이 되었습니다. 또한 엘리사는 많은 기적을 일으켰습니다. 어느 날, 한 선지자의 제자가 죽

어 그의 아내가 과부가 되었는데, 너무 가난하여 그 아들이 종으로 팔리게 되었습니다. 이 소식을 들은 엘리사는 그 여인이 가져온 빈 그릇에 기름이 계속 채워지도록 기적을 베풀었습니다. 그런가 하면, 물에 빠졌던 도끼가 물 위로 떠오르고, 독이 든 음식에 가루를 뿌려 독을 없애기도 했습니다.

사실 우리는 엘리사 때 일어난 기적 자체만 보고 놀라워하고 관심을 가지지만, 기적이 일어난 배경을 살펴보면 하나님의 답답하신 마음을 느낄 수밖에 없습니다. 빌려온 도끼를 돌려줘야만 하는 상황이었기에 물에 빠진 도끼를 떠오르게 해야 했고, 들에서 난 풀을 따다가 끓인 국으로 끼니를 해결해야 했기에 그 속에 든 독을 반드시 없애야만 했던 것입니다. 당시 하나님의 선지자로 헌신한다는 것이 얼마나 힘든 고난의 길이었는지는 말로 다 표현할 수 없습니다. 이런 시대 배경에 대한 이해 없이 엘리야, 엘리사와 같은 기적의 능력만을 구한다면, 그것은 성경의 숲도, 하나님의 마음도 헤아리지 못하는 행동일 것입니다.

북이스라엘과 아람의 전쟁이 끝난 후, 엘리사는 아람의 수도 다메섹을 방문합니다. 그때 병이 든 아람 왕 벤하닷이 하사엘의 손에 예물을 들려 엘리사에게 보내, 자신이 살 수 있을지를 묻습니다. 그렇게 하사엘을 만나게 된 엘리사는 도리어 그가 아람의 왕이 될 것을 예언했습니다. 엘리사를 통해 아람의 왕이 될 것을 알게 된 하사엘은 아람 왕 벤하닷을 죽이고 스스로 아람의 왕이 됩니다. 이전에 엘리야가 받은 사명, 곧 하사엘이 아람의 왕이 될 것이라는 예언은 이렇게 엘리사 때에 성취됩니다.

엘리사의 요구
엘리사는 엘리야에게 있는 '성령이 하시는 역사'(개역한글 '영감'/히브리어로 '루아흐')의 '갑절'(히브리어로 '피 슈나임')이 자신에게 주어지기를 요청했다(왕하 2:9). 그의 이러한 요구는 신명기 21장 17절(이 본문의 '두 몫'도 히브리어로 '피 슈나임')에 근거한 것으로 장자(長子)가 아버지의 유업을 다른 형제들보다 갑절로 받는 것을 의미했다.

엘리사가 갑절의 영감을 구했던 이유는?
엘리사가 엘리야 선지자에게 갑절의 영감을 구했던 것은 단순한 욕심이 아니었다. 엘리야 선지자를 통해서도 꿈적하지 않았던 당시 사회는 큰 권능이 필요할 만큼 어려운 시대였다. 엘리사 선지자의 기적은 하나님을 경외하는 마음이 전혀 없는 시대적 분위기 속에서 소명을 다하겠다는 열정과 하나님 사랑을 마음 바탕에 간직하고 있는 사람들에게 일어난 기적이었다.

4. 예후 왕조 왕하 9~14장

큰글자 일년일독 통독성경 | 1017~1031p

더 이상 안 되겠다고 판단하신 하나님께서 오므리 왕조를 폐하시고, 예후라는 장수를 통해 새로운 왕조를 세우고자 하십니다. 엘리사 선지자의 제자를 통해 기름 부음을 받아 왕이 된 예후는 북이스라엘의 아합 가문을 진멸하고, 바알 선지자들을 모두 처단하는 결단과 용기를 보여주었습니다. 그런데 안타깝게도 단과 벧엘에 있는 금송아지는 제거하지 않았습니다. 그런가 하면, 남유다의 다섯 번째 왕 여호람(요람)이 북이스라엘 아합의 딸인 아달랴와 결혼하는데, 이 일은 우상숭배에 찌들어 있는 북이스라엘의 죄악이 남유다로 확대되는 계기가 됩니다. 아달랴는 남편 여호람, 그 뒤를 이어 왕

예후의 못 미치는 개혁
예후는 첫째, 아합 정권을 무너뜨리고 둘째, 바알 숭배자를 척결했다. 그러나 안타깝게도 그는 하나님의 율법을 전심으로 지키는 결단까지는 나아가지 않았다. 예후는 제사장 나라 명절에 예물을 가지고 예루살렘으로 가서 제사를 드렸어야 했다. 그러나 예후는 그리하지 않았다. 결국 예후는 앗수르에 침략을 받아 조공을 바치게 되었고, 그 모습은 앗수르 왕 살만에셀 3세의 블랙 오벨리스크에 수치스럽게 기록되었다.

이 된 아들 아하시야를 자기 마음대로 움직여 남유다 내에 바알 숭배를 퍼뜨립니다. 게다가 아들 아하시야가 죽자, 자기가 스스로 남유다의 왕이 되어 다윗 후손들을 진멸하려 합니다.

앗수르 왕 살만에셀 3세의 블랙 오벨리스크 (예후 왕의 조공) _ 대영박물관

하지만 아달랴가 왕자들을 모두 죽이려 하는 상황 속에서, 제사장 여호야다의 아내 여호세바가 왕자 요아스를 몰래 빼내어 목숨을 구한 후, 아달랴 몰래 6년 동안 키웁니다. 결국 제사장 여호야다의 주도 아래 아달랴는 폐위되고 7세였던 요아스 왕자가 왕위에 오릅니다. 요아스가 남유다의 왕이 된 것은 제사장 여호야다가 요아스의 머리에 왕관을 씌우고 율법책을 주며 기름을 부어 왕이 되게 했기 때문입니다(왕하 11:12). 요아스 왕의 통치 전반기에 남유다는 제사장 여호야다로 인해 하나님과의 언약을 새롭게 하고, 성전도 새로 고칠 수 있었습니다. 그러나 여호야다가 죽자, 남유다는 또다시 퇴락의 길을 걷게 됩니다. 이후 요아스는 신하들에 의해 죽고, 그 뒤를 이은 아마샤는 모반에 의해 죽습니다. 그리고 아마샤의 아들 웃시야(아사랴)가 16세에 왕이 됩니다.

요아스와 여호세바 (여호사브앗)
여호야다 제사장의 아내 여호세바가 아달랴의 칼을 피해 아하시야 왕의 아들 요아스를 구하여 숨겼다. 요다스를 구한 여호세바는 아하시야의 누이였으므로 요아스에겐 고모였다.

한편, 예후, 여호아하스, 요아스, 여로보암 2세로 이어지는 북이스라엘의 예후 왕조 역시 하나님의 기대를 저버리고, 다윗의 길이 아닌 여로보암 1세의 악한 길을 따랐습니다. 특히 예후 왕조의 네 번째 왕이자 북이스라엘의 13대 왕인 여로보암 2세 시대는 이스라엘 역사상 큰 번영을 누렸던 시기였지만, 하나님의 공과 의는 여전히 실현되지 못했습니다. 하나님께서는 안타까운 마음으로 아모스, 호세아, 요나 선지자를 보내십니다.

5. 예후 왕조와 아모스의 사역 암 1~9장

#큰글자 일년일독 통독성경 | 1031~1043p

여로보암 2세 때 북이스라엘에는 우상숭배가 만연했고, 가난한 사람들에 대한 부자들의 악행은 더 이상 눈뜨고 볼 수 없을 만큼 심각했습니다. 이러한 상황에서 아모스 선지자가 북이스라엘의 수도인 사마리아에서 하나님의 심판을 선포하기 시작합니다.

이스라엘 지역은 밤이 되면 매우 추워지므로, 이불이 따로 없는 가난한 사람들은 하나뿐인 겉옷을 덮고 자야 했습니다. 하나님께서는 오래전 모세

여로보암 2세 시대
여로보암 2세가 왕이 되기 전, 당시 국제 상황은 북이스라엘을 괴롭혔던 아람이 북쪽 앗수르의 힘에 눌리게 되었고, 앗수르는 아람과의 전투로 전력이 소모된 상태였다. 여로보암 2세는 그 기회를 활용해 이스라엘 영토를 "하맛 어귀에서부터 아라바 바다까지"(왕하 14:25) 회복했다. 그때부터 50여 년 동안 북이스라엘은 외부의 위협에서 벗어나 경제적 번영의 시기를 보냈다.

를 통해 율법을 주실 때, 가난한 사람에게 전당으로 잡은 옷은 해가 지기 전에 반드시 돌려주라고 명하셨습니다(출 22:26~27). 그런데 여로보암 2세 때에는 이 같은 하나님의 말씀이 하나도 실행되지 않았고, 그래서 가난한 사람들이 낮에 전당 잡힌 겉옷을 찾지 못해 추위에 고통받았습니다. 그런데 부자들은 여름 궁, 겨울 궁을 따로 지어놓고, 상아 침대에 누워 살진 양을 잡아 요리해 먹으며, 대접에 포도주를 따르고 비파와 수금을 타며 사치스럽게 살고 있었습니다.

제사장 나라의 사명을 잃어버리고 이 같은 불의한 상황에 놓인 북이스라엘에 하나님께서는 아모스 선지자를 보내셔서 "오직 정의를 물 같이, 공의를 마르지 않는 강 같이" 흐르게 할 것을 명하십니다(암 5:24). 하지만 북이스라엘 백성은 아모스가 전하는 하나님의 말씀에 귀를 막았습니다. 하나님의 말씀을 무시하는 그들로 인해 하나님의 마음은 타들어갔습니다.

선지자들을 통한 하나님의 질책은 언제나 '제사장 나라 율법'이 기준입니다. 하나님께서는 아모스를 통해 북이스라엘의 마지막이 이르렀음을 알리시는 가운데, 또 다른 희망의 시작을 말씀하십니다. 하나님께서는 다윗의 무너진 장막을 일으키실 것을 말씀하시며 영원한 하나님 나라를 약속해 주십니다.

예언서에 나타난 원근통시법
예언서는 역사서와 다르다. 역사서의 경우, 지난날의 사실을 기술하는 데 중점을 두지만, 예언서는 현재의 자리에서 과거의 시간과 미래의 예언까지 포괄하고 있다. 곧 공시성(共時性)과 통시성(通時性)을 동시에 사용한다. 그런 만큼 예언서의 기자들은 그 시대를 뚫어볼 수 있는 지적, 영적 능력을 동시에 가진 사람들이었다.

아모스 (Amos)
아모스 선지자는 남유다의 드고아 고원에서 양을 치며 뽕나무를 재배하던 목자였다. 성경에 기록된 뽕나무는 돌무화나무로, 그 열매는 그대로 두면 떫기 때문에 바늘로 열매를 찔러 그곳에 올리브기름을 발라야 했다. 당시 주인들은 양을 치는 목자들에게 고된 나무 관리를 맡기고, 밀밭에서 양떼가 밀 밑동을 먹을 수 있도록 허락했다. 그런 환경에서 살던 가난한 남유다의 목자 아모스가 하나님께 제사장 나라 선지자로 부르심을 받아 북이스라엘 땅에서 사역했다.

6. 예후 왕조와 호세아의 사역 호 1~14장

#큰글자 일년일독 통독성경 | 1043~1059p

호세아 선지자의 사역은 약 1,500년에 걸친 하나님의 역사를 담고 있습니다. 호세아 이전, 이스라엘을 애굽에서 불러내신 700여 년 전의 사건부터, 호세아 이후 800여 년이 지나 예수님께서 긍휼과 사랑으로 이스라엘을 품으신 때까지를 아우르는 것입니다.

하나님께서는 호세아 선지자의 결혼 생활을 통하여 이스라엘에 대한 사랑을 전하고자 하셨습니다. 그래서 호세아에게 내리신 하나님의 명령은 음란한 여인 고멜과 결혼하여 음란한 자식들을 낳으라는 것입니다. 이것은 200년 동안이나 '사명의 줄'을 놓아버린 북이스라엘을 향한 하나님의 마지막 경고요, 사랑이었습니다.

북이스라엘 백성은 당시 바알과 아스다롯을 섬기고 있었는데, 바알 신앙은 바알과 아스다롯, 곧 남신과 여신이 서로 금슬(琴瑟)이

<아모스>와 <호세아> 대비

아모스	호세아
경제 사회적 부패 이웃과 올바르지 못한 관계 경고	신앙적 부패 하나님과 올바르지 못한 관계 경고

좋으면 비가 풍족히 내려 농사가 잘되고 풍요롭게 된다고 믿는 신앙입니다. 이들의 종교의식은 신전에서 이루어졌으며, 도덕적 기준을 한참 벗어난 타락한 방식으로 행해졌습니다. 아마도 고멜이 이러한 바알 신전의 여사제였던 것 같습니다.

호세아는 이런 고멜과 결혼하여 사는 가운데, 고멜을 향해 지고지순한 사랑을 쏟아부었습니다. 그런데 고멜은 남편의 사랑을 도무지 몰라주고, 이전에 행하던 음행을 멈추지 않았습니다. 이러한 고멜의 행동은 바로 하나님의 사랑을 몰라주는 북이스라엘의 모습과 같았습니다.

호세아 선지자는 속 태우시는 하나님의 심정을 가슴에 품고 "이스라엘아 네 하나님 여호와께로 돌아오라"(호 14:1)라고 외칩니다. 하지만 북이스라엘 백성 누구에게도 마음을 찢는 깊은 회개의 모습은 없었습니다. 호세아는 이제 북이스라엘이 제사장 나라 법에 따라 레위기 26장에 기록된 대로 3단계 처벌인 '포로 징계'를 받을 것이라고 선언합니다. 그들의 모습을 보시고 하나님께서는 한탄하시며 답답해하십니다. 그러나 북이스라엘을 향한 하나님의 끝없는 사랑의 줄은, 결국 하나님의 긍휼의 집대성인 십자가 예고로 꽃을 피웁니다. "이스라엘이 어렸을 때에 내가 사랑하여 내 아들을 애굽에서 불러냈거늘"(호 11:1), "내 마음이 내 속에서 돌이키어 나의 긍휼이 온전히 불붙듯 하도다"(호 11:8).

하나님께서는 호세아 선지자를 통해 북이스라엘의 끝 지점에서 하나님의 사랑을 더욱 명료하게 드러내셨습니다. 북이스라엘을 '놓으시면서' 또한 '놓지 못하시는' 하나님의 모습입니다. 하나님의 불붙는 긍휼과 사랑은 800여 년 후 독생자 예수 그리스도를 이 땅에 보내심으로, 그리고 예수 십자가로 나타나게 됩니다.

힘써 여호와를 알자
호세아는 이스라엘 백성에게 "우리가 여호와를 알자 힘써 여호와를 알자"(호 6:3)라고 간절히 호소한다. 출애굽 이후 지금까지 변함없이 이스라엘을 지켜주신 여호와 하나님을 그들이 잘 알지 못했기 때문이다. 힘써 여호와를 알자는 호세아의 외침은 비단 그 당시에 그치지 않는다. 오늘날에도 시대를 새롭게 하는 힘은 여호와 하나님을 아는 지식에서 나온다.

선지자들의 마지막 호소
'호소'는 그저 적당히 부탁, 혹은 설득하는 것이 아니다. 호소는 몸부림이다. 아모스와 호세아 선지자의 호소에도 북이스라엘은 끝내 죄악의 길에서 돌아서지 않았다. 그들의 외침은 그야말로 '마지막 호소'였다.

#To the Cross | 십자가로 향하는 레시피

7. 엘리사가 받은 기름 부음이 메시아의 삼중직인 선지자의 기름 부음으로

● 선지자가 기름 부음 받음으로 예수님의 삼중직 예고

하나님께서는 모세를 통해 대제사장 아론의 머리에 기름을 부어 제사장 나라 공직자가 되게 하셨고, 이후 사무엘을 통해 다윗의 머리에 기름을 부어 제사장 나라 공직자인 왕이 되게 하셨습니다. 그리고 엘리야를 통해 엘리사의 머리에 기름을 부어 제사장 나라의 공직자인 선지자가 되게 하셨습니다. 이처럼 제사장 나라는 '대제사장, 왕, 선지자'가 기름 부음 받음으로써 책임 있는 공직자가 됩니다. 이는 예수님께서 '기름 부음 받은 이', 곧 '메시아(그리스도)'로 이 땅에 성육신하셔서 '대제사장, 왕, 선지자'의 삼중직을 담당하실 것을 예표합니다.

● 선지자들이 외친 예배 장소 단일화 원칙, 예수님의 십자가 장소 준비

아히야, 엘리야, 엘리사, 아모스, 호세아 등 당시 선지자들이 한결같이 강조한 것은 다름 아닌 예배 장소 단일화의 원칙이었습니다. 이스라엘 열두 지파 전체가 하나님의 이름을 두려고 택하신 예루살렘 성전에 모여 3대 명절을 지키고, 5대 제사를 드리는 것이 '하나님의 뜻'이었습니다. 표면적으로는 1년에 세 차례 예루살렘에 함께 모이면 지파 갈등도 없고, 하나님을 섬기는 신앙의 중심도 잃지 않을 수 있습니다. 그러나 더 근본적으로는 메시아 예수님께서 십자가를 지실 예루살렘을 준비하기 위함입니다. 예수님께서 "오늘과 내일과 모레는 내가 갈 길을 가야 하리니 선지자가 예루살렘 밖에서는 죽는 법이 없느니라"(눅 13:33)라고 말씀하심으로 구원 계획의 성취를 드러내십니다.

● 변화산에서의 예수님 만남

예수님께서 공생애 기간에 베드로, 야고보, 요한을 데리고 산에 올라 영광스러운 모습으로 변형되신 일이 있습니다. 일명 변화산 사건입니다. 그때 예수님께서는 율법의 대명사라 할 수 있는 모세와 선지자의 대명사라 할 수 있는 엘리야와 대화를 나누셨습니다. 모세는 대제사장 아론에게, 엘리야는 선지자 엘리사에게 기름을 부음으로 제사장 나라 공직자를 세운 사람들입니다. 예수님께서 대제사장과 선지자의 머리에 기름을 부은 하나님의 사람들을 변화산에서 만나 대화하셨던 것입니다. "문득 두 사람이 예수와 함께 말하니 이는 모세와 엘리야라 영광중에 나타나서 장차 예수께서 예루살렘에서 별세하실 것을 말할새"(눅 9:30~31).

● 아모스의 메시아 예고

B.C.8세기 북이스라엘에서 하나님의 말씀을 전한 아모스 선지자는 메시

아 예수님의 나라를 예언했습니다. "그 날에 내가 다윗의 무너진 장막을 일으키고 그것들의 틈을 막으며 그 허물어진 것을 일으켜서 옛적과 같이 세우고"(암 9:11). 이 말씀은 예루살렘 공회 때 바울과 바나바의 전도 사역을 듣고, 야고보가 이방인들의 전도를 위해 인용했습니다. "이후에 내가 돌아와서 다윗의 무너진 장막을 다시 지으며 또 그 허물어진 것을 다시 지어 일으키리니 이는 그 남은 사람들과 내 이름으로 일컬음을 받는 모든 이방인들로 주를 찾게 하려 함이라 하셨으니 즉 예로부터 이것을 알게 하시는 주의 말씀이라 함과 같으니라"(행 15:16~18). 또한 아모스 선지자의 종말 예고(암 8:9)는 〈마태복음〉의 예수님 말씀으로 이어졌습니다. "그 날 환난 후에 즉시 해가 어두워지며 달이 빛을 내지 아니하며 별들이 하늘에서 떨어지며 하늘의 권능들이 흔들리리라"(마 24:29).

● 호세아의 메시아 예고

호세아 선지자는 아기 예수님의 애굽행을 예고했으며(호 11:1), 십자가를 향한 메시아 예수님의 마음도 예고했습니다. 그는 북이스라엘 백성에게 형식적인 제사보다는 인애를, 번제보다 하나님을 힘써 알자고 호소했습니다(호 6:3~6). 이후 예수님께서는 마태를 부르시고 그의 집에서 식사하실 때, "어찌하여 너희 선생은 세리와 죄인들과 함께 잡수시느냐"(마 9:11)라고 비난하는 바리새인들에게 호세아의 기록을 들어 말씀하셨습니다. "너희는 가서 내가 긍휼을 원하고 제사를 원하지 아니하노라 하신 뜻이 무엇인지 배우라 나는 의인을 부르러 온 것이 아니요 죄인을 부르러 왔노라 하시니라"(마 9:13). 또한 호세아 선지자는 북이스라엘을 향한 하나님의 끝없는 사랑과 긍휼을 말하며 하나님께 돌아오라고 호소했습니다. 이때 "내 마음이 내 속에서 돌이키어 나의 긍휼이 온전히 불붙듯 하도다"(호 11:8)라며 이스라엘을 놓치 못하시는 하나님의 마음은 결국 800여 년 후, 예수님의 '용서를 향한 열정'으로 나타납니다. 용서와 사랑의 예수님께서 죄인들을 구원하시기 위해 십자가에 오르셔서 긍휼을 베푸십니다.

19과 요나의 기적

요나

큰글자 일년일독 통독성경 *one year tongdok bible as one story*

174일 : 불순종한 요나? - 열방을 향한 사랑

시간 흐름 *time flow*

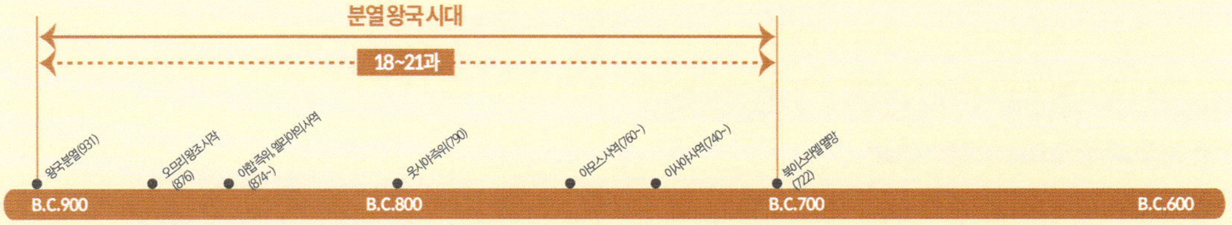

지금 공간 *current location* 니느웨

주요 인물 *main character* 요나

통通포인트 *tong point*

모든 민족을 향한 하나님의 마음

하나님께서 요나 선지자를 앗수르의 니느웨에 보내신 것은 세계가 다 하나님께 속해 있고, 구원의 대상은 이스라엘뿐만 아니라 모든 민족이라는 사실을 가르쳐주시기 위함이었습니다. 하나님의 마음은 언제나 모든 민족을 향해 있습니다. 그러나 요나는 하나님의 뜻을 따르지 않고 니느웨가 아닌 다시스로 향하다가 결국 3일 동안 물고기 배 속에 머물게 됩니다. 요나의 이 일은 훗날 표적을 구하는 유대인들에게 예수님께서 '선지자 요나의 표적'으로 응대하시는 데 사용됩니다. 또한 요나의 물고기 배 속 3일은 예수님의 '십자가 지신 후 3일에 부활하심'과 연결됩니다.

1. 열방을 향한 하나님의 마음 욘 1:1~2

큰글자 일년일독 통독성경 | 1059p

이스라엘 백성이 시내산에서 하나님과 맺은 제사장 나라 언약은 '모든 민족'에게 복을 주시려는 하나님의 뜻을 위한 것이었습니다. 그러므로 이스라엘은 모든 민족과 하나님 사이에서 복의 통로로서 사명을 감당해야 했습니다. 그런데 이스라엘은 시간이 지나면서 그들의 사명은 망각한 채, 선민

니느웨에 베푸신 하나님의 구원 계획

"너는 일어나 저 큰 성읍 니느웨에 가서 그것을 향하여 외치라", "40일이 지나면 니느웨가 무너진다"라는 하나님의 메시지는 사실 40일 동안 니느웨 사람들에게 회개할 기회를 주시겠다는 사랑이다. 열방을 향한 하나님의 마음은 긍휼의 마음이며, 죄인이 돌아오기를 기다리시는 마음이다. 하나님께서는 요나에게 이 마음을 가르치셨다.

의식에만 사로잡힌 민족이 되었습니다. 그와 같은 이유로, 요나 선지자는 당시 북이스라엘을 비롯해 고대 근동의 여러 나라를 힘으로 괴롭히는 앗수르에 가서 회개를 외치라는 하나님의 명령을 도무지 이해할 수 없었던 것입니다. 그러나 하나님의 뜻은 〈창세기〉에서부터 〈요한계시록〉까지, 즉 시작부터 끝까지 언제나 '모든 민족의 구원'이었습니다. 그래서 하나님께서는 열방을 향한 하나님의 사랑과 구원 계획을 요나 선지자를 통해 드러내신 것입니다.

> **<요나>와 <나훔>**
>
> <요나>와 <나훔>은 앗수르를 향한 메시지로, 동전의 양면처럼 한 권의 책으로 통通으로 보아야 한다.
>
> **요나**
> 1. 하나님의 긍휼
> 2. 니느웨의 회개
> 3. 순종한 나라
> 4. 물로부터의 구원
>
> &
>
> **나훔**
> 1. 하나님의 심판
> 2. 니느웨의 반역
> 3. 불순종한 나라
> 4. 물로 인한 멸망

2. 선지자 요나와 물고기 배 속 3일 욘 1:3~2장

#큰글자 일년일독 통독성경 | 1059~1061p

요나 선지자는 앗수르의 큰 성읍 니느웨에 가서 하나님의 구원 계획을 전하라는 하나님의 말씀에 순종하고 싶지 않았습니다. 요나는 자기 생각이나 판단으로 볼 때, 당시 앗수르의 제국주의적 행태가 절대 옳지 않다고 여겼기 때문입니다. 앗수르는 그들의 죄로 인해 마땅히 하나님의 심판을 받아야 할 나라인데, 도리어 하나님의 용서와 구원의 은혜를 누려서는 안 된다고 생각한 것입니다. 이는 요나 선지자에게도 선민의식이 내면에 깔려 있었기 때문입니다. 그래서 요나 선지자는 앗수르에 하나님의 구원 메시지를 전하지 않으려는 의도로, 니느웨와는 정반대 방향, 지금의 스페인 지역인 다시스로 가는 배에 올랐습니다. 그러나 하나님의 뜻은 반드시 니느웨 사람들이 회개하고 하나님께 구원받는 것입니다.

> **다시스(Tarshish)**
> 예루살렘에서 4,000km 이상 떨어진 지중해 서쪽 끝에 있는 도시로, 오늘날의 스페인 남부 해안 인근의 타르테소스로 추정된다. 두로를 '다시스의 딸'로 부를 정도로 금속 가공업이 발달한 무역도시였다. 솔로몬 시대에 국제무역의 대상으로 성경에 처음 등장했다. "왕이 바다에 다시스 배들을 두어 히람의 배와 함께 있게 하고 그 다시스 배로 삼 년에 한 번씩 금과 은과 상아와 원숭이와 공작을 실어 왔음이더라"(왕상 10:22). 그래서 욥바항에는 다시스행 배가 항상 대기하고 있을 정도였다. 이사야 선지자는 훗날 세상 끝으로 여긴 다시스에 복음이 전파될 것을 예언했다(사 66:19).

요나를 태운 다시스행 배가 출발하자, 하나님께서는 바다에 큰 폭풍을

요나의 사역

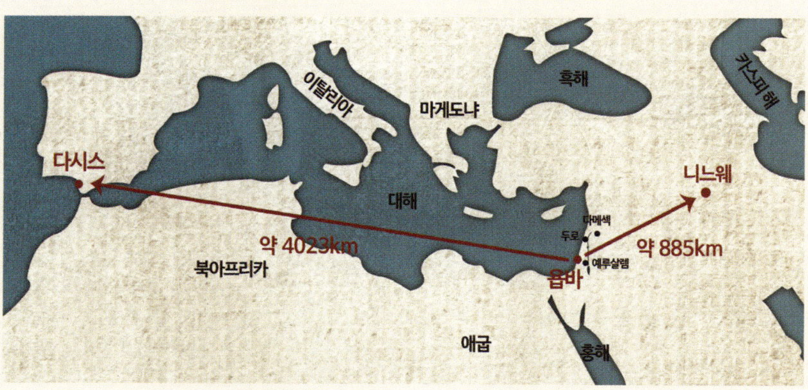

물고기 배 속에서 구원받는 요나 _ 얀 브뤼헬 作

일으키시고, 제비뽑기를 통해 폭풍의 원인 제공자로 요나가 지목되게 하셨습니다. 이때 요나는 뱃사람들 앞에서 "나는 히브리 사람이요 바다와 육지를 지으신 하늘의 하나님 여호와를 경외하는 자로라"(욘 1:9)라고 자신을 밝히며, 하나님의 명령을 어긴 자신의 죄로 인해 폭풍이 일어난 것임을 자백했습니다. 그리고 자신을 바다에 던지라고 말하며 하나님의 징계를 받아들입니다. 그러자 하나님께서 큰 물고기를 준비하셔서 요나를 삼키게 하셨고, 요나는 그 물고기 배 속에서 3일을 머물게 됩니다.

요나는 물고기 배 속에서 "내가 주의 목전에서 쫓겨났을지라도 다시 주의 성전을 바라보겠다 하였나이다"(욘 2:4)라고 기도하며 자신의 생명을 건져주신 하나님께 제사를 드릴 것과 서원한 내용을 지킬 것을 약속드립니다. 드디어 하나님께서는 큰 물고기를 통해 요나를 앗수르의 큰 성읍 니느웨로 옮기십니다.

여기에서 우리는 요나 선지자에 대한 평가를 생각해 볼 필요가 있습니다. 우리의 평가는 언제부터인가 요나를 '불순종한 요나'로 단정 짓곤 합니다. 그러나 요나에 대한 예수님의 평가는 하나님의 말씀을 전한 '선지자 요나'입니다.

3. 앗수르의 큰 성읍 니느웨 욘 3장

큰글자 일년일독 통독성경 | 1061~1062p

앗수르의 큰 성읍 니느웨는 앗수르 제국의 산헤립 왕 때 제국의 수도가 된 곳입니다. 현재 니느웨는 이라크 바그다드 북쪽으로 대략 400km 떨어진 모슬이라는 지역에 그 유적지가 있습니다. 니느웨는 10개의 성문과 15개의 망대를 가진 거대한 성이었습니다. 니느웨는 요나 선지자 때에 하나님의 구원을 받았으나, 그 후 150년이 지나 나훔 선지자 때에 심판의 메시지를 듣게 되고, 결국 B.C.612년 바벨론과 메대 연합군에게 멸망했습니다. 이후 니느웨는 티그리스강의 토사로 인해 2,450여 년간 땅속 6m 아래에 있다가, 1849년 영국의 고고학자 레이어드의 발굴로 세상에 다시 그 모습을 드러냈습니다.

영국 대영박물관의 꽃, 앗수르
영국의 고고학자 레이어드(A. H. Layard)가 니느웨성을 고고학적으로 발굴하기 전까지 앗수르에 관한 유물이나 유적은 전혀 발견되지 않았다. 서양의 수많은 회의론자가 성경의 앗수르 기록이 거짓이라고까지 말할 정도였다. 하지만 레이어드의 발견 후 앗수르 유물은 대영박물관으로 옮겨져 성경 기록에 믿음을 더했다. 앗수르 왕의 사자 사냥 부조, 남유다의 조공 기록, 앗수르의 전쟁 승전 기록, 사자상 등을 비롯해 1,106개 정도의 유물이 대영박물관에 소장되어 있다.

앞서 언급했듯이, 요나는 니느웨로 가라는 하나님의 뜻을 명확히 알아들었습니다. 그는 하나님께서 니느웨의 잘못을 하나님의 긍휼로 끌어안으실 계획임을 파악했던 것입니다. 내 민족의 입장에서 이방 민족의 죄는 처벌 대상으로만 여기며 선민사상에 머물러 있던 요나는 '모든 민족'을 위한 하나님의 뜻을 외면하고 싶었습니다.

앗수르관 〈대영 박물관〉

하나님의 기적으로 목숨을 구한 요나는 하나님께서 다시 주신 소명에 순종하며 니느웨에 도착합니다. 하지만 그는 너무나 소극적으로 니느웨에 하나님의 말씀을 전했습니다. 3일 동안 전해야 할 만큼 큰 성인 니느웨에서 겨우 하루만, 그것도 들릴 듯 말 듯 작은 소리로 하나님의 메시지를 전했습니다. 그런데 당시 북이스라엘에 전한 아모스와 호세아 선지자의 메시지, 그리고 남유다에 전한 이사야와 미가 선지자의 메시지에 귀를 막은 이스라엘 백성과는 달리 니느웨 백성은 왕으로부터 일반 백성까지 모두 하나님 앞에 엎드려 회개했습니다. 결국 니느웨 백성은 놀라운 구원의 은혜를 누리게 됩니다.

외국어 능력자 요나와 랍사게
요나는 히브리인으로서 앗수르 니느웨에 가서 하나님의 심판 메시지를 전했다. 반면, 앗수르의 장수 랍사게는 예루살렘에서 히브리어로 앗수르 왕의 말을 전하며 남유다를 조롱했다. 요나의 메시지를 들은 앗수르는 회개하여 구원을 얻었지만, 하나님의 이름을 모독한 앗수르는 결국 멸망의 길로 갔다.

4. 박넝쿨을 통한 하나님의 마음 선포 욘 4장

큰글자 일년일독 통독성경 | 1062~1063p

요나는 예상했던 대로 니느웨 사람들이 회개하고 돌아오자, 자신의 언짢은 속내를 거침없이 드러냅니다. "여호와여 내가 고국에 있을 때에 이러하겠다고 말씀하지 아니하였나이까 그러므로 내가 빨리 다시스로 도망하였사오니 주께서는 은혜로우시며 자비로우시며 노하기를 더디하시며 인애가 크시사 뜻을 돌이켜 재앙을 내리지 아니하시는 하나님이신 줄을 내가 알았음이니이다"(욘 4:2).

니느웨 백성을 위한 하나님의 기적
1차 기적
- 물고기 배 속에서 요나를 살리심
2차 기적
- 니느웨 백성의 허물을 덮고 구원하심

요나는 〈출애굽기〉에 기록된 '은혜로우시며 자비로우시며 노하기를 더디하시며 인애가 크신' 하나님을 말합니다. 이는 금송아지 사건 이후에 하나님께서 모세에게 직접 말씀하신 하나님의 속성입니다. 얼핏 보면 요나의 기도는 하나님의 은혜로우심과 자비하심을 찬양하는 것 같습니다. 그러나 실상은 선민인 자기 민족에게 위협이 되는 적대국을 하나님께서 구원해 주신 것을 싫어하며 요나가 기도한 말입니다. 즉 하나님의 마음을 비틀어 표현한 것입니다. 그러자 하나님께서는 박넝쿨을 가지고 다시 요나와 대화를 시작하십니다(욘 4:6~9).

하나님께서는 요나가 하룻밤에 났다가 하룻밤에 말라 버린 박넝쿨을 아낄 줄 알면서, 니느웨의 12만여 명을 어떻게 아끼지 아니할 수 있는지 말씀하십니다. "여호와께서 이르시되 네가 수고도 아니하였고 재배도 아니하였고 하룻밤에 났다가 하룻밤에 말라 버린 이 박넝쿨을 아꼈거든 하물며 이 큰 성읍 니느웨에는 좌우를 분변하지 못하는 자가 십이만여 명이요 가축도 많이 있나니 내가 어찌 아끼지 아니하겠느냐 하시니라"(욘 4:10~11).

"어찌 아끼지 아니하겠느냐"라는 표현은 하나님의 뜨거운 마음을 요나 자신의 마음에 담았음을 역설적으로 보여주는 끝맺음입니다. 요나는 결론에 자신의 어떠한 변명 없이, 하나님의 말씀으로 마침표를 찍습니다.

〈요나〉는 문학적으로도 월등한 작품입니다. 〈요나〉는 하나님께서 요나의 왜곡된 선민의식과 잘못된 민족주의를 고쳐주시며, 마침내 열방을 향한 하나님의 사랑과 구원의 놀라운 큰 뜻을 깨닫게 해주신 하나님의 말씀입니다. 요나는 하나님께서 열방을 향한 선지자로 삼으신 하나님의 멋진 파트너였습니다.

하나님의 속성을 인용하며 기도한 모세

가데스 바네아에서 모세가 하나님의 속성을 인용하며 기도할 때 하나님께서는 구원을 베푸셨다. "여호와는 노하기를 더디하시고 인자가 많아 죄악과 허물을 사하시나 … 구하옵나니 주의 인자의 광대하심을 따라 이 백성의 죄악을 사하시되 애굽에서부터 지금까지 이 백성을 사하신 것 같이 사하시옵소서"(민 14:18~19).

#To the Cross | 십자가로 향하는 레시피

5. 요나의 물고기 배 속 3일이 예수님의 십자가 죽음과 부활 사이 3일로

● 요나의 물고기 배 속 3일은 예수님의 십자가 죽음과 부활 사이 3일의 예표

물고기 배 속에서 3일을 지낸 요나의 이야기는 예수님께서 표적을 구하는 유대인들에게 보여주신 유일한 표적의 예시였습니다(마 12:39~41). 그리고 이 사건은 예수님께서 십자가를 지신 후 부활하시기 전까지 3일 동안 무덤에 계실 것을 예표하는 이야기이기도 했습니다. 즉 예수 그리스도를 위한 준비였습니다.

예수님의 십자가 사역은 우리의 죄를 대속하여 구원해 주신 하나님의 은혜이며, 하나님의 의를 드러낸 신비입니다. 예수님의 십자가와 부활은 구약성경을 통해 계속해서 예고되며 준비됩니다. "무리가 모였을 때에 예수께서

말씀하시되 이 세대는 악한 세대라 표적을 구하되 요나의 표적 밖에는 보일 표적이 없나니 요나가 니느웨 사람들에게 표적이 됨과 같이 인자도 이 세대에 그러하리라"(눅 11:29~30).

● 니느웨의 구원이 예수 십자가를 통한 모든 민족의 구원으로

하나님의 사랑의 대상은 처음부터, 언제나 '모든 민족'이었습니다. 그리고 아브라함의 후손들인 히브리 민족, 곧 이스라엘 백성이 하나님과 제사장 나라 언약을 맺은 것도 모든 민족을 복 받게 하기 위함이었습니다. 그런데 이스라엘은 하나님께서 주신 사명을 잘 감당하지도 못했을뿐더러 엉뚱한 선민의식에 빠져 있었습니다. 하나님께서는 요나 선지자를 통해 열방을 향한 하나님의 뜻을 다시 한번 드러내시며, 모든 민족의 구원을 상기시켜 주십니다. 하나님의 모든 민족을 위한 놀라운 구원 계획은 예수님의 십자가에서 이루어집니다.

20과 북이스라엘 멸망

열왕기하 15~20장, 이사야 1~39장

큰글자 일년일독 통독성경 *one year tongdok bible as one story*

175일 : 앗수르 제국 등장
176일 : 800년 사마리아인 시작
177일 : 이사야, 국제 관계를 다루다
178일 : 이사야의 충고, 동맹하지 말라
179일 : 가까운 미래와 먼 미래
180일 : '모든 민족'을 향한 하나님의 경고
181일 : 이사야 선지자의 3년 퍼포먼스
182일 : 환상의 골짜기에 관한 경고
183일 : 이사야의 찬양
184일 : 메시아의 나라 예언
185일 : 히스기야의 선택
186일 : 히스기야, 성전에서 승리하다!
187일 : 히스기야, 통곡 기도로 병이 낫다

시간 흐름 *time flow*

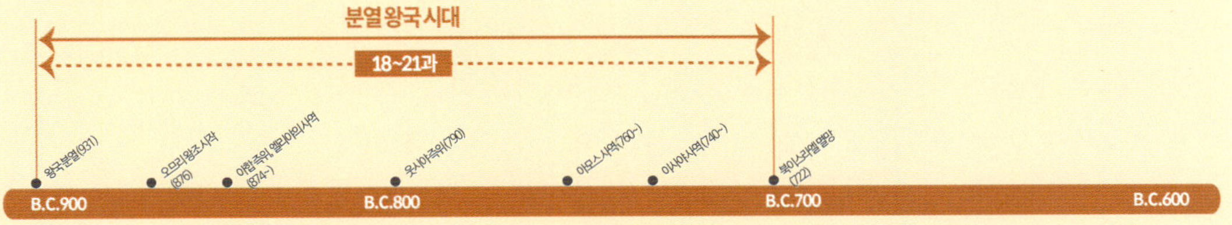

지금 공간 *current location*

사마리아, 예루살렘

주요 인물 *main character*

호세아, 이사야, 아하스, 히스기야

통通포인트 *tong point*

북이스라엘 멸망을 통한 이사야의 메시아 신앙

북이스라엘은 지난 200년 동안 하나님의 '사랑의 줄 사명의 줄'을 저버리고 여로보암의 길을 따랐습니다. 북이스라엘이 멸망의 길로 가기 전에 하나님께서는 엘리야, 엘리사, 아모스, 호세아 선지자를 보내셔서 다윗의 길로 돌아오도록 끊임없이 설득하셨습니다. 그러나 결국 하나님께서는 북이스라엘에 이혼증서를 주셨고, B.C.8세기 북이스라엘은 제국으로 팽창해 가던 앗수르에 멸망하여 열 지파가 혼혈족 '사마리아인'이 됩니다. 아브라함 이후 1,200여 년 만에 팽창주의, 성장주의가 끝나고 결국 열 지파가 없어진 것입니다. 북이스라엘은 800여 년 후 예수님께서 오셔서 사마리아를 언급하시기 전까지 멸시와 조롱의 대상이었습니다. 이제 하나님의 말씀은 이사야와 미가 선지자를 통하여 남유다에 전해집니다. 이사야 선지자는 남유다 아하스 왕과 히스기야 왕에게 앗수르나 애굽과의 동맹으로 국가 위기를 벗어날 수 있는 것이 아니라, 오직 하나님께서 세계 경영의 주인이심을 알고 의지할 때 구원을 받을 수 있다고 호소합니다. 그러면서 이사야는 장차 이새의 줄기에서 평화의 왕으로, 기묘자와 모사로 아름다운 소식을 전할 선지자로, 찔리고 상

하면서 그의 영혼을 속건 제물로 드리는 대제사장으로 오실 사명자, 기름 부음 받은 이, 곧 메시아(그리스도)를 전하며 다윗 때부터 시작된 '메시아 신앙'을 구체적으로 예언합니다.

1. B.C.8세기 국제 정세와 이사야의 사명 왕하 15장/ 사 1~6장

#큰글자 일년일독 통독성경 | 1063~1066p / 1072~1082p

B.C.8세기 초반에는 이스라엘의 북쪽에 있는 앗수르와 남쪽의 애굽이 서로 힘의 균형을 유지하고 있었습니다. 그런데 앗수르의 세력이 점점 커지면서 전쟁의 위험이 일기 시작했습니다. 그 틈에 끼어 있는 이스라엘은 국제 전쟁이 일어날 때 전쟁터가 될 수밖에 없는 상황입니다. 이때 하나님의 선지자들이 세계의 큰 흐름을 보면서 이스라엘 백성의 어리석음과 죄악을 지적하며 하나님의 마음을 전하지만, 이들은 끝내 거부합니다.

아모스와 호세아 선지자가 활동했던 여로보암 2세 시대가 끝나자, 북이스라엘은 큰 혼란 속에 빠지게 됩니다. 여로보암 2세의 뒤를 이은 스가랴는 왕이 된 지 6개월 만에 살룸에게 살해됩니다. 살룸 이후에는 므나헴이 왕이

이사야 (Isaiah)
이사야는 당대 최고의 학자였다. 그는 율법에 정통했고, 국제 정세에 밝았다. 그는 학문의 깊이만큼이나 하나님에 대한 정성 또한 남달랐다. 이사야, 그는 한마디로 '행동하는 지식인'이었다. 하나님에 대한 열심과 시대적 안목을 가지고 있던 이사야는 자신의 온 삶을 바쳐 남유다 백성에게 하나님의 뜻을 전하고, 하나님께로 돌아오라고 간절히 설득했다. 이사야를 통해 놀라운 구원의 약속인 '메시아 신앙'이 북이스라엘의 멸망 속에서 구체적으로 등장했다.

남유다 350년

북이스라엘 왕조에 이어 남유다 왕조를 살펴보도록 하겠습니다. 20과부터는 웃시야가 죽은 이후부터의 내용을 중점적으로 살피면서 역사서인 <열왕기하>와 예언서인 <이사야>, <미가>를 함께 공부합니다. 이제부터는 '국제 정세', '세계 경영'이라는 말을 빼놓고는 설명할 수 없습니다. 이사야와 미가 선지자의 활동을 이해하기 위해서는 당시 B.C.8세기경 국제 정세가 어떠했는지를 꼭 살펴보아야 합니다.

연도(B.C.)	남왕국(재위 기간)	왕조	활동 선지자	중요 사건
931	① 르호보암 (17년)		스마야, 잇도	
913	② 아비얌 (3년)		잇도	
910	③ 아사 (41년)		아사랴, 하나니	
872	④ 여호사밧 (25년)		예후, 야하시엘, 엘리에셀	북이스라엘과 동맹하여 아람과 전쟁
848	⑤ 여호람(요람) (8년)			아합의 딸 아달랴와 결혼
841	⑥ 아하시야 (1년)			
841	⑦ 아달랴 (6년)	아합의 딸, 여호람의 아내, 아하시야의 어머니		제사장 여호야다의 개혁
835	⑧ 요아스 (40년)	아하시야의 아들		
796	⑨ 아마샤 (29년)			
790	⑩ 웃시야(아사랴) (52년)		이사야	
751	⑪ 요담 (16년)		이사야, 미가	
742	⑫ 아하스 (16년)		이사야, 미가	친앗수르, 반북이스라엘, 반아람 정책
725	⑬ 히스기야 (29년)		이사야, 미가	반앗수르, 친애굽 정책
697	⑭ 므낫세 (55년)			
642	⑮ 아몬 (2년)			
640	⑯ 요시야 (31년)		예레미야, 나훔, 스바냐	
609	⑰ 여호아하스 (3개월)		예레미야	
609	⑱ 여호야김 (11년)		예레미야, 하박국	
598	⑲ 여호야긴 (3개월)		예레미야, 다니엘	
598	⑳ 시드기야 (11년)		예레미야, 다니엘, 에스겔	
586	남왕국 멸망 (약 345년)		오바댜	

되는데, 그때 앗수르 왕 불(티글랏 빌레셀 3세)이 북이스라엘을 공격했고, 므나헴 왕은 앗수르 왕에게 은 일천 달란트를 바쳐야 했습니다. 므나헴의 뒤를 이어 브가히야, 베가, 호세아가 왕위에 오릅니다.

호세아 왕을 마지막으로 200년을 달려온 북이스라엘은 B.C.8세기 앗수르 제국에 멸망합니다. 북이스라엘이 멸망한 이유는 그들이 제사장 나라의 사명을 향한 선지자들의 마지막 호소까지 외면했기 때문입니다. 그리고 북이스라엘 열 지파는 레위기 26장에 기록된 3단계 징계를 받아 결국 약속의 땅에서 쫓겨나 흩어지게 됩니다. 이렇게 앗수르 제국에 의해 혼혈족 '사마리아인'이 된 북이스라엘은 800여 년이 지난 후 예수님께서 사마리아인들을 사랑과 긍휼로 품으시면서, 결국 하나님 나라의 예수 십자가로 회복됩니다.

한편 남유다에서는 웃시야(아사랴) 왕이 나라가 강성해지자 마음이 교만해져서, 제사장만이 할 수 있는 향단에 분향하는 일을 행하다가 하나님의 처벌로 나병에 걸립니다. 웃시야 왕은 그 후로 죽을 때까지 별궁에서 지냈으며, 왕자 요담이 왕의 일을 맡아 수행하다가 왕위를 이어받습니다. 요담 왕은 하나님 앞에서 바르게 살았지만, 안타깝게도 그 시대 백성은 그렇지 못했습니다. 남유다는 요담의 시대를 보낸 후, '아하스 시대'라는 최악의 시기를 맞게 됩니다. 이처럼 예민한 시대에 이사야 선지자가 사명을 받습니다.

〈이사야〉에는 '앗수르'에 대한 언급이 50회 이상 나옵니다. 이는 '제국'과 비교되는 '제사장 나라'가 무엇인지 밝히 드러내기 위함이었습니다. B.C.8세기에는 북이스라엘과 남유다에 선지자들이 많이 등장하여 활동했습니다. 선지자들은 한 손에는 제사장 나라를, 그리고 다른 한 손에는 제국을 가지고 하나님의 말씀을 대언(代言)했습니다. 하나님께서는 〈신명기〉에서 모세

앗수르의 티글랏 빌레셀 3세의 세계 경영

"이스라엘 왕 베가 때에 앗수르 왕 디글랏 빌레셀이 와서 이욘과 아벨벳마아가와 야노아와 게데스와 하솔과 길르앗과 갈릴리와 납달리 온 땅을 점령하고 그 백성을 사로잡아 앗수르로 옮겼더라"(왕하 15:29).

앗수르는 정복한 나라의 민족 경계를 무너뜨리고 혼혈족을 만들어 정치적 반란을 꾀하지 않도록 정책을 세웠다. 이 정책을 통해 앗수르 제국을 영원하게 하려 했다. 그러나 앗수르가 차지할 수 있는 경계는 사마리아까지다. 인간의 거주 경계도, 바다 경계도, 삶의 경계도 하나님께서 정하신다.

를 통해 "좌로나 우로나 치우치지 말라"라고 말씀하셨는데, 〈이사야〉에 보면 남유다 백성이 제사장 나라에서 벗어나 좌우로 치우쳤다고 지적하십니다. "너희가 오른쪽으로 치우치든지 왼쪽으로 치우치든지 네 뒤에서 말소리가 네 귀에 들려 이르기를 이것이 바른 길이니 너희는 이리로 가라 할 것이며"(사 30:21). 이사야 선지자는 남유다 백성을 향해 끊임없이 '바른길', 즉 애굽과의 동맹이 아닌 제사장 나라의 길로 돌아서라고 촉구합니다.

제국과 제사장 나라
제국과 제사장 나라는 공통점과 차이점이 있다. 공통점은 제국과 제사장 나라 모두 '모든 민족'을 전제로 한다는 것이다. 차이점은 제국은 나라와 나라 사이가 수직적이라는 것이고, 제사장 나라는 나라와 나라 사이가 수평적이라는 것이다. 하나님의 꿈은 제국이 아닌, 모든 민족이 복 받는 '제사장 나라'다.

2. 아하스의 선택과 이사야의 충고 왕하 16장/ 사 7~14장

#큰글자 일년일독 통독성경 | 1066~1068p / 1082~1095p

모든 선지자가 그렇지만, 특히 이사야와 이후에 등장하는 예레미야 선지자의 활동을 이해하기 위해서는 당시 국제 정세가 어떠했는지를 꼭 살펴야 합니다. 특히 이사야 13장에서 23장까지는 남유다 주변 국가에 대한 하나님의 심판 경고가 기록되어 있습니다.

하나님의 세계 경영 - 이방 나라에 대한 심판
- 바벨론 (사 13:1~14:23)
- 앗수르 (사 14:24~27)
- 블레셋 (사 14:28~32)
- 모압 (사 15:1~16:14)
- 다메섹(아람) (사 17:1~14)
- 구스 (사 18:1~7)
- 애굽 (사 19:1~20:6)
- 두마(에돔) (사 21:11~12)
- 아라비아 (사 21:13~17)
- 예루살렘 (사 22:1~25)
- 두로(다시스)와 시돈 (사 23:1~18)

● 당시 주변 상황

당시 고대 근동의 상황은, 가장 막강한 힘을 가진 앗수르가 본격적으로 제국주의를 표방하고 아람, 북이스라엘, 그리고 남유다를 거쳐 애굽까지 정복하려는 야심을 드러내고 있던 때였습니다. 지도를 보면 앗수르가 계획한 침략 경로를 짐작해 볼 수 있습니다. 그 위기를 극복하고자 아람과 북이스라엘 두 나라가 먼저 외교 · 군사적으로 동맹을 맺었고, 이어 남유다에도 힘을 합쳐 함께 앗수르에 대항하자며 3국 동맹을 요구했습니다. 그러나 남유다는 아람과 북이스라엘이 요구한 동맹을 거절했습니다. 남유다는 지리적으로 아람과 북이스라엘보다 남쪽에 있었기에 앗수르의 남하 정책에 대한 위기감이 상대적으로 덜했으며, 무엇보다도 분단 200년 동안 북이스라엘과 적대 관계가 심했기에 북이스라엘과 동맹을 맺는 일은 내키지 않았습니다.

이사야 시대 세계 지도 - 앗수르 제국 팽창 경로

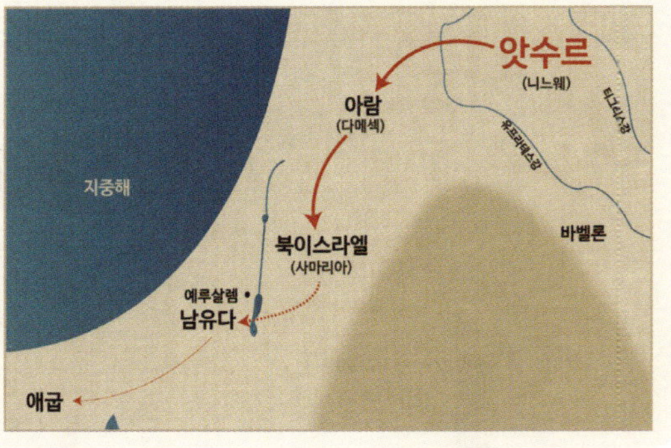

● 제국 중심주의 아하스의 앗수르 동맹과 이사야의 충고

남유다가 3국 동맹 제안을 거절하자, 북이스라엘과 아람 동맹은 앗수르에 맞서기 전에 먼저 남유다를 공격할 계획을 세웁니다. 그러자 남유다의 아하스 왕은 큰 두려움에 사로잡힙니다. 북이스라엘과 아람의 침공이 눈앞에 있었기 때문입니다. 이때 이사야 선지자는 아하스 왕을 찾아가 북이스라엘과 아람의 계획은 성공하지 못할 것이므로 하나님을 의지하며, 오히려 제사장 나라의 사명을 다하라고 조언합니다. 그러나 아하스 왕은 이사야 선지자의 말에 귀를 기울이지 않고 오히려 앗수르와 동맹을 맺으려고 합니다. 그러자 이사야는 아하스 왕에게 세계 경영은 역사를 주관하시는 하나님께 달려 있다고 말하며, 하나님께서 북이스라엘 멸망에 앗수르 제국을 도구로 쓰실 것을 전합니다. 따라서 북이스라엘은 앗수르에 멸망할 것이니, 앗수르와 동맹하지 말라고 말합니다.

이사야 선지자는 앗수르를 의지하면 안 되는 이유를 다섯 가지로 경고합니다. "첫째, 북이스라엘 사마리아는 멸망할 것이다. 둘째, 북이스라엘과 아람은 그들의 죄로 인해 멸망할 것인데 앗수르에게 침략의 명분을 제공해서는 안 된다. 셋째, 앗수르는 아무 대가 없이 도와주지 않기 때문에 반드시 조공을 요구할 것이며, 그로 인해 막대한 경제적 손해가 발생할 것이다. 넷째, 역사를 거슬러 올라가 보면 북이스라엘과 남유다는 서로 형제 관계이니, 형제의 멸망을 도와서는 절대 안 된다. 다섯째, 앗수르의 이방 종교가 유입되어 신앙적으로 악한 영향을 받을 것이다." 따라서 하나님의 뜻을 믿지 못하겠으면 기적을 구해보라고 아하스 왕에게 말합니다. 그러나 아하스 왕이 거절하자, 이때 이사야가 직접 징조를 구하며 메시아의 탄생을 예언합니다.

● 아하스의 성전 제단 변경의 죄

남유다의 아하스 왕은 끝내 이사야 선지자의 충고와 경고를 무시하고 앗수르에 사신을 보내 도움을 요청합니다. 그러자 전쟁 명분을 위해 때를 기다리고 있던 앗수르는 힘센 두 나라(아람과 북이스라엘)로부터 약한 한 나라인 남유다를 돕겠다는 명분으로 전쟁을 일으켜 아람과 북이스라엘을 순식간에 정복합니다. 아하스 왕은 앗수르가 아람과 북이스라엘을 멸망시킴으로 남유다를 지켜주었다며 앗수르 왕을 만나기 위해 다메섹으로 갔습니다. 그 자리에서 앗수르의 제단과 제사 모습을 보고 감탄한 아하스 왕은, 그 제사 방식을 예루살렘 성전에 도입하는 엄청난 잘못을 행합니다. 이는 성전 모독이었으며, 아하스 왕은 제사장 나라 공직자로서 가장 큰 죄를 지은 것입니다.

아하스 왕의 앗수르 방문
어느 나라든 전쟁에서 승리하면, 전리품을 앞세우고 백성들에게 승전보고를 하는 퍼레이드를 벌였다. 또한 전사한 군인 가족을 위로하며 그들에게 명예와 경제적 보상을 제공했다. 이때 대부분 전쟁 승리와 전사한 군인들을 위해 종교의식을 행하는데, 아하스 왕이 앗수르를 방문해 이와 같은 승리의 개선식을 보았을 것이다. 아하스는 그 화려함에 감동하여 하나님보다 앗수르 신이 더 크게 보였던 것이다. 그 결과 그는 예루살렘 성전에 앗수르식 제단을 설치하는 엄청난 잘못을 저질렀다.

하나님의 심판 도구
임마누엘의 이적(사 7장), 마헬살랄하스바스의 상징(사 8장), 메시아 탄생의 예언(사 9장)에도 불구하고 하나님을 의지하기보다는 눈에 보이는 앗수르를 의지하는 남유다에게 하나님께서 진노하신다. 앗수르는 하나님께서 쓰시는 심판의 도구일 뿐이며, 세계 모든 민족의 흥망을 결정하시는 분은 하나님이시다.

'왕정 500년'에 대한 하나님의 3단계 평가
1. 사무엘에 의한 왕정 경영 평가 예고 (삼상 8:17~18)
2. 이사야에 의한 왕정 경영 중간 평가 (사 10:24)
3. 예레미야에 의한 왕정 경영 총평가 (렘 25:4,11)

"시온에 거주하는 내 백성들아 앗수르가 애굽이 한 것처럼 막대기로 너를 때리며 몽둥이를 들어 너를 칠지라도 그를 두려워하지 말라"(사 10:24).

결국 이사야의 말대로 앗수르는 얼마 가지 못해 그들의 검은 속내를 드러내며 남유다에 막대한 양의 조공을 요구하고, 더 나아가 남유다를 공격할 시빗거리를 만들어갔습니다. 그런 상황에서 아하스가 죽고, 그의 아들 히스기야가 남유다의 왕이 됩니다.

3. 북이스라엘 멸망 - 끊어진 사명의 줄 왕하 17장

#큰글자 일년일독 통독성경 | 1068~1071p

북이스라엘은 열 지파였기 때문에 사실상 두 지파가 속한 남유다보다 다섯 배나 더 국력이 강했습니다. 하나님께서는 이스라엘을 한 민족 두 국가로 나누셨지만, 1년에 세 차례 하나님의 이름을 두려고 택하신 예루살렘 성전에 함께 모여 제사장 나라 법을 지키며 서로 신앙으로 견고히 하기를 기대하셨습니다. 그러나 북이스라엘은 끝끝내 '여로보암의 길'에서 벗어나지 못한 채, 선지자들을 통한 하나님의 설득과 경고를 무시하고 사명의 줄을 놓아버렸습니다.

앗수르 제국의 착취
- 북이스라엘 예후의 조공
  → 블랙 오벨리스크에 기록
- 북이스라엘 므나헴의 조공
  → 은 1000달란트
- 남유다 아하스의 조공
  → 성전과 왕궁 곳간의 은, 금
- 남유다 히스기야의 조공
  → 은 300달란트와 금 30달란트

제사장 나라의 사명을 감당하지 못한 북이스라엘은 결국 B.C.722년 앗수르에 멸망합니다. 북이스라엘이 제사장 나라 징계를 통한 재교육의 기회도 없이 혼혈족 사마리아인으로 끝난 것은, 하나님께서 그들에게 더 이상 제사장 나라 거룩한 백성의 사명을 기대하지 않으셨기 때문입니다.

당시 앗수르 제국의 식민지 정책은 인구 혼합 정책이었습니다. 타민족과 혈통을 섞어 정복지 내에서 정치적 반란 세력이 일어날 수 없도록 민족 정체성을 없애는 정책입니다. 북이스라엘 백성은 앗수르 정책에 따라 이방 땅 곳곳으로 흩어져 살게 되었고, 사마리아에는 앗수르 사람들이 들어와 살면서 혈통과 종교가 혼합되어 북이스라엘은 히브리 민족의 혈통과 신앙을 잃어버립니다. 그래서 북이스라엘 열 지파가 서서히 혼혈족 사마리아인이 된 것입니다. 이것이 신약 시대에 '사마리아인'이 천대받는 배경입니다. 혼혈족 사마리아인이 된 북이스라엘은 800여 년 후 예수님께서 긍휼과 사랑으로 품으시기까지 회복되지 못합니다.

앗수르 제국 정책으로 생겨난 사마리아인

앗수르의 살만에셀 5세 때 북이스라엘의 마지막 왕 호세아가 조공을 바치지 않자, 앗수르는 사마리아성으로 쳐들어와 3년간의 공성전 끝에 사마리아를 완전히 점령했다. 이후 왕위를 이은 사르곤 2세는 티글랏 빌레셀 3세가 주창한 혼혈 정책을 본격적으로 펼쳐, 북이스라엘 남자들을 다른 점령지로 옮기고, 다른 지역 사람들을 사마리아로 옮겨 '사마리아인'이라는 새로운 혼혈족이 생겨나게 했다. 이는 점령지의 민족 정체성을 약화시키기 위해, 피를 섞어 민족주의의 뿌리를 처음부터 제거하는 정책이었다.

4. 임마누엘 - 기름 부음 받은 왕의 탄생 예고

이사야 선지자는 아람과 북이스라엘의 동맹을 두려워하며 앗수르 제국에 도움을 구하겠다는 남유다의 왕 아하스에게 하나님의 뜻을 믿지 못하겠으면 징조를 구해보라고 말했습니다. 이사야는 그렇게 해서라도 남유다가 앗수르와 동맹을 맺지 않도록 아하스 왕을 설득하려 했습니다. 그러나 아하스 왕은 하나님을 시험하지 않겠다며 징조를 구하지 않았습니다. 아하스 왕이 징조를 구하지 않은 것은 그가 믿음이 좋아서 하나님을 시험하지 않은 것이 아니라, 하나님에 관해 관심조차 없었기 때문입니다. 아하스 왕이 이사야 선지자의 제안을 거부하자, 이사야가 직접 하나님께 징조를 구합니다. "그러므로 주께서 친히 징조를 너희에게 주실 것이라 보라 처녀가 잉태하여 아들을 낳을 것이요 그의 이름을 임마누엘이라 하리라"(사 7:14). 하나님께서는 메시아의 동정녀 탄생을 징조로 말씀하시며, '임마누엘'이라는 이름으로 메시아가 오실 것을 말씀해 주십니다.

하나님께서는 이사야 선지자를 통해 오실 메시아는 "어깨에는 정사를 메었고 그의 이름은 기묘자라, 모사라, 전능하신 하나님이라, 영존하시는 아버지라, 평강의 왕"(사 9:6)이라고 말씀하셨습니다. 이는 메시아가 놀라운 소식을 전하는 '대제사장과 왕과 선지자'로 오실 것을 예언한 것입니다. 그리고 메시아는 다윗의 왕좌와 그의 나라에 군림하며, 그 나라를 굳게 세우고 영원히 정의와 공의로 하나님 나라를 보존하실 것이라 말씀하십니다(사 9:7).

<이사야>에 나타난 하나님에 관한 다양한 호칭
- 만군의 여호와 (사 1:9)
- 이스라엘의 전능자 (사 1:24)
- 야곱의 하나님 (사 2:3)
- 토기장이 (사 29:16)
- 구속자 (사 41:14)
- 이스라엘의 창조자 (사 43:15)
- 구원자 (사 49:26)
- 온 땅의 하나님 (사 54:5)
- 우리의 아버지 (사 63:16)

5. 히스기야의 선택과 이사야의 충고 왕하 18~19장/ 사 15~37장

#큰글자 일년일독 통독성경 | 1071~1072, 1129~1132p/ 1095~1128, 1132~1135p

● 히스기야의 개혁

25세의 나이로 왕이 된 히스기야는 놀랍게도 먼저 남유다 땅에 가득한 우상을 청소함으로써 하나님과의 관계 회복을 시도합니다. 그리고 히스기야 왕은 북이스라엘의 멸망을 경험하며 제사장 나라 '다윗의 길'로 나아갑니다. 무엇보다도 제사장과 레위인의 직책을 회복함으로써 그들이 성전 일에 전력할 수 있도록 제사장 나라의 제도적 장치를 다시 정비했습니다.

또한 히스기야는 성전을 정화하고 유월절을 회복하며, 우상숭배로 만연했던 남유다를 개혁했습니다. 이는 히스기야가 제사장 나라의 왕으로 모든 일을 선택하고 실행한 것입니다.

"여호와의 전을 성결하게 하라"
히스기야 왕은 통치 원년에 가장 먼저 성전 정화를 시작했다. 히스기야 왕이 성전의 성소에서 더러운 것을 없애라고 한 것은 아하스 왕이 성전에 만들어놓았던 앗수르의 제단이었다. 이를 시작으로 성전 정화 작업은 총 16일 동안 이루어졌다. 작업 종료 후 드디어 정돈되고 성결하게 된 예루살렘 성전에서 '온 이스라엘 백성을 위한' 번제와 속죄제 제사가 드려졌다.

● 히스기야의 잘못된 국제 외교

히스기야가 남유다의 왕이 되었을 때, 고대 근동의 국제 정세는 한 치 앞을 내다볼 수 없는 매우 중대한 위기 상황이었습니다. 특히 앗수르는 남유다에 막대한 조공을 요구하며 끊임없이 압박하고 있었습니다. 그러자 히스기야 왕은 아버지 아하스가 강대국을 의지하고 자주국방 정책을 펼쳤던 통치 방식을 따라 합니다. 아하스가 강대국을 의지하기 위해 친앗수르 정책을 펼쳤다면, 히스기야는 애굽을 의지하고 자주국방을 표방했습니다. 그러자 이사야 선지자는 과거 아하스 왕에게 말했던 것처럼 히스기야 왕에게도 제사장 나라 법을 지킬 때 하나님께서 국방을 책임져 주신다고 말합니다. 그런데도 히스기야 왕은 이사야 선지자의 말을 듣지 않고 애굽과의 동맹을 계획합니다.

히스기야 왕에게 준 이사야 선지자의 충고

제사장 나라의 율법 규정 준수에 국가 행정력을 집중하라!	친애굽 외교 노선을 철회하고 오직 하나님만 의지하라!
↓	↓
앗수르의 포위 공격을 대비하기 위해 예루살렘 성벽에 기대어 사는 가난한 사람들의 움막을 헐지 말라는 것	강대국 중심이 아닌 하나님 중심의 세계 경영을 믿고 따르라는 것

그러자 이사야는 3년 동안 벗은 몸과 벗은 발로 예루살렘을 걸어 다니며 히스기야가 의지하는 애굽과 구스가 장차 당하게 될 수치를 보여줍니다. 이사야의 충고에도 히스기야 왕은 자주국방의 의지를 불태우며 애굽과 동맹합니다. 그는 자주국방을 위해 성벽 주변에 살던 가난한 사람들을 내쫓고, 백성들은 군사 훈련을 시키며, 수로를 성 안으로 연결해 전쟁에 대비합니다. 그 결과, 앗수르가 오히려 이를 빌미로 남유다를 공격해 옵니다.

앗수르는 남유다를 침략해 많은 백성을 포로로 끌어가고, 앗수르 왕은 히스기야 왕에게 은 삼백 달란트와 금 삼십 달란트를 요구합니다. 히스기야는 예루살렘 성전과 왕궁 곳간에 있던 은, 그리고 성전 문과 기둥에 입힌 금까지 벗겨내 앗수르 왕에게 조공으로 바쳐야 했습니다.

하나님의 통치를 이루신 극적인 기적들
- 애굽에서의 첫 번째 유월절과 출애굽
- 여호수아와 만나세대의 여리고성 함락
- 기드온과 300 용사의 미디안 전쟁 승리
- 다윗과 골리앗의 싸움에서 다윗의 승리
- 히스기야 왕의 성전 기도로 앗수르 군대 18만 5천 명을 물리침

● 히스기야의 성전 기도 선택과 기름 부음 받은 대제사장, 왕, 선지자의 협업

앗수르 왕 산헤립은 예루살렘성을 제외한 전 국토를 점령하고 예루살렘성을 포위하며 항복을 요구합니다. 이때 앗수르의 장수 랍사게가 남유다 백성들이 알아듣도록 유다 방언으로 히스기야 왕에게 항복하고 성 밖으로 나오라며 하나님까지 비방하기에 이릅니다. 그제야 히스기야가 자기가 입고 있던 옷을 찢고 굵은 베를 두르고 성전으로 올라갑니다. 성전으로 올라가면서 히스기야 왕은 왕궁의 책임자 셉나와 제사장 중 장로들에게 굵은 베를 둘려 이사야 선지자에게 보내며, 랍사게가 했던 말들을 전합니다. 이사야 선지자는 히스기야 왕에게 하나님을 비방한 랍사게의 말로 두려워하지 말 것과 앗수르 왕 산헤립은 자기 자식들의 손에 칼로 죽임을 당하게 될 것이라는 하나님의

말씀을 전합니다.

성전에 들어간 히스기야 왕은 신하들을 통해 전달받은 앗수르 왕의 편지를 펼쳐놓고 하나님께 기도했습니다. 성전은 제사장 나라 첫 번째 공직자인 대제사장이 매년 대속죄일에 지성소에 들어가 이스라엘 모든 백성의 죄를 대속하고, 매일 아침 상번제와 저녁 상번제를 드리는 곳입니다. 그곳에 제사장 나라 두 번째 공직자인 히스기야 왕이 굵은 베를 두르고 기도하러 들어간 것입니다. 그와 함께 제사장 나라 세 번째 공직자인 선지자 이사야가 하나님의 말씀을 예언한 것입니다. 이렇게 히스기야의 성전 기도는 '대제사장, 왕, 선지자'가 하나가 되어 제사장 나라를 위해 협업한 것이라 할 수 있습니다. 이는 놀랍게도 메시아의 삼중직을 예고한 것입니다.

앗수르 왕의 편지
"네가 믿는 네 하나님이 예루살렘을 앗수르 왕의 손에 넘기지 아니하겠다 하는 말에 속지 말라 앗수르의 여러 왕이 여러 나라에 행한 바 진멸한 일을 네가 들었나니 네가 어찌 구원을 얻겠느냐 내 조상들이 멸하신 여러 민족 곧 고산과 하란과 레셉과 들라살에 있는 에덴 족속을 그 나라들의 신들이 건졌느냐 하맛 왕과 아르밧 왕과 스발와임 성의 왕과 헤나와 아와의 왕들이 다 어디 있느냐"(왕하 19:10~13).

하나님께서는 히스기야의 기도를 들으시고 이사야를 통해 응답하시며 징조를 말씀하셨습니다(왕하 19:21~34). 하나님께서 이사야를 통해 말씀하신 대로, 앗수르의 왕 산헤립은 니느웨로 돌아가 그들의 우상 앞에 제사드릴 때, 그의 아들들이 칼로 쳐 죽입니다. 그리고 산헤립의 뒤를 이어 에살핫돈이 앗수르의 왕이 됩니다.

히스기야 이야기 (중세 벽화의 복원) _ E. W. Tristram 作

놀랍게도 예루살렘을 포위하고 있던 앗수르의 장수 랍사게와 군인 18만 5천 명이 하루아침에 죽습니다. 성경은 이 사건을 하나님의 사자가 앗수르 군대를 쳤다고 기록하고 있으며(왕하 19:35), 역사의 아버지라 불리는 헤로도토스는 그의 책 《역사》에서 페스트로 인해 앗수르 군인들이 몰살당했다고 전합니다. 하나님의 세계 경영에 따라 '앗수르의 경계는 사마리아까지'였습니다. 남유다는 위급한 세계 정세 속에서 앗수르 군대의 전멸을 통해 하나님의 세계 경영과 제사장 나라를 체험하게 됩니다.

6. 히스기야의 기도 왕하 20장/ 사 38~39장

#큰글자 일년일독 통독성경 | 1135~1137p/ 1137~1139p

히스기야는 앗수르를 물리친 후 큰 병에 걸려 생명이 위태로울 지경에 이르게 되었습니다. 후사 또한 튼튼하지 못했기에 더욱 큰 슬픔에 빠졌습니다. 히스기야는 자신의 병 고침을 위하여 하나님 앞에 나아가 기도했습니다. 히스기야가 얼마나 간절히 하나님 앞에 기도했던지, 하나님께서 이사야를 통해 그의 병을 고쳐주시고 생명을 15년 연장해 주신다는 응답을 주셨습니다. 히스기야 왕이 이때 믿음으로 응답의 징조를 구하자, 하나님께서는 아하스의 해시계 위에 나아갔던 해 그림자를 십도 뒤로 물러나는 기적으로 징표를 보여주셨습니다.

히스기야의 교만
앗수르 제국의 대군 18만 5천 명이 죽은 후 남유다 주변 사람들과 나라들은 히스기야 왕에게 많은 예물과 보물을 바쳤다. 하나님께서 히스기야 왕에게 큰 복을 주셨기 때문이다. 하나님께 이 모든 것을 받은 히스기야 왕이 스스로 교만하여 하나님의 은혜를 잊고 바벨론 특사들에게 왕궁과 성전의 창고를 모두 보여주는 어리석은 행동을 했다. 이는 하나님의 시험을 히스기야 왕이 통과하지 못한 것이다.

히스기야의 병문안을 핑계로 바벨론의 특사가 예루살렘을 방문했습니다. 이때 바벨론 특사가 히스기야 왕에게 바벨론 왕의 친필 서한과 예물을 전하며 병에서 나았음을 축하하고, 어떻게 앗수르 제국의 무서운 군대를 이길 수 있었는지를 물었습니다. 그 자리에서 히스기야 왕은 하나님의 기적을 말하는 대신 자기 자신을 높이며 성전의 기명들과 왕궁의 무기들을 모두 보여줍니다. 다윗 왕은 두로 왕 히람이 보낸 사절단을 만났을 때 하나님을 높이며 영광을 돌렸는데, 히스기야 왕은 안타깝게도 바벨론이 보낸 사절단에 모든 것이 자신의 업적인 듯 자랑하는 어리석음을 보여주었습니다.

당시 바벨론은 앗수르 제국 아래에 있었지만, 앗수르를 물리치고 세계 패권을 쥐어보려는 야심을 갖고 준비하는 신흥국이었습니다. 그런 바벨론 특사에게 히스기야는 남유다의 모든 것을 공개했던 것입니다. 이는 이후 남유다가 바벨론 제국의 말발굽 아래 놓이게 되는 근거가 되고 맙니다. 이사야 선지자는 히스기야 왕의 잘못을 지적하고, 남유다가 겪게 될 미래를 예고합니다. 히스기야 왕이 바벨론 특사에게 보여준 모든 것은 이후에 바벨론에 빼앗기게 되고, 히스기야 왕의 후손들 가운데 몇몇은 바벨론 왕실의 환관이 될 것입니다.

To the Cross | 십자가로 향하는 레시피

7. 기름 부음 받은 히스기야 왕과 대제사장과 선지자가 협력하는 성전 기도가 메시아의 하늘 성소 기도로

● 성전 기도, 하늘 성소 기도

히스기야 왕은 앗수르 왕의 편지를 들고 성전에 올라가 하나님의 도움을 구하는 기도를 드렸습니다. "그룹 사이에 계신 이스라엘 하나님 만군의 여호와여 주는 천하 만국에 유일하신 하나님이시라 주께서 천지를 만드셨나이다"(사 37:16). 이어서 히스기야는 유다 방언을 유창하게 하면서 하나님을 모독하고 비방한 앗수르의 장수 랍사게를 언급하며, 앗수르의 손에서 구해

주실 것을 간절히 기도했습니다. "산헤립이 사람을 보내어 살아 계시는 하나님을 훼방한 모든 말을 들으시옵소서 … 우리 하나님 여호와여 이제 우리를 그의 손에서 구원하사 천하 만국이 주만이 여호와이신 줄을 알게 하옵소서"(사 37:17~20). 하나님께서는 히스기야의 기도를 들으시고 이사야 선지자를 통해 응답해 주셨습니다. 히스기야의 성전 기도는 제사장 나라 기름 부음 받은 왕과 대제사장과 선지자가 협력하여 이루어낸 하나님의 기적이었으며, 이는 대제사장과 왕과 선지자로서 삼중직 사명을 행하실 메시아의 하늘 성소 기도의 예표입니다.

● 북이스라엘 사마리인이 800년 후 예수님의 긍휼로

열두 지파 가운데 열 지파가 속한 북이스라엘은 두 지파가 속한 남유다보다 국력이 다섯 배나 강했음에도, 제사장 나라 사명을 다하지 않은 죄로 인해 앗수르 제국에 의해 멸망하고 혼혈족 사마리아인이 되었습니다. 그러나 남유다는 히스기야 왕의 성전 기도로 앗수르 제국을 물리치고, 나라의 수명을 150년 더 연장받았습니다. 북이스라엘 사마리아인은 아브라함의 후손으로서 히브리인의 신앙을 잃어버린 채 800여 년 동안 유대인들에게 멸시당하다가, 메시아 예수님의 십자가 긍휼로 구원받게 됩니다.

● 히스기야의 유월절이 예수님의 마지막 유월절 첫 번째 성찬식으로

히스기야 왕은 남유다에서도 몇 안 되는 '다윗의 길'로 나아간 왕이었습니다. 물론 북이스라엘은 200년 동안 단 한 명의 왕도 '다윗의 길'로 나아가지 않고 모두 여로보암의 길로 나아갔습니다. 주목할 점은, 히스기야 왕이 남북 분단 200년 만에 처음으로 두 나라가 함께 한마음으로 유월절을 지키도록 이끌었다는 것입니다. "드디어 왕이 명령을 내려 브엘세바에서부터 단까지 온 이스라엘에 공포하여 일제히 예루살렘으로 와서 이스라엘 하나님 여호와의 유월절을 지키라 하니 이는 기록한 규례대로 오랫동안 지키지 못하였음이더라"(대하 30:5). 히스기야 왕이 오랜만에 유월절을 지키며 제사장 나라의 명절을 이어갔고, 이후 예수님께서 마지막으로 유월절을 지키시고 첫 번째 성찬식을 제정하십니다.

● 이사야 선지자의 하나님 나라 도래 예언

이사야 선지자는 징조를 통해 하나님의 아들이 동정녀 탄생으로 이 땅에 오실 것이며, 메시아로 우리와 함께하실 것이라는 '임마누엘'을 예언합니다. "그러므로 주께서 친히 징조를 너희에게 주실 것이라 보라 처녀가 잉태하여 아들을 낳을 것이요 그의 이름을 임마누엘이라 하리라"(사 7:14). 또한 이사야 선지자는 '왕 되신 메시아'의 등장을 예언합니다. 오실 메시아는 '평강의 왕, 이새의 줄기, 이새의 뿌리'이며, 메시아로 인하여 하나님 나라가 임할 것을 예언합니다. "이는 한 아기가 우리에게 났고 한 아들을 우리에게 주신 바 되었는데 그의 어깨에는 정사를 메었고 그의 이름은 기묘자라, 모사라, 전능하신 하나님이라, 영존하시는 아버지라, 평강의 왕이라 할 것임이라 그 정사와 평강의 더함이 무궁하며 또 다윗의 왕좌와 그의 나라에 군림하여 그 나라를 굳게 세우고 지금 이후로 영원히 정의와 공의로 그것을 보존하실 것이라 만군의 여호와의 열심이 이를 이루시리라"(사 9:6~7).

21과 메시아와 베들레헴의 목동

이사야 40~66장, 미가

큰글자 일년일독 통독성경 *one year tongdok bible as one story*

188일 : 나의 벗 아브라함
189일 : 하나님의 증인
190일 : 메시아의 오심과 구원
191일 : 고난 받는 메시아의 청사진
192일 : 하나님의 성전
193일 : 하나님의 열심
194일 : 영광과 평화의 청사진
195일 : 영광이 빠져버린 두 도시
196일 : 영광이 회복될 시온 산성

시간 흐름 *time flow*

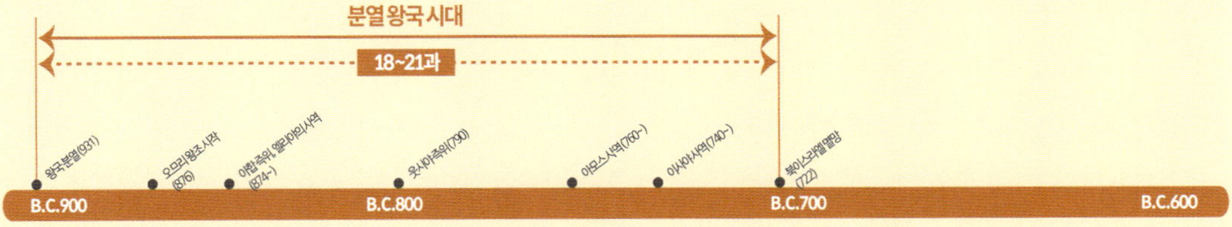

지금 공간 *current location* 예루살렘, 사마리아

주요 인물 *main character* 이사야, 미가

통通포인트 *tong point*

이사야를 통한 메시아 사역의 시작과 끝 밑그림

B.C.8세기 고대 근동은 앗수르를 비롯한 제국들이 본격적으로 역사의 무대에 등장한 격변의 시대였습니다. 당시 모든 이스라엘 사람들이 북이스라엘의 수도 사마리아와 남유다의 수도 예루살렘으로 시선을 두고 있을 때, 하나님께서는 남유다의 작은 마을 베들레헴에 집중하셨습니다. 하나님께서는 미가 선지자를 통해 메시아가 유대 땅 베들레헴에서 탄생하실 것을 예언하게 하셨고, 이사야 선지자를 통해 세례 요한의 사역과 예수님의 십자가 수난, 그리고 새 하늘과 새 땅을 예언하게 하셨습니다. B.C.8세기 남유다에서 활동한 이사야와 미가 선지자는 그 시대를 향한 하나님의 말씀과 오실 메시아에 대해 예언함으로 '메시아 신앙'을 갖게 했습니다. 이것이 '메시아와 베들레헴의 목동'을 읽는 중요한 핵심 열쇠입니다.

1. 이사야를 통한 가까운 미래와 먼 미래 이야기 사 40~50장

#큰글자 일년일독 통독성경 | 1139~1160p

선지자란 자신의 말이 아닌, 하나님의 말씀을 대신 전하는 사명을 받은 하나님의 사람을 일컫습니다. 하나님께서 이사야 선지자를 비롯해 수많은 선지자를 이스라엘에 보내신 때는, 이스라엘 백성이 하나님의 말씀에 순종하며 제사장 나라 거룩한 백성의 사명을 잘 감당하던 때가 아니었습니다. 하나님께서는 이스라엘 백성이 하나님과 맺은 언약을 지키지 않고 하나님으로부터 멀어져 갈 때마다 선지자들을 보내셔서 경고의 메시지를 주셨습니다. 그러므로 선지자들의 메시지는 예레미야 선지자가 말한 대로 '평안'이 아니라 '전쟁과 재앙과 전염병'을 예언하는 경우가 대부분이었습니다(렘 28:8).

이사야 선지자 또한 B.C.8세기 남유다의 잘못을 지적하며 하나님과 맺은 제사장 나라 언약을 기억하라고 경고했습니다. 그리고 온 세계가 하나님의 주권 아래 있음을 강조했습니다. 하나님께서는 남유다가 죄로 인해 심판을 받아야 함에도 여전히 그들을 '내 백성'이라고 불러주시며, 이사야 선지자를 통해 구원 계획을 말씀해 주십니다.

이사야는 "외치는 자의 소리여 이르되 너희는 광야에서 여호와의 길을 예비하라"(사 40:3)라고 선포하며, 먼 미래에 등장할 선지자 세례 요한을 예고합니다. 세례 요한은 진정한 미래 예언인 '메시아의 길'을 예비할 선지자입니다. 또한 이사야 선지자는 남유다 백성이 바벨론 포로로 끌려갈 날이 올 것을 경고하면서도, 하나님께서 은혜를 베푸셔서 그들 가운데 신실한 사람들을 남겨놓으실 것이라고 예언했습니다. 그리고 다윗 왕의 후손 가운데 메시아가 오셔서 온 세상에 평화를 주시며 하나님 나라를 회복하실 것을 선포했습니다.

이사야의 소명
성전에서 환상을 보며 선지자로 소명을 받게 된 이사야는 제단 숯불로 정결하게 되는 체험을 했다. 하나님께서는 완고한 남유다 백성에 대한 말씀을 미리 들려주셨다. 이때 이사야에게 주신 청사진은 '심판'이었으나, '거룩한 씨, 남은 자'를 통해 구원의 역사를 이어가신다는 것이 청사진의 핵심이었다. 이 청사진을 가지고 하나님께서 함께 일할 이사야를 부르신 것이다.

선지자의 글쓰기
1. 과거 이야기를 담은 현재 이야기
2. 현재 이야기를 담은 미래 이야기
성경에 기록된 예수님의 모든 공적 사역 이야기는 모세와 선지자의 글에 기초를 두고 이야기 전체가 다시 하나로 묶인다. 즉, 선지자들의 구약 기록은 과거 이야기를 현실로 담아낸 것이고, 이는 예수님의 사복음서 이야기의 밑그림으로 사용되었다. 성경 66권은 예수님의 십자가 이야기다.

'메시아의 길'을 준비할 선지자 세례 요한 예고
사복음서 기자들 모두 <이사야>의 기록을 인용하여 세례 요한을 소개했다.

마태복음	그는 선지자 이사야를 통하여 말씀하신 자라 일렀으되 … (마 3:3)
마가복음	광야에 외치는 자의 소리가 있어 이르되 … (막 1:3)
누가복음	선지자 이사야의 책에 쓴 바 광야에서 외치는 자의 소리가 있어 이르되 … (눅 3:4)
요한복음	이르되 나는 선지자 이사야의 말과 같이 … (요 1:23)

2. 이사야를 통한 메시아 신앙 사 51~66장

큰글자 일년일독 통독성경 | 1160~1185p

하나님께서는 이사야 선지자를 통해 사복음서의 가장 중요한 메시아의 삼중직, 즉 대제사장, 왕, 선지자의 밑그림을 그려주셨습니다. 모세 때부터 이사야 때까지 '기름 부음'은 하나님께서 대제사장, 왕, 선지자에게 각각 사명을 주실 때 행해졌습니다. 이사야는 그동안 하나님께서 미래 계획으로 말씀하셨던 모든 흔적을 하나로 묶어 본격적으로 기름 부음을 메시아의 삼중직으로 예언했습니다. 이는 다윗 때 시작된 메시아 신앙을 본격화한 것입니다.

이사야 선지자 _ 안토니오 발레스트라 作

이사야 선지자를 통해 예언된 미래의 희망인 기름 부음 받은 이, 곧 메시아를 다섯 가지 측면으로 정리해 보면, 첫째, 하나님의 아들이 메시아로 오십니다. 아하스 왕이 하나님께 징조를 구하지 않자, 이사야 선지자가 대신 징조를 구했고, 하나님께서는 하나님의 아들이신 메시아가 동정녀 탄생으로 오시며, 메시아는 곧 하나님께서 우리와 함께 하시는 분, '임마누엘'이시라고 예고하셨습니다.

"그러므로 주께서 친히 징조를 너희에게 주실 것이라 보라 처녀가 잉태하여 아들을 낳을 것이요 그의 이름을 임마누엘이라 하리라"(사 7:14).

둘째, 하나님의 아들 메시아는 왕이시며 선지자로 오십니다. 메시아는 다윗의 후손으로 오시는 왕이시며 통치자이시고, 하나님의 길을 알려주는 기묘자, 모사가 되시는 선지자로 오실 것입니다.

"이는 한 아기가 우리에게 났고 한 아들을 우리에게 주신 바 되었는데 그의 어깨에는 정사를 메었고 그의 이름은 기묘자라, 모사라, 전능하신 하나님이라, 영존하시는 아버지라, 평강의 왕이라 할 것임이라 그 정사와 평강의 더함이 무궁하며 또 다윗의 왕좌와 그의 나라에 군림하여 그 나라를 굳게 세우고 지금 이후로 영원히 정의와 공의로 그것을 보존하실 것이라 만군의 여호와의 열심이 이를 이루시리라"(사 9:6~7).

셋째, 하나님의 아들 메시아는 그의 영혼을 속건제물로 드리는 하나님의 어린양이시며 대제사장으로 오십니다. 오실 메시아는 우리의 죄를 대신 담당하시는 하나님의 어린양이시며, 하나님과 우리 사이에서 중보기도하시는 대제사장이십니다. 유월절 어린양이 모든 히브리 민족 장자들의 생명을 구했듯, 메시아는 스스로 희생 제물인 하나님의 어린양이 되어 하나님의 모든 백성을 구원하실 것입니다.

"그가 찔림은 우리의 허물 때문이요 그가 상함은 우리의 죄악 때문이라 그가 징계를 받으므로 우리는 평화를 누리고 그가 채찍에 맞으므로 우리는 나음을 받았도다 우리는 다 양 같아서 그릇 행하여 각기 제 길로 갔거늘 여호와께서는 우리 모두의 죄악을 그에게 담당시키셨도다 그가 곤욕을 당하여 괴로울 때에도 그의 입을 열지 아니하였음이여 마치 도수장으로 끌려 가는 어린 양과 털 깎는 자 앞에서 잠잠한 양 같이 그의 입을 열지 아니하였도

메시아 예수님의 사명

메시아의 사명	예수님의 사명 선언
이사야61장	누가복음4장

가난한 자에게 복음을
마음이 상한 자에게 고침을
포로된 자에게 자유를
갇힌 자에게 놓임을
모든 슬픈 자에게 위로를 주시며
희락의 기쁨으로 슬픔을 대신하며
찬송의 옷으로 근심을 대신하며
황폐하고 무너진 곳을
다시 일으키실 것이며
대대로 무너져 있던 것들을
중수하시리라

이사야 9장 & 이사야 53장

이 땅에 오실 메시아의 모습은 이사야 9장의 강한 메시아와 이사야 53장의 연한 순 같은 메시아를 통(通)으로 함께 보아야 한다. 이사야 9장의 메시아는 '평강의 왕이자 전능하신 하나님'의 모습이며, 이사야 53장의 메시아는 '고난 받는 종'의 모습이다.

다"(사 53:5~7).

넷째, 이처럼 대제사장, 왕, 선지자의 사명을 모두 감당하시기 위해 오실 분은 바로 메시아 예수님이십니다. 예수님께서는 우리를 위해 하나님 사랑과 이웃 사랑의 제자도를 몸소 실천하며 가르쳐주시며, 하나님의 어린양이자 대제사장으로 십자가에 오르셔서 인간의 모든 죄를 해결하실 것입니다. 메시아로부터 시작된 복음은 가난한 사람에게 전해지며 하나님 나라의 완성으로 이어질 것입니다.

하나님의 잔치 초대
"오호라 너희 모든 목마른 자들아 물로 나아오라 돈 없는 자도 오라 너희는 와서 사 먹되 돈 없이, 값 없이 와서 포도주와 젖을 사라"(사 55:1). 하나님께서는 이사야 선지자를 통해 값없이 베푸시는 하나님의 잔치에 모든 하나님의 자녀들을 초대하신다. 도든 민족, 모든 백성이 하나님의 자녀가 되기까지 쉬지 않으시는 하나님의 사랑과 열정은 모든 민족을 위한 예수 그리스도의 십자가로 마침내 완성된다.

"주 여호와의 영이 내게 내리셨으니 이는 여호와께서 내게 기름을 부으사 가난한 자에게 아름다운 소식을 전하게 하려 하심이라 나를 보내사 마음이 상한 자를 고치며 포로된 자에게 자유를, 갇힌 자에게 놓임을 선포하며 여호와의 은혜의 해와 우리 하나님의 보복의 날을 선포하여 모든 슬픈 자를 위로하되 무릇 시온에서 슬퍼하는 자에게 화관을 주어 그 재를 대신하며 기쁨의 기름으로 그 슬픔을 대신하며 찬송의 옷으로 그 근심을 대신하시고 그들이 의의 나무 곧 여호와께서 심으신 그 영광을 나타낼 자라 일컬음을 받게 하려 하심이라"(사 61:1~3).

다섯째, 이사야 선지자를 통한 메시아 예언은 마침내 하나님의 구원과 새로운 창조, 곧 새 하늘과 새 땅으로 이어집니다. 처음 하늘과 처음 땅을 만드신 창조주 하나님께서는 메시아의 십자가 수난 이후, 새 하늘과 새 땅을 창조하실 것입니다. 그리고 하나님 나라 백성은 새 하늘과 새 땅에서 영원히 기뻐하며 즐거워할 것입니다.

우리 아버지 하나님
예수님께서 가르쳐주신 '우리 아버지 하나님'은 이미 <이사야>에 예언되었다. 이사야 선지자는 '우리의 아버지께' 남유다 백성을 위해 중보기도했다. "여호와여, 주는 우리의 아버지시라 옛날부터 주의 이름을 우리의 구속자라 하셨거늘"(사 63:16). "여호와여, 이제 주는 우리 아버지시니이다 우리는 진흙이요 주는 토기장이시니 우리는 다 주의 손으로 지으신 것이니이다"(사 64:8).

"보라 내가 새 하늘과 새 땅을 창조하나니 이전 것은 기억되거나 마음에 생각나지 아니할 것이라 너희는 내가 창조하는 것으로 말미암아 영원히 기뻐하며 즐거워할지니라 보라 내가 예루살렘을 즐거운 성으로 창조하며 그 백성을 기쁨으로 삼고"(사 65:17~18).

3. 미가의 사마리아와 예루살렘 멸망 경고 미 1~3장

큰글자 일년일독 통독성경 | 1185~1188p

B.C.8세기에 북이스라엘에서 아모스와 호세아 선지자가 함께 활동했다면, 동시대에 남유다에서는 이사야와 미가 선지자가 함께 하나님의 말씀을 전했습니다. 하나님께서 여러 선지자를 동시에 많이 보내신 것은, 그 시대가 그만큼 악했음을 보여주는 반증입니다.

'미가'의 이름은 '여호와와 같은 이가 누구냐'라는 뜻입니다. 미가는 모레셋이라는 작은 마을 출신으로, B.C.8세기 남유다의 요담, 아하스, 히스기야 왕 시대에 하나님의 말씀을 전한 선지자입니다. 당시 고대 근동은 앗수르가 본격적으로 제국으로 등장해 무력으로 각 나라를 위협하던 때였습니다. 그런 시대에 북이스라엘의 수도인 사마리아와 남유다의 수도인 예루살렘 두 도시에서는 고관대작들과 관리들이 거리낌 없이 부정을 저지르고 있었으며, 백성들 또한 제사장 나라 거룩한 백성의 모습은 그 어디에도 찾아볼 수 없었습니다.

거룩한 공동체
하나님께서는 이스라엘 백성이 공동체 내의 약한 이웃을 끌어안을 수 있는 건전한 공동체로 세워지기를 바라셨다. 그래서 이스라엘 백성과 처음 만나셨을 때부터 하나님께서는 약한 사람을 압제하지 말고 보호하라고 <레위기>를 통해 당부하셨다. 그러므로 약한 사람들을 괴롭게 하는 힘 있는 자들의 횡포는 그들에 대한 심판의 원인이 될 수밖에 없다.

이때 하나님께서는 미가 선지자를 통해 사마리아와 예루살렘 두 도시에 가득한 죄악과 정치 지도자들의 잘못을 통렬히 꾸짖으셨습니다. 그들을 향해 "시온을 피로, 예루살렘을 죄악으로 건축하는도다"(미 3:10)라고 말씀하시며 반드시 심판할 것을 경고하셨습니다.

북이스라엘의 수도 사마리아는 200여 년 동안 한순간도 '제사장 나라의 공공성'이 실현된 적이 없었습니다. '나봇의 포도원'과 같은 불의한 사건이 한 시대의 사건으로 끝나지 않고 계속되었던 것입니다. 억울한 이들이 끊임없이 등장했고, 사마리아는 그들의 피로 세워진 도시가 되어 결국 멸망의 길로 갔습니다. "이러므로 내가 사마리아를 들의 무더기 같게 하고 포도 심을 동산 같게 하며 또 그 돌들을 골짜기에 쏟아내리고 그 기초를 드러내며"(미 1:6).

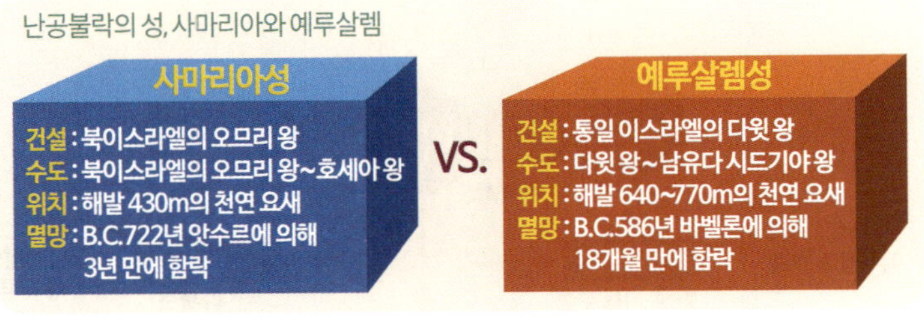

제사장 나라의 사명으로 충만했던 남유다의 수도 예루살렘 역시 정의와 공의가 사라졌습니다. 제사장 나라 공직자들이 부패해 하나님의 통치가 그들을 통해 펼쳐지지 못했기 때문입니다. 이대로 가면 남유다 또한 북이스라엘처럼 멸망할 것이 분명했습니다. 하나님께서는 이 같은 상황에서 미가 선지자를 통해 북이스라엘과 남유다를 동시에 책망하시며 하나님께로 돌아설 것을 촉구하셨습니다. "그들의 우두머리들은 뇌물을 위하여 재판하며 그들의 제사장은 삯을 위하여 교훈하며 그들의 선지자는 돈을 위하여 점을 치면서도 여호와를 의뢰하여 이르기를 여호와께서 우리 중에 계시지 아니하냐 재앙이 우리에게 임하지 아니하리라 하는도다"(미 3:11).

4. 미가를 통한 메시아의 베들레헴 탄생 예고 미 4~7장

#큰글자 일년일독 통독성경 | 1189~1194p

이사야 선지자와 마찬가지로 미가 선지자 또한 메시아에 대한 예언을 빠뜨리지 않았습니다. 하나님께서는 미가 선지자를 통해 오실 메시아를 예언하게 하셨습니다. 훗날 메시아는 당시 사람들이 주목하던 큰 도시가 아니라, 남유다의 작은 마을인 베들레헴에서 탄생하실 것이라고 말씀하셨습니다. "베들레헴 에브라다야 너는 유다 족속 중에 작을지라도 이스라엘을 다스릴 자가 네게서 내게로 나올 것이라 그의 근본은 상고에, 영원에 있느니라"(미 5:2).

미가 선지자는 앗수르 제국의 침략에 맞서 버티고 있는 남유다의 현실 속에서, 하나님의 미래 계획인 메시아 탄생과 탄생 장소를 예언했습니다. 미가 선지자의 예언은 남유다 백성에게 큰 소망의 말씀이 되었습니다. 미가 선지자의 기록은 이후 헤롯 왕 때, 동방박사들이 예루살렘에 와서 "유대를 다스릴 왕이 어디에서 태어났느냐?"라고 질문했을 때 그 답이 됩니다. "왕이 모든 대제사장과 백성의 서기관들을 모아 그리스도가 어디서 나겠느냐 물으니 이르되 유대 베들레헴이오니 이는 선지자로 이렇게 기록된 바 또 유대 땅 베들레헴아 너는 유대 고을 중에서 가장 작지 아니하도다 네게서 한 다스리는 자가 나와서 내 백성 이스라엘의 목자가 되리라 하였음이니이다"(마 2:4~6).

땅끝까지 울린 찬양
작은 마을 베들레헴에서 태어나실 메시아의 구원은 이스라엘에만 국한되어 있는 것이 아니라, 땅끝까지 미칠 것을 알려주고 있다(미 5:2~4). 죄악된 이스라엘에게 이러한 구원의 소식을 들려주시는 이유는 지금이라도 그들이 죄에서 돌아오기만을 기다리시는 하나님의 마음을 백성들에게 브이시기 위함이었다.

미가의 기록과 헤롯 왕
유대를 다스리는 분봉 왕 헤롯에게 동방에서 온 박사들이 '유대인의 왕' 탄생 이슈를 들고 나타났다. "유대인의 왕으로 나신 이가 어디 계시냐? 우리가 동방에서 그의 별을 보고 그에게 경배하러 왔노라." 놀란 헤롯이 곧바로 유대의 대제사장과 서기관들을 총동원해 '유대인의 왕'이 베들레헴에서 태어난다는 미가 선지자의 기록을 찾아냈다. 헤롯은 왕이신 예수님의 탄생 정보는 알아냈지만, 경배의 자리로 나아가지는 않았다.

B.C.8세기 미가를 통한 - 다윗과 예수님의 공간 이야기

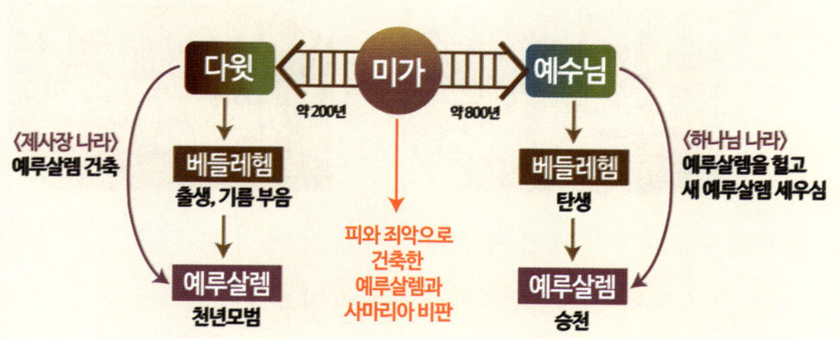

#To the Cross | 십자가로 향하는 레시피

5. 만민이 기도하는 집 성전

하나님께서 이사야 선지자를 통해 말씀하신 메시아사상을 정리하면 다음과 같습니다.

첫째, 하나님의 아들 메시아는 왕이자 선지자로, 그리고 대제사장이자 하나님의 어린양으로 이 땅에 오십니다.

둘째, 마지막 선지자인 세례 요한은 메시아이신 예수님의 길을 준비합니다(사 40:3).

"그는 선지자 이사야를 통하여 말씀하신 자라 일렀으되 광야에 외치는 자의 소리가 있어 이르되 너희는 주의 길을 준비하라 그가 오실 길을 곧게 하라 하였느니라"(마 3:3).

셋째, 메시아이신 예수님께서는 '나사렛 예수'이시며 '이방의 빛'이십니다(사 9:1~2). 예수님께서는 공생애를 시작하시기 전까지 이방 땅과 가까운 갈릴리 지역의 작은 마을 나사렛에서 사셨으며, 이후에도 여러 차례 갈릴리 지역에서 사역하셨습니다.

"그러나 아켈라오가 그의 아버지 헤롯을 이어 유대의 임금 됨을 듣고 거기로 가기를 무서워하더니 꿈에 지시하심을 받아 갈릴리 지방으로 떠나가 나사렛이란 동네에 가서 사니 이는 선지자로 하신 말씀에 나사렛 사람이라 칭하리라 하심을 이루려 함이러라"(마 2:22~23).

"예수께서 요한이 잡혔음을 들으시고 갈릴리로 물러가셨다가 나사렛을 떠나 스불론과 납달리 지경 해변에 있는 가버나움에 가서 사시니 이는 선지자 이사야를 통하여 하신 말씀을 이루려 하심이라 일렀으되 스불론 땅과 납달리 땅과 요단 강 저편 해변 길과 이방의 갈릴리여 흑암에 앉은 백성이 큰 빛을 보았고 사망의 땅과 그늘에 앉은 자들에게 빛이 비치었도다 하였느니라 이 때부터 예수께서 비로소 전파하여 이르시되 회개하라 천국이 가까이 왔느니라 하시더라"(마 4:12~17).

넷째, 솔로몬의 성전 낙성식 기도의 기록대로 성전은 '만민이 기도하는 집'입니다(사 56:7). 그런데 예수님 당시 대제사장들이 예루살렘 성전에서 이방인의 뜰을 용도 변경하여 강도의 소굴로 만들었습니다. 이를 보신 예수님께서 성전을 청결하게 하셨고, 결국 예수님께서는 십자가를 통해 새 휘장이 되심으로 '우리 몸이 성전' 되게 하셨습니다.

"그들이 예루살렘에 들어가니라 예수께서 성전에 들어가사 성전 안에서 매매하는 자들을 내쫓으시며 돈 바꾸는 자들의 상과 비둘기 파는 자들의 의자를 둘러 엎으시며 아무나 물건을 가지고 성전 안으로 지나다님을 허락하지 아니하시고 이에 가르쳐 이르시되 기록된 바 내 집은 만민이 기도하는 집이라 칭함을 받으리라고 하지 아니하였느냐 너희는 강도의 소굴을 만들었도다 하시매"(막 11:15~17).

다섯째, 이사야 선지자가 예언한 '기름 부음 받은 이의 사역'은 이후 메시아 예수님의 사역으로 이어집니다(사 61:1~3). 예수님께서 친히 보여주신 제자도, 즉 하나님 사랑 이웃 사랑의 제자도를 통해 메시아의 복음은 온 세상으로 퍼져갑니다. 예수님의 하나님 사랑 이웃 사랑은 '만인을 위한 복음'이었습니다.

"선지자 이사야의 글을 드리거늘 책을 펴서 이렇게 기록된 데를 찾으시니 곧 주의 성령이 내게 임하셨으니 이는 가난한 자에게 복음을 전하게 하시려고 내게 기름을 부으시고 나를 보내사 포로 된 자에게 자유를, 눈 먼 자에게 다시 보게 함을 전파하며 눌린 자를 자유롭게 하고 주의 은혜의 해를 전파하게 하려 하심이라 하였더라"(눅 4:17~19).

여섯째, 이사야 24~27장, 65~66장은 요한계시록 21~22장의 새 하늘과 새 땅으로 이어집니다. 이사야의 예언(사 65:17; 66:22)은 처음 하늘과 처음 땅이 사라지고 다시는 저주가 없는 곳, 생명수가 흐르는 새 하늘과 새 땅을 소망하게 합니다.

"또 내가 새 하늘과 새 땅을 보니 처음 하늘과 처음 땅이 없어졌고 바다도 다시 있지 않더라 또 내가 보매 거룩한 성 새 예루살렘이 하나님께로부터 하늘에서 내려오니 그 준비한 것이 신부가 남편을 위하여 단장한 것 같더라"(계 21:1~2).

이사야는 B.C.8세기 북이스라엘 멸망 앞에서 국제 정세를 해결하는 사명과 함께 메시아 신앙을 예언하고, 메시아 예수님의 삼중직에 대한 예언의 기록을 남기는 사명을 감당한 선지자였습니다. 메시아의 삼중직 사명을 예고함으로, 이스라엘이 처한 위기를 메시아 신앙 소망으로 극복하게 이끕니다.

22과 남유다 멸망

열왕기하 21~23장, 스바냐, 하박국, 나훔, 요엘

큰글자 일년일독 통독성경 *one year tongdok bible as one story*

197일 : 왕정 총결산 **198일** : 스바냐의 렘넌트 이야기 **199일** : 하박국의 믿음 노래
200일 : 나훔과 요나의 앗수르 **201일** : 요엘 선지자의 꿈과 이상

시간 흐름 *time flow*

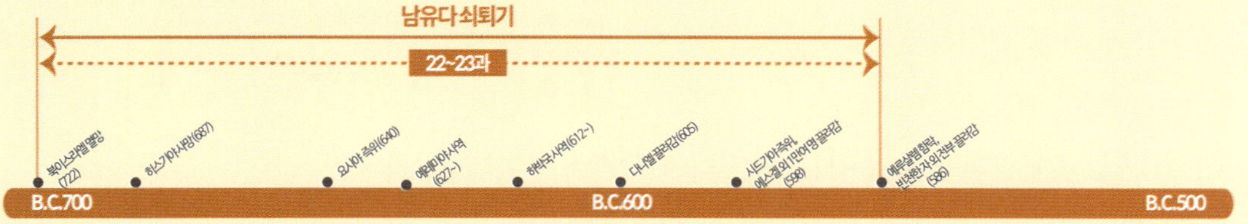

지금 공간 *current location* 예루살렘, 니느웨

주요 인물 *main character* 스바냐, 하박국, 나훔, 요엘

통通포인트 *tong point*

'왕정 500년' 총결산의 서막

하나님께서 '왕정 500년'을 투 트랙으로 총결산하십니다. 첫째, 스바냐, 하박국, 나훔, 요엘 선지자를 통한 '여호와의 날', 즉 하나님의 심판과 미래 구원 계획입니다. 둘째, 예레미야 선지자를 통한 '70년 미래 프로젝트'와 오바댜 선지자를 통한 '에돔의 멸망'입니다. 제사장 나라 중심으로 볼 때, 남유다의 멸망은 하나님의 징계인 동시에 새 언약의 시작입니다. '왕정 500년' 후반기 선지자들을 통한 하나님의 말씀을 살펴보면, 스바냐와 하박국 선지자는 남유다에 대한 심판과 미래 구원 계획을 예언했고, 나훔 선지자는 앗수르의 심판을 선언했으며, 요엘 선지자는 하나님의 심판 계획의 큰 틀을 예언했습니다. 이어서 예레미야 선지자는 바벨론 포로 70년 미래 프로젝트, 즉 제사장 나라 재건을 예언했습니다. 그리고 오바댜 선지자는 모든 나라가 여호와께 있음을 선언했습니다.

1. 왕정 총결산 왕하 21~23장

#큰글자 일년일독 통독성경 | 1194~1201p

므낫세가 히스기야의 뒤를 이어 12세의 나이로 왕위에 오릅니다. 하지만 그는 아버지와는 정반대의 길로 행하며, 나라 곳곳에 우상을 세우고 이

므낫세의 연대기
"므낫세가 왕이 될 때에 나이가 십이 세라"(왕하 21:1). 대개의 학자들은 므낫세가 10년 혹은 11년 정도 히스기야와 공동 통치를 했으며, 공동 통치를 시작할 때의 나이가 12세였던 것으로 추정한다. 므낫세가 단독 통치를 시작한 것은 22세 정도이며, 그의 출생은 히스기야가 생명 연장을 약속받기 약 7년 전으로 보고 있다.

방 신을 섬깁니다. 하나님께서 사무엘을 통해 경고하셨던 '왕정의 폐해'가 므낫세 왕이 남유다를 통치할 때 가장 명확하게 드러났습니다. 므낫세가 다윗이나 히스기야가 아닌 200여 년 전 북이스라엘 아합 왕의 통치 방식을 따랐기 때문입니다. 므낫세가 죽고 그의 아들 아몬이 왕위에 올랐지만 그 역시 아버지의 행위를 따라 악을 행하자, 신하들이 반역을 일으켜 그를 죽입니다. 그러자 백성들이 다시 그 반역 세력들을 몰아내고 아몬의 아들 요시야를 왕으로 삼습니다.

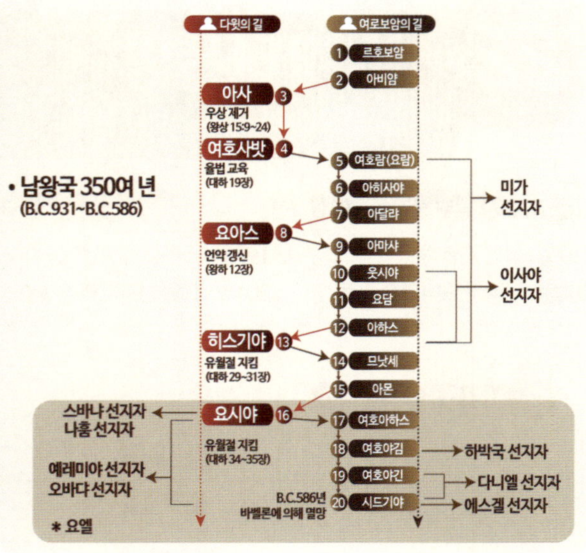

요시야는 8세에 왕위에 올라 31년 동안 나라를 다스렸습니다. 그는 므낫세나 아몬과 달리 '다윗의 길'로 나아가며 하나님 보시기에 선한 일을 행했습니다. 요시야 왕이 단행한 첫 번째 종교개혁은 그의 통치 12년째 되던 해에 일어났는데, 이때 그는 제사장 힐기야와 더불어 우상 대청소를 시행했습니다. 그로부터 6년 후, 즉 요시야의 통치 18년째에 제사장 힐기야가 성전에서 율법책을 발견했을 때 두 번째 종교개혁이 일어납니다. 요시야는 많은 사람에게 율법책을 읽어주며, 모든 계명과 법도와 율례를 지키기로 함께 마음을 모았습니다. 또한 그는 다윗이 정한 성전 규례를 따라 더욱 철저히 유월절을 준비하여 온 백성과 함께 성대하게 유월절을 지켰습니다. 당시 요시야 왕이 남유다 백성과 함께 지킨 유월절은 사무엘 선지자 때 이후로 이스라엘에서 그처럼 완벽하게 지킨 유월절은 없었다는 평가를 받을 정도였습니다. 요시야는 이스라엘 전체 왕들 가운데 가장 성실하게 율법을 지키려고 노력했던 왕으로, '모세의 모든 율법'을 빠짐없이 살피며 남유다가 다시 제사장 나라로 회복되기를 꿈꾸었습니다.

유월절 계승
히스기야의 개혁은 우상 청소에서 유월절의 부활로 이어졌다. 그러나 히스기야가 실행한 유월절은 "성결하게 한 제사장들이 부족하고 백성도 예루살렘에 모이지 못하였으므로"(대하 30:3) 한 달 연기되어 진행되었다. 이로써 사무엘 시대 이후 유월절을 처음 제대로 지킨 때는 요시야 시대의 유월절로 기억되고 있다(대하 35:18).

요시야 왕이 자신의 옷을 찢다 _ 제임스 손힐 作

당시 고대 근동은 앗수르에서 바벨론으로 제국이 변동되는 상황이었습니다. 바벨론이 오랜 세월 앗수르 편에 있었던 메대와 결속하며(바벨론 왕과 메대의 공주가 혼인함), 520년 동안 상(上)아시아의 주인이라 불

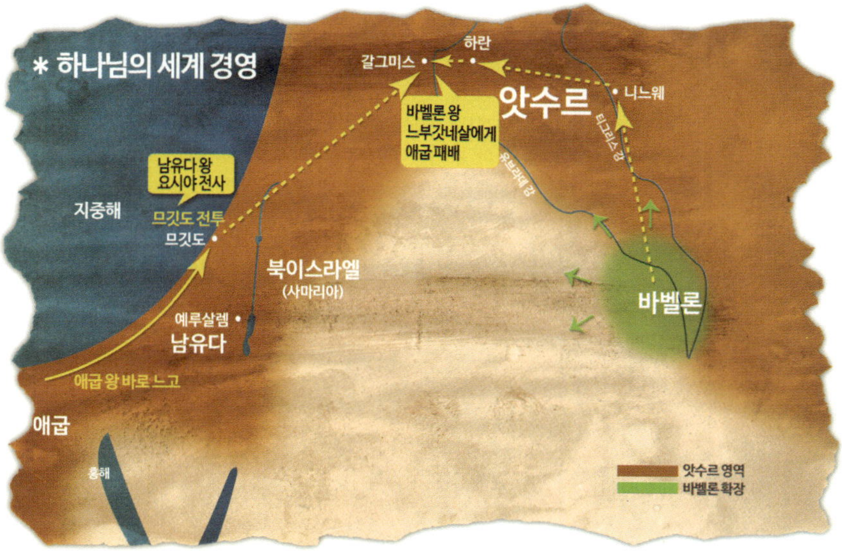

렸던 앗수르 제국을 무너뜨리기 위해 출병했습니다. 그러자 남쪽에 있는 애굽의 느고 왕이 새로운 제국의 주인으로 부상하려는 바벨론을 막고, 애굽을 세계적인 위치로 올려놓고자 북쪽으로 원정에 나섭니다. 그런데 느고 왕의 원정을 막기 위해 요시야 왕이 므깃도로 출정했다가 전사합니다. 요시야 왕의 죽음으로 '왕정 500년' 총결산의 서막이 시작됩니다. 요시야가 죽자 백성들은 곧바로 우상숭배로 돌아가고 맙니다. 이를 통해 백성들이 그동안 우상숭배에 얼마나 깊이 젖어 있었는지를 알 수 있습니다.

애굽이 남유다와 므깃도에서 전쟁을 치르느라 시간을 지체하는 동안, 바벨론과 메대 연합군은 앗수르의 니느웨를 거쳐 하란까지 점령했습니다. 그래서 애굽이 하란에 도착했을 때는 이미 전쟁이 끝난 상태였습니다. 애굽의 느고 왕은 대군을 이끌고 하란까지 올라갔음에도 전투 한번 치르지 못하고 퇴각하면서 남유다에 화풀이를 합니다. 요시야의 뒤를 이어 왕이 된 요시야의 아들 여호아하스를 애굽으로 끌어가고, 요시야의 다른 아들 여호야김(엘리아김)을 남유다의 왕으로 삼아 애굽에 어마어마한 조공을 바치게 했습니다. 여호야김 왕은 애굽에 조공을 바치기 위해 백성들로부터 무거운 세금을 거두어들여야 했습니다.

그런데 얼마 지나지 않아 바벨론이 애굽을 공격해 B.C.605년 갈그미스 전투에서 크게 승리합니다. 전쟁의 승자 바벨론은 패자 애굽과 강력한 강화조약을 맺어 앞으로 어떤 군사 조치나 무역을 할 수 없게 만들었습니다. 이것이 이사야 선지자가 3년 동안 벗은 몸으로 예루살렘을 오가며 애굽이 당

'다윗의 길'로 간 대표적인 남유다의 왕들

아사	3대왕	아세라 우상을 없애고 우상을 숭배하는 모친을 태후에서 폐위함
여호사밧	4대왕	산당과 아세라 우상들을 제거함 제사장과 레위인들로 하여금 전국을 순회하며 율법을 가르치게 함
요아스	8대왕	아달랴가 파괴한 성전을 수리, 우상을 제거하고 언약을 갱신함
히스기야	13대왕	제사를 회복하고 우상과 산당을 제거함 이스라엘 백성까지 초청하여 유월절을 지킴
요시야	16대왕	모든 우상과 산당들, 북이스라엘의 금송아지 우상까지 없앰 성전에서 율법책을 발견한 후 유월절을 성대하게 지키며 성경통독함

하게 될 수치를 예고한 이유입니다. 이제 바벨론은 여유 있게 남유다로 쳐들어와 남유다의 왕을 여호야김에서 그의 아들 여호야긴으로 교체하고, 이번에는 바벨론으로 조공을 바치게 했습니다. 이때 예루살렘 성전 기명 일부를 가져가 바벨론 신전 보물 창고에 두었고, 최고의 인재가 될 만한 남유다의 소년들을 골라 1차 바벨론 포로로 끌어갔습니다. 그들이 바로 다니엘과 세 친구입니다.

여호야긴 왕은 바벨론에 조공을 바치다가 또다시 바벨론이 예루살렘성을 에워싸자, 결국 느부갓네살 왕 앞으로 나아갑니다. 이때 바벨론은 예루살렘 성전에서 모든 성전 기명과 왕궁의 보물을 탈취했고, 여호야긴 왕과 에스겔과 1만여 명의 유능한 인재들을 2차 포로로 끌어갔습니다. 이는 과거 히스기야 왕이 병에서 나음을 입고 15년 생명을 연장받은 후 바벨론 특사에게 하나님의 기적을 간증하는 대신 성전과 왕궁의 모든 것을 보여주었을 때, 이사야 선지자가 예언했던 일이 현실이 된 것입니다.

바벨론은 여호야긴 왕을 끌어가며, 대신 요시야의 또 다른 아들 시드기야를 남유다의 왕으로 세우고 더 많은 조공을 바치게 했습니다. 시드기야는 남유다의 마지막 왕이 되었고, 그 위기 가운데 하나님의 말씀을 전한 선지자가 바로 예레미야입니다.

2. 스바냐와 렘넌트 습 1~3장

큰글자 일년일독 통독성경 | 1201~1206p

스바냐는 요시야 왕 시대에 활동한 선지자입니다. 스바냐 선지자는 사람들의 죄로 인해 임하게 될 '여호와의 큰 날, 심판의 날'에 대해 말합니다. 남유다에 대한 하나님의 징계를 선포한 것입니다. 다만, 여호와의 규례를 지키고 공의와 겸손을 구하는 사람만이 하나님의 분노를 피할 수 있습니다. 그들은 여호와의 규례를 지키는 겸손한 사람들, 곧 남은 자, 렘넌트(remnant)입니다.

'남은 자(렘넌트)'는 하나님의 공의와 통치를 믿고 기다리는 사람들입니다. 이들은 예레미야 선지자가 예고한 '새 언약 소망세대'라 할 수 있습니다

스바냐(Zephaniah)
'여호와께서 보호하시는 사람'이라는 뜻의 이름을 가진 스바냐는 남유다 왕 히스기야의 후손(습 1:1)인 것으로 보아, 사회적 신분이 높았을 것으로 추측된다. 스바냐의 설교는 요시야 왕의 통치 기간 중에 행해졌으며, 그는 예레미야보다 먼저 사역했다. 스바냐는 아모스나 요엘과 같이, 심판과 축복의 날인 '여호와의 날'을 선포했다.

(습 3:9~13). 스바냐 선지자는 이 렘넌트들에게 끝까지 인내하기를 권면하며 "너의 하나님 여호와가 너의 가운데에 계신다"라고 말합니다(습 3:17). 즉, 하나님께서 우리와 함께 계신다는 '임마누엘'을 예언한 것입니다. 이는 이사야 선지자가 메시아 탄생을 예언한 '임마누엘'과 같습니다. "보라 처녀가 잉태하여 아들을 낳을 것이요 그의 이름은 임마누엘이라 하리라 하셨으니 이를 번역한즉 하나님이 우리와 함께 계시다 함이라"(마 1:23).

스바냐 선지자는 블레셋과 모압, 암몬, 구스, 앗수르 등 남유다 주변 나라들에 대한 심판을 선포한 후, 또다시 예루살렘에 초점을 맞춰 하나님의 징계를 선언합니다. 이 심판의 선포 후에 스바냐는 하나님께서 주시는 '남은 자(렘넌트)'를 향한 기대와 구원의 메시지를 전합니다. 하나님께서는 다시금 그들의 하나님이 되시며, 그들이 하나님의 백성이 되는 아름다운 관계를 기대하고 계십니다. 하나님의 계명을 지키며 끝까지 인내하는 '남은 자(렘넌트)'로 인해 하나님께서는 기쁨을 이기지 못하십니다.

'남은 자' 렘넌트 (remnant)
'어떤 일 이후에 남겨진 사람들'이란 뜻. 성경의 '남은 자'는 하나님을 경외하며 하나님을 향한 믿음으로 사는 사람들이다.

• 성경의 대표적인 '남은 자'

1. 가나안 정탐 중 남은 자 '여호수아와 갈렙'
2. 미디안 전쟁에 군사 32,000명 중 남은 자 '300용사'
3. 엘리야 선지자에게 힘이 된 남은 자 '7,000명'
4. 폭풍처럼 진행될 심판의 계획을 믿고, 고백할 남유다의 '남은 자'
5. 바벨론 포로로 끌려간 남유다 백성인 남은 자 '새 언약 소망세대'

3. 하박국의 질문 합 1~3장

#큰글자 일년일독 통독성경 | 1206~1210p

하박국 선지자는 남유다의 죄악 때문에 통탄하며 하나님께 질문으로 호소합니다. 하박국의 첫 번째 질문은 "공의의 하나님께서 왜 남유다의 불의를 심판하지 않으시는가?"입니다. 두 번째 질문은 "공의의 하나님께서 왜 남유다의 심판을 더 악하고 무자비한 바벨론 제국에게 맡기시는가?"입니다. 이에 대해 하나님께서는 남유다의 죄악을 해결하고 고치시기 위해 바벨론을 준비했다고 말씀하십니다. 그러나 하박국이 보기에는 심판의 도구로 사용될 나라 바벨론이 남유다보다 더 악했습니다. 따라서 바벨론을 도구로 한 남유다의 심판은 불합리해 보였습니다.

선지자 하박국 (Habakkuk)
"선지자 하박국이 묵시로 받은 경고라"(합 1:1). 책의 시작을 '선지자 하박국'으로 선포한 것은 하나님의 말씀이자 하나님의 경고를 강조하기 위함이었다. 남유다는 율법이 해이해지고 공의가 날개를 펴지 못하며, 악인이 의인을 에워싸서 정의가 왜곡되고 있는 형편이었다. 이제 하나님께서는 바벨론 제국을 심판의 도구로 삼아 남유다의 죄악을 징계하실 것이다.

그런 하박국에게 하나님께서는 '정한 때'가 있음을 알려주십니다. 비록 우리가 보기에는 더딜지라도, 의인은 믿음으로 살기에 기다릴 수 있습니다. 오직 의인은 그의 믿음으로 말미암아 삽니다(합 2:4). 의인의 고난도 오래가지 않으며, 악인의 형통도 오래가지 않습니다. 하나님의 이 대답을 듣고 하박국의 입술에서는 찬미의 노래가 흘러나옵니다.

하나님의 선지자 하박국 _ 프랭크 O. 솔즈베리 作

"비록 무화과나무가 무성하지 못하며 포도나무에 열매가 없으며 감람나무에 소출이 없으며 밭에 먹을 것이 없으며 우리에 양이 없으며 외양간에 소가 없을지라도 나는 여호와로 말미암아 즐거워하며 나의 구원의 하나님으로 말미암아 기뻐하리로다"(합 3:17~18).

4. 나훔과 앗수르 멸망 선포 나 1~3장

#큰글자 일년일독 통독성경 | 1211~1214p

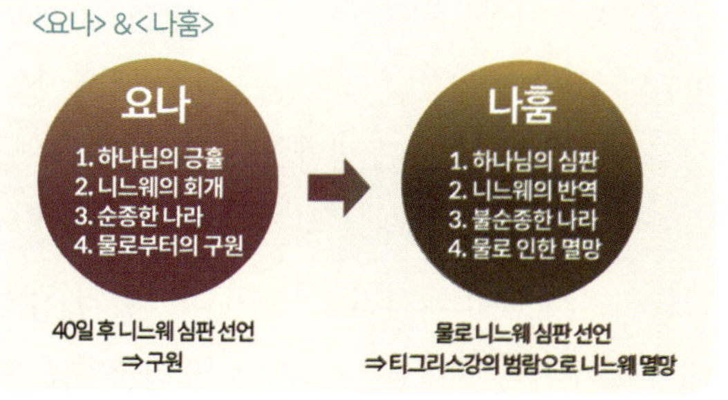

150여 년 전, 앗수르의 니느웨 사람들은 요나의 선포를 들었을 때 회개했고, 그래서 하나님께서는 그들을 용서하시고 멸망시키지 않으셨습니다. 그랬던 그들이 교만해져서 다른 국가들을 정복한 사실을 놓고, 자신들의 신이 그 정복지 신을 이긴 것이라고 여겼습니다. 이에 나훔 선지자는 또다시 앗수르의 큰 성읍 니느웨에 대한 멸망을 선포합니다. 이처럼 요나 선지자와 나훔 선지자는 모두 앗수르에 하나님 말씀을 선포한 선지자들입니다.

하나님께서 나훔을 통해 니느웨의 멸망을 말씀하신 것은, 그곳이 포악과 거짓으로 가득했기 때문입니다. 앗수르는 오랜 시간 제국주의를 펼치며 혼혈 정책 등 매우 잔인한 방법으로 다른 나라들을 통치했습니다. 하나님께서 니느웨를 '피의 성', '피의 도시'라고 부르신 이유는 그들의 잔학한 죄악 때문이었는데, 이제는 그들 행위의 대가로 니느웨는 실제로 '피의 성'이 됩니다.

하나님의 사랑과 심판
하나님의 심판 메시지의 끝은 언제나 '그럼에도 불구하고 죄에서 돌이켜 회개하면 결국 하나님께서 구원의 은혜를 베풀어주시겠다'는 사랑과 긍휼의 메시지이다. 그래서 하나님의 심판 예언은 언제나 구원의 약속으로 이어진다.

앗수르는 히스기야 때 18만 5천 명의 군사를 잃고 예루살렘에서 패한 후 힘을 잃기 시작했습니다. 그 이후 앗수르는 다시 일어나 잠시 국력을 회복했으나, 앗수르의 식민지들이 여기저기에서 동시다발적으로 반란을 일으키자 반란 진압을 위한 전쟁을 계속 치러야 했습니다. 결국 나훔 선지자의 예언대로 앗수르는 바벨론과 메대 연합군에 멸망하고 맙니다.

5. 요엘의 모든 민족 구원 예고 욜 1~3장

#큰글자 일년일독 통독성경 | 1215~1220p

브두엘의 아들 요엘 선지자는 누구도 피할 수 없는 여호와의 날에 "금식하며, 울며, 애통하며" 그리고 "옷을 찢지 말고 마음을 찢고 너희 하나님 여호와께로 돌아올지어다"(욜 2:13)라고 선포했습니다. 그러면서 요엘은 하나님께서 말씀하신 은혜롭고 자비롭고 노하기를 더디하시는 하나님의 속성을

<요엘>의 기록 연대는?
<요엘>은 기록 연대에 대한 정확한 언급이 없지만, 바벨론 포로 이전이라고 보고 여기서 함께 통독한다. 요엘 선지자는 지금까지 남유다 백성에게 구원의 큰 기쁨의 날로만 알려져 왔던 '여호와의 날'이 남유다 백성이 회개하지 않고 죄에서 돌이키지 않는다면 무서운 심판의 날이 될 수밖에 없다고 선포하며 회개를 촉구했다.

강조하며 남유다 백성을 설득했습니다. 남유다는 죄악으로 자신을 더럽혔지만, 하나님께서는 그들이 마음을 새롭게 하여 하나님께 돌아오기를 원하십니다. 하나님께서는 "그의 백성의 피난처, 이스라엘 자손의 산성"이 되셔서, "유다는 영원히 있겠고 예루살렘은 대대로 있으리라"라는 약속의 말씀을 이루실 것입니다(욜 3:16,20).

요엘 선지자 역시 '남은 자(렘넌트)'를 말하며 "누구든지 여호와의 이름을 부르는 자는 구원을 얻으리니"(욜 2:32)라고 남유다 백성들을 설득하며 하나님의 뜻을 전했습니다. 그때 "내 영을 만민에게 부어 주리니"(욜 2:28)라고 하신 하나님의 말씀은 성령님의 임재를 예고한 것입니다. 이후 예수님께서는 요엘 선지자의 예언을 재림과 표적에 연관 지어 말씀하셨습니다(욜 2:10,31; 3:15). "그날 환난 후에 즉시 해가 어두워지며 달이 빛을 내지 아니하며 별들이 하늘에서 떨어지며 하늘의 권능들이 흔들리리라"(마 24:29).

옷을 찢지 말고 마음을 찢으라!
'옷을 찢는다'라는 것은 이스라엘 백성이 자신의 애통함을 표현할 때 취하는 행동이다. 가나안 정탐 보고 후 갈렙이 자신의 옷을 찢으며 호소했고, 사울의 전사 소식을 듣고 다윗이 옷을 찢고 울며 금식했다. 요엘 선지자는 백성들에게 옷을 찢는 행위로만 멈추지 말고, 마음을 찢으며 회개하면 하나님께서 그 뜻을 돌이켜 재앙 대신 복을 주실 것이라고 호소했다.

신약성경과 <요엘>
감람산 강론(마 24:29)에서 예수님께서는 요엘 2장 10절, 31절, 3장 15절 등에서 언급된 사건들을 재림의 표적과 연관 지으셨다. 베드로는 요엘 2장 28~32절을 오순절 날 그의 설교 중에 인용했다(행 2:16~21). 바울은 요엘 2장 32절을 그리스도를 믿는 유대인과 이방인에게 주어지는 구원에 적용했다(롬 10:12~13).

To the Cross | 십자가로 향하는 레시피

6. '여호와의 날'의 심판이 공의로운 십자가 심판으로

● 스바냐의 '임마누엘'과 '여호와의 날'

스바냐 선지자는 남유다에 대한 심판과 구원 계획 가운데 '여호와의 날'을 예언했습니다. '여호와의 날'에 하나님께서 반드시 남유다를 심판하실 것이며, 공의의 저울대에 모든 나라와 개인들을 올려놓으신다고 선포했습니다.

"여호와의 큰 날이 가깝도다 가깝고도 빠르도다 여호와의 날의 소리로다 용사가 거기서 심히 슬피 우는도다 그날은 분노의 날이요 환난과 고통의 날이요 황폐와 패망의 날이요 캄캄하고 어두운 날이요 구름과 흑암의 날이요" (습 1:14~15).

이후 예수님께서는 스바냐 선지자가 예언한 '여호와의 날'을 예수님의 재림과 심판의 날로 알려주셨습니다.

"그 날 환난 후에 즉시 해가 어두워지며 달이 빛을 내지 아니하며 별들이 하늘에서 떨어지며 하늘의 권능들이 흔들리리라 그 때에 인자의 징조가 하늘에서 보이겠고 그 때에 땅의 모든 족속들이 통곡하며 그들이 인자가 구름을 타고 능력과 큰 영광으로 오는 것을 보리라"(마 24:29~30).

또한 스바냐 선지자는 '남은 자(렘넌트)'에게 인내하기를 권면하며 "너의 하나님 여호와가 너의 가운데에 계시니"라는 임마누엘을 예언했습니다(습 3:17). 이는 성육신하셔서 이 땅에 오시는 예수님의 탄생을 예언한 것입니다.

"보라 처녀가 잉태하여 아들을 낳을 것이요 그의 이름은 임마누엘이라 하리라 하셨으니 이를 번역한즉 하나님이 우리와 함께 계시다 함이라"(마 1:23).

● 하박국과 이신칭의(以信稱義)

하박국 선지자는 하나님께 "의인은 그의 믿음으로 말미암아 살리라"(합 2:4)라는 응답을 듣고, 하나님의 웅장한 구원의 숲을 깨닫고 찬양했습니다. 하나님께서 주신 이 말씀은 구원의 핵심 사상인 '이신칭의'의 기본이 됩니다. 사도 바울은 예수 그리스도에 대한 신앙의 핵심을 설명하며, 누구든지 죄인일지라도 예수님을 믿으면 하나님께서 의롭다 여기시고 구원을 주신다고 말했습니다. 이때 바울은 하박국이 기록한 이 말씀을 인용했습니다.

"복음에는 하나님의 의가 나타나서 믿음으로 믿음에 이르게 하나니 기록된 바 오직 의인은 믿음으로 말미암아 살리라 함과 같으니라"(롬 1:17).

공의의 하나님께서는 모든 것을 공평하게 판단하십니다. 그리고 하나님께서 정하신 때에 의인들을 구원하십니다. 그러므로 "의인은 그의 믿음으로 말미암아 살리라"라는 신앙으로 넉넉히 승리하며 살아갈 수 있습니다. 하나님을 믿는 '남은 자(렘넌트)'는 '믿음'으로 하나님을 기쁘시게 하는 신앙인입니다.

"믿음이 없이는 하나님을 기쁘시게 하지 못하나니 하나님께 나아가는 자는 반드시 그가 계신 것과 또한 그가 자기를 찾는 자들에게 상 주시는 이심을 믿어야 할지니라"(히 11:6).

심판은 하나님의 공평하심을 드러내는 기회이므로, '남은 자(렘넌트)'는 하나님의 공의의 통치를 믿음으로 즐거워하며 기뻐할 수 있습니다.

● 요엘과 성령님 임재

예수님께서는 마지막 유월절 첫 번째 성찬식에서 성령님의 임재를 선언하셨는데, 그 선언은 갑자기 나온 것이 아니라, 요엘 선지자의 예언에 근거한 말씀이었습니다. 요엘 선지자의 예언은 베드로의 오순절 설교에서도 인용됩니다.

"이는 곧 선지자 요엘을 통하여 말씀하신 것이니 일렀으되 하나님이 말씀하시기를 말세에 내가 내 영을 모든 육체에 부어 주리니 너희의 자녀들은 예언할 것이요 너희의 젊은이들은 환상을 보고 너희의 늙은이들은 꿈을 꾸리라 그 때에 내가 내 영을 내 남종과 여종들에게 부어 주리니 그들이 예언할 것이요 또 내가 위로 하늘에서는 기사를 아래로 땅에서는 징조를 베풀리니 곧 피와 불과 연기로다 주의 크고 영화로운 날이 이르기 전에 해가 변하여 어두워지고 달이 변하여 피가 되리라 누구든지 주의 이름을 부르는 자는 구원을 받으리라 하였느니라"(행 2:16~21).

23과 70년의 징계

열왕기하 24~25장, 예레미야, 예레미야애가, 오바댜

큰글자 일년일독 통독성경 *one year tongdok bible as one story*

202일 : 제국과 선지자 예레미야
203일 : 단 한 사람을 찾으시는 하나님
204일 : 우상숭배와 성전 예배
205일 : 예레미야의 중보기도
206일 : 모세와 사무엘의 중보기도라 할지라도!
207일 : 남유다의 죄악들
208일 : 거짓 선지자들을 향한 진노
209일 : 극상품 무화과 열매 프로젝트
210일 : 예레미야의 '줄과 멍에' 퍼포먼스
211일 : '새 언약', 구약과 신약의 징검다리
212일 : 크고 은밀한 일, 두 가지
213일 : 레갑의 후손들
214일 : 남유다 멸망 직전
215일 : 예레미야 70년
216일 : 애굽으로 도망친 자들
217일 : 하나님의 세계 경영
218일 : 주변 10개국 멸망 예언
219일 : 시드기야 왕의 최후
220일 : 눈물의 선지자, 예레미야
221일 : 소망-주의 인자와 긍휼
222일 : 오바댜, 오래된 형제가 환난 당하는 날

시간 흐름 *time flow*

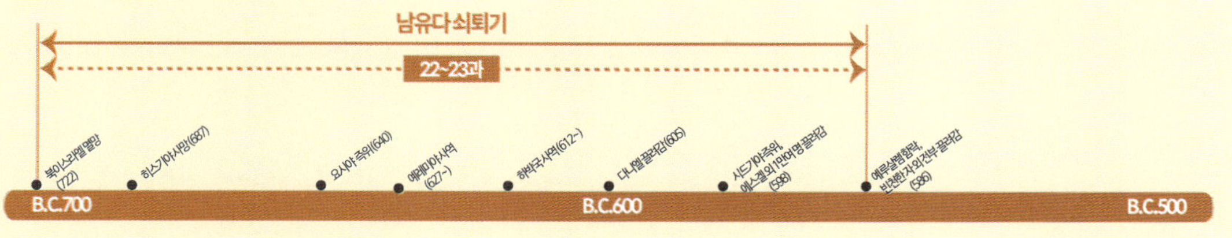

지금 공간 *current location* 예루살렘

주요 인물 *main character* 예레미야, 시드기야, 오바댜, 느부갓네살

통通포인트 *tong point*

잠깐의 징계, 70년의 네 가지 의미를 통한 새 언약 예고

열왕기하 24~25장을 끝으로 500여 년간 이어져 온 왕정이 막을 내립니다. 이스라엘 '왕정 500년'은 사무엘의 눈물로 시작해서 예레미야의 눈물로 끝이 납니다. 남유다의 마지막 때 하나님께서 예레미야 선지자를 통해 '왕정 500년'에 대한 총평가를 하십니다. <레위기>에 기록된 제사장 나라 경영 원칙대로 남유다 왕정을 거두어 모두 종료시키시겠다는 것입니다. 그러나 남유다의 멸망은 영원한 절망이 아닙니다. 잠깐의 징계입니다. 징계는 다시 일어설 수 있도록 새로운 기회를 주는 것입니다. 예레미야가 주장한 바벨론 포로 70년은 징계 70년, 교육 70년, 안식 70년, 제국의 수명 70년의 의미를 갖고 있습니다. 이를 통해 새 언약이 예고됩니다. 이제 우리는 요시야 왕 때부터 남유다의 마지막 왕 시드기야 때까지 온몸으로 사역했던 예레미야를 만납니다. 예레미야의 사역은 B.C.586년 남유다의 멸망을 기점으로 멸망 이전의 전기 사역, 멸망 이후의 후기 사역으로 나뉩니다.

1. 70년의 네 가지 의미가 새 언약 예고로 왕하 24장/ 렘 1~38장

#큰글자 일년일독 통독성경 | 1220~1307p

70년의 네 가지 의미 – 극상품 무화과 열매 프로젝트

예레미야가 선지자로 부르심을 받은 때는 남유다 왕 요시야의 종교개혁이 한창 진행되고 있을 때였습니다. 그러나 요시야 왕이 죽은 뒤, 남유다는 우상숭배하는 죄악의 길로 즉시 되돌아갑니다. 결국 예레미야는 레위기 26장에 예고된 3단계 '포로 징계'를 선포해야 했습니다. 예레미야는 다가올 남유다의 운명을 직시하며, 바벨론에 항복하고 포로로 끌려가야 한다고 외쳤습니다. 다시 말해 바벨론으로 옮겨가 거기서 시간을 보내며 다시 시작할 기회를 얻자는 것입니다.

예레미야 선지자는 남유다 백성이 바벨론 포로로 끌려가는 것을 네 가지로 해석했습니다. 첫째는 징계 70년, 둘째는 교육 70년, 셋째는 안식(예루살렘 땅) 70년, 넷째는 바벨론 제국 수명 70년입니다. 즉 예레미야는 남유다 백성이 겪어야 할 바벨론 포로 70년은 징계이자 동시에 하나님의 긍휼과 은혜이며, 그들이 바벨론에서 70년간 '제사장 나라 재교육'을 잘 받으면 '극상품 무화과 열매'가 되어 예루살렘으로 귀환하게 될 것이라고 예언했습니다(렘 24:5~7).

'극상품 무화과 열매'가 된 그들은 바벨론 포로 70년 이후 페르시아 시대 때 하나님을 경외하는 신앙인, '유대인'이 됩니다. 북이스라엘이 앗수르 제국에 멸망할 때는 이사야 선지자를 통해 '메시아 신앙'이 정립되었습니다. 그리고 남유다가 바벨론 제국에 멸망할 때는 예레미야 선지자를 통해 '새 언약이 예고'됩니다. 남유다 멸망과 북이스라엘의 멸망은 결과 면에서 크게 다릅니다. 북이스라엘 열 지파는 멸망 후 혼혈족 사마리아인이 되면서 아브라함의 후손이라는 신앙적 역사 흐름에서 단절되었지만, 남유다 두 지파는 제사장 나라 3단계 포로 징계를 통해 다시 교육받아 '유대인'으로 탄생합니다. 사마리아인과 달리 유대인은 징계를 통해 미래를 준비하는 혹독한 신앙 훈련을 거쳐 등장한 사람들이었습니다.

'왕정 500년'의 마지막

열왕기하 24~25장을 끝으로 '왕정 500년'이 막을 내린다. 열왕기하 24~25장과 요시야 왕 때부터 남유다의 마지막 왕 시드기야 때까지 온몸으로 사역했던 예레미야의 기록을 함께 읽는다. 이후 예루살렘이 완전히 초토화된 후, 그 슬픔의 장면을 보며 지은 <예레미야애가>와 에돔 족속을 향해 예언의 말씀을 선포한 <오바댜>도 함께 읽는다.

예레미야 (Jeremiah)

목이 곧은 남유다 백성에게 심판의 메시지를 40년이 넘도록 선포하는 노고를 감당한 예언자. 예레미야는 제사장 힐기야의 아들이었으며, 예루살렘 북쪽으로 약 3km 떨어진 아나돗에서 살았다. 예레미야는 스바냐, 하박국, 다니엘, 에스겔 등과 동시대인이었다. 그의 사역은 대략 B.C.627년부터 B.C.580년까지에 걸쳐 나타난다.

반바벨론 동맹 국제회의와 예레미야의 줄과 멍에

남유다의 시드기야 왕 당시, 고대 근동의 약소국가였던 남유다 주변 5개국인 에돔, 모압, 암몬, 두로, 시돈의 사신들이 예루살렘에 모여서 반바

예레미야 시대 남유다 왕들		
왕	통치 연대(B.C.)	기록
요시야	640~609	왕하 22:1~23:30
여호아하스	609	왕하 23:31~33
여호야김	609~598	왕하 23:34~24:7
여호야긴	598~597	왕하 24:8~17
시드기야	597~586	왕하 24:18~25:7

벨론 동맹 회의를 개최했습니다. 바벨론 제국 등장에 따른 국제 안보를 논의하기 위함이었습니다. 이 중요한 국제회의를 남유다의 수도 예루살렘에서 주최한 이유는 남유다가 고대 근동에서 유일하게 앗수르의 지배를 피하고, 오히려 앗수르 군대 18만 5천 명을 물리쳤기 때문입니다. 예루살렘에서 열린 국제회의를 통해 바벨론에 대항하기 위한 안건을 심도 있게 다룰 예정이었습니다.

그런데 그곳에 초대받지 않은 예레미야 선지자가 나타났습니다. 그는 하나님의 명령대로 하나님의 측량이 끝났음을 알리는 줄을 들고, 나무 멍에를 메고 등장했습니다. 그리고 나무 멍에를 메지 않으면 쇠 멍에를 메게 될 것을 경고하며, 모두 바벨론에 항복하라고 외쳤습니다. 그로 인해 국제회의는 어수선해지면서 바로 종결되었고, 예레미야 선지자는 돌아가는 5개국 사신들에게 하나님의 명령대로 줄과 나무 멍에를 나누어주었습니다.

예레미야 선지자의 줄과 멍에 메시지로 국제회의가 중단되면서, 남유다는 다시 바벨론에 대한 두려움으로 휩싸이게 됩니다. 그러자 시드기야 왕은 거짓 선지자 하나냐를 동원해 "내가 바벨론의 멍에를 꺾었다"라는 주제로 관변(官邊) 집회인 구국 성회를 개최합니다. 구국 성회의 주 강사인 거짓 선지자 하나냐는 바벨론으로 끌려간 1, 2차 포로들과 예루살렘 성전의 기명이 2년 안에 다시 남유다로 돌아온다고 백성들을 선동했습니다(렘 28:2~3). 하나냐가 하나님의 뜻보다 남유다 왕과 백성들이 듣고 싶어 하는 메시지를 전했던 것입니다. 그리고 자신의 주장이 하나님의 뜻이라고 거짓말했습니다.

하나님의 호된 질책
남유다 백성은 우상숭배를 하면서 성전에서 제사 의식만 드렸다. 그들은 예레미야 선지자를 통해 주신 하나님의 호된 질책에도 끝내 회개하지 않았다. 이후 예수님께서 성전 청결 사건 때 "이 집이 너희 눈에는 도둑의 소굴로 보이느냐"(렘 7:11)라는 말씀을 인용하셨다.

그 뜨거운 구국 성회 자리에 이번에도 초대받지 않은 한 사람 예레미야 선지자가 목에는 나무로 만든 멍에를 메고 등장해 찬물을 끼얹었습니다. 예레미야는 '선지자의 정체성'을 설명하며(렘 28:8~9), "하나냐는 거짓 선지자"라고 선포했습니다. 그런데도 남유다의 왕과 백성들은 예레미야 선지자를 통한 '바벨론 포로 70년' 대신 자신들이 원하는 하나냐의 2년을 하나님의 말씀이라고 믿었습니다. 왕과 백성들의 지지를 한 몸에 받은 하나냐는 예레미야 선지자에게 다가가 목에 걸고 있던 나무 멍에를 빼앗아 꺾으며 다시 백성들을 거짓으로 선동했습니다. 그러자 하나님께서 이제 남유다는 나무 멍에 대신 쇠 멍에를 메게 될 것이라고 말씀하셨습니다. 이 말씀은 순순히 바벨론에 항복하면 1, 2차 포로들처럼 바벨론에 끌려가 제사장 나라 3단계 처벌을 받겠지만, 그렇지 않으면 쇠사슬에 묶여 채찍을 맞으며 끌려가는 험악한 꼴을 당할 것이라는 의미입니다. 이어 예레미야는 거짓 선지자 하나냐의 죽음을 예언했고, 그로부터 2개월 후인 그해 7월, 하나냐가 죽음으로 예언은 성취됩니다(렘 28:16~17).

예레미야 70년의 큰 그림

서론	본론	결론
다니엘 1장	에스겔	에스라 1장
예레미야 70년의 시작	본격적인 예레미야 70년	예레미야 70년의 끝
• B.C.605년 바벨론 1차 포로(다니엘과 세 친구) • 제사장 나라 재교육 프로젝트 시작	• 바벨론 2차, 3차 포로 • 예레미야의 편지, 에스겔의 설득으로 제사장 나라 재교육	• B.C.537년 1차 귀환 • 극상품 무화과 열매가 된 1차 귀환자 49,897명과 성전 기명 5,400점 반환

그런데 놀라운 사실은 하나냐가 죽은 지 12여 년이 지난 시점에도 그의 거짓 주장은 계속 유효했습니다. 남유다는 여전히 하나님의 뜻을 받아들이지 않고 바벨론에 저항하며, 하나냐의 주장을 믿었습니다.

● 예레미야의 편지 사역 – 바벨론 포로, 미래와 희망을 위한 기간

남유다가 바벨론에 끝내 저항함으로 결국 성전과 왕궁과 집들이 모두 불에 타고, 예레미야는 간신히 살아남아 바벨론 3차 포로로 끌려간 백성들에게 편지로 하나님의 뜻을 전했습니다(렘 29:1). 예레미야가 보낸 편지는 놀랍게도 바벨론 제국의 평안을 위해 기도하라는 것입니다(렘 29:4~7). 바벨론 포로 70년은 이미 하나님의 뜻으로 정해진 일입니다. 그 사이 바벨론이 평안하지 않고 전쟁에 휩싸이면, 포로들이 제국 전쟁의 최전선에서 방패막이가 되는 것은 불 보듯 뻔한 일입니다. 남유다 포로들은 70년 동안 바벨론에서 극상품 무화과 열매로 거듭나 다시 예루살렘으로 돌아와야 합니다. 전쟁으로 죽으면 안 됩니다. 그래서 그들이 바벨론의 평안을 위해 기도해야 했던 것입니다. 예레미야는 바벨론 포로 70년 동안 남유다 백성은 번성하고 줄어들지 않아야 하며, 이 기간은 제사장 나라 재교육을 통해 극상품 무화과 열매로 거듭나는 미래와 희망을 공부하는 시간이 되어야 한다고 편지로 간절함을 전했습니다.

예레미야의 편지와 다니엘의 기도
"너희가 내게 부르짖으며 내게 와서 기도하면 내가 너희들의 기도를 들을 것이요 너희가 온 마음으로 나를 구하면 나를 찾을 것이요 나를 만나리라"(렘 29:12~13). 예레미야는 백성들의 간절한 기도를 기다리시는 하나님의 마음과 "포로된 중에서 다시 돌아오게 하되"(렘 29:14)라고 말씀하신 하나님의 약속을 편지로 전했다. 이후 다니엘은 예레미야 선지자의 이 편지를 받고 70년의 기간이 차면 바벨론 제국이 끝날 것을 알고, 하루에 세 번씩 예루살렘 쪽 창문을 열고 간절히 기도했다(단 9:2~3).

바벨론 포로 70년은 하나님의 세계 통치였습니다. 하나님께서는 제사장 나라의 세계 경영을 위해 아람 왕 하사엘도 세우시고, 바벨론 제국을 도구로 쓰시기 위해 느부갓네살 왕도 '내 종'으로 사용하셨습니다. 하나님께서는 이후 페르시아의 고레스 왕을 도구로 쓰시며 바벨론 포로 70년을 끝내십니다.

● 새 언약 예고

바벨론 포로 70년이 지나면 바벨론으로 끌려간 포로들은 극상품 무화과 열매가 되어 다시 예루살렘으로 돌아올 것이며, 하나님께서는 "너희는 내 백성이 되겠고 나는 너희들의 하나님이 되리라"(렘 30:22)라고 말씀하셨습니다. 그러면서 예레미야는 구약성경에서 예수님으로 이어지는 가장 중요한 고리인 '새 언약'을 예고합니다. 모세 때 맺은 '시내산 언약'은 하나님께서 아브라함과 이삭, 야곱에게 주신 '은혜 언약'을 기반으로 제사장 나라 거룩한 백성으로 살기 위해 하나님과 이스라엘 백성이 체결한 쌍무 언약이었습니다. 이제 시내산 언약을 저버린 이스라엘은 〈레위기〉의 기록대로 처벌받게 되지만, 하나님께서는 또다시 긍휼을 베푸셔서 예레미야를 통해 '새 언약'을 예고해 주십니다. "여호와의 말씀이니라 보라 날이 이르리니 내가 이스라엘 집과 유다 집에 새 언약을 맺으리라"(렘 31:31).

예레미야의 새 언약 예고는 600여 년 후 예수님의 마지막 유월절 첫 번째 성찬식을 통해 체결된 '새 언약'과 메시아 예수님의 피로 세운 십자가로 완성됩니다. "떡을 가져 감사 기도 하시고 떼어 그들에게 주시며 이르시되 이것은 너희를 위하여 주는 내 몸이라 너희가 이를 행하여 나를 기념하라 하시고 저녁 먹은 후에 잔도 그와 같이 하여 이르시되 이 잔은 내 피로 세우는 새 언약이니 곧 너희를 위하여 붓는 것이라"(눅 22:19~20). 예수님께서 새 언약을 말씀하심으로 시내산 언약은 '옛 언약'이 됩니다. 안타깝게도 예레미야의 애타는 설득에도 불구하고, 당시 남유다 백성은 여전히 예레미야의 예언에 귀를 기울이지 않았습니다.

"다시 사게 되리라"
- 아나돗 밭 매매 사건
예레미야 선지자는 남유다가 바벨론 제국에 의해 멸망한다는 하나님의 말씀을 전한 까닭에 왕궁의 시위대 뜰에 갇혀 있었다. 그때 예레미야의 숙부의 아들 하나멜이 찾아와 아나돗에 있는 밭을 팔았고, 예레미야는 은 17세겔을 주고 그 밭에 대한 증서를 받았다. 이는 비록 지금은 남유다가 바벨론에 멸망하지만, 하나님의 계획대로 바벨론 포로 70년 징계 기간이 끝나면 "사람이 이 땅에서 집과 밭과 포도원을 다시 사게 되리라"(렘 32:15)는 하나님의 약속을 나타내는 상징적인 행동이었다.

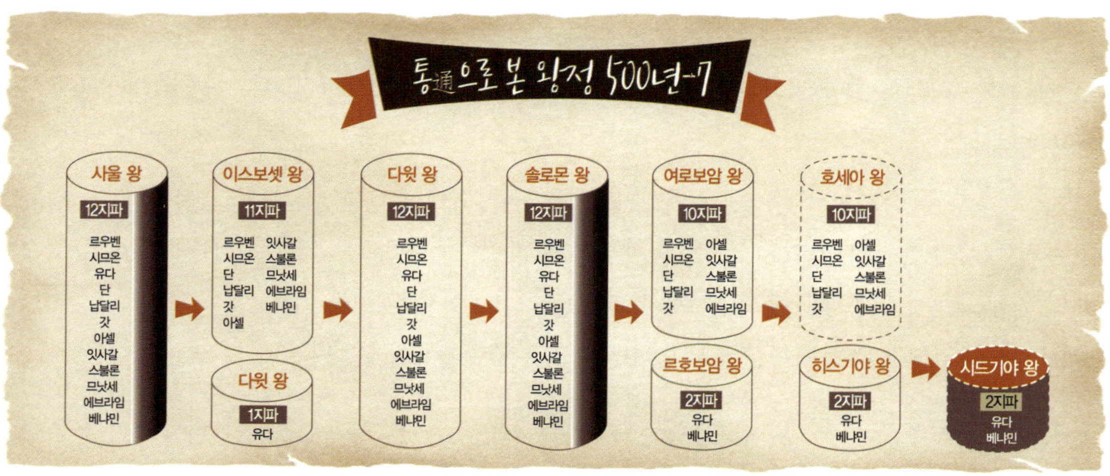

● 시드기야와 예레미야의 마지막 비밀 회동

바벨론 왕 느부갓네살이 남유다를 공격하기 시작하자, 시드기야 왕이 예레미야에게 급히 연락합니다. 지푸라기라도 잡는 심정으로 기도 요청을 하기 위해서였습니다. 시드기야 왕은 여전히 150여 년 전 히스기야 왕 때 하나님께서 앗수르 군대 18만 5천 명을 물리치게 해주셨던 기적처럼 '바벨론도 물리치실 것'이라 기대했습니다. 그러나 예레미야는 남유다가 하나님의 심판을 인정하고 받아들이는 것만이 유일한 구원의 길임을 알고 있었기에 바벨론에 항복할 것을 강력히 권고합니다. 바벨론에 항복하면 첫째, 시드기야 왕 당신의 생명이 살겠고, 둘째, 예루살렘성이 불사름을 당하지 않겠고, 셋째, 가족이 살 것이라고 말합니다. 예레미야는 하나님의 말씀에 순종하면 왕이 복을 받아 생명을 보전한다고 끝까지 항복을 설득했습니다. 그럼에도 시드기야는 예레미야의 권고를 받아들이지 않고 항복을 거부합니다. 만약 항복하면, 이미 1, 2차로 바벨론에 끌려가 있는 사람들이 자기를 조롱할까 두렵다는 어리석은 이유를 들면서 말입니다. 죽음보다 조롱이 더 걱정인 시드기야 왕입니다. 그는 끝내 조카 대신 자신을 왕으로 세워준 바벨론 때문에 '친바벨론주의자'라는 오명과 열등감에서 벗어나지 못합니다.

2. 남유다 멸망 후 예레미야의 애굽 행 왕하 25장/ 렘 39~52장

큰글자 일년일독 통독성경 | 1307~1342p

바벨론의 3차 침략으로 남유다는 완전히 멸망합니다. 시드기야는 결국 아들들이 자신의 눈앞에서 죽는 것을 보고, 그 장면을 마지막으로 자신의 두 눈이 뽑힌채 바벨론으로 끌려가 비참한 최후를 맞게 됩니다. B.C.586년 예루살렘 성전이 불타는 그 순간부터 예레미야 선지자의 후기 사역이 시작됩니다. 예루살렘을 점령한 바벨론 왕은 그다랴(그달리야)를 총독에 앉히고 남아 있는 백성을 다스리게 합니다. 그다랴는 남유다 백성에게 바벨론을 통해 역사하시는 하나님의 섭리에 순응하자고 말합니다. 그러나 하나님의 뜻을 깨닫지 못한 반바벨론주의자들이 총독

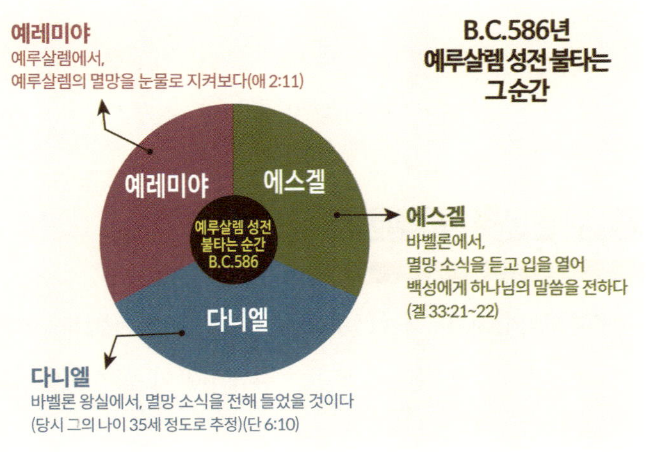

그다랴를 암살하면서 남유다는 다시 위기에 빠집니다.

그러나 바벨론에 포로로 끌려가 실망과 좌절의 나날을 보내던 남유다 백성은 다시 소망을 품게 됩니다. 고향으로 돌아올 생각은 잠시 접고 그곳에서 뿌리를 내리고 살면서 하나님의 뜻을 발견하라는 예레미야의 편지와 에스겔의 설득 덕분입니다. 다행히 예레미야의 편지를 다니엘을 비롯한 포로들이 읽게 되고, 그들은 바벨론에서 훈련의 시간을 달게 받으며, 이후 새 언약을 소망하는 재건세대가 되어 예루살렘으로 돌아오게 됩니다.

계속해서 모든 민족의 주인이신 하나님께서는 예레미야 선지자를 통해 애굽을 비롯한 남유다 주변 열 개 나라에 대한 심판과 이스라엘의 회복을 말씀하십니다. 그 후, 예레미야 선지자는 남유다에 남아 있던 사람들이 예루살렘 총독 그다랴를 암살하고 애굽으로 도망하려 할 때, 마지막까지 그들의 애굽행을 막습니다. 그러나 그들은 예레미야 선지자까지 끌고 애굽으로 내려갑니다. 예레미야는 애굽에서 삶의 마지막까지 계속 하나님의 말씀을 전하고 동족들을 돌보며 살아갑니다.

징계를 달게 받아야 할 남유다 백성이 예레미야 선지자를 앞세워 애굽으로 도망한 것은 하나님께 대한 불순종이었습니다. 이후 바벨론에 끌려간 1, 2, 3차 포로들이 제사장 나라 3단계 포로 징계를 달게 받고 70년 만에 예루살렘으로 돌아온 것과 달리, 애굽으로 도망한 사람들은 애굽에서 노예 생활을 하다가 300여 년이 지난 후에야 그 후손들이 돌아오게 됩니다.

그들이 돌아올 당시 유대 땅은 프톨레미 왕조(이집트 헬라 제국)의 지배를 받던 때였습니다. 프톨레미 2세가 히브리어 모세오경을 헬라어로 번역하기에 앞서, 애굽 땅에서 노예 생활을 하던 유대인들을 해방시켰습니다. 그때 돌아온 사람들이 바로 예레미야 때 애굽으로 도망갔던 이들의 후손입니다. 하나님의 뜻에 순종하지 않고 70년의 징계를 거부했던 이들은 긴 시간 남의 땅에서 노예로 고생하다가 300년 만에 고향 땅으로 돌아올 수 있었습니다.

예레미야의 가장 가까운 곳에서 끝까지 함께한 바룩 (Baruch)
바룩은 갇힌 예레미야 선지자를 대신해 하나님의 말씀을 두루마리에 받아 적어 성전에 가서 낭독했고, 아나돗의 밭을 판 예레미야의 매매증서를 보관하는 등, 언제나 예레미야의 곁을 지키며 사역했다. 애굽으로 끌려가는 예레미야와 동행하는 바룩에게 주어진 현실적인 삶의 조건은 '시온의 대로'가 아니다. 진실을 붙드는 대가가 고통과 슬픔임을 알면서도 기꺼이 예레미야와 함께 그 길을 선택한 바룩. 하나님께서는 그런 바룩에게 생명을 약속하시며 위로하신다.

돌아오는 남유다 백성의 후예들
이집트 헬라 제국의 프톨레미 2세는 모세오경의 가치를 존중해 헬라어로 모세오경을 번역해 소장하고 싶었다. 왕의 뜻을 알게 된 친구 아리스테아스가 모세오경을 번역하는 마당에 수많은 유대인 노예를 계속 남겨두는 일은 옳지 않다고 조언했고, 왕은 그의 제안을 받아들였다. 왕은 국고에서 속전 460달란트 이상을 노예들에게 나누어 지급하며 노예 해방을 선포했다. 조서가 공포된 지 7일 만에 모든 조치가 시행되어, 유대인 노예들은 출애굽해 고향으로 돌아가게 되었다.

3. 예레미야의 슬픈 노래 애 1~2장

큰글자 일년일독 통독성경 | 1342~1346p

〈예레미야애가〉는 B.C.586년 느부갓네살의 군대에 의해 예루살렘이 초토화되었을 때, 그 장면을 목격한 예레미야의 슬픈 노래입니다.

바벨론 군대는 예루살렘성을 정복하자 여호와의 성전과 왕궁을 불사르

그리스도의 예표
눈물의 선지자 예레미야는 약 6백 년 후에 예루살렘성을 보면서 우시는 참 선지자, 예수 그리스도의 예표이다(마 23:37~39; 눅 19:41~44).

고 예루살렘의 모든 집을 불살랐으며, 사방의 성벽도 모두 헐어버렸습니다. 또 성전에 있던 기구들은 깨뜨리거나, 금 · 은 · 놋으로 된 그릇들은 모두 바벨론으로 가져갔습니다.

왕과 많은 백성이 끌려가고 남은 백성은 비참하게 죽어갔으며, 거리는 시체들로 가득했습니다. 이런 예루살렘을 바라보며 예레미야는 하염없이 눈물을 흘렸습니다. 이처럼 '왕정 500년'은 사무엘의 슬픔으로 시작해서 예레미야의 눈물로 끝이 납니다. 남유다를 멸망으로 이끈 두 가지 이유는 첫째, 종교 지도자들의 잘못 때문이며 둘째, 남유다가 하나님보다 이방 민족을 더 의지했기 때문입니다. 조금만 일찍 항복했더라면 이렇게 많은 사람이 목숨을 잃지는 않았을 것입니다. 그래서 바벨론에 미리 항복하게 하여 힘없는 백성에게 닥칠 피해를 조금이라도 더 줄여보려고 예레미야가 그토록 애썼던 것입니다.

예레미야는 슬픔을 표현할 다른 말을 찾지 못하고, 창자가 끊어지며 간이 땅에 쏟아진다고 탄식합니다. 온 예루살렘 성에 시체 타는 냄새가 진동하고, 아이들의 울음소리와 노인들의 탄식 소리가 가득했습니다. 예레미야는 애타는 심정으로 모든 백성을 대표해 하나님 앞에 죄를 고백하며 구원을 간구했습니다. 예레미야의 눈물을 통해 우리는 가장 슬퍼하시며 눈물 흘리시는 분이 하나님이심을 알게 됩니다.

<예레미야애가>의 제목과 형식
<예레미야애가>의 히브리 제목은 1, 2, 4장의 첫 단어인 에카(Ekah), "오, 어찌하여!"에서 유래했다. 또한 <예레미야애가>는 주로 장례식 조가에 사용되는 '불규칙한 운율'을 사용하고 있다.

매년 낭독하는 책
유대인들은 B.C.586년과 A.D.70년에 일어난 예루살렘의 멸망을 기억하며, 매년 <예레미야애가>를 낭독한다.

예루살렘 폐허 앞에서 우는 예레미야 선지자 _ 일리야 레핀 作

4. 예레미야의 희망 노래 애 3~5장

#큰글자 일년일독 통독성경 | 1347~1352p

동트기 전이 가장 어둡다는 사실을 우리는 잘 알고 있습니다. 예레미야는 고초와 재난으로 인한 낙심의 한복판에서 오히려 소망을 발견합니다.

"그가 비록 근심하게 하시나 그의 풍부한 인자하심에 따라 긍휼히 여기실 것임이라 주께서 인생으로 고생하게 하시며 근심하게 하심은 본심이 아니시로다"(애 3:32~33).

예레미야는 하나님의 긍휼과 자비하심에 소망을 둡니다. 다 멸절된 것이 아니고 '남은 자(렘넌트)', 즉 예루살렘이 함락되기 전에 1, 2차로 바벨론에 끌려갔던 사람들이 있습니다. 다니엘과 에스겔과 1만여 명의 사람들입니다. 이들이 예레미야가 바라보는 절망 앞에 선 희망입니다.

탄식의 땅, 소망의 노래
멸망 이후 예루살렘은 대단했던 과거의 영화가 하루아침에 사라진 탄식의 땅 그 자체였다. 그러나 하나님께서 남겨두신 소망이 있었다. 바로 바벨론 포로로 끌려간 백성들이다. 이를 발견한 예레미야가 진정한 소망의 노래를 부른다.

예레미야의 노래
♬주의 인자는 끝이 없고
그의 자비는 무궁하며
아침마다 새롭고 늘 새로우니
주의 성실이 큼이라 성실하신 주님♪
'새롭게 하실 날'이라는 희망의 우산 아래, 새 언약 소망세대를 향하는 <에스겔>, <다니엘>, <에스라>, <학개>, <스가랴>, <에스더>, <느헤미야>, <말라기>까지가 모두 포함된다.

5. 오바댜와 제사장 나라 옵 1장

#큰글자 일년일독 통독성경 | 1353~1354p

야곱과 에서는 이삭의 쌍둥이 아들로, 이미 태중에서 "두 민족이 네 복중에서부터 나누이리라"(창 25:23)라는 말씀을 들었습니다. 그렇게 태어난 그들은 자라면서도 사이가 좋지 못하더니, 결국에는 각기 다른 민족처럼 살아가게 됩니다. 야곱의 후손들은 이스라엘로, 에서의 후손들은 에돔 족속으로 살았습니다. 야곱과 에서 이야기는 이후 예수님과 에돔족인 헤롯 때까지 이어집니다.

야곱과 에서의 긴 역사가 흐른 후, 하나님께서는 오바댜 선지자를 통해 에돔의 멸망을 선포하십니다. 결정적인 이유는 에돔족이 교만했고, 바벨론이 예루살렘을 파괴할 때 오히려 바벨론을 도왔기 때문입니다. 이미 오랜 세월 다른 민족으로 살아온 에돔과 이스라엘이지만, 이들은 한 뿌리입니다. 하나님께서 보시기에 두 민족은 서로 지켜주고 위로해야 할 형제입니다. 그런데 에돔은 형제의 환난을 슬퍼하기는커녕 오히려 즐거워했습니다.

형제 국가 남유다가 멸망하는 것을 기뻐하고 바벨론을 도운 에돔을 향해 하나님께서 진노하시며, 마침내 심판을 선언하셨습니다. 형제를 소중히 여기고 돌보는 것은 하나님의 명령임을 기억해야 할 것입니다.

이처럼 〈오바댜〉는 야곱과 에서, 두 민족 사이에 바벨론 제국이 끼어든 이야기이며, 오바댜 선지자가 제사장 나라 관점으로 에서의 후손 에돔을 책망한 이야기입니다. 한마디로 〈오바댜〉의 메시지 핵심은 '모든 나라가 하나님께 속한다'는 것입니다.

교만한 에돔 (Edom)
하나님께서 에돔족을 "바위 틈에 거주하며 높은 곳에 사는 자여"(옵 1:3)라고 부르셨다. 에돔족이 사는 세일 산은 가파르고 험한 산으로 동굴 등의 피난처도 많은 천혜의 요새였다. 특히 에돔의 수도 페트라는 그 입구가 절벽 사이에 난 좁은 곳으로 외적의 침입이 쉽지 않았던 곳이다. 그래서 에돔족은 "누가 능히 나를 땅에 끌어내리겠느냐"라며 교만했다.

에돔과 이스라엘의 갈등
출애굽 때 이스라엘이 에돔 땅을 지나면서 갈등(민 20:14~21)을 겪었고, 에돔 출신 하닷이 솔로몬을 대적하기도 했다(왕상 11:14). 심지어 B.C.586년 바벨론이 예루살렘을 무너뜨릴 때, 에돔은 남유다를 망하게 하는 바벨론을 도와주었다. 오바댜는 이러한 에돔에게 장차 있을 하나님의 심판을 선언했다(옵 1:10~12).

페트라의 알카즈네 _ Graham Racher 사진

#To the Cross | 십자가로 향하는 레시피

6. 예레미야의 새 언약 예고와 예수님의 첫 번째 성찬식 새 언약

● 예레미야의 새 언약 예고가 예수님의 첫 번째 성찬식 새 언약으로

하나님께서는 〈레위기〉에서 제사장 나라 징계 3단계인 포로 징계를 달게 받고 죄를 깨달으면, 은혜 언약으로 또다시 시작할 수 있도록 약속해 주

셨습니다(레 26:41~42). 그 말씀 그대로, 하나님께서는 예레미야 선지자를 통해 바벨론 포로들이 그 땅에서 제사장 나라 교육을 새롭게 받고 메시아를 기대하며 살아간다면, 다시 새로운 기회를 주겠다고 약속하십니다. 이것이 하나님께서 은혜로 주신 '새 언약 예고'입니다(렘 31:31~33).

예레미야 선지자를 통한 '새 언약 예고'는 이사야 선지자의 메시아 신앙에 기초를 두었으며, 더 거슬러 올라가면 다윗의 메시아 시편, 그리고 모세 때 쌍무 언약(옛 언약)에 기초를 두고 있습니다. 더 근원으로 올라가 보면, 이는 아브라함을 통한 모든 민족을 복 받게 하시겠는 하나님의 뜻이 함축된 이야기입니다. 예레미야 선지자의 예고는 600여 년 후 예수님께서 마지막 유월절 첫 번째 성찬식에서 '새 언약'을 말씀하심으로 성취됩니다.

"저녁 먹은 후에 잔도 그와 같이 하여 이르시되 이 잔은 내 피로 세우는 새 언약이니 곧 너희를 위하여 붓는 것이라"(눅 22:20).

히브리서 기자는 예수님께서 "내가 세우는 새 언약은 모세 때 맺은 시내산 언약(옛 언약)과 같지 않다"라고 말씀하신 내용을 기록합니다. 즉, 우리는 율법에 근거한 제사와 유월절을 기념함으로 하나님 나라를 사는 것이 아니라, 예수님께서 체결하신 새 언약, 예수님의 십자가로 세운 살과 피를 기념함으로 하나님 나라를 살아갑니다.

"그들의 잘못을 지적하여 말씀하시되 주께서 이르시되 볼지어다 날이 이르리니 내가 이스라엘 집과 유다 집과 더불어 새 언약을 맺으리라 또 주께서 이르시기를 이 언약은 내가 그들의 열조의 손을 잡고 애굽 땅에서 인도하여 내던 날에 그들과 맺은 언약과 같지 아니하도다 그들은 내 언약 안에 머물러 있지 아니하므로 내가 그들을 돌보지 아니하였노라"(히 8:8~9).

다윗에게 한 공의로운 가지가 나리라 – 메시아 예수님의 탄생 예고

예레미야 선지자는 다윗에게서 한 공의로운 가지가 나게 해 이 땅에 정의와 공의를 실행하게 할 것이라는 하나님의 말씀을 전하며, 메시아 예수님께서 이 땅에 오셔서 하나님의 '의'가 드러날 것을 예고했습니다(렘 23:5~6; 33:15~16). 이 예언은 예수님께서 아브라함과 다윗의 자손으로 이 땅에 오심으로 성취됩니다. "아브라함과 다윗의 자손 예수 그리스도의 계보라"(마 1:1).

● 예레미야의 멍에 이야기가 예수님의 십자가 멍에 순종으로

예수님께서는 "수고하고 무거운 짐 진 자들아 다 내게로 오라 내가 너희를 쉬게 하리라 나는 마음이 온유하고 겸손하니 나의 멍에를 메고 내게 배우라 그리하면 너희 마음이 쉼을 얻으리니 이는 내 멍에는 쉽고 내 짐은 가벼움이라 하시니라"(마 11:28~30)라고 말씀하셨습니다. 예수님 당시 유대인들에게 '멍에' 하면 누구나 예레미야 선지자의 멍에를 떠올렸습니다. 하나님께서는 예레미야를 통해 바벨론에 항복하는 일을 '나무 멍에'로, 항복하지 않아 예루살렘성이 불타고, 왕과 신하와 백성이 죽고, 바벨론 포로로 끌려가는 일을 '쇠 멍에'로 말씀해 주셨습니다. 예레미야는 하나님의 이 말씀을 전하며 남유다 백성에게 나무 멍에를 메라고 애타게 외쳤습니다. 예레미야는 친바벨론주의자라는 말을 들으면서도, 하나님께서 말씀하신 제사장 나라 3단계 징계를 전하고 또 전했습니다. 끝내 남유다 백성은 예레미야의 외침을 외면했고, 결국 바벨론에 멸망하면서 그들은 쇠 멍에를 메야 했습니다. 예레미야의 제사장 나라 순종은 이후 예수님의 십자가 순종의 예고가 되었고, 예수님을 믿고 따르는 이들에게 주신 '십자가 멍에'를 유대인들이 알아듣도록 했습니다.

"누구든지 나를 따라오려거든 자기를 부인하고 자기 십자가를 지고 나를 따를 것이니라"(마 16:24).

예수님께서는 세상이 주는 무거운 멍에보다, 오히려 예수님의 온유하고 겸손하신 마음을 배우며 하나님 나라 십자가 사명을 감당하는 것이 '쉬운 멍에'며 '가벼운 짐'이라고 말씀하십니다. 예수님처럼 자기 십자가를 지고 따르라는 말씀은 우리 그리스도인에게 하나님 나라 공직자로서 사명을 감당하라는 부르심이며 순종의 명령입니다.

24과 역대기 – 재건세대 선물

역대상, 역대하

큰글자 일년일독 통독성경 *one year tongdok bible as one story*

223일 : 역대기 족보 특강 1 - 선물
226일 : 다윗을 도운 용사들
229일 : 다윗의 죄악과 회개
232일 : 역사, 미래를 위한 힘
235일 : 한 민족 두 국가
238일 : 용기 있는 제사장 여호야다
241일 : 우상숭배자 므낫세의 결말
224일 : 역대기 족보 특강 2 - 성취
227일 : 수레에 싣느냐 vs. 어깨에 메느냐
230일 : 다윗 시대 직분자 계보
233일 : 솔로몬 업적
236일 : 아사의 신앙 운동
239일 : 웃시야에서 아하스까지
242일 : 요시야의 신앙 개혁
225일 : 역대기 족보 특강 3 - 희망
228일 : 다윗의 기도와 승전 기록
231일 : 낡아진 성전 설계도만큼
234일 : 건축과 재건축
237일 : 동맹보다 신앙
240일 : 히스기야의 유월절

시간 흐름 *time flow*

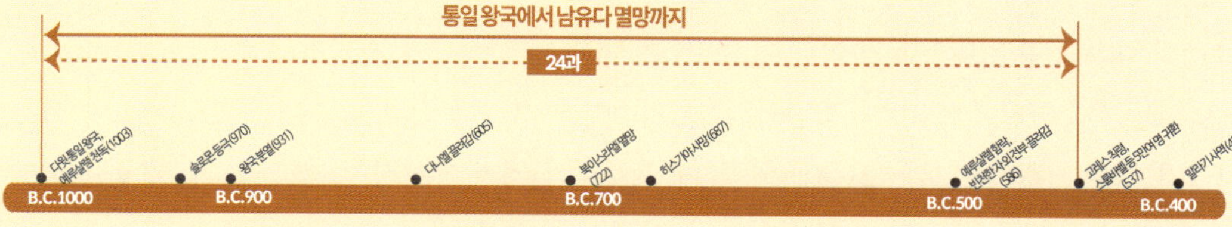

지금 공간 *current location* 바벨론, 예루살렘

주요 인물 *main character* 다윗, 솔로몬, 히스기야, 요시야

통通포인트 *tong point*

극상품 무화과 유대인을 위한 역사 선물

하나님께서는 바벨론 포로로 끌려가는 남유다 백성에게 <열왕기상·하>를 선물로 주셨으며, 바벨론 포로 70년을 마치고 예루살렘으로 귀환하는 재건 공동체에게는 <역대상·하>를 선물로 주셨습니다. 특히 <역대상·하>는 하나님께서 제국을 도구로 사용하셔서 제사장 나라에서 하나님 나라로 나아가게 하시려는, 미래 역사를 위한 선물입니다. 따라서 <역대상·하>를 읽는 사람은 첫째, 성전이 불타고 남유다가 멸망한 것이 제사장 나라 징계 3단계임을 깨달은 사람들입니다. 둘째, 바벨론 포로 70년간 제사장 나라 재교육 과정을 이수한 졸업자들입니다. 셋째, 예레미야의 편지를 읽고 징계를 달게 받은 사람들입니다. 넷째, 에스겔과 다니엘의 지도와 가르침을 습득한 사람들입니다. 다섯째, 바벨론 제국 멸망과 페르시아 제국 등장이 예레미야의 예언대로 70년 만에 이루어졌음을 깨달은 사람들입니다. 한마디로, 극상품 무화과 열매인 '유대인'입니다. <역대

상·하>는 제사장 나라 성전을 통한 하나님의 통치 이야기를 중심으로 기록되어 있습니다. 그래서 역대기 기자는 이스라엘 역사 가운데 성전 중심으로 제사장 나라 충성도를 보여준 다윗 왕과 솔로몬 왕의 시대와 더불어 성전을 성결하게 하고 유월절을 지킨 히스기야 왕과 요시야 왕을 중요하게 다루고 있습니다.

1. 선물, 열왕기상·하

가나안 입성을 앞둔 여호수아에게 하나님께서 주신 선물은 '모세오경'이었습니다. 그런데 그 율법을 지키지 않고 하나님과 맺은 언약을 저버림으로 70년간 바벨론 포로로 가게 되었을 때, 하나님께서는 그들에게 '처벌'과 함께 '선물'을 주셨습니다. 그 선물은 바로 〈열왕기상 · 하〉였습니다. 과거, 그들의 조상들이 모세를 통해 율법을 처음 배울 때에는 광야 40년의 시간을 보냈습니다. 그리고 그들은 이제 바벨론 포로 70년 동안 제사장 나라 재교육을 받아야 합니다.

그들이 약속의 땅 가나안에 들어간 이후 900여 년 동안 안식년을 지키지 않은 날짜를 계수하니, 자그마치 70년이었습니다(대하 36:21). 그 결과, 그들은 지키지 않은 날수대로, 즉 70년간 바벨론에 포로로 끌려가 제사장 나라 재교육을 받아야 합니다. 이는 레위기 26장에 언급된 세 번째 징계의 말씀이 실현된 것입니다. 하나님께서는 바벨론 포로로 끌려가는 남유다 백성에게 이스라엘 '왕정 500년' 역사를 담은 〈열왕기상 · 하〉를 선물로 주시며, 그들이 극상품 무화과 열매가 되기를 기대하셨습니다.

새 언약 소망 시대의 주인공들에게 주신 <역대상·하>
하나님께서 역사를 선물로 주신 이유는 '미래'를 위해서다. 하나님께서는 바벨론 포로로 끌려가는 남유다 백성에게 <열왕기상·하>를, 바벨론 포로 70년을 마치고 예루살렘으로 귀환하는 유대인에게 <역대상·하>를 선물로 주셨다. <역대하> 끝(대하 36:22~23)과 <에스라> 처음(스 1:1~3)이 비슷한 내용으로 연결된 점으로 미루어, 에스라가 역대기를 기록한 것이라고 추정한다.

북이스라엘과 남유다가 왜 망했는가?
제사장 나라 거룩한 백성이 하나님과 맺은 언약을 저버리고, '다윗의 길'을 떠나 '여로보암의 길'로 갔기 때문이다. 그러나 '역사 공부'를 통해 과거를 정리하면, 미래를 위한 숲을 그리며 살 수 있다. 다행히도 바벨론으로 끌려간 남유다 포로들은 하나님의 징계를 깨닫고, 그 형벌을 기쁘게 받으면서 '은혜 언약'으로 또다시 시작할 수 있었다.

2. 선물, 역대상·하

예레미야 선지자의 예언대로 바벨론으로 끌려간 남유다 백성은 70년 동안 '제사장 나라 재교육'을 통해 극상품 무화과 열매로 거듭납니다. 그들은 바벨론이 끌어온 고대 근동의 많은 나라 백성과 비교해 월등하게 성과를 내는 민족이 됩니다. 남유다 백성은 바벨론 포로 70년 동안 '유대인'이라 불리면서 '회당'을 만들어 율법을 다시 공부했고, 예레미야의 편지와 에스겔의 교육을 통해 새롭게 거듭나는 민족이 되었습니다.

성경 속 역사 선물

모세오경	열왕기상·하	역대상·하	성경 66권
입(入) 가나안을 앞두고	**입(入) 바벨론 포로 생활을 앞두고**	**입(入) 예루살렘 재건을 앞두고**	**땅끝까지 모든 민족을 위해**
가나안에 들어가서 제사장 나라 거룩한 백성으로 살라!	·북이스라엘과 남유다의 역사를 다시 공부하라! ·왜 망하게 되었는가, 앞으로 바벨론에서 어떻게 살 것인가?	·남유다 역사를 성전 중심으로 다시 공부하라! ·다시, 다윗 시대 같은 제사장 나라를 세우라!	땅끝까지 모든 민족에게 복음을 전하라!

드디어 하나님의 말씀대로 바벨론에서 '징계, 교육, 안식, 바벨론 제국의 수명' 70년이 끝나자, 바벨론은 페르시아 제국에 멸망하고, 페르시아 제국은 바벨론이 각 나라에서 끌어온 포로들을 제국의 정책에 따라 귀환시키기 시작합니다. 이때 하나님께서는 귀환 공동체에게 또다시 선물을 주십니다. 그 선물이 바로 〈역대상 · 하〉였습니다. 〈열왕기상 · 하〉가 이스라엘 '왕정 500년' 전체의 역사라면, 〈역대상 · 하〉는 다윗으로부터 시작해 북이스라엘의 왕정을 제외한 다윗의 후손 왕들의 역사입니다. 또한, 〈역대상 · 하〉는 성전을 중심으로 제사장과 레위인의 역할이 올바르게 수행될 때, 하나님의 큰 복이 임했음을 강조합니다. 여기에는 바벨론 포로 70년을 마치고 예루살렘으로 귀환하는 유대인들이 제사장 나라 거룩한 백성으로서 성전을 중심으로 다시 세워지기를 소망하는 의미가 담겨 있습니다. 하나님께서는 〈역대상 · 하〉를 통해 이제 유대인이라 불리게 된 남유다 백성에게 다시 시작할 힘이 다른 어떤 것이 아닌, 하나님께서 함께하시는 그들의 역사라는 사실을 알려주십니다.

핵심은 사람
족보에는 나라를 세우기 위한 국가 경제의 흐름이나 군사력의 상황이 기록되어 있지 않다. 오직 사람들의 이름이 적혀 있을 뿐이다. 때로는 책망과 경고로, 때로는 간절한 설득으로, 사람들과 동역하기를 포기하지 않으셨던 하나님의 열심이 많은 이름 사이에 깊이 담겨 있다. 우리는 족보를 통해 언약을 지키시는 하나님의 사랑과 은혜, 그리고 긍휼을 발견하게 된다.

유대인들은 지난날을 돌아보며, 하나님께서 그 오랜 세월 동안 예루살렘 성전을 중심으로 통치해 주셨던 것이 말로 다할 수 없는 은혜요 감격이었음을 깨닫게 됩니다. 바벨론 포로 70년 동안 그들은 이 놀라운 사실을 깨닫고 새 언약을 소망하는 세대로 거듭날 수 있었습니다.

3. 역대기 족보 - 언약의 줄기 대상 1~9장

#큰글자 일년일독 통독성경 | 1355~1377p

역대기 기자는 자그마치 아홉 장에 걸쳐 족보를 기록하면서, 일반적인 역사 순서를 따르기보다는 강조하고자 하는 족보를 우선적으로 배열하여 기록했습니다. 역대상 1장에서 3장까지는 아담에서 바벨론 포로 귀환 시대의 다윗 가문의 족보, 특히 아브라함의 족보와 유다 지파의 족보를 강조하며 기록했습니다. 이어서 역대상 4장에서 8장까지는 야곱의 열두 아들부터 바벨론 포로 직전까지 각 지파별로 족보를 기록했습니다. 이 가운데 남유다에 속

<역대상> 족보와 <마태복음> 족보

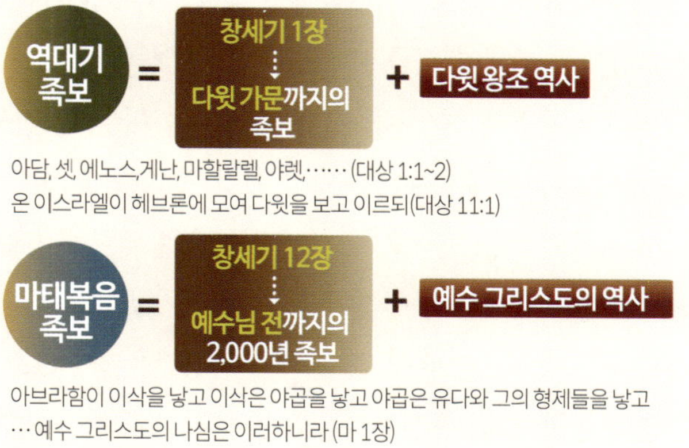

한 유다와 베냐민 지파가 중요하게 강조되어 있습니다. 특히 역대기는 유다 지파를 중심으로 이야기가 전개됩니다.

역대상 9장에서는 바벨론 포로 귀환에서 첫 번째로 돌아와 정착한 레위 지파의 족보와 행적을 자세하게 소개했습니다. 더불어, 이들과 함께 돌아와 예루살렘에 거주한 유다와 베냐민 지파, 그리고 에브라임과 므낫세 지파의 명단을 기록했습니다.

약속의 성취
우리는 역대상 1~9장 족보를 통해 하나님의 신실하신 약속이 성취되었음을 알 수 있다. 최초의 사람 아담과 홍수가 그친 후 노아에게 주신 번성의 복(창 1:28; 9:1), 그리고 아브라함에게 주셨던 자손과 땅에 대한 약속(창 12:2)이 모두 현실이 되었음을 족보에서 확인할 수 있다.

4. 역대기 속 다윗 - 성전을 통한 하나님의 통치에 순종한 종

대상 10~29장

큰글자 일년일독 통독성경 | 1377~1415p

바벨론에서의 포로 생활 70년을 보내고 다시 예루살렘으로 귀환하는 유대인들에게 '꿈 같은 과거의 영광 시대'는 다윗 때였습니다. 그래서 역대기 족보 기록 이후의 역사는, 사울의 통치 40년을 생략하고 곧바로 사울의 죽음 이야기로 시작합니다.

역대상 11장부터 마지막 29장까지는 전부 다윗의 이야기입니다. 다윗은 하나님께서 꿈꾸신 제사장 나라의 충성된 왕으로서, 정의와 공의를 행하며 역사에 남을 천년모범이었습니다. 역대기 기자는 사울의 뒤를 이어 이스라엘 열두 지파 전체의 왕으로 등극하는 다윗의 모습을 첫 장면으로 기록합니다. 그리고 다윗이 그동안 정복하지 못했던 예루살렘을 정복하여 수도로 삼고, 언약궤를 예루살렘으로 옮겨오는 과정과 그때의 감격, 언약궤를 안치한 후 언약궤와 성막에 관련한 직무자들을 임명하는 내용을 자세히 기록했습니다. 또한 역대기 기자는 다윗이 노년에 국가의 발전을 자신의 업적으로 삼고 싶은 유혹에 인구조사를 강행했을 때, 그가 이스라엘 장로들과 함께 회개했다고 전합니다. 그리고 하나님께서 명하신 대로 다윗이 오르난(아라우나)의 타작마당에서 희생 제사를 드리고, 그곳을 '하나님의 성전', '이스라엘의 번제단'이라고 불렀다고 기록합니다. 이곳에 솔로몬이 성전을 건축합니다.

무엇보다 역대기에는 다윗의 가장 중요한 업적으로, 그가 성전 건축을 위해 모든 준비를 마쳤으며, 성전 설계도를 비롯해 자신이 준비한 모든 것을 솔로몬에게 물려주어 성전이 건축되도록 했다는 점이 강조되어 있습니다. 다윗 왕은 2,000년 유대 역사 속에서 성전을 중심으로 한 하나님의 통치에 가장 순종한 '성전 중심주의자'였습니다. 그는 하나님께서 주신 성전 설계도

통일 이스라엘의 실현
헤브론에서 온 이스라엘로부터 기름 부음을 받고 다윗이 왕위에 오름으로써, 이스라엘은 다시 통일 왕국이 되었다. 다윗은 모든 백성의 협력을 이끌어내며 왕권을 인수하고 나라를 안정시켰다. 여러 갈래로 나뉘었던 백성의 마음이 하나가 도 었고, 온 이스라엘이 다윗의 즉위식 때 3일 동안 함께 지내고 먹고 마셨다(대상 12:38~39). 오랜만에 희락이 넘쳐나는 가운데 새로운 통일 국가 이스라엘이 시작되었다.

맡겨진 일을 소중히
레위인들은 매우 다양한 직무를 감당했다. 대제사장은 화려한 제사장복을 입고 제사를 집례했고, 어떤 이는 제사장 곁에서 수종드는 일을, 어떤 이는 찬송하는 일을, 어떤 이는 성전 문지기의 역할을, 또 어떤 이는 재판 업무를 담당했다. 직분에 따라 맡은 일은 달랐지만, 모두 최일선에서 귀한 직임을 수행하는 제사장 나라 공직자였다.

를 낡아질 정도로 보고 또 보며 성전 건축을 준비했고, '성전에 올라가는 노래' 등, 많은 시편을 남겼습니다. 또한 다윗이 157만 명의 군대를 두고도 제국으로 나아가지 않고 제사장 나라 경계를 지킨 것은 '하나님의 성전 통치'를 위함이었습니다. 특히 다윗 왕은 '움직이는 성막 500년' 시대를 마감하고, '움직이지 않는 예루살렘 성전 1,000년' 시대를 준비하며 그에 걸맞게 성전 조직을 재구축했습니다. 우선, 30세 이상으로 계수된 레위인 남자 38,000명에게 각각의 역할을 임명했습니다. "레위 사람은 삼십 세 이상으로 계수하니 모든 남자의 수가 삼만 팔천 명인데 그 중의 이만 사천 명은 여호와의 성전의 일을 보살피는 자요 육천 명은 관원과 재판관이요 사천 명은 문지기요 사천 명은 그가 여호와께 찬송을 드리기 위하여 만든 악기로 찬송하는 자들이라"(대상 23:3~5).

다윗의 찬양
다윗은 예루살렘에 언약궤를 안치한 후, 하나님께 번제와 화목제를 드리고 온 백성과 함께 기뻐했다. 이어서 찬양대를 세워 하나님을 찬양하게 했다. 이때 찬양대 단장은 아삽, 찬양대 대원은 열 명, 그리고 제사장들은 <민수기>에 기록된 제사장 나라 규례대로 나팔을 불었다. 이 모든 행사를 보며 다윗은 찬양시를 지어 하나님을 찬양했다. "여호와 이스라엘의 하나님을 영원부터 영원까지 송축할지로다 하매 모든 백성이 아멘 하고 여호와를 찬양하였더라"(대하 16:36).

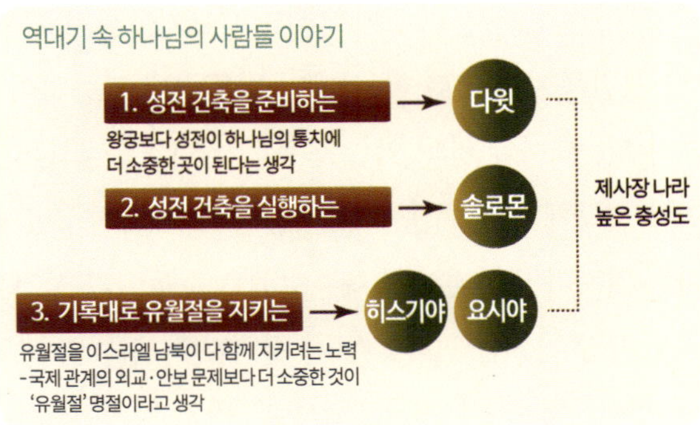

다윗은 아들 솔로몬이 건축할 성전을 위한 인적 준비(대상 28:1~21)뿐 아니라, 엄청난 물적 준비까지도 철저히 준비했습니다. 물적 준비는 다윗 혼자만의 준비가 아니라 이스라엘 지도자들과 온 백성이 함께 참여한 준비였습니다(대상 29:2~9). 다윗은 이스라엘 모든 백성이 다 함께 성전 건축에 참여할 수 있도록 독려하며 열심을 냈습니다. 그는 진정으로 성전을 중심으로 살았던 '성전 중심주의자'였습니다. 성전 건축을 위한 모든 준비를 마친 후 다윗은 "나와 내 백성이 무엇이기에 이처럼 즐거운 마음으로 드릴 힘이 있었나이까"(대상 29:14)라며 감사의 고백을 하나님께 올려드렸습니다.

하나님께서는 이처럼 충성스러운 종 다윗이 어디로 가든지 이기게 하셨고, 역대기에는 다윗의 놀라운 승전 기록 또한 상세히 기록되어 있습니다.

5. 역대기 속 솔로몬, 히스기야, 요시야의 제사장 나라 이야기

대하 1~36장

#큰글자 일년일독 통독성경 | 1416~1486p

역대기에서 다윗 다음으로 분량이나 내용 면에서 중요하게 다루고 있는 왕은 솔로몬입니다. 이스라엘을 최대 황금기로 이끈 솔로몬의 업적이 역대하 1장부터 9장까지 기록되어 있습니다. 성전 건축을 위한 모든 준비는 다윗이 했지만, 실제로 예루살렘 성전을 건축한 왕은 솔로몬이었습니다. 그래서 '예루살렘 성전'은 일명 '솔로몬 성전'이라 불립니다. 그러나 솔로몬 사후 이스라엘은 한 민족 두 국가로 나뉘어 왕정을 유지하다가 북이스라엘은 앗수르 제국에, 남유다는 바벨론 제국에 의해 멸망했습니다. 이때 그 자랑스럽던 예루살렘 성전이 바벨론 군인들에 의해 불태워졌습니다.

'바벨론 포로 70년'을 끝내고 유대 땅으로 돌아가는 귀환 공동체는 예루살렘에 성전을 재건할 계획을 세웠습니다. 그렇게 예루살렘에 재건된 두 번째 성전은 '스룹바벨 성전'이라 불립니다. 이후 스룹바벨 성전은 헤롯에 의해 대대적으로 증축되는데, 이때 증축된 예루살렘 성전은 헤롯 성전이라고 불립니다.

모든 민족을 위한 성전
성전 건축은 다윗이 준비하고, 하나님께서 주신 설계도대로 솔로몬이 건축하고, 성전 낙성식 기도로 완성되었다. 이로써 제사장 나라의 큰 틀이 변화되었다. 즉, 움직이는 성막에서 모든 민족을 위한 움직이지 않는 성전이 되었다.

역대기 기자는 다윗에서부터 시드기야까지 다윗의 후손 왕들을 기록할 때, 성전을 중심으로 한 하나님의 통치에 집중하여 성공한 솔로몬 왕, 히스기야 왕, 요시야 왕의 기록을 꼼꼼히 남겼습니다. 이는 바벨론 포로 귀환 후 귀환 공동체가 예루살렘 성전 중심의 삶을 꿈꾸었기 때문입니다. 그래서 역대기 기자가 바벨론에서 예루살렘으로 돌아가 성전을 재건할 귀환 공동체를 위해 가장 필요한 기록을 남긴 것입니다. 이들의 행적을 간단히 살펴봅시다.

웃시야 왕, 겸손에서 교만으로
웃시야 왕에게 가장 큰 영향을 준 사람은 스가랴 선지자였다. 스가랴가 살아 있는 동안, 웃시야는 하나님 앞에서 정직했다. 그러나 스가랴가 죽고 통치 후반기에 접어들면서, 웃시야는 마음이 교만해졌다. 급기야 그는 제사장만 하도록 정해져 있는 분향의 직무를 직접 행하는 죄를 범하므로 나병에 걸려, 평생 별궁에 격리되어 지내다가 생을 마감했다. 역대기 기자는 귀환 공동체가 이를 반면교사로 삼아, 하나님 앞에서 어떻게 겸손하게 살아가야 할지를 깊이 고민하며 제사장 나라 거룩한 백성으로 다시 서기를 소망했다.

첫째, 역대기에 기록된 솔로몬 왕의 행적 중 최대 업적은 성전 건축입니다. 성전 건축 터는 아브라함이 아들 이삭을 번제로 바치려 했던 모리아산이자, 다윗 때 하나님의 임재가 있었던 오르난의 타작마당이었습니다. 바로 그곳에 성전을 건축합니다(대하 3:1).

성전 건축 후 솔로몬이 언약궤를 성전으로 옮기자, 하나님께서 성전에 구름을 가득하게 하시며 하나님의 영광을 나타내셨습니다. 이는 500년 전 시내산에서 성막 봉헌식 때 "구름이 회막 위에 덮이고 여호와의 영광이 성막에 충만"(출 40:35)했던 장면을 떠올리게 합니다. 이어 솔로몬이 성전 낙성식 기도를 드린 후에는 하나님께서 불로 응답하십니다(대하 7:1~3). 이는 아론의 첫 제사 때 하나님께서 불로 제물을 태우며 응답하셨던 역사를 떠올리게 합니다. 역대기 기자는 이처럼 역대하 1장에서 9장까지 긴 분량을 솔로몬의 성전 건축에 집중하여 기록했습니다.

솔로몬 성전 낙성식 기도 _ 제임스 티소 作

둘째, 역대기에 기록된 히스기야 왕의 최대 업적은 유월절과 신앙 개혁입니다. 그는 통치를 시작한 그해 가장 먼저 성전 개혁을 명령했습니다. 그리고 성전을 정화하고 유월절을 회복했습니다. 히스기야 왕은 유월절과 이어진 명절 행사를 모두 마친 후, 우상숭배로 만연했던 남유다를 개혁하고 하나님과의 관계를 다시 든든히 세웠습니다. 히스기야 왕 때에 지킨 유월절이 특별했던 이유는 비록 소수이기는 하지만 북이스라엘 백성까지도 예루살렘에 와서 함께 유월절을 지켰기 때문입니다(대하 30:10~12). 또한 히스기야 왕은 제사장 나라의 성전 조직을 다시 정비하고, 특별헌금을 드리며 십일조 제도를 확립했습니다(대하 31:2~4).

> **유월절의 부활**
> 유월절은 애굽에서 종살이하던 이스라엘이 하나님의 큰 은혜를 입어 애굽에서 나왔던 사건을 기념하며, 이스라엘이 하나님의 백성임을 재확인하고 확증하는 명절이다. 그러므로 바벨론 포로 70년을 마치고 돌아온 이들이 유월절을 회복했다는 것(대하 30:13~27)은, 그들이 제사장 나라 거룩한 백성이라는 정체성을 다시금 회복했다는 의미를 지닌다.

셋째, 역대기에 기록된 요시야 왕의 최대 업적은 히스기야 왕처럼 유월절을 지키고 신앙 개혁을 이끈 일입니다. 역대기 기자는 요시야 왕의 신앙 개혁을 시간의 흐름에 따라 기록했는데, 1차 개혁은 '우상 척결'(대하 34:3), 2차 개혁은 '성전 정결과 성전 수리'(대하 34:8)였습니다. 요시야 왕은 성전에서 발견한 율법책을 기반으로 언약을 갱신하고 개혁을 단행했으며(대하 34:14~19), 모세의 율법대로 유월절을 지킨 왕이었습니다(대하 35:1~19).

역대기에는 그 외에도 아사 왕과 여호사밧 왕의 개혁, 제사장 여호야다의 개혁이 성전 중심으로 기록되어 있으며, 성전에서 행한 웃시야 왕의 잘못 또한 자세히 다루고 있습니다. 특히 역대하 17장부터 20장까지 여호사밧 왕이 하나님을 경외하며 신앙 개혁을 단행한 내용이 자세히 기록되어 있습니다. 여호사밧 왕은 남유다에서 우상을 척결하고, 레위인과 제사장들을 전국에 보내 율법을 가르치는 신앙 갱신운동을 대대적으로 펼쳤습니다. 또한 각 성읍에 재판관을 세워 사법 제도를 개혁하기도 했습니다.

> **희망의 씨앗**
> <역대하>의 마지막 장은 남유다의 멸망이 주된 내용이지만, 그 끝은 해방과 회복으로 맺어진다. 페르시아의 왕 고레스가 "너희 중에 그의 백성된 자는 다 올라갈지어다"(대하 36:23)라고 선포함으로써, 하나님께서 예레미야를 통해 말씀하신 약속이 성취된다. 바벨론을 통한 남유다의 멸망은 최종적인 심판이 아니라, 하나님과의 관계를 바로잡기 위한 기회요, 또 다른 희망의 씨앗을 뿌린 사건이었다.

역대기의 마지막은 페르시아 왕 고레스가 하나님께 받은 "유다 예루살렘에 성전을 건축하라"(대하 36:23)라는 명령의 선포로 끝맺습니다. 고레스 왕의 조서로 마무리된 것은, 바벨론 포로에서 예루살렘으로 돌아온 귀환 공동체에게 소망을 주고, 앞으로 그들이 감당해야 할 사명을 강조하기 위함이었습니다.

#To the Cross | 십자가로 향하는 레시피

6. 성전 재건을 통해 십자가 하늘 성소로

● 기름 부음 받은 제사장 나라 공직자 '왕'의 사명 – 하나님의 성전 통치에 순종

하나님께서 거룩한 기름, 곧 관유를 부어 대제사장을 제사장 나라 첫 번째 공직자로 세우신 이후에, '왕'을 제사장 나라 두 번째 공직자로 세우셨습니다. 이는 하나님의 성전 통치에 헌신하도록 하기 위함이었습니다. 다윗이 '하나님의 종'으로 인정받는 이유는 성전 중심의 통치가 이루어지도록 헌신했기 때문입니다. 그 뒤를 이어 솔로몬, 아사, 여호사밧, 요아스, 히스기야, 그리고 요시야로 성전 중심의 통치가 이어졌습니다. 그리고 바벨론 포로 70년 후 1차 귀환 공동체는 스룹바벨 성전을 재건함으로 하나님의 성전 통치를 다시 이룹니다. 이처럼 성전을 기반으로 유대인들이 사명을 이어왔기에, 예수님께서 십자가 하늘 성소의 단번 제사를 통해 하나님 나라 통치를 완성하신 것입니다.

● 다윗 언약이 예수님 탄생 족보로

역대기 기자는 아담으로 시작하여 다윗 가문에 이르기까지의 족보를 기록합니다. 역사 진행의 핵심은 '언약을 지키시는 하나님', 하나님의 약속 성취에 있습니다. 다윗이 성전 건축에 대한 소망을 〈창세기〉와 〈신명기〉를 기반으로 나단과 상의했을 때, 하나님께서 주신 "그는 나를 위하여 집을 건축할 것이요 나는 그의 왕위를 영원히 견고하게 하리라"(대상 17:12)라는 언약은 이후 마태복음 1장 족보의 근거가 됩니다. 다윗 왕조의 역사는 예수 그리스도의 역사로 이어집니다. "아브라함과 다윗의 자손 예수 그리스도의 계보라"(마 1:1). 이처럼 역대기 족보는 하나님의 언약을 인간에게 선물로 주신 내용입니다.

● 제사장 나라 공직자 레위 지파의 회복과 사명 – 대제사장이신 예수님의 십자가 사명

'왕정 500년' 동안 '다윗, 솔로몬, 여호사밧, 히스기야, 요시야 왕'을 비롯한 몇몇 선한 왕들의 노력으로 성전 중심의 제사장 나라로 회복되는 역사가 있었습니다. 다윗 왕은 아들 솔로몬이 완성할 예루살렘 성전 시대를 준비하며, 성전의 영속적인 발전을 위해 제사장 나라 공직자 레위인 조직을 개편했습니다. 당시 계수된 레위 지파 38,000명을 앞으로 성전에서 일할 성전 직무자 24,000명, 성전 문지기 4,000명, 찬양대 4,000명, 관원과 재판관 6,000명으로 재정비했습니다. 솔로몬 왕은 성전 건축 후 아버지 다윗이 정한 규례에 따라 레위 지파가 사명을 잘 감당할 수 있도록 독려하며 다윗의 신앙을 계승했습니다. 솔로몬 사후 이스라엘이 남북으로 분단되었을 때, 북이스라엘의 여로보암이 그들을 해임하여 제사장의 직분을 행하지 못하게 하자(대하 11:14), 북이스라엘 지역에 거주하던 신실한 레위인 상당수가 남유다 지역으로 내려오는 일이 있었습니다. 이후 남유다는 아사, 여호사밧, 요아스, 히스기야, 요시야 왕이 제사장 나라를 '다윗의 길'로 이끌기 위해 힘썼습니다. 여호사밧 왕은 제사장 나라 신앙 갱신운동을 대대적으로 펼쳐 대제사장과 레위인들이 재판을 잘 관리하도록 하고, 전국을 순회하며 율법을 가르치게 했습니다. 제사장 여호야다는 요아스 왕이 왕위에 오르기 전에 먼저 레위인 조직을 정비했고, 요아스 왕은 이를 기반으로 레위인들과 함께 성전을 보수하며 제사장 나라 제사가 회복되도록 했습니다. 히스기야 왕과 요시야 왕은 모두 성전을 정결하게 하고 레위인 조직을 다시 세워 백성들에게 율법을 가르치고, 유월절을 지키며 제사를 회복했습니다. 특히 히스기야 왕은 십일조 제도를 확립하여, 레위인들이 제사장 나라의 직무를 감당하는 데 부족함이 없도록 했습니다.

다윗이 조직한 레위 지파의 직임은 바벨론 포로기 동안 모두 와해되었다가, 바벨론 포로에서 귀환한 에스라와 느헤미야 때 다시 회복됩니다. 이들의 노력과 헌신을 통해 제사장 나라와 레위 지파의 사명은 예수님 때까지 계속 이어질 수 있었습니다. 이는 대제사장이신 예수님의 사명, 십자가 단번 제사의 준비였습니다.

● 솔로몬 성전, 스룹바벨 성전, 헤롯 성전, 갈보리산 십자가 하늘 성소

하나님께서는 모세에게 성막 설계도를, 다윗에게 성전 설계도를, 에스겔에게 귀환 공동체가 다시 지을 성전 설계도(조감도)를 친히 주셨습니다. 다윗에게 주신 성전 설계도에 따라 솔로몬이 성전을 완성했고, 귀환 공동체가 무너진 성전을 재건했습니다. 그런데 옛 성전을 그리워한 사람들은 스룹바벨 성전을 아쉬워했습니다. 그러나 궁극적인 하나님의 뜻은 '우리 몸이 성전'이 되는 것입니다. 이후 헤롯은 하나님의 뜻을 알지 못했기에 자신이 만든 설계도대로 대규모 성전 증축을 수십 년 동안이나 진행했고, 사람들은 이를 보며 '건물 성전'을 자랑스러워했습니다. 그러나 예수님께서는 손으로 지은 성전이 아닌, 손으로 짓지 아니한, 창조에 속하지 아니한 '하늘 성소 십자가'에 오르셔서 온 인류를 위한 단번 제사를 드리셨습니다. 예수님께서 친히 어린양 제물이 되셔서 대제사장 직분으로 십자가에 오르신 것입니다.

tong track-3

페르시아 7권

*7 Book during the Persian Empire_* 제국을 도구로 사용하며 경영된 제사장 나라

핵심질문 *key questions*

왜! 스룹바벨, 에스더, 에스라, 느헤미야는 동족들에게 존경받았습니까?

⇒ 왜냐하면, 유대인들이 제사장 나라가 제국을 능가할 수 있다는 것을 알았기 때문입니다.

분위기 *the atmosphere*

'페르시아 7권'(다니엘, 에스라, 학개, 스가랴, 에스더, 느헤미야, 말라기)은 '페르시아 제국의 도움 속에서 제사장 나라를 실현'해 가는 분위기입니다. '페르시아 7권'은 바벨론 제국에 멸망한 남유다의 처참한 형편과 이어지는 페르시아 제국의 지배 속에서 기록된 내용입니다.

바벨론 제국에 의해 예루살렘 성전과 왕궁과 집들이 불에 타 폐허가 되고, 예루살렘성은 바벨론 군인들에 의해 무자비하게 약탈당했습니다. 그 광경을 보고 예레미야가 간이 땅에 쏟아지는 고통을 느끼며 밤새 울고 또 울었습니다. 그러나 새벽에 예레미야가 다시 하나님의 은혜를 깨달습니다.

"내 고초와 재난 곧 쑥과 담즙을 기억하소서 내 마음이 그것을 기억하고 내가 낙심이 되오나 이것을 내가 내 마음에 담아 두었더니 그것이 오히려 나의 소망이 되었사옴은 여호와의 인자와 긍휼이 무궁하시므로 우리가 진멸되지 아니함이니이다 이것들이 아침마다 새로우니 주의 성실하심이 크시도소이다"(애 3:19~23).

바벨론으로 끌려간 포로들이 희망이고 소망이라는 사실을 깨달은 것입니다. 그들이 진멸되지 않고 살아남아 있으므로 그들을 통해 다시 제사장 나라를 꿈꿀 수 있기 때문입니다. 예레미야의 이 꿈은 드디어 페르시아 제국 때 에스라, 느헤미야 등을 통해 현실이 됩니다.

10분에 '페르시아 7권' 통으로 이야기 *tongbible*

'페르시아 7권'은 남유다 백성이 바벨론 포로로 끌려가 70년을 보낸 후, 제국의 변동 가운데 페르시아 제국의 통치를 받게 되었을 때 기록된 7권의 책입니다. 페르시아 7권은 〈다니엘, 에스라, 학개, 스가랴, 에스더, 느헤미야, 말라기〉입니다.

남유다는 예레미야 선지자의 예언대로 바벨론 제국에 멸망해 나라의 문을 70년 동안 닫았습니다. 이는 남유다가 하나님의 뜻을 전한 선지자들의 경고에도 불구하고 끝내 하나님과 맺은 제사장 나라 언약을 저버렸기 때문입니다. 바벨론 제국은 남유다에서 3차에 걸쳐 포로들을 끌어갔습니다. **1차 포로**는 다니엘과 다니엘의 세 친구, **2차 포로**는 여호야긴 왕을 비롯해 에스겔과 1만 명의 유능한 기술자들, **3차 포로**는 예루살렘성이 바벨론 군인들에게 완전히 함락당한 후 바벨론 왕이 유다 땅에 남겨둔 사람 외에 끌어간 시드기야 왕을 비롯한 모든 백성입니다. **에스겔**이 3단계에 걸쳐 하나님의 말씀으로 바벨론 땅에서 끌려온 남유다 **포로민**들을 **설득**함으로 **유대인**이 **시작**됩니다.

그 사이 **다니엘**은 바벨론 제국의 이데올로기 교육에 맞서 제사장 나라 율법 교육이 얼마나 월등한지를 드러내며, 바벨론에 이어 페르시아 제국에서도 고위 공직자이자 행정가로 쓰임 받습니다. 다니엘은 하나님께서 보여주신 환상을 통해 바벨론, 페르시아, 헬라, 로마 **제국 변동**의 **밑그림**을 그리며 영원한 하나님 나라를 예언했습니다. 하나님께서 메시아로 이 땅에 오실 예수 그리스도와 세상 끝날을 예언하게 하심으로, 다니엘은 행정가를 넘어 하나님의 선지자가 됩니다.

한편, 바벨론 제국은 하나님의 약속대로 70년 만에 페르시아에 멸망합니다. 바벨론 제국이 그동안 강력한 중앙화 정책을 펼치며 각 나라로부터 포로들을 끌어갔다면, **페르시아 제국**은 바벨론 제국과 정반대로 지방화 정책을 펼치며 바벨론 제국이 끌어온 포로들을 돌려보내고, 레반트 지역에 **투자**를 합니다. 페르시아 제국은 더 많은 세금을 거두기 위해 모든 식민지에 정치 활동은 금했지만, 종교 활동은 활성화하도록 적극적으로 장려했습니다. 페르시아 제국의 투자 정책으로 유대인들은 바벨론 제국이 탈취해 간 예루살렘 성전의 모든 기명을 돌려받고, 성전 건축을 위한 건축비까지 페르시아 제국의 재정으로 지원받을 수 있었습니다.

B.C.537년 페르시아 제국의 고레스 왕의 조서 발표를 시작으로 유대인들은 3차에 걸쳐 예루살렘으로 **귀환**합니다. **1차 귀환**은 총독 스룹바벨과 49,897명이 성전 기명 5,400점을 가지고 예루살렘으로 귀환합니다. 귀환 공동체는 70년 동안 황폐해 있던 예루살렘을 복구하며 성전 재건을 위해 박차를 가했습니다. 그런데 여러 어려움으로 16년 동안이나 성전 건축이 중단됩니다. 하지만 귀환 공동체는 **학개**와 **스가랴** 선지자의 독려로 다시 용기를 내 바벨론 제국이 불태워버린 예루살렘 **성전**을 마침내 **재건**합니다. 그렇게 재건된 예루살렘 성전을 스룹바벨 성전이라 부릅니다. 1차 귀환과 2차 귀환 사이에는 80년의 세월이 들어 있습니다. 이때 예루살렘으로 귀환하지 않고 페르시아 제국 전역으로 흩어져 살던 유대인들이 아말렉족 하만의 계략으로 죽을 위기에 처하지만, **에스더**의 **파티**를 통해 위기를 극복합니다. 에스더와 유대 민족은 목숨을 건지게 된 그날을 기념하여 '**부림절**'이라는 명절을 정하고, 가난한 이웃을 돌보는 제사장 나라 거룩한 백성으로 한 걸음 진보합니다.

2차 귀환의 지도자는 당시 페르시아 왕의 자문 학사인 **에스라**입니다. 에스라가 예루살렘으로 귀환하겠다고 페르시아 왕에게 말하자, 페르시아의 왕은 제국의 월등한 인재인 에스라를 예루살렘으로 돌려보내며 레반트 지역의 모든 사법권을 전담하게 하고, 왕이 없는 유대에 자치 지도부로 **산헤드린 공회**를 만들도록 허락합니다. 에스라는 귀환하여 예루살렘을 개혁하며 율법을 연구하고, 준행하며, 가르치는 일에 자신의 남은 삶을 바칩니다.

2차 귀환이 있은 지 약 14년 후 **3차 귀환**이 이루어집니다. 3차 귀환의 지도자는 **느헤미야**입니다. 느헤미야는 페르시아 제국에서 태어난 유대인이었음에도 항상 예루살렘의 상황에 관심을 가지고 예루살렘을 위해 기도하던 하나님의 사람이었습니다. 느헤미야는 예루살렘을 위한 중간 목표로 페르시아 제국의 고위 관리가 되었고, 페르시아 왕의 신임을 얻어 예루살렘 총독으로도 부임하게 됩니다. 느헤미야는 52일 만에 예루살렘 **성벽**을 **재건**하고, 성경통독 집회를 개최합니다. 그리고 에스라와 귀환 공동체가 힘을 합하여 하나님의 율법대로 초막절을 지키며 **제사장 나라 재건**을 이룹니다. 느헤미야는 150여 년 전 예레미야 때 예루살렘을 가득 메웠던 슬픔의 울음소리를 기쁨의 웃음소리로 바꾸며 하나님의 기쁨 이웃의 기쁨을 실현했습니다.

느헤미야의 수고와 헌신으로 제사장 나라 제사와 절기와 명절이 다시 시작되자 예루살렘에 경제적 풍요와 사회적 안전망이 세워지고, 예루살렘은 두로의 상인들까지 들어와 장사하는 번영의 도시가 됩니다. 이에 페르시아 제국은 예루살렘에서 큰 세금을 거둘 수 있었습니다. 그런데 문제는 예루살렘에 안식일까지도 장사하는 사람들이 생겨났다는 것입니다. 그러자 느헤미야가 이 문제를 적극적으로 해결합니다. 한편, 귀환 공동체는 더 이상 우상을 숭배하지는 않았지만, 시간이 지나면서 마음이 빠져버린 형식주의에 물들게 되고 냉소적인 마음으로 제사에 임하게 됩니다. 이에 하나님께서는 **말라기** 선지자를 통해 그들이 성의 없이 제물을 드렸음을 지적하시며 그들에게 지난 1,500여 년 동안 변함없이 베푸신 **사랑** 이야기를 하십니다. 그러나 귀환 공동체는 하나님께 사랑을 받은 기억이 없다며 냉소적인 마음을 거침없이 드러냅니다. 이러한 시대 가운데에도 **'하나님을 경외하는 유대인'**에 의해 신앙이 계승됩니다. 결국, 하나님께서는 말라기 선지자를 통해 제사장과 백성들의 냉소적인 마음과 죄를 지적하시며 '여호와의 날' 전에 엘리야를 보내 아버지의 마음을 자녀에게로, 자녀들의 마음을 아버지에게로 돌이키게 하겠다는 약속을 주신 후 400년간 **침묵**하십니다.

페르시아 7권 프레임 *7 Book during the Persian Empire frame*

제사장 나라 — **to the Cross** (창~말, 구약 39권)

1 천지창조와 하나님의 거룩
1. 천지 만물 창조 - 피조물에게 복주심
2. 사람 창조 - 사람에게 복주심
3. 안식일 창조 - 복되고 거룩한 날
4. 첫 아담의 불순종 - 하나님의 구원 약속
5. 노아 번제 - 하나님의 은혜

2 아브라함을 통한 나라 큰그림
1. 가나안 땅과 자손 번성 언약
2. 하나님의 제사장 멜기세덱의 축복
3. 입애굽과 출애굽 예고
4. 나라를 통한 모든 민족의 복
5. 이삭 모리아산 번제

모세5경

3 시내산 언약(관유)을 통한 제사장 나라
1. 히브리인의 신앙 - 첫 번째 유월절 어린양을 통한 12지파 장자 거룩
2. 모세 율법 - 거룩한 백성
3. 성막 제작 - 거룩한 기름(관유, Holy Anointing oil)
4. 아론에게 거룩한 기름 부음 - 공직자 첫 대제사장
5. 다윗 왕에게 거룩한 기름 부음 - 예루살렘 성전 건축
: 엘리야가 엘리사(선지자) 와 하사엘(아람 왕)에게 거룩한 기름 부음

4 북이스라엘의 멸망을 통한 이사야의 메시아(그리스도) 신앙
1. 이사야의 메시아 신앙 - 히스기야의 성전 기도
2. 하나님의 아들 메시아 - 임마누엘
3. 왕 - 이새의 줄기, 평강의 왕
4. 선지자 - 기묘자라 모사라, 아름다운 소식
5. 대제사장 - 그의 영혼을 속건 제물로

(3~5 → 메시아의 3중직 - 내게 기름을 부으사)

왕정 500년

5 남유다의 멸망을 통한 예레미야의 새 언약 예고
1. 예레미야의 새 언약 예고 - 제사장 나라 징계 3단계
2. 예루살렘 성전 전소 - 내가 잠깐 그들에게 성소
3. 에스겔의 성전 조감도 - 하늘 성소
4. 다니엘의 제국 변동 - 하나님 나라 도래
5. 유대인의 신앙 - 스룹바벨 성전 재건

페르시아 7권

중간사 400년

the Cross (4복음서)

6 예수 그리스도(메시아)의 새 언약(보혈)을 통한 하나님 나라
1. 그리스도의 성육신 - 거룩한 이, 임마누엘
2. 그리스도의 세례 - 하나님의 어린양, 하나님의 아들
3. 그리스도의 첫 번째 성찬식 - 새 언약, 관유에서 보혈로

(2~3 → 하나님 사랑 이웃 사랑의 제자도)

4. 그리스도의 십자가 하늘 성소 단번 제사 - 속량과 새 휘장
5. 그리스도의 부활과 승천 - 재림, 우편 보좌

4복음서

하나님 나라 — **from the Cross** (행~계, 신약 23권)

7 그리스도인(교회), 하나님 나라 거룩한 공직자
1. 그리스도인의 성령 세례
   - 우리는 성령 세례 받은 하나님 나라의 거룩한 예배자입니다.
2. 그리스도인의 부활 영생
   - 우리는 부활 영생을 믿고 순교신앙으로 사는 제자들입니다.
3. 그리스도인의 지상명령
   - 우리는 예수님의 승천과 재림 사이에 지상명령을 수행하는 전도인입니다.
4. 그리스도인의 예수 재림 소망
   - 우리는 속히 오시리라는 예수님의 재림 약속을 믿는 마라나타 신앙인입니다.
5. 그리스도인의 새 하늘 새 땅 소망
   - 우리는 하나님과 어린양이 성전인 거룩한 성에서 영원히 사는 하나님 나라 백성입니다.

사도행전 30년
공동서신 9권

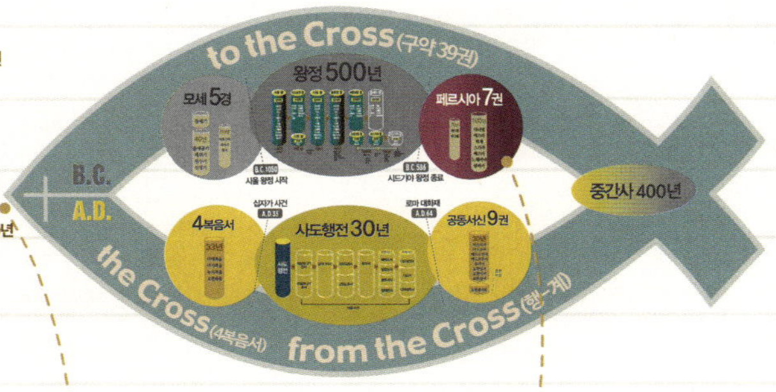

5 남유다의 멸망을 통한 예레미야의 새 언약 예고
3. 에스겔의 성전 조감도 - 하늘 성소
4. 다니엘의 제국 변동 - 하나님 나라 도래
5. 유대인의 신앙 - 스룹바벨 성전 재건

25과 포로민 설득 – 유대인의 시작

에스겔

큰글자 일년일독 통독성경 *one year tongdok bible as one story*

243일 : 그발 강가의 에스겔
244일 : 에스겔의 네 가지 환상
245일 : 환상 중에 본 예루살렘은?
246일 : '묵시가 사라진다'는 속담
247일 : 옛 언약과 새 언약 약속
248일 : 마음과 영을 새롭게 하라
249일 : 여호와의 칼
250일 : 녹슨 가마 비유
251일 : 세계 최고 해상 무역국 두로의 멸망
252일 : 악인이 죽는 것을 기뻐하지 않는다
253일 : 선지자와 파수꾼
254일: 마른 뼈 환상
255일 : 7년 동안 사용할 땔감을 전리품으로
256일 : 에스겔의 성전 조감도
257일 : 성전 동문으로 들어오십니다
258일 : 여호와의 영광으로 가득 찬 성전
259일 : 성전에서 흘러나온 물

시간 흐름 *time flow*

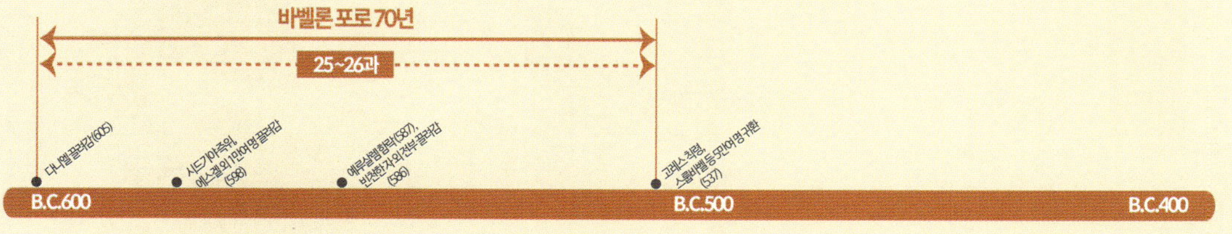

지금 공간 *current location* 그발 강가(바벨론 땅)

주요 인물 *main character* 에스겔

통通포인트 *tong point*

새 언약 소망세대 유대인 탄생을 위한 에스겔의 3단계 전략

<에스겔>은 바벨론 포로 70년 동안 예레미야 선지자의 편지와 에스겔 선지자의 설득을 통해 '새 언약 예고'를 깨닫게 된 유대인이 탄생하는 시점의 이야기입니다. 성경의 <레위기>와 <예레미야>를 먼저 이해해야 에스겔의 설득 이유를 알 수 있습니다. 에스겔은 하나님께서 모세와 예레미야를 통해 주신 미래 예고를 바벨론에서 현장화하고 실체화했습니다. 제사장 나라 극상품 무화과 열매인 유대인, 즉 '새 언약 소망세대'를 만들기 위해 에스겔 선지자는 바벨론에 끌려온 남유다 포로민들을 3단계에 걸쳐 설득합니다. 1단계로는 '예레미야 70년'의 네 가지 의미를 설득합니다. 2단계는 예루살렘 함락 이후의 사역으로, 모세 때의 쌍무 언약에 준거한 징계를 깨닫고 하나님의 은혜 언약(새 언약과 화평 언약)을 통해 다시 회복될 제사장 나라를 꿈꾸도록 설득합니다. 3단계는 예루살렘 함락 후 14년째에 보여주신 성전 조감도 환상을 가지고 다시 회복될 제사장 나라의 성전을 소망하도록 설득합니다. 그리고 에스겔은 '여호와 삼마'로 결론을 맺습니다. 에스겔의 3단

계 설득에 힘입어, 바벨론 포로들은 마침내 '새 언약 소망세대 유대인'으로 거듭나게 되고, 이후 예루살렘으로 귀환하여 다시 시작하는 제사장 나라의 주인공이 됩니다.

1. 에스겔의 소명 겔 1~3장

#큰글자 일년일독 통독성경 | 1486~1491p

바벨론 3차 포로

구분	침략자	남유다 왕	인원	관련 구절
1차 포로 (B.C.605년)	느부갓네살 왕	여호야김	다니엘 등	대하 36:6~7
2차 포로 (B.C.598년)	느부갓네살 왕	여호야긴	에스겔 등 약 1만 명	왕하 24:14~17
3차 포로 (B.C.586년)	느부사라단 (느부갓네살의 시위대장)	시드기야	비천한 자 외 전부	왕하 25:1~21

에스겔은 25세의 나이에 남유다 백성 1만여 명과 함께 2차 포로로 바벨론에 끌려가, 그발 강가에서 포로 생활을 하게 됩니다. 그곳에서 에스겔은 하나님께서 주신 말씀으로 남유다 포로민들을 3단계에 걸쳐 설득하는 사역을 감당합니다.

당시 바벨론에 끌려와 있는 2차 포로들은 기회만 주어진다면 예루살렘으로 돌아가겠다는 생각뿐입니다. 바로 그때 하나님께서는 바벨론에 포로로 끌려온 지 5년째 된, 절망 속에 있는 30세의 젊은 제사장 에스겔을 찾아오셔서 말씀을 시작하십니다. 예루살렘으로 그렇게 빨리 돌아갈 수 없으니 바벨론에 끌려온 많은 민족 가운데서 희망을 품고 실력을 키워서 가장 우수한 민족이 되도록 노력하라는 것입니다. 한마디로 에스겔이 받은 사명은 1, 2차로 끌려온 사람들에게 그들이 왜 끌려와야 했는지를 설명하고, 그들을 위로하고 격려하는 것이었습니다. "인자야 내가 너를 이스라엘 족속의 파수꾼으로 세웠으니 너는 내 입의 말을 듣고 나를 대신하여 그들을 깨우치라"(겔 3:17). 젊은 제사장 에스겔은 바벨론의 그발 강가에서 선지자로서 사역을 시작합니다.

성경 속 일곱 번의 무대

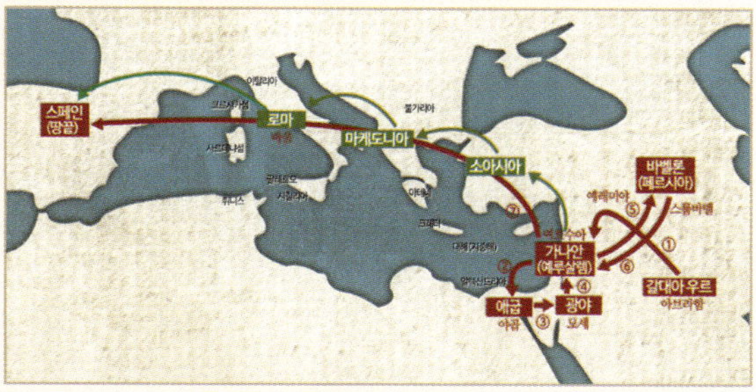

여기에서 잠시 성경 66권 전체를 통해 크게 일곱 번 바뀐 성경 속 무대를 정리하는 것이 필요하다.

첫째, 성경의 첫 무대는 아브라함이 살고 있던 갈대아 우르에서 가나안으로의 이동(갈대아 우르→가나안). 둘째, 아브라함의 손자 야곱 때 야곱의 가족 70명이 요셉이 이미 살고 있는 애굽으로의 이동(가나안→애굽). 셋째, 430년 만에 애굽에서 큰 민족을 이루게 된 아브라함의 후손 히브리인들이 모세 때 출애굽하여 광야로 이동(애굽→광야). 넷째, 40년 광야 생활을 마치고 여호수아 때 이스라엘이 광야에서 약속의 땅 가나안으로 다시 입성(광야→가나안). 다섯째, 가나안에 들어간 지 900여 년 후 예레미야 때(남유다의 마지막 왕 시드기야 때) 바벨론 포로가 되어 예루살렘에서 바벨론으로 이동(가나안의 예루살렘→바벨론). 여섯째, 바벨론에서 70년간의 포로 생활을 마친 후 페르시아에 의해 1차 귀환의 지도자 스룹바벨과 함께 유대인들이 다시 예루살렘으로 귀환(바벨론/페르시아→예루살렘). 일곱째, 복음 1세대와 복음 2세대의 활약으로 복음이 예루살렘에서 온 유대와 사마리아를 거쳐 땅끝까지 퍼져 나감(예루살렘→땅끝).

이처럼 성경은 크게 일곱 번 무대가 바뀌는데, 25과에서는 다섯 번째 무대인 예루살렘에서 바벨론으로 이동하는 때를 다룬다.

〈에스겔〉은 예루살렘의 함락 소식이 포로민들에게 전해지는 33장을 전환점으로 하여, 크게 둘로 나누어볼 수 있습니다. 1장부터 32장까지는 이스라엘과 주변국들에 대한 심판 예언이 그 중심 주제이며, 33장부터 48장까지는 이스라엘을 구원하실 하나님의 회복 계획이 중심 주제입니다.

2. 1단계 에스겔의 설득 - 예레미야 70년을 포로민에게 겔 4~24장

#큰글자 일년일독 통독성경 | 1491~1535p

에스겔 선지자의 3단계 설득 사역 중 1단계는 예레미야의 바벨론 포로 70년의 네 가지 의미를 포로민들에게 설득하는 사역이었습니다. 포로민들은 여전히 자신들의 잘못을 조상들에게 돌리며, 하나님의 심판이 불공평하다고 원망하고 있었습니다. 에스겔은 그러한 완고한 사람들의 잘못된 생각을 바로잡고 설득하며, 제사장 나라 재교육을 통해 극상품 무화과 열매로 거듭나게 하는 사역을 감당합니다.

그발 강가에서 유대인의 시작

- 그발강(Kebar River)

바벨론 제국이 유프라테스강에서 끌어들인 관개용 운하로 추정. 이곳에서 남유다 포로민들이 강제 노역을 하며 살았다.

- 바벨론 느부갓네살 왕의 계획

남유다 포로민들을 이용한 바벨론 제국의 경제 성과 올리기

- 에스겔을 통한 하나님의 계획

바벨론 포로민이 된 이들을 다시 교육해 제사장 나라 거룩한 백성으로 돌아오게 하기

● 예루살렘에서 바벨론으로 무대가 바뀐다
: 바벨론에서 "내가 잠깐 그들에게 성소가 되리라"(겔 11:16)

에스겔은 바벨론에서 환상 가운데 예루살렘으로 옮겨져, 남유다 백성의 악한 죄와 성전을 더럽히는 죄들을 목격합니다. 하나님께서 보여주신 환상을 통해 에스겔은 예루살렘에 더 이상 희망이 없음을 알게 됩니다. 하나님께서는 에스겔을 통해, 비록 그들을 흩으셨지만 끌려온 바벨론 땅에서 "내가 잠깐 그들에게 성소"가 되어주시겠다고 말씀하십니다. 포로민들이 받은 가장 큰 징계는, 성전에 나아가지 못하고 그리워만 해야 한다는 것입니다. 그런데 하나님께서 친히 바벨론에서 잠깐 그들에게 성소가 되어주신다는 것입니다. 모세 때 성막을 만들게 하시고 "거기서 내가 너와 만나고"(출 25:22)라고 말씀하신 것은, 성막이 하나님과 이스라엘 백성이 만날 수 있는 공식적인 통로였기 때문입니다. 이후 이스라엘 백성은 1년 세 차례 예루살렘 성전에서 하나님을 만났습니다. 그런데 이제 성전에 갈 수 없는 상황에서 하나님께서 직접 성소가 되어 만나주시겠다는 것입니다.

또한 바벨론 포로 70년이 지나면 그들에게 '새 영을 주어' 다시 하나님의 백성이 되게 하겠다고 약속하십니다.

계시 일지

에스겔이 본 환상을 적어놓은 부분을 '계시 일지' 형식이라고 말한다. 에스겔은 많은 환상을 보았으며, 예루살렘에서 일어나는 일들을 환상으로 본 뒤 다시 현실로 돌아와, 바벨론에 끌려와 있는 포로민들에게 자기가 본 것을 설명하는 방식으로 하나님의 뜻을 전했다.

에스겔이 본 환상

- 네 가지 모습의 생물 환상 (겔 1장)
- 하나님의 영광과 가증한 성전의 환상 (겔 8~11장)
- 불에 탄 포도나무 환상 (겔 15장)
- 마른 뼈 환상 (겔 37장)
- 거룩한 강 환상 (겔 47장)

● 예루살렘 성전에서 하나님의 영광이 떠나다

이제 하나님의 영광은 예루살렘 성전에서 완전히 떠났고, 하나님의 뜻을 알게 된 에스겔은 다시 바벨론 그발 강가로 돌아가 포로민들에게 하나님의

말씀을 전하며 설득합니다(겔 11:22~24). 나라가 망하고 많은 백성이 포로로 끌려온 것은 그들의 죄 때문이라고 설명합니다. 그런데 포로민들은 하나님께서 힘이 없으셔서 자신들을 바벨론으로부터 지켜주지 못하셨다고 생각했고, 조상들의 죄악 때문에 자신들이 대신 처벌받고 있다고 오해하며 하나님의 심판을 원망했습니다. 이에 대해 하나님께서는 남유다 백성이 처벌받는 것은 각 사람이 범한 죄악 때문이라고 분명히 말씀하십니다.

선지자들의 상징
성경 속 선지자들의 상징은 당시 상황을 가장 잘 이해하게 해주는 초고속 지름길이자 월등한 표현법이다. 선지자들의 대표적인 상징은,
- 이사야 선지자의 '벗은 몸과 벗은 발' - 애굽과 구스를 의지하지 말라!
- 예레미야 선지자의 '줄과 멍에' - 하나님의 측량은 끝났다. 멍에를 메고 바벨론 포로로 가라!
- 에스겔 선지자의 '녹슨 가마' - 가마를 소독하라! 다시 제사장 나라가 되기 위해!

● 녹슨 가마 예루살렘 소독 : 불은 바벨론

하나님께서는 에스겔을 통해 남유다의 멸망과 바벨론 포로 70년의 의미, 그리고 70년이 지난 후 예루살렘으로 귀환할 것까지 말씀하셨습니다. 사마리아인에게는 미래가 없는 징계로 끝났지만, 바벨론에 끌려온 남유다 포로민들에게는 70년의 징계가 미래를 여는 희망의 디딤돌이 되었던 것입니다. 이 놀라운 사실을 예레미야 선지자는 남유다에서 편지로, 에스겔 선지자는 바벨론에서 직접 설명하며 포로민들을 설득했습니다.

하나님께서는 에스겔에게 "가마솥을 걸고, 그 안에 물을 붓고 양을 잡아 그 솥 안에 넣고 뼈가 무르도록 삶으라"라고 말씀하셨습니다(겔 24:3~5). 녹슨 솥 안에는 어떤 좋은 것을 넣어도 먹을 수 없습니다. 마찬가지로 남유다 포로민들이 극상품 무화과 열매로 거듭나기 위해서는, 바벨론에서 녹슨 솥의 녹을 없애는 시간을 반드시 거쳐야 했습니다. 그들은 그렇게 바벨론에서 70년 동안 완전히 소독된 후 '새 언약 소망세대'로 서게 될 것입니다(겔 24:1~14).

녹슨 가마 비유
하나님께서는 바벨론이 예루살렘을 3차로 침략하자, 에스겔에게 '녹슨 가마' 상징을 행하게 하셨다. 이는 예루살렘이라는 녹슨 가마를 끓임으로 그 죄악을 녹이겠다는 의미였다.
- 녹슨 가마 ⇒ 예루살렘
- 가마 안의 양고기 ⇒ 남유다 백성들
- 가마 안의 녹 ⇒ 남유다 백성들이 저지른 죄
- 불 ⇒ 하나님의 도구인 바벨론 제국

3. 이방 민족에 대한 심판 선언 겔 25~32장

#큰글자 일년일독 통독성경 | 1536~1552p

에스겔 24장까지 남유다에 대한 심판이 일단락되고, 이어서 하나님께서는 에스겔 25장부터 32장까지 이방 나라들에 대한 심판을 말씀하십니다. 암몬과 모압, 에돔과 블레셋에 이어 두로도 하나님의 심판으로부터 벗어날 수 없습니다. 또한 영원히 강대국일 것 같았던 애굽을 향해서는 무려 네 장에 걸쳐 하나님의 심판이 예언되고 있습니다. 이는 하나님을 의지하기보다 애굽을 의지해 바벨론의 위협을 피하려 했던 남유다에 대한 하나님의 강력한 경고였습니다.

에스겔과 예레미야
예루살렘에서는 예레미야가 이곳 바벨론에서는 에스겔이 남유다의 마지막을 선언하고 있다. 하나님의 영광이 성전을 떠나는 환상을 보고 있는 에스겔의 마음은, 하나님의 영광이 사라진 예루살렘성 앞에서 애통해하던 예레미야의 슬픔과 다를 것이 없었다.

이방 민족들 또한 하나님의 공평한 심판을 받을 것입니다. 이를 통해 이방 민족들 역시 하나님을 깨닫게 될 것입니다. 하나님께서 남유다 주변의 모든 나라에 대해 심판을 선언하신 것은, 세계가 다 하나님께 속해 있기 때문입니다. 또한 '제사장 나라 우산' 아래, 한 민족과 모든 민족이 함께 있기 때문입니다. 하나님께서 에스겔을 통해 알려주신 하나님의 마음은 "나는 악인이 죽는 것을 기뻐하지 아니하고 악인이 그의 길에서 돌이켜 떠나 사는 것을 기뻐하노라"(겔 33:11)입니다. 이것이 모든 민족을 향한 하나님의 마음이며, 이 말씀은 결국 예수님의 십자가를 통해 온전히 드러나게 됩니다.

세계 최고 해상 무역국 두로의 멸망
두로는 지중해 연안 도시국가로 시돈과 인접해 있었다. 그들은 바닷가에 거주하면서 국제무역을 통해 막대한 부를 축적했고, 그로 인해 교만할 대로 교만해졌다. 무역 경쟁국인 예루살렘이 멸망했을 때, 자신들에게 큰 이익이 돌아올 것으로 기대하며 기뻐하기까지 했다. 그러나 하나님께서는 그들의 교만을 멸망으로 바꾸셨다. 하나님께서는 에스겔을 통해 두로의 멸망이 이웃 나라들이 애가를 부를 정도로 충격적인 사건이 될 것이라고 예언하게 하셨다. 실제로 두로는 바벨론에 의해 정복된 뒤, 헬라의 알렉산더에 의해 완전히 멸망해 다시는 회복되지 못했다.

4. 2단계 에스겔의 설득 - 쌍무 언약의 징계와 은혜 언약 겔 33~39장

#큰글자 일년일독 통독성경 | 1552~1568p

B.C.586년 예루살렘 멸망 소식이 바벨론 포로민들에게도 전해집니다. 이 장면이 바로 에스겔 33장입니다. 〈에스겔〉은 33장을 전환점으로 분위기가 완전히 바뀝니다. 포로민들은 그동안 외면했던 에스겔 선지자의 메시지를 듣기 위해 찾아옵니다. 파수꾼의 사명을 받은 에스겔은 그들에게 친히 목자가 되어주시겠다는 하나님의 메시지를 전합니다. 그리고 마른 뼈 환상과 두 막대기 비유를 통해 다시 회복될 제사장 나라를 꿈꾸도록 그들을 설득하기 시작합니다.

에스겔의 설득

설득 대상	1만여 명의 기술자들	예루살렘에서 최고의 기술자 그룹이었던 1만여 명이 바벨론에 격리 수용되어 바벨론 제국 건설의 강제 노동자가 됨
설득 내용	극상품 무화과 열매가 되자!	1. 예루살렘 멸망 전 -왜, 바벨론 포로로 끌려와야 했는지 설득 -징계 70년, 교육 70년, 안식 70년, 바벨론 제국 수명 70년 교육 2. 예루살렘 멸망 후 -위로와 격려, 성전 조감도 제시
설득 결과	새 언약 소망세대 유대인 탄생!	

● 마른 뼈 환상 (겔 37:1~14)

에스겔 37장에 나오는 '마른 뼈 환상'은 마른 뼈에 하나님의 생기가 들어가 뼈에 힘줄이 붙고 살이 올라 큰 군대가 되는 환상으로, 남유다의 회복을 상징합니다. 이는 마치 하나님께서 첫 사람 아담에게 생명의 숨을 불어넣으셨던 것처럼, 포로민들에게 영원한 삶의 숨을 불어넣어 새로운 미래를 선물하시겠다는 약속이었습니다.

● 두 막대기 비유 (겔 37:16~23)

하나님께서는 에스겔 선지자에게 또 한 가지 비유를 보여주십니다. 두 막대기가 서로 합하여 하나가 되는 비유였습니다. 이는 남유다와 북이스라엘이 연합하여 다시 열두 지파로 하나가 되고, 포로민들이 풀려나 이스라엘 땅으로 돌아가 정결하게 되어 제사장 나라 거룩한 백성으로 회복됨을 말씀하신 것입니다. 이스라엘은 다시는 나뉘지 않을 것이며, 궁극적으로는 메시아가 오셔서 하나님 나라로 회복하실 것을 예고합니다.

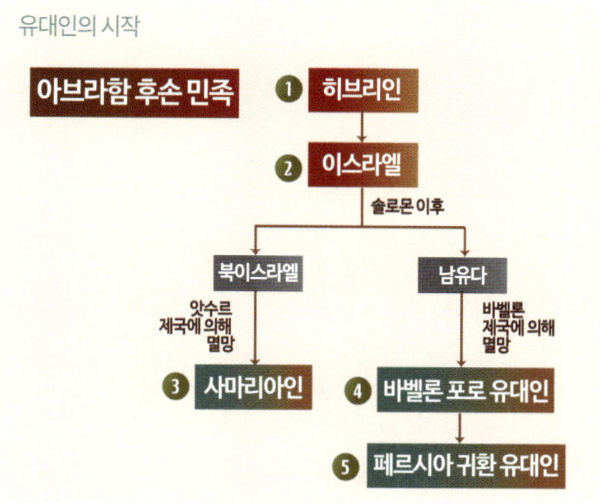

● 화평 언약 (겔 37:26~28 / 새 언약 예고 – 렘 31:31, 겔 16:60)

북이스라엘과 남유다가 모두 멸망하여 백성들이 앗수르와 바벨론으로 끌려가게 된 것은 하나님과 맺은 '쌍무 언약'에 준거한 징계였습니다. 그러나 하나님께서는 예레미야와 에스겔을 통해 '새 언약을 예고'하시며 다시 제사장 나라 거룩한 백성으로 회복될 것을 약속하셨고, 에스겔을 통해 '화평 언약'을 세워 영원한 언약이 되게 하겠다고 말씀하셨습니다. 하나님께서 영원한 구원의 약속을 주신 것은 우리의 의로운 행동 때문이 아니라, 오직 하나님의 크신 사랑과 긍휼, 그리고 은혜가 우리에게 임했기 때문입니다. 하나님께서 에스겔을 통해 주신 새 언약 예고와 화평 언약은 이후 예수님의 '새 언약'과 십자가를 통해 '너희 몸이 하나님의 성전'으로 이어질 것입니다. 에스겔의 설득으로 남유다 포로민들은 바벨론에서 다른 민족의 포로들과는 달리, 새 언약 소망을 품고 최선을 다해 살아갔습니다. 그 결과, 그들의 후손들은 '극상품 무화과 열매 유대인'이 되어 70년 후에 고국으로 돌아가, 절망에 사로잡혀 있던 동족들을 위로하며, 다시 제사장 나라 거룩한 백성이 됩니다.

곡의 연합군 심판
에스겔 선지자가 환상 중에 본 곡의 연합군은 구름과 광풍처럼 몰려와 온 땅을 덮을 듯 위협적이었다. 수백 킬로미터 밖에서 진군하는 군사들의 발자국 소리가 가까운 산 너머에서 들려오는 듯했지만, 예루살렘은 전혀 요동하지 않았다. "로스와 메섹과 두발 왕 곡아 내가 너를 대적하여"(겔 39:1)라는 하나님의 말씀이 모든 의문을 풀어준다. 하나님께서 직접 싸우시기 때문이다. 에스겔은 곡의 군대가 쓰러지고, 그 무기를 7년 동안이나 땔감으로 사용할 정도로 큰 승리를 거두는 모습을 환상 중에 보았다. 하나님께서는 포로민들에게 이 환상을 통해 새로운 소망을 품게 하셨다.

5. 3단계 에스겔의 설득 - 영광이 가득한 성전 조감도 겔 40~48장

큰글자 일년일독 통독성경 | 1569~1589p

● 여호와의 영광으로 가득 찬 성전 (겔 44:4~8)

환상 가운데 에스겔을 죄악이 가득 찬 예루살렘성으로 데려가셨던 하나님께서 그를 한 번 더 예루살렘으로 데려가십니다. 이번에 보여주신 모습은 화려하게 재건될 미래의 예루살렘이었습니다. 하나님께서 에스겔에게 보여주신 새 예루살렘 성전은 〈에스겔〉의 결론이자 제사장 나라 회복의 절정입니다. 하나님께서 에스겔에게 그리게 하신 '성전 조감도'는 포로민들에게 가장 큰 위로와 회복의 메시지가 되었습니다. 성전 지식에 능통한 제사장인 에스겔만큼, 성전 환상의 의미를 정확히 이해할 수 있는 사람은 없을 것입니다.

에스겔의 성전 조감도에 빠져 있던 성전의 기구들

휘장	예수님의 십자가로 휘장이 찢어질 것이기 때문
진설병	예수님께서 생명의 떡이시기 때문
등잔대	예수님께서 생명의 빛이시기 때문
언약궤	예수님께서 언약을 완전하게 하셨기 때문

또한 하나님께서는 에스겔을 통해, 포로민들이 귀환 후 재건할 성전에서 지킬 명절과 절기와 제사 규례에 대해 말씀하십니다. 이 모든 내용을 담은 성전 조감도를 통해 포로민들은 자신들을 회복하시려는 하나님의 계획을 깨닫고, 재건될 성전에 대한 소망을 품게 됩니다. 이는 이후 귀환 공동체가 예루살렘을 재건하는 데 원동력이 됩니다.

에스겔에게 주신 가나안 땅 분배 원칙
때가 되면, 하나님께서 정해주신 대로 가나안 땅 분배가 이루어지게 될 것이다. 성전이 있는 '거룩한 땅'을 경계로 북쪽에 일곱 지파, 남쪽에 다섯 지파에게 모두 땅을 분배해 주신다. 땅의 분배 원칙은 모세 때에도, 에스겔 때에도 '경계선대로 그리고 공평하게'이다. 또한, 남유다 백성들과 함께 사는 타국인들에게도 땅을 분배해 주신다. 이는 하나님께서 '모든 민족'의 하나님이심을 다시 한번 확실히 드러내신 것이다. 다시 하나가 된 제사장 나라 거룩한 백성은 회복된 땅에서 그들의 분깃을 좇아 살아갈 것이다.

● 성전에서 흘러나오는 물 (겔 47:1~12)

하나님께서는 환상을 통해 에스겔에게 재건된 예루살렘 성전에서 흘러나오는 물을 보여주십니다. "강 좌우 가에는 각종 먹을 과실나무가 자라서 그 잎이 시들지 아니하며 열매가 끊이지 아니하고 달마다 새 열매를 맺으리니 그 물이 성소를 통하여 나옴이라 그 열매는 먹을 만하고 그 잎사귀는 약 재료가 되리라"(겔 47:12). 성전에서 흘러나오는 물은 이후 〈요한계시록〉의 새 하늘과 새 땅에 흐르는 생명수 강의 배경이 됩니다(계 22:1~2).

● 여호와 삼마 (겔 48:35)

에스겔은 절망 가운데 빠져 있는 남유다 포로민들에게 자신이 환상 가운데 본 성전을 이야기하며 구원의 회복을 외칩니다. 특히 〈에스겔〉의 마지막을 장식하고 있는 에스겔 48장에는 앞으로 펼쳐질 역사에 대한 기대가 담겨 있습니다. 〈에스겔〉의 마지막은 성전을 떠나셨던 하나님께서 다시 성전에 임재하심을 선언하며 '여호와 삼마'로 결론을 맺습니다. 때가 되면, 제사장 나라가 다시 회복되어 열두 지파가 모두 땅을 분배받고 성전을 중심으로 살아갈 것입니다. 그 중심이 되는 거룩한 성읍의 이름이 '여호와 삼마'(여호와께서 거기에 계시다)입니다. 땅의 분배와 '여호와 삼마'는, 하나님께서 바벨론 포로지가 영원한 끝이 아님을 강조하시며 다시 시작할 예루살렘의 미래를 보여주신 것입니다.

여호와 삼마
하나님께서 '거룩한 땅' 예루살렘 성읍에 있는 열두 개의 문을 소개하시는데, 그 문에는 각각 열두 지파의 이름이 붙어 있었다. 그 성읍의 이름은 '여호와께서 거기에 계시다'라는 뜻의 '여호와 삼마'였다. 하나님께서는 성읍의 이름에 이스라엘을 떠나셨던 하나님께서 회복된 이스라엘 가운데 영원히 거하시겠다는 뜻을 담아 주셨다. '여호와 삼마'는 새 하늘과 새 땅 거룩한 성 예루살렘 이야기로 이어진다.

#To the Cross | 십자가로 향하는 레시피

6. 내가 잠깐 그들에게 성소가 되리라

● 새 언약 예고와 화평 언약이 예수님의 새 언약으로

하나님께서는 에스겔 선지자를 통해 제사장 나라 3단계 포로 징계를 받는 남유다 백성들에게 '새 언약을 예고'(겔 16:60)하시고, '화평 언약'(겔 37:26~28)을 말씀하셨습니다. 이는 예수님께서 마지막 유월절 첫 번째 성찬식 때 선언하신 '새 언약'과 십자가를 통해 '너희 몸이 하나님의 성전'이라는 이야기로 이어짐을 예고합니다.

● 잠깐 그들에게 성소가 되어주신 하나님, 성전이 되신 예수님, 너희 몸이 성전, 새 하늘과 새 땅 거룩한 성 새 예루살렘

예루살렘 성전은 바벨론 군인들에 의해 불타버렸습니다. 그전까지 성전의 소중함을 알지 못했던 남유다 백성들은 바벨론 포로지에서 성전을 그리워하는 징계를 받게 됩니다. 그러한 그들에게 하나님께서는 바벨론 포로 70년은 '잠시'라고 말씀하시며, 그 기간 하나님께서 그들의 성소가 되어주시겠다고 말씀하십니다(겔 11:16). 이후 예수님께서는 스룹바벨 성전을 증축한 헤롯 성전을 보시며, "너희가 성전을 헐면 내가 사흘 동안 다시 일으키리라"(요 2:19)라고 말씀하십니다. 이는 성전이 건물이 아닌 예수님을 말씀하신 것이며, 장차 우리 몸이 성전이 될 것을 말씀하신 것입니다. 사도 요한은 환상 중에 새 하늘과 새 땅, 새 예루살렘에 성전이 없다는 사실을 발견합니다. 이는 "주 하나님 곧 전능하신 이와 및 어린 양이 그 성전"(계 21:22)이시기 때문입니다.

● 마른 뼈 환상이 예수님의 십자가를 통해 부활 영생으로

하나님께서는 에스겔에게 마른 뼈 환상을 보여주심으로 남유다 포로민들의 회복을 예고해 주셨습니다. 이는 살아 계신 하나님만이 하실 수 있는 기적입니다. 마른 뼈 환상은 이후 예수님의 십자가를 통해 부활 영생으로 이어지게 됩니다. "예수께서 이르시되 나는 부활이요 생명이니 나를 믿는 자는 죽어도 살겠고"(요 11:25). "예수를 죽은 자 가운데서 살리신 이의 영이 너희 안에 거하시면 그리스도 예수를 죽은 자 가운데서 살리신 이가 너희 안에 거하시는 그의 영으로 말미암아 너희 죽을 몸도 살리시리라"(롬 8:11).

● 성전 조감도와 성전에서 흐르는 생수의 강은
예수님의 십자가를 통해 새 하늘과 새 땅의 생명수 강으로

하나님께서는 에스겔을 통해 재건될 예루살렘 성전의 조감도를 보여주셨습니다. 하나님께서는 이전에 모세에게 성막 설계도를 주셨고, 다윗에게 성전 설계도를 주신 바 있습니다. 손으로 지은, 창조에 속한 성전은 이후 손으로 짓지 아니한, 창조에 속하지 아니한, 하늘 성소 십자가의 그림자입니다. 메시아 예수님께서 십자가에서 단번 제사를 완성하심으로 '우리 몸이 성전'이 됩니다. 또한 하나님께서는 에스겔에게 재건된 성전에서 흘러나오는 물을 보여주십니다. 그 물이 강에 이를 때 모든 생물이 살아나고, 바다에 이를 때 마침내 바닷물이 되살아납니다. 이는 이후 〈요한계시록〉을 통해 새 하늘과 새 땅의 '생명수 강'으로 이어집니다. "또 그가 수정같이 맑은 생명수의 강을 내게 보이니 하나님과 및 어린 양의 보좌로부터 나와서 길 가운데로 흐르더라 강 좌우에 생명 나무가 있어 열두 가지 열매를 맺되 달마다 그 열매를 맺고 그 나무 잎사귀들은 만국을 치료하기 위하여 있더라"(계 22:1~2).

● "새 영을 너희 속에 두고 새 마음을 너희에게 주되"
– 예수님의 성령님 임재 예고로

하나님께서 에스겔을 통해 주신 "새 영을 너희 속에 두고 새 마음을 너희에게 주되"(겔 36:26)라는 말씀은 이후 예수님께서 예고하신 성령님의 임재로 이어집니다. 성자 예수님께서는 성부 하나님께 구하심으로, 보혜사 성령님이 우리와 영원토록 함께하시게 하셨습니다. 성령님은 진리의 영으로 모든 그리스도인 안에 거하십니다. "내가 아버지께 구하겠으니 그가 또 다른 보혜사를 너희에게 주사 영원토록 너희와 함께 있게 하리니 그는 진리의 영이라 세상은 능히 그를 받지 못하나니 이는 그를 보지도 못하고 알지도 못함이라 그러나 너희는 그를 아나니 그는 너희와 함께 거하심이요 또 너희 속에 계시겠음이라"(요 14:16~17).

26과 제국 변동의 밑그림

다니엘

큰글자 일년일독 통독성경 *one year tongdok bible as one story*

260일: 다니엘, 제국 변동의 밑그림을 그리다 **261일**: 사드락, 메삭, 아벳느고 **262일**: 70년 동안 예루살렘을 향한 기도
263일: 네 짐승 환상과 제국 서류 결재 **264일**: 다니엘이 선지자인 이유

시간 흐름 *time flow*

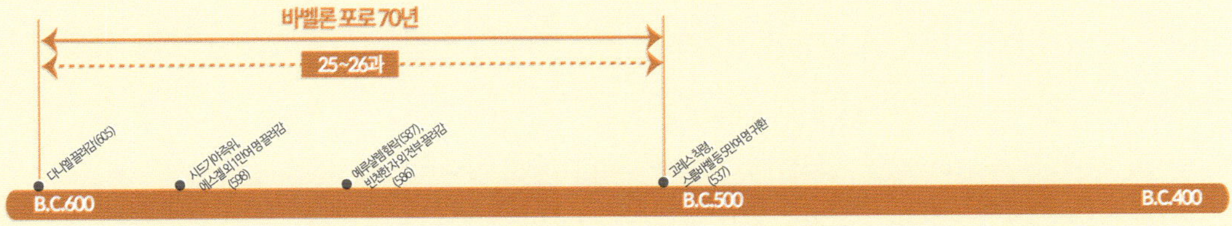

지금 공간 *current location* 바벨론, 페르시아

주요 인물 *main character* 다니엘, 사드락, 메삭, 아벳느고, 느부갓네살, 벨사살

통通포인트 *tong point*

제국 변동의 밑그림을 그린 다니엘

다니엘이 태어날 당시 세계를 다스리던 제국은 앗수르였습니다. 그런데 다니엘이 포로로 끌려간 제국은 바벨론이었고, 이후 바벨론이 페르시아에 멸망하면서, 다니엘은 제국의 변천을 온몸으로 경험하게 됩니다. 이 같은 체험을 바탕으로 다니엘은 앞으로 있을 제국 변동의 밑그림을 예언하게 됩니다. 그뿐만 아니라, 다니엘은 변하지 않는 영원한 하나님 나라와 하나님 나라가 도래할 시점을 예언함으로 성경에 선지자로 기록됩니다. 그가 바벨론과 페르시아 제국의 높은 관직에 있으면서도 하나님의 선지자로서 활동할 수 있었던 것은, 그의 높은 영성과 사회성 때문이었습니다.

1. 제사장 나라 음식과 제국 음식 단 1~4장

#큰글자 일년일독 통독성경 | 1589~1601p

남유다 귀족 출신인 다니엘과 그의 세 친구가 1차 포로로 바벨론에 끌려온 배경은 바벨론 느부갓네살 왕의 식민지 정책과 관련이 있습니다. 바벨론 왕은 이전의 앗수르 제국과는 달리, 포로들의 혈통을 섞지 않고 식민지의

왕족이나 귀족, 기술자들을 바벨론으로 끌어와 제국의 통치에 필요한 기반으로 사용하겠다는 '중앙화 정책'을 펼쳤습니다. 바벨론은 포로민들을 대상으로 두 가지 중앙화 정책을 계획했는데, 첫째는 이데올로기 교육으로 식민지의 상위 0.1% 인재들을 끌어와 바벨론 제국을 위한 교육에 동원하는 것입니다. 둘째는 식민지의 우수한 기술자들을 끌어와 바벨론 제국 건설을 위한 강제 노동에 동원하는 것입니다. 남유다에서는 다니엘과 그의 세 친구가 포로로 끌려와 바벨론 제국을 위한 이데올로기 교육에 동원되었습니다.

바벨론 왕궁 교육에 들어올 인재들의 자격은 흠이 없고 용모가 아름다운 사람, 모든 지혜를 통찰할 수 있는 사람, 지식에 통달한 사람, 학문에 익숙한 사람, 왕궁에 설 만한 품위와 교양을 갖춘 사람이어야 했습니다. 이들은 왕실의 특별한 관리를 받으며, 당대 최고의 학자들로부터 바벨론의 학문과 언어를 비롯한 바벨론 제국 경영을 위한 전 과정을 이수하게 됩니다.

다니엘과 세 친구는 바벨론 왕궁에 머물면서 이름과 식생활부터 바벨론식으로 바꿔야 했습니다. 그러나 이들은 하나님 중심으로 뜻을 정하고, 왕의 음식과 포도주를 마시지 않았습니다. 다니엘이 레위기 법에 따라 '제사장 나라 음식'으로 뜻을 정한 것입니다. 그러자 하나님께서는 은혜를 베푸셔서 왕의 진미를 먹는 다른 소년들보다 이들의 얼굴을 더욱 윤택하게 하셨습니다.

하나님께서는 이들에게 지혜와 지식을 더하시며, 특별히 다니엘에게는 환상과 꿈을 깨닫는 지혜까지 더하여 주셨습니다. 이는 예레미야 선지자의 예언대로, 제국의 교육과 견주어 제사장 나라 교육이 얼마나 월등한지를 보여주시려는 하나님의 계획이었습니다.

어느 날, 이상한 꿈을 꾼 느부갓네살 왕은 꿈을 말해주지 않은 채, 그 꿈을 알아맞히고 해석하라고 명령하며, 만약 그렇게 하지 못하면 바벨론의 모든 박사를 죽이겠다고 했습니다. 다니엘과 세 친구를 포함해 모든 나라에서 끌려온 월등한 청소년들이 다 죽을 위기였습니다. 그런데 하나님의 응답으로 다니엘이 느부갓네살 왕의 꿈을 맞히고 해석까지 합니다. 이때 다니엘은 이방 민족 가운데서 하나님의 영광을 높이 드러내게 됩니다. 다니엘은 이 일을 통해 하나님께서 온 세상을 다스리시며 세계 역사를 주관하시는 하나님이심을 깨닫게 되고, 모든 지혜와 능력이 하나님의 것임을 알게 됩니다.

바벨론 제국에 끌려간 1차 포로

바벨론의 느부갓네살 왕은 남유다 최고의 인재로 성장할 청소년들을 제국 이데올로기 교육으로 교육시켜 식민지 통치를 위한 도구로 사용할 계획이었다. 그때 뽑힌 인재가 '다니엘(벨드사살), 하나냐(사드락), 미사엘(메삭), 아사랴(아벳느고)'였다.

10대에 큰 승부를 걸었던 하나님의 사람

다윗: 골리앗 앞에서 목숨을 걸었던 승부(삼상 17장)

다니엘: 느부갓네살 앞에서 목숨을 걸었던 승부(단 1~2장)

사드락과 메삭과 아벳느고의 하나님을 찬송할지로다

사드락, 메삭, 아벳느고의 기준은 하나님의 뜻이었다. 그들은 느부갓네살 왕의 지엄한 명령에도, 어떤 회유에도 굴하지 않고 금 신상 숭배를 단호히 거부했다. 그리고 말하기를, 하나님께서는 풀무불에서도, 왕의 손에서도 능히 건져내실 수 있지만, 혹 '그리 아니하실지라도' 하나님을 믿는 신앙을 절대 저버리지 않겠다고 선포했다. 하나님께서는 극렬히 타는 풀무불 가운데서 그들을 구하셨고, 이 놀라운 기적을 본 왕은 그들을 '하나님의 종들'이라 부르며 하나님을 찬양했다.

2. 제국 변동의 밑그림 - 네 짐승 환상 단 5, 7~8장

큰글자 일년일독 통독성경 | 1602~1604p, 1607~1612p

다니엘은 하나님께서 주신 지혜와 계시를 통해 시대를 읽을 줄 아는 안목을 가지고 있었습니다. 하나님께서는 다니엘을 깊은 환상에 들어가게 하셔서 하나님의 뜻을 깨닫게 하셨습니다. 다니엘은 환상 가운데 네 짐승을 보았습니다. 이는 현재와 미래에 나타날 세계 제국인 바벨론, 페르시아, 헬라, 그리고 로마 제국을 상징하는 것이었습니다.

메대와 바사 = 페르시아
B.C.6세기경 바사(페르시아)의 고레스 왕이 메대(메디아)를 합병하면서 페르시아 제국 시대를 열었다. 페르시아 제국은 B.C.4세기경 헬라 제국에 멸망하기까지 서남아시아 전역을 지배했다. 오늘날 이 지역은 주로 이란 땅에 해당한다.

네 짐승에 대한 첫 번째 환상이 있은 지 2년 후, 다니엘은 숫양과 숫염소에 대한 환상을 보게 됩니다. 숫양은 메대와 바사, 곧 페르시아 제국을 상징하고, 숫염소는 헬라 제국을 상징하는 환상으로, 하나님께서는 이 환상을 통해 페르시아 제국의 멸망과 헬라 제국의 분열까지 알려주셨습니다. 그런데 놀라운 것은 이렇게 하나님의 환상을 수일씩 본 후에 다니엘이 보여주는 태도입니다. "이에 나 다니엘이 지쳐서 여러 날 앓다가 일어나서 왕의 일을 보았느니라"(단 8:27). 다니엘은 정치가였고 행정가였습니다. 그 깊은 환상의 세계에서 나온 후 '왕의 일', 구체적으로 말해 총리로서의 직무를 수행한 것입니다. 다니엘은 하나님과의 깊은 만남 속에서 영적인 체험도 하고, 일상생활 속에서는 국가 행정 처리와 같은 사회적 일들을 동시에 잘할 수 있는 사람이었습니다. 일처리 능력과 주의 은혜를 사모하는 마음, 영성과 사회성의 조

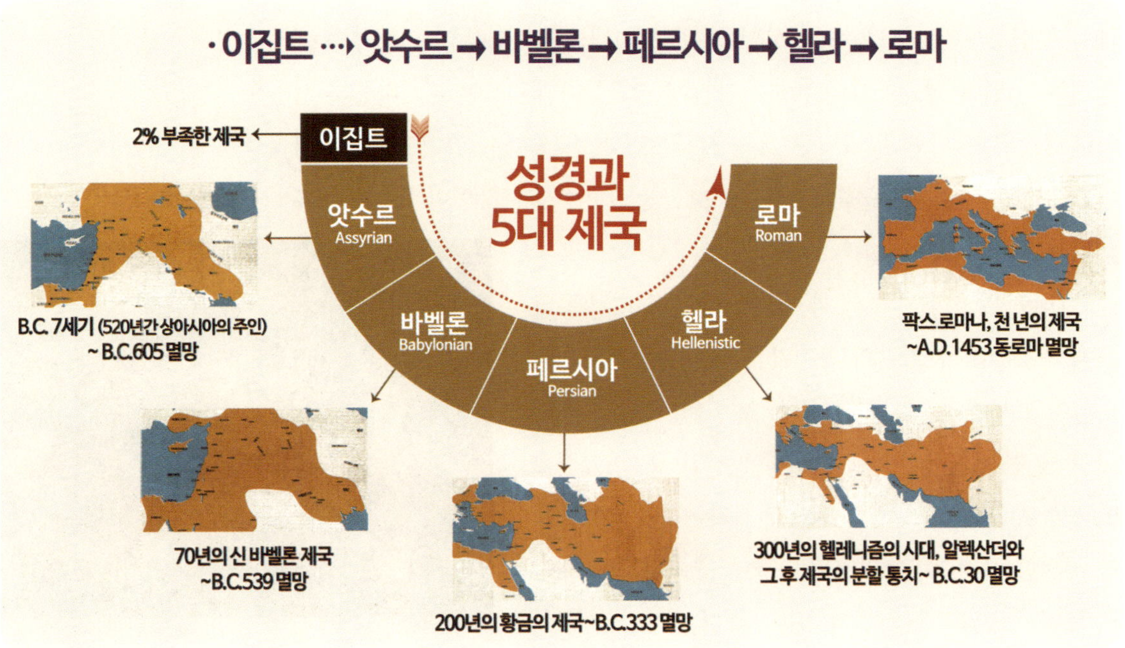

화, 이것은 성경을 통독하는 중에 만나는 하나님의 사람들에게서 나타나는 공통적인 특징입니다.

하나님께서 보여주신 환상을 기록하여 남긴 다니엘은 제국 변동의 밑그림을 그린 선지자였습니다. 그러나 그 모든 제국은 하나님의 심판을 받아 멸망하고, 하나님 나라는 영원할 것입니다. "영원하고 영원하고 영원하리라"(단 7:18).

메네 메네 데겔 우바르신

메네	숫자를 셈하다	하나님께서 이미 통치의 날을 세셨다는 것
데겔	무게를 재다	저울에 재보니 부족하다는 것
우	그러므로, 그래서	
바르신	나눈다	바벨론 제국을 나누어 메대와 바사에게 준다는 것

이 사실은, 바벨론 제국 70년이 끝나가는 마지막 밤의 기록을 통해 더욱 분명히 드러납니다. 그 생생한 역사가 〈다니엘〉에 자세히 담겨 있습니다. 페르시아 군대가 바벨론성을 향해 공격해 오고 있는 그때, 바벨론 왕 벨사살은 잔치를 벌이고 있었습니다. 벨사살 왕은 1,000여 명의 바벨론 귀족들을 왕궁으로 초대하고, 예루살렘 성전에서 탈취해 온 성전 기명을 술잔으로 삼아 흥을 돋우며 하나님을 모독했습니다. 그런데 밤에 갑자기 손가락들이 나타나 왕궁 벽에 글자를 쓰기 시작했습니다. 그런데 그 글자를 읽거나 해석할 수 있는 사람이 아무도 없었습니다.

늦게 잔치 자리에 도착한 태후는 과거 느부갓네살 왕의 꿈을 알아맞히고 해석했던 다니엘이라면 그 글자를 알 수 있을 것이라며 그를 추천합니다. 이에 다니엘은 벽에 쓰인 글자를 읽고 해석합니다. "메네 메네 데겔 우바르신"(단 5:25), 즉 하나님께서 벨사살 왕이 다스릴 통치의 날을 세어 끝을 정하셨고, 그를 저울에 달아보니 부족하여 그의 나라를 메대와 바사 사람에게 나누신다는 뜻이었습니다. 그날 밤 바벨론 제국은 예레미야 선지자의 예언대로 70년 만에, 말 그대로 하루아침에 멸망합니다. 그 이유는 바벨론 성 안에 있던 백성들이 왕과의 종교적 갈등으로 불만을 품고 있었고, 결국 키루스 2세의 페르시아 군대를 해방군으로 맞이하여 성문을 열어주었기 때문입니다.

다니엘은 바벨론에서 페르시아로 제국이 변동한 후에도 페르시아 최고의 공직자가 됩니다. 아마도 다니엘이 느부갓네살 왕의 꿈을 두 번이나 해석한 사건, 그의 세 친구가 풀무불에서 생명을 건진 사건, 그리고 벨사살 왕 잔치 자리에 나타난 손가락이 벽에 쓴 글씨를 해석한 사건 등, 그의 지혜와 통찰을 페르시아 제국의 통치자도 알았을 것입니다.

벨사살 왕의 연회 _ 렘브란트 作

3. 솔로몬의 기도와 다니엘의 기도 단 6장

#큰글자 일년일독 통독성경 | 1604~1607p

메대 바사 제국의 다리오 왕은 전국에 120명의 고관을 세우고 그들을 감독할 총리 세 명을 임명했는데, 그중 한 명이 다니엘이었습니다. 더 나아가 왕은 다니엘을 세 명의 총리 중에서 가장 높은 총리로 세워 전국을 다스리게 하고자 했습니다. 그만큼 다니엘의 실력과 충성심이 뛰어났기 때문입니다. 그러자 다니엘의 대적자들이 그를 무너뜨릴 기회를 찾기 시작합니다.

역사 순서로 보는 다니엘

바벨론	느부갓네살	다니엘의 세 친구가 풀무불에 던져짐 (단 1~4장)
	벨사살	다니엘이 벽 위에 쓰인 글을 해석함 (단 5, 7, 8장)
메대 바사	다리오	다니엘이 사자 굴에 던져짐 (단 6, 9장)
	고레스	포로 귀환 조치가 실행됨 (단 10~12장)

다니엘의 정적들은 총리 다니엘의 '국책사업 결재 기록'부터 '일상생활 기록'까지 샅샅이 조사했지만, 청문회에서 문제 삼을 만한 어떤 흠도 발견하지 못했습니다. 그러자 그들은 다른 방법으로 모략을 꾸밉니다. 다니엘이 매일 세 번씩 예루살렘을 향해 기도하는 것을 알고 있던 그들이 "누구든지 30일 동안 왕 외에 어느 신에게나 사람에게 기도하거나 절하면 그 자를 사자 굴에 집어넣도록 하자."라고 왕에게 조서를 올린 것입니다. 내막을 모르는 왕은 그 조서에 어인을 찍고 맙니다.

다니엘은 그 모든 상황을 알면서도 전에 행했던 대로 예루살렘을 향해 기도합니다. 그는 10대 때부터 뜻을 정하고 하나님께 기도해 온 사람입니다. 다니엘은 일찍이 레위기 26장에 기록된 하나님의 제사장 나라 미래 경영과 솔로몬의 성전 낙성식 기도에 대해 충분히 숙지하고 있었습니다. 또한 그는 남유다가 제사장 나라 3단계 포로 징계(레 26:33~34)를 받고 있다는 것을 충분히 깨닫고 있었습니다. 그래서 그는 솔로몬이 성전 낙성식 때 드린 기도(왕상 8장), "포로지에서 예루살렘 성전을 바라보면서 기도하거든 하나님께서 그들에게 은혜를 베풀어 주셔서"라고 한 말씀을 마음에 품고 기도한 것입니다. 그렇게 다니엘은 나이가 들어서도 여전히 예루살렘을 향해 하루 세 번씩 기도하고 있었습니다.

다니엘 (Daniel)
다니엘은 충성스러운 사람이었다. 그 사실을 가장 잘 알아본 이는 왕이었다. 나라의 최고 권력자는 신하들의 충성도를 살피는 일을 가장 면밀히 하는 사람이다. 그런데 왕이 보기에 다니엘은 권력을 탐내지 않으며 진심으로 충성하는 사람이었다. 그뿐만 아니라, 다니엘은 10대에 이미 뜻을 정하고 하나님 앞에 평생을 충성하며 살았다. 먹는 음식까지 율법에 따라 구별하며 살았다. 하나님에 대한 지식이 충만했다는 것이다. 정말 크고 아름다운 것이 하늘로부터 온다는 사실을 믿었던 다니엘에게는, 하나님을 향한 믿음과 왕을 향한 충성이 충돌하지 않았다.

결국 다니엘은 사자 굴에 던져지게 됩니다. 이 때문에 다리오 왕은 밤새 금식하며 잠을 이루지 못했습니다. 다음 날 새벽 일찍, 왕이 달려가 슬피 소리 지르며 다니엘의 안부를 묻자, 다니엘은

다니엘의 대답 _ 브리턴 리비에르 作

왕의 만수무강을 고하며 자신의 무죄함이 명백해졌다고 대답합니다. 그날 밤 사자 굴에서 기도하는 다니엘에게 하나님의 기적이 일어난 것입니다. 이에 왕은 심히 기뻐하며 온 나라에 조서를 내려, 하나님의 이름을 높입니다.

하나님의 사람들의 기도
- **다윗의 기도** - 자신의 왕위를 영원히 견고히 하시겠다는 하나님의 약속 앞에, 자신을 '종'으로 낮추며 드린 감사의 기도 (삼하 7장)
- **다니엘의 기도** - 예루살렘을 회복시켜 주실 때가 가까이 옴을 깨닫고, 민족을 향한 하나님의 용서와 긍휼을 구하며 드린 기도 (단 9장)
- **느헤미야의 기도** - 황폐한 성읍의 회복과 자신의 헌신을 결심하며 드린 기도 (느 1장)

4. 예레미야의 편지와 하나님의 통치를 위한 다니엘의 기도 단 9장

#큰글자 일년일독 통독성경 | 1612~1614p

다니엘이 포로 생활 중에도 소망을 잃지 않고 최선을 다해 성실하게 살 수 있었던 것은 하나님의 사람 예레미야가 눈물로 써 보낸 편지 덕분이었습니다. 일찍이 예레미야 선지자는 바벨론 포로 70년 징계의 시작점에서 기도하며 편지를 써 보냈습니다. "바벨론에서 칠십 년이 차면 내가 너희를 돌보고 나의 선한 말을 너희에게 성취하여 너희를 이 곳으로 돌아오게 하리라"(렘 29:10). 다니엘은 예레미야의 예언대로 하나님께서 약속하신 연수, 곧 바벨론 포로 70년 징계의 끝 지점에 가까이 왔음을 깨닫게 되었습니다(단 9:1~2).

다니엘의 제국 경험

청소년기	청장년기	노년기
앗수르 제국 멸망 바벨론 제국 등장	바벨론 제국	바벨론 제국 멸망 페르시아 제국 등장
바벨론 1차 포로 바벨론 제국 교육	바벨론의 고위공직자	페르시아의 총리 하나님의 선지자

다니엘은 예루살렘 회복의 때가 가까웠음을 알고, 온 이스라엘 백성이 그동안 제사장 나라 법을 어겼음을 하나님께 고백하며 회개의 기도를 드립니다(단 9:11). 그리고 하나님의 용서와 긍휼을 구합니다. "나의 하나님이여 귀를 기울여 들으시며 눈을 떠서 우리의 황폐한 상황과 주의 이름으로 일컫는 성을 보옵소서 우리가 주 앞에 간구하옵는 것은 우리의 공의를 의지하여 하는 것이 아니요 주의 큰 긍휼을 의지하여 함이니이다"(단 9:18). 세상 최고의 자리에 있으면서도 예루살렘을 바라보며 드린 다니엘의 기도를 우리의 기도로 삼았으면 좋겠습니다.

다니엘이 나라와 민족을 위해 기도할 때, 가브리엘 천사가 와서 하나님께서 주신 응답을 전해줍니다. 하나님께서는 다니엘이 기도를 시작할 때 이미 '칠십 이레' 환상을 주셨습니다. 이 환상은 하나님 나라가 완성되는 때를 예고한 것으로, 예수님의 십자가 죽음과 A.D.70년에 로마 제국이 예루살렘 성전을 파괴하는 것, 그리고 궁극적으로는 〈요한계시록〉의 세상 종말까지를 말합니다(단 9:20~27). 이처럼 하나님께서는 다니엘에게 영원히 변하지 않을 하나님 나라가 도래할 시점을 알려주시며, 그를 하나님의 선지자로 세우십니다.

다니엘의 기도
"내가 금식하며 베옷을 입고 재를 덮어쓰고 주 하나님께 기도하며 간구하기를 결심하고"(단 9:3)
- 예레미야 70년의 의미를 깨닫고 드리는 다니엘의 기도
첫째, '모세오경'을 통해 배운 기도였다.
둘째, 하나님께 죄를 고백하며 용서의 은혜를 구하는 기도였다.
셋째, 출애굽의 하나님께 긍휼을 구하는 기도였다.
넷째, 주의 영광을 위해 구원을 베풀어 주실 것을 간구하는 기도였다.

5. 선지자 다니엘 - 미래에 대한 환상 단 10~12장

#큰글자 일년일독 통독성경 | 1614~1621p

남유다 포로민들의 1차 귀환이 있은 지 3년이 지난 시점입니다. 그러나 그리 순조롭지 않은 성전 재건 소식이 들려오고 전쟁에 대한 이상(異象)이 보이자, 다니엘은 큰 근심 가운데 금식하며 힛데겔 강가에서 하나님께 기도했습니다. 이때 다니엘이 본 '사람의 환상'은 메시아 환상이었습니다. 다니엘이 메시아를 보고 놀라 혼절하자, 가브리엘 천사가 나타나 다니엘을 도와주었고, "큰 은총을 받은 사람이여 두려워하지 말라 평안하라 강건하라 강건하라"(단 10:19)라고 위로해 주었습니다.

힘을 얻은 다니엘은 하나님께서 환상 중에 보여주신 바벨론, 페르시아, 헬라, 로마 제국 변동의 밑그림을 글로 기록합니다. 나아가 하나님께서는 다니엘에게 이 땅에 오실 메시아 예수님과 세상 끝 날에 관한 예언도 기록하게 하십니다. 이로써 다니엘은 제국의 행정가를 넘어 하나님의 선지자로 불리게 됩니다.

소망과 기대가 있는 사람은 인내할 수 있고 기다릴 수 있습니다. 〈다니엘〉의 마지막 메시지를 통해 주시는 하나님의 말씀도 '기다리라'는 것입니다. 하나님께서는 구원과 회복의 약속을 통해, 환난 가운데 고통받는 백성들에게 희망의 메시지를 전하십니다.

힛데겔 (Tigris)
힛데겔은 티그리스강의 히브리어 이름으로, 유브라데강(유프라테스강)과 함께 메소포타미아 문명을 이룬 중요한 강이다. 메소보타미아 평원을 흘러 유브라데강과 합류하는 총 1,850km에 이르는 긴 강이다. <창세기>에는 비손, 기혼, 힛데겔, 유브라데 네 강이 에덴 동산에서 발원했다고 기록되어 있다(창 2:11~14). 다니엘 선지자가 바로 이곳 강가에서 네 번째 환상을 보게 된다.

기록 언어
<다니엘>의 기록 언어를 살펴보면, 서론에 해당하는 1장은 히브리어로 기록되었고, 다니엘 2장 4절 하반절부터 7장까지는 고대 근동의 공용어였던 아람어로 기록되었다. 이후 다니엘 8장부터 12장까지는 다시 히브리어로 전환된다. 이는 페르시아 제국의 통치 아래에 놓인 유대인의 미래를 염두에 두고 기록된 것으로 보인다.

#To the Cross | 십자가로 향하는 레시피

6. 영원히 변하지 않을 하나님 나라 도래의 시간

- 뜨인 돌(손대지 아니한 돌) 환상과 '기름 부음 받은 이' 예언을 통해 메시아 예수님의 탄생과 사역, 하나님 나라 시작 예고

다니엘은 느부갓네살 왕의 꿈을 해석하면서 '손대지 아니한 돌'에 대해 깨닫게 됩니다(단 2:44~45). 이로 인해 다니엘은 '손 대지 아니한 돌', 즉 '뜨인 돌' 예수 그리스도께서 세우실 영원한 하나님 나라를 예언하는 선지자가 됩니다. 베드로는 성도들에게 예수님에 대해 이렇게 말합니다. "사람에게는 버린 바가 되었으나 하나님께는 택하심을 입은 보배로운 산 돌이신 예수께 나아가"(벧전 2:4). '산 돌', 즉 부활하셔서 여전히 살아 계신 예수님이십니다.

또한 다니엘은 '기름 부음 받은 이', 곧 메시아이신 예수님의 탄생과 예수님의 공생애 사역으로 하나님 나라가 시작될 것 또한 예언했습니다. "그러

므로 너는 깨달아 알지니라 예루살렘을 중건하라는 영이 날 때부터 기름 부음을 받은 자 곧 왕이 일어나기까지 일곱 이레와 예순두 이레가 지날 것이요 그 곤란한 동안에 성이 중건되어 광장과 거리가 세워질 것이며"(단 9:25). 하나님께서 다니엘에게 '칠십 이레 환상'(단 9:20~27)을 보여주심으로 메시아 예수님께서 이 땅에 오셔서 영원한 하나님 나라를 이루실 그때를 알려주신 것입니다. 하나님께서는 메시아 예수님께서 오셔서 십자가에서 고난받으실 시점까지 알려주셨습니다. "예순두 이레 후에 기름 부음을 받은 자가 끊어져 없어질 것이며"(단 9:26). 이로써 다니엘은 선지자로서, 메시아 예수님의 탄생부터 메시아의 십자가 고난 시점까지 분명하게 드러냈습니다. "이르시되 때가 찼고 하나님의 나라가 가까이 왔으니 회개하고 복음을 믿으라 하시더라"(막 1:15).

● 멸망하게 할 가증한 것 – 예루살렘 성전 멸망과 종말의 표징으로 사용

하나님께서는 '칠십 이레 환상'을 통해 예루살렘 성전의 멸망까지 알려주셨습니다. "장차 한 왕의 백성이 와서 그 성읍과 성소를 무너뜨리려니와 그의 마지막은 홍수에 휩쓸림 같을 것이며 또 끝까지 전쟁이 있으리니 황폐할 것이 작정되었느니라"(단 9:26). 이에 더하여 다니엘은 멸망하게 할 가증한 것에 대해 예언합니다. "매일 드리는 제사를 폐하며 멸망하게 할 가증한 것을 세울 때부터 천이백구십 일을 지낼 것이요"(단 12:11). 이후 예수님께서 다니엘의 이 예언을 인용하시며 예루살렘 성전의 멸망과 종말의 표징으로 사용하십니다. "그러므로 너희가 선지자 다니엘이 말한 바 멸망의 가증한 것이 거룩한 곳에 선 것을 보거든 (읽는 자는 깨달을진저)"(마 24:15).

● '인자 같은 이가 하늘 구름을 타고' – 예수님의 재림 예고

다니엘은 메시아이신 예수님께서 구름 타고 다시 오실 재림을 예언했습니다. "내가 또 밤 환상 중에 보니 인자 같은 이가 하늘 구름을 타고 와서 옛적부터 항상 계신 이에게 나아가 그 앞으로 인도되매 그에게 권세와 영광과 나라를 주고 모든 백성과 나라들과 다른 언어를 말하는 모든 자들이 그를 섬기게 하였으니 그의 권세는 소멸되지 아니하는 영원한 권세요 그의 나라는 멸망하지 아니할 것이니라"(단 7:13~14). 그 모습은 예수님께서 승천하실 때와 같은 모습입니다. 예수님께서도 종말에 대한 교훈과 함께 재림의 모습을 말씀하십니다. "그 때에 인자의 징조가 하늘에서 보이겠고 그 때에 땅의 모든 족속들이 통곡하며 그들이 인자가 구름을 타고 능력과 큰 영광으로 오는 것을 보리라"(마 24:30).

● '땅의 티끌' 미래 환상 – 예수님의 십자가를 통해 최후 심판으로

다니엘은 '땅의 티끌' 미래 환상을 봅니다. "땅의 티끌 가운데에서 자는 자 중에서 많은 사람이 깨어나 영생을 받는 자도 있겠고 수치를 당하여서 영원히 부끄러움을 당할 자도 있을 것이며"(단 12:2). 이는 부활 영생에 대한 예고로서, 메시아이신 예수님께서 십자가를 통해 하나님의 심판을 대신 담당하시고, 이후 재림 때 모든 사람의 최후 심판이 이루어질 것을 알려주신 것입니다. "이를 놀랍게 여기지 말라 무덤 속에 있는 자가 다 그의 음성을 들을 때가 오나니 선한 일을 행한 자는 생명의 부활로, 악한 일을 행한 자는 심판의 부활로 나오리라"(요 5:28~29).

27과 성전 재건 - 귀환과 투자

에스라 1~6장, 학개, 스가랴

큰글자 일년일독 통독성경 *one year tongdok bible as one story*

265일 : 성전 기명 5,400점 투자와 재건세대
266일 : 노랫소리와 통곡 소리
267일 : 학개, 우선순위를 기억하라
268일 : 오직 성령의 능력으로 다시
269일 : 메시아는 왜 나귀를 타시는가?
270일 : '남은 자들'이 지킬 초막절
271일 : 스룹바벨 성전

시간 흐름 *time flow*

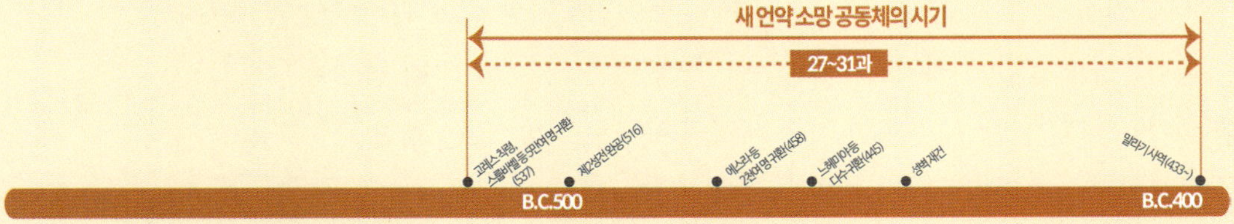

지금 공간 *current location*

예루살렘

주요 인물 *main character*

스룹바벨, 여호수아(예수아), 학개, 스가랴, 고레스, 다리오

통通포인트 *tong point*

새 언약 소망세대 - 페르시아 고레스 왕의 투자 정책과 유대인 스룹바벨의 성전 재건

바벨론 포로지에서 각국의 포로민들과 구별하기 위해 '유대인'이라 불리게 된 남유다 포로민들은 제사장 나라 3단계 징계인 바벨론 포로 70년을 무사히 마쳤습니다. B.C.537년 페르시아 왕 고레스의 조서 발표를 시작으로 유대인들은 세 번에 걸쳐 예루살렘으로 귀환하게 됩니다. 강제 귀환이 아니었기 때문에 페르시아 전역에 흩어져 살던 상당수의 디아스포라 유대인들은 그대로 남아 있고, 귀환을 희망하는 사람들만 자발적으로 세 차례에 걸쳐 귀환한 것입니다. 당시 페르시아 제국의 시각에서 볼 때, 유대인은 70년 바벨론 포로 기간을 다른 민족과 달리 월등하게 보낸 민족으로 유프라테스강 서쪽 거점 확보를 맡기기에 적합한 민족으로 보였습니다. 그래서 페르시아 제국은 레반트 지역의 활성화 정책을 위해 유대인을 경영 파트너로 선택합니다. 그만큼 유대인은 바벨론 포로 70년 징계를 달게 받고 극상품 무화과 열매가 되어 '새 언약 소망세대'로 새롭게 탄생한 유능한 민족이 되었습니다. 유대인은 첫째, 제국을 도구로 삼아 제사장 나라에서 하나님 나라 통치로 가는 하나님의 새 언약을 이해한 사람들입니다. 둘째, 그들은 모세로부터 다윗, 예레미야, 에스겔, 역대기까지 성전의 발전사를 이해한 사람들입니다. 또한 제국의 변동사를 알고 하나님의 미래 통치에 순종하는 사람들입

니다. 유대인들은 페르시아 제국의 도움으로 스룹바벨, 에스라, 느헤미야와 함께 1, 2, 3차로 나누어 예루살렘으로 귀환해 성전을 건축하며, 제사장 나라를 다시 세웠습니다.

1. 고레스 왕의 투자 정책과 유대인의 신앙 스 1~2장

#큰글자 일년일독 통독성경 | 1621~1625p

페르시아 왕 고레스는 지방화 정책에 따라 바벨론이 포로로 끌어온 사람들을 본국으로 돌려보냅니다. 이는 하나님께서 말씀하셨던 70년의 훈련 기간이 다 되었음을 의미합니다. 고레스 왕은 유대 민족을 본국으로 돌려보내면서 '예루살렘 성전' 건축 명령과 함께 스룹바벨에게 바벨론 제국이 약탈해 온 성전 기명들을 모두 성전 안 제자리에 놓을 것을 명령했습니다. 이후 고레스 왕의 조서를 발견한 다리오 왕은 유대인들에게 자신과 페르시아 왕자들을 위해 기도해 줄 것을 요청했습니다.

왕의 조서
학사 겸 제사장인 에스라 선지자는 그의 책 서두를 페르시아 왕 고레스의 조서로 시작했다. "바사 왕 고레스의 마음을 감동시키시매 그가 온 나라에 공포도 하고 조서도 내려 이르되"(스 1:1). 그에 앞서 다니엘도 바벨론의 느부갓네살 왕이 환관장 아스부나스에게 명령한 조서(단 1:3-4)로 글을 시작했다. 현실 정치인들이었던 다니엘과 에스라의 글은 서두부터가 달랐다.

바벨론 제국은 1, 2, 3차에 걸쳐 성전 기명 5,400점을 비롯해 성전의 놋 기둥과 받침, 놋 바다까지 깨드려 가져가고, 수많은 유능한 남유다 백성을 포로로 끌어갔습니다. 그때 빼앗긴 성전 기명은 모세 이래 천 년을 이어온 거룩한 성전의 보물이었습니다. 성전 기명은 바벨론 제국의 최대 보물이 되어 바벨론의 마르둑 신전에 보관되고 있었습니다. 이 보물을 페르시아 제국이 바벨론을 점령하면서 모두 확보한 것입니다.

페르시아는 확보하고 있던 성전 기명을 1차 귀환하는 유대인들에게 모두 돌려주었습니다. 이는 표면적으로는 제국의 놀라운 투자였지만, 더 깊이 들어가 보면 유대인들이 얼마나 대단한 페르시아 제국의 경영 파트너였는지를 보여주는 사건이라 할 수 있습니다.

고레스의 '조서'(고레스 왕의 조서는 역대하와 에스라에 같은 내용으로 기록되어 있음)에 따라 페르시아 각지에서 일어난 1차 귀환자 49,897명의 발걸음은 희망으로 가득했습니다. 이들을 이끄는 지도자는 총독 스룹바벨과 대제사장 여호수아(예수아)를 비롯한 열한 명이었습니다. 바벨론 포로 70년 기간을 월등하게 보내며 새롭게 태어난 공동체, 이들을 '재건세대, 새 언약 소망세대'라고 부를 수 있겠습니다. 이들은 오래전에 불타버린 예루살렘 성전을 재건하고, 무너져 내린 이스라엘 신앙 공동체를 다시 세우는 중

1차 귀환자 49,897명
1차 귀환자 총수는 회중 42,360명, 종 7,337명, 노래하는 남녀 200명으로 모두 49,897명이었다. 이 중 제사장은 4,289명으로 회중의 10분의 1 이상을 차지했지만, 레위인은 341명으로 제사장 수에 비해 현저히 적었다. 이는 포로 생활 중 많은 레위인이 자신의 직분을 포기하고 살았음을 보여준다. 또한 느디님 사람과 솔로몬의 종 등 이방인 출신 봉사자들도 함께 귀환했으며, 족보를 잃어버렸음에도 귀환 대열에 합류한 사람들도 있었다. 특히 족보를 확인할 수 없는 제사장 가문 사람들은 비록 제사장 직분을 행하지 못하지만, 이를 감수하며 귀환했다. 이들은 '남을 것인가, 떠날 것인가'의 갈림길에서 새 언약을 향한 소망으로 일어선 '신앙의 사람들'이었다.

역사순으로 보는 <에스라>

에스라 1-4장		에스라 5-6장		에스라 7-10장
· 1차 귀환 · 스룹바벨 인도 아래 성전 재건 시작	학개, 스가랴 (성전 재건 독려)	성전 재건	에스더 (1차 귀환과 2차 귀환 사이 / 페르시아 왕후 에스더)	· 2차 귀환 · 에스라의 인도 아래 제사장 나라 신앙 개혁

책을 감당하게 됩니다.

● 유대인은 누구인가?

유대인들은 성전의 발전사를 순차적으로 이해한 사람들입니다. 그들은 모세와 다윗을 통해 주신 성막과 성전의 역사를 알고 믿었으며, 예레미야의 '바벨론 포로 70년'의 의미를 이해했고, 하나님께서 에스겔에게 주신 "내가 잠깐 그들에게 성소가 되리라"(겔 11:16)라는 말씀과 성전 조감도를 이해했습니다. 그뿐만 아니라, 그들은 다니엘을 통해 제국의 변동과 영원한 하나님 나라를 알고, 그 나라를 향한 소망을 가진 사람들이었습니다. 하나님께서는 이들에게 〈역대상 · 하〉를 선물로 주셨습니다.

당시 유대인들은 자신의 존재가 새 언약으로 가는 도상의 존재임을 알고 있는 사람들이었습니다. 그들은 옛 언약인 시내산 언약 기반 위에, 하나님께서 예레미야 선지자를 통해 주신 새 언약 예고와 에스겔이 설명한 내용을 통해 '새 언약'의 의미를 깨닫게 되었습니다. 그래서 그들은 새 언약을 소망하는 사람들, 즉 '새 언약 소망세대'라 할 수 있습니다. 고레스 왕의 투자 정책과 맞물려 성전 재건을 이룰 수 있게 된 유대인들의 이 모든 결과는 예레미야의 70년 언약의 성취였습니다. 바벨론 포로 기간을 거치며 시작된 유대인들은 구약의 남은 to the Cross(십자가로 향하는) 이야기와 앞으로 진행될 the Cross(십자가) 이야기, 그리고 from the Cross(십자가로부터 시작하는) 이야기를 이끌어갈 신앙인으로서, 하나님 나라로 이어지는 징검다리 역할을 하게 됩니다.

'바벨론 포로 70년' 동안 유대인으로 탄생한 비결

에스겔 선지자를 통해 예레미야의 70년 약속으로 설득된 남유다 백성은 비록 포로민으로 시작했지만, 바벨론 땅에서 월등히 성공한 사람들로 자리잡게 되었다. 그래서 페르시아의 고레스 왕이 이들을 '지방화 정책' 파트너로 선택한 것이다. 그들의 성공 비결은, 하나님께서 예레미야를 통해 주신 '바벨론에서의 네 가지 생존 방식'에 있었다(렘 29:5~7).

1. 집을 지으라
2. 텃밭을 만들고 그 열매를 먹으라
3. 번성하라.
4. 바벨론 성읍의 평안을 구하라.

2. 1차 귀환 - 거룩한 절기 회복과 성전 토대 놓기의 감격 스 3~4장

큰글자 일년일독 통독성경 | 1625~1628p

재건세대인 1차 귀환자들은 예루살렘에 도착한 후, 가장 먼저 제사장 나라 절기를 회복했습니다. 그들은 속죄 제사를 제외하고, 매일 드리는 상번제를 비롯해 모든 제사와 명절을 회복했습니다.

"무리가 모든 나라 백성을 두려워하여 제단을 그 터에 세우고

출(出)페르시아 / 1, 2, 3차 포로 귀환

구분	인솔자	주요사역	인원	관련 구절
1차 귀환 (B.C.537년)	총독 스룹바벨, 대제사장 여호수아	성전 재건	49,897명	스 1~4장
선지자 학개, 스가랴				학, 슥
성전 재건의 기쁨				스 5~6장
왕후 에스더의 부림절 제전				에
2차 귀환 (B.C.458년)	제사장 에스라	율법 교육	1,754명	스 7:7~9장
3차 귀환 (B.C.445년)	총독 느헤미야	성벽 재건	다수	느 2장

그 위에서 아침 저녁으로 여호와께 번제를 드리며 기록된 규례대로 초막절을 지켜 번제를 매일 정수대로 날마다 드리고 그 후에는 항상 드리는 번제와 초하루와 여호와의 모든 거룩한 절기의 번제와 사람이 여호와께 기쁘게 드리는 예물을 드리되 일곱째 달 초하루부터 비로소 여호와께 번제를 드렸으나 그 때에 여호와의 성전 지대는 미처 놓지 못한지라"(스 3:3~6).

성전 재건을 위해 준비한 예물

남유다 포로민들은 에스겔의 성전 조감도를 보며 '바벨론 포로 70년'이 끝난 후 돌아갈 그 날을 준비했다. 마침내, 예레미야의 예언대로 B.C.537년 예루살렘으로 1차 귀환했다.

그리고 예루살렘에 도착한 지 2년 2월에 본격적으로 성전의 토대를 놓았습니다(스 3:8~13). 옛 성전과 제사를 기억하는 노인들은 옛날을 회상하며 대성통곡하며 울었고, 수많은 사람은 기쁨의 함성을 지르며 함께 성전 재건 기공식을 거행했습니다. 그런데 앗수르에 의해 이스라엘 땅에 들어와 살게 된 이방 민족들이 성전 재건을 방해하기 시작합니다. 점점 사기를 잃게 된 재건세대는 아직 시기상조라는 이유를 대며 결국 성전 건축을 중단하고 맙니다. 이때 하나님께서 선지자 학개와 스가랴를 보내십니다.

3. 학개의 권면 - 임마누엘을 통한 성전 소망의 감동 학 1~2장

큰글자 일년일독 통독성경 | 1629~1632p

성전 건축이 기초만 놓인 상태로 16년째 멈춰 있습니다. 성전 건축을 중단한 채로 농사를 지어도, 장사를 해도, 결과가 시원치 않아 한숨과 불평만 내뱉고 있던 그들에게 학개 선지자는 그 이유를 분명히 설명합니다. 문제는 외부 상황이 아니라, 주변 상황만 탓하며 성전 건축에 적극적으로 나서지 않은 그들 스스로의 잘못 때문이라는 것입니다. "너희가 많은 것을 바랐으나 도리어 적었고 너희가 그것을 집으로 가져갔으나 내가 불어 버렸느니라 나 만군의 여호와가 말하노라 이것이 무슨 까닭이냐 내 집은 황폐하였으되 너희는 각각 자기의 집을 짓기 위하여 빨랐음이라"(학 1:9).

성전 재건을 멈춘 지난 16년의 삶

많은 씨앗을 뿌려도 수확이 적었고, 먹고 마셔도 흡족하지 못했고, 옷을 입어도 따뜻하지 않았고, 삯을 받아도 재산이 모이지 않았다. 비가 그치고 땅이 산물을 내지 않았으며 모든 일이 뜻대로 되지 않는 시기였다. 이는 일찍이 <신명기>에서 말씀하신 순종과 불순종에 따른 복과 저주대로, 그들의 삶이 이루어졌기 때문이다.

하나님께서는 학개를 통해 "내가 너희와 함께 하노라"(학 1:13)라고 말씀하시며, 귀환 공동체 가운데 임마누엘의 하나님으로 임하시며 성전 재건의 소망을 주셨습니다. 바벨론에서 그들에게 잠깐 성소가 되셨던 하나님께서 이제 예루살렘에서 다시 시작될 제사장 나라 성전에 소망을 주시며 백성들의 마음을 감동시키셨습니다. 하나님께서 귀환 공동체에 주신 가장 큰 복은 일찍이 그들의 조상들인 야곱, 여호수아, 예레미야에게 주셨던 '임마누엘의 하나님'이었습니다.

또한 하나님께서는 성전 재건을 시작한 지 약 1달 뒤, 옛 성전과 비교해 규모 면에서 작은 새 성전을 보며 실망하는 이들에게 학개를 통해 세 번이나 "스스로 굳세게 할지어다"(학 2:4)라고 위로하며 용기를 주십니다. 그리고 "이 성전의 나중 영광이 이전 영광보다 크리라"(학 2:9)라고 말씀하시며, 장차 메시아가 나타내실 영광을 예고하십니다. 하나님께서는 학개를 통해 "여호와의 전에 돌이 돌 위에 놓이지 아니하였던 때를 기억하라"(학 2:15)라고 말씀하시며, 성전 재건 중단 후 오히려 힘들었던 때를 상기시켜 주셨습니다. 그리고 이들에게 복 주실 것을 약속하시며, 성전 재건 완수를 촉구하십니다.

마지막으로 하나님께서는 학개를 통해 "그날에 내가 너를 세우고 너를 인장으로 삼으리니 이는 내가 너를 택하였음이니라"(학 2:23)라고 말씀하십니다. 이는 스룹바벨로 예표되는 메시아 예수님의 때에 이루어질 심판과 통치를 예고하신 것입니다. 다행히도 귀환 공동체는 학개 선지자가 전한 하나님의 말씀을 청종하며 다시 힘을 냅니다.

<학개>와 <스가랴> 비교

학개	스가랴
권면	격려
좀 더 구체적	조금 추상적
간결하게	멀리 전개됨
현재적 관심사	미래적 관심사
참여하라!	용기를 내라!
좀 나이 든	좀 더 젊은
행동주의자	비전의 사람

4. 스가랴의 환상 - 메시아가 이끄시는 영원한 성전을 향하여

슥 1~14장

#큰글자 일년일독 통독성경 | 1632~1649p

하나님께서는 학개 선지자를 보내신 지 두 달 만에 스가랴 선지자도 보내셔서 "너희는 내게로 돌아오라"(슥 1:3)라고 말씀하시며 귀환 공동체가 나아가야 할 방향을 제시하십니다. 하나님께서는 스가랴 선지자에게 위로와 심판을 상징하는 여덟 개의 환상을 보여주시며 메시지를 주십니다. 특히 하나님께서는 스룹바벨과 여호수아에게 성령의 능력을 덧입혀주겠다고 격려하시며, 성전 재건을 끝까지 이루어낼 것을 촉구하십니다. 이제 귀환 공동체의 과제는 하나님의 약속, 곧 이스라엘을 하나님의 백성으로 삼으시겠다는 약속을 믿고 순종하며 전진하는 일입니다. 드디어 16여 년 동안이나 중단되었던 성전 재건의 역사가 다시 시작됩니다.

또한 하나님께서는 스가랴 선지자에게 환상을 보여주시며, 메시아로 오실 예수님과 예수님에 의해 세워질 영원한 하나님의 성전을 예표해 주십니다. 그리고 하나님의 심판이 열방에 임할 것을 말씀하십니다. 하나님께서는 스가랴를 통해 '왕으로 오실 메시아'는 겸손하여 나귀 새끼를 타고 오실 것

스가랴에게 주신 여덟 가지 환상

- 위로를 상징하는 다섯 가지 환상

1. 화석류나무 사이의 말 탄 자들의 환상
2. 4개의 뿔과 대장장이 4명의 환상
3. 측량줄을 가진 사람 환상
4. 대제사장 여호수아가 정결하게 되는 환상
5. 순금 등잔대와 두 감람나무 환상

- 심판을 상징하는 세 가지 환상

6. 날아가는 두루마리 환상
7. 에바 속의 여인 환상
8. 4개의 병거 환상

메시아에 대한 스가랴의 예언

내 종 싹, 싹 (슥 3:8; 6:12)
일곱 눈을 가진 돌 (슥 3:9)
왕, 제사장 (슥 6:13)
겸손한 왕 (슥 9:9~10)
모퉁잇돌, 말뚝, 싸우는 활 (슥 10:4)
은 30개에 팔린 선한 목자 (슥 11:4~13)
찔린 이 (슥 12:10)
더러움을 씻는 샘 (슥 13:1)
칼에 치인 목자, 흩어진 양 (슥 13:7)
천하의 왕 (슥 14:9)

이라고 말씀하십니다(슥 9:9). 이는 예수님께서 예루살렘에 입성하실 때 그대로 성취됩니다. 또한, 은 삼십에 팔리며 고통받으실 메시아의 수난과 택함을 받은 백성들이 보호받게 될 것도 함께 말씀하십니다. 이어서 하나님께서는 아모스, 이사야, 스바냐, 요엘, 에스겔을 통해 선포하셨던 '여호와의 날'을 스가랴를 통해서도 다시 말씀하십니다.

메시아의 나라에서 '남은 자(렘넌트)'들은 하나님의 백성과 함께 초막절을 지킬 것입니다. 여러 환상과 메시아에 대한 예언의 말씀으로 가득한 〈스가랴〉는 1차 귀환자들이 다시금 일어설 수 있도록 삶의 비전을 보여주시는 말씀입니다. 스가랴 선지자에게 주신 말씀을 통해 새 언약 소망세대는 더욱 힘을 얻어, 메시아가 이끄시는 영원한 성전을 향해 나아갈 수 있었습니다.

5. 에스겔의 성전 조감도, 드디어 스룹바벨 성전으로 스 5~6장

#큰글자 일년일독 통독성경 | 1649~1653p

귀환 공동체가 학개와 스가랴 선지자의 말을 듣고 다시금 성전 건축을 시작하려 할 때, 고레스 왕의 문서를 발견한 다리오 왕이 성전 건축을 신속히 재개하라는 명령을 내립니다. 왕이 이 같은 명령을 내리자 방해하려던 사람들도 급히 달려와 도와줍니다. 귀환 공동체는 더 이상 방관하지도, 머뭇거리지도 않고, 다시 사명을 감당합니다.

그들의 손에는 에스겔이 받은 성전 조감도가 들려 있습니다. 이는 새 언약을 담아낸 성전 조감도였습니다. 그 이전에 하나님께서 주신 모세 성막과 다윗의 성전 설계도의 의미와는 다른 것이었습니다. 성막과 성전은 설계도대로 지어졌지만, 에스겔의 성전 조감도는 의미와 상징이 가득했습니다. 유대인들은 하나님께서 에스겔에게 주신 성전 조감도의 감격을 마음에 품고 성전을 재건했던 것입니다.

마침내 감격스럽고 기쁜 날이 왔습니다. 성전 재건의 기쁨 속에 성전 봉헌식과 유월절, 무교절이 회복됩니다(스 6:17~22). 이처럼 성전과 유월절은 동전의 양면과 같은 관계입니다. 수많은 어려움과 고난, 주변 사람들의 방해와 핍박, 이 모든 과정을 딛고 다시 일어선 귀환 공동체는 이제 하나님 앞에 다시 제사장 나라 거룩한 백성으로 설 수 있게 되었습니다.

페르시아 고레스 왕의 조서 내용

1. 예루살렘 성전을 재건할 것
2. 예루살렘 성전 재건 비용은 페르시아 왕실에서 부담할 것
3. 바벨론의 왕 느부갓네살이 탈취해 온 예루살렘 성전 기명들은 모두 제자리에 놓을 것

페르시아 다리오 왕의 조서 내용

1. 예루살렘 성전 비용을 유프라테스 강 서편 지역 세금으로 모두 지원할 것
2. 예루살렘 성전 제사 비용을 제사장이 요구하는 대로 모두 지원할 것
3. 왕의 조서에 담긴 명령을 어길 경우 철저히 응징할 것
4. 본 조서의 내용을 신속히 행할 것

바벨론 제국의 완전한 멸망

예루살렘 성전이 재건되는 중에, 바벨론에서는 경천동지(驚天動地)할 일이 벌어졌다. 바벨론성이 흔적도 없이 완전히 사라진 것이다. 예루살렘 성전 재건은 도와주었던 페르시아 제국이 바벨론성은 불태워버린 것이다. 바벨론 반란군들로 인해 20개월이 지나서야 어렵게 성을 함락시킨 다리오 왕은, 세상에서 가장 잔인한 방법으로 그들을 응징하고, 바벨론성의 자랑이던 100개의 청동문을 불에 녹여 없애버렸다. 그래서 그 강하고 아름다웠던 바벨론의 청동문은 헤로도토스의 《역사》에 "바벨론 성에는 100개의 청동문이 있었다"라는 기록으로만 남게 되었다.

To the Cross | 십자가로 향하는 레시피

6. 성전의 나중 영광이 이전 영광보다 크리라

● 제사장 나라 명절과 제사 회복으로 예수님의 십자가 준비

바벨론 포로 70년을 마치고 마침내 예루살렘으로 돌아오게 된 귀환 공동체는 성전 재건을 이루고 제사장 나라 명절과 제사를 회복했습니다. 대제사장 여호수아(예수아)를 중심으로 상번제를 드리고, 모든 백성이 함께 초막절을 지킨 것입니다(스 3:1~4). 제사장 나라 명절이 이어져야 유월절에 예수님께서 예루살렘에 올라가셔서 성찬식을 제정하시고 십자가를 지실 수 있습니다. 이 모든 일은 메시아이신 예수님의 십자가를 위한 준비였습니다. "예수께서 이 말씀을 다 마치시고 제자들에게 이르시되 너희가 아는 바와 같이 이틀이 지나면 유월절이라 인자가 십자가에 못 박히기 위하여 팔리리라 하시더라"(마 26:1~2).

● 메시아로 오실 예수님 예언

하나님께서는 예레미야에게 "여호와의 말씀이니라 나의 삶으로 맹세하노니 유다 왕 여호야김의 아들 고니야가 나의 오른손의 인장반지라 할지라도 내가 빼어 네 생명을 찾는 자의 손과 네가 두려워하는 자의 손 곧 바벨론의 왕 느부갓네살의 손과 갈대아인의 손에 줄 것이라"(렘 22:24~25)라고 선언하게 하셨습니다. 이제 하나님께서는 학개를 통해 "스알디엘의 아들 내 종 스룹바벨아 여호와가 말하노라 그 날에 내가 너를 세우고 너를 인장으로 삼으리니 이는 내가 너를 택하였음이니라"(학 2:23)라고 회복의 메시지를 주시며, 메시아의 계보가 다시 이어진다고 말씀하십니다. 스룹바벨을 통해 메시아로 오실 예수님의 계보가 준비됩니다. "바벨론으로 사로잡혀 간 후에 여고냐는 스알디엘을 낳고 스알디엘은 스룹바벨을 낳고"(마 1:12).

● 겸손한 왕으로 오실 메시아 예수님

〈스가랴〉에는 '싹, 일곱 눈을 가진 돌, 모퉁잇돌, 더러움을 씻는 샘' 등 메시아에 대한 많은 예언이 나옵니다. 스가랴 선지자는 왕으로 오실 메시아가 나귀를 타고 오신다고 말합니다. "시온의 딸아 크게 기뻐할지어다 예루살렘의 딸아 즐거이 부를지어다 보라 네 왕이 네게 임하시나니 그는 공의로우시며 구원을 베푸시며 겸손하여서 나귀를 타시나니 나귀의 작은 것 곧 나귀 새끼니라"(슥 9:9). 이는 유대인의 왕이요, 만왕의 왕으로 오실 예수님께서 또한 겸손의 왕으로 오심을 예언한 것입니다. "시온 딸에게 이르기를 네 왕이 네게 임하나니 그는 겸손하여 나귀, 곧 멍에 메는 짐승의 새끼를 탔도다 하라 하였느니라"(마 21:5).

은 삼십에 팔리는 예수님

스가랴 선지자는 예수님께서 은 삼십에 팔리게 될 것을 예언했습니다(슥 11:12~13). 예수님께서는 스가랴 선지자의 예언대로 가룟 유다에게 은 삼십에 팔려 대제사장들에게 넘겨지십니다. 예수님께서 종의 몸값에 불과한 은 삼십에 팔리신 것입니다. "대제사장들이 그 은을 거두며 이르되 이것은 핏값이라 성전고에 넣어 둠이 옳지 않다 하고 의논한 후 이것으로 토기장이의 밭을 사서 나그네의 묘지를 삼았으니 그러므로 오늘날까지 그 밭을 피밭이라 일컫느니라 … 그들이 그 가격 매겨진 자 곧 이스라엘 자손 중에서 가격 매긴 자의 가격 곧 은 삼십을 가지고 토기장이의 밭 값으로 주었으니 이는 주께서 내게 명하신 바와 같으니라 하였더라"(마 27:6~10).

메시아의 고난 – 예수님의 십자가 고난

스가랴 선지자는 메시아가 고난을 받으실 때 찔림을 당하시며, 백성들이 외아들인 독자(獨子)를 위해 애통하듯, 큰아들인 장자(長子)를 위해 통곡하듯 예수님을 위해 통곡할 것이라 예언했습니다(슥 12:10). 이는 예수님께서 십자가에서 죽으신 후, 로마 군인들이 죽음을 확인하기 위해 관례대로 뼈를 꺾지 않고, 대신 옆구리를 창으로 찌름으로써 놀랍게 성취됩니다. "또 다른 성경에 그들이 그 찌른 자를 보리라 하였느니라"(요 19:37).

새 하늘과 새 땅 밑그림

하나님께서는 학개 2장과 스가랴 14장을 통해 이후에 이루어질 새 하늘과 새 땅의 밑그림을 그려주셨습니다(학 2:7~9, 20~23; 슥 14:1~21). 이는 메시아의 심판과 통치, 구원의 약속이 메시아의 나라에서 이루어질 것을 예언한 것입니다. "그때에는 그 소리가 땅을 진동하였거니와 이제는 약속하여 이르시되 내가 또 한 번 땅만 아니라 하늘도 진동하리라 하셨느니라"(히 12:26).

28과 에스더의 파티

에스더

큰글자 일년일독 통독성경 *one year tongdok bible as one story*

272일 : 에스더, 유다 민족의 위기 **273일** : 부림절과 모르드개

시간 흐름 *time flow*

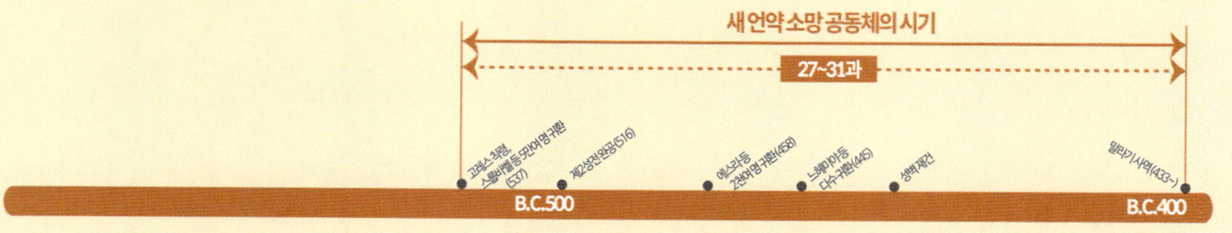

지금 공간 *current location* 페르시아 수산궁

주요 인물 *main character* 아하수에로, 하만, 모르드개, 에스더

통通포인트 *tong point*

페르시아 왕후 에스더의 두 번의 파티 - 2차와 3차 귀환 준비로

페르시아 제국 아하수에로의 왕후 에스더는 바벨론에서 예루살렘으로의 1차 귀환과 2차 귀환의 연결고리가 되는 매우 중요한 정치인이자 하나님의 사람입니다. 만일 에스더의 목숨을 건 용기와 결단이 없었다면, 1차 귀환 이후 예루살렘으로 돌아가지 않고 페르시아 제국에 남아 있던 디아스포라 유대인들, 즉 함께 금식하며 기도한 새 언약 소망세대는 모두 죽고 살아남지 못했을 것입니다. 그리고 2차와 3차 귀환의 지도자들인 에스라와 느헤미야도 없었을 것입니다. 에스더는 페르시아 제국의 왕후가 할 수 있는 최고의 정치적 수단인 '파티'를 이용하여 민족을 구했고, 모르드개와 함께 세상에서 가장 품위 있는 명절인 '부림절'을 만들었습니다.

1. 유대인 에스더, 페르시아 왕후가 되다 에 1~2장

#큰글자 일년일독 통독성경 | 1653~1657p

바벨론 포로 70년이 끝나자 유대인들은 과거 바벨론으로 끌려갔을 때처럼 세 차례에 걸쳐 예루살렘으로 귀환하게 됩니다. 오래전 히브리인들은 애굽에서 바로의 명령에 따라 모두 출애굽했습니다. 그러나 페르시아 제국은

포로들을 강제로 추방하지 않았습니다. 그래서 귀환하지 않고 페르시아에 남아 있는 유대인들이 있었습니다. 이들은 디아스포라 유대인으로 페르시아에 삶의 터전을 잡아 성공한 사람들이었습니다. 그들의 경제적 부는 페르시아 제국에 이익이 되었지만, 한편으로는 타민족의 시기를 받는 이유가 됩니다.

1차 귀환 후 예루살렘에서는 성전이 재건되고, 성읍은 조금씩 과거의 모습을 회복해가기 시작했습니다. 그즈음, 페르시아 제국은 그리스 연합군과의 3차 전쟁(살라미스 해전)을 앞두고 사기 진작을 위해 180일 동안 잔치를 하던 도중, 와스디 왕후가 폐위되는 사건이 발생했습니다. 이후 새로운 왕후로 남유다 출신의 에스더가 선택됩니다. 이때 아하수에로 왕은 에스더 왕후를 맞이한 기념으로 페르시아 제국 전역에 세금을 면제하는 특별한 호의를 베풀기도 했습니다. 같은 시기에 모르드개가 왕의 암살 음모를 밝혀내는 사건이 있었는데, 이 일은 훗날 그가 왕과 백성들에게 존귀히 여김을 받는 계기가 됩니다.

역사순 성경 읽기

기존 성경의 표기된 순서대로 성경을 읽으면, <에스라>, <느헤미야>, <에스더> 순서로 읽게 된다. 그런데 페르시아에서 에스더가 목숨을 걸지 않았다면, 2차 귀환과 3차 귀환의 지도자 에스라와 느헤미야는 역사에 등장하지 못했을 것이다. 1차 귀환과 2차 귀환 사이 약 80년 기간 중에 에스더의 사건이 있었다. 그리고 <에스라>에는 1차와 2차 귀환 이야기가 모두 들어 있다. 그러므로 역사 순서에 맞게 나누어 읽는 것이 좋다.

- 에스라 1~4장(1차 귀환) ⇒ <학개>, <스가랴>(성전 재건 촉구) ⇒ 에스라 5~6장(성전 재건 완료) ⇒ <에스더> ⇒ 에스라 7~10장(2차 귀환) ⇒ <느헤미야>(3차 귀환)

성경 속 페르시아 왕들

왕	내용
고레스 (키루스 2세)	바벨론이 끌어온 포로들을 귀환시키고, 유대인들의 성전 재건을 지원함 (스 1:1~4)
다리오 (다레이오스 1세)	예루살렘 성전 건축을 재개하도록 허락함 (스 6:1~5)
아하수에로 (크세르크세스)	에스더의 남편 (에 2:16~18)
아닥사스다 (아르타 크세르크세스)	에스라와 느헤미야의 귀환을 허락하고 지원함 (스 7:7; 느 2:1)

아하수에로(크세르크세스) 왕은 다리오(다레이오스) 왕과 고레스(키루스 2세) 왕의 딸인 아토사 사이에서 태어난 장남으로 페르시아 제국의 네 번째 왕이었고, 아하수에로 왕의 아들은 다섯 번째 왕인 아닥사스다(아르타 크세르크세스)입니다. 여기에서 아하수에로의 아들 아닥사스다 왕을 언급한 이유는 아닥사스다 왕의 자문 학사가 바로 에스라였고, 아닥사스다 왕의 술 맡은 관원장이 느헤미야였기 때문입니다. 그러므로 에스더는 1차 귀환과 2차 귀환 사이에 페르시아 제국에서 유대 민족을 위해, 그리고 제사장 나라 회복을 위해 매우 큰 공헌을 한 인물이었습니다.

페르시아 전쟁사

<에스더>의 배경에는 페르시아와 그리스 사이에서 일어난 세 번의 전쟁 이야기가 들어 있다.

전쟁	대결	결과
1차 페르시아 전쟁 (B.C.492년)	페르시아의 다리오 왕 vs. 그리스	몬스터 폭풍을 만나 퇴각
2차 페르시아 전쟁 (B.C.490년)	페르시아의 다리오 왕 vs. 그리스 도시국가 연합	마라톤 전투에서 그리스 연합군에 패배
3차 페르시아 전쟁 (B.C.480년)	페르시아의 아하수에로 왕 vs. 그리스 도시국가 연합	살라미스 해전에서 그리스 연합군에 대패

3차 페르시아 전쟁을 앞두고 6개월간 왕궁에서 벌인 잔치 기간에 와스디 왕후가 폐위되었고, 그리스와의 전쟁에서 지고 돌아온 아하수에로 왕 앞에 에스더가 죽기를 각오하고 민족을 구하고자 나아갔다.

2. 죽으면 죽으리라 - 두 번의 파티 정치 에 3~7장

#큰글자 일년일독 통독성경 | 1657~1663p

에스더가 페르시아 제국의 왕후가 되었을 당시, 페르시아 제국의 권력 2인자는 아각 사람 하만이었습니다. 하만은 아하수에로 왕의 절대 신임을 받던 왕의 오른팔이었습니다. 그런데 하만이 에스더의 사촌인 모르드개에게 원한을 품으면서 문제가 발생하기 시작했습니다. 이 일은 결국 예루살렘으로 귀환하지 않고 페르시아 전역에 흩어져 살던 '디아스포라 유대인' 모두의 목숨을 위태롭게 하는 사태로 번지게 됩니다.

하만은 자신에게 꿇지도, 절하지도 않는 모르드개의 모습에 분노하여, 모르드개뿐만 아니라 그의 민족까지 모두 말살하겠다는 악의를 품고 계략을 꾸미기 시작합니다. 이는 페르시아의 다민족 정책이 불러온 부작용 중 하나로, 페르시아에 흩어져 살면서 상당한 경제적 부를 축적한 유대인들에 대한 시기가 들어 있었습니다. 하만은 아하수에로 왕의 조서를 이용해 모르드개의 민족 유대인들을 말살할 계획, 즉 '유다 민족 말살의 날'을 확정해 공포합니다(에 3:12~13).

페르시아의 '마고스 살해의 축제'
예전 페르시아 역사에서, 전 국민이 누구나 이틀 동안 반란을 일으켰던 마고스 사람들을 죽일 수 있었고, 죽은 마고스의 재산을 죽인 사람이 가질 수 있는 사건이 있었다. 그 이후에 이날을 기념해 '마고스 살해의 축제'라는 것이 생겨났다. 1년에 하루, 마고스가 문밖으로 나오는 경우 누구든지 이들을 죽여도 죄가 되지 않았고, 재산을 빼앗을 수 있었기 때문에, 그날만큼은 마고스들이 문밖으로 나오는 길이 없었다고 한다. 이러한 전례를 하만이 이용한 것으로 보인다.

마른하늘에 날벼락 같은 왕의 조서가 삽시간에 전국으로 퍼지자, 이 사건의 당사자인 모르드개는 옷을 찢고 굵은 베 옷을 입고 재를 뒤집어쓰고 성중으로 나가 대성통곡합니다. 유대인들도 소식을 듣고 모두 크게 애통하여 금식하고 울며 부르짖고, 굵은 베 옷을 입고 재 위에 누웠습니다. 이때 모르드개는 유대인들의 진멸을 막기 위해 왕후인 에스더가 중요한 역할을 감당해야 함을 강조하며, 이 일에 나서 줄 것을 요청하고 결단을 촉구했습니다.

'유다 민족 말살의 날'은 하만이 속한 아말렉 족속에게는 '축제'의 날과 같았다. 그 이유는?

1. 페르시아 전역에서 다민족들이 이 일에 참여할 것이기 때문
2. 그들로서는 사회의 악을 도려낸다고 보았기 때문
3. 디아스포라 유대인들의 재산을 탈취해 나누어 가질 수 있기 때문

그러자 에스더는 이 문제를 해결하기 위해 페르시아 제국의 법에 맞서 "죽으면 죽으리이다"(에 4:16)라는 결심으로 목숨을 걸고 왕 앞에 나아갔습니다. 에스더의 이 결단과, 그에 앞서 에스더의 뜻에 동참하며 유대인들이 함께 금식했던 것은, 제사장 나라가 세상의 제국을 능가할 수 있다는 것을 유대인들이 알았기 때문입니다.

페르시아의 4개 수도
페르시아 제국은 광대한 영토를 효과적으로 통치하기 위해 전략적으로 수산, 페르세폴리스, 엑바타나, 바벨론 네 도시를 수도로 활용했다. 특히, 계절별로 순환 사용했다.

수산	행정수도, 엘람의 수도였다가 페르시아의 겨울 수도가 됨. <에스더>와 <느헤미야>의 배경이 된 곳
페르세폴리스	다리오(다레이오스)가 세운 수도로 왕의 봄 궁전으로 사용됨
엑바타나	고레스(키루스 2세)의 조서가 발견된 곳으로 왕의 여름 궁전으로 사용됨
바벨론	바벨론 제국의 수도였다가 페르시아 왕의 가을 궁전으로 사용됨

당시 페르시아 제국은 와스디 폐위 사건을 계기로, 왕후라도 부름을 받지 않으면

왕 앞에 나아갈 수 없었고, 왕의 부름에 나아가지 않으면 죽는 것이 법으로 제정된 상황이었습니다. 이 법을 잘 알고 있던 에스더는 모르드개의 설득과 신앙적 결단으로 3일간 금식한 후, 마침내 왕 앞에 나아갔습니다. 그러자 하나님께서 에스더를 도우십니다. 아하수에로 왕은 법을 어기고 자신에게 나아온 에스더에게 벌을 내리지 않고, 오히려 소원을 말하면 들어주겠다고 한 것입니다.

이제 왕후 에스더가 놀라운 정치력을 발휘합니다. 왕과 하만을 파티에 초대한 것입니다. 왕후의 만찬은 최고의 분위기 속에서 이루어졌고, "나라의 절반이라도 주겠다."라는 왕의 말에 에스더는 내일 자기의 소원을 말하겠노라 하며 왕의 마음을 얻어놓습니다. 그리고 하만은 왕후가 베푼 만찬에 왕과 함께 초대를 받은 사람이 왕실 전체에서 자기뿐이라는 사실에 몹시 들뜨게 됩니다.

그런데 그날 밤, 왕이 잠이 오지 않아 신하에게 역대 일기를 가져오게 해 읽게 했습니다. 그때 왕은 자신이 예전에 모르드개에게 큰 은혜를 입고도 보답하지 않았다는 사실을 알게 됩니다. 다음 날, 왕은 하만에게 조언까지 구하며 모르드개에게 큰 상을 베풀고 존귀하게 해주었습니다. 이날은 하만에게 굴욕의 날이 되었습니다. 하만은 모르드개에 대한 분노가 더욱 치밀었지만, 왕후의 만찬 시간이 되어 어쩔 수 없이 그 자리에 가야 했습니다.

두 번째 만찬의 분위기가 무르익자, 왕은 또다시 에스더의 소원을 묻습니다. 이때 에스더가 마침내 준비해 두었던 말을 꺼냅니다. "나와 내 민족이 팔려서 죽임과 도륙함과 진멸함을 당하게 되었나이다 만일 우리가 노비로 팔렸더라면 내가 잠잠하였으리이다 그래도 대적이 왕의 손해를 보충하지 못하였으리이다 … 대적과 원수는 이 악한 하만이니이다"(에 7:3~6). 에스더가 목숨을 걸고, 유대 민족이 진멸 직전에 처해 있다는 사실과 이 모든 일을 꾸민 자가 하만이라는 사실을 왕 앞에서 폭로합니다. 에스더의 말에는 유대인들이 진멸되는 일이 곧 페르시아 제국의 경제적 손해로 이어질 수 있다는 의미가 담겨 있었습니다.

아하수에로 왕 앞에 선 에스더 _ 안드레아 첼레스티 作

왕이 화가 나서 잠시 자리를 비운 사이, 하만이 왕후의 옷자락을 붙잡고 목숨을 구걸했습니다. 이 장면을 목격한 왕이, 하만이 왕후를 겁탈하려는 것

그 법률이 만민의 것과 달라서
(에 3:8)
하만은 아하수에로 왕에게 유대인들이 자신들만의 독특한 종교 법을 따르며 페르시아 제국의 법률을 지키지 않는다고 말하며, 이것이 페르시아에 도움이 되지 않는다고 왕의 마음을 혼란스럽게 하여 결국 '유다 민족 말살 조서'를 받아냈다. 그러나 "그 법률이 만민의 것과 달라서"라는 이유로 아하수에로의 아들 아닥사스다 왕은 유대인의 법을 레반트 지역 전체를 이끌 수 있는 법으로 인정했다. 그리고 에스라에게 법의 운영권을 맡겼다.

으로 오해하면서 일이 더욱 커지게 됩니다. 결국 하만은 모르드개를 매달아 죽이려고 자신이 만든 나무에 매달려 죽게 됩니다. 아하수에로 왕은 하만의 손가락에서 반지를 빼어 모르드개에게 주고, 하만의 재산 또한 모두 모르드개에게 넘겼습니다.

3. 왕의 조서를 뛰어넘는 왕의 조서 에 8장

#큰글자 일년일독 통독성경 | 1663~1664p

하만은 아하수에로 왕의 신임을 이용해 페르시아 제국의 법인 '메대와 바사의 변치 않는 규례'를 근거로, 페르시아 제국 전역에 흩어져 살고 있는 모르드개의 민족, 곧 디아스포라 유대인들을 모두 죽이고자 했습니다. 또한 유대인들을 죽인 자들이 그들의 재산을 차지하도록 하는 법령에 '왕의 도장' 즉 어인(御印)을 이미 받아놓은 상태였습니다.

군현제(郡縣制)
중국의 '군현제'는 진나라가 처음 도입한 중앙집권적 통치 제도다. 전국을 36개 군으로 나누고, 그 아래 현을 두어 중앙정부에서 직접 관리를 파견해 통치하게 했다. 이 관리들은 임기가 정해져 있고, 세습 또한 금지되었다. 이는 지방 호족의 세습 통치를 없애고 중앙의 권한을 강화한 조치로, B.C.221년 진시황이 이를 바탕으로 중국을 통일하게 되었다. 페르시아 제국 또한 군현제를 통해 제국을 다스렸다.

다니엘의 사자 굴 사건에서 알 수 있듯, 메대와 바사의 변치 않는 규례에 따라 왕의 어인이 찍힌 조서는 변개가 불가능했습니다. 게다가 어인이 찍힌 조서는 이미 페르시아 제국 전역으로 전달되고 있는 상황이었습니다. 말 그대로 페르시아 제국 내에 있는 모든 유대인의 생명을 어떤 방법으로도 구할 수 없는 절체절명의 위기였습니다. 그런데 에스더가 '두 번의 파티'를 이용해 이전 조서를 무효화시키는 조서를 받아내고, 더 나아가 왕의 준마를 이용해 새로운 조서를 페르시아 제국 전역에 빠르게 전파합니다. 성경은 이처럼 하나님의 도우심으로 인간사에서 믿어지지 않는 기적들이 언제든 일어나는 '기적의 책'입니다.

시장조차 없었던 가난한 나라에서 '황금의 제국'이 된 페르시아는 3대 왕 다리오(다레이오스) 때에 제국 전역을 120개 도로, 그리고 4대 왕 아하수에로(크세르크세스) 때에는 127개 도로 편성하고, 왕(중앙정부)이 127개 도에 관리를 파견하는 강력한 중앙집권 정책을 펼쳤습니다. 페르시아의 이 제도는 중국의 군현제보다 300년 먼저 실시한 중앙집권적 정치 체계였습니다.

부림절에 대해 알리는 에스더와 모르드개 _ 아르트 데 헬데르 作

또한 페르시아는 제국 전역에 걸쳐 도로망을 분할하고, 일정한 간격으로 파수꾼들이 대기하는 '우편로'를 만들었습니다. 수사에서 사데와 에베소에 이르기까지 약 2,700km에 달하는 도로를 따라 111개의 우편역을 배치했습니다. 대상들은 이 도로를 이용하는 데 90일 정도 걸렸으나, 왕의 사자들은 같은 거리를 일주일이면 도달할 수 있었습니다. 이후 페르시아 제국의 우편로는 로마 제국에 의해 더 발전되어 '모든 길은 로마로 통한다'는 말이 생겨날 정도였습니다.

에스더가 아하수에로 왕에게 받은 새로운 조서를 하만의 조서보다 먼저, 그리고 더 빠르게 전달하기 위해 왕의 준마와 페르시아 제국의 우편로를 이용했던 것입니다. 페르시아 제국의 우편로가 없었더라면, 그리고 에스더와 모르드개가 왕의 준마를 사용하는 데 왕의 허락을 받지 못했다면, 에스더가 받은 왕의 새로운 조서는 아무런 효력을 발휘하지 못했을 것입니다.

아하수에로 왕의 새 조서

1. 유대인들은 함께 모여 스스로를 방어할 수 있다.
2. 유대인들은 대적과 그 가족을 죽이고 진멸하며, 그 재산을 탈취할 수 있다.
3. 조서의 효력은 아달월 13일 하루 동안이다.
4. 조서는 제국 전역에 신속히 반포할 것이다.

새 조서는 하만이 정한 '유다 민족 말살의 날'인 아달월 13일에 오히려 유대인이 자위권을 발동할 수 있도록 한 조치였다. 새 조서의 반포는 기적이자 반전이었으며, 페르시아 제국 내에서 유대인들이 생명과 재산을 지키게 된 놀라운 조치였다.

4. 에스더의 파티가 이웃과 함께하는 부림절 파티로 에 9~10장

#큰글자 일년일독 통독성경 | 1664~1667p

에스더의 두 번의 파티와 새로운 조서, 그리고 왕의 준마가 아니었으면 페르시아 제국에 남아 있던 디아스포라 유대인들은 모두 죽었을 것입니다. 유대인들은 페르시아 제국에서 목숨을 구한 날을 기념하여 새로운 명절, '부림절'을 만들었습니다. 그들은 매년 아달월 14일과 15일을 부림절로 지키며 잔치를 베풀고, 서로 예물을 나누며 가난한 이웃을 구제하는 날로 삼았습니다.

부림절(Purim)

유대인에게 가장 비극적인 날로 기억될 뻔했던 아달월 13일은 기쁨과 승리의 날로 변했다. 부림은 '제비뽑기'를 뜻하는 아람어 '푸르(pur)'에서 온 말로, 이는 하만이 유대인 말살을 위한 날을 결정하기 위해 제비를 뽑은 데서 유래되었다.

유대인들이 페르시아 제국에서 부림절을 제정하여 지키게 된 것은, 그동안 그들이 페르시아에서 경제적 부를 축적하는 데는 열심이었지만, 나누는 측면에서는 부족함이 있었던 것을 깊이 반성했기 때문입니다. 유대인들은 부림절을 통해 나눔을 키우게 되었고, 이는 이후 유대인들이 페르시아에서 살아남을 수 있었던 중요한 계기가 되었습니다.

이 일로 모르드개는 페르시아 제국에서 왕 다음가는 최고 권력자가 되었습니다. 그는 페르시아 제국 왕들의 일기에 '존귀한 사람'으로 기록되었으며, 유대인들 사이에서도 크게 존경받고 많은 사람의 사랑을 받았습니다(에 10:2~3). 또한 모르드개는 페르시아 제국 내 유대인들에게 큰 힘이 되었습니다. 모르드개의 일로 인해 예루살렘으로 귀환한 유대인들뿐만 아니라 페르시아 제국 전역에 흩어져 살던 디아스포라 유대인들까지도 제사장 나라가 제국을 능가한다는 사실을 확실하게 믿게 되었습니다.

#To the Cross | 십자가로 향하는 레시피

5. 에스더의 헌신으로 새 언약 소망세대 유대인을 보존 - 유대인의 왕 메시아 예수님으로

예루살렘으로의 1차 귀환 후 만약 페르시아에서 아말렉족 하만의 유대인 말살 계획이 실현되었다면, 에스라와 2차 귀환자들도, 느헤미야와 3차 귀환자들도 없었을 것입니다. 모르드개는 하만이 세운 계략의 심각성을 알고 에스더에게 결단을 촉구했습니다. "이 때에 네가 만일 잠잠하여 말이 없으면 유다인은 다른 데로 말미암아 놓임과 구원을 얻으려니와 너와 네 아버지 집은 멸망하리라 네가 왕후의 자리를 얻은 것이 이 때를 위함이 아닌지 누가 알겠느냐"(에 4:14). 모르드개의 설득으로 에스더는 "죽으면 죽으리이다"(에 4:16)라는 결단을 내린 것입니다. 함께 금식하며 기도한 유대인들과 모르드개, 에스더의 헌신은 이후 '새 언약 소망세대' 유대인들이 신앙을 이어가는 밑거름이 되었습니다. 유대인의 메시아 신앙과 새 언약 소망은 계속 이어졌고, 마침내 때가 차매(갈 4:4), 메시아 예수님께서 유대인의 왕으로 오셔서 하나님 나라 통치를 이루시게 됩니다.

29과 에스라의 권한

에스라 7~10장

큰글자 일년일독 통독성경 *one year tongdok bible as one story*

274일 : 에스라의 산헤드린 공회 설립　　**275일** : 에스라의 사법권과 회개 운동

시간 흐름 *time flow*

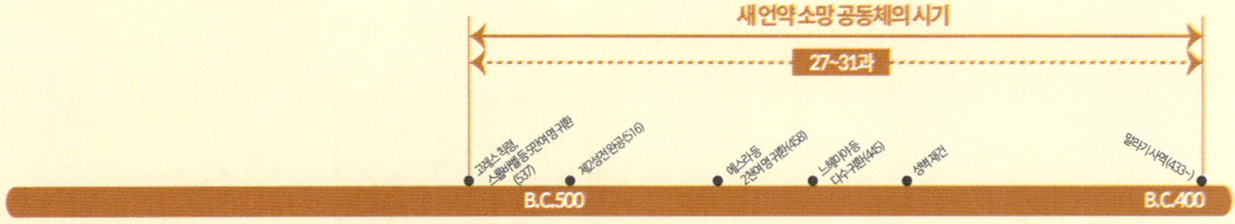

지금 공간 *current location* 예루살렘

주요 인물 *main character* 에스라, 아닥사스다

통通포인트 *tong point*

**유대인 에스라의 2차 귀환 헌신이 메시아 신앙을 담은
새 언약 소망세대를 위한 산헤드린 공회 설치로**

페르시아 제국은 아하수에로 왕의 뒤를 이어 아닥사스다가 왕위에 올랐습니다. 에스라는 아닥사스다 왕의 자문 학사였습니다. 그런데 에스라가 아닥사스다 왕에게 예루살렘 귀환을 요청하자, 아닥사스다 왕은 에스라를 예루살렘으로 보내며 유대에 산헤드린 공회를 설립하게 해주고, 유프라테스강 서편 지역 전체를 다스리는 사법권을 부여해 줍니다. 이는 레반트 지역을 위한 페르시아 제국의 지방화 정책 가운데 가장 중요한 투자였습니다. 에스라는 2차 귀환의 지도자가 되어 예루살렘으로 돌아갑니다. 그리고 성전을 중심으로 '율법'을 바로 세우는 일을 하며, 제사장 나라 통치 기능을 감당할 헌신자 리더 그룹인 산헤드린 공회를 세웁니다. 이때로부터 유대는 우여곡절을 거치지만, 결국 헬라 제국을 거쳐 로마 제국 시대에 이르기까지 '자치 지도부'인 산헤드린 공회를 유지하게 됩니다. 2차 귀환은 예루살렘 성전 재건이라는 외형적 기틀 위에 1차 귀환 후 80여 년 만에 이루어졌으며, 그로부터 약 14년 후에 3차 귀환이 이어지면서 귀환 공동체는 '민족적인 회개 운동'을 통해 제사장 나라로 다시 든든히 세워집니다.

1. 2차 귀환의 지도자 에스라 스 7:1~9

#큰글자 일년일독 통독성경 | 1667~1668p

에스라 (Ezra)
- 모세 율법에 정통한 학자
- 페르시아 왕에게 구하는 것을 다 받는 자문 학사
- 대제사장 가문, 아론의 16대손
- 유대 3대 율법 학자 (에스라, 힐렐, 가말리엘)

총독 스룹바벨(여호야긴 왕의 손자)의 지도하에 1차 귀환이 있은 지 80년 만에, 학사 에스라의 지도하에 2차 귀환이 이루어집니다. 페르시아에서 출생한 에스라는 그곳에서 페르시아 왕의 자문 학사가 된 월등한 지식인이었습니다. 에스라는 스스로 율법을 연구하여 자신이 아론의 16대손임을 알게 되었고, 뜻을 정하여 예루살렘 귀환을 결심합니다. 그는 페르시아에서 누리던 모든 기득권을 내려놓고, 아직도 황폐한 예루살렘으로 돌아가 율법을 연구하고, 준행하며, 가르칠 것을 굳게 결심했습니다. 에스라의 이 결심으로 귀환 공동체는 예루살렘에서 하나님께서 주신 율법에 다시 집중할 소중한 기회를 가지게 됩니다.

바벨론 제국과 유대인	VS.	페르시아 제국과 유대인
1. 1차 포로		1. 1차 파견(귀환)
2. 2차 포로		2. 성전 재건
3. 성전과 성벽 전소		3. 부림절 제정
4. 3차 포로		4. 2차 파견(귀환)과 지역 사회질서 안정
5. 집단 강제 노역 시작		5. 3차 파견(귀환)과 성벽 재건

바벨론 제국은 남유다뿐만 아니라, 고대 근동의 많은 나라로부터 포로들을 끌어와 강제 노역에 동원했습니다. 그런데 남유다 포로들을 제외한 다른 민족의 포로들은 누구도 바벨론 제국이 70년 만에 멸망할 것이라는 '고급 정보'(?)를 알지 못했습니다. 오직 남유다 포로들만 예레미야의 편지를 통해 그 사실을 알고 있었습니다. 더 나아가 그들은 에스겔의 가르침에 따라 '제사장 나라 재교육'을 받으며 오히려 다른 민족보다 월등한 인재로 성장하는 시간을 보냈습니다. 그렇게 남유다 포로민들은 극상품 무화과 열매 유대인으로 성장했습니다. 이를 파악한 페르시아 제국이 여러 민족 가운데 유대인을 그들의 제국 발전을 위한 경제 파트너로 삼았던 것입니다.

그 대표적인 예가 바로 1차 귀환자들을 예루살렘으로 돌려보낼 때 바벨론의 마르둑 신전에 보관되어 있던 예루살렘의 성전 기명 5,400점을 되돌려 준 일입니다. 더 나아가 페르시아 제국은 2차 귀환의 지도자로 에스라를 세워, 새로운 기대 속에 유대인들을 예루살렘으로 귀환시킵니다.

2. 에스라의 율법 연구, 준행, 가르침의 꿈 스 7:10

#큰글자 일년일독 통독성경 | 1668p

귀환 공동체를 위한 에스라의 세 가지 결심은 율법을 연구하고, 준행하며, 가르치는 것입니다. 첫째, 에스라의 '율법 연구'는 새로운 내용을 연구하는 것이 아닙니다. 모세 율법에 기초한 제사장의 본질적 기능, 즉 메시아 신앙을 함축한 대제사장의 본질인 상번제와 제사 등, 모든 기능을 회복하도록 연구하는 것입니다. 둘째, 에스라의 '율법 준행'은 제사장으로서 아침과 저녁에 드리는 상번제와 속죄일 제사를 성실히 수행하는 것입니다. 그리고 제사장으로서 백성의 죄를 하나님 앞에 아뢰고 깊이 뉘우치며 중보하는 것입니다. 셋째, 에스라의 '율법을 가르치는 일'은 율법 연구과 율법 준행의 기반 위에 제사장으로서 백성들을 가르치며 공동체를 위해 헌신하는 것입니다.

에스라의 결심
"성전 기반 위에 다시 시작하는 제사장 나라를 이루겠다!". 아론의 16대손 제사장 에스라는 예루살렘으로 돌아가 제사장 나라 재건에 모든 힘을 다하기로 결심했다. 이를 위해 그는 율법을 연구하고 준행하며, 귀환 공동체에게 제사장 나라를 가르치기로 굳게 결단했다.

에스라의 세 가지 결심은 유대인들의 메시아 신앙과 새 언약 소망세대를 이어가는 데 중요한 역할을 했으며, 결국 유대인의 왕이요 대제사장으로 오신 예수님의 십자가 단번 제사를 이루는 토대가 되었습니다.

3. 페르시아 왕에게 부여받은 에스라의 권한 스 7:11~28

#큰글자 일년일독 통독성경 | 1668~1669p

페르시아 왕 아닥사스다는 페르시아의 인재 에스라를 예루살렘으로 파견하면서, 유프라테스강 서편 지역인 레반트 지역 전체 사법권을 맡겼습니다. 에스라는 페르시아 왕의 자문 학사이자 뛰어난 학자인 동시에 제사장 나라 법에 정통한 제사장이었습니다. 페르시아 왕이 유대인 에스라에게 페르시아의 사법 권한을 위임한 것은 레반트 지역 활성화를 위한 사회 안정화 때문이었습니다. 제대로 된 법 체계가 없으면 제국이 식민지를 효율적으로 통치하기 어렵습니다. 이때에는 에스더 시대에 하만이 말했던 '유대인의 법률이 만민의 것과 다르다'는 점이 오히려 긍정적으로 작용했습니다. 즉 제사장 나라 법이 페르시아 제국의 '대체 입법'으로 활용될 수 있었기 때문입니다. 이처럼 페르시아의 예루살렘 파견 정책은 제국의 전략적 선택이었으며, 이는 월등한 인재인 에스라의 자원이 있었기에 가능했습니다.

하나님께서 제국을 도구로 사용하신 근거는 바로 페르시아 왕의 조서에 나타나 있습니다. 페르시아 왕의 조서를 보면, 그가 하나님의 율법을 높인 것을 알 수 있습니다. 아닥사스다 왕은 에스라를 향해 "너는 네 손에 있는 네 하나님의 지혜를 따라 네 하나님의 율법을 아는 자를 법관과 재판관을 삼아"(스 7:25)라고 높이며, 레반트 지역을 제

레반트 지역

사장 나라의 법에 따라 통치하라고 명령했습니다. 이는 페르시아 왕이 제사장 나라의 법을 세계 최고의 법으로 인정하며, 율법에 정통한 에스라에게 실행법을 만들도록 맡긴 것입니다. 이처럼 하나님께서는 제국을 도구로 사용하셔서 제사장 나라의 법이 얼마나 월등한지를 드러내셨고, 이를 유대인 에스라가 잘 실현했습니다.

레반트 지역 활성화를 위한 페르시아의 투자

1차 파견(귀환, 투자) ➡ **성전 재건**
⇒총독 스룹바벨과 49,897명 파견
⇒성전 재건 허락과 지원, 성전 기명 5,400점 투자

2차 파견(귀환, 투자) ➡ **공회 설립**
⇒학사 에스라와 1,754명 파견
⇒성전 직무자에게 각종 세금 면제 혜택

3차 파견(귀환, 투자) ➡ **성벽 재건**
⇒총독 느헤미야와 다수 파견
⇒성벽 재건 허락과 지원,
유프라테스강 서편 거점인 예루살렘 센터 활성화

아닥사스다 왕은 에스라에게 유프라테스강 서편 지역 전체 사법권을 맡기며 다음과 같은 권한을 부여했습니다. 첫째, 페르시아에서 예루살렘으로 돌아가고자 하는 사람들을 데리고 갈 수 있는 권한, 둘째, 예루살렘 성전을 위한 기금을 페르시아 제국 국고에서 받아 쓸 수 있는 권한(은 100달란트까지, 밀 100고르까지, 포도주와 기름 100밧까지, 소금 무제한), 셋째, 예루살렘 성전에서 쓸 동물들을 살 수 있는 권한, 넷째, 예루살렘 성전에서 일하는 사람들에게 페르시아 제국에 내는 각종 세금을 면제해 주는 권한, 다섯째, 유프라테스강 서편 지역에 사법부를 구성할 수 있는 권한이었습니다.

한편 에스라가 구성한 사법부에서 판결할 수 있는 권한은 다음과 같습니다. 에스라는 재판을 통해 하나님의 명령과 왕의 명령을 지키지 않는 자에 대해 첫째, 사형을 언도할 수 있었습니다. 둘째, 귀양을 보낼 수 있었습니다. 셋째, 가산을 몰수할 수 있었습니다. 넷째, 감옥에 가둘 수 있었습니다(스 7:25~26).

예루살렘 성전을 향한 아닥사스다 왕의 지원

아닥사스다 왕은 에스라를 위해 예루살렘 성전에서 하나님께 올려드리는 제사에도 지원을 아끼지 않았다. 왕은 조서를 통해 "무릇 하늘의 하나님의 전을 위하여 하늘의 하나님이 명령하신 것은 삼가 행하라 어찌하여 진노가 왕과 왕자의 나라에 임하게 하랴"(스 7:23)라고 명령하며, 유대인이 섬기는 하나님의 성전에 바칠 예물을 함께 보냈다.

1. 아닥사스다 왕과 자문관이 준비한 은, 금
2. 바벨론 모든 지역에서 낸 은, 금과 백성들과 제사장들이 낸 예물
3. 성전에서 쓰일 그릇
4. 예루살렘 성전에서 필요한 모든 것은 무엇이든 궁중 창고에서 가져다 쓸 권한 부여

4. 에스라와 함께한 2차 귀환의 헌신자들 스 8장

큰글자 일년일독 통독성경 | 1669~1672p

에스라는 페르시아의 왕 아닥사스다의 전폭적인 지지와 도움을 받아 예루살렘으로 귀환하면서, 자신과 함께 귀환한 유대인 족장들의 계보를 기록했습니다. 에스라와 함께 귀환한 2차 귀환자들은 1,754명이었으며, 이들은 남유다 자손들, 노래하는 사람들, 문지기들, 느디님 사람들이 주를 이루었습니다.

처음 2차 귀환을 위해 사람들이 모였을 때, 에스라가 3일 동안 그 면면을 살펴보니, 레위인이 단 한 사람도 없었습니다(스 8:15). 1차 귀환 때에도 레위인이 겨우 341명밖에 없었는데, 2차 귀환 때에는 아예 한 사람도 없었던 것입니다. 그래서 에스라는 예루살렘으로 출발하기에 앞서, 성전에서 섬

에스라가 귀환할 레위인들을 찾은 이유

제사장 나라를 경영하기 위해서는 제사를 이끄는 제사장과 그들을 돕는 레위인의 역할이 매우 중요하다. 그래서 하나님께서는 제사장과 레위인의 수를 항상 유지하셨고, 그들의 생계를 열두 지파가 함께 책임지도록 하셨다. 무엇보다도 제사장과 레위인이 부족하다면, 제사장 나라의 핵심인 3대 명절, 3대 절기, 5대 제사를 제대로 드릴 수 없다.

길 레위인을 찾기 시작했습니다. 드디어 9일 만에 레위인 40여 명과 성전 일꾼 220명을 모아 헌신자 대열에 합류시켰습니다. 그리고 에스라는 페르시아 왕과 모사들과 방백들과 유대인으로부터 성전에 드릴 예물을 넘치게 받아냈습니다.

아하와 (Ahava)
아하와강은 바벨론 성읍 북서쪽에 있는 아하와성을 가로지르던 유프라테스강의 지류인 '이스강'으로 추정된다. 에스라는 바벨론에서 예루살렘으로 출발하기 위해 귀환할 사람들을 아하와 강가에 모이도록 했다. 약 4개월간 이어질 험난한 여정을 앞두고 이곳에서 동행하는 모든 사람에게 금식을 선포하고 스스로 겸비하고 하나님께 안전을 간구하도록 했다.

에스라는 2차 귀환자들과 함께 아하와 강가에서 예루살렘으로 출발할 때, 페르시아 왕에게 귀환자들의 보호를 요청하지 않았습니다. 그 대신 에스라는 하나님께 도우심을 간구했습니다. 그 이유는, 하나님께서 자신들의 귀환 길을 지켜주실 것이라고 왕에게 이미 말한 적이 있었는데, 그런 상황에서 왕에게 보병과 마병을 구하는 일은 부끄러운 일이라 생각했기 때문입니다. 그러나 페르시아에서 예루살렘까지 약 4개월에 걸친 여정에는 강도의 위험과 여타 어려움이 도사리고 있었기에 하나님의 도우심이 절실했습니다. 그래서 에스라는 2차 귀환자들과 함께 아하와 강가에서 예루살렘으로 출발하기 전에 함께 금식하며 하나님께 간절히 기도했던 것입니다(스 8:21~23).

마음 졸이며 마침내 예루살렘에 도착한 에스라는 자신과 유대 족장들의 귀환이 전적으로 하나님의 도우심이라고 고백했습니다. 또한 에스라는 자신이 특별하게 아닥사스다 왕으로부터 받은 놀라운 권한들까지도 하나님의 도우심이라고 고백하며 하나님께 영광을 돌렸습니다. 드디어 에스라와 2차 귀환자들은 페르시아에서 가지고 온 예물인 은과 금과 그릇을 저울에 달아 확인하고 예루살렘 성전에 바쳤습니다(스 8:33~34). 그리고 에스라는 제사장으로서 이스라엘 열두 지파 전체를 위해 하나님께 제사를 드렸습니다. 이때 레반트 지역 총독들은 왕의 조서 내용대로 귀환 공동체와 하나님의 성전 일을 도왔습니다.

에스라의 마음
에스라는 아닥사스다 왕의 너그러운 귀환 조치의 배후에 하나님께서 역사하신다는 사실을 누구보다 잘 알고 있었다. 그 거대한 제국을 움직이시는 하나님의 능력을 체험한 에스라이기에 제국의 군대가 아닌 하나님의 도우심을 의지한 것이다. 결국 귀환 공동체를 향한 보호의 마음과 성전에 드릴 예물을 지키려는 마음에서 우러나온 진정한 금식과 기도를 하나님께서 기쁘게 받으시고, 그들의 여정을 안전히 지켜주셨다.

1차 귀환자들은 70여 년 동안 황폐했던 예루살렘에 돌아가 천신만고 끝에 성전은 재건했지만, 더 이상 예루살렘을 회복시키기에는 한계가 있었습니다. 당시 예루살렘의 열악한 환경은 바벨론 제국이 세웠던 총독 그다랴도 살기 어려워 미스바에 거주해야 할 정도였기 때문입니다. 비록 예루살렘은 여전히 황폐한 상태였으나, 에스라와 2차 귀환자들의 헌신으로 제사장 나라가 실질적으로 세워져 나갈 수 있었습니다.

5. 에스라의 개혁, 산헤드린 공회 설립으로 스 9~10장

큰글자 일년일독 통독성경 | 1672~1677p

페르시아 제국의 아닥사스다 왕은 남유다가 스스로 자치 활동을 할 수 있도록, 에스라를 중심으로 설립한 산헤드린 공회의 출범을 허락했습니다. 이렇게 에스라 때에 만들어진 산헤드린 공회는 유대 자치 기구로 계속해서 존속, 발전하면서 페르시아 제국과 헬라 제국, 로마 제국의 통치를 받을 때까지도 유지됩니다. 에스라 시대에 만들어진 산헤드린 공회는 신약 시대에 71인 위원회로 구성된 산헤드린 공회로 자리 잡아, 이후 예수님과 예수님의 제자들, 스데반과 사도 바울까지 재판하게 됩니다. 시드기야를 끝으로 유대 민족에게는 더 이상 왕이 없었으나(이후 대제사장이 왕을 겸직한 하스몬 왕조 기간이 잠시 있었음), 산헤드린 공회를 중심으로 한 유대 자치 지도부는 계속해서 예루살렘 성전을 중심으로 유대 민족을 이끌어가는 역할을 감당했습니다.

에스라는 예루살렘 개혁을 시작했습니다. 그 이유는 예루살렘에 먼저 귀환한 1차 귀환자들 중 제사장들과 레위인들조차 율법을 어기며 이방 백성들과 통혼하고도 부끄러움을 모르며 살아가고 있었기 때문입니다.

에스라는 귀환 공동체 내의 여러 문제를 해결하기 위해 먼저 앞장서서 금식하며 회개했습니다. 그러자 귀환 공동체는 스스로 이방 여인을 아내로 삼은 잘못을 고백하고, 율법대로 이방 여인들을 돌려보내기로 결의합니다. 이에 에스라는 그들의 말을 듣고 귀환 공동체 전체를 3일 안에 예루살렘에 모이게 한 뒤, 이방 여인을 아내로 삼은 사람들에 대한 전수 조사를 시행했습니다. 이 조사에는 에스라가 종족에 따라 지명한 족장들 몇 사람이 선임되어 참여했으며, 조사를 마친 후 약속대로 귀환 공동체는 이방 여인들을 모두 그들의 나라로 돌려보냈습니다. 에스라는 그의 책 결론 부분을 이방 여인들을 아내로 삼았다가 돌려보낸 사람들의 명단으로 끝을 맺고 있습니다. 이때 에스라가 단 3일 안에 귀환 공동체를 모이게 할 수 있었던 이유는, 페르시아 왕이 그에게 부여했던 사법 권한 덕분이었습니다. 그 권한과 월등한 율법 실력으로 에스라의 '제사장 나라 신앙 개혁 운동'은 단 3개월 만에 놀라운 결과를 이끌어냈습니다.

'우리'를 생각하는 사람

에스라의 회개기도(스 9:6~15)를 보면, 그는 줄곧 '우리'의 죄를 사하여 달라고 기도하고 있다. 에스라는 '조상들의 때로부터 오늘까지' 이어져온 죄를 '우리'의 죄로 받아들이고 있다. 또한 이방 여인과 결혼한 귀환 공동체(스 10장)에 대해서도 '우리'의 죄로 고백하며 용서를 구한다.
이처럼 에스라는 조상들과 이웃의 죄를 자신의 죄로 여기며 회개했다. 그가 죄 가운데 있는 이들을 안타까워하시는 하나님의 마음을 품고, 자신과 공동체를 하나님의 시선으로 바라보았기 때문이다.

에스라의 중보기도

"에스라가 하나님의 성전 앞에 엎드려 울며 기도하여 죄를 자복할 때에 많은 백성이 크게 통곡하매"(스 10:1). 극상품 무화과 열매 귀환 공동체를 위한 에스라의 중보기도는 결국 공동체의 개혁을 일으키는 시작점이 되었다. 에스라는 이들에게 다시금 결단을 촉구했다. 스룹바벨 성전 앞에서 에스라로부터 시작된 귀환 공동체의 회개와 개혁은 제사장 나라 거룩한 백성의 정체성을 다시 세우는 일로 이어졌다.

#To the Cross | 십자가로 향하는 레시피

6. 대제사장 아론의 16대손 제사장 에스라, 마지막 대제사장 예수 그리스도

● 대제사장의 핵심 임무 상번제와 대속죄일 – 예수님의 십자가에서의 대제사장 사명

대제사장 아론의 16대손 제사장 에스라가 예루살렘으로 귀환해 "여호와의 율법을 연구하여 준행하며 율례와 규례를 이스라엘에게 가르치기로 결심"(스 7:10)한 것은, 장차 메시아로 오실 예수님의 길을 예비하는 사역이었습니다. 에스라는 '율법 연구'에 있어 무엇보다 제사장 나라를 회복하는 데 온 힘을 기울였습니다. 즉, 그는 제사장 나라 첫 번째 공직자로서 상번제와 대속죄일이라는 대제사장의 핵심 사명이 실행되도록 율법을 바로 세우는 역할을 감당했습니다. 이 일은 선지자들의 예언에 따라 '메시아 신앙'과 '새 언약 소망세대'를 이어가는 헌신의 길이었습니다. 이후 예수님께서는 이 땅에 오셔서 대제사장으로 십자가에 오르셨습니다. 십자가에 오르신 시각은 대제사장이 아침 상번제를 드리는 시간이었고, 십자가에서 죽으신 시각은 저녁 상번제를 드리는 시간이었습니다. 예수님께서는 십자가에 달리신 6시간 동안 대제사장으로서의 모든 사명을 감당하셨습니다. 그리고 대제사장이 1년에 한 번, 목숨을 걸고 지성소에 들어가 드렸던 대속죄일 제사를 예수님께서는 하늘 성소에서 단번 제사로 온전히 이루셨습니다. 이로써 더 이상 대제사장은 1년에 한 번, 지성소에 들어갈 이유가 없어졌습니다. 따라서 에스라가 제사장 나라의 율법을 바로 세우고 재건 공동체의 신앙을 회복하도록 이끈 것은 장차 메시아로 오실 예수님의 대제사장적 사역을 위한 기반이었습니다. "내가 율법이나 선지자를 폐하러 온 줄로 생각하지 말라 폐하러 온 것이 아니요 완전하게 하려 함이라"(마 5:17).

● 에스라의 산헤드린 공회 설치와 예수님의 산헤드린 공회 재판

바벨론 포로 70년을 마치고 예루살렘으로 귀환한 재건 공동체는 '왕정 500년' 기간과는 달리, 페르시아 제국이 파견한 총독 치하에서 페르시아 제국에 세금을 바치며 살아야 했습니다. 그런데 페르시아 왕은 에스라에게 총독 체제를 유지하면서, 동시에 유대의 자치 지도부이자 종교 재판 기구인 산헤드린 공회의 설립을 허락해 주었습니다(스 7:25~26). 산헤드린 공회의 설립은 페르시아 왕의 허락과 에스라의 노력, 그리고 유대 동족들의 협력으로 가능했습니다. 산헤드린 공회라는 중심체가 유대 민족 가운데 있었기에 페르시아 제국 시대에서도 유대 공동체가 독자적으로 보존될 수 있었고, 이후 헬라와 로마 제국의 통치 속에서도 굳건히 살아남을 수 있었습니다. 그 속에서 헬라 시대부터 산헤드린 공회의 주요 세력인 사두개파는 헬레니즘을 받아들이며 모세오경만 경전으로 인정하는 성전 중심의 기득권 세력이 되어 로마 시대로 이어졌습니다. 예수님의 십자가 사역은 하나님의 계획이며 구약의 모든 선지자가 예언한 성경 기록대로 이루어지는 길이지만, 산헤드린 공회는 그 길목에서 그들의 재판을 통해 로마 십자가 처형을 만드는 역할을 하게 됩니다.

30과 성벽 재건

느헤미야

큰글자 일년일독 통독성경 *one year tongdok bible as one story*

276일: 최종 목표를 위한 중간 목표 **277일**: 느헤미야의 52일 **278일**: 느헤미야와 에스라의 초막절
279일: 느헤미야의 최종 목표

시간 흐름 *time flow*

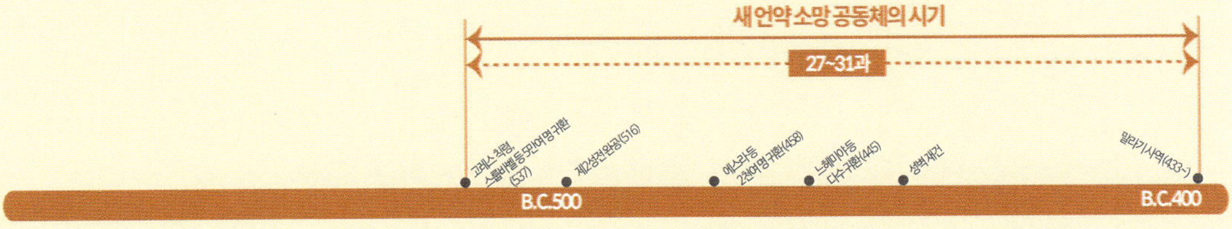

지금 공간 *current location* 예루살렘

주요 인물 *main character* 느헤미야, 아닥사스다, 에스라

통通포인트 *tong point*

유대인 느헤미야의 3차 귀환 헌신이 예루살렘 성벽 재건으로

에스라의 지도하에 2차 귀환이 이루어진 지 약 14년이 지난 시점에, 느헤미야를 중심으로 3차 귀환이 이루어집니다. 느헤미야는 B.C.586년 바벨론 군인들에 의해 무너졌던 예루살렘 성벽이 여전히 방치되어 예루살렘성에 여우들이 다니고 가난한 사람들과 여인들과 아이들의 안전이 보호되지 못하고 있는 현실을 보고, 이를 해결하기 위해 결심했습니다. 종교적인 건물인 성전은 재건을 허락받아 지을 수 있지만, 정치적인 의미를 담고 있는 성벽 재건은 누구도 감히 꿈을 꾸지 못할 만큼 어려운 일이었습니다. 하지만 극상품 무화과 열매이자 새 언약 소망세대인 느헤미야는 성벽 재건의 꿈을 위해 먼저 페르시아 왕의 술 관원이 되고, 마침내 왕의 허락을 받아 예루살렘 총독으로 부임하게 됩니다. 느헤미야가 성벽 재건의 뜻을 세운 이유는, 페르시아에서 다니엘 선지자가 예언한 메시아 도래의 시간, 곧 "예루살렘을 중건하라는 영이 날 때부터"(단 9:25)라는 시점이 이미 카운트되고 있음을 믿었기 때문입니다. 이처럼 유대인 느헤미야는 성벽 재건을 위해 헌신함으로써 장차 메시아가 오실 길을 준비했습니다.

1. 느헤미야의 천 년을 담은 기도 느 1장

#큰글자 일년일독 통독성경 | 1677~1678p

에스라에 의한 2차 귀환이 있은 지도 벌써 십 년이 넘게 지났습니다. 느헤미야는 예루살렘의 소식이 늘 궁금했습니다. 그러던 어느 날, 예루살렘의 피폐한 상황과 동포들이 당하고 있는 고난의 소식을 전해 듣게 됩니다. 이 소식을 들은 느헤미야는 수일 동안 앉아서 울고 금식하며 기도합니다. 그의 기도는 주의 율례와 계명과 법도를 잘 이해하고 그 말씀을 기반으로 드려졌습니다. 다니엘이 레위기 26장의 기록대로 제사장 나라 법을 어긴 것에 대한 죄를 회개하며 하나님께 기도했던 것처럼, 느헤미야의 기도 또한 레위기 26장을 시작으로 천년의 시간을 담고 있는 기도였습니다. "만일 내게로 돌아와 내 계명을 지켜 행하면 너희 쫓긴 자가 하늘 끝에 있을지라도 내가 거기서부터 그들을 모아 내 이름을 두려고 택한 곳에 돌아오게 하리라 하신 말씀을 이제 청하건대 기억하옵소서"(느 1:9).

느헤미야는 하나님께 자신들이 징계를 달게 받고 돌아서서 계명을 지키면 하나님의 이름을 두려고 택한 곳에 다시 돌아오게 하리라는 약속을 기억해 주시고, 그 말씀을 이루는 사명자로 자신을 써달라고 기도합니다. 느헤미야는 직접 예루살렘으로 돌아가 성벽을 재건해 내겠다는 꿈을 꾸고 있었습니다.

느헤미야의 꿈을 위한 헌신과 결단은 이사야 선지자로부터 시작된 '메시아 신앙'과 예레미야와 에스겔을 통한 '새 언약 소망'에 뿌리를 두고 있습니다. 이는 느헤미야를 비롯한 유대인들의 끊임없는 신앙의 줄기라 할 수 있습니다. 그래서 느헤미야는 메시아의 오실 길을 여는 '예루살렘 성벽 재건'에 온 힘을 다해 헌신하며 앞장섰던 것입니다.

역사순으로 성경을 통독해야 하는 이유

성경을 역사 순서로 통독하면, 성경 전체 이야기를 더 정확하게 이해할 수 있다. 그런데 <느헤미야>를 먼저 읽고, 그 후에 <예레미야>를 읽게 되면 성벽 재건의 기쁨 이후에 예루살렘성이 무너진 장면이 나와 시간 흐름에 혼란이 생겨 성경 내용을 이해하는 데 어려움을 겪을 수 있다. 그러드로 구약성경 후반부를 읽을 때는 **<예레미야>를 읽고 난 후 <에스겔>, <다니엘> → <에스라(1~4장)> → <학개>, <스가랴> → <에스라(5~6장)> → <에스더> → <에스라(7~10장)> → <느헤미야> → <말라기> 순서대로** 읽어야 한다.

예레미야와 느헤미야의 공통점

예레미야와 그로부터 150여 년 후의 인물인 느헤미야의 공통점 중 하나는, 둘 다 책의 서두에 자신의 아버지 이름을 밝히며 글을 시작했다는 존이다. 이는 예레미야와 느헤미야가 모두 가정에서 제사장 나라 신앙 교육을 잘 받은, 패밀리 스쿨(family school)' 출신이었다는 증거이다.

"주의 이름을 경외하기를 기뻐하는 종들의 기도를 들으시고"(느 1:11)

기도는 믿음 있는 사람만이 할 수 있다. 하나님에 대한 믿음이 없는 사람은 기도할 수 없다. 기도는 하나님을 믿고 경외하는 사람만이 누릴 수 있는 특권이며, 하나님의 도우심과 능력을 입을 수 있는 은혜의 통로이다. 더 나아가, 누군가를 위해 눈물로 기도할 수 있다는 것은 참으로 아름다운 일이다. 하나님께 소망을 두고 이웃의 기쁨을 위해 드리는 눈물의 기도라면 더욱 귀하다. 느헤미야의 기도가 바로 그랬다. 그는 예루살렘에 새로운 소망을 만들기 위해 소망의 원천이 되신 하나님께 그렇게 열심히 기도했다.

2. 페르시아 왕과의 담판 느 2장

#큰글자 일년일독 통독성경 | 1678~1680p

꿈꾸고 기도했던 대로 느헤미야는 왕과 가까운 사람이 되었습니다. 당시 '왕의 술 관원'이라는 직급은 왕의 측근으로서 정치적으로 매우 비중 있는 자리였습니다. 어느 날 느헤미야는 왕 앞에 술잔을 드릴 때, 평소와 달리 얼굴에 수심을 가득 띱니다. 그러자 아닥사스다 왕이 그 이유를 묻습니다. 이에 느헤미야는 큰 두려움을 느낍니다. 당시 페르시아 법에 따르면 신하가 왕 앞에서 근심을 드러내면, 왕을 해하려 한다는 의심을 받아 죽을 수도 있었기 때문입니다. 느헤미야는 에스더처럼 목숨을 걸고 왕과의 담판을 시도합니다.

느헤미야는 바로 이렇게 대답합니다. "왕은 만세수를 하옵소서." 이는 왕을 해하려는 마음이 전혀 없음을 밝히는 말입니다. 곧이어 그는 "내 조상들의 묘실이 있는 성읍이 이제까지 황폐하고 성문이 불탔사오니 내가 어찌 얼굴에 수심이 없사오리이까."라고 말합니다. 그 말을 들은 왕이 "그러면 네가 무엇을 원하느냐?"라고 묻습니다. 그는 곧바로 하나님께 잠깐 묵도한 후 말합니다. "나를 유다 땅 나의 조상들의 묘실이 있는 성읍에 보내어 그 성을 건축하게 하옵소서"(느 2:5). 다시 말해, 예루살렘에 자신을 총독으로 파견하여 성벽을 재건하도록 허락해 달라는 것입니다. 이 말에는 고레스 왕의 지방화 정책인 레반트 지역 투자가 꽤 오랜 시간 지났음에도 큰 성과를 내지 못한 이유가, 예루살렘 성벽이 재건되지 못했기 때문이라는 점을 지적하는 느헤미야의 의견이 담겨 있었습니다. 느헤미야의 유능함을 이미 충분히 알고 있던 아닥사스다 왕은 그의 의견에 동의하며, 에스라를 예루살렘에 파견했던 것처럼 이번에는 느헤미야를 예루살렘 총독으로 보내며 레반트 지역에 더 과감한 투자를 결심하게 됩니다.

예루살렘 성벽 재건이 어려운 이유
예루살렘 성벽 재건은 당시 역사적 상황 속에서 절대 쉬운 일이 아니었다. 에스라 4장 19~21절에 따르면, "예루살렘을 다스리는 큰 군왕들이 있었고 그 성을 향해 주변에서 조공을 바쳤다."라는 역사적 기록으로 인해 페르시아 왕이 성읍과 성곽의 건축을 중단시킨 바 있다. 따라서 성벽을 다시 재건하는 일은 위험한 시도였다. 그러나 느헤미야가 그 어려운 일에 담대히 도전해 왕의 마음을 얻어냈다.

아닥사스다 왕에게 탄원하는 느헤미야 _ 윌리엄 브레스 홀 作

3. 3차 귀환의 지도자 느헤미야 느 3장

큰글자 일년일독 통독성경 | 1680~1682p

아닥사스다 왕은 느헤미야가 구한 대로 예루살렘 총독 자리 외에도 왕의 조서와 건축 자재들, 게다가 구하지도 않은 군대 장관과 마병까지 모두 허락해 줍니다. 왕이 느헤미야에게 아낌없는 투자를 한 것입니다. 특히 왕이 군대 장관과 마병을 함께 보내준 것은 말 그대로 '특권 중의 특권'이었습니다. 이는 느헤미야가 권한을 남용하지 않고 책임 있게 사용할 사람임을 왕이 신뢰하고 있었기에 가능한 일이었습니다.

느헤미야가 에스라의 2차 귀환 때와는 달리 페르시아 제국의 군대 호위를 받으며 예루살렘으로 귀환했기에 사마리아 지역의 호론을 비롯한 인근 민족들이 매우 긴장했습니다. 2차 귀환이 약 4개월이 걸렸던 데 비해, 3차

술 맡은 관원장 느헤미야
성전 재건과 성벽 재건은 다른 문제이다. 성벽 재건은 페르시아 제국이 민감하게 허락해야 할 일이다. 그렇기에 느헤미야가 왕과 직접 소통할 수 있는 핫라인(hotline) 역할을 하는 '술 맡은 관원장' 자리에 있었다는 것은 매우 효과적이었다. 그래서 느헤미야가 "오늘 종이 형통하여 이 사람 앞에서 은혜를 입게 하옵소서 하였나니 그 때에 내가 왕의 술 관원이 되었느니라"(느 1:11)라고 기록했던 것이다.

페르시아 아닥사스다 왕이 느헤미야에게 부여한 권한
1. 예루살렘 지역 총독의 권한
2. 유프라테스강 서쪽 전 지역을 통과할 수 있는 권한
3. 왕의 창고에서 성벽 재건과 총독 관저 건축에 필요한 재목을 무제한 사용할 수 있는 권한
4. 왕의 군대와 마병을 사용할 수 있는 권한

귀환은 단 3개월 만에 예루살렘에 도착했습니다. 많은 동지와 함께 3차 귀환자로 예루살렘에 도착한 느헤미야는 부임한 지 사흘 만에 밤중에 최소 인원만 데리고 예루살렘성을 시찰하러 나섰습니다. 그는 성벽은 모두 무너지고 성문은 불탄 채로 방치되어 있는 모습, 샘문과 왕의 연못에 이르러서는 길조차 지날 수 없을 만큼 황폐해진 상태를 직접 확인했습니다. 모든 상황 파악을 끝낸 후, 느헤미야는 귀환 공동체의 제사장들과 귀족들과 방백들을 소집해 예루살렘 성벽을 재건해 더 이상 수치를 당하지 말자고 설득하며, 구체적인 복구 계획을 제시합니다. 그의 말을 들은 귀환 공동체는 이에 뜻을 같이하며 성벽 재건을 시작하기로 함께 마음을 모읍니다. 느헤미야는 성벽 재건을 위해 자신과 함께 땀과 눈물로 동역한 동지들의 명단을 느헤미야 3장에 기록했습니다.

예루살렘 성벽 재건
고대 전쟁은 대체로 공성전과 수성전으로 이루어졌고, 이를 대비한 성벽 구축이 필수적이었다. 성벽 외부는 적의 접근을 막기 위해 가파르게, 내부는 아군의 이동을 위해 완만하게 설계되었다. 또한 각종 공성전 무기를 견딜 수 있도록 높고 튼튼하게 축조해 들짐승으로부터도 백성을 보호했다. 느헤미야는 예루살렘 성벽을 철저히 재건했으며, 북쪽 중간 지점에서 시작해 시계 반대 방향으로 약 2.4km 길이의 성벽을 완성했다. 성벽의 높이는 포로기 이전 시대보다 더 높아져 성의 방어력을 강화했다.

4. 52일 만에 이룬 예루살렘 성벽 재건의 기적 느 4~7장

#큰글자 일년일독 통독성경 | 1682~1690p

이렇게 시작된 성벽 재건은 내우외환(內憂外患)을 맞게 됩니다. 먼저, 예루살렘의 피폐한 상황을 틈타 이익을 챙기려는 외부 사람들의 방해가 있었습니다. 그러나 느헤미야와 백성은 이에 굴하지 않고, 한 손에는 연장, 한 손에는 칼을 들고 성벽 재건을 이어갔습니다. 느헤미야는 자신을 노린 암살 음모까지도 미리 간파하고 지혜롭게 대처했습니다. 느헤미야는 외부의 방해뿐만 아니라, 귀환 공동체 내부의 문제도 해결해야 했습니다. 그는 제사장 나라 거룩한 백성이 결코 해서는 안 되는 두 가지, 토지 매매와 인신매매의 죄를 바로잡습니다.

마침내 성벽 재건이 완료됩니다. 최종 목표를 향하여 흔들림 없이 달려온 느헤미야는 52일 만에 예루살렘 성벽 재건 공사를 마치고, 예루살렘성 관리 책임자까지 세웁니다. 불과 52일 만에 성벽 공사를 완성한 것은 정말 놀라운 일이 아닐 수 없습니다. 온갖 방해를 이겨내고 느헤미야의 지도하에 성벽 재건을 이룬 귀환 공동체는, 하나님께서 모든 역사를 이루셨음을 고백하지 않을 수 없었습니다.

"우리의 모든 대적과 주위에 있는 이방 족속들이 이를 듣고 다 두려워하여 크게 낙담하였으니 그들이 우리 하나님께서 이 역사를 이루신 것을 앎이니라"(느 6:16).

예루살렘 성벽 재건 5단계 과정
1. 왕의 조서와 필요 물품을 제공 받음, 동지 규합
2. 은밀한 사전 답사, 구체적인 복구 계획 및 역할 분담 계획 수립
3. 예루살렘 백성들 설득과 수용, 마음을 모음
4. 방해를 뚫고 나아감 : 네 번의 정치적 모략과 암살 계획, 스마야의 거짓 예언, 뇌물, 비웃음 등
5. 한 손에는 연장, 한 손에는 칼을 들고 위기를 돌파하며 성벽 재건 완료

느헤미야 리더십
1. 설득하여 함께 가는 것
2. 협력을 얻어내는 것
3. 방해자를 물리치는 것
4. 기본 질서를 개혁해내는 것

또한, 성벽 재건을 이끈 지도자 느헤미야는 예루살렘에서 총독으로 12년 동안 재임하면서 월급을 받지 않았고, 오히려 매일 자기 집에서 150명 이상의 사람들에게 식사를 대접하며 솔선수범했습니다.

5. 성경통독 집회와 초막절 느 8~10장

#큰글자 일년일독 통독성경 | 1691~1698p

예루살렘 성벽을 완공하고 안전한 삶의 기반이 마련되자, 느헤미야는 귀환한 유대인들에게 가장 필요한 것이 하나님의 말씀임을 깨닫고 에스라와 뜻을 함께합니다. 학사이자 제사장인 에스라는 백성들에게 모세의 율법책을 읽어주고, 레위인들은 율법의 내용을 백성들이 이해할 수 있도록 가르쳤습니다. 귀환 공동체가 하나님의 율법을 알게 되자, 그들은 하나님 앞에서 자신의 죄를 깨닫게 됩니다.

유대인들은 7월 1일 나팔절을 지킨 후, 하나님의 율법을 더 배우고자 에스라를 찾아갔습니다. 그래서 나팔절에 이어 초막절 명절도 함께 지키게 됩니다. 그때의 초막절은 에스라와 느헤미야가 힘을 합해 귀환 공동체 전체가 하나님 앞에서 율법대로 지킨 명절이었습니다. 귀환 공동체는 감람나무나 종려나무 가지를 가져다가 율법에 기록된 대로 초막을 짓고 그 안에서 지내며 말씀을 읽고 배웠고, 초막절 여덟째 날에는 율법대로 큰 성회를 열었습니다.

초막절을 지킨 후, 유대인들은 에스라와 느헤미야의 지도하에 모두 모여 대대적인 개혁과 회개 운동을 펼쳤습니다. 그들은 함께 금식하고 굵은 베 옷을 입고 티끌을 뒤집어쓰며, 이방 사람들과 절교하고 조상들과 자신의 죄를 하나님 앞에 자복했습니다. 낮 4분의 1, 즉 3시간 동안은 율법 책을 읽고, 이어서 3시간 동안은 하나님 앞에 회개 기도를 드렸습니다. 그때 드린 느헤미야 9장의 기도문은 귀환한 유대인들의 진심 어린 회개를 담은 놀라운 기도였습니다.

아울러 유대 공동체는 에스라와 느헤미야의 인도로 제사장 나라 언약을 갱신했습니다. 그들의 회개 운동이 신앙의 결단으로 열매를 맺은 것입니다. 그때 그들은 신명기 28장의 복과 저주의 말씀과 같이 하나님의 율법을 지켜 순종할 것을 맹세했습니다.

함께 세워가는 제사장 나라
제사장 나라 거룩한 백성이 되기 위해서는 귀환한 유대인 공동체의 생각이 하나님의 말씀 기반 위에 새롭게 세워져야 한다. 이를 위해 총독 느헤미야는 백성들을 모으는 일을 하고, 제사장 에스라는 율법 교육을 주도했다. 여기에 중요하게 더 기억해야 할 점은, 많은 레위인이 백성들에게 에스라가 낭독한 율법의 내용을 가르쳐 깨닫게 했다는 사실이다. 귀환 공동체가 하나님의 율법을 읽고 그 뜻이 무엇인지를 알게 되자, 그들 스스로 하나님 앞에 죄를 깨닫게 되고 회개하기 시작했다.

귀환한 유대인 공동체의 언약 갱신
느헤미야는 하나님 앞에 서약한 사람들의 명단을 기록하고 인봉했다. 느헤미야 10장을 통해 그 서약에 참여한 '제사장들, 레위인들, 백성의 우두머리들'의 명단이 구체적으로 기록되어 있다.

사회적 안전망
당시 성벽이라는 것은 첫째, 외적으로부터의 방어, 둘째, 짐승으로부터의 보호(들짐승이 대낮에도 활보하여 대문이 없는 가난한 사람은 위험에 노출되어 있었음)를 위한 것이다. 사회가 건강하다는 것은 그 사회의 상대적 약자들이 편안하고 안전하다는 의미이다. 느헤미야의 예루살렘 성벽 재건은 예루살렘에 사는 여자와 어린아이들이 안심하고 생활할 수 있는 기본적 안전장치를 마련하는 일이었다.

6. 예레미야의 눈물, 150년 후 느헤미야의 웃음꽃으로 느 11~13장

큰글자 일년일독 통독성경 | 1698~1706p

느헤미야는 예루살렘에 거주할 사람을 정할 때 여호수아 시대처럼 제비뽑기 방법을 사용했습니다. 그 결과를 가지고 유대인들을 예루살렘과 각 성읍 거주지에 배치한 후, 성전 제사와 제도를 위해 제사장과 레위인 명단을 조사하여 기록했습니다.

드디어 예루살렘 성벽 봉헌식이 거행됩니다. 느헤미야는 성벽 봉헌식의 절차를 꼼꼼히 기록했습니다. 에스라를 비롯한 제사장과 레위인들이 행한 정결 예식과 감사 찬송, 그리고 제사에 이르기까지 모든 내용을 담아, 그 날의 기쁨을 전했습니다. 특히 느헤미야는 찬양대를 두 무리로 나누어 성벽 위로 대오를 맞추어 감사 찬송하며 행진하게 했습니다. 한 무리는 에스라가 이끌고, 느헤미야는 다른 편에서 행진하다가 두 찬양대가 만나 성전에서 큰 소리로 하나님을 찬양했습니다. 그때부터는 느헤미야가 주도권을 제사장에게 모두 넘겨, 제사장이 성벽 봉헌식 제사를 이끌었습니다.

이날에 부녀와 어린아이도 기뻐하며, 예루살렘이 즐거워하는 소리가 멀리까지 퍼져 나갔습니다(느 12:43). 느헤미야가 그렇게 수고하고 애써서 이루고자 했던 것은 단순한 돌벽이 아니었습니다. 그것은 튼튼한 보호막이 없으면 살아가기 힘든 가장 연약하고 힘없는 사람들, 가난한 이웃들을 위한 안전장치를 세우는 작업이었습니다.

부녀와 어린아이 웃음꽃은 느헤미야 인생의 최종 목표였습니다. 술 맡은 관원장도, 예루살렘 총독도 모두 최종 목표를 향한 중간 목표에 불과했습니다. 150여 년 전 예루살렘이 불타고 허물어졌을 때 부녀와 어린아이의 울음은 예레미야의 울음이었고, 하나님의 눈물이었습니다. 이제 예루살렘 성벽을 재건했을 때 피어난 부녀와 어린아이의 웃음은 곧 하나님의 웃음이었습니다.

느헤미야를 중심으로 한 성벽 재건과 에스라를 중심으로 한 신앙 개혁으로 인해 예루살렘은 다시 신앙의 중심지로 회복되었고, 그곳에는 하나님께서 주시는 큰 기쁨이 넘쳤습니다. 느헤미야의 수고와 헌신으

페르시아에서의 직책과 동족 유대인들과의 협력

인물	페르시아에서의 직책	동족 유대인들과의 협력
스룹바벨	고레스 왕의 총독	함께 하나님께 제단을 쌓고 번제를 드리다. 스룹바벨의 1차 귀환의 지도를 받고, 예루살렘 성전을 재건하다.
에스더	아하수에로 왕의 왕후	에스더를 위해 3일 금식하다. 부림절을 함께 지키다.
에스라	아닥사스다 왕의 자문 학사 (유대의 제사장)	함께 산헤드린 공회를 설립하다. 에스라의 2차 귀환 지도를 받고, 율법을 배우고, 신앙 개혁을 따르다.
느헤미야	아닥사스다 왕의 술 관원, 총독	느헤미야의 3차 귀환 지도를 받고, 예루살렘 성벽을 재건하다.

국제 무역의 주체 세력인 두로 사람들

당시 두로는 지중해를 주름잡는 국제 무역의 중심지로, 카르타고를 비롯한 세계 각국과의 해상 무역을 통해 경제적 번영과 문화를 꽃피운 나라였다. 세계 최고의 부국이었던 두로는 상거래를 위해 문자를 사용하다가 알파벳의 기초를 만든 나라로 알려져 있다. 느헤미야 시대 때 예루살렘 성벽 재건 이후 도시가 안정되자, 두로 사람들은 예루살렘을 새로운 시장으로 보고 활발히 진출했다.

제사장 나라의 안식일 경고와 예루살렘 성전 불탐

제사장 나라의 기초 중의 기초는 안식일이다. 창세기 1장에서 시작된 복되고 거룩한 날 안식일을 기준으로 안식년과 희년을 각자의 자리에서 지키고, 3대 명절을 온 백성이 함께 모여 지키는 것이 제사장 나라 기초이다. 하나님께서는 예레미야를 통해 안식일을 탐욕의 눈으로 바라보는 남유다의 현실을 경고하셨다. "그러나 만일 너희가 나를 순종하지 아니하고 안식일을 거룩되게 아니하여 안식일에 짐을 지고 예루살렘 문으로 들어오면 내가 성문에 불을 놓아 예루살렘 궁전을 삼키게 하리니"(렘 17:27).

로 제사장 나라의 제사와 절기와 명절이 회복되자, 예루살렘은 다시 풍성함을 되찾았습니다. 그 결과, 최고의 무역 상인인 두로 사람들까지 예루살렘에 들어와 경제를 크게 활성화시켰습니다.

귀환한 유대인 공동체의 '예루살렘의 그 순간'

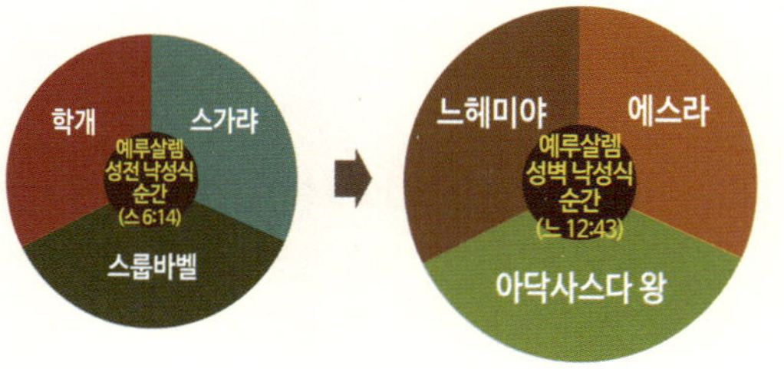

느헤미야는 12년간 유대 총독 생활을 마친 뒤, 페르시아로 돌아갔다가 다시 예루살렘으로 옵니다. 그 사이 예루살렘은 경제적 풍요와 사회적 안전망이 갖춰지면서, 세계적인 상권이 형성된 번영의 도시가 되었습니다. 당시 두로 사람들이 예루살렘에 들어와 장사하며 살았다는 것은, 예루살렘이 완벽하게 안전을 되찾고 국제적인 무역 중심지가 되었음을 의미합니다. 그런데 그에 따른 부작용이 나타났습니다. 예루살렘의 번영이 안타깝게도 유대인들이 안식일을 범하는 문제로 이어진 것입니다.

예루살렘으로 돌아온 느헤미야는 이 상황을 강력히 비판하며, 반드시 안식일을 거룩하게 지킬 것을 엄하게 지도하고 여러 문제를 하나하나 바로잡았습니다. 그는 다시 성전을 정화하고 도망간 레위인들을 복직시켰으며, 십일조를 충실히 드릴 수 있도록 이끌었습니다. 또한 안식일 전후로 성문 관리를 강화하고, 이방인과 혼인한 사람들을 책망하며 철저한 개혁을 이끌었습니다.

#To the Cross | 십자가로 향하는 레시피

7. 느헤미야의 3차 귀환의 헌신, 예루살렘을 중건하라는 다니엘의 예고 성취

● 느헤미야가 성벽 재건으로, 메시아가 오시는 시점에 대한 다니엘의 예고를 실제화하다

'메시아 신앙'과 '새 언약 소망'으로 유대인들이 신앙을 이어가는 중, 느헤미야는 성벽 재건을 꿈꾸며 메시아의 오심을 준비합니다. 이는 다니엘의 예언 성취라고 할 수 있습니다. "그러므로 너는 깨달아 알지니라 예루살렘을 중건하라는 영이 날 때부터 기름 부음을 받은 자 곧 왕이 일어나기까지 일곱 이레와 예순두 이레가 지날 것이요 그 곤란한 동안에 성이 중건되어 광장과 거리가 세워질 것이며"(단 9:25).

느헤미야 때 이루어진 예루살렘 중건은 다니엘의 '기름 부음 받은 이', 곧 메시아의 오실 시점을 여는 출발점이 됩니다. 동시에 그의 성벽 재건은 새 하늘과 새 땅, '새 예루살렘'을 위한 실제적 준비였습니다.

● 귀환한 유대인들의 제사장 나라 회복을 위한 초막절, 예수님의 초막절 생수의 강으로

예루살렘 성벽을 재건하고 에스라와 느헤미야가 힘을 합해 귀환한 유대인들과 초막절을 지켰습니다(느 8:16~18). 초막절은 유대인들의 조상인 히브리인들이 출애굽 후 광야에서 초막을 짓고 생활한 일을 기념하기 위해 하나님께서 제정하신 제사장 나라 명절입니다(레 23:42~43). 귀환한 유대인들의 초막절 회복은 예수님 시대까지 이어지는 중요한 징검다리가 되었습니다. 예수님께서 초막절에 예루살렘에 올라가셨을 때, 명절 끝날에 성전에서 놀라운 약속을 주셨습니다. "명절 끝날 곧 큰 날에 예수께서 서서 외쳐 이르시되 누구든지 목마르거든 내게로 와서 마시라 나를 믿는 자는 성경에 이름과 같이 그 배에서 생수의 강이 흘러나오리라 하시니"(요 7:37~38). 귀환한 유대인들이 제사장 나라를 회복하며 지킨 초막절은, 예수님의 초막절 '생수의 강'으로 이어져 하나님 나라 복음이 됩니다.

● 느헤미야의 안식일 개혁은 안식일의 주인 예수님으로

느헤미야는 유대인들이 안식일에 두로 상인들의 물건을 사며 안식일을 범하는 문제를 크게 꾸짖었습니다. 이 문제는 150여 년 전 예레미야 때의 예루살렘 상황으로 돌아가는 것이며(렘 17:27), 그때 안식일을 거룩하게 지키지 않아 바벨론 포로 징계를 받았음을 상기시키는 경고였습니다(느 13:17~18). 느헤미야는 유대인들이 안식일을 거룩하게 지키도록 엄하게 지도하며 감독했습니다. 그의 안식일 개혁은 이후 '안식일의 주인'으로 오시는 예수님으로 이어집니다. 느헤미야의 메시아 신앙과 새 언약 소망에 대한 헌신은 결국 안식일의 주인 예수님께서 오실 예루살렘과 예루살렘 성전을 준비하는 밑거름이 되었습니다.

31과 고백과 침묵

말라기

큰글자 일년일독 통독성경 *one year tongdok bible as one story*

280일 : 천오백 년의 사랑의 아쉬움

시간 흐름 *time flow*

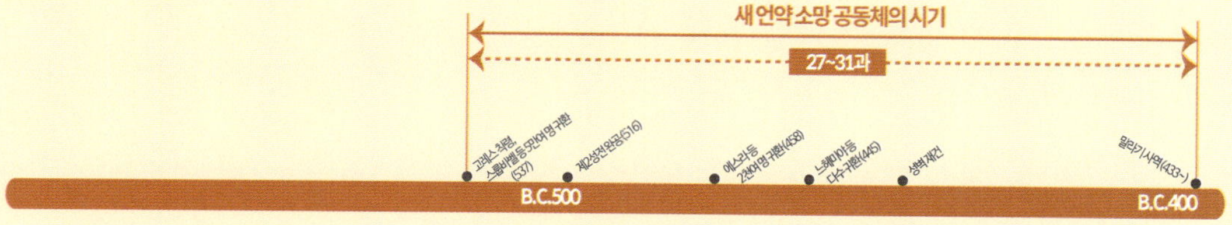

지금 공간 *current location* 예루살렘

주요 인물 *main character* 말라기, 제사장들

통通포인트 *tong point*

하나님의 1,500년 사랑을 기억하며 400년 후 더 큰 사랑을 기대하라

<말라기>는 제사장 나라 언약을 맺은 이스라엘에 대한 하나님의 1,500년 사랑 고백과, 그 사랑 고백을 받은 이스라엘의 한계를 '고백과 침묵의 양면성'으로 살펴보아야 합니다. 먼저 '고백의 양면성'은 하나님의 사랑 고백과 인간의 냉소적인 고백의 큰 차이를 말합니다. 하나님의 사랑 고백을 듣고 이스라엘 백성은 '어떻게' 우리를 사랑하셨느냐고 냉소적으로 반문하며 마음을 잃어버린 형식주의로 나아갔고, 이후 헬라 제국 시대를 거치면서 사두개파, 바리새파 등으로 각각 분열했습니다. 그 다음 '침묵의 양면성'은 하나님께서 이후 400년 동안 기록 선지자들을 보내지 않으심으로 침묵하신 것과 인간의 한없는 약함과 한계 앞에서 이스라엘 백성이 아무 말도 하지 못한 유구무언의 상태를 말합니다. 그러나 하나님의 때에 사명자 메시아가 오셔서 새 언약을 체결하실 것을 믿고 소망하는 '남은 자(렘넌트)'들이 있었습니다. 그들은 '하나님을 경외'하는 '새 언약 소망세대'입니다. 그래서 훗날 세례 요한이 와서 "회개하라 천국이 가까이 왔느니라"라고 외쳤을 때, 그 말씀에 따라 하나님을 경외하는 유대인들이 회개하며 하나님께 나아갔던 것입니다. '남은 자(렘넌트)'는 말라기 선지자 이후 400년 동안 하나님의 약속을 믿고 메시아와 새 언약을 기다리는 사람들의 징검다리였습니다.

1. 하나님과 이스라엘의 서로 다른 1,500년 고백 말 1:1~5

큰글자 일년일독 통독성경 | 1706~1707p

하나님의 말씀대로 바벨론 포로 70년의 징계 기간을 마치고 돌아와서 정말 이제는 잘할 것이라 기대했던 귀환한 유대인 공동체는 안타깝게도 시간이 갈수록 점점 냉소적으로 변해갔습니다. 그들을 다시 제사장 나라 거룩한 백성으로 세우신 하나님의 사랑에 대해 시큰둥하고 있는 것입니다.

하나님께서 천 년을 하루같이 사랑하셨는데, 이스라엘 백성은 하나님을 사랑한 시간보다는 하나님을 외면한 시간이 더 많았습니다. 그토록 하나님의 마음을 아프게 하고, 늘 교만하여 범죄하는 이스라엘을 향해 하나님께서 말씀하십니다.

"내가 너희를 사랑하였노라."

그들이 대답합니다.

"주께서 어떻게 우리를 사랑하셨나이까?"(말 1:2)

하나님과 유대인의 참으로 쓸쓸하고 가슴 아픈 대화입니다.

말라기 (Malachi)
말라기 선지자는 총독 느헤미야와 동시대 또는 약간 후대에 활동했다. 말라기 선지자는 느헤미야가 직면했던 귀환 공동체의 많은 죄악을 구체적으로 질책했다. <말라기>에 나타난 하나님에 대한 냉담한 무관심은 당시 귀환한 유대 공동체에 만연했던 시대적 분위기였다. 따라서 <말라기>는 역사 순서에 따라 <에스라>와 <느헤미야>를 읽고 난 후 통독한다.

하나님에 대한 냉담한 무관심과 형식주의는 이후 사복음서에 등장하는 사두개파, 바리새파의 모습으로 반영됩니다. 사실 귀환한 유대인들이 시간이 지나면서 십일조, 예물을 제대로 드리지 않았다는 것은, 하나님의 사랑에 대해 응답할 마음과 능력이 부족했음을 보여주는 것입니다.

말라기 당시 페르시아 제국의 성과

성과		결과
1. 5,400점의 성전 기명 반환	➡	유대의 절기 시작
2. 예루살렘 성전 재건	➡	유대 경제 활성화, 제국의 세금 정책 성공
3. 산헤드린 공회 설립	➡	유대 자치 기구를 통한 안정적 식민지 운영
4. 예루살렘 성벽 재건	➡	세계 상권 유입화 (cf. 두로 상인 입점)

유대 사회는 풍요와 안정 속에서 신앙의 본질을 잃어버리기 시작했다. 유대인들은 하나님께 제사를 드리고 율법을 지키지만, 마음은 하나님으로부터 멀어져 있었다. 그들은 하나님 앞에 해야 할 도리를 다했다고 착각하며 하나님과 자신을 스스로를 속였다.

2. 제사장들과 백성의 '마음이 빠진 형식주의' 책망 말 1:6~3:12

큰글자 일년일독 통독성경 | 1707~1711p

페르시아에서 귀환한 유대인들의 제사장 나라 신앙이 점차 식어가자, 제사장들의 일탈이 일어났고, 제사의 정신과 내용이 빠지면서 제사의 형식만 남게 되었습니다. 유대인들은 더 이상 우상을 섬기지 않았지만, 마음을 잃어버린 형식주의와 페르시아 제국의 물질주의에 마음을 빼앗겼습니다. 이에 하나님께서는 말라기 선지자를 통해 제사자인 유대인들과 제사장들의 죄악을 지적하셨습니다.

"너희가 더러운 떡을 나의 제단에 드리고도 말하기를 우리가 어떻게 주

제사장 나라 거룩한 공직자, '제사장'
하나님께서는 제사장을 중심으로 제사장 나라를 경영하셨다. 귀환 공동체는 왕정 회복이 아닌 제사장 나라 회복을 꿈꾸며 예루살렘으로 돌아온 것이다. 그래서 에스라도, 느헤미야도, 말라기도 제사장들의 역할을 중요하게 강조하며, 5대 제사와 3대 명절을 잘 이끌 수 있는 시스템을 세우기 위해 온 힘을 다했다. 비록 유대가 페르시아의 지배를 받고 있었지 만, 예루살렘 성전과 제사장의 기능이 회복되었기에 제사장 나라가 다시 시작된 것이다.

를 더럽게 하였나이까 하는도다 이는 너희가 여호와의 식탁은 경멸히 여길 것이라 말하기 때문이라 만군의 여호와가 이르노라 너희가 눈 먼 희생 제물을 바치는 것이 어찌 악하지 아니하며 저는 것, 병든 것을 드리는 것이 어찌 악하지 아니하냐 이제 그것을 너희 총독에게 드려 보라 그가 너를 기뻐하겠으며 너를 받아 주겠느냐"(말 1:7~8).

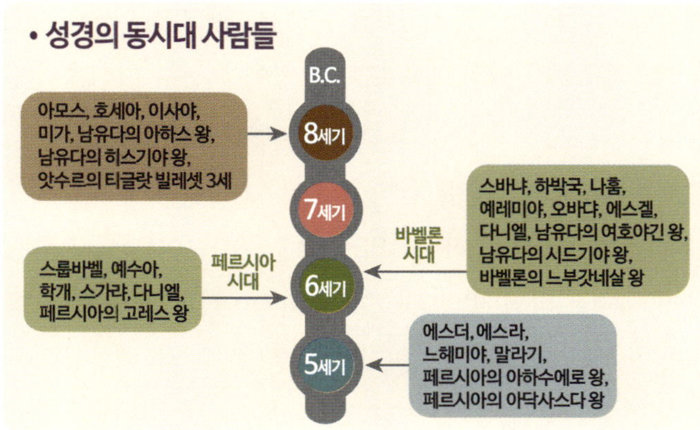

유대인들은 페르시아 제국의 총독에게도 바칠 수 없는 상하고 버릴 만한 것들을 제사의 제물로 가져왔습니다. 그들은 하나님께 드리는 제단에 더러운 떡을 놓고, 눈먼 것, 저는 것, 병든 것을 제물로 바쳤으며, 제사장들은 그 사실을 알면서도 그런 제물로 형식적인 제사를 드렸습니다. 하나님께서는 제사장들이 율법을 행할 때 하나님 중심이 아니라 사람 중심으로 치우쳤음을 지적하시며, 그 사실을 책망하셨습니다. 하나님께서 제사장들의 죄악을 보시며 성전의 문을 차라리 닫아버리고 싶은 마음이라고 하실 정도였습니다(말 1:10).

하나님께서 레위 언약을 세우시면서 기대하신 제사장

1. 하나님의 이름을 두려워하며 경외하는 제사장
2. 입에는 진리의 법이 있고, 입술에는 불의함이 없는 제사장
3. 화평과 정직으로 하나님과 동행하는 제사장
4. 많은 사람을 죄악에서 돌이켜 떠나게 하는 제사장
5. 입술에 지식을 지키고, 사람들에게 율법을 가르치는 제사장

하나님께서는 유대인들의 회개를 촉구하시며, 그동안 십일조와 봉헌물을 도둑질한 것을 책망하셨습니다. 그들이 제사장 나라 제도의 기초이자 필수인 십일조를 제대로 드리지 않음으로 하나님의 집에 양식이 있게 할 책무를 저버렸던 것입니다. 제사장 나라는 온전한 십일조를 드릴 때 하나님의 복이 임하고, 이방 민족이 부러워하는 나라가 됩니다. 이후에 보면, 예수님께서도 바리새인이 드리는 마음이 빠져버린 십일조를 책망하신 내용이 성경에 기록되어 있습니다(눅 11:42).

하나님의 답답한 마음

<말라기>의 55구절 중 47구절이 하나님께서 말씀하신 것이다. 이 비율은 모든 예언서 중에 가장 높은 비율이다.

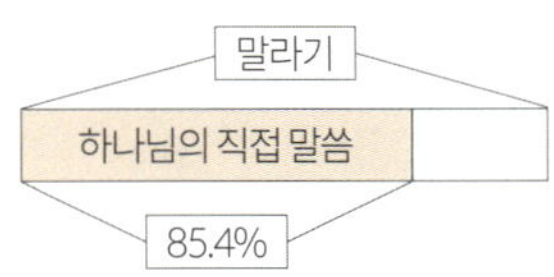

3. 새 언약 소망세대 말 3:13~18

#큰글자 일년일독 통독성경 | 1711p

사도 바울은 〈로마서〉에서 율법의 한계를 깨닫고, 하나님의 은혜가 필요함을 깨달았다고 말합니다. 율법의 행위로는 의롭다 하심을 얻을 수 없습니다. 율법을 통해 하나님 앞에서 인간이 얼마나 무력한 존재인지를 깨닫게 될 때, 바로 그 지점에서 은혜의 필요성을 절실히 느끼게 됩니다. 이 사실은

제사장 나라의 율법이 1,500년 동안 존속했기에 나올 수 있는 말씀입니다.

"그러므로 율법의 행위로 그의 앞에 의롭다 하심을 얻을 육체가 없나니 율법으로는 죄를 깨달음이니라"(롬 3:20).

하나님께서 모세 때 율법을 주신 이래로 말라기 선지자 때까지, 율법의 한계를 깨닫고 오직 하나님의 은혜를 구하는 이들이 계속 있었습니다. 예를 들어, 북이스라엘 멸망 때 히스기야가 이사야 선지자를 통해 주신 메시아 신앙을 깨닫고 하나님을 의지하며 순종했을 때 예루살렘이 다시 기회를 얻게 되었습니다. 남유다가 멸망하는 과정에서는 예레미야, 에스겔, 다니엘이 '새 언약 예고'라는 놀라운 하나님의 은혜를 받았습니다.

그런데 안타깝게도 인간들은 하나님의 은혜를 받을 때는 하나님께로 돌아왔다가, 시간이 지나면 또다시 원래 있었던 죄의 자리로 돌아가곤 합니다. 귀환한 유대인들도 새 언약을 소망하며 하나님의 은혜 언약 속에서 제사장 나라를 재건했지만, 얼마 지나지 않아 하나님을 향한 마음을 잃고 말았습니다. 수많은 백성과 제사장들이 마음을 잃어버리고 형식적으로 율법을 지키며 제사장 나라를 유지해 갈 때, 그럼에도 그 가운데서 율법을 깨닫고 하나님께서 말씀해 주신 메시아를 기다리며 새 언약을 소망하는 '하나님을 경외하는 사람들'이 있었습니다.

"그 때에 여호와를 경외하는 자들이 피차에 말하매 여호와께서 그것을 분명히 들으시고 여호와를 경외하는 자와 그 이름을 존중히 여기는 자를 위하여 여호와 앞에 있는 기념책에 기록하셨느니라"(말 3:16).

하나님을 경외하며 신앙의 줄기를 이어가는 '남은 자(렘넌트)'들이 곧 '새 언약 소망세대'입니다. 이들은 예수님 시대까지 계속 이어졌습니다. 대표적으로 세례 요한의 가족, 마리아와 요셉, 시므온과 안나, 베들레헴 목동들, 그리고 세례 요한의 메시지를 듣고 회개한 유대인들. 그들 모두가 하나님을 경외하며 살아가면서 메시아와 새 언약을 기다린 사람들이었습니다.

하나님의 기념책에 기록된 하나님을 경외하는 사람

유대인들은 당시 사회 현실을 보며, "교만한 자가 복되다 하며, 악을 행하는 자가 번성하며 하나님을 시험하는 자가 화를 면한다"(말 3:15)라고 하나님을 의심하며 공의의 하나님은 없다고 말했다. 그러면서 "하나님을 섬기는 것이 헛되다."라고 말하며 믿음을 저버리는 사람도 생겨났다. 그러나 그 가운데서도 하나님을 경외하는 사람들은 서로 하나님에 대해 이야기하며, 하나님을 소망하는 마음을 잃지 않았다. 이를 들으신 하나님께서 "나는 내가 정한 날에 그들을 나의 특별한 소유로 삼을 것이요 … 내가 그들을 아끼리니"(말 3:17)라고 말씀하시며 그들을 기념책에 기록하겠다고 하셨다.

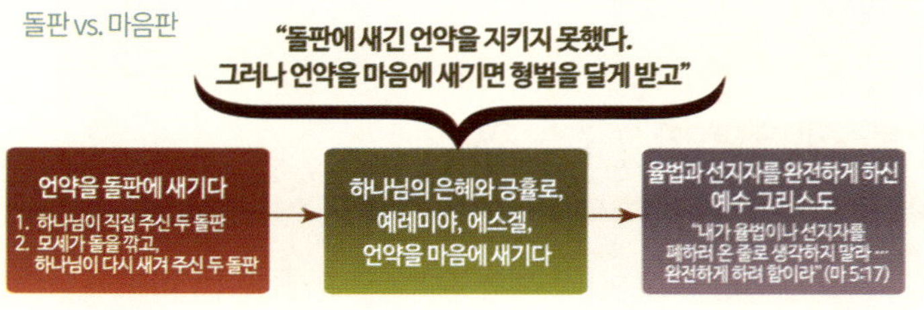

돌판 vs. 마음판

4. 하나님의 침묵 말 4장

#큰글자 일년일독 통독성경 | 1711~1712p

하나님께서는 말라기 선지자를 통해 형식주의에 빠져버린 제사장들과 백성들을 질타하시며, 다시 한번 하나님의 은혜 언약에 기반한 강력한 예고인 "마음을 돌이키게 하리라!"를 말씀하십니다. "보라 여호와의 크고 두려운 날이 이르기 전에 내가 선지자 엘리야를 너희에게 보내리니 그가 아버지의 마음을 자녀에게로 돌이키게 하고 자녀들의 마음을 그들의 아버지에게로 돌이키게 하리라 돌이키지 아니하면 두렵건대 내가 와서 저주로 그 땅을 칠까 하노라 하시니라"(말 4:5~6).

'중간사 400년'은 하나님 나라 준비를 위한 400년으로, '어떻게와 이렇게 사이'라 할 수 있습니다. "어떻게 우리를 사랑하셨나이까"라는 유대인들의 질문에 대한 하나님의 응답은, "하나님이 세상을 이처럼 사랑하사 독생자를 주셨으니 이는 그를 믿는 자마다 멸망하지 않고 영생을 얻게 하려 하심이라"(요 3:16)라는 예수님의 말씀으로 준비됩니다.

하나님께서는 '여호와의 날' 전에 엘리야를 보내, 아버지의 마음을 자녀에게로 돌이키게 하고 자녀들의 마음을 아버지에게로 돌이키게 하시겠다고 약속하십니다. 400여 년의 침묵 후, 하나님의 약속대로 엘리야인 세례 요한이 등장할 것입니다(마 3:3). 마침내 하나님께서는 독생자 예수 그리스도를 이 땅에 보내심으로 구원 역사를 이루어가실 것입니다. 인생들을 포기하실 수 없기 때문입니다. 하나님은 사랑이십니다. 사랑의 본체이신 하나님의 '400년 침묵'(중간사 400년)은 더 깊은 사랑의 실체를 보여주시기 위한 침묵이었습니다.

하나님을 경외하는 사람들에게 주시는 복
"내 이름을 경외하는 너희에게는 공의로운 해가 떠올라서 치료하는 광선을 비추리니"(말 4:2). 하나님께서는 "내가 정한 날"(말 3:17), 곧 '여호와의 날'에 악인에게는 멸망이, 하나님을 경외하는 이들에게는 놀라운 복과 승리가 임할 것을 말씀하셨다. '여호와의 날'은 심판과 구원이 공존하는 날이다. 하나님을 떠난 자들에게는 진노와 멸망이, 하나님을 경외하는 이들에게는 은혜와 회복의 역사가 임하는 날이다.

선지자 엘리야는 누구인가?
말라기 때 언급된 엘리야 이야기는 이후 '중간사 400년'을 보내고 세례 요한으로 다시 시작된다. 하나님께서는 마치 엘리야 때 3년 동안 침묵하셨던 것처럼, 선지자 엘리야로 보내신 세례 요한 때까지 400년 동안 침묵하신다. 천오백 년 사랑의 아쉬움은 침묵으로 하나님의 마음속에 담긴다. "엘리야가 이미 왔으되 사람들이 알지 못하고 임의로 대우하였도다 인자도 이와 같이 그들에게 고난을 받으리라 하시니 그제서야 제자들이 예수께서 말씀하신 것이 세례 요한인 줄을 깨달으니라"(마 17:12~13).

#To the Cross | 십자가로 향하는 레시피

5. 메시아의 '새 언약' 시작 시점 선포

● 메시아 신앙과 새 언약을 이룰 시점, 세례 요한의 등장 선포

하나님께서는 제사장 나라 1,500년 사랑의 아쉬움을 뒤로하시고, 침묵 가운데 다시 사랑으로, 그리고 은혜 베푸심으로 역사를 시작하십니다. 하나님께서는 400년의 침묵 후 "내가 내 사자를 보내리니 그가 내 앞에서 길을 준비할 것이요"(말 3:1)라고 알려주신 대로 세례 요한을 보내셔서, 하나님의 어린양 예수님의 십자가 길을 여십니다.

"기록된 바 보라 내가 내 사자를 네 앞에 보내노니 그가 네 길을 네 앞에 준비하리라 하신 것이 이 사람에 대한 말씀이니라 내가 진실로 너희에게 말하노니 여자가 낳은 자 중에 세례 요한보다 큰 이가 일어남이 없도다 그러나 천국에서는 극히 작은 자라도 그보다 크니라 세례 요한의 때부터 지금까지 천국은 침노를 당하나니 침노하는 자는 빼앗느니라 모든 선지자와 율법이 예언한 것은 요한까지니 만일 너희가 즐겨 받을진대 오리라 한 엘리야가 곧 이 사람이니라"(마 11:10~14).

● '남은 자(렘넌트)' – 메시아 신앙과 새 언약 예고를 믿고 기다리는 유대인들이 이어지고 이어지다

이스라엘이 한 민족 두 국가로 나뉘어 200년을 보내고, 이후 북이스라엘이 멸망하고 남유다만 남아서 150년을 더 유지하는 동안 하나님께서는 엘리야, 이사야, 미가, 스바냐, 하박국, 요엘, 예레미야 등 여러 선지자를 통해 '남은 자(렘넌트)'를 말씀하셨습니다. 이들은 어떤 시대 상황에서도 하나님을 경외하며 제사장 나라 율법을 지켜 신앙의 줄기를 이어온 사람들이었습니다. 아브라함 한 사람으로 시작된 하나님을 경외하는 믿음은 1,500년이 흐른 말라기 시대에도 이어져, 아브라함처럼 하나님을 경외하며 믿음으로 살아가는 사람들이 있었던 것입니다(말 3:16~18). 이들은 메시아 신앙과 새 언약 예고를 믿고 기다리는 유대인들이었습니다.

"만군의 여호와가 이르노라 보라 내가 내 사자를 보내리니 그가 내 앞에서 길을 준비할 것이요 또 너희가 구하는 바 주가 갑자기 그의 성전에 임하시리니 곧 너희가 사모하는 바 언약의 사자가 임하실 것이라"(말 3:1).

이제 이들의 신앙은 예수님의 탄생 때 그 곁에서 헌신한 사람들에게로 이어집니다.

● 마음을 돌이키게 할 선지자 엘리야가 온다는 예고는 세례 요한의 등장으로 성취

사도 바울은 〈로마서〉에서 쌍무 언약의 한계를 말하며 율법을 통해서는 죄를 깨달을 뿐이라고 증언했습니다. "그러므로 율법의 행위로 그의 앞에 의롭다 하심을 얻을 육체가 없나니 율법으로는 죄를 깨달음이니라"(롬 3:20). 인간의 죄는 율법으로 해결할 수 없으며, 메시아가 오셔서 '새 언약'을 체결하셔야 해결됩니다. 〈말라기〉에서 "보라 여호와의 크고 두려운 날이 이르기 전에 내가 선지자 엘리야를 너희에게 보내리니 그가 아버지의 마음을 자녀에게로 돌이키게 하고 자녀들의 마음을 그들의 아버지에게로 돌이키게 하리라"(말 4:5~6)라는 하나님의 약속은 세례 요한의 선포로 성취되기 시작합니다. 세례 요한이 유대 광야에서 "회개하라 천국이 가까이 왔느니라"(마 3:2)라고 외치자, 하나님을 경외하는 유대인들이 그의 세례를 받고 회개하기 시작합니다. 이때 예수님께서 세례 받으시려고 오시자, 세례 요한은 하나님의 아들 메시아 예수님을 알아보고 "보라 세상 죄를 지고 가는 하나님의 어린 양이로다"(요 1:29)라고 선포했습니다. 예수님께서는 마음을 돌이킬 선지자 엘리야인 세례 요한의 예고대로 하나님의 어린양으로 새 언약을 선포하시고, 십자가에 오르셔서 율법과 선지서를 완성하십니다.

tong track-4
중간사 400년

a Blank Page Full of History_ 유대인들에 의해 형식화된 제사장 나라

핵심 질문 *key questions*

왜! 유대인은 사두개파, 바리새파, 에세네파, 셰리 창기파로 분파되었습니까?

⇒ 왜냐하면, 무엇보다 마음을 잃어버린 형식주의 때문입니다.

분위기 *the atmosphere*

'중간사 400년'은 하나님의 침묵 속에 '구약성경의 세계화와 유대 분파가 형성'되는 분위기라고 할 수 있습니다.

'중간사 400년' 기간에 히브리어로 된 구약성경이 헬라 제국의 프톨레미 왕조에 의해 당시 세계 공용어인 헬라어로 번역되었습니다. 그리고 헬라 제국의 셀루커스 왕조 때 유대 핍박으로 말미암아 마카비 혁명이 일어나고 하스몬 왕조가 세워지면서 유대에 여러 분파(사두개파, 바리새파, 에세네파 등)가 생겨났습니다. 이후 헬라 제국이 로마에 넘어가면서 유대는 로마 제국의 통치하에 들어가고, 로마는 헤롯을 통해 재건한 성전을 로마의 통치 도구로 전락시킵니다.

하나님께서는 이 기간을 '예수 그리스도를 이 땅에 보내시기 위한 준비 기간'으로 사용하셨습니다.

10분에 '중간사 400년' 통으로 이야기 *tongbible*

'중간사 400년'은 하나님의 침묵 속에 '구약성경의 세계화와 유대의 분파들(바리새파, 사두개파, 에세네파, 젤롯당)이 형성'된 시기입니다. 〈말라기〉와 〈마태복음〉 사이 400년은 하나님께서 예수 그리스도를 이 땅에 보내시기 위한 준비 기간으로, 페르시아, 헬라, 로마 제국의 흥망성쇠가 들어 있습니다.

'중간사 400년'은 크게 네 시기로 정리할 수 있습니다.

첫째, **페르시아 제국이 멸망하고 헬라 제국이 등장한 시기**입니다. 520년간 상(上)아시아의 주인이었던 앗수르 제국은 바벨론 제국에게 멸망했고, 바벨론 제국은 70년 만에 페르시아 제국에게 멸망했습니다. 구약성경 39권 가운데 7권(다니엘, 에스라, 학개, 스가랴, 에스더, 느헤미야, 말라기)은 페르시아 제국이 유대를 통치할 때 기록된 책입니다. 그만큼 페르시아 제국과 구약성경은 밀접한 관련이 있습니다. 구약성경의 마지막 책인 〈말라기〉에 등장하는 총독도 페르시아 제국이 유대에 파견한 총독입니다. 그런데 신약성경의 첫 번째 책인 〈마태복음〉을 보면 너무나 자연스럽게 로마 제국의 통치를 받는 유대의 모습이 등장합니다. 이는 '중간사 400년' 동안 **제국** 역사에 큰 **변동**에 있었다는 것을 보여줍니다. 페르시아 제국이 헬라 제국에 멸망하고, 유대가 페르시아 제국에 이어 **헬라 제국**의 통치를 받는 식민지가 됩니다.

유대가 페르시아 제국의 통치를 받았을 때에는 꼬박꼬박 세금만 잘 내면 되었습니다. 그런데 헬라로 제국이 변동되자, 유대 백성이 체감하게 된 가장 큰 변화는 헬라 제국에 세금을 내야 하는 것 외에, 헬라 사상인 헬레니즘을 강요받게 되었다는

것입니다. **헬레니즘**은 그리스의 문화와 오리엔트 문화를 접목한 것으로 유대의 **헤브라이즘**과 맞서는 서양의 양대 사상 가운데 하나입니다. 이는 유일신을 믿는 헤브라이즘의 나라 유대와 헬라화를 강조하는 헬라 제국과의 충돌이 불가피해졌음을 의미합니다.

둘째, **헬라 제국의 유대 통치 전반기**입니다. 헬라 제국은 알렉산더의 갑작스러운 죽음으로 네 명의 장수에 의해 분할 통치됩니다. 이때 유대를 먼저 통치하게 된 나라가 **이집트 헬라 제국**의 **프톨레미 왕조**입니다. 프톨레미 왕조는 122년간 유대를 통치하며 유대인들이 종교적 신념과 관습을 지킬 수 있도록 관대한 정책을 펼쳤습니다. 특히 유대의 율법을 존중한 프톨레미 2세 때에 히브리어로 된 **모세오경**이 헬라어로 번역되어 **세계화**가 이루어집니다.

셋째, **헬라 제국의 유대 통치 후반기**입니다. 이집트 헬라 제국의 통치를 받던 유대가 시리아 헬라 제국과 가까이하면서 유대는 **시리아 헬라 제국**의 **셀루커스 왕조**의 지배로 넘어갑니다. 시리아 헬라 제국은 미리 유대 지도부와 약속한 대로 유대에 3년간 세금을 면제해 줍니다. 그런데 시리아 헬라 제국이 신생 국가인 로마와 전쟁을 시작하며 분위기가 180도 바뀌게 됩니다. 전쟁에서 패배한 시리아 헬라 제국은 로마에 어마어마한 배상금을 물어주어야 했습니다. 그러자 시리아 헬라 제국은 그들이 다스리는 모든 식민지로부터 무리한 세금을 거두었고, 심지어 예루살렘 성전의 헌금까지도 탈취했습니다. 그리고 로마에 대한 분풀이로 유대에 강력한 헬라화를 강요하며 예루살렘 **성전**을 **모독**했습니다. 성전 안에 제우스 신상을 세워놓고 우상에 절하게 하고, 성전 안을 돼지 피로 물들이는가 하면, 할례를 금지시키고 제사장들을 죽이며 율법도 지키지 못하게 했습니다.

그러자 유대에서 시리아 헬라 제국에 대항하는 **'마카비 혁명'**이 일어납니다. 시리아 헬라 제국은 유대에 정규군을 보내 마카비 혁명을 제압하려 했으나, 유대는 게릴라전으로 끝까지 저항해 마침내 유대 땅에서 시리아 헬라 제국을 몰아냅니다. 그리고 예루살렘 **성전**을 **청결**하게 한 후, 이 날을 기념하여 **'수전절'** 명절을 만듭니다. 마카비 혁명을 성공시킨 하스몬 가문은 **하스몬 왕조**를 세워 **80여 년** 동안 유대를 통치합니다. 그런데 하스몬 왕조는 **대제사장**이 **왕**을 겸직하므로 제사장 나라 법을 어깁니다. 이때 유대에 **사두개파, 바리새파, 에세네파** 등의 분파가 생겨나고, 이후 유대가 다시 **로마 제국**의 **통치**를 받게 되면서는 **젤롯당**까지 출현하게 됩니다.

넷째, **헬라 제국이 멸망하고, 로마 제국이 등장한 시기**입니다. 하스몬 왕조는 80여 년 동안 유대를 통치하다가 내분이 생깁니다. 이 내분은 유대를 다시 로마 제국의 식민지로 만드는 원인이 됩니다. 이때 로마는 에돔족인 **헤롯 가문**을 **유대**의 **분봉 왕**으로 삼아 예루살렘 **성전**을 **재건축**하게 함으로 성전을 로마의 통치 도구로 전락시킵니다. 로마 제국은 지중해를 그들의 호수로 삼고 아시아와 유럽과 아프리카 대륙을 다스리며 천 년 제국이 됩니다. 이렇게 유대가 로마의 식민지가 되고, 로마의 초대 황제 아우구스투스가 로마 제국 전역으로부터 세금을 철저히 거두기 위해 호적을 명령할 때, 예수님께서 천사들과 목자들의 기쁨 속에 베들레헴에서 탄생하십니다.

* '중간사 400년' 참조
《통通박사 조병호의 신구약 중간사》, 통독원, 2012

중간사 400년 프레임 *a Blank Page Full of History frame*

제사장 나라

to the Cross (창~말, 구약 39권)

1 천지창조와 하나님의 거룩
1. 천지 만물 창조 - 피조물에게 복주심
2. 사람 창조 - 사람에게 복주심
3. 안식일 창조 - 복되고 거룩한 날
4. 첫 아담의 불순종 - 하나님의 구원 약속
5. 노아 번제 - 하나님의 은혜

2 아브라함을 통한 나라 큰그림
1. 가나안 땅과 자손 번성 언약
2. 하나님의 제사장 멜기세덱의 축복
3. 입애굽과 출애굽 예고
4. 나라를 통한 모든 민족의 복
5. 이삭 모리아산 번제

3 시내산 언약(관유)을 통한 제사장 나라
1. 히브리인의 신앙 - 첫 번째 유월절 어린양을 통한 12지파 장자 거룩
2. 모세 율법 - 거룩한 백성
3. 성막 제작 - 거룩한 기름(관유, Holy Anointing oil)
4. 아론에게 거룩한 기름 부음 - 공직자 첫 대제사장
5. 다윗 왕에게 거룩한 기름 부음 - 예루살렘 성전 건축
   : 엘리야가 엘리사(선지자) 와 하사엘(아람 왕)에게 거룩한 기름 부음

모세5경

4 북이스라엘의 멸망을 통한 이사야의 메시아(그리스도) 신앙
1. 이사야의 메시아 신앙 - 히스기야의 성전 기도
2. 하나님의 아들 메시아 - 임마누엘
3. 왕 - 이새의 줄기, 평강의 왕
4. 선지자 - 기묘자라 모사라, 아름다운 소식
5. 대제사장 - 그의 영혼을 속건 제물로

(3~5 →) 메시아의 3중직 - 내게 기름을 부으사

5 남유다의 멸망을 통한 예레미야의 새 언약 예고
1. 예레미야의 새 언약 예고 - 제사장 나라 징계 3단계
2. 예루살렘 성전 전소 - 내가 잠깐 그들에게 성소
3. 에스겔의 성전 조감도 - 하늘 성소
4. 다니엘의 제국 변동 - 하나님 나라 도래
5. 유대인의 신앙 - 스룹바벨 성전 재건

왕정 500년

페르시아 7권

중간사 400년

the Cross (4복음서)

6 예수 그리스도(메시아)의 새 언약(보혈)을 통한 하나님 나라
1. 그리스도의 성육신 - 거룩한 이, 임마누엘
2. 그리스도의 세례 - 하나님의 어린양, 하나님의 아들
3. 그리스도의 첫 번째 성찬식 - 새 언약, 관유에서 보혈로

(2~3) 하나님 사랑 이웃 사랑의 제자도

4. 그리스도의 십자가 하늘 성소 단번 제사 - 속량과 새 휘장
5. 그리스도의 부활과 승천 - 재림, 우편 보좌

4복음서

하나님 나라

from the Cross (행~계, 신약 23권)

7 그리스도인(교회), 하나님 나라 거룩한 공직자
1. 그리스도인의 성령 세례
   - 우리는 성령 세례 받은 하나님 나라의 거룩한 예배자입니다.
2. 그리스도인의 부활 영생
   - 우리는 부활 영생을 믿고 순교신앙으로 사는 제자들입니다.
3. 그리스도인의 지상명령
   - 우리는 예수님의 승천과 재림 사이에 지상명령을 수행하는 전도인입니다.
4. 그리스도인의 예수 재림 소망
   - 우리는 속히 오시리라는 예수님의 재림 약속을 믿는 마라나타 신앙인입니다.
5. 그리스도인의 새 하늘 새 땅 소망
   - 우리는 하나님과 어린양이 성전인 거룩한 성에서 영원히 사는 하나님 나라 백성입니다.

사도행전 30년
공동서신 9권

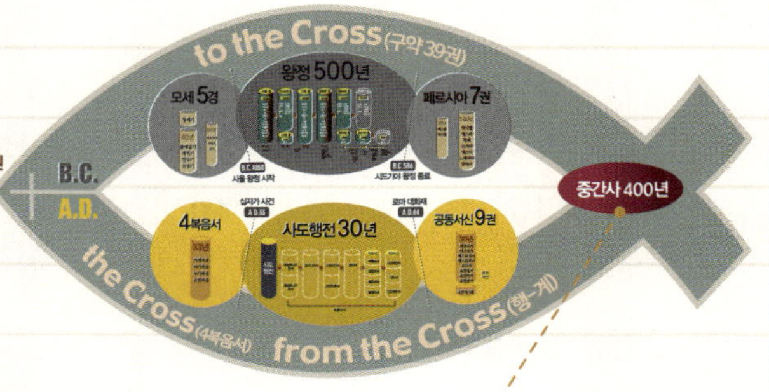

중간사 400년

32과 헬라 제국과 중간사 – 모세오경의 세계화

시간 흐름 *time flow*

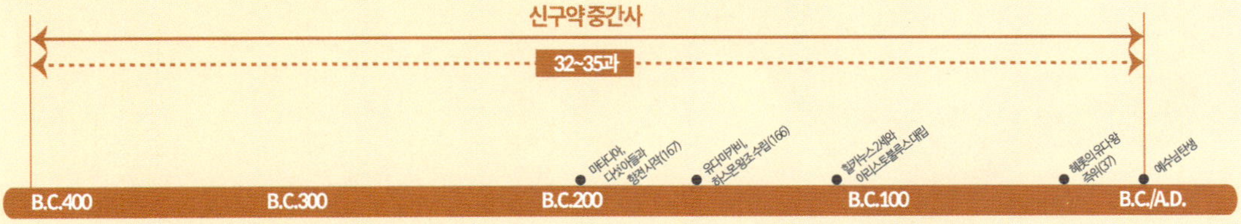

지금 공간 *current location* 페르시아, 그리스(아테네, 스파르타, 테베), 마케도니아, 시리아, 이집트

주요 인물 *main character* 고레스, 알렉산더, 프톨레미 2세

통通포인트 *tong point*

모세오경의 세계화 - 헬라파, 헬라어의 신약성경 등장 배경

<말라기>와 <마태복음> 사이 400년을 '중간사 400년'이라 부릅니다. '중간사 400년'에는 페르시아, 헬라, 로마 제국의 흥망성쇠가 들어 있습니다. 유대는 '중간사 400년' 사이에 이집트 헬라 제국의 프톨레미 왕조와 시리아 헬라 제국의 셀루커스 왕조의 지배를 받습니다. 유대는 먼저 122년 동안 이집트 헬라 제국의 프톨레미 왕조의 지배를 받았습니다. 프톨레미 왕조는 식민지 종교에 간섭하지 않았기 때문에 유대는 세금을 바치면서도 비교적 평화롭게 살 수 있었습니다. 이 시기에 히브리어로 된 모세오경이 헬라어로 번역되면서 헬라 제국 전역에서 읽을 수 있게 되는데, 이는 모세오경이 세계화되는 계기가 됩니다. 신약성경에 헬라파, 헬라어가 등장하는 것은 '중간사 400년' 동안 헬라 제국의 유대 통치 영향이 로마 제국 시기까지 이어졌기 때문입니다.

1. 페르시아 제국의 멸망

바벨론 제국을 멸망시킨 페르시아 제국의 창건자 키루스 2세(성경의 고레스)는 잔인하고 폭력적인 지배 방법을 지양하고, 오히려 피정복민들에게 일정 범위의 자유를 주는 유화 정책, 관용 정책 그리고 지방화 정책을 펼칩니다. 이러한 정책 덕분에 바벨론에 포로로 끌려갔던 유대인들이 고국으로 돌아갈 수 있었습니다(스 1:1~3). 바벨론에서 70년간 포로 생활을 할 때 유대인

'어떻게'와 '이렇게' 사이
신구약 중간사를 '어떻게'와 '이렇게' 사이라고 표현하고 싶다. <말라기>에서 보았듯이 하나님의 사랑 고백에 '어떻게' 우리를 사랑하셨느냐고 반문하는 유대인들을 위해, 요한복음 3장 16절의 말씀처럼 하나님의 사랑의 결정체인 예수 그리스도를 이 땅에 보내시며 '이렇게' 너희를 사랑한다고 보여주시기 위해 준비된 시간이기 때문이다.

페르시아 제국

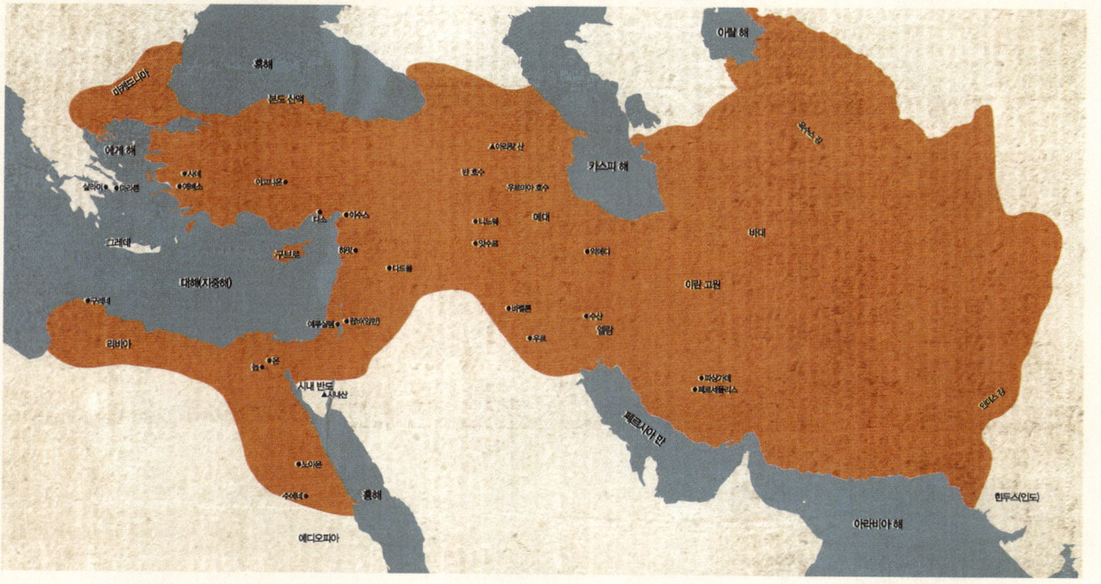

들은 예루살렘 성전 대신 회당 중심으로, 제사장 대신 서기관 중심으로 생활할 수밖에 없었습니다. 그러나 유대 땅으로 귀환한 이후부터는 성전과 제사장, 회당과 서기관이 함께 공존하게 되었습니다.

· 페르시아 제국의 왕

1. 고레스(키루스 2세)
- 페르시아 건국의 아버지
- 피정복민 정책: 유화·관용·지방화 정책, 포로 귀환
- 관련 성경 인물: 스룹바벨, 여호수아

2. 캄비세스 2세
- 후사를 남기지 않고 통치 8년 만에 죽음

3. 다리오(다레이오스 1세)
- 7명의 정치 지도자 협의&경쟁 후 왕이 됨
- 정통성을 위해 고레스 왕의 딸 아토사와 혼인
- 다리오 재위 6년(B.C.516년)
  : 예루살렘 성전 완공(스 6:15-18)
- 그리스 점령 시도: 1차 그리스 점령 실패(몬스터 폭풍)
  : 2차 그리스 점령 실패(마라톤 전투)

4. 아하수에로(크세르크세스)
- 에스더의 남편
- 그리스 점령 시도: 3차 그리스 점령 실패(살라미스 해전)
- 관련 성경 인물: 에스더

5. 아닥사스다(아르타 크세르크세스)
- 아하수에로 왕의 아들
- 성벽 재건을 허락한 왕
- 관련 성경 인물: 에스라, 느헤미야

6. 다레이오스 3세
- 페르시아 제국의 마지막 왕
- 이수스 전투(B.C.333)에서 패한 뒤 알렉산더에게 패권을 빼앗김

키루스 2세의 뒤를 이은 캄비세스 2세가 후사를 남기지 않고 죽자, 일곱 명의 귀족 대표 가운데 다레이오스 1세(성경의 다리오)가 왕위에 오릅니다. 이때가 페르시아의 찬란한 전성기였습니다. 화려한 궁궐과 건축물이 세워지고, 각 통치 구역은 체계적으로 관리되었습니다.

든든한 제국의 안정을 기반으로 페르시아는 끊임없이 정복 정책을 펼치며 영토를 마케도니아(마게도냐), 즉 유럽까지 넓히려고 무던히도 애를 썼습니다. 그러나 다레이오스 1세는 그리스 본토를 침략하러 가다가 큰 폭풍을 만나 귀환하고, 이후 다시 그리스로 쳐들어갔으나 마라톤 전투에서 패배하고 맙니다. 다레이오스 1세의 뒤를 이어 왕위에 오른 그의 아들 크세르크세스(성경의 아하수에로, 에스더 왕후의 남편)가 다시 그리스를 공격했지만 살라미스 해전을 포함한 여러 전투에서 또다시 참패하면서, 페르시아의 유럽 정복

회당 (시나고게, synagogue)
바벨론에 의해 예루살렘 성전이 파괴되자, 남유다 포로민들은 임시로 개인의 집을 공공예배와 종교 교육 장소로 사용하다가 점차 공식적인 모임 공간, 회당으로 발전시켰다. 그들은 바벨론 각 지역에 회당을 세워 성전을 그리워하며 성전이 없는 현실을 견뎠다. 이후 디아스포라 유대인들은 자신들이 거주하는 곳마다 회당을 세웠고, 이는 신약 시대로 이어져 예수님께서 회당에서 하나님의 말씀을 가르치셨으며, 바울도 회당에서 복음을 전했다.

은 끝내 이루어지지 못합니다. 결국 페르시아는 다레이오스 3세 때 마케도니아의 알렉산더에게 세계의 패권을 빼앗기게 됩니다.

페르시아의 그리스 침공

B.C.492년 1차	→	B.C.490년 2차	→	B.C.480년 3차
다리오(다레이오스 1세) 폭풍을 만나 제대로 공격 한 번 못하고 퇴각		다리오(다레이오스 1세) 마라톤 전투 (그리스 승리)		아하수에로(크세르크세스) 살라미스 해전 (그리스 승리)

2. 그리스 문명

여러 도시국가로 이루어진 그리스는 우리가 익히 알고 있는 소크라테스, 플라톤, 아리스토텔레스 등 철학자들의 사상과 정신을 기반으로 고도의 문명을 꽃피우고 있었습니다. 그리스 문명이 한창 흥왕하고 있던 B.C.480년 8월, 페르시아 군대가 다시 그리스를 향해 출발했다는 소식을 들은 아테네와 스파르타 등, 그리스의 여러 도시가 동맹을 맺어 페르시아의 대군에 맞섰습니다. 치열했던 전쟁은 결국 그리스의 승리로 끝났고, 전쟁에서 이긴 그리스는 국력을 키워가는 가운데 그들의 문화를 더욱 발전시킬 수 있었습니다.

이 같은 그리스의 발전된 문명은 이후 서양 문명의 근간이 됩니다. 이때 B.C.359년경 마케도니아 지방에서는 필립포스 2세(알렉산더의 아버지)가 왕으로 즉위하면서 세력을 확장하기 시작합니다. 그전까지 그리스인들에게 '야만인'이라고 불리던 마케도니아인들이 오히려 그리스의 발전된 문화를 받아들이며 힘을 키워간 결과, 세계에 위협적인 존재로 등장할 준비를 마쳐가고 있었습니다.

3. 헬라 제국의 등장

마케도니아 왕 필립포스 2세는 크레니데스(신약성경의 빌립보)에서 금광을 발견하여 엄청난 재력을 확보하게 됩니다. 훗날 사도 바울이 마케도니아, 즉 지금의 유럽에 복음을 전하기 위해 처음 발걸음을 내디딘 곳이 바로 이곳입니다(행 16:11~12).

필립포스 2세는 왕이 된 후 얼마 되지 않아, 그동안 마케도니아를 얕잡아보던 그리스 전체를 점령합니다. 그런데 여기까지 이루어놓은 그가 갑자기 암살당하자, 20세의 젊은 왕자 알렉산더(재위 B.C.336~323년)가 뒤를 잇습니다. 알렉산더는 강한 패기와 원대한 꿈을 지닌 인물로, 10여 년이라는 짧은 기간 동안 거대한 제국을 건설합니다.

왕위에 오른 알렉산더는 부친 필립포스 2세가 구축한 강력한 군사력을 기반으로 진군을 시작했습니다. B.C.334년 겨울, 알렉산더는 소아시아 서

델로스 동맹 vs. 펠로폰네소스 동맹
다시 침략해 올 페르시아를 대비하고자 아테네를 중심으로 그리스의 주요 도시국가들(아테네, 스파르타, 고린도, 테베 등)이 결성한 연합이 델로스 동맹이다. 아테네의 페리클레스가 동맹을 주도했지만, 동맹국들의 분담금을 아테네의 발전에 사용하고, 고린도(코린트)를 비롯한 동맹국들을 강압적으로 통치하면서 갈등이 심화되었다. 이로 인해 아테네 중심의 델로스 동맹과 스파르타 중심의 펠로폰네소스 동맹으로 양분되어 펠로폰네소스 전쟁이 발발했고, 전쟁은 스파르타의 승리로 끝났다. 스파르타는 약 30년간 그리스를 통치했으나, 이후 테베로 주도권이 넘어갔다. 결국 그리스는 마케도니아의 필립포스 2세와 알렉산더에게 정복당하게 된다.

그리스의 철학자들
B.C.481년경, 소피스트 프로타고라스는 "사람은 만물의 척도"라는 주관적 진리를 강하게 설파했다. 그러자 "너 자신을 알라"라는 말로 유명한 소크라테스는 소피스트들의 논리를 거부하고, 객관적 진리가 존재함을 주장했다. 플라톤은 진실의 존재를 이데아라고 부르며, "물질적인 것들은 이데아의 그림자에 불과하다"라고 말했다. 그의 제자 아리스토텔레스는 "결국 실체는 형상과 동일한데, 그것이 형상과 질료로 나뉘어 있을 뿐이다"라고 주장했다. 이처럼 그리스의 철학자들은 정치, 경제, 윤리, 철학 등 다양한 분야의 사상 기초를 놓아가고 있었고, 동시대에 예루살렘에서는 에스라와 느헤미야가 활동하고 있었다.

부와 남부를 점령하고, 이듬해 이수스(Issus) 전투에서 다레이오스 3세가 이끄는 페르시아 군대와 접전하여 크게 승리를 얻습니다. 이후 알렉산더는 페르시아의 4대 수도 중 하나인 수사성을 바로 공격하지 않고, 방향을 돌려 지중해 연안을 따라 이집트(애굽)로 향했습니다.

이집트를 향해 내려오는 도중, 알렉산더는 지중해 연안에서 조금 떨어져 있는 해상 도시 두로(Tyre)를 점령할 계획을 세웁니다. 당시 페니키아의 주요 도시였던 두로는 지중해의 해상권을 장악하고 있었는데, 주변에 있는 다른 도시들과는 달리 끝까지 항복을 거부했습니다. 워낙 영토 자체가 천혜의 요새였기 때문에, 그들은 결코 전쟁에서 지지 않을 자신이 있었던 것입니다.

알렉산더 역시 두로를 점령하기가 쉽지 않았습니다. 7개월 동안 여러 차례 점령을 시도했으나 번번이 실패했습니다. 곰곰이 생각한 알렉산더는 1만여 명의 군인들을 동원해 산에 가서 커다란 바위들을 굴려오게 한 후, 해변과 두로 사이 바다를 돌로 메우기 시작했습니다. 이렇게 육지와 섬 사이에 방파제를 만든 알렉산더의 군대가 마침내 두로를 점령합니다.

이전에 아모스, 예레미야, 에스겔 선지자가 두로의 멸망을 예언한 바 있습니다. 알렉산더에게 항복하기를 거부했던 블레셋의 가사(Gaza)도 두로와 마찬가지로 공격을 받아 두 달 만에 함락되었는데, 이는 스가랴 선지자의 예언이 성취된 것입니다(슥 9:5). 신구약 중간 시기는 이처럼 여러 나라에 대한 예언의 말씀들이 성취된 때이기도 합니다.

알렉산더는 B.C.332년에 이집트를 정복하고, 자신의 이름을 딴 알렉산드리아(Alexandria)라는 도시를 세웁니다. 그곳에는 당시 세계에서 가장 큰 도서관이 세워졌습니다. 알렉산더는 어느 지역을 점령하러 갈 때마다 학자들과 기술자들을 데리고 가서 정복지 문화와 그리스 문화를 교류시키고, 여러 알렉산드리아를 세우며 그리스 문화로 정복민들을 개화시켰습니다. 고대 동방의 문명을 오리엔트 문명이라고 하는데, 알렉산더 시대에 오리엔트 문명과 그리스의 문명이 만나 헬라 문명, 곧 헬레니즘(Hellenism)이 형성됩니다. 이는 알렉산더의 정복으로 문명들이 통합된 결과였습니다.

알렉산드리아를 건설하는 알렉산더 _ 플라치도 콘스탄치 作

필립포스 2세 (Philippos II)
마케도니아 왕자 필립포스 2세는 테베에서 인질로 지내는 동안 스파르타, 아테네, 그리고 페르시아의 전쟁 기술까지 익히며 군사 방면의 천재로 성장해 돌아왔다. 그는 크레니데스에서 금광을 발견해 막대한 재원을 확보했고, 이를 바탕으로 충분한 자금과 최고의 군사 지식을 갖추어 결국 그리스 전체를 점령하게 된다. 그가 개발한 장창 밀집 부대(팔랑크스, Phalanx)는 이후 알렉산더의 정복 전쟁에서도 핵심 전술로 사용되었다.

알렉산더 (Alexander the Great)
필립포스 2세의 아들로, 10대에 약 4년간 아리스토텔레스를 가정교사로 두고 철학, 과학, 정치학 등 그급 교육을 받았다. 그는 단순히 페르시아를 방어하는 데에서 그치지 않고, 페르시아 제국을 정복하려는 원대한 계획을 세웠다. 이수스 전투에서 페르시아의 다레이오스 3세를 물리친 후, 페르시아의 4대 수도를 차례로 점령하며 마침내 제국 전역을 장악하고, 인도 북서부까지 지배 범위를 넓혔다. 이로써 광활한 헬라 제국을 이루었다.

헬라 제국

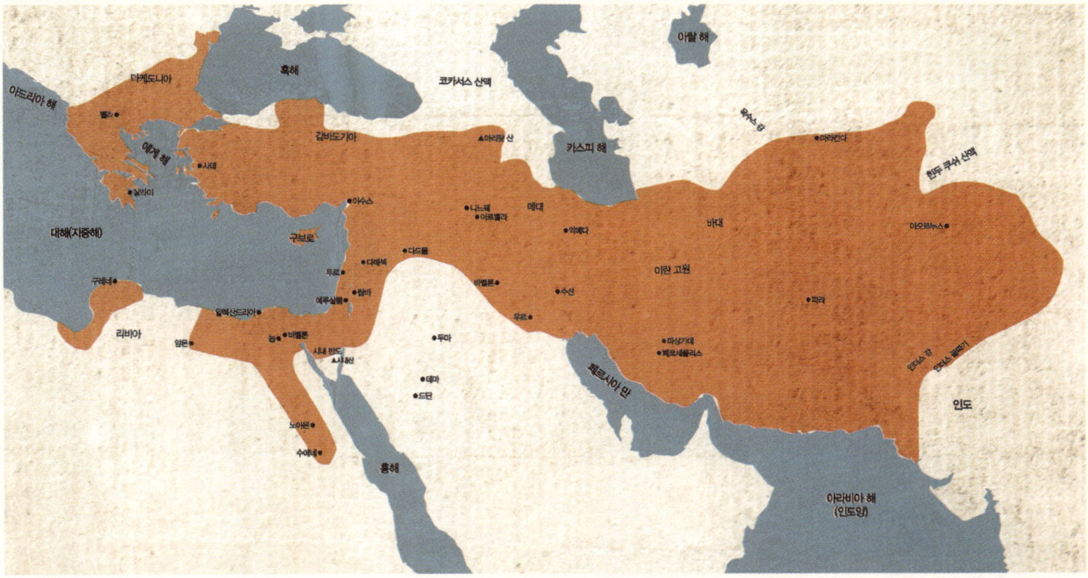

알렉산더는 이집트에서 다시 지중해 연안을 따라 북상하며 페르시아의 4대 수도인 수사, 바벨론, 페르세폴리스(바사), 엑바타나(악메다)를 차례로 점령합니다. 이렇게 거대한 제국을 만든 알렉산더는 B.C.326년에 동쪽으로 계속 진군해 인도에 이르렀을 때, 오랜 전쟁에 지친 군인들의 종군 거부로 군대를 돌려야 했고, B.C.323년 32세의 젊은 나이에 죽고 맙니다.

알렉산더의 갑작스런 죽음은 헬라 제국에 큰 변화를 가져왔습니다. 알렉산더가 죽자 헬라 제국은 일곱 명의 장수에 의해 나뉘어 다스려지다가, 권력 다툼 끝에 세 명은 도태되고 네 명의 장수가 분할 통치하게 됩니다.

일단 우리의 관심은 유대 지역과 연관이 있는 프톨레미(Ptolemy) 왕조에 집중됩니다. 이집트를 다스리던 프톨레미 왕조에는 셀루커스라는 군대 총사령관이 있었는데, 그는 군대 총사령관에 만족하지 않고 독자적인 정치 세력을 확보합니다. 프톨레미 왕이 알렉산더의 후계자로 자처하고 나서는 안티고누스를 저지하러 간 사이, 그는 결국 셀루커스 왕조를 세웁니다. 이때부터 셀루커스 왕조가 메소포타미아 유역 시리아 지역을 다스리게 됩니다.

즉, 유대를 사이에 두고 북쪽에는 셀루커스 왕조가 시리아 헬라 제국을, 남쪽에는 프톨레미 왕조가 이집트 헬라 제국을 세워 다스렸습니다. 두 나라는 당시 세력이 가장 큰 나라들이었고, 유대 지역을 사이에 두고 오랜 시간 서로 경쟁하고 다투게 됩니다.

알렉산더의 세계동포주의 (Cosmopolitanism)

알렉산더는 정복지의 문화와 사람들을 하나의 제국 시민으로 받아들이며, 페르시아인들과의 혼인 정책을 장려하고 동방 문화와 헬라 문화를 통합, 확산시키는 '세계동포주의(코스모폴리타니즘)'를 실현하려 했다. 그는 정복지마다 알렉산드리아와 같은 헬라식 도시를 세우고, 그리스어 사용과 헬라 문화 교육을 통해 헬레니즘 문화를 강력하게 퍼뜨렸다.

4. 헬라 제국의 프톨레미 왕조(이집트 헬라 제국)

B.C.322년 프톨레미 1세는 이집트를 손에 넣고, B.C.320년에는 유대까지 합병합니다. 이때부터 유대 지역은 122년간 프톨레미 왕조의 통치를 받게 됩니다.

프톨레미 왕조는 대체로 속국민들의 종교적 신념과 관습을 인정해 주는 관대한 정책을 펼쳤습니다. 그래서 이 시기에 유대는 평화와 안정을 누렸고, 유대의 대제사장들은 정치와 종교의 지도자로서 계속 자리를 보존했습니다. 하지만 프톨레미 왕조와 셀루커스 왕조 사이에 계속된 전쟁으로 유대는 양쪽 군대의 말발굽에 짓밟히며 여러 차례 수난을 겪게 됩니다.

이집트를 통치한 프톨레미 왕조
- 프톨레미 1세 - Lagus의 아들, Ptolemy Soter/ B.C.323~283
- 프톨레미 2세 - Ptolemy Philadelphus/ B.C.283~247
- 프톨레미 3세 - Euergetes/ B.C.247~221
- 프톨레미 4세 - Philopator/ B.C.221~203
- 프톨레미 5세 - Epiphanes/ B.C.203~181
- 프톨레미 6세 - Philometer/ B.C.181~146
- 프톨레미 7세 - Euergetes II / B.C.146~117

- Introduction to the Intertestamental Period by R. F. Surburg

5. 헬라 제국의 프톨레미 왕조와 모세오경의 세계화

이집트 헬라 제국 프톨레미 왕조의 두 번째 왕인 프톨레미 2세 때, 이집트 헬라 제국의 수도이자 자랑인 알렉산드리아의 도서관에는 약 20만 권의 장서가 있었습니다. 프톨레미 2세는 도서관 관장 데메트리우스 파레리우스와 대화를 나누던 중, 도서관 장서를 50만 권까지 확대하기로 결정합니다. 그리고 가장 중요한 사업으로, 유대의 모세오경을 히브리어에서 헬라어로 번역해 알렉산드리아 도서관에 소장하기로 했습니다.

이 프로젝트를 위해 프톨레미 2세는 유대로부터 70명의 학자를 이집트로 직접 초빙했고, 일정 기간을 정해 각기 다른 처소에 머물면서 번역 작업을 진행하게 했습니다. 이후 70명이 각각 번역한 모세오경을 하나하나 모두 검토했는데, 놀랍게도 그들의 번역이 완벽하게 일치했다고 전해집니다. 그래서 이때 히브리어에서 헬라어로 번역된 모세오경을 '70인역'(Septuagint, LXX)이라고 부릅니다.

모세오경이 히브리어에서 헬라어로 번역됨으로써 헬라 제국 전역에서 모세오경을 읽을 수 있게 되었고, 이 일은 모세오경이 세계화가 되는 역사적인 계기가 되었습니다.

70인역 (Septuagint, LXX)
프톨레미 2세가 초빙한 유대의 율법학자 70명(혹은 72명)에 의해 '모세오경'이 히브리어에서 헬라어로 번역되었다. 이 성경을 후대의 사람들은 '셉투아진트(Septuagint)'라는 라틴어 명칭으로 부른다. 유대의 율법학자들은 에스라에게 율법을 배운 유대인의 후손이었다. 프톨레미 2세는 귀국하는 율법학자들에게 각각 최고급 옷 3벌, 금 2달란트, 1달란트 값의 잔 1개와 가구를 선물로 주었다고 한다.

33과 헬라 제국과 중간사 - 마카비 혁명

시간 흐름 *time flow*

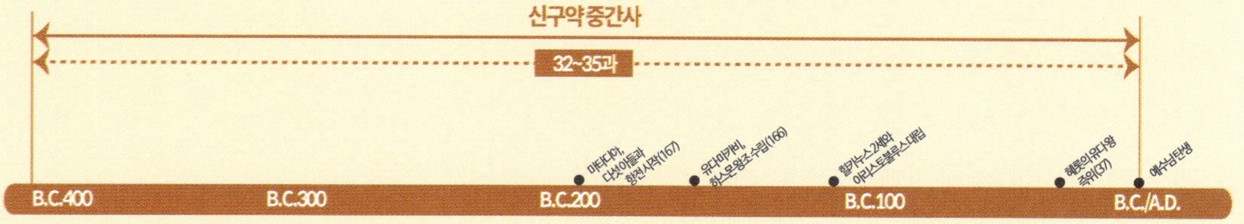

지금 공간 *current location* 유대

주요 인물 *main character* 안티오쿠스 4세, 마타디아와 다섯 아들, 하시딤 세력들, 유대 분파들(사두개파, 바리새파, 에세네파, 젤롯당)

통通포인트 *tong point*

마카비 혁명 - 수전절의 시작과 유대 분파

마카비 혁명은 유대가 시리아 헬라 제국의 지배를 받던 시기에, 지독한 헬라화 강요와 율법 및 할례 금지, 그리고 예루살렘 성전 모독과 안식일에 유대인들을 공격하는 일에 대한 저항으로 일어났습니다. 마카비 혁명은 하스몬 가문의 마타디아 제사장이 그의 다섯 아들과 함께 시작했으며, 초기에는 하시딤과 마카비 가문이 동맹을 맺고 함께 저항했습니다. 그러나 시간이 흐르면서 서로 뜻을 달리하기 시작했고, 유대인은 사두개파, 바리새파, 에세네파 등 여러 분파로 나뉘게 됩니다. 이때 생겨난 분파들은 이후 로마 제국이 지배하던 신약 시대까지 계속 이어집니다. 신약성경에 나오는 '수전절'(요 10:22)은 마카비 혁명이 성공한 후 예루살렘 성전을 정결하게 한 사건을 기념하여 제정된 명절입니다.

1. 헬라 제국의 셀루커스 왕조(시리아 헬라 제국)와 헬라화 강요 정책

122년간 이집트 헬라 제국의 통치를 받았던 유대는, 자치 지도부인 산헤드린 공회원들의 내부 결정에 따라 은밀히 시리아 헬라 제국과 손잡고 유대에서 이집트 헬라 제국 세력을 몰아냅니다. 그러자 시리아 헬라 제국은 유대에 3년간 세금을 면제해 주고, 이집트 헬라 제국보다 더 나은 처우를 약속하며 유대의 환심을 샀습니다.

그런데 그 무렵, 로마가 카르타고와 120년간 지속해 오던 포에니 전쟁을 승리로 이끌며 새로운 제국으로 부상하게 되었고, 시리아 헬라 제국과 전쟁을 벌이게 됩니다. 이 전쟁에서 시리아 헬라 제국은 로마에 크게 패하면서 막대한 배상금을 물게 되었고, 급기야 유대에 약속했던 모든 혜택을 전면 취소했습니다. 시리아 헬라 제국은 로마에 지급해야 하는 배상금을 구하기 위해 유대를 포함한 모든 식민지를 강하게 압박하기 시작했습니다.

시리아 헬라 제국이 유대에 헬라화를 강요한 첫째 이유는, 로마와의 전쟁에서 패했기 때문입니다. 전쟁에서 패한 시리아 헬라 제국은 당시 고대 사회에서 징수된 배상금으로는 가장 큰 액수인 1만 5천 달란트를 로마에 지불해야 했습니다. 그래서 유대를 비롯한 모든 식민지로부터 어마어마한 돈을 징수했던 것입니다. 그 결과, 시리아 헬라 제국은 관용이나 세금 면제와 같은 정책 대신 무자비한 세금 징수, 성전 헌금 탈취, 더 나아가 성전 압류까지도 감행했습니다.

시리아를 통치한 셀루커스 왕조
- 셀루커스 1세 - Nicator/ B.C.312~280
- 안티오쿠스 1세 - Soter/ B.C.280~261
- 안티오쿠스 2세 - Theos/ B.C.261~246
- 셀루커스 2세 - Callinicus/ B.C.246~226
- 셀루커스 3세 - Keroneos/ B.C.226~223
- 안티오쿠스 3세 - B.C.223~187
- 셀루커스 4세 - Philopator/ B.C.187~175
- 안티오쿠스 4세 - Epiphanes/ B.C.175~163
- 안티오쿠스 5세 - Eupator/ B.C.163~162
- 데메트리우스 1세, 데메트리우스 2세와 알렉산더 발라스의 권좌를 위한 투쟁-B.C.162~150
- 알렉산더 발라스 - B.C.150~145
- 데메트리우스 2세 - B.C.145~139
- 안티오쿠스 7세 - B.C.139~134

- Introduction to the Intertestamental Period by R. F. Surburg

둘째, 시리아 헬라 제국이 유독 유대에 헬라화를 더욱 강요한 이유는, 그들의 라이벌인 이집트 헬라 제국과의 전쟁을 위해 이집트로 출정했을 때 벌어진 사건 때문입니다. 당시 이집트 헬라 제국이 로마에 도움을 요청하자, 이에 응한 로마의 대군이 이미 바다를 가득 메운 채 시리아 헬라 제국을 기다리고 있었습니다. 예상치 못한 상황에 직면한 시리아 헬라 제국은 단 한 차례의 전투도 치르지 못한 채 자국으로 철수하면서 괜한 분풀이를 유대에 퍼부었던 것입니다.

안티오쿠스 4세 (Antiochos IV Epiphanes)
안티오쿠스 4세는 극심한 유대인 탄압을 시작한 왕으로, '모든 민족의 헬라화'로 제국을 일치단결시키고자 했다. 그는 식민지 전역에 헬레니즘과 세계동포주의 등을 강요했으며, 특히 모세 때부터 1,200여 년 동안 이어져 온 유대의 히브리 사상, 곧 헤브라이즘을 뿌리 뽑으려 했다.

시리아 헬라 제국은 유대 민족에게 할례를 금지시키고, 하나님께 올려드리는 제사 또한 금지시켰으며, 더 나아가 예루살렘 성전에 제우스 신상을 세워놓고, 성전 안에 돼지 피를 흘려보내는 등 온갖 만행을 자행하며 헬라화를 강요했습니다. 심지어 할례를 행한 부모들을 아이와 함께 죽이고, 안식일을 지키거나 율법서를 소지한 사람들을 죽였습니다. 그들은 성전을 약탈하고, 인두세와 제왕세, 성전세 등을 가혹하게 부과하며 유대 민족을 끊임없이 괴롭혔습니다.

2. 유대의 마카비 혁명 시작 - 마타디아

시리아 헬라 제국에서 가장 잔인하게 유대를 괴롭힌 왕은 안티오쿠스 4세였습니다. 안티오쿠스 4세의 박해를 참다못한 유대 민족은 시리아 헬라

마타디아(Matthathias)의 유언
"율법을 위해 열심을 다할 것이며, 우리 조상들의 언약을 지키기 위해 목숨을 바쳐라."

제국에 맞서 '마카비 혁명'을 일으켰습니다. 모데인의 한 원로 제사장이 세상을 바꾸기 시작한 것입니다.

예루살렘을 완전히 장악한 시리아 헬라 제국은 대표자 한 사람을 모데인에 보내 그곳에서도 제우스 신을 위한 제사를 집례하라고 강요하자, 늙은 제사장 마타디아 하스몬이 그를 돌로 쳐 죽이고 다섯 명의 아들과 함께 무력 항쟁을 일으켰습니다. 그동안 안티오쿠스 4세의 박해에 고통당하던 하시딤(Hasidim)들까지 마타디아와 연합하여 저항 세력은 더욱 커졌습니다.

안티오쿠스 4세의 성직 매매
안티오쿠스 4세는 돈을 받고 자기 마음대로 '야손'이라는 사람을 유대의 대제사장으로 임명했다. 이후 토비아드 가문의 메넬라우스가 더 많은 돈을 주고 대제사장직에 오르는 등 A.D.70년 예루살렘이 로마에 멸망할 때까지 성직 매매가 계속되었다.

하시딤 (Hasidim)
하시딤은 안티오쿠스 4세가 유대교를 탄압하고 헬레니즘을 강요하던 시기에 등장한 경건한 유대인 공동체다. 하시딤은 '경건한 사람들, 충성된 사람들'이라는 뜻이다. 이들은 율법과 신앙을 지키기 위해 결사적으로 시리아 헬라 제국에 저항했고, 이들의 정신은 바리새인의 경건주의로 계승되었다.

3. 유대의 마카비 혁명 - 유다 마카비

모데인의 제사장 마타디아 하스몬이 힘겨운 무력 항쟁을 이끌다가 1년 만에 죽자, 마타디아의 셋째 아들 유다가 아버지의 뒤를 이어 혁명군을 지휘합니다. '망치질하는 사람'이라는 뜻의 별명 '마카비'로 불리는 유다 마카비는 3,000명의 혁명군을 이끌며 게릴라전을 펼쳐, 시리아의 정규군(보병 46,000명, 기병 7,000명)을 물리치기까지 합니다.

마카비 가문의 순교 _ 프란츠 J. 헤르만 作

이때 안티오쿠스 4세가 동부 전선에서 전사하자, 시리아 헬라 제국은 유다 마카비와 타협하며 예루살렘 성전을 원래 목적대로 다시 사용하도록 허락합니다. 성전 회복이 주된 목적이었던 하시딤은 혁명 대열에서 철수합니다. 그러나 유다 마카비는 끝까지 유대의 완전한 독립을 위해 죽을 때까지 시리아 헬라 제국과의 전쟁을 이어갔습니다.

마타디아의 다섯 아들
1. 요한 - 장남으로, 초기 마카비 무장 저항에 참여
2. 시몬 - 유대를 독립 국가로 세운 지도자
3. 유다 마카비 - 마카비 혁명의 실질적 지도자, 예루살렘 성전 정결
4. 엘르아살 - 시리아 헬라 제국의 코끼리 부대와 전투 중 전사
5. 요나단 - 탁월한 외교 능력으로 유대의 대제사장직을 임명받음

:지도자 계승 순서
유다 마카비 ⇒ 요나단 ⇒ 시몬

4. 수전절 (하누카)

유다 마카비 시대에 예루살렘 성전이 회복되자, 유대 민족은 이날을 기념하는 축제를 제정했습니다. 이는 마치 페르시아 제국 시대에 부림절을 제정했던 것처럼, 헬라 제국 시대에 수전절(Festival of Dedication, 히브리어로 '하누카' Hanukkah – '봉헌'이라는 뜻)이 새롭게 제정된 것입니다. 예루살렘 성전이 다시 정결하게 되고 회복된 것을 기념하며 만든 명절이 수전절입니다.

수전절은 이스라엘 달력으로 기슬르월 25일부터 8일간 지켰습니다. 유대인들은 예루살렘 성전이 회복된 이날을 기억하고 기념하며 수전절을 계

속 지켜왔습니다. 예수님께서 수전절에 예루살렘 성전에 가신 기록이 성경에 나와 있습니다. “예루살렘에 수전절이 이르니 때는 겨울이라 예수께서 성전 안 솔로몬 행각에서 거니시니”(요 10:22~23).

5. 마카비 혁명 후

유다 마카비가 죽은 후, 그의 막냇동생 요나단이 둘째 형 시몬의 도움을 받아 유대 민족의 지도자가 됩니다. 유대에 대한 영향력을 계속 행사하고 싶었던 시리아 헬라 제국은 유대에 대한 헬라화를 포기하고, 요나단을 유대의 대제사장으로 임명합니다. 사실 당시 시리아 헬라 제국은 국내 사태와 내전으로 인해 유대 지역에 신경 쓸 여력조차 없었습니다. 그 덕분에 유대는 비교적 평온한 시기를 누릴 수 있었습니다. 그러다가 B.C.142년 요나단이 시리아 헬라 제국의 한 장군에게 살해당하자, 당시 마타디아 하스몬의 아들 중 유일하게 생존해 있던 둘째 시몬이 고령의 나이에도 불구하고 유대의 지배권과 대제사장직을 이어받습니다. 이때 유대는 시리아 헬라 제국으로부터 사실상 독립하게 됩니다.

마타디아에서 시몬의 운동까지를 큰 틀에서 마카비 혁명이라 부르며, 이후 시몬의 아들 요한 힐카누스가 대제사장직을 이어받고 왕까지 겸하면서, 유대는 본격적인 하스몬 왕조 시대로 접어듭니다. 하스몬 왕조는 로마 제국의 지배를 받기 이전까지 약 80년간 유대를 통치했습니다.

6. 유대 분파

예수님께서 사역하시는 동안 적대적인 관계에 있었던 집단 중 가장 두드러지는 이들은 바리새파와 사두개파였습니다. 바리새파와 사두개파가 등장한 시기가 바로 이 시기입니다. 이들이 어떤 사람들이었는지를 이해하는 것은 신약성경을 이해하는 데 매우 중요합니다.

● 바리새파

셀루커스 왕조의 안티오쿠스 4세가 유대인들을 헬라 문화로 개종시키기 위해 율법을 금지하고, 율법을 지키는 사람들을 극심하게 핍박했을 때, 끝까지 믿음을 지킨 사람들을 ‘하시딤’이라 부릅니다. 이들은 앞서 살펴본 대로 ‘마카비 혁명’ 초기에는 마카비 일가와 동맹을 맺고 함께 저항했습니다.

수전절 촛대 (위키피디아)

수전절 촛대와 촛불
수전절 기간 동안, 첫째 날에는 촛불 한 개를 켜고, 둘째 날에는 촛불 두 개를 켠다. 이렇게 매일 하나씩 늘려서 여덟째 날에는 여덟 개의 촛불과 함께, 그동안 불을 켤 때 사용하던 마지막 아홉번 째 촛불, 샤마시도 밝힌다. 이때 사용하는 촛대는 하누키야, 촛불은 메노라라고 부른다. 요세푸스는 수전절을 ‘빛의 절기’라고 불렀다.

수전절에 부르는 할렐 (Hallel)
수전절에는 시편 113~118편의 ‘할렐(Hallel)’을 부르며 기쁨을 나누었다. 할렐은 하나님께 찬양과 감사를 드리는 내용의 시편이다. 유대인들은 수전절, 초막절 등 여러 명절이나 특별한 행사 때 할렐을 낭독하고 하나님을 찬양했다. 수전절은 예루살렘 성전에서도 지켰지만, 각 가정에서 지키는 것도 허용되었다. 모든 가족이 모여 하누키야에 불을 밝히고 할렐을 낭독하며, 함께 식사하고 선물을 주고받으면서 성전이 정결해진 날을 기념했다.

하스몬 왕조의 시작
마타디아의 둘째 아들 시몬이 요나단의 대제사장직과 유대 지배권을 물려받고 통치를 시작했다. 시몬은 헬라파와 하시딤, 마카비파를 아우르는 통합을 이루었고, 유대인들로부터 국가 통치자의 직위 세습까지 인정받아 아들 요한 힐카누스에게 대제사장직과 국가 통치권을 물려주었다. 이로써 본격적인 하스몬 왕조가 시작되었다.

바로 이 '하시딤'에서 '바리새파'가 나오게 됩니다. '바리새'라는 말은 '분리된 사람들'이라는 뜻을 가지고 있습니다.

역사가 요세푸스의 기록에 따르면, A.D.1세기에 바리새파는 약 6천 명이었다고 합니다. 사두개인들이 주로 몇몇 부유한 가문이나 제사장 가문으로 구성된 데 반해, 바리새파인들은 도시 상인 계층의 후손들이었습니다. 그들은 경제적으로 상당히 성공한 집단이었으며, 사회적 언어와 종교적 언어를 모두 능숙하게 구사하는 사람들이었습니다. 예수님을 찾아왔던 니고데모나 사도 바울이 바로 이 바리새파 출신입니다.

헤브라이즘 (Hebraism)
헤브라이즘은 유대인들의 사상, 문화, 생활, 전통 전반을 아우르는 개념으로, 헬레니즘과 함께 서양 사상의 양대 산맥이다. 이는 유일신 여호와 신앙이 유대 역사 속에서 점차 깊어진 사상으로, 메시아사상으로 귀결된다. 헤브라이즘은 바벨론 포로 시기를 거치며 더욱 심화되었고, 훗날 기독교가 탄생하면서 유대교와 기독교 전반을 포괄하는 사상적 기반이 되었다.

● 사두개파

사두개인들은 제사장 계통의 후손들로, 헬라 사상 일부를 받아들여 종교 권력을 유지했던 최고위 종교 지도자들이었습니다. 솔로몬 시대 대제사장이었던 '사독'의 후손들이라 하여 '사두개파'로 불렸고, 이들은 성전 관리 일체를 맡고 있었습니다.

그들은 종교 귀족으로서의 지위를 유지하기 위해 한쪽으로는 율법을 지키는 척하면서, 한쪽으로는 현실 권력과 타협했습니다. 그들의 생활은 현세적이었으며, 율법을 어기면서까지도 당시 정치적 힘을 행사하던 로마 총독이나 헤롯 왕과 타협했습니다.

사두개파의 모순
성전에서 제사드리는 사명을 가진 제사장 그룹인 사두개파는 성전을 자신의 정치적 기반으로 삼아 자신들의 자리만 지키는 모순된 모습을 보여준다. 이들은 구약성경의 선지서를 믿지 않았기에, 스룹바벨 성전 재건의 핵심인 에스겔 선지자의 성전 조감도나, 학개와 스가랴 선지자의 메시지도 믿지 않았다.

사두개파는 바리새파와 달리, 전통을 거절하고 기록된 율법 곧 '모세오경'만을 받아들였습니다. 또한 육체의 부활이나 죽음 후의 심판, 천사와 악마의 존재를 부인했습니다. 쉽게 말해, 부활을 믿지 않는 것입니다. 그래서 그들에게는 내세가 아닌 현재가 더 중요했습니다. 이후 사도 바울이 5차 산헤드린 공회 재판정에 섰을 때, 부활에 대한 사두개파와 바리새파의 상반된 입장을 이용해 그 자리를 빠져나오기도 했습니다(행 23:6~11). 사두개인들은 확실히 바리새인들에 비하면 율법이나 생활 전반에 있어서 더 융통성을 보였는데, 이는 사실 세속적이고 자유주의적인 태도였습니다.

사해 두루마리 (Dead Sea Scrolls)
'사해 두루마리', 또는 '사해 사본'은 사해 서안의 쿰란 동굴에서 발견된 구약성경 사본과 유대교의 관련 문서를 가리키는 것으로, 사해 인근 계곡에 있는 동굴에서 발굴된 방대한 문헌을 포괄하는 명칭이다. 1947년 베두인 소년이 잃어버린 염소를 찾아 동굴을 찾아갔다가 발견된 항아리 속에 들어 있던 두루마리들로부터 역사가 시작되었다. 사해 사본은 대체로 가죽에 쓰였으며, 지금까지 발견된 것 가운데 가장 긴 것은 무려 8.6m에 이른다.

● 에세네파

에세네파는 '침묵', '경건'을 의미하는 이름입니다. 바리새파와 사두개파로부터 자극을 받아 생겨난 새로운 종파였습니다. 율법에 대해서는 바리새파와 비슷하게 엄격한 입장이었으나, 현실을 회피하고 은둔하는 태도를 보였습니다. 이들은 물도 나무도 거의 없는 광야 지역의 동굴에 모여 공동체 생활을 했으며, 그 동굴에서 '사해 사본'이라고 부르는 성경 사본이 발견되기도 했습니다.

이들은 농업 등의 일에 종사하고, 성경 해석을 포함하여 도덕적, 종교적 문제점들을 공동으로 연구하는 데 많은 시간을 할애했다고 전해집니다. 모든 재산을 공유하고 노예를 두지 않았으며, 정결 예식에 세심한 주의를 기울이며 생활했습니다. 세례 요한이 에세네파 출신이었을 것이라는 견해도 있습니다.

바리새인과 사두개인 _ 그레이스 커뮤니언 인터내셔널

● 열심당(젤롯당)

유대 사회에는 바리새파, 사두개파, 에세네파 외에도 열심당이라고 하는 젤롯당이 있었습니다. 이들은 현실을 그대로 받아들이기보다는 게릴라식 테러나 신념을 즉각 행동으로 옮기는 과격한 특징을 보인 집단이었습니다. 기본적으로 유대교를 수호하려 했다는 점에서는 바리새파와 다르지 않았지만, 바리새파가 이방인의 통치를 수용하며 하나님의 때를 기다렸던 것에 반해, 열심당은 마카비 혁명을 일으켰던 마타디아처럼 무력으로라도 유대를 해방시키는 것을 자신들의 목표로 삼았습니다. 이들은 단순한 폭도도 아니며, 체계적인 종교 신념을 가지고 항거한 사람들도 아니었지만, 애국적 유대인인 것만은 확실합니다. 에세네파가 철저한 분리주의자적 자세로 탈세상적이었다면, 열심당은 현실 참여를 위해 세상 한복판으로 뛰어들었던 사람들이라고 할 수 있습니다.

예수님의 제자 중에도 열심당 출신인 사람이 있었습니다(눅 6:15). 또한, 예수님과 함께 십자가형을 당한 '강도'나 '바라바'도 열심당원이었을 것으로 추측하기도 합니다.

34과 하스몬 왕조와 중간사 – 왕 겸 대제사장 통치

시간 흐름 *time flow*

지금 공간 *current location* 유대

주요 인물 *main character* 요한 힐카누스, 아리스토불루스 1세, 알렉산데스 야나이우스, 살로메 알렉산드라, 힐카누스 2세, 아리스토불루스 2세

통通포인트 *tong point*

제사장 나라 법을 어긴 하스몬 왕조

하스몬 왕조는 유대가 시리아 헬라 제국으로부터 독립한 후, 다시 로마 제국의 식민지가 되기 전까지 80여 년 동안 존재했던 왕조입니다. 마카비 혁명을 시작하고 이끈 제사장 하스몬 가문이 유대에서 왕의 가문이 된 것입니다. 이 시기는 이스라엘의 '왕정 500년' 이후, 앗수르, 바벨론, 페르시아, 헬라 제국의 지배로 인해 완전히 사라졌던 왕조가 잠시나마 부활한 시기였습니다. 그런데 하스몬 왕조는 이스라엘의 '왕정 500년'과는 달리 대제사장이 왕을 겸하면서, 종교 지도자뿐 아니라 정치 지도자로도 유대를 통치했습니다. 하스몬 왕조의 '왕 겸 대제사장' 체제는 알렉산데스 야나이우스가 왕이 되면서 문제가 발생합니다. 그가 홀로 된 형수와 결혼하면서 대제사장으로서 제사장 나라의 법을 어긴 것입니다. 이 사건을 계기로 유대는 사두개파와 바리새파의 분열이 더욱 깊어집니다.

1. 하스몬 왕조

'왕정 500년' 동안 이스라엘은, 통일 왕국의 왕으로 사울, 다윗, 솔로몬이 다스렸고, 이후 르호보암 때 한 민족 두 국가로 나뉘어 북이스라엘은 200여 년 동안 19명이, 남유다는 350여 년 동안 20명의 왕이 나라를 다스렸습니다. 이렇게 '왕정 500년' 동안 이스라엘의 왕들은 나라를 통치했고, 성전 직무를 담당하는 대제사장은 따로 존재했습니다. 다시 말해, '왕정 500년' 동안 왕과 대제사장은 제사장 나라 공직자로서 항상 분리되어 각자의 역할을 감당했습니다.

그런데 하스몬 왕조는 왕이 대제사장직을 겸한 독특한 형태의 왕조였습니다. 그 이유는 마카비 혁명을 이끈 마타디아 가문의 후손들이 대제사장과 왕을 겸해 나라를 통치했기 때문입니다. 이들은 예루살렘 성전에서 대제사장의 역할을 감당한 동시에 유대의 왕으로서 나라를 통치했습니다.

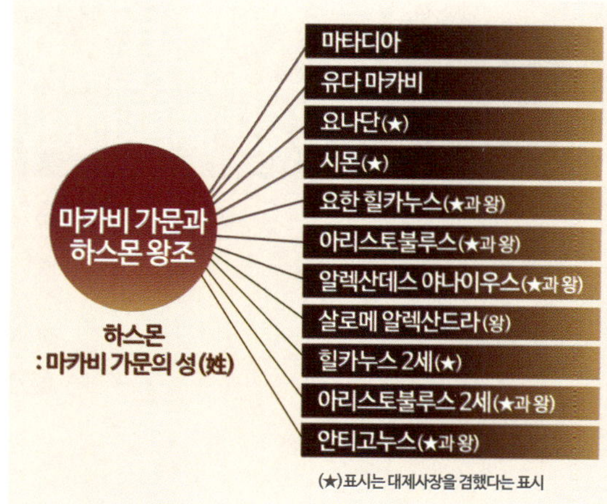

2. 요한 힐카누스

마타디아, 유다 마카비, 요나단, 시몬까지는 마카비 혁명을 이끈 제사장 가문으로 분류됩니다. 그런데 시몬의 아들인 요한 힐카누스부터는 하스몬 왕조로 구분됩니다. B.C.142년, 시몬이 통치를 시작하면서 유대는 시리아 헬라 제국으로부터 독립했고, 그 뒤를 이은 시몬의 아들 요한 힐카누스는 대제사장이자 왕의 자격으로 유대를 통치했습니다. 이때부터 하스몬 가문은 왕위를 세습하며, 본격적인 '하스몬 왕조'를 형성하게 됩니다. 하스몬 왕조의 가장 큰 특징은 대제사장이 왕직을 겸하며, 유대의 종교와 정치 지도자 역할을 동시에 수행했다는 것입니다.

요한 힐카누스 〈위키피디아〉

먼저, 요한 힐카누스는 하스몬 왕조의 첫 번째 왕으로 시몬의 아들이자 용감한 마타디아의 손자다운 지도자였습니다. 그는 유대를 다시 다윗 시대처럼 만들려는 목표를 품고 정복자의 길을 걸었습니다. 사마리아성을 1년간 포위하여 정복했고, 옛 에돔 왕국인 이두매 지역을 정벌한 뒤 이두매인들을 유대교로 개종시켰습니다. 이때 요한 힐카누스는 헤롯의 아버지인 안티파터를 유대교로 개종시켜 하스몬 왕조의 2인자가 되게 했습니다. 또한 그는 주화를 발행해 자신의 이름을 새기기까지 했습니다. 죽기 전에 스스로 사두개인이라 자처한 요한 힐카누스는 31년에 걸쳐 여러 지역을 정복하며 유대를 통치했습니다.

이두매 (Idumea)
히브리어 에돔의 헬라식 표현이다. 헬라와 로마 시대에 에돔과 그 민족을 이두매로 불렀다. 남유다 멸망 이후, 에돔 사람들이 유대 땅으로 일부 이주하면서 이두매인으로 불리기 시작했다. 요한 힐카누스가 이두매 지역을 정복하고, 이두매인들에게 강제로 개종할 것을 명령했다.

3. 아리스토불루스 1세

요한 힐카누스는 죽으면서 유대의 통치권을 자기 아내에게 물려주려 했습니다. 그러나 그의 장남인 아리스토불루스 1세가 어머니와 세 명의 동생을 감옥에 가두고, 막냇동생을 살해한 후 스스로 왕위에 올랐습니다.

아리스토불루스 1세는 하스몬 왕조에서 공식적으로 '왕'의 칭호를 사용한 인물입니다. 헬레니즘을 너무나도 동경한 아리스토불루스 1세는 헬라 문화 애호가로 유명해 '필헬레네(Philhellene)'라는 별명을 얻을 정도였습니다. 그러나 동생을 죽인 죄책감 때문인지, 재위 1년 만에 창자가 썩어 들어가며 피를 토하는 고통 속에 죽었습니다.

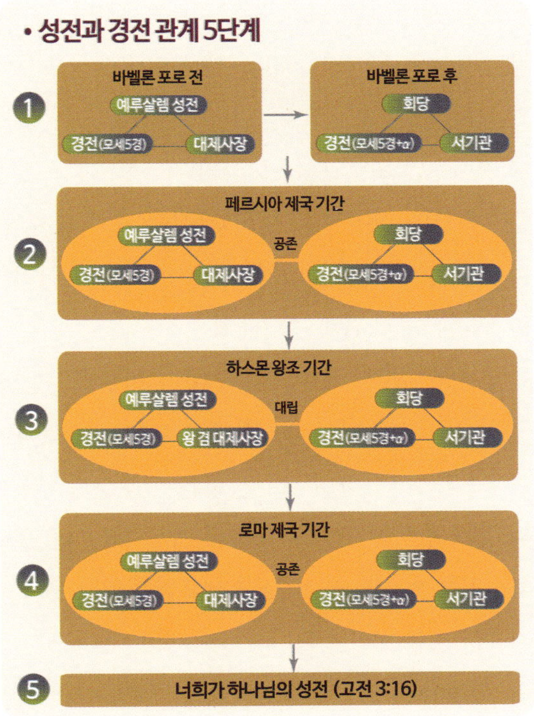

4. 알렉산데스 야나이우스

아리스토불루스 1세가 왕으로 재위한 지 1년 만에 죽자, 그의 아내 살로메 알렉산드라는 감옥 안에 갇혀 있던 아리스토불루스 1세의 세 동생을 석방했습니다. 그리고 그중 가장 나이 많은 알렉산데스 야나이우스와 결혼했습니다. 알렉산데스 야나이우스가 왕이 되는 것은 문제가 없었으나, 대제사장은 과부와 결혼할 수 없다는 율법 조항 때문에 그는 대제사장으로는 취임할 수 없었습니다. 그런데 유대 백성들의 거센 반대에도 불구하고 알렉산데스 야나이우스는 왕과 대제사장직을 겸했고, 올리브 가지를 던지며 반대를 표했던 바리새파 사람들 800여 명을 십자가에 매달아 죽이기까지 했습니다. 그러자 유대인들 8,000여 명이 알렉산데스 야나이우스를 피해 도망하는 사태가 벌어졌습니다.

알렉산데스 야나이우스는 다윗 시대처럼 영토를 확장하며 31년간 통치하다가 아내 살로메 알렉산드라에게 왕위를 물려주고 죽었습니다. 이 시기, 제사장 중심의 종교 귀족인 사두개파와 경제적 중산층이자 경건한 평신도 대표라 할 수 있는 바리새파 사이의 불신과 갈등은 더욱 깊어졌고, 유대 안에서 서로 뜻을 완전히 달리하게 됩니다.

알렉산데스 야나이우스의 결혼
알렉산데스 야나이우스는 과부가 된 형수와 결혼했기 때문에 대제사장직을 맡을 수 없었다. 제사장 나라의 율법, 곧 <레위기>에 명시된 '대제사장은 과부와 결혼하지 못한다'는 규정을 어긴 것이다. "과부나 이혼 당한 여자나 창녀 짓을 하는 더러운 여인을 취하지 말고 자기 백성 중에서 처녀를 취하여 아내를 삼아 그의 자손이 그의 백성 중에서 속되게 하지 말지니 나는 그를 거룩하게 하는 여호와임이니라"(레 21:14~15). 그러나 그는 왕으로서 대제사장직까지 수행했다.

폼페이우스 (Pompeius)
로마 공화정 말기의 장군 폼페이우스는 B.C.64년 시리아를 정복하고, 이듬해에는 유대를 시리아 속주에 편입시키며 로마 통치하에 두었다. 당시 아리스토불루스 2세를 지지하던 무장 세력이 예루살렘 성전을 중심으로 저항하자, 그는 성전을 점령하고 이때 지성소 안까지 들어갔다. 유대인들이 이를 신성모독이라 여기며 분노하자, 그는 성전 기명에는 손대지 않고 성전 제사를 허락하며 귀환했다. 그러나 귀환하면서 유대에서 막대한 금액을 징발해 가져갔다.

5. 살로메 알렉산드라, 힐카누스 2세, 아리스토불루스 2세

살로메 알렉산드라는 하스몬 왕조 최초의 여왕이 됩니다. 그러나 여왕으로 즉위한 살로메 알렉산드라는 하스몬 왕조가 그동안 유지해 온 왕과 대제사장을 겸하지는 못합니다. 그래서 그녀는 자신의 장남인 힐카누스 2세를 대제사장으로 임명합니다. 살로메 알렉산드라는 유대를 9년간 통치하다가 73세에 죽습니다.

이후, 살로메 알렉산드라의 차남 아리스토불루스 2세가 형 힐카누스 2세를 대제사장직에서 내쫓고, 자신이 왕과 대제사장직을 차지했습니다. 이때부터 아리스토불루스 2세와 힐카누스 2세 사이의 권력 다툼으로 유대는 혼란과 내전에 빠지게 됩니다.

B.C.64년경, 로마의 장군 폼페이우스는 하스몬 왕조의 총리 안티파터의 요청으로 유대의 내전을 중재한다는 명목하에 예루살렘에 옵니다. 폼페이우스가 보낸 바비누스 장군은 예루살렘 성문이 닫혀 있는 것을 보고 포위 공격에 들어갑니다. 결국 로마 군대는 세 달 만에 성벽에 구멍을 뚫어 예루살렘을 점령하고, 이로써 예루살렘을 비롯한 유대 땅은 신흥 제국 로마의 지배하에 들어가게 됩니다.

폼페이우스는 로마의 이익을 위해 아리스토불루스 2세와 그의 두 아들과 두 딸을 로마로 압송하고, 힐카누스 2세를 다시 대제사장 자리에 복귀시킵니다. 이로써 80여 년간 이어졌던 하스몬 왕조의 통치는 끝나고, 유대는 또다시 제국의 식민지 백성이 됩니다. 유대가 로마의 통치로 넘어가게 된 데에는, 하스몬 왕조의 2인자이자 총리였던 에돔 출신 안티파터의 역할이 결정적이었습니다. 그는 유대의 내전 속에서 로마에 복종한 덕분에 입지를 다졌고, 그 결과 로마에 의해 유대를 다스리게 되고, 이후 그의 아들 헤롯이 그 뒤를 이어 유대의 분봉 왕이 됩니다.

헤롯 안티파터
(Antipater the Idumaean)
B.C.63년 로마의 폼페이우스가 유대를 점령할 즈음, 안티파터는 힐카누스 2세를 로마에 추천해 대제사장직에 다시 오르게 힘썼다. 그때 폼페이우스 눈에 띄어 실질적인 권력자가 되었고, 유대를 로마의 속국으로 만드는 데 중요한 역할을 했다. 이후 B.C.47년 율리우스 카이사르가 그에게 로마 시민권을 부여하고 유대 행정장관에 임명함으로써, 유대 지역을 다스릴 권한을 맡겼다. 이로써 훗날 대헤롯으로 이어지는 '헤롯 왕가'의 시작이 열리게 되었다.

예루살렘 성전의 폼페이우스 _ 장 푸케 作

35과 로마 제국과 중간사 –헤롯 왕조

시간 흐름 *time flow*

지금 공간 *current location* 로마, 유대

주요 인물 *main character* 율리우스 카이사르, 옥타비아누스, 안티파터, 대헤롯

통通포인트 *tong point*

헤롯 성전으로부터 로마 콜로세움까지 - 신약성경의 배경으로서의 로마

헬라 제국이 로마에 넘어가면서 유대 또한 로마 제국의 통치하에 들어갑니다. 로마는 헤롯 가문을 유대의 분봉 왕으로 삼아 예루살렘을 효과적으로 다스렸습니다. 시리아 헬라 제국에 맞서 마카비 혁명을 일으켰던 지난 유대의 역사를 교훈 삼아, 로마는 헤롯 가문을 내세워 예루살렘 성전에 대해 조심스러운 태도로 접근했습니다. 그래서 유대로부터 세금은 누수 없이 철저히 거두되, 예루살렘 성전은 존중한다는 표시로 로마 총독과 군단을 예루살렘이 아닌 가이사랴에 주둔시켰습니다. 또한 로마는 유대의 자치 지도부인 산헤드린 공회도 이전 제국들처럼 존중해 주었습니다. 특히 헤롯을 통해 예루살렘 성전을 대규모로 증축하게 함으로써 유대 민심을 얻고자 했습니다. 그러나 A.D.70년, 로마 제국의 티투스 장군(후에 황제로 즉위)은 유대와의 전쟁 때 예루살렘성을 무너뜨리고 성전을 완전히 파괴하며 성전의 모든 보물을 로마로 약탈해 갔습니다. 이 장면은 티투스 개선문에 그대로 새겨져 있습니다. 그때 약탈해 간 전리품과 포로로 끌려간 유대인들의 노동력은 로마를 상징하는 콜로세움 건설에 사용되었습니다. 신약성경 27권 전체는 모두 로마 제국의 통치하에서 일어났던 일입니다.

1. 율리우스 카이사르 이전 로마

“로마는 하루아침에 이루어지지 않았다.”라는 말이 있습니다. B.C.8세기 북이스라엘에서는 아모스, 호세아, 요나 선지자가, 남유다에서는 이사야,

미가 선지자가 하나님의 말씀을 전하던 그 시기에, 로마는 신화를 쓰며 등장했습니다. 그 시절 로마에서 쌍둥이 로물루스와 레무스가 늑대의 젖을 먹고 자라났고, 훗날 로물루스가 레무스를 죽이고 '로마'라는 나라를 세웠다고 합니다.

로마는 처음 300여 년 동안은 왕정을 했고, 그 이후 500여 년간 공화정을 실시했습니다. 공화정은 '원로원과 시민의 협의체'로 운영되었는데, 왕 한 사람의 독재를 견제하기 위한 체제였습니다. 300명의 원로원 의원들이 모여 회의를 통해 안건을 마련하면, 이를 시민들에게 물어 국가의 일을 함께 결정하는 방식이었습니다. 로마는 제국이 되기 전까지 이러한 공화정 체제를 잘 유지하며 강력한 국가로 성장해 갔습니다. 그러다가 B.C.100년에 태어난 율리우스 카이사르에 의해 드넓은 제국을 통치하기 위한 수단으로 황제의 통치인 '제정(帝政)'이 구상되기 시작합니다. 로마의 제정 청사진은 모두 율리우스 카이사르가 만들었고, 율리우스 카이사르의 양자로 로마의 초대 황제가 된 옥타비아누스가 제정을 로마의 정치 체제로 확고하게 수립했습니다.

신약성경과 로마 시대는 어떤 관계?
<마태복음>에서 <요한계시록>까지 27권 전체가 로마 제국과 뗄 수 없는 관계에 있다. 신약성경에는 로마 제국과 관련된 다양한 용어와 제도가 등장한다. 가이사, 로마 총독, 로마 시민권, 로마 백부장, 로마 천부장, 세리 등의 직함들, 분봉 왕, 로마 군대, 십자가형, 황제 상소 제도, 헬라어 사용, 데나리온 등이 있다.

카이사르가 남긴 것
- 후계자 옥타비아누스
- 로마 경영의 청사진
- 로마 시민들에게 유산

옥타비아누스(Octavianus)
옥타비아누스는 카이사르의 유산을 받은 로마 시민들이 카이사르 암살범들을 '아버지를 죽인 자'로 여기게 했다. 그는 이 상황을 이용해 정치적 입지를 확보했고, 결국 로마 1대 황제가 되었다. 원로원으로부터 '존엄자'라는 의미의 '아우구스투스'라는 칭호를 받았지만, 그는 스스로를 '프린켑스', 즉 로마 제 1시민이라 불렀다. <누가복음>에 등장하는 '가이사 아구스도'가 바로 로마의 초대 황제 옥타비아누스이다.

2. 로마의 통치와 헤롯 왕조

예수님께서 오시기 60여 년 전, 율리우스 카이사르가 등장해 로마의 원로원 제도를 흔들기 시작했습니다. 카이사르는 현행 원로원 제도로는 로마라는 대제국을 유지하고 발전시킬 수 없다고 판단했으며, 로마는 황제가 다스리는 나라가 되어야 한다고 생각했습니다. 그는 자신과 폼페이우스, 크라수스를 묶어 1차 삼두정치를 이루고 로마를 함께 다스렸습니다.

율리우스 카이사르는 지금의 서유럽 지역인 갈리아를 정복하면서 로마에서 큰 명성과 함께 막대한 부를 얻었습니다. 그의 세력이 커지는 것을 두려워한 원로원은 카이사르와 폼페이우스 사이를 갈라놓습니다. 이 사실을 눈치챈 카이사르는 군대를 해산하고 로마로 돌아오라는 원로원의 결의가 나오자, B.C.49년 1월, "주사위는 던져졌다."라는 유명한 말을 남기며 국경인 루비콘강을 건너 로마를 향해 진격합니다.

로마와 유대를 위한 대헤롯의 정치

로마를 위해	유대를 위해
'카이사르의 도시' 가이사랴 건설	예루살렘 성전 확장 증축
사마리아를 '옥타비아누스의 도시' 세바스테로 재건	수소 300마리를 희생제사로 드림
옥타비아누스와 로마를 위한 신전을 가이사랴에 건축	예루살렘 수도 시설 공사
가이사랴와 예루살렘에 원형경기장 건설	예루살렘에 카이사르 초상 반입 금지
로마의 황제에게 경의를 표하기 위해 5년마다 대회를 개최	예루살렘에서 카이사르의 형상이 박힌 동전 주조 금지

마침내 2년에 걸친 내전을

통해 로마를 평정한 카이사르가 권력을 장악합니다. 이로써 1인 지배자가 된 그는 각종 사회 정책과 빈민 구제 사업 등 개혁을 추진했습니다. 그러나 권력이 한 사람에게 집중되면서, 그는 왕위를 탐내는 자로 의심을 받게 됩니다. 결국 B.C.44년 3월, 카이사르는 원로원 회의장에서 원로원의 공화정 옹호파들에 의해 암살당합니다.

대헤롯 (Herod the Great)

B.C.40년, 헤롯은 로마 황제 옥타비아누스에게 유대 지역의 '왕'으로 임명되었으나, 유대 내전으로 인해 B.C.37년에 이르러서야 로마의 군사적 지원을 받아 하스몬 왕가의 안티고누스를 물리치고 실질적인 유대의 왕이 될 수 있었다. 그는 대제사장 임면권을 행사할 정도로 놀라운 정치력을 발휘했고, 지중해 연안에 로마 황제 카이사르를 기리는 도시, '가이사랴(Caesarea)'라는 도시를 세워 로마에 바쳤다. 또한 예루살렘 성전을 대대적으로 증축해 유대인의 환심을 사려고 노력했다. 마태복음 2장의 베들레헴 영아 살해를 명령한 헤롯이 바로 이 사람이다. 그가 죽은 후, 그의 세 아들이 유대를 분할 통치했다.

헤롯 아켈라오	헤롯 안티파스	헤롯 빌립(헤롯 빌립 2세)
·유대 (사마리아와 이두매 포함) ·마 2:22~23	·갈릴리와 베뢰아 ·예수님의 공생애 3년과 가장 깊은 관련 ·세례 요한을 죽임 ·'저 여우'(눅 13:31~32) ·눅 23:12	·갈릴리 호수의 동부와 남동부 ·빌립보 가이사랴를 세움

율리우스 카이사르가 죽은 후, 그의 양자인 옥타비아누스는 카이사르의 부하였던 안토니우스, 레피두스와 함께 2차 삼두정치를 시작합니다. 이후 옥타비아누스와 안토니우스의 대립이 본격화되고, B.C.31년 옥타비아누스의 로마군이 안토니우스와 이집트 여왕 클레오파트라의 군대를 악티움 해전에서 격파한 후 로마의 패권을 잡습니다. 이로써 로마는 공화정의 명목을 유지하면서 실질적으로는 제정을 시작하게 됩니다.

그 어간에 이두매(에돔)인들은 그 틈을 타 식민지 내에서 지분을 얻으려 애를 씁니다. 에돔 출신인 안티파터의 아들 헤롯은 로마로 가서 탁월한 정치적 술수와 아첨을 통해 유대의 '왕'이라는 칭호를 받아서 유대로 돌아옵니다. 로마는 식민지에 로마 총독을 파견하거나, 제국에 대한 충성도가 높은 분봉 왕을 세워 다스리는 정책을 펼쳤습니다. 이를 이용한 헤롯이 분봉 왕의 자리를 차지하여 유대인들의 왕이 된 것입니다.

여우

1. 토끼나 오소리의 굴을 빼앗아 자신의 거처로 삼는다.
2. 포도원 담장 밑에 서식하는 들쥐 등을 잡아먹기 위해 담장을 넘나들다 포도원을 무너뜨린다.
3. 민가에 나타나 가축을 약탈한다.

예수님께서는 헤롯 안티파스를 "저 여우"(눅 13:32)라고 부르시며, 그를 '이스라엘'이라는 포도원을 무너뜨리는 '파괴자'로 여기셨다.

로마 제국이 유대 지역 통치에 헤롯을 이용한 것은, 제국 측면에서 보면 탁월한 선택이었습니다. 유대는 앗수르, 바벨론, 페르시아, 헬라에 이어 로마 제국의 지배를 받으면서, 어떤 식민지보다 많은 세금을 바치고 동시에 어떤 민족보다 종교적 열심을 보이는 민족이었습니다. 이는 다시 말해 종교 부문을 잘 관리하면, 유대 민족은 제국에 큰 도움이 되는 존재가 된다는 것을 의미합니다.

앗수르 제국은 예루살렘성을 정복하러 갔다가 18만 5천 명이 죽었고, 바벨론 제국이 예루살렘 성전을 불태웠으나 유대 민족은 페르시아 제국의 지배를 받으면서도 예루살렘 성전을 재건했습니다. 이후, 헬라 제국의 통치하에서 성전이 모독당하자, 유대인들은 마카비 혁명을 일으켜 끝까지 저항하며 성전을 지키고자 했습니다. 이러한 유대 민족의 역사를 익히 알고 있는 로마 제국은, 헤롯을 통해 예루살렘 성전을 대규모로 증축해 주며 유대 민족을 효과적으로 통치했습니다. 그러나 헤롯은 하나님을 두려워할 줄도 모르고 율법에 무관심했으며 많은 인명을 살상하는 폭정을 일삼았기에, 유대인들은 그를 싫어했습니다. 헤롯은 유대의 왕으로 34년간 통치한 후 죽고, 그의 유언에 따라 유대 지역은 세 아들에게 분할됩니다. 헤롯 아켈라오는 유대와 사마리아와 이두매 지역을 통치하는 왕으로, 헤롯 안티파스는 갈릴리와 베뢰아의 분봉 왕으로, 헤롯 빌립 2세는 갈릴리 호수의 동부와 남동부의 속주를 다스리는 분봉 왕이 됩니다.

헤롯 왕조
- 대헤롯-Herod the Great
  :예수님 탄생 당시 헤롯
- 헤롯 아켈라오-Herod Archelaus
- 헤롯 빌립 2세-Herod Philip II
- 헤롯 안티파스-Herod Antipas
  :예수님 공생애와 많은 관련
- 헤롯 아그립바-Herod Agrippa
  :사도 야고보를 처형한 헤롯
- 헤롯 아그립바 2세
  -Herod Agrippa II
  :바울의 로마 총독 재판 때 등장한 헤롯

이처럼 계속해서 강대국들의 지배와 억압을 견디며 살아가는 유대인들에게는 자연히 '구원'에 대한 열망이 생겨났습니다. 마치 오래전, 그들의 조상들이 애굽에서 수백 년간 노예 생활을 하며 하나님께 구원을 하소연했듯, 유대인들도 하나님께서 언젠가는 구원자를 보내주실 것이라고 믿고 기대하는 메시아 신앙을 항상 품고 있었던 것입니다. 그들은 하나님께서 복을 주시면, 다윗과 같은 강한 구원자가 나타나서 로마를 물리치고 다윗 시대의 영광을 회복할 것이라고 믿었습니다. 그런 강한 열망을 품고 살아가던 유대인들, 바로 그들에게 우리 예수님께서 오십니다.

헤롯과 동방박사 〈켄터베리 대성당〉

3. 예수님과 가이사

예수님께서 이 땅에 오셨을 당시, 유대는 로마 제국의 지배하에 있었습니다. 로마는 지금의 영국, 프랑스, 스페인 등 유럽 전역과 북아프리카, 그리고 중동 지역까지 통치하고 있었습니다. 로마 제국은 이전의 제국들과는 달리 각 나라의 자치를 어느 정도 인정해 주는 정책을 펼쳤고, 특히 종교적인 측면에서는 많은 자유를 허용했습니다. 이는 로마가 다신교 국가였기 때문인데, 예수님 당시 로마에는 30만 개가 넘는 신이 있었다고 합니다.

따라서 로마 제국의 통치하에 있었지만, 유대 종교 지도자들의 삶은 이전 시대와 크게 다르지 않았습니다. 하지만 과중한 세금 때문에 피폐한 생활을 해야 했던 유대 백성에게는, 구약성경을 통해 예고해 주신 메시아를 기다리는 것이 종교적인 동시에 정치적인 희망이었습니다. 당시 유대인들이 기대했던 메시아는 이사야 9장에 근거한, 강하고 힘 있는 메시아였습니다. 하지만 이미 우리가 〈이사야〉에서 공부했듯이, 이사야 9장의 강력한 메시아와 53장의 고난받는 메시아를 함께 보아야 합니다.

당시 유대인들은 메시아가 나타나 자신들이 로마로부터 해방되고, 온 세계에 우뚝 선 선민으로 특권을 누리며 살게 될 날을 기대하고 있었습니다. 그래서 예수님께서 유대 땅 베들레헴에 오셨을 때 누구의 주목도 받지 못하셨던 것입니다. 그러나 하나님을 경외하며 메시아 신앙과 새 언약 예고를 믿고 기다리던 소수의 사람들이 있었습니다. 베들레헴에서 양을 치던 목자들, 그리고 세례 요한의 가정과 마리아와 요셉이 메시아 예수님의 오심을 기뻐했습니다.

유대를 통치한 로마 황제

- 옥타비아누스 (Octavianus, B.C.27~A.D.14)
  : 예수님 탄생 당시 황제, 가이사 아구스도
- 티베리우스 (Tiberius, A.D.14~37)
  : 예수님 공생애 당시 황제, 디베료
- 칼리굴라 (Caligula, A.D.37~41)
- 클라우디우스 (Claudius, A.D.41~54)
  : 사도행전 당시 황제, 글라우디오
- 네로 (Nero, A.D.54~68)
  : A.D.64년 로마 대화재 사건 연관
- 베스파시아누스 (Vespasian, A.D.69~79)
- 티투스 (Titus, A.D.79~81)
  : A.D.70년 예루살렘 정복 (당시, 장군)
- 도미티아누스 (Domitian, A.D.81~96)
  : <요한계시록> 기록 당시 황제, 황제 숭배 강요
- 네르바 (Nerva, A.D.96~98)
- 트라야누스 (Trajan, A.D.98~117)
- 하드리아누스 (Hadrian, A.D.117~138)

예수님의 육신의 부모인 요셉과 마리아가 베들레헴으로 호적하러 간 것은 로마의 초대 황제 옥타비아누스의 명령 때문이었습니다. 로마에 율리우스 카이사르라는 걸출한 인물이 등장하면서 황제에 의해 통치되는 제국의 정책이 싹트기 시작했고, 그의 양자 옥타비아누스가 '아우구스투스'라는 칭호를 받아 로마의 초대 황제가 되었습니다. 그가 바로 신약성경에 등장하는 '가이사 아구스도'입니다. '가이사'란 '카이사르'를 말합니다. 율리우스 카이사르 이후에 카이사르라는 그의 성(姓)이 '황제'라는 칭호가 된 것입니다.

로마의 초대 황제인 가이사 아구스도는 제국 전체의 정확한 호적을 바탕으로 더 많은 세금을 걷고자 했습니다. 이에 따라 만삭인 마리아와 요셉은 해산을 앞두고도 로마 황제의 명령을 거역할 수 없었습니다. 그래서 예수님께서 갈릴리 나사렛이 아니라 베들레헴에서 태어나신 것입니다. 물론 이 일은 "베들레헴 에브라다야 너는 유다 족속 중에 작을지라도 이스라엘을 다스릴 자가 네게서 내게로 나올 것이라 그의 근본은 상고에, 영원에 있느니라"(미 5:2)라는 미가 선지자의 예언이 성취된 것이기도 합니다.

오늘날 세계 여러 나라의 지폐에는 대개 그 나라를 대표하는 인물의 얼굴이 새겨져 있습니다. 우리나라 지폐에는 세종대왕, 율곡 이이 등이 있고, 미국의 지폐에는 링컨 대통령, 워싱턴 대통령, 영국 지폐에는 엘리자베스 여왕의 얼굴이 담겨 있습니다. 이렇게 화폐에 자신의 얼굴을 넣어 정치적으로 이용한 인물이 율리우스 카이사르였습니다. 그는 로마 제국 전체에 자신을 알리기 위해서 동전에 자신의 얼굴을 새기도록 했습니다. 그 옛날, 지금으로부터 2천여 년 전에 율리우스 카이사르라는 사람이 돈의 위력을 알았던 것입니다. 그래서 로마 제국 통치하에 있는 모든 사람은 직접 그를 본 적은 없지만, 동전을 통해 누구나 그의 얼굴을 알 수 있었습니다.

세금 _ 루벤스 作

예수님 당시의 바리새인들이 예수님을 곤경에 빠뜨리기 위해 시험한 적이 있습니다. 당시 유대인들은 과중한 세금으로 몹시 힘든 상황이었습니다. 그런 가운데 바리새인들이 예수님께 질문했습니다. "로마인들에게 세금을 내는 것이 옳은 일입니까? 아니면 옳지 않습니까?" 예수님께서 로마에 세금을 내는 것이 옳다고 말씀하시면, 많은 세금으로 힘들어하는 백성들이 예수님에게서 등을 돌릴 것이고, 반대로 세금을 내는 것이 옳지 않다고 말씀하시면 로마 정부로부터 반체제 인사로 지목되어 체포될 위험이 있습니다. 이때 우리 예수님께서는 "데나리온 한 닢을 보여다오. 이 돈에 누구의 얼굴과 글자가 새겨져 있느냐?"라고 물으셨습니다(눅 20:24). 그곳에 모인 사람이 "황제의 것입니다."라고 대답하자, 예수님께서는 누구도 생각하지 못했던 명쾌한 답을 주십니다. "가이사의 것은 가이사에게, 하나님의 것은 하나님께 바치라"(마 22:21).

로마의 세금
로마는 "천하로 다 호적하라"(눅 2:1)라는 황제의 명령이 성경에 기록될 만큼, 세금 관리에 철저했다. 로마 관리를 통해 걷는 직접세에는 사람 수에 따라 부과되는 인두세와 토지세가 있었고, 간접세에는 관세, 통행세, 장사세 등이 포함되었다. 한편, 세리를 통해 걷는 세금은 '속주민 세금'이라 하여, 로마 시민보다 로마 속주에 속한 식민지 백성에게 더 많은 세금이 부과되었다. 이로 인해 세리는 유다인들 사이에서 로마를 위해 일하는 배신자로 낙인찍혔다.

4. 신약 시대 로마 총독들

예수님께서 못 박히신 십자가 처형 역시 로마와의 관계 속에서 이루어진 일입니다. 당시 로마로부터 유대를 다스리는 권한을 위임받은 사람은 분봉왕 헤롯이었습니다. 동시에 로마는 각 지역에 전직 집정관 출신들을 총독으로 파견해 통치했습니다. 예수님 당시 로마로부터 파견된 총독은 빌라도였습니다. 바리새인들과 사두개인들 그리고 대제사장을 포함한 유대의 지도자들이 모인 산헤드린 공회는 예수님을 모함하고 죽이려는 계획을 세워, 빌라도 총독에게 예수님을 고발했습니다.

로마가 유대를 다스릴 때, 민족 내의 종교 문제나 가벼운 민사 사건은 산헤드린 공회가 처리할 수 있도록 일정 권한을 부여했지만, 정치적인 사안이나 형사 문제는 로마가 직접 관장했습니다. 대제사장을 중심으로 한 세력들은 예수님을 죽음에 이르게 하려고 로마 총독을 이용하고자 했습니다. 그래서 예수님께서 대제사장의 집 뜰 안에서 일차적으로 산헤드린 공회의 심문을 받으신 뒤, 빌라도 총독에게 가서 다시 재판을 받으신 것입니다.

총독(governor)
성경에는 페르시아 때 파견된 총독들과 신약성경에 등장하는 로마 총독들이 여러 명 등장한다. 총독은 황제를 대신해 제국이 지배하는 지역을 다스리는 최고 책임자였다. 특히 로마 총독은 파견된 속주에서 행정, 군사, 재정, 사법권을 모두 지녔으며, 사형 판결까지 내릴 수 있는 권한이 있었다. 유대의 로마 총독은 가이사랴에 로마 군대를 주둔시켜 속주를 통치했고, 백성들을 재판했다. 예수님께서 빌라도 총독 앞에 서셨고, 바울이 벨릭스와 베스도 총독 앞에서 재판을 받은 것도 이 때문이다.

예수님께 씌워진 죄목은 로마의 허락 없이 백성을 선동하여 유대의 왕이 되려 한다는 것이었습니다. 그들은 이것이 로마 총독을 가장 예민하게 만드는 사안임을 간파했던 것입니다. 하지만 총독 빌라도가 예수님을 심문한 결과, 예수님에게서 법적으로 아무런 죄를 발견할 수 없었습니다. 하지만 총독 빌라도가 가장 두려워하는 것은 민란이었고, 바리새인과 대제사장 등 종교 지도자들의 회유를 받은 유대 백성은 민란의 분위기를 조성해 총독 빌라도를 불안하게 만들었습니다. 결국 총독 빌라도는 민란을 막기 위해 예수님께 죄가 없다는 것을 알면서도 십자가에 못 박도록 무책임하게 허락했습니다. 이처럼 예수님의 십자가는 로마 시대라는 시대적 배경과 깊이 연관되어 있습니다.

또한 우리는 바울이 로마 시민권을 가지고 있었다는 사실을 알고 있습니다. 당시 로마 시민권자가 누릴 수 있는 특권은 대단했습니다. 로마 시민은 재판을 통해 유죄가 확정되기 전까지는 함부로 맞거나 감옥에 갇히는 일이 없었습니다.

사도 바울이 3차 전도여행 후 예루살렘에 방문했을 때, 예루살렘 성전 안에서 죽을 위기에 처했습니다. 그때 바울은 로마의 천부장에게 자신이 로마의 시민권자임을 밝히고 목숨을 지킵니다. 당시 예루살렘 치안을 담당하고 있던 천부장은 자기의 관할 구역에서 로마 시민권자가 이유 없이 억울하게 죽게 된다면 그 책임을 면할 수가 없게 됩니다. 그래서 천부장이 많은 병력을 동원해 로마 시민권자 바울을 보호했던 것입니다.

이후 바울은 로마에 가기 위해 로마 시민권자의 권리를 사용해 황제에게 재판을 요청했습니다. 로마에서 재판을 받고 석방되어 전도여행을 계속하던 중, 바울에게 충격적인 소식이 전해졌습니다. 당시 로마 제국을 통치하던 네로 황제가 로마 대화재 사건의 책임을 기독교인들에게 덮어씌웠고, 이로 인해 바울은 로마에서 순교하게 됩니다. 그리고 〈요한계시록〉의 저자인 사도 요한을 밧모섬에 유배 보낸 것도 로마 제국이었습니다.

이처럼 신약성경 27권 전체는 모두 로마 제국의 통치하에서 일어났던 일입니다.

유대를 다스린 로마 총독
- 코포니우스(Coponius)
- 발레리우스 그라투스(Valerius Gratus)
- 폰티우스 필라투스(Pontius Pilatus) : 본디오 빌라도(예수님 당시 총독)
- 쿠피루스 파투스(Cuspius Fadus)
- 티베리우스 알렉산더(Tiberius Julius Alexander)
- 쿠마누스(Ventidius Cumanus)
- 마르쿠스 안토니우스 펠릭스(Marcus Antonius Felix) : 벨릭스 (가이사랴에서 바울을 재판한 총독)
- 포르키우스 페스투스(Porcius Festus) : 베스도 (가이사랴에서 바울을 재판한 총독)
- 알비누스(Lucceius Albinus)
- 가이우스 케스티우스 플로루스(Gaius Gessius Florus)

빌라도 앞에 선 예수님 _ 두치오 디 부오닌세냐 作

총독 서기오 바울 (Sergius Paulus)
바울과 바나바가 1차 전도여행 중에 구브로섬의 바보에 갔을 때, 그곳 총독인 서기오 바울을 만났다. 그는 로마 제국의 속주인 구브로섬을 다스리는 총독이었다. 바울이 총독에게 복음을 전할 때, 마술사 엘루마가 방해하자 바울은 하나님의 능력으로 기적을 행해 엘루마의 눈을 멀게 했다. 이 사건을 계기로 서기오 바울은 복음을 받아들이고 주의 가르침을 따르기 시작했다(행 13:4~12). 그는 이방인으로서 복음을 받아들인 중요한 사례가 되었다.

tong track-5
4복음서

the 4 Gospels _ 예수님이 완성하신 하나님 나라

핵심 질문 *key questions*

왜! 예수님은 사두개파, 바리새파보다 세리, 창기를 친구로 여기셨습니까?

⇒ 왜냐하면, 세리, 창기들이 예수님을 믿었기 때문입니다.

분위기 *the atmosphere*

'4복음서'는 세례 요한으로 시작하여 예수님께서 십자가를 통해 완성하신 '하나님 나라(The Kingdom of God) 셋업(setup)' 분위기입니다. 예수님의 길을 예비하기 위해 등장한 세례 요한이 하나님 나라를 소개했고, 예수 그리스도께서는 본격적으로 하나님 나라를 '하나님 사랑과 이웃 사랑의 제자도'와 비유를 통해 자세히 가르쳐주셨습니다.

"요한이 잡힌 후 예수께서 갈릴리에 오셔서 하나님의 복음을 전파하여 이르시되 때가 찼고 **하나님의 나라가 가까이 왔으니** 회개하고 복음을 믿으라 하시더라"(막 1:14~15).

예수님께서는 농부들에게는 씨 뿌리는 비유로, 어부들에게는 그물 비유로, 주부들에게는 누룩 비유로, 장사하는 사람들에게는 진주 비유를 들어 누구나 쉽게 하나님 나라를 알 수 있게 가르쳐 주셨습니다.

앗수르, 바벨론, 페르시아, 헬라, 로마 등 모든 제국은 하나같이 "제국이여 영원하라."를 외쳤지만, 결국 다 무너졌습니다. 오직 하나님 나라는 영원하며 우리의 참된 소망은 하나님 나라에 있습니다.

10분에 '4복음서' 통으로 이야기 *tongbible*

구약성경 39권은 '예수님의 십자가로 향하는 이야기(to the Cross)'이고, 신약성경 〈사도행전〉부터 〈요한계시록〉까지는 '예수님의 십자가로부터 시작하는 이야기(from the Cross)'입니다. 그리고 '4복음서'는 '임마누엘' 즉, 성부 하나님께서 우리와 함께하시기 위해 성자 예수님을 이 땅에 보내신 이야기입니다.

'4복음서'에는 예수님의 탄생, 한 영혼 사랑, 사랑 때문에 피곤하신 예수님, 사마리아인과 세리의 친구 예수님, 마지막 일주일–1차 산헤드린 공회 재판과 빌라도 재판, 그리고 십자가 승리–하나님 나라 이야기가 있습니다.

첫째, **'예수님의 탄생'**과 **공생애 시작 이야기**입니다. 미가 선지자의 예언대로 예수님께서는 유대 땅 **베들레헴**에서 태어나셨습니다. 예수님의 **탄생**은 '하늘에는 영광, 땅에는 평화'입니다. 평화의 왕으로 베들레헴에서 태어나신 아기 예수님을 데리고 요셉과 마리아는 헤롯을 피해 애굽으로 잠시 내려갔다가 갈릴리 나사렛으로 갑니다. 예수님께서는 그곳에서 공생애 전까지 사십니다. 예수님께서는 열두 살 때 부모를 따라 유월절을 지키기 위해 예루살렘 성전을 방문하기도 하셨습니다. 예수님께서는 서른 살이 되셨을 때 요단강에서 세례 요한에게 **세례**를 받으십니다. 이때 세례 요한은 예수님을 "세상 죄를 지고 가는 **하나님**의 **어린양**"이라고 사람들에게 소개했습니다. 이는

출애굽 때 '유월절 어린양'이 이스라엘 장자들의 생명을 구했듯이, 하나님의 어린양이신 예수님께서 온 인류를 구원하실 것을 예언한 것입니다. 예수님께서 세례를 받으시고 물 위로 올라오실 때, 하나님께서는 하늘 문을 여시고 "이는 내 사랑하는 아들이요 내 기뻐하는 자"라고 예수님에 대한 사랑을 말씀하셨습니다. 예수님께서는 본격적인 공생애를 시작하시기 전, 성령에 이끌리어 광야로 나가 40일을 금식하시며 기도하셨습니다. 예수님께서는 기도를 마치실 즈음 사탄에게 세 번 시험을 받으셨는데, 세 번의 시험을 모두 '기록된 구약의 말씀'으로 이기셨습니다. 그 후 예수님께서는 3년간 동역할 **열두 제자**를 택하시고 그들과 동지, 동행, 동역하시며 **하나님 나라**를 전파하셨습니다.

둘째, **'예수님의 한 영혼 사랑' 이야기**입니다. 예수님께서는 공생애 3년 동안 하나님 사랑을 말씀하시며 한 영혼의 가치를 천하보다 귀하게 여기셨습니다. 예수님께서는 먹이시고, 고치시고, 가르치시고, 용서하시고, 기도하시는 실천으로 '한 영혼 사랑'의 제자도를 보여주셨습니다. 당시 지식이 많지 않았던 일반 백성을 위해 예수님께서는 그들이 알아듣기 쉽게 비유를 들어 하나님 나라, 곧 천국에 대해 말씀해 주셨습니다. 동시에 많은 기적도 행하셨습니다.

셋째, **'사랑 때문에 피곤하신 예수님' 이야기**입니다. 마가는 예수님에 대해 "식사하실 겨를도 없이 바쁘셨다."라고 기록했습니다. 예수님께서는 이른 아침부터 온종일 사람들에게 하나님 나라를 가르치셨고, 밤늦게까지 병자들을 고치셨으며, 바쁘신 중에도 시간을 내어 한적한 곳에 가셔서 기도하셨습니다. 어느 날, 예수님께서는 온종일 쉬지도 못하시며 사람들에게 하나님 나라를 가르치신 후, 밤에 제자들에게 노를 저어 갈릴리 호수 건너편으로 가자고 하셨습니다. 그런데 풍랑이 너무 심하게 일어 배가 뒤집힐 정도였음에도, 예수님께서는 깊이 주무시고 계셨습니다. 그만큼 예수님의 몸은 지치고 피곤하셨던 것입니다. 결국 제자들이 예수님을 흔들어 깨우자, 예수님께서는 그제야 눈을 뜨시고 풍랑을 향해 "바다야 잔잔하라."라고 말씀하셨습니다. 그러자 풍랑이 예수님의 말씀 한마디에 잔잔해졌고, 마침내 예수님과 제자들은 갈릴리 호수 건너편에 도착했습니다. 예수님께서 그렇게 피곤하신 몸을 이끌고 그 밤에 제자들과 함께 풍랑 이는 갈릴리 호수를 건너가서 만나신 사람은 바로 무덤가에서 돌로 자기 몸을 해치며 지내고 있던 거라사 광인 한 사람이었습니다. 예수님께서는 그를 고쳐주시고 온전하게 해주셨습니다. 예수님의 공생애 3년이 그토록 아름답고 감동적인 이유는 예수님께서 사람들을 사랑하시느라 피곤하기까지 한 삶을 사셨기 때문입니다.

넷째, **'사마리아인과 세리의 친구 예수님' 이야기**입니다. 예수님께서 유대 땅 베들레헴에 태어나시기 800여 년 전, 북이스라엘이 앗수르 제국에 멸망해 혼혈족 사마리아인이 되었을 때, 하나님께서는 북이스라엘을 처벌하시는 중에도 호세아 선지자를 통해 하나님의 긍휼을 말씀하셨습니다. 하나님의 그 사랑과 긍휼이 예수님을 통한 사마리아의 회복으로 성취됩니다. 예수님께서 800여 년 동안 동족인 유대 백성과 주변 나라 사람에게 온갖 무시와 수모를 당하던 사마리아를 회복시켜 주신 것입니다. 그리고 예수님께서는 로마 제국의 정책에 따라 세리가 된 사람들, 천대받던 창기들의 친구가 되셔서 그들의 비빌 언덕이 되어주셨습니다.

다섯째, **'마지막 일주일 - 1차 산헤드린 공회 재판과 빌라도 재판' 이야기**입니다. 예수님께서는 십자가를 지시기 일주일 전, 예루살렘에 입성하시면서 400여 년 전 스가랴 선지자가 예언한 대로 어린 나귀를 타셨습니다. 이때 수많은 사람이 "호산나 다윗의 자손이여."라고 환호하며 예수님을 찬양했습니다. 예루살렘에 입성하신 예수님께서는 예루살렘 성전에 가셔서 이방인의 뜰과 관련된 잘못된 문제를 바로잡으시고, 성전을 청결하게 하십니다. 그리고 성전에서 가르치시고 종교 지도자들과 논쟁하시며, 제자들에게 종말과 재림에 대해 말씀하시며 마지막 일주일을 보내십니다. 예수님께서는 제자들과 함께 1,500년 된 유월절을 마지막으로 지키시고 첫 번째 성찬식으로 바꾸시면서 새 언약을 주십니다. 그 후 예수님께서는 제자들과 함께 찬미하며 감람산에 가셔서 땀방울이 핏방울이 되도록 기도하셨습니다. 그곳에서 산헤드린 공회 사람들에게 체포되셔서 그 밤 내내 재판을 받으셨습니다. 이어서 빌라도 재판까지 받으신 예수님께서는 로마의 형틀이자 **하늘 성소**인 **십자가**에 달리십니다. 예수님께서 십자가에서 **"다 이루었다."**라고 선언하시는 순간, 성전의 휘장이 위에서 아래로 찢어집니다. 이는 예수님께서 율법과 선지서의 완성으로 **단번 제사**를 드리시고 우리를 위한 새로운 살길의 휘장이 되심으로 **하나님 나라 복음**을 완성하신 것입니다. 이로써 1,500년의 제사장 나라가 하나님 나라로 수렴됩니다.

여섯째, **'십자가 승리 - 하나님 나라' 이야기**입니다. 산헤드린 공회는 유대인들에게 예수님을 '신성모독자, 성전 모독자, 자칭 유대인의 왕, 부활을 속이는 자'라고 알렸습니다. 그러나 십자가 죽음 후 3일에 부활하신 예수님께서는 '하나님의 아들이자, 성전의 주인이며, 만왕의 왕이며, 부활의 첫 열매'로 승리하신 분입니다. 부활하신 예수님께서는 제자들에게 나타나셔서 하나님 나라에 대한 믿음을 굳건하게 해주십니다. 그리고 승천하시기 전, 모든 민족에게 전할 **지상명령**을 말씀하십니다.

4복음서 프레임 *the 4 Gospels frame*

제사장 나라

to the Cross (창~말, 구약 39권)

1 천지창조와 하나님의 거룩
1. 천지 만물 창조 - 피조물에게 복주심
2. 사람 창조 - 사람에게 복주심
3. 안식일 창조 - 복되고 거룩한 날
4. 첫 아담의 불순종 - 하나님의 구원 약속
5. 노아 번제 - 하나님의 은혜

2 아브라함을 통한 나라 큰그림
1. 가나안 땅과 자손 번성 언약
2. 하나님의 제사장 멜기세덱의 축복
3. 입애굽과 출애굽 예고
4. 나라를 통한 모든 민족의 복
5. 이삭 모리아산 번제

모세5경

3 시내산 언약(관유)을 통한 제사장 나라
1. 히브리인의 신앙 - 첫 번째 유월절 어린양을 통한 12지파 장자 거룩
2. 모세 율법 - 거룩한 백성
3. 성막 제작 - 거룩한 기름(관유, Holy Anointing oil)
4. 아론에게 거룩한 기름 부음 - 공직자 첫 대제사장
5. 다윗 왕에게 거룩한 기름 부음 - 예루살렘 성전 건축
: 엘리야가 엘리사(선지자)와 하사엘(아람 왕)에게 거룩한 기름 부음

4 북이스라엘의 멸망을 통한 이사야의 메시아(그리스도) 신앙
1. 이사야의 메시아 신앙 - 히스기야의 성전 기도
2. 하나님의 아들 메시아 - 임마누엘
3. 왕 - 이새의 줄기, 평강의 왕
4. 선지자 - 기묘자라 모사라, 아름다운 소식
5. 대제사장 - 그의 영혼을 속건 제물로

→ 메시아의 3중직 - 내게 기름을 부으사

왕정 500년

5 남유다의 멸망을 통한 예레미야의 새 언약 예고
1. 예레미야의 새 언약 예고 - 제사장 나라 징계 3단계
2. 예루살렘 성전 전소 - 내가 잠깐 그들에게 성소
3. 에스겔의 성전 조감도 - 하늘 성소
4. 다니엘의 제국 변동 - 하나님 나라 도래
5. 유대인의 신앙 - 스룹바벨 성전 재건

페르시아 7권

중간사 400년

the Cross (4복음서)

6 예수 그리스도(메시아)의 새 언약(보혈)을 통한 하나님 나라
1. 그리스도의 성육신 - 거룩한 이, 임마누엘
2. 그리스도의 세례 - 하나님의 어린양, 하나님의 아들
3. 그리스도의 첫 번째 성찬식 - 새 언약, 관유에서 보혈로
4. 그리스도의 십자가 하늘 성소 단번 제사 - 속량과 새 휘장
5. 그리스도의 부활과 승천 - 재림, 우편 보좌

(2–3) 하나님 사랑 이웃 사랑의 제자도

4복음서

하나님 나라

from the Cross (행~계, 신약 23권)

7 그리스도인(교회), 하나님 나라 거룩한 공직자
1. 그리스도인의 성령 세례
 - 우리는 성령 세례 받은 하나님 나라의 거룩한 예배자입니다.
2. 그리스도인의 부활 영생
 - 우리는 부활 영생을 믿고 순교신앙으로 사는 제자들입니다.
3. 그리스도인의 지상명령
 - 우리는 예수님의 승천과 재림 사이에 지상명령을 수행하는 전도인입니다.
4. 그리스도인의 예수 재림 소망
 - 우리는 속히 오시리라는 예수님의 재림 약속을 믿는 마라나타 신앙인입니다.
5. 그리스도인의 새 하늘 새 땅 소망
 - 우리는 하나님과 어린양이 성전인 거룩한 성에서 영원히 사는 하나님 나라 백성입니다.

사도행전 30년
공동서신 9권

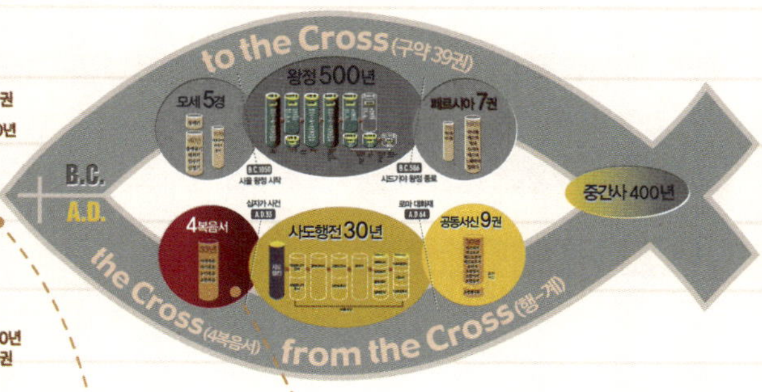

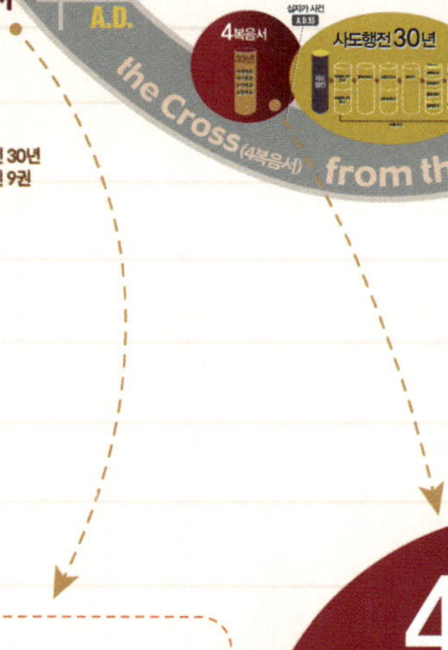

6 예수 그리스도(메시아)의 새 언약(보혈)을 통한 하나님 나라
1. 그리스도의 성육신 - 거룩한 이, 임마누엘
2. 그리스도의 세례 - 하나님의 어린양, 하나님의 아들
3. 그리스도의 첫 번째 성찬식 - 새 언약, 관유에서 보혈로
4. 그리스도의 십자가 하늘 성소 단번 제사 - 속량과 새 휘장
5. 그리스도의 부활과 승천 - 재림, 우편 보좌

(2–3) 하나님 사랑 이웃 사랑의 제자도

36과 예수님의 탄생

마태복음, 마가복음, 누가복음, 요한복음

큰글자 일년일독 통독성경 (281~315일 중 5일치를 통독하겠습니다) *one year tongdok bible as one story*

281일 : 하나님의 독생자 예수　　282일 : 산상수훈　　283일 : 예수님과 제사장 나라
284일 : 예수님의 멍에를 메면　　285일 : 예수님의 치유 사역

※ '통通트랙 5 - 4복음서'에 속한 36~41과를 공부할 때에는 <마태복음>부터 <요한복음>까지를 차례로 통독합니다.

시간 흐름 *time flow*

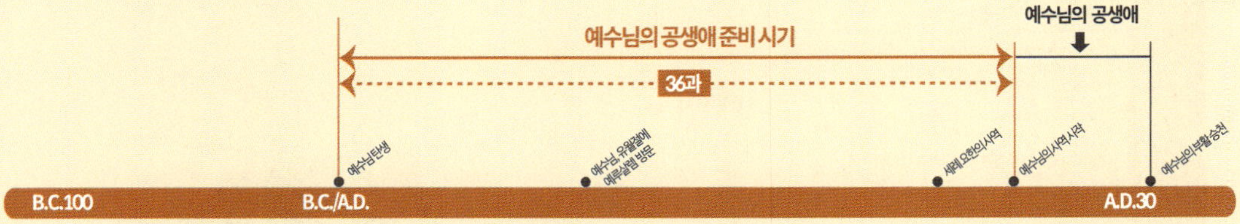

지금 공간 *current location* 베들레헴, 나사렛, 예루살렘

주요 인물 *main character* 예수님, 세례 요한, 요셉, 마리아, 헤롯

통通포인트 *tong point*

예수님의 성육신의 두 가지 시작 - 율법과 선지서의 완성 시작, 새 창조 시작

예수님께서는 아브라함과 다윗의 자손으로, 유대 땅 베들레헴에서 탄생하셨습니다. 마치 영화의 예고편처럼 구약은 'to the Cross(십자가로 향하는)' 이야기이며, 그 예고에 쓰인 대로 신약은 'the Cross(십자가)'를 위한 예수님의 탄생으로 시작됩니다. 구약의 선지자들이 예고한 대로 하나님의 아들이신 예수님께서 성육신하여 베들레헴에서 탄생하심으로 율법과 선지서의 완성이 시작됩니다. 예수님의 성육신이 없다면 예수님의 금식도, 세례 받으심도, 성찬도 없습니다. 예수님의 성육신이 없다면 십자가 고난도, 죽음도, 부활도, 승천도 없습니다. 예수님의 성육신으로 이 모든 것이 실제화됩니다. 예수님께서는 하나님 사랑과 이웃 사랑의 모범을 보여주시며 율법을 완성하셨고, 제자도를 가르쳐주셨습니다. 이 모든 메시아의 사명은 결국 '새 창조'를 이루는 시작입니다. 사도 바울의 고백대로. 하나님의 본체이신 예수님께서는 하나님과 동등됨을 취하지 않으시고 성육신하셔서 자기를 낮추시며 메시아 사역을 시작하셨습니다. 우리를 위해 죄인의 자리까지 낮아지셔서 십자가를 지셨고, 우리의 죄를 대속하시기 위해 십자가에서 죽기까지 자신을 낮추심으로 하나님 나라를 완성하셨습니다.

1. 족보 - 임마누엘을 위한 여호와 이레

마 1:1~17/ 막 1:1/ 눅 1:1~4; 3:23~38/ 요 1:1~18

큰글자 일년일독 통독성경 | 1~2p/ 68p/ 110~111; 119~120p/ 183~184p

신약성경은 "아브라함과 다윗의 자손 예수 그리스도의 계보라"(마 1:1)로 시작합니다. 아브라함은 예수님보다 2천 년 전 사람이고, 다윗은 1천 년 전 사람입니다. 그러므로 이 한 문장 안에 구약 2천 년의 역사가 정리되면서, 동시에 신약 시대가 열리고 있다고 할 수 있습니다. 특히, 마태복음 1장 1절은, 성경 전체의 숲이 결국 예수 그리스도 한 분에게 집중되고 있음을 웅변하고 있습니다. 예수님의 족보는 아브라함의 여호와 이레가 '거룩과 기름 부음'을 통해 임마누엘 예수님으로 이어진 계보입니다. 이 족보를 통해 하나님의 통치가 쉼 없이 진행되었음을 알 수 있습니다. "생육하고 번성하여 땅에 충만하라"(창 1:28)라는 하나님의 복이 아브라함을 거쳐 히브리인의 신앙을 통해 구약 2천 년을 이어오며 유대인이 준비되었고, 마침내 아브라함과 다윗의 후손으로 예수님께서 성육신하여 이 땅에 오셨습니다.

예수님의 족보

마태복음 1장
아브라함 - 다윗 - 솔로몬 - 예수님의 어머니 마리아
(마태는 구약의 2천 년 역사를 "아브라함과 다윗의 자손 예수 그리스도의 계보라"라는 한마디 문장으로 정리했다.)

누가복음 3장
하나님 ← 아담 ← 다윗 ← 나단 ← 예수님의 아버지 요셉
(누가는 역대기에 기록된 이스라엘의 역사를 깊이 연구하고 그 자료를 모았다.)

마태복음 1장 족보 속의 여인들

이름	설명	출처
다말	·야곱의 넷째 아들 유다의 며느리 ·창녀로 위장하여 유다와 동침, 쌍둥이를 낳음	창 38장
라합	·여리고에서 이스라엘 두 정탐꾼을 숨겨준 여인 ·살몬의 아내	수 2장
룻	·모압 여인으로서 나오미의 아들인 말론의 아내 ·베들레헴에서 보아스와 재혼	룻기
우리아의 아내(밧세바)	·다윗이 전 남편인 우리아를 죽이고 얻은 부인 ·솔로몬의 어머니	삼하 11장
마리아	·성령으로 예수님을 잉태함	마 1장

예수님의 족보에서 찾아볼 수 있는 또 한 가지 특징은 족보에 등장하는 여인들의 이름입니다. 다말, 라합, 룻, 우리아(우리야)의 아내, 마리아, 이렇게 다섯 여인의 이름 중 이상한 점이 하나 눈에 띄지 않습니까? 네 사람은 이름이 명시되어 있는데, 유독 한 여인만 이름이 없이 표현되어 있습니다. 만약 다른 네 사람의 방식을 따를 것 같으면, '우리아의 아내'가 아니라 원래 이름인 '밧세바'라고 써야 합니다. 무슨 의도가 있는 것일까요?

'우리아의 아내'라는 표현 속에는 다윗의 행위가 드러나 있습니다. 마태가 '족보'라는 하나님의 통치 안에 다윗의 부끄러운 행위를 담아낸 것입니다. 다윗은 이스라엘 역사상 가장 위대한 왕이었고, 제사장 나라에 충실한 사람이었음이 분명합니다. 그런데 그 위대한 다윗에게는 생애 최대의 부끄러운 기억이 하나 있었는데, 그것은 자신의 죄를 감추기 위해 죄 없는 우리아를 죽인 일이었습니다. 마태는 이 점을 꼬집으면서, 유대인들이 그토록 추앙하는 위대한 왕 다윗도 결국 한 사람의 죄인에 불과하다는 것을 말하고 있습니다. 그도 우리와 똑같이 예수님의 십자가 보혈로 죄를 용서받아야 할

우리아의 죽음

다윗 왕이 비밀리에 요압에게 편지를 보내 우리아를 전쟁 중에 최전방에 투입시켜 적의 손에 죽게 했다. 우리아를 의도적으로 가장 치열한 전투에 내몰아, 어떤 증거나 흔적도 없이 단 한 장의 편지로 죽게 만든 것이다. 다윗이 왕이라는 권력을 이용해 우리아를 차도살인한 죄를 저질렀다. 그러나 다윗은 나단 선지자가 죄를 지적하자, 즉시 죄를 인정하고 우슬초로 정결하게 해달라고 하나님께 회개하며 간구했다. 위대한 다윗 왕도 예수님의 이름으로 구원받아야 할 죄인일 뿐이다.

죄인이라는 것입니다. 모든 사람이 예수님의 이름 앞에 무릎 꿇고 경배해야 한다는 것, 이것이 바로 마태가 하고 싶은 이야기의 핵심입니다.

2. 요셉과 마리아 - 새 언약 소망세대 마 1:18~25/ 눅 1:26~56

큰글자 일년일독 통독성경 | 2p/ 112~114p

예수님께서 이 땅에 오시기 전, '새 언약 소망세대'가 여호와 이레로 준비되고 있었습니다. 새 언약 소망세대는 '하나님을 경외하는 사람들'로, 대표적으로 세례 요한의 부모인 사가랴와 엘리사벳, 그리고 예수님의 육신의 부모인 요셉과 마리아입니다. 사가랴와 엘리사벳은 "하나님 앞에 의인이니 주의 모든 계명과 규례대로 흠이 없이 행하더라"(눅 1:6)라는 말씀 그대로, 하나님을 경외하며 사는 사람들이었습니다. 그렇기에 천사가 와서 전한 나실인 이야기도, 〈말라기〉 예고도, 메시아 이야기도 모두 알아들었던 것입니다(눅 1:13~17). 예수님의 육신의 부모인 요셉 또한 주의 사자가 전한 이사야의 메시아 이야기를 정확히 알아듣고 마리아를 보호하며 메시아의 탄생을 준비했습니다. 마리아도 마찬가지로 가브리엘 천사가 전한 다윗의 자손으로 오시는 메시아의 동정녀 탄생 예고를 알아듣고 순종했습니다(마 1:20~25; 눅 1:26~38).

사가랴와 엘리사벳, 그리고 요셉과 마리아는 평범한 유대인들이었지만, 하나님을 경외하는 사람들이었습니다. 〈말라기〉의 '남은 자(렘넌트)' 신앙이 그들에게 신실하게 이어져 내려온 것입니다. 그들은 800여 년 전에 이사야 선지자가 예고한 메시아 신앙 공부가 완료된 믿음의 사람들이었습니다. 반면, 예수님의 공생애 기간에 사마리아 우물가에서 만났던 사마리아 여인은 성경에 대한 정확한 이해가 없었음을 알 수 있습니다. 북이스라엘이 멸망한 이래로 800여 년의 세월은 이처럼 유대인과 사마리아인의 신앙에 큰 차이를 만들었습니다.

마리아와 요셉의 순종
믿음의 여인 마리아는 천사가 찾아와 "네가 잉태하여 아들을 낳으리니 그 이름을 예수라 하라"(눅 1:31)라고 하나님의 뜻을 전하자, "주의 여종이오니 말씀대로 내게 이루어지이다"(눅 1:38)라고 순종했다. 의로운 요셉은 천사가 찾아와 마리아의 잉태가 성령으로 된 것임을 알려주자, 주의 사자의 분부대로 마리아를 데려오고 아들을 낳기까지 동침하지 않았다. 예수님께서 이 땅에 오시는 길목에서, 마리아와 요셉이 우리 주님을 위하여 참 아름다운 역할을 감당해 주었다.

마리아와 사가랴의 찬양
성령으로 예수님을 잉태한 마리아와 선지자 엘리야로 주의 길을 예비한 세례 요한의 아버지 사가랴는 모두 메시아의 탄생을 기다리며 아름다운 찬양을 하나님께 드렸다. 두 사람은 하나님께서 아브라함에게 주셨던 언약을 기억하며, 하나님의 백성들에게 베푸신 긍휼에 감사했다. 그들은 메시아의 구원을 찬양하며 '임마누엘'로 오시는 예수님을 기쁨으로 맞이했다.

3. 예수님의 탄생과 어린 시절 마 2:1~23/ 눅 2:1~52

큰글자 일년일독 통독성경 | 2~4p/ 115~117p

● 예수님의 탄생 – 하늘의 영광, 땅의 평화

아브라함을 통한 가나안, 다윗의 자손, 다윗의 시편, 이사야의 임마누엘 동정녀 탄생, 미가가 예고한 다윗의 동네 베들레헴 등 구약성경에는 수많은 메시아 예언이 있었습니다. 예수님의 탄생은 직접적으로는 로마 제국의 세금 정책과 헤롯 왕의 영아 살해 명령이 맞물리면서 구약의 예언이 성취됩니다.

목자들의 경배 _ 바르톨로메 에스테반 무리요 作

로마 황제 가이사 아구스도(옥타비아누스)가 모든 사람은 자신이 태어난 곳으로 돌아가 호적을 시행하라고 명령을 내렸습니다(눅 2:1~2). 이는 인구를 정확히 파악하여 세금을 더 많이 거두기 위함이었습니다. 이 때문에 요셉과 만삭의 몸인 마리아도 갈릴리 나사렛에서 베들레헴까지 먼 길을 가야 했습니다.

베들레헴에 도착하자 마리아는 곧 해산해야 했습니다. 그런데 이미 베들레헴 마을의 여관들이 모두 차 있었기 때문에, 요셉과 마리아는 따뜻한 방을 구하지 못하고, 결국 아기를 낳아 구유에 뉘어야 했습니다. 우리 주님은 이들의 헌신과 충성을 통해 이 땅에 오셨습니다. "베들레헴 에브라다야 너는 유다 족속 중에 작을지라도 이스라엘을 다스릴 자가 네게서 내게로 나올 것이라"(미 5:2)라는 미가 선지자의 예언대로, 드디어 예수님께서 이 땅에 태어나셨습니다.

예수님의 공생애 시기 유대의 통치자들

로마 황제	디베료(티베리우스)	눅 3:1
총독	본디오 빌라도(폰티우스 필라투스)	눅 3:1; 마 27:2
분봉 왕	헤롯(헤롯 안티파스) - 갈릴리 헤롯 빌립 - 이두래, 드라고닛 루사니아 - 아빌레네	눅 3:1
대제사장	안나스 가야바(안나스의 사위)	눅 3:2; 요 18:13

그 밤, 베들레헴 근처에서 양 떼를 지키던 목자들이 천사들의 음성을 듣고 달려와 경배했습니다. 또 멀리 동방으로부터 박사들이 별을 보고 찾아왔습니다. 그들은 아이가 있는 곳에 머문 별을 보고 "매우 크게 기뻐하고 기뻐"(마 2:10)하며, 아기 예수님께 엎드려 경배하고 보배합을 열어 황금과 유향과 몰약을 예물로 드렸습니다.이처럼 예수님의 베들레헴 탄생은 800여 년 전 미가 선지자의 예언과 로마 황제의 호적 명령이 맞물린 이야기입니다.

예수님의 탄생을 보고 경배하고 찬양한 베들레헴의 목자들(눅 2:8~12), 예수님의 탄생을 축하하기 위해 멀리 동방으로부터 베들레헴까지 찾아와 예물을 드린 동방박사들, 제사장 나라의 정결 예식을 위해 성전에 오신 아기 예수님을 뵙고 감사기도를 드린 시므온(눅 2:25~32)과 안나(눅 2:36~38), 모두 메시아 예수님의 탄생을 기뻐하며 하나님께 영광을 올린 사람들입니다. 베들레헴의 목자들이나 시므온, 안나는 모두 지극히 평범한 유대인들이었으나, 이들은 800여 년 전에 기록된 〈이사야〉의 메시아사상을 믿고 기다려온

베들레헴 목자들

유대 지역은 두 달 정도만 푸른 풀이 있고, 나머지 열 달은 땅에 말라붙어 있는 풀만 있다. 그래서 목자들은 쉴 새 없이 광야를 누비며 양 떼가 먹을 것을 찾아야 했다. 밤에도 들판에서 양 떼를 지키며 사는 피곤한 목자들에게 주의 영광이 비친 것이다. 하나님께서는 베들레헴 가난한 목자들에게 '영광의 기쁨'을 알리시고, 그들의 찬송과 경배를 받으셨다. 예수님께서 이 땅에 오심은 하늘에는 영광이요, 땅에는 진정한 평화였다.

신앙인이었습니다.

예수님께서는 그리스도, 곧 '기름 부음 받은 이' 메시아로 성육신하셨습니다. 그리고 대제사장, 왕, 선지자의 삼중직 사명을 감당하는 공직자로 하나님 나라를 완성하실 것입니다.

아기 예수님과 시므온 _ 벤자민 웨스트 作

● 예수님의 어린 시절과 유월절 명절

'유대인의 왕'이 될 아이가 태어났다는 말을 듣고, 헤롯(대헤롯)은 자신의 왕권이 위협받고 있다는 위기감과 불안을 느끼며 베들레헴과 그 인근 마을의 어린 남자아이들을 모두 죽이라는 명령을 내렸습니다. 요셉과 마리아는 꿈에 주의 사자가 일러준 대로 아기 예수님을 데리고 헤롯을 피해 애굽으로 도망가 가까스로 위기를 피할 수 있었습니다. 당시 로마 제국이 헤롯을 유대의 왕으로 세웠던 이유는, 그들이 앗수르, 바벨론, 페르시아, 헬라 제국의 '역사'를 공부했기 때문입니다.

대헤롯이 죽은 후, 유대 지방은 그의 아들 헤롯 아켈라오에게 분배됩니다. 요셉은 이 소식을 듣고 애굽에서 돌아올 때, 유대 지역이 아닌 갈릴리 지방에 있는 나사렛 동네로 가서 살았습니다(마 2:19~23). 그래서 예수님께서 이후에 '나사렛 예수'라고 불리게 된 것입니다. 애굽으로의 피난도(호 11:1), 이방의 갈릴리 땅인 나사렛에서 사신 것(사 9:1~2)도 모두 구약의 예언 성취였습니다.

예수님의 어린 시절에 관해서는 오로지 〈누가복음〉 한 군데에만 짧은 기록이 남아 있을 뿐입니다. 예수님께서 열두 살이 되셨을 때, 유월절을 지키기 위해 예루살렘에 가셨던 이야기가 그것입니다. 그때 예수님께서는 성전에서 만난 선생들에게 부지런히 율법을 듣고 또 질문도 하셨는데, 듣는 이들이 모두 예수님의 지혜로운 대답에 놀라워했습니다. 누가는 예수님에 대해 "지혜와 키가 자라가며 하나님과 사람에게 더욱 사랑스러워 가시더라"(눅 2:52)라고 기록했습니다.

예수님께서 어린 시절부터 지키셨던 유월절은 제사장 나라에서 가장 중요한 명절로, 애굽에서의 첫 번째 유월절(어린양의 증거, 장자 거룩의 시작, 제사장 나라의 시작)부터 시작해 제사장 나라에서 1,500년 동안 지켜온 명절입니다. 마리아와 요셉은 해마다 유월절을 지키기 위해 나사렛에서 예루살렘 성전

시므온의 기도
시므온은 <누가복음>에 '의롭고 경건하여 이스라엘의 위로를 기다리는 사람, 성령님이 그 위에 계신 사람'으로 소개되었다. 그가 아기 예수님이 이사야 선지자가 예언한 바로 그분임을 깨달았을 때, 평소에 늘 하던 기도와 묵상이 그의 입술에서 흘러나왔다. 시므온은 깊은 감격 속에 하나님을 찬양했다. "주재여 이제는 말씀하신 대로 종을 평안히 놓아 주시는도다 내 눈이 주의 구원을 보았사오니 이는 만민 앞에 예비하신 것이요 이방을 비추는 빛이요 주의 백성 이스라엘의 영광이니이다"(눅 2:29~32).

나사렛 (Nazareth)
예수님께서는 공생애를 시작하시기 전 나사렛에서 사셨다. 나사렛은 갈릴리 호수 남서쪽 약 24km 지점에 있는 곳이다. 당시 나사렛은 주목받지 못하는 작은 시골 마을에 불과했기에, 나다나엘은 빌립으로부터 예수님이 나사렛 출신임을 들었을 때, "나사렛에서 무슨 선한 것이 날 수 있느냐"(요 1:46)라고 반문했다. 바로 이런 나사렛에서 예수님께서는 겸손히 자신을 낮추시며 앞으로의 사역을 준비하셨다.

까지 올라갔던 신실한 신앙인들이었습니다(눅 2:41~42).

이처럼 예수님께서는 마리아와 요셉의 도움을 받아 제사장 나라 율법을 지키는 가정, 하나님께 영광 돌리는 신앙의 가정에서 자라셨습니다. 예수님의 어린 시절 당시에도 유대인들이 유월절 명절을 지켰던 것은 모세, 아론, 다윗, 예레미야, 에스겔, 스룹바벨 등 하나님을 경외하는 신앙인들의 헌신으로 제사장 나라가 지켜졌기 때문입니다. 그러므로 예수님 이야기는 구약성경 39권 전체가 포함된 이야기입니다.

4. 예수님의 길을 예비한 세례 요한 마 3장 (11:1~19; 14:1~12)/ 막 1:2~11 (6:14~29)/ 눅 1:5~25,57~80; 3:1~22 (7:18~35)/ 요 1:19~34 (3:22~36)

큰글자 일년일독 통독성경 | 4~5p (21~22; 30p)/ 68~69p (80~81p)/ 111~112, 114~115; 118~119p (130~131p)/ 184~185p (189p)

● 세례 요한 – 나는 그리스도가 아니다

예수님께서 서른 살이 되셨을 때, 유대 땅은 세례 요한의 등장으로 온 나라가 떠들썩했습니다. 그는 보통 사람들이 입지 않는 낙타털 옷을 입고, 메뚜기와 석청으로 식사하며, 거친 광야에서 잠을 잤습니다. 그런 세례 요한이 광야에서 하나님 나라가 가까이 왔음을 외치며 세례를 베풀자, 유대인들은 그가 혹시 그동안 기다려온 '메시아(그리스도)'가 아닌가 생각했습니다.

다윗 때부터 시작되어 이사야 선지자가 본격화한 메시아 신앙은 지난 800여 년 동안 응축된 유대인들의 가장 예민한 관심사였습니다. 세례 요한에 대한 소문이 퍼지자, 대제사장을 비롯한 산헤드린 공회 세력은 사람을 보내 그에 대해 알아보게 했습니다. 그들은 자신들의 성전 중심의 견고한 체제가 절대 무너지지 않기를 바랐기에, 세례 요한을 예의주시하며 묻습니다. "네가 누구냐?" 세례 요한은 그들의 질문 의도를 알았기에, "나는 그리스도가 아니라"(요 1:20)라고 대답합니다. 이 질문은 3년 뒤, 예수님에게로 이어집니다.

세례 받으시는 예수님 _ 피에로 델라 프란체스카 作

● "여자가 낳은 자 중에 가장 큰 이" 세례 요한

예수님의 길을 예비한 세례 요한의 탄생은 주의 사자가 사가랴에게 전한 말라기 선지자의 예언에서 시작됩니다(말 4:5~6). 그리고 세례 요한이 행할 사역은 이미 이사야 선지자를 통해 예고되어 있었습니다(사 40:3).

세례 요한 vs. 예수님

세례 요한	예수님
약 6개월 사역	약 3년의 공생애
"심판이 가까이 왔으니 회개하라"	"하나님의 통치가 가까이 왔으니 회개하고 나를 믿으라"
회개의 물 세례	불과 성령의 세례
이사야와 말라기에 의해 그의 사역이 예언됨	구약성경 39권의 to the Cross

세례 요한은 제사장 가문의 아들로, 기적적으로 태어났으며 그 소식이 온 유대에 퍼지면서 유대인들은 세례 요한에 대해 관심을 품게 되었습니다. 제사장 나라의 마지막 선지자로 부름을 받은 세례 요한은 유대인들에게 세례를 베풀며 파격적인 메시지를 전했습니다. 그러자 하나님을 경외하며 메시아를 기다리던 백성들이 그에게 나아가 회개의 세례를 받았습니다. 그의 설교는 마치 도끼로 나무를 내리찍는 것처럼 거침없고 예리해서, 일명 '도끼 설교'라고 불릴 만큼 강렬했습니다. 그래서 그의 설교를 듣고 세례를 받은 사람들이 그를 메시아로 오해할 정도였습니다.

세례 요한이 "회개하라 천국이 가까이 왔느니라"(마 3:2)라고 외치며 불과 6개월 만에 온 유대의 이목을 집중시켜 놓았을 때, 예수님께서 나타나셨습니다. 그때 세례 요한은 예수님을 보고 "보라 세상 죄를 지고 가는 하나님의 어린 양이로다"(요 1:29)라고 선포했습니다. 그는 예수님의 요청을 받아 예수님께 세례를 베풀었고, 그때 "나를 보내어 물로 세례를 베풀라 하신 그이가 나에게 말씀하시되 성령이 내려서 누구 위에든지 머무는 것을 보거든 그가 곧 성령으로 세례를 베푸는 이인 줄 알라 하셨기에"(요 1:33)라고 말하며, 예수님께서 하나님의 아들이심을 증언했습니다.

들러리의 기쁨
"나는 그의 신발끈을 풀기도 감당하지 못하겠노라"(요 1:27). 세례 요한은 자신이 서야 할 자리를 아는 사람이었다. 그는 신랑이 기뻐하기에 자신도 기뻐하는, 들러리의 기쁨으로 충만한 사람이었다. 성경 속 '선지자'는 아브라함에서 시작해서 세례 요한으로 끝이 나고, 구약 39권의 모든 예언을 이루시며 '만왕의 왕, 만주의 주' 예수님께서 이 땅에 오셨다.

마침내 예수님께서 사역을 시작하시자, 이를 지켜본 요한의 제자들이 "사람들이 다 그에게로 갑니다."라고 불평했습니다. 그러자 세례 요한은 침착하게 "나는 그리스도가 아니요 그의 앞에 보내심을 받은 자"(요 3:28)라고 말하며 그들의 오해를 풀어줍니다. 세례 요한은 자신이 서 있어야 할 자리를 아는 사람이었고, 때가 되었을 때 그 자리를 예수님께 내어드릴 줄 아는 사람이었습니다.

그러던 어느 날, 세례 요한이 옥에 갇히자, 자기 제자들을 예수님께 보내 "오실 그이가 당신이오니이까?"라고 질문했습니다. 예수님의 사역이 자신이 기대하던 메시아의 모습과 달랐기에 의문을 품고 물은 것입니다. 그때 예수님께서는 이사야 선지자의 메시아 예언으로 답을 주시며 기록대로 가고 있음을 알려주십니다. "맹인이 보며 못 걷는 사람이 걸으며 나병환자가 깨끗함을 받으며 못 듣는 자가 들으며 죽은 자가 살아나며 가난한 자에게 복음이 전파된다 하라 누구든지 나로 말미암아 실족하지 아니하는 자는 복이 있도다 하시니라"(마 11:5~6). 예수님께서 구약의 말씀으로 세례 요한의 시각을 바꾸어주신 것입니다.

그때 예수님께서는 세례 요한을 말라기와 이사야가 예언한 바로 그 선지자임을 밝히시며, "여자가 낳은 자 중에 세례 요한보다 큰 이가 일어남이 없도다"(마 11:11)라고 평가해 주셨습니다. 세례 요한은 하나님께서 맡겨주신 '메시아의 오실 길을 준비하는 사역'을 자신이 잘 감당했음을 알고, 기쁨으로 죽음을 맞이합니다. 세례 요한의 죽음은 하나님 나라를 위한 '순교'였습니다. 순교는 단순한 죽음이 아니라, 하나님 나라의 영원을 소망하는 죽음이며, 이는 '오직 예수'로만 가능해지는 거룩한 선택입니다.

5. 보이는 하나님의 말씀, 세례 마 3:13~17/ 막 1:9~11/ 눅 3:21~22

#큰글자 일년일독 통독성경 | 5p/ 69p/ 119p

성경은 보이지 않는 하나님의 말씀이고, 세례와 성찬은 보이는 하나님의 말씀입니다. 예수님께서 세례 요한에게 하나님의 의(義)를 이루시기 위해 세례를 받으심으로, 성부, 성자, 성령께서 함께하신 세례는 하나님 나라의 본격적인 예식이 되었습니다. 이때 하나님께서 하늘 문을 여시고 기쁨을 직접, 공개적으로 말씀하십니다. "예수께서 세례를 받으시고 곧 물에서 올라오실새 하늘이 열리고 하나님의 성령이 비둘기 같이 내려 자기 위에 임하심을 보시더니 하늘로부터 소리가 있어 말씀하시되 이는 내 사랑하는 아들이요 내 기뻐하는 자라 하시니라"(마 3:16~17). 이는 성부, 성자, 성령 삼위일체 하나님의 사역 시작이었습니다.

이후 예수님께서는 승천하시기 전에 제자들에게 "너희는 가서 모든 민족을 제자로 삼아 아버지와 아들과 성령의 이름으로 세례를 베풀고"(마 28:19)라고 명하시며, 세례가 이 땅에서 계속 이어지도록 지상명령으로 우리에게 주셨습니다. 예수님께서 보이는 말씀, 즉 '물'을 가지고 '세례'를 행하게 하신 것입니다. 세례는 성찬식과 함께 지상명령을 행하는 데에 반드시 필요한 보이는 말씀이요, 하나님 나라의 거룩한 예식입니다.

예수님의 제자들이 사도가 된 후, '예수 그리스도의 이름으로 세례'를 베풀며(행 2:38) 하나님 나라 운동을 시작했습니다. 하나님 나라 복음은 예루살렘을 넘어 온 유대와 사마리아로 향했습니다. 사마리아에서 빌립이 세례를 베푼 소식을 듣고, 요한과 베드로는 사마리아에 성령님이 임하시기를 기도

세례 (baptism)
세례는 '씻음', '깨끗하게 함', '기름 부음' 등을 의미한다. 예수 그리스도를 나의 구주로 고백하는 사람에게는 온몸을 물에 잠기게 하거나 머리에 물을 뿌리는 방식으로 세례가 베풀어진다. 우리는 세례를 통해 죄 사함을 받고, 예수님께서 죽은 자 가운데서 다시 살아나신 것처럼 새 생명을 얻어 예수님과 연합한 사람이 된다. 이를 상징하는 예식인 세례는 기독교에 정식으로 들어오는 공식적인 입교 의식이기도 하다.

하나님 나라를 살아가는 법
세례와 성찬은 예수님께서 사도들에게 명령하신 거룩한 하나님 나라의 예식이다. 우리는 '보이는 말씀'인 세례와 성찬을 통해 성례를 행하며 하나님 나라를 체험한다. 세례를 시작으로 성찬식을 반복하면서 예수님의 제자도를 배우며, 이 땅에서 '하나님 나라'를 이어가게 된다.

했습니다(행 8:12~17). 또한 빌립은 에디오피아 내시에게도 세례를 베풀었고(행 8:35~39), 베드로는 로마 백부장 고넬료와 그의 가족에게 세례를 베풀며 지상명령을 수행했습니다(행 10:47~48).

사도 바울은 〈로마서〉를 통해 그리스도인은 더 이상 죄의 종이 아니라, 예수님과 함께 세례를 받아 예수님의 생명 안에서 살아가는 사람이라고 말합니다. "그러므로 우리가 그의 죽으심과 합하여 세례를 받음으로 그와 함께 장사되었나니 이는 아버지의 영광으로 말미암아 그리스도를 죽은 자 가운데서 살리심과 같이 우리로 또한 새 생명 가운데서 행하게 하려 함이라"(롬 6:4).

6. 시험을 받으신 예수님과 구약의 기록 마 4:1~11/ 막 1:12~13/ 눅 4:1~13

큰글자 일년일독 통독성경 | 5~6p/ 69p/ 120~121p

예수님께서 성령님에 이끌려 광야로 가셔서 사탄에게 시험을 받으셨습니다. 이 일을 통해 예수님께서는 우리에게 시험을 이기는 방법을 가르쳐주십니다. 그 방법은 오직 기록된 하나님의 말씀인 성경뿐입니다. 예수님께서는 사탄의 시험을 세 번 모두 '기록되었으되', 즉 기록된 〈신명기〉 말씀으로 이기셨습니다. 〈신명기〉의 말씀은 당시 만나세대를 위한 기록이면서 동시에 예수님을 위한 기록이었습니다.

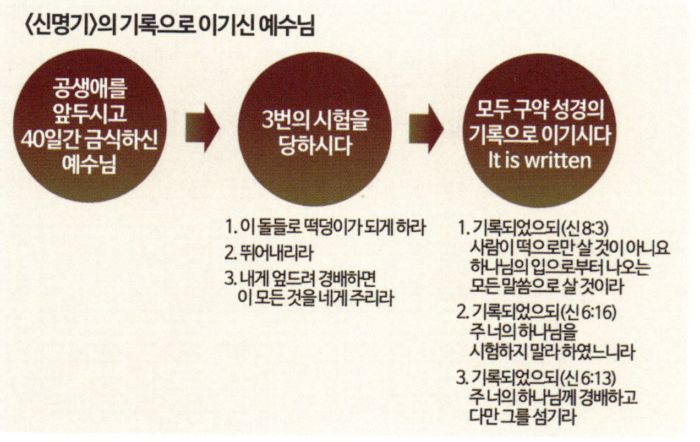

그래서 구약성경은 to the Cross(십자가로 향하는) 이야기로, the Cross(십자가)를 위한 핵심 기록입니다. 이처럼 예수님께서는 공생애를 준비하시면서 먼저 '끝까지 가져갈 기초'를 말씀으로 놓으셨습니다.

The Cross | 십자가 복음 레시피

7. 메시아의 성육신을 통한 하나님 나라

● 하나님과 동등됨에서 종의 형체로 성육신하여 오신 예수님

하나님의 아들 예수님께서 이사야 선지자의 예언대로 동정녀 마리아의 몸을 통해, 그리고 미가 선지자의 예언대로 베들레헴에서 탄생하심으로써 예언을 성취하셨습니다. 예수님의 탄생은 세례 요한의 부모 사가랴와 엘리사벳, 예수님의 육신의 부모 요셉과 마리아, 베들레헴의 목자들, 그리고 시

므온과 안나 등, 새 언약을 소망하며 메시아를 기다려온 '하나님을 경외하는 사람들'이 그 증인이 되었습니다.

성육신하신 하나님의 아들 예수님은 본질적으로 '거룩한 분'이십니다. "천사가 대답하여 이르되 성령이 네게 임하시고 지극히 높으신 이의 능력이 너를 덮으시리니 이러므로 나실 바 거룩한 이는 하나님의 아들이라 일컬어지리라"(눅 1:35). 하나님과 동등되신 예수님께서 종의 형체로 성육신하신 것은 인류의 모든 역사 속에 하나님 사랑과 이웃 사랑을 보여주시기 위함입니다. 예수님께서 성육신하셨기에 어린 시절부터 유월절을 지키며 제사장 나라 율법으로 사시고, 세례를 받으시고, 40일 금식도 하실 수 있으셨습니다. 그리고 마침내 하나님의 어린양이 되셔서 십자가를 지시는 구원 사역을 감당하신 것입니다.

● 삼위일체 하나님의 새 창조 사역이 예수님의 세례로 공개 선언되다 – 하나님 나라 공적 선언

예수님께서는 공생애 사역을 시작하시며 세례 요한에게 '물'로 '세례'를 받으셨습니다. 그때 삼위일체 하나님, 곧 성부, 성자, 성령님의 새 창조 사역이 공개적으로 선언되었습니다. 감추어졌던 비밀이 명료하게 드러난 것입니다. 애굽에서 있었던 첫 번째 유월절 어린양의 희생이 제사장 나라 시작을 알리는 공개 선언이었다면, 하나님의 어린양 예수님께서 받으신 세례는 하나님 나라 시작을 알리는 공개 선언입니다. 세례 요한이 "이튿날 요한이 예수께서 자기에게 나아오심을 보고 이르되 보라 세상 죄를 지고 가는 하나님의 어린 양이로다"(요 1:29)라고 말한 '하나님의 어린양' 표현은, 유월절 어린양의 의미를 알고 있는 유대인들에게 예수님께서 어떤 사역을 감당하실 분인지 드러내는 선언이었습니다. 그리고 예수님께서 세례를 받으심으로써 성부, 성자, 성령님께서 함께 하나님 나라의 본격적인 사역을 시작하셨음을 나타내셨습니다.

37과 예수님의 한 영혼 사랑 – 제자의 길(1)

마태복음, 마가복음, 누가복음, 요한복음 / 공생애 3년 ①

큰글자 일년일독 통독성경 (281~315일 중 6일치를 통독하겠습니다) *one year tongdok bible as one story*

286일 : 천국에서 큰 자, 세 가지 조건　**287일** : 예수님의 논쟁 스페셜　**288일** : 예수님의 종말 이야기
289일 : 십자가, 모든 민족　**290일** : 복음, 하나님 나라　**291일** : 난 예수가 참 좋다

시간 흐름 *time flow*

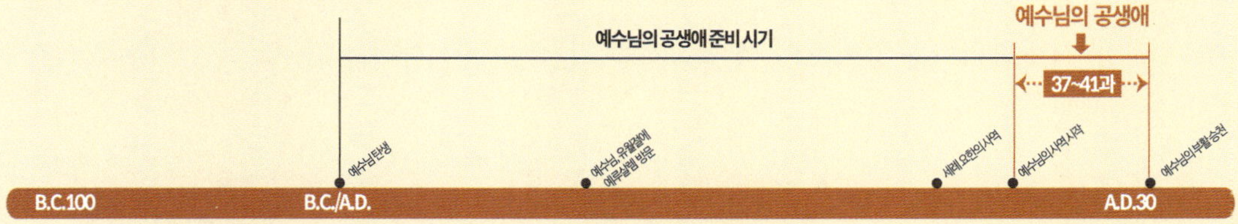

지금 공간 *current location* 유대 땅

주요 인물 *main character* 예수님, 열두 제자

통通포인트 *tong point*

예수님께서 보여주신 하나님 사랑 이웃 사랑의 제자도

예수님께서는 세례를 받으신 후부터 성찬을 제정하시기까지 공생애 3년 동안, 그리스도인이 살아가야 할 삶의 기준인 하나님 사랑과 이웃 사랑의 '제자도'를 친히 보여주시고 가르쳐주셨습니다. 예수님께 '한 영혼'은 공중 나는 새들보다(마 6:26), 들에 핀 백합화보다(마 6:28~30), 돼지 2,000마리보다(막 5:13), 그리고 온 천하보다(눅 9:25) 더 소중한 존재였습니다. 사복음서에 기록된 예수님의 '한 영혼 사랑'은 '먹이시고, 고치시고, 가르치시고, 용서하시고, 기도하시는' 사역으로 나타납니다. 예수님께서 제자의 길을 먼저 걸으시며 가르쳐주신 것은, "내 아버지께서 나라를 내게 맡기신 것 같이 나도 너희에게 맡겨"(눅 22:29), 제자 된 그리스도인이 하나님 사랑과 이웃 사랑을 실천하며 하나님 나라를 이루어가도록 하시기 위함입니다.

1. 먹이시고

큰글자 일년일독 통독성경 | 186p/ 30~31; 81~82; 137; 196~97p/ 60; 103~104; 173~174p/ 110; 180~182p/ 238~239p

예수님의 '한 영혼 사랑'을 위한 다섯 가지 제자의 길 중, 첫째 '먹이시고'

예수님의 열두 제자
베드로, 안드레, 야고보, 요한, 빌립, 바돌로매, 도마, 마태, 알패오의 아들 야고보, 다대오, 시몬, 가룟 유다

이야기입니다. 예수님께서는 하나님의 형상을 따라 지음 받은 인생들에게 하나님 나라를 가르쳐주시며, 굶주린 백성들을 먹이시기 위해 땀 흘리셨습니다.

● 가나 혼인 잔치 때의 포도주 기적 (요 2:1~12)

예수님께서 공생애를 시작하시며 행하신 첫 번째 기적은, 가나의 혼인 잔치에서 물이 포도주가 되게 하신 기적입니다. 예수님께서 포도주 기적을 일으키신 것은 어머니 마리아의 부탁 때문이었습니다. 그때 예수님께서 마리아에게 "내 때가 아직 이르지 아니하였나이다"(요 2:4)라고 말씀하신 이유는, 예수님의 사역은 하나님의 때에, 하나님의 방법으로 이루어져야 할 것을 말씀하신 것입니다. 예수님의 첫 기적을 경험한 이들은 물을 떠 온 하인들이었습니다. 그들은 예수님의 말씀에 순종함으로 첫 기적을 체험하는 영광을 누렸습니다.

이 기적을 통해 제자들이 예수님을 믿게 됩니다. 예수님의 첫 기적이 물로 포도주를 만드신 사건이었다면, 예수님의 마지막 기적은 마지막 유월절에 첫 번째 성찬식을 거행하시며 예수님의 살과 피를 떡과 포도주로 기념하는 '새 언약'의 선포였습니다. 이는 '그리스도인 됨'의 기적으로 이어집니다.

제자들의 삶
3년간 예수님을 따라다니는 제자들의 삶이 쉽고 편한 것은 아니었다. 갈릴리 바다(실제로는 호수, 당시 큰 호수를 바다로 표현함)에서는 노를 저어야 했고, 벳새다 들녘에서는 떡을 날라야 했고, 예수님께서 밤새 환자들을 치유하시는 날에는 옆에서 여러 일을 도와야 했다. 예수님께서는 동역자로 함께할 열두 명을 택하셨고, 그들은 3년 동안 예수님의 말씀을 듣고 배우며, 예수님 곁에서 사람들을 사랑하는 데 함께 시간을 보냈다.

가나 (Cana)
가나는 나사렛 북동쪽에 있는 갈릴리의 한 마을이다. 예수님께서 물로 포도주를 만드신 공생애 최초의 기적이 일어난 곳인 '가나'는 다른 가나와 구분하여 '갈릴리 가나(Cana of Galilee)'로 불렸다. 사도 요한은 예수님의 두 번째 기적(왕의 신하의 아들을 고치심)도 이곳에서 일어났다고 기록하고 있다. 또한 "나사렛에서 무슨 선한 것이 날 수 있느냐"(요 1:46)라고 말한 나다나엘의 고향이기도 했다.

● 오병이어의 기적 (마 14:13~21/ 막 6:30~44/ 눅 9:10~17/ 요 6:1~15)

예수님의 '오병이어(五餠二魚)' 기적은 사복음서에 모두 기록되어 있습니다. 예수님께서 오병이어 기적을 행하신 이유는 첫째, 당시 가난한 유대 백성들을 불쌍히 여기시는 예수님의 마음 때문이었습니다. 둘째, 제자들에게 사명을 가르치시기 위함이었습니다. 셋째, 생명의 떡이신 예수님을 나타내시기 위함이었습니다.

오병이어 _ 란프랑코 作

예수님께서 가시는 곳마다 예수님에 관한 소문을 들은 많은 무리가 예수님께로 모여들었습니다. 예수님께서는 벳새다까지 따라온 많은 사람에게 온종일 말씀을 가르치셨습니다. 날이 저물자 모인 사람들이 굶주린 것을 불쌍히 여기시고, 예수님께서 그들에게 먹을 음식을 주시기로 하십니다. 하나님의 아들 예수님의 능력이라면 5천 명이나 되는 사람들 손에 떡과 물고기가 하나씩 뚝뚝 떨어지게 하실 수도 있었을 것입니다. 그러나 예수님께서는 제자들이 한 소년에게 건네받은 물고기 두 마리와 보리떡 다섯 개를 가지고 축사하신 후, 제자들에게 바구니를 들고 뛰어다니며 나눠주게 하십니다. 예수님께서는 기적 자체보다 그날 온종일 가르치셨던 '하나님 나라' 이야기가 사람들에게 더 기억되기를 원하셨습니다. 그래서 예수님께서는 다음 날, 어제 먹은 떡을 기억하며 모여든 사람들에게 "나는 생명의 떡이니 내게 오는 자는 결코 주리지 아니할 터이요 나를 믿는 자는 영원히 목마르지 아니하리라"(요 6:35)라고 말씀하셨습니다.

"너희에게 무엇이 있느냐?"
수많은 무리가 사흘 동안 예수님과 함께 하나님 나라를 배웠다. 그러나 먹을 것이 없어 굶은 그들을 예수님께서는 불쌍히 여기셨다. 그때 주님은 "너희에게 떡 몇 개나 있느냐?"라고 물으셨다. 떡 일곱 개와 생선 두어 마리를 가지고 축사하시고 나눠주셨을 때, 사천 명이 먹고도 일곱 광주리가 남는 기적이 일어났다. 우리의 현실은 '어디서', '어떻게'를 묻지만, 예수님께서는 "너희에게 무엇이 있느냐?"라고 물으신다. 신앙의 기적은 밖이 아닌 내 안에서 드릴 수 있는 최선을 주님께 내어드릴 때 일어난다.

● 제자들과 함께, 마지막 유월절 첫 번째 성찬식

(마 26:26~30/ 막 14:22~26/ 눅 22:14~23)

"내가 고난을 받기 전에 너희와 함께 이 유월절 먹기를 원하고 원하였노라"(눅 22:15). 예수님께서는 이날을 기다리고 기다리셨습니다. 예수님께서 제자들과 함께 이날, 유월절 먹기를 그토록 원하시며 기다리신 것은 3년 전 갈릴리 바닷가로 제자들을 부르신 때부터였습니다. 더 거슬러 올라가면 1,500년 전 애굽에서의 첫 번째 유월절 때부터였습니다. 예수님께서는 제사장 나라 유월절을 마지막으로 지키시고, 이를 첫 번째 성찬식으로 만드시기 위해 기다리며 준비하셨습니다. 예수님께서는 "이 유월절이 하나님의 나라에서 이루기까지 다시 먹지 아니하리라"(눅 22:16)라고 말씀하셨는데, 이는 하나님 나라에서 이루어질 유월절, 즉 '어린양의 혼인 잔치' 때까지 기다리심을 말씀하신 것입니다(계 19:9).

예수님께서는 제자들과 마지막 유월절 식사를 하신 후, 떡을 떼어 주시며 "받아서 먹으라 이것은 내 몸이니라"(마 26:26)라고 말씀하셨습니다. '유월절 어린양'의 몸을 먹는 것처럼 당신의 몸을 받아 먹으라고 말씀하신 것입니다. 음식은 사람의 몸으로 들어가 하나가 됩니다. 이렇게 제자들에게 떡을 떼어 주신 후, 예수님께서 이번에는 잔을 가지시고 "너희가 다 이것을 마시라 이것은 죄 사함을 얻게 하려고 많은 사람을 위하여 흘리는 바 나의 피 곧 언약의 피니라"(마 26:27~28)라고 말씀하십니다. 이는 십자가 하늘 지성소에서 단번 제사로 흘리는 예수님의 '피로 세운 언약'을 말씀하신 것입니다. 예수님께서 베푸신 첫 번째 성찬식을 통해, 우리는 유월절 "이날을 기념하라"가 아닌 예수님의 "나를 기념하라"를 실천하는 그리스도인이 됩니다.

예수님께서는 공생애 기간에 오병이어의 기적과 칠병이어의 기적을 통해 사람들을 먹이시며, 하나님 나라의 '보이는 말씀'을 나타내셨습니다. 마찬가지로 '성찬식'도 예수님께서 제자들과 함께한 3년 공생애 마지막 날에 행하신 '보이는 말씀'의 기적이었습니다.

예수님의 제자 훈련
예수님께서는 성찬식 후에 친히 제자들의 발을 씻기시며 "너희도 서로 발을 씻어 주는 것이 옳으니라"(요 13:14)라고 말씀하셨다. 예수님께서 직접 섬김의 본을 보여주신 것이다. 이후 대제사장 세력들이 예수님을 체포할 때, 그들은 예수님의 제자들이 도망가도록 내버려두었다. 그들의 눈에 비친 제자들은 공동체를 이끌 만한 지도자의 자질이 없는 사람들이었다. 그런데 그들이 간과한 것은, 우리 예수님께서 가장 뛰어난 '교사'였다는 사실이다. 예수님의 현장 학습을 통해 교육받은 제자들은 훗날 놀랍도록 멋지게 그들의 사명을 감당하게 된다.

● 부활하신 후 엠마오 제자들과 (막 16:12~13/ 눅 24:13~35)

부활하신 예수님께서는 엠마오로 가는 두 제자에게 나타나셔서 그들과 대화하셨습니다. 두 제자는 부활하신 예수님과 대화를 나누면서도 부활을 믿지 못하고 있었습니다. 그러다가 예수님과 음식을 나눌 때 비로소 눈이 밝아져 부활하신 예수님을 알아보게 됩니다. 두 제자는 그때로부터 즉시 예루살렘으로 돌아가 부활의 주님을 간증하기 시작했습니다.

엠마오 (Emmaus)
엠마오는 예루살렘 근처의 한 마을로, 누가는 '25리', 곧 약 10km 정도 떨어져 있다고 기록했다. 예수님께서 엠마오로 가던 두 제자(글로바와 또 한 명)를 만나 식사하시며 다시 힘을 주셨고, 그들은 곧바로 예루살렘으로 돌아갔다. 예수님의 죽음으로 흩어질 것만 같았던 제자들이 다시 예루살렘에 모이기 시작했다. 그들은 부활하신 예수님의 증인이 되어 모든 민족을 향해 나아갔고, 마침내 사람을 낚는 어부의 길을 걷게 되었다.

● 부활하신 후 디베랴 바닷가에서 제자들과 (요 21:1~14)

부활하신 예수님께서 일곱 명의 제자(베드로, 도마, 나다나엘, 야고보, 요한, 그리고 두 제자) 앞에 나타나셨습니다. 그때 제자들은 갈릴리에서 함께 모여 고기를 잡기 위해 나갔으나, 밤이 새도록 고기를 한 마리도 잡지 못했습니다. 예수님께서 그곳에 찾아오셨지만, 제자들은 예수님을 알아보지 못했습니다. 예수님께서는 산헤드린 공회에 잡히시던 날, 이미 제자들에게 부활 후 갈릴리에서 만날 것이라고 말씀하신 적이 있습니다. 그리고 부활 직후 여인들에게 "내 형제들에게 갈릴리로 가라 하라"(마 28:10)라고 말씀하셨습니다.

제자들이 갈릴리 바다로 찾아오신 예수님을 아직 알아보지 못하고 있을 때, 요한이 가만히 보더니 "주님이시라"(요 21:7)라고 말합니다. 그 말을 들은 베드로가 겉옷을 두르더니 예수님께 나아가기 위해 바다로 뛰어듭니다. 베드로는 예수님의 공생애 3년 동안의 경험을 통해 예수님이 어떤 분이신지 알게 되었습니다. 예수님께서는 자신 같은 죄인을 부르러 오셨다는 사실, 아무리 큰 죄를 지은 사람이라도 한없는 사랑으로 품어주시고 용서해 주신다는 사실을 베드로는 이제 더 확실히 깨달았습니다. 그래서 한없이 부끄러운 자신의 과거에도 불구하고, 두 팔 벌려 자신을 기다려주시는 예수님 앞으로 용기를 내어 달려갔던 것입니다.

부활하신 예수님께서는 디베랴 호숫가에서 숯불을 지펴 생선과 떡을 준비해 놓으시고 제자들을 식사에 초대하셨습니다. 이는 마치 십자가를 지시기 전날 밤, 제자들과 함께 마지막 유월절을 첫 번째 성찬식으로 보내셨던 모습과 같았습니다. 예수님께서는 이처럼 부활하신 후에도, 낙심과 절망 가운데 빠져 있던 제자들을 찾아오셔서 다시 힘을 주시기 위해 '함께 식사'를 하셨던 것입니다. 예수님께서는 언제나 제자들과 함께 먹기를 원하고 원하셨습니다. 그리고 제자들과 다시 새로운 관계를 시작하십니다.

십자가의 길을 따르는 베드로

예수님께서는 마지막 유월절 첫 번째 성찬식 때 베드로의 죽음을 예그하셨다. "내가 가는 곳에 네가 지금은 따라올 수 없으나 후에는 따라오리라"(요 13:36). 베드로가 지금은 따라갈 수 없는 곳, 그곳은 곧 십자가의 길이다. 이에 베드로가 예수님을 위해 지금이라도 목숨을 버릴 수 있다고 말하자, 예수님께서는 그가 세 번 부인할 것을 말씀하시며, 그 이후에는 베드로가 예수님을 따라올 것이라고 하셨다. 그 후 베드로는 예수님의 말씀대로 세 번 부인하지만, 부활하신 주님을 만나 회복되어 마침내 십자가의 길을 따르는 최고의 제자가 된다.

2. 고치시고

큰글자 일년일독 통독성경 | 14; 70~71; 124p/ 14~15; 129~130; 192~193p/ 207~210p/ 212~215p

예수님의 '한 영혼 사랑'을 위한 다섯 가지 제자의 길 중, 둘째 '고치시고' 이야기입니다. 예수님께서는 질병으로 고통 가운데 있는 백성들을 불쌍히 여기시고 긍휼을 베푸셔서 치유해 주셨습니다. 예수님의 그 마음이 결국 우리를 죄에서 구원해 주시고 하나님의 자녀가 되게 해주신 것입니다.

나병 환자들에게 레위기 14장은 복음이었다!

"나병 환자가 정결하게 되는 날의 규례는 이러하니 곧 그 사람을 제사장에게로 데려갈 것이요 제사장은 진영에서 나가 진찰할지니 그 환자에게 있던 나병 환부가 나았으면 제사장은 그 정결함을 받을 자를 위하여 명령하여 살아 있는 정결한 새 두 마리와 백향목과 홍색 실과 우슬초를 가져오게 하고"(레 14:2~4).

나병환자의 정결 규례 _데이비드 P. F. 하디 作

● 나병 환자를 고치시다 – 제사장에게 보이라

(마 8:1~4/ 막 1:40~45/ 눅 5:12~16)

예수님께서는 공생애 3년 동안 수많은 환자를 고쳐주신 후, 그들에게 다른 사람에게는 "말하지 말라"라고 말씀하셨습니다. 그러나 나병 환자를 고쳐주신 후에는, 사람들에게는 말하지 말고 "다만 가서 제사장에게 네 몸을 보이고 모세가 명한 예물을 드려 그들에게 입증하라"(마 8:4)라고 말씀하셨습니다. 이는 레위기 13~14장에 나오는 제사장 나라 율법대로, 제사장에게 확인을 받아 다시 공동체로 복귀할 수 있도록 하신 말씀입니다. 예수님께서는 십자가를 지시기 전까지 구약성경의 기록대로 제사장 나라 법을 지켜 행하셨습니다. 그러나 예수님께서 십자가에서 "다 이루었다"라고 하신 순간부터 제사장 나라 법은 더 이상 유효하지 않습니다. 성전 휘장이 찢어짐으로써 대제사장이 지성소에 들어갈 이유가 사라지고, 대제사장의 지도를 받는 제사장의 역할도 끝나기 때문입니다. 이제 예수님의 십자가 이후의 모든 치유는 오직 보혈의 능력으로 이루어집니다.

네 명의 복음 저자들 _ 루벤스 作

● 백부장의 하인을 고치시다 (마 8:5~13/ 눅 7:1~10/ 요 4:43~54)

예수님께서는 병자를 보지 않으시고 오직 말씀만으로도 고쳐주셨습니다. 바로 가버나움에서 백부장의 하인을 고쳐주신 일입니다. 로마인 백부장은 자신의 사랑하는 종이 병들어 죽게 되자, 예수님에 대한 소문을 듣고 와서 그를 고쳐주실 것을 간청했습니다. 그는 예수님의 말씀만으로도 자신의 종이 충분히 나을 수 있다고 믿었고, 그 사실을 예수님께 말씀드렸습니다. 그러자 예수님께서는 백부장의 믿음을 칭찬하시며 그의 종을 고쳐주셨습니다. "예수께서 백부장에게 이르시되 가라 네 믿은 대로 될지어다 하시니 그 즉시 하인이 나으니라"(마 8:13).

마태는 백부장이 직접 예수님께 청한 것으로 기록했으나, 누가는 이 내용을 더 자세히 전하며, 유대인 장로들이 백부장을 돕고자 했기 때문에 이 일이 일어날 수 있었다고 밝히고 있습니다. 백부장은 로마 제국의 군인이었음에도 유대인들에게 매우 호의적이었고, 심지어 유대인들을 위해 회당까지 지어준 고마운 사람이었습니다. 그래서 유대인 장로들이 나서서 백부장에게 감사를 표하고 싶던 차에, 마침 백부장의 사랑하는 종이 병들어 죽게 된 사실을 알고, 그를 위해 예수님께 간청을 드렸던 것입니다. 예수님의 말씀이면 충분하다는 백부장의 믿음은 보통 사람들은 상상하기 어려운, 참으로 월등한 믿음이었습니다. 예수님께서는 백부장의 그 놀라운 믿음을 보시고, '모든 민족'을 향한 구원에 대해 말씀하셨습니다. 성경에 '어떤 백부장'으로 이름 없이 기록되었지만, 그는 놀랍게도 우리 예수님께 최고의 믿음을

누가의 마음
<누가복음>과 <사도행전>은 모두 누가가 기록했으며, 두 편지 모두 수신자가 로마 제국에서 '각하'라 불리는 고위 공직자 '데오빌로'였다. 누가는 데오빌로에게 <누가복음>과 <사도행전>에서 각각 로마 제국 군인 중 백 명의 군인들을 통솔하는 백부장 한 명씩을 소개했다. 누가는 데오빌로가 두 명의 백부장처럼 하나님 나라를 위한 월등한 이방인이 되어주기를 바라는 마음이었을 것이다. 그는 이방인인 데오빌로를 위해 <누가복음> 곳곳에서 예수님께서 유대인만을 위해 오신 것이 아니라 세상 모든 죄인을 위해 오셨음을 강조했다.

가진 사람이라는 평가를 받았습니다. 이 백부장은 〈사도행전〉에 나오는 로마 제국의 또 다른 백부장인 고넬료와 같은 믿음의 사람이었습니다.

● 날 때부터 맹인 된 사람을 안식일에 고치시다 (요 9장)

맹인 치유 _ 콘스탄틴 마코프스키 作

날 때부터 맹인 된 사람을 낫게 하신 기적 이야기는, 제자들이 "이 사람이 맹인으로 난 것이 누구의 죄로 인함이니이까?"라고 묻는 질문에서 시작되었습니다. 이는 당시 유대인들의 생각을 잘 보여주는 질문으로, 그들은 질병을 죄에 대한 하나님의 처벌로 여겼습니다. 이에 대해 예수님께서는 "이 사람이나 그 부모의 죄로 인한 것이 아니라 그에게서 하나님이 하시는 일을 나타내고자 하심이라"(요 9:3)라고 답하셨습니다. 그리고 〈이사야〉에 이미 예고된 대로 예수님께서 '세상의 빛'이심을 선언하신 후, 맹인을 고쳐주십니다. 그가 예수님의 말씀에 순종하여 실로암 못에 가서 씻자, 병이 나아 눈을 뜨게 되었습니다. 인생들의 작은 믿음의 순종이 이렇게 놀라운 기적을 일으킵니다.

그런데 바리새인들이 이 일을 두고 시시비비를 가리려 하면서 문제가 커지게 됩니다. 예수님께서 병자를 고치신 날이 안식일이었고, 산헤드린 공회는 율법을 근거로 고침을 받은 사람을 유대교에서 출교시키려 했기 때문입니다. 그러나 그는 산헤드린 공회의 출교 협박에도 굴하지 않고 많은 사람 앞에서 예수님을 '하나님께로부터 온 선지자'라고 증언했습니다. 출교를 무릅쓰고 예수님을 믿은 그 사람에게 예수님께서는 "내가 심판하러 이 세상에 왔으니 보지 못하는 자들은 보게 하고 보는 자들은 맹인이 되게 하려 함이라"(요 9:39)라고 말씀하시며 그 자리에 함께 있던 바리새인들을 책망하셨습니다.

이처럼 안식일의 주인이신 예수님께서는 안식일에도 많은 기적을 행하시며 수많은 병자를 고쳐주셨습니다. 이는 마치 제사장 나라의 제사장들이 안식일에 성전에서 수많은 제사자가 하나님과 만날 수 있도록 돕기 위해 일하는 것과 다르지 않았습니다. 한마디로, 안식일의 진정한 주인이신 예수님께서 가장 안식일다운 안식일을 보내신 것입니다.

"안식일에 선을 행하는 것과 악을 행하는 것, 생명을 구하는 것과 죽이

안식일에 행하신 기적
- 가버나움에서 귀신 들린 사람 치유 (막 1:21~28)
- 시몬의 장모의 열병 치유 (막 1:29~31)
- 손 마른 사람 치유 (막 3:1~6)
- 18년간 귀신 들리고 꼬부라진 여자 치유 (눅 13:10~17)
- 수종병 든 사람 치유 (눅 14:1~6)
- 베데스다에서 38년 된 병자 치유 (요 5:1~15)
- 날 때부터 맹인인 사람 치유 (요 9:1~14)

는 것, 어느 것이 옳으냐 하시며 무리를 둘러 보시고 그 사람에게 이르시되 네 손을 내밀라 하시니 그가 그리하매 그 손이 회복된지라"(눅 6:9~10).

일곱 가지 기적
사도 요한은 예수님의 신성을 나타내기 위해
예수님께서 베푸신 많은 기적 중에서 일곱 가지만 택하여 기록했다.

물이 포도주가 됨-기적의 시작, 은혜의 시작	요 2:1~11
왕의 신하의 아들을 고치심-믿음으로 구원을 얻게 하심	요 4:46~54
38년 된 병자를 고침-약함을 강함으로 바꿔주심	요 5:1~9
오병이어의 기적-영의 양식으로 채워주심	요 6:1~13
물 위를 걸으심-두려움을 믿음으로 변화시키심	요 6:16~21
날 때부터 맹인 된 사람이 보게 됨-어두움을 이기고 빛으로 오심	요 9:1~7
나사로를 살리심-죽음에서 생명으로 옮기심	요 11:1~44

● 죽은 나사로를 살리시다 (요 11:1~44)

나사로가 병들었다는 소식을 들으신 예수님께서는 "이 병은 죽을 병이 아니라 하나님의 영광을 위함이요 하나님의 아들이 이로 말미암아 영광을 받게 하려 함이라"(요 11:4)라고 말씀하셨습니다. 예수님께서는 하나님의 때를 기다리신 후, 나사로가 죽은 후에야 그에게 가셨습니다. 그리고 놀라운 말씀을 하십니다. "나는 부활이요 생명이니 나를 믿는 자는 죽어도 살겠고 무릇 살아서 나를 믿는 자는 영원히 죽지 아니하리니 이것을 네가 믿느냐"(요 11:25~26). 마르다는 예수님의 이 말씀을 마지막 날의 부활로 생각했지만, 예수님께서는 죽은 나사로를 살리심으로 예수님이 생명의 주관자이심을 밝히 드러내시려 한 것이었습니다. 나사로의 죽음을 보시고 흘리신 예수님의 눈물은, 부활이요 생명 되신 예수님을 아직 알지 못하고 살아가는 이들을 불쌍히 여기시는 눈물이었을 것입니다.

예수님의 자기소개
1. 나는 생명의 떡이다 (요 6:35,41)
2. 나는 세상의 빛이다 (요 8:12)
3. 나는 양의 문이다 (요 10:7,9)
4. 나는 선한 목자다 (요 10:11,14)
5. 나는 부활이요 생명이다 (요 11:25)
6. 나는 길이요 진리요 생명이다 (요 14:6)
7. 나는 참 포도나무다 (요 15:1,5)

그런데 예수님께서 죽었던 나사로를 살리신 일은 너무나도 믿기 어려운 기적이었기에 상당한 후폭풍이 일어났습니다. 사람들의 반응은 첫째, 예수님께서 죽은 나사로를 살리신 것을 보고 예수님을 하나님의 아들로 믿는 사람들이 있었습니다. 둘째, 예수님의 행적을 산헤드린 공회에 밀고하는 사람들이 있었습니다. 셋째, 이 일로 인해 산헤드린 공회가 긴급 소집되었고, 공회의 의장인 대제사장 가야바가 나서서 예수님의 처형을 주장했습니다. 그는 한 사람을 죽이는 것이 자기 민족을 위한 길이라고 주장했습니다. 넷째, 예수님을 죽이려는 모의가 본격적으로 시작되었습니다. 산헤드린 공회원들은 예수님께서 날 때부터 맹인이었던 사람의 눈을 뜨게 하시고 죽은 나사로를 살리신 일을 보았음에도 불구하고, 예수님을 하나님의 아들이라고 믿는 대신 다가오는 유월절, 그 아름다운 명절에 예수님을 죽일 모략을 세웠습니다.

인생들을 불쌍히 여기시며 사랑하시는 하나님의 도우심에는 한계가 없습니다. 날 때부터 맹인이었던 사람을 고치신 일이나 죽은 나사로를 살리신 일은, 인간의 절대적인 한계를 뛰어넘는 생명의 주인 되신 예수님만이 하실 수 있는 일입니다. 예수님께서는 그 일을 행하심으로 하나님의 영광을 나타내셨고, 사람들이 하나님을 믿도록 하셨습니다.

3. 가르치시고

큰글자 일년일독 통독성경 | 187~189p/ 7~14p/ 26~29,47~48,55~57; 75~76; 152,154~155,165~166p 35~36; 87; 137~138p/ 53~58p

예수님의 '한 영혼 사랑'을 위한 다섯 가지 제자의 길 중, 셋째 '가르치시고' 이야기입니다. 예수님의 가르침의 핵심은 '하나님 나라'입니다. 예수님께서는 누구든지 쉽게 이해할 수 있도록, 사람들이 가장 잘 알고 있는 비유를 들어 하나님 나라를 설명해 주셨습니다.

천국에서 큰 사람

"천국에서는 누가 크니이까?"라는 제자들의 질문에, 예수님께서는 "누구든지 이 어린 아이와 같이 자기를 낮추는 사람이 천국에서 큰 자니라"(마 18:4)라고 말씀하셨다. 천국어서 큰 사람은 어린아이와 같이 자기를 낮추는 사람이요, 작은 이를 업신여기지 않는 사람이요, 잃은 양 한 마리 의 소중함을 아는 사람이다.

● 니고데모와의 대화 (요 3:1~21)

사도 요한은 바리새인 니고데모와 예수님의 만남 이야기를 대화 형식으로 기록했습니다. 유대인의 지도자이자 선생이며 바리새인이고 산헤드린 공회원이었던 니고데모는 예레미야의 새 언약 예고를 믿고 메시아를 소망하는 사람이었습니다. 그는 이후에 예수님을 잡으려는 바리새인들에 맞서 예수님을 변호했고, 이후에는 아리마대 사람 부자 요셉과 함께 예수님의 장례를 치른 사람입니다. 니고데모는 예수님께서 행하신 표적을 보고 예수님께서 하나님께로부터 오신 선생임을 알게 되었다고 고백했습니다. 니고데모가 '예수님의 신분'에 대해 말한 것입니다.

어린이들과 함께하시는 예수님 _ 칼 하인리히 블로흐 作

그런데 니고데모의 고백을 들으신 예수님께서는 그의 관심을 '거듭남'의 주제로 바꾸어주셨습니다. 니고데모가 하나님 나라를 기다리는 사람임을 아셨기 때문입니다. "예수께서 대답하여 이르시되 진실로 진실로 네게 이르노니 사람이 거듭나지 아니하면 하나님의 나라를 볼 수 없느니라"(요 3:3). 예수님의 대답을 듣고 니고데모가 질문합니다. "사람이 늙으면 어떻게 날 수 있사옵나이까 두 번째 모태에 들어갔다가 날 수 있사옵나이까"(요 3:4). 이에 예수님께서는 '거듭남'이란 물과 성령으로 다시 태어나는 것이라고 답해주십니다. 예수님께서 말씀하신 '거듭남'은 새로운 피조물이 되는 것이며, 하나님의 아들을 믿는 믿음으로 얻는 것입니다. 이는 〈말라기〉에서 "주께서 어떻게 우리를 사랑하셨나이까"라는 이스라엘 백성의 질문이 있은 지 400여 년 만에 하나님께서 주신 답입니다. "하나님이 세상을 이처럼 사랑하사 독생자를 주셨으니 이는 그를 믿는 자마다 멸망하지 않고 영생을 얻게 하려 하심이라"(요 3:16). 하나님께서는 세상을 사랑하시되 '이처럼', 즉 하나님의 독생자 예수 그리스도를 내어주시기까지 사랑하십니다. 하나님의 사랑의 깊이와 넓이가 무한하며 영원함은 하나님께서 사랑의 증표로 주신 예수 그리스도를 통해 알 수 있습니다. 이것이 우리가 받은 변함없는 하나님의 사랑입니다.

● 산상수훈 (마 5:1~7:29)

예수님께서는 '하나님 나라'를 산 위에서나 들녘에서나, 많은 사람에게나 한 영혼에게나, 언제든지 누구에게든지 가르치셨습니다. 예수님께서 입을 열어 하늘의 비밀을 전하신 것입니다. 그중 하나가 산상수훈입니다. 산상수훈은 모세의 율법 이후, 예수님께서 유대 백성들에게 직접 들려주신 새 율법이자 새 기준이었습니다. 특히 마태가 산상수훈을 마태복음 5장에서 7장에 묶어서 기록했기에, 우리는 예수님께서 직접 말씀해 주시는 것과 같은 느낌으로 예수님의 말씀을 들을 수 있습니다. 반면 누가는 산상수훈의 일부는 누가복음 6장에 '평지수훈'으로 기록하고, 나머지 내용은 누가복음 11장에서 16장 사이에 흩어 기록했습니다. 마태는 복 있는 사람을 중심으로, 누가는 복과 화를 대비하여 기록했습니다. 그러므로 '산상수훈'과 '평지수훈'은 보완적으로 읽어야 합니다.

산상수훈 _ 칼 하인리히 블로흐 作

산상수훈과 평지수훈

산상수훈 (마 5:3~12)		평지수훈 (눅 6:20~26)
심령이 가난한 자	복	가난한 자
애통하는 자		주린 자
온유한 자		우는 자
의에 주리고 목마른 자		핍박당하는 자
긍휼히 여기는 자	화	부요한 자
마음이 청결한 자		배부른 자
화평하게 하는 자		웃는 자
의를 위하여 박해를 받은 자		칭찬 받는 자

예수님께서 산에 올라가 선포하신 첫 말씀은 '복'에 대한 것입니다.

"심령이 가난한 자는 복이 있나니 천국이 그들의 것임이요
애통하는 자는 복이 있나니 그들이 위로를 받을 것임이요
온유한 자는 복이 있나니 그들이 땅을 기업으로 받을 것임이요
의에 주리고 목마른 자는 복이 있나니 그들이 배부를 것임이요
긍휼히 여기는 자는 복이 있나니 그들이 긍휼히 여김을 받을 것임이요

마음이 청결한 자는 복이 있나니 그들이 하나님을 볼 것임이요
화평하게 하는 자는 복이 있나니
그들이 하나님의 아들이라 일컬음을 받을 것임이요
의를 위하여 박해를 받은 자는 복이 있나니
천국이 그들의 것임이라"(마 5:3~10).

예수님께서 말씀하신 '복'은 세상 사람이 생각하는 '복'의 개념과는 완전히 다릅니다. 이 땅에서의 만사형통을 복이라 여기는 사람들에게 예수님께서는, 진정한 복이란 하늘의 것, 곧 보이지 않는 천국을 마음에 소유하는 것이라고 말씀하십니다.

황금률 (Golden Rule)
예수님께서 인간관계의 자세에 대해 '황금률'을 가르쳐주셨다. "그러므로 무엇이든지 남에게 대접을 받고자 하는 대로 너희도 남을 대접하라 이것이 율법이요 선지자니라"(마 7:12). 예수님께서는 이렇게 행하는 것이 '율법이요 선지자'라고 말씀하셨다. 이는 구약성경 전체를 요약하는 표현으로, 황금률의 개념이 율법의 핵심임을 강조하신 것이다. 이웃과 아름다운 관계를 만들 수 있는 비결이 바로 이 말씀에 있다.

● 천국 비유 가르침

(마 13:1~52; 22:1~14; 25:1~30/ 막 4:1~34/ 눅 13:18~21; 14:15~24; 19:11~27)

마태는 예수님께서 비유로 말씀하신 하나님 나라 이야기를 일목요연하게 정리해서 기록했습니다. '비유'는 쉽고 재미있는 월등한 교육 방법으로, 어린아이부터 어른까지 누구나 쉽게 이해할 수 있습니다. 그래서 예수님의 비유를 통해 하나님 나라를 배운 사람들은 예수님의 공생애 3년 만에 누구든지 하나님 나라를 이해할 수 있었습니다.

예수님께서 가르쳐주신 하나님 나라에 대한 대표적인 비유로는 씨 뿌리는 자의 비유, 가라지 비유, 겨자씨 비유, 누룩 비유, 감추어진 보화 비유, 값진 진주 비유, 그물 비유 등이 있습니다. 예수님께서는 하나님 나라를 알고 깨닫게 된 사람들은 새것인 '복음'과 옛것인 '율법'을 마음에 담고 전하는 사람이 되어야 한다고 말씀하십니다. "예수께서 이르시되 그러므로 천국의 제자된 서기관마다 마치 새것과 옛것을 그 곳간에서 내오는 집주인과 같으니라"(마 13:52).

천국 비유
1. 씨 뿌리는 비유 (마 13:3~8)
2. 가라지 비유 (마 13:24~30)
3. 겨자씨 비유 (마 13:31~32)
4. 누룩 비유 (마 13:33)
5. 감추인 보화 비유 (마 13:44)
6. 좋은 진주를 구하는 장사 비유 (마 13:45~46)
7. 그물 비유 (마 13:47~50)

예수님께서는 하나님 나라를 가르치실 때, 사람들에 따라 다르게 가르치셨습니다. 지식이 있는 사람들에게는 "너희가 읽어보지 못하였느냐?"라고 기록된 율법과 선지자의 글을 말씀하셨고, 지식이 많지 않은 사람들에게는 "… 한 말을 너희가 들었으나", 즉 "들어보지 못하였느냐?"라고 말씀하시며, 눈높이에 맞게 다시 가르쳐주셨습니다.

● 십자가 가르침 – 첫 수난 예고 (마 16:21~28/ 막 8:31~34/ 눅 9:22~24)

예수님께서는 여러 차례 수난을 예고하셨지만, 베드로의 신앙고백 이후부터는 공개적으로 예수님의 수난을 예고하셨습니다. 예수님의 수난 예고를 들은 베드로가 그 일을 만류하자, 예수님은 하나님께서 하시는 일을 막는 것이라고 베드로를 책망하셨습니다. "사탄아 내 뒤로 물러 가라 너는 나를 넘어지게 하는 자로다 네가 하나님의 일을 생각하지 아니하고 도리어 사람의 일을 생각하는도다 하시고"(마 16:23). 예수님께서 광야에서 사탄이 시험할 때 하셨던 말씀과 같은 말씀으로 베드로를 책망하신 것입니다. 이처럼 예수님께서는 수난을 예고하신 후, 제자들이 가야 할 길을 말씀해 주셨습니다.

베드로의 신앙고백
예수님께서 제자들에게 "너희는 나를 누구라 하느냐"라고 질문하셨을 때, 베드로는 "주는 그리스도시요 살아 계신 하나님의 아들이시니이다"(마 16:16)라고 놀라운 신앙고백을 했다. 예수님께서는 베드로에게 "이 반석 위에 내 교회를 세우리니"라고 하시며, 그의 신앙고백 위에 교회를 세우시고 천국 열쇠를 주시겠다고 말씀하셨다. 그리고 제자들에게 비로소 예수님의 십자가 수난과 부활에 대해 본격적으로 가르치기 시작하셨다.

예수님께서는 자기 십자가를 지고 예수님을 따르는 사람이 '제자'라고 가르쳐주셨습니다. 그리고 십자가와 부활 그리고 승천 이후에 다시 오실 예수님의 재림과 심판까지도 미리 말씀해 주셨습니다. 그러나 제자들은 예수님께서 하신 말씀을 처음에는 깨닫지 못하다가, 이후에 부활하신 예수님께서 성경에 기록된 예수님의 수난 예고의 말씀을 풀어주실 때에야 비로소 모든 것을 깨닫게 됩니다.

헤롯 성전 _ 제임스 티소 作

● 종말과 재림 가르침 (마 24~25장)

마태복음 24장과 25장은 종말과 재림에 대한 말씀입니다. 예수님께서는 제자들에게 예수님의 십자가, 부활, 승천, 하나님 우편에 좌정하심, 그리고 재림에 이르기까지 모든 것을 가르쳐주셨습니다. 먼저 예수님께서는 놀랍도록 화려하고 큰 규모로 증축되고 있던 예루살렘 성전을 바라보시며, 그 성전이 완전히 무너질 것이라고 제자들에게 말씀하셨습니다. 예수님의 말씀대로 예루살렘 성전은 A.D.70년, 로마의 티투스 장군에 의해 돌 위에 돌 하나도 남기지 않고 파괴됩니다.

A.D.70년 예루살렘 멸망
A.D.70년 로마 황제 네로가 자살하고, 이후 등장한 3명의 황제가 실각한 후 베스파시아누스가 로마 황제로 추대되고, 그의 아들 티투스가 '유대 전쟁'을 지휘했다. 5개월간의 공성전 끝에 예루살렘성을 점령했고, 마사다에서 끝까지 저항하던 유대 전사들까지 진압함으로 '유대 전쟁'은 로마의 승리로 끝났다.

이어서 예수님께서는 종말에 나타날 징조들을 말씀하셨습니다. 첫째, 세상 끝에는 거짓 선지자가 나타날 것입니다. 둘째, 전쟁과 기근, 그리고 지진 등의 소식이 들리기 시작할 것입니다. 셋째, 그리스도인들에 대한 박해가 심해지고, 거짓 선지자가 많이 일어나 그리스도인들을 미혹할 것입니다. 넷째, 모든 민족에게 복음이 전파될 것입니다. 놀라운 사실은, 예수님께서 제자들에게 말씀하신 종말에 관한 모든 내용이 그때로부터 60여 년 후 사도 요한이 밧모섬에서 기록하게 되는 〈요한계시록〉 내용의 전반적인 밑그림이 된다는 것입니다.

예수님께서는 제자들에게 재림에 대해서도 가르쳐주셨습니다. 그리고 며칠 후 산헤드린 공회 재판에서도 대제사장과 공회원들에게 재림에 대해 예고하셨습니다. "이 후에 인자가 권능의 우편에 앉아 있는 것과 하늘 구름을 타고 오는 것을 너희가 보리라"(마 26:64). 또한, 예수님께서 승천하실 때 천사를 통해 제자들에게 또다시 재림을 약속하셨습니다. "너희 가운데서 하늘로 올려지신 이 예수는 하늘로 가심을 본 그대로 오시리라"(행 1:11). 예수님께서는 초림 때와는 달리 크신 능력과 영광으로 재림하실 것입니다.

예수님께서는 제자들에게 재림의 시기에 대한 말씀과 이를 위한 그리스도인들의 준비를 가르쳐주셨습니다. "그러나 그 날과 그 때는 아무도 모르나니 하늘의 천사들도, 아들도 모르고 오직 아버지만 아시느니라"(마 24:36). 재림의 시기는 오직 하나님 아버지만 아시기에, 예수님께서는 앞으로 나타날 거짓 그리스도와 거짓 선지자들의 미혹에 대해 미리 경고하시며 항상 깨어 있으라고 당부하셨습니다. 이어서 예수님께서는 무화과나무의 비유, 노아의 때 비유, 집주인과 도둑 비유 등을 통해 지혜롭게 재림을 준비하도록 가르쳐주셨습니다. 이는 앞서 가르쳐주신 대로 종말의 징조를 보면 재림이 임박했음을 알라는 말씀이었습니다.

예수님께서는 재림을 기다리며 소망하는 그리스도인들이 가져야 할 올바른 삶의 자세를 열 처녀 비유, 달란트 비유, 양과 염소 비유를 통해 가르쳐주셨습니다. 예수님의 재림 후 일어날 하나님의 심판은 '모든 민족'을 대상으로 이루어질 것입니다. "그들은 영벌에, 의인들은 영생에 들어가리라 하시니라"(마 25:46).

예수님의 가르침 - 마지막 때를 준비하는 그리스도인

1. 다만, 하나님 나라를 구하라.
2. 소유를 팔아 구제하라.
3. 깨어 준비하고 있으라.
4. 분쟁이 있을 것을 미리 알라.
5. 시대를 분간하라.
6. 마지막 심판에 이르기 전에 회개하라.

하나님의 은혜로 모든 이에게 열려 있던 구원의 문이 닫히게 되는 날이 이를 것이다.

열 처녀 비유

당시 혼인 잔치는 해가 진 후에 시작되었고, 신랑이 도착하면 들러리들이 횃불을 들고 맞이하여 잔치 장소로 안내했다. 모든 사람이 들어간 후에는 불청객이 들어오지 못하도록 문을 닫았다. 혼인 잔치를 밝힐 횃불을 꺼뜨리지 않으려면 그때그때 기름을 보충해야 했기에 여분의 기름 준비는 필수였다. 그런데 신랑이 더디 오자, 미련한 다섯 처녀와 슬기로운 다섯 처녀 모두 기다리다 잠들었다. 그러다 신랑이 도착했다는 소리가 들리자 모두 깨어 등을 준비했는데, 바로 이때 준비의 차이가 드러났다. 슬기로운 처녀들은 미리 준비한 기름으로 등을 밝힐 수 있었고, 결국 준비된 사람들만 잔치에 들어갔다. 문은 닫혔고, 한 번 닫힌 문은 다시 열리지 않았다.

4. 용서하시고

큰글자 일년일독 통독성경 | 16; 71; 124~124p/ 10~11; 143~144p/ 39~40; 160p/ 178~179p

예수님의 '한 영혼 사랑'을 위한 다섯 가지 제자의 길 중, 넷째 '용서하시고' 이야기입니다. 여기서 가장 중요한 것은 인간이 하나님께 죄를 용서받으면 하나님의 자녀로 회복된다는 것입니다. 하나님께서는 인생들이 자신의 죄를 스스로 고백하며 죄악의 길에서 벗어나, 용서와 구원의 길로 나오기를 바라십니다. 언제나 우리 예수님께서는 죄인들의 부끄러움을 덮고 용서하시며 새로운 길을 열어주십니다.

● **중풍 병자 – 죄 사함** (마 9:1~8/ 막 2:1~12/ 눅 5:17~26)

예수님께서 머물고 계셨던 가버나움에 있는 한 집에 사람들이 중풍 병자를 데리고 왔습니다. 그런데 집 안에 사람들이 너무 많아 병자를 데리고 들어갈 수가 없었습니다. 그래서 거동을 할 수 없는 중풍 병자를 침상째 메고 지붕으로 올라가 지붕 기와를 걷어내기까지 하며 예수님 앞으로 데려왔습니다. 이에 예수님께서는 병자를 고치려고 애쓴 사람들의 믿음을 귀히 여기시며 중풍 병자를 고쳐주시는데, 놀랍게도 그에게 '죄 사함'을 선포하십니다. "예수께서 그들의 믿음을 보시고 중풍병자에게 이르시되 작은 자야 네 죄 사함을 받았느니라 하시니"(막 2:5).

여기에서 "그들의 믿음을 보시고"라는 표현은 예수님께서 항상 강조하시는 말씀으로, 예수님의 관심이 다름 아닌 '믿음'에 있다는 것을 보여줍니다. 예수님께서는 그들의 믿음을 보시고 중풍 병자를 고쳐주시며 그에게 "네 죄 사함을 받았느니라"라고 선언하신 것입니다. 마태는 이를 두고 어떤 서기관이 이 말씀을 신성모독으로 받아들였다고 기록하고 있습니다(마 9:3). 예수님께서 중풍 병자에게 죄 사함을 선포하신 것은, 우리 인생들의 죄를 사하실 수 있는 능력과 힘이 예수님께 있음을 나타내신 것입니다. 예수님의 '죄 사함' 선포를 듣고 당시 바리새인들은 이를 신성모독이라 생각하여, 헤롯당과 함께 힘을 합쳐 예수님을 죽이고자 모의합니다.

● **주기도문의 용서** (마 6:9~15/ 눅 11:1~4)

예수님께서는 제자들에게 하나님을 아버지라 부르며 기도하라고 가르쳐 주시면서 "이렇게 기도하라"라는 기도의 모범을 주셨습니다. '하늘에 계신 아버지를 위한 기도'는 아버지의 이름이 거룩히 여김을 받으시기를, 아버지 나라의 통치가 임하시기를, 아버지의 뜻이 하늘에서도 땅에서도 이루어지기를 구하는 것입니다. 이어지는 '우리를 위한 기도'는 일용할 양식을 구하고, 우리가 형제를 용서한 것과 같이 우리 죄도 용서해 주시기를 구하고, 시험에 들지 않게 하시고 악에서 구해주시기를 구하는 것입니다. 예수님께서 가르쳐주신 '주의 기도'를 통해 배웠듯이, 우리가 용서받기 위한 조건은 남의 잘못을 먼저 용서하는 것입니다. 우리는 매일 누군가를 용서하며 살아야 합니다. 그래야 우리도 하나님 앞에서 우리 죄를 용서받으며 살아갈 수 있습니다.

"너희가 사람의 잘못을 용서하면 너희 하늘 아버지께서도 너희 잘못을 용서하시려니와 너희가 사람의 잘못을 용서하지 아니하면 너희 아버지께서도 너희 잘못을 용서하지 아니하시리라"(마 6:14~15).

● 용서에 대한 가르침, 베드로 (마 18:21~35/ 눅 17:1~10)

잘못한 형제에 대한 예수님의 가르침이 끝나자, 베드로가 예수님께 용서에 대해 질문하며 보통 세 번의 용서보다 더 크게 일곱 번의 용서를 제시합니다. 그러자 예수님께서는 "네게 이르노니 일곱 번뿐 아니라 일곱 번을 일흔 번까지라도 할지니라"(마 18:22)라고 말씀하셨습니다. 이는 용서는 횟수에 제한 없이, 끝까지 용서해야 한다는 뜻입니다.

예수님께서는 비유를 통해 끝까지 용서해야 하는 이유를 가르쳐주셨습니다. 어떤 주인에게 만 달란트 빚진 사람이 그 많은 빚을 탕감받고도 자신에게 백 데나리온 빚진 사람을 용서하지 않았을 때 일어난 결과를 말씀하시며, 우리도 용서받은 것처럼 형제를 마음으로부터 용서해야 함을 가르쳐주셨습니다.

만 달란트 vs. 백 데나리온

어떤 임금이 만 달란트를 빚진 종이 그 큰 빚을 탕감받고도, 자신에게 백 데나리온을 빚진 동료를 용서하지 않고 감옥에 가둔 사실을 알게 되었다. 그러자 임금은 "내가 너를 불쌍히 여긴 것처럼 너도 네 동료를 불쌍히 여김이 마땅하지 아니하냐?"라고 말하며, 그를 감옥에 가두었다. 한 데나리온은 하루 품삯이므로 백 데나리온은 약 100일간의 품삯이며, 만 달란트는 1달란트가 6,000데나리온이므로 갚는 것이 사실상 불가능한 엄청난 금액이었다. 이 비유를 들려주신 예수님께서는 "너희가 각각 마음으로 형제를 용서하지 아니하면, 나의 하늘 아버지께서도 너희에게 이와 같이 하시리라"(마 18:35)라고 말씀하셨다.

● 십자가 용서 (눅 23:34)

대제사장과 서기관, 바리새인들, 그리고 벳새다 들녘에서 물고기와 보리떡의 기적을 체험하며 음식을 먹었던 백성들까지 합세해 예수님을 오해했습니다. 그들은 예수님이 하나님을 모독했고, 백성들의 삶을 피폐한 상황으로 몰아갔으며, 평화를 지켜주는 로마에 대한 저항을 선동했다고 주장했습니다. 이러한 말도 안 되는 오해로 그들은 결국 예수님을 십자가에 못 박았습니다. 오해로 가득한 그 순간, 끝이 보이지 않는 칠흑 같은 그 순간, 십자가를 지시고 피 흘리시는 바로 그 순간에도 예수님께서는 그들을 위하여 기도하셨습니다. "아버지 저들을 사하여 주옵소서 자기들이 하는 것을 알지 못함이니이다"(눅 23:34).

죄인을 향한 예수님의 사랑

바리새인 시몬이 예수님을 집에 초대했을 때, 그 집에 죄지은 한 여인이 찾아와 예수님 곁에서 울며 예수님 발에 입 맞추고 향유를 붓는 일이 있었다. 예수님께서 죄인인 여자를 가까이하는 것을 본 시몬이 이를 못마땅하게 여기자, 예수님께서는 빚을 탕감받은 이의 비유를 통해 큰 죄를 용서받은 사람일수록 죄를 사하여 주신 하나님을 더 사랑한다는 가르침을 주셨다. "빚 주는 사람에게 빚진 자가 둘이 있어 하나는 오백 데나리온을 졌고 하나는 오십 데나리온을 졌는데 갚을 것이 없으므로 둘 다 탕감하여 주었으니 둘 중에 누가 그를 더 사랑하겠느냐"(눅 7:41~42).

이후 스데반이 돌에 맞아 순교할 때, 예수님께서 십자가에서 드리신 그 기도를 스데반도 따라 기도하며, 십자가의 길을 가는 진정한 제자의 모습을 보여줍니다. "그들이 돌로 스데반을 치니 스데반이 부르짖어 이르되 주 예수여 내 영혼을 받으시옵소서 하고 무릎을 꿇고 크게 불러 이르되 주여 이 죄를 그들에게 돌리지 마옵소서 이 말을 하고 자니라"(행 7:59~60).

5. 기도하시고

#큰글자 일년일독 통독성경 | 126p/ 10~11,12~13; 143~144p/ 31; 82~83; 197p 228~230p/ 60~61; 104~105; 175p

예수님의 '한 영혼 사랑'을 위한 다섯 가지 제자의 길 중, 다섯째 '기도하시고' 이야기입니다. 사복음서에는 예수님께서 기도하셨다는 기록이 많습니다. 예수님께서는 수많은 사람에게 '하나님 나라'를 가르치시고 각색 병자를 고쳐주시며, 식사하실 겨를도 없이 바쁜 공생애를 보내시면서 항상 기도하셨습니다.

기도와 순종

1. 순종은 순순히 따르는 것이다.
2. 순종은 굴종, 맹종이 아니다.
3. 순종은 오직 자녀의 특권이며, 복이다.
4. 그 순간을 놓치면 불순종이다.
5. 언제나 한 사람의 순종은 하나님의 새로운 시작이다.

● 제자를 선택하시기 전 기도하심 (눅 6:12~13)

예수님께서는 공생애를 시작하시기 전에 40일 동안 광야에서 금식하며 기도하셨고, 공생애 3년 동안에도 늘 기도하셨으며, 마지막 십자가 사역을 앞두고도 기도하셨습니다. 그리고 고통의 십자가 위에서도 하늘의 하나님께 기도하시며 우리에게 기도의 모범을 보여주셨습니다. 우리가 하나님께 기도해야 하는 가장 중요한 이유는, 하나님의 아들 예수님도 하늘의 하나님께 기도하셨기 때문입니다. 우리는 예수님께서 보여주신 기도의 모범을 성경을 통해 배우고 따라 기도해야 합니다.

예수님께서는 '사도행전 30년'을 미리 준비하시며 공생애 3년을 동행할 열두 명의 제자를 직접 선택하셨습니다. 먼저 베드로, 안드레, 야고보, 요한, 그리고 세리인 마태를 제자로 선택하시고 남은 일곱 명도 선택하셨습니다. 누가는 예수님께서 열두 제자를 선택하시기 전에 산으로 가셔서 밤이 새도록 기도하셨다고 기록합니다. 제자들이 예수님과 함께 동고동락한 3년은 예수님 곁에서 많은 것을 배우고 복음을 전하시는 사역을 돕는 시간이었습니다. 앞으로 그들은 예수님께서 승천하신 후에는 사도가 되어 하나님 나라의 거룩한 공직자로서 지상명령을 수행해야 합니다. 그 사명을 감당할 수

믿음과 기도

어느 날, 제자들이 귀신 들린 아이를 고치지 못해 서기관들과 무리들 앞에서 곤욕을 치르고 있었다. 이 상황을 보시고 예수님께서는 믿음 없는 제자들을 책망하셨다. 예수님께서는 이미 제자들에게 귀신을 제어하는 권능을 주셨고, 그들은 그 능력을 직접 체험한 바 있었다. 예수님께서는 여전히 자신의 한계 안에 머물러 있는 제자들의 믿음을 책망하시며, 믿는 이에게 능히 하지 못할 일이 없음을 가르쳐주셨다. 마가는 이 장면을 "기도 외에 다른 것으로는 이런 종류가 나갈 수 없느니라"(막 9:29)라고 기록했으며, 마태는 "너희 믿음이 작은 까닭이니라"(마 17:20)라고 전했다. 두 말씀은 믿음과 기도가 분리될 수 없는 것임을 보여준다. 기도는 믿음으로 하나님의 능력을 힘입는 길이다. 믿음과 기도가 함께할 때 하나님의 역사가 이루어진다.

있도록 예수님께서 그들을 위해 밤이 새도록 기도하신 것입니다.

● 주기도문과 산상수훈의 기도 가르침 (마 6:5~15; 7:7~12/ 눅 11:1~13)

예수님께서는 기도의 모범으로 '주의 기도'를 가르쳐주셨습니다. 그 전에 기도에 대한 몇 가지 전제를 말씀하셨습니다. 길거리 기도는 NO! 이미 자기 상을 받았기 때문입니다. 골방 기도는 OK! 은밀하게 보시는 하나님께서 들으시기 때문입니다. 중언부언 기도는 NO! 말을 많이 해야 하나님께서 들으시는 것이 아닙니다. 하나님께서 우리에게 있어야 할 것을 미리 아신다는 믿음으로 기도하라는 것입니다. 그리고 하나님을 '아버지'라고 부르라고 가르쳐주셨습니다.

예수님께서 가르쳐주신 하나님은 '은밀한 중에 보시는 하나님'이십니다. 사람들은 외모, 곧 눈에 보이는 부분으로 평가하지만, 하나님께서는 사람의 중심을 보십니다. 기도나 구제, 금식 등이 신앙적인 행동이라 하더라도, 그것이 사람에게 보이기 위함이라면 이미 그것은 하늘에 계신 아버지께 아무런 의미가 없습니다. 하나님의 기준에 의하면, 외모상 거룩해 보이는 바리새인들의 마음에는 오히려 악한 생각이 가득하다는 것입니다. 그러나 겉모습은 부족해 보일지라도 진실한 마음으로 하나님과 이웃을 사랑하는 사람은, 은밀하게 보시는 하나님의 눈에는 의로운 사람입니다.

예수님께서 가르쳐주신 하나님 아버지

- 하늘에 계신 우리 아버지여 이름이 거룩히 여김을 받으시오며(마 6:9)
- 이같이 한즉 하늘에 계신 너희 아버지의 아들이 되리니(마 5:45)
- 하늘에 계신 너희 아버지의 온전하심과 같이 너희도 온전하라(마 5:48)
- 너는 기도할 때에 네 골방에 들어가 문을 닫고 은밀한 중에 계신 네 아버지께 기도하라(마 6:6)

'주의 기도'는 예수님의 제자 중 한 제자가 예수님께 어떻게 기도해야 하는지를 질문한 덕분에 나오게 되었습니다. 누구나 기도하지만, 하늘의 하나님께 어떻게 기도드려야 하나님께서 기쁘게 받으시는지 알고 싶었던 것입니다. 이에 예수님께서는 "이렇게 기도하라"라고 기도의 모범이 되는 '주의 기도'를 가르쳐주셨습니다. 먼저 하나님을 아버지라 부르며, 하나님 아버지의 이름이 거룩히 여김 받으시기를 기도하고, 하나님의 나라를 구하며 하나님의 뜻이 하늘에서 이루어진 것 같이 땅에서도 이루어지기를 기도하셨습니다. 이어서 개인의 소망, 즉 일용할 양식, 죄 용서, 시험에 들지 않기를 구하라고 하셨습니다. 마지막으로, '나라와 권세와 영광'이 모두 아버지께 있음을 기도하라고 하셨습니다. 이것이 그리스도인의 기도이며 가장 깊은 묵상입니다.

끝까지 드리는 기도

한 과부가 불의한 재판장에게 원한을 풀어달라고 탄원하자, 그는 귀찮고 번거롭다는 이유로 결국 그 과부의 간청을 들어주었다. 이 비유는 예수님께서 항상 기도하고 낙심하지 말 것을 가르쳐주시기 위해 하신 말씀이다. 불의한 재판장도 귀찮아서 과부의 소원을 들어주는데, 하물며 하나님 아버지께서 우리의 기도를 외면하시겠는가? 중요한 것은 하나님께서 우리의 간구를 들으신다는 사실을 믿고 끝까지 기도하는 자세이다. 기도하는 사람은 많지만, 실망하지 않고 믿음으로 끝까지 기다리는 사람은 드물다. 우리의 탄식을 들으시고, 신음을 외면하지 않으시는 하나님 앞에 우리는 언제나 믿음으로 나아가야 한다.

또한 예수님께서 가르쳐주신 기도의 자세는 "끝까지 간청하라"는 것입니다. 그리고 예수님께서 가르쳐주신 기도의 방법은 "구하라, 찾으라, 두드리라"입니다. 어떤 어려운 주제라도 비유를 통해 쉽게 설명해 주시는 예수님께서는 기도 응답의 확신도 비유를 통해 가르쳐주셨습니다.

"구하라 그리하면 너희에게 주실 것이요 찾으라 그리하면 찾아낼 것이요 문을 두드리라 그리하면 너희에게 열릴 것이니 구하는 이마다 받을 것이요 찾는 이는 찾아낼 것이요 두드리는 이에게는 열릴 것이니라 너희 중에 누가 아들이 떡을 달라 하는데 돌을 주며 생선을 달라 하는데 뱀을 줄 사람이 있겠느냐 너희가 악한 자라도 좋은 것으로 자식에게 줄 줄 알거든 하물며 하늘에 계신 너희 아버지께서 구하는 자에게 좋은 것으로 주시지 않겠느냐 그러므로 무엇이든지 남에게 대접을 받고자 하는 대로 너희도 남을 대접하라 이것이 율법이요 선지자니라"(마 7:7~12).

● 물 위로 걸으신 기적 전 홀로 산에서 기도 (마 14:23/ 막 6:45~52/ 요 6:16~21)

예수님께서는 공생애 3년 동안 식사할 겨를도 없으실 만큼 바쁘신 중에도 언제나 정한 시간에 한적한 곳에 가셔서 하나님께 기도하는 일을 쉬지 않으셨습니다. 오병이어의 기적을 베푸신 후에도 예수님께서는 혼자 기도하러 산에 올라가셨습니다. 그날 밤에 제자들이 풍랑이 이는 바다에서 고생하고 있을 때, 기도를 마치신 예수님께서 바다 위를 걸어 제자들에게 오셨습니다. 그때 예수님께서 바다 위를 걸으신 것은 제자들이 힘겹게 노 젓는 것을 보시고 제자들의 수고를 덜어주시기 위함이었습니다.

바다 위를 걸어오시는 예수님을 보고 제자들이 크게 놀랐고, 베드로는 예수님께 물 위를 걷게 해달라고 요청하기도 했습니다. 그날 비로소 제자들은 예수님을 '하나님의 아들'이라고 고백하게 되었고, 예수님과 함께 바다를 건너 게네사렛으로 향했습니다. 게네사렛은 예수님을 배척했던 예수님의 고향 나사렛과 전혀 다른 분위기였습니다. 예수님께서 게네사렛 땅에 오신다는 소식이 퍼지자, 그곳 사람들은 병든 사람을 침상째 메고 예수님께 나왔으며, 예수님의 옷 가에라도 손을 댈 수 있기를 간절히 소망하는 분위기였습니다.

예수님의 기도 속에 담긴 '순종'
성자 예수님께서 독생자를 십자가에 내어놓으시는 성부 하나님의 뜻을 믿고 순종하셨다. 성자 예수님께서 '아버지 하나님의 뜻'이 이 땅에 이루어지길 기도하시며, 십자가의 길로 나아가셨다. 예수님 한 분의 순종으로 모든 인생을 구원하시려는 '하나님의 새 일'이 시작된 것이다.

● 대제사장이신 예수님의 기도 (요 17장)

제자들의 발을 씻기시고 첫 번째 성찬식을 집례하신 후, 예수님께서는 하나님 아버지께 기도하셨습니다. 이때의 기도는 대제사장이신 예수님의 간절한 중보기도였습니다.

예수님께서는 모든 인류와 하나님 사이에 새로운 관계를 이루시기 위해 화목제물이 되어 십자가에 오르셔야 합니다. 그 전에, 앞으로의 사역과 남아 있을 제자들을 위해, 그리고 제자들의 말을 듣고 예수님을 영접하게 될 그리스도인들을 위해 기도하셨습니다. 이는 예수님께서 자신의 죽음 후에 제자들에게 환난이 닥쳐올 것을 미리 아시고 그들을 위해 기도하신 것입니다. 예수님의 기도에는 제자들을 세상에 남겨두시는 안타까운 심정이 담겨 있습니다. 십자가를 앞두고 예수님께서는 제자들이 꼭 기억해야 할 말씀을 주시며, 그들을 하나님의 손에 위탁하는 중보기도를 드리셨습니다. 예수님께서는 하나님의 말씀을 지키는 제자들을 위해 하나님과 예수님이 하나이듯, 제자들도 서로 하나가 되기를 기도하셨습니다.

또한, 예수님께서는 제자들이 악에 빠지지 않도록 하나님께서 그들을 지켜주시기를 기도하시고, 제자들이 진리로 거룩함을 얻게 되기를 간구하셨습니다. 이렇게 예수님께서는 하나님께 제자들을 맡기는 기도를 드리시며, 더 큰 동역의 밑그림을 그리셨습니다. 예수님의 기도는 하나님께서 제자들과 변함없이 함께하시기를 바라는 간절한 기도였습니다. 이때 드린 예수님의 마지막 기도는 마치 유언과도 같이 제자들의 마음에 깊이 새겨졌을 것입니다.

예수님께서는 하나님 나라 백성을 위해 기도하시면서 그들이 하나님의 영광에 참여하기를 간구하셨습니다. 그리고 십자가 사역을 완성하신 후 하나님 우편에 앉아 계시며, 계속해서 하나님 나라 백성을 위해 간구하실 것입니다.

대제사장의 기도
요한복음 17장은, 구약에서 대제사장이 백성을 위해 하나님 앞에 나아갔듯, 대제사장 되신 예수님께서 십자가를 지시기 전날 밤, 마침내 메시아 사역을 완성할 것을 확신하며 하나님께 올려드린 기도로, 일명 '대제사장의 기도'라고 불린다. 요한은 "눈을 들어 하늘을 우러러 이르시되"(요 17:1)라고 예수님의 기도 자세까지 기록하며 그 내용을 자세히 전했다. 이 기도는 예수님께서 "세상에서는 너희가 환난을 당하나 담대하라 내가 세상을 이기었노라"(요 16:33)라고 선포하신 후에 드린 승리의 기도였다. 우리 삶의 어떤 순간이든, 예수님께서 지금도 하나님 우편에 앉아 우리를 위해 간구하고 계신다는 사실을 기억한다면, 우리의 삶에는 언제나 감사와 평안이 넘칠 것이다.

● 겟세마네 기도 (마 26:36~46/ 막 14:32~42/ 눅 22:39~46)

예수님께서는 공생애를 시작하시면서 광야 기도를, 십자가를 앞두시고는 겟세마네 기도를 드리셨습니다. 예수님께서는 마지막 유월절 식사를 마치신 후, 습관에 따라 제자들과 겟세마네 동산으로 기도하러 가셨습니다. 예수님께서 몸소 행하시며 가르쳐주신 좋은 습관은 바로 기도하는 습관이었습니다. 누가는 예수님의 습관까지 살펴 그 밤의 행적을 세밀하게 기록했습니다. 마태와 마가는 그곳을 겟세마네 동산이라 했고, 누가는 감람산이라고 기록했습니다.

예수님의 기도와 하나님의 음성
예수님께서는 드디어 이 땅에 오신 목적을 이루실 고난의 때가 왔음을 알리시며, 제자들을 향해 '나를 따를 것'을 말씀하셨다. 그리고 하나님께 기도를 드리자 하늘에서 소리가 나며 예수님의 기도에 응답하셨다. "이에 하늘에서 소리가 나서 이르되 내가 이미 영광스럽게 하였고 또다시 영광스럽게 하리라 하시니"(요 12:28). 하나님께서 예수님의 기도에 소리로 응답하신 것은, 이방인을 포함한 모든 사람을 위한 예수님의 죽으심을 나타내신 것이었다. 그러나 예수님의 이 말씀에도 사람들이 예수님의 고난을 깨닫지 못하자, 예수님께서는 빛 되신 예수님을 믿어 심판을 면하라고 말씀해 주셨다.

겟세마네 기도 _ 안드레아 만테냐 作

예수님께서는 십자가를 지시기 전날 밤, 겟세마네 동산에서 세 번에 걸쳐 간절히 하늘의 하나님께 기도하셨습니다. 〈마가복음〉에서는 예수님께서 하늘의 하나님을 "아바 아버지여"라고 부르셨다고 기록하고 있습니다. 이는 아들이 아버지를 친근하게 부를 때 쓰는 아람어 '아바'를 예수님께서 사용하신 것입니다. 마가는 아람어 '아바'와 헬라어 '아버지'를 함께 기록했습니다. 예수님의 십자가로 인해 우리도 하나님을 '아바 아버지'로 부를 수 있게 되었습니다. 누가가 기록한 "돌 던질 만큼 가서 무릎을 꿇고 기도하여"(눅 22:41)의 표현을 보아서는, 예수님께서 제자들로부터 멀지 않은 곳에서 기도하셨기에, 제자들도 예수님의 기도 내용을 충분히 들을 수 있었을 것입니다. 예수님께서 제자들에게 "유혹에 빠지지 않게 기도하라"(눅 22:40)라고 당부하신 것은 앞으로 닥칠 위험에 대한 경고이기도 했습니다. 그런데도 제자들은 위급한 상황을 아직 깨닫지 못하고 피곤하여 잠들고 맙니다.

겟세마네(Gethsemane)
예루살렘 동쪽, 기드론 시내 건너편에 있는 감람산 기슭에 위치한 동산이다. 이곳에 감람(올리브) 기름을 짜는 틀이 있었기 때문에, '기름 짜는 틀'이라는 뜻의 겟세마네라는 이름이 붙여졌다.

예수님께서는 동행했던 제자들에게 예수님의 마음이 얼마나 힘든지를 표현하시며, 하나님께 이 고난을 피할 수만 있다면 피하게 해달라고 기도하셨습니다. 3년의 사역 동안 예수님께서 제자들과 하나님 앞에서 이처럼 고통스러운 마음을 드러내신 적은 없었습니다. 누가는 예수님의 감람산 기도를 "땀이 땅에 떨어지는 핏방울"(눅 22:44) 같았다고 기록했습니다. 십자가는 예수님께서 반드시 지셔야 할 길이지만, 동시에 너무나 크고 깊은 고통이었습니다. 그러나 예수님께서는 이 땅에 오신 목적대로 하나님의 뜻에 순종하십니다. "그러나 나의 원대로 마시옵고 아버지의 원대로 하옵소서"(마 26:39). 이 기도는 하나님의 뜻대로, 즉 800여 년 전 호세아 선지자를 통해 말씀하신 하나님의 긍휼을 온전히 이루기 위해 십자가의 길을 가겠다는 예수님의 결단이었습니다. 예수님의 깊은 고뇌의 기도는 결국 아버지 하나님의 나라와 의를 위한 자발적 헌신을 드러내는 것이었습니다.

예수님의 기도는 하나님께서 가장 기쁘게 받으신 기도였습니다. 그러므로 우리의 기도 또한 우리의 뜻을 관철하려는 주장이 아닌, 예수님의 기도처럼 하늘 아버지의 뜻이 이 땅에서 이루어지는 데 우리가 그 통로가 되기를 간구하는 기도가 되어야 할 것입니다.

#The Cross | 십자가 복음 레시피

6. 한 영혼 사랑의 길 - 제자도의 십자가

하늘 성소 십자가는 우리가 질 수 없습니다. 그러나 우리는 자기 십자가를 지고, 예수님께서 가르쳐주신 제자의 길을 가야 합니다. "이에 예수께서 제자들에게 이르시되 누구든지 나를 따라오려거든 자기를 부인하고 자기 십자가를 지고 나를 따를 것이니라"(마 16:24).

율법을 완성하신 예수님께서 율법 아래에 있던 모두 저주는 십자가 단번 제사로 해결하셨고, 율법의 완성은 하나님 사랑 이웃 사랑을 실행하심으로 이루셨습니다. 우리도 예수님처럼 자기 십자가를 지고 행할 때, 비로소 예수님의 제자가 될 수 있습니다. 제자도의 핵심은 예수님의 '한 영혼 사랑'입니다. 예수님의 행동으로 보여주신 제자도의 십자가는 복음 1세대에서 복음 2세대로 이어졌습니다. 사도 요한은 "그가 행하시는 대로 자기도 행할지니라"(요일 2:6)라고 복음 2세대에게 예수님의 제자도를 가르치고, 예수님처럼 살아갈 것을 당부했습니다.

38과 사랑 때문에 피곤하신 예수님 - 제자의 길(2)

마태복음, 마가복음, 누가복음, 요한복음 / 공생애 3년 ②

큰글자 일년일독 통독성경 (281~315일 중 6일치를 통독하겠습니다) *one year tongdok bible as one story*

292일 : 예수님의 손끝 대화 293일 : 변화산의 예수님 294일 : 마지막 일주일
295일 : 마지막 유월절과 첫 번째 성찬식 296일 : 열두 살 때 유월절 297일 : 40일 광야 금식

시간 흐름 *time flow*

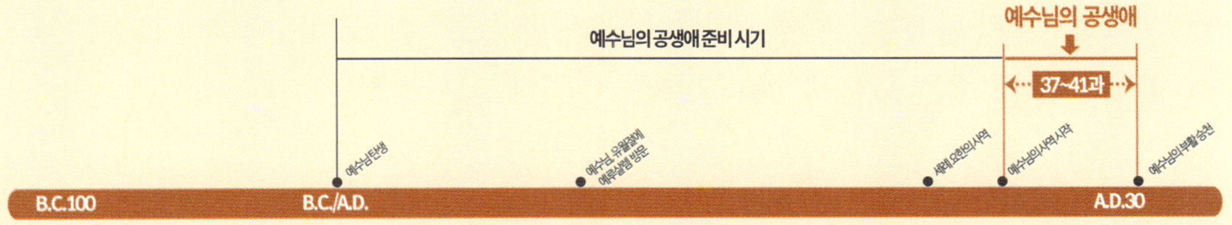

지금 공간 *current location* 갈릴리, 거라사

주요 인물 *main character* 예수님, 열두 제자, 거라사인

통通포인트 *tong point*

우리의 연약함을 불쌍히 여기시는 영원한 대제사장 예수님

"우리에게 있는 대제사장은 우리의 연약함을 동정하지 못하실 이가 아니요 모든 일에 우리와 똑같이 시험을 받으신 이로되 죄는 없으시니라"(히 4:15). 예수님께서는 영원한 대제사장으로 죄가 없고 완전하신 분이십니다. 이러한 신성을 가진 예수님께서 성육신하신 것은, 연약한 우리를 버리지 않으시고 죄인을 사랑하신 하나님의 뜻이었습니다. 구약의 대제사장도 우리와 똑같은 모습을 가진 연약한 인간이었습니다. 그런데 하나님께서는 그를 거룩한 기름 부음을 통해 복되고 존귀한 사람으로 세우셔서 제사장 나라 공직자로 일하게 하셨습니다. 영원한 대제사장이신 예수님의 공생애 사역을 한마디로 말하면 '사랑 때문에 피곤하신 예수님'입니다. 예수님께서는 시공을 초월하여 능력을 베풀기도 하셨지만, 직접 자신의 몸을 사랑의 도구로 내어놓으셔서 사람들을 어루만지고 치유하시느라 피곤하셨습니다. 예수님께서는 하나님 사랑 이웃 사랑의 제자도를 따르도록 보여주시고 가르쳐주셨습니다.

1. 사람을 사랑하는 예수님의 손

마 8:1~17/ 막 1:21~3:12, 20~35/ 눅 4:14~6:11; 7:1~17; 8:40~56/ 요 4:43~5장; 9장

큰글자 일년일독 통독성경 | 14~15p/ 69~73, 74p/ 121~126; 129~130; 135~136p/ 192~196; 207~210p

예수님께서는 한 사람 한 사람을 너무나 소중하게 여기셨습니다. 특별히 가난하고 병든 사람들에게 큰 위로와 회복의 기쁨을 주셨습니다. 예수님께서는 병자들을 치유하시며 긍휼의 마음과 예수님의 신성, 그리고 예수님의 손을 모두 사용하셨습니다. "해 질 무렵에 사람들이 온갖 병자들을 데리고 나아오매 예수께서 일일이 그 위에 손을 얹으사 고치시니 … 날이 밝으매 예수께서 나오사 한적한 곳에 가시니"(눅 4:40~42).

예수님께서는 해가 떠 있는 동안에는 열심히 하나님의 말씀을 가르치셨고, 해 질 무렵부터는 밤을 꼬박 새워가며 병자들 한 사람 한 사람 일일이 손을 얹어 고쳐주셨습니다. 예수님께서는 사람 사랑하는 일에 온몸을 아끼지 않으셨습니다. 마치 제사장의 옷이 하나님과 사람을 섬기기 위한 작업복이었던 것처럼, 예수님의 옷 또한 병자들의 고름이 묻은 옷이었습니다. 예수님께서는 이처럼 당신의 손을 부지런히 사용하셨습니다. 이렇게 손을 사용하신 예수님이 정말 좋습니다.

물론 예수님께서는 말씀만으로도 병을 고칠 수 있는 능력이 있으십니다. 하지만 예수님께서는 직접 손을 사용하시며 병자와 약한 사람을 어루만지시고 고쳐주셨습니다. 예수님께서 유대 백성들을 가르치시고 하나님 나라를 전파하시며 병자들은 고쳐주신 이유는 그들이 목자 없는 양과 같았기 때문입니다.

예수님께서 직접 손으로 고쳐주신 예가 성경에 많이 나와 있습니다. 첫째, 나병 환자 둘째, 베드로의 장모 셋째, 회당장 야이로의 딸 넷째, 귀먹고 말 더듬는 사람 다섯째, 맹인을 고쳐주셨습니다. 예수님의 손끝에는 긍휼의 마음과 신성이 함께 담겨 있습니다. 이후 예수님께서는 우리 모두를 고치시기 위해 십자가 위에서 그 손과 발에 못 박히셨습니다. 갈보리산 위에서 십자가에 못 박힌 예수님의 손과 발은, 이처럼 사람 사랑하기 위해 바쁘셨던 손이었고, 우리의 손을 잡아주시고 우리의 아픈 곳을 어루만지셨던 바로 그 손이었습니다. 예수님을 닮는다는 것은 예수님처럼 사는 것입니다. 예

손을 붙잡으시고

벳새다 맹인의 기적은 <마가복음>에만 나온 기록으로 예수님께서 단번에 치유하시던 때와 달리 그 과정이 상세히 기록되어 있다. 예수님께서는 먼저 맹인의 손을 붙잡고 마을 밖으로 데리고 나가셔서, 눈에 침을 뱉으시며 그에게 안수하셨다. 그리고 그의 상태를 물어보신 후 다시 눈에 안수하시며 완전히 낫게 하셨다. 그런데 예수님께서는 사람들이 모인 곳에서 고치시지 않고, 맹인의 손을 붙잡으시고 그의 지팡이가 되어 마을 밖으로 함께 걸어가셨다. 발이 혹시 돌부리에 채이지 않을까, 헛디뎌서 넘어지지 않을까, 얼마나 천천히 조심조심 가셨을지 짐작이 된다. 함께 걷는 그 시간, 맹인은 우리 예수님과 마음을 나누었을 것이다.

달리다굼 (Talitha koum)

달리다굼은 예수님께서 회당장 야이로의 죽은 딸을 살리실 때 하신 말씀으로, "내가 네게 말하노니 소녀야 일어나라"(막 5:41)라는 뜻이다. 사복음서에서는 메시아이신 예수님께서 죽은 사람을 살리신 이야기가 기록되어 있다. 예수님께서는 야이로의 딸 외에도 나인성 과부의 아들, 베다니의 나사로를 살리셨다. 예수님께서는 이들을 죽음에서 생명으로 옮기심으로 생명의 주인이심을 밝히 드러내셨다. 인생들을 불쌍히 여기시고 사랑하시는 하나님의 도우심은 한계가 없다.

고치시는 예수님 _ 엘 그레코 作

수님의 손처럼 우리의 손도 누군가를 위해 소중하게 사용되어야 합니다.

마태는 예수님께서 귀신 들린 사람과 병자를 고치신 것이 우리의 연약한 것을 친히 담당하신 것이며, 이는 이사야 선지자의 예언이 성취된 것이라고 기록했습니다. "저물매 사람들이 귀신 들린 자를 많이 데리고 예수께 오거늘 예수께서 말씀으로 귀신들을 쫓아내시고 병든 자들을 다 고치시니 이는 선지자 이사야를 통하여 하신 말씀에 우리의 연약한 것을 친히 담당하시고 병을 짊어지셨도다 함을 이루려 하심이더라"(마 8:16~17).

2. 사랑 때문에 피곤하신 예수님 마 8:18~27; 12:1~8/ 막 2:23~28; 3:20; 4:35~41; 6:30~34/ 눅 6:1~5; 8:22~25; 9:57~60; 17:1~10/ 요 4:1~12

큰글자 일년일독 통독성경 | 14~15; 23~24p/ 72~73; 74; 76~77; 81~82p/ 126; 134; 140; 160p/ 190p

예수님의 공생애 3년은 식사할 겨를도 없이 사람 사랑하는 일에 온 정성을 쏟으신 기간입니다. 하나님의 아들이신 예수님께서는 피곤하고 지치신 상황에서도 기적을 나타내셨습니다. 천사는 피곤을 모르지만, 예수님께서는 육신의 몸을 입으셨기에 피곤하셨습니다.

사복음서에는 육신의 몸을 입고 이 땅에 오셔서 사랑 때문에 피곤하신 예수님의 모습이 많이 나와 있습니다. 40일 금식 후에 주리신 예수님, "인자는 머리 둘 곳이 없다"(마 8:20)라고 말씀하신 예수님, 거친 풍랑을 만나도 느끼지 못할 정도로 깊이 잠드신 예수님, 모여드는 병자들과 사람들로 인해 식사할 겨를도 없으셨던 예수님, 지쳐서 우물가에 앉아 계셨던 예수님. 그런데도 예수님께서는 유대 백성들을 불쌍히 여기사 피곤한 몸을 뒤로하고 밤새도록 병든 사람의 환부에 일일이 손을 얹어 고쳐주시고, 많은 귀신을 내쫓으셨습니다. 인간과 같이 그 마음에 고통을 가지시고, 인간의 연약함을 공감하시며 불쌍히 여기셨습니다. 사도 바울은 예수님께서 보내신 성령님도 우리의 연약함을 도우시며, 말할 수 없는 탄식으로 우리를 위하여 친히 간구하신다고 했습니다. 바로 그 마음이 예수님의 마음입니다.

누구보다도 제사장 나라 율법을 잘 알고 계신 예수님께서는, 당시 수많은 가난한 사람들과 병든 사람들을 위해 안식일에도 배고픔을 참으시며 쉬지 않고 일하셨습니다. 그러던 어느 안식일에는, 제자들이 배가 고파 밀 이삭을 잘라 먹다가 바리새인들에게 심한 추궁을 당하기도 했습니다(마 12:1~3). 3년 동안 예수님의 공생애 사역에 함께한 제자들은 예수님을 따라

예수님께서 열두 명의 제자들을 세우신 목적

첫째, 예수님과 함께 있게 하시기 위해, 즉 동행하며 교육하고 훈련하시기 위해

둘째, 전도와 복음 전파를 맡기시기 위해

셋째, 예수님의 능력을 주심으로 귀신을 내쫓는 권능을 갖게 하시기 위해

예수님께서는 아무런 목적 없이 사람들을 부르시지 않았다. 부르심에는 목적이 있고 이유가 있다. 예수님의 부르심은 소명이요, 사명이며, 비전이다. 예수님의 제자들은 3년 동안 가르침을 받고 믿음의 용사로 자라나, 복음 전파를 방해하는 모든 세력을 뚫고 예루살렘과 온 유대와 사마리아와 땅끝까지 예수 그리스도를 증거하는 전도인으로 당당하게 살아가게 될 것이다.

이곳저곳을 옮겨 다니며 더위와 추위, 배고픔도 함께 겪었습니다. 이처럼 예수님과 동행한 제자들도 예수님만큼 바빴기에 식사할 겨를조차 없었던 것입니다.

한번은 예수님께서 수가라는 동네에 도착하셔서 피곤하고 지쳐 우물 곁에 앉아 계셨습니다. 예수님께서는 물을 길으러 온 한 사마리아 여인에게 물을 달라 하시면서 대화를 시작하셨습니다(요 4:5~8). 그때 사마리아 여인에게 목마르지 않은 영원한 생수 되신 예수님을 알리시며, 하나님께 영과 진리로 예배할 것을 가르쳐주셨습니다. 그 사이 마을에 내려가 먹을 양식을 구해 돌아온 제자들에게는 '참된 양식'에 대해 가르쳐주십니다.

어느 날, 한 사람이 예수님께 어디든지 따르겠다고 말하자, 예수님께서는 그에게 '제자의 길'이 무엇인지 알려주셨습니다. "여우도 굴이 있고 공중의 새도 집이 있으되 인자는 머리 둘 곳이 없도다"(눅 9:58). 이는 예수님의 제자가 된다는 것이 얼마나 힘든 고난의 삶인지를 말씀해 주신 것입니다.

예수님의 제자는 "자기를 부인하고 자기 십자가를 지고"(마 16:24) 예수님을 따르는 사람입니다. 예수님께서는 '제자의 길'에 대한 가르침을 주시기 위해 아버지의 장례를 치르고 오겠다는 사람에게 "죽은 자들로 자기의 죽은 자들을 장사하게 하고 너는 가서 하나님의 나라를 전파하라"(눅 9:60)라고 말씀하셨습니다. 이는 예수님의 제자는 모든 삶의 우선순위를 '하나님 나라'에 두는 사람임을 가르쳐주신 것입니다.

예수님께서는 또한 가족에게 작별하고 오겠다는 사람에게는 "손에 쟁기를 잡고 뒤를 돌아보는 자는 하나님의 나라에 합당하지 아니하니라"(눅 9:62)라고 말씀하셨습니다. 이는 세상일에 집착하는 사람에게, 세상의 분주한 일은 뒤로하고 오직 복음과 하나님 나라만을 생각하며 살아야 함을 알려주신 것입니다.

이처럼 예수님께서는 제자의 길을 가르쳐주시면서, 예수님의 제자는 '충성을 다한 후에 나는 무익한 종이라고 고백하는 사람'이라고 말씀하셨습니다(눅 17:10). 예수님의 제자들은 예수님의 공생애 3년 동안 '제자의 길'을 온몸으로 잘 배우고 익혀, 예수님께서 부활하시고 승천하신 후에 초기 교회를 책임지는 든든한 사도의 사명을 잘 감당했습니다.

예수님의 길을 따랐던 사도 바울 역시 그리스도의 일꾼으로서 복음 사역을 감당하며, 힘들고 피곤하고 지치고 낙심했던 자신의 모습을 서신서에 기

예수님의 제자 파송,
생명책에 기록될 사람들

예수님께서는 열두 제자를 파송하실 때에도, 70인을 따로 세워 둘씩 파송하실 때에도 어린양을 이리 가운데 보내는 것 같다고 하시면서, "그러므로 너희는 뱀 같이 지혜롭고 비둘기 같이 순결하라"(마 10:16)라고 당부하셨다. 70명의 제자가 전도한 후 돌아와 기쁨에 찬 목소리로 그들을 통해 일어난 많은 이적과 기사들을 예수님께 보고하자, 예수님께서는 그들이 진정으로 기뻐해야 할 것은 하늘 생명책에 자신의 이름이 기록되는 것이라고 말씀하셨다. 그들은 메시아이신 예수님을 직접 만나는 특권을 누린 복된 사람들이었다.

예수님께서 가르쳐주신
전도인의 자세

첫째, 전대나 배낭이나 신발을 가지지 말라.
둘째, 아무에게도 길에서 문안하지 말라.
셋째, 먼저 평안을 빈 후, 복음을 전하라.
넷째, 전도 중에 받는 삯과 선한 대접은 마땅히 받으라.
다섯째, 머문 집에서 계속 머물라.
여섯째, 병자를 고치고 언제나 하나님 나라가 가까이 왔음을 선포하라.
일곱째, 영접하지 않는 사람과는 관계를 끊어라.

록했습니다. "수고하며 애쓰고 여러 번 자지 못하고 주리며 목마르고 여러 번 굶고 춥고 헐벗었노라"(고후 11:27). 굶주리고 춥고 헐벗었던 순간들, 심한 고난으로 죽을 위기에 처했던 순간들, 밤낮으로 일하며 복음을 전한 일, 함께했던 이들이 모두 자신을 버리고 떠난 일 등 수많은 어려움이 있었습니다. 그럼에도 바울은 갈라디아 교회 성도들이 그리스도의 형상을 이룰 때까지 해산의 수고를 마다하지 않겠다고 열심을 내며 자신의 사명을 소중히 감당했습니다. "나의 자녀들아 너희 속에 그리스도의 형상을 이루기까지 다시 너희를 위하여 해산하는 수고를 하노니"(갈 4:19).

불쌍히 여기사
"예수께서 나오사 큰 무리를 보시고 그 목자 없는 양 같음으로 인하여 불쌍히 여기사 이에 여러 가지로 가르치시더라"(막 6:34). 예수님께서는 목자 없는 양 같은 사람들을 돌보기 위해 식사할 겨를도 없이 일하셨다. 여기서 예수님께서 무리를 보시고 '목자 없는 양 같이 불쌍히 여기신 것'은 모세의 기도에서 인용한 표현이다. "여호와의 회중이 목자 없는 양과 같이 되지 않게 하옵소서"(민 27:17). 이렇게 사람들을 바라보시는 예수님의 눈은 사랑과 긍휼의 눈이었다.

3. 거라사 광인을 온전하게 하심 마 8:18~34/ 막 4:35~5:20/ 눅 8:22~39

#큰글자 일년일독 통독성경 | 15~16p/ 76~78p/ 134~135p

여느 때와 같이 하루 종일 사람들을 가르치신 어느 날, 예수님께서는 해가 저물 무렵 바다 저편으로 건너가자고 하십니다. 그런데 갈릴리 바다를 건너가는 도중, 광풍이 일어나고 배에 물이 들어옵니다. 배가 심하게 흔들려서 가라앉을 것만 같습니다.

거라사(Gerasa)
갈릴리 호수 동쪽에 위치한 도시로 알렉산더와 그의 장군들이 팔레스타인에 건설한 열 개 도시인 데가볼리에 속한다. 이곳에는 석회암 동굴이 많이 있었으며, 그중의 상당수가 시체를 넣는 묘지로 사용되었다.

이때 예수님께서는 무엇을 하고 계셨습니까? 주무시고 계셨습니다. 얼마나 피곤하셨으면, 얼마나 지치셨으면 그토록 배가 흔들리는 와중에도 주무시고 계실까 싶습니다. 수많은 사람을 향해 목이 쉬도록 가르치시고, 밤에는 그 많은 병자를 일일이 만지시며 고치셨으니, 얼마나 피곤하셨겠습니까?

거라사 광인을 고치시는 예수님 _ 슈노어 폰 카롤스펠트 作

광풍이 점점 거세지자, 제자들이 죽음의 공포 속에서 예수님을 깨웁니다. 깨어나신 예수님께서 바람과 바다를 꾸짖어 잔잔하게 하십니다. 이에 제자들이 "그가 누구이기에 바람과 바다도 순종하는가"(막 4:41) 하며 놀라워합니다. 물론 바람과 바다를 잔잔하게 하신 일은 놀라운 기적입니다. 그러나 우리는 그 기적 뒤에 숨어 있는 배경, 곧 사람을 사랑하시느라 지쳐 주무시고 계셨던 예수님의 모습도 알아야 할 것입니다.

그 폭풍을 뚫고 예수님과 제자들이 바다를 건너 도착한 곳은 거라사인의 지방이었습니다. 그리고 배에서 내리자마자 예수님께서 마주하신 사람은 귀신 들린 한 사람이었습니다. 그는 너무 난폭해 쇠사슬로도 묶을 수 없

상한 갈대와 꺼져가는 등불 같은 거라사 광인
거라사 광인, 그는 '있음(Being)'에서 '없음(Non being)'으로 가는 찰나의 존재였다. 예수님께서는 그 풍랑과 피곤함 속에서도 그를 찾아주셨고, 다시 '있음'의 존재로 회복시켜 주셨다. 천하보다 한 생명이 더 귀하다고 하신 예수님의 말씀은 결코 비유나 과장이 아니었다. 우리 예수님께서는 마침내 십자가 위에서 우리의 생명이 얼마나 귀한지 십자가의 보혈로 증명하셨다.

는 사람, 가족도 친구도 포기해 버려 홀로 무덤 사이에서 돌로 제 몸을 해치며 살아가던, 한마디로 '망가져 버린 사람'입니다. 예수님께서 이 한 사람을 고쳐주시기 위해, 그 밤에 피곤한 몸을 이끌고 이곳까지 오신 것입니다.

예수님께서 거라사 광인에게 들어 있는 귀신의 이름을 물으시자, '군대'라고 합니다. 그러고는 자기들을 그 지방에서 내보내지 마시기를 간구하며 돼지에게로 보내 들어가게 해달라고 합니다. 예수님께서 이를 허락하시자, 귀신들이 돼지에게 들어가 2천 마리나 되는 돼지 떼가 바다로 내달아 모두 몰사하고 맙니다. 그 돼지 2천 마리와 한 사람의 생명을 놓고 볼 때, 예수님 보시기에는 한 사람의 생명이 더 귀하다는 것입니다. 가족도 친구도 포기한 사람, 아무런 미래도 희망도 없는 한 사람을 온전하게 하시기 위해, 예수님께서는 돼지 2천 마리를 그 대가로 지불하신 것입니다. 거라사 광인을 향한 그 사랑이 바로 우리에게도 향하고 있습니다.

거라사 광인의 가족까지 사랑하시는 예수님

거라사 지방 사람들은 두려움으로 인해 예수님께 떠나주시기를 간청했지만, 병에서 고침을 받은 사람은 예수님을 따르고자 했다. 그러나 예수님께서는 그를 가족들에게 돌려보내셨다. 그동안 그의 가족이 얼마나 마음을 졸이며 살았을지 아시기 때문이다. 거라사 광인이 가족에게 돌아간다는 것은 단지 한 사람의 회복이 아니라, 그가 속했던 공동체 전체의 회복이자 기쁨이었을 것이다. 예수님께서는 병에서 나음을 입은 그를 통해 가족들이 느낄 감사와 행복을 그의 가정에 선물하셨다.

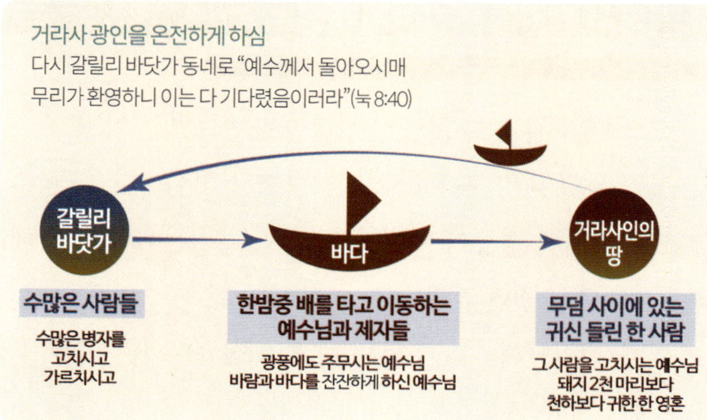

예수님께서 갈릴리 바다를 건너 거라사 광인 한 사람을 고쳐주신 것은, '한 영혼 사랑'을 실천하시며 한 영혼의 소중함을 제자들에게 가르쳐주시기 위함이었습니다. 가족과 친척, 그리고 주변 모든 사람이 다 포기한 그 한 사람을 예수님께서 온전히 회복시켜 주셨습니다.

이처럼 예수님의 공생애는 하나님 사랑과 이웃 사랑이 현장에서 실현된 시간이었고, 제자들에게는 한 영혼의 소중함을 직접 배울 수 있는 무엇과도 바꿀 수 없는 가장 귀한 시간이었습니다.

#The Cross | 십자가 복음 레시피

4. 우리의 연약함을 동정하시는 예수님 - 제자도의 십자가

예수님께서 공생애 3년 동안 식사하실 겨를도 없이 바쁘고 피곤하셨던 이유는, '하나님 나라'를 가르치시는 일에 집중하셨을 뿐만 아니라, 다섯 가지 사역(먹이시고, 고치시고, 가르치시고, 용서하시고, 기도하시는)을 행하시며, 사람 사랑하는 일에 온 힘을 기울이셨기 때문입니다. 이러한 예수님의 삶이 곧 십자가의 길이었습니다.

성경은 예수님께서 이타적인 사랑으로 지치고 피곤한 삶을 사셨다고 증언하고 있습니다. 예수님의 공생애 3년이 그토록 아름답고 감동적인 이유는, 인간의 연약한 육신을 입고 이 땅에 오신 예수님께서 사람들을 사랑하시느라 피곤하기까지 한 삶을 사셨기 때문입니다. 예수님께서는 우리의 연약함을 너무도 잘 아시고, 제자도의 십자가 길을 가는 그리스도인의 수고 또한 잘 아시기에 언제든지 긍휼과 자비로 우리를 품에 안아주십니다.

"수고하고 무거운 짐 진 자들아 다 내게로 오라 내가 너희를 쉬게 하리라 나는 마음이 온유하고 겸손하니 나의 멍에를 메고 내게 배우라 그리하면 너희 마음이 쉼을 얻으리니 이는 내 멍에는 쉽고 내 짐은 가벼움이라 하시니라"(마 11:28~30).

사도 바울은 그리스도의 사도로서 자신이 겪은 수고와 고난을 솔직하게 고백한 바 있습니다. 바울이 그리스도의 일꾼으로 감당한 수고와 고난은 상상할 수 없을 정도였습니다.

"유대인들에게 사십에서 하나 감한 매를 다섯 번 맞았으며 세 번 태장으로 맞고 한 번 돌로 맞고 세 번 파선하고 일 주야를 깊은 바다에서 지냈으며 여러 번 여행하면서 강의 위험과 강도의 위험과 동족의 위험과 이방인의 위험과 시내의 위험과 광야의 위험과 바다의 위험과 거짓 형제 중의 위험을 당하고 또 수고하며 애쓰고 여러 번 자지 못하고 주리며 목마르고 여러 번 굶고 춥고 헐벗었노라"(고후 11:24~27).

바울은 자신이 그리스도를 위해 어떤 고난을 받았는지 열거하며, 그리스도의 일꾼 됨을 증명했습니다. 그는 바로 이 길이 예수님의 십자가를 지고 따르는 제자의 길임을 증명하면서 "내가 부득불 자랑할진대 내가 약한 것을 자랑하리라"(고후 11:30)라고 고백했습니다. 예수님의 제자는 자기 십자가를 지고 예수님을 따르는 사람입니다.

"이에 예수께서 제자들에게 이르시되 누구든지 나를 따라오려거든 자기를 부인하고 자기 십자가를 지고 나를 따를 것이니라 누구든지 제 목숨을 구원하고자 하면 잃을 것이요 누구든지 나를 위하여 제 목숨을 잃으면 찾으리라 사람이 만일 온 천하를 얻고도 제 목숨을 잃으면 무엇이 유익하리요 사람이 무엇을 주고 제 목숨과 바꾸겠느냐"(마 16:24~26).

39과 사마리아인과 세리의 친구 예수님 – 제자의 길(3)

| 마태복음, 마가복음, 누가복음, 요한복음 / 공생애 3년 ③

큰글자 일년일독 통독성경 (281~315일 중 6일치를 통독하겠습니다) *one year tongdok bible as one story*

298일 : 훈련과 동행
299일 : 놀라운 믿음, 백부장
300일 : 사마리아의 회복
301일 : 바리새인들과 율법교사들 책망
302일 : 돈을 좋아하는 바리새인
303일 : 예수, 하나님의 나라

시간 흐름 *time flow*

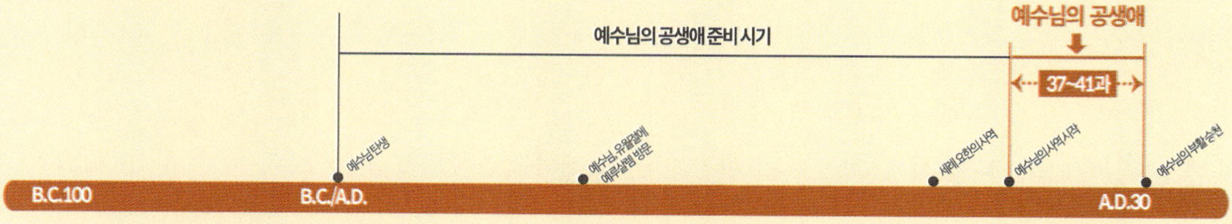

지금 공간 *current location* 갈릴리, 여리고, 사마리아

주요 인물 *main character* 예수님, 사마리아인, 세리, 이방인, 바리새인, 사두개인

통通포인트 *tong point*

모든 민족을 복음의 제사장으로

북이스라엘은 앗수르 제국에 멸망하면서 '혼혈족 사마리아인'이 되었습니다. 그 후 사마리아인들은 예수님께서 이 땅에 오실 때까지 800여 년 동안 순수한 혈통은 물론 신앙까지 모두 잃어버렸습니다. 이로 인해 동족인 유대 백성과 주변 나라 사람들로부터 온갖 무시와 수모를 당했습니다. 그런데 놀라운 사실은, 하나님께서 사마리아에 대한 끝없는 사랑과 긍휼을 북이스라엘이 앗수르 제국에게 멸망하기도 전에 호세아 선지자 때부터 이미 준비하셨다는 것입니다. 마침내 예수님께서 '사마리아 회복 프로젝트'를 시작하셨고, 예수님의 지상명령으로 완전한 회복이 이루어지게 됩니다. 예수님 당시 바리새인들은 자신들의 잘못된 의(義)의 기준으로 세리와 죄인들이 하나님께 벌을 받아 천하게 사는 것이라고 판단했습니다. 그러나 높고 높은 보좌에서 낮고 낮은 이 땅에 육신으로 오신 예수님께서는 세리와 죄인들의 친구가 되어주셨습니다. 이는 '하나님의 긍휼'의 실체를 보여주신 것입니다. 그리고 메시아의 사명을 십자가에서 감당하심으로써, 사마리아뿐만 아니라 모든 민족이 복을 받고 성전은 만민이 기도하는 집이 되도록 회복하셨습니다. 예수님의 뜻은 모든 민족을 복음의 제사장이 되게 하시는 것입니다(롬 15:16).

1. 사마리아 수가성 여인과 대화 요 4:1~42

큰글자 일년일독 통독성경 | 190~192p

예수님을 통해 800여 년 만에 '사마리아의 회복'이 시작됩니다. 예수님께서 수가라는 동네에 도착하셨을 때, 피곤하고 지치신 몸으로 우물곁에 앉아 계셨습니다. 그때 한 사마리아 여인이 물을 길으러 왔습니다. 예수님께서는 그 여인에게 물을 달라고 요구하셨는데, 이는 매우 이례적인 일이었습니다. 유대인이 사마리아성에 들어간 것도, 유대인이 사마리아인에게 말을 건 것도, 당시에는 너무나 이상한 일이었기 때문입니다.

사실 그 사마리아 여인은 사람들의 눈을 피해 다닐 정도로 부끄러운 삶을 살고 있었지만, 조상 야곱에 대한 자부심을 품고 있었고, 메시아를 알고 있던 여인이었습니다. 그러나 여인의 성경 지식은 정확하지 않은 애매한 상태였습니다. 예수님께서는 사마리아 여인과 대화하시면서 영원히 목마르지 않은 물을 소개해 주셨습니다. 즉 영원히 목마르지 않은 생수이신 '하나님의 아들 예수'를 말씀하신 것입니다. 그러나 그 여인은 예수님을 눈앞에서 보고도 말씀을 깨닫지 못했습니다.

그러자 예수님께서 여인에게 남편을 데려오라는 다소 당황스러운 말씀을 하십니다. 예수님께서 자신의 상황을 다 알고 계시자, 여인은 놀라며 예수님을 '선지자'라고 부르며 그동안 궁금했던 질문을 꺼냅니다. 이어지는 예수님과 사마리아 여인의 대화 주제는 놀랍게도 '예배'였습니다. 예수님께서 지난 수백 년 동안이나 유대인들이 상종하지 않았던 사마리아 땅에서 '참된 예배'를 가르쳐주신 것입니다. '참된 예배'란, 예수님의 이름을 믿는 사람들이 어느 곳에서든지 하나님을 경외하며 예배하는 것입니다. 이것은 이미 구약성경 〈스바냐〉와 〈말라기〉를 통해 예고된 내용입니다.

예수님께서는 유대인의 왕으로 유대 땅 베들레헴에서 태어나셨지만, '모든 민족'을 구원하실 하나님의 독생자이시며 참된 '메시아'이십니다. 이 사실을 알게 된 사마리아 여인은 곧바로 마을로 내려가 예수님이 메시아이심을 사람들에게 전했습니다. 이로 인해 사마리아에 복음이 전해졌고, 많은 사람이 예수님을 믿게 되었습니다(요 4:3~42). 오랜 세월 무너져 있던 사마리아 땅에 생명의 길을 내시는 순간이었습니다.

사마리아 여인과 예수님 _ 카를로 마라티 作

수가(Sychar)
예루살렘에서 갈릴리로 가는 길에 있는 사마리아의 한 성읍으로 세겜 근처로 추정된다. '야곱의 우물'은 이곳에서 약 700m 거리에 있다.

예배자의 자리로
"우리 조상들은 이 산에서 예배하였는데 당신들의 말은 예배할 곳이 예루살렘에 있다 하더이다"(요 4:20). 사마리아 여인은 하나님의 이름을 두려고 택하신 곳인 '예루살렘'으로 가는 일을 여로보암 때부터 지키지 않은 사마리아의 긴 역사를 알고 있었다. 또한, 앗수르 제국에 의해 혈통이 섞여 조롱당하는 '사마리아인'의 처지도 알고 있었다. 예수님께서는 그 여인에게 어느 곳에서나 하나님께 예배자로 설 수 있는 때가 이르렀음을 말씀해 주시며, 진정한 예배는 영이신 하나님께 영과 진리로 올려드리는 것이라고 가르쳐 주셨다.

2. 선한 사마리아인 비유 눅 9:51~56; 10:25~37

#큰글자 일년일독 통독성경 | 140; 142~143p

예수님께서는 십자가와 부활, 즉 구원 사역의 마무리를 위해 마지막으로 예루살렘에 가실 것을 결심하시고, 그 전에 먼저 사마리아를 가까이하시려는 계획을 세우셨습니다. 당시 유대인들은 사마리아인을 동족으로 인정하지 않았을 뿐만 아니라 부정하다고 여겨, 사마리아 땅조차 통과하지 않고 우회해서 지나갈 정도로 그들을 멸시했습니다. 예수님께서 그러한 사마리아에 가셨지만, 사마리아인들은 정작 예수님을 배척했습니다. 예수님께서 예루살렘으로 가시는 도중임을 알고 더욱 예수님을 거부했던 것입니다. 그러자 예수님의 제자들 가운데 야고보와 요한이 화를 내며, 사마리아가 심판의 불로 멸망하기를 원한다고 말합니다. 그러나 예수님께서는 제자들의 말을 듣고 오히려 그들을 꾸짖으셨습니다.

예수님의 화법
율법 교사가 영생을 얻는 방법에 대해 묻자, 예수님께서는 선한 사마리아인의 비유를 이야기하신 후 그에게 질문하셨다. "누가 강도 만난 자의 이웃이 되겠느냐"(눅 10:36). 예수님께서는 질문을 받으셨을 때, 즉시 대답하시는 경우도 있었지만, 때로는 이처럼 다시 질문하셔서 상대의 생각을 바로잡는 화법을 사용하셨다.

그 일이 있고 난 후, 어느 날 한 율법 교사가 예수님을 시험하기 위해 찾아와 예수님께 질문했습니다. 그의 율법 실력은 상당했습니다. 613가지나 되는 율법 조항을 크게 두 가지, 즉 '하나님 사랑과 이웃 사랑'으로 정리할 줄 아는 실력을 갖추고 있었습니다. 그러자 예수님께서는 "네 대답이 옳도다 이를 행하라 그러면 살리라"(눅 10:28)라고 말씀하셨습니다. 그런데 예수님의 답을 들은 율법 교사가 자기의 의로움을 드러내기 위해 예수님께 "내 이웃이 누구니이까?"라고 일부러 더 난해한 질문을 합니다. 이에 예수님께서는 그 율법 교사에게 '선한 사마리아인 비유'로 답을 주셨습니다. 예수님의 비유는, 제사장도 레위인도 강도 만난 사람을 외면했지만, 사마리아인은 그를 불쌍히 여겨 기름과 포도주를 그 상처에 붓고 싸매준 뒤 주막에 데리고 가서 돌보아주었고, 주막 주인에게 비용을 약속하며 끝까지 돌보아 달라고 부탁했다는 이야기입니다. 율법 교사가 예수님께 질문한 이웃은 '자기중심적인 이웃'이었습니다. 그런데 예수님께서는 선한 사마리아인 이야기를 해주신 후, "강도 만난 사람의 이웃이 누구인가?"라고 되물으시면서, "가서 너도 이와 같이 하라"라고 말씀하셨습니다.

모세오경(토라)에 근거한 613개 계명
- <창세기>: 1~3
- <출애굽기>: 4~114
- <레위기>: 115~361
- <민수기>: 362~413
- <신명기>: 414~613

선한 사마리아 사람 _ Pelegrín Clavé 作

이는 예수님께서 이웃의 개념을 바꾸어놓으신 것이었습니다. 율법의 정신인 '하나님 사랑과 이웃 사랑'은 이처럼 '나' 중심이 아닌, '하나님 중심, 이웃 중심의 삶'입니다. 당시 유대인들로부터 사람 취급도 받지 못했던 사마리아인이 제사장보다, 레위인보다 더 훌륭한 이웃 사랑의 행동으로 하나님을 기쁘시게 하며, 진정한 이웃의 모습을 보여주었던 것입니다. 이야기의 주인공인 사마리아인의 행동은 예수님께서 알려주신 모든 민족을 위한 '샘플'이었습니다.

3. 나병을 치유받고 감사한 사마리아인 눅 17:11~19

#큰글자 일년일독 통독성경 | 160~161p

예수님께서 예루살렘으로 가시는 길에 열 명의 나병 환자를 만나셨습니다. 유대에서는 나병 환자를 부정한 사람으로 여겼기 때문에, 그들은 마을 안에 들어와 살 수 없었습니다. 그래서 그들은 멀리서 예수님을 바라보며 "예수 선생님이여 우리를 불쌍히 여기소서"(눅 17:13)라고 외치며 병 낫기를 간구했습니다. 그때 예수님께서는 "가서 제사장들에게 너희 몸을 보이라"(눅 17:14)라고 말씀하셨습니다. 그러자 그들은 예수님의 말씀을 모두 알아듣고, 순종하여 그대로 제사장에게 가는 길에 병 나음을 얻는 기적을 체험합니다.

그런데 열 명의 나병 환자가 모두 병에서 고침을 받은 후, 오직 한 사람 사마리아인만이 예수님께 찾아와 하나님께 영광을 돌리며 감사 인사를 드렸습니다. 병 고침을 받은 사마리아인이 예수님의 발아래 엎드려 감사를 드린 것은, 자신이 표할 수 있는 최대의 존경과 감사의 표현이었습니다. 예수님께서는 유일하게 하나님께 영광을 돌린 사마리아인을 칭찬하시며 "네 믿음이 너를 구원하였느니라"(눅 17:19)라고 말씀하셨습니다.

이는 마침내 사마리아인들이 예수님으로 인해 하나님의 자녀로 회복되는 한 사건이었습니다. 이처럼 예수님의 사역 현장에는 이미 하나님 나라가 임하고 있었습니다. 예수님의 치유로 병이 나은 사마리아인이 예수님께 진심 어린 감사를 드릴 때, 하나님 나라가 이미 그 안에 임하고 있었던 것처럼 말입니다.

사마리아의 완전한 회복은 이후 예수님의 지상명령으로 이루어집니다. 예수님께서는 땅끝까지 주의 복음을 전파할 때, 반드시 '사마리아'에도 주의 복음을 전해야 한다고 말씀하셨습니다. 예수님의 사마리아에 대한 사랑과 회복의 뜻은, 〈사도행전〉에서 빌립이 사마리아에 복음을 전함으로 마침내 성취됩니다.

"오직 성령이 너희에게 임하시면 너희가 권능을 받고 예루살렘과 온 유

끼리끼리의 나눔
예수님 당시에 바리새인들은 잔치를 자주 베풀었다. 얼핏 인정이 많았던 것으로 보이지만, 실상은 그렇지 않다. 갚을 능력이 있는 사람만 초대했기 때문이다. 바리새인들은 부(富)를 경건의 척도를 재는 기준 중 하나로 여겼다. 그래서 자신의 경건을 드러내기 위해서라도 잔치를 자주 열었다. 오늘은 저 집에서 식사하고, 내일은 자기 집으로 초대하는 식으로 주거니 받거니 하며 지냈다. 결국 그들에게 '이웃'이란, 풍족한 삶을 누리는 자기들뿐이었다.

레위 복음서
나병 환자에게 <레위기>는 자신들을 생명의 길로 인도하는 지도와 같았다. 제사장이 나병 환자의 병 나음을 확인하고, 공동체 일원으로 회복시키는 모든 절차가 <레위기> 법으로 정해져 있기 때문이다. 또한 <레위기>에는 먹을 것과 먹지 말아야 할 것들의 항목은 물론, 제사를 통해 용서받고 회복되는 길까지 기록되어 있다. <레위기>는 인생들을 치유하는 레위 복음서였다.

'얼마'가 아니라 '어떻게'
가난한 과부가 헌금함에 두 렙돈을 넣는 것을 보시고 예수님께서는 그의 헌금이 가장 큰 헌금이라고 평가하셨다(눅 21:1~4). 주님은 '얼마를 드리는가'보다 '어떻게 드리는가'를 보신다. 예수님의 관심은 예물이 아니라 예물을 드리는 사람의 마음에 있다.

대와 사마리아와 땅끝까지 이르러 내 증인이 되리라 하시니라"(행 1:8).

4. 소외된 사람들의 친구 예수님 마 9:9~13; 21:31~32/ 막 2:13~17/ 눅 3:12~13; 5:27~32; 7:29~50; 18:9~14; 19:1~10/ 요 8:1~11

#큰글자 일년일독 통독성경 | 16~17; 46p/ 71~72p/ 118~119; 125; 131~132; 162~163; 165p/ 203~204p

구약에서 하나님께서는 하나님의 관심 대상인 시대의 약자들을 위해 율법이 그들의 '비빌 언덕'이 되게 하셨습니다. 곡식을 거둘 때는 밭모퉁이까지 다 거두지 말고, 포도원의 열매도 모두 따지 말며 가난한 사람과 거류민을 위해 남겨 두라고 명하셨습니다. 또한 안식일에는 남자 종이나 여자 종이나 나그네까지도 아무도 일하지 말고 함께 안식하라고 말씀하셨습니다. 하나님께서는 하나님의 백성이 하나님의 '거룩'을 행하며 함께 살아가기를 원하셨습니다.

예수님과 그리스도인의 관계를 나타낸 표현
- 신랑과 신부 (막 2:19~20)
- 어머니와 형제 (눅 8:21)
- 구원자와 잃어버린 자 (눅 19:10)
- 스승과 제자 (요 8:31)
- 목자와 양 (요 10:11~18)
- 친구 (요 15:13~15)
- 포도나무와 그 가지 (요 15:1~8)

하나님의 아들 예수님께서는 공생애 3년 동안 약한 사람들의 비빌 언덕이 되어주셨습니다. 이는 예수님께서 이사야 선지자를 통해 예언된 메시아의 모습을 성취하신 것입니다. "상한 갈대를 꺾지 아니하며 꺼져가는 등불을 끄지 아니하고 진실로 정의를 시행할 것이며"(사 42:3). 예수님께서는 상한 갈대, 꺼져가는 등불과 같은 연약하고 소외된 이들에게 가까이 다가가셔서, 친구가 되어주시며 그들의 인생을 변화시켜 주셨습니다. 그 대표적인 예가 바로 세리 마태가 '제자 마태'로 변화된 사건입니다.

"내 마음이 내 속에서 돌이키어 나의 긍휼이 온전히 불붙듯 하도다"(호 11:8)라고 하신 하나님의 긍휼 선언이 이 땅에 오신 하나님의 아들 예수님의 십자가를 통해 실행됩니다. 예수님에 관한 사복음서 기록은 하나님의 긍휼이 불붙는 진한 사랑 이야기라 할 수 있습니다.

세리 마태에서 제자 마태로
마태는 가버나움 세관의 세리였다. 예수님께서 길을 지나가시다가 세관에 앉아 있는 마태를 보시고 "나를 따르라"(마 9:9)라고 하셨을 때, 마태는 즉시 일어나 예수님을 따랐다. 마태는 예수님께서 택하신 제자들의 이름을 기록하면서, 자신의 이름 앞에는 '세리 마태'라고 기록했다. 부끄러운 자신이 제자로 뽑힌 감사와 감격을 드러낸 것이다. 반면, 마가와 누가는 그의 본명인 레위로 그를 소개했고, 특히 누가는 레위가 예수님을 위해 큰 잔치를 열고, 세리를 비롯한 많은 사람을 초대해 함께했다는 사실을 기록했다. 예수님께서는 이 잔치 자리에서 "내가 의인을 부르러 온 것이 아니요 죄인을 불러 회개시키러 왔노라"(눅 5:32)라고 말씀하심으로, 이 땅에 오신 이유를 명확히 밝히셨다.

● 세리의 친구 예수님

예수님 당시 세리는 로마 제국이 유대인들에게 세금을 빠짐없이 거두기 위해 고용한 사람으로, 유대 동족들에게 죄인, 이방인, 창녀와 같은 취급을 받던 유대인이었습니다. 그런데 예수님께서는 그 세리와 죄인들의 친구가 되어주셨습니다. 바리새인들은 세리와 죄인들이 하나님께 벌을 받아 무시당하며 천하게 사는 것으로 여겼습니다. 그런데 예수님께서 제자들과 함께 세리 마태의 집에서 세리와 죄인들과 식사하는 모습을 보고, 바리새인들이 "어찌하여 너희 선생은 세리와 죄인들과 함께 잡수시느냐?"라고 물었습니다. 그들의 질문은 인과율에만 사로잡혀 있는, 하나님의 긍휼을 이해하지 못한 질문이었습니다.

이 질문에 대한 예수님의 답변은 호세아 선지자의 예언이 성취된 말씀이었습니다. "너희는 가서 내가 긍휼을 원하고 제사를 원하지 아니하노라 하신 뜻이 무엇인지 배우라 나는 의인을 부르러 온 것이 아니요 죄인을 부르러 왔노라 하시니라"(마 9:13). 유대인과 이방인, 바리새인과 세리, 그들은 누구나 예외 없이 모두 다 같은 죄인입니다. 예수님께서는 모든 죄인을 위해 이 땅에 오셨습니다.

평토장한 무덤, 회칠한 무덤

평토장한 무덤	가난한 이들이 땅에 시신을 묻은 땅은 표식이 없는 경우가 많아, 사람들이 그 위를 모르고 밟게 되어 부정하게 되곤 했다. 겉으로는 평범한 땅처럼 보였지만, 실제로는 시체가 썩고 있는 무덤일 수 있었던 것이다. 예수님께서 바리새인을 '평토장한 무덤'에 비유하신 것도 바로 이러한 이유 때문이다.
회칠한 무덤	바위 동굴에 시신을 넣고 입구를 큰 돌로 막았는데, 이때 석회암 가루를 갈아 회칠하여 무덤을 표시했다.

일찍이 세리들 가운데 누군가는 "회개하라 천국이 가까이 왔느니라!"라는 세례 요한의 외침을 듣고 회개의 세례를 받으며, 다시 하나님의 백성으로 의롭게 살기를 원했습니다. 그러나 바리새인과 율법 교사들은 세례 요한의 메시지에도, 예수님의 강력한 회개 촉구에도 아랑곳하지 않고 교만함으로 끝내 회개하지 않았습니다.

"모든 백성과 세리들은 이미 요한의 세례를 받은지라 이 말씀을 듣고 하나님을 의롭다 하되 바리새인과 율법교사들은 그의 세례를 받지 아니함으로 그들 자신을 위한 하나님의 뜻을 저버리니라"(눅 7:29~30).

회개의 세례
세례 요한은 요단강 부근 각처에서 나아온 많은 사람에게 회개의 세례를 베풀고, 율법의 참된 의미를 따르는 삶을 강력하게 촉구하며 "회개하라, 천국이 가까이 왔느니라!"라고 선포했다. 이때 세리들이 와서 "우리는 무엇을 하리이까?"라고 새 삶을 어떻게 살아야 하는지 묻자, 세례 요한은 "부과된 것 외에는 거두지 말라!"라고 교훈했다. 그러나 옛 생활을 버리고 새 삶을 결단하는 것은 그들의 몫이다.

감옥에서 예수님의 사역 소식을 들은 세례 요한이 예수님께 그의 제자들을 보내 자신들이 기다리던 메시아가 예수님이신지를 질문했습니다. 이때 예수님께서는 〈이사야〉의 말씀으로 답을 주셨습니다. 메시아 예수님께서 행하신 일은 첫째, 이사야 35장의 예언대로 맹인, 못 듣는 사람, 저는 사람, 말 못 하는 사람이 고침을 받는 사역이며 둘째, 이사야 61장의 예언대로 가난한 사람들에게 복음이 전파되며 셋째, 구약의 예언을 뛰어넘는 메시아의 사역, 곧 죽은 이들을 살리는 사역이었습니다. 이렇게 세례 요한에게 답하신 후, 예수님께서는 메시아로서 자신의 정체성을 '세리와 죄인의 친구'라고 말씀하셨습니다.

어느 날 예수님께서는 자기 자신은 의롭다 믿고 다른 사람들을 멸시하는 사람들에게 바리새인과 세리의 기도 비유로 가르침을 주셨습니다. 예수님께서는 비유 속에 등장한 바리새인의 기도는 하나님께 드리는 기도가 아니라 사람들의 귓전에 자신의 의(義)를 드러내기 위한 기도이며, 자기 자랑이었다고 말씀하십니다. 반면 가슴을 치며 "하나님이여 불쌍히 여기소서 나는 죄인이로소이다"(눅 18:13)라고 기도한 세리의 기도는 하나님 앞에 더 의로운 기도라고 말씀하시며, "무릇 자기를 높이는 자는 낮아지고 자기를 낮추는 자는 높아지리라"(눅 18:14)라고 가르치십니다.

바리새인과 세리 _ 제임스 티소 作

세리를 구원하신 또 하나의 예는, 여리고의 세리장 삭개오 이야기입니다. 삭개오는 일찍이 '돈이 최고'라는 물질만능주의를 삶의 기준으로 삼은 사람으로, 민족적 이데올로기나 옳고 그름의 논리도 돈 앞에서는 다 소용없다고 여기며 로마에 아부하여 부자로 사는 길을 선택해 살고 있었습니다. 그런데 그의 마음 한쪽 구석에는 그 무엇으로도 채울 수 없는 허전함이 늘 자리하고 있었습니다.

그러던 차에 삭개오가 예수님에 대한 소문을 들었습니다. 그리고 어느 날, 예수님께서 여리고를 지나가신다는 소식을 듣고 돌무화과나무로 올라갔습니다. 부자였던 삭개오도, 여리고의 맹인 바디매오처럼 예수님의 소문을 듣고 직접 만나고 싶었던 것입니다. 그런데 예수님께서 나무 위에 올라가 있는 삭개오를 보시고 내려오라고 말씀하시며, 그의 집에 머물겠다고 하신 것입니다. 사복음서 내용 중에 예수님께서 먼저 "네 집에 유하여야 하겠다"(눅 19:5)라고 말씀하신 경우는 유일하게 삭개오의 집뿐입니다. 이는 예수님께서, 예수님을 간절히 만나기 원하는 삭개오의 마음을 아셨기 때문일 것입니다.

누가는 삭개오의 기쁜 마음을 "급히 내려와 즐거워하며 영접하거늘"(눅 19:6)이라고 자세히 묘사했습니다. 예수님을 만난 삭개오는 자신의 죄를 회개하며, 곧바로 회개에 합당한 열매를 드릴 것을 예수님께 고백했습니다. 사실, 예수님께서 삭개오의 집에 들어가실 때 사람들은 실망했습니다. 그들은 예수님께서 죄인의 집에 들어간 것으로 여겼던 것입니다. 그 모습은 자신들이 생각하고 원했던 메시아의 모습이 아니었습니다. 그러나 예수님께서는 메시아로서 합당한 일을 행하신 것입니다. 예수님께서 이 땅에 오신 이유는 잃어버린 백성을 찾아 구원하시기 위함입니다. 돈을 위해서라면 민족도, 이웃도, 체면도 포기했던 삭개오가 사람을 소중하게 여기기 시작한 것은 예수님을 영접했기에 가능한 일이었습니다.

구원자 예수님

당시 유대 땅은 갈릴리 지역을 제외하면 농사짓기에 적합하지 않은 땅이 많아 경제 수준이 높지 않았다. 게다가 평범한 백성들은 로마 제국의 가혹한 세금으로 그나마 가지고 있던 것마저 빼앗기는 고통을 겪고 있었다. 이러한 상황 속에서 만난 예수님의 말씀과 기적은 그들이 잊고 있던 메시아 신앙을 깨닫게 하는 놀라운 기쁨이 되었다. 세상으로부터 버림받고 억눌린 사람들이 곳곳에 가득한 이때, 마음이 가난한 한 영혼을 위로하며 싸매주시기 위해 예수님께서 이 땅에 오신 것이다.

● 세리와 창기 그리고 모두의 친구이신 예수님

그렇다면 세리와 창기는 어떻게 예수님의 친구가 되었을까요? 예수님 당시 사두개인들과 바리새인들은 로마 제국의 식민지 백성들이었음에도 사회, 경제적으로 안정된 지도층이었습니다. 그에 반해 세리와 창기는 유대 사회에서 사람 취급조차 받지 못하는 가장 낮은 계층의 사람들이었습니다. 로마 제국은 유대인들 가운데 '내부자(insider)'를 골라 세리로 고용해 고액의 세금을 거두어갔으며, 세리들은 더 많은 세금을 징수해 자신들의 이익을 챙겼습니다. 이로 인해 세리는 유대인들에게 로마 제국의 하수인으로 취급되었고, 창기는 당시 사회에서 가장 천대받는 직업에 종사하는 여성들이었기에 보통 사람들은 그들과 상종조차 하려 하지 않았습니다.

그런데 예수님께서는 세리 마태를 만나 제자로 삼으시고, 후에 예수님을 증언하는 〈마태복음〉을 기록하게 하셨습니다. 또한 예수님께서는 여리고의 세리장 삭개오의 집에 가셔서 함께 식사하시며, 그를 변화시키셨습니다. 이처럼 예수님의 말씀을 듣고 믿는 사람은, 세리라 할지라도 하나님의 자녀가 되어 하나님을 예배하는 사람이 될 수 있었습니다.

예수님께서는 또한 창기들과도 친구가 되어주셨습니다. 그들도 세리들처럼 예수님의 말씀을 듣고 믿었기 때문입니다. 〈누가복음〉에는 죄를 지은 한 여인이 등장합니다. 그 여인은 향유를 담은 옥합을 가지고 와서, 예수님의 발 곁에 서서 울며 눈물로 예수님의 발을 적시고, 자신의 머리털로 닦으며 입 맞추고 향유를 부었습니다. 이 일로 논쟁이 일어나자, 예수님께서는 그 여인에게 "네 죄 사함을 받았느니라"(눅 7:48)라고 용서의 은총을 베푸시고, 더 나아가 "네 믿음이 너를 구원하였으니 평안히 가라"(눅 7:50)라고 말씀해 주셨습니다.

어느 날, 서기관들과 바리새인들이 예수님을 고발할 조건을 얻고자, 간음한 여인을 예수님 앞에 끌고 와 어떻게 할 것인지 물으며 예수님을 시험했습니다. 그러자 예수님께서는 잠시 앉으셔서 손가락으로 땅에 글을 쓰시다가 일어나시더니 "너희 중에 죄 없는 자가 먼저 돌로 치라"(요 8:7)라고 말씀하셨습니다. 예수

예수님과 죄를 지은 여인 _ 바실리 폴레노프 作

우리를 불쌍히 여기소서!

예수님께서 지나가신다는 소식을 들은 여리고의 맹인 두 사람은 무리의 꾸짖음에도 아랑곳하지 않고 더 간절히, 더 크게 "주여, 우리를 불쌍히 여기소서!"라고 외쳤다. 천국에 들어가는 길이 바로 여기에 있다. 천국은 우리의 의로 들어가는 것이 아니라, 하나님께서 우리를 불쌍히 여기심으로 들어가게 되는 것이다.

누가 진실로 하나님의 뜻대로 사는 사람인가?

포도원 주인이 두 아들에게 "오늘 포도원에 가서 일하라!"라고 말하자, 첫째아들은 "가겠습니다"라고 대답했지만, 실제로는 가지 않았다. 반면, 둘째 아들은 처음에는 "싫습니다"라고 대답했지만, 나중에 뉘우치고 가서 일했다. 예수님께서 대제사장 세력들에게 말씀하신 이 비유에서, 진정으로 아버지의 마음을 깨닫고 그 뜻을 행한 아들은 누구였는가? "내가 진실로 너희에게 이르노니 세리들과 창녀들이 너희보다 먼저 하나님의 나라에 들어가리라 요한이 의의 도로 너희에게 왔거늘 너희는 그를 믿지 아니하였으되 세리와 창녀는 믿었으며 너희는 이것을 보고도 끝내 뉘우쳐 믿지 아니하였도다"(마 21:31~32).

님께서 이 세상에 단 한 명도 없는, '죄 없는 사람'을 거론하신 것입니다. 잠깐의 정적이 흐른 후, 돌을 들었던 사람들이 양심의 찔림을 느끼고 하나둘씩 돌을 떨어뜨리고 돌아갔습니다. 사람들이 모두 떠나자, 예수님께서는 그 여인에게 "나도 너를 정죄하지 아니하노니 가서 다시는 죄를 범하지 말라"(요 8:11)라고 말씀하셨습니다. 예수님께서 그 여인에게 회복과 용서의 길을 열어주신 것입니다.

기독교는 윤리를 중심으로 하는 종교가 아닙니다. 예수님께서는 윤리적 잣대로 죄지은 사람들을 질타하거나 처벌하기 위해 이 땅에 오신 것이 아니고, 죄지은 사람들이 회개하고 믿음을 통해 새로운 삶을 살게 하려고 오셨습니다. 놀랍게도 세리와 창기들은 예수님의 말씀을 듣고 회개하며 새사람이 되었습니다. 하나님을 믿는다는 것은 하나님께서 보내신 아들, 곧 예수 그리스도를 믿는 것입니다. 세리와 창기들은 하나님의 뜻, 즉 '의(義)의 도(道)'로 오신 예수님을 믿었으나, 바리새인들과 사두개인들은 끝내 예수님의 말씀을 듣지 않았고 믿지도 않았습니다. 세리와 창기들이 예수님께 나아올 수 있었던 것은 예수님을 믿고 하나님의 긍휼을 의지했기 때문입니다. 결국 그들은 믿음으로 하나님 나라의 백성이 되었고, 하나님의 일을 하는 사람들이 되었습니다.

"그들이 묻되 우리가 어떻게 하여야 하나님의 일을 하오리이까 예수께서 대답하여 이르시되 하나님께서 보내신 이를 믿는 것이 하나님의 일이니라 하시니"(요 6:28~29).

5. 이방인에게 복음 전도 마 8:5~34; 15:21~28; 28:16~20/ 막 5:1~20; 7:1~30; 16:14~18 / 눅 8:26~39; 24:44~48

#큰글자 일년일독 통독성경 | 14~16; 33; 68p/ 77~78; 83~85; 110p/ 134~135; 182p

성전에서 아기 예수님을 안고 시므온은 "이방을 비추는 빛이요 주의 백성 이스라엘의 영광이니이다"(눅 2:32)라고 찬송했습니다. 이는 이사야 선지자가 전해준 메시아 신앙을 통해 그동안 믿고 소망했던 일이 이루어졌음을 기뻐하며 드린 감사의 고백이었습니다. 그 예언 그대로, 예수님께서는 이사야 9장을 인용하시며 '이방의 갈릴리'에서 복음을 선포하시며 공생애 사역을 시작하셨습니다. 예수님께서는 공생애 3년 동안 이방인들을 만나 그들을 치유하시며 '모든 민족'을 위한 친구가 되어주셨습니다. 예수님 당시 유대인들

이방의 갈릴리 (Galilee)
갈릴리 호수를 끼고 있는 산지 지역을 일컫는다. 이스라엘 북부 지역으로 스불론과 납달리 땅이었다. 북이스라엘이 앗수르 제국에 멸망하면서 이방 민족이 이 땅에 많이 정착해 세월을 보내게 되었고, 이로 인해 이곳은 예루살렘 중심의 유대인들에게 무시와 멸시를 받는 땅이 되었다. 또한 이방 지역과 인접해 있어 많은 이방인이 거주했기에, 이곳을 '이방의 갈릴리'라고 불렀다. 그러나 이사야 선지자의 예언대로, 메시아 예수님께서 이러한 소외된 지역에 오셔서 거하시며 사역하셨다.

은 자신들이 '모든 민족을 위한 한 민족'으로 하나님께 선택받았다는 사실을 망각하고 선민사상에 갇혀 있었습니다. 예수님께서는 유대인들의 잘못된 생각을 고쳐주시며 '모든 민족' 담론을 키워가셨습니다.

어느 날, 예수님께서 두로와 시돈 땅으로 가신 적이 있습니다. 그곳에서 예수님께서는 딸의 병이 낫기를 간절히 구한 이방인 수로보니게 여인에게 "네 믿음이 크도다"(마 15:28)라고 말씀하시며 여인의 딸을 고쳐주셨습니다. 예수님의 치유가 일어났던 '두로와 시돈과 데가볼리 지방'은 이방인들의 지역으로 유대인들이 배척하던 곳이었습니다. 예수님께서는 이후에도 많은 병자를 고치셨고, 그때 고침을 받았던 병자들은 '이스라엘의 하나님'께 영광을 돌렸습니다.

또한 예수님께서는 가버나움에서 이방인인 로마 백부장의 종을 고쳐주시며 백부장의 믿음을 칭찬하셨습니다. 그리고 귀신 들린 거라사 광인을 불쌍히 여기셔서 치유해 주셨고, 그는 집으로 돌아가 데가볼리에서 예수님을 증거하는 사역자가 되었습니다. 예수님께서는 그뿐만 아니라, 당시 이방인과 같았던 사마리아 여인과도 대화하시고, 사마리아 나병 환자를 치유해 주시며 모든 민족을 품에 안으셨습니다.

예수님께서는 하나님 나라에 아브라함, 이삭, 야곱, 모든 선지자, 그리고 동서남북에서 오는 이방인들이 들어갈 것이라고 말씀하셨습니다. 하나님 나라에 들어가지 못하는 자들은 예수님을 믿지 않은 사람들입니다.

사도 요한은 예수님께서 예루살렘에 입성하신 날, 헬라인 몇 사람 곧 이방인들이 예수님을 찾아왔다고 증언했습니다. 그들은 유월절 명절을 맞아 예루살렘에 온 이방인들로, 제자들을 통해 예수님 뵙기를 청했습니다. 이방인들 또한 예수님의 소문을 듣고 예수님을 찾아온 것이었습니다. 이 소식을 들으신 예수님께서는 이제 이방인을 포함한 모든 인생을 위한 '한 알의 밀알'이 되어야 할 때가 되었다고 말씀하셨습니다. 드디어 이 땅에 오신 목적을 이루실 고난의 때가 왔음을 알리시며, 제자들을 향해 '나를 따를 것'을 말씀하셨습니다(요 12:20~26).

마침내 예수님께서 '모든 민족'을 위한 십자가 사역을 이루실 때가 되었습니다. 예수님께서 예루살렘 성전에 올라가셨을 때, 산헤드린 공회 세력들이 예루살렘 성전의 '이방인의 뜰'을 디아스포라 유대인들을 위해 제물을 사고파는, 장사하는 곳을 만들어 예레미야 선지자의 지적처럼 도둑의 소굴로

하나님의 기쁨, 믿음
열두 해 동안이나 혈루증을 앓던 여인이 예수님의 겉옷 가를 만졌다. 예수님의 옷에 손만 대어도 구원을 받을 것이라 믿었기 때문이다. 예수님께서는 그 여인을 칭찬하시며 병을 고쳐주시고, 구원의 은혜를 베풀어주셨다. 예수님께서 여인을 칭찬하신 이유는 그녀의 '믿음' 때문이었다. 예수님께서 가장 기뻐하시는 일은 하나님의 아들이신 예수를 믿는, 바로 그 '믿음'이다.

재물 사용에 관한 가르침
어느 날 한 관리가 예수님께 찾아와 "선한 선생님이여 내가 무엇을 하여야 영생을 얻으리이까?"(눅 18:18)라고 질문하며, 자신은 모든 계명을 어렸을 때부터 다 지키고 있다고 말했다. 예수님께서는 "네게 아직도 한 가지 부족한 것이 있으니 네게 있는 것을 다 팔아 가난한 자들에게 나눠주라 그리하면 하늘에서 네게 보화가 있으리라"(눅 18:22)라고 말씀하셨다. 그러나 그는 큰 부자인 까닭에 이 말씀을 듣고 심히 근심했다. 하나님께서는 율법을 통해 재물 사용법을 이미 가르쳐주셨다. 그 말씀을 삶으로 실천하는 것이 예수님의 제자도를 따르는 길이다.

만들어놓은 모습을 보십니다. 그때 예수님께서는 성전을 청결히 하시며, 성전은 '만민(모든 민족)이 하나님께 기도하는 곳'임을 다시 상기시켜 주셨습니다. 예수님께서는 마침내 십자가와 부활로 세상 모든 사람이 예수님의 이름으로 하나님께 나아갈 수 있는 길을 여시고, 승천하시기 전에 모든 민족에게 전할 지상명령을 말씀하십니다.

"예수께서 나아와 말씀하여 이르시되 하늘과 땅의 모든 권세를 내게 주셨으니 그러므로 너희는 가서 모든 민족을 제자로 삼아 아버지와 아들과 성령의 이름으로 세례를 베풀고 내가 너희에게 분부한 모든 것을 가르쳐 지키게 하라 볼지어다 내가 세상 끝날까지 너희와 항상 함께 있으리라 하시니라"(마 28:18~20).

하나님의 긍휼
하나님의 긍휼은 아담부터 예수님 때까지 쉬지 않고 이어졌다. 그 기록들을 가지고 예수님께서 긍휼이 불붙는 자리 '십자가'로 나아가신 것이다.

#The Cross | 십자가 복음 레시피

6. 모든 민족이 영생을 얻는 길 - 제자도의 십자가

예수님께서는 의인을 부르러 이 땅에 오신 것이 아니라 죄인을 부르러 이 땅에 오셨다고 말씀하셨습니다. 하나님께서는 에스겔 선지자를 통해 하나님의 깊은 마음을 드러내신 바 있습니다. "주 여호와의 말씀이니라 내가 어찌 악인이 죽는 것을 조금인들 기뻐하랴 그가 돌이켜 그 길에서 떠나 사는 것을 어찌 기뻐하지 아니하겠느냐"(겔 18:23). 하나님께서는 죄인인 인간들이 회개하고 하나님께 돌아오는 것을 기뻐하십니다.

그런데 예수님 당시 유대는 로마 제국의 식민지였음에도 불구하고, 예루살렘 성전을 중심으로 종교 귀족이었던 사두개파와 경제적 중산층이었던 바리새인들은 자신들이 죄인이라는 사실을 인정하지 않았습니다. 그들은 자신들이 의롭고 율법을 잘 지켜 하나님께 복을 받았다고 여겼고, 당시 가난한 일반 백성들과 세리와 창기들은 율법을 지키지 않아 저주받은 죄인이라고 정죄했습니다. 또한, 그들은 혼혈족 사마리아인을 멸시하고 이방인들을 무시했습니다. 더 나아가 예수님의 말씀과 사역에 대해 사사건건 시비를 걸며, 하나님 나라를 가르치시는 예수님께 반감을 드러냈습니다. 이에 예수님께서는 그들의 위선을 꿰뚫어 보시고, 그들의 잘못을 날카롭게 지적하셨습니다.

하나님께서는 모리아산 번제를 통해 끝까지 하나님을 경외한 아브라함을 '내 벗'이라 말씀하셨습니다. 아브라함이 하나님의 친구가 된 것입니다. 또한 하나님께서는 소돔과 고모라를 처벌하시기 전, 아브라함에게 "내가 하려는 것을 아브라함에게 숨기겠느냐"(창 18:17)라고 말씀하시며, 친구가 어떤 관계인지를 말씀하신 적이 있습니다. 친구는 신뢰를 기반으로 가장 중요한 사실을 나누는 관계입니다. 높고 높은 보좌에서 낮고 낮은 이 땅까지 내려오신 예수님께서 세리와 창기들의 친구가 되어주신 이유는, 그들이 예수님께서 가르쳐준 '하나님 나라'를 믿었기 때문입니다. 또한 우물가에서 만났던 사마리아 여인과 여러 이방인도 예수님의 말씀을 믿었기에, 그들도 예수님의 친구가 되었습니다. 예수님께서는 하나님께서 보내신 이를 믿는 것이 곧 '하나님의 일'이라고 가르쳐주셨습니다(요 6:28~29).

"하나님이 세상을 이처럼 사랑하사 독생자를 주셨으니 이는 그를 믿는 자마다 멸망하지 않고 영생을 얻게 하려 하심이라"(요 3:16). 모든 민족이 영생을 얻는 길은 오직 하나님의 아들을 믿는 믿음에서 시작되며, 이는 예수님께서 명하신 지상명령의 과정입니다. 이방의 빛으로 오신 예수님의 삶을 따르는 것, 그것이야말로 하나님께서 기대하시는 그리스도인의 삶일 것입니다.

예수님께서 성육신하셔서 이 땅에 오신 이유는 아담 때부터 시작된 인간의 원죄 문제와 율법을 통해 드러난 모든 죄를 십자가에서 해결하시기 위함이었습니다. 이를 위해 예수님께서는 하늘 성소인 십자가에 하나님의 어린 양으로 제물이 되어 오르셔서 왕 같은 대제사장으로 제사를 집례하심으로 인간의 모든 죄를 대속하셨습니다.

예수님께서는 죄지은 인간들이 받아야 할 '저주'를 대신 받으시고, 죄지은 인간들이 당해야 할 '버림'도 대신 받으시며 십자가에서 죽으셨습니다. 그리고 하나님께서는 하나님의 아들이 십자가에서 제물이 되어 죽는 고난을 참고 견디시는 고통을 당하셨습니다. 그로 인해 죄로 죽을 수밖에 없었던 우리 인생들이 죄의 문제를 해결받고 하나님 앞에 설 수 있게 된 것입니다. 이것이 값없이 우리에게 주신 하나님의 은혜이며, 하나님의 사랑이요 하나님의 긍휼입니다. 그리고 예수님께서는 십자가를 통해 하나님의 의(義)를 이루신 것입니다.

40과 마지막 일주일 | 마태복음, 마가복음, 누가복음, 요한복음
-1차 산헤드린 공회 재판과 빌라도 재판

큰글자 일년일독 통독성경 (281~315일 중 6일치를 통독하겠습니다) *one year tongdok bible as one story*

304일 : 알기 쉬운 비유　305일 : 기다린 최후의 만찬　306일 : 영광과 평화로의 증인
307일 : 말씀의 빛 되신 예수님　308일 : 참된 예배　309일 : 예수님과 초막절

시간 흐름 *time flow*

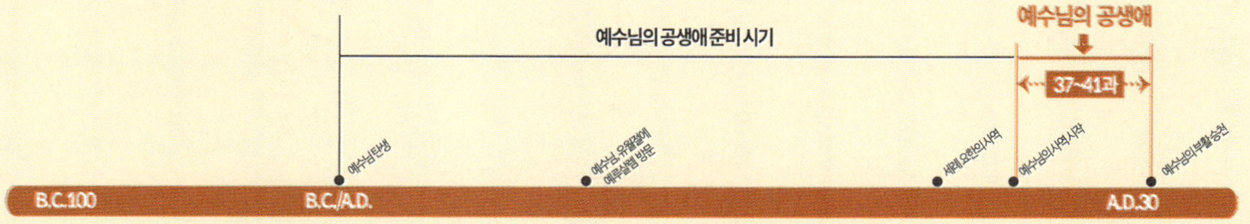

지금 공간 *current location* 예루살렘

주요 인물 *main character* 예수님, 열두 제자, 산헤드린 공회원들, 빌라도

통通포인트 *tong point*

새 언약을 통한 새 예루살렘, 그 시작을 위한 일주일

공생애 3년 동안 '하나님 사랑 이웃 사랑'의 제자도를 가르쳐주신 예수님께서 드디어 새 언약을 이루실 십자가를 향해 마지막 일주일의 여정을 시작하십니다. 예수님께서는 "선지자가 예루살렘 밖에서는 죽는 법이 없느니라"(눅 13:33)라는 말씀을 이루시기 위하여 예루살렘에 올라가시기로 굳게 결심하셨습니다. 예수님께서는 스가랴 선지자의 예언대로 어린 나귀를 타고 겸손의 왕으로 예루살렘에 입성하셔서, 공생애 마지막 일주일을 구약의 기록대로 하나하나 감당하십니다. 그리고 마침내 로마 제국의 형틀이자 하늘 성소인 십자가에서 인류 구원의 대속을 이루십니다. 예수님의 십자가를 향한 일주일은 하나님의 천지창조 일주일만큼 중요하고 위대합니다. 이는 십자가를 통해 제사장 나라를 하나님 나라로 완성하시고, 마침내 새 창조로 나아가시기 위한 시작이기 때문입니다. 예수님께서는 월요일에 예루살렘 성전을 청결하게 하셨고, 화요일에는 산헤드린 공회 세력과의 수많은 논쟁을 통해 가르침을 주시고, 예루살렘을 보시고 우시며 예루살렘의 멸망과 종말에 대해 알려주셨습니다. 목요일은 십자가에 달리시기 바로 전날로, 예수님께서는 이 땅에서의 마지막 날을 제자들과 함께 보내셨습니다. 제자들과 마지막 유월절을 첫 번째 성찬식으로 지키시며 새 언약을 체결하신 후, 겟세마네 동산에 올라 기도하셨습니다.

예수님께서는그 밤에 산헤드린 공회 세력에게 체포되어 밤새 재판을 받으시고, 금요일 새벽 빌라도 재판을 받으신 끝에 십자가에 오르셨습니다.

1. 유대인의 왕, 만왕의 왕 예수님의 예루살렘 입성

마 20:1~21:11/ 막 10:32~11:11/ 눅 9:46~48; 19:28~44/ 요 12:12~19

#큰글자 일년일독 통독성경 | 42~45p/ 93~95p/ 139, 166~167p/ 216~217p

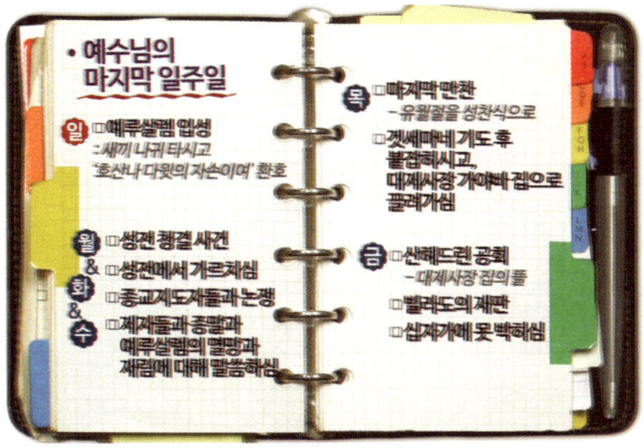

예수님께서는 스가랴 선지자의 예언대로 어린 나귀를 타고 예루살렘에 입성하셨습니다. 예수님의 예루살렘 입성은 마치 왕의 행차처럼 환영하는 유대 백성들의 환호 속에 시작되었습니다. 그날 유대 백성들이 외친 "호산나"는 '우리를 구원하소서'라는 뜻으로, 메시아를 간절히 기다리던 유대 민족의 간구이자 환호였습니다. 그리고 "다윗의 자손이여"라는 외침은 예수님을 메시아로 맞이하는 또 다른 표현이었습니다.

그때는 유월절 기간이었으므로, 예수님의 예루살렘 입성 사건은 충분히 큰 소동이 될 만했습니다. 유대 백성들이 예수님을 맞이하며 "나사렛에서 나온 선지자"라고 말한 것은 모세의 예언(신 18:15)을 말한 것입니다. 예수님께서 예루살렘에 입성하실 때 유대 민족의 열렬한 환호와 환영을 받으신 것은, 예수님의 공생애 3년 사역 중 가장 대중적이고 큰 사건이었습니다.

사실 유월절을 앞두고 예수님께서 제자들과 함께 예루살렘에 올라가시겠다고 하신 후, 제자들 사이에는 오해의 분위기가 있었습니다. 야고보와 요한의 어머니인 세베대의 아내가 예수님께 자신의 두 아들을 우의정과 좌의정으로 삼아달라고 부탁하면서, 예수님의 예루살렘 입성을 마치 마카비 혁명처럼 정치적인 일로 오해했던 것입니다. 그 분위기는 예루살렘 입성으로 더욱 커졌습니다.

당시 유대 백성은 메시아가 와서 로마의 통치를 물리치고, 다윗 시대처럼 강한 이스라엘을 다시 일으켜 세울 것이라는 소망이자 믿음을 가지고 있었습니다. 많은 사람이 예수님을 향해 그러한 기대를 품었던 것입니다. 하지만 예수님께서는 그들을 꾸짖지 않으시고, 높은 수준의 꿈을 꿀 수 있는 훗날을 기다리셨습니다.

한편, 예수님의 예루살렘 입성은 대제사장 세력과 정면충돌을 촉발하는

호산나(Hosanna)
"여호와여 구하옵나니 이제 구원하소서"(시 118:25)라는 <시편>의 히브리어는 '호시아 나'이다. 이 말이 신약 시대에 다른 언어로 번역되면서 '호산나'가 되었다. '호산나'는 예수님께서 공생애 3년 마지막 무렵, 십자가 사역을 앞두고 예루살렘에 입성하실 때 많은 사람이 종려나무 가지를 흔들고 예수님을 환영하며 소리 높여 외친 말이다.

왜 작은 새끼 나귀를 타시고 입성하셨는가?
예수님께서 새끼 나귀를 준비하신 이유는 모든 사람과 가까이하시기 위함이었다. 덩치가 큰 말 곁으로는 아이나 노인들이 쉽게 다가갈 수 없다. 하지만 새끼 나귀를 타신 예수님께는 많은 사람이 가까이 와서 옷을 벗어 길에 깔고, 종려나무 가지를 꺾어 길에 펴며 환호할 수 있었다. 예수님께서 나귀를 타신 또 하나의 중요한 이유는 '겸손'이었다. 겸손하고 온유한 마음으로 사람들에게 다가가 그들을 위로하고 격려하시겠다는 뜻이 담겨 있었다.

사건이었습니다. 그동안 대제사장 세력은 예수님을 예의주시하고 있었습니다. 그 시작은 죽은 나사로의 부활 사건이었습니다. 예수님께서 죽은 나사로를 살리시자, 이를 본 유대인들 상당수가 예수님을 믿고 따랐기 때문입니다. 이 사건으로 예수님을 죽이려는 대제사장 가야바의 밑그림이 시작되었습니다. 가야바는 산헤드린 공회에 모인 사람들에게 유대 사회에 닥친 위기 상황을 설명하며, 예수님에 대한 위협을 강조했습니다. 당시 유대는 로마 제국의 식민지였지만, 산헤드린 공회를 중심으로 유대 지도층은 엄청난 기득권을 가지고 있었습니다. 그들은 자신들의 권력이 예수님으로 인해 위협받을까 두려워했던 것입니다. 그때부터 그들은 예수님을 죽이려고 모의합니다.

"이에 대제사장들과 바리새인들이 공회를 모으고 이르되 이 사람이 많은 표적을 행하니 우리가 어떻게 하겠느냐 만일 그를 이대로 두면 모든 사람이 그를 믿을 것이요 그리고 로마인들이 와서 우리 땅과 민족을 빼앗아 가리라 하니"(요 11:47~48).

겸손

- **모세** : 하나님과 사람 앞에 엎드릴 줄 알았던 모세는 온유함이 지면의 모든 사람보다 더하였다.
- **다윗** : 왕이었음에도 불구하고 다윗은 하나님 앞에서 스스로를 '종'이라 일컬었다.
- **예수님** : 스가랴의 예언대로 예루살렘에 입성하실 때 나귀 새끼를 타셨다.
- **바울** : 자기 자신을 "모든 성도 중에 지극히 작은 자보다 더 작은 나"(엡 3:8)라고 여겼다.

기다리신 예수님

세월이 흐른 후, 야고보와 요한을 비롯한 제자들은 그때 주님께서 자신들의 수준 낮은 행동을 참고 기다려주셨음을 깨닫고, 가슴 벅찬 감사를 느꼈을 것이다. 이처럼 크신 예수님의 사랑을 깊이 깨달은 제자들은 예수님의 죽음과 부활 이후, 그 사랑을 온몸으로 전하며 실천하는 데에 더욱 열정을 쏟는 사도들이 되었다.

2. 성전 청결과 대제사장 세력들과의 논쟁

마 21:12~22:46/ 막 11:12~12:37/ 눅 19:45~20:47

#큰글자 일년일독 통독성경 45~50p/ 95~99p/ 167~170p

예수님 당시 예루살렘 성전 건물은 헤롯에 의해 수십 년 동안 증축되고 있었는데, 축구장 3배에 달하는 거대한 규모로 외벽 돌과 돌 사이에 금을 넣어 화려하기 이를 데 없었습니다. 로마 제국의 고위 관리들까지 성전을 찾아와 구경할 정도였습니다. 로마 제국 전역에 흩어져 살던 디아스포라 유대인들은 제사장 나라의 율법에 따라, 1년에 세 차례 명절마다 예루살렘 성전에 올라오는 것을 큰 자부심으로 여겼습니다. 예루살렘 성전의 대제사장 세력에게는 메시아의 오심보다, 성전을 통해 누리는 기득권과 경제적 만족이 훨씬 더 중요했습니다. 예루살렘 성전은 오래전 솔로몬 왕과 이사야 선지자를 통해 '만민이 기도하는 집'으로 예고되었습니다. 그런데 대제사장 세력은 이방인들이 모여 기도하던 예루살렘 성전의 '이방인의 뜰'을 만민이 기도하는 곳이 아닌, 자신들이 원하는 황금알을 낳는 장소로 전락시켰습니다.

예루살렘 성전에 들어가신 예수님께서는 성전에서 물건 파는 사람들을 보시고 분노하십니다. '만민이 기도하는 집'인 성전을 강도의 소굴로 만들었

기록된 바(It is written)

- "먼 지방에서 온 이방인이라도 … 이 성전을 향하여 기도하거든 주는 계신 곳 하늘에서 들으시고 이방인이 주께 부르짖는 대로 이루사"(왕상 8:41~43)
- "이는 내 집은 만민이 기도하는 집이라 일컬음이 될 것임이라"(사 56:7)
- "내 이름으로 일컬음을 받는 이 집이 너희 눈에는 도둑의 소굴로 보이느냐"(렘 7:11)

다고 책망하시며, 성전 안에서 장사하는 사람들을 내쫓으시고, 환전하는 사람들의 상과 비둘기 파는 사람들의 의자를 엎으셨습니다.

대제사장들과 서기관들은 예수님께서 성전을 청결하게 하시고, 성전에서 맹인과 저는 사람들을 고쳐주시는 모습과, 또다시 성전에서 "호산나 다윗의 자손이여"라고 소리 지르는 어린이들을 보고 화를 내며 예수님께 시비를 걸었습니다. 그러자 예수님께서는 "그렇다 어린 아기와 젖먹이들의 입에서 나오는 찬미를 온전하게 하셨나이다 함을 너희가 읽어 본 일이 없느냐 하시고"(마 21:16)라고 시편 말씀으로 응대하셨습니다. 대제사장 세력은 예수님의 등장으로 예루살렘이 소동하자 더욱 두려워하며 예수님을 죽일 계획을 세우기 시작했습니다.

다음 날, 예루살렘의 심장부인 성전을 쥐고, 거기에서 나오는 이익을 누리던 대제사장 세력들은 예수님과 다섯 차례에 걸쳐 논쟁합니다.

첫 번째는 '권위'에 관한 논쟁이었습니다. 성전을 청결하게 하신 다음 날 예수님께서 다시 성전에 오시자, 대제사장들과 서기관들과 장로들이 예수님께 "무슨 권위로 이런 일을 하느냐, 누가 이 권위를 주었느냐?"라고 물었습니다. 그러자 예수님께서 그들의 질문에 질문으로 응대하십니다. "나도 한 말을 너희에게 물으리니 대답하라 그리하면 나도 무슨 권위로 이런 일을 하는지 이르리라 요한의 세례가 하늘로부터냐 사람으로부터냐 내게 대답하라"(막 11:29~30). 그들이 모여 의논했지만, 쉽게 대답할 수 있는 문제가 아니었습니다.

그들이 요한의 세례가 하늘로부터라고 인정한다면, 예수님께서 무슨 권위로 이런 일을 하시는 것인지 스스로 답을 하는 경우가 되는 것입니다. 이는 선지자인 세례 요한이 예수님을 '하나님의 어린양'으로 소개했기 때문에, 예수님께서 하나님의 권위로 일하신다는 것을 그들 스스로 인정하는 셈이 됩니다. 반면, 그들이 요한의 세례를 사람에게서 난 것이라 말하면, 유대 백성들이 선지자인 세례 요한을 모독한다고 여겨 민란이 일어날 수도 있는 상황이었습니다. 결국 그들은 "모르겠다."라고 대답했고, 예수님께서도 "나도 너희의 질문에 대답하지 않겠다."라고 답하셨습니다. 온유하시고 겸손하시지

종교 지도자들의 두려움

예수님의 존재는 당시 종교 지도자들에게 두려움 그 자체였다. 대제사장 세력은 예수님의 3년 공생애 사역으로 인한 결과가 두려워 이미 불안해하고 있었고, 예수님께서 예루살렘으로 입성하시자 그 두려움과 경계가 더욱 커졌다. 더욱이 예수님께서 예루살렘 성전에 '제사'를 위해 가신 것이 아니라, 성전을 청결하게 하심으로 예루살렘이 소동에 휩싸이자 더욱 두려워졌다. 결국 그들은 커져가는 위기감 속에서 예수님을 죽이기로 결심하게 된다. "예수를 흉계로 잡아 죽이려고 의논하되 말하기를 민란이 날까 하노니 명절에는 하지 말자 하더라"(마 26:4~5).

화 있을진저 외식하는 서기관들과 바리새인들이여

예수님께서는 산헤드린 공회원들을 일곱 가지 이유로 책망하셨다. 그들이 더럽혀 놓은 예루살렘을 바라보며 탄식하시는 예수님의 절망에서 예수님의 마음이 얼마나 아프신지 알 수 있다. 이는 그들에게 심판이 가까이 왔음을 말씀하신 것이다.

1	천국 문을 닫고 사람들을 천국에 들어가지 못하게 하고 있다.
2	사람들을 찾아 지옥 자식으로 만들고 있다.
3	탐욕과 외식이 가득하다.
4	율법에 얽매여 그보다 중요한 정의와 긍휼과 믿음을 저버렸다.
5	겉은 깨끗하나 안에는 탐욕과 방탕이 가득하다.
6	회칠한 무덤처럼 겉은 의로우나 안에는 외식과 불법이 가득하다.
7	선지자들을 핍박해 온 조상들의 행위를 반복하고 있다.

만, 또한 고수(高手)이신 예수님이셨습니다.

두 번째는 '세금'에 관한 논쟁이었습니다. "가이사에게 세금을 바치는 것이 옳으니이까, 옳지 아니하니이까?"라는 바리새인과 헤롯당의 질문에, 예수님께서는 "가이사의 것은 가이사에게, 하나님의 것은 하나님께 바치라"(막 12:17)라고 답하셨습니다. 만약 예수님께서 로마 제국에 세금을 바치라고 하셨다면, 로마 제국의 과중한 세금으로 고통받던 유대 백성들이 예수님에게서 등을 돌릴 것입니다. 반대로 예수님께서 로마 제국에 세금을 바치지 말라고 하셨다면, 이는 로마 제국의 명령을 거역하는 일이 되어 로마로부터 반체제 인사로 지목될 위험이 생겼을 것입니다.

세 번째는 '부활'에 관한 논쟁이었습니다. "일곱 사람이 다 그를 아내로 취하였으니, 부활 때 곧 그들이 살아날 때 그중 누구의 아내가 되리이까?"라는 사두개인들의 질문에, 예수님께서는 "하나님은 죽은 자의 하나님이 아니요 산 자의 하나님이시라 너희가 크게 오해하였도다"(막 12:27)라고 답하셨습니다. 부활이 없다고 믿는 사두개인들이 '계대결혼법'을 끌어와 부활 이후의 삶에 대해 질문한 것 자체가 모순이었습니다.

네 번째는 '율법'에 관한 논쟁이었습니다. "모든 계명 중에 첫째가 무엇이니이까?"라는 율법사인 서기관의 질문에, 예수님께서는 "첫째는 이것이니 이스라엘아 들으라 주 곧 우리 하나님은 유일한 주시라 네 마음을 다하고 목숨을 다하고 뜻을 다하고 힘을 다하여 주 너의 하나님을 사랑하라 하신 것이요 둘째는 이것이니 네 이웃을 네 자신과 같이 사랑하라 하신 것이라 이보다 더 큰 계명이 없느니라"(막 12:29~31)라고 답하셨습니다. 이는 서기관이 예수님께서 율법을 제대로 파악하고 있으신지를 질문한 것입니다. 그러나 예수님께서는 가장 정확한 핵심으로 답하심으로, 이들은 더 이상 예수님의 가르침과 행동에 대해 어떤 올무도 던질 수 없게 됩니다.

다섯 번째는 '그리스도의 신분'에 대한 논쟁이었습니다. 이번에는 예수님께서 먼저 바리새인들에게 질문하셨습니다. "너희는 그리스도에 대하여 어떻게 생각하느냐, 누구의 자손이냐?"라고 물으시자, 바리새인들은 "다윗의 자손이니이다."라고 답했습니다. 그러자 예수님께서는 〈시편〉의 말씀을 인용하시며 그들의 잘못된 메시아관을 바로잡으셨습니다. "주께서 내 주께 이르시되 내가 네 원수를 네 발 아래에 둘 때까지 내 우편에 앉아 있으라 하셨도다 하였느냐 다윗이 그리스도를 주라 칭하였은즉 어찌 그의 자손이 되겠

헤롯당(Herodians)
헤롯 왕조, 특히 헤롯 안티파스를 지지했던 유대인 정치 세력으로, 이들에 대한 지지에서 비롯되어 '헤롯당'이라 불렸다. 이들은 로마 제국과도 협력하며 정치적 실리를 중시하던 사람들이었다. 헤롯당은 제사장 나라 율법에 충실하고 전통을 중시했던 바리새인들과는 사상적으로 다른 입장이었지만, 예수님을 제거하려는 목적 앞에서는 바리새인과의 연대도 서슴지 않았다.

진리를 깨달은 서기관
'율법'에 관한 논쟁자로 나선 서기관의 질문에, 예수님께서는 한 치의 머뭇거림도 없이 그 자리에서 정답을 말씀하셨다. 이때 서기관은 예수님의 대답에 진지하게 임하며, 그 가르침에 동의하고 말씀을 되새겼다. 그는 <사무엘상>과 <이사야>의 말씀(삼상 15:22; 사 1:11)을 정확히 알고 있었고, 다른 산헤드린 공회원들과 달리 하나님의 말씀을 진심으로 믿고 따르려 했던 정말 괜찮은 소수의 사람이었다. 그래서 그는 당시 산헤드린 공회의 잘못된 종교 기득권에 합류하지 않고, 하나님의 말씀에 바로 선 사람으로 성경에 기록되는 영광을 누리게 되었다. "예수께서 그가 지혜 있게 대답함을 보시고 이르시되 네가 하나님의 나라에서 멀지 않도다 하시니 그 후에 감히 묻는 자가 없더라"(막 12:34).

느냐 하시니"(마 22:44~45). 바리새인들은 메시아를 단지 다윗의 후손으로만 알고 있었고, 메시아가 다윗의 뿌리이신 것을 알지 못했습니다(계 22:16). 그러자 그들은 한마디도 대답하지 못했고, 더 이상 논쟁으로는 이 상황을 피해갈 수 없다고 최종 판단하며 다른 계략을 세우기 시작합니다.

예수님께서 알려주신 세상 끝에 일어날 징조
1. 많은 거짓 그리스도와 거짓 선지자가 나타날 것
2. 전쟁, 기근, 지진 등의 소식이 들리며 재난이 시작될 것
3. 그리스도인들에 대한 박해와 미혹이 심해질 것
4. 모든 민족에게 복음이 전파될 것

3. 종말에 대한 교훈 - <요한계시록>의 밑그림

마 24~25장/ 막 13장/ 눅 19:11~44; 21:5~38/ 요 12:44~50

큰글자 일년일독 통독성경 | 53~58p/ 100~102p/ 165~167; 171~173p/ 218~219p

성전을 청결하게 하신 후, 예수님께서 성전에서 나가실 때 한 제자가 예수님께 '성전이 어떻게 될 것인가'를 물었습니다. 그러자 예수님께서는 성전에 대해 "돌 하나도 돌 위에 남기지 아니하리니"(눅 19:44)라고 말씀하셨습니다.

"가까이 오사 성을 보시고 우시며"(눅 19:41) _ 엔리케 시모네 作

이후의 역사를 보면, A.D.64년 로마 대화재 사건 때 기독교인들이 방화범으로 누명을 쓰면서 복음 1세대 지도자 200여 명이 한꺼번에 순교합니다. 그리고 6년 후, 로마의 티투스 장군이 예루살렘 성전을 완벽하게 파괴하고 성전 외벽의 돌과 돌 사이에 끼워 넣었던 금을 모두 탈취하고, 성전 기명들과 모든 보물을 수레에 실어 로마로 다 가져갑니다. 예루살렘 건물 성전은 바벨론 제국 때 불탔고, 그다음에는 로마 제국 때 돌 하나도 돌 위에 남지 않고 무너집니다.

재림 소망
· **열 처녀 비유** = 기름을 준비한 다섯 처녀를 배우라!
· **달란트 비유** = 주인의 뜻을 거역한 악한 종이 되지 말고, 맡은 바 충성을 다하라!
"그런즉 깨어 있으라 너희는 그 날과 그 때를 알지 못하느니라"(마 25:13)

이처럼 예루살렘 성전이라 할지라도 하나님의 뜻에서 멀어지면 하나님의 심판 대상이 됩니다. 그러나 예수님의 십자가 이후, 성전은 건물이 아니라 우리 몸이 성령님이 거하시는 거룩한 성전이 됩니다.

예수님께서는 제자들에게 종말 때의 징조와 예수님의 재림에 대해 가르쳐주시며, 늘 깨어 예수님의 가르침 위에 살아가라고 말씀하십니다. [37과]에서 살펴보았듯이, 마태복음 24장과 25장에 기록된 예수님의 종말과 재림에 대한 말씀은 60여 년 후 사도 요한이 기록한 〈요한계시록〉의 전반적인 밑그림이 됩니다.

예수님께서 알려주신 재림 준비의 비유

무화과나무의 비유	세상 끝 징조를 통해 재림의 때를 깨달을 것
노아의 때 비유	마치 노아의 홍수처럼 갑자기 예기치 않게 임할 것
두 여인의 맷돌 비유	한 사람은 데려가고 한 사람은 버려둠을 당할 것
집 주인과 도둑 비유	도둑같이 아무도 모르게 재림의 때가 올 것
충성된 종과 악한 종 비유	알지 못하는 시각에 주인이 올 것

주인이 생각지 않는 날 돌아와 종들을 심판할 것이다. 이때 맡겨진 사명을 충성스럽게 감당한 종은 복을 누릴 것이다. 깨어 재림을 준비하라!

4. 마지막 유월절 첫 번째 성찬식 - 새 언약 체결

마 26:1~29/ 막 14:1~25/ 눅 22:1~38/ 요 13~17장

큰글자 일년일독 통독성경 | 58~60p/ 102~104p/ 173~175p/ 219~230p

드디어 예수님의 예루살렘에서의 마지막 일주일 사역이 정점에 이릅니다. 예수님께서는 제자들과의 유월절 식사를 기다리고 또 기다리셨다고 말씀하셨습니다. 예수님과 제자들의 마지막 유월절 식사는 그만큼 중요한 시간이었습니다.

예수님께서는 출애굽 전날 밤, 애굽에서 행해졌던 첫 번째 유월절 이후 1,500년이 지난 이번 유월절을 제자들과 마지막으로 지키시며, 이를 첫 번째 성찬식으로 제정하시고자 오래전부터 계획하셨습니다. 그리고 예수님께서는 이날을 기점으로, 오고 오는 모든 세대가 더 이상 유월절을 지키는 것이 아니라 예수님께서 제정하신 '성찬식'에 함께 참여하라고 말씀하십니다.

성찬식
십자가 위에서 흘리신 예수님의 피와 찢긴 몸을 기념하는 성찬식은 예수님께서 제자들에게 친히 기념할 것을 명하심으로써, '세례'와 함께 기독교의 중요한 예식이 되었다. 예수님께서는 마지막 유월절 만찬 식사 때 이 예식을 행하시며, 자신이 유월절 어린양과 같이 희생당하실 것을 암시하셨다(요 1:29; 고전 5:7; 계 5:6). 이로써 성찬식은 떡과 포도주를 먹고 마시며 예수님의 피 흘림을 통한 죄 사함의 은총을 기억하고, 그리스도 안에서 한 형제자매 된 성도들의 연합을 확인하는 거룩한 하나님 나라 예식이 되었다.

예수님께서는 제자들과 마지막 유월절 음식을 드신 후, 식후에 떡과 포도주를 가지고 첫 번째 성찬식을 집례하셨습니다. 이때 예수님께서는 새 언약을 체결하셨습니다. 예수님께서 제자들에게 직접 나누어주신 떡은 예수님의 몸을, 포도주는 예수님의 피를 상징했습니다. 이는 1,500년 전 애굽에서 유월절 어린양이 히브리 민족의 장자들을 살린 것처럼, 예수님께서 하나님의 어린양이 되셔서 인류 구원을 이루실 것을 의미했습니다. 그동안 유월절이 '이날을 기념하라'였다면, 이제 첫 번째 성찬식을 기점으로 '나를 기념하라'로 바뀌게 됩니다. 그리고 예수님의 십자가를 기점으로, 제사장 나라의 '5대 제사'는 하나님 나라의 '오직 예배'로 바뀌게 됩니다.

참포도나무 예수 그리스도 _ 작가 미상(16세기)

예수님의 공생애 끝에 이루신 십자가의 사명을 기념하는 것이 성찬입니다. 그래서 세례와 성찬은 예수 그리스도의 궁극적인 사명, 곧 '주의 죽으심'의 사명을 기념하는 표징으로 함께 연결됩니다. 우리는 예수님의 공적 사역인 세례와 성찬을 통해 예수님을 따르는 삶을 살아갑니다.

예수님께서는 마지막 유월절 첫 번째 성찬식 때에 세 가지 선언을 하십니다. 성경을 통(通)으로 보면, 예수님의 성찬식 세 가지 선언을 위해 그렇게 오랫동안 하나님께서 준비하셨음을 알 수 있습니다. 첫째는 새 언약 선언, 둘째는 그리스도인 선언, 셋째는 보혜사 성령님의 임재 선언입니다. 성찬식

"나는 포도나무요 너희는 가지라" (요 15:5)
성경 66권 전체는 '예수님은 참 포도나무요 우리는 그 줄기의 가지'라는 사실을 가르쳐주고 있다. 포도나무이신 예수님으로부터 떨어진 가지는 생명을 잃을 수밖에 없다. 그러므로 우리 그리스도인들은 예수님 이야기인 성경 전체의 줄기를 놓치면 결국 생명을 놓치는 것이다. 성경에는 하나님께 순종함으로 복을 받은, 즉 줄기를 놓치지 않은 하나님의 사람들 이야기가 기록되어 있다.

세 가지 선언과 십자가 사이에는 시간의 간격이 있지만, 본질적으로 성찬식과 십자가는 하나입니다. 이 과정을 통해 제사장 나라 관유에서 하나님 나라 보혈로 바뀌게 됩니다.

특히 예수님께서 첫 번째 성찬식을 통해 하나님 나라와 그 나라를 이어갈 공직자인 그리스도인을 예고하셨습니다. 이에 따라 그리스도인은 새 언약의 증인으로서 지상명령을 수행하며, 예수님의 재림 때까지 주어진 사명을 충실히 감당하게 됩니다.

5. 1차 산헤드린 공회 재판 - 그리스도 논쟁

마 26:30~75/ 막 14:26~72/ 눅 22:39~71/ 요 18:1~27

큰글자 일년일독 통독성경 | 60~63p/ 104~106p/ 175~176p/ 230~232p

예수님께서는 제자들과 마지막 유월절을 지키시고 첫 번째 성찬식을 거행하신 후, 그 밤에 기도하시기 위해 감람산으로 가셨습니다. 예수님께서는 다른 제자들은 멀찍이 남겨두시고, 베드로, 요한, 야고보 세 제자만 따르게 하셨습니다. 그리고 세 제자에게 "너희는 여기 머물러 깨어 있으라."라고 당부하신 후, 조금 떨어진 곳으로 가셔서 하늘의 하나님께 기도하십니다.

"아버지여 만일 아버지의 뜻이거든 이 잔을 내게서 옮기시옵소서 그러나 내 원대로 마시옵고 아버지의 원대로 되기를 원하나이다"(눅 22:42).

예수님께서는 하나님의 뜻을 따르기 위해 땀방울이 핏방울이 될 정도로 혼신의 힘을 다해 기도하셨습니다. 그렇게 간절히 기도하신 이유는, 하나님의 어린양으로 희생 제물이 되셔서 십자가에 오르시고, 죽음으로 하나님의 뜻에 끝까지 순종하시기 위함이었습니다.

그때 가룟 유다가 산헤드린 공회 사람들과 함께 '그 밤, 그곳 감람산'에 예수님을 체포하기 위해 나타납니다. 산헤드린 공회는 예수님을 체포하기 위해 사람들을 보내며 그들의 손에 검과 몽치를 들려 보냈습니다. 그렇게 무장한 사람들과 함께 나타난 가룟 유다는 "랍비여!"라는 말과 함께 예수님께 다가와 입맞춤을 합니다. 그것이 예수님을 체포하라는 신호였던 것입니다.

그러자 베드로가 예수님을 잡으러 온 자들 가운데 한 사람이었던 대제사장의 종 말고의 귀를 칼로 벱니다. 이에 예수님께서는 베드로에게 칼을 꽂게 하시며 "너는 내가 내 아버지께 구하여 지금 열두 군단 더 되는 천사를 보내시게 할 수 없는 줄로 아느냐 내가 만일 그렇게 하면 이런 일이 있으리

예수님의 대표적인 네 가지 기도

1. 공생애 시작 전에 40일 동안 금식 기도하심 (마 4:1~2)
2. 열두 제자를 선택하시기 전에 밤을 새워 기도하심 (눅 6:12~13)
3. 마지막 유월절 첫 번째 성찬식 후 자신과 제자들을 위해 기도하심 (요 17장, 대제사장의 기도)
4. 십자가 사역을 앞두고 겟세마네에서 깊이 기도하심 (마 26:36~46)

산헤드린 (Sanhedrin)

산헤드린 공회의 헬라어는 '쉬네드리온'으로, 특정한 사람들이 함께 모이는 자리를 뜻한다. 이 말의 아람어 표현은 '산헤드린'으로, 유대인들의 최고 의결기관이다. 광야 생활 때 하나님의 명령을 따라 모세가 임명한 장로 70명이 그 기원이며, 에스라가 귀환하여 제사장 나라를 재건할 때 그 기초를 놓았다. 산헤드린은 대제사장, 바리새인, 사두개인, 서기관, 장로 등 백성의 대표 등 총 71명으로 구성되어 있다.

라 한 성경이 어떻게 이루어지겠느냐"(마 26:53~54)라고 말씀하십니다.

그리고 덧붙여, 이렇게 된 것은 모두 선지자들의 글을 이루려 하심이라고 말씀하십니다. 이는 예수님께서 체포당하시고 십자가에서 고난당하시는 모든 과정이 구약성경의 기록대로 가고 있음을 말씀하신 것입니다. 예수님께서는 자신의 안위보다 귀를 베인 말고를 불쌍히 여기시며 그의 귀를 고쳐 주십니다.

그렇게 한밤중에 산헤드린 공회에 체포되어 끌려가신 예수님께서는 그 밤에 1차 산헤드린 공회 재판을 받으십니다. 원래 산헤드린 공회는 밤에 재판하지 않는 것이 법이었으나, 예수님에 대한 재판은 예외적으로 체포 직후 곧바로 열렸습니다.

산헤드린 공회의 질문에 예수님께서 아무런 대답을 하시지 않자, 마침내 산헤드린 공회는 그들의 히든카드(hidden card)를 내밉니다. 예수님께 "네가 하나님의 아들 그리스도인지 우리에게 말하라"(마 26:63)라고 물은 것입니다. 그러자 예수님께서는 "네가 말하였느니라 그러나 내가 너희에게 이르노니 이 후에 인자가 권능의 우편에 앉아 있는 것과 하늘 구름을 타고 오는 것을 너희가 보리라"(마 26:64)라고 대답하십니다. 예수님께서는 산헤드린 공회 재판에서 메시아이심을 밝히시며, 십자가 이후에 있을 승천부터 재림까지를 모두 말씀하셨습니다. 이는 〈사도행전〉부터 〈요한계시록〉까지의 모든 기록이 예수님의 'from the Cross(십자가로부터)'로 시작됨을 말씀하신 것입니다. 예수님의 대답을 들은 대제사장은 자기 옷을 찢으며 예수님을 '신성모독자'라고 정죄합니다. 그리고 달려들어 침을 뱉고 주먹으로 치고 때렸습니다.

대제사장 세력들은 3년 전에도 세례 요한의 등장으로 유대 백성들이 세례 요한을 메시아로 여길까 노심초사했던 사람들입니다. 그래서 예루살렘에서 요단강까지 사람들을 보내 세례 요한이 그리스도인지를 물었던 것입니다. 그런데 다행히(?) 세례 요한은 "나는 그리스도가 아니다"(요 1:20)라고 답하므로 논쟁을 피했는데, 예수님께서는 "그렇다."라고 하나님의 아들 그리스도이심을 밝히셨습니다. 예수님의 신분에 대해서는 이미 하나님께서 베드로의 "주는 그리스도시요 살아 계신 하나님의 아들이시니이다"(마 16:16)라는 고백을 통해 예수님이 '기름 부음 받은 이', 곧 '메시아(그리스도)'이심을 밝히 드러내셨습니다.

"지금 열두 군단 더 되는 천사를 보내시게 할 수 없는 줄로 아느냐"(마 26:53)
로마 군단은 1개 군단이 약 4,800명에서 6,000명의 남자 군인으로 구성되어 있다. 보통 1군단은 60명의 백부장이 각기 100명을 지휘하며, 6개의 보병대로 이루어져 있다. 훗날 예루살렘 주둔 천부장이 바울을 보호할 수 없게 되자, 로마 군단이 있는 가이사랴로 바울을 보내 재판을 받는 2년 동안 안전하게 보호했다. 그 밤에 하나님께서 열두 군단 천사를 보내셨다면 당시 모든 상황은 즉시 종료되었을 것이다. 예수님께서는 베드로에게, 열두 군단의 천사로 이 세상 권세를 바꿀 수 있으나, 구약성경의 '기록대로' 이루시기 위해 이 상황을 받아들이자고 말씀하셨다.

산헤드린 공회 재판정
1차 산헤드린 공회 재판은 대제사장의 집 안뜰에서 열렸다. 영어 성경에서 대제사장의 집을 '성채(castle)'로 번역할 정도로, 대제사장의 집은 큰 성(城)이었다. 이를 통해 당시 대제사장 세력이 로마 제국의 식민 통치 아래서도 막강한 권력을 누리고 있었음을 알 수 있다. 그래서 대제사장의 집 안뜰은 70여 명의 재판관들이 모여 재판을 할 수 있을 정도였고, 베드로를 비롯한 수많은 방청객이 드나들 수 있을 만큼 큰 규모였다. 그러니 그들이 종교 기득권을 내려놓는다는 것은 상상조차 할 수 없는 일이었던 것이다.

6. 예수님의 나라와 빌라도의 나라

마 27:1~26/ 막 15:1~15/ 눅 23:1~25/ 요 18:28~19:16

#큰글자 일년일독 통독성경 | 63~65p/ 106~107p/ 177~178p/ 232~234p

예수님께서는 잡히신 후 그 밤에 대제사장 안나스와 가야바의 집에서 맞으시고 조롱을 당하셨고, 마침내 대제사장 가야바의 집 안뜰에서 열린 산헤드린 공회 재판을 받으시며 신성모독죄로 판결받으셨습니다. 누가는 "무리가 다 일어나"(눅 23:1) 예수님을 빌라도에게 끌고 갔다고 전하며, 예수님께서 이리저리 끌려다니시는 장면을 빼놓지 않고 기록했습니다.

로마 총독 본디오 빌라도
(Pontius Pilatus)
빌라도는 로마의 2대 황제 디베료(티베리우스)에 의해 임명되어 유대 땅에 부임한 다섯 번째 로마 총독이었다. 그는 A.D.26년부터 10년 동안 유대, 사마리아, 이두매 지역을 통치했다. 역사 기록에 따르면, 그는 뇌물을 좋아하며 고집스럽고 잔인한 사람이었다. 빌라도는 예수님의 십자가 처형을 언도함으로써 기독교 역사에 길이 남게 되었으며, A.D.36년경 로마로 소환되어 해임되었다.

빌라도가 묻습니다. "네가 유대인의 왕이냐?". 예수님께서 대답하십니다. "네 말이 옳도다." 그러고 난 후, 예수님께서는 대제사장과 장로들이 예수님을 향하여 거짓으로 고소하는 말들에 대해 어떠한 항변도 하지 않고 침묵하십니다. 여기서 침묵하지 않으셨다면, 십자가를 지고자 하신 예수님의 뜻이 이루어지지 않기 때문입니다.

사도 요한은 빌라도 재판을 기록하며 빌라도가 속한 세상 나라와 비교해 '예수님의 나라'가 어떤 나라인지 드러냈습니다.

"빌라도가 대답하되 내가 유대인이냐 네 나라 사람과 대제사장들이 너를 내게 넘겼으니 네가 무엇을 하였느냐 예수께서 대답하시되 내 나라는 이 세상에 속한 것이 아니니라 만일 내 나라가 이 세상에 속한 것이었더라면 내 종들이 싸워 나로 유대인들에게 넘겨지지 않게 하였으리라 이제 내 나라는 여기에 속한 것이 아니니라"(요 18:35~36).

예수님께서는 로마 총독 빌라도에게 재판을 받으시면서 놀랍게도 예수님의 나라에 대해 말씀하셨습니다. 예수님의 나라는 이 세상에 속한 나라가 아니며, 만일 예수님의 나라가 이 세상에 속한 나라였다면 예수님의 종들이 싸워 예수님을 산헤드린 공회에 넘기지 않았을 것이라고 말씀하십니다. 그리고 예수님께서는 이 땅에 왕으로 오셨음을 밝히십니다.

무엇이 진리이냐, 그리스도와 빌라도 _ 니콜라이 게 作

"빌라도가 이르되 그러면 네가 왕이 아니냐 예수께서 대답하시되 네 말과 같이 내가 왕이니라 내가 이를 위하여 태어났으며 이를 위하여 세상에 왔나니 곧 진리에 대하여 증언하려 함이로라"(요 18:37).

결국 예수님께 죄가 없다고 판단한 빌라도는 예수님을 헤롯

(헤롯 안티파스)에게 보냅니다. 헤롯이 여러 말로 물었으나, 예수님께서는 역시 대답하지 않으십니다. 헤롯 역시 예수님을 사형에 처할 만한 어떤 죄목도 찾지 못합니다.

결국 빌라도가 다시 예수님의 재판을 시작합니다. 빌라도가 예수님께 자기변호의 기회를 주지만, 예수님께서는 묵묵히 침묵을 지키십니다. 그러자 빌라도가 명절의 전례에 따른 사면 카드를 꺼내 듭니다. 그러나 백성들은 예수님의 사면을 찬성하지 않고, 오히려 "바라바를 놓아주고 예수는 십자가에 못 박으라."라고 외칩니다. 빌라도는 아무 죄 없으신 예수님과 점점 커져가는 군중들의 아우성 사이에서 갈등하다가, 잘못하다가는 민란이 일어날 수 있다는 우려로 결국 십자가형을 선고합니다.

로마 총독 빌라도가 예수님의 십자가 처형을 피해 가려는 세 가지 시도

1	너희 법(산헤드린 공회 재판) 대로 재판하라.	굳이 이 사안을 로마 법까지 적용할 필요가 없다고 넘기려 했으나, 산헤드린 공회는 '유대인의 왕'이라는 정치적 죄목으로 로마 법정에 넘겼다.
2	"네가 유대인의 왕이냐?" 라고 질문하다.	'신성모독죄'로 판결된 예수님께 로마 제국 통치를 시인하게 하여 죄를 묻지 않으려 했으나, "네 말이 옳도다."라는 예수님의 대답으로 그의 뜻은 실현되지 못했다.
3	유월절 특사 카드를 사용하다.	유월절 전례대로 백성들을 이용해 예수님을 유월절 특사로 풀어주려 했으나, 산헤드린 공회 선동으로 백성들은 바라바를 선택했고, 이 또한 그의 뜻대로 되지 못했다.

판결은 빌라도가 내렸지만, 실상은 예수님께서 스스로 십자가를 선택하신 것입니다. 이 땅에 오신 목적을 이루시기 위해 예수님께서는 미움과 멸시를 감당하시며 묵묵히 십자가를 향해 나아가고 계신 것입니다.

#The Cross | 십자가 복음 레시피

7. 제사장 나라 관유에서 하나님 나라 보혈로

● 성찬식 세 가지 선언

마지막 유월절 날, 예수님께서는 '떡(빵)과 포도주'로 예수님의 살과 피를 기념하라고 하시며 새 언약을 체결하시고, 첫 번째 성찬식을 제정하셨습니다. 첫 번째 성찬식으로 제사장 나라 율법에서 하나님 나라 복음으로 바뀌었습니다. 또한 첫 번째 대제사장 아론의 관유에서 마지막 대제사장 예수님의 보혈로 바뀌었습니다. 유월절 '이날을 기념하라'에서 '나를 기념하라'로 바뀌었습니다.

예수님께서 첫 번째 성찬식에서 세 가지 선언을 하셨습니다. 첫째, 새 언약 선언입니다. 하나님께서는 모세를 통해 출애굽한 이스라엘 백성과 시내산 언약을 체결하셨습니다. 그리고 시내산 언약과 예수님의 새 언약 사이에는 예레미야를 통한 '새 언약 예고'가 있었습니다. 시내산 언약 기반 위에 제사장 나라는 1,500여 년 동안 존속했습니다. 그리고 마침내 예수님께서는 제사장 나라 기반 위에 마지막 유월절 첫 번째 성찬식 때 새 언약을 선언하셨습니다. 예수님께서 "내 피로 세우는 새 언약"이라고 선언하심으로써, 모세 때 소의 피로 세운 시내산 언약은 옛 언약이 되고, 예수님의 '살과 피'로 세우신 언약이 새 언약이 됩니다. 예수님께서는 십자가에서 화목제물이 되셔서 피를 흘리심으로 새 언약을 완성하십니다. "피 흘림이 없은즉 사함이 없느니라"(히 9:22)라는 말씀처럼, 예수님의 희생은 하나님의 공의를 온전히 이루는 길이었습니다. 예수님의 새 언약 선언 이후, 그리스도인은 떡(빵)과 포도주로 예수님의 살과 피를 먹고 마시는 성찬식을 행하며, 언제 어디서나 항상 예수님을 기념합니다.

둘째, 그리스도인 선언입니다. 예수님께서는 포도나무 비유를 통해, 포도나무 줄기와 가지가 하나인 것처럼 예수님과 하나가 된 사람이 '그리스도인'이라고 선언하셨습니다(요 15:1~4). 그리스도인은 하나님 나라 공직자로 살아가는 사람입니다. 그리스도 없는 그리스도인은 있을 수 없습니다. 예수님께서는 그리스도인이 예수님 안에 살면 무엇이든지 구하여 이루어진다고 말씀하셨습니다. 이 말씀은, 그리스도인이 왕 같은 제사장이 되어 하나님께 직접 용서를 구하며, 하나님을 경외하며 예배하는 사람이 되고, 복되고 거룩한 삶 속에서 많은 열매를 맺어 하나님께 영광을 돌리는 사람이 된다는 것을 의미합니다. 또한 그리스도인은 예수님의 재림을 기다리면서 지상명령을 수행하는 사람으로, 하나님께서 영생을 주신 존재입니다.

셋째, 보혜사 성령님의 임재 선언입니다. 예수님께서는 아버지 하나님께 간구하여 '보혜사 성령님'을 보내셔서 영원토록 너희와 함께 계시게 하실 것이라고 선언하셨습니다(요 14:16). 예수님께서는 공생애 3년 동안 성령님과 함께하셨습니다. 이제 예수님께서는 십자가를 지시고 죽으시며, 부활하시고 승천하심으로 이 땅을 떠나시지만, 보혜사 성령님께서는 그리스도인들에게 오셔서 임재하십니다. 그래서 예수님께서는 "내가 떠나가는 것이 너희에게 유익이라 내가 떠나가지 아니하면 보혜사가 너희에게로 오시지 아니할 것이요 가면 내가 그를 너희에게로 보내리니"(요 16:7)라고 성령님의 임재 시점과 장소를 말씀하신 것입니다. 이제 성령님이 오셔서 예수님께서 말씀하신 모든 것을 가르치고 생각나게 하시며, 모든 그리스도인을 진리 가운데 인도하실 것이고, 예수님을 증언하시며 예수님의 영광을 나타내실 것입니다.

● '그리스도' 공개 선언과 〈사도행전〉부터 〈요한계시록〉까지 기록의 밑그림

예수님께서는 십자가 지시기 전날 밤, 밤새도록 산헤드린 공회 재판을 받으셨습니다. 산헤드린 공회는 거짓 증인들을 동원해 예수님을 유죄로 몰아갔습니다. 예수님께서 어떤 질문에도 답하시지 않자, 산헤드린 공회의 의장인 대제사장이 예수님께 가장 중요한 질문을 했습니다. 예수님이 하나님의 아들 그리스도이신지를 답하라는 것이었습니다. 즉, 예수님이 '기름 부음 받은 이', 곧 메시아이신지를 확인한 것입니다.

그러자 예수님께서는 "네가 말하였느니라."라고 답하셨습니다. 이어서 "이 후에 인자가 권능의 우편에 앉아 있는 것과 하늘 구름을 타고 오는 것을 너희가 보리라"(마 26:64)라고 말씀하셨습니다. 예수님의 그리스도 선언은 〈사도행전〉부터 〈요한계시록〉까지 부활 이후에 있을 모든 이야기의 밑그림을 그린 것입니다. 예수님께서 메시아, 그리스도이심은 구약의 예언으로 이어져 왔으며(to the Cross), 이제 십자가(the Cross)에서 그리스도의 사명을 완성하시고, 그리스도인들은 예수님께서 하나님 나라 제자도를 가르쳐주신 대로 〈사도행전〉부터 〈요한계시록〉까지 십자가로부터(from the Cross)의 사명을 이어갈 것입니다.

● 빌라도 재판 – 나무 십자가 결정

대제사장 세력들은 산헤드린 공회 재판에서 예수님을 '신성모독자와 성전 모독자'로 사형 선고했음에도, 직접 처형하지 않고 빌라도 총독에게 넘겼습니다. 이는 산헤드린 공회가 민란을 두려워하여 예수님을 돌로 처형하는 대신 로마 제국을 이용해 십자가형을 선고받게 하려는 의도였습니다. 그러나 이는 "나무에 달린 자는 하나님께 저주를 받았음이니라"(신 21:23)라는 말씀이 성취되는 과정이었습니다.

41과 십자가 승리 - 하나님 나라 새 언약

마태복음, 마가복음, 누가복음, 요한복음

큰글자 일년일독 통독성경 (281~315일 중 6일치를 통독하겠습니다) *one year tongdok bible as one story*

310일 : 선한 목자 **311일** : 예수님과 새 계명 **312일** : 보혜사 성령
313일 : 하나님의 영광을 위한 기도 **314일** : 십자가, 하늘 지성소 **315일** : 부활, 가장 위대한 승리

시간 흐름 *time flow*

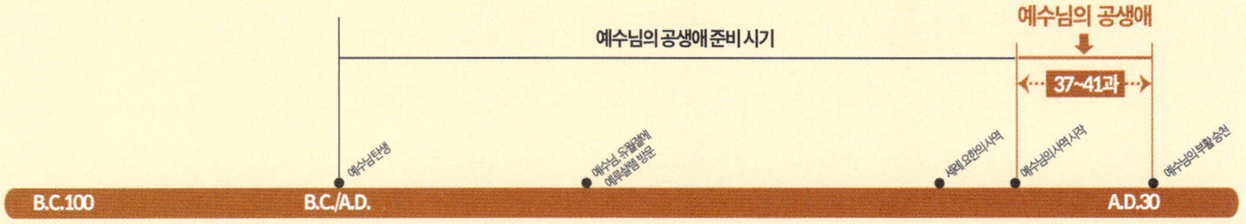

지금 공간 *current location* 예루살렘, 골고다(갈보리산), 갈릴리

주요 인물 *main character* 예수님, 부자 요셉, 대제사장 세력들, 빌라도, 제자들, 여인들

통通포인트 *tong point*

십자가 그 순간, 제사에서 예배로

예수님의 '십자가 그 순간'이 이루어질 예루살렘 장소에서 세 번의 그 순간이 있었습니다. 첫 번째는, 가나안 땅 모리아산에서 아브라함이 이삭을 번제로 바치기 위해 아들의 심장에 칼을 겨누던 '그 순간'입니다. 이때 하나님께서 아브라함에게 "내가 이제야 네가 하나님을 경외하는 줄을 아노라"(창 22:12)라고 말씀하셨습니다. 아브라함의 하나님을 향한 경외는 이후 히브리인과 유대인과 그리스도인의 신앙으로 이어집니다. 두 번째는, 아브라함과 이삭의 그 순간이 있었던 모리아산에 예루살렘 성전이 세워지는 '그 순간'입니다. 이곳은 하나님께서 다윗에게 나타나신 오르난의 타작마당이기도 합니다(대하 3:1). 성전이 건축되는 그 순간은 움직이는 성막 500년 시대를 마감하고 움직이지 않는 성전 1,000년 시대가 열리는 순간이었으며, 성막 제사에서 성전 제사로 바뀌는 순간이었습니다. 세 번째는, 예루살렘 갈보리 언덕 십자가에서 예수님께서 "다 이루었다"라고 선언하시는 '그 순간'입니다. 이때 예루살렘 성전의 휘장이 찢어지고, 예수님의 몸이 새 휘장이 되심으로 이제 건물 성전이 아닌, '우리 몸이 성전, 성령의 전'이 되었습니다(고전 3:16). 그리고 십자가 그 순간은 새 하늘과 새 땅, 새 예루살렘으로 가는 시작이 되었습니다. 예수님의 십자가 그 순간으로, 제사장 나라 제사에서 하나님 나라 예배로 바뀌었으며, 그 순간 그리

스도인은 오직 예수님의 이름으로, 우리 몸이 성전이 되어, 성령님의 도우심을 받아 하나님 앞에 거룩한 예배자로 서게 되었습니다.

1. 십자가 네 가지 배경

예수님의 십자가 처형에는 네 가지 배경이 있습니다. 첫째, 산헤드린 공회 세력들이 예수님의 십자가 처형을 원했기 때문입니다. 페르시아 제국 시대부터 유대 자치 기구가 된 산헤드린 공회는, 로마 제국의 지배 속에서도 예루살렘 성전 중심으로 종교 기득권을 누리며 유대 민족을 대표하는 사람들로 구성된 힘 있는 집단이었습니다. 이들은 모세 율법을 가지고 유대 사회의 내부를 장악했으며, 로마 전역에 흩어져 사는 디아스포라 유대인들의 회당까지도 관리했습니다. 그런데 점점 자신들의 지지 기반인 유대인들이 예수님께로 가는 것을 의식하며 이를 두려워했습니다(막 11:18). 그래서 그들이 예수님을 죽이려 했던 것입니다. 그러나 서툴게 예수님을 체포하면, 예수님을 따르는 사람들이 반기를 들어 민란을 일으킬 수도 있다고 판단했고(마 26:5), 예수님을 죽였다는 책임을 지고 싶지 않았기에 결국 로마 제국의 손을 빌렸던 것입니다.

"이틀이 지나면 유월절이라 인자가 십자가에 못 박히기 위하여 팔리리라"(마 26:2)
예수님께서는 이번 유월절 명절에 십자가를 지시기로 결정하셨다. 사실, 대제사장들은 처음에는 이 명절 동안에는 예수님을 죽이지 말자고 결정했었다. 그런데 가룟 유다가 예수님을 배신하자, 대제사장들이 그 결정을 번복하고 예수님을 죽이기로 다시 결정한 것이다. 겉으로 보기에는 그들이 십자가 처형을 주도하는 것처럼 보이지만, 예수님의 십자가는 처음부터 하나님의 구원 계획 안에 있었으며, 우리를 죄에서 구원하시기 위한 우일한 방법이었다.

둘째, 로마 총독 빌라도는 처음에는 예수님의 십자가 처형을 원하지 않았지만, 결국 예수님의 십자가형을 명령했습니다. 그는 대제사장 세력들이 예수님을 시기하고 있다는 것을 알고 있었습니다(막 15:10). 그래서 처음에는 예수님을 지지하는 사람들이 일으킬 수도 있는 민란을 원치 않았기에, 예수님의 처형을 주저했습니다. 그러나 산헤드린 공회 세력들이 매수한 유대인들에 의해 예수님을 십자가에 못 박아 죽이지 않으면 오히려 민란이 일어날 것을 우려한 끝에, 결국 예수님의 십자가형을 선고했습니다(마 27:24).

셋째, 사탄의 배후가 있었습니다. "열둘 중의 하나인 가룟인이라 부르는 유다에게 사탄이 들어가니"(눅 22:3).

넷째, 십자가는 하나님의 구원 계획이었습니다. 하나님께서는 모든 인간을 구원하시기 위해 하나님의 경륜으로 십자가를 '하늘 성소'가 되게 하셨습니다. 십자가를 통한 하나님의 구원 계획은 "나무에 달린 자는 하나님께 저주를 받았음이니라"(신 21:23), "내가 나의 왕을 내 거룩한 산 시온에 세웠다"(시

· 모리아산 번제에서 갈보리산 번제로

모리아 산 : 아브라함의 독자, 이삭 번제

네가 네 아들 네 독자까지도 내게 아끼지 아니하였으니
내가 이제야 네가 하나님을 경외하는 줄을 아노라(창 22:12)

2000년 후 ↓

갈보리 산 : 하나님의 독생자, 예수님 번제

자기 아들을 아끼지 아니하시고 우리 모든 사람을 위하여 내주신 이가
어찌 그 아들과 함께 모든 것을 우리에게 주시지 아니하겠느냐(롬 8:32)

2:6)라고 구약성경에 이미 예고되었습니다. 예수님께서도 공생애 3년 동안 여러 번 제자들에게 십자가 사역을 예고하셨습니다. "모세가 광야에서 뱀을 든 것 같이 인자도 들려야 하리니"(요 3:14), "인자가 사람들의 손에 넘겨져 죽임을 당하고 죽은 지 삼 일만에 살아나리라"(막 9:31), "이틀이 지나면 유월절이라 인자가 십자가에 못 박히기 위하여 팔리리라"(마 26:2). 그리고 그 말씀대로 예수님께서는 십자가의 길을, 구약의 기록대로 걸어가셨습니다.

2. 십자가 6시간 - 하늘 성소 단번 제사

마 27:27~53/ 막 15:16~38/ 눅 23:26~46/ 요 19:17~30

큰글자 일년일독 통독성경 | 65~66p/ 107~108p/ 178~179p/ 234~235p

● '나사렛 예수 유대인의 왕'

예수님께서는 산헤드린 공회 재판과 로마 총독 빌라도의 재판을 받으시고, 결국 십자가를 지셨습니다. 노련한 정치인이었던 빌라도 총독은 대제사장 가야바를 비롯한 산헤드린 공회 세력에 넘어가지 않으려 무던히 애를 썼지만, 결국 그들의 뜻대로 십자가형을 선고합니다. 그러자 로마 총독의 군인들이 예수님의 옷을 벗기고 홍포를 입힌 뒤, 가시면류관을 씌우고 갈대를 들게 한 후 "유대인의 왕이여, 평안할지어다!"라며 희롱했습니다. 그리고 예수님께 침 뱉고 갈대로 머리를 치며 십자가로 끌고 가 못 박은 후, 그 홍포를 제비 뽑아 나누어 가졌습니다. 이는 "내 겉옷을 나누며 속옷을 제비 뽑나이다"(시 22:18)라는 시편의 말씀이 성취된 것입니다.

조롱 받으시는 예수님 _ 헤라드 반 혼토르스트 作

로마 총독 빌라도는 예수님을 반역죄로 선고하고 조롱하는 의미로, "나사렛 예수 유대인의 왕"이라는 죄 패를 히브리어와 라틴어 그리고 헬라어로 써서 십자가에 붙이게 했습니다. 사도 요한은 이 사실을 명확히 증언했습니다. 그런데 이것은 오히려 예수님께서 만왕의 왕이요, 메시아이심을 온 유대인들과 당시 유월절을 지키기 위해 모인 디아스포라 유대인들은 물론 온 세상에 공포하는 결과가 되었습니다.

골고다(Golgotha)와 갈보리(Calvary)
'골고다'는 히브리어로 해골이라는 뜻이다. 이곳이 '해골 곧 골고다'로 불리게 된 이유는, 시체가 많이 버려진 장소였기 때문이기도 하고, 해골 모양의 언덕이어서 그러하기도 했다. 일반적으로 부르는 '갈보리' 역시 해골이라는 뜻의 라틴어 '칼바'에서 파생된 '칼바리아'에서 유래되었다. 로마 총독 빌라도 관저에서 십자가 처형 장소인 골고다 언덕까지, 약 1.5km에 이르는 길은 '고난의 길, 슬픔의 길'이라는 뜻으로 '비아 돌로로사(Via Dolorosa)'라고 불린다. 오늘날에도 수많은 순례자가 예수님의 고난을 묵상하며 이 길을 걷는다. 예수님께서 마침내 우리를 위해 이 길을 걸으시며 십자가에 오르셨다.

● 하늘 성소 십자가

예수님께서는 채찍에 맞으신 후 로마의 형틀이자 손으로 짓지 아니한,

하늘 성소 십자가는 창세전부터 계획된 하나님의 구원 계획

그가 세상을 창조한 때부터 자주 고난을 받았어야 할 것이로되
이제 자기를 단번에 제물로 드려 죄를 없이 하시려고 세상 끝에 나타나셨느니라 (히 9:26)

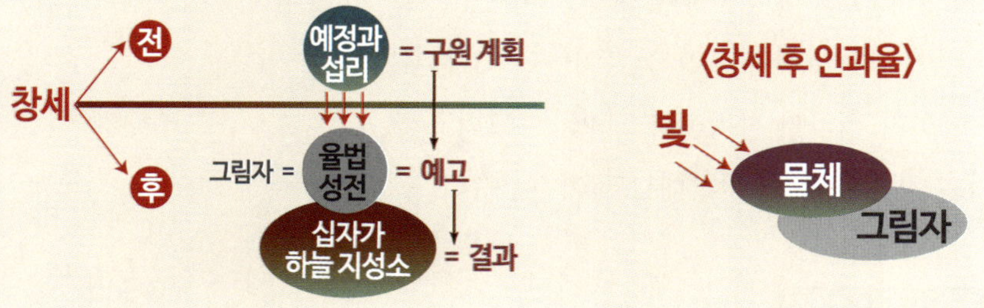

창조에 속하지 아니한, 더 크고 온전한 장막인 십자가 하늘 성소에 들어가셨습니다. 예수님께서는 친히 하나님의 어린양으로 희생 제물이 되시고, 대제사장의 직분으로 하늘 성소인 십자가에 오르셔서 단번 제사를 드리심으로 십자가 사역을 완성하셨습니다.

모세 때 받은 설계도로 지은 '성막'과 다윗이 받은 설계도로 솔로몬 때 지은 예루살렘 '성전'은 손으로 지은 것, 창조에 속한 것으로 예수님께서 오르신 온전한 장막인 십자가 하늘 성소의 그림자였습니다. 창세 후 인과율에 따르면 그림자는 빛이 물체에 비쳐서 나타나는 것인데, 그림자인 성막과 성전이 먼저 나타났고, 이후에 성막과 성전의 실체인 십자가 하늘 성소가 드러난 것입니다. 이는 십자가가 창세전부터 계획된 하나님의 구원 계획이었기 때문입니다.

"아버지여 창세 전에 내가 아버지와 함께 가졌던 영화로써 지금도 아버지와 함께 나를 영화롭게 하옵소서"(요 17:5).

"곧 창세 전에 그리스도 안에서 우리를 택하사 우리로 사랑 안에서 그 앞에 거룩하고 흠이 없게 하시려고 그 기쁘신 뜻대로 우리를 예정하사 예수 그리스도로 말미암아 자기의 아들들이 되게 하셨으니"(엡 1:4~5).

창세전에 하나님께서는 예정과 섭리로 구원 계획을 세우셨고, 이후 그림자로서 율법과 성전을 통해 십자가를 예고하셨습니다. 그 결과, 영원한 구원의 근원이 되신 예수님(히 5:8~9)의 십자가 하늘 성소가 드러난 것입니다. "율법은 장차 올 좋은 일의 그림자일 뿐이요 참 형상이 아니므로 해마다 늘 드리는 같은 제사로는 나아오는 자들을 언제나 온전하게 할 수 없느니라"(히 10:1). 즉, 좋은 것인 율법에서 완전하게 하신 더 좋은 것인 복음, 곧 '십자가'로 하나님의 법이 바뀐 것입니다.

인과율만으로는 예수님의 십자가를 온전히 이해할 수 없습니다. 계약으로 보면 십자가는 처벌의 장소이며 심판의 장소입니다. "죄의 삯은 사망이요"(롬 6:23)라고 정하신 하나님의 말씀에 따라, 예수님께서는 하나님의 저주를 받아 나무 십자가에 오르셔서 고통받으셨습니다. 첫 아담 이후 온 인류가 저지른 수많은 죄를 모두 묶어 하나님의 아들 예수님께서 십자가에서 친히 감당하셨습니다. 그 과정에서 온갖 수치와 조롱까지 몸소 받으셨습니다. 온 인류가 죄로 인해 심판받아야 하기에, 하나님의 아들 예수님께서 그 죗값을 대신 지고 십자가에 달려 죽으심으로 메시아의 사명을 이루신 것입니다.

십자가에는 아버지와 아들 사이의 사랑과 순종, 그리고 믿음이 있는 관계의 신비가 담겨 있습니다. 십자가는 계약과 관계, 처벌과 용서, 공의와 사랑이 함께 완성된 장소입니다.

● 가상칠언 (架上七言)

예수님께서 십자가 위에서 하신 일곱 말씀을 '가상칠언(架上七言)'이라고 일컫습니다. 십자가의 고통은 세상의 어떤 고통과도 비교할 수 없는 고통이었지만, 예수님께서는 6시간 동안 십자가에 달려 고난받으시며 아프다는 말씀을 한마디도 하지 않으시고, 정말 중요한 일곱 말씀을 남기셨습니다.

첫째, 예수님께서는 십자가에서 내려오라고 조롱하는 자들을 보시고 "아버지 저들을 사하여 주옵소서 자기들이 하는 것을 알지 못함이니이다"(눅 23:34)라고 용서의 기도를 하셨습니다. 십자가를 지시고 피 흘리시는 바로 그 순간에, 예수님께서 죄인들을 위하여 기도하셨던 것입니다. 이는 〈이사야〉에 기록된 하나님 말씀이 성취된 것입니다(사 53:12).

둘째, 예수님께서는 "예수여 당신의 나라에 임하실 때에 나를 기억하소서"(눅 23:42)라고 간구하는 우편 강도를 향해, "내가 진실로 네게 이르노니 오늘 네가 나와 함께 낙원에 있으리라"(눅 23:43)라고 말씀하셨습니다.

셋째, 예수님께서는 십자가 위에서, 육신의 어머니인 마리아를 제자 요한에게 맡기셨습니다. "여자여 보소서 아들이니이다 하시고 또 그 제자에게 이르시되 보라 네 어머니라"(요 19:26~27).

넷째, 죄 없으신 예수님께서는 인간을 구원하시기 위해 죄인인 인간을 대신해 저주를 감당하시며 "나의 하나님, 나의 하나님, 어찌

가상칠언으로 이루신 구약성경의 십자가 예고
- "그가 많은 사람의 죄를 담당하며 범죄자를 위하여 기도하였느니라"(사 53:12)
- "내 하나님이여 내 하나님이여 어찌 나를 버리셨나이까"(시 22:1)
- "그들이 쓸개를 나의 음식물로 주며 목마를 때에는 초를 마시게 하였사오니"(시 69:21)

십자가 _ 안토니 반 데이크 作

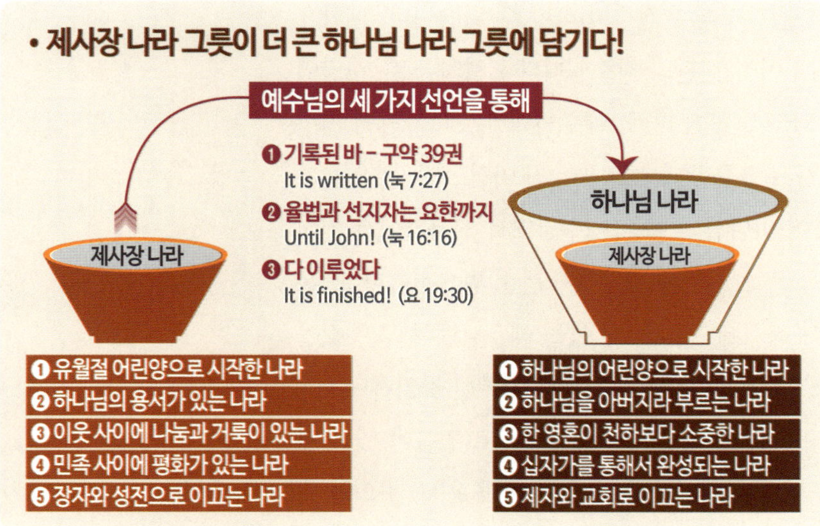

하여 나를 버리셨나이까"(마 27:46; 막 15:34)라고 외치셨습니다. 이는 예수님께서 시편 22편 다윗의 시를 인용하신 말씀이었습니다.

다섯째, "내가 목마르다"(요 19:28)라고 말씀하셨습니다. 그때 사람들이 신 포도주를 적신 해면을 우슬초에 매어 예수님의 입에 대었습니다. 이 상황 역시 시편 69편의 성취였습니다.

여섯째, 예수님께서는 십자가에서의 모든 사명을 다 감당하시고, 구약의 예언대로 율법과 선지서를 완전하게 하시며 "다 이루었다"(요 19:30)라고 선언하셨습니다. 그 순간, 예루살렘 성전 휘장이 위에서 아래로 찢어졌습니다. 이로써 손으로 지은 성소의 역할이 끝이 나고, 하나님 나라가 완성되면서 제사장 나라 그릇이 더 큰 하나님 나라 그릇에 담기게 됩니다.

일곱째, 마지막으로 예수님께서는 "아버지 내 영혼을 아버지 손에 부탁하나이다"(눅 23:46)라고 기도하신 후, 십자가 위에서 숨을 거두셨습니다.

예수님께서 십자가에 달리신 6시간 동안, 성자 예수님께서는 성부 하나님으로부터 버림과 저주를 받으셨고, 동시에 성부 하나님께서는 아들을 죽음에 내어놓는 고통을 겪으셨습니다. 그때 성령 하나님께서는 성부 하나님과 성자 예수님 관계를 끊임없는 사랑으로 메우시고 묶어주시며 새롭게 하셨습니다. 이처럼 십자가 사역은 성부, 성자, 성령 삼위일체 하나님께서 함께 이루신 사역이었습니다. 삼위일체 하나님께서 예수님의 십자가를 통해 저주받은 인류를 속량하셨습니다.

첫 아담의 원죄로부터 시작된 인간의 죄를 성자 예수님께서 십자가에서 피 흘리시고 저주를 대신 받으심으로써 하나님의 의(義)를 나타내셨습니다. 우리는 단지 이 사실을 믿는다는 이유 하나로 의롭다 여김을 받고 거룩한 존재가 되었습니다. 우리는 죄로 인해 저주받은 자에서, 성자 예수님께서 피 흘리며 우리의 죄를 대속하시고 속량하심으로 하나님의 자녀, 그리스도인, 우리 몸이 성전, 성령의 전, 개인으로서의 교회와 공동체로서의 교회가 되었습니다.

3. 성전 휘장이 새 휘장 예수님의 몸으로

예수님께서 십자가에서 "다 이루었다"라고 말씀하심으로 성전 휘장이 위에서 아래로 찢어졌습니다. 이로써 제사장 나라에서 1,500여 년 동안 이어온 성전의 휘장이 쓸모없어졌으며, 더 이상 대제사장이 드리는 짐승의 피를 통한 상번제와 대속죄일 제사는 필요 없게 되었습니다.

제사장 나라에서는 대제사장 아론을 시작으로 대제사장이 매일 상번제를 드리고, 1년에 한 번 지성소에 들어가 대속죄일 제사를 드렸습니다. 그런데 예수님께서 기름 부음 받은 메시아로, 대제사장으로, 친히 하나님의 어린양이 되셔서 십자가에서 단번 제사를 드리신 것입니다.

죄 없으신 예수님께서는 인간의 죄를 대속하시기 위해 제3시 아침 상번제 시간에 십자가에 오르셨습니다. 제6시 정오에 땅이 어두워졌고, 제9시 저녁 상번제 시간에 예수님께서는 "다 이루었다"라고 선언하신 후 십자가에서 죽으셨습니다. 예수님의 십자가는 성경의 기록대로 하나하나 철저히 준비된 결과였습니다. 특히 십자가에 달리신 시간이 대제사장이 율법에 따라 매일 드려야 하는 상번제 시간이라는 사실은, 십자가가 얼마나 정교하게 준비된 하늘 성소인지를 보여주는 대목이라 할 수 있습니다.

"그리스도께서는 장래 좋은 일의 대제사장으로 오사 손으로 짓지 아니한 것 곧 이 창조에 속하지 아니한 더 크고 온전한 장막으로 말미암아 염소와 송아지의 피로 하지 아니하고 오직 자기의 피로 영원한 속죄를 이루사 단번에 성소에 들어가셨느니라"(히 9:11~12).

그동안 대제사장이 백만 번 이상 드렸던 상번제를 생각한다면, 예수님의 단번 제사는 참으로 놀라운 하나님의 은혜입니다. 이제 더 이상 대제사장이 대속죄일에 휘장을 열고 지성소에 들어갈 필요가 없어졌습니다. 예수님의 단번 제사를 통해 성전의 휘장이 찢어짐으로 예수님의 몸이 새 휘장이 되어

만인 제사장
(Priesthood of All Believers)
'만인 제사장'은 예수님을 믿는 모든 사람이 하나님 앞에서 제사장적 지위를 갖는다는 의미로, 종교개혁의 핵심 원리 중 하나이다. 예수님의 십자가 대속으로 말미암아, 모든 그리스도인은 누구나 예수 그리스도를 하나님과 인간 사이의 중보자로 하여 직접 하나님께 나아갈 수 있는, 하나님 나라의 거룩한 예배자로 서게 되었다.

우리에게 새로운 살길을 열어주셨기 때문입니다. "그러므로 형제들아 우리가 예수의 피를 힘입어 성소에 들어갈 담력을 얻었나니 그 길은 우리를 위하여 휘장 가운데로 열어 놓으신 새로운 살 길이요 휘장은 곧 그의 육체니라"(히 10:19~20). 이로 인해 우리 그리스도인은 대제사장이신 예수님의 보혈을 힘입어 하나님 앞에 언제 어디서나 나아가 예배드릴 수 있게 되었습니다.

4. 물과 피로부터 무덤까지

마 27:55~56/ 막 15:40~41/ 눅 23:49 (8:1~3)/ 요 19:25~27

#큰글자 일년일독 통독성경 | 66p/ 109p/ 179p (132~133p)/ 235p

예수님께서 십자가에 숨을 거두시자, 십자가 처형을 담당했을 로마 군인 백부장이 "이 사람은 진실로 하나님의 아들이었도다"라고 말했습니다. 누가는 이 사건을 "백부장이 그 된 일을 보고 하나님께 영광을 돌려 이르되 이 사람은 정녕 의인이었도다"(눅 23:47)라고 기록했습니다.

십자가 수난 시간표

유대 시간	현대 시간	내용	구절
제3시 / 아침 상번제	오전 9시	십자가에 달리심	막 15:25
제6시	정오	땅이 어두워짐	눅 23:44
제9시 / 저녁 상번제	오후 3시	숨을 거두심	마 27:46

예수님께서 십자가에서 6시간 만에 숨을 거두신 것은, 십자가형을 받은 다른 이들에 비해 이른 죽음이었습니다. 그래서 빌라도가 의아했습니다. "빌라도는 예수께서 벌써 죽었을까 하고 이상히 여겨 백부장을 불러 죽은 지가 오래냐 묻고 백부장에게 알아 본 후에 요셉에게 시체를 내주는지라"(막 15:44~45). 보통 십자가에 달린 죄인은 2~3일 정도의 고통 끝에 죽기 때문입니다.

로마 제국에서 십자가 처형은 대개 노예의 반란이나 살인 등 대역죄에 해당하는 사람에게 내린 가장 무거운 처벌이었습니다. 사람들이 보는 앞에서 죄인을 고통스럽고 수치스럽게 공개 처형함으로써, 다시는 이와 같은 일이 반복되지 않도록 하는 것이 십자가 처형의 목적이었습니다. 로마 제국은 제국의 위엄과 통제력을 강력히 보여주어 식민지 백성들을 두렵게 하고 경고하기 위해 죄인들을 오랫동안 십자가에 매달아 두었습니다. 그러나 예수님께서는 대제사장의 아침 상번제 시간에 십자가에 오르셔서, 저녁 상번제 시간에 죽으셨습니다. 십자가에 달리신 6시간은 바로 하나님의 시간이었습니다.

예수님께서 십자가에서 죽으시자, 유대인들이 빌라도를 찾아왔습니다. 유대인 중 한쪽은 예수님을 십자가에 매달기 위해 온갖 계략을 세운 대제사

사도 요한의 세세한 증언

예수님의 십자가를 직접 본 제자는 열두 제자 가운데 요한이 유일했을 것이다. 그렇기에 요한은 이 상황을 누구보다도 자세히 기록할 수 있었다. 그는 <요한복음>을 통해, 십자가의 역사적 진실을 증언하고자 예수님께서 숨을 거두신 이후의 일까지도 소상히 기록했다. 그래서 로마 군인들이 예수님의 다리는 꺾지 않고 옆구리를 창으로 찌른 사실까지 전하며, 이 모든 일이 구약성경의 예언 성취였음을 드러냈다.

- "한 집에서 먹되 그 고기를 조금도 집 밖으로 내지 말고 뼈도 꺾지 말지며"(출 12:46)
- "아침까지 그것을 조금도 남겨두지 말며 그 뼈를 하나도 꺾지 말아서 유월절 모든 율례대로 지킬 것이니라"(민 9:12)
- "그의 모든 뼈를 보호하심이여 그 중에서 하나도 꺾이지 아니하도다"(시 34:20)
- "그들이 그 찌른 바 그를 바라보고 그를 위하여 애통하기를"(슥 12:10)

장 세력들이었고, 유대인 중 또 다른 한쪽은 하나님을 경외하며 예수님을 메시아로 알고 그의 가르침을 따랐던 아리마대 사람 부자 요셉이었습니다. 먼저 대제사장 세력은 유대인의 법에 따라 "안식일이므로 시체를 치워 달라"라고 요청했습니다. '나무에 달린 저주받은 자'를 그대로 놔두면, 제사장 나라 법에 따라 자신들이 안식일을 지킬 수 없다는 것이 그들의 이유였습니다. 이를 통해서도 'the Cross(십자가)' 이야기와 '제사장 나라 법'이 얼마나 깊게 연동되어 있는지를 알 수 있습니다.

당시 십자가 처형으로 죽은 사람을 최종 확인하는 로마 제국의 방법은 다리를 꺾어 확인하는 것이었습니다. 그래서 로마 군인들이 예수님과 함께 십자가에 달렸던 두 사람의 다리를 꺾었던 것입니다. 그렇지만 예수님은 이미 죽은 것을 보고 다리를 꺾지 않고 창으로 옆구리를 찔러 피와 물이 나오는 것으로 확인을 끝냈습니다. 예수님의 옆구리를 찌른 것과 뼈가 하나도 꺾이지 않는다는 사실은 이미 구약에서 예언된 하나님의 말씀이었습니다. 유월절 어린양의 뼈를 꺾지 않았듯이, 하나님의 어린양 예수님도 뼈가 꺾이지 않았으며, 찔림을 당하실 것이 모두 구약성경에 예고되었습니다.

"이 일이 일어난 것은 그 뼈가 하나도 꺾이지 아니하리라 한 성경을 응하게 하려 함이라 또 다른 성경에 그들이 그 찌른 자를 보리라 하였느니라"(요 19:36~37).

그다음 빌라도를 찾아온 사람은 아리마대의 부자 요셉이었습니다. 부자 요셉이 예수님의 십자가에 함께하게 된 것 또한 이사야의 예언대로 이루어진 일입니다(사 53:9). 요셉은 존경받는 산헤드린 공회원이었고, 메시아 신앙으로 살아가며 하나님 나라를 기다리는 의로운 사람이었습니다. 예수님께서 십자가에서 죽으셨을 때, 아무도 예수님의 장례를 치를 사람이 없었습니다. 제자들은 모두 도망가 버렸고, 예수님의 시신을 돌볼 사람이 아무도 없었습니다. 그때 요셉이 빌라도를 찾아가 예수님의 장례를 위해 시신을 달라고 요청한 것입니다. 아마도 그날 빌라도는 요셉이 산헤드린 공회원이면서 부자였기에 만나주었을 것입니다. 그리고 돈을 좋아하는 부류로 알려진 로마 총독 빌라도는 그의 욕심을 충분히 채웠을 것입니다.

산헤드린 공회원 요셉과 니고데모
아리마대 요셉과 니고데모는 둘 다 '존경받는' 산헤드린 공회원이었다. 특히 니고데모는 바리새인이며 유대인의 지도자로서 예수님께 진리를 배운 인물로, 예수님을 정당한 심문 없이 심판하는 것은 불법이라며 대제사장 세력 앞에서 주장한 적도 있었다. 예수님께서 십자가에서 죽으신 후 아무도 다가서지 못할 때, 요셉은 예수님의 시신을 받기 위해 로마 총독 빌라도에게 당돌히 찾아갔고, 니고데모는 몰약과 침향 섞은 것을 가지고 와서 요셉과 함께 예수님의 시신을 세마포에 싸서 장사했다. 이들의 헌신은 성경에 기록되었고, 하나님께서 기억하시는 귀한 일이 되었다(요 19:38~42).

요셉은 예수님의 시신을 깨끗한 세마포로 싸서 자신의 새 무덤에 장사지냈습니다. 부자 요셉의 헌신은 "그의 무덤이 악인들과 함께 있었으며 그가 죽은 후에 부자와 함께 있었도다"(사 53:9)라는 이사야의 예언과 "죽임을 당하고 제삼일에 살아나리라"(마 17:23)라고 하신 예수님의 말씀을 성취하기 위함이었습니다. 예수님께서 이 땅에 오실 때에는 가난한 요셉의 헌신을, 십자가에서 죽으시고 난 후에는 부자 요셉의 헌신을 받으셨습니다. 이들은 예수님을 위해 자신들이 할 수 있는 가장 소중한 것들을 기꺼이 내어놓은 참 고마운 사람들이었습니다.

그런데 또다시 대제사장 세력이 빌라도를 찾아왔습니다. 그들은 빌라도에게 예수님의 무덤을 지켜달라고 요청했습니다. 그들이 빌라도에게 예수님의 시신을 3일 동안 지켜달라고 했던 이유는, 예수님의 십자가 죽음과 3일 후 부활 이야기를 의식했기 때문입니다. 그들의 요청을 빌라도가 받아주었고, 그 결과 로마의 경비병들이 예수님의 부활을 목격한 증인이 되는 역설적인 일이 벌어졌습니다.

5. 영광과 평화로의 초대 - 부활 영생 소망의 시작

마 28:1~15/ 막 16:1~11/ 눅 24:1~12/ 요 20:1~18

큰글자 일년일독 통독성경 | 67~68p/ 109~110p/ 180p/ 236~237p

예수님께서는 십자가를 지시기 전에 제자들에게, 대제사장과 서기관들이 예수님을 십자가에 못 박게 할 것이지만 제삼 일에 살아나실 것이라고 미리 말씀하신 바 있습니다(마 20:17~19). 그 말씀대로 예수님께서는 무덤에서 제삼 일에 어둠의 권세를 깨뜨리고 부활하셨습니다. 예수님의 부활은 나사로의 부활과 다릅니다. 예수님의 부활은 모든 그리스도인의 부활과 영생의 소망을 주는 부활입니다.

성경에는 중요한 '3일 이야기'가 있습니다. 아브라함이 하나님을 경외함을 확증 받았던 모리아산 3일 길, 예수님의 부활을 예표한 요나의 물고기 배 속 3일의 기적, 그리고 예수님께서 무덤에 머무르신 3일입니다.

예수님께서 마침내 사망 권세를 이기시고 부활의 첫 열매가 되셨습니다. 그런데 안식 후 첫날 새벽, 예수님의 부활 약속을 직접 들었던 제자들은 정작 부활의 현장에는 아무도 나타나지 않았습니다. 오히려 그 말씀을 간접적으로 들었을 막달라 마리아를 비롯한 여러 여인이 무덤을 찾아갔습니다.

그때 큰 지진이 일어나고, 천사가 무덤 문을 막고 있던 돌을 굴려 내고 앉아 예수님의 부활 소식을 전했습니다. 여인들이 그렇게 천사를 통해 예수님의 부활을 확인하고, 무서움과 큰 기쁨으로 제자들에게 달려갈 때 부활하

부활의 첫 목격자, 막달라 마리아
마리아는 막달라 지역 출신으로 그녀의 혈통이나 가족, 나이에 대한 성경 기록은 없다. 그녀는 일곱 귀신에 들렸다가 예수님께 고침받은 여인이었다(눅 8:2~3). 그 후 그녀는 전심을 다해 예수님을 섬겼다. 다른 여인들과 함께 자신의 소유를 내어 예수님과 제자들을 섬긴 막달라 마리아는 예수님의 십자가 고난과 무덤 안치까지 끝까지 지켜보며 예수님의 죽음을 곁에서 지켰다. 그리고 안식 후 첫날, 향유를 가지고 예수님의 무덤을 찾았을 때 부활의 첫 목격자가 되어, 제자들에게 부활의 기쁜 소식을 전하는 증인이 되었다.

능력의 이름, 예수
앞으로 제자들에게 '예수님의 이름'은 자랑이요, 능력의 근원이 된다. 예수 그리스도의 이름을 믿고 행하는 모든 사람에게 그 이름의 놀라운 권세가 주어질 것이다(요 14:13~14). 많은 어려움 앞에서 우리의 모습이 작아지려 할 때마다, 우리 마음속에 있는 예수 그리스도, 그 놀라운 이름을 믿고 담대히 나아가야 한다.

신 예수님을 직접 만나게 됩니다. 그때 부활하신 예수님께서는 여인들에게 평안을 말씀하시며 "무서워하지 말라 가서 내 형제들에게 갈릴리로 가라 하라"(마 28:10)라고 말씀하셨습니다. 여인들을 통해 예수님의 부활 소식을 들은 베드로와 요한이 곧바로 예수님의 부활을 확인하기 위해 빈 무덤을 찾아갔고, 요한은 막달라 마리아가 부활하신 주님을 만난 첫 사람이었다고 증언했습니다.

한편, 예수님의 부활을 전한 또 다른 사람들이 있었는데, 바로 무덤을 지키던 로마의 경비병들이었습니다. 그러나 그들은 안타깝게도 부활 영생을 소망하는 사람이 되지 못하고, 대제사장 세력의 하수인이 되고 맙니다. 대제사장 세력은 예수님의 부활을 목격한 로마의 경비병들에게 많은 돈을 주며, 제자들이 예수님의 시신을 도둑질해 갔다는 거짓 소문을 퍼뜨리게 했습니다. "군인들이 돈을 받고 가르친 대로 하였으니 이 말이 오늘날까지 유대인 가운데 두루 퍼지니라"(마 28:15).

당시 유대인들 가운데는 예수님의 부활을 믿고 부활 영생 소망을 가진 유대인들도 있었고, 대제사장 세력처럼 끝내 믿지 않은 유대인들도 있었습니다. 특히 대제사장 세력은 성전 휘장이 찢어졌음에도, 자신들의 자리와 권력을 지키기 위해 계속해서 휘장 안으로 들어감으로 진리를 외면하고 사람들을 속였습니다. 그들은 예수님을 '신성모독자, 성전 모독자, 자칭 유대인의 왕, 그리고 부활을 속이는 자'라고 거짓을 알렸습니다. 그 거짓 소문에, 똑똑했던 청년 사울까지도 처음에는 감쪽같이 속았던 것입니다.

6. 모든 민족을 위한 지상명령과 예수님의 승천

마 28:16~20/ 막 16:12~20/ 눅 24:13~53 / 요 20:19~21장

#큰글자 일년일독 통독성경 | 68p/ 110p/ 180~183p / 237~240p

● 제자들을 찾아오신 예수님

부활하신 예수님께서는 상심과 절망 가운데 빠져 있던 제자들을 찾아오셔서 다시금 힘을 주시고 사명을 주시며 40일 동안 그들과 함께하셨습니다. 예수님께서는 엠마오로 가던 두 제자를 만나 동행하시며 성경을 풀어주시고 부활을 믿게 하셨습니다. 두 제자는 예루살렘에서 두려움에 문을 닫고 모여 있던 다른 제자들에게 달려가 예수님의 부활 소식을 전했지만, 남은 제자들은 그 소식을 듣고도 처음에는 믿지 못했습니다.

다시 만난 예수님
예수님께서는 3년 동안 함께하셨던 제자들을 십자가 후 3일 만에 다시 만나셨다. 제자들은 예수님을 십자가 처형으로 몰아간 산헤드린 공회가 두려워 문을 잠그고 모여 있었다. 그곳에 부활하신 예수님께서 찾아오신 것이다. 요한은 "문들을 닫았더니"라고 기록하며, 부활하신 예수님께서 공간을 초월하신 분임을 증언해 주었다. 부활하신 예수님을 직접 본 제자들은 예수님께서 이전에 하신 말씀이 성취되었음을 기뻐했다(요 16:22). 예수님께서는 "너희에게 평강이 있을지어다"라고 말씀하신 후, 제자들에게 사명을 맡기시며 기대하셨다.

이때, 부활하신 예수님께서 제자들에게 직접 나타나셔서 예수님의 부활을 보면서도 믿지 못하는 그들에게 확신을 주셨습니다. 예수님께서는 제자들에게 육체로 부활하신 것을 알리시기 위해 "내 손과 발을 보고 나인 줄 알라", "만져 보라", "무슨 먹을 것이 있느냐?", "그 앞에서 잡수시더라" 등의 말씀과 행동으로 부활을 증명해 주셨습니다. 그리고 "모세의 율법과 선지자의 글과 시편에 나를 가리켜 기록된 모든 것이 이루어져야 하리라 한 말이 이것이라"(눅 24:44)라고 하시며 제자들의 마음을 열어 성경을 깨닫게 하셨습니다.

그런데 그 자리에 없었던 도마는 예수님의 부활 이야기를 듣고도 의심했습니다. 결국 8일 후 예수님께서 다시 제자들에게 오셔서 도마에게 "네 손가락을 이리 내밀어 내 손을 보고 네 손을 내밀어 내 옆구리에 넣어 보라 그리하여 믿음 없는 자가 되지 말고 믿는 자가 되라"(요 20:27)라고 가르침을 주셨습니다.

도마 (Thomas)
아람어 '도마'와 헬라어 '디두모'는 모두 '쌍둥이'라는 뜻이다. 다른 세 복음서와는 달리, <요한복음>에는 도마의 이름이 세 번이나 등장한다(요 11:16; 14:5; 20:24~29). 도마는 예수님의 부활을 의심했지만, 부활하신 주님을 직접 만난 후 진심으로 믿게 되었다.

그 후 예수님께서 다시 갈릴리 호숫가로 일곱 제자를 찾아오신 기록이 〈요한복음〉에 자세히 기록되어 있습니다. 그날 예수님께서는 떡과 생선으로 제자들과 함께 조반을 드시며, 제자들의 부끄러움을 열정으로 다시 회복해 주셨습니다. 그리고 초기 교회의 지도자가 될 베드로와, 오랫동안 살아남아 복음 2세대를 돌볼 요한에게 사명을 주시고 그들의 훗날 일까지 알려 주셨습니다. 예수님께서는 베드로에게 "내 양을 먹이라"(요 21:17)라고 사명을 맡기시면서, 그가 이후에 죽음으로 하나님께 영광을 돌릴 것이라고 알려 주셨습니다.

"내가 진실로 진실로 네게 이르노니 네가 젊어서는 스스로 띠 띠고 원하는 곳으로 다녔거니와 늙어서는 네 팔을 벌리리니 남이 네게 띠 띠우고 원하지 아니하는 곳으로 데려가리라 이 말씀을 하심은 베드로가 어떠한 죽음으로 하나님께 영광을 돌릴 것을 가리키심이러라 이 말씀을 하시고 베드로에게 이르시되 나를 따르라 하시니"(요 21:18~19).

"너는 나를 따르라"(요 21:22)
사복음서를 통독하는 가운데 마지막으로 예수님께서 들려주시는 음성은 "너는 나를 따르라"이다. 모든 훈련의 과정을 거친 베드로에게 예수님께서 요구하신 말씀, "너는 나를 따르라". 우리는 사복음서를 통독하면서, 예수님께서 사람을 어떻게 사랑하셨는지, 구체적으로 나를 어떻게 사랑하시는지 알게 되었다. 그렇다면 이제, 자기 십자가를 지고 예수님을 따르겠다는 결단이 우리에게 있어야 할 것이다.

이때 베드로가 요한에 대해 묻자, 예수님께서는 "내가 올 때까지 그를 머물게 하고자 할지라도 네게 무슨 상관이냐 너는 나를 따르라"(요 21:22)라고 말씀하시며 요한의 미래 사역을 예고하셨습니다.

● 모든 민족을 위한 지상명령과 예수님의 승천

승천 _ 라파엘 作

예수님의 죽음으로 흩어질 것만 같았던 제자들이 예루살렘에 다시 모이기 시작했습니다. 예수님께서 십자가에서 죽으실 때에는 모든 것이 끝난 것만 같았으나, 예수님의 부활을 경험한 제자들이 다시 모이고 있는 것입니다. 예수님께서 제자들에게 당부하십니다.

"하늘과 땅의 모든 권세를 내게 주셨으니 그러므로 너희는 가서 모든 민족을 제자로 삼아 아버지와 아들과 성령의 이름으로 세례를 베풀고 내가 너희에게 분부한 모든 것을 가르쳐 지키게 하라"(마 28:18~20).

"오직 성령이 너희에게 임하시면 너희가 권능을 받고 예루살렘과 온 유대와 사마리아와 땅 끝까지 이르러 내 증인이 되리라"(행 1:8).

예수님의 이 말씀은 제자들이 죽음도 두려워하지 않고 천국 복음을 전하는 힘의 원천이 되었습니다. 바로 이들을 통해 교회의 역사가 시작됩니다.

제자들에게 지상명령을 말씀하시고, 예수님께서는 하늘로 승천하셨습니다. 누가는 예수님께서 승천하신 후 "이 성에 머물라"라는 말씀에 순종하여 사람들이 예루살렘으로 돌아와, 성전에서 하나님을 찬송하며 기다리는 모습으로 〈누가복음〉의 끝을 맺습니다(눅 24:52~53). 그날 이후, 예수님의 제자도를 따르는 그리스도인들은 예수님의 승천부터 재림 사이에 땅끝까지 복음을 전하며 지상명령을 수행하는 전도인이 되어 이 땅에서 하나님 나라를 살아가고 있습니다.

The Cross | 십자가 복음 레시피

7. 십자가 속량과 하나님의 의 - 이신칭의

● 피 흘림이 없은즉 사함이 없다 – 대속의 은혜

하나님의 아들이시며 성육신하셔서 이 땅에 오신 메시아 예수님께서는 하나님의 어린양으로 친히 제물이 되시고, 하늘 성소인 십자가에 오르셔서 멜기세덱의 반차에 따라 대제사장으로 십자가 단번 제사를 드리셨습니다. 제사는 피 흘림이 없으면 안 됩니다. "육체의 생명은 피에 있음이라 내가 이 피를 너희에게 주어 제단에 뿌려 너희의 생명을 위하여 속죄하게 하였나니 생명이 피에 있으므로 피가 죄를 속하느니라"(레 17:11). 그리고 피 흘림이 없으면 죄 사함이 없습니다. "율법을 따라 거의 모든 물건이 피로써 정결하게 되나니 피흘림이 없은즉 사함이 없느니라"(히 9:22). 십자가 대속은 죄 없으신 하나님의 아들이 죄지은 우리를 대신해 하나님의 저주를 받아 십자가를 지시고, 이를 통해 하나님의 의(義)를 나타내신 것입니다. 우리는 예수님을 믿는 믿음으로 의롭다 하심을 얻었습니다. 이것이 값없이 주시는 하나님의 은혜입니다. "그리스도 예수 안에 있는 속량으로 말미암아 하나님의 은혜로 값 없이 의롭다 하심을 얻은 자 되었느니라"(롬 3:24).

● 그리스도의 속량으로 '거룩'을 얻었다

예수님께서 십자가에서 "다 이루었다"라고 선언하신 그 순간의 사실을 믿는다는 이유 하나로, 우리는 의롭다 여김을 받았습니다. 바로 '이신칭의(以信稱義)'의 은혜입니다. 죄인인 우리가 하나님의 의를 입고 하나님의 자녀로 삼아주시는 데까지 나아가게 된 것입니다. 그렇게 우리는 예수님의 사람, 곧 '그리스도인'이 되었고, 성령님께서 오신 이후로 우리는 성령님께서 머무시는 '성령의 전'이 되었습니다. 그리고 우리는 '너희 몸이 성전', 곧 개인으로서의 교회와 공동체로서의 교회가 되었습니다. 더 놀라운 것은, 그리스도께서 자신의 피로 우리를 거룩하게 하신 것입니다. 하나님의 '거룩'은 6일 동안 천지를 창조하신 후 일곱째 날 안식일을 복되게 하시고 거룩하게 하시면서 처음 시작되었습니다. 거룩은 하나님의 속성이고, 하나님께서는 하나님의 형상을 닮은 우리가 거룩하게 되기를 바라셨습니다. 하나님께서 그리스도의 피로 우리 안에 하나님의 거룩을 회복시키신 것입니다. 이로 말미암아 드디어 '관유에서 보혈로' 나아가는 놀라운 은혜가 완성됩니다. "이 뜻을 따라 예수 그리스도의 몸을 단번에 드리심으로 말미암아 우리가 거룩함을 얻었노라"(히 10:10). 이처럼 우리는 십자가를 믿음으로 의롭게 되고, 거룩하게 되는 은혜를 누리게 되었습니다. 십자가 그 순간, 그리스도인은 하나님의 의(義)와 거룩으로 거듭난 것입니다.

● 십자가의 대선언 – "하나님은 사랑이시다"

십자가는 "하나님께서 어떻게 우리를 사랑하셨나이까?"에 대한 답입니다. 하나님께서 하나님의 아들을 십자가에 내어주시므로 우리에 대한 사랑을 보여주신 것입니다.

"하나님이 세상을 이처럼 사랑하사 독생자를 주셨으니 이는 그를 믿는 자마다 멸망하지 않고 영생을 얻게 하려 하심이라 하나님이 그 아들을 세상에 보내신 것은 세상을 심판하려 하심이 아니요 그로 말미암아 세상이 구원을 받게 하려 하심이라"(요 3:16~17).

● 예수님의 물과 피가 세례와 성찬으로

예수님께서 십자가에서 흘리신 물과 피는 하나님 나라의 세례와 성찬으로 이어집니다. 그리스도인들은 모든 민족을 제자로 삼아 아버지와 아들과 성령의 이름으로 세례를 베풀며 예수님의 지상명령을 수행해 왔습니다. 또한 떡과 포도주로 예수님의 죽으심을 기념하며, 십자가에서 흘리신 주님의 보혈을 모든 민족에게 증언해 왔습니다. 사도 베드로는 예수님께서 흘리신 어린양의 보배로운 피로 우리가 구속받았음을 증언했습니다(벧전 1:19). 사도 요한은 예수님의 피가 우리를 모든 죄에서 깨끗하게 하신다고 증언했습니다(요일 1:7). 사도 바울은 고린도 교회 성도들에게는 성찬을, 로마 교회 성도들에게는 세례를 가르치며 증언했습니다. 세례는 물로, 성찬은 떡과 포도주로 행하는 예식입니다. 하나님께서는 그리스도인들이 세례와 성찬을 통해 주의 죽으심을 주께서 다시 오실 때까지 기념하며, 이 땅에서 하나님 나라를 이어가게 하셨습니다.

tong track-6

사도행전 30년

30 years of Acts _ 복음 1세대(사도들)들이 유대인의 박해 속에서 전한 하나님 나라

핵심 질문 *key questions*

왜! 대제사장 세력들은 스데반, 야고보를 죽이고 바울을 30년 동안 때렸습니까?

⇒ 왜냐하면, 사도들이 대제사장의 역할이 끝났다고 주장했기 때문입니다.

분위기 *the atmosphere*

'사도행전 30년'은 '대제사장들과 사도들의 대립 속에서 하나님 나라가 땅끝까지 전파'되는 분위기입니다.

신약 시대, 로마 제국의 속국이었음에도 불구하고 유대 예루살렘의 대제사장 세력, 곧 산헤드린 공회 세력은 로마 황제나 로마 총독, 그리고 심지어 분봉 왕 헤롯까지도 무시할 수 없는 존재였습니다. 그런 그들이 나서서 로마를 이용해 예수님을 십자가에서 죽게 했습니다. 그런데 얼마간의 시간이 흐른 뒤, 예수님의 제자들이 사도가 되어 오히려 전보다 더 열심히 하나님 나라(The Kingdom of God)를 전하기 시작한 것입니다.

"이에 베드로가 성령이 충만하여 이르되 백성의 관리들과 장로들아 만일 병자에게 행한 착한 일에 대하여 이 사람이 어떻게 구원을 받았느냐고 오늘 우리에게 질문한다면 **너희와 모든 이스라엘 백성들은 알라** 너희가 십자가에 못 박고 하나님이 죽은 자 가운데서 살리신 나사렛 예수 그리스도의 이름으로 이 사람이 건강하게 되어 너희 앞에 섰느니라"(행 4:8~10).

이렇게 사도행전 4장을 기점으로 사도들이 대제사장 세력들과 각을 세우며 하나님 나라의 복음을 전파하게 됩니다. 4복음서의 분위기와는 다른 역동적인 공기가 생성되고 있습니다.

10분에 '사도행전 30년' 통으로 이야기 *tongbible*

'사도행전 30년'은 '대제사장과 사도들의 대립 속에서 하나님 나라가 땅끝까지 전파'되는 분위기이며, 성경 기록은 〈사도행전, 데살로니가전 · 후서, 갈라디아서, 고린도전 · 후서, 로마서, 에베소서, 빌립보서, 골로새서, 빌레몬서, 디모데전서, 디도서, 디모데후서〉입니다.

예수님께서는 승천하시기 전, 제자들에게 예루살렘을 떠나지 말고 '예수님께 들은 대로 하나님께서 보내주시겠다고 약속하신 성령님'을 기다리라고 말씀하셨습니다. 제자들을 비롯해 마가 다락방에 모인 사람들은 가룟 유다의 자리를 대신하여 제비뽑기로 맛디아를 선출합니다. 이로써 전도인을 세우는 **예루살렘 공회**가 시작됩니다. 유월절로부터 50일이 지난 **오순절**이 되자 **성령님**께서 마가의 다락방에 모여 있던 120명에게 임하셨습니다. 이들은 예루살렘 시내로 나가 각 나라 언어로 담대히 '하나님의 큰일'을 전하며, 본격적인 **제자 시대**를 엽니다. 베드로가 담대하게 예수님의 십자가와 부활을 증거하자, 하루에 3천 명이 말씀을 듣고 회개하는 놀라운 역사가 일어납니다.

어느 날, 베드로와 요한이 예루살렘 성전에 기도하러 올라가다가 나면서부터 걷지 못하고 성전 미문에서 구걸하던 사람을 만나, 그를 '나사렛 예수

의 이름'으로 고쳐주는 기적을 일으켰습니다. 그러자 50일 전 유월절에 1차 산헤드린 공회 재판과 빌라도 재판을 통해 예수님을 십자가에 처형한 산헤드린 공회가 베드로와 요한을 체포해 **2차 산헤드린 공회** 재판정에 세웁니다. 1차 산헤드린 공회 재판은 산헤드린 공회가 동원한 증인들의 거짓 증언으로 예수님을 유죄로 몰아갈 수 있었지만, 2차 산헤드린 공회 재판에서는 그렇게 하지 못했습니다. 나면서부터 걷지 못했던 그 사람이 고침을 받아 걷고 뛰고 주님을 찬양하며 증인으로 재판정에 나와 있었기 때문입니다. 더 나아가 베드로가 산헤드린 공회의 공회원을 비롯한 모든 유대인이 예수님의 십자가와 부활을 알아야 한다고 주장하자, 산헤드린 공회는 백성들 때문에 베드로와 요한을 어떻게 처벌할지 방법을 찾지 못하고, 더는 예수 이름을 말하지 말라는 위협과 경고를 한 후 그들을 석방해 주었습니다.

그런데 베드로와 요한을 비롯한 예수님의 제자들이 더 담대히 예수 그리스도의 십자가와 부활을 전하자, 산헤드린 공회는 마음에 시기가 가득하여 이번에는 예수님의 열두 제자를 모두 체포해 **3차 산헤드린 공회** 재판을 엽니다. 이때 율법 학자 바리새인 가말리엘이 나서주지 않았다면 모두 목숨을 잃었을지도 모릅니다. 3차 산헤드린 공회는 예수님의 열두 제자에 대해 '채찍질하며 예수의 이름으로 말하는 것을 금한다'고 판결하며, 이번에도 사도들을 석방합니다. 이렇게 사도들이 체포되어 두 번이나 재판을 받았음에도 두려워하지 않고, 오히려 더욱 담대하게 복음을 전함으로 예루살렘에 예수님을 믿는 사람의 수가 더욱 증가했습니다.

그러던 중 성령 충만한 예루살렘 교회에서도 먹는 문제로 시험에 드는 일이 발생합니다. 사도들은 이 문제를 해결하기 위해 예루살렘 교회에 일곱 명의 월등한 평신도 지도자를 세웁니다. 이는 맛디아 선출에 이은 **2차 예루살렘 공회**의 결정이었습니다. **일곱 일꾼**은 교회 안에서 음식 먹는 문제뿐만 아니라 성도들을 돌보는 일에도 탁월한 재능을 발휘합니다. 그러자 산헤드린 공회는 예루살렘 교회를 뿌리부터 흔들기 위해 일곱 일꾼 가운데 한 사람, 스데반을 본보기로 체포해 **4차 산헤드린 공회 재판**을 열었습니다. 이때 **스데반**이 지혜와 성령으로 성경을 풀어가자, 산헤드린 공회는 더는 살려둘 수 없다고 판단해 스데반을 돌로 쳐 즉결 처형함으로, 스데반은 최초의 기독교 순교자가 됩니다. 스데반의 순교를 시작으로 교회에 대한 대대적인 박해가 시작되지만, 박해를 피해 흩어진 초기 교회 성도들의 발걸음을 통해 오히려 복음은 사마리아를 비롯해 더욱더 넓은 지역으로 전파됩니다.

스데반이 순교할 당시 증인들의 옷을 지키고 있던 사람인 청년 사울은 예수 믿는 사람들을 잡아 옥에 가두기 위해 다메섹으로 가던 중 예수님을 만납니다. 이로 인해 **사울**은 한순간에 초기 교회 박해자에서 복음 전도자 **이방인의 사도**로 부름을 받습니다. 한편 **베드로**는 하나님을 경외하며 구제에 힘쓰는 로마의 백부장 **고넬료**가 성령을 받아 방언을 말하며 하나님을 높이는 것을 체험하면서 선민과 이방인을 구분했던 편견을 깹니다. 베드로는 고넬료를 통해 비로소 '복음, 모든 민족과 함께'의 의미를 깨닫게 되었고, 이 사건은 이후 예루살렘 공회의 중요한 결정을 이끄는 핵심 토대가 됩니다.

스데반 순교 후, 빌립은 사마리아에 복음을 전하고, 흩어진 성도들에 의해 안디옥에 교회가 세워지는 등 복음이 예루살렘과 온 유대와 사마리아와 땅끝으로 퍼지기 시작합니다. 그러자 사도들이 **3차 예루살렘 공회**를 열어, 사마리아에 베드로와 요한을 파송했던 것처럼 이번에는 바나바를 안디옥 교회에 파송합니다. 이때 바나바가 바울을 데리고 동행합니다. 1년 후 안디옥 교회는 소아시아 지역에 바나바와 바울을 전도인으로 파송하는 등 놀랍게 성장합니다. 그렇게 바나바와 바울은 2년간 소아시아 지역에 복음을 전하며 교회들을 세운 후 **1차 전도여행**을 마치고 안디옥으로 돌아옵니다.

그런데 바나바와 바울이 안디옥 교회를 비운 사이 예수님을 믿는 믿음으로만 구원받는 것이 아니라, 율법도 지키고 할례도 받아야 한다고 전한 유대인들의 말로 인해 안디옥 교회는 감당할 수 없는 문제에 직면합니다. 이 문제를 해결하기 위해 바나나와 바울은 예루살렘으로 가서 사도들과 함께 **4차 예루살렘 공회**를 열어, 할례는 2,000년 된 유대인들의 정결 예식으로 정리하고, 구원은 오직 예수 그리스도의 십자가와 부활을 믿는 믿음으로 이루어짐을 결의합니다. 즉, **오직 예수 십자가**만이 **하나님 나라 구원**의 기준이라고 선언합니다. 더 나아가 바울을 바나바와 같은 사랑받는 형제로 결의함으로 바울이 마음껏 복음 전도자로서 사역할 수 있도록 해주었습니다.

바나바와 바울은 마가 문제로 **2차 전도여행**부터는 각자 전도팀을 이끌어 바나바는 마가와 함께, 바울은 실라와 함께 2차 전도여행을 떠납니다. 바울 전도팀은 소아시아를 넘어 유럽까지 복음을 전했고, 고린도에서 복음을 전하던 중에 〈**데살로니가전서, 데살로니가후서, 갈라디아서**〉를 써 보냅니다. 2차 전도여행을 마친 바울은 또다시 3차 전도여행을 떠나 에베소에 머물며 두란노 서원에서 2년간 제자들을 길러냈고, 그곳에서 〈**고린도전서**〉를 써 보냅니다. 그리고 바울은 고린도에서 〈**로마서**〉를 쓰고 마지막으로 로마를 거쳐 **땅끝**인 스페인(서바나)까지 복음을 전하기 위한 소망을 굳건히 하고 예루살렘 방문을 계획합니다.

바울은 위험을 무릅쓰고 **예루살렘**을 **방문**해 마게도냐와 아가야에서 모금한 헌금을 예루살렘 교회에 전달합니다. 예루살렘 교회는 당시 바울의 이방인 사역을 두고 극단적 반율법주의자로 바울을 오해하는 유대인 그리스도인들로 인해 **5차 예루살렘 공회**를 열고, 바울에게 네 명의 서원자와 함께 유대 정결 예식에 따라 결례를 행할 것을 당부합니다. 예루살렘 공회의 제안을 받아들인 바울은 결례를 위해 예루살렘 성전에 갔다가 유대인들에게 잡혀 죽을 위기에 처합니다. 그런데 오히려 바울은 로마 천부장의 협조로 **5차 산헤드린 공회**를 열어 공회원들에게 마지막 설득을 시도합니다. 그러나 산헤드린 공회의 위협이 거칠어지자 바울은 의도적으로 부활 신앙을 고백함으로 사두개파와 바리새파를 분열시키고, 그곳을 빠져나옵니다. 그날 밤 바울은 로마 천부장의 보호 속에 가이사랴로 이송되고, 다음 날 로마 총독 벨릭스의 재판을 받고 2년간 구금됩니다.

이후 바울은 새로 부임한 로마 총독 베스도의 재판을 받던 중, 산헤드린 공회의 살해 위협을 피하려고 결국, 로마 시민권을 이용해 로마 황제 재판을 요구하며 **죄수의 길**을 **선택**합니다. 그래서 죄수 이송선을 타고 로마에 도착합니다. 바울은 로마 감옥에서 황제 재판을 기다리는 2년 동안 하나님 나라 복음을 전하며 옥중서신 4편을 씁니다. **교회론**인 〈**에베소서**〉, **기독론**인 〈**골로새서**〉, 사랑의 편지 〈**빌립보서**〉, 기적의 편지 〈**빌레몬서**〉를 써 보냅니다. 그리고 2년 만에 잠시 자유의 몸이 된 바울은 또다시 전도여행을 진행합니다. 이즈음 기록한 편지가 목회서신이라 불리는 〈**디모데전서**〉와 〈**디도서**〉입니다.

A.D.64년 **로마 대화재 사건**이 발생합니다. 이때 로마 제국의 5대 황제 네로는 방화범은 잡히지 않고 오히려 자신이 방화범으로 몰리게 되자, 기독교 복음 1세대 지도자 200여 명을 로마 방화범으로 지목하여 잔인하게 처형합니다. 바울은 자신의 죽음이 임박했음을 알고 믿음의 아들 디모데에게 유언과 같은 〈**디모데후서**〉를 써 보냅니다.

사도행전 30년 프레임 *30 years of Acts*

제사장 나라

to the Cross (창~말, 구약 39권)

1 천지창조와 하나님의 거룩
1. 천지 만물 창조 - 피조물에게 복주심
2. 사람 창조 - 사람에게 복주심
3. 안식일 창조 - 복되고 거룩한 날
4. 첫 아담의 불순종 - 하나님의 구원 약속
5. 노아 번제 - 하나님의 은혜

2 아브라함을 통한 나라 큰그림
1. 가나안 땅과 자손 번성 언약
2. 하나님의 제사장 멜기세덱의 축복
3. 입애굽과 출애굽 예고
4. 나라를 통한 모든 민족의 복
5. 이삭 모리아산 번제

모세5경

3 시내산 언약(관유)을 통한 제사장 나라
1. 히브리인의 신앙 - 첫 번째 유월절 어린양을 통한 12지파 장자 거룩
2. 모세 율법 - 거룩한 백성
3. 성막 제작 - 거룩한 기름(관유, Holy Anointing oil)
4. 아론에게 거룩한 기름 부음 - 공직자 첫 대제사장
5. 다윗 왕에게 거룩한 기름 부음 - 예루살렘 성전 건축
: 엘리야가 엘리사(선지자)와 하사엘(아람 왕)에게 거룩한 기름 부음

4 북이스라엘의 멸망을 통한 이사야의 메시아(그리스도) 신앙
1. 이사야의 메시아 신앙 - 히스기야의 성전 기도
2. 하나님의 아들 메시아 - 임마누엘
3. 왕 - 이새의 줄기, 평강의 왕
4. 선지자 - 기묘자라 모사라, 아름다운 소식
5. 대제사장 - 그의 영혼을 속건 제물로
→ 메시아의 3중직 - 내게 기름을 부으사

왕정 500년

5 남유다의 멸망을 통한 예레미야의 새 언약 예고
1. 예레미야의 새 언약 예고 - 제사장 나라 징계 3단계
2. 예루살렘 성전 전소 - 내가 잠깐 그들에게 성소
3. 에스겔의 성전 조감도 - 하늘 성소
4. 다니엘의 제국 변동 - 하나님 나라 도래
5. 유대인의 신앙 - 스룹바벨 성전 재건

페르시아 7권

중간사 400년

the Cross (4복음서)

6 예수 그리스도(메시아)의 새 언약(보혈)을 통한 하나님 나라
1. 그리스도의 성육신 - 거룩한 이, 임마누엘
2. 그리스도의 세례 - 하나님의 어린양, 하나님의 아들
3. 그리스도의 첫 번째 성찬식 - 새 언약, 관유에서 보혈로
→ 하나님 사랑 이웃 사랑의 제자도
4. 그리스도의 십자가 하늘 성소 단번 제사 - 속량과 새 휘장
5. 그리스도의 부활과 승천 - 재림, 우편 보좌

4복음서

하나님 나라

from the Cross (행~계, 신약 23권)

7 그리스도인(교회), 하나님 나라 거룩한 공직자
1. 그리스도인의 성령 세례
- 우리는 성령 세례 받은 하나님 나라의 거룩한 예배자입니다.
2. 그리스도인의 부활 영생
- 우리는 부활 영생을 믿고 순교신앙으로 사는 제자들입니다.
3. 그리스도인의 지상명령
- 우리는 예수님의 승천과 재림 사이에 지상명령을 수행하는 전도인입니다.
4. 그리스도인의 예수 재림 소망
- 우리는 속히 오시리라는 예수님의 재림 약속을 믿는 마라나타 신앙인입니다.
5. 그리스도인의 새 하늘 새 땅 소망
- 우리는 하나님과 어린양이 성전인 거룩한 성에서 영원히 사는 하나님 나라 백성입니다.

사도행전 30년
공동서신 9권

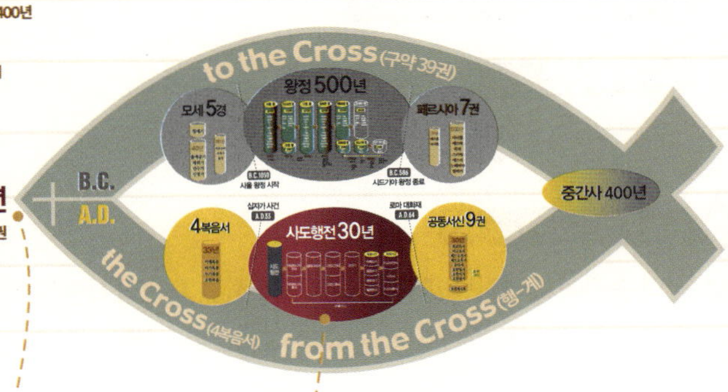

7 그리스도인(교회), 하나님 나라 거룩한 공직자

1. 그리스도인의 성령 세례
- 우리는 성령 세례 받은 하나님 나라의 거룩한 예배자입니다.
2. 그리스도인의 부활 영생
- 우리는 부활 영생을 믿고 순교신앙으로 사는 제자들입니다.
3. 그리스도인의 지상명령
- 우리는 예수님의 승천과 재림 사이에 지상명령을 수행하는 전도인입니다.
4. 그리스도인의 예수 재림 소망
- 우리는 속히 오시리라는 예수님의 재림 약속을 믿는 마라나타 신앙인입니다.
5. 그리스도인의 새 하늘 새 땅 소망
- 우리는 하나님과 어린양이 성전인 거룩한 성에서 영원히 사는 하나님 나라 백성입니다.

42과 열리는 제자 시대
– 하나님 나라 거룩한 공직자 그리스도인 | 사도행전 1~12장

큰글자 일년일독 통독성경 *one year tongdok bible as one story*

316일: 열리는 제자 시대 **317일**: 2차 산헤드린 공회 **318일**: 스데반 순교 **319일**: 고넬료의 성령 충만

시간 흐름 *time flow*

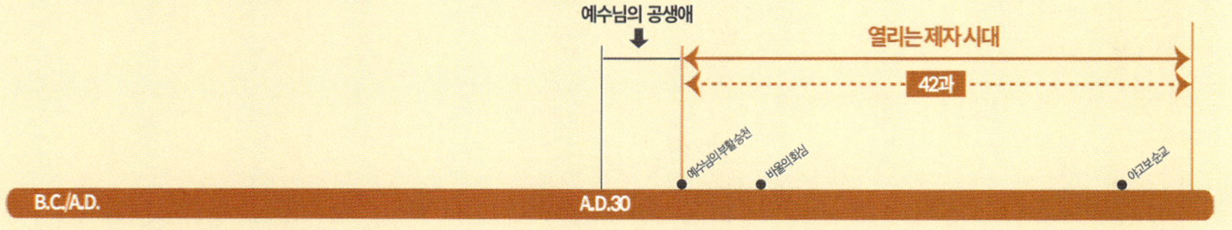

지금 공간 *current location* 예루살렘, 유대, 사마리아

주요 인물 *main character* 열두 사도, 산헤드린 공회원들, 일곱 일꾼, 바울, 고넬료

통通포인트 *tong point*

예수님의 승천에서 재림 때까지 열리는 제자 선교 시대의 사명과 특권

예수님께서 승천하신 후, 제자들이 사도가 되어 복음 전파 사역을 시작합니다. 제자 시대는 크게 오순절 성령님의 강림으로부터 사도 요한이 밧모섬에서 성령님에 감동된 시점까지 약 60년으로 볼 수 있습니다. 제자들의 복음 선교는 2천 년의 시간을 넘어 오늘날까지 계승되고 있습니다. 즉, 예수님의 승천에서 재림 때까지 예수님의 지상명령을 수행하는 것이 바로 제자 선교 시대의 사명이며 특권입니다. <사도행전>은 예루살렘 공회와 산헤드린 공회의 대립 배경 속에서 복음 1세대 사도들이 A.D.64년 로마 대화재 사건으로 순교하는 순간까지 그리스도인의 정체성과 공직자의 사명을 드러낸 기록입니다. 이 기록을 통해 초기 교회의 시작과 확장의 과정, 그리고 복음이 예루살렘과 온 유대와 사마리아와 땅끝까지 전파되는 성령님의 역사를 알 수 있습니다.

1. 예수님의 승천과 제자세대 탄생 행 1:1~11

#큰글자 일년일독 통독성경 | 241p

40일 금식으로 공생애 3년을 시작하신 예수님께서는 부활 후 40일 동안 이 땅에 머무시면서 제자들에게 하나님 나라의 일을 말씀해 주셨습니다. 그리고 승천하시기 전, 제자들에게 '모든 민족'에게 전할 지상명령을 주

셨습니다.

"그러므로 너희는 가서 모든 민족을 제자로 삼아 아버지와 아들과 성령의 이름으로 세례를 베풀고 내가 너희에게 분부한 모든 것을 가르쳐 지키게 하라 볼지어다 내가 세상 끝날까지 너희와 항상 함께 있으리라 하시니라"(마 28:19~20).

<사도행전>은 기독교 변천에 있어서 중추적인 책으로,
신약 27권 사이에서 다음과 같은 '징검다리' 역할을 하고 있다.

구분	징검다리
역사적 측면	사복음서와 서신서 사이
종교적 측면	유대교와 기독교 사이
하나님의 역사 측면	율법과 은혜 사이
하나님의 백성 측면	유대인과 이방인 사이
하나님의 계획 측면	제사장 나라와 하나님 나라, 그리고 교회 사이

또한 예수님께서는 "오직 성령이 너희에게 임하시면 너희가 권능을 받고 예루살렘과 온 유대와 사마리아와 땅끝까지 이르러 내 증인이 되리라"(행 1:8)라는 말씀을 주시고, 제자들이 보는 앞에서 하늘로 올라가셨습니다. 그때 흰옷 입은 두 사람이 나타나 "하늘로 올려지신 이 예수는 하늘로 가심을 본 그대로 오시리라"(행 1:11)라고 주의 재림을 선포했습니다.

예수님께서 주신 지상명령의 기간은 예수님의 승천부터 재림까지입니다. 그 범위는 모든 민족이며, 이는 제자들의 사명이 되었습니다. 예수님의 재림 시점은 하나님 아버지 외에는 아무도 알지 못합니다. 그러므로 우리는 다시 오실 예수님을 마라나타 신앙으로 기다리며 지상명령을 충실히 수행해야 합니다. 예수님의 3년 공생애 사역의 열매로 훈련된 '제자세대'가 이렇게 예수님의 부활과 승천 후 탄생하게 됩니다.

누가(Luke)
<사도행전>의 저자 누가는 의사이며 역사가였다. 바울을 만난 이후, 그는 남은 평생 전도팀과 함께 복음 전도에 힘쓰는 한편, 매를 맞고 고문당한 바울과 전도인들을 돌보며 치료하는 일을 감당했다. 그리고 역사가로서, <누가복음>에 이어 사도들의 행전(行傳)인 <사도행전>을 기록해, 21세기를 살아가는 우리에게도 성령님의 역사하심을 강하게 기대하도록 만들어주었다.

2. 하나님 나라 거룩한 공직자들의 예루살렘 공회 시작 행 1:12~26

큰글자 일년일독 통독성경 | 241~242p

예수님의 십자가와 부활로 하나가 된 열한 제자, 예수님의 어머니와 형제들, 그리고 마음을 같이하는 사람들이 마가의 다락방에 함께 모였습니다. 그들은 예수님께서 승천하신 후 오순절까지 약 열흘 동안, 예수님의 말씀대로 예루살렘을 떠나지 않고 기도에 힘쓰며 약속하신 보혜사 성령님을 기다렸습니다. 이로써 본격적인 제자세대, 곧 하나님 나라의 일을 행할 거룩한 공직자들의 시대가 시작된 것입니다.

제자들을 비롯해 마가 다락방에 모인 사람들은 먼저 조직을 정비합니다. 이때 베드로가 일어나, "성령이 다윗의 입을 통하여 예수 잡는 자들의 길잡이가 된 유다를 가리켜 미리 말씀하신 성경이 응하였으니 마땅하도다"(행 1:16)라고 〈시편〉의 기록을 말하며, 가룟 유다를 대신할 제자를 뽑자고 제안합니다. 이는 제자들이 3년 동안 예수님께 잘 배우고 익혀, 놀라운 하나님

마가의 다락방
마가의 다락방은 예루살렘에 있는 한 집의 윗층으로, 120여 명이 모일 수 있을 만큼 넓은 공간이었다. 이곳은 마지막 유월절 첫 번째 성찬식이 열렸던 곳으로 전해지며, 예수님께서 승천하신 후 모두 모여 성령님을 기다리며 전심으로 기도했던 곳이다. 바로 이곳에 오순절 성령 강림이 일어났을 것이다. 이 다락방은 마가의 어머니 마리아와 외삼촌 바나바가 제공한 장소였을 것이다. A.D.135년, 로마 황제 하드리아누스가 예루살렘을 방문했을 때 이곳을 발견했다는 기록이 전해지고 있다.

나라의 공직자로 자리 잡았음을 보여주는 장면입니다.

제자의 선출 조건은, 세례 요한의 세례부터 예수님의 승천 때까지 한순간도 건너뛰지 않고 모든 일을 함께한 사람이었습니다. 앞으로 제자들은 예수님의 가르침과 십자가, 부활, 승천까지의 모든 진리를 증언하고 세상에 전해야 하기 때문입니다. 그래서 예수님의 행로를 따라 동행하며, 예수님의 가르침을 받고 함께 사역한 사람을 추천하기로 합니다.

제자 선출 방법은 제비뽑기였습니다. 먼저 공동체 전체가 요셉과 맛디아, 두 사람을 후보로 세운 뒤, 간절히 기도하고 제비를 뽑아 맛디아를 선출했습니다. 이는 인간의 선택과 하나님의 섭리에 대한 믿음이 어우러진 방법이었습니다. 맛디아가 선출됨으로써 제자들은 열두 사도가 되어 초기 교회를 이끌었고, 그날의 모임은 전도인을 세우는 예루살렘 공회(공의회)의 시작이 되었습니다.

제자들을 사도로 만든
예수님의 가르침

1. 나의 멍에를 메고 내게 배우라.
2. 자기 십자가를 지고 나를 따르라.
3. 예루살렘을 떠나지 말고 아버지께서 약속하신 것을 기다리라.
4. 내 증인이 되라.
5. 모든 민족을 제자로 삼아 세례를 베풀고 가르쳐 지키게 하라.

3. 첫 번째 성찬식 선언과 오순절 성령 강림 - 교회의 시작 행 2장

#큰글자 일년일독 통독성경 | 243~245p

● 성령님께서 하시는 일

"예루살렘을 떠나지 말고 내게서 들은 바 아버지께서 약속하신 것을 기다리라"(행 1:4)라고 당부하신 예수님의 말씀대로, 제자들은 한곳에 모여 기도에 힘씁니다. 예수님께서는 마지막 유월절 첫 번째 성찬식 때 "내가 떠나가는 것이 너희에게 유익이라"(요 16:7)라고 말씀하시며, 보혜사 성령님께서 오실 것을 예고해 주셨습니다. 예수님께서 성령님에 대해 미리 말씀하신 이유는, 당시 예수님을 핍박한 산헤드린 공회가 예수님을 십자가에 못 박아 죽인 이후, 제자들 역시 동일하게 핍박하며 하나님 나라 사역을 방해할 것이기 때문입니다. 그래서 예수님께서는 첫 번째 성찬식 때 보혜사 성령님께서 함께하실 것을 약속하시며, 성령님이 오셔서 하실 일을 미리 알려주셨습니다.

성령님께서는 첫째, 예수님께서 말씀하신 모든 것을 가르치시고 생각나게 하십니다. 성령님께서 예수님의 사역을 이어받아 인도하실 것입니다. 둘째, 모든 그리스도인을 진리 가운데 인도하십니다. 성령님께서는 우리로 하여금 길이요 진리요 생명이신 예수님을 따르게

·오순절 성령 강림

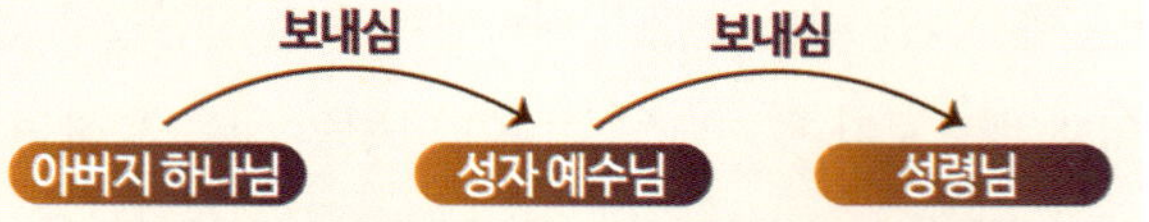

- 하나님이 그 아들을 세상에 보내신 것은 세상을 심판하려 하심이 아니요 그로 말미암아 세상이 구원을 받게 하려 하심이라(요 3:17)
- 내가 떠나가지 아니하면 보혜사가 너희에게로 오시지 아니할 것이요 가면 내가 그를 너희에게로 보내리니(요 16:7)

하시며, 예수님처럼 살아가도록 이끄실 것입니다. 셋째, 예수님을 증언하시며, 예수님의 영광을 나타내십니다. 메시아이신 예수님의 진정한 사역은 십자가였습니다. 그 사실을 증언해 주시는 분이 바로 성령님이십니다. 예수님께서 하나님의 영광을 나타내셨듯이, 성령님께서는 예수님의 영광을 높이시며 예수님의 의(義)를 나타내실 것입니다.

성령 강림 _ 티치아노 作

● 오순절 성령 강림 – 교회의 시작

마침내 예수님께서 마지막 유월절 첫 번째 성찬식 때 약속하신 성령님께서 오순절에 예루살렘 성전이 아닌, 마가의 다락방에 모여 있던 사람들에게 강림하십니다. 누가는 예수님께서 "너희가 성령으로 세례를 받을 것"이라고 말씀하셨다고 기록합니다(행 1:5).

"홀연히 하늘로부터 급하고 강한 바람 같은 소리가 있어 그들이 앉은 온 집에 가득하며 마치 불의 혀처럼 갈라지는 것들이 그들에게 보여 각 사람 위에 하나씩 임하여 있더니 그들이 다 성령의 충만함을 받고 성령이 말하게 하심을 따라 다른 언어들로 말하기를 시작하니라"(행 2:2~4).

성령님께서 예루살렘 성전이 아닌 마가의 다락방에 모인 사람들에게 임하신 이유는, 예수님께서 십자가에서 "다 이루었다"라고 말씀하실 때 예루살렘 성전의 휘장이 위에서 아래로 찢어지며 예루살렘 건물 성전의 기능이 종료되었기 때문입니다. 그 이후 예수님의 몸이 새 휘장이 되어, 이 사실을 믿는 사람들이 각각 '교회'가 되었습니다. 예수님의 말씀대로 한마음으로 마가의 다락방에 모여 기도하며 성령님을 기다리던 120여 명이 바로 '교회'의 시작입니다. 이처럼 오순절의 첫 번째 추수와 같은 예수님의 몸 된 교회가 마가의 다락방에서 시작되었습니다.

그때는 로마 제국 전역에 흩어져 살고 있던 디아스포라 유대인들과 유대교로 개종한 이방인들이 예루살렘으로 모여든 오순절이었습니다. 그래서

드디어, 교회의 시작

예루살렘에서, '너희 몸이 성전'이 된 그리스도인들로부터 초기 교회가 시작되었다. 초기 교회의 모습은?

1. 기도하는 교회
2. 기사와 표적이 많이 나타나는 교회
3. 모든 물건을 유무상통하며 함께 살아가는 교회
4. 성전에 모이기를 힘쓰고 친교하는 교회
5. 하나님을 찬미하고 온 백성에게 칭송을 받는 교회

오순절에 세계 각국에서 예루살렘 성전에 모인 사람들

우리는 바대인과 메대인과 엘람인과 또 메소보다미아, 유대와 갑바도기아, 본도와 아시아, 브루기아와 밤빌리아, 애굽과 및 구레네에 가까운 리비아 여러 지방에 사는 사람들과 로마로부터 온 나그네 곧 유대인과 유대교에 들어온 사람들과 그레데인과 아라비아인들이라 우리가 다 우리의 각 언어로 하나님의 큰 일을 말함을 듣는도다 하고(행 2:9~11)

성령 충만함을 입은 예수님의 사람들이 각기 다른 언어로 담대히 전한 '하나님의 큰일'은 더욱 큰 파장을 일으켰습니다. 이날 베드로의 설교를 듣고 3,000명이 회개하는 놀라운 역사가 일어났습니다. 사도들은 기사와 표적을 행하며 예수님의 말씀을 전했고, "예수는 주"라고 고백하는 사람들은 날마다 더해졌습니다.

성령님의 임재, 구약성경의 예고
베드로와 열한 사도는 함께 서서, 보혜사 성령님의 임재를 소리 높여 외쳤다. 그리고 성령님께서 오신 것은 이미 구약성경 <이사야>와 <요엘>에 예고된 일이라고 분명히 선포했다. 이는 예수님께서 십자가를 지시기 전, 제자들에게 주셨던 약속(요 16:7)이 이루어진 것이다.
"마침내 위에서부터 영을 우리에게 부어 주시리니 광야가 아름다운 밭이 되며 아름다운 밭을 숲으로 여기게 되리라"(사 32:15).
"그 후에 내가 내 영을 만민에게 부어 주리니 너희 자녀들이 장래 일을 말할 것이며 너희 늙은이는 꿈을 꾸며 너희 젊은이는 이상을 볼 것이며"(욜 2:28).

4. 변화된 제자들, 변하지 않는 사두개파들 -2, 3차 산헤드린 공회 재판 행 3~5장

#큰글자 일년일독 통독성경 | 246~252p

산헤드린 공회가 '1차 산헤드린 공회 재판'과 '빌라도 총독 재판'을 통해 예수님을 십자가에서 못 박아 죽게 한 때는, 유대의 3대 명절(유월절, 오순절, 초막절) 중 하나인 유월절이었습니다. 부활하신 예수님의 말씀대로, 유월절로부터 50일이 지난 시점인 오순절에 다 함께 모여 있던 한곳에 성령님께서 임하셨습니다. 이에 예수님의 부활과 승천을 목도한 사도들을 비롯해 예수님을 믿는 사람들이 담대하게 나아가 복음을 증거하기 시작했습니다.

그리고 예수님의 십자가 사건 이전에는 다소 은근한 라이벌(?) 관계였던 베드로와 요한이 성령 충만함을 입은 후 함께 성전에 기도하러 올라갑니다. 그때 성전 미문에서 구걸하던, 나면서부터 걷지 못했던 사람이 베드로에 의해 '나사렛 예수 그리스도의 이름'으로 고침을 받는 기적이 일어납니다. 이 사건은 유월절 이후 다시 한번 예루살렘 전체를 뒤흔드는 일로 발전하게 됩니다.

우리가 이 일에 증인이라
성전 미문에서 일어난 병 고침 사건은 주변 사람들에게 큰 충격이었다. 인간의 능력으로는 감히 행할 수 없는 일이었기 때문이다. 잠시 충격에서 벗어난 사람들은 곧바로 그 기적을 행한 베드로와 요한에게 주목했다. 이때 베드로는 "이 일을 왜 놀랍게 여기느냐 우리 개인의 권능과 경건으로 이 사람을 걷게 한 것처럼 왜 우리를 주목하느냐"(행 3:12)라고 말하며, 기적의 근원이 예수 그리스도의 이름에 있음을 당당하게 선포했다. 많은 사람의 이목이 자신에게 집중된 상황에서 베드로는 모든 관심과 영광을 예수님께로 돌리는 멋진 모습을 보여 준다. 제자들은 기적뿐만 아니라 어떤 상황에서도 복음을 전하는 능력 있는 증인들이 되었다.

그러자 산헤드린 공회가 다시 긴장하기 시작했습니다. 이전 1차 산헤드린 공회 재판 때에는 눈길도 주지 않았던 예수님의 제자들을 이번에는 주목하여, 결국 붙잡아 가두었습니다. 이튿날, 1차 재판 때와 마찬가지로 70여 명의 산헤드린 공회원들이 모두 모여, 위협적이고 험악한 분위기 속에서 2차 산헤드린 공회 재판을 시작했습니다.

2차 산헤드린 공회 재판

2차 산헤드린 공회 재판은 1차 때와 달리 '거짓 증인'이 통하지 않았습니다. 이번 2차 산헤드린 공회 재판에는 병에서 나음을 입어 '걷기도 하고 뛰기도 하며 하나님을 찬송한 증인'이 있었기 때문입니다.

· 변화된 제자들

• 3년 전 제자들 •
- 제자들이 다 예수를 버리고 도망하니라(막 14:50)
- 우리를 하나는 주의 우편에, 하나는 좌편에 앉게 하여 주옵소서 … 열 제자가 듣고 야고보와 요한에 대하여 화를 내거늘(막 10:37~41)

➡

• 변화된 제자들 •
- 그들이 베드로와 요한이 담대하게 말함을 보고 그들을 본래 학문 없는 범인으로 알았다가 이상히 여기며(행 4:13)
- 제 구 시 기도 시간에 베드로와 요한이 성전에 올라갈새 (행 3:1)

예수님의 제자들은 이전과 달리, 능력 있는 사도가 되었고 담대한 예수님의 증인이 되었습니다. 그러나 예루살렘 성전의 대제사장 세력들은 여전히 자신들의 기득권을 지키는 데만 혈안이 되어 있었습니다. 그들은 로마 경비병들을 통해 예수님의 부활 소식을 들었음에도 병사들을 돈으로 매수해 예수님의 부활에 대해 거짓 증언을 퍼뜨리도록 조작했습니다. 그들은 예수님의 십자가 처형으로 모든 일이 끝났다고 생각했습니다. 그런데 베드로와 요한이 성전 미문에서 병자를 고쳐주고, 죽은 이의 부활, 즉 예수님의 부활을 증언하며 백성들을 가르치자, 믿는 사람의 수가 5천여 명에 이르렀던 것입니다(행 4:4).

베드로가 성령 충만하여 "너희와 모든 이스라엘 백성들은 알라 너희가 십자가에 못 박고 하나님이 죽은 자 가운데서 살리신 나사렛 예수 그리스도의 이름으로 이 사람이 건강하게 되어 너희 앞에 섰느니라 … 다른 이로써는 구원을 받을 수 없나니 천하 사람 중에 구원을 받을 만한 다른 이름을 우리에게 주신 일이 없음이라"(행 4:10~12)라고 거침없이 말했습니다.

'나사렛 예수 그리스도의 이름으로'
성령 충만함을 받은 사도들에게 '예수 그리스도의 이름'은 자랑이요, 능력의 근원이 되었다. '예수 이름'은 마귀가 떨며 두려워하고, 땅과 바다도 순종하는 이름이다. 하나님께서는 예수 그리스도를 믿는 모든 사람에게 '예수 이름'의 권세를 주셨다. 이처럼 '예수 이름'에는 원수의 모든 능력을 제어할 수 있는 권능이 담겨 있다.

이처럼 베드로는 산헤드린 공회 재판의 긴장감 속에서도, 예수님이 메시아이시며 부활하셨음을 공개적으로 선언했습니다. 산헤드린 공회는 예수님에 대한 판결 때처럼, 베드로와 요한에 대해서도 유죄를 선고하고 싶었습니다. 그러나 '예수 이름'으로 병이 나은 사람이 증인으로 함께 있었기에, 재판을 그들의 뜻대로 이끌 수 없었습니다. 그래서 산헤드린 공회는 베드로와 요한을 불러, 다시는 '예수 이름'으로 말하지도 말고 가르치지도 말라고 강하게 경고했습니다.

그러나 베드로와 요한은 "하나님 앞에서 너희의 말을 듣는 것이 하나님의 말씀을 듣는 것보다 옳은가 판단하라 우리는 보고 들은 것을 말하지 아니할 수 없다"(행 4:19~20)라고 말하며, 산헤드린 공회의 판결에 불복했습니다. 이에 산헤드린 공회는 백성들 때문에 그들을 처벌하지 못하고, 단지 위협만 하고 두 제자를 놓아주었습니다.

그러나 2차 산헤드린 공회 재판의 경고와 협박에도 불구하고, 사도들은 목숨을 걸고 예수님의 십자가와 부활과 승천, 그리고 재림에 대한 약속을 전하는 데 주저하지 않았습니다. 사도들은 3년 만에 세상이 감당할 수 없는 놀라운 하나님의 사람들로 변해 있었습니다.

● 제자들 성령 강림

사도들은 2차 산헤드린 공회 재판의 결과를 예루살렘 교회에 보고하고, 성도들과 한마음으로 기도합니다. 그 기도는 구약에 기록된 히스기야 왕의 기도와 〈시편〉의 말씀을 인용한, 한마디로 '성경을 통(通)한 기도'였습니다. 그들은 더욱 담대히 복음을 전하고, 병을 낫게 하고, 예수님의 이름으로 표적과 기사가 더욱 나타나기를 기도했습니다. 이렇게 예루살렘 성도들이 한마음으로 기도하자, 하나님께서 그 기도에 응답해 주십니다. 오순절 때 임하셨던 성령님께서 똑같이 그 자리에 임하신 것입니다.

"빌기를 다하매 모인 곳이 진동하더니 무리가 다 성령이 충만하여 담대히 하나님의 말씀을 전하니라"(행 4:31).

예루살렘 교회는 믿는 사람들이 한마음 한뜻이 되어 기도하고 유무상통(有無相通)하며 교회의 어려움을 함께 극복해 나갔습니다. 특히, 바나바라고 부르는 요셉이 자기 밭을 팔아 교회 공동체에 내놓는 일도 있었습니다. 그리고 사도들의 사역을 통해 예수님을 믿는 사람의 숫자가 날마다 기하급수적으로 늘어갔습니다. 그들은 무서운 공권력을 가진 산헤드린 공회도 두려워하지 않고 예루살렘 성전의 솔로몬 행각에서 공식적인 모임을 이어갔고, 예루살렘의 많은 백성에게 칭송받았습니다. 이로써 복음은 예루살렘으로부터 점점 퍼져 나가기 시작했습니다.

교회, 복과 거룩의 통로
산헤드린 공회의 엄청난 핍박에도 불구하고, 사도들이 성령님의 능력으로 날마다 지치지 않고 "예수는 그리스도라고 가르치기와 전도하기를"(행 5:42) 그치지 아니하였기에, 이 위대한 조직은 2천 년을 지나 오늘에까지 이어지고 있다. 교회는 하나님의 복과 거룩이 세상으로 흘러가는 통로이다.

솔로몬 행각 (Solomon's Colonnade)
예루살렘 성전 동편에 있는 주랑으로, 지붕과 기둥은 있으나 벽은 없는 형태의 복도이다. 예수님께서 수전절에 이곳에서 말씀을 가르치셨다. 이제는 사도들이 이곳에서 예수님을 믿는 사람들과 함께 복음을 전하고, 많은 이적을 행했다.

● 3차 산헤드린 공회 재판

예수님을 믿고 따르는 사람들이 늘어나자, 사두개파 사람들이 마음에 시기가 가득하여 사도들을 체포해 감옥에 가둡니다. 그리고 공회와 이스라엘 원로들을 다 모으고 3차 산헤드린 공회 재판을 준비합니다. 그런데 감옥에 있어야 할 사도들이 성전에서 백성들을 가르치고 있었습니다. 놀란 산헤드린 공회원들은 성전 맡은 사람들과 부하들을 시켜 조용히 사도들을 데려와 공회 앞에 세웠습니다. 잘못하면 백성들이 민란을 일으킬 수 있었기 때문입니다.

대제사장이 2차 산헤드린 공회 판결을 언급하며 사도들을 다그치자, 베드로와 사도들은 또다시 예수님의 십자가와 부활을 담대히 선포하며, 믿고

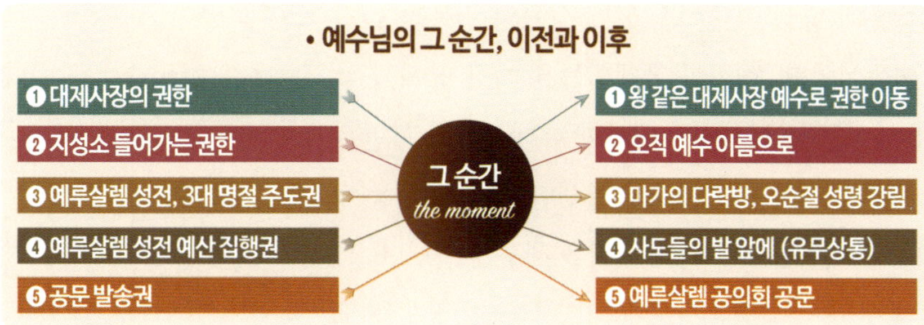

순종하는 사람들에게 임재하신 성령님에 대해서도 힘 있게 증언했습니다. 그러자 공회원들이 크게 노하여 사도들을 죽이려고 했습니다.

이때 율법 학자이자 존경받는 바리새인 가말리엘이 사도들을 내보내고 공회원들에게 말합니다.

"이 사람들을 상관하지 말고 버려 두라 이 사상과 이 소행이 사람으로부터 났으면 무너질 것이요 만일 하나님께로부터 났으면 너희가 그들을 무너뜨릴 수 없겠고 도리어 하나님을 대적하는 자가 될까 하노라"(행 5:38~39).

이 말을 옳게 여긴 공회원들은 사도들을 불러 채찍질한 후, 다시 한번 '예수 이름'으로 말하는 것을 금하고 내보냈습니다. 아마도 이때 사도들은 그 유명한 '40에 하나 감한 매', 39대의 채찍을 맞았을 것입니다. 그러나 사도들은 예수님의 이름을 위하여 능욕 받는 일을 기뻐하며, 어느 곳에 있든지 "예수는 그리스도라고 가르치기와 전도하기를"(행 5:42) 그치지 않았습니다.

5. 2차 예루살렘 공회 - 일곱 일꾼 선출 행 6:1~7

#큰글자 일년일독 통독성경 | 252~253p

사도들이 산헤드린 공회에 체포되어 두 차례(2. 3차 산헤드린 공회 재판)에 걸쳐 재판을 받았음에도 불구하고, 두려워하지 않고 오히려 더욱 담대하게 복음을 전했기에 예루살렘에서 예수님을 믿기로 작정한 사람들의 수가 더욱 증가했습니다. 그런데 성령 충만한 예루살렘 교회 안에서도 먹는 문제로 인해 시험에 드는 일이 발생했습니다. 만약 그들이 경제적으로 넉넉한 상황이었다면, 이 문제는 사소한 일이었을 것입니다. 그러나 가난한 예루살렘 교회 성도들이 함께 생활하며 적은 음식을 나누어야 하는 상황에서, 이 일은 무시할 만한 사소한 문제가 아니었습니다.

공동체 안에서 헬라파 과부들이 분배 과정에 소외감을 느끼며, 히브리파 과부들과의 갈등을 드러냈습니다. 여기서 히브리파와 헬라파 유대인이 등장합니다. 히브리파 유대인들은 유대 땅을 떠나지 않고 조상들의 전통과 율법을 지키며 살아온 유대 토박이들이었고, 헬라파 유대인들은 이방 땅에서 살다가 예루살렘으로 들어온 유대인들이었습니다. 헬라파 유대인들의 불만은 '매일의 구제에 빠지는 일', 다시 말해 공동체 안에서 발생한 '분배 불평등'에 관한 것이었습니다. 이 문제를 사도들이 크게 알고 대책을 세우게 됩니다.

사도들은 먼저 이러한 문제가 왜 발생했는지 깊이 고민하며 해결책을 모색했습니다. 그때 사도들은 말씀 전파를 뒤로 하고 구제하는 일에만 몰두할 수 없음을 깨달았고, 또 한편으로는 자신들이 구제하는 일을 효과적으로 감당하지 못해 공동체 전체에 균등한 배려가 이루어지지 않았음을 알게 되었습니다. 이에 사도들은 그 일을 자신들보다 더 잘 감당할 사람들을 선택하기로 의견을 모았습니다. 이는 맛디아 선출에 이은 두 번째 예루살렘 공회의 결정이 되었습니다.

산헤드린 공회의 압박 속에서도 사도들은 예루살렘 교회에 '성령과 지혜가 충만하여 칭찬받는 사람' 일곱 명의 월등한 평신도 지도자를 세우기로 합니다. 그리고 자신들은 기도와 말씀 사역에 더욱 힘쓰겠다고 선언합니다. 그러자 온 성도들이 기뻐하며 성령과 지혜가 충만한 일곱 사람을 선택했고, 사도들은 그들에게 안수하여 교회의 일꾼으로 세웠습니다.

그 후로 사도들은 기도와 말씀 전파에 집중하고, 안수받은 일곱 일꾼이 성도 섬기는 일에 헌신하자, '예수를 주'라 고백하는 사람들이 날마다 더욱 늘어나며 부흥했습니다. 심지어 예루살렘 성전의 상당수 제사장까지도 '예수를 주'라 고백하기에 이릅니다.

창조적 대안
초기 교회 내부에 문제가 발생하자, 사도들은 함께 의견을 모아 이를 지혜롭게 대처했다. 그들은 이전까지 행하던 구제의 방법을 수정하거나 어떤 규칙을 새롭게 제정하는 등의 방식으로 접근하지 않고, 먼저 그 일을 책임있게 감당할 '사람'을 세우는 방법을 선택했다. 사람을 잘 세우는 것이 곧 지혜이다. 예루살렘 공회가 두 번째로 의견을 모은 창조적 대안 역시 '사람'이었다. 하나님께서는 언제나 사람을 통해 일하시며, 그들을 통해 하나님의 뜻을 이루어가신다.

초기 교회 일곱 일꾼
- 스데반, 빌립, 브로고로, 니가노르, 디몬, 바메나, 니골라
- 이들의 이름은 모두 헬라식 표기였다.
- 복음은 히브리인 유대인에서 디아스포라 유대인으로 점점 더 넓게 확장되어 갔다.

6. 4차 산헤드린 공회 재판 – 스데반 순교 행 6:8~8장

#큰글자 일년일독 통독성경 | 253~260p

예루살렘 교회가 선한 영향력을 끼치는 아름다운 공동체로 점점 발전해 가자, 산헤드린 공회는 이 문제를 좌시하지 않습니다. 그들은 예루살렘 교회를 뿌리부터 흔들기 위해, 예루살렘 교회의 일곱 일꾼 가운데 한 사람인 스데반을 본보기로 삼아 체포합니다.

● 스데반 순교

스데반은 교회 내부의 분배 문제도 잘 해결했을 뿐만 아니라, 은혜와 권

스데반 _ 렘브란트 作

능이 충만하여 기사와 표적도 행했습니다. 그의 실력이 얼마나 뛰어났던지 디아스포라 유대인들과의 논쟁에서도 지지 않았고, 지혜와 성령으로 말하는 그를 아무도 당해낼 수 없었습니다. 그러자 사두개파 사람들이 시기하여 거짓 증인들을 매수해, 스데반이 모세와 하나님을 모독하는 말을 했다고 증언하게 하여 결국 산헤드린 공회에 스데반을 고소하게 합니다. 이로써 4차 산헤드린 공회 재판이 열리게 됩니다.

스데반은 이때 재판정을 복음 전도의 장으로 만들어 "여러분 부형들이여 들으소서"라는 말로 자신의 변론을 시작하여 구약 2천 년의 역사를 정리하고, 구약성경이 예수 그리스도를 증거하는 책이라고 밝힙니다.

스데반의 변론을 들은 산헤드린 공회원들은 양심에 찔리면서도 마음을 돌이키지 않고, 오히려 스데반을 죽일 생각만 했습니다. 그 순간, 스데반은 성령 충만하여 하나님의 영광과 하나님 우편에 서 계신 예수님을 보면서 "보라 하늘이 열리고 인자가 하나님 우편에 서신 것을 보노라"(행 7:56)라고 말합니다. 그러자 산헤드린 공회는 재판을 위한 회의나 공식적인 판결조차 내리지 않은 채, 마치 무법자들처럼 큰 소리를 지르며 귀를 막고 스데반에게 달려들어, 그를 성 밖으로 내친 후 돌로 처형합니다. 이때 거짓 증인들은 자기들의 옷을 벗어 사울의 발 앞에 두었습니다.

스데반의 본보기
스데반은 구약 2,000년의 이야기와 예수님 이야기를 단번에 일목요연하게, 정확하게 완벽한 이야기로 전했다. 놀랍게도 당시 유대 종교 지도자들인 사두개인들과 바리새인들이 '평신도 스데반'의 탁월한 성경 실력을 감당하지 못했다. 우리도 스데반처럼 성경 전체를 틀리지 않게, 치우치지 않게, 선을 넘지 않고, 사람들 앞에서 10분 안에 이야기할 수 있다면, 하나님께서 그 모습을 보시고 크게 기뻐하실 것이다.

스데반은 돌에 맞아 죽어 가면서도, 예수님께서 십자가 위에서 드리셨던 용서의 기도를 따라 기도했습니다. "주여 이 죄를 그들에게 돌리지 마옵소서"(행 7:60).

스데반이 증언했던 '하나님의 우편에 계신 예수님' 이야기는 일찍이 다윗의 시편에서부터 이어져 온 이야기입니다. 예수님께서 1차 산헤드린 공회 재판에서 "인자가 권능의 우편에 앉아 있는 것"을 말씀하신 이야기를 스데반이 순교하면서 확인해 주었고, 이후 사도 요한이 밧모섬에서 다시 확인하여 〈요한계시록〉에 남깁니다(계 1:13~16). 스데반은 그렇게 '예수의 사람'으로 첫 순교자가 되었습니다.

● 사마리아 성령 강림

스데반의 순교를 시작으로 교회에 대한 산헤드린 공회의 대대적인 박해가 시작됩니다. 예루살렘 교회가 박해를 당하자, 청년 사울은 그것을 당연하게 여겼고, 죽기를 각오한 사도들을 제외한 모든 예루살렘 교회 성도들은 박해를 피해 뿔뿔이 흩어졌습니다. 그런데 놀라운 사실은, 박해를 피해 흩어진 성도들이 오히려 '온 유대와 사마리아 모든 땅으로' 다니며 예수 그리스도의 죽음과 부활을 전하는 전도인이 되었다는 것입니다. 스데반이 흘린 순교의 피가 '온 유대와 사마리아'와 그리고 더 넓은 지역에서 복음의 꽃으로 피어난 것입니다. 이는 예수님의 지상명령을 이루기 위한 첫걸음이 되었습니다(행 8:1~4).

특히, 예루살렘 교회 일곱 일꾼 중 한 사람인 빌립에 의해 사마리아까지 복음이 전해졌다는 기쁜 소식이 예루살렘 교회에 전해지자, 교회는 사도 베드로와 요한을 사마리아에 파송했습니다. 두 사도가 예수님의 이름으로 세례를 받은 이들에게 기도하자, 그곳 사마리아에 성령님께서 임재하시는 역사가 일어났습니다. 베드로와 요한은 복음을 전파한 뒤 다시 예루살렘으로 돌아가는 길에 사마리아인의 여러 마을을 들러 복음을 전했습니다.

또한 빌립은 이후 성령님의 인도하심을 따라 예루살렘에서 가사로 내려가는 광야 길에서 에디오피아의 내시를 만나 복음을 전하고 세례를 베풀었습니다. 이로 인해 복음이 이방인에게도 퍼져가기 시작했고, 예수님의 말씀대로 모든 민족이 세례를 받는 일이 본격적으로 시작되었습니다. 이때로부터 복음 전파는 '예루살렘과 온 유대와 사마리아'를 넘어, 드디어 '땅끝으로' 나아가기 시작합니다.

에디오피아(Ethiopia)에 복음이
당시 에디오피아는 오늘날 에드 오피아 상류에 있는 도시 '메로에(Meroe)'를 수도로 한 누비아 왕국으로, 구약 성경에서는 '스바'로 불렸다. 에디오피아의 내시는 여왕 간다게의 국고를 관리하는 권력자로, 예루살렘에 예배하러 왔다가 돌아가는 길에 빌립을 만난 것이다. 그는 <이사야>에 기록된 메시아의 수난 예고 부분을 읽고 있었는데, 이때 빌립을 통해 그 예언이 예수님을 가리키고 있다는 사실을 알게 되었다. 에디오피아의 내시는 수레를 멈추고 "내가 세례를 받음에 무슨 거리낌이 있느냐"(행 8:36)라고 말하며 빌립에게 세례를 요청했다. 성령님의 인도하심으로 그는 에디오피아의 첫 세례자가 되었다.

다메섹 (Damascus)
다메섹은 해발 약 600m 고지대에 있는 도시로, 헤르몬산과 레바논 산맥에 둘러싸여 있고, 아바나강과 바르발강에서 물을 공급받는 사막의 오아시스 같은 곳이다. 도로가 발달한 교통의 요지이자 군사적, 상업적 요충지이다. 성경에서 아브라함이 롯을 구출하기 위해 다메섹까지 추격한 기록을 시작으로, 이후 다윗과 솔로몬 시대와 분열 왕국 시대에도 계속해서 등장하는 아람의 수도 역할을 한 주요 도시이다. 그리고 '다메섹'은 사도 바울의 회심 사건으로 더욱 유명해졌다.

7. 비로소 깨달은 '함께'의 의미 - 3차 예루살렘 공회 행 9~12장

큰글자 일년일독 통독성경 | 260~269p

● 사울의 회심 – 다메섹 그 순간

스데반이 순교할 당시 증인들의 옷을 지키고 있던 사람, 믿는 성도들을 잔멸하고자 집집마다 들어가 붙잡아 옥에 넘겼던 사람, 그 한 사람의 놀라운 변화가 준비되고 있습니다. 바로 사도 바울입니다. 바울은 예수 믿는 사람들을 옥에 가두기 위해 다메섹으로 가던 중에 예수님을 만납니다. "사울아 사울아 네가 어찌하여 나를 박해하느냐 하시거늘 대답하되 주여 누구시

사울의 회심 사건과 유대인의 회당 조직
사울의 회심 사건은 사울이 산헤드린 공회가 발급한 공문을 들고 다메섹으로 가던 중에 일어났다. 사울이 산헤드린 공회 의장인 대제사장이 발급한 일종의 체포 영장을 가지고, 제2의 스데반을 찾아 다메섹까지 출장을 갔던 것이다. 산헤드린 공회는 유대 내부의 종교 지도부일 뿐만 아니라, 로마 제국 전역에 퍼져 있는 회당들까지도 관할하며 관리했다. 산헤드린 공회가 관리하던 회당은 A.D.70년경 예루살렘에만 약 460개에서 480개 정도에 이르렀다고 전해진다.

니이까 이르시되 나는 네가 박해하는 예수라"(행 9:4~5). 이때가 바울의 '다메섹 그 순간(The Damascus Moment)'입니다. 바울이 그토록 박해하던 '예수가 메시아'임을 깨닫는 순간이었습니다.

사울의 회심 _ 니콜라 베르나르 레피시에 作

바울은 바리새파이며 유대 3대 율법 학자(에스라, 힐렐, 가말리엘) 중 가말리엘 문하에서 제자로 배워 구약을 잘 알고 있었습니다. 그래서 예수님을 만난 그 순간, 예수님께서 율법과 선지자의 완성이신 메시아임을 즉시 깨달았습니다. 예수님께서는 바울을 이방인의 사도로 부르시고, 아나니아를 그에게 보내 세례를 베풀게 하셨습니다. 그때로부터 바울은 다메섹의 여러 회당에 가서 예수님께서 하나님의 아들이심을 증거했습니다. 이렇게 바울이 준비되면서, 복음은 유대를 넘어 이방인들에게까지 본격적으로 전파될 수 있게 되었습니다.

● 고넬료 성령 강림

바울의 이방인 사역이 잘 진행되기 위해서는 먼저 준비되어야 할 부분이 있었습니다. 그 일은 바로 사도행전 10장에 나오는 고넬료 사건입니다.

〈누가복음〉과 〈사도행전〉을 기록한 누가는 두 편지의 수신자인 데오빌로에게, 앞서 〈누가복음〉에서 소개한 백부장(눅 7:2~10)에 이어 또 한 명의 백부장을 소개해 줍니다. 누가가 소개한 로마의 백부장 고넬료는 의인이며 하나님을 경외하는 사람으로 구제에 힘쓰는 사람이었습니다. 그는 하나님을 더 알고 싶어 했고, 더욱 하나님의 뜻을 행하고자 했습니다. 그래서 환상 중에 하나님의 사자가 가르쳐준 대로 베드로를 초대했고, 베드로가 그의 집에 도착하자 그 앞에 엎드렸습니다. 배우려는 마음 자세가 잘 갖추어져 있었던 것입니다.

이런 고넬료와 달리, 사실 베드로는 고넬료의 집에 가는 것을 매우 꺼렸습니다. 그에게도 이방인에 대한 뿌리 깊은 차별 의식이 존재했기 때문입니다. 하지만 성령님께서 베드로를 깨우쳐주십니다.

하나님께서는 고넬료의 경외하는 마음을 보시고, 그에게 복음을 전하게 하셨습니다. 베드로가 고넬료와 그의 친척과 친구들에게 복음을 전하자 그들에게 성령님께서 임하셨고, 베드로는 이방인들에게 임하신 성령님으로

고넬료 (Cornelius)
하나님을 경외하며 살아가던 로마 백부장 고넬료에게는 기도와 구제가 균형 있게 어우러져 있었다. 마치 오른손과 왼손이 한 몸 안에서 자유롭고 적절하게 움직이며 일을 하듯, 그의 기도와 구제는 그렇게 잘 어우러져 주변 사람들에게 큰 본이 되었다. 그 일에 온 가족과 친구들이 함께했다.

베드로에게 주신 환상
베드로가 받은 환상은 1,500년 동안 지켜온 <레위기>의 음식 규례가 폐지되었음을 보여주는 결정적인 사건이다. 이는 유대인(이스라엘)과 이방인의 구별이 사라지고, 새 언약 시대가 열리는 계기가 되었다(행 10:9~16; 11:5~10).

말미암아 매우 놀랐습니다. 성령님의 역사하심을 본 베드로는 그들에게 예수 그리스도의 이름으로 세례를 베풀었습니다.

그날 이방인들이 성령 충만함을 받아 방언을 말하며 하나님을 높이는 것을 보면서, 베드로는 자신이 가지고 있던 선민과 이방인을 구분하는 편견에서 벗어나게 됩니다. 드디어 세계 만민을 그리스도인으로 부를 수 있게 되는 문이 열리게 된 것입니다. 베드로는 고넬료를 통해 '복음, 모든 민족과 함께'의 의미를 비로소 깨닫게 됩니다.

베드로가 그 모든 일을 예루살렘 교회에 보고하자, 마침내 '모든 민족'을 향한 이방인 선교가 인정받게 됩니다. 그 일로 말미암아 예루살렘 교회는 하나님께서 모든 열방에 생명 얻는 회개를 주셨음을 인정하고, 하나님의 뜻에 순종하기로 결의합니다. 이후 이 일은 예루살렘 공회를 통해 공식적으로 결의됩니다.

백부장 고넬료에게 세례를 주는 베드로 _ 프란체스코 트레비사니 作

● 3차 예루살렘 공회 – 안디옥에 바나바 파송

예루살렘 교회는 산헤드린 공회 세력의 극심한 박해 속에서도, 안디옥에 있는 헬라인들 가운데 예수님을 믿는 사람들이 생겼다는 기쁜 소식을 듣게 됩니다. 헬라인들이 복음을 접하게 된 것은 스데반 순교와 산헤드린 공회의 박해로 인해 예루살렘 교회 성도들이 흩어졌기 때문입니다. 그들이 안디옥에 이르러 헬라인에게도 복음을 전하면서, 마침내 안디옥에 교회가 세워지게 된 것입니다. 이 소식을 들은 예루살렘 공회는 사마리아에 베드로와 요한을 파송했던 것처럼(행 8:14), 이번에는 성령과 믿음이 충만한 사람 바나바를 안디옥에 파송합니다.

바나바는 다소에 가서 바울을 찾아 안디옥으로 데리고 와서 함께 동역합니다. 바나바와 바울의 동역으로 안디옥 교회는 1년 만에 크게 부흥하고 성장했습니다. 바나바와 바울 두 사람의 열심으로 '예수를 주'라 고백하는 이들이 늘어났고, 그때 이들을 두고 사람들이 비로소 '그리스도인'이라고 부르게 되었습니다(행 11:26).

당시 사람들은 예수 그리스도를 주라고 고백한 사람들을 '그리스도에 속한 사람, 즉 예수의 사람'이라고 해서 '그리스도인'이라고 불렀습니다. '그리

수리아 안디옥 (Antioch of Syria)
안디옥은 셀루커스 왕조의 창건자 셀루커스 1세가 그의 아버지 안티오쿠스를 기념하기 위해 헬라 제국 내에 16개의 도시를 세우면서 붙인 이름이다. 그중 '수리아 안디옥'은 16개의 안디옥 가운데 가장 번성했던 곳으로, 오늘날 튀르키예(터키)의 동남쪽 시리아와의 국경 근처 오론테스강 왼쪽 기슭에 있는 '안타키야'를 가리킨다. 그리고 '비시디아 안디옥'은 튀르키예 중남부 지역의 높은 고원 지대, 소아시아 내륙에 있는 도시로, 당시 로마의 도로망이 잘 연결된 곳이다. 바울이 전도여행을 할 때 여러 차례 방문한 곳이다.

스도인'은 예수 그리스도를 주로 고백한 유대인과 헬라인을 묶어 예수님을 믿는 사람들을 따로 부르기 위해 쓴 호칭입니다. 이 호칭이 안디옥 교회에서 처음 등장한 것입니다.

놀랍게도 안디옥 교회는, 박해와 흉년으로 경제적 어려움을 겪고 있던 예루살렘 교회에 바나바와 바울을 통해 연보를 보내며 큰 힘이 되는 교회로 성장했습니다. 이후 안디옥 교회는 계속 성장하여 바나바와 바울을 전도인으로 파송하는 세계 선교의 전초기지가 됩니다.

한편, 스데반 순교 이후 안타깝게도 박해는 더욱 심해졌고, 다시 순교자가 나옵니다. 그 일은 헤롯 아그립바 1세가 유대인들의 환심을 사기 위해 그리스도인들을 박해하면서 일어났습니다. 헤롯 아그립바 1세의 칼날 아래 사도 야고보가 순교하고, 사도 베드로가 감옥에 갇히는 고난을 겪게 됩니다. 헤롯은 베드로를 감옥에 가둬 두었다가 유월절이 지난 후에 공개 재판을 할 계획이었습니다.

야고보의 순교와 베드로의 투옥으로 인해 예루살렘 교회는 모두 한마음으로 간절히 기도했고, 헤롯이 계획한 전날 밤에 주의 사자가 베드로를 구합니다. 그 일 후, 헤롯 아그립바 1세는 벌레에게 먹혀 죽고, 예루살렘 교회는 다시 안정을 되찾아 복음을 더욱 널리 전하며 흥왕하게 됩니다.

초기 교회에서 스데반과 야고보의 순교를 통해 그리스도인의 순교신앙이 시작되었습니다. 부활 영생을 전제하지 않는다면, 순교신앙은 있을 수 없습니다. 일찍 죽는 것이 순교신앙이 아니라, 부활 영생을 믿고 순종하며, 죽음도 두려워하지 않는 것이 순교신앙입니다.

함께 가는 교회

안디옥 교회의 아가보가 성령 충만함을 입어 "천하에 큰 흉년이 들리라"(행 11:28)라고 예언했다. 이는 실제로 로마 제국의 네 번째 황제인 글라우디오(클라우디우스) 시대에 일어난 흉년으로 성취되었다. 이때 안디옥 교회는 "각각 그 힘대로 유대에 사는 형제들에게 부조를 보내기로 작정하고"(행 11:29), 연보를 모아 바나바와 바울을 통해 예루살렘 교회에 전달했다. 이후 바울은 이 경험을 바탕으로 여러 교회에서 구제헌금을 열심히 거두어, 형편이 어려운 예루살렘 교회를 계속 도왔다.

'사도행전 30년'

예수님께서 승천하시고 오순절 성령 강림이 있던 때를 A.D.30(33)년으로, 사도 바울을 비롯해 복음 1세대 지도자 200여 명이 죽게 된 A.D.64년 로마 대화재 사건을 기준으로 본다면, <사도행전>의 시간적 배경이 되는 기간은 약 30년이라고 할 수 있다. 이 기간은 기독교에 있어 아주 중요한 변천기였다. 복음이 처음에는 유대인들에게만 전파되었고, 초기 교회는 유대인들 중심으로 형성되었으나 점차 이방인들도 복음을 믿고 받아들이게 되었다. 복음은 더 이상 예루살렘에 머무르지 않고 곳곳으로 퍼져 나갔다. '열방을 향한 교회', 세계 선교 시대가 열리기 시작한 것이다.

#From the Cross | 십자가로 시작하는 레시피

8. 새 휘장 예수님의 몸을 통한 하나님 나라 거룩한 공직자 그리스도인 : 교회

● 새 휘장이신 예수님의 몸을 통한 하나님 나라 거룩한 공직자 그리스도인의 정체성

그리스도인은 하나님의 자녀가 된 사람들이며, 성령님께서 그 가운데 임재하시는 성령의 전입니다. 그래서 사도 바울은 새 휘장이신 예수 그리스도를 통해 예수의 사람, 즉 그리스도인이 된 사람들에게 '너희 몸이 성전'이라고 가르쳐주었습니다. '예수를 주'라 고백하는 사람이 바로 교회이며, 교회는 개인으로서의 교회와 공동체로서의 교회, 두 의미가 모두 포함됩니다.

● 하나님 나라의 거룩한 공직자 그리스도인의 다섯 가지 행동

첫째, 성령 세례를 받은 그리스도인은 아브라함처럼 두렵고 떨리는 마음으로 하나님을 경외하고, 거룩한 산 제사의 영적 예배를 하나님 앞에 드리며, 그리스도와 함께 죽고 다시 사는 세례를 받아 하나님 아버지의 이름을 거룩하게 하는 사람들입니다. 그러므로 우리는 성령 세례 받은 하나님 나라의 거룩한 예배자입니다.

둘째, 부활 영생을 소망하는 그리스도인은 자기 십자가를 지고 예수님을 따릅니다. 그러므로 우리는 부활 영생을 믿고 순교신앙으로 사는 제자들입니다.

셋째, 지상명령을 수행하는 그리스도인은 주어진 사명의 시간 동안 사명을 특권으로 여기고 자랑하며, 최선을 다하는 사람들입니다. 그러므로 우리는 예수님의 승천과 재림 사이에 지상명령을 수행하는 전도인입니다.

넷째, 예수님의 재림을 소망하는 그리스도인은 깨어 기름을 준비하며 예수님의 오심을 기다리는 사람들입니다. 그러므로 우리는 속히 오시리라는 예수님의 재림 약속을 믿는 마라나타 신앙인입니다.

다섯째, 새 하늘과 새 땅을 소망하는 그리스도인은 나라와 권능과 영광이 영원히 아버지의 것임을 알고 믿고 고백하는 사람들입니다. 그러므로 우리는 하나님과 어린양이 성전인 거룩한 성에서 영원히 사는 하나님 나라 백성입니다.

그리스도인의 다섯 가지 믿음과 행동은 예수님의 승천부터 재림까지 계속 이어지며 점점 더 굳건해집니다. 그 기록이 '사도행전 30년'이며 '공동서신 9권'입니다.

43과 바울의 1차 전도여행 – 4차 예루살렘 공회

사도행전 13장~15:35

큰글자 일년일독 통독성경 *one year tongdok bible as one story*

320일 : 예루살렘 공회(공의회)

시간 흐름 *time flow*

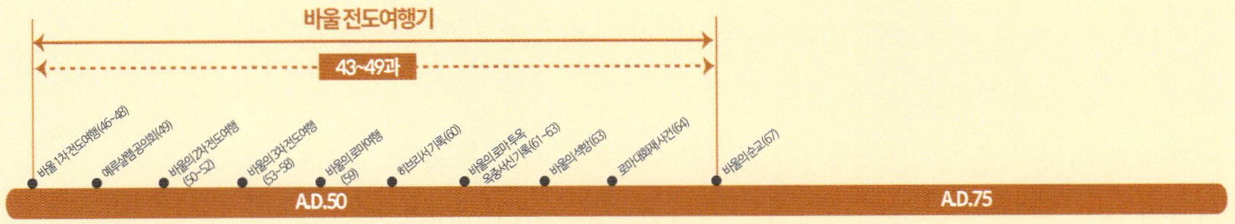

지금 공간 *current location* 안디옥, 소아시아 지방, 예루살렘

주요 인물 *main character* 바울, 바나바, 베드로, 야고보

통通포인트 *tong point*

다메섹 외톨이 바울, 드디어 선교 팀워크(teamwork)를 시작하다

바울은 산헤드린 공회 세력에 힘입어 예루살렘 교회를 핍박하다가 다메섹에서 예수님을 만난 후, 예수 십자가와 부활을 증거하는 복음 전도자로 급격히 변화되어 산헤드린 공회나 예루살렘 교회나 어디에도 속할 수 없는 다메섹 외톨이가 되었습니다. 그러나 바나바의 인도로 안디옥 교회에서 사역을 시작하면서 공식적으로 안디옥 교회의 파송을 받게 됩니다. 바나바와 바울은 전도팀을 이루어 소아시아 지역을 중심으로 2년여에 걸쳐 복음을 전합니다. 바나바와 바울의 1차 전도여행 후 열린 4차 예루살렘 공회의 결정은 기독교 역사에서 매우 중요한 회의로, 공회의 결정에 따라 초기 교회는 유대교와의 분리를 선언하고, 율법이 아니라 예수 그리스도를 믿는 믿음으로 구원이 이루어짐을 선포했습니다. 예루살렘 공회의 결정은 크게 두 가지 관점으로 보아야 합니다. 첫째, 아브라함을 통해 모든 민족이 복을 받게 하시겠다는 하나님의 약속이 예수님의 십자가로 실현되었음이 선언된 것입니다. 둘째, 예루살렘 공회가 바울을 '우리가 사랑하는 형제 바울'로 인정함으로써, 바울이 독자적으로 전도팀을 꾸릴 수 있게 되었다는 점입니다. 4차 예루살렘 공회를 기점으로 <사도행전>은 사도들의 기록에서 바울 중심의 기록으로 분위기가 바뀝니다.

1. 바울과 바나바, 안디옥 교회의 파송을 받다 행 13:1~3

큰글자 일년일독 통독성경 | 269p

지중해 연안 도시인 안디옥(수리아 안디옥)은 시리아 헬라 제국(셀루커스 왕조)의 수도였습니다. 대단했던 이곳에 세워진 안디옥 교회는 다양한 구성원으로 이루어졌는데, 니게르라 불리는 시므온, 구레네 사람 루기오, 에돔인 분봉 왕 헤롯의 젖동생 마나엔, 그리고 헬라인 등입니다. 예루살렘에서 박해를 피해 흩어진 사람들이 안디옥에 이르러 헬라인에게도 복음을 전했고, 이로 인해 예수님을 믿는 사람들이 모여들면서 안디옥 교회가 시작되었습니다. 이 소식을 들은 예루살렘 교회는 첫 이방인 교회인 안디옥 교회를 위해 바나바를 파송했습니다.

이때 바나바는 다소에 머물고 있던 바울을 데려가면서 본격적으로 바울에게 사역 길을 열어주었습니다(행 11:25~26). 바나바는 일찍이 바울이 다메섹에서 회심했음에도 믿어주는 사람이 없을 때 그를 보증하고 추천해, 바울이 예루살렘에서 사도들과 교제할 수 있도록 도왔습니다. 예루살렘 교회의 파송으로 안디옥에 온 바나바는 바울과 함께 1년간의 사역 끝에 안디옥 교회를 튼튼한 교회로 세워 수많은 그리스도인을 탄생시켰습니다. 그렇게 성장한 안디옥 교회는 큰 흉년이 들었을 때 예루살렘 교회를 도우며, 두 교회는 협력 속에서 아름다운 관계로 성장해 갔습니다.

그리스도인이란?
우리는 그리스도인이다. 그렇다면 그리스도인이 누구인가? 첫째, 하나님의 사랑을 알고 알아가는 사람이다. 둘째, 사람의 가치를 알고 알아가는 사람이다. 셋째, 놀라운 하나님의 용서를 받았고, 그 용서를 행하는 사람이다. 우리가 그리스도인 된 것은 하나님의 큰 은혜이다. 그리스도인이 되는 자격은 오직 예수 그리스도를 믿는 믿음을 통해서만 얻을 수 있다. 이 기본 위에서 우리는 진정한 자유와 평등과 정의를 꿈꾸며 살아갈 수 있다.

그러던 중에, 안디옥 교회 성도들이 금식할 때 성령님께서 "내가 불러 시키는 일을 위하여 바나바와 사울을 따로 세우라"(행 13:2)라고 말씀하셨습니다. 이에 성도들은 바나바와 바울을 위해 함께 금식하며 기도하고, 그들에게 안수하여 '전도자'로 파송합니다. 안디옥 교회가 이렇게 부흥 성장을 이루어 마침내 세계 선교를 위한 센터가 된 것입니다. 바나바와 바울이 안디옥 교회의 파송을 받고 떠난 1차 전도여행은 A.D.46년부터 48년까지 대략 2년간 진행되었으며, 주로 소아시아 지역을 중심으로 복음을 전했습니다.

안디옥 교회의 파송

처음에는 각 지역 회당을 중심으로 유대인들에게 복음을 전했으나, 바울과 바나바는 곧 여러 동역자와 함께 땅끝 이방인들에게까지 사역 범위를 넓혀 나갔습니다. 이들의 발걸음이 닿는 곳곳마다 생명의 복음이 널리 퍼져 나갔

습니다. 복음에는 생명이 있기에 역동적일 수밖에 없습니다.

2. 바울의 1차 전도여행 행 13:4~14장

#큰글자 일년일독 통독성경 | 269~274p

● 구브로 (행 13:4~13)

바울과 바나바, 그리고 이들을 돕는 마가(본명 요한, 바나바의 친척)는 배를 타고 바나바의 고향인 구브로로 향했습니다. 그들은 처음으로 구브로의 살라미 회당에서 복음을 전했습니다. 섬 중앙에 있는 바보라는 곳에서는 유대인 거짓 선지자 바예수의 훼방이 있었지만, 총독 서기오 바울이 복음을 받아들이는 좋은 일도 있었습니다. 그러나 버가에서 마가가 예루살렘으로 돌아가는 일이 생기기도 했습니다. 열정으로 시작한 전도여행이었지만, 그 여정이 마가에게 너무 고되고 힘들었기 때문입니다.

바울과 바나바의
1차 전도여행 요약
- 수리아 안디옥 교회에서 출발
- 구브로 섬의 살라미에서 전도
- 비시디아 안디옥에서 전도
- 이고니온에서 전도
- 루스드라에서 전도
- 더베에서 전도
- 거쳐 온 도시들을 다시 방문
- 수리아 안디옥으로 귀환, 전도여행 보고
- 예루살렘 공회에 전도여행 보고

● 비시디아 안디옥 (행 13:14~52)

바울과 바나바 일행은 비시디아 안디옥에 도착한 후, 안식일에 회당에서 복음을 전했습니다. 그때 바울이 출애굽부터 시작하여 예수님의 승천에 이르기까지 이스라엘 역사가 결국 예수님을 향하고 있다는 사실을 증거하자, 그곳에 있던 많은 사람이 바울이 전한 말씀을 따르기로 합니다. 사람들이 다음 안식일에도 설교를 요청하면서 하나님의 말씀을 들으려 모여들었습니다. 그러나 모든 사람이 복음을 받아들인 것은 아니었습니다. 지독한 선민의식을 가지고 예수님을 오해하던 유대인들이 바울과 바나바를 계획적으로 반대했습니다. 결국 그들은 귀부인들과 성안의 힘 있는 자들을 선동하여 바울과 바나바를 핍박하고, 성에서 내쫓았습니다.

바울의 1차 전도여행
시간 : A.D. 46~48년경, 약 2년 공간 : 소아시아 지방 인간 : 바울, 바나바

● 이고니온 (행 14:1~7)

이고니온에 도착한 바울과 바나바가 유대인의 회당에 들어가 복음을 전하자, 많은 이고니온 사람이 예수님을 믿었습니다. 그러나 역시 그곳에서도 예수님을 믿지 않는 유대인들이 복음 전하는 일을 방해하며 끝내 바울과 바나바를 돌로

치려 달려들었습니다. 결국 두 사도는 이곳을 떠나 루스드라로 향할 수밖에 없었습니다.

● **루스드라** (행 14:8~20)

루스드라에서 바울은 태어나면서부터 걷지 못했던 사람을 고치는 놀라운 기적을 행합니다. 사람들은 이 기적을 보고 신들이 강림했다고 여겼습니다. 그래서 바나바를 '제우스', 바울을 '헤르메스'라고 부르며 두 사람 앞에 제사를 드리려고 했습니다. 놀란 두 사도는 입고 있던 옷을 찢으며 간신히 이들을 말렸고, 이 일을 행하신 분은 자기들이 아니라 하나님이심을 증거했습니다. 그런데 안디옥과 이고니온에서 바울의 사역을 방해하던 사람들이 루스드라까지 따라와 방해하며 사람들을 선동해 바울을 돌로 쳤고, 그가 죽은 줄로 알고 성 밖으로 끌어내 버렸습니다. 그러나 바울은 다시 털고 일어나 다음 날 더베로 가서 또 복음을 전했습니다. 정말 대단한 사람입니다. 한편으로 생각하면, 돌에 맞고 있을 때 바울은 아마도 스데반이 자기 눈앞에서 돌에 맞아 순교했던 장면을 떠올리지 않았을까 싶습니다.

● **안디옥으로 귀환** (행 14:21~28)

바울은 몸과 마음을 추스른 후에 바나바와 함께 루스드라, 이고니온, 비시디아 안디옥에 다시 찾아가 교회를 돌보고 있는 지도자들을 불러 "우리가 하나님의 나라에 들어가려면 많은 환난을 겪어야 할 것이라"(행 14:22)라고 말합니다. 복음으로 인한 기쁨과 더불어 고난이 있다는 것을 강조한 것입니다. 그리고 바울과 바나바는 다시 비시디아 지역과 밤빌리아 지역을 거쳐 버가로 간 후 그곳에서 복음을 전하고, 앗달리아에서 배를 타고 수리아 안디옥에 돌아와 전도여행 보고를 합니다. 그들은 이 보고에서 "하나님이 함께 행하신 모든 일과 이방인들에게 믿음의 문을 여신 것"(행 14:27)을 강조합니다.

바나바 (Barnabas)
바나바는 구브로 출신의 레위 지파 사람으로, 본명은 요셉이었다. '위로의 아들'이라는 뜻의 '바나바'라는 별명으로 불린 그는 믿음이 충만한 사람이었으며, 마가의 친척이기도 했다. 예루살렘 교회가 바울의 회심을 쉽게 믿어주지 않았을 때, 바나바가 징검다리가 되어 바울을 도와주었다. 자기 재산의 많은 부분을 팔아 내어놓음으로써 초기 교회에 유무상통의 기틀을 마련한 바나바는 성도들 사이에서 매우 존경받는 중심 인물이었을 것이다. 그런 그가 바울을 신뢰한 것이, 바울의 든든한 기반이 되어준 것이다.

바울(Paul)과 사울(Saul)
히브리어 이름은 '사울'이었고 라틴어 이름은 '파울루스(Paulus)'였다. 이에 따라 우리는 그를 '바울'이라고 부른다. 바울은 로마 시민권자로 태어났다. 그는 예루살렘에서 천부장에게 "나는 유대인이라 소읍이 아닌 길리기아 다소 시의 시민이니"(행 21:39)라고 말했다. 바울은 대단한 유대인의 신앙 유산을 물려받았고, 동시에 번영하던 헬라 문화의 계승자이기도 했다. 그는 "난 지 팔 일 만에 할례를 받았고, 베냐민 지파에 태어난 히브리인 중의 히브리인이요, 율법으로는 바리새인이요, 열심으로는 교회를 박해한 사람이요, 율법의 의로는 흠이 없는 사람"(빌 3:5~6)이라고 스스로를 설명했다. 바울은 예루살렘에서 바리새인이자 저명한 율법 학자 가말리엘 문하에서 수학했다. 그런데 그는 회심하여 그리스도인이 되었고, 사도행전 13장 9절부터 그의 이름이 '바울'로 표기되기 시작한다. 누가는 이 시점부터 사울 대신 '바울'이라는 이름을 사용하는데, 이는 바로 이때로부터 '이방인 선교'가 본격적으로 시작됨을 나타내려는 의도로 보인다.

3. 4차 예루살렘 공회 - 오직 십자가 선언 행 15:1~35

#큰글자 일년일독 통독성경 | 274~276p

1차 전도여행을 마치고 안디옥으로 돌아온 바울과 바나바 일행이 예루살렘으로 갑니다. 앞으로 계속될 이방 지역 선교를 위해서 꼭 해결해야 할 문제가 있었기 때문입니다. 바리새인이었다가 예수님을 믿게 된 그리스도인 몇 명이 안디옥 교회에 와서 구약과 율법에 대해 가르친 적이 있었습니다. 그런데 문제는 그들이 율법을 모르는 안디옥 성도들에게 예수님을 믿고 하나님의 자녀가 되기 위해서는 모세의 율법도 지켜야 하고, 할례도 받아야 한다고 말한 것입니다.

이 상황을 쉽게 받아들일 수 없었던 안디옥 성도들 사이에서 일어난 논쟁이 일파만파로 번졌습니다. 안디옥 교회 내에서 이 문제를 해결할 수 없는 상황에 이르자, 결국 안디옥 교회는 예루살렘 교회에 해결을 부탁합니다. '이방인의 할례 문제'에 대해 예루살렘 공회의 판단을 받기로 한 것입니다. 할례를 비롯한 모세의 율법을 지켜야 구원을 받는지, 아니면 예수 그리스도의 십자가와 부활만 믿어도 구원을 받는지에 대한 확실한 답을 요청한 것입니다.

이방인과 선민의 구분
일찍이 하나님께서는 아브라함에게 "땅의 모든 족속이 너로 말미암아 복을 얻을 것이라"(창 12:3)라고 약속하셨다. 아브라함은 하나님께 받은 이 약속을 평생 품고 살아갔다. 또한 하나님께서는 출애굽한 이스라엘을 모든 민족을 위한 제사장 나라로 삼으셨다(출 19:5~6). 따라서 이스라엘 민족은 당연히 모든 열방을 위한 복의 통로가 되어야 했다. 그런데 이스라엘 자손들은 점차 그 본질을 잃고, 편협한 선민사상에 사로잡히게 되었다.

이 문제를 넘겨받은 예루살렘 공회는 회의를 열어 오랜 시간 이 사안을 놓고 논의했습니다. 먼저 베드로가 일어나 고넬료 사건을 간증합니다. 그 뒤를 이어 바울과 바나바도 자신들이 직접 경험한 이방인 선교에 대해 이야기했습니다. 마지막으로, 당시 예루살렘 공회의 의장이라 할 수 있는 야고보(예수님의 동생)가 회의의 결론을 내립니다.

베드로의 '고넬료와의 만남' 증언
베드로는 이방인 고넬료와 그의 가정에 임한 성령 강림의 놀라운 일을 예루살렘 공회에서 증언했다. 그는 첫째, 이방인에게 유대인의 할례라는 멍에를 지우지 말아야 하며, 둘째, 이방인도 우리와 동일하게 주 예수의 은혜로 구원을 받는다고 주장했다. 베드로의 이 발언은 "많은 변론이 있은 후에"(행 15:7), 즉 격렬한 논쟁을 수습하고 예루살렘 공회의 결정을 이끄는 데 중요한 계기가 되었다.

베드로가 "그들이나 우리나 차별하지 아니하셨느니라"(행 15:9), "그들이 우리와 동일하게 주 예수의 은혜로 구원 받는 줄을 믿노라"(행 15:11)라고 주장한 의견을, 야고보가 다시 정리하여 선언한 것입니다.

"이방인 중에서 하나님께로 돌아오는 자들을 괴롭게 하지 말고 다만 우상의 더러운 것과 음행과 목매어 죽인 것과 피를 멀리하라고 편지하는 것이 옳으니"(행 15:19~20). 이는 할례나 율법의 준수가 구원의 기준이 될 수 없다는 사실을 명확히 한 결정이었습니다.

이 결정은, 2천 년 동안 이어져 온 선민과 이방인 간의 구분 문제를 확실하게 정리한 것입니다. 이제 기독교에서 유대인과 이방인의 구분은 더 이상 필요하지 않습니다. 유대인이 선민의식에 머물러 예수 그리스도의 복음을 유대인만의 복음으로 좁히는 것은 예수님의 뜻이 아니었습니다. 예수님께서는 이미 복음이 땅끝까지 전해지기를 원하신다고 말씀하셨기 때문입니다.

예루살렘 공회에서 결정된 사항들은 편지로도 전달되었지만, 바나바와 바울, 유다와 실라, 이렇게 네 사람이 안디옥으로 가서 직접 회의 결과를 전했습니다. 안디옥 교회의 이방인 성도들은 이 소식을 듣고 매우 기뻐했습니다.

예루살렘 공회의 결정으로 말미암아, 유대인들이 쌓아놓았던 선민과 이방인 사이의 벽이 허물어졌습니다. 예루살렘 공회의 결론은 안디옥 교회를 비롯한 제2, 제3의 이방인 교회에도 큰 기쁨이 되었습니다.

4차 예루살렘 공회 회의

참석자	예루살렘 교회의 사도들과 장로들, 안디옥 교회 파송 대표들(바나바, 바울)
의장	야고보
회의 내용	이방인의 할례 문제
의장의 예루살렘 공회 결정 사항 발표	"이방인 중에서 하나님께로 돌아오는 자들을 괴롭게 하지 말고 다만 우상의 더러운 것과 음행과 목매어 죽인 것과 피를 멀리하라고 편지하는 것이 옳으니"(행 15:19~20)
예루살렘 공회 공문 발송	안디옥 교회에 공문을 전달한 사람들 -바나바, 바울, 유다, 실라

예루살렘 공회가 내린 '오직 예수 십자가만이 하나님 나라 구원의 기준'이라는 결정은, 결국 '함께 가는 교회를 위한 선언'이었습니다.

4. 바울, 바나바와 같은 사역자로 세우다

4차 예루살렘 공회의 결정 중에 특별히 눈에 띄는 부분이 있습니다.

"사람을 택하여 우리 주 예수 그리스도의 이름을 위하여 생명을 아끼지 아니하는 자인 우리가 사랑하는 바나바와 바울과 함께 너희에게 보내기를 만장일치로 결정하였노라"(행 15:25~26).

그것은 바로 '우리가 사랑하는 바나바와 바울'입니다. 바나바는 이미 예루살렘 교회뿐만 아니라 모든 그리스도인이 사랑하고 또 사랑하던 형제였고, 초기 교회를 위한 최고의 헌신자였습니다. 그런데 4차 예루살렘 공회를 통해 바울이 놀랍게도 바나바 급(?)으로 격상된 것입니다. 바울의 마음은 감사와 감격 그 자체였을 것입니다.

바울이 공식적인 예루살렘 공회에서 '우리가 사랑하는 바나바와 바울'로 인정받게 된 것은, 바울이 바나바와 함께한 1차 전도여행 동안 생명을 아끼지 않고 복음을 전했기 때문입니다. 바나바와 바울은 1차 전도여행 때 심한 박해를 겪었습니다. 특히 루스드라에서는 바울이 죽을 만큼 맞아 성 밖으로 내던져졌음에도 다시 기운을 차리고 일어나, 다음 날 더베로 가서 복음을 전하는 놀라운 전도자의 모습을 보여주었습니다.

루스드라에서 바울이 당한 박해는 스데반의 순교를 능가하는 사건이었습니다. 이 사건은 예루살렘 공회가 바울을 재평가하는 계기가 되었고, 스데반으로 인해 생겨난 바울에 대한 의심을 깨끗이 극복하는 전환점이 되었습니다. 예루살렘 공회원

루스드라(Lystra)
루스드라는 소아시아 비시디아 지역에 속한 도시로, 비옥한 평원 ㅈ 대에 위치해 로마의 상업과 행정의 중심지 역할을 했다. 루스드라 북동쪽에 이고니온, 남동쪽에 더베가 인접해 있다. 비시디아 안디옥과 이고니온에서 복음 전파를 방해하던 유대인들이 이곳까지 쫓아와 사람들을 선동하여 바울을 돌로 쳐 심하게 다치게 했다. 이때 디모데가 바울의 복음을 듣고 회심한 것으로 보인다. 이후 바울이 2차 전도여행 때 이곳을 다시 방문하여 디모데를 제자로 삼았으며, 디모데는 바울의 아들과 같은 신실한 동역자가 되었다.

루스드라에서 돌에 맞는 바울 _ J. B. 상뻬뉴 作

들이 바울의 사역에 크게 감동하여, 그를 바나바 급으로 인정하며 만장일치로 '우리가 사랑하는 형제이며 전도자'로 선포했던 것입니다. 그래서 4차 예루살렘 공회를 기점으로 바울 선교팀 중심으로 〈사도행전〉이 기록될 수 있었으며, 그의 13개 서신은 대표적인 복음 전파 샘플로 남게 되었습니다.

#From the Cross | 십자가로 시작하는 레시피

5. 모든 민족을 위한 오직 십자가 선언

● 2,000년의 역사 '할례'를 폐기

아브라함 때 시작되어 2,000년을 존속해 오던 할례 제도가 4차 예루살렘 공회의 결정으로 종료됩니다. 이는 이방인 구원 문제에 대해 예루살렘 공회가 내린 중대 결정이었습니다. 이제 이방인들은 할례를 받지 않아도 구원을 받는 데 아무런 문제가 없으며, 예수님을 믿는 사람은 누구나 그리스도인이 될 수 있습니다. 즉, 예수님의 십자가 대속으로 구원과 할례는 더 이상 연관되지 않게 된 것입니다.

예루살렘 공회의 의장인 야고보가 모두의 의견을 정리하여 말함으로 공회의 결정이 공식적으로 발표됩니다.

"내 의견에는 이방인 중에서 하나님께로 돌아오는 자들을 괴롭게 하지 말고 다만 우상의 더러운 것과 음행과 목매어 죽인 것과 피를 멀리하라고 편지하는 것이 옳으니"(행 15:19~20).

구원은 오직 예수 그리스도의 십자가로 충분하다는 것입니다. 예루살렘 공회는 이 결정문을 바나바, 바울, 유다, 실라를 통해 안디옥과 수리아와 길리기아에 있는 이방인 그리스도인에게 전달하게 합니다.

이후 바울은 로마 교회에 이방인의 할례 문제에 대해 언급합니다.

"하나님은 다만 유대인의 하나님이시냐 또한 이방인의 하나님은 아니시냐 진실로 이방인의 하나님도 되시느니라 할례자도 믿음으로 말미암아 또한 무할례자도 믿음으로 말미암아 의롭다 하실 하나님은 한 분이시니라 그런즉 우리가 믿음으로 말미암아 율법을 파기하느냐 그럴 수 없느니라 도리어 율법을 굳게 세우느니라"(롬 3:29~31).

이방인도 동일하게 주 예수의 은혜로 구원을 얻습니다. 만약 모세 율법만으로 하나님 앞에서 거룩하고 성결한 삶을 계속 유지할 수 있었다면, 예수님께서 오셔서 모든 민족을 위해 십자가에서 대속하실 필요가 없었을 것입니다. 하나님께서는 예수 그리스도의 십자가를 믿는 사람들을 의롭다 여기십니다.

● 예수님을 믿는 모든 그리스도인에게 차별 없이 주어지는 하나님의 의(義)

아브라함의 후손인 이스라엘 백성이 제사장 나라 거룩한 백성으로 하나님과 언약을 맺은 것은 모든 민족을 향한 하나님의 사랑 때문이었습니다. 그런데 시간이 지나면서 이스라엘 백성은 자신들에게 맡겨진 제사장 나라 사명, 즉 모든 민족을 위한 한 민족의 사명 대신, 선민의식에 빠져 오히려 하나님 나라의 확장을 방해했습니다. 결국 메시아이신 예수님께서 성육신하여 이 땅에 오셔서 십자가 단번 제사를 통해 죄의 문제를 완벽하게 해결하심으로, '예수님의 십자가와 부활을 믿는' 사람은 누구나 차별 없이 그리스도인이 되게 하셨습니다. 이것이 바로 값없이 우리에게 주신 하나님의 놀라운 은혜입니다.

"또 모세의 율법으로 너희가 의롭다 하심을 얻지 못하던 모든 일에도 이 사람을 힘입어 믿는 자마다 의롭다 하심을 얻는 이것이라"(행 13:39).

"우리는 그들이 우리와 동일하게 주 예수의 은혜로 구원 받는 줄을 믿노라 하니라"(행 15:11).

하나님께서 이방인들에게 믿음의 문을 여신 것은, 경계를 넘어 차별 없이 모든 믿는 사람을 의롭다 여기시기 위함입니다. "곧 예수 그리스도를 믿음으로 말미암아 모든 믿는 자에게 미치는 하나님의 의니 차별이 없느니라"(롬 3:22). 피조물인 인간이 창조주 하나님을 기쁘시게 할 수 있는 유일한 길은 바로 '믿음'입니다.

● 땅끝을 향한 지상명령의 첫걸음

바울의 1차 전도여행은 예수님의 지상명령, 곧 "땅 끝까지 이르러 내 증인이 되리라"(행 1:8)라는 말씀을 향한 '땅끝까지'의 첫걸음이었습니다. 그때로부터 지금까지, 그리고 예수님의 재림 전까지 예수님의 지상명령을 수행하기 위한 그리스도인들의 걸음은 쉼이 없습니다.

"좋은 소식을 전하며 평화를 공포하며 복된 좋은 소식을 가져오며 구원을 공포하며 시온을 향하여 이르기를 네 하나님이 통치하신다 하는 자의 산을 넘는 발이 어찌 그리 아름다운가"(사 52:7).

● 바울이 환난 가운데 보여준 십자가 제자도

예수님께서 "누구든지 나를 따라오려거든 자기를 부인하고 자기 십자가를 지고 나를 따를 것이니라"(마 16:24)라고 말씀하신 것처럼, 바울은 자기 십자가를 지고 예수님의 뒤를 따른 예수님의 제자였습니다. 그는 복음을 위해 어떤 고난도 기쁘게 받았으며, 믿음의 아들 디모데에게도 복음을 위해 고난을 받으라는 유언을 남겼습니다(딤후 1:8). 이것이 바울이 환난 속에서 보여준 십자가의 제자도입니다.

"내가 그리스도와 함께 십자가에 못 박혔나니 그런즉 이제는 내가 사는 것이 아니요 오직 내 안에 그리스도께서 사시는 것이라 이제 내가 육체 가운데 사는 것은 나를 사랑하사 나를 위하여 자기 자신을 버리신 하나님의 아들을 믿는 믿음 안에서 사는 것이라"(갈 2:20).

44과 바울의 2차 전도여행 – 복음 편지 시작

사도행전 15:36~18:22, 데살로니가전 · 후서, 갈라디아서

큰글자 일년일독 통독성경 *one year tongdok bible as one story*

321일: 바울의 2차 전도여행 **322일**: 재림과 부활에 대한 가르침 **323일**: 재림과 종말에 대한 바른 자세
324일: 오직 십자가 **325일**: 성령의 열매를 맺으라

시간 흐름 *time flow*

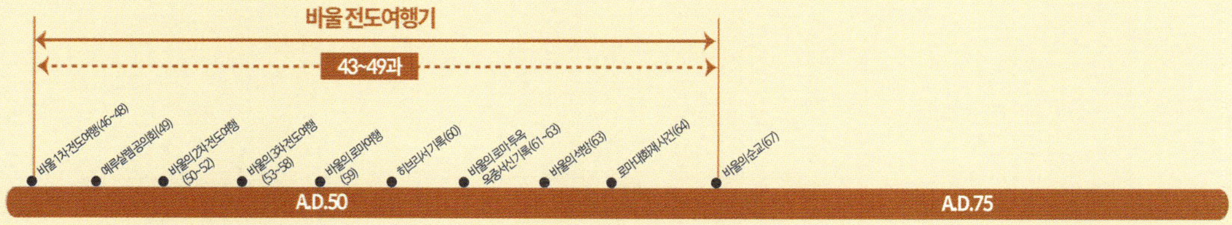

지금 공간 *current location* 소아시아, 마게도냐, 아가야

주요 인물 *main character* 바울, 실라, 디모데, 누가, 바나바, 마가

통通포인트 *tong point*

경계를 넘어선 복음의 확장

1차 전도여행을 함께한 바나바와 바울은 예루살렘 공회 이후 2차 전도여행의 꿈을 꿉니다. 그러나 마가의 동행 여부가 문제가 되어 두 사람은 따로 전도팀을 꾸리게 됩니다. 바울이 독자적으로 전도팀을 만들 수 있었던 이유는, 4차 예루살렘 공회에서 바울을 사랑하는 형제로 결의했기 때문입니다. 누가는 당시 여러 전도팀 가운데 바울의 전도여행을 <사도행전>에 기록했습니다. 바울의 2차 전도여행은 안디옥에서 출발하여 약 3년에 걸쳐 소아시아와 유럽 지역에서 펼쳐졌습니다. 이때 복음이 아시아를 넘어 유럽까지 확장됩니다. 바울은 전도여행 중 복음 편지를 기록했는데, 고린도에 머무는 동안에는 <데살로니가전서>와 <데살로니가후서>를 썼고, <갈라디아서>는 갈라디아 지역에 있는 교회들에게 보낸 초기 복음 편지입니다. 바울의 전도여행 동선을 따라가며 바울의 서신서를 함께 묶어 읽는 것은, 각 편지가 쓰인 이유와 그 시대적 상황과 배경, 그리고 편지 안에 담긴 바울의 마음을 이해하는 데 큰 도움이 됩니다.

1. 바나바의 2차 전도팀과 바울의 2차 전도팀 행 15:36~41

#큰글자 일년일독 통독성경 | 276~277p

누가는 당시 여러 전도팀 가운데 자신이 직접 참여한 바울 전도팀의 전도여행을 〈사도행전〉에 기록했습니다. 모든 전도팀의 복음 전도를 낱낱이 다 기록한다면, 이 세상이라 할지라도 기록된 책을 두기에 부족할 것입니다. 우리가 손에 들고 있는 성경은 압축되고 요약된 책입니다. 그러므로 성경은 전체를 빠짐없이 통(通)으로 읽어야 합니다.

당시 전도여행 팀들

바울의 전도여행	바울의 1,2,3차 전도여행과 예루살렘 여행, 이후 로마를 거쳐 땅끝까지 계획(행 13~28장)
바나바의 전도여행	예루살렘 교회의 안디옥 교회 파견(행 11:22) ⇒ 바울과 전도여행(행 13:2~3) ⇒ 마가와 전도여행(행 15:39)
빌립의 전도여행	사마리아행(행 8:5) ⇒ 가사로 가는 길(행 8:26~39) ⇒ 아소도와 여러 지역(행 8:40) ⇒가이사랴(행 8:40; 21:8)
베드로의 전도여행	사마리아행(행 8:14) ⇒ 룻다, 욥바 등 여러 지역(행 9:32) ⇒ 여러 이방인 지역(갈 2:11~12; 고전 1:12; 벧전 5:13)

예수 그리스도를 주로 섬기기로 작정한 후에도 바울은 교회 안으로 들어오기가 쉽지 않았습니다. 그의 과거가 워낙 예수 그리스도에 대해 적대적이었기에, 바울의 회심이 혹시 거짓은 아닌지 의심하는 사람들이 많았기 때문입니다. 이때 바나바가 바울의 추천자가 되어주었습니다. 바나바는 교회를 위해 아낌없이 헌신하며 초기 교회의 성장에 크게 기여한 신앙인이었습니다. 그래서 초기 교회 사람들이 바나바에 대한 신뢰를 바탕으로 바울을 받아들일 수 있었습니다. 그러므로 바울에게 바나바는 몹시 고마운 은인이었습니다. 그런데 1차 전도여행이 끝나고 다음 전도여행을 떠나려고 할 때, 바울과 바나바는 갈라서게 됩니다. '마가'와의 동행 문제 때문이었습니다.

마가는 지난 1차 전도여행 도중 사역을 포기하고 돌아갔습니다. 그런데 두 번째 전도여행을 시작하려는 시점에 바나바가 마가를 다시 데려가자고 한 것입니다. 마가에게 전도인으로서의 기회를 다시 주자는 바나바와, 그를 데려가는 것을 반대한 바울의 의견이 부딪히게 됩니다. 바울은 복음 사역의 철저함을 중요하게 여겼고, 바나바는 너그러움을 중요하게 여겼던 것으로 보입니다. 둘 다 복음 전파에 있어서 중요한 가치입니다. 이들의 다툼은 단순한 감정이나 개인적인 주장 때문이 아니었습니다. 오히려 복음을 보다 효과적으로 전하고자 하는 두 사람의 뜨거운 열정이 충돌한 결과였습니다.

결국 그들은 따로 전도팀을 꾸리기로 합니다. 바나바는 마가를 데리고 구브로로 향했고, 바울은 실라와 함께 수리아와 길리기아 지역으로 떠났습니다. 이후 〈사도행전〉에서 바나바의 기록은 빠지지만, 바나바 역시 귀하게 사역했으리라는 것을 충분히 짐작할 수 있습니다.

마가 또한 바나바와 함께 2차 전도여행을 충실히 감당했을 것입니다. 이후의 기록을 보면, 마가가 복음 2세대 전도자로 훌륭하게 성장했음을 알 수 있습니다. 〈골로새서〉, 〈디모데후서〉, 〈베드로전서〉를 통해, 마가가 바울의 동역자이자 베드로에게는 아들과 같은 사역자로, 그리스도의 일꾼이 되어 사명을 잘 감당했음을 확인할 수 있습니다. 그리고 예수님에 관한 이야기 〈마가복음〉의 집필자가 됩니다. 바나바와 함께하지 못한 채 2차 전도여행을 떠나는 바울의 마음에는 약간의 허전함도 있었을 것입니다. 그러나 바울은 실라를 비롯해 전도여행 중에 만나게 되는 새로운 동역자들과 함께, 복음을 위한 발걸음을 힘차게 내딛습니다.

바울의 2차 전도여행의 동행자

실라	예루살렘 교회의 지도자이자 로마 시민으로, 예루살렘 공회 결의안을 안디옥 교회에 함께 전한 전도인. 전도여행 시작 시점부터 동행
디모데	패밀리 스쿨을 통해 믿음을 키움. 바울의 제자이자 믿음의 아들이 된 전도인. 루스드라에서 합류
누가	<누가복음>과 <사도행전>의 기록자이며 의사. 드로아에서 합류한 것으로 보임
브리스길라와 아굴라	바울과 함께 고린도에서 사역한 전도인 부부

2. 바울의 2차 전도여행 3년 행 16장~18:22

큰글자 일년일독 통독성경 | 277~283p

1차 전도여행을 함께했던 바나바와 바울이 각자의 팀을 꾸려 2차 전도여행을 떠납니다. 바울이 이렇게 독자적으로 전도여행을 떠나도 문제가 안 된 이유는 바로 예루살렘 공회 공식 문서에 기록된 "우리가 사랑하는 바나바와 바울"이라는 표현 때문입니다. 사실 바나바는 처음부터 예루살렘 교회 모든 사도와 성도들이 사랑하는 형제였습니다. 그런데 바울은 1차 전도여행 이후, 예루살렘 공회의 공식 문서를 통해 바나바 급으로 '우리가 사랑하는 형제 바울'이 된 것입니다(행 15:25~26). 이 문서는 바울이 따로 전도팀을 꾸려 전도여행을 떠날 수 있도록 예루살렘 공회가 보증한 인증서였습니다.

바울의 2차 전도여행 요약
- 수리아 안디옥 교회에서 출발
- 1차 전도여행지 재방문
- 드로아에서 마게도냐로 가라는 성령님의 부르심을 받음
- 마게도냐의 첫 성, 빌립보에서 전도
- 데살로니가에서 전도
- 베뢰아에서 전도
- 아덴에서 전도
- 고린도에서 전도
- 에베소에서 전도
- 예루살렘에 전도여행 보고
- 수리아 안디옥으로 귀환

● 1차 전도여행지 재방문 (행 16:1~5)

2차 전도여행을 시작하면서 바울은 귀한 동역자 한 사람을 얻게 됩니다. 그는 어머니는 유대인, 아버지는 헬라인인 청년 디모데로, 인근 지역에서 사람들에게 두루 칭찬받는 그리스도인이었습니다. 바울은 디모데를 전도팀에 합류시켜 1차 전도여행 때 사역했던 지역들을 다시 방문해 예루살렘 공회에서 결정된 사항을 알리고, 교회들이 바로 설 수 있도록 도왔습니다.

● 마게도냐로의 부르심 (행 16:6~10)

바울의 처음 계획은 1차 전도여행 지역을 다시 돌아보고 교회들을 든든

하게 한 후, 소아시아 지역을 두루 다니며 복음을 전하는 것이었습니다. 그러나 성령님께서 이러한 바울의 뜻을 허락하지 않으십니다(행 16:6~7). 이때 바울은 드로아에서 마게도냐인의 환상을 보게 되었고, 이에 따라 유럽 지역 선교를 위해 낯선 마게도냐 땅으로 발걸음을 옮기게 됩니다.

바울의 2차 전도여행
시간 : A.D. 50-52년경, 약 3년(그중 고린도에서 1년 6개월 머묾)
공간 : 유럽(마게도냐) 지역으로 인간 : 바울, 실라, 디모데, 누가
기록 서신서 : 살전, 살후, 갈

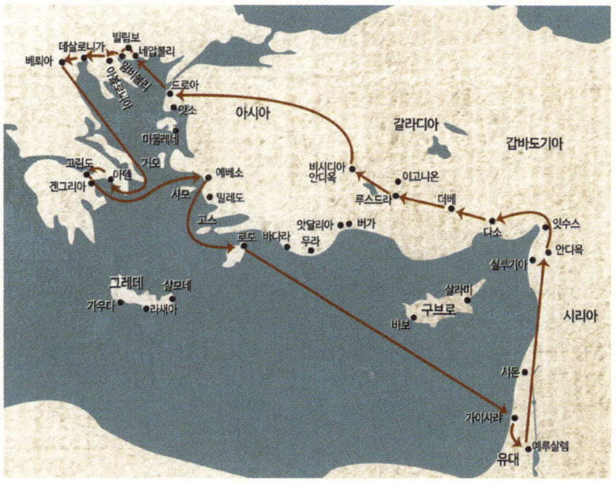

● 빌립보 (행 16:11~40)

마게도냐의 첫 성읍인 빌립보에 도착한 바울은 자색 옷감 장사 루디아를 만나 복음을 전했고, 루디아의 가정 모두가 세례를 받았습니다. 또한 바울과 실라는 그곳에서 귀신 들린 한 여종을 고쳐주었습니다. 그런데 점을 치는 그 여종을 통해 심심찮은 돈벌이를 하고 있던 주인은 자신의 사업을 망쳐놓은 바울과 실라를 모함하고 사람들을 선동해, 관리들이 그들을 때린 후 옥에 가두도록 했습니다. 바울과 실라는 많이 맞은 몸으로 차가운 감옥에 앉아서도 하나님을 찬양했습니다. 그때 갑자기 큰 지진이 나서 옥문이 열리고, 갇힌 사람의 쇠사슬이 모두 풀렸습니다.

자다 깨어 이 사실을 알게 된 간수는 죄수들을 지키지 못한 죄로 처벌받을까 염려하여 자결하려 합니다. 당시 로마 제국에서는 간수가 죄수를 잃으면, 그 죄수가 받아야 할 형벌을 대신 받게 하거나 심지어는 사형에 처하기까지 할 정도로 엄히 다스렸기 때문입니다. 그때 바울이 큰 소리로 "네 몸을 상하지 말라 우리가 다 여기 있노라"(행 16:28)라고 말하며 간수를 안심시킵니다. 깜짝 놀라 뛰어온 간수는 바울과 실라를 보고, 그 앞에 엎드립니다. 어떻게 하여야 구원을 받는지 묻는 간수에게 바울은 "주 예수를 믿으라 그리하면 너와 네 집이 구원을 받으리라"(행 16:31)라고 말했습니다. 이후 간수와 그의 온 가족은 바울에게 세례를 받고 예수님을 믿게 되는 기쁜 일이 일어납니다.

마게도냐 (Macedonia)
마게도냐는 발칸 반도 그리스 북쪽에 위치한 알렉산더의 나라다. 마게도냐는 B.C.148년경 로마의 속주가 되었다. 이 지역의 대표적인 도시로는 빌립보, 암비볼리, 네압볼리, 데살로니가, 베뢰아 등이 있다. 마게도냐 지역 성도들도 아가야 지역 성도들처럼 바울을 통해 예루살렘 교회를 위한 구제헌금을 모았다. 바울은 드로아에서 "우리가 곧 마게도냐로 떠나기를 힘쓰니"(행 16:10)라고 표현하면서 '우리'라는 말을 사용했는데, 이는 드로아에서 '누가'가 합류했기 때문인 것으로 보인다. 따라서 드로아에서의 '우리'는 바울과 함께 2차 전도여행을 한 동역자인 실라, 디모데, 누가를 가리킨다.

● 데살로니가 (행 17:1~9)

바울이 이번에는 남쪽 데살로니가로 내려갑니다. 헬라인의 많은 무리가 바울이 전하는 복음을 받아들이는 반면, 유대인들은 바울의 복음 전파를 시

기하고 방해했습니다. 이 때문에 바울이 데살로니가에 머물 수 있는 기간은 얼마 되지 않았습니다. 불과 세 안식일에 회당에서 복음을 전했을 뿐입니다. 그런데 그 짧은 전도 기간에도 불구하고 예수님을 믿는 사람들이 생겨났고, 데살로니가 교회가 세워졌습니다.

● **베뢰아** (행 17:10~15)

베뢰아에 도착한 바울 일행은 유대인의 회당에서 복음을 전했습니다. 신사적이고 날마다 성경을 공부하는 베뢰아 사람들 가운데서도 복음을 믿는 사람들이 많이 생겨났습니다. 그런데 데살로니가에서부터 따라온 유대인들이 그곳까지 와서 바울을 훼방합니다. 결국 실라와 디모데만 베뢰아에 머물고, 바울은 먼저 아덴(아테네)으로 향합니다.

베뢰아 (Berea)
마게도냐의 한 도시로, 데살로니가 서쪽 약 80km 지점에 있다. 오늘날 그리스 북부의 도시인 베리아(Veria)가 이곳이다. 바울 당시 베뢰아는 데살로니가처럼 대단한 상업도시는 아니었지만, 농업과 금속 세공업 등이 발달한 지역이었다. 바울의 2차 전도여행 때, 데살로니가에서 일어난 유대인들의 방해를 피해 바울 일행이 베뢰아로 피신했다. 회당에서 복음을 들은 베뢰아 사람들은 "간절한 마음으로 말씀을 받고 이것이 그러한가 하여 날마다 성경을 상고하므로"(행 17:11), 많은 이들이 그리스도인이 되었다. 훗날 바울의 동역자 소바더가 베뢰아 출신이었다.

● **아덴** (행 17:16~34)

아덴은 오늘날 아테네로 불리는 도시로, 그리스 철학의 출발지입니다. 바울은 온 성에 우상이 가득한 것을 보고, 사람들에게 세상의 참 주인이신 하나님을 소개했습니다. 당시 지식인이라 자처하던 아덴 사람들은 바울의 말을 귀 기울여 듣기는 했지만, 복음을 단지 또 하나의 철학 이론쯤으로 받아들였습니다. 그곳에서 바울은 '예수 그리스도의 도가 세상의 지식을 찾는 사람들에게 또 하나의 지식으로 소개되는 것은 옳지 않다'는 깊은 생각을 하게 됩니다.

아덴에서 설교하는 바울 _ 라파엘 作

● **고린도** (행 18:1~11)

바울은 아덴을 떠나 고린도로 옮겨옵니다. 이곳에서 그는 '브리스길라와 아굴라'라는 좋은 동역자를 얻습니다. 바울은 이 부부를 통해 큰 위로와 자신감을 얻게 되었습니다. 마침 실라와 디모데도 마게도냐에서 고린도로 내려왔고, 이에 힘을 얻은 바울이 고린도의 회당에서 유대인들에게 복음을 전하기 시작합니다. 그런데 반응이 냉랭하기 이를 데 없었습니다. 이때 바울은 '유대인들을 대상으로 복음 전하는 열정을 잠시 접고 이방인에게 복음을 전해야겠다'고 결심합니다.

회당장 그리스보의 집에 머물며 잠시 머뭇거리고 있을 때, 바울의 마음 한쪽에 '두려움'이 찾아옵니다. 이후 〈고린도전 · 후서〉를 통해 자세히 살펴보겠지만, 고린도라는 도시가 항구도시 특유의 험하고 거친 분위기를 그대로 가진 도시였기 때문입니다. 그래서 한동안 바울은 입을 다물고 있었습니다. 그러자 환상 가운데 주께서 찾아오셔서 말씀하십니다. "두려워하지 말며 침묵하지 말고 말하라 내가 너와 함께 있으매 어떤 사람도 너를 대적하여 해롭게 할 자가 없을 것이니 이는 이 성중에 내 백성이 많음이라"(행 18:9~10). 그 말씀에 순종한 바울은 1년 6개월 정도 고린도에 머물며 하나님의 말씀을 전했고, 그때 고린도 교회가 세워집니다.

브리스길라와 아굴라 부부 (Priscilla and Aquila)
이 부부는 로마에 살고 있던 디아스포라 유대인이었다. 당시 로마 황제 글라우디오(클라우디우스)가 유대인들을 로마에서 추방하자, 그들은 고린도로 건너오게 되었다. 그곳에서 그들은 천막 만드는 일을 하다가, 같은 직업을 가진 바울을 만나게 되었다. 서로가 그리스도인이라는 사실, 또한 누군가에게 간절히 복음을 전하려는 열정으로 가득한 사람들이라는 것을 알게 되었을 때, 그들은 매우 기뻤을 것이다. 이후 바울은 '자신을 위해 목숨까지도 내어놓는 사람들'이라고 이 부부를 소개했다(롬 16:3~4).

● 고린도에서 안디옥으로 (행 18:12~22)

바울은 1년 6개월 만에 고린도를 떠나야 했습니다. 그동안 예수님을 믿는 사람들의 수가 늘어나자, 다시 훼방꾼들이 찾아와 바울을 괴롭히기 시작했기 때문입니다. 더욱이 그들은 로마 총독에게까지 바울을 고소하며 압박했습니다. 비록 총독이 그들의 거짓 고소를 무시했지만, 더 이상 고린도에 머무를 수 없게 된 바울은 에베소를 거쳐 예루살렘 교회를 방문한 뒤 안디옥으로 돌아옵니다. 여기까지가 바울의 2차 전도여행입니다.

아가야 총독 갈리오(Gallio)의 판결
바울 전도팀이 고린도에 머물고 있을 때, 유대인들이 복음 전파를 막기 위해 아가야 지역 총독 갈리오에게 바울을 법정에 세우고 고소하는 일이 있었다. 고소 내용은 "이 사람이 율법을 어기면서 하나님을 경외하라고 사람들을 권한다"(행 18:13)였다. 그러나 이 고소 건은 기각되었다. "만일 문제가 언어와 명칭과 너희 법에 관한 것이면 너희가 스스로 처리하라 나는 이러한 일에 재판장 되기를 원하지 아니하노라 하고 그들을 법정에서 쫓아내니"(행 18:15~16). 갈리오의 이 판결이 선례가 되어, 이후 바울 전도팀은 로마 제국 내 어떤 지역을 다니든지 로마와는 큰 어려움 없이 다닐 수 있었다.

3. 데살로니가 교회에 보낸 첫 번째 편지 살전 1~5장

#큰글자 일년일독 통독성경 | 283~289p

데살로니가 교회는 바울이 데살로니가에 세 안식일에 회당에서 복음을 전한 사역을 통해 세워졌습니다. 놀랍게도 데살로니가 성도들이 예수님을 잘 믿고 있다는 소식이 고린도에 있던 바울에게 들려왔습니다. 바울은 이들이 매우 자랑스러웠고, 그 마음을 감출 수 없어 데살로니가 교회에 편지를 보냈습니다. 이 편지가 〈데살로니가전서〉입니다.

편지를 읽는 성도들은 자신들이 그리스도인인 것에 대해 큰 자부심과 기쁨을 가졌을 것입니다. 바울은 아버지의 마음으로 데살로니가 성도들을 권면하고 위로했습니다.

바울은 데살로니가 교회에 "하나님의 뜻은 이것이니 너희의 거룩함이라"(살전 4:3)라고 예수님의 제자도를 말하며, 이를 따라 하나님을 기쁘시게 하는 생활을 하라고 권면합니다. 그리고 예수님께서 재림하실 때까지 제자

편지
사도 바울은 자신이 보낸 모든 편지에 '은혜와 평강'이라는 단어를 꼭 썼다. 이는 민수기 6장에서 아론이 이스라엘 백성에게 축복을 선포할 때 사용한 표현이다. 바울은 1,500여 년 전의 방식을 따라 그리스도인들에게 축복을 전했다.
"하나님 아버지와 주 예수 그리스도 안에 있는 데살로니가인의 교회에 편지하노니 은혜와 평강이 너희에게 있을지어다"(살전 1:1).

To. 데살로니가 교회 성도들에게

은혜와 평강이 너희에게 있을지어다
우리가 너희 모두로 말미암아
항상 하나님께 감사하며 기도할 때에
너희를 기억함은 너희의 믿음의 역사와
사랑의 수고와 우리 주
예수 그리스도에 대한 소망의 인내를
우리 하나님 아버지 앞에서 끊임없이 기억함이니
하나님의 사랑하심을 받은 형제들아
너희를 택하심을 아노라…
우리 주 예수 그리스도의 은혜가
너희에게 있을지어다

From. 두 번째 전도여행 중에 고린도에서 바울

도를 행하며 살 것을 거듭 당부했습니다.

"평강의 하나님이 친히 너희를 온전히 거룩하게 하시고 또 너희의 온 영과 혼과 몸이 우리 주 예수 그리스도께서 강림하실 때에 흠 없게 보전되기를 원하노라"(살전 5:23).

그런데 성도 중에는 편지의 숲을 보지 못하고 한쪽으로 치우친 이들이 생겼습니다. 바울의 편지를 읽으면서, 바울이 여러 차례 반복해 강조한 '예수님의 재림' 부분을 지나치게 확대 해석한 것입니다. 물론 예수님께서는 부활하신 후 승천하셨고, 그 모습 그대로 반드시 재림하실 것입니다. 바울은 고난 중에 있는 성도들에게 소망을 주기 위해 이를 강조했던 것입니다. 그런데 데살로니가 성도 중 몇몇은 그 부분만을 크게 생각하여, '예수님께서 곧 오실 텐데, 장사하면 무엇하나? 공부하면 무엇하나?'라는 생각에 빠졌습니다. 몇몇 성도가 일은 하지 않고 재림을 강조하며 다른 이들의 일을 방해한다는 소식을 들은 바울은 다시 펜을 들어 두 번째 편지를 씁니다.

소망 가운데 살라!
바울이 데살로니가 성도들에게 재림과 성도의 부활에 대해 가르친 이유는, 그들이 소망 가운데 살기를 원했기 때문이다. 또한 바울이 데살로니가에 3주밖에 복음을 전하지 못해 더 많은 것을 가르치지 못한 이유도 있었을 것이다. 그는 성도들에게 "정신을 차리고 믿음과 사랑의 호심경을 붙이고 구원의 소망의 투구를 쓰자"(살전 5:8)라고 교훈하며, 항상 깨어 있는 빛의 아들이 되라고 가르쳤다. 그리고 영원한 하나님 나라가 이를 때까지 서로 권면하고 덕을 세우며 살라고 당부했다.

바울 _ 벨렌틴 데 볼로뉴 作

4. 데살로니가 교회에 보낸 두 번째 편지 살후 1~3장

큰글자 일년일독 통독성경 | 289~293p

데살로니가의 일부 성도들이 예수님의 재림에 대한 바울의 편지 내용을 자의적으로 해석하고 오해했습니다. 이에 바울은 그들을 권면하며, 성실하고 바른 신앙생활을 할 것을 당부하는 〈데살로니가후서〉를 써 보냅니다. 바울은 종말에 집착하여 예수님의 제자도를 소홀히 행한 데살로니가 성도들의 잘못된 이해와 행동을 바로잡고자 했습니다. 그래서 바울은 예수님께서 말씀하셨던 대로 재림 전에 일어날 일에 대해 가르쳐줍니다. 마지막 때가 이르면, 크고 작은 어두운 영들이 많은 사람을 미혹할 것입니다. 그들은 거짓 능력과 거짓 표적과 거짓 이적으로 미혹할 것이며, 영으로 혹은 말로 하나님의 권위를 대변하고자 할 것입니다. 심지어 자신이 하나님인 것처럼 유혹하는 어두운 세력들도 나타날 것입니다. 그래서 바울은 "누가 어떻게 하여도 너희가 미혹되지 말라 먼저 배교하는 일이 있고 저 불법의 사람 곧 멸망의 아들이 나타나기 전에는 그 날이 이르지 아니하리니"(살후 2:3)라고 권면하며, 마음이 흔들리거나 두려워하지 말 것을 당부합니다.

또한 바울은 예수님의 재림이 얼마 남지 않았다고 여겨 마음의 중심을 잃고 일상생활을 바르게 하지 못하는 일부 성도들에게 충고합니다.

"우리가 들은즉 너희 가운데 게으르게 행하여 도무지 일하지 아니하고 일을 만들기만 하는 자들이 있다 하니 이런 자들에게 우리가 명하고 주 예수 그리스도 안에서 권하기를 조용히 일하여 자기 양식을 먹으라 하노라"(살후 3:11~12).

이는 곧, 일하지 않으면서 이집 저집 다니며 얻어먹지 말라는 뜻입니다. 바울은 이어서 말합니다.

"누가 이 편지에 한 우리 말을 순종하지 아니하거든 그 사람을 지목하여 사귀지 말고 그로 하여금 부끄럽게 하라 그러나 원수와 같이 생각하지 말고 형제 같이 권면하라"(살후 3:14~15).

육체의 건강을 위해 음식을 골고루 먹어야 하듯, 영적 건강을 유지하기 위해서도 편식하면 안 됩니다. 찬양, 기도, 말씀, 봉사, 어느 것 하나도 소홀히 해서는 안 됩니다. 성경을 읽을 때에도 부분이 아닌 전체를 읽고 균형을 갖추기 위해 애써야 합니다. 어느 한쪽으로 치우치면, 오히려 그 영역의 장점까지 잃게 될 수 있습니다. 우리는 균형 있게 삶을 보면서 신앙생활을 이어가야 합니다.

바울은 데살로니가 성도들에게 주의 재림을 위한 최선의 준비는 '기록된 성경'으로 무장하는 것임을 가르쳐주었습니다. 그래야만 어떤 유혹에도 흔들리지 않고 확실한 진리를 소유할 수 있기 때문입니다. 바울은 데살로니가 성도들에게 그동안 자신에게서 배운 전통, 곧 그가 전해준 복음의 진리를 굳게 지키라고 권면합니다.

데살로니가(Thessalonica)
알렉산더 사후, 마게도냐 지역을 다스리던 그의 부하 장수 중 한 명인 카산더(카산드로스)가 자신의 아내 테살로니카의 이름을 따서 '데살로니가'라는 신도시를 세웠다. 이 도시는 에게해 북서쪽 터마만 끝에 있는 마게도냐의 주요 항구도시로, B.C.146년경 마게도냐주의 수도가 되어 크게 번영했다. 당시 이곳에는 주로 마게도냐인과 헬라인이 살고 있었으며, 다수의 로마인들과 디아스포라 유대인도 함께 살고 있었다. 이곳에 디아스포라 유대인들이 세운 회당이 다수 존재했다. 바울이 이곳 회당에서 3주간 성경을 강론하며 '예수가 곧 그리스도'라고 복음을 전했다.

<데살로니가후서>
<데살로니가후서>는 바울이 교회에 보낸 9편의 편지 중 가장 짧지만, 종말에 관한 매우 중요한 내용을 담고 있다.

규모 있는 삶
노동은 하나님께서 인생들에게 주신 고귀한 의무요 권리이다. 자신의 직무를 성실히 행하는 것은 하나님께서 우리에게 요구하시는 또 하나의 경건의 방식이다. 하나님께서는 눈물로 씨를 뿌리고 기쁨으로 거두는 사람을 기뻐하신다.

5. 갈라디아 교회에 보낸 편지 갈 1~6장

큰글자 일년일독 통독성경 | 293~303p

〈갈라디아서〉는 '자유를 위한 대선언'이라고 불리는 바울의 서신입니다. 바울이 갈라디아 지역을 다니며 복음을 전한 결과, 하나님의 은혜로 그 지역에 여러 교회가 세워졌습니다. 그런데 얼마 지나지 않아, 그들 가운데 일부 교회에서 들려온 소식은, '할례와 율법을 통해야 구원받을 수 있다'는 유대인들의 말을 믿는 이들이 생겼다는 것입니다. 이에 바울은 이러한 유대인들의 말에 현혹된 성도들을 바로잡기 위해 〈갈라디아서〉를 썼습니다. 바울이 예루살렘 공회의 결론이라 할 수 있는 '이신칭의(以信稱義)', 즉 믿음으로 의롭게 됨을 가르친 것입니다. "우리가 율법의 행위로써가 아니고 그리스도를 믿음으로써 의롭다 함을 얻으려 함이라"(갈 2:16).

갈라디아 (Galatia)
갈라디아는 소아시아 중앙의 해발 약 700~1,000m에 이르는 고원 지역으로, 북쪽으로 비두니아, 남쪽으로 브루기아, 동쪽으로는 본도와 갑바도기아에 둘러싸여 있다. B.C.3세기 에 켈트족이 정착한 지역으로, 헬라인들이 이곳을 '고울(Gaul) 사람의 마을'이란 뜻으로 '갈라타이'라고 불렀고 여기에서 '갈라디아'라는 말이 유래되었다. 갈라디아는 B.C.25년에 로마 제국의 속주가 되었다. 바울은 1, 2차 전도여행 때 이곳의 비시디아 안디옥, 이고니온, 루스드라, 더베 등에 복음을 전하고 교회를 세웠다.

이미 바울은 예루살렘 공회(행 15장)에서 이방인들이 할례를 받지 않고도 예수 그리스도의 십자가 복음을 믿으면 구원을 얻을 수 있다는 합의를 이끌어냈습니다. 그런데 갈라디아 지역에 여전히 할례를 받아야 구원을 얻을 수 있다고 주장하는 이들이 있었던 것입니다.

율법을 강조하는 이들은 아직도 사람을 외모로 판단하는 것이나 다름없습니다. 자유인과 종, 남자와 여자, 할례를 받은 사람과 그렇지 않은 사람을 구분하여, 하나님의 은혜를 받는 조건에 이러한 외적인 요소들을 포함시킨 것입니다. 그러나 예수 그리스도의 복음에는 어떤 조건도 존재하지 않습니다.

바울은 율법 아래 있는 육체의 일들을 열거하며, 육체의 욕심을 따라 사는 사람은 하나님 나라를 유업으로 받지 못할 것이라고 경고합니다. 그러면서 갈라디아 성도들에게 성령님의 인도하심을 따라 살아가며, 복음 아래에서 성령의 아홉 가지 열매를 맺을 것을 권면합니다.

"오직 성령의 열매는 사랑과 희락과 화평과 오래 참음과 자비와 양선과 충성과 온유와 절제니 이 같은 것을 금지할 법이 없느니라 그리스도 예수의 사람들은 육체와 함께 그 정욕과 탐심을 십자가에 못 박았느니라"(갈 5:22~24).

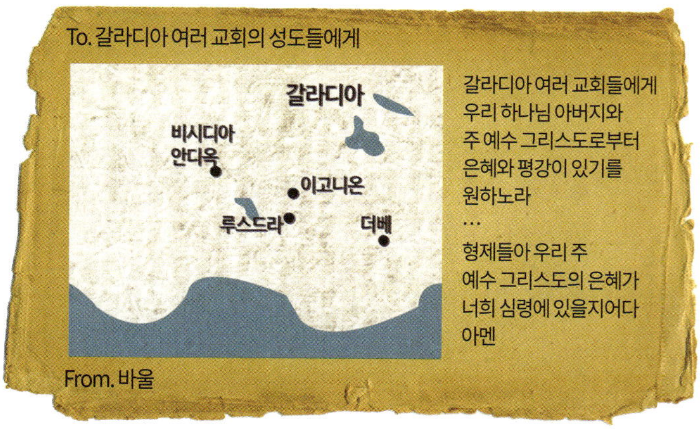

할례나 율법이 아니라 오직 복음으로만 의롭게 된다는 진리를 지키기 위해 애쓰는 바울의 마음이 〈갈라디아서〉에 잘 나타나 있습니다. 그 마음은 다음과 같은 믿음의 고백에서 잘 드러납니다.

"내가 그리스도와 함께 십자가에 못 박혔나니 그런즉 이제는 내가 사는 것이 아니요 오직 내 안에 그리스도께서 사시는 것이라 이제 내가 육체 가운데 사는 것은 나를 사랑하사 나를 위하여 자기 자신을 버리신 하나님의 아들을 믿는 믿음 안에서 사는 것이라"(갈 2:20).

바울의 '오직 복음', '오직 십자가' 주장은 초기 편지인 〈갈라디아서〉에 잘 담겨 있으며, 이 내용을 확장하고 체계화해서 쓴 편지가 후기 편지인 〈로마서〉입니다. 〈로마서〉는 종교개혁의 기초가 되었던 책이라 할 수 있습니다.

종노릇하는 자유
바울은 믿음을 통해 얻은 진정한 자유를 가지고, 오직 사랑 안에서 서로 종노릇하라고 말한다(갈 5:13). '자유'와 '종노릇'은 얼핏 보면 전혀 상반된 단어처럼 보이지만, 그 둘의 아름다운 조화가 '예수 이름' 안에서 가능하다. 하나님께서 주신 자유를 서로 섬기며 종노릇하는 데 사용하는 인생이라면, 하나님께서 그에게 더 큰 자유를 더하실 것이다.

From the Cross | 십자가로 시작하는 레시피

6. 예루살렘 공회의 오직 십자가 선언이 갈라디아에 보낸 복음 편지로

● 성령님의 인도하심과 지상명령

예수님께서는 공생애 3년 동안 사역하시며 성령님과 동행하셨습니다. 그리고 첫 번째 성찬식 때 성령님께서 곧 오셔서 제자들과 동행하실 것이라고 약속하셨고, '모든 민족'에게 아버지와 아들과 성령의 이름으로 세례를 베풀라고 말씀하셨습니다. 보이는 말씀인 세례를 통해 우리는 삼위일체 하나님과 하나가 됩니다. 그러나 우리가 세례를 받음으로 모든 것이 끝나는 것이 아닙니다. 한걸음 더 나아가 예수님께서는 '전도인'을 통해 세례를 베풀게 하심으로 만민이 복을 받는 길을 열어주셨습니다. 복된 소식을 전하는 전도인의 길을 지상명령을 통해 주신 것입니다. 성령님의 인도하심을 받으며 지상명령을 수행할 때 우리는 복의 통로가 됩니다. 하나님께서는 그리스도인에게 성령님과 함께하는 기쁨을 주시고, 그 위에 더 큰 기쁨인 '사명'을 주셨습니다.

● 예수님의 재림에 대한 기대와 소망을 키우다

예수님께서는 공생애 기간에도, 마지막 유월절 첫 번째 성찬식 때에도, 산헤드린 공회 재판 과정 중에도 재림을 약속하셨습니다. 또한 승천하실 때에는 천사를 통해 재림 약속을 선포하게 하셨습니다. 그리고 스데반이 순교할 때에는 예수님의 우편 좌정을 보여주심으로, 재림의 증거를 보여주셨습니다. 바울은 데살로니가 교회에 보낸 첫 번째 편지에서, 성도들이 다시 오실 예수님을 소망하도록 체계적으로 설명하며 '마라나타 신앙'을 키워주었습니다. 바울이 박해 가운데 믿음을 지키는 데살로니가 성도들을 그 소망으로 위로했던 것입니다. 그런데 데살로니가 성도 중 몇몇이 재림에 대해 오해하자, 바울은 데살로니가에 두 번째 편지를 보냅니다. 그 편지에서 바울은 성도들에게 예수님의 재림에 대한 기대와 소망은 더욱 키우면서도, 어떻게 전도인, 신앙인의 모습으로 살아가야 하는지 분명하게 가르칩니다.

● "내가 그리스도와 함께 십자가에 못 박혔다"
– 그리스도인의 정체성, 포도나무의 비유

"내가 그리스도와 함께 십자가에 못 박혔나니 그런즉 이제는 내가 사는 것이 아니요 오직 내 안에 그리스도께서 사시는 것이라"(갈 2:20). 바울은 모든 그리스도인이 부러워할 만한 놀라운 믿음의 고백을 했습니다. 그는 율법으로는 우리에게 구원의 희망이 없다는 것을 깨달았습니다. 그리고 예수님께서 우리를 대신해 십자가에서 처벌받아 죽으심으로, 우리는 그 사랑을 통해 구원받았음을 깨달았습니다. 그 사랑을 깨달은 바울이 그리스도인의 정체성이 담긴 고백을 갈라디아 성도들에게 전한 것입니다. 또한 예수님께서 "무리와 제자들을 불러 이르시되 누구든지 나를 따라오려거든 자기를 부인하고 자기 십자가를 지고 나를 따를 것이니라"(막 8:34)라고 말씀하신 대로, 바울의 선포는 자기 십자가를 지고 예수님께서 가신 길을 따라가는 진정한 그리스도인의 신앙고백이었습니다.

"오직 내 안에 그리스도께서 사시는 것이라." 그리스도인은 포도나무와 가지가 하나이듯, 포도나무 되신 그리스도와 하나 된 사람들입니다. 예수님께서 "나를 떠나서는 너희가 아무 것도 할 수 없음이라"(요 15:5)라고 하신 말씀은, 가지가 포도나무를 떠나서는 살 수 없음을 강조하신 것입니다. 이는 곧 그리스도인의 정체성을 말씀하신 것입니다. 그리스도인은 예수님 안에 거하는 사람입니다. 그리고 예수님의 말씀이 우리 안에 거합니다.

45과 바울의 3차 전도여행 – 제자 훈련

사도행전 18:23~19장, 고린도전 · 후서

큰글자 일년일독 통독성경 *one year tongdok bible as one story*

326일 : 바울의 3차 전도여행
327일 : 너희 몸이 성전
328일 : 성도 간의 분쟁 문제
329일 : 예수 그리스도를 아는 지식
330일 : 그리스도인이란?
331일 : 부활의 증인들
332일 : 너희는 그리스도의 편지
333일 : 마음을 넓히라
334일 : 사도 바울의 영적 체험

시간 흐름 *time flow*

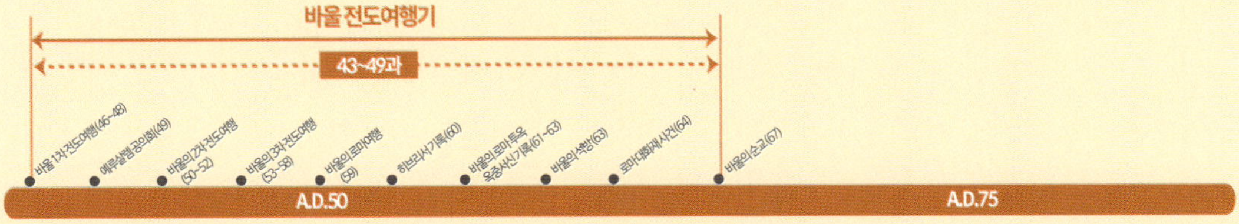

지금 공간 *current location* 에베소

주요 인물 *main character* 바울, 누가, 브리스길라, 아굴라, 아볼로

통通포인트 *tong point*

예수님의 유다 예루살렘의 제자 훈련이 사도 바울의 에베소와 고린도의 제자 훈련으로

예수님의 "자기 십자가를 지고 나를 따르라"라는 '제자도'와 "모든 민족을 제자로 삼아 아버지와 아들과 성령의 이름으로 세례를 베풀고 내가 너희에게 분부한 모든 것을 가르쳐 지키게 하라"라는 '지상명령'은 이미 바울의 1차와 2차 전도여행 때 실행되기 시작했습니다. 바울은 3차 전도여행 중에 에베소에 머물며 약 2년간 두란노 서원에서 제자들을 집중적으로 가르치며, 예수님의 제자도와 지상명령에 대한 제자 훈련을 행했습니다. 그러는 중에 그는 아볼로를 통해 고린도 교회의 문제를 듣게 됩니다. 이때 바울이 고린도 교회의 여러 문제에 대해 해결책을 제시하며 에베소에서 고린도 교회에 보낸 편지가 <고린도전서>입니다. 이 편지에는 예수님의 성찬부터 부활, 재림, 그리스도인의 최후 승리에 이르기까지, '너희 몸이 성전'이 된 개인으로서의 교회, 공동체로서의 교회가 어떠해야 하는지를 가르치는 바울의 제자 훈련 내용이 잘 담겨 있습니다.

1. 바울의 3차 전도여행 - 에베소와 고린도의 제자 훈련 행 18:23~19장

#큰글자 일년일독 통독성경 | 303~306p

바울의 3차 전도여행 요약
- 수리아 안디옥 교회에서 출발
- 에베소의 두란노 서원에서 약 2년간 제자 훈련 (<고린도전·후서> 기록)

바울의 3차 전도여행은 에베소에서의 사역과 고린도 교회를 위한 편지 사역이 주를 이룹니다.

바울이 소아시아의 중심 도시인 에베소에 도착하기 전에, 알렉산드리아 출신의 아볼로라는 사람이 이미 예수님에 대해 가르치고 있었습니다. 그런데 브리스길라와 아굴라가 보니 그는 요한의 세례만 알고 있을 뿐이었습니다. 이에 두 사람은 바울에게서 배운 복음을 다시 아볼로에게 전해주며, 그의 복음 사역을 도왔습니다. 그리고 아직 목회자가 없던 고린도 교회로 아볼로를 보냈습니다.

그 무렵 바울이 에베소에 도착했고, 복음을 잘 받아들이는 사람들을 따로 모아 약 2년 동안 두란노 서원에서 집중적으로 하나님 나라 복음을 가르쳤습니다. 이 교육을 통해 많은 제자가 세워졌으며, 후에 〈빌레몬서〉를 받게 되는 빌레몬도 이곳에서 바울에게 배운 제자 중 한 사람이었습니다.

바울은 예수님께서 공생애 3년 동안 보여주신 '하나님 사랑과 이웃 사랑에 대한 제자도', 그리고 "자기 십자가를 지고 나를 따르라"라는 십자가 제자도를 그리스도인의 정체성으로 삼아 가르쳤습니다. 또한 동시에 예수님의 지상명령을 수행하도록 가르쳤습니다. 이를 기초로 하여 바울은 제자들을 거룩한 예배자로, 부활 영생을 믿고 순교신앙으로 사는 제자로, 지상명령을 수행하는 전도인으로, 예수님의 재림 약속을 믿는 마라나타 신앙인으로, 새 하늘과 새 땅을 소망하는 영원한 하나님 나라 백성으로 살아가도록 가르치고 훈련했습니다.

바울의 3차 전도여행과 예루살렘 여행

시간: A.D.53-57년, 약 4년(3차 전도여행 + 예루살렘 여행)

공간: 1,2차 전도여행지를 돌아봄(그중 에베소에서 3년 머묾)

인간: 바울, 누가 **기록 서신서:** 고전, 고후, 롬

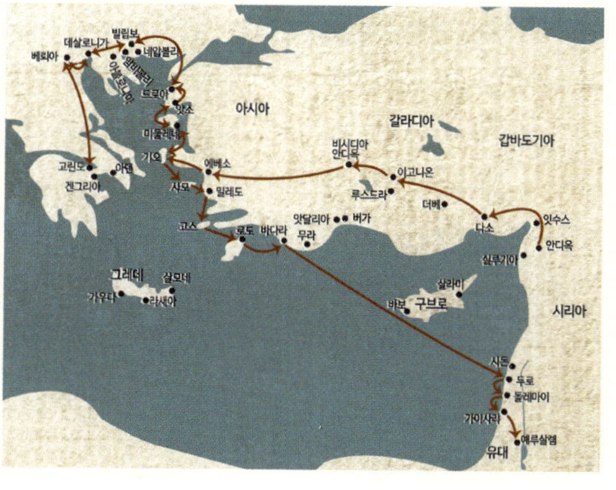

이때 바울은 에베소에서 새로운 계획을 세웁니다. 그것은 당시 세계의 중심지인 로마에 가려는 계획이었습니다. 예루살렘에 마지막으로 들렀다가 로마로 가겠다고 결심한 바울은 디모데와 에라스도를 마게도냐로 보내고, 자신은 에베소에 잠시 더 머뭅니다. 바로 그때, 에베소에서 큰 소동이 일어납니다.

에베소에는 이방 신에게 제사를 드리는 큰 신전이 있었습니다. 그런데 바울로부터 복음을

듣고 더 이상 우상을 섬기지 않겠다고 결단하는 사람들이 많아지자, 우상을 만들고 우상의 신전에 필요한 물품을 팔며 사업을 하던 사람들이 불만을 품고 바울 일행을 내쫓기 위한 집회를 연 것입니다. 바울은 이 소동으로 인해 또다시 에베소를 떠나야 했습니다.

2. 바울의 에베소 성령 세례 행 19:1~7

#큰글자 일년일독 통독성경 | 303~304p

에베소에서 전하는 바울의 설교 _ 외스타슈 르 쉬외르 作

바울이 3차 전도여행 중 에베소에 머무는 동안 놀라운 일이 있었습니다. 예루살렘 마가의 다락방에서 오순절에 120여 명에게 임했던 성령 강림 사건이 에베소에서 열두 명쯤 되는 사람들에게 임한 것입니다. 바울이 에베소에서 만난 어떤 제자들에게 성령과 세례를 받았는지 묻자, 그들은 성령님이 계심도 모르고 세례 요한이 베푼 회개의 세례만 알고 있다고 답했습니다. 그러자 바울은 그들에게 예수님의 십자가 죽음과 부활과 승천에 대해 가르쳤습니다. 그들이 이 진리를 깨닫고 믿게 되었을 때, 바울은 예수의 이름으로 세례를 베풀고 안수했습니다. 그러자 마치 예수님께서 세례를 받으시고 올라오실 때 성령님이 임하신 것처럼, 성령님께서 그들에게 임하셨고, 그들이 방언도 하고 예언도 하게 됩니다.

예수님께서 마지막 유월절 첫 번째 성찬식에서 새 언약을 체결하시며, 성령님의 임재가 그리스도인에게로 임하고, 그리스도인은 아버지와 아들과 성령의 이름으로 세례를 주는, 하나님 나라 거룩한 공직자가 될 것을 말씀하셨습니다. 성령님의 임재는 예수님의 지상명령을 수행하는 그리스도인에게 주신 은혜이며, 예수님의 증인으로서 사명을 감당하는 그리스도인에게 보혜사 성령님께서 항상 함께하신다는 증거입니다. 그 놀라운 일이 이방인의 땅, 에베소에서도 일어난 것입니다.

성령님의 임재, 곧 성령 세례에서 잊지 말아야 할 중요한 포인트는 그리스도인에게 세례와 성령 세례가 별개로 떨어져 있지 않다는 것입니다. '예수는 주'라고 믿음을 고백한 사람은 그리스도인이 되며, 그 고백 위에 세례를 받음으로써 성령님께서 그의 안에 내주하십니다.

바울의 3차 전도여행 중
에베소에서 일어난
하나님의 기적과 복음 전파

1. 바울이 하나님의 능력으로 병 고침
"바울의 몸에서 손수건이나 앞치마를 가져다가 병든 사람에게 얹으면 그 병이 떠나고 악귀도 나가더라"(행 19:12)
2. 스게와의 일곱 아들이 시험 삼아 바울을 흉내 냈다가 악귀에게 도리어 당하는 사건(행 19:16)
3. 스게와의 일곱 아들 사건으로 바울이 전하는 복음이 전파되고 회개하는 큰 역사가 일어남
"또 마술을 행하던 많은 사람이 그 책을 모아 가지고 와서 모든 사람 앞에서 불사르니 그 책 값을 계산한즉 은 오만이나 되더라"(행 19:19)

3. 고린도 교회에 보낸 첫 번째 편지 고전 1~16장

#큰글자 일년일독 통독성경 | 306~336p

바울이 아직 에베소에 머물고 있을 때, 고린도 교회에서 목회하고 있던 아볼로가 바울을 찾아왔습니다. 아볼로가 바울에게 전한 소식은 고린도 교회에 많은 문제가 있다는 것입니다. 혼자서는 도저히 그 문제들을 해결할 수 없었던 아볼로가 에베소에 있는 바울에게 찾아와 고린도 교회의 상황을 털어놓았습니다.

바울은 2차 전도여행 중 고린도에 약 1년 6개월 정도 머물면서 복음을 전하여 고린도 교회를 세웠습니다. 이후 바울이 떠난 뒤에는 아볼로가 고린도 교회에서 목회하게 되었는데, 아볼로를 유난히 좋아하는 사람들이 모여 아볼로를 사랑하는 사람들의 모임, 일명 '아사모'를 만들었습니다. 그러자 다른 무리에는 "비록 바울이 아볼로에 비해 외모나 언변이 부족하지만, 그래도 처음으로 우리에게 복음을 전한 사람인데 그를 소홀히 하면 안 된다."라며 '바사모'를 만들었습니다. 얼마 후, 또 다른 무리는 "우리는 예수님의 직계 뿌리인 베드로를 따라가자."라며 '베사모'를 만들었고, 이곳에도 저곳에도 끼지 못한 이들이 "우리는 그리스도를 따르는 사람들이 되자."라며 '그사모'를 만들었습니다. 이렇게 여러 파당이 형성되면서 교회 내 의견이 사사건건 엇갈리게 되었고, 시간이 지나면서 고린도 교회는 분열의 양상을 띠게 되었습니다.

이 소식을 들은 바울은 고린도 성도들에게 편지로 하나님의 지혜와 십자가 복음의 능력 안에서 서로 하나가 될 것을 권면합니다. 바울은 자신이 고린도 땅에 복음의 씨를 뿌렸고, 아볼로가 물을 주었지만, 자라나게 하시는 분은 오직 하나님뿐이라고 강조합니다. 또한 그는 예수님의 십자가 그 순간부터 대속의 은혜로 '너희 몸이 성전'이 되었다고 가르칩니다. 그러므로 고린도 성도들은 누구의 소속도 아닌, 모두 예수 그리스도께 속한 하나님의 사람임을 분명히 해야 한다고 강조합니다.

그러고 나서 바울은 아볼로에게서 들은 고린도 교회의 여러 문제에 대해, 하나하나 해결책들을 편지에 써 내려갔습니다. 이 해결책의 내용은 그

고린도 (Corinth)
고린도는 B.C.8세기 펠로폰네소스 반도 입구에 있는 도시국가로 세계 무대에 등장했고, B.C.4세기 코린트 동맹으로 유명한 곳이다. 바울 당시 인구가 약 60만 명 달하는 아가야 지역의 중심 도시였다. 이곳은 지중해 연안 국가들의 해상 무역의 중심지로, 상업과 문화의 중심지였고, 각종 신을 섬기는 신전들로 가득했다. 국제적인 항구도시였던 고린도는 도덕적 브패가 심각했는데, 당시에 "고린도인처럼 행동한다"라는 말은 '방탕하다'는 뜻으로 쓰일 정도였다.

아볼로 (Apollos)
1. 알렉산드리아 출신 유대인, 에베소에서 활동했다(행 18:24).
2. 언변이 좋고 성경에 능통한 사람으로, 예수님에 관해 가르치나 … 부족했다(행 18:25).
3. 부족한 하나님의 도에 관한 지식을 브리스길라와 아굴라 부부에게 자세히 배웠다(행 18:26).
4. 아가야 지역으로 파송, 고린도 교회에서 힘과 정성을 다해 목회했다(행 18:27~28).
5. 고린도 교회에서 목회의 어려움을 겪고, 에베소에 있는 바울을 찾아가 도움을 청했다(고전 16:12).

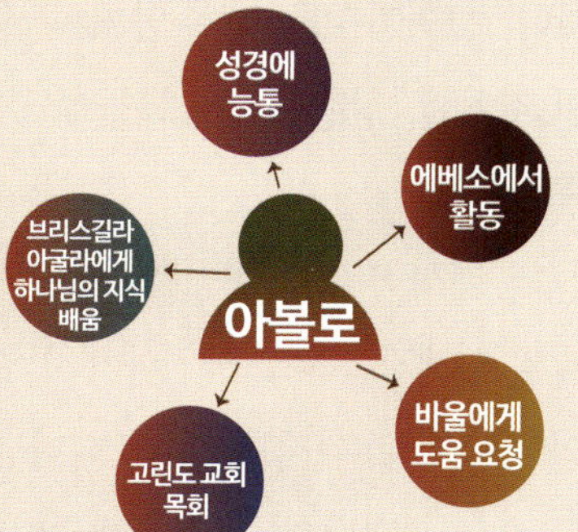

<고린도전서>의 교훈들
1. 교회 안의 분쟁 (1~4장)
2. 성(性)과 결혼 (5장; 6:9~7:40)
3. 소송 문제 (6:1~8)
4. 우상에게 바친 음식 (8:1~11:1)
5. 교회 안에 있는 여인들 (11:2~16; 14:34~36)
6. 주의 만찬 (11:17~34)
7. 성령의 선물 (12~14장)
8. 몸의 부활 (15장)

리스도인이 행할 '제자도'였습니다. 고린도전서 7장에서는 결혼에 대해, 8장에서 10장까지는 우상 제물에 대해, 11장에서는 거룩한 성찬식에 대해 가르칩니다. 바울은 성도들이 하나가 되어야 할 성찬식을 오히려 파당과 분쟁의 자리로 만들고 있음을 책망하며, 예수님께서 제정하신 마지막 유월절 첫 번째 성찬식을 다시 한번 강조하며 교육합니다.

바울은 12장에서 성령님의 은사와 그리스도의 몸과 지체에 대해 말합니다. 그는 하나님께서 주신 선물인 은사는 교회 안에 차별을 두기 위함이 아니고 더 큰 화목을 이루기 위함이라고 강조하며, 그리스도인은 머리 되신 예수 그리스도께 연결된 각 지체라고 가르칩니다.

바울은 13장에서 사랑에 대해, 14장에서는 방언과 예언에 대해, 15장에서는 부활에 대해 말합니다. 그는 고린도 성도들에게 부활을 소망하며 살아가도록 가르칩니다. 바울은 부활하신 예수님께서 성도들의 부활을 보증하신다고 가르치며, 만약 부활이 없다면 부활 신앙으로 살아가는 우리가 세상에서 제일 불쌍한 사람이 된다고 말합니다. 그러나 부활의 첫 열매가 되신 예수님으로 말미암아, 그리스도 안에 있는 모든 사람이 예수님의 재림 때에 부활하게 된다고 강조합니다. 바울은 성도들에게 부활에 대해 권면하며 "나는 날마다 죽노라"(고전 15:31)라고 고백합니다. 그는 자신이 부활 신앙을 가졌기에 날마다 죽을 위험도 무릅쓰고 복음을 전한다고 말하며, 장차 부활의 증인이 될 성도들의 최후 승리를 가르칩니다.

특히, 바울은 고린도 성도들에게 "너희가 하나님의 성전"(고전 3:16)임을 강조하며 가르쳤습니다. 예수님께서 십자가에서 "다 이루었다"라고 말씀하시는 그 순간, 예루살렘 성전의 휘장이 위에서 아래로 찢어졌고, 예수님의 십자가 그 순간부터 대속의 은혜로 '우리 몸이 성전'이 되었습니다. 모든 그리스도인은 이미 그리스도의 피 값으로 사신 새로운 육체를 입은 그리스도의 지체요, 그리스도와 한 몸을 이룬 성도이며, 그리스도인의 몸은 "성령의 전"(고전 6:19)입니다. 그러므로 그리스도인의 몸은 자신의 것이 아니라 하나님의 소유이며, 그리스도인은 하나님께 영광을 돌리기 위해 살아가는 존재인 것입니다. 바울이 고린도 성도들에게 이를 상기시키며, 다시는 음행하지 말 것을 강력히 권면했습니다.

계속해서 바울은 16장에서 예루살렘 교회 성도들을 돕기 위한 구제헌금에 참여할 것을 부탁합니다. 복음에 장애가 되지 않게 하려고 자비량 선교

나를 본받으라
바울은 고린도 성도들에게 자신을 본받으라고 말한다(고전 11:1). 이는 교회를 위한 자신의 수고, 눈물과 땀, 그리고 섬김을 본받으라는 의미이다. 바울은 "누가 약한 것 같으면 내가 약하게 되고, 또 누가 고기 먹는 것 때문에 신앙이 흔들리면, 나는 고기를 먹지 않겠다."라고 말할 정도로, 공동체에 믿음의 진보가 있게 하기 위해서라면 자신의 어떤 부분이든 포기할 마음이 있다고 강조했다.

바울의 제자 훈련
바울은 어디에서나, 예수님께서 세례를 받으시며 공생애를 시작하신 때부터 십자가 지시기 전 첫 번째 성찬식을 제정하시기까지 보여주신 '하나님 사랑, 이웃 사랑'의 제자도를 가르쳤다. 이것이 '제자 훈련 파트 1'이라면, 예수님의 십자가 죽음부터 부활과 승천과 재림, 그리고 지상명령까지 가르친 내용은 '제자 훈련 파트 2'였다. 즉, 하나님 사랑 이웃 사랑의 제자도와 지상명령을 수행하면서 새 하늘과 새 땅을 소망하는 그리스도인으로 준비시키는 것이 성경이 강조하는 제자 훈련이다.

를 하는 바울이었지만, 성도들을 돕는 일에는 교회가 적극적으로 나서도록 독려했습니다. 이처럼 바울은 가난한 성도들을 위해 연보를 모으는 일에 열심을 냈습니다. 바울은 고린도 성도들에게 자신을 대신해 파송한 디모데를 잘 대해 달라고 당부하고, "너희 모든 일을 사랑으로 행하라"(고전 16:14)라고 말하며 편지를 마무리합니다. 디모데가 고린도 성도들을 만나 바울의 마음을 잘 전달할 것입니다. 한편, 바울은 아볼로에게 고린도에 다시 가도록 여러 차례 권면했지만, 아볼로는 아직 갈 마음이 전혀 없었습니다. 아볼로가 고린도 교회에서 정말 많이 힘들었던 것 같습니다.

바울의 자비량 사역 (Self-supporting)
자비량 사역자란 자신의 직업을 가지면서 선교의 소명을 감당하는 사람이다. 바울은 천막 만드는 일을 하며 복음 전파에 장애가 되지 않도록 필요한 비용을 스스로 충당했다. 데살로니가에서 복음을 전할 때도 누구에게 도 폐를 끼치지 않으려고 자비량으로 사역했음을 언급했다. 그러나 바울은 마게도냐 지역 교회와 고린도 교회에 가난한 예루살렘 교회를 돕는 일이 성도들을 균등하게 하려 함이라고 설득하며 구제헌금 모으기를 독려했다. 바울은 누구보다 이웃 사랑에 열심인 전도인이었다.

4. 고린도 교회 분파, 성찬식을 통해 하나 되다 고전 11:17~34

큰글자 일년일독 통독성경 | 324~325p

성찬식은 예수님께서 제자들과 함께한 공생애 3년 마지막 날에 행하신 '보이는 말씀'으로의 기적입니다. 예수님께서는 제자들에게 떡과 포도주를 주시며 "이것은 너희를 위하는 내 몸이며, 내 피로 세운 새 언약이니 이것을 행하여 먹고 마실 때마다 나를 기념하라"라고 말씀하셨습니다. 이로써 성찬식은 계속 반복해야 할 하나님 나라 예식이 되었습니다.

그런데 하나가 되어야 할 성찬식을 고린도 성도들은 오히려 파당과 분쟁의 장으로 만들고 있었습니다. 당시 고린도 교회는 예배 후 성도들이 함께 식사하고 성찬식을 했는데, 이때 부유한 성도들이 가난한 성도들과 식사를 나누지 않고 자신들만 따로 식사하므로, 한쪽은 풍족하고 다른 한쪽은 빈약한 상황이 벌어졌습니다. 게다가 어떤 사람이 먼저 와서 많이 먹으므로 늦게 온 누군가를 시장하게 했습니다. 그래서 함께 나누는 성찬식이 제대로 이루어지지 않았던 것입니다.

바울은 예수님의 첫 번째 성찬식을 다시 한번 강조하면서 교회가 성찬식을 행하는 이유가 예수님께서 세우신 '새 언약' 때문임을 가르칩니다. 제사장 나라 1,500년의 옛 언약 기반 위에 체결된 새 언약은 다시 바뀌지 않는 주님의 약속이므로, "너희가 이 떡을 먹으며 이 잔을 마실 때마다 주의 죽으심을 그가 오실 때까지 전하는 것"(고전 11:26)이라고 강조했습니다. 말 그대로 예수님께서 재림하시는 그 순간까지 지상명령의 사명을 세례와 성찬식을 통해 기념하며 함께하라는 것입니다.

바울은 결론적으로 고린도 성도들에게 '서로 기다리라'라고 당부하면서

'보이는 말씀'인 세례와 성찬식
바울은 예수님께서 주신 '보이는 말씀'인 세례와 성찬식을 정확히 알고 성도들에게 가르쳤다. 특히 바울이 로마 교회 성도들에게 세례를, 고린도 교회 성도들에게 성찬식을 가르친 내용이 성경에 잘 기록되어 있다. 세례와 성찬은 매우 밀접하게 연결되어 있다. 바울은 우리가 세례를 받음으로써 예수님과 함께 장사되었다고 증언했고, 예수님의 살과 피를 먹고 마시는 성찬식을 통해 예수님의 죽으심을 기념해야 한다고 가르쳤다. 그러므로 예수님과 별개로 성찬식에 참여하는 것은 잘못된 것이라고 경고했다. 세례는 단 한 번 받는 것이며, 성찬은 백 번이고 천 번이고 반복하여 기념하며, 예수님의 지상명령을 수행하는 삶으로 나아가야 한다.

온 성도가 함께 식사하고 성찬을 나눌 것을 교훈했습니다. 바울의 편지로 성찬에 대해 교육받은 고린도 교회 성도들은 이후 성찬식을 통해 놀라운 은혜를 체험하며, 그리스도인 됨의 기쁨을 함께 누렸을 것입니다. 이처럼 바울에게 제자 훈련을 받은 고린도 교회는 성도 간의 협력을 통해 연보를 모아, 어려움에 처한 예루살렘 교회를 돕는 멋진 교회로 성장합니다.

5. 고린도 교회에 보낸 두 번째 편지 고후 10~13장

큰글자 일년일독 통독성경 | 349~355p

〈고린도후서〉는 두 편의 편지를 모아놓은 책이라고 볼 수 있습니다. 대체로 고린도후서 10~13장은 첫 번째 편지(고린도전서)를 보낸 후 쓴 두 번째 편지이고, 고린도후서 1~9장은 그 이후에 쓴 세 번째 편지로 이해됩니다.

〈고린도전서〉를 읽고 난 고린도 교회 성도들 가운데는 바울의 말을 받아들여 그의 권고대로 따르려는 사람들이 있는가 하면, 오히려 바울을 오해하고 그의 사도직을 의심하는 사람들까지 생겨났습니다. 그 소식을 들은 바울은 몹시 서운했습니다. 그래서 〈고린도전서〉 이후에 다시 쓴 편지가 고린도후서 10~13장입니다.

"그들이 그리스도의 일꾼이냐 정신 없는 말을 하거니와 나는 더욱 그러하도다 내가 수고를 넘치도록 하고 옥에 갇히기도 더 많이 하고 매도 수없이 맞고 여러 번 죽을 뻔하였으니 유대인들에게 사십에서 하나 감한 매를 다섯 번 맞았으며 세 번 태장으로 맞고 한 번 돌로 맞고 세 번 파선하고 일 주야를 깊은 바다에서 지냈으며 여러 번 여행하면서 강의 위험과 강도의 위험과 동족의 위험과 이방인의 위험과 시내의 위험과 광야의 위험과 바다의 위험과 거짓 형제 중의 위험을 당하고 또 수고하며 애쓰고 여러 번 자지 못하고 주리며 목마르고 여러 번 굶고 춥고 헐벗었노라"(고후 11:23~27).

바울은 자신이 지난 시절 어떤 고난을 겪었는지 고린도 성도들에게 솔직하게 털어놓습니다. 이는 성도들 가운데 바울이 사도가 아니라는 등의 어이없는 비판을 하며, 그가 전한 복음의 내용까지 왜곡하는 사람들이 있었기 때문입니다. 바울은 이 상황을 더 이상 그대로 둘 수 없다고 판단하고, 그동안 자신이 겪어온 고난을 드러내며 자신의 사도직을 증명합니다.

바울에게는 그가 히브리인이라는 것과 율법에 정통하다는 것이 자랑이 아니었습니다. 오히려 그가 생각하는 그리스도의 일꾼 됨의 기준은 '그리스

<고린도후서>
바울은 에베소에서 <고린도전서>를 기록한 후, 약 6개월 후에 마게도냐에서 <고린도후서>를 기록한 것으로 보인다.

사도직 변호
바울은 "나의 어리석은 것을 용납하라"(고후 11:1)라고 전제한 후, 고린도 성도들이 자신이 전한 복음의 내용까지 왜곡해 듣는 것을 보고, 이를 막기 위해 사도직을 변호하는 편지를 보냈다. 그의 편지는 낮은 마음을 향한 높은 설득이었다. 그는 육체를 좇아 자랑하는 이들과 자신을 모독하는 이들의 논리가 얼마나 부끄럽고 유치한지 밝히고자 했다. 고린도 성도들이 하나님께 받은 사도직을 온유와 관용으로 감당하며, 생명까지도 내어놓을 각오를 가진 바울을 거짓 사도들의 말에 휘말려 오해했던 것이다.

도를 위해 얼마나 많은 고난을 받았느냐'에 있었습니다. 바울의 고백은 "자기 십자가를 지고 나를 따르라"라는 예수님의 제자도, 즉 하나님 사랑 이웃 사랑의 제자도를 실행하다가 겪은 고난에서 나온 것이었습니다. 만약 바울에게 부활 영생을 믿는 순교신앙이 없었다면, 그는 그런 고난을 받을 이유가 없었을 것입니다. 후대의 우리는 이 편지로 바울이 전도여행 과정에서 얼마나 많은 고난을 겪었는지 생생히 알게 됩니다.

그런가 하면 바울을 대적하는 사람들은 바울에게 영적 경험이 부족하다고 공격했습니다. 그들의 공격이 거세지자, 바울은 어쩔 수 없이 자신이 셋째 하늘에 이끌려갔던 경험을 이야기합니다. 하지만 바울이 여기에서 자신의 영적 경험을 말한 이유는 자랑을 위해서가 아니라, 오히려 자신의 약함을 통해 역사하시는 하나님의 위대하심을 드러내기 위함이었습니다. 바울은 이런 내용을 담은 편지를 디도 편에 보냈습니다. 다행히 고린도 성도들이 이 편지를 읽고 모두 크게 반성합니다.

디도 (Titus)
디도는 헬라인으로, 바울의 1차 전도여행 때 회심했다. 그는 고린도 교회에 파송되어 사역을 감당했으며, 후에는 그레데섬에서 목회했다(딛 1:5). 바울의 '믿음의 아들'로서 유능하고 신실한 목회자인 디도는 바울이 쓴 <디도서>의 수신자이기도 하다

6. 고린도 교회에 보낸 세 번째 편지 고후 1~9장

#큰글자 일년일독 통독성경 | 336~349p

바울이 에베소에서 마게도냐로 갑니다. 마게도냐를 거쳐 고린도로 가려는 계획이었습니다. 그런데 그때 디도가 고린도 성도들이 회개했다는 기쁜 소식을 가지고 마게도냐로 옵니다. 이 소식을 들은 바울이 다시 고린도 성도들에게 감사와 기쁨의 편지를 보내는데, 이때 쓴 편지가 고린도후서 1장에서 9장입니다. 바울은 고린도 교회로 인해 그동안 걱정하고 근심했으나, 끝에는 하나님께 대한 감사로 충만해진 자신을 돌아보며 모든 환난 중에 위로하시는 하나님을 찬양합니다.

바울이 고린도에 가려고 계획을 세우고 편지로 미리 알렸지만, 결국 고린도에 가지 못했습니다. 이로 인해 고린도 성도들 가운데 오해하는 사람들이 있었습니다. 이에 바울이 〈고린도전서〉에 이어 〈고린도후서〉를 쓰게 된 이유를 설명하며, 고린도 방문 계획이 여러 차례 변경되었던 배경에 대

To. 고린도 교회 성도들에게

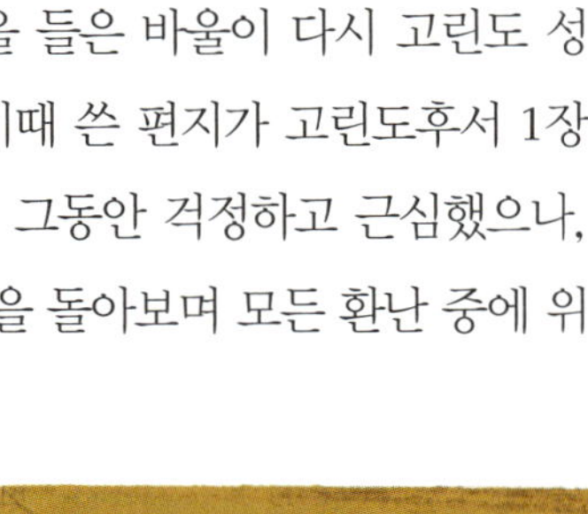

하나님의 뜻으로 말미암아
그리스도 예수의 사도 된 바울과
형제 디모데는 고린도에 있는
하나님의 교회와 또 온 아가야에 있는
모든 성도에게 하나님 우리 아버지와
주 예수 그리스도로부터
은혜와 평강이 있기를 원하노라
…
말할 수 없는 그의 은사로 말미암아
하나님께 감사하노라

From. 에베소에서 바울

해 해명합니다. 첫째, 하나님의 미쁘신 뜻에 순종하기 위함이었습니다. 둘째, 고린도 성도들에게 시간을 주어 스스로 문제를 해결할 수 있도록 하고, 그 이후 더 긴 시간을 함께하기 위함이었습니다.

율법 vs. 복음 (고후 3장)

율법	복음
옛 언약	새 언약
율법 조문	영(靈)
죽이는 것	살리는 것
정죄의 직분	의의 직분
영광이 있음	더욱 영광이 있음
없어질 것	길이 있을 것
수건을 쓴 것처럼 가려져 있음	수건을 벗은 것처럼 명백함

바울은 스승으로서, 아버지로서 고린도 성도들에게 주장하는 자세로 하지 않고, 그들의 성숙한 믿음의 진보를 인내하며 기다렸습니다. 그는 성도들에게 자신의 본심이 성도들을 근심하게 하려는 것이 아니라, 오직 성도들을 향한 넘치는 사랑이었음을 밝혔습니다. 이러한 바울의 고백은 자신을 비방한 고린도 성도들을 책망하려는 것이 아니라 오히려 위로하고 세워주려는 것이었습니다. 고린도 성도들이 그리스도의 몸 된 성도로 세워지기를 바라며 권면하는 바울의 마음이 편지의 행간에 고스란히 담겨 있습니다.

바울은 자신의 사도직을 증명하는 결정적 증거가 바로 고린도 성도들이라고 〈고린도전서〉에 이어 다시 한번 고백합니다. 당시 고린도 교회에서는 다른 이들의 추천서 없이 스스로 자천한다는 이유로 바울의 사도직을 의심하는 이들이 있었습니다. 이에 대해 바울은 자신이 전한 복음으로 그리스도인이 된 고린도 성도들이 곧 자신의 보증임을 밝혔습니다. 즉, 자신이 복음을 전한 고린도 교회가 자신의 추천장이나 다름없다는 것입니다. 또한 바울은 단도직입적으로 "그가 또한 우리를 새 언약의 일꾼 되기에 만족하게 하셨으니"(고후 3:6)라고 말하며, 자신의 사도 자격이 하나님께서 자신을 새 언약의 일꾼으로 삼으신 데에 있음을 분명히 했습니다.

그리고 바울은 고린도 성도들에게 〈고린도전서〉에서 강조했던 가난한 예루살렘 교회를 돕는 연보에 대해 재차 강조하며 구제헌금에 적극적으로 참여할 것을 독려했습니다. 바울은 고린도 교회가 가난한 예루살렘 교회를 돕는 일이 신령한 일인 만큼 매우 중요하다고 가르쳤습니다. '구제하는 일'은 이미 하나님께서 중요하게 명령하신 일이기 때문입니다. 바울은 고린도 성도들에게 구제헌금 모을 것을 독려하며, 마게도냐 교회가 보여준 구제헌금의 모범을 전했는데, 이는 마게도냐 교회와 고린도 교회를 격려하고 더 힘 나게 하려는 의도였습니다. 바울은 고린도 교회의 연보 실천을 믿으며 감사를 전했습니다.

마게도냐 성도들의
구제헌금 준비 자세

1. 힘에 지나도록 오히려 넘치게 자원했다.
2. 바울이 받기를 주저하자, 성도 섬기는 일에 참여함을 간절히 구할 정도였다.
3. 극심한 가난 속에서도 바울이 바라던 것 이상으로 연보했다.
4. 그들은 먼저 자신을 주께 드리고, 하나님의 뜻에 따라 드렸다.

마게도냐 지역 교회는 자신들의 동족들과 유대교 유대인들에게 핍박까지 받는 힘든 상황이었다. 그럼에도 그들은 힘에 넘치도록 성도 섬기는 일에 열심을 냈다. 더 나아가 마게도냐의 한 교회인 빌립보 교회는 바울의 사역까지도 도왔다.

7. 예수님의 지상명령이 수행된 증거들

● 오순절 예루살렘 성령 강림이 에베소 성령 강림으로

오순절 성령 강림은, 예수님께서 "예루살렘을 떠나지 말고 내게서 들은 바 아버지께서 약속하신 것을 기다리라"(행 1:4)라고 말씀하신 후 이루어진 첫 번째 성령 강림이었습니다. 그때로부터 예루살렘에서 성령님의 임재를 체험한 사람은 120여 명에서 3,000명으로, 그리고 5,000명으로 늘어났습니다. 오순절 성령 강림 당시 유대에서 계속 거주하던 본토 유대인들은 각기 다른 나라 방언으로 예수님의 십자가를 증언했습니다. 이 일이 확장되어 일어난 에베소 성령 강림은, 예루살렘으로부터 지상명령이 '땅끝까지' 전파되는 도상에서 일어난 성령님의 역사였습니다. 또한 바울이 "모든 민족을 제자로 삼아 아버지와 아들과 성령의 이름으로 세례를 베풀고 내가 너희에게 분부한 모든 것을 가르쳐 지키게 하라"(마 28:19~20)라는 예수님의 당부를 실제로 실행하고 있음을 보여주는 사건이기도 합니다.

● 하나님 사랑 이웃 사랑의 제자 훈련

제사장 나라에서는 레위인을 통해 하나님과 제사장 나라 언약을 맺은 이스라엘 백성이 율법을 배우고, '제사자'로 살아가는 방법을 훈련했습니다. 이제 하나님 나라에서는 그리스도인들이 하나님 사랑 이웃 사랑의 '제자도', 즉 예수님께서 공생애 3년 동안 보여주신 먹이시고, 고치시고, 가르치시고, 용서하시고, 기도하신 일, 그리고 자기 십자가를 지고 예수님을 따르는 제자도를 행하며 살아가야 합니다. 제자도는 지상명령을 수행해 가는 과정에서 드러나는 그리스도인의 삶의 방식입니다. 더 구체적으로, 그리스도인은 이 땅에서 성령 세례 받은 하나님 나라의 거룩한 예배자로, 부활 영생을 믿고 순교신앙으로 사는 예수님의 제자로, 지상명령을 수행하는 전도인으로, 예수님의 재림을 소망하는 마라나타 신앙인으로, 그리고 영원한 하나님 나라 백성으로 살아갑니다. 바울은 이 모든 내용을 주제별로 꼼꼼하게 가르쳤고, 때로는 복음 편지로 그 가르침을 전했습니다.

● 성찬, "나를 기념하라" 주께서 오실 때까지

성찬의 핵심은 예수 그리스도의 십자가를 통한 구속을 반복해서 기억하며 기념하는 데 있습니다. 그 방법은 예수님께서 정하신 대로 떡(빵)과 포도주를 먹고 마시며 예수님을 기념하는 것입니다. 이 일의 기한은 예수님께서 재림하실 때까지입니다. "너희가 이 떡을 먹으며 이 잔을 마실 때마다 주의 죽으심을 그가 오실 때까지 전하는 것이니라"(고전 11:26). 지상명령의 기간은 예수님의 승천에서 재림까지입니다. 그 사이에 성찬을 통해 예수님을 기념하며 땅끝까지 이를 전해야 합니다. 바울은 성찬을 통해 그리스도인의 정체성이자 사명을 고린도 교회 성도들에게 잘 가르쳤습니다.

● 새 휘장을 통한 '너희 몸이 성전' 교회

움직이는 성막과 움직이지 않는 예루살렘 성전의 성소와 지성소 사이에 휘장을 두신 것은 "하나님께 가까이 나아오라! 그러나 대제사장을 통해 오라!"라는 의미였습니다. 그런데 예수님께서 십자가에서 "다 이루었다"라고 선언하신 그 순간, 성전의 휘장이 위에서 아래로 찢어졌고 더 이상 대제사장이 휘장 안으로 들어갈 필요가 없게 되었습니다. 예수님께서 십자가에서 피 흘리심으로 예수님의 몸이 새 휘장이 되었기 때문입니다. 따라서 제사장의 도움으로 제사를 드리던 제사장 나라가 하나님 나라로 수렴되면서, 하나님의 어린양이자 대제사장이신 예수님의 십자가 보혈로 우리 그리스도인은 하나님 나라의 예배자가 되었습니다. 즉, 예수님의 십자가를 믿는 믿음으로 우리는 하나님의 자녀가 되고, 우리 몸이 성령의 전, 교회가 된 것입니다. 그리고 하나님 나라의 거룩한 공직자인 그리스도인이 된 것입니다. "너희는 그리스도의 것이요 그리스도는 하나님의 것이니라"(고전 3:23). 바울은 전도 여행 중에 직접 만나거나, 때로는 편지를 통해 이 복음을 끊임없이 가르치고 전했습니다.

46과 바울의 예루살렘 여행 – 5차 산헤드린 공회 재판 | 사도행전 20~23장, 로마서

큰글자 일년일독 통독성경 *one year tongdok bible as one story*

335일 : 모든 길은 예수로　336일 : 아담의 불순종과 예수님의 순종　337일 : 장차 나타날 영광
338일 : 산 제물과 영적 예배　339일 : 복음의 제사장 직분　340일 : 바울의 5차 산헤드린 공회 재판

시간 흐름 *time flow*

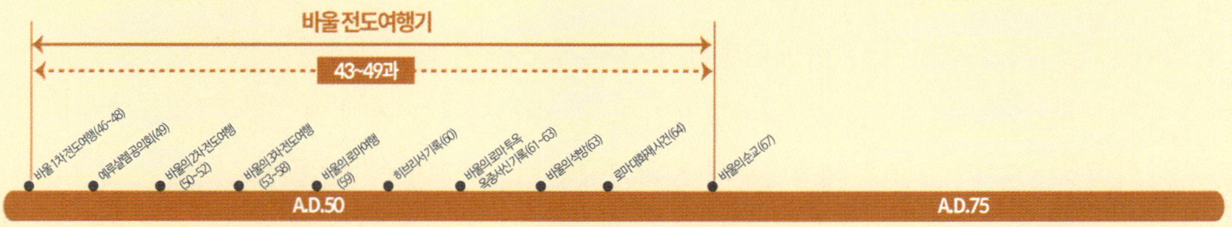

지금 공간 *current location* 고린도, 밀레도, 예루살렘

주요 인물 *main character* 바울, 누가, 에베소 장로들, 대제사장 아나니아, 천부장

통通포인트 *tong point*

3차 전도여행 끝에서 지상명령을 위한 땅끝 비전과 예루살렘 공회를 향한 받음직한 섬김

"이제는 이 지방에 일할 곳이 없고"(롬 15:23). 바울이 복음 전파와 제자 훈련에 온 힘을 다한 결과로, 소아시아와 유럽에 복음이 잘 전해지고 교회도 세워졌습니다. 앞으로 바울은 안디옥 교회와 같은 선교 센터를 로마에 세우고, 당시 사람들에게 땅끝이라고 알려진 스페인(서바나)까지 복음을 전하겠다는 놀라운 선교 전략을 세웁니다. 그래서 바울은 3차 전도여행이 끝날 무렵 고린도에서 석 달간 머무르는 동안, <로마서>를 써서 로마 교회에 보냅니다. 그리고 지상명령을 이루기 위한 땅끝 전도여행을 준비하여 마지막으로 예루살렘을 방문합니다. 그곳에서 로마로 가기 위한 계획을 예루살렘 공회에 보고하고, 받음직한 섬김으로 연보를 전달했습니다. 그런데 예루살렘에 도착한 바울이 성전에서 유대인들에게 붙잡히게 됩니다. 이때 로마 천부장의 협조로 5차 산헤드린 공회를 열고, 유대인 동족들에게 복음에 대한 마지막 설득을 시도합니다.

1. 고린도에서 로마 교회에 보낸 편지 행 20:1~6/ 롬 1장~15:13

#큰글자 일년일독 통독성경 | 355~356p / 356~383p

바울은 에베소를 떠나서 고린도에 도착해 석 달 정도 머무는 동안, 로마

교회 성도들에게 보내는 복음 편지인 〈로마서〉를 썼습니다. 그는 아직 대면 한 적 없는 로마 교회 성도들에게 자신을 '예수 그리스도의 종'으로 소개하며, 자신이 만난 예수님에 대해 알리고 함께 은혜를 나누면 좋겠다는 마음을 전합니다. 또한 자신이 여러 번 로마에 가고자 했으나 뜻대로 되지 않았던 것도 밝힙니다. 이렇게 인사말을 나눈 이후, 바울은 로마서 15장 중반에 이르기까지 구원의 도리, 예수 그리스도로 인한 구원받음, 그리고 이신칭의(以信稱義) 등 '오직 믿음'과 '영적 예배'에 대한 복음의 가장 중요한 본질을 차분히 써 내려갑니다.

로마(Rome)
이탈리아 반도에 위치한 로마 제국의 수도이다. B.C.8세기를 시작으로, 카르타고 점령과 B.C.31년 악티움 해전 승리로 제정을 시작했고, 초대 황제 옥타비아누스가 팍스 로마나 시대를 열었다. A.D.1세기 옥타비아누스의 대규모 건축 사업으로 로마는 웅장한 모습을 갖추고, 인구 백만 명의 대도시가 되어 로마 제국의 정치, 문화, 종교, 상업의 중심지가 되었다.

● 하나님의 의(義), 오직 믿음으로 우리에게

모든 인간은 죄인입니다. 인간의 죄를 해결할 수 있는 유일한 길은 여호와 이레, 즉 예수 그리스도를 믿음으로 말미암는 '의(義)의 길'뿐입니다. '의'란 하나님께서 화목제물로 세우신 예수 그리스도를 믿는 이에게 주어지는 '의'를 의미합니다. 바울은 〈갈라디아서〉에서 이미 말했듯이, 오직 믿음으로 구원을 받는다는 사실을 강조합니다. 율법은 죄를 깨닫게 하며, 모든 인간이 심판

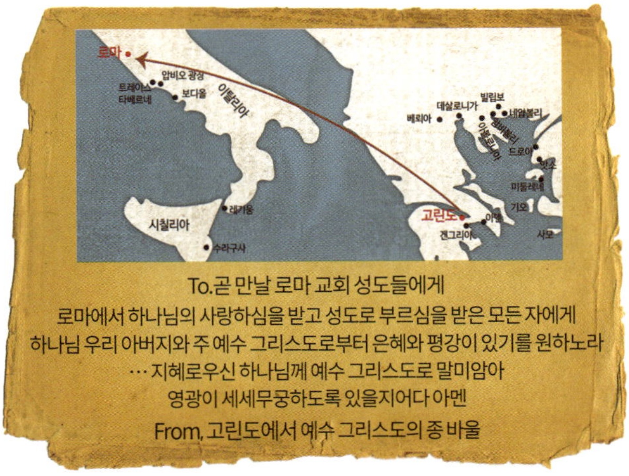

아래에 있음을 알게 합니다. 또한 믿음으로 이르는 구원은 인간의 행위로 얻는 것이 아닙니다. "율법의 행위로 그의 앞에 의롭다 하심을 얻을 육체가 없나니 율법으로는 죄를 깨달음이니라"(롬 3:20). 구원은 오직 믿음으로 말미암아 얻는 것이므로, 인간은 하나님 앞에서 자랑할 것이 전혀 없습니다.

우리가 아직 죄인 되었을 때, 그리스도께서 우리를 위해 죽으심으로 구원이 우리에게 이르렀습니다. 누구도 율법의 행위로 하나님 앞에서 의롭다 여김을 받을 수 없지만, 그리스도를 믿는 믿음으로 말미암아 의롭게 될 수 있습니다. 바울은 '의롭다' 하심을 받은 사람의 삶을 화평, 은혜, 소망, 사랑이라고 말했습니다. 그리고 예수 그리스도를 믿는 것을 기준으로 옛사람과 새사람으로 구분했습니다. 우리는 그리스도와 연합한 그리스도인으로서 옛사람의 모습을 버리고 새사람으로 의롭게 살아가야 합니다. "우리가 알거니와 우리의 옛 사람이 예수와 함께 십자가에 못 박힌 것은 죄의 몸이 죽어 다

시는 우리가 죄에게 종 노릇 하지 아니하려 함이니"(롬 6:6). 새사람이 된 그리스도인은 죄의 종에서 하나님의 종, 즉 의의 종이 되어 우리 몸을 의의 무기로 하나님께 드려야 합니다. 그리하여 거룩함에 이르고, 마침내 영생을 얻을 것입니다(롬 6:22).

의의 종이 된 그리스도인 안에는 '그리스도의 영'이 거하십니다. 즉, 이신칭의를 통해 하나님의 아들의 영을 받았기에 우리도 하나님을 아버지라고 부를 수 있으며, 성령님께서 친히 우리가 하나님의 자녀인 것을 증언하십니다. 그러므로 바울은 죄로부터의 자유, 사망으로부터의 자유, 그리고 마침내 율법으로부터의 자유를 선언합니다. 바울은 그리스도인이 하나님의 자녀로서 예수님과 함께 상속자가 되었으므로, 예수님과 함께 영광을 받기 위해 고난도 함께 받아야 한다고 말합니다. 따라서 현재의 고난은 장차 그리스도인들에게 나타날 영광과 비교할 수 없다고 강조합니다(롬 8:17~18).

더 나아가 바울은 세상에 그 어떤 것도 하나님의 사랑에서 우리를 끊을 수 없다고 말합니다. 죄로부터, 사망으로부터, 율법으로부터 자유하게 하시는 성령님의 능력을 받은 바울은 하나님의 놀라운 사랑이 그의 택하신 백성에게 절대 끊어지지 않음을 찬양합니다. 하지만 이 확신을 가슴에 담고 살아가는 바울에게도 큰 고민이 있었습니다. 바울은 "나의 형제 곧 골육의 친척을 위하여 내 자신이 저주를 받아 그리스도에게서 끊어질지라도 원하는 바로라"(롬 9:3)라며 동족 유대인들을 향한 자신의 애끓는 사랑을 드러냈습니다. 그는 모든 유대인이 그리스도를 믿을 수만 있다면, 자신이 저주를 받아 그리스도에게서 끊어질지라도 기꺼이 그 길을 선택하겠다고 고백까지 할 정도였습니다. 이 고백은 모세와 같은 바울의 '근심 같은 근심'이었습니다.

로마 성도들에게 '믿음의 의'가 무엇인지를 설명한 바울은 이어서 '복음'이 무엇인지에 대해 말합니다. 복음은 '예수를 주'로 시인하고, 예수님의 십자가 죽으심과 부활을 믿는 것이라고 말합니다. 이 복음은 누구에게나 차별이 없습니다. 다만 바울은 전도자의 복음 전파가 있어야 사람들이 믿음을 가질 수 있다고 말하며, 자신이 비록 이방인을 중심으로 복음을 전하고 있지만, 여전히 이스라엘에게도 구원의 은혜는 계속된다고 말합니다.

이신칭의(以信稱義)

- **칭의** : 예수님을 믿는 사람은 그 믿음으로써 거룩하신 하나님께 의롭다 칭함을 받게 되었다.
- **구속** : 예수님께서는 믿는 사람들이 죄에서 종노릇하는 것으로부터 해방되고, 죄의 형벌로부터 자유하도록 예수님의 피로 속죄의 값을 치르셨다.
- **화해** : 예수님의 피는 죄를 간과하지 않으시는 의로우신 하나님의 공의를 만족시켰다.

이방인의 사도

바울은 이방인의 사도로 부름받았지만, 동족 유대인들의 구원도 늘 염두에 두고 있었다. <로마서>를 꼼꼼히 읽다보면, 동족이 구원받기를 간절히 바라는 바울의 마음이 잘 드러난다. 바울은 유대인과 이방인 모두에 대한 뜨거운 구원 열정을 지닌 하나님의 사람이었다. 하나님께서는 이러한 바울을 충성된 종이요, 일꾼으로 들어 쓰셨다.

● 성령 세례와 거룩한 영적 예배

바울은 로마 교회 성도들에게 영적 예배에 대해 말합니다. 그는 성도의 삶 전체를 거룩한 산 제물로 드리는 것이 하나님께서 받으시는 '영적 예배'라고 가르칩니다.

"그러므로 형제들아 내가 하나님의 모든 자비하심으로 너희를 권하노니 너희 몸을 하나님이 기뻐하시는 거룩한 산 제물로 드리라 이는 너희가 드릴 영적 예배니라"(롬 12:1).

제사장 나라에서 하나님께 드리는 제물은 온전하고 정결하고 거룩해야 했습니다. 마찬가지로 우리의 몸을 하나님이 기뻐하시는 거룩한 산 제물로 드리라는 것은, 우리의 삶에서 정결하고 거룩한 모습을 드러내야 한다는 뜻입니다. 그러므로 바울은 하나님의 선하시고 기뻐하시고 온전하신 뜻대로 살아가야 한다고 가르칩니다. 하나님께 드리는 예배는 '보이지 않는 하나님의 말씀인 성경'과 함께, '보이는 하나님의 말씀인 세례와 성찬'과 떼려야 뗄 수가 없습니다(롬 6:3~4). 찬송 역시 마찬가지입니다. 그리스도인은 하나님 앞에 거룩한 산 제물이 되어, 보이는 말씀인 세례와 성찬, 보이지 않는 말씀인 기록된 성경, 그리고 하나님의 영광을 위한 찬양으로 간구를 드리며 예배드리는 사명의 자리로 늘 나아가야 합니다.

구약 시대에 죄지은 인간이 하나님께 용서받기 위해서는 반드시 제물을 준비하여, 하나님의 이름을 두려고 택하신 곳으로 가서, 제사장의 도움을 받아 하나님께 제사를 드려야 했습니다. 그래서 구약 시대에 수많은 양과 비둘기가 인간 대신 죽어야 했던 것입니다. 그런데 예수 그리스도께서 십자가에서 드리신 단번 제사로 오고 오는 모든 인생의 죄를 대속해 주셨습니다. 그러므로 우리 몸이 성전이 되어 거룩한 산 제사의 예배를 드릴 수 있게 된 것입니다. 이 예배가 거룩한 산 제사요, 영적 예배입니다.

바울은 로마 교회 성도들에게 예수 그리스도 안에서 성도들은 '서로 한 몸'(롬 12:5)이라고 가르치면서, 성도들이 교회 안에서 지켜야 할 자세와 사회 속에서 지켜야 할 자세, 그리고 세상과의 관계에 대해 설명합니다. 그리고 '서로 한 몸 된 교회'는 부지런함으로 열심을 다해 주를 섬기며, 환난 중에도 소망으로 즐거워하며, 항상 기도하고 서로 사랑하고 돕는 공동체가 되어야 한다고 가르칩니다. 박해 가운데 있을지라도 모든 사람과 더불어 화목해야 하며, 언제나 하나님께서 세상 권력을 통치하고 계심을 믿고 두려움 없이 선

예수 그리스도의 종 바울
바울은 로마 교회에 자신을 '예수 그리스도의 종'으로 소개했다. 현대 사회에서 '종'은 관념 속 단어이지만, 당시 '종', 즉 노예는 실재하는 단어였다. 그러므로 바울의 '종' 표현은 철저히 현실적이고 구체적인 표현이었다.

원수의 머리에 숯불을 쌓아놓으리라
바울은 로마 성도들에게 보복은 하나님의 영역이며, 그리스도인은 끝까지 선으로 악을 이겨야 한다고 권면했다. 당시에는 각 가정에서 불을 꺼뜨렸을 때 이웃에게 가서 불씨를 받아오는 일이 흔했다. 바울은 이를 비유로 들어, 원수라 할지라도 선을 베풀어 그가 숯불을 머리에 이고 돌아갈 수 있도록 도와주라고 말했다. 그러면 원수는 그 선한 행동에 마음의 울림을 느끼고, 자신의 행동에 부끄러움과 후회를 갖게 될 것이라고 설명했다.

을 행할 것을 가르칩니다(롬 13:3). 결국 바울은 모든 율법의 완성은 '사랑'임을 강조하며, 하나님께서 기뻐하시는 산 제사로 드리는 삶이란, 곧 그리스도의 사랑을 전하고 행하는 삶이라는 것을 로마 성도들에게 편지로 전합니다.

2. 선교팀장 바울이 로마서를 쓴 이유 롬 15:14~16장

큰글자 일년일독 통독성경 | 383~386p

로마서 15장 후반부부터 바울은 자신이 로마에 가고 싶은 이유, 반드시 가야 하는 이유를 설명하기 시작합니다.

바울은 로마 성도들에게 자기를 소개하고, 그들의 후원을 받아 서바나(스페인)까지 복음을 전하기 위해 〈로마서〉를 썼습니다. 지금까지 복음 전도는 안디옥 교회의 도움으로 충분했습니다. 그런데 더 먼 지역까지 복음을 전하기 위해서는 로마에 사는 그리스도인들로부터 지원을 받는 것이 효과적이므로, 바울은 그들의 후원을 받으려 한 것입니다.

서바나(Spain)
로마 제국 시대 유럽 반도의 맨 서쪽, 현재의 포르투갈과 스페인 지역을 가리킨다. 이곳은 또한 요나가 욥바에서 배를 타고 도망치려 했던 다시스로 추정되는 곳이기도 하다.

그렇다면 왜 바울은 서바나에 가려고 하는 것입니까? 당시 1세기의 지정학적 지식으로는 서바나, 곧 지금의 스페인이 바로 '땅끝'이었습니다. 바울은 "오직 성령이 너희에게 임하시면 너희가 권능을 받고 예루살렘과 온 유대와 사마리아와 땅 끝까지 이르러 내 증인이 되리라"(행 1:8)라는 유언과도 같은 예수님의 마지막 당부를 붙들고, 자기 당대에 그 말씀을 실현하고 싶었던 것입니다. 당시 그의 나이는 50대 중반을 넘어 60세에 가까웠습니다. 그런 그가 서바나까지 가겠다고 하는 것은, 정말 놀라운 열정이 아닐 수

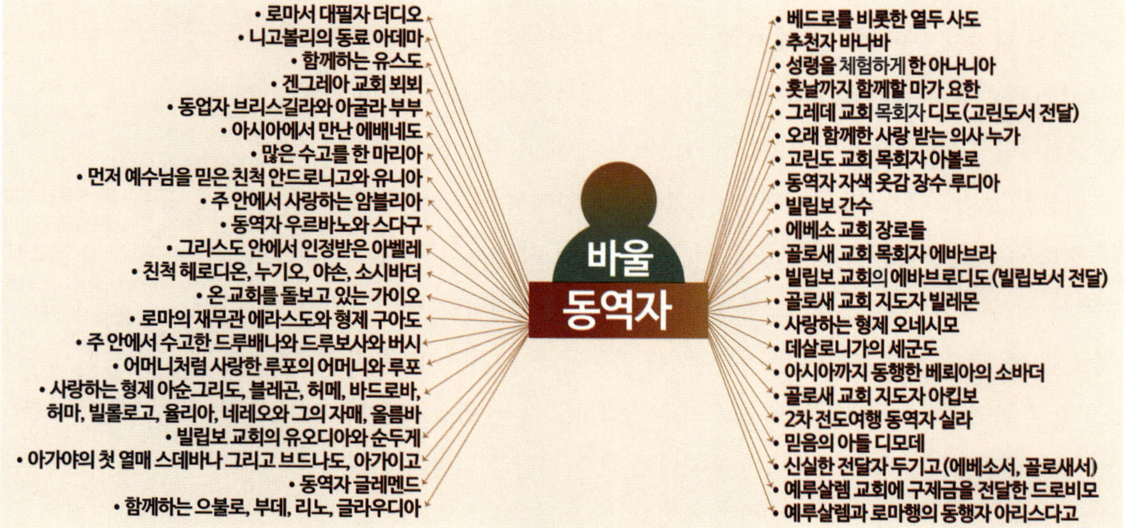

없습니다.

그리고 바울은 로마 성도들에게 기도를 부탁합니다. 순종하지 않는 유대인들이 자신을 암살할 계획을 세우고 있으니, 생명의 위협으로부터 건짐을 받도록 기도해 달라고 청했습니다. 땅끝 서바나에 가서 복음을 전해야 하는 그의 꿈을 이루기 위해서였습니다. 아브라함 때부터 시작된 하나님의 모든 민족을 위한 꿈은 이렇게 바울의 '이방 선교'의 땀으로 실현되어 갑니다.

두 번째 기도 제목은 "예루살렘에 대하여 내가 섬기는 일을 성도들이 받을 만하게 하고"(롬 15:31)입니다. 바울이 예루살렘에 방문하는 여러 목적 중 하나는, 예루살렘 교회의 어려운 성도들을 돕기 위해 이미 모아놓은 헌금을 전달하는 일입니다. 그런데 바울은 헌금을 전달하는 과정에서 예루살렘 성도들이 부담으로 받는다든지 혹시 자존심이 상할까 염려하며, 이 헌금 전달이 하나님께서 주신 것을 나누는 일로, 받는 쪽에서 받을 만하게 되기를 기도해 달라고 요청한 것입니다.

그리고 긴 편지의 말미(롬 16장)에서 바울은 여러 사람에게 안부를 전하고 있습니다. 이를 통해 바울의 인간관계와 동역자 관계를 잘 알 수 있습니다. 바울은 혼자 일하지 않았습니다. 바울을 통해 하나님과의 관계는 물론 이웃과의 관계까지 잘해야 진정한 그리스도인임을 배우게 됩니다.

바울의 예루살렘 여행 요약
- 에베소에서 출발
- 고린도에서 석달 간 머뭄 (석달을 머무는 동안 <로마서> 기록)
- 수리아행 포기, 마게도냐로 돌아가기로 결정
- 드로아에서 전도
- 밀레도에서 에베소 장로들을 만남
- 가이사랴에서 빌립의 공궤를 받음
- 예루살렘에 전도여행 보고

3. 예루살렘으로 떠나는 길 행 20:7~21:16

큰글자 일년일독 통독성경 | 386~389p

고린도에서 석 달간 머물며 〈로마서〉를 쓴 바울은 이제 마지막으로 예루살렘을 방문한 후 서바나로 갈 계획을 세웁니다. 그런데 바울을 향한 유대인들의 방해는 도를 넘어 바울을 죽이려 한다는 소식까지 들려옵니다. 하지만 바울은 어떤 방해에도 굴하지 않고, 복음 전파에 있어서 절대 타협하지 않습니다.

바울은 예루살렘에 가기 전에 에베소의 장로들을 밀레도로 오라고 청합니다. 바울과 에베소 장로들은 이제 다시 만나기 어려울 것을 서로 알고 있습니다. 바울은 에베소

예루살렘 여행
시간: A.D.57년경 (3차 전도여행 때 마지막 약 3년 동안 머문 에베소에서 바로 출발)
공간: 로마에 가기 전 마지막 예루살렘에 방문하기 위한 경로, 체포의 위협을 피함
인간: 바울, 누가 기록 서신서: 로마서

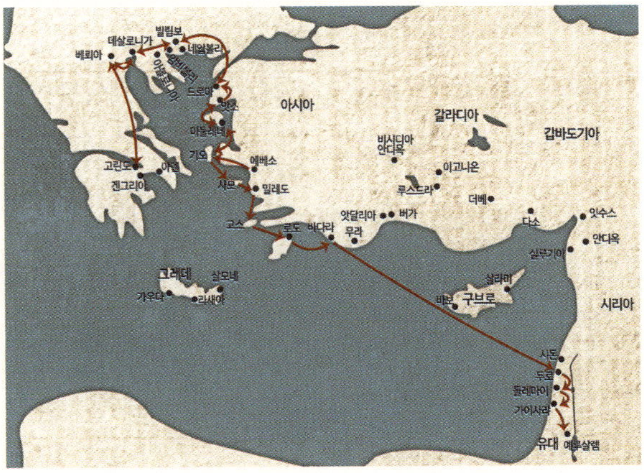

장로들에게 간곡히 교회를 부탁하고, 함께 무릎을 꿇고 기도합니다. 바울이 떠날 시간이 되자, 그들은 모두 크게 울며 바울의 목을 안고 웁니다. 자기 목숨을 해하려는 자들이 있다는 것을 알면서도 길을 떠나는 바울, 그리고 그것을 알면서도 떠나보내는 장로들, 바울도 에베소 장로들도 모두 예수 그리스도의 사랑의 흔적을 품은 사람들이었습니다.

바울과 에베소 장로들의 고별 _ 루이 가로슈 作

바울은 예루살렘에 들어가기 위해 가이사랴 항구에 도착합니다. 당시 가이사랴에는 초기 교회 일곱 일꾼 가운데 한 사람이었던 빌립이 가족과 함께 살고 있었습니다. 빌립은 사마리아에 복음을 전했고, 에디오피아 내시에게 성경을 가르치고 세례를 베풀었으며, 아소도와 여러 지역에서도 복음을 전한 인물입니다. 빌립은 복음 전도자 바울을 집으로 초대해 공궤했습니다. 누가는 빌립이 네 명의 딸을 잘 양육하여 멋진 믿음의 가정을 세운, 월등한 하나님의 사람으로 증언했습니다.

4. 이방인 기독교와 유대인 기독교의 동행을 위한 아름다운 선택, 5차 예루살렘 공회 행 21:17~26

#큰글자 일년일독 통독성경 | 389~390p

바울이 고린도에서 배를 타고 곧바로 로마로 갈 수 있었음에도 굳이 예루살렘을 방문한 뒤 로마를 거쳐 서바나로 가기로 한 것은, 예루살렘 교회 공동체와 마지막 인사를 하고 싶었기 때문입니다. 우여곡절 끝에 예루살렘에 도착한 바울은, 지난 오랜 세월 동안 자신이 해오던 이방 선교의 일을 예루살렘 공회에 보고하고, 마게도냐와 아가야 지역 교회로부터 받은 구제헌금을 받음직하게 잘 전달하며 예루살렘 교회와 이방인 교회들이 '함께 가는 교회'가 되도록 잘 연결합니다.

아가야(Achaia)
로마 황제 옥타비아누스는 행정 구역 정비 때 그리스 본토를 북쪽의 마케도니아와 남쪽의 아가야 지역으로 나누어 각각 로마의 속주로 삼았다. 이 때문에 '마게도냐와 아가야'라고 하면 일반적으로 그리스 대부분을 가리키는 표현이 되었다. 아가야의 주요 도시는 고린도, 아덴, 겐그레아 등이다.

바울의 전도 보고를 들은 예루살렘 공회는, 120여 명으로 시작했던 유대교 그리스도인이 이제 수만 명이 되었고, 이방인 선교 역시 월등한 성과를 거두었다는 사실에 하나님께 영광을 돌립니다. 그러면서 또 한편으로는 바울의 안위를 걱정했습니다.

"형제여 그대도 보는 바에 유대인 중에 믿는 자 수만 명이 있으니 다 율법에 열성을 가진 자라 네가 이방에 있는 모든 유대인을 가르치되 모세를 배반하고 아들들에게 할례를 행하지 말고 또 관습을 지키지 말라 한다 함을 그들이 들었도다"(행 21:20~21).

그동안 바울은 이방인 선교에 집중하여 놀라운 성과를 이루었습니다. 동시에 유대인들 또한 십자가 복음을 받아들여 큰 부흥이 일어났습니다. 그런데 수만 명에 이르도록 부흥한 유대인 그리스도인들 대다수는 예수님을 믿으면서도 여전히 율법을 엄격히 지키고 있었습니다. 이런 상황에서 자칫하면, 할례를 비롯한 율법 문제로 유대인 그리스도인과 이방인 그리스도인 사이에 분열이 생길 위험이 있었습니다. 특히 유대인들 가운데는, 이방인 선교의 대표자인 바울이 '유대인들에게는 유대인과 같이, 율법 없는 자에게는 율법 없는 자와 같이' 대하는 모습(고전 9:20~21)을 보고, 그가 극단적 반율법주의자가 아닌가 의심하는 사람들도 있었습니다.

이 문제가 유대인 기독교와 이방인 기독교 간의 내부 갈등으로 나아가지 않도록, 예루살렘 공회는 바울에게 네 사람의 서원자를 데리고 유대 민족의 정결 예식에 따라 결례를 행할 것을 제안하며, 5차 예루살렘 공회에서 이를 결의합니다. 사실 바울은 죽음의 위험을 무릅쓰고, 받음직한 섬김과 연보 전달을 위해 예루살렘을 방문한 것입니다. 하지만 바울 역시 유대인과 이방인 사이에서 간극을 느끼고 안타까워하고 있었습니다. 그래서 바울은 복음을 위하여 기꺼이 유대인 그리스도인들의 오해를 풀고자 예루살렘 공회의 조언을 받아들입니다(행 21:21~26).

복음=유앙겔리온

유앙겔리온은 '좋은 소식, 기쁜 소식'이라는 헬라어로, 복음을 의미한다. 2차 페르시아 전쟁 당시 마라톤 전투에서 그리스가 승리한 후, 한 병사가 마라톤 전쟁터에서 아테네까지 약 40km를 달려 승전보를 전했다고 한다. 이때 그가 전한 기쁜 소식이 바로 '유앙겔리온'이었다. 이후 헬라와 로마에서는 황제의 출생, 즉위, 승전보 등 국가적 경사를 전할 때 이 용어를 사용했다. 그러나 신약성경에서 사도들이 전한 진정한 유앙겔리온은 세상의 그 어떤 소식보다 더 기쁜 소식이다. 그것은 예수 그리스도께서 십자가에서 죽으시고 부활하심으로 우리를 죄와 사망에서 구원하셨다는 복음(Good News)이다.

5. 예루살렘에서 붙잡힌 바울 행 21:27~22장

큰글자 일년일독 통독성경 | 390~393p

예루살렘 성전에서 바울과 디아스포라 유대인 서원자 네 사람에 대한 모든 결례 의식이 끝날 즈음, 사건이 터지고 말았습니다. 소아시아에서부터 바울의 복음 전파를 방해해 오던 디아스포라 유대인들이 오순절을 맞아 예루살렘 성전을 방문했다가 그곳에서 바울을 보게 된 것입니다. 그들은 바울과 동행해 결례를 행한 서원자 네 명을 헬라인들(이방인들)로 크게 오해하고, 바울을 예루살렘 성전 모독자로 여기며 삽시간에 달려들어 그를 성전에서 끌어내 죽이려 했습니다. 그 상황에서 예루살렘의 치안을 맡고 있던 로마 천부장이 군인들과 백부장들을 데리고 달려와, 죽음 직전에 있던 바울을 쇠사슬로 결박하여 영내로 데려갑니다.

그런데 로마 군인들의 손에 끌려가던 바울이 로마 천부장에게 유대 백성에게 말할 기회를 달라고 요청합니다. 로마 천부장으로부터 허락을 받은 바울은 자기 동족들을 설득하기 위해 히브리어로 발언을 시작합니다. 그는 먼저 자신이 어떤 사람인지, 지난 30여 년 동안 어떻게 살아왔는지 설명합니다. 자신은 가말리엘이라는 훌륭한 율법 학자 밑에서 최고의 유대 교육을 받았고, 열심을 다해 하나님을 섬기는 사람으로 여기 모인 유대인들과 같은 마음이었다고 말하면서 예수를 믿는 사람들을 박해했던 자신의 과거를 밝혔습니다. 그러고 나서 바울은 부활하신 예수 그리스도를 만난 '다메섹 그 순간'을 증언했습니다.

바울은 온 힘을 다해 동족 유대인들을 설득했습니다. 그러나 유대인들은 "이러한 자는 세상에서 없애 버리자, 살려 둘 자가 아니라."라고 소리 지르며 바울을 죽이려 했습니다. 그 급박한 상황에서 천부장은 다시 바울을 빼내서 영내로 데려가, 채찍질하여 심문하라고 군인들에게 명령합니다. 바울을 심문하기 위해 가죽줄로 매려 하자, 바울이 곁에 서 있던 백부장에게 "로마 시민 된 자를 죄도 정하지 아니하고 채찍질할 수 있느냐"(행 22:25)라고 말합니다. 이 사실을 알게 된 천부장이 급히 달려와 바울에게 로마 시민인지를 물으며 말합니다. "나는 돈을 많이 들여 이 시민권을 얻었노라 바울이 이르되 나는 나면서부터라"(행 22:28). 바울이 로마 시민임을 증명하자, 천부장은 바울을 결박한 일 때문에 두려워합니다.

예루살렘의 큰 소동
- 예수님께서 예루살렘에 입성하시고 십자가에 못 박히셨을 때
- 오순절, 열두 사도를 비롯한 120여 명의 사람들이 각기 다른 방언으로 복음을 전했을 때
- 초기 교회 일꾼 스데반이 돌에 맞아 처음 순교했을 때
- 3차 전도여행을 마친 바울이 예루살렘에 돌아왔을 때

로마 시민권자의 권리
1. 로마 시민은 투표권, 참정권, 재산 소유권, 군인이 될 수 있는 권리를 가진다.
2. 로마 시민권은 로마에 충성하는 외국인에게도 부여되지만, 여성은 제외된다.
3. 로마 시민은 재판 없이 고문당하거나 채찍질당하지 않는다.
4. 로마 시민은 '로마 제1시민인 황제'에게 재판을 청구할 수 있다.

6. 5차 산헤드린 공회 재판 - 바울의 마지막 설득 행 23장

#큰글자 일년일독 통독성경 | 393~395p

바울이 로마 시민임을 알게 된 천부장은 무슨 일로 유대인들이 그처럼 바울의 말을 들으려고 하지도 않고 무조건 죽이려고만 하는지 알고 싶었습니다. 그래서 천부장은 로마 시민 바울을 보호하며, 산헤드린 공회를 열어 달라고 요청한 바울의 부탁을 받아들였을 것입니다. 그리하여 4차 산헤드린 공회가 끝난 지 30여 년 만에, 로마 제국의 천부장이 로마 시민 바울을 위해 '5차 산헤드린 공회' 열도록 주선해 줍니다.

30여 년 전, 4차 산헤드린 공회 재판에서 산헤드린 공회원들은 즉결심판으로 스데반을 돌로 쳐 죽였고, 그 현장에 바울도 있었습니다. 이번에는 바

산헤드린 공회 〈위키피디아〉

울이 요청했을 재판이기는 했지만, 어쨌든 바울이 피고가 되어 5차 산헤드린 공회 재판을 받게 되었습니다. 바울은 마치 30여 년 전의 스데반처럼 재판정을 예수 그리스도를 증거하는 자리로 만들었습니다. 그런데 바울이 입을 열자 공회원 중 한 사람이 "바울의 입을 치라."라고 말했습니다. 그 사람은 산헤드린 공회의 의장인 대제사장 아나니아였습니다. 이에 바울이 "회칠한 담이여, 하나님이 너를 치시리로다. 네가 나를 율법대로 심판한다고 앉아서 율법을 어기고 나를 치라 하느냐?"라고 대항했습니다. 이 말을 듣고 있던 사람들이 바울에게 "하나님의 대제사장을 네가 욕하느냐?"라며 율법에 따라 대제사장을 욕하면 처벌받는다는 것을 모두가 기억나게 말했습니다.

그러자 바울은 그 사람이 대제사장인 줄 몰랐다며, 죄를 인정하지 않았습니다. 사실 바울은 대제사장을 잘 알고 있었습니다. 하지만 그 순간을 피하기 위해 모른다고 한 것입니다. 바울은 5차 산헤드린 공회가 30여 년 전 4차 산헤드린 공회와 같은 방향으로 나아갈 조짐이 보이자, 의도적으로 '부활 신앙'을 고백함으로 사두개파와 바리새파의 사이를 갈라놓습니다. "여러분 형제들아 나는 바리새인이요 또 바리새인의 아들이라 죽은 자의 소망 곧 부활로 말미암아 내가 심문을 받노라"(행 23:6). 원래 사두개파와 바리새파는 헬라 제국 때부터 사이가 좋지 않았습니다.

헌신의 방향
열심만 놓고 본다면, 바울을 해하려는 이들의 종교적 열심 또한 대단했다. 그러나 하나님께서 우리에게 원하시는 것은 복음에 대한 올바른 이해를 바탕으로 한 분별 있는 헌신이다.

사두개파는 '모세오경'만을 자신들의 정경으로 받아들이며, 천사와 영과 부활을 믿지 않는 사람들이었습니다. 반면 바리새파는 '구약성경 39권'을 모두 정경으로 받아들이며, 천사와 영과 부활을 믿는 사람들이었습니다. 한마디로, 사두개파와 바리새파는 각자 추구하는 가치와 신학적 관점이 전혀 다른 사람들이었습니다. 그런데 그렇게 서로 다른 그 두파가 예수님을 죽이는 일에는 뜻을 모아 하나가 되었습니다. 이번 바울의 재판 역시 비슷한 분위기였던 것입니다.

바울의 말이 끝나자마자, 산헤드린 공회에 모인 70여 명의 재판관들이 순식간에 사두개파와 바리새파로 갈라져, 바울을 재판하는 일을 잊고 부활과 영과 천사 문제로 서로 격렬히 다투며 자중지란이 벌어집니다. 상황이 점점 격해지며 바울의 목숨이 위태로워지자, 그 틈에 천부장은 다시 바울을 영내 안전한 곳으로 피신시킵니다.

5차 산헤드린 공회 재판 결과

1. 사두개파와 바리새파의 분열　　2. 바울을 죽이기 위한 암살단 조직

• 날이 새매 유대인들이 당을 지어 맹세하되 바울을 죽이기 전에는 먹지도 아니하고 마시지도 아니하겠다 하고 이같이 동맹한 자가 사십여 명이더라(행 23:12~13)

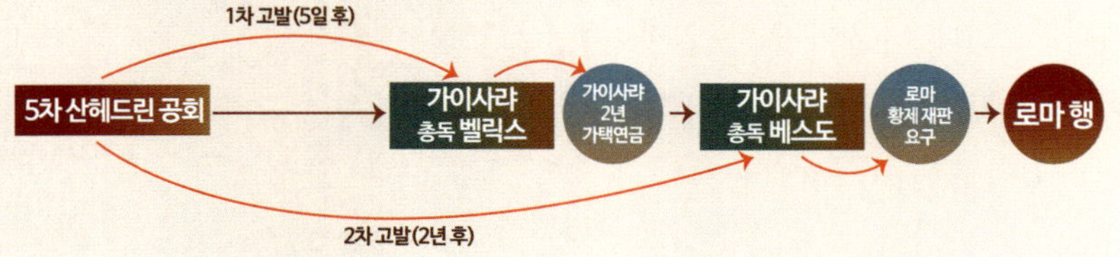

산헤드린 공회의 공회원들은 다음 날이 되어서야 바울을 놓쳤다는 사실을 깨닫게 됩니다. 그러자 강경한 유대교 유대인들 가운데 바울을 죽이기 전에는 먹지도 마시지도 않겠다고 결심한 40여 명의 암살단이 조직됩니다. 이들은 산헤드린 공회의 의장인 대제사장을 찾아가 자신들의 뜻을 밝힙니다. 이번에는 산헤드린 공회 측에서 천부장에게 6차 산헤드린 공회를 열 예정이니 바울을 내어달라고 말합니다. 바울이 재판정으로 나올 때 암살단을 통해 죽이려는 계획이었습니다.

바울의 생질이 바울에게 알려(행 23:16) 이 계획을 알게 된 천부장은, 더 이상 예루살렘에서는 로마 시민 바울의 안전을 지켜줄 수 없다는 판단하에 보병 200명, 기병 70명, 창병 200명, 총 470명의 로마 군인들을 동원해 밤중에 바울을 로마 군단과 총독이 머물고 있는 가이사랴로 안전하게 이송합니다. 예수님을 만난 이후 30여 년 동안 예수 그리스도의 복음을 전하는 일에 최선을 다했던 바울은 그날 밤 예루살렘을 떠난 이후, 다시는 예루살렘으로 돌아오지 못하게 됩니다.

흔들리지 않는 사랑

바울은 어떤 상황 속에서도 당황하거나 두려워하지 않았다. 수백, 수천 명의 군중이 달려들어 그를 죽이려 해도, 40여 명의 결사대가 그의 성명을 노려도 그는 흔들리지 않았다. 그에게 단 한 가지 걱정이 있다면, 그것은 복음을 전하지 못하게 되는 일이다. 로마 그리고 땅끝까지 가서 예수님을 전해야 하는데, 그 꿈을 이루지 못하는 것이 염려될 뿐이다. 바울, 그는 가야 할 길을 흔들림 없이 당당하게 달려가는 사람이었다.

#From the Cross | 십자가로 시작하는 레시피

7. 선교팀장 바울의 지상명령 재강조

● 세례 요한이 말한 '세상 죄 지고 가는 하나님의 어린양'이 '화목제물'이 되셨다고 가르친 바울

하나님의 아들 예수님께서는 하나님의 사랑과 의를 나타내시기 위해 십자가에서 하나님의 어린양으로 스스로 제물이 되셨습니다. "우리가 아직 죄인 되었을 때에 그리스도께서 우리를 위하여 죽으심으로 하나님께서 우리에 대한 자기의 사랑을 확증하셨느니라"(롬 5:8).

세례 요한은 예수님께서 십자가 지실 것을 가리켜 '하나님의 어린양'으로

선언했습니다. 그리고 바울은 로마 교회 성도들에게, 예수님께서 십자가에서 '화목제물'이 되셨다고 가르쳤습니다. "이 예수를 하나님이 그의 피로써 믿음으로 말미암는 화목제물로 세우셨으니 이는 하나님께서 길이 참으시는 중에 전에 지은 죄를 간과하심으로 자기의 의로우심을 나타내려 하심이니"(롬 3:25). 또한 사도 요한은 이를 '사랑'이라고 가르쳤습니다.

화목제는 제사장 나라의 다섯 가지 제사 중 하나로, 하나님과 제사자의 관계가 회복되고, 감사로 더욱 가까워지며, 화목이 이루어졌음을 증거하는 제사입니다. 또한 화목제물을 이웃과 함께 나누어 먹음으로써 더 큰 화목과 감사로 이어졌습니다. 바울은 예수님께서 십자가를 통해 하나님께 화목 제사를 드리셨다고 가르칩니다.

바울은 '칭의(稱義)' 이전 우리의 모습을 '우리가 아직 연약할 때', '우리가 아직 죄인 되었을 때', '우리가 원수 되었을 때'라고 표현합니다. 그는 우리가 공의로우신 하나님 앞에 절대 설 수 없는 존재였으나, 의로우신 예수 그리스도의 대속으로 하나님과 화목하게 되어 하나님 안에서 즐거워하는 존재가 되었다고 가르칩니다. 예수님께서 하나님과 죄인 사이의 장벽을 화목 제사로 없애신 것입니다. 예수님께서는 십자가에서 짐승의 피 대신 하나님의 아들 예수님의 피로 우리의 죄를 덮으심으로 하나님의 의를 드러내셨습니다. 즉, 아버지 하나님께서는 아들을 십자가에 내어주시는 말할 수 없는 아픔과 고통을 감당하셨고, 아들 예수님께서는 십자가를 순종으로 받아 하나님의 의를 드러내심으로, 믿는 우리를 의롭게 하셨습니다.

"곧 이 때에 자기의 의로우심을 나타내사 자기도 의로우시며 또한 예수 믿는 자를 의롭다 하려 하심이라"(롬 3:26).

바울은 구약 39권과 사복음서를 가지고 〈로마서〉를 통해, the Cross(십자가)의 의미를 잘 설명해 주고 있습니다. 신약성경 가운데 '십자가'의 의미를 잘 설명한 대표적인 책으로 〈로마서〉, 〈히브리서〉, 그리고 사도 요한이 기록한 〈요한계시록〉을 꼽을 수 있습니다.

● 제사장 나라의 제사자에서 하나님 나라의 예배자로

제사장 나라에서 하나님께 제사드릴 때, 제사자는 반드시 제물을 가지고 나와야 했습니다. 그러나 하나님 나라의 예배자는 제물 필요 없이, '예수 이름'으로 나와 자신을 거룩한 산 제물로 드려야 합니다. 즉, '오직 믿음'으로 성령 세례 받은 영적 예배자가 되어 하나님께 영광을 돌려야 합니다.

'예수를 주'라고 고백하는 그리스도인의 진정한 영적 예배 시간은 참으로 복되고 귀한 시간입니다.

첫째, 그리스도인의 예배는 하나님을 알고 더 알아가는 시간입니다. "우리 주 예수 그리스도의 하나님, 영광의 아버지께서 지혜와 계시의 영을 너희에게 주사 하나님을 알게 하시고"(엡 1:17).

둘째, 그리스도인의 예배는 하나님을 믿고 더 믿어가는 시간입니다. "그들이 묻되 우리가 어떻게 하여야 하나님의 일을 하오리이까 예수께서 대답하여 이르시되 하나님께서 보내신 이를 믿는 것이 하나님의 일이니라 하시니"(요 6:28~29).

셋째, 그리스도인의 예배는 하나님께 순종하고 더 순종하기를 결단하는 시간입니다. "사람의 모양으로 나타나사 자기를 낮추시고 죽기까지 복종하셨으니 곧 십자가에 죽으심이라"(빌 2:8).

넷째, 그리스도인의 예배는 하나님을 체험하고 더 체험해 가는 시간입니다. "예수께서 백부장에게 이르시되 가라 네 믿은 대로 될지어다 하시니 그 즉시 하인이 나으니라"(마 8:13).

다섯째, 그리스도인의 예배는 하나님께 영광 돌리고 죽는 순간까지 영광 돌리기를 꿈꾸는 시간입니다. "이 말씀을 하심은 베드로가 어떠한 죽음으로 하나님께 영광을 돌릴 것을 가리키심이러라"(요 21:19).

그러므로 그리스도인의 진정한 '영적 예배'는 구약의 제사를 모두 알고, 그 기반 위에 예수님의 하나님 나라 십자가 화목 제사를 알고, 성부, 성자, 성령 하나님 앞에 나아가는 거룩한 예배입니다.

● 순교신앙의 각오로 지상명령을 수행하는 바울

바울의 마지막 예루살렘 방문은 무모함이 아니라 순교를 각오한 결심이었습니다. 그는 부활 영생을 소망하며 꿈꾸는 하나님의 사람이었습니다. 바울은 "그리스도께서 다시 살아나신 일이 없으면 너희의 믿음도 헛되고 너희가 여전히 죄 가운데 있을 것이요 또한 그리스도 안에서 잠자는 자도 망하였으리니 만일 그리스도 안에서 우리가 바라는 것이 다만 이 세상의 삶뿐이면 모든 사람 가운데 우리가 더욱 불쌍한 자이리라"(고전 15:17~19)라고 말하며 부활 신앙을 기초로 그리스도인의 사명을 강조했습니다.

47과 죄수 바울 로마 도착 – 로마 시민 바울의 황제 재판 선택 | 사도행전 24~28장

큰글자 일년일독 통독성경 *one year tongdok bible as one story*

341일 : 바울의 로마 황제 재판 청구 **342일** : 죄수 바울의 로마 도착

시간 흐름 *time flow*

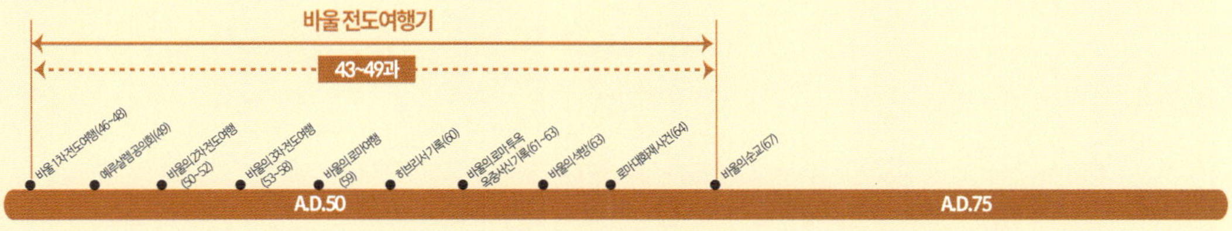

지금 공간 *current location* 가이사랴, 멜리데섬, 로마

주요 인물 *main character* 바울, 벨릭스, 베스도, 아그립바, 백부장 율리오

통通포인트 *tong point*

사슬에 얽매인 전도인 바울의 자유

바울은 벨릭스 총독 재판을 받고 가이사랴 감옥에 2년 동안 연금 상태에 있으면서 자유롭게 다닐 수는 없었지만, 전도인으로서 자신을 찾아오는 사람들에게 복음을 전했습니다. 2년 후 베스도 총독 재판 때, 바울은 산헤드린 공회의 살해 위협을 피하기 위해, 로마 시민권을 이용하여 황제 재판을 청구함으로써 스스로 죄수가 되었습니다. 결국 바울은 죄수 이송선을 타고 가이사랴에서 로마까지, 해상과 육로를 거쳐 약 2,500km에 달하는 여정을 시작합니다. 그 과정에서 폭풍을 만나 배가 좌초되고 섬에 표류하는 등 어려움을 겪으며 약 4개월에 걸쳐 로마에 도착하게 됩니다. 바울은 황제 재판을 기다리며 로마 감옥에서 지낸 2년 동안 흔들림 없이 전도자의 일과를 보내며 복음 편지로 지상명령을 수행합니다. 바울은 감옥이라는 자유롭지 못한 가장 수동적인 기간에도, 그 어떤 순간에도 복음 사역을 감당한 '전도인'이었습니다.

1. 벨릭스 총독 재판 - 가이사랴 감옥에서 2년 행 24장

큰글자 일년일독 통독성경 | 395~397p

바울은 예루살렘보다는 비교적 안전한, 로마 총독이 주둔한 가이사랴로 이송되었습니다. 그는 로마로 가기까지 약 2년 동안 가이사랴에서 머물게

됩니다. 가까스로 유대인들의 위협을 피해 가이사랴에 이송된 바울은 그곳에서도 여전히 유대인들의 공격을 받게 됩니다.

바울이 가이사랴로 옮겨간 지 닷새 만에, 예루살렘 성전의 대제사장 아나니아가 장로들과 변호사 더둘로를 데리고 로마 총독 벨릭스에게 바울을 고소하고 재판을 요구한 것입니다. 대제사장 아나니아의 고소로 인해 벨릭스 총독 재판이 열리게 되고, 바울은 다시 한번 자신을 변론할 기회를 얻게 됩니다. 변호사 더둘로는 바울을 전염병 같은 자로 유대교 중심에서는 이단의 우두머리라고 주장하면서 벨릭스 총독이 직접 심문해 줄 것을 제안했습니다.

가이사랴에서의 2년 요약
- 바울, 가이사랴에 있는 로마 총독 벨릭스에게 이송
- 대제사장 아나니아의 고발(변호사 더둘로 동행)
- 로마 총독 벨릭스의 재판 - 가이사랴 감옥에 2년간 구류(가택연금)
- 총독 벨릭스의 계속된 바울 만남
- 로마 총독 베스도 부임
- 대제사장의 2차 바울 고발(바울 암살 계획)
- 로마 총독 베스도의 재판 - 바울의 로마 황제 재판 청구

바울의 무죄 주장

'유대인을 소요하게 만든 자'에 대한 반론	나는 예루살렘에 온 지 12일밖에 되지 않았다. 백성들을 소요하게 만들 만한 시간도 없었고, 이를 입증할 목격자나 증거도 없다.
'나사렛 이단의 우두머리'에 대한 반론	나는 이단이 아니라, 유대인들과 같이 구약성경과 하나님과 부활을 믿는 사람이다.
'예루살렘 성전을 더럽힌 자'에 대한 반론	나는 예루살렘에 와서 민족을 위한 구제헌금을 드렸고, 성전에서는 유대교의 결례를 행했을 뿐이다. 만약 내가 잘못한 것이라면 그때 현장에 있던 유대인들이 직접 고발했어야 했다.

그런데 벨릭스 총독은 바울을 심문하기보다 변호사 없이 혼자 재판에 임하는 바울이 스스로를 변론할 수 있게 해줍니다. 바울이 자신을 변론하자, 벨릭스 총독은 변호사 더둘로가 말한 바울의 죄를 발견하지 못하고, 예루살렘의 천부장 루시아가 오면 그의 증언도 들어보아야 한다며 재판을 연기하고 바울을 구류했습니다. 그 후 벨릭스는 약 2년 동안 시간을 끌며 바울을 보호해 주었고, 때때로 바울을 불러 아내 드루실라와 함께 예수 그리스도에 대해 듣기도 했습니다. 또 한편으로는 구제헌금을 동원한 바울의 재력을 알고 있었기에 뇌물도 기대했습니다.

바울에 대한 로마 총독 벨릭스의 속마음
- 그리스도의 도 알기
- 뇌물 얻기
- 유대인의 환심 얻기

2. 베스도 총독 재판과 로마 시민 바울의 황제 재판 선택 행 25~26장

큰글자 일년일독 통독성경 | 397~401p

바울이 가이사랴 감옥에 갇힌 지 2년이 지난 후, 벨릭스 총독의 후임으로 베스도 총독이 부임합니다. 베스도의 태도 역시 이전 총독 벨릭스와 크게 다르지 않았습니다. 지난 2년간 호시탐탐 바울을 죽일 기회만 엿보던 산헤드린 공회는 새로 부임한 베스도 총독에게 또다시 바울을 고소합니다. 산헤드린 공회는 예루살렘에서 바울을 재판하려 했으며, 그를 데려오는 길에 암살할 계획이었습니다. 하지만 베스도 총독 재판은 가이사랴에서 열리게 됩니다.

전도의 기회
벨릭스에 이어 새 총독으로 부임한 베스도에게 문안하러 온 아그립바 왕과 버니게는 바울에 관한 이야기를 전해 듣고 만나고 싶어 했다(행 25:13, 22). 바울은 비록 죄인처럼 매인 몸이었지만, 하나님께서 예비하신 또 다른 경로를 통해 복음을 증거하는 기회를 얻었다.

마침내 바울은 베스도 총독 재판에서 자신의 무죄를 증명하고, 로마 황제에게 상소함으로써 가이사랴를 떠날 수 있는 길을 엽니다. 바울은 유대에

머무는 것이 더 위험하다는 것을 알고 있었기에, 죄수의 신분으로 황제의 재판을 받기 위해 로마로 가는 길을 택한 것입니다.

● 헤롯 아그립바 왕, 그리스도인을 말하다.

헤롯 아그립바 앞에 선 바울 _ Nikolai Bodarevsk 作

바울의 '황제 재판 청구'로 인해 산헤드린 공회는 더 이상 바울을 죽일 기회를 만들 수 없게 됩니다. 베스도 총독은 바울의 죄에 대한 고소장을 제출해야 하는데 고소할 죄목이 마땅히 없다는 것이 문제였습니다. 그래서 베스도 총독은 바울의 일을 헤롯 왕가의 아그립바 왕에게 말하며 조언을 구합니다. 그 자리에는 베스도 총독, 아그립바 왕, 버니게, 천부장들 그리고 가이사랴의 주요 인사들이 참석했습니다. 예수님께서 빌라도 총독과 나라 이야기를 했듯이, 바울은 자신을 변론해야 할 그 기회를 빌려 그들에게 예수님의 십자가와 부활, 그리고 하나님 나라를 증거합니다.

바울의 변론을 듣고 있던 베스도 총독은 바울을 향해 "네 많은 학문이 너를 미치게 한다"(행 26:24)라고 소리쳤습니다. 바울은 계속해서 아그립바 왕에게도 "선지자를 믿으시나이까 믿으시는 줄 아나이다"(행 26:27)라며 복음을 전하자, 아그립바 왕은 "네가 적은 말로 나를 권하여 그리스도인이 되게 하려 하는도다"(행 26:28)라고 말합니다. 바울은 그 말을 듣고 "당신뿐만 아니라 오늘 내 말을 듣는 모든 사람도 다 이렇게 결박된 것 외에는 나와 같이 되기를 하나님께 원하나이다"(행 26:29)라고 말하며, 그리스도인 되기를 강권했습니다.

아그립바 왕을 비롯해 그 자리에 모였던 사람들은, 바울이 무죄임에도 불구하고 석방되지 못하고 황제 재판을 받아야 함에 아쉬워했지만, 바울은 그렇게 해서라도 로마에 가게 됨을 오히려 기뻐했습니다. 바울은 어떤 자리에서도 복음을 전하는 제자요, 전도인이며 신앙인이었습니다.

복음 전파를 위해 쓴
바울의 로마 시민권 사용

1. 빌립보에서 매를 맞고 옥에 갇힌 후, 간수의 안전을 확보하고 감옥에서 나가야 할 때
2. 예루살렘에서 로마 군대의 천부장에게 채찍질을 당하기 전에
3. 가이사랴에서 6차 산헤드린 공회 재판을 피해 로마 황제에게 재판을 청구할 때

로마 황제의 호칭 네 가지

1. 제1 시민 ⇒ 로마의 시민에게
2. 총사령관 ⇒ 로마의 군인들에게
3. 주인님 ⇒ 로마의 노예들에게
4. 황제 ⇒ 식민지 백성들에게

로마 시민인 바울이 '로마 제1 시민'인 황제의 재판을 받기 위해 이제 가이사랴를 떠나 로마로 간다.

3. 바울과 누가, 죄수 이송선을 타고 로마로 행 27장~28:15

#큰글자 일년일독 통독성경 | 401~405p

바울의 로마행도 평탄하지는 않았습니다. 바울이 로마 시민의 권리로 황제 재판을 청구하여 로마로 가게 되었지만, 그의 신분은 어디까지나 재

판을 받는 죄수였습니다. 따라서 바울은 다른 죄수들과 함께 가이사랴 항구에서 죄수 이송선을 타고, 로마 백부장 율리오의 지휘 아래 로마로 출발했습니다.

"우리가 배를 타고 이달리야에 가기로 작정되매"(행 27:1), "가우다라는 작은 섬 아래로 지나 간신히 거루를 잡아 끌어 올리고 줄을 가지고 선체를 둘러 감고 스르디스에 걸릴까 두려워하여 연장을 내리고 그냥 쫓겨가더니"(행 27:16~17), "우리가 로마에 들어가니"(행 28:16). 바울과 함께 죄수 이송선을 탄 누가는 가이사랴에서 로마까지 이어진 폭풍 치는 항해를 섬세한 표현으로 실감 나게 기록해 놓았습니다.

그런데 항해 경험이 많은 바울이 중간 도착지인 그레데섬의 미항에서 백부장에게, 이번 절기에는 항해가 위험할 것 같으니 이곳에서 겨울을 지낸 후 떠나는 것이 좋겠다고 건의했습니다. 만약 항해를 중단하지 않고 강행한다면, 배뿐 아니라 모두의 생명에도 타격과 손해를 끼치게 되리라는 것입니다. 그러나 백부장 율리오는 바울의 말 대신 선장과 선주의 말을 듣고 항해를 강행하다가, 결국 '유라굴로'라는 무서운 광풍을 만나 배에 탄 모든 사람이 죽을 위기를 겪게 됩니다. 그때 바울은 그 배에 타고 있는 모든 사람, 특히 중요 책임자인 백부장 율리오에게 하나님의 말씀을 전하며 위로하고 격려했습니다. "바울아 두려워하지 말라 네가 가이사 앞에 서야 하겠고 또 하나님께서 너와 함께 항해하는 자를 다 네게 주셨다 하였으니 그러므로 여러분이여 안심하라 나는 내게 말씀하신 그대로 되리라고 하나님을 믿노라"(행 27:24~25). 그제야 백부장은 바울의 말을 따랐고, 그로 인해 배

멜리데 (Malta)

멜리데섬은 현재의 몰타섬이며, 시칠리아에서 남쪽으로 약 95km 떨어져 있는 섬이다. 바울이 탄 배가 유라굴로 광풍을 만나 표류하다가 구조된 섬이다. 바울을 비롯해 죄수 이송선에 타고 있던 모든 사람은 약 3개월간 멜리데섬에서 머물게 된다. 바울은 그 섬에서도 주의 복음을 전하며 기적을 일으켰다.

압비오 광장(Forum of Apphius)과 트레이스 타베르네(three Taverns)

압비오는 로마에서 남동쪽으로 약 70km 지점, 로마에서 43번째 이정표가 서 있던 압비아 가도에 있다. 이곳은 무역과 교통의 요지였다. '세 개의 여관'을 뜻하는 '트레이스 타베르네'는 압비오 광장보다 로마에 더 가까운 곳이었다. 로마 성도들은 바울이 로마로 온다는 소식을 듣고, 로마에서 하룻길은 족히 되는 압비오 광장과 트레이스 타베르네까지 마중 나왔다. 그들을 본 바울은 자신을 로마로 인도하신 하나님께 감사하며, 마중 나온 로마의 동역자들로 인해 큰 용기를 얻고 담대한 마음을 갖게 되었다.

바울의 로마행

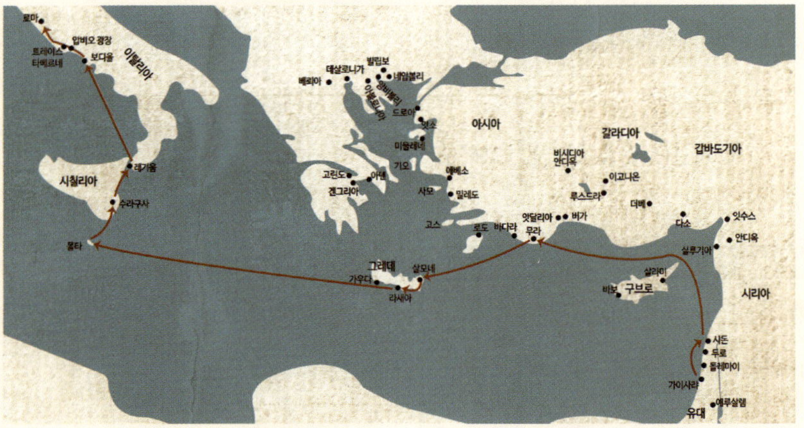

안에 있던 모든 사람이 생명을 구합니다. 이후 멜리데섬을 거쳐 마침내 로마에 도착합니다.

이때 바울의 〈로마서〉를 이미 읽은 로마의 많은 그리스도인이 압비오 광장과 트레이스 타베르네까지 마중 나와 사도 바울의 로마 도착을 환영했습니다. 그리고 바울은 로마에서 가택 연금 상태로 2년 동안 황제의 재판(당시 로마의 5대 황제 네로의 재판)을 기다리게 됩니다. 이처럼 '사도행전 30년'은 '복음 전도'와 '여러 재판'에 관한 기록이 그 중심을 이루고 있습니다.

4. 로마 감옥에서 2년 - 전도인의 일과 행 28:16~31

큰글자 일년일독 통독성경 | 405~406p

바울은 연금 상태로 로마 군인 한 명의 보호와 감시 속에서 황제 재판을 기다리며 지내는 동안, 로마에 거주하는 디아스포라 유대인 지도자들을 초청했습니다. 바울은 그들에게 자신은 아무런 죄가 없음에도 예루살렘의 산헤드린 공회 때문에 죄수의 신분으로 로마에 오게 되었음을 설명했습니다. 비록 자신이 황제 재판을 청구해 로마에 왔지만, 유대 민족의 죄를 고발하려는 것이 아님을 분명히 밝혔습니다. 즉, 자신은 동족 유대인으로서 모든 민족을 복 받게 하라는 하나님의 명령에 따라 하나님 나라의 사명을 감당하는 것이지, 절대 민족 배반자가 아니라고 강조하며 황제 재판을 청구하게 된 경위를 설명했습니다. 예수님께서 산헤드린 공회에서 그리스도 논쟁을 하신 것처럼, 바울도 유대인들 앞에서 산헤드린 공회와의 관계를 말하면서 왜 이곳 로마까지 왔는지 해명한 것입니다.

바울이 로마 시민이었기 때문에 가능했던 것

1. 천부장과 470명의 로마 군인의 보호 속에 가이사랴로 안전하게 이송되었다.
2. 백부장의 보호 속에 가이사랴에서 약 2년간 연금 상태로 지냈다.
3. 백부장의 보호 속에 로마로 이송되었다.
4. 로마에서 로마 군인 한 명이 전담으로 바울을 보호했다.

당시 디아스포라 유대인은 앗수르에 의해 민족 정체성을 잃어버린 사마리아인과 달랐습니다. 유대인은 로마 제국의 식민지 백성임에도 불구하고, 그들만의 자부심, 즉 바벨론 70년을 지내고 페르시아, 헬라, 로마를 거치면서 인간 이성을 발전시켜 온 헬레니즘과 쌍벽을 이루는 헤브라이즘을 내세우며 아브라함부터 이어온 유대 신앙의 자존감을 지닌 사람들이었습니다. 제국의 지배자들과 그러한 관계를 설정할 수 있는 피지배 민족은 유대인들 외에는 아무도 없을 것입니다.

이처럼 바울은 로마 시민이기도 했지만, 유대인으로서 하나님께서 유대 민족에게 주신 사명을 이야기하며 유대 지도자들에게 공감을 얻고자 했습니다. 로마에 거주하던 유대인 지도자들은 바울의 이야기를 듣고, 그의 사

'전도인'의 모범 바울

바울은 1, 2, 3차 전도여행을 마치고, '땅끝'이라고 알려져 있던 서바나(스페인) 전도를 위해 마지막으로 예루살렘을 방문하고 로마에서 땅끝 전도여행을 준비하려 했다. 그러나 예루살렘에서 붙잡힌 후, 우여곡절 끝에 마침내 로마에 도착했다. 바울의 사역은 '고난과 기적의 사역'이라고 해도 과언이 아니다. 이제 바울은 로마 황제 앞에서 자신의 무죄를 증명하고 자유를 얻어, 서바나를 향한 전도여행을 실현하고자 한다. 이처럼 어떤 장애물도 예수 그리스도의 복음을 전하려는 '전도인' 바울의 열정을 꺾을 수 없다.

상을 더 지켜보겠다고 하며 바울이 전한 복음을 듣습니다. 바울은 아침부터 저녁까지 구약 39권과 사복음서, 즉 제사장 나라의 모세 율법과 선지자의 말을 가지고 하나님 나라를 강론하며, 예수님을 믿으라고 권면했습니다. 그 가운데는 믿는 사람도 있었고, 믿지 않는 사람도 있었습니다. 이때 바울은 자신이 전하는 복음을 받아들이지 않는 유대인들을 보며, 다시 한번 이사야의 말씀을 떠올리며 구원이 이방인에게로 가게 됨을 선포합니다.

바울은 가이사랴 감옥에서처럼, 로마에서도 황제 재판을 기다리는 2년 동안 밖으로 나갈 수는 없었지만, 찾아오는 사람들과는 자유롭게 만나 복음을 전하면서 시간을 보냈습니다. 그때 그들에게 하나님 나라를 가르치고, 오네시모와 같은 제자들을 키워냅니다. 그리고 옥중서신인 〈에베소서〉, 〈빌립보서〉, 〈골로새서〉, 〈빌레몬서〉를 써 보내면서 예수 그리스도와 그의 몸 된 교회에 대해 더욱 깊이 가르치는 일에 최선을 다합니다. 이처럼 바울에게는 감옥에 갇힌 시간조차도 예수님께서 명하신 지상명령의 목표, 곧 '땅끝까지' 복음을 전하는 여정의 한 부분이었습니다.

끝나지 않은 행전(行傳)
바울은 네로 황제 치하에서 순교했을 것으로 추측되지만, 누가는 <사도행전>을 바울의 죽음으로 끝맺지 않는다. 바울이 다른 사도들과 함께 예수 그리스도의 사역을 계승했던 것처럼, 그의 사역은 또 다른 사람들에 의해 여전히 계승되어야 할 사역이기 때문이다. <사도행전>은 아직 끝나지 않은 성령님의 행전이다. 성경은 땅끝을 향한 전도인의 행진에 오늘도 우리를 초청하고 있다.

#From the Cross | 십자가로 시작하는 레시피

5. 제국의 시민보다 하나님 나라의 그리스도인으로

● 지상명령과 함께 실현된 임마누엘의 동행 약속

예수님께서 "모든 민족을 제자로 삼아 아버지와 아들과 성령의 이름으로 세례를 베풀고 내가 너희에게 분부한 모든 것을 가르쳐 지키게 하라"라고 주신 지상명령을 수행할 때, "내가 세상 끝날까지 너희와 항상 함께 있으리라"(마 28:20)라고 말씀하시며 임마누엘의 약속을 주셨습니다. 예수님께서는 이 약속을 복음 전도인 바울에게 다메섹에서, 고린도에서, 그리고 로마로 향하는 배 안에서 직접 음성으로 들려주시며 용기를 주셨습니다(행 9:4~6; 18:9~10; 27:23~24).

● 하나님 나라 그리스도인으로 살아가는 바울

바울은 당시 최고의 권력이라 할 수 있는 로마 시민권을 소유한 사람이었지만, 천국 시민에 소망을 두고 사는 그리스도인이었습니다. 그는 성령 세례 받은 그리스도인으로서, 부활 영생의 소망을 가지고 순교신앙으로 제자의 길을 걸어간 사람입니다. 또한 지상명령을 수행하는 전도인의 길을 고난 속에서도 걸어간 사람입니다. 그래서 바울은 고린도 교회에 보내는 편지에 썼듯이, 사십에서 하나 감한 매를 다섯 번 맞고, 세 번 태장으로 맞고, 한 번 돌로 맞고, 세 번 파선하고, 강도의 위험과 동족의 위험과 이방인의 위험과 시내의 위험과 광야의 위험과 바다의 위험과 거짓 형제 중의 위험을 당하고, 여러 번 자지 못하고 목마르고 굶고 춥고 헐벗어도, 하나님 나라를 위한 전도인의 사명을 절대 놓지 않았던 것입니다(고후 11:24~28). 그렇게 살아왔기에 바울이 디모데에게 "너는 말씀을 전파하라 때를 얻든지 못 얻든지 항상 힘쓰라"(딤후 4:2)라는 당부를 할 수 있었던 것입니다.

● 바울의 부활 신앙 고백

바울은 부활하신 예수님께서 하나님의 교회를 박해했던 자신에게까지 찾아오셔서 구원해 주시고, 부활을 증거하게 하셨다고 항상 증언했습니다. 바울은 5차 산헤드린 공회 재판에서도 사두개파와 바리새파를 분열시키기 위한 발언이었지만, 진심으로 부활 신앙을 고백했습니다. "공회에서 외쳐 이르되 여러분 형제들아 나는 바리새인이요 또 바리새인의 아들이라 죽은 자의 소망 곧 부활로 말미암아 내가 심문을 받노라"(행 23:6). 또한 그는 벨릭스 총독의 재판 중에 더둘로가 자신을 '나사렛 이단의 우두머리'라고 말한 것에 대해 반론을 내놓을 때, 자신은 이단이 아니고 유대인들과 같이 하나님을 섬기고 구약의 율법과 선지자들의 기록과 부활을 믿는 사람이라고 말했습니다. "나는 그들이 이단이라 하는 도를 따라 조상의 하나님을 섬기고 율법과 선지자들의 글에 기록된 것을 다 믿으며 그들이 기다리는 바 하나님께 향한 소망을 나도 가졌으니 곧 의인과 악인의 부활이 있으리라 함이니이다"(행 24:14~15). 바울은 언제나 부활 영생을 믿고 순교신앙으로 사는, 예수 그리스도의 제자였습니다.

48과 교회론과 기독론 - 바울의 옥중서신

에베소서, 빌립보서, 골로새서, 빌레몬서

큰글자 일년일독 통독성경 *one year tongdok bible as one story*

343일 : 교회 - 그리스도의 몸
344일 : 성령의 검 성경
345일 : 예수로 충분하다
346일 : 하나님의 비밀, 예수
347일 : 제국을 넘어 하나님 나라로

시간 흐름 *time flow*

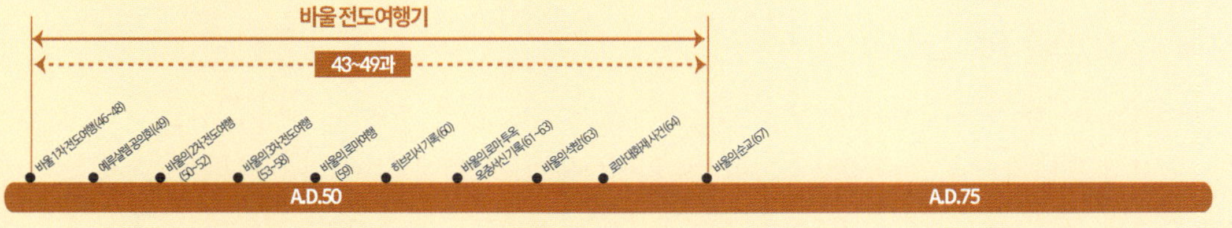

지금 공간 *current location* 로마, 에베소, 빌립보, 골로새

주요 인물 *main character* 바울, 오네시모, 에바브로디도, 두기고, 빌레몬

통通포인트 *tong point*

바울, 로마 제국의 감옥에서 하나님 나라 자유를 선언하다

성경 66권이 한 권이듯, 바울의 옥중서신 네 권도 한 권입니다. "이방인을 위하여 갇힌 자 된 나 바울"(엡 3:1)은 교회를 향한 진심 어린 사랑으로 로마 제국의 감옥에서 네 편의 편지를 썼습니다. <에베소서>와 <골로새서>는 '복음의 이론편'으로서 한 권이고, <빌립보서>와 <빌레몬서>는 '복음의 실천편'으로서 한 권입니다. 또한 <에베소서>와 <빌립보서>는 주의 몸 된 교회에서 어떻게 기쁜 삶을 살 수 있는지를 다룬 '교회론'과 '사랑의 편지'로서 한 권입니다. 그리고 <골로새서>와 <빌레몬서>는 주의 몸 된 교회에서 그리스도인들은 서로 형제라는 것을 가르쳐주는 '기독론'과 '기적의 편지'로서 한 권입니다.

1. 그리스도와 그리스도인

몸은 비록 로마 감옥에 갇혀 있지만, 마음은 복음 안에서 자유로운 바울은 갇혀 있는 시간을 활용해 편지로 복음 전파를 이어갔습니다. 옥중서신 네 권은 '그리스도와 그리스도인'을 잘 설명한 이야기로, 한 권의 책으로 묶어 볼 수 있습니다. 바울은 하나님께서 창세전에 예정하시고 준비하신 비밀, 즉

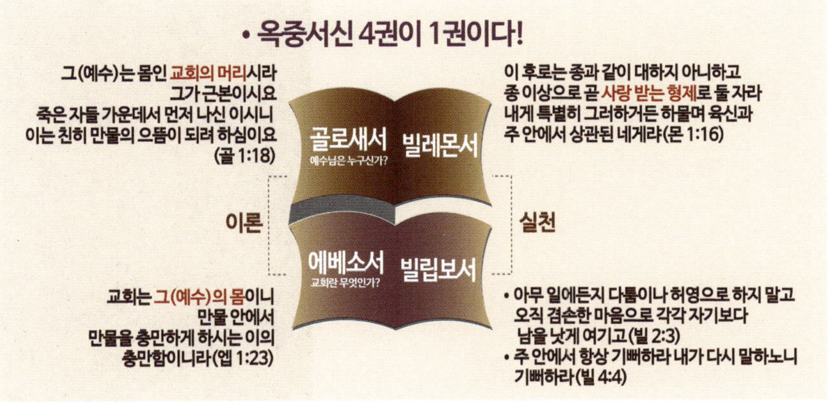

그리스도를 이 땅에 보내셔서 교회의 머리가 되게 하신 것과, 그리스도를 구주로 믿고 하나님 나라 공직자로서 교회의 일꾼이 된 그리스도인에 대한 가르침을 네 편의 편지에 잘 기록하고 있습니다. 옥중서신은 바울의 이방인 선교 30년 노하우라 할 수 있습니다. 바울의 복음 이론을 담은 〈고린도전 · 후서〉, 〈로마서〉와 함께, 옥중서신 네 권은 바울의 30년 사역의 결론과도 같은 책입니다.

"이 비밀은 만세와 만대로부터 감추어졌던 것인데 이제는 그의 성도들에게 나타났고 하나님이 그들로 하여금 이 비밀의 영광이 이방인 가운데 얼마나 풍성한지를 알게 하려 하심이라 이 비밀은 너희 안에 계신 그리스도시니 곧 영광의 소망이니라"(골 1:26~27).

옥중서신 네 권의 핵심은, 예수 그리스도가 머리이시고 그리스도인은 그의 몸인 교회요, 그 몸을 이루는 지체라는 것입니다. 그리스도가 없는 그리스도인은 존재할 수 없습니다. 예수님께서는 하나님과 동등됨을 취하지 않으시고 낮아지셔서 화목제물이 되셨고, 그로 말미암아 우리는 값없이 하나

교회
당시 그리스도인이 되는 사람들에게 힘들었던 일은 유대인 공동체와의 결별, 곧 출교였다. 출교란 무서운 일이었다. 그래서 바울은 그동안 기독교가 무엇인지, 왜 유대교가 아닌 기독교에 참 진리가 있는지 등에 관한 많은 질문을 받았을 것이다. 이에 바울이 '교회란 두엇인가'의 질문에 대답한 것이 <에베소서>이고, '예수님은 어떤 분이신가'에 답한 것이 <골로새서>이다.

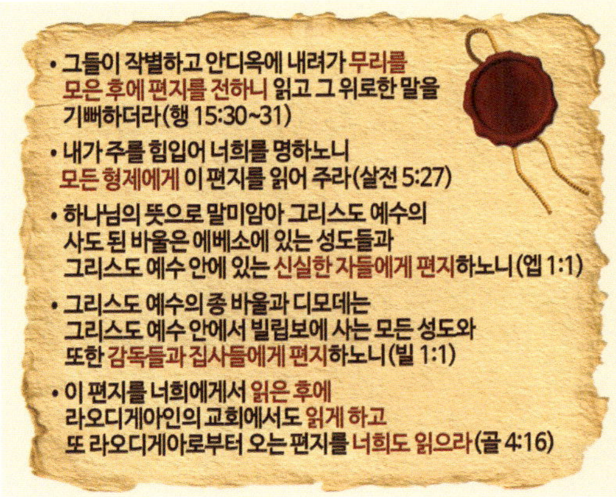

초기 교회의 편지들 = 회람 편지
'회람'이란, 글 등을 여러 사람이 돌려보게 하는 것이다. 초기 교회에 사도들이 보낸 여러 편지는 공동체를 위한 회람 편지였다. 바울이 보낸 옥중서신도 마찬가지다. 대표적인 회람 편지는 4차 예루살렘 공회 때 작성된 '오직 예수 십자가만이 하나님 나라 구원의 기준'이라는 선언이다. 여러 이방인 교회 성도들이 공회의 선언이 담긴 편지를 받고 크게 기뻐했으며, 이로 인해 복음이 예루살렘과 온 유대와 사마리아를 넘어 땅끝으로 전파될 수 있었다.

님의 자녀가 되었습니다. 바울은 로마 감옥에서 이 내용을 네 편의 편지에 담아, 이방 지역에서 그리스도인으로 살아가는 '에베소 교회, 빌립보 교회, 골로새 교회와 빌레몬'에게 보내 복음의 본질을 가르쳤습니다.

특히 바울은, 그리스도인과 교회가 무엇인지에 대한 교회론의 내용은 〈에베소서〉에서, 그리스도는 어떤 분이신지에 대한 기독론의 내용은 〈골로새서〉를 통해 잘 설명했습니다. 그리고 〈빌립보서〉를 통해서는, 주의 몸 된 교회인 그리스도인이 어떻게 기쁜 삶을 살아갈 수 있는지를 설명했고, 〈빌레몬서〉를 통해서는 주의 몸 된 교회인 그리스도인이 모두 하나님의 자녀로서 서로 형제라는 사실을 가르쳤습니다.

사도 바울 _ 렘브란트 作

2. 에베소 교회에 보낸 편지 엡 1~6장

#큰글자 일년일독 통독성경 | 406~416p

일찍이 바울은 에베소의 두란노 서원에서 2년여 동안 머물며 집중적으로 제자들을 키웠기에, 에베소 교회에 대한 특별한 사랑을 가지고 있었습니다. 당시 에베소에서는 바울의 제자 디모데가 사역하고 있었습니다. 바울은 디모데에게 교회가 무엇인지 자세히 가르쳐주고 싶었습니다. 일생을 바쳐 교회를 위해 일했던 바울이 디모데가 사역하는 에베소 교회에 〈에베소서〉를 보내 교회에 대한 정의를 내려줍니다.

기독교와 유대교를 비교해 보면, 기독교는 뭔가 부족해 보였습니다. 회당도 없고, 율법과 같은 오랜 전통도 없습니다. 유대교에는 눈에 보이는 결례와 법도 같은 전통이 많은데, 교회에는 오로지 예수님밖에 없습니다. 그러나 바울은 교회는 예수님 한 분이면 충분하다고 강조합니다. 또한 믿는 이들의 구원과 관련하여, 천지를 창조하시기 전에 우리 하나님의 예비하심이 있었다는 놀라운 선언을 합니다. 바울이 지금까지 걸어온 발자취를 더듬어보니, 그 모든 여정 가운데 하나님의 섭리가 있었던 것입니다. 그렇게 하나님의 손길을 더듬어 올라가다 보니, 그 시작은 창세 전이었다는 사실을 바울이 깨달았

에베소 (Ephesus)

에베소는 소아시아 이오니아 지역의 매우 중요한 항구도시로, 상업과 종교의 중심지였다. B.C.133년 로마 제국에 편입된 이후, 동양과 서양을 연결하는 거점 도시가 되었다. 세계 7대 불가사의 중 하나로 꼽히는 아데미(아르테미스) 신전이 있는 곳으로, A.D.1세기 바울이 활동할 당시에 우상숭배가 만연하고 부도덕한 직업들이 성행한 도시였다. 바울이 2차와 3차 전도여행 때 이곳에 복음을 전했고, 3차 전도여행 때에는 오랫동안 머물며 제자들을 양육했다. 특히 바울은 이곳에서 <고린도전서>를 써 보냈고, 그 이후에는 디모데가 에베소 교회에서 목회했다. 에베소 교회는 이후 사도 요한의 활동 중심지가 되었고, <요한계시록>의 수신 교회 중 하나이기도 하다.

에베소 교회에 보낸 편지

전달자 두기고는 아시아 사람으로 여러 교회에 바울의 사정을 전하고, 교회의 상황을 바울에게 전달하며, 바울의 편지를 전했다 (에베소서, 골로새서, 빌레몬서의 전달자). 또한 예루살렘 교회에 구제금을 전달한 사람 중 하나이고(고전 16:3), 디도에게 급히 가라는 바울의 부탁을 행했다(딛 3:12).

습니다(엡 1:3~5).

바울은 〈에베소서〉에서 '교회란 그리스도의 몸으로, 하나님께서 온 세상을 창조하시며 만물 가운데 충만하게 하시는 하나님의 충만함'이라고 정의합니다. 그리고 그는 교회에 네 가지 요청을 합니다.

첫째, 교회의 일치를 증진할 것을 당부합니다. 이를 이루기 위해서는 겸손과 사랑, 평화를 실천하는 삶이 요구됩니다.

둘째, 그리스도인의 덕을 세울 것을 당부합니다. 거짓을 행하지 않고, 수고하며 선한 일을 하는 것이 그리스도인이 마땅히 행할 바입니다.

셋째, 그리스도인의 가정을 바로 세울 것을 당부합니다. 남편과 아내, 부모와 자녀뿐만 아니라 상전과 종들까지도 서로 존중하고 사랑하는 가정을 만들라는 것입니다.

넷째, 하나님께서 주시는 전신 갑주를 입을 것을 당부합니다. 진리, 의, 복음, 믿음, 구원, 하나님의 말씀이 악한 날에 우리가 능히 대적하는 힘, 굳건히 서는 힘이 될 것입니다.

전신 갑주
- 진리의 허리띠
- 의의 호심경(고대 병사들이 가슴을 보호하기 위해 착용한 흉갑, 갑옷에 대는 구리 조각)
- 복음의 신
- 믿음의 방패
- 구원의 투구
- 성령의 검(하나님의 말씀)

3. 빌립보 교회에 보낸 편지 빌 1~4장

#큰글자 일년일독 통독성경 | 416~423p

바울은 그동안 사역한 모든 교회를 자기 몸처럼 아꼈지만, 특히 빌립보 교회는 다른 교회들에 비해 바울과 사적 관계가 깊은 교회라고 볼 수 있습니다. 바울은 자비량 사역을 했기에 교회들로부터는 사례비를 받지 않았습니다. 그러나 빌립보 교회와는 달랐습니다. 빌립보 교회가 바울에게 사적으로 약간의 경제적 지원을 해도, 바울이 이를 기쁘게 받을 만큼의 관계가 형성되어 있었습니다.

지금 바울은 로마 군인 한 명이 지키는 셋집에 갇혀 있습니다. 그래서 그의 경제적 형편은 더욱 어려웠습니다. 이때 빌립보 교회가 에바브로디도를 보내 그들이 모은 헌금을 전하자, 바울이 감사한 마음으로 헌금을 받았습니다. 그만큼 바울과 빌립보 교회의 성도들은 가족과 같은 관계였습니다.

성도들이 정성을 다해 모은 헌금을 가지

빌립보(Philippi)
B.C.4세기 마케도니아(마게도냐) 필립포스 2세가 크레니데스에서 금광을 발견한 후, 자신의 이름을 따서 이곳을 필립포스(빌립보)로 불렀다. 에그나티아 가도에 인접한 비옥한 평원 위에 건설된 마케도니아의 도시로, 교통의 요지였다. B.C.42년, 로마 제국의 식민지가 되면서 로마 퇴역 군인들이 많이 거주하게 되었다. 바울이 2차 전도여행 중 '마게도냐인의 부름'으로 유럽의 첫 관문인 빌립보에서 사역을 시작했다. 이후 바울의 로마 감금 소식을 들은 빌립보 교회는 바울에게 에바브로디도를 보내며 경제적인 도움을 주었다.

빌립보 교회에 보낸 편지

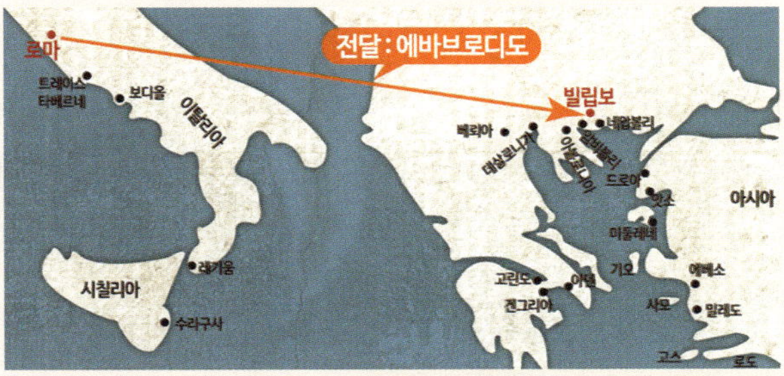

에바브로디도(Epaphroditus) : 바울을 헌신적으로 섬긴 빌립보 교회의 신실한 사역자. 바울은 에바브로디도를 "나의 형제요 함께 수고하고 함께 군사 된 자요 너희 사자로 내가 쓸 것을 돕는 자"(빌 2:25)라고 부르며, 그가 병이 나아 빌립보로 돌아가게 됨을 기뻐했다.

고 로마에 온 에바브로디도는 바울과 교회에 관한 이런저런 이야기를 나누던 중, 교회 내에서 유오디아파와 순두게파가 대립하고 있다는 사정도 전합니다. 그런데 그 사이 쌓인 피로와 여행의 피곤이 겹친 탓인지, 에바브로디도가 그만 그곳에서 몸이 아프고 맙니다. 바울이 그로 인해 많은 걱정을 합니다. 다행히 에바브로디도가 건강을 회복하여 빌립보로 돌아가게 되자, 바울은 〈빌립보서〉를 써서 그의 편에 보내게 됩니다.

바울은 이 편지에서 기쁨을 이야기합니다. 어떤 이들은 남들에게 자랑하려는 경쟁심으로 예수 그리스도를 전파하고, 또 어떤 이들은 정직한 마음으로 복음을 전파하는 것에 대해 바울은 외모로 하나 참으로 하나, 어떤 방식으로든 예수님의 복음이 전파되는 것이 기쁘다고 말합니다. 그는 자신이 갇혀 있음에도 불구하고 에바브로디도가 건강을 회복하여 기쁘고, 빌립보 성도들이 정성을 다해 헌금을 보내준 것이 기쁘고, 빌립보 교회가 하나님과 이웃을 생각하는 모습이 참 기쁘다고 말합니다. 이 기쁨을 이야기하며 바울은, 그리스도께서 낮아지신 것처럼 유오디아와 순두게가 서로 낮은 마음으로 그리스도의 충만한 믿음의 분량에 이르기를 권면합니다.

또한 일부이긴 하나, 빌립보 교회를 어지럽히며 바울을 비방하는 무리들 중에는 할례를 받았다고 자랑하며 스스로를 높이는 이들이 있었습니다. 이에 바울은 오히려 예수 그리스도 안에서 모든 것을 배설물로 여기는 자신의 신앙고백으로 저들에게 대응합니다. "또한 모든 것을 해로 여김은 내 주 그리스도 예수를 아는 지식이 가장 고상하기 때문이라 내가 그를 위하여 모든 것을 잃어버리고 배설물로 여김은 그리스도를 얻고 그 안에서 발견되려 함이니"(빌 3:8~9). 바울은 철저히 그리스도 중심의 사람이었습니다. 그는 예수님을 위해서라면 모든 것을 버릴 각오가 되어 있었습니다.

바울은 "주 안에서 항상 기뻐하라 내가 다시 말하노니 기뻐하라"(빌 4:4)라고 말합니다. 그리고 모든 근심을 기도로 하나님께 아뢰면, 하나님께서 주시는 평강이 빌립보 성도들의 마음과 생각을 지키실 것이라고 권면합니다.

4. 골로새 교회에 보낸 편지 골 1~4장

큰글자 일년일독 통독성경 | 423~429p

골로새는 소아시아의 한 작은 도시로, 주변에 라오디게아, 히에라볼리 등의 소도시들이 있는 곳입니다. 당시 골로새에는 영지주의를 비롯하여 공

<빌립보서>에 묘사된 예수님

- 의의 열매의 근원 (1:11)
- 기쁨의 이유 (1:18)
- 내 몸에서 존귀하게 되실 분 (1:20)
- 내 안에서 사시는 분 (1:21)
- 종의 형체를 가지신 분 (2:6~7)
- 모든 이름 위에 뛰어난 이름 (2:9)
- 가장 고상한 지식의 본체 (3:8)
- 내게 능력 주시는 자 (4:13)

골로새 (Colosse)

소아시아 브루기아 지역, 리쿠스강 남부 언덕에 위치한 작은 도시로, 인근의 라오디게아와 히에라볼리가 긴밀히 연결되어 있었다. 셀루커스 왕조 안티오쿠스 3세 때 2천여 명의 유대인이 이곳에 이주하여 유대인이 많이 거주하게 되었다. 이 도시는 에베소에서 유브라테스강에 이르는 동서 교통의 요충지에 자리잡고 있어 사상의 교류가 활발해 다양한 철학과 종교가 공존함에 따라 이단 사상도 성행했다. 과거의 번영을 보여주는 흔적이 많은 도시였으며, 바울의 제자 에바브라가 이곳에서 목회하고 있었다.

에바브라 (Epaphras)

바울은 3차 전도여행 당시 거의 3년을 에베소 중심으로 사역했다. 에바브라는 이때 바울을 만나 그리스도인이 되었고, 이후 골로새 교회를 세운 것으로 알려져 있다(골 1:4~8; 2:1). 그는 골로새뿐 아니라 인근 라오디게아와 히에라볼리에서도 온갖 수고를 다하며 교회를 섬겼다. 바울이 로마에 연금되어 있을 때, 에바브라는 그를 방문해 골로새 교회 소식을 전했다. 바울은 그를 "우리와 함께 종 된 사랑하는 에바브라, 그는 너희를 위한 그리스도의 신실한 일꾼, 그리스도 예수의 종, 그리스도 예수 안에서 나와 함께 갇힌 자 에바브라"라고 부르며 사랑과 신뢰를 표현했다.

리주의, 신비주의, 금욕주의 등 온갖 철학과 이단 사상이 만연해 있었습니다. 이러한 골로새 교회에 바울의 제자 에바브라가 목회를 하고 있었습니다.

바울은 아직 직접 대면하지 못한 골로새 교회의 성도들에게 자신의 사랑과 관심을 담아 두기고를 통해 편지를 보냅니다. 이때 보낸 〈골로새서〉를 통해 바울은 예수님이 어떤 분이신지 설명합니다. "그는 보이지 아니하는 하나님의 형상이시요 모든 피조물보다 먼저 나신 이시니 … 그는 몸인 교회의 머리시라 그가 근본이시요 죽은 자들 가운데서 먼저 나신 이시니 이는 친히 만물의 으뜸이 되려 하심이요"(골 1:15~18). 바울은 예수 그리스도 한 분만으로도 부족함이 없으므로, 다른 헛된 규례나 철학들은 필요하지 않다고 강조합니다. 또한 그는 골로새 성도들이 '믿음에 거하고 터 위에 굳게 서도록' 권면하며, '하나님을 아는 것에 있어서도 그 지식이 자라게' 되기를 격려합니다.

To. 골로새 교회 성도들
하나님의 뜻으로 말미암아 그리스도 예수의 사도 된 바울과 형제 디모데는
골로새에 있는 성도들 곧 그리스도 안에서 신실한 형제들에게 편지하노니
우리 아버지 하나님으로부터 은혜와 평강이 너희에게 있을지어다…
나 바울은 친필로 문안하노니
내가 매인 것을 생각하라 은혜가 너희에게 있을지어다
From. 로마에서 갇힌 자 된 바울

〈골로새서〉가 말하는 그리스도
- 그는 보이지 아니하는 하나님의 형상 (1:15)
- 모든 피조물보다 먼저 나신 이 (1:15)
- 그는 몸인 교회의 머리 (1:18)
- 비밀의 영광, 곧 영광의 소망 (1:27)
- 하나님의 비밀인 그리스도 (2:2)
- 그는 모든 통치자와 권세의 머리 (2:10)
- 우리 생명이신 그리스도 (3:4)
- 오직 그리스도는 만유 (3:11)

우리는 여기서 '두기고'라는 한 사람을 만납니다. 바울은 편지 말미에 끝인사를 남기며 "두기고가 내 사정을 다 너희에게 알려 주리니 그는 사랑 받는 형제요 신실한 일꾼이요 주 안에서 함께 종이 된 자니라"(골 4:7)라고 전합니다. 두기고는 특정 교회를 맡아 목회하지는 않았지만, 바울의 사정을 교회들에게 전달하고, 교회들의 사정을 바울에게 전달하는 우체부 같은 역할을 했던 고마운 사람입니다. 그 덕분에 바울이 이 많은 내용을 편지로 주고받을 수 있었습니다. 이번에는 바울이 골로새 교회에 믿음직한 두기고와 함께 오네시모를 보내며, 특별한 일을 시작합니다. 그 시작이 바로 〈빌레몬서〉입니다.

• 골로새 교회에 침입한 헛된 철학과 이단 사상에 대한 바울의 권면

1 헬라 사상 공리주의 →
- 내가 이것을 말함은 아무도 교묘한 말로 너희를 속이지 못하게 하려 함이니(골 2:4)
- 누가 철학과 헛된 속임수로 너희를 사로잡을까 주의하라 이것은 사람의 전통과 세상의 초등학문을 따름이요 그리스도를 따름이 아니니라 그 안에는 신성의 모든 충만이 육체로 거하시고(골 2:8~9)

2 유대인의 율법주의 →
너희가 손으로 하지 아니한 할례를 받았으니 곧 육의 몸을 벗는 것이요 그리스도의 할례니라(골 2:11)

3 천사 숭배주의 →
아무도 꾸며낸 겸손과 천사 숭배를 이유로 너희를 정죄하지 못하게 하라 그가 그 본 것에 의지하여 그 육신의 생각을 따라 헛되이 과장하고 머리를 붙들지 아니하는지라 온 몸이 머리로 말미암아 마디와 힘줄로 공급함을 받고 연합하여 하나님이 자라게 하시므로 자라느니라(골 2:18~19)

5. 빌레몬에게 보낸 편지 몬 1장

#큰글자 일년일독 통독성경 | 429~430p

바울이 로마 감옥에 있을 때 만난 사람 중에 오네시모라는 청년이 있었습니다. 바울은 그와 대화하며 주 안에서 교제하는 가운데, 그가 매우 영특한 사람이라는 것을 알게 되었습니다. 그런데 어느 날 오네시모가 바울을 찾아와 지난 과거를 고백하는데, 들어보니 그의 신분이 종이라는 것입니다. 그것도 바울의 제자인 빌레몬의 종이었습니다. 빌레몬은 바울이 에베소에 있을 때 두란노 서원에서 가르쳤던 제자인데, 그 제자의 종이 도망 나와 로마까지 온 것입니다. 그리고 우연히 바울을 만나 복음을 받아들이고 그리스도인이 된 것입니다.

빌레몬에게 보낸 편지

<빌레몬서> - 예수님을 믿는 바울이, 예수님을 믿는 빌레몬에게, 예수님을 믿는 오네시모와 하나님 나라 안에서 한 형제가 되자고 쓴 편지

오네시모 (Onesimus)
히브리어로 '오네시모'는 '유익한'이라는 뜻이다. 바울이 "그가 전에는 네게 무익하였으나 이제는 나와 네게 유익하므로"(몬 1:11)라고 썼는데, 이는 오네시모의 이름을 활용한 언어 표현이었다. 빌레몬이 도망친 종이 돌아온 긴장 상황에서 이 편지를 읽게 될 것을 염두에 둔 바울은, 분위기를 배려하며 조심스럽게 편지를 쓰고 있다. 그는 오네시모를 "신실하고 사랑을 받는 형제, 갇힌 중에서 낳은 아들, 그는 내 심복"이라고 부르며, 빌레몬에게 그를 정중히 부탁했다. 오네시모를 위해 애쓰는 바울의 마음이 고스란히 전해진다.

바울은 고민 끝에 오네시모를 빌레몬에게 돌려보내기로 합니다. 오네시모 역시 바울의 설득을 듣고 주인에게 돌아가기로 마음먹습니다. 이는 죽을 각오를 했다는 뜻입니다. 오네시모가 주인 빌레몬에게 돌아갔을 때 빌레몬이 그를 죽인다고 해도, 당시 로마 제국에서는 법적으로 아무런 문제가 되지 않았기 때문입니다. 바울은 그런 오네시모를 돌려보내면서, 짧지만 기도하며 정성을 다해 쓴 편지 한 통을 함께 보냅니다. 그것이 바로 〈빌레몬서〉입니다.

〈빌레몬서〉를 읽어 내려가다 보면, 바울이 얼마나 정성을 다해 한 자 한 자 썼는지를 느낄 수 있습니다. 바울의 입장에서는 두기고 편에 오네시모를 돌려보냈는데, 만약 빌레몬이 오네시모를 죽이기라도 하면 큰일인 것입니다. 그래서 바울은 빌레몬에게 간절히 부탁합니다. 그러나 한편으로 바울은 빌레몬의 인격을 신뢰했기 때문에 오네시모를 그에게 돌려보낼 수 있었습니다.

"이러므로 내가 그리스도 안에서 아주 담대하게 네게 마땅한 일로 명할 수도 있으나 도리어 사랑으로써 간구하노라 나이가 많은 나 바울은 지금 또 예수 그리스도를 위하여 갇힌 자 되어 갇힌 중에서 낳은 아들 오네시모를 위하여 네게 간구하노라"(몬 1:8~10).

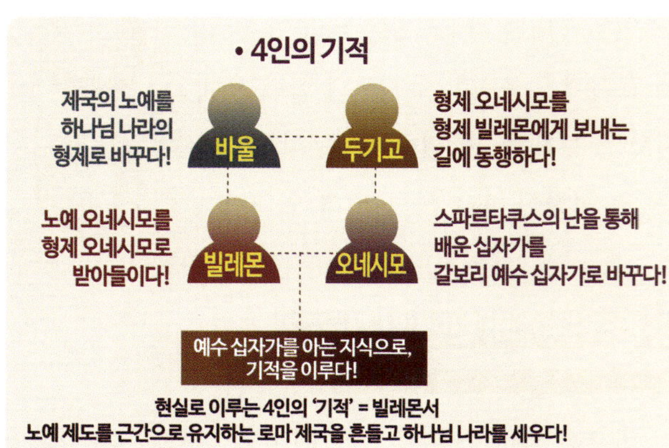

바울은 최대한 자신의 처지를 설명하면서, 오네시모 이름 앞에 '아들'이라는 단어를

붙입니다. "전에는 도망 나온 종이니 네게 무익했다는 것을 안다. 그러나 이제 그가 복음 안에서 변화되었고, 너와 나에게 유익하다. 이제 종이 아닌 형제로 여기면 어떻겠느냐?" 이는 로마 제국 당시엔 혁명적인 이야기였습니다.

〈빌레몬서〉는 빌레몬과 오네시모 사이에 로마 제국이 끼어든 이야기입니다. 이를 바울이 하나님 나라 관점으로 바라보며, 빌레몬에게 오네시모를 더 이상 종이 아닌 '형제'로 받아들이라는 이야기입니다. 한마디로 〈빌레몬서〉는 하나님 나라 이야기입니다.

#From the Cross | 십자가로 시작하는 레시피

6. 하나님의 비밀이 그리스도의 십자가를 통해 그리스도인에게로

● 하나님 나라 거룩한 공직자, 한 몸을 이루는 각 지체들

예수 그리스도의 십자가와 부활을 믿고 증거하는 삶을 살게 된 하나님 나라 거룩한 공직자인 그리스도인에게, 바울은 '너희 몸이 성전'이라고 가르쳤습니다. 교회와 그리스도의 관계를 보면, 교회는 그리스도의 몸이며, 교회의 머리는 그리스도이십니다. '하나님의 비밀'이신 예수 그리스도 안에는 모든 지혜와 지식과 보화가 감추어져 있습니다.

"그의 안에서 건물마다 서로 연결하여 주 안에서 성전이 되어 가고 너희도 성령 안에서 하나님이 거하실 처소가 되기 위하여 그리스도 예수 안에서 함께 지어져 가느니라"(엡 2:21~22).

그리스도인은 한 몸을 이루는 각 지체로서, 머리 되신 그리스도와 하나가 됩니다. 함께 지체가 된 그리스도인은 누구나 하나님의 상속자가 되며, 하나님 나라의 약속에 참여하는 사람이 됩니다. 그러므로 예수 그리스도의 몸인 교회의 각 지체 그리스도인은, 각자의 사명을 품고 있되 주 안에서 같은 마음을 품고 항상 기뻐해야 합니다. 그리고 하나님 나라 공직자로서 거룩한 예배자로, 순교신앙으로 사는 제자로, 지상명령을 수행하는 전도인으로, 예수님의 재림을 소망하는 마라나타 신앙인으로, 영원한 하나님 나라 백성으로 살아야 합니다. 이것이 하나님의 비밀, 곧 예수 그리스도를 통해 값없이 주신 크고 놀라운 은혜입니다.

<빌레몬서>의
시대적 배경이 된 사건

• 스파르타쿠스(Spartacus)의 난

B.C.73년, 스파르타쿠스가 검투사들 74명을 이끌고 도망치면서 시작된 노예 반란은, 검투사들과 인근 농장 노예들까지 합세해 약 10만 명 규모로 확대되었다. 로마는 크라수스가 이끄는 8개 군단을 투입해 3년에 걸친 전투를 끝내며, 반란군을 무자비하고 잔인하게 진압했다. 폼페이우스가 이끄는 로마 군단에게 생포된 노예군 6,000명은 당시 로마의 가장 중요한 도로였던 아피아 가도 양쪽에 3,000명씩 십자가에 못 박혀 처형되었다.

• 세쿤두스(Secundus)의 노예 사건

A.D.61년, 로마의 행정 장관 루키우스 페다니우스 세쿤두스가 자신의 노예에게 살해당하는 사건이 발생했다. 당시 로마의 관습법에 따라 그의 집에 속한 모든 노예 약 400명이, 부녀자와 어린아이를 포함해 처형 대상이 되었다. 이는 로마 사회에서 큰 반발을 불러일으켰고, 집단 처형에 반대 여론이 형성되어 시민들은 시위를 벌이기까지 했다. 그러나 네로 황제와 원로원은 끝내 전원 처형을 결정했다.
두 사건 모두 로마 제국이 노예 제도를 확고히 유지하겠다는 강력한 메시지였다.

● 모든 민족을 향한 바울의 복음 열정

당시 사람들에게 서바나는 '땅끝'이었습니다. 바울이 로마를 거쳐 그토록 서바나에 가고자 했던 것은, 자기 당대에 예수님의 지상명령을 수행하고 싶은 꿈이 있었기 때문입니다. 바울의 놀라운 선교 열정이었습니다. 그는 만세 전부터 감추어진 하나님 나라의 비밀을 땅끝까지 전하기 위해, 특별히 이방인의 사도로 부름받아 천하 만민에게 복음을 전한다고 고백합니다.

"만일 너희가 믿음에 거하고 터 위에 굳게 서서 너희 들은 바 복음의 소망에서 흔들리지 아니하면 그리하리라 이 복음은 천하 만민에게 전파된 바요 나 바울은 이 복음의 일꾼이 되었노라"(골 1:23).

그래서 바울은 복음의 일꾼으로서 고난을 기쁨으로 받는다고 고백했습니다. 바울은 지난 30여 년 동안 말할 수 없는 고난과 박해 속에서도 온 힘을 다해 복음을 전하며 달려온 전도인이었습니다. 바울은 '다메섹 그 순간' 예수님을 만난 이후부터, 로마 감옥에서 옥중서신을 쓰던 그 당시까지도 변함없이 예수님께서 맡겨주신 지상명령의 사명을 감당하고 있었습니다. 갇힌 중에도 옥중서신으로 그 마음을 전하며 복음 2세대를 가르쳤고, 그 편지들은 온 세계로 뻗어 나갔습니다.

● 하늘 시민들의 예수님 재림 소망

그리스도인은 하늘 시민으로서 예수님의 재림을 소망하며 사는 사람들입니다. 바울은 빌립보 성도들에게 우리의 진정한 시민권은 하늘에 있음을 선언하며, 그리스도의 재림 때 하늘 시민권자에게 주실 복을 미리 가르쳐주었습니다.

"우리의 시민권은 하늘에 있는지라 거기로부터 구원하는 자 곧 주 예수 그리스도를 기다리노니 그는 만물을 자기에게 복종하게 하실 수 있는 자의 역사로 우리의 낮은 몸을 자기 영광의 몸의 형체와 같이 변하게 하시리라"(빌 3:20~21).

그러면서 바울은 땅의 일을 생각하는 사람들을 본받지 말고 자신을 본받으라고 당당하게 말합니다. 자신이 세상에서 가장 소중한 지식, 바로 예수 그리스도를 아는 지식을 가졌기 때문입니다. 하늘 시민 그리스도인은 다시 오시리라는 예수님의 재림 약속을 믿고 소망하며 마라나타 신앙으로 '위의 것'을 생각하며 살아야 합니다.

"우리 생명이신 그리스도께서 나타나실 그 때에 너희도 그와 함께 영광 중에 나타나리라"(골 3:4).

● 제국을 넘어 하나님 나라로

모든 사람은 하나님의 형상대로 지음을 받았습니다. 그러나 인간이 지은 죄는 인간 스스로 해결할 수 없습니다. 오직 '하나님의 아들'로 인하여 우리는 속량, 곧 죄 사함을 얻게 됩니다(골 1:14). 예수님께서 우리를 위해 대속하심으로 우리 또한 하나님의 자녀가 되었고, 하나님께서는 예수님을 많은 형제 중에서 맏아들이 되게 하셨습니다(롬 8:29). 하나님을 아버지라 부를 수 있는 '자녀, 아들'이 전제되어야 하나님 나라의 '형제' 이야기가 나올 수 있습니다.

"이 후로는 종과 같이 대하지 아니하고 종 이상으로 곧 사랑 받는 형제로 둘 자라 내게 특별히 그러하거든 하물며 육신과 주 안에서 상관된 네게랴"(몬 1:16).

'도망 나간 종'을 '형제'로 맞이한다는 것은 당시 로마 제국에서 절대 있을 수 없는 일이었습니다. 그럼에도 바울은 약한 형제를 더 안타까워하시며 돌보시는 하나님의 마음을 알기에, 하나님 나라를 바탕으로 형제의 개념을 새롭게 세웠습니다. 바울, 오네시모, 빌레몬, 두기고가 함께 제국을 넘어 하나님 나라의 기적을 이루었습니다.

49과 믿음의 아들에게 남긴 편지 – 로마 대화재 사건 | 디모데전서, 디도서, 디모데후서

큰글자 일년일독 통독성경 *one year tongdok bible as one story*

348일 : 사역자의 자세 **349일** : 지도자를 세우라 **350일** : 복음 2세대

시간 흐름 *time flow*

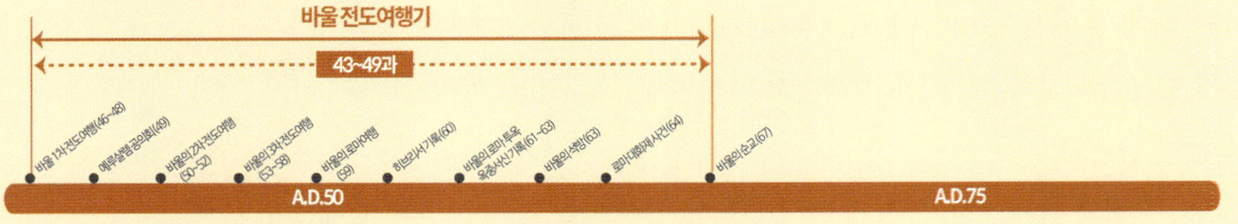

지금 공간 *current location* 에베소, 그레데섬

주요 인물 *main character* 바울, 디모데, 디도

통通포인트 *tong point*

로마 대화재 사건을 계기로 복음 1세대에서 복음 2세대로

로마 감옥에서 2년 만에 잠시 자유의 몸이 된 바울은 또다시 전도여행을 떠납니다. 그즈음 기록한 편지가 목회서신이라 불리는 <디모데전서>와 <디도서>입니다. 바울은 하나님 나라의 거룩한 공직자를 바로 세우기 위한 목회 코칭(coaching)으로 에베소 교회를 섬기는 디모데에게, 그리고 그레데 교회를 섬기는 디도에게 편지를 보냅니다. 그런데 A.D.64년 로마 대화재 사건이 일어나 복음 1세대 지도자 200여 명이 로마 방화범으로 누명을 쓰면서 처형되는 위기가 닥칩니다. 그때 바울이 다시 감옥에 갇히게 되면서 죽음이 임박했음을 알고 믿음의 아들 디모데에게 유언과 같은 <디모데후서>를 써 보냅니다. 이렇게 로마 대화재 사건을 계기로 복음 1세대와 복음 2세대가 나뉘게 됩니다. 신앙이 계승되듯 복음을 전하는 일도 계승되어야 합니다. 유대인의 방해와 로마 제국의 박해도 신앙과 함께 복음이 계승되는 것을 절대 막을 수 없습니다. 복음 전도자로 한길을 걸어온 복음 1세대 바울이 최후 승리를 꿈꾸며 복음 2세대에게 편지를 건네는 심정을 헤아리며 살펴봅시다.

1. 디모데에게 보낸 편지 딤전 1~6장

큰글자 일년일독 통독성경 | 431~438p

디모데는 바울이 '믿음의 아들'이라고 부를 만큼 아끼는 제자입니다. 바울은 복음 2세대를 대표하는 디모데와 디도에게 하나님 나라의 일꾼이자 거룩한 공직자로서 본이 되고, 교회 안에 그들과 같은 충성된 그리스도인들을 많이 세우기를 바라며 목회 코칭 편지를 써 보냅니다.

〈디모데전서〉는 에베소 교회에서 목회하고 있는 디모데 개인에게 보낸 편지로, 교회 안에서의 리더십과 조직에 관해 세심하게 기록하고 있습니다. 또한 '교회란 무엇인가'에 대한 두 가지 핵심 내용을 담고 있습니다. 첫째는 하나님의 사랑을 받은 이, 곧 그리스도의 몸이 '교회'라는 것입니다. 바울은 이에 대해 〈에베소서〉에서 더욱 자세히 설명한 바 있습니다. 둘째는 직제로서의 교회, 즉 하나님 나라의 거룩한 공직자인 감독이나 집사를 세우는 일을 통해 '교회'에 대해 가르치고 있습니다. 교회를 대표하여 섬겨야 하는 감독이나 집사의 자질은 매우 중요합니다. 무엇보다 먼저, 자기 집안을 잘 다스리며 존경받는 인물이어야 합니다. 또한 교회 안에서뿐만 아니라 교회 밖에서도 좋은 평판을 들어야 합니다. 여러 가지 지도자의 자격을 논하는 항목이 많지만, 중요한 것은 하나님과 사람들 앞에서 부끄러움이 없는 모범된 삶을 사는 것이라 하겠습니다.

그 외에도 바울은 하나님 나라의 거룩한 공직자가 갖추어야 할 자세에 대해 다음과 같이 권면합니다. 첫째, 거짓 교훈을 경계하고, 둘째, 복음과 교회의 일꾼으로서 좋은 교훈으로 양육받고 경건에 이르도록 힘쓸 것을 강조합니다. 또한 거짓 선생들을 잘 구분하는 일, 나이 많은 성도들과 과부들과 장로들을 대하는 법 등을 소상히 가르쳐줍니다.

마지막으로 바울은 자족과 경건의 생활을 하라고 당부하며, 믿음의 선한 싸움을 싸우라고 독려합니다. 그는 죄인 중의 죄인이었던 자신을 부르시고 귀한 사역을 맡기신 하나님께서, 디모데 또한 부르셔서 거룩한 공직자의 사명을 맡겨주셨으니, 열심을 내어 헌신하고 최선을 다하라고 당부합니다.

<디모데전서>와 <디도서>
<디모데전서>와 <디도서>는 기록한 연대, 당시의 상황, 그리고 목적에 있어서 유사한 점이 많은 '목회서신'이다. 두 서신 모두 지도자의 자격, 거짓 교훈에 대처하는 방법, 성도들을 대하는 태도, 올바른 신앙생활의 중요성에 대해 목회 코칭의 교훈을 제공한다. 또한 두 서신은 모두 격려와 권고의 내용을 담고 있지만, <디도서>는 성도들의 행동에 더 초점을 두고 있으며, <디모데전서>보다 더 간결하고, 보다 공적이며, 덜 개인적이다.

디모데 (Timothy)
디모데는 헬라인 아버지와 유대인 어머니 사이에서 태어나, 어릴 때부터 어머니 유니게와 외할머니 로이스에게 성경을 배우며 자란 '패밀리 스쿨' 출신이다. 바울의 1차 전도여행 중 루스드라에서 복음을 받아들이고 그리스도인이 되었으며, 이후 바울의 2차와 3차 전도여행에 동행한 바울의 제자로, 바울이 보낸 여덟 편의 편지에 그의 이름이 등장한다. 그는 복음 2세대의 대표 지도자로 성장해 에베소 교회를 맡아 섬겼다. 바울은 복음 2세대 중심 역할을 감당할 디모데에게 <디모데전·후서>를 써 보내며 하나님 나라의 거룩한 공직자 사명을 맡기고 깊이 신뢰했다. 디모데는 바울의 믿음을 계승 받은 믿음의 아들이자 제자이며, 귀한 '동역자'였다.

2. 디도에게 보낸 편지 딛 1~3장

큰글자 일년일독 통독성경 | 438~441p

디도는 누구인가?

1. 디도는 헬라인이면서 안디옥 교회의 성도였다.
2. 디도는 바울에게 복음을 전해 받고 그리스도인이 되었다.
3. 디도는 모두에게 위로와 기쁨이 되는 사람이었다.
4. 디도는 바울의 손과 발이 되어 함께 사역한 귀한 '동역자'였다.
5. 디도는 바울이 고린도 교회에 보낸 <고린도후서>를 전달했다.
6. 디도는 바울의 연보 사역을 함께 열심히 수행했다.
7. 디도는 그레데 교회 목회자였다.
8. 디도는 바울에게 목회서신인 <디도서>를 받은, 바울의 '믿음의 아들'이었다.
9. 디도는 바울의 신앙을 계승한 복음 2세대였다.

바울은 여러 교회에 많은 편지를 써서 보냈는데, 특히 어려움에 처해 있거나 문제가 생겨 흔들리고 있는 교회에는 더욱 마음을 다해 편지를 써 보냈습니다. 복음 2세대의 젊은 지도자 디도에게 쓴 편지 〈디도서〉는, 흔들리고 있는 그레데 지역의 교회 공동체를 안정시키라는 바울의 특명을 전하고 있습니다.

먼저, 그레데인들 사이에 만연한 도덕적 타락을 잘 알고 있던 바울은 이 편지에서 그리스도인들에게 의(義)의 필요성을 강조합니다. 이는 거짓 선생들, 특히 '할례당'들이 헛된 말을 하며 사람들을 속였기 때문입니다. 기독교 초기에 등장한 여러 이단 중 하나가 할례당입니다. 이들은 율법주의자들로서 예수 그리스도를 믿는 믿음으로 말미암는 구원에 '율법 준수'라는 조건을 더했습니다. 이들의 주장은 4차 예루살렘 공회에서 결정한 '오직 예수 십자가만이 하나님 나라 구원의 기준'이라는 복음의 본질을 왜곡하는 그릇된 사상을 담고 있었습니다.

바울은 이런 자들을 가리켜 "허탄한 이야기를 하는 자들이요 진리를 배반하는 자들이며, 입으로는 하나님을 시인하나 행위로는 부인하는 가증한 자들"이라고 말합니다(딛 1:14~16). 그들의 거짓 가르침을 폐하고 교회를 바로 세우기 위해, 바울은 목회자인 디도에게 "범사에 네 자신이 선한 일의 본을 보이며 교훈에 부패하지 아니함과 단정함과 책망할 것이 없는 바른 말을 하게 하라 이는 대적하는 자로 하여금 부끄러워 우리를 악하다 할 것이 없게"(딛 2:7~8) 해야 한다고 충고합니다.

또한 바울이 전한 가르침의 핵심은 관용과 온유였습니다. 그가 보기에 고린도 교회가 그러했듯이 그레데 교회에도 서로를 존중받아야 할 인격체로 받아들이는 관용이 필요했습니다. 이는 하나님 나라 거룩한 공직자에게도 중요한 덕목일 뿐만 아니라, 그리스도인 개개인에게도 더없이 필요한 덕목입니다.

그레데 (Crete)

그레데는 지중해에 있는 지금의 크레타로, 그리스의 13개 주 가운데 하나이며 그리스에서 가장 큰 섬이자 지중해에서는 다섯 번째로 큰 섬이다. 이 섬에는 주요 유적지인 크노소스 궁전(Palace of Knossos)이 있다. 그레데섬은 B.C.20세기에 이미 석조 건물을 세웠으며, 미노스 문명이 번성했던 곳이다. 그레데 사람들은 과거의 영화를 그리워하며 게으르고 거짓말을 잘하는 성향으로 잘 알려져 있다. 디도는 이곳에서 '왕년의 미노스 이야기'를 '예수님의 십자가 이야기'로 바꾸는 복음 사역을 감당했다. 오순절 성령 강림 당시 예루살렘에 그레데섬에서 온 유대인들이 몇 명 있었는데, 그들 중 일부가 예수님을 믿고 복음을 이 섬 사람들에게 전했을 가능성이 높다.

● 바울의 4차 전도여행

로마 감옥의 연금 상태에서 잠시 풀려난 바울은 당시 전도여행 중이었습니다. 바울은 고린도를 떠나 그레데를 지나가던 세나와 아볼로를 통해 디도에게 이 편지를 전달한 것으로 보입니다. 이때 바울은 동역자들과 함께 그해 겨울을 니고볼리에서 보낼 계획을 세우며 '니고볼리 전도 집회'를 준비하고 있었습니다. 든든한 동역자 디도가 와서 이 전도 집회에 합류하기를 바랐습니다. 그리고 바울은 이듬해 봄, 니고볼리를 떠나 땅끝 서바나로 향할 계획이었기 때문에 디도의 동행을 더욱 원했던 것 같습니다.

그런데 매우 급하게 로마 당국으로부터 모든 죄수, 특히 예수를 믿는다는 이유로 로마에 붙잡혔던 죄수들을 다시 감금하라는 명령이 내려왔습니다. 당시 로마의 다섯 번째 황제였던 네로가 A.D.64년 로마 대화재로 인한 자신의 정치적 위기를 모면하기 위해 기독교인들을 희생양으로 삼으려는 계획을 추진하고 있었던 것입니다.

니고볼리 (Nicopolis)
이곳은 그리스 서부, 이오니아해에 접한 에피로스 지역에 있는 항구도시였다. B.C.31년 옥타비아누스가 악티움 해전에서 승리를 거두고 이를 기념하여 '승리의 도시'라는 뜻의 니고볼리를 세웠다. 바울은 로마에서 잠시 자유의 몸이 되어 다시 전도여행을 하면서 이곳에서 겨울을 보내며 디도가 오기를 기다렸다. 그는 디도를 비롯한 여러 동역자와 함께 니고볼리를 선교 거점으로 삼아 땅끝까지 전도여행을 계속할 예정이었다. 그러나 그 계획은 이루어지지 않았다(딛 3:12~13; 딤후 4:10~12).

3. A.D.64년 로마 대화재 사건과 복음 1세대의 순교

A.D.64년 여름 로마에서 대화재 사건이 발생했습니다. 화재로 수많은 로마 시민이 집과 재산을 잃었고, 네로 황제에 대한 불만은 하늘을 찌를 듯이 치솟았습니다. 이는 노래를 좋아하던 네로 황제가 작곡을 위해 로마 시내에 불을 질렀다는 소문과, 더 넓은 황궁을 짓기 위해 준비한 설계도가 발각되었다는 사실 때문입니다. 이로 인해 로마 시민들은 점점 네로에게 불신을 드러내기 시작했습니다. 게다가 방화범이 누구인지조차 밝혀지지 않

로마 대화재 사건 (The Great Fire of Rome)

일시	A.D.64년 7월 18일부터 약 5일간 (일부 지역으로 다시 불길이 번져 총 9일간 지속)
발화	경기장 아래 기름 창고에서 우연히 발생한 작은 불이 로마 시내로 번짐
피해	로마 14개 행정 구역 중 10개 구역이 화재 피해를 입었고, 3개 구역은 완전히 전소됨

기독교인들의 화형을 지시하는 네로 _ 헨릭 지미라즈키 作

고 있었습니다. 그러자 정치적 위기를 느낀 네로 황제가 로마 대화재 사건의 방화범으로 기독교 유대인들을 지목해 죄를 뒤집어씌웠습니다. 그리고 복음 1세대 지도자 200여 명을 체포하여, '서커스'를 원하는 로마 시민들을 위해 가장 잔인한 퍼포먼스를 보여주며 이들을 죽였습니다.

복음 1세대는 예수님의 사역을 함께했고, 십자가와 부활을 직접 지켜본 사람들로, A.D.64년 로마 대화재 사건 이전까지 복음을 전해 온 그리스도인과 제자들입니다. 즉, 예수님의 12명 제자, 70명 제자, 예수님의 승천을 직접 목도한 500여 명의 증인, 그리고 사도 바울입니다. 이들은 '사도행전 30년' 동안 유대교의 핍박 속에서 산헤드린 공회와 대립하며 복음을 전했습니다.

"내가 받은 것을 먼저 너희에게 전하였노니 이는 성경대로 그리스도께서 우리 죄를 위하여 죽으시고 장사 지낸 바 되셨다가 성경대로 사흘 만에 다시 살아나사 게바에게 보이시고 후에 열두 제자에게와 그 후에 오백여 형제에게 일시에 보이셨나니 그 중에 지금까지 대다수는 살아 있고 어떤 사람은 잠들었으며 그 후에 야고보에게 보이셨으며 그 후에 모든 사도에게와 맨 나중에 만삭되지 못하여 난 자 같은 내게도 보이셨느니라"(고전 15:3~8).

복음 2세대는 예수님을 보지는 못했지만, 복음 1세대로부터 복음을 전해 받고 예수님을 믿게 된 사람들입니다. "예수를 너희가 보지 못하였으나 사랑하는도다 이제도 보지 못하나 믿고 말할 수 없는 영광스러운 즐거움으

네로가 기독교인들에게 누명을 씌울 수 있었던 배경

1. 다신론 로마 vs. 유일신 신앙 기독교
2. 쾌락과 사치의 도시 로마 vs. 검소한 삶과 우상숭배를 금지하는 기독교
3. 유대인의 미움을 받고 있는 신흥 종교 기독교
4. "해로운 미신을 믿는 자들"이라는 타키투스의 평가에서 볼 수 있듯이, 성찬식의 살과 피에 대한 오해, 세례에 대한 오해, 형제자매 호칭에 대한 오해 등으로 인한 부정적 인식이 있었음

로마의 박해 아래 순교한 그리스도인

"그들은 짐승의 가죽을 뒤집어쓴 채 개들에게 찢겨 죽었으며, 십자가에 못 박히고, 불태워져서 낮이 지나 어두워졌을 때 등불이 되었다."
-타키투스의 《연대기》

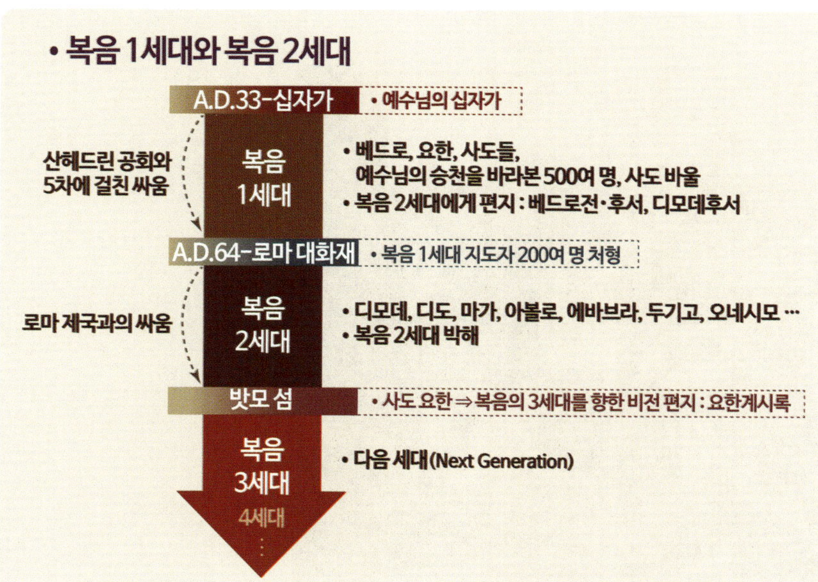

로 기뻐하니"(벧전 1:8). 이들은 A.D.64년 로마 대화재 사건을 기점으로 유대교의 핍박과 함께 로마 제국의 박해까지 견뎌야 했습니다. 복음 2세대의 대표 주자는 바울에게 목회서신을 받은 디모데, 디도를 비롯해 누가, 마가, 아볼로, 에바브라, 두기고, 오네시모 등이 있으며, 이들은 로마 제국의 박해 속에서도 하나님 나라의 최후 승리를 믿고 담대히 복음을 전했습니다.

이들은 복음을 위한 바울의 요구, '떠나고, 보내고, 머물고, 오고, 가고, 데리고 가고 …' 하는 행동에 주저하지 않은 '전도인들'이었습니다. 그리고 복음을 위해 고난받는 것을 기뻐한 복음 1세대의 신앙 계승자들이었습니다.

로마 대화재 사건으로 복음 1세대 지도자 200여 명이 순교하게 됩니다. 이때 바울도 체포되어 감옥에 다시 갇히게 됩니다. "전제와 같이 내가 벌써 부어지고 나의 떠날 시각이 가까웠도다"(딤후 4:6)라는 바울의 말은, 그가 처한 박해 상황을 잘 보여줍니다.

소중한 것 남기기
소중히 이루어온 것을 누군가에게 남겨야 할 때가 있다. 사도 바울은 자신에게 그때가 다가오자 디모데에게 가장 중요한 복음 전파의 사명을 남겼다. 그렇게 해서 남겨지고 이어진 교회가 오늘 우리의 교회인 것이다.

4. 디모데에게 보낸 마지막 편지 딤후 1~4장

#큰글자 일년일독 통독성경 | 441~446p

바울은 자신이 곧 죽게 될 것을 직감하고, 유언에 가까운 편지를 하나 쓰는데, 그것이 〈디모데후서〉입니다. 복음 2세대의 대표 주자인 디모데에게 보낸 유언의 핵심은 한마디로 "복음과 함께 고난을 받으라"(딤후 1:8)입니다.

복음과 고난, 이것은 뗄 수 없는 관계입니다. 그런데 보통 사람들은 복음과 함께 고난을 받으라고 하면, 고난이 싫어서 복음까지 던져버립니다. 그러나 그 고난이 복이기에, 바울은 복음과 함께 고난을 받으라는 것입니다. 그러면서 바울은 군사로 다니는 사람은 자기 생활에 얽매이지 않는다는 것, 경기하는 사람은 법대로 경기해야 면류관을 얻는다는 것, 농부의 수고가 있어야 열매를 얻을 수 있다는 것 등을 예로 들어 설명합니다. 바울에게 디모데와 디도는 아들이나 다름없었습니다. 아들에게 고생시키고 싶은 아버지는 없을 것입니다. 바울이 육신의 부모가 아니라서 디모데에게 고난을 권하는 것이 아닙니다. 그는 영적 아들인 디모데가 기쁨의 길을 걸어가기를 바라는 마음으로 조언하는 진정한 아버지였습니다.

바울이 가르친 충성된 그리스도의 일꾼이 되는 길
- 진리의 말씀을 바르게 분별하고, 망령되고 헛된 말을 버리며 진리를 지킬 것
- 주인이 쓰기에 합당한, 귀히 쓰이는 그릇이 될 것
- 성결하고 깨끗한 몸과 마음으로 의와 믿음, 사랑과 화평의 삶을 살 것
- 다툼을 피하고 온유함으로 가르칠 것

모든 기준은 '모든 성경'
바울은 디모데에게 성경을 기반으로 배우고, 확신하는 일에 거하라고 당부했다. 즉, 모든 판단의 기준은 '모든 성경'이라고 말한 것이다. 그렇다면, 모든 성경이 나의 것이 되기 위한 방법은?

1. '큰 그림'을 먼저 배워야 한다. 큰 그림을 먼저 그리면 그 안에 작은 그림 수천 개도 담을 수 있다. 성경의 큰 숲을 먼저 배우고, 그 안에 작은 나무들을 채워 나가야 한다. 그러면 평생 공부해야 할 성경의 기초를 튼튼히 세울 수 있다.
2. 성경 전체 '큰 그림'은 십자가 이야기이다. 'to the Cross, the Cross, from the Cross'로 큰 그림을 먼저 그리고, 성경에 나오는 수많은 사건을 역사 순서에 따라 이야기로 정확히 알고, 반복해 공부하면 성경이 쉬워진다. 이야기는 누구나 좋아하고 쉽고, 재미있고, 이어지기 때문이다.

바울은 그동안 수많은 고난과 함께한 날들을 통해 믿음의 연단을 받았고, 이제 그 삶의 방식을 디모데에게 가르치고 있는 것입니다.

"너는 말씀을 전파하라 때를 얻든지 못 얻든지 항상 힘쓰라 범사에 오래 참음과 가르침으로 경책하며 경계하며 권하라"(딤후 4:2).

때를 얻든지 못 얻든지 복음을 전파하라는 바울의 이 유언과 같은 강한 부탁은, 오직 자신이 전도인으로 한길을 걸어왔듯이 디모데에게도 같은 자세로 살아가라고 가르치며 당부하는 것입니다. 감옥에서 자신의 인생을 정리하는 바울의 모습은 고난을 뛰어넘은 전도인의 위대함을 보여줍니다. 바울은 디모데에게 장차 박해가 있을 것을 미리 말하면서, 성경을 기반으로 배우고 확신하는 일에 거하라고 가르칩니다. 디모데는 어려서부터 성경을 배웠습니다. 그래서 모든 성경이 유익하다는 것을 잘 알고 있었습니다. 이런 디모데를 믿었기에, 바울은 그에게 복음과 함께 고난을 받는 십자가의 길을 당부한 것입니다.

디모데와 외할머니 로이스 _ 렘브란트 作

'어려서부터(from infancy) 성경을 알았나니'

'어려서부터'는 영어로 'from infancy'로 번역된다. 이는 첫째, 완전한 심리적 및 신체적 의존 상태에서 벗어나 자율적으로 자기와 타인에 대한 감각을 갖기 시작하는 시기, 둘째, 언어를 사용하여 의사소통할 수 있는 능력을 갖추는 시기, 셋째, 정신 기능의 여러 영역에서 독립성을 지닌 개인으로 발달해 가는 시기이다. 다시 말해 '어려서부터', 즉 대략 5세부터는 성경을 배우기 시작하기에 최적의 시간이라 할 수 있다.

바울이 인생을 정리하며 고백합니다.

"전제와 같이 내가 벌써 부어지고 나의 떠날 시각이 가까웠도다 나는 선한 싸움을 싸우고 나의 달려갈 길을 마치고 믿음을 지켰으니 이제 후로는 나를 위하여 의의 면류관이 예비되었으므로 주 곧 의로우신 재판장이 그 날에 내게 주실 것이며 내게만 아니라 주의 나타나심을 사모하는 모든 자에게도니라"(딤후 4:6~8).

바울은 편지를 마무리하면서 디모데에게 마가와 함께 로마로 올 것을 당부합니다. 이는 마가가 지난 30여 년 동안 바나바의 지도를 받으며 복음 2세대 지도자로 월등하게 성장했음을 보여줍니다. 바울은 자신의 인생을 하나님 나라의 거룩한 공직자로서 살아낸 후, 사랑하는 영적 아들 디모데에게 예수 그리스도의 복음을 부탁하고 떠난 위대한 전도인이었습니다. 복음 1세대 사도 바울이 복음 2세대 디모데에게, 다시 복음 3세대를 키우라고 부탁한 것입니다. 이렇게 지상명령의 사명은 바울에게서 디모데로 이어졌습니다.

성경통독으로 패밀리 스쿨을 하는 법

보여준다	솔선수범, 부모가 성경을 읽고 공부하는 모습 보여주기
도와준다	자녀가 성경을 100번 통독할 때까지 도와주기 (5세부터 20세까지)
나눈다	성경 전체 스토리를 자녀와 함께 이야기로 나누기 (설교는 금지, 이야기하기)

이렇게 하면, 우리 자녀들은 20세 이후부터는 세상 속에서 스스로 성경 이야기를 실천하며 살아갈 수 있게 된다. 우리 모두의 가정이 성경으로 꿈꾸며 살아가는 그리스도인의 가정이 될 것이다.

#From the Cross | 십자가로 시작하는 레시피

5. 준비된 면류관, 남겨진 부탁

● 바울의 십자가 순교신앙이 복음 2세대에게 계승되다

복음 1세대의 십자가 순교신앙이 복음 2세대로 계승되었습니다. 예수님께서 공생애 3년 동안 제자들을 세우시고 메시아로서의 사명을 마치셨듯이 바울도 오랜 복음 전파 사역 끝에 교회와 신실한 그리스도인들을 남기며, 믿음의 아들인 디모데와 디도를 비롯한 복음 2세대에게 십자가 순교신앙을 계승했습니다.

부활 영생의 소망이 없다면 순교신앙은 있을 수 없습니다. 이 믿음이 있었기에 바울은 복음 2세대에게 확신을 가지고 당부할 수 있었습니다. "복음과 함께 고난을 받으라, 때를 얻든지 못 얻든지 복음을 전파하라." 복음 2세대는 이제 유대교 유대인들의 복음 전파 방해와는 차원이 다른, 로마 제국의 극심한 박해를 견디며 이겨야 하는 힘겨운 싸움을 앞두고 있습니다. 그래서 바울은 복음 2세대에게 순교를 각오하고, 의(義)의 면류관을 꿈꾸며 살아가는 '전도자의 삶'을 간절히 당부한 것입니다.

"하나님이 우리에게 주신 것은 두려워하는 마음이 아니요 오직 능력과 사랑과 절제하는 마음이니 그러므로 너는 내가 우리 주를 증언함과 또는 주를 위하여 갇힌 자 된 나를 부끄러워하지 말고 오직 하나님의 능력을 따라 복음과 함께 고난을 받으라"(딤후 1:7~8).

복음 2세대는 바울의 당부를 온 마음으로 받아들이고, 바울처럼 선한 싸움을 싸우며 믿음을 지켜 의의 면류관을 향해 달려가는 승리자의 삶을 살아가게 됩니다.

● 하나님 나라의 거룩한 공직자를 세우기 위한 제자 훈련

바울은 에베소와 그레데 교회를 맡은 두 제자, 디모데와 디도에게 목회 코칭의 편지를 보냈습니다. 사역의 힘듦을 누구보다 잘 아는 바울은, 디모데와 디도가 얼마나 험난한 길을 헤쳐나가야 하는지를 잘 알고 있었습니다. 그래서 그는 하나님 나라의 거룩한 공직자로서 어떻게 직무를 수행해야 하는지 여러 조언을 남겼습니다. 이는 곧 편지를 통한 바울의 제자 훈련이었습니다. 또한 바울은, 지상명령을 수행하는 전도인은 병사로 복무하는 사람처럼 자기 생활에 얽매이지 않으며 복음을 위해 수고를 아끼지 않는다고 강조하면서, 믿는 이가 구할 것은 오직 충성이라고 가르쳤습니다.

바울은 디모데와 디도에게 거룩한 공직자로서 당당하고 자신 있게 목회할 것을 조언하고 격려했습니다. 바울은 '하나님 나라의 공직자는 그리스도의 좋은 일꾼'으로서 믿는 사람들에게 본이 되어, 읽는 것과 권하는 것과 가르치는 것에 전념해야 한다고 가르쳤습니다. 그는 범사에 본이 되는 삶을 강조했습니다.

청지기란 자신의 것이 아닌 '주인의 것'을 맡아 잘 관리하는 직책입니다. 따라서 자기 생각이나 주장대로 하지 않고, 주인의 뜻을 세심히 살펴 주인의 기쁨을 위해 충성을 다해야 합니다. 하나님 나라 거룩한 공직자는 청지기 사명을 받은 직분자로서, 자신을 위한 존재가 아니라 하나님을 위한 존재임을 잊지 말아야 합니다.

바울은 자신의 뒤를 이어 하나님 나라 거룩한 공직자로 살아갈 디모데에게, 로마 제국의 박해와 맞서 하나님 나라를 지킬 수 있는 가장 강력한 무기를 알려줍니다. 그것은 바로 살아 계신 하나님의 말씀인 성경입니다.

"모든 성경은 하나님의 감동으로 된 것으로 교훈과 책망과 바르게 함과 의로 교육하기에 유익하니"(딤후 3:16).

이미 디모데가 어려서부터 성경을 알고 자랐기에, 바울의 당부는 더욱 확신에 차 있었습니다.

● 복음 2세대에게 계승된 바울의 재림 소망과 순교신앙

바울은 그동안 산헤드린 공회와 맞서 싸웠던 복음 1세대의 뒤를 이을 복음 2세대를 향해 든든한 믿음을 가지고 있었습니다. 바울은 디모데와 디도를 비롯해 마가, 아볼로, 에바브라, 두기고, 오네시모 등과 같이 잘 훈련된 복음 2세대가 있기에 어떤 문제도 걱정하지 않았습니다. 예수님께서도 제자들을 남겨두고 승천하셨듯이, 바울도 복음 2세대들을 믿고 신뢰하기에 순교도 두려워하지 않았던 것입니다.

바울은 복음 2세대가 '지상명령'을 수행할 때, 하늘 보좌 우편에 계신 예수님께서 함께하시며, 다시 오셔서 심판하실 때 승리의 면류관을 주실 것을 확신했습니다. 그는 예수님께서 다시 오실 것을 확고하게 믿었고, 복음 2세대가 그 소망을 품고 살아가도록 가르쳤습니다.

바울은 복음 1세대가 산헤드린 공회의 복음 전파 방해와 맞서 싸워 이긴 것처럼, 로마 제국의 박해에 맞서는 복음 2세대도 반드시 승리할 것을 믿었습니다. 로마 제국은 '앗수르, 바벨론, 페르시아, 헬라'처럼 멸망하지만, 하나님 나라는 영원할 것입니다.

"주께서 나를 모든 악한 일에서 건져내시고 또 그의 천국에 들어가도록 구원하시리니 그에게 영광이 세세무궁토록 있을지어다 아멘"(딤후 4:18).

tong track-7

공동서신 9권

the 9 Epistles _ 복음 2세대들이 로마 제국의 박해 속에서 전파한 하나님 나라

핵심 질문 *key questions*

왜! 로마는 470명의 군인을 동원해 바울을 경호해 주다가 죽였습니까?

⇒ 왜냐하면, 로마 대화재 사건의 범인으로 기독교를 지목했기 때문입니다.

분위기 *the atmosphere*

'공동서신 9권'(히브리서, 야고보서, 베드로전·후서, 유다서, 요한일·이·삼서, 요한계시록)은 '로마 제국의 박해 속에서 하나님 나라를 실현'해 가는 분위기입니다.

'사도행전 30년'의 기간 동안 기독교는 주로 유대교로부터의 기독교 전도 방해, 즉 유대교와 기독교의 대립이 주된 어려움이었습니다. 그러나 A.D.64년 로마 대화재 사건을 계기로, 기독교는 유대교를 넘어 로마 제국으로부터 박해를 받기 시작합니다. 이는 로마가 대화재 사건의 방화범으로 기독교인들을 지목했기 때문입니다. 바로 이때, 바울이 로마 감옥에서 디모데에게 편지를 보내면서 또 다른 분위기가 시작됩니다.

"내가 벌써 부어지고 나의 떠날 시각이 가까웠도다 나는 선한 싸움을 싸우고 나의 달려갈 길을 마치고 믿음을 지켰으니 이제 후로는 나를 위하여 의의 면류관이 예비되었으므로 주 곧 의로우신 재판장이 그 날에 내게 주실 것이며 내게만 아니라 주의 나타나심을 사모하는 모든 자에게도니라"(딤후 4:6~8).

바울을 비롯해 복음 1세대 지도자들은 오히려 더욱 힘을 내어, 로마 제국의 박해와 영지주의를 비롯한 이단 사상들과의 싸움에서 승리를 이끌어낼 원동력을 만듭니다. 이를 위해 그들은 복음 2세대가 박해 속에서 선한 싸움을 싸우며 하나님 나라 복음을 땅끝까지 전하도록 격려하며 편지를 써 보냅니다. 이것이 공동서신 9권입니다. 결국 A.D.313년, 기독교는 250여 년간 계속된 로마 제국의 박해를 이겨내고 마침내 승리하게 됩니다.

10분에 '공동서신 9권' 통으로 이야기 *tongbible*

'공동서신 9권'은 복음 1세대 지도자들이 로마 제국의 지독한 박해와 이단의 출현으로 큰 어려움에 처하게 된 복음 2세대의 믿음을 굳건하게 하기 위해 써 보낸 복음 편지입니다. '공동서신 9권'은 로마 제국의 박해 가운데 하나님 나라를 실현해 가는 분위기이며, 성경 기록은 〈히브리서, 야고보서, 베드로전·후서, 유다서, 요한일서, 요한이서, 요한삼서, 요한계시록〉입니다.

기독교는 지난 30년 동안 유대교 유대인들의 지독한 복음 전파 방해를 이겨내며 복음을 전했습니다. 그런데 **로마 대화재 사건**을 계기로 로마 제국의 말로 다 할 수 없는 무자비한 박해까지 가해지자 복음 전파는 난관에 부딪혔고, 거기에 영지주의를 비롯한 이단 사상들까지 급속도로 퍼지면서 더 큰 어려움에 봉착하게 됩니다. 당시 기독교는 모임조차 제대로 할 수 없었습니다. 모임을 하더라도 카타콤과 같은 지하 무덤에서 물고기 모양으로 서로가 그리스도인임을 확인하고 겨우 모이는 정도였습니다. 그러자 복음 1세대 지도자들

은 순교를 목전에 두고도 '기독교를 배교하는 사람들, 유대교로 돌아가려는 사람들, 이단 사상에 빠진 사람들'을 구하기 위해 편지로 그들을 가르치고 위로하고 격려해야 했습니다. 그러므로 '공동서신 9권'은 말 그대로 **'선한 싸움을 위한 편지'**였습니다.

〈**히브리서**〉는 진정한 것을 찾았다가 외부적인 위험 때문에 다시 옛날로 돌아가는 어리석음을 경계하라고 이야기하며 유대교와 기독교를 비교해서 가르쳐줍니다. 히브리서 기자는 예수님을 하나님께서 세우신 '최후의 대제사장'으로 소개합니다. 즉 예수님께서는 아론으로부터 시작해 예수님 당시 대제사장들처럼 약점을 가진 제사장이 아니라, 멜기세덱의 반차를 따르는 더러움이 없고 죄에서 떠나 계신 하늘보다 높이 되신 대제사장이십니다. 진정한 **대제사장**이신 **예수님**께서는 **하나님의 어린양**으로 친히 **제물**이 되셔서 손으로 짓지 아니한 **십자가 하늘 성소**에서 **단번 제사**를 이루셨습니다. 손으로 만든 '예루살렘 성전 지성소'는 십자가 하늘 성소의 그림자였던 것입니다. 또한 이전의 대제사장들은 명절과 절기 때마다, 백성의 요구가 있을 때마다 제사를 드렸으나, 예수님께서는 단번 제사로 온 인류의 죄를 대속해 주셨습니다. 이는 모든 인간을 완전하게 구원하시려는 하나님의 절대적인 사랑의 표현 방식이었습니다.

〈**야고보서**〉는 구약의 〈잠언〉과 같은 글로, 예수님의 형제 사도 야고보의 편지입니다. 야고보는 여러 곳에 흩어져 박해를 받고 시험을 당하고 있는 성도들에게 고난을 기쁘게 여기라고 말합니다. 야고보는 믿음과 더불어 행함의 중요성을 강조합니다. 한편, 기독교 박해가 더욱 잔인하고 가혹해지는 상황 속에서 베드로는 교회의 장래를 염려하지 않을 수 없었습니다. 그는 〈**베드로전·후서**〉를 통해 고난과 핍박을 견디고 있는 성도들에게 힘을 주고 격려하면서 성도들의 신앙을 흔드는 거짓 교훈을 경계할 것을 당부합니다. 또한, 베드로는 '성경을 억지로 풀거나 성경의 예언을 사사로이 풀지 말라'고 충고합니다. 〈**유다서**〉는 야고보와 함께 예수님의 육신의 동생인 사도 유다가 자신을 '예수 그리스도의 종'이라고 소개하며 쓴 편지입니다. 유다는 교회가 박해를 받고 성도들 가운데 배교하는 이들이 생기는 어려운 때에 더욱 믿음을 지키고 악한 세력과 힘써 싸우라고 권면합니다. 이 모든 편지는 복음 2세대가 로마 제국의 박해 속에서 선한 싸움을 싸우며 하나님 나라 복음을 땅끝까지 전하도록 격려하기 위함이었습니다.

A.D.64년 로마 대화재 사건으로 복음 1세대 지도자 대부분이 순교하는 와중에 목숨을 건지게 된 사도 요한은 그때부터 30여 년 동안 더 살아남아 복음 2세대를 책임지며 로마 제국의 박해 가운데 있는 성도들을 돌보는 일을 감당합니다. 사도 요한이 〈**요한일·이·삼서**〉를 기록한 이유는 로마 제국의 박해로 인해 고통당하고 있던 성도들을 위로하며 권면하고자 함이었으며, 당시 생겨난 많은 이단과 거짓 교사들로부터 성도들을 지키고 보호하기 위함이었습니다. 요한은 거짓 교훈을 철저히 배격하고, 하나님의 사랑을 받은 성도로서 사랑의 능력으로 모든 것을 이겨내라고 역설합니다. 요한은 **"하나님은 사랑이심이라"**라고 하나님에 대해 **선언**합니다. 요한은 신앙을 하나님과 사람과의 교제, 사람과 사람과의 교제라고 말하며 교제의 완성이 사랑이라고 전합니다. 진정한 하나님과의 사귐은 우리 죄를 대신 구속하신 예수 그리스도를 통해서만 가능한 것입니다.

요한은 갈릴리에서 만났던 예수님을 60여 년 후 밧모섬에서 다시 만납니다. 예수님께서는 요한을 통해 당시 로마 제국의 박해 가운데 있는 소아시아 일곱 교회를 향한 위로와 격려의 말씀을 주시고, **최후 승리**를 위한 미래 계획을 알려주십니다. 보좌에 앉으신 하나님의 오른손에는 일곱 인으로 봉한 두루마리가 있었습니다. 마침내 어린 양이 심판을 부르는 일곱 인을 떼기 시작합니다. 놀랍게도 일곱 인 환상은 예수님께서 60여 년 전 말씀해 주신 마지막 때의 징조와 같습니다. 일곱 인, 일곱 나팔을 지나 일곱 대접에 이를수록 심판에 따른 재앙은 점점 확대됩니다. 마침내 보좌에 앉으신 이가 "내가 만물을 새롭게 하노라"라고 말씀하십니다. 하나님께서 아름답게 지으신 작품인 새 예루살렘의 광경이 펼쳐집니다. 이렇게 요한은 복음 2세대가 이끄는 소아시아 일곱 교회에 하나님과 어린양의 보좌, **새 하늘**과 **새 땅**을 소개하며 주님 속히 다시 오시리라는 예수님의 간절한 **재림 약속**을 전하며 〈**요한계시록**〉 이야기를 끝맺습니다.

공동서신 9권 프레임 *the 9 Epistles frame*

제사장 나라 — **to the Cross** (창~말, 구약 39권)

1 천지창조와 하나님의 거룩
1. 천지 만물 창조 - 피조물에게 복주심
2. 사람 창조 - 사람에게 복주심
3. 안식일 창조 - 복되고 거룩한 날
4. 첫 아담의 불순종 - 하나님의 구원 약속
5. 노아 번제 - 하나님의 은혜

2 아브라함을 통한 나라 큰그림
1. 가나안 땅과 자손 번성 언약
2. 하나님의 제사장 멜기세덱의 축복
3. 입애굽과 출애굽 예고
4. 나라를 통한 모든 민족의 복
5. 이삭 모리아산 번제

모세5경

3 시내산 언약(관유)을 통한 제사장 나라
1. 히브리인의 신앙 - 첫 번째 유월절 어린양을 통한 12지파 장자 거룩
2. 모세 율법 - 거룩한 백성
3. 성막 제작 - 거룩한 기름(관유, Holy Anointing oil)
4. 아론에게 거룩한 기름 부음 - 공직자 첫 대제사장
5. 다윗 왕에게 거룩한 기름 부음 - 예루살렘 성전 건축
: 엘리야가 엘리사(선지자)와 하사엘(아람 왕)에게 거룩한 기름 부음

4 북이스라엘의 멸망을 통한 이사야의 메시아(그리스도) 신앙
1. 이사야의 메시아 신앙 - 히스기야의 성전 기도
2. 하나님의 아들 메시아 - 임마누엘
3. 왕 - 이새의 줄기, 평강의 왕
4. 선지자 - 기묘자라 모사라, 아름다운 소식
5. 대제사장 - 그의 영혼을 속건 제물로

(3~5 →) 메시아의 3중직 - 내게 기름을 부으사

왕정 500년

5 남유다의 멸망을 통한 예레미야의 새 언약 예고
1. 예레미야의 새 언약 예고 - 제사장 나라 징계 3단계
2. 예루살렘 성전 전소 - 내가 잠깐 그들에게 성소
3. 에스겔의 성전 조감도 - 하늘 성소
4. 다니엘의 제국 변동 - 하나님 나라 도래
5. 유대인의 신앙 - 스룹바벨 성전 재건

페르시아 7권

중간사 400년

the Cross (4복음서)

6 예수 그리스도(메시아)의 새 언약(보혈)을 통한 하나님 나라
1. 그리스도의 성육신 - 거룩한 이, 임마누엘
2. 그리스도의 세례 - 하나님의 어린양, 하나님의 아들
3. 그리스도의 첫 번째 성찬식 - 새 언약, 관유에서 보혈로

(2~3 →) 하나님 사랑 이웃 사랑의 제자도

4. 그리스도의 십자가 하늘 성소 단번 제사 - 속량과 새 휘장
5. 그리스도의 부활과 승천 - 재림, 우편 보좌

4복음서

하나님 나라 — **from the Cross** (행~계, 신약 23권)

7 그리스도인(교회), 하나님 나라 거룩한 공직자
1. 그리스도인의 성령 세례
- 우리는 성령 세례 받은 하나님 나라의 거룩한 예배자입니다.
2. 그리스도인의 부활 영생
- 우리는 부활 영생을 믿고 순교신앙으로 사는 제자들입니다.
3. 그리스도인의 지상명령
- 우리는 예수님의 승천과 재림 사이에 지상명령을 수행하는 전도인입니다.
4. 그리스도인의 예수 재림 소망
- 우리는 속히 오시리라는 예수님의 재림 약속을 믿는 마라나타 신앙인입니다.
5. 그리스도인의 새 하늘 새 땅 소망
- 우리는 하나님과 어린양이 성전인 거룩한 성에서 영원히 사는 하나님 나라 백성입니다.

사도행전 30년

공동서신 9권

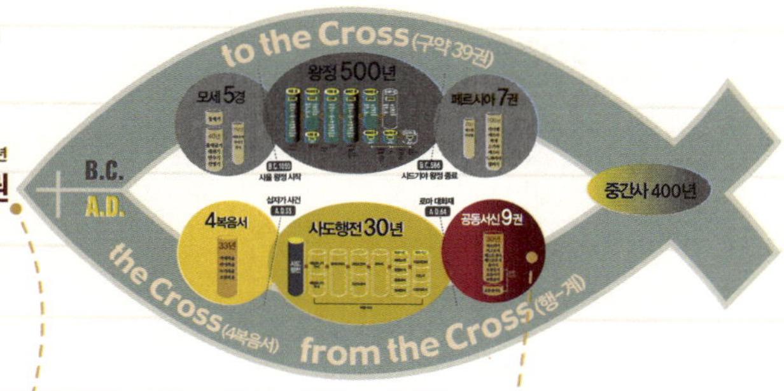

7 그리스도인(교회), 하나님 나라 거룩한 공직자

1. 그리스도인의 성령 세례
   - 우리는 성령 세례 받은 하나님 나라의 거룩한 예배자입니다.
2. 그리스도인의 부활 영생
   - 우리는 부활 영생을 믿고 순교신앙으로 사는 제자들입니다.
3. 그리스도인의 지상명령
   - 우리는 예수님의 승천과 재림 사이에 지상명령을 수행하는 전도인입니다.
4. 그리스도인의 예수 재림 소망
   - 우리는 속히 오시리라는 예수님의 재림 약속을 믿는 마라나타 신앙인입니다.
5. 그리스도인의 새 하늘 새 땅 소망
   - 우리는 하나님과 어린양이 성전인 거룩한 성에서 영원히 사는 하나님 나라 백성입니다.

50과 복음 2세대를 위한 편지

히브리서, 야고보서, 베드로전·후서, 유다서

큰글자 일년일독 통독성경 *one year tongdok bible as one story*

351일 : 하나님의 아들 예수
352일 : 대제사장 예수, 새 언약의 보증
353일 : 예수를 바라보며 경주하라
354일 : 믿음과 더불어 행함을
355일 : 하나님 나라의 성도
356일 : 재림에 대한 가르침
357일 : 믿음의 도를 위하여

시간 흐름 *time flow*

지금 공간 *current location* 로마

주요 인물 *main character* 야고보, 베드로, 유다

통通포인트 *tong point*

복음 2세대를 위한 신앙 계승

A.D.64년 로마 대화재 사건으로 인해 복음 1세대 지도자들이 대거 순교하면서, 십자가 복음은 30년 만에 엄청난 위기를 맞이합니다. 그러나 놀랍게도, 복음을 위한 하나님 나라의 신앙은 계속 이어졌습니다. 모세가 여호수아와 만나세대에게 신앙을 계승함으로써 제사장 나라가 1,500년 동안 유지되었듯이, 복음 1세대가 복음 2세대에게 신앙을 계승함으로써 복음은 2,000년을 이어오며 모든 민족에게 계승되고 있습니다. 당시 복음 2세대가 이끌어야 할 교회 공동체는 밖으로는 로마 제국의 박해와 안으로는 거짓 교사와 이단의 유혹을 이겨내야 했습니다. 이에 복음 1세대는 고난 속에서 부활 영생을 소망하는 순교신앙과 예수님의 재림을 소망하는 마라나타 신앙을 복음 2세대에게 전하며, 승리의 원동력을 만듭니다. 공동서신은 로마 대화재 사건 직후의 긴급한 상황을 이해하면서 공부해야 합니다. 히브리서 기자는 율법이 복음으로 수렴되었음을 가르치며, 당시 수만 명에 이르는 유대인 그리스도인의 믿음과 정체성이 예수 그리스도의 십자가와 부활로 굳건히 세워져, 흔들림 없는 사명자로 서기를 소망했습니다. 야고보는 "주의 강림이 가까우니라"(약 5:8)라고 선포하며, 농부가 열매를 바라고 기다리듯 당시의 고난을 굳건히 참고 재림을 소망하는 마라나타 신앙인으로 살아갈 것을 강조했습니다. 베드로는 지금의 고

난은 영원한 생명을 얻기 전에 잠시 겪는 고난일 뿐(벧전 5:10)이라고 가르치며, 주의 강림을 기다릴 것을 권면했습니다. 나아가 그는 복음 2세대가 새 하늘과 새 땅을 소망하는 그리스도인으로 성장하기를 바라는 마음도 함께 전했습니다.

1. 히브리서 - 하나님의 아들 예수 히 1~4장

큰글자 일년일독 통독성경 | 447~452p

〈히브리서〉는 누가 집필했는지 알 수 없습니다. 그러나 히브리서 기자는 구약에 정통하여, 구약 39권의 내용인 율법과 선지자가 바로 '예수 그리스도'를 가리키고 있음을 가르쳐줍니다.

예수 그리스도가 구주이심을 믿고 고백하여 기독교인이 된 초기 교회의 성도들에게 핍박과 고난이 점점 심하게 다가오자, 기독교를 포기하고 유대교로 되돌아가는 사람들이 생겨나기 시작했습니다. 이에 교회의 지도자들은 이들을 설득하고 격려하며 예수 그리스도를 믿는 믿음을 더욱 굳게 세우도록 해야 했습니다. 그렇다면, 왜 유대교는 핍박을 받지 않는데, 기독교는 핍박을 받는가에 대해 생각해 볼 필요가 있습니다.

선민의식을 가진 유대교는 전도하지 않았습니다. 하나님께서 이스라엘 백성을 제사장 나라로 삼으신 것은 그들이 다른 민족보다 뛰어나서가 아니었습니다. 하나님께서는 그들을 먼저 선택하셔서 하나님을 알고 경험하게 하신 뒤, 그들이 모든 민족을 위한 복의 통로가 되기를 바라셨습니다. 그러나 유대교는 하나님의 뜻을 편협하게 오해하여, 자신들의 민족적 우월성에 집착하게 된 것입니다. 유대교는 율법 지식과 전통을 중시하며, 자기들만의 공동체를 유지하려 했습니다. 그러나 기독교는 예수 그리스도께서 인류의 죄를 담당하시고 십자가 위에서 죽으심으로 모든 사람이 구원받았음을 땅끝까지 전해야 하는 사명이 핵심입니다. 그래서 기독교는 고난과 박해 속에서도 전도하며, 유대교와 달리 변화를 강조하는 것입니다. 유대교는 세상을 변화시킬 필요성을 느끼지 않았기 때문에 세상 밖으로 나가지 않고, 자기들끼리 회당 중심 공동체를 이루며 내부에 집중했습니다. 그래서 유대교는 외부에 위협이 되지 않음으로 박해를 받지 않았던 것입니다. 그러나 기독교는 세상을 변화시킬 사명을 품고

로마 제국 박해에 맞선 250년의 기독교 대립
로마 제국은 A.D.64년 로마 대화재 사건을 계기로 기독교를 박해하기 시작해 자그마치 250여 년간 혹독한 고난이 이어졌다. 그 기간 그리스도인들은 로마의 박해를 피해 지하 무덤인 카타콤(Catacomb)에서 모여 예배드리고, 예수님께서 제정하신 성찬식을 거행했다. 극심한 박해 속에서도 복음은 땅끝을 향해 나아갔고, 결국 A.D.313년 2월, 두 명의 공동 황제인 콘스탄티누스와 리키니우스가 밀라노에서 정치 조약을 체결해 로마 제국에서 기독교를 공인하는 역사적 사건이 일어났다. 이후 A.D.380년에 테오도시우스 황제의 칙령으로 기독교는 로마 제국의 국교가 되었다.

유대교 vs. 기독교
유대교는 선민의식으로 인해 전도하지 않았지만,
기독교는 예수 그리스도의 복음을 땅끝까지 전하기 위해 온 열정을 다했다.

유대교	전통과 예식을 중시	선민 의식	구성원들끼리의 결속력 강화 중시	정체된 공동체	주위에서 환영받음	전도하지 않음
기독교	변혁과 생명을 중시	평등 사상	전도를 통한 공동체의 확장 중시	역동적인 공동체	주위에서 핍박받음	생명을 걸고 전도함

세상 밖으로 나가기 위해 끊임없이 도전합니다. 그래서 기독교는 기존 질서에 위협이 되었고, 결국 박해를 받을 수밖에 없었던 것입니다.

히브리서 기자는 진정한 것을 찾았다가 외부적인 위험 때문에 다시 옛날로 돌아가는 어리석음을 경계하라고 하면서, 유대교와 기독교를 비교해 가르쳐줍니다. 유대교에서 중요하게 여기는 것들을 열거한 뒤, 그 모든 것 위에 예수님께서 계심을 말해주며 신앙을 굳게 하려 했습니다.

"예수를 깊이 생각하라"
히브리서 기자는 성도들에게 "예수를 깊이 생각하라"(히 3:1)라고 권면했다. 이는 그들이 출애굽세대처럼 하나님의 은혜를 저버려 참된 안식에 이르지 못할까 염려했기 때문이다. 예수 그리스도를 깊이 생각하며 하나님의 말씀을 믿고 순종할 때, 우리는 영원한 안식과 생명을 얻는다. "하나님의 말씀은 살아 있고 활력이 있어 좌우에 날선 어떤 검보다도 예리하여 혼과 영과 및 관절과 골수를 찔러 쪼개기까지 하며 또 마음의 생각과 뜻을 판단하나니"(히 4:12). 히브리서 기자는 이 믿음으로 고난을 견디며 끝까지 나아가자고 격려한다.

● **유대교의 선지자와 예수님:** 구약의 선지자들은 이스라엘 백성에게 영향력을 미치며 때를 따라 하나님의 말씀을 전했지만, 그들이 전한 말씀은 완결된 말씀이 아니었습니다. 오직 하나님의 아들 예수 그리스도만이 말씀의 완성자이십니다.

● **천사와 예수님:** 천사는 유대인들이 익숙히 알고 있는 존재입니다. 그러나 그 천사보다 훨씬 뛰어나신 분이 예수님입니다.

하나님의 안식을 누릴 수 있는 사람
히브리서 기자는 복음을 듣고도 믿음으로 결부시키지 못하는 사람은 하나님의 안식에 들어가지 못한다고 가르쳤다. 이는 당시 로마 제국의 박해로 인해 믿음이 흔들리는 사람들에게 주는 경고였다. 그는 하나님께서 창조 때에 이미 안식을 이루어놓으셨음을 설명하면서, 하나님의 말씀에 순종하는 사람만이 하나님의 안식을 누릴 수 있다고 증언했다. 끝까지 믿음을 지킨 사람은 하나님 나라에서 영원한 안식을 누리게 될 것이며, 그것은 영원히 사는 하나님 나라의 백성이 되기를 꿈꾸는 그리스도인의 소망이다.

● **모세와 예수님:** 모세는 유대인들에게 위대한 지도자이자 스승으로 존경받는 인물입니다. 그러나 그는 하나님의 집에서 종이었고, 더 위대한 분은 그 집을 지으신 분입니다. 예수 그리스도는 그 집의 건축가이자 주인이십니다.

● **여호수아와 예수님:** 가나안 정복 전쟁을 주도한 여호수아가 이스라엘 백성을 가나안 땅으로 인도했다고 해서, 그들이 진정한 안식을 누린 것은 아니었습니다. 그러나 예수님 안에서는 우리의 수고로운 모든 짐을 내려놓고 참된 쉼을 누릴 수 있습니다.

2. 대제사장 예수의 하늘 성소 단번 제사 히 5~13장

큰글자 일년일독 통독성경 | 452~468p

● 멜기세덱의 반차와 아론의 반차

히브리서 기자는 예수님을 대제사장으로 소개합니다. 예수님께서는 아론으로부터 시작해 예수님 당시의 대제사장까지 아론 계열의 약점을 가진 대제사장으로 오신 것이 아니라, 멜기세덱의 반차를 따른 대제사장으로 오셨습니다. 예수님께서는 "거룩하고 악이 없고 더러움이 없고 죄인에게서 떠나 계시고 하늘보다 높이 되신 이"(히 7:26)이십니다. 아론으로부터 시작된 대제사장은 사람 가운데서 택함을 받아 백성을 위해 속죄제를 드렸으며, 또한 자신의 죄를 위해서도 제사를 드려야 했던 연약한 존재였습니다. 그러나 예수님께서는 죄가 없으심에도 불구하고, 인류의 죄를 위하여 스스로 화목제물이 되셨습니다.

<히브리서>에서 묘사하는 그리스도
<히브리서>는 그리스도를 신인(神人), 선지자, 제사장, 왕으로 묘사하고 있다. 그리스도의 신성과 인성을 동등하게 강조하고 있으며, 사도와 대제사장, 중보자 등 20개가 넘는 직함을 사용하여 그리스도의 속성과 사역의 성취를 설명하고 있다.

"그가 아들이시면서도 받으신 고난으로 순종함을 배워서 온전하게 되셨은즉 자기에게 순종하는 모든 자에게 영원한 구원의 근원이 되시고 하나님께 멜기세덱의 반차를 따른 대제사장이라 칭하심을 받으셨느니라"(히 5:8~10).

하나님께서는 유대인들이 절대시하는 레위 지파의 제사장보다 아브라함을 축복한 멜기세덱을 더 높이셨고, 그를 대제사장 예수님의 그림자로 미리 준비하셨던 것입니다. 그러므로 히브리서 기자는 멜기세덱의 반차를 따른 예수님께서는 율법을 초월하신 분이며, 제사장의 권위보다 높으신 영원한 대제사장으로 소개합니다.

아브라함과 멜기세덱 _ 후안 안토니오 데 프리아스 作

"율법은 약점을 가진 사람들을 제사장으로 세웠거니와 율법 후에 하신 맹세의 말씀은 영원히 온전하게 되신 아들을 세우셨느니라"(히 7:28).

● 대제사장의 상번제와 대제사장 예수의 단번 제사

예수님께서는 '손으로 지은, 창조에 속한' 성막과 성전이 아닌, '손으로 짓지 아니한, 창조에 속하지 아니한 하늘 지성소'에 단번에 들어가신 영원한 대제사장이십니다. 성막과 성전의 지성소는 예수님의 십자가 하늘 지성소를 위한 그림자, 즉 하나님의 준비였습니다. 아론 이후 대제사장들은 손으로 지은 성막과 성전에 수없이 들어가야 했지만, 영원한 대제사장이신 예수님께서는 하늘 지성소 십자가에 오르셔서 단번 제사로 모든 사람의 죄를 대속하셨습니다. 참 성전은 이 땅에 있지 않고, 영원한 하나님의 세계에 있는 것입니다. 예수님께서는 손으로 짓지 아니한 더 크고 온전한 장막, 즉 십자가 하늘 지성소에서 죄인들을 위하여 자신의 몸과 피를 속죄제물로 단번에

완전한 대제사장 그리스도
구약성경에 나타난 제사 제도는 신약시대 예수 그리스도를 통해 이루어질 구원 사역의 '모형'이다. 구약의 제사와 제사장 제도, 그 외에 눈에 보이는 수많은 제도는 완전한 구원을 이루어 주지 못했다. 그러나 예수 그리스도께서 오셔서 십자가 사역을 완성하심으로 완전한 구원을 이루셨다. 인간에게 완전한 용서와 완전한 구원을 베푸신 예수님께서는 완전하신 대제사장이다. 우리는 예수님을 믿는 믿음으로 영원한 승리를 얻을 수 있다.

드리신 대제사장이십니다. 예수님께서는 하나님께서 세우신 최후의 대제사장이십니다.

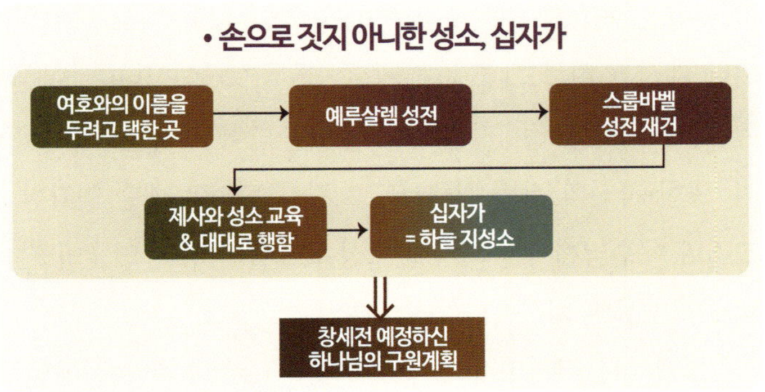

이전의 대제사장들은 명절과 절기 때마다, 백성의 요구가 있을 때마다 제사를 드렸습니다. 대제사장은 제사자와 제사를 위해 세워진 '제사장 나라의 공직자'였습니다. 이를 위해 대제사장은 아침과 저녁으로 매일 상번제를 드려야 했고, 1년에 한 번 대속죄일에는 지성소에 들어가야 했습니다. "육체의 생명은 피에 있음이라 내가 이 피를 너희에게 주어 제단에 뿌려 너희의 생명을 위하여 속죄하게 하였나니 생명이 피에 있으므로 피가 죄를 속하느니라"(레 17:11). 이러한 이유로 기름 부음 받은 대제사장은 제물의 피를 통하여 하나님께 죄에 대한 용서를 받았던 것입니다. 이 또한 예수님의 십자가 보혈을 위한 그림자였습니다. "염소와 송아지의 피로 하지 아니하고 오직 자기의 피로 영원한 속죄를 이루사 단번에 성소에 들어가셨느니라"(히 9:12). 그래서 히브리서 기자는 "피흘림이 없은즉 사함이 없느니라"(히 9:22)라고 말합니다.

예수님께서는 제사장 나라의 대제사장이 아침 상번제를 드리는 시간에 맞춰 십자가에 오르셔서, 저녁 상번제 시간에 죽으심으로 온전한 제사를 드리셨습니다. 그렇게 십자가에서 죽으시고 다시 살아나신 예수님께서는 창세전에 예정하신 하나님의 구원 계획을 이루셨습니다. 그리고 우리 그리스도인은 예수님으로 인해 거룩함을 얻게 되었습니다.

● 휘장과 새 휘장

예수님께서 십자가에서 "다 이루었다"라고 선언하실 때, 예루살렘 성전의 휘장이 위에서 아래로 찢어졌습니다. 이 휘장은 성전에서 매우 중요한 위치에 있었는데, 성소와 지성소를 구분하는 역할을 했습니다. 대제사장이 1년에 한 번 대속죄일에 휘장을 열고 지성소로 들어감으로 그해 자신과 이스라엘 백성의 죄를 용서받았습니다. 그런데 성전의 휘장이 찢어짐으로 더 이상 대제사장이 지성소에 들어갈 이유가 없어졌습니다. 이는 예수님의 몸이 새 휘장이 되셨기 때문입니다. 성전의 휘장이 찢어지지 않았다면 새 휘장을 말할 수 없었을 것입니다.

"그러므로 형제들아 우리가 예수의 피를 힘입어 성소에 들어갈 담력을 얻었나니 그 길은 우리를 위하여 휘장 가운데로 열어 놓으신 새로운 살 길이요 휘장은 곧 그의 육체니라"(히 10:19~20).

성전의 휘장이 찢어지기 전에는 사람들이 휘장 앞까지만 나아갈 수 있었지만, 휘장이 찢어진 후에는 누구나 하나님 앞으로 나아갈 수 있게 되었습니다. 예수님께서 십자가에서 죽으심으로 우리를 위한 새로운 살길의 휘장이 되셔서, 하나님 나라 복음을 완성하신 것입니다. 예수님께서 십자가를 지심으로 관유에서 보혈로, 그리고 하나님의 의(義)와 그리스도인의 거룩함이 이루어졌습니다. 이를 믿는 사람은 성소와 지성소 사이에 막혔던 담을 헐고, 우리를 위하여 휘장 가운데로 열어놓으신 길, 곧 예수 그리스도의 보혈을 통한 새로운 생명의 길로 들어갑니다. 그리하여 하나님의 자녀가 되고, 우리 몸이 성전이자 성령의 전이 되며, 복과 거룩을 가진 그리스도인으로 서게 됩니다.

새 언약의 중보자이신 예수님을 기다리는 재림 신앙

때가 차매 하나님의 경륜의 시간에 예수님께서 하늘 지성소 십자가 위에서 완전한 제사를 드리심으로 옛 언약 제사가 종료되고, 새 언약이 시작되었습니다. 예수님께서는 하나님 우편에 좌정해 계신 새 언약의 중보자이십니다.

"이로 말미암아 그는 새 언약의 중보자시니 이는 첫 언약 때에 범한 죄에서 속량하려고 죽으사 부르심을 입은 자로 하여금 영원한 기업의 약속을 얻게 하려 하심이라"(히 9:15).

히브리서 기자는, 구약 시대의 제사는 예수님의 새 언약과 십자가 제사의 모형이자 그림자일 뿐이라고 말합니다. 하나님의 아들 예수님께서 드리신 십자가 제사는 단번에, 그리고 모든 죄를 완전하게 대속하신 '산 제사'였습니다(히 10:12~14). 예수님께서는 십자가 제사로 제사장 나라 1,500년 제사를 종료하시고 하늘 성소로 올라가 하나님 우편에 좌정하셔서, 심판의 '그 날'을 기다리고 계십니다. 예수님께서 이 땅에 다시 오시는 재림의 순간, 최후 심판과 새 하늘과 새 땅이 열리고, 그리스도인은 하나님과 어린양이 성전인 거룩한 성에서 영원히 살게 됩니다. 그러므로 그리스도인은 속히 오시리라는 예수님의 재림 약속을 믿고 마라나타 신앙으로 기다려야 합니다.

히브리서 기자가 복음 2세대의 신앙생활을 위해 주는 권면

1. 믿음의 선배들을 본받을 것
2. 거짓 교훈에 끌리지 말 것
3. 예수님을 따라 살며 예수님께 나아갈 것
4. 하나님께 항상 찬송의 제사를 드릴 것
5. 선을 행하고 서로 나누며 살 것
6. 교회의 지도자들에게 순종할 것
7. 복음 1세대를 위해 기도할 것

재림 약속을 믿는 흔들리지 않는 신앙인으로

당시 교회는 기대했던 주님의 재림은 늦어지고, 로마의 박해와 잘못된 사상으로 큰 혼란에 빠져 있었다. '예수는 주'라고 고백함으로 받은 구원에서 등을 돌리는 그리스도인이 생겨났다. 이에 히브리서 기자는 "전날에 너희가 빛을 받은 후에 고난의 큰 싸움을 견디어 낸 것을 생각하라"(히 10:32)라고 고난 속에서도 빛을 품고 힘을 모아 싸웠던 과거를 기억하라고 당부한다. 중심이 없으면 현실에 휩쓸리고 만다. 현실을 제대로 보되 하나님의 생각을 붙드는 사람, 혼란스러운 시대 속에서도 참 소망을 붙드는 사람이 그리스도인이다.

● 예수를 바라보며 경주하라

유대교와 기독교를 조목조목 비교해 보면 예수님 한 분만으로 모든 것을 포괄할 수 있음을 알 수 있습니다. 그러므로 히브리서 기자는 유대교가 아닌 기독교가 진리이며, 의(義)를 위해 고난과 박해를 받는 것도 당연하다고 말합니다. 그러나 감사한 것은, 이 선한 싸움이 혼자 하는 싸움이 아니라 우리의 연약한 무릎을 일으켜 세우시는 예수 그리스도와 함께 싸우는 것이며, 수많은 믿음의 증인들이 우리와 함께한다는 점입니다.

"우리에게 구름 같이 둘러싼 허다한 증인들이 있으니 모든 무거운 것과 얽매이기 쉬운 죄를 벗어 버리고 인내로써 우리 앞에 당한 경주를 하며 믿음의 주요 또 온전하게 하시는 이인 예수를 바라보자"(히 12:1~2).

믿음(히 11:1)
'믿음'의 헬라어인 '피스티스'는 '지속적인 신실함', '신뢰', '충성' 등 신약성경에서 여러 가지 의미로 다양하게 사용된다. 히브리서 기자는 하나님을 전적으로 신뢰하고 의지하는 믿음을 강조하기 위해 이 단어를 여러 차례 사용하고 있다. 히브리서 기자는 믿음이 없이는 하나님을 기쁘시게 할 수 없다고 분명하게 말하며 믿음의 중요성을 드러냈다(히 11:6).

〈히브리서〉는 믿음을 강조합니다(히 11:1~2). 배교의 유혹과 핍박을 이겨내려 애쓰는 복음 2세대 그리스도인들에게 권면과 격려를 통해, 견디기 어려운 고난의 끝에 부활의 승리가 있을 것이라는 소망과 기대를 전합니다.

"믿음이 없이는 하나님을 기쁘시게 하지 못하나니 하나님께 나아가는 자는 반드시 그가 계신 것과 또한 그가 자기를 찾는 자들에게 상 주시는 이심을 믿어야 할지니라"(히 11:6).

하나님을 경외하며 믿음으로 산 모세오경의 사람들

아브라함 이전, 믿음의 사람들	믿음으로 하나님께 제사를 드린 아벨, 믿음으로 하나님을 기쁘시게 하며 하나님과 동행한 에녹, 하나님의 홍수 경고를 믿고 그 말씀대로 방주를 준비한 노아
족장 시대, 믿음의 사람들	하나님의 말씀을 믿고 순종하여 약속의 땅으로 간 아브라함과 사라, 약속의 자손인 이삭, 야곱, 요셉
출애굽 이후 믿음의 사람들	하나님의 말씀을 믿고 순종하여 이스라엘 백성을 출애굽시킨 모세, 여리고성을 하나님의 말씀대로 차지한 여호수아, 하나님을 알고 두려워하며 정탐꾼들을 살려준 라합

히브리서 기자는 그 이후 믿음의 사람들을 모두 언급하려면 시간이 부족하다고 말하며, 결국 하나님 나라는 믿음으로 들어가는 것임을 증언했다. (하나님을 경외하는 마음으로 살아가며 하나님을 향한 믿음을 지키고 승리한 이들을 통해 하나님의 역사가 이어져 왔다.)

3. 야고보의 편지 약 1~5장

큰글자 일년일독 통독성경 | 468~475p

〈야고보서〉는 마치 구약의 〈잠언〉과 같은 글로, 예수님의 형제 사도 야고보가 쓴 편지입니다. 야고보는 여러 곳에 흩어져 박해를 받고 시험을 당하고 있는 성도들에게 그 고난을 기쁘게 여기라고 권면합니다. 그는 바울처럼 믿음의 시련이 인내를 만들어내며, 고난도 복임을 아는 사도입니다. 야고보는 많은 박해와 시련을 겪는 이들에게 하나님께서 생명의 면류관을 주시리라는 희망의 약속을 확인해 줍니다.

"시험을 참는 자는 복이 있나니 이는 시련을 견디어 낸 자가 주께서 자기를 사랑하는 자들에게 약속하신 생명의 면류관을 얻을 것이기 때문이라"

야고보(James)
<야고보서>의 저자 야고보는 요셉과 마리아 사이에서 태어난 예수님의 동생이다. 그는 예수님께서 부활하셔서 자신에게 직접 나타나시기 전까지는 예수님의 말씀을 받아들이지 않았다(고전 15:7). 야고보와 형제들은 다가의 다락방에서 성령님의 오심을 간절히 소망하던 성도였다(행 1:14). 이후 야고보는 예루살렘 교회의 존경받는 지도자가 되었고, 예루살렘 공회 의장으로 활약했다. 예수님의 십자가 이후, 마리아는 남은 생애를 두 아들 야고보와 유다를 복음의 사도로 세우는 데 헌신하며 믿음의 어머니로서 사명을 묵묵히 감당했을 것이다.

(약 1:12).

또한 야고보는 "행함이 없는 믿음은 죽은 것이니라"(약 2:26)라고 말하며 행함을 강조합니다. 이 말씀은 언뜻 보기에는 〈로마서〉나 〈갈라디아서〉에서 바울이 말한 '오직 믿음으로 구원을 받는다'는 말씀과 상반되는 것 같습니다. 그러나 성경 전체의 숲에서 보면 결코 그렇지 않습니다. 바울은 예수 그리스도의 복음을 안으로 받아들이라고 가르칩니다. 반면에 야고보는 복음을 밖으로 나타내라고 가르칩니다. 즉, 바울은 신앙의 근원을 강조했으며, 야고보는 신앙의 결실에 대해 강조했습니다. 이미 구원받은 성도들에게 신앙의 열매로서 행함을 보이라고 말하는 것입니다.

<야고보서>에 인용된 구약성경

- 네 이웃 사랑하기를 네 몸과 같이 하라 (약 2:8; 레 19:18).
- 간음하지 말라 하신 이가 또한 살인하지 말라 하셨은즉 (약 2:11; 출 20:13~14).
- 아브라함이 하나님을 믿으니 이것을 의로 여기셨다 (약 2:23; 창 15:6).
- 하나님이 교만한 자를 물리치시고 겸손한 자에게 은혜를 주신다 (약 4:6; 잠 3:34).

행함이 우리를 구원하지는 않습니다. 그러나 우리가 예수님의 삶과 사역을 단지 머리로만 알아서는 안 됩니다. 예수님께서 눈물과 피땀을 쏟으시며 십자가의 길을 걸으셨듯, 그를 따르는 제자들은 구체적인 삶의 발자취를 남겨야 합니다. 말뿐인 섬김과 사랑은 이웃에게 아무런 도움도 줄 수 없으며, 행함 없는 그리스도인은 이 세상에서 아무런 빛도 향기도 발하지 못하기 때문입니다.

야고보는 믿음과 더불어 행함의 중요성을 계속 강조하며, 공동체 안에서 서로를 위해 기도하고, 진리를 떠난 사람들의 영혼을 구원하기 위해 애쓸 것을 권면했습니다. 그는 진리를 지키며 고난의 길을 참고 견디는 복음 2세대에게 인내와 소망을 가르치며, 성도들이 참고 인내해야 하는 이유는 재림 신앙 때문이라고 말합니다. 야고보는 귀한 열매를 얻기 위해 이른 비와 늦은 비를 기다리며 인내하는 농부의 비유를 들며, 주의 강림이 가까이 왔으니 마음을 굳게 하고 참고 기다리라고 당부했습니다.

하나님의 뜻을 구하는 삶

야고보는 "내일 일을 너희가 알지 못하는도다 너희 생명이 무엇이냐 너희는 잠깐 보이다가 없어지는 안개니라"(약 4:14)라고 말한다. 인생이 짧고 유한하다는 사실을 인정하는 것이 지혜다. 그러므로 그리스도인은 자기 생각이 아닌, 하나님의 뜻을 구하며 살아가야 한다. 하나님의 생각과 뜻을 헤아릴 수 있는 하나님의 말씀을 가까이할 때, 우리는 바른길을 분별하며 흔들리지 않는 삶을 살아갈 수 있다.

"그러므로 형제들아 주께서 강림하시기까지 길이 참으라 보라 농부가 땅에서 나는 귀한 열매를 바라고 길이 참아 이른 비와 늦은 비를 기다리나니 너희도 길이 참고 마음을 굳건하게 하라 주의 강림이 가까우니라"(약 5:7~8).

그리스도인은 하나님께서 약속하신 나라를 상속받은 사람입니다. 따라서 예수님의 재림을 소망하며, 형제와 이웃을 사랑하고 차별 없이 대하며, 예수님의 제자도를 따라 믿음으로 살아야 합니다. 공동서신의 말씀은 오늘을 살아가는 그리스도인들에게도 동일한 믿음을 요구합니다. 세상의 풍파에 떠밀려 다니는 인생이 아니라, 굳건한 믿음과 구체적인 실천이 함께하는 그리스도인들을 통해 오늘 이 땅에 하나님 나라가 임하게 되는 것입니다.

4. 베드로의 첫 번째 편지 벧전 1~5장

#큰글자 일년일독 통독성경 | 475~483p

A.D.64년, 네로 황제가 로마 대화재의 책임을 그리스도인들에게 뒤집어 씌우면서 기독교 박해가 급속히 심해졌습니다. 박해는 매우 잔인하고 가혹했습니다. 이러한 상황 속에서 베드로는 교회의 장래를 염려하지 않을 수 없었습니다. 당시 복음이 퍼져 나가며 지상명령의 수행이 땅끝을 향해 나아가고 있었습니다. 본도, 갈라디아, 갑바도기아, 아시아, 비두니아 등지로 계속해서 복음이 전해지고 있었던 것입니다. 복음이 확장되는 이 시기에, 베드로는 로마 제국의 박해 속에서 고난과 핍박을 견디고 있는 복음 2세대에게 '고난'과 '소망'을 함께 묶어서 편지를 씁니다.

고난은 분명 감당하기 어려운 일이지만, 동시에 믿음을 더욱 강하게 만드는 계기가 되기도 합니다. 소망에는 인내가 필요합니다. 내일에 대한 소망이 있는 사람은 현재의 시련과 고난을 오히려 기쁨으로 바꿔내는 힘이 있기에 인내할 수 있습니다. 그래서 베드로는 예수 그리스도 안에서의 소망을 근거로, 그리스도인의 바른 삶의 자세를 가르치고 믿음을 북돋아주기 위해 편지를 써 보낸 것입니다.

베드로 (Peter)

베드로는 예수님의 수제자로서, "주는 그리스도시요 살아 계신 하나님의 아들이시니이다"(마 16:16)라는 신앙 고백을 했다. 나중에는 "사랑은 허다한 죄를 덮느니라"(벧전 4:8)라고 고백했는데, 이는 예수님께서 그의 모든 죄를 덮어주신 경험이 있었기 때문이다. 고넬료와의 만남을 경험한 베드로는 이방인과 선민 사이의 장벽을 넘게 하는 데 크게 기여했으며, 초기 교회의 지도자로서 복음 1세대를 대표하는 인물이었다.

베드로가 말하는 '고난 중에도 기뻐할 수 있는 이유'

1. 예수님의 부활로 말미암아 하나님 나라를 꿈꾸는 산 소망을 갖게 되었기 때문
2. 구원의 날까지 하나님의 능력으로 보호받을 것이기 때문
3. 현재의 고난은 장차 영광으로 이어지기 때문

결국, 예수 그리스도께서 다시 오실 때 그리스도인은 칭찬과 영광과 존귀를 얻을 것이다.

● 예수를 보지 못하였으나 사랑하였도다

복음 1세대는 예수님의 공생애 기간에 주신 가르침을 듣고 배우며, 예수님을 직접 눈으로 본 증인들입니다. 반면, 복음 2세대는 예수님을 직접 보지

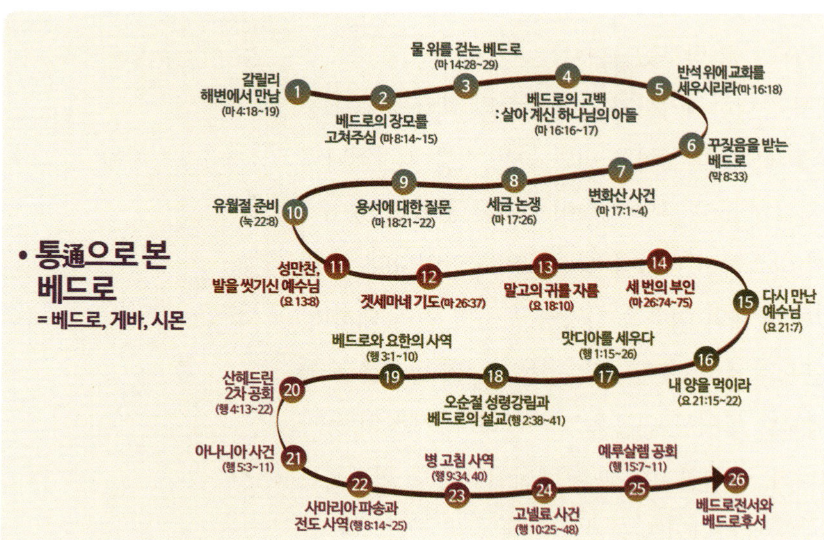

는 못했지만, 복음 1세대로부터 복음을 전해 듣고 믿음을 갖게 된 사람들입니다. "예수를 너희가 보지 못하였으나 사랑하는도다 이제도 보지 못하나 믿고 말할 수 없는 영광스러운 즐거움으로 기뻐하니 믿음의 결국 곧 영혼의 구원을 받음이라"(벧전 1:8~9). 복음 2세대는 복음을 전해 듣고, 예수님의 부활을 믿으며 하나님 나라를 꿈꾸는 하나님의 사람들이었습니다. 베드로는 이들에게 하나님의 거룩을 따라 거룩한 사람이 되고, 서로 뜨겁게 사랑하는 형제가 되라고 격려합니다.

"양 무리의 본이 되라"(벧전 5:3)
교회에서 봉사하는 모든 이가 갖추어야 할 자세는 부득이함으로 하지 말고 자원하는 마음으로, 더러운 이익을 위해서가 아니라 오직 즐거운 뜻으로 감당하는 것이다. 베드로는 교회의 일을 맡은 사람들이 자신의 주장만 내세우며 권위적으로 행하지 말고, 오직 맡겨주신 양 무리의 본이 되라고 가르쳤다.

● 십자가 단번 제사 강조

베드로는 구약성경을 인용하며, 예수님께서 십자가에서 우리 죄를 대신 지시고 죽으심으로 우리가 구원을 얻게 되었음을 강조합니다.

"친히 나무에 달려 그 몸으로 우리 죄를 담당하셨으니 이는 우리로 죄에 대하여 죽고 의에 대하여 살게 하려 하심이라 그가 채찍에 맞음으로 너희는 나음을 얻었나니 너희가 전에는 양과 같이 길을 잃었더니 이제는 너희 영혼의 목자와 감독 되신 이에게 돌아왔느니라"(벧전 2:24~25).

● 거룩한 예배자

베드로는 복음 2세대에게 산 돌이신 예수님과 연합하여 하나님 나라 백성이 되라고 권면하며, 하나님 나라 백성이 된 성도의 삶이 어떠해야 하는지 가르칩니다. 하나님 나라 백성은 예수님의 십자가 보혈로 인해 누구나 언제 어디서든지 하나님 앞에 나아가 예배할 수 있는 복음의 제사장들입니다. 하나님 나라 백성은 '택하신 족속', '왕 같은 제사장', '거룩한 나라', '하나님의 소유된 백성'입니다.

"너희도 산 돌 같이 신령한 집으로 세워지고 예수 그리스도로 말미암아 하나님이 기쁘게 받으실 신령한 제사를 드릴 거룩한 제사장이 될지니라 … 그러나 너희는 택하신 족속이요 왕 같은 제사장들이요 거룩한 나라요 그의 소유가 된 백성이니 이는 너희를 어두운 데서 불러 내어 그의 기이한 빛에 들어가게 하신 이의 아름다운 덕을 선포하게 하려 하심이라"(벧전 2:5~9).

바벨론에 있는 교회
"택하심을 함께 받은 바벨론에 있는 교회"(벧전 5:13)는 로마 제국의 박해 속에 있던 로마 교회를 일컫는 것으로 추정된다. 이는 당시 베드로가 로마에서 실루아노, 마가 등과 함께 교회를 이끌며 복음을 전파하고 있었기 때문이다. 그리스도인들은 당시 '바벨론'이라는 표현을 로마를 가리키는 암호처럼 사용했다. 과거 바벨론 제국이 예루살렘을 멸망시켰듯이, 로마 제국도 예루살렘을 무너뜨리고 그리스도인들을 박해하고 있었기 때문이다.

● 세례 강조

베드로는 세례에 대해 강조하여 말합니다. "물은 예수 그리스도께서 부활하심으로 말미암아 이제 너희를 구원하는 표니 곧 세례라 이는 육체의 더러운 것을 제하여 버림이 아니요 하나님을 향한 선한 양심의 간구니라"(벧전 3:21). 즉, 보이는 말씀인 세례는 육체의 더러운 것을 씻는 행동이 아니고, 하나님을 향한 선한 양심으로 드리는 간구라고 말합니다.

● 재림 강조

베드로는 만물의 때가 가까웠다고 말하며, 고난 가운데 있는 복음 2세대에게 하나님 나라 백성은 이 땅에 사는 동안 외국인이며 나그네라는 사실을 가르쳐줍니다. 당시 고난을 겪는 성도들에게 하나님 나라의 시민으로서 천국을 소망하며 믿음으로 고난을 이겨내는 순교신앙으로 살아가기를 권면합니다. "모든 은혜의 하나님 곧 그리스도 안에서 너희를 부르사 자기의 영원한 영광에 들어가게 하신 이가 잠깐 고난을 당한 너희를 친히 온전하게 하시며 굳건하게 하시며 강하게 하시며 터를 견고하게 하시리라"(벧전 5:10). 베드로는 지금의 고난은 영원한 생명을 얻기 전에 겪는 잠깐의 고난일 뿐이라고 가르치며, 주의 강림을 기다리라고 권면합니다.

5. 베드로의 두 번째 편지 벧후 1~3장

#큰글자 일년일독 통독성경 | 483~488p

● 순교신앙

베드로는 자신의 생명이 얼마 남지 않았다는 사실을 직감적으로 깨달았습니다. "이는 우리 주 예수 그리스도께서 내게 지시하신 것 같이 나도 나의

기독교 순교자들의 마지막 기도 _ 장 레옹 제롬 作

《쿠오바디스 *Quo vadis*》

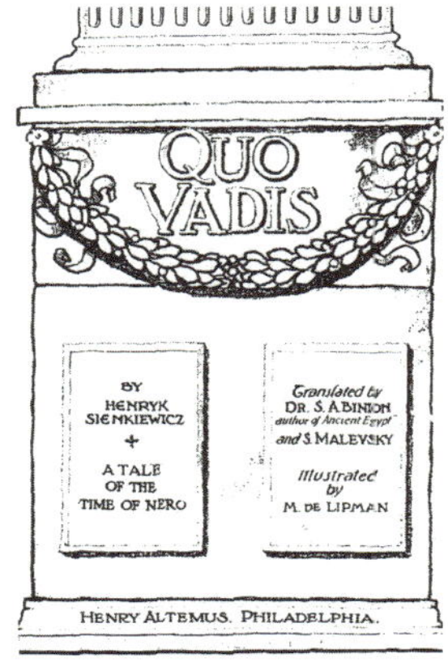

헨리크 시엔키에비치 作
1896년 출간, 1905년 노벨문학상 수상
A.D.1세기 로마 제국을 배경으로, 로마 대화재와 기독교 박해를 소재로 한 역사 소설이다. 로마 귀족 청년 비니키우스와 기독교인 인질 리디아의 사랑을 통해 정의와 진리가 승리함을 보여주며, 박해받는 폴란드 민족에게 희망을 주었다. 타키투스의 《연대기》를 참조해 썼다고 한다. 이 소설에 베드로가 로마에서 도피하던 중 예수님을 만나 다시 로마로 돌아가 순교한 이야기가 등장한다. 소설의 제목은 에필로그 중 베드로의 말인 "주여, 어디로 가시나이까? Quo vadis, Domine?"에서 따왔다.

장막을 벗어날 것이 임박한 줄을 앎이라"(벧후 1:14). '베드로의 죽음'에 대해서는 예수님께서 부활하신 후 베드로에게 그의 죽음이 '하나님께 영광 돌리는 죽음'이 될 것이라고 이미 언급하신 바 있습니다.

"내가 진실로 진실로 네게 이르노니 네가 젊어서는 스스로 띠 띠고 원하는 곳으로 다녔거니와 늙어서는 네 팔을 벌리리니 남이 네게 띠 띠우고 원하지 아니하는 곳으로 데려가리라 이 말씀을 하심은 베드로가 어떠한 죽음으로 하나님께 영광을 돌릴 것을 가리키심이러라"(요 21:18~19).

베드로는 자신이 죽은 후에도 복음 2세대가 뒤를 이어 진리 위에 굳건히 서서 순교신앙으로 살아가기를 바라며 〈베드로후서〉를 남겼습니다.

인내를 통한 소망의 성숙
베드로는 박해를 잠깐의 고통으로 보았다. 그는 복음 2세대에게 박해를 참고 인내하며 견디라고 권면한다. 고난 가운데 성숙해지며, 내일의 영광을 생각할 때 지혜가 나온다. 베드로가 무엇보다도 강조하는 것은, 맹렬한 시련 앞에서 두려움과 염려에 빠지기보다는 오직 기도와 간구로 하나님을 의지해야 한다는 것이다. 박해를 이길 수 있는 힘은 오직 하나님께로부터 주어지는 것이기 때문이다.

● 예수님을 친히 본 복음 1세대로서 재림 신앙 강조

베드로가 전한 예수 그리스도의 복음은 어느 뛰어난 상상력을 소유한, 인간이 만들어낸 허구가 아닙니다. 베드로는 자신이 직접 보고 경험한 하나님의 아들 예수 그리스도를 증거하며 예수님의 재림을 확증했습니다.

"우리 주 예수 그리스도의 능력과 강림하심을 너희에게 알게 한 것이 교묘히 만든 이야기를 따른 것이 아니요 우리는 그의 크신 위엄을 친히 본 자라"(벧후 1:16).

예수님과 함께 변화산에 올랐을 때, 하늘에서 "이는 내 사랑하는 아들이요 내 기뻐하는 자니 너희는 그의 말을 들으라"(마 17:5)라는 하나님의 음성을 들었던 사건은 오랜 시간이 흘렀음에도 베드로에게 이처럼 생생하게 남아 있었습니다.

베드로가 밝힌 이단들의 정체
1. 교회에 들어와 성도들 사이에 숨어 활동하며 이단들을 가만히 끌어들인다.
2. 예수님를 부인하고 스스로 멸망의 길을 택한다.
3. 호색하며 탐심으로 성도들을 미혹해 이익을 취한다.

교회 안에 가만히 들어온 불의한 자들의 미혹과 잘못된 주장을 이길 수 있는 힘은 오직 '성경'뿐이다.

베드로는 구약의 예언들이 예수님을 통해 성취되었음을 강조하면서 담대하게 예수 그리스도를 증거했고, 복음 2세대에게 예수 그리스도의 재림을 확실히 증언하며 가르쳤습니다. 그리고 베드로는 하나님께서 약속하신 구원의 날은 반드시 임할 것이라고 말하며, 복음 2세대에게 하나님의 날을 간절히 사모하고 주 예수 그리스도께서 강림하실 때까지 온전하고 흠이 없는 인생을 살아가라고 당부했습니다.

"사랑하는 자들아 너희가 이것을 바라보나니 주 앞에서 점도 없고 흠도 없이 평강 가운데서 나타나기를 힘쓰라"(벧후 3:14).

● 이단 경계

베드로는 복음 2세대의 신앙을 흔드는 거짓 교훈을 경계할 것을 당부합니다. 거짓 교사들은 하나님의 말씀을 알려준다고 하며 성도들을 거짓으로 인도합니다. 베드로는 이러한 거짓 교사들의 가르침에 대해 강하게 경고합니다. 또한 그는 당시 교회 안에서 예수님의 사역을 의심하는 사람들에 대해서도 예수님의 사역과 십자가 죽음, 그리고 부활은 누군가의 거짓말로 만들어진 이야기가 절대 아니라고 확실히 말합니다. 베드로는 이단 신앙으로 인해 성경을 억지로 풀어 멸망에 이르지 말라고 충고합니다(벧후 1:20~21; 3:16).

<베드로전·후서>의 주제

<베드로전서>	영광에 이르는 믿음의 연단 과정인 고난의 의미와 목적
	생명의 말씀과 새로 태어난 복음 2세대의 정체성과 사명 강조
	부활 영생의 산 소망을 붙들고 살아가는 재림 신앙
<베드로후서>	예수 그리스도를 아는 참된 지식의 중요성
	그리스도의 은혜와 지식 안에서 끊임없는 성장 강조
	말세에 나타날 이단과 거짓 교사에 대한 경고

● 새 하늘과 새 땅

거짓 교사들은 하나님의 약속을 바라며 하루하루 인내하는 사람들에게 "재림은 오지 않는다"라고 속입니다. 그 말을 들은 사람들 중에는, 힘들고 고통스러운 삶 속에서 약속이 더디 이루어지는 것처럼 느끼는 이들도 있었을 것입니다. 그러나 베드로는 하나님께서 약속하신 구원의 날이 반드시 임할 것이라고 다시 한번 일깨워줍니다.

"사랑하는 자들아 주께는 하루가 천 년 같고 천 년이 하루 같다는 이 한 가지를 잊지 말라 주의 약속은 어떤 이들이 더디다고 생각하는 것 같이 더딘 것이 아니라 오직 주께서는 너희를 대하여 오래 참으사 아무도 멸망하지 아니하고 다 회개하기에 이르기를 원하시느니라"(벧후 3:8~9).

하나님의 약속은 반드시 이루어집니다. 하나님께서 친히 이루실 것이기 때문입니다. 하나님의 본심은 믿고 따르는 이들을 힘들게 하려는 것이 아닙니다. 단 한 사람이라도 멸망하지 않게 하시려고 참고 기다리시는 것입니다. 믿는 사람들뿐만 아니라, 믿지 않는 사람들까지도 사랑하시고 아끼시며 참아 기다리시는 하나님 사랑의 깊이는 한이 없습니다.

베드로는 주의 날이 도둑 같이 올 것이라고 말합니다. 그날에는 하늘이 큰 소리와 함께 사라지고, 물질이 뜨거운 불에 풀어지며, 땅과 그 안에 있는 모든 일이 드러날 것이라고 말합니다(벧후 3:10). 그러므로 거룩한 행실과 경건함으로

익투스(ΙΧΘΥΣ)
박해를 받던 초기 기독교인들은 상대방이 그리스도인인지를 알기 위해 '익투스'라는 물고기 그림을 그리며 서로를 확인했다. 익투스는 '예수 그리스도, 하나님의 아들, 구세주'를 뜻하는 헬라어 첫 글자를 따서 만든 약어이며, 그 자체로 '물고기'를 의미한다.

리고니아 아미마스의 비석_국립로마박물관

하나님의 날이 임하기를 사모하라는 것입니다. 결국 우리는 하나님의 약속대로, 의(義)가 있는 곳인 새 하늘과 새 땅을 바라볼 것이기 때문입니다.

"우리는 그의 약속대로 의가 있는 곳인 새 하늘과 새 땅을 바라보도다"(벧후 3:13).

6. 유다의 편지 유 1장

#큰글자 일년일독 통독성경 | 488~490p

〈유다서〉는 베드로후서 2장과 내용이 비슷하며, 사도 야고보의 동생인 유다가 자신을 예수 그리스도의 종이라고 소개하며 쓴 편지입니다. 예수님의 육신의 형제인 야고보와 유다는 예수님의 공생애 기간에는 예수님을 믿지 않았지만, 부활 이후 예수님을 믿게 된 것으로 보입니다. 야고보에게는 부활하신 예수님께서 직접 찾아가시기도 하셨습니다. 야고보는 이후에 예루살렘 공회의 의장으로 섬기며 핍박 가운데 있는 예루살렘 교회를 지켰고, 나아가 〈야고보서〉를 기록하는 등 초기 교회의 큰 일꾼이 되었습니다. 유다 역시 〈유다서〉를 기록하며 복음 1세대로서 초기 교회에서 큰 역할을 감당했습니다.

유혹을 이기는 믿음
인류가 시작된 이래, 사탄은 아담과 하와를 유혹했고, 노아 시대의 백성을 넘어뜨렸으며, 발람을 미혹했다. 그러나 하나님께서는 노아를 구원하셨고, 이스라엘을 가나안으로 인도하셨다. 오늘날에도 여전히 수많은 유혹이 존재한다. 그러나 하나님께서는 끝까지 믿음과 의를 지키며 성경을 기준으로 거짓을 분별하는 지혜를 갖춘 이들을 영원한 구원과 안식으로 인도하실 것이다.

〈유다서〉는 교회가 박해를 받고, 성도들 가운데 배교하는 이들이 생기는 어려운 시기에 더욱 믿음을 굳게 세우기 위해 교훈하는 귀한 말씀입니다. 복음 2세대에게 닥친 고난과 핍박은 이제 순교를 각오해야 할 만큼 큰 위협으로 다가오고 있었습니다. 교회가 큰 어려움에 처하게 되었고, 성도들은 힘든 싸움을 싸우고 있다는 소식이 유다에게 전해졌습니다. 이에 유다는 복음 2세대 성도들에게 믿음의 도를 굳게 지키기 위해 악한 세력과 힘써 싸우라고 권면합니다.

사도 유다의 첫 인사
"예수 그리스도의 종이요 야고보의 형제인 유다는 부르심을 받은 자 곧 하나님 아버지 안에서 사랑을 얻고 예수 그리스도를 위하여 지키심을 받은 자들에게 편지하노라 긍휼과 평강과 사랑이 너희에게 더욱 많을지어다"(유 1:1~2).
유다는 당시 어려운 상황 속에서도 복음을 지키며 고군분투하고 있던 복음 2세대에게 '긍휼, 평강, 사랑'이 가득하기를 기도하며 격려의 편지를 썼다. 그리고 "능히 너희를 보호하사 거침이 없게 하시고 너희로 그 영광 앞에 흠이 없이 기쁨으로 서게 하실 이"(유 1:24)에게 기도와 찬양을 드리며 편지를 마무리했다.

유다는 거짓 교사들에게 화가 있을 것이라고 경고하며, 그들의 죄가 시기와 질투로 동생 아벨을 죽인 가인, 불의의 삯을 탐한 발람, 모세에게 대항했던 고라의 패역함과 같다고 말합니다. 이들은 원망하고 불만을 토하며 자기 정욕대로 행하고 아첨하고 자랑하는 말로 가득한 사람들입니다. 유다는 복음 2세대에게 사도들이 했던 말들을 기억하고, 거짓 교사들을 따라 잘못된 길로 들어서지 말 것을 당부했습니다.

예수 그리스도의 부활 사건은 이를 믿는 모든 사람이 이미 승리했다는 중요한 의미를 담고 있습니다. 그러나 싸움이 완결된 것은 아닙니다. 그렇기 때문에 서로의 격려와 기도가 필요하고, 자신의 의지와 노력이 필요합니다. 하지만 아무리 싸움이 치열해도 변하지 않는 것은 모든 그리스도인이 결국에는 예수 그리스도의 승리에 동참하게 된다는 사실입니다.

유다는 복음 2세대에게 하나님께서 주시는 승리를 믿고 믿음을 지키는 '선한 싸움'을 싸우며, 하나님의 사랑 안에서 자신을 지키고, 부활 영생으로 인도하는 예수 그리스도의 긍휼을 기다리라고 권면하며 편지를 마무리합니다.

"사랑하는 자들아 너희는 너희의 지극히 거룩한 믿음 위에 자신을 세우며 성령으로 기도하며 하나님의 사랑 안에서 자신을 지키며 영생에 이르도록 우리 주 예수 그리스도의 긍휼을 기다리라"(유 1:20~21).

#From the Cross | 십자가로 시작하는 레시피

7. 예수 그리스도의 십자가로부터 나라와 권세와 영광이!

● 그리스도의 나라

"나라와 권세와 영광이 아버지께 영원히 있사옵나이다 아멘"(마 6:13).

예수님께서는 마지막 유월절 첫 번째 성찬식에서 "내 아버지께서 나라를 내게 맡기신 것 같이 나도 너희에게 맡겨 너희로 내 나라에 있어 내 상에서 먹고 마시며 또는 보좌에 앉아 이스라엘 열두 지파를 다스리게 하려 하노라"(눅 22:29~30)라고 말씀하시며 제자들에게 '나라'를 맡기셨습니다. 제자들과 복음 1세대는 30여 년 동안 그리스도의 나라를 맡아 지켜오다가, 순교를 눈앞에 두고 복음 2세대에게 '그리스도의 나라'를 다시 맡기며 신앙을 계승했습니다. 이 신앙을 이은 우리 그리스도인은 하나님 나라를 유업으로 받은 왕 같은 제사장들이요, 거룩한 나라이며, 그 나라의 거룩한 공직자인 십자가 군병들입니다.

"그러나 너희는 택하신 족속이요 왕 같은 제사장들이요 거룩한 나라요 그의 소유가 된 백성이니 이는 너희를 어두운 데서 불러 내어 그의 기이한 빛에 들어가게 하신 이의 아름다운 덕을 선포하게 하려 하심이라"(벧전 2:9).

● 그리스도의 권세

예수님께서는 십자가를 앞두고 빌라도와 대화하시면서 "내 나라는 이 세상에 속한 것이 아니니라 만일 내 나라가 이 세상에 속한 것이었더라면 내 종들이 싸워 나로 유대인들에게 넘겨지지 않게 하였으리라"(요 18:36)라고 말씀하셨습니다. 만약 그리스도의 나라가 이 세상에 속한 것이었다면, 예수님께서는 엄청난 힘을 지닌 천사들을 통해 당시의 상황을 막으셨을 것입니다. 이는 예수님께서 체포되실 때 칼을 든 베드로에게 하신 말씀에서도 드러납니다.

"네 칼을 도로 칼집에 꽂으라 칼을 가지는 자는 다 칼로 망하느니라 너는 내가 내 아버지께 구하여 지금 열두 군단 더 되는 천사를 보내시게 할 수 없는 줄로 아느냐"(마 26:52~53).

하늘의 천사들은 예수님의 탄생부터 사역 전반에 걸쳐 동원되었습니다. 예수님의 탄생 당시, 천사들은 요셉과 마리아, 동방박사들, 그리고 베들레헴 목자들에게 나타나 성자 예수님의 탄생 소식을 전했습니다. 그리고 천군 천사들이 예수님의 탄생을 찬양했습니다. 천사들은 예수님의 광야 시험 때에는 수종을 들었고, 예수님의 겟세마네 기도 때에는 힘을 더해 드렸습니다. 그리고 예수님께서 십자가에서 죽으신 후에는, 무덤에 찾아온 여인들에게 예수님의 부활 소식을 전했습니다. 이처럼 예수님의 권능 아래에 천사들이 있었습니다. 마찬가지로 우리 그리스도인은 예수님의 권능 앞에 십자가 군병으로 서서, 예수님의 영광과 권능이 영원함을 찬양해야 합니다.

"그는 하늘에 오르사 하나님 우편에 계시니 천사들과 권세들과 능력들이 그에게 복종하느니라"(벧전 3:22).

"곧 우리 구주 홀로 하나이신 하나님께 우리 주 예수 그리스도로 말미암아 영광과 위엄과 권력과 권세가 영원 전부터 이제와 영원토록 있을지어다 아멘"(유 1:25).

● 그리스도의 영광

예수님께서는 하나님과 동등됨을 버리시고 이 땅에 오셔서 하나님의 영광을 위해 십자가에서 죽기까지 복종하셨습니다.

"죽음의 고난 받으심으로 말미암아 영광과 존귀로 관을 쓰신 예수를 보니 이를 행하심은 하나님의 은혜로 말미암아 모든 사람을 위하여 죽음을 맛보려 하심이라"(히 2:9).

하나님 아버지께 존귀와 영광을 받으신 예수님께서 다시 하나님께 영광을 돌리신 것입니다. 예수님께서는 순종하심으로 하나님의 의를 드러내셨고, 하나님의 사랑을 나타내셨습니다. 하나님께 드리는 영광은 예수님께서 행하신 것처럼 믿음과 순종이라는 행동의 결과입니다. 우리 그리스도인은 우리를 구원하신 예수님께 히브리서 기자처럼 "영광이 그에게 세세무궁토록 있을지어다 아멘"(히 13:21)하고 기도하며 영광을 돌려야 합니다.

하나님과 어린양 예수님의 영광은 〈요한계시록〉에서 가장 큰 소리로 경배할 때 드러납니다.

"큰 음성으로 이르되 죽임을 당하신 어린 양은 능력과 부와 지혜와 힘과 존귀와 영광과 찬송을 받으시기에 합당하도다 하더라 내가 또 들으니 하늘 위에와 땅 위에와 땅 아래와 바다 위에와 또 그 가운데 모든 피조물이 이르되 보좌에 앉으신 이와 어린 양에게 찬송과 존귀와 영광과 권능을 세세토록 돌릴지어다"(계 5:12~13).

● 성경 기록을 통해 예수 그리스도를 아는 지식에서 자라 가라!

베드로는 사랑하는 복음 2세대에게 예수 그리스도의 은혜와 그를 아는 지식에서 성장하라고 권면하면서 〈베드로후서〉를 마칩니다.

"오직 우리 주 곧 구주 예수 그리스도의 은혜와 그를 아는 지식에서 자라 가라 영광이 이제와 영원한 날까지 그에게 있을지어다"(벧후 3:18).

성경은 우리 인생들의 지식과 지혜, 노력만으로는 풀리지 않는 신비의 말씀입니다. 그래서 함부로 해석해서는 안 됩니다. 성경에 기록된 모든 말씀은 주 예수 그리스도께서 다시 오실 때에야 온전히 깨닫게 될 것입니다. 성경을 하나의 퍼즐처럼 여기며 조각을 맞추려는 태도는 스스로 멸망에 이르는 길입니다. 거짓 선지자들은 성경을 자신의 의도대로 여기저기 짜 맞추며 왜곡하여 사람들을 미혹하고, 합리적인 사고를 추구하는 사람들은 이성으로만 성경을 해석하려 합니다. 그러나 모든 성경은 하나님의 감동으로 된 계시이기에, 하나님의 마음을 품고 읽으며 하나님을 경외하는 마음으로 성령님께서 깨닫게 해주시기를 간절히 사모해야 합니다.

51과 요한의 사랑 선언 편지

요한일서, 요한이서, 요한삼서

큰글자 일년일독 통독성경 *one year tongdok bible as one story*

358일 : 하나님은 사랑이시다 **359일** : 가이오처럼

시간 흐름 *time flow*

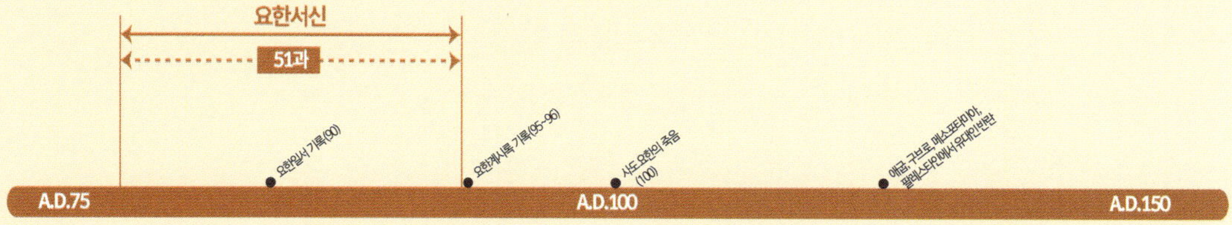

지금 공간 *current location* 장소 불명확 (로마)

주요 인물 *main character* 요한, 어떤 부녀, 가이오

통通포인트 *tong point*

사도 요한의 복음 2세대를 위한 돌봄과 기록 사역

예수님께서 부활하신 후 제자들과 조반을 나누실 때, 베드로의 질문에 답하시면서 사도 요한의 긴 미래를 예고하셨습니다. "내가 올 때까지 그를 머물게 하고자 할지라도"(요 21:22). 요한은 예수님의 승천 후, 형제 야고보가 순교하는 것과 A.D.64년 로마 대화재 사건으로 복음 1세대 지도자 대부분이 순교하는 모습을 지켜보았습니다. 그리고 30여 년 동안 더 살아남아 두 가지 사명을 감당합니다. 첫째는 로마 제국의 박해 가운데 있는 성도들과 복음 2세대를 돌보는 사명, 둘째는 보이지 않는 계시의 말씀을 기록하는 사명입니다. 요한서신이 기록될 당시의 교회들은 많은 잘못된 가르침으로 인해 거듭된 혼란 가운데 있었습니다. 또한 이방 사회의 세계관, 인생관, 사고방식으로 기독교를 해석하면서 기독교의 진리를 파괴하는 경우도 있었고, 또 복음을 가감하여 기독교의 순수성을 흐리는 경우도 있었습니다. 사도 요한은 이러한 거짓 선지자들의 가르침을 철저히 배격하고, 하나님의 사랑을 받은 성도로서 사랑의 능력으로 모든 것을 이겨내라고 역설합니다(요일 4:1~4).

1. 사도 요한의 증언, 알파와 오메가 되신 예수 그리스도

로마 제국의 황제 네로가 A.D.64년 로마 대화재 사건의 방화범으로 기독교인들을 지목하며 억울하게 죄를 뒤집어씌움으로써, 베드로와 바울을

비롯한 복음 1세대 지도자 200여 명이 한꺼번에 순교했습니다. 그 와중에 목숨을 건진 사도 요한은 풍비박산(風飛雹散) 난 초기 교회를 다시 일으켜 세우며 '복음 2세대'를 키워내는 일에 전념합니다. 그러므로 〈요한일서〉는 사도 요한이 복음 2세대에게 아버지의 마음으로 쓴 편지입니다.

과거 예수님의 가장 나이 어린 제자였던 요한은, 노년에 이르러 예수님에 대해 더 깊이 생각하다가 놀라운 결론에 도달하게 됩니다. 그것은 바로 "하나님은 사랑이시다"라는 것입니다. 요한은 하나님의 사랑을 받은 하나님의 사람으로서 그의 남은 사역에 최선을 다합니다. 그 사랑의 열매가 바로 요한이 쓴 다섯 권의 책이었습니다. 구약성경의 시작이 모세가 쓴 다섯 권(창세기, 출애굽기, 레위기, 민수기, 신명기)의 책이라면, 신약성경은 요한이 쓴 다섯 권(요한복음, 요한일서, 요한이서, 요한삼서, 요한계시록)의 책으로 끝을 맺습니다.

사도 요한의 증언을 한마디로 요약하면 "예수는 그리스도이시다!"입니다. 요한은 60여 년이라는 긴 세월 동안 예수님께서 맡기신 부탁을 사명으로 여기며 기쁨과 순종과 돌봄으로 삶의 내용을 채웠습니다. 한마디로, 그는 그리스도의 증인으로 살았습니다.

요한은 복음 2세대에게 예수 그리스도를 자세히 소개합니다. 예수님께서는 태초부터 계신 생명의 말씀, 즉 삼위일체 하나님이십니다(요일 1:1). 그리고 예수님께서는 하나님의 어린양으로 온 세상 죄를 위하여 화목제물로 십자가에 오르셨습니다(요일 2:2). 그러므로 예수님께서는 '하나님은 사랑'이심을 십자가에서 직접 보여주셨습니다(요일 4:16). 결국 요한은 예수 그리스도께서는 알파와 오메가요 처음과 마지막이요 시작과 마침임을 증언합니다(계 22:13). 요한은 로마 제국의 박해와 복음 1세대의 순교 속에서 초기 교회를 다시 일으켜 세우고, 복음 2세대를 돌보며 키워내기 위해 아버지의 마음으로 편지를 써서 예수 그리스도를 알게 하고 믿음의 확신에 거할 수 있도록 권면합니다.

요한 (John)
- 예수님의 사랑을 받은 제자
- 형제애가 깊었음 (야고보)
- 예수님의 공생애 때 베드로, 야고보와 함께 특별한 경험을 많이 함
- 예수님께서 요한에게 어머니 마리아를 맡기심
- <요한복음>, <요한일·이·삼서> <요한계시록>의 저자
- 열두 제자 중 가장 오래 살았음

사랑의 힘으로
열두 사도 가운데 끝까지 남아 '복음 2세대'를 돌보는 사도 요한

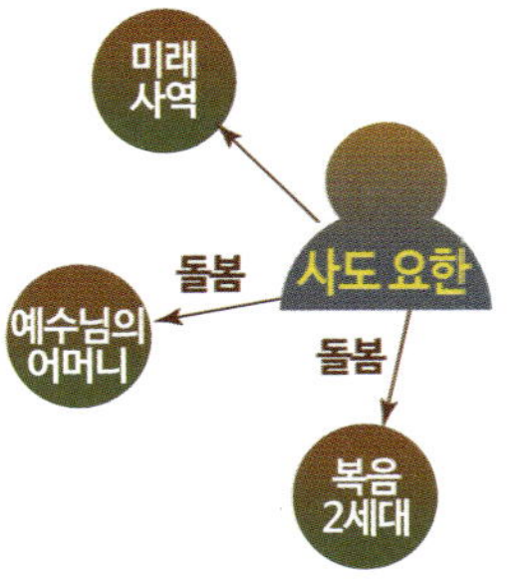

- "나의 자녀들아 내가 이것을 너희에게 씀은 너희로 죄를 범하지 않게 하려 함이라"(요일 2:1)
- "사랑하는 자들아 하나님이 이같이 우리를 사랑하셨은즉 우리도 서로 사랑하는 것이 마땅하도다"(요일 4:11)

2. 요한의 첫 번째 편지 요일 1~5장

#큰글자 일년일독 통독성경 | 490~498p

요한은 "하나님은 사랑이심이라"(요일 4:8)라고 하나님에 대해 선언합니다. 〈요한일서〉의 주제는 하나님과의 사귐, 이웃과의 사귐입니다. 요한은 신앙을 하나님과 사람과의 교제, 사람과 사람과의 교제라고 말합니다. 이

교제의 완성은 사랑이라는 것입니다. 그리고 진정한 하나님과의 사귐은 우리 죄를 대신하여 구속하신 예수 그리스도를 통해서만 가능합니다.

그런데 이 사랑에는 수고가 따릅니다. 사랑은 단순한 말이 아니라 행동으로 나타나야 합니다. 그리스도를 믿는 믿음은 형제에 대한 사랑을 실천할 때 드러납니다. 예수님의 사람 사랑에도 수고가 따랐듯이 우리의 사랑에도 수고가 있어야 할 것입니다. 요한은 사랑하지 않는 사람은 하나님을 알지 못한 것이라고 말합니다(요일 4:8).

요한은 편지 말미에서 하나님께로부터 난 사람마다 세상을 이긴다고 선언합니다. 그는 당시 잘못된 교훈들이 많은 혼란스러운 상황 속에서, 거짓 교사들의 가르침을 철저히 배격하고 하나님의 사랑을 받은 성도로서 사랑의 능력으로 모든 것을 이겨내라고 말합니다. 하나님께서 주시는 사랑의 힘으로 어떤 유혹도 이겨낼 수 있기 때문입니다.

〈요한일서〉에서 분명히 보여주는 성경의 주제는, 예수님을 믿는 사람은 구원을 얻는다는 것, 즉 영생이 주님께 있다는 사실입니다. 하나님의 아들을 믿는 사람에게는 영생이 있지만, 믿지 않는 사람에게는 영생이 없습니다. 세상에는 수많은 사상과 신념이 있지만, 구원과 영생의 길은 오직 예수님뿐입니다.

<요한일서>의 개념 대조

빛 ― 어두움
진리 ― 거짓
사랑 ― 미움
아버지를 사랑함 ― 세상을 사랑함
그리스도 ― 적그리스도
하나님의 자녀들 ― 마귀의 자녀들
의 ― 죄
하나님의 영 ― 적그리스도의 영
생명 ― 죽음

사도 요한의 대선언

요한은 우리가 하나님께 속한 증거로 "서로 사랑하라"라고 권면한다. 요한일서 2장의 '사랑하라'는, 하나님의 새 계명이기 때문에 사랑하라는 것이다. 요한일서 3장의 '사랑하라'는, 우리가 하나님의 자녀이기 때문에 사랑하라는 것이다. 요한일서 4장의 '사랑하라'는, 하나님은 사랑이시기에 사랑하라는 것이다. 그러므로 요한의 대선언은 바로 이것이다. "하나님은 사랑이 심이라"(요일 4:8).

● 보이는 말씀 세례와 성찬

세례와 성찬은 예수님께서 친히 행하신 하나님 나라의 기념 예식입니다. 복음 1세대는 세례와 성찬을 복음 2세대에게 가르치며, 신앙이 계속해서 계승되도록 이끌었습니다. 특히 바울, 베드로, 요한이 이를 강조하며 가르친 내용이 성경에 잘 기록되어 있습니다. 베드로는 예수님께서 흘리신 어린양의 보배로운 피로 우리가 구속받았다는 것(벧전 1:19)과 예수님의 부활로 말미암는 구원의 표시로서 세례를 가르쳤습니다(벧전 3:21). 바울은 고린도 교회, 로마 교회 등 여러 성도에게 세례와 성찬을 알려주며 주의 죽으심을 기억하고 주의 재림 때까지 기념해야 함을 자세히 가르쳤습니다(고전 11:24~26; 롬 6:3~7). 요한도 예수님의 피가 우리를 모든 죄에서 깨끗하게 하신다고 증언하며(요일 1:7), 메시아로 오신 하나님의 아들 예수님

하나님 나라 '복음', 굿 뉴스

예수님의 신분(Jesus' Status)	하나님의 아들(The Son of God)
예수님의 공로(Jesus' Contribution)	십자가 대속(Atonement of Our Sins)
예수님의 가르침(Jesus' Teaching)	하나님의 사랑(God's Love)

하나님께서는 우리를 끝까지 사랑하사, 자기 아들을 내어주시기까지 사랑하셨다. 이 사실이 바로 '복음'이며, 굿 뉴스(Good News)다. 복음 1세대는 이 놀라운 사실을 복음 2세대와 오고 오는 세대에 전했다. 그리고 이 복음이 오늘날 우리에게까지도 전해진 것이다.

께서는 물과 피와 성령으로 그 증거가 되신다고 가르쳤습니다(요일 5:6~8).

3. 요한의 두 번째 편지 요이 1장

#큰글자 일년일독 통독성경 | 498~499p

〈요한이서〉는 어느 부녀와 그의 자녀들에게 보내는 요한의 개인적인 서신으로 보입니다. 그러나 이는 어느 특정인을 지칭했다기보다는, 교회와 그 성도들을 일컫는 것으로 보는 것이 타당합니다. 당시 영지주의자들의 사상이 초기 교회에 퍼지면서 그리스도인들을 넘어지게 하고 있었습니다. 그들은 예수님의 성육신을 부인하고, 피와 땀을 흘리신 예수님의 사역을 귀히 여기지 않는 자들이었습니다. 예수님과 함께 3년을 지내며, 가장 가까이에서 예수님과 친밀한 사랑을 주고받았던 요한은 이러한 거짓된 주장을 따르지 말 것을 강조합니다. 그는 이미 택함을 받아 주의 자녀가 된 성도들에게 이런 거짓 주장으로부터 자신을 지켜야 한다고 당부합니다.

심지어 요한은 이단들에 대해 강하게 경고하며, 그들을 집에 들이지도 말고 인사조차 하지 말라고 말합니다. "누구든지 이 교훈을 가지지 않고 너희에게 나아가거든 그를 집에 들이지도 말고 인사도 하지 말라"(요이 1:10). 이는 진리의 능력이 교회 안에 지속되기 위해서였습니다.

공동체를 지키는 힘

하나님의 말씀을 충실히 지키며 사는 사람일지라도, 때로는 믿음이 흔들릴 수 있다. A.D.1세기에는 영지주의를 비롯한 여러 이단 사상이 신실한 그리스도인들마저 넘어지게 했다. 이에 사도 요한은 공동체를 향해 서로 사랑하라고 당부하는 동시에, 바른 진리를 따르지 않고 예수 그리스도를 부인하는 이들에 대해서는 단호하게 대처하라고 강하게 경고했다. 서로를 향한 사랑의 마음과 진리를 지키겠다는 공의의 마음이 조화를 이룰 때, 하나님의 공동체를 지켜 낼 수 있다. 사랑과 공의는 상반된 개념이 아니다. 사랑이 있어야 공의가 바로 설 수 있으며, 공의가 있어야 사랑이 참으로 아름다울 수 있다.

● 영지주의(靈智主義, Gnosticism)

로마 시대에 가짜 돈이 처음 등장한 날을 살펴보면 놀랍게도 국가가 공식 화폐를 발행한 바로 다음 날이었다고 합니다. 이처럼 사람들은 가짜를 만들어내는 데 놀라울 정도로 탁월합니다. 이단(異端) 또한 마찬가지입니다. '이단'이라는 단어는 한자로 '다를 이(異), 끝 단(端)' 즉, 처음은 비슷해 보이지만, 끝은 전혀 다르다는 의미입니다. 겉으로는 진품 같은데, 실상은 완전히 가짜라는 뜻입니다. 오늘날 이단의 심각성은 누구나 잘 알고 있습니다. 그런데 이단이 생겨난 것은 최근의 일이 아니라, 예수 그리스도의 복음이 퍼져 나가기 시작한 1세기부터였고, 오늘날 이단들의 모든 이론과 주장은 이미 1세기에 그 기초가 다 세워진 것들입니다.

원형 경기장에 들어서는 그리스도인 순교자들 _ 프랑수아 레옹 베누빌 作

1세기에 등장한 이단들 가운데 가장 큰 파괴력을 지닌 이단은 '영지주의'였습니다. 영지주의는 인간은 참된 지식, 즉 '그노시스'를 얻음으로 구원을 받는다는 종교적, 철학적 이원론에 기반한 이단으로, 당시 교회를 심각하게 혼란에 빠뜨렸습니다. 영지주의는 첫째, 지식은 덕보다 우월하다는 이단입니다. 둘째, 구원은 물질세계와 직접적으로 관련이 없는 미지의 신에 의해 선택된 일부 사람들에게만 주어진다고 주장하는 이단입니다. 셋째, 신성은 육체와 같은 물질과 연합할 수 없으므로 예수님의 성육신은 믿을 수 없다는 이단입니다. 넷째, 육체의 부활과 같은 것은 믿을 수 없다는 이단입니다.

영과 육에 관한 영지주의의 이원론적 사상은 서로 상반된 두 가지 형태로 나타났습니다. 첫째는 모든 육식과 육체의 욕구를 철저히 금하는 '극단적 금욕주의'입니다. 둘째는 이와 정반대로 영만 중요하고 육체는 무가치하므로 음란한 행동을 해도 아무런 문제가 되지 않는다는 '윤리적 방탕주의'입니다. 이러한 극단적 사상은 당시 그리스도인들의 신앙을 흔들고 혼란에 빠뜨렸습니다.

4. 요한의 세 번째 편지 요삼 1장

큰글자 일년일독 통독성경 | 499~500p

"사랑하는 자여 네 영혼이 잘됨 같이 네가 범사에 잘되고 강건하기를 내가 간구하노라"(요삼 1:2).

이 아름다운 축복의 말씀은 사도 요한이 가이오라는 한 사람에게 보낸 편지에 기록된 말씀입니다. 당시 전도인들은 로마 제국의 박해 속에서 많은 어려움을 겪어야 했습니다. 오늘날처럼 숙박 시설이 잘 갖춰지지 않았던 시대였기에, 여행 중 먹고 자는 문제는 보통 어려운 일이 아니었습니다. 그런 상황에서 가이오가 자신의 집을 개방해 전도인들이 오고 갈 때마다 초대하여 먹이고 재우며, 여비도 보태주고 편히 쉴 수 있도록 도움을 베풀었던 것입니다. 그는 예수 그리스도의 복음을 위해 나그네 된 전도인들을 힘껏 섬기고 환대했습니다. 가이오의 섬김은 교회에 큰 덕을 세웠을 뿐만 아니라, 복음을 전하는 데에도 큰 힘이 되었습니다. 그의 집에 머물렀던 전도인들 모두가 가이오를 칭찬했고, 이 이야기를 들은 요한이 가이오에게 축복을 기도하며 쓴 편지가 〈요한삼서〉입니다. 사실 손님을 대접하는 일은 번거롭고 쉽지 않은 일입니다. 그런데 나그네 대접하는 일을 기쁘게 하는

<요한삼서>의 목적

1. 진리를 수호하며, 요한이 보낸 전도인들을 대접한 가이오를 칭찬하기 위하여
2. 전도인 형제들을 계속해서 가이오가 후원하도록 격려하기 위하여
3. 디오드레베의 교만과 나쁜 행실을 책망하기 위하여
4. 데메드리오를 추천하고, 그의 신실함을 인정하기 위하여
5. 요한이 방문하여 여러 문제를 직접 처리할 것을 가이오에게 알리기 위하여

사람이라면, 영혼이 잘되고 범사가 잘되며 강건하기를 바라는 축복을 받을 만합니다.

요한은 지상명령을 수행하기 위해 직접 복음을 전하는 전도인과 또 그들을 돕고 지원하는 역할을 하는 전도인의 아름다운 협업, 즉 복음을 위한 동역의 아름다움을 '가이오에게 보낸 축복의 편지'를 통해 말합니다.

사도 바울이 마지막으로 예루살렘에 가는 길에, 가이사랴에서 빌립의 공궤(供饋)를 받은 일이 있습니다. 사마리아의 전도인으로 유명했던 빌립이 훗날 가족들과 함께 가이사랴에 정착해 살면서, 그곳에서 오고 가는 복음 전도인들을 보살피는 센터 역할을 했던 것입니다. 가이오 역시 복음 전도인들에게 자신의 집을 개방하여 그들의 필요를 채워주고 돌보면서, 전도인들이 새 힘을 얻도록 도왔습니다. 복음 전도인과 함께 협업한 가이오는 누구보다 복음 증거에 크게 이바지한 전도인이었습니다. 그는 '예수 이름'을 위하여 복음 전하는 이들의 수고를 도와주고 대접하는 일이 얼마나 복된 사명인지 보여주었습니다. 그래서 요한은 말합니다. "우리가 이같은 자들을 영접하는 것이 마땅하니 이는 우리로 진리를 위하여 함께 일하는 자가 되게 하려 함이라"(요삼 1:8).

사도 바울이 말했듯이, 한 몸에 많은 지체가 있고 그 기능이 서로 다르듯, 하나님께서는 우리 각자에게 은혜에 따라 다양한 은사를 주셨습니다. 우리는 그리스도 안에서 한 몸을 이루며, 서로 지체가 된 존재입니다(롬 12:4~8). 서로의 '다름'은 곧 하나님의 은혜입니다. 예수님의 제자인 우리 그리스도인이 꿈꾸는 삶의 방식은, 다양한 사람들이 각자의 달란트를 가지고 협업하며 살아가는 것입니다. 전도인들이 복음을 위해 서로 협업하는 '동역'의 아름다움을 보시며, 하나님께서는 기뻐하십니다. 그리스도인은 예수님의 승천과 재림 사이에, 각자의 자리에서 어떤 방식으로든 힘을 모아 예수님의 지상명령을 함께 수행해야 합니다.

가이오(Gaius)
가이오는 '기쁨'이라는 뜻의 이름이다. 신약성경에는 여러 명의 가이오가 등장하는데, 그들 모두 이름 뜻대로 기쁨을 주는 사람들이었다. 마게도냐의 가이오는 바울의 3차 전도여행 때 동행자였고, 더베 출신 가이오는 바울이 예루살렘으로 귀환할 때 마게도냐에서 아시아까지 동행했고, 고린도의 가이오는 바울에게 세례를 받은 그리스도인으로, 그의 집은 한때 고린도 교회의 집회 장소로 사용되었다. 이때 바울이 그의 집에서 <로마서>를 기록했을 것으로 보인다. 그리고 <요한삼서>의 주인공 가이오가 있다. 요한은 그에게 "참으로 사랑하는 자"(요삼 1:1)라고 부르며, "사랑하는 자여"라는 표현을 여러 차례 사용해 깊은 사랑과 감사를 표현했다.

협업
협업(協業)이란, 여러 사람이 각자의 전문 영역으로 나누어 역할을 분담하고, 함께 협력하여 공동의 목표를 이루는 것이다. 초기 교회에서 사도들은 일곱 일꾼과 협업했고, 사도 바울도 수많은 동역자와 협업하며 복음을 전했다. <요한삼서>의 가이오와 전도인들 역시 훌륭한 협업의 본보기였다. 협업할 때 다음과 같은 가치를 중요하게 여기며 동력을 낸다면, 놀라운 성과를 이룰 수 있다.
- 모든 그리스도인은 한 몸을 이루는 소중한 지체이다. 그러므로 서로 귀하게 여긴다.
- 빈부귀천 없이 모두 동등한 지체로 함께 일한다.
- 각자의 장점은 살리고, 약점은 서로 보완함으로 더 나은 성과를 낸다.

#From the Cross | 십자가로 시작하는 레시피

5. 고난을 딛고 승리한 복음 1세대 사도 요한의 증언과 격려

● 로마 제국의 핍박 속에서도 지킨 예수님의 세례와 성찬 기념

"너희는 가서 모든 민족을 제자로 삼아 아버지와 아들과 성령의 이름으

로 세례를 베풀고"(마 28:19). 이는 예수님께서 승천하시기 전에 주신 지상명령입니다. 이 말씀은 예수님께서 다시 오시는 그날까지 제자들, 곧 전도인들이 반드시 행해야 할 사명입니다. 전도인의 사명은 복음 1세대가 유대인들의 박해 속에서도 땅끝 전도에 힘쓰며 '세례와 성찬'을 지켜 행함으로 이어졌습니다. 그리고 로마 제국의 박해가 더욱 극심해지던 시기에, 복음 2세대 또한 '세례와 성찬'을 통해 지상명령을 계승하게 될 것입니다.

요한은 복음 2세대에게 예수님께서 마지막 유월절 첫 번째 성찬식 때 주신 "세상에서는 너희가 환난을 당하나 담대하라 내가 세상을 이기었노라"(요 16:33)라는 말씀을 다시 기억하며, "무릇 하나님께로부터 난 자마다 세상을 이기느니라 세상을 이기는 승리는 이것이니 우리의 믿음이니라"(요일 5:4)라고 믿음의 확신을 전합니다. 요한은 물과 피로 오신 예수님께서 곧 하나님의 아들이심을 믿는 그리스도인이야말로 세상을 이기는 사람이라고 분명하게 말하며 복음 2세대에게 용기와 소망을 주었습니다.

● 예수님의 가르침과 성령님의 인도하심을 믿고 주 안에 거하기를

성령 세례를 받은 그리스도인은 성령님의 인도하심을 따라 살아가야 합니다. 당시 복음 2세대 그리스도인들은 로마 제국의 박해와 미혹하는 자들 사이에 있었습니다. 요한이 그 시대를 마지막 때라고 여길 만큼 적그리스도가 나타나서 성도들을 미혹했습니다(요일 2:18). 그러나 아직 장래에 어떻게 될지 아무도 모르고, 마지막 때의 현상이 나타난 것은 아니었기에 요한은 그들에게 이단을 경계하고, 오직 예수님의 가르침을 성령님께서 인도하시는 대로 믿고 지키라고 가르칩니다.

"너희는 주께 받은 바 기름 부음이 너희 안에 거하나니 아무도 너희를 가르칠 필요가 없고 오직 그의 기름 부음이 모든 것을 너희에게 가르치며 또 참되고 거짓이 없으니 너희를 가르치신 그대로 주 안에 거하라 자녀들아 이제 그의 안에 거하라 이는 주께서 나타내신 바 되면 그가 강림하실 때에 우리로 담대함을 얻어 그 앞에서 부끄럽지 않게 하려 함이라"(요일 2:27~28).

예수님께서는 첫 번째 성찬식 때 성령님이 오셔서 하실 일을 미리 말씀해 주셨습니다. 첫째, 보혜사 성령님께서는 예수님께서 말씀하신 모든 것을 가르치시고 생각나게 하십니다. 둘째, 모든 그리스도인을 진리 가운데로 인도하십니다. 셋째, 예수님을 증언하시며, 예수님의 영광을 나타내십니다.

요한은 복음 2세대에게 예수님의 이 말씀을 따라, 성령님의 인도하심을 믿고 주 안에 거하라고 당부합니다. 그렇게 살면, 예수님께서 강림하실 때 그 앞에서 부끄럽지 않을 수 있습니다.

● 부활 영생을 믿는 그리스도인이 형제를 위해 감당하는 순교신앙

요한은 "하나님은 사랑이시라"라고 선언합니다. 그리고 우리가 하나님께 속한 증거로 "서로 사랑하라"라고 권면합니다. "누구든지 예수를 하나님의 아들이라 시인하면 하나님이 그의 안에 거하시고 그도 하나님 안에 거하느니라 하나님이 우리를 사랑하시는 사랑을 우리가 알고 믿었노니 하나님은 사랑이시라 사랑 안에 거하는 자는 하나님 안에 거하고 하나님도 그의 안에 거하시느니라"(요일 4:15~16). 이는 예수님께 속한 사람, 곧 메시아의 사람, 그리스도인입니다. 예수님께서 포도나무 비유를 들어 말씀하신 것처럼, 하나님의 자녀는 그리스도의 사랑으로 하나 된 사람들입니다.

그러므로 요한은 복음 2세대에게 하나 된 그리스도인으로서 서로 사랑하라고 당부한 것입니다. 예수님께서 십자가에서 보여주신 하나님의 사랑이 아니었다면, 또한 부활 영생의 소망이 없었다면, 그리스도인들은 유대교 유대인들의 박해와 로마 제국의 박해 속에서 신앙을 이어갈 수 없었을 것입니다. 예수님께서는 "내 계명은 곧 내가 너희를 사랑한 것 같이 너희도 서로 사랑하라 하는 이것이니라"(요 15:12)라고 말씀하시며, 그리스도인의 정체성을 분명히 해주셨습니다. 그리스도인은 예수님의 십자가 사랑을 받은 사람으로서 더 나아가 그리스도 안에서 서로 사랑하는 형제입니다.

"그 형제를 미워하는 자마다 살인하는 자니 살인하는 자마다 영생이 그 속에 거하지 아니하는 것을 너희가 아는 바라 그가 우리를 위하여 목숨을 버리셨으니 우리가 이로써 사랑을 알고 우리도 형제들을 위하여 목숨을 버리는 것이 마땅하니라"(요일 3:15~16).

그리스도인이 예수님의 사랑으로 이웃을 사랑하고 형제를 위해 순교신앙을 갖는다는 것은, 결국 예수님께서 다시 오실 때까지 그 사랑을 땅끝까지 모든 민족에게 전하는 지상명령의 사명을 감당하며 살아가는 삶을 뜻합니다.

52과 새 하늘과 새 땅의 노래 - 하늘 보좌 신앙

요한계시록

큰글자 일년일독 통독성경 *one year tongdok bible as one story*

360일 : 복음 2세대와 일곱 교회
361일 : 일곱 인 환상
362일 : 일곱 천사의 일곱 나팔
363일 : 14만 4천 명의 노래
364일 : 큰 성 바벨론의 멸망과 준비된 미래
365일 : 만물에 깃든 하나님의 기쁨

시간 흐름 *time flow*

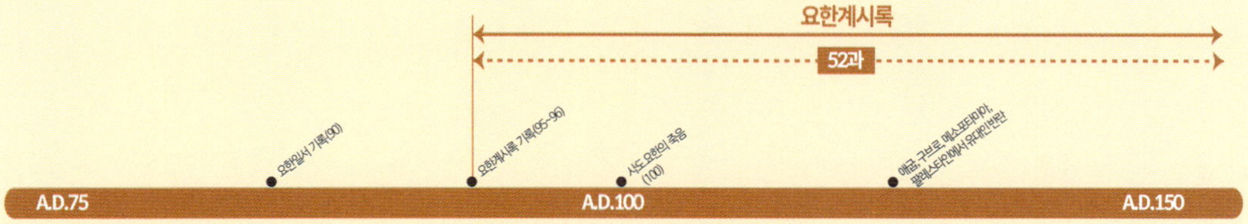

지금 공간 *current location* 밧모섬, 일곱 교회

주요 인물 *main character* 요한

통通포인트 *tong point*

그리스도, 우리(그리스도인)의 범위를 새롭게 하시다

<요한계시록>은 한마디로 '복이 되는 책'입니다. 하나님께서는 "이 예언의 말씀을 읽는 자와 듣는 자와 그 가운데에 기록한 것을 지키는 자는 복이 있나니"(계 1:3)라고 말씀하셨습니다. <요한계시록>은 믿음을 굳게 지키는 사람들에게 위로와 힘이 되는 말씀이며, 그리스도인과 교회의 승리를 위해 주신 말씀입니다. 말씀이 육신이 되신 그리스도께서는 우리를 죄인의 자리에서 하나님의 보좌 앞으로, 사망에서 영생으로, 창조의 자리에서 새 창조의 자리로 나아가게 하십니다. 하나님의 아들 예수 그리스도를 믿는 '우리' 그리스도인은 결국 최후 승리의 노래를 부르며, 하나님과 어린양이 성전인 거룩한 성에서 영원히 하나님 나라 백성으로 살게 될 것입니다.

1. 보좌에 계신 어린양과 보좌에 앉을 이긴 이(순교자들) 계 1장

큰글자 일년일독 통독성경 | 500~502p

예수님께서 사도 요한이 홀로 밧모섬에 있을 때 나타나셔서, 환상을 보여주시며 놀라운 말씀을 주셨습니다. "예수 그리스도의 계시라 이는 하나님이 그에게 주사 반드시 속히 일어날 일들을 그 종들에게 보이시려고 그의 천사를 그 종 요한에게 보내어 알게 하신 것이라"(계 1:1). 요한이 갈릴리에서 만났던 예수님을 60여 년 후, 다시 만나게 된 것입니다. 요한은 밧모섬까지 자신을 찾아오신 예수님을 만나 뵙고, 너무나 놀라 땅에 엎드렸습니다.

"내가 볼 때에 그의 발 앞에 엎드러져 죽은 자 같이 되매 그가 오른손을 내게 얹고 이르시되 두려워하지 말라 나는 처음이요 마지막이니 곧 살아 있는 자라 내가 전에 죽었었노라 볼지어다 이제 세세토록 살아 있어 사망과 음부의 열쇠를 가졌노니 그러므로 네가 본 것과 지금 있는 일과 장차 될 일을 기록하라"(계 1:17~19).

예수님께서는 요한에게 '네가 본 것', '지금 있는 일' 그리고 '장차 될 일'을 기록하라고 말씀하셨습니다. 예수님의 말씀을 들은 요한은 "우리를 나라와 제사장으로 삼으신" 예수님께 영광을 돌리며, 재림 소망의 마음을 담아 소아시아 일곱 교회의 복음 2세대에게 편지를 씁니다.

요한은 먼저 "이제도 계시고 전에도 계셨고 장차 오실 이와 그의 보좌 앞에 있는 일곱 영과 또 충성된 증인으로 죽은 자들 가운데에서 먼저 나시고 땅의 임금들의 머리가 되신 예수 그리스도"(계 1:4~5)를 소개하며 편지를 시작했습니다.

요한이 환상 가운데 본 예수님의 모습은 거룩한 하나님 보좌 우편에 좌정해 계신 모습이었습니다. 하늘 보좌에 앉으신 어린양 예수님께서는 산헤드린 공회 재판 때 대제사장 앞에서 "인자가 권능의 우편에 앉아 있는 것과 하늘 구름을 타고 오는 것을 너희가 보리라"(마 26:64)라고 말씀하셨고, 그 말씀대로 승천하셔서 하나님 우편에 앉아 계십니다. "주 예수께서 말씀을 마치신 후에 하늘로 올려지사 하나님 우편에 앉으시니라"(막 16:19). 이 사실을 스데반이 순교 직전에 목격하며 "보라 하늘이 열리고 인자가 하나님 우편에 서신 것을 보노라"(행 7:56)라고 증언했습니다.

보좌에 계신 예수님께서 믿음을 지킨 사람들, 즉 이긴 이(순교자)를 자신의 보좌에 함께 앉게 하시겠다는 약속을 주십니다. "이기는 그에게는 내가 내 보좌에 함께 앉게 하여 주기를 내가 이기고 아버지 보좌에 함께 앉은 것과 같이 하리라"(계 3:21). 그리고 그들이 예수님과 함께 보좌에 앉아 천년 동안 왕 노릇하게 될 것을 약속하시며, 이를 요한에게 환상으로 보여주십니다.

"또 내가 보좌들을 보니 거기에 앉은 자들이 있어 심판하는 권

밧모(Patmos)
<요한계시록>을 기록한 장소로 추정되는 밧모섬은 로마 시대에 정치범들이 유배되었던 곳으로, 해안 둘레가 약 60km인 섬이다. 에베소에서 남서쪽으로 약 90km 떨어진 에게해에 있다. 현재, 튀르키예 서쪽 해안과 그리스 본토 사이에 있다. 로마 시대에는 이곳에 채석장이 있어서 유배자들이 강제 노동을 하며 혹사당했던 것으로 알려져 있다.

<요한계시록>이 쓰일 당시의 배경
로마 제국의 네로 황제가 죽은 후 한동안 기독교에 대한 박해가 줄어드는 듯했으나, 티투스 황제의 동생인 도미티아누스가 황제가 되면서 로마 제국은 '황제 숭배(Imperial Cult)'를 강화하고, 기독교에 대한 박해를 본격적으로 시행했다. 그는 자신을 "dominus et deus noster, 우리의 주와 신이시여"라고 부르도록 강요했다. 이는 그리스도인의 신앙고백 '예수는 주'와 정면으로 충돌했다. 이로 인해 기독교 박해는 로마 인근을 넘어 소아시아 지방까지 확대되었고, 결국 사도 요한이 밧모섬에 유배되기에 이르렀다. <요한계시록>에 상징 언어와 환상이 많은 것은 이러한 시대적 상황과 깊은 연관이 있다.

밧모섬의 사도 요한 _ 야코포 비눌리 作

세를 받았더라 또 내가 보니 예수를 증언함과 하나님의 말씀 때문에 목 베임을 당한 자들의 영혼들과 또 짐승과 그의 우상에게 경배하지 아니하고 그들의 이마와 손에 그의 표를 받지 아니한 자들이 살아서 그리스도와 더불어 천 년 동안 왕 노릇 하니"(계 20:4).

예수님께서는 하나님 통치의 본질인 십자가 사역을 이루심으로, 통치권에 합당한 자격을 갖추셨습니다. "그 어린 양이 나아와서 보좌에 앉으신 이의 오른손에서 두루마리를 취하시니라"(계 5:7). 영광과 권능을 모두 가지신 하나님의 어린양 예수님께서 합당한 자격으로 두루마리를 취하시자, 천사들과 모든 피조물이 "보좌에 앉으신 이와 어린 양에게 찬송과 존귀와 영광과 권능을 세세토록 돌릴지어다"(계 5:13)라고 찬양합니다.

요한은 복음 2세대에게 로마 제국의 박해를 이겨내고 끝까지 믿음을 지켜, 마침내 승리하실 예수 그리스도와 함께 새 하늘과 새 땅에서 살아갈 놀라운 소망을 가지라고 당부합니다. 요한은 예수님께서 보여주신 것, 곧 장차 될 일을 기록하여 복음 2세대에게 전합니다. 이 놀라운 계시의 말씀을 담은 편지가 바로, 미리 건네받은 승리의 노래인 〈요한계시록〉입니다.

사도 요한이 평생 중요하게 본 다섯 장면

1. 갈보리산, 예수님의 십자가
2. 형제 야고보의 죽음
3. 베드로의 죽음
4. 복음 2세대의 고난
5. 밧도섬에서 만난 예수님

도미티아누스 황제의 박해 그 이후

도미티아누스 황제 이후, 트라야누스 황제(A.D.98~117년)도 기독교 박해를 이어갔다. 이 시기에 이미 그리스도인은 유대인과 분명히 구별되었으며, 기독교는 하나의 비밀 집단으로 간주되었다. 그런데 누군가가 그리스도인이라는 것이 드러났다고 해서, 로마 제국이 그를 즉시 처형한 것은 아니었다. 로마는 일단 신앙을 부인하고 철회할 기회를 주었는데, 이는 황제의 신상을 숭배할 것을 맹세하고 그리스도를 저주해야 함을 의미했다. 이는 그리스도인에게 절대 동의할 수 없는 조건이었다. 당시 이 조건을 거부한 그리스도인들은 곧바로 순교해야 했다. 그로부터 200여 년 동안 기독교에 대한 극심한 박해는 계속되었다.

2. 소아시아 일곱 교회에 주시는 약속 - 장단점 코칭 계 2~3장

#큰글자 일년일독 통독성경 | 502~506p

예수님께서는 요한을 통해 당시 로마 제국의 박해 가운데 있던 소아시아 일곱 교회를 향해 위로와 격려의 말씀을 주시고, 최후 승리를 위한 하나님의 미래 계획을 알려주셨습니다. "네가 보는 것을 두루마리에 써서 에베소, 서머나, 버가모, 두아디라, 사데, 빌라델비아, 라오디게아 등 일곱 교회에 보내라 하시기로"(계 1:11). 요한은 복음 2세대가 이끄는 소아시아 일곱 교회를 향해 칭찬과 책망과 격려로 그들을 코칭(coaching)하면서, 담대한 순교신앙을 갖도록 예수님의 약속을 전하며 용기를 줍니다. 이는 궁극적으로는 그들이 '이기는 이'가 되어 예수님의 보좌에 함께 앉게 하려는 것입니다.

소아시아 일곱 교회에 주신 약속

에베소 교회	"이기는 그에게는 내가 하나님의 낙원에 있는 생명 나무의 열매를 주어 먹게 하리라"(계 2:7)
서머나 교회	"이기는 자는 둘째 사망의 해를 받지 아니하리라"(계 2:11)
버가모 교회	"이기는 그에게는 내가 감추었던 만나를 주고 또 흰 돌을 줄 터인데 그 돌 위에 새 이름을 기록한 것이 있나니 받는 자 밖에는 그 이름을 알 사람이 없느니라"(계 2:17)
두아디라 교회	"이기는 자와 끝까지 내 일을 지키는 그에게 만국을 다스리는 권세를 주리니 … 내가 또 그에게 새벽 별을 주리라"(계 2:26~28)
사데 교회	"이기는 자는 이와 같이 흰 옷을 입을 것이요 내가 그 이름을 생명책에서 결코 지우지 아니하고 그 이름을 내 아버지 앞과 그의 천사들 앞에서 시인하리라"(계 3:5)
빌라델비아 교회	"이기는 자는 내 하나님 성전에 기둥이 되게 하리니 그가 결코 다시 나가지 아니하리라 … 새 예루살렘의 이름과 나의 새 이름을 그이 위에 기록하리라"(계 3:12)
라오디게아 교회	"이기는 그에게는 내가 내 보좌에 함께 앉게 하여 주기를 내가 이기고 아버지 보좌에 함께 앉은 것과 같이 하리라"(계 3:21)

복음 2세대가 이끄는 소아시아 일곱 교회

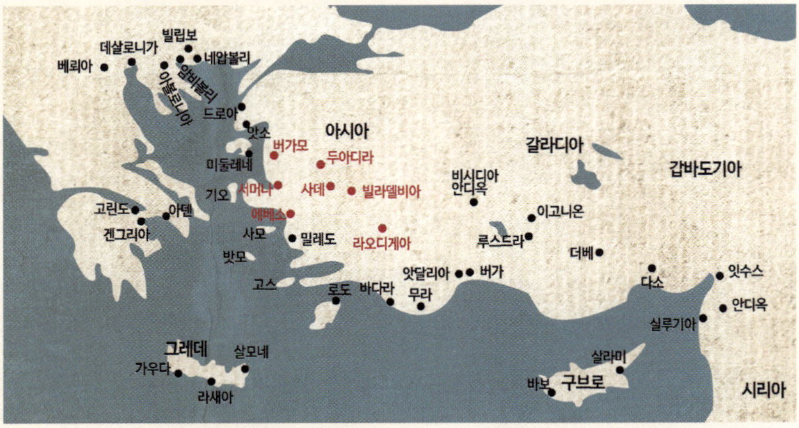

당시 소아시아 일곱 교회 가운데, '에베소 교회'는 수고와 인내로 신실하게 역경을 견디며, 자칭 사도라 하는 자들의 거짓됨을 드러내고 예수님의 이름을 위하여 고난을 참고 견디고 있었습니다. '서머나 교회'는 환난과 궁핍 가운데 있으며, 자칭 유대인이라 하나 실상은 사탄의 회당인 자들의 비방을 참고 견디고 있었습니다. '버가모 교회'는 로마 제국의 황제 숭배의 센터, 즉 사탄의 권좌가 있는 그곳에서 믿음을 굳게 지키고 있었습니다.

'두아디라 교회'는 사랑과 믿음과 섬김과 인내로 견디고 있었습니다. '사데 교회'는 옷을 더럽히지 않은 사람 몇 명이 있었습니다. 이들은 순결한 신앙인으로 예수님과 함께 흰옷을 입고 걷게 될 사람들입니다. '빌라델비아 교회'는 비록 작은 능력을 가지고 있었지만, 예수님의 말과 이름을 굳게 지키며 배반하지 않았습니다.

'라오디게아 교회'는 미지근한 성향 때문에 책망을 받았지만, 책망과 징계를 말할 수 있을 만큼 예수님의 사랑을 받는 교회였습니다. 예수님께서는 그들이 열심을 내고 회개하기를 바라시며, "그와 더불어 먹고 그는 나와 더불어 먹으리라"(계 3:20)라는 약속으로 함께할 날을 기다리십니다.

예수님께서는 일곱 교회의 고난과 신앙 상태를 지켜보시며, 그들의 모든 형편을 알고 계셨습니다. 그래서 고난을 견디고 끝까지 이기는 이에게, 하늘 보좌에서 하나님과 어린양이신 예수님과 함께하게 될 것을 약속하셨습니다.

소아시아 일곱 교회가 받은 코칭

- **에베소 교회** - 회개하고 처음 사랑을 회복하라
- **서머나 교회** - 환난이 오겠지만, 죽도록 충성하라
- **버가모 교회** - 니골라당의 교훈을 따르는 이들은 회개하라
- **두아디라 교회** - 우상숭배와 음행을 회개하라
- **사데 교회** - 받은 가르침을 다시 생각하고 지켜 회개하라
- **빌라델비아 교회** - 인내의 말씀을 지켰으니, 장차 올 시험에서 지켜주리라
- **라오디게아 교회** - 차든지 뜨겁든지 하라. 열심을 내고 회개하라-

알파와 오메가
(the Alpha and the Omega)

예수님께서 요한에게 고난 가운데 있는 소아시아 일곱 교회에 위로와 격려의 말씀을 주시면서 "나는 처음이요 마지막이니"라고 말씀하시며 알파와 오메가 되심을 선언하셨다. '알파와 오메가'는 헬라어 알파벳의 첫 글자(α)와 끝 글자(Ω)를 나타낸 말로, '처음과 나중', '완전함', '충만함' 등을 상징한다. 하나님께서는 이사야 선지자를 통해, 사도 요한을 통해 '처음과 나중'이심을 말씀하시며, 창조자이시며 전능하신 만군의 여호와이심을 알려주셨다. 하나님을 믿는 그리스도인이 처음과 마지막을 알고 믿는다면, 그 안에서 겪는 모든 어려움은 그저 지나가는 과정에 불과하다는 사실을 알게 될 것이다.

3. 지상명령을 수행하는 가운데 대환난을 이기는 그리스도인

계 4~17장

#큰글자 일년일독 통독성경 | 506~524p

요한계시록 4장부터 20장까지는 〈요한계시록〉의 본론 부분으로, 전체 내용은 '일곱 환상 그룹'으로 나뉩니다. 일곱 환상 그룹은 '세 개의 환난 그룹', 즉 일곱 인, 일곱 나팔, 일곱 대접과 '네 개의 삽경 그룹'으로 구성되어 있습니다. 삽경은 앞으로 다가올 환난에 대한 보조 설명이라 할 수 있습니다.

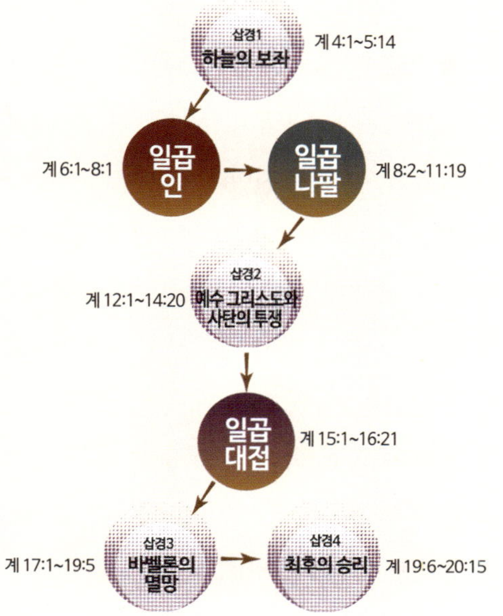

첫째 삽경은 요한에게 보여주신 하늘 보좌 장면이고, 둘째 삽경은 예수 그리스도와 사탄의 영적 싸움이며, 셋째 삽경은 큰 음녀, 즉 바벨론의 심판 선언과 멸망 장면이고, 넷째 삽경은 어린양의 혼인 잔치와 예수 그리스도의 완전한 승리를 목도하는 장면입니다. 〈요한계시록〉에 기록된 삽경의 주된 표현은 '찬양'입니다. 다시 말해 〈요한계시록〉은 '찬양의 책'이라 할 수 있습니다. 하나님과 어린양이신 예수님께 드려지는 거룩한 찬양이 여러 차례 등장하기 때문입니다. 우주와 역사의 주관자이시며 교회의 주인이신 하나님께서는 찬양받으시기에 합당하신 분입니다.

하늘에서 요한에게 올라오라는 음성이 들렸습니다. 그러자 요한은 성령님의 인도하심을 따라 환상 중에 보좌에 앉으신 하나님을 보게 됩니다. 요한이 본 하늘에는 십자가에 죽으시고 부활하셔서 하늘로 올라가신 이가 보좌에 앉아 계셨고, 그 주변에는 네 생물과 이십사 장로들이 있었습니다. 그들은 밤낮 쉬지 않고 하나님께 찬양을 드리고 있었습니다. "거룩하다 거룩하다 거룩하다 주 하나님 곧 전능하신 이여 전에도 계셨고 이제도 계시고 장차 오실 이시라"(계 4:8).

보좌에 앉으신 하나님의 오른손에는 일곱 인으로 봉한 두루마리가 있었습니다. 천사가 "누가 그 두루마리를 펴고 인을 떼기에 합당하냐?"라고 물었으나, 이 세상의 누구도 그 두루마리를 펴거나 볼 수 있는 사람이 없었습니다. 누가 하나님의 섭리와 계획을 완전히 이해할 수 있겠습니까? 책을 펴기에 합당한 이가 없자 요한이 웁니다. 그때 장로 중 한 사람이 "다윗의 뿌

어린양 찬양
하나님 보좌에 앉으신 어린양과 하나님께 드려지는 찬미의 노랫소리가 참으로 아름답다. 오직 역사의 주관자이신 하나님과 어린양 예수님께 올려지는 이 찬양은 온 우주를 가득 채우며 웅장하게 울려 퍼진다.

기도의 금 대접
성도들의 기도를 담은 대접을 가진 네 생물과 이십사 장로가 하나님의 어린양 예수 그리스도를 찬양했다. 이때 드려진 금 대접에 가득 담긴 향기는 성도들의 기도였다. 성도들의 기도는 허공을 맴도는 메아리가 아니다. 기도는 살아 계신 하나님과 나누는 대화요, 교제다. 하나님의 뜻에 합한 모든 기도는 하나님의 보좌에 상달된다. "나의 기도가 주의 앞에 분향함과 같이 되며"(시 141:2)라고 노래한 다윗처럼, 제사장이 성전에서 분향할 때 모두 모여 밖에서 기도하던 백성들(눅 1:10)처럼, 성도들의 믿음과 사랑의 기도는 아름다운 향기로운 제물처럼 하나님 앞에 올려진다. 지금 이 순간에도 우리의 기도는 금 대접에 담겨 천국으로 운반되고 있다.

리가 이겼으니 그 두루마리와 그 일곱 인을 떼시리라”(계 5:5)라고 말합니다. 다윗의 뿌리는 바로 하나님의 어린양 예수 그리스도이십니다. 예수님만이 일곱 인을 떼기에 합당하신 분입니다.

● 일곱 인

요한계시록 6장부터는 요한이 본 미래에 관한 환상들이 길게 이어집니다. 〈요한계시록〉 전반에 걸쳐 ‘7’이라는 숫자가 자주 등장합니다. 마침내 어린양이 심판을 불러오는 일곱 인을 떼기 시작합니다. 인이 하나씩 떼어질 때마다, 거대한 규모의 환난이 몰아칩니다. 놀랍게도 일곱 인 환상은 예수님께서 60여 년 전에 말씀하신 마지막 때의 징조와 같습니다. 대체로 첫째 인은 전쟁을, 둘째 인은 내란을, 셋째 인은 기근을, 넷째 인은 역병을, 다섯째 인은 종교적 박해를, 여섯째 인은 천지 이변을 상징하는 것으로 해석합니다. 봉인이 하나씩 떼어질 때마다, 온 세계가 환난 가운데 놓이게 되지만, 그 권세를 막을 자가 없습니다.

이어서 일곱째 인이 떼어질 때의 상황이 기록됩니다. 일곱째 인이 떼어지자, 처음 반 시간은 마치 폭풍 전야처럼 고요하기만 합니다. 그러나 그 고요함은 뒤이어 올 큰 재앙의 전조였습니다.

심판 날의 사건들이 연속적으로 기록되다가, 여섯째 인과 일곱째 인 사이에는 하나님의 백성들이 등장합니다. 천사들이 하나님의 종들의 이마에 인을 치기 위한 준비를 하고, 하나님께서는 모든 심판 준비를 마치셨습니

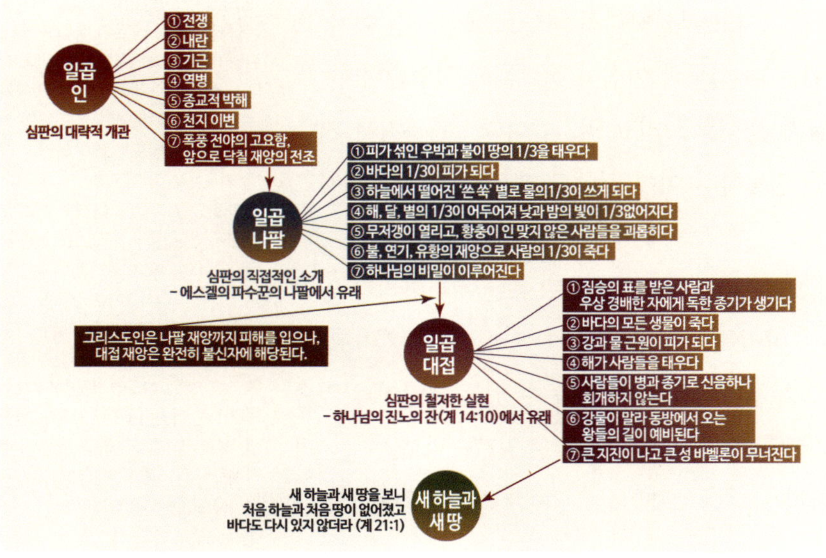

인 (seal)
나무, 돌, 보석 등에 문양을 새긴 ‘인’은 소유권을 확증하고, 문서나 법의 진실성을 인증하기 위해 사용되었다. 이는 누구도 철회할 수 없는 확증이자 최고 권위의 상징이며, 문서의 증빙이자 소중한 것을 나타내는 표식이었다. 성경에서도 ‘인’은 여러 장면에 등장한다. 애굽 왕 바로는 인장 반지로 왕권을 요셉에게 위임했고, 아하수에로 왕의 인장은 에스더가 페르시아에서 유대인을 구하는 데 사용되었으며, 다리오 왕은 조서에 인장을 찍음으로 다니엘을 사자 굴에 넣는 사건을 초래했다. 느헤미야 때 유대인은 회개하고 언약을 세우고 그 내용을 인봉해 증거로 삼았고, 예수님의 무덤 봉인은 부활을 막으려던 산헤드린 공회의 어리석은 시도였다. 그리고 <요한계시록>의 인은 하나님의 심판 시작을 알리는 상징으로 사용되었다.

일곱째 인과 금 향로
천사가 일곱 나팔을 불기 전에, 그리스도인들의 기도가 하나님 앞으로 올려진다. 금 향로에서 피어오르는 향연은 그리스도인들의 간절한 기도이다. 이 향로가 종말의 재앙을 일으킨다는 것은, 그 안에 담긴 그리스도인들의 기도가 예수 그리스도와 천사의 나팔 소리가 속히 임하기를 간구하는 소망이었음을 의미한다. 예수 그리스도의 재림 약속을 믿고 드리는 우리의 마라나타 신앙의 기도는 금 향로에 고이 모아져 마지막 날, 이 땅 위에 응답으로 내려질 것이다.

다. 하지만 구원받을 백성의 이마에 인을 치기 전까지 심판의 재앙을 미루십니다. 이는 하나님께서 택하신 백성을 보호하시겠다는 뜻입니다.

마침내 하나님께서 택하신 백성의 이마에 인을 치십니다. 이마에 인침을 받은 백성은 앞으로 임할 재앙과 세상을 지배하게 될 악의 세력으로부터 구원을 얻게 됩니다. 하나님을 향한 믿음 위에 굳게 서서 흔들리지 않았던 하나님의 백성은, 그 사랑의 증표를 받아 영원히 주님을 찬양하게 될 것입니다. 하나님의 택하심을 입은 백성은 "각 나라와 족속과 백성과 방언에서 아무도 능히 셀 수 없는 큰 무리"(계 7:9)가 되어, 흰옷을 입고 종려나무 가지를 들고 하나님과 어린양이신 예수님께 찬송과 경배를 올려드립니다.

● 일곱 나팔

일곱째 인은 일곱 나팔로 이어지고, 준비된 일곱 천사가 각각 일곱 개의 나팔을 붑니다(계 8~11장). 천사가 나팔을 불 때마다 세상에는 재앙이 닥쳐옵니다. 첫 번째 나팔을 불자, 피가 섞인 우박과 불이 내려와 땅의 1/3을 태웁니다. 두 번째 나팔을 불자, 바다의 1/3이 피가 됩니다. 세 번째 나팔을 불자, '쓴 쑥'이라는 이름의 별이 하늘에서 떨어져 물의 1/3이 쓰게 됩니다. 네 번째 나팔을 불자, 해와 달, 그리고 별의 1/3이 어두워져 낮과 밤의 1/3이 빛을 잃습니다. 다섯 번째 나팔을 불자, 하늘에서 떨어진 별 하나가 무저갱을 엽니다. 무저갱에서 올라온 황충이 사람을 해칠 권세를 받아, 오직 이마에 하나님의 인침을 받지 않은 사람들만을 괴롭힙니다. 여섯 번째 나팔을 불자, 불과 연기, 유황의 재앙으로 사람들의 1/3이 죽임을 당합니다.

어두운 세상 역사 속에서도 하나님의 오래 참으심과 긍휼은 차고 넘칩니다. 교회가 세상 환난 가운데 괴로움을 당하지만, 그 안에는 믿음의 역사와 순교의 역사가 함께 있습니다. 택하신 백성들을 향한 하나님의 은혜는 마지막 때까지 변함없이 이어집니다.

마침내 일곱 번째 나팔이 울리고, 큰 음성들이 하나님을 찬양하며, 이십사 장로가 하나님의 임재 앞에 경배를 드리자, 하늘에서 준비된 성전이 열리며 언약궤가 보입니다. 이제 찬란한 하나님 나라가 임하기까지 시간이 얼마 남지 않았습니다.

일곱 나팔 재앙 후에 이어질 일곱 대접의 재앙이 시작되기 직전, 일곱 인이 떼어질 때의 상황이 다시 일어납니다. 그때와 같이 우레, 음성, 번개, 지

무저갱 (Abyss)
무저갱은 문자적으로 '밑이 없는 구덩이, 무한한 파멸, 절벽' 등을 뜻한다. 이곳은 사탄이 불과 유황 못에 던져져 영원히 고통을 받기 전에 천 년 동안 갇혀 있는 장소다. 무저갱에서 나온 황충이 사람들을 괴롭히며 죽음보다 더한 고통을 주지만, 어리석은 인생들은 여전히 죄의 길에서 돌이켜 하나님께로 돌아갈 생각을 하지 않는다. 하나님의 심판과 진노에서 벗어날 수 있는 길은 '회개'뿐이다. 악한 길에서 돌이켜 하나님께로 나아갈 때, 인생은 심판과 저주의 대상에서 은혜와 사랑의 대상으로 바뀐다. 하나님의 은혜가 임할 마지막 기회를 절대 늦춰서는 안 된다.

두루마리를 주신 이유
제사장 에스겔이 처음 하나님의 부름을 받았을 때, 하나님께서는 재앙의 말씀이 가득한 두루마리를 먹으라고 명령하셨다. 에스겔은 그 두루마리를 먹고, 바벨론 포로로 끌려온 남유다 백성에게 두루마리에 기록된 재앙의 말씀을 힘겹게 전해야 했다. 사도 요한도 작은 두루마리를 먹게 되는데, 그 말씀이 입에는 꿀같이 달았으나, 배에서는 쓰게 느껴졌다. 요한처럼 그리스도인들도 세상의 모든 인생이 하나님의 생각과 뜻으로 돌이키도록, 예수 그리스도의 복음을 전하는 사명을 감당해야 한다. 이것이 하나님께서 우리에게 말씀의 두루마리를 주신 이유다.

진이 일어나며(계 8:5), 이번에는 큰 우박까지 더해집니다. 요한은 이때 하늘에 있는 '언약궤와 성전'을 보고 창세전부터 이미 하나님의 구원 계획이 있으셨음을 깨닫습니다. 그리고 이 땅에서 사람의 손으로 지은 '언약궤와 성전'은 참 것의 그림자였다는 사실도 깨닫습니다.

요한계시록 12장에는 하나님의 대적자들이 등장합니다. 용으로 상징되는 대적자들은 하나님의 계획에 따라 만국을 다스릴 아기를 해하려 하고, 해산한 여인을 핍박하기도 합니다. 그러나 하나님께서는 천사들을 보내셔서 이 훼방자들을 하늘에서 땅으로 쫓아내십니다.

당시 그리스도인들에게 로마 제국의 박해는 견디기 어려운 것이었습니다. 믿음을 지켜 나간다는 것은 때론 죽음을 각오해야 할 만큼 힘든 일이었습니다. 요한이 본 '하나님께서 반드시 악의 세력을 심판하실 것'이라는 환상은, 믿음을 지키는 하나님의 백성에게 큰 위로와 격려가 되었습니다.

<요한계시록>에 나오는 악한 형상들
- 황충 (9:3~11)
- 큰 붉은 용 (12:3~4)
- 열 뿔과 일곱 머리를 가진 짐승 (13:1~8)
- 어린양같이 두 뿔이 있는 짐승 (13:11)
- 개구리 같은 세 더러운 영 (16:13)
- 물 위에 앉은 큰 음녀 (17:1)
- 큰 성 바벨론 (18:2)

● 일곱 대접

일곱 인과 일곱 나팔을 지나 일곱 대접에 이를수록, 심판에 따른 재앙은 점점 더 확대되고 있습니다. 하나님께서는 독생자를 내어주시기까지 인간을 향한 아낌없는 사랑을 베푸시는 분이지만, 동시에 하나님을 외면한 채 죄 가운데 빠져 어리석게 살아가는 이들을 심판하시는 분이기도 하십니다.

결국 하나님의 '진노의 잔'에서 쏟아진 철저한 심판이 실현됩니다. 천사들이 진노의 일곱 대접을 차례로 땅에 쏟자, 정해진 대로 일곱 재앙이 무섭게 일어납니다. 일곱 나팔 재앙 때에는 1/3이 해를 입었지만, 일곱 대접 재앙 때에는 그 범위가 전체로 확대됩니다. 첫째 대접을 땅에 쏟자, 짐승의 표를 받은 사람들과 우상숭배자들에게 독한 종기가 생깁니다. 둘째 대접을 바다에 쏟자, 바다의 모든 생물이 죽습니다. 셋째 대접을 강과 물 근원에 쏟자, 물이 피가 됩니다. 넷째 대접을 해에 쏟자, 해가 불로 사람들을 태웁니다. 다섯째 대접을 짐승의 왕좌에 쏟자, 사람들이 아파서 자기 혀를 깨물고 아픈 것과 종기로 신음합니다. 그러나 끝내 회개하지 않습니다. 여섯째 대접을 큰 강 유브라데에 쏟자, 강물이 말라 동방에서 오는 왕들의 길이 준비됩니다.

마지막 일곱째 대접을 공중에 쏟자, 공중에서 큰 음성이 성전 보좌에서 들려오며 "되었다"(계 16:17)라는 말씀이 있었습니다. 그러자 큰 지진이 일어

세상의 길이 아닌, 십자가의 길
바벨론성의 심판 선포와 함께, 하나님의 천사는 그리스도인들을 향해 바벨론의 죄에 참여하지 말고, 그들이 받는 재앙에 함께 휘말리지 않도록 외친다. 바울은 하나님을 믿지 않는 자들과 멍에를 함께 메지 말라고 권면한 바 있다. 복 있는 사람은 악인의 꾀를 좇지 아니하며, 죄인의 길에 서지 아니하고, 오만한 자의 자리에 앉지 않는다. 왜냐하면 그리스도인에게는 마땅히 걸어가야 할 길이 있기 때문이다. 그 길은 세상과는 다른 길이며, 예수님께서 걸으신 십자가의 길, 순종과 믿음의 길, 그리고 영생의 길이다.

나고 큰 성 바벨론이 무너집니다. 이는 일곱 대접에 담긴 모든 재앙을 다 겪은 후에야 바벨론이 멸망한다는 뜻입니다. 그 과정의 시간이 절대 짧지 않기에 성도들의 인내가 필요한 것입니다. 이렇게 일곱 대접 재앙으로 세계 문명은 모두 파괴됩니다. 그런데 이러한 재앙을 당하고도 사람들은 회개하지 않고 오히려 하나님을 비방합니다. 그래서 최후의 심판은 올 수밖에 없습니다.

4. 예수 그리스도의 재림과 천 년의 보좌 통치 계 18~20장

#큰글자 일년일독 통독성경 | 524~529p

요한은 큰 음녀 바벨론이 완전히 멸망하는 모습을 본 후, 하늘에서 허다한 무리가 하나님을 찬양하는 광경을 보았습니다. 이는 어린양의 혼인 잔치 준비였습니다. 하나님의 보좌에서 들리는 "우리 하나님께 찬송하라"라는 음성에 따라 하나님의 백성들이 하나님의 통치를 찬양하며 즐거워하고 크게 기뻐합니다. 그리고 백성들은 빛나고 깨끗한 세마포 옷을 입고 어린양의 혼인 잔치를 준비합니다. 예복이 없이는 그 혼인 잔치에 참여할 수 없기 때문입니다. 어린양의 혼인 잔치에 입고 들어가야 하는 세마포 흰옷은 '하나님 나라 백성의 옷'입니다. 천사는 요한에게 "어린 양의 혼인 잔치에 청함을 받은 자들은 복이 있도다"(계 19:9)라고 기록하라고 명합니다.

예수님께서는 '언제' 재림하십니까?
"그 날과 그 때는 아무도 모르나니 하늘의 천사들도, 아들도 모르고 오직 아버지만 아시느니라"(마 24:36). 우리 그리스도인은 땅끝까지 예수 그리스도의 복음이 전파되어 모든 주의 자녀가 주께 드릴 찬송과 열매를 가득 안고, "오 주여, 어서 오시옵소서"라고 마라나타 찬양을 올려드리는 그날을 기다릴 뿐이다.

● 그리스도 예수님의 재림 – 만왕의 왕

예수님께서는 십자가를 지시기 전에 부활과 승천, 그리고 재림까지 모든 것을 말씀해 주셨습니다. 예수님의 재림에 대해 바울은 "주께서 호령과 천사장의 소리와 하나님의 나팔 소리로 친히 하늘로부터 강림하시리니 그리스도 안에서 죽은 자들이 먼저 일어나고 그 후에 우리 살아 남은 자들도 그들과 함께 구름 속으로 끌어 올려 공중에서 주를 영접하게 하시리니 그리하여 우리가 항상 주와 함께 있으리라"(살전 4:16~17)라고 구체적으로 예고했습니다.

요한은 하늘이 열리고 백마를 타신 예수님의 모습을 본대로 자세히 묘사하여 알려줍니다. 이는 최후 심판을 위해 만왕의 왕이신 예수 그리스도께서 오시는 장면이었습니다. 만왕의 왕, 만유의 주이신 예수 그리스도께서 심판자로 오신다는 것은 구약성경 〈이사야〉와 〈시편〉에서도 예고되었습니

종말, 하나님의 주권으로
안타깝게도 수많은 이단이 출현하게 된 이유는 <요한계시록>을 자의적으로, 엉뚱하게 해석했기 때문이다. <요한계시록>은 여타 다른 책들과 달리, 문학적이거나 문자적으로 해석해서는 이해할 수 없는 책이다. 특히, <요한계시록>에 등장하는 14만 4천 명은 '상징적인 표현'이며, 하나님의 선택을 받은 사람들은 능히 셀 수 없는 큰 무리가 될 것이다. 성경은 <창세기>에서 '태초'를 말하고, <요한계시록>에서는 '종말'을 말한다. 이 종말은 오직 하나님께서 이루실 일이다. 그런데 인간이 하나님의 종말을 인간 수준으로 예견하거나, 예상 가능한 시나리오를 만들어내려는 것은 매우 어리석고 교만한 일이다.

다. 이어서 요한은 예수 그리스도의 완전한 승리를 목도합니다. 예수 그리스도께서 완전히 승리하심으로 모든 새가 악의 세력들의 살을 먹습니다(계 19:17~18). 또한 바다에서 나온 첫 번째 짐승과 땅에서 올라온 두 번째 짐승인 적그리스도와 거짓 선지자는 유황불 붙는 못에 던져지며, 뒤따르던 나머지 세력은 모두 검으로 죽임을 당하고 그들의 살도 새가 먹어버립니다.

● 그리스도, 그리스도인과 함께 천 년의 보좌 통치

먼저 요한은 하나님을 훼방하는 사탄이 무저갱에 던져져 천 년 동안 인봉될 것을 보고, 이어서 첫째 부활에 참여하는 이들이 "복이 있고 거룩하도다"(계 20:6)라고 칭함을 받는 모습을 봅니다. 그들은 하나님과 그리스도의 제사장이 되어 천 년 동안 예수 그리스도와 더불어 왕 노릇 할 것입니다.

2,000년 교회사를 보면, 천년왕국이 '어느 시점에 임하는가'를 두고 많은 논쟁이 있었습니다. 그러나 〈요한계시록〉의 큰 숲을 바라볼 때, 천년왕국은 논쟁의 소재라기보다는 이 땅에 임하시는 하나님의 통치를 선포하는 데 더 큰 의미가 있습니다. 천 년이라는 긴 시간 동안 하나님께서 사탄의 세력을 결박하신다는 말씀은, 사탄의 통치가 무너지고 하나님의 통치가 세워진다는 사실을 다시 한번 확인시켜 줍니다.

이렇게 천 년이 차면, 사탄이 잠시 놓이면서 곡과 마곡을 모아 최후의 결전을 벌입니다. 그 후 마침내 사탄은 불과 유황 못에 던져져 세세토록 괴로움을 받을 것입니다. 사탄의 권세는 하나님의 심판 앞에서 철저히 무력해질 것이며, 결국 하나님의 통치가 온전히 이루어질 것입니다. 이렇듯 최후의 심판은 악의 완전한 멸망으로 끝납니다.

모든 인간은 심판을 피할 수 없습니다. 죽음 이후에는 하나님께서 정하신 이치대로 심판이 기다리고 있습니다. 심판의 근거는 사람들의 모든 행위가 빠짐없이 기록된 '책들'입니다. 자기 행위가 기록된 책으로 심판받게 된다는 사실을 기억한다면, 그리스도인들은 비록 힘겨운 상황 속에서도 인내하며 끝까지 신앙을 지켜 나갈 수 있을 것입니다.

> 종말이란?
> 1. 개인적 종말 - 개인의 죽음과 부활과 영생
> 2. 역사적 종말 - 천년왕국, 예수 그리스도의 재림과 최후 심판, 천국과 지옥
> 3. 우주적 종말 - "새 하늘과 새 땅, 거룩한 성 새 예루살렘"

크고 흰 보좌에서 최후의 심판이 열리는 날, 처음 하늘과 처음 땅이 사라집니다(계 21:1). 책들에 기록된 대로 죄인은 심판을 받고, 생명책에 기록되지 못한 사람은 불못에 던져집니다. 예수님의 말씀대로 예수님을 믿는 사람과 믿지 않는 사람은 각각 생명의 부활과 심판의 부활로 나뉘며, 믿는 사람

에게는 영생이, 믿지 않는 사람에게는 영벌이 주어집니다.

"이를 놀랍게 여기지 말라 무덤 속에 있는 자가 다 그의 음성을 들을 때가 오나니 선한 일을 행한 자는 생명의 부활로, 악한 일을 행한 자는 심판의 부활로 나오리라"(요 5:28~29).

5. 새 하늘 새 땅 - 하나님과 어린양이 성전 계 21장~22:15

#큰글자 일년일독 통독성경 | 529~532p

마침내 보좌에 앉으신 이가 "내가 만물을 새롭게 하노라"(계 21:5)라고 말씀하십니다. 세상의 어느 누가 이런 말을 할 수 있겠습니까? 오직 하나님 한 분만이 만물을 새롭게 하실 수 있습니다. 하나님께서 아름답게 지으신 작품인 거룩한 성 새 예루살렘의 광경이 펼쳐집니다. 요한이 보기에 새 예루살렘은 마치 신부가 신랑을 위하여 단장한 모습과 같았습니다. 이 광경은 태초에 천지를 창조하시고 기뻐하셨던 하나님의 마음이 온전히 성취되고 회복되는 순간입니다. 온 우주 만물에 깃든 하나님의 기쁨을 상상할 수 있겠습니까?

<요한계시록>에 나타난 예수님
- 우리를 나라와 제사장으로 삼으신 분 (1:6)
- 구름을 타고 오시는 분 (1:7)
- 사망과 음부의 열쇠를 가지신 분 (1:18)
- 일곱 인을 떼시기에 합당하신 분 (5:5)
- 일곱 뿔과 일곱 눈이 있는, 죽임당하신 어린양 (5:6)
- 능력과 부와 지혜와 힘과 존귀와 영광과 찬송을 받으시기에 합당하신 분 (5:12)
- 알파와 오메가요, 처음과 마지막이요, 시작과 마침이 되시는 분 (22:13)
- 다윗의 뿌리요, 자손이신 분 (22:16)
- 광명한 새벽 별 (22:16)

소망은 우리 안에서 만들어지는 것이 아닙니다. 하나님께서 주시는 언약, 즉 어린양 예수 그리스도께서 이 땅에 오셔서 모든 것을 새롭게 하신다는 약속에서 시작되는 것입니다. 하나님께서 〈요한계시록〉의 마지막 부분에 보여 주신 새 하늘과 새 땅에 대한 예언은 이미 구약의 예언자들을 통해 주셨던 환상이기도 합니다. 하나님께서는 이 오랜 약속을 반드시 지키실 것입니다.

새 하늘과 새 땅, 거룩한 성 새 예루살렘에는 더 이상 볼 수 없는 것들이 있습니다. 성전이 그러하고, 해와 달도 그러합니다. 바로 하나님과 어린양 되신 예수님께서 성전이 되실 뿐만 아니라, 그 영광으로 빛을 비추시는 등불이 되시기 때문입니다. 이제 더 이상 하나님에 대한 비유나 상징은 필요하지 않습니다. 하나님에 대해 오해하거나 모르는 척할 수도 없습니다. 하나님께서 우리가 거하는 곳에 친히 함께하시기 때문입니다. 하나님과 영원히 함께하는 삶, 그것이 하나님 나라의 기쁨입니다.

<창세기> vs. <요한계시록>

<창세기>의 처음 창조	<요한계시록>의 새 창조
천지 창조 (창 1:1~2:3)	새 하늘과 새 땅 창조 (계 21~22장)
아담이 에덴 동산을 다스림 (창 1:26)	예수 그리스도께서 다스리심 (계 21:5)
생명나무와 격리됨 (창 2:9; 3:22)	생명나무를 볼 수 있음 (계 22:2)
죄로 인해 저주를 받음 (창 3:17~19)	눈물, 저주, 사망이 없음 (계 21:4; 22:3~5)
사탄이 인간을 미혹함 (창 3:13)	사탄이 영원히 멸망함 (계 20:10)
하나님의 낯을 피하여 숨음 (창 3:8)	하나님을 섬기며 하나님의 얼굴을 봄 (계 22:4)
고생과 수고가 동반되는 삶 (창 3:18~19)	세세토록 왕 노릇하는 승리의 삶 (계 22:5)

"다시 저주가 없으며 하나님과 그 어린 양의 보좌가 그 가운데에 있으리

니 그의 종들이 그를 섬기며 그의 얼굴을 볼 터이요 그의 이름도 그들의 이마에 있으리라 다시 밤이 없겠고 등불과 햇빛이 쓸 데 없으니 이는 주 하나님이 그들에게 비치심이라 그들이 세세토록 왕 노릇 하리로다"(계 22:3~5).

고난을 이기고 승리한 그리스도인들은 그곳에서 하나님의 영광을 바라보며, 하나님의 권세를 누리며 존귀한 삶을 살게 될 것입니다. 하나님을 사랑하는 마음 하나로 신앙을 지킨 이들에게 하나님께서는 새 하늘과 새 땅을 선물로 주실 것입니다. 요한에게 보여주신 하나님 나라의 새 창조는 에덴동산의 회복이었습니다.

● 새 하늘과 새 땅

'하나님 나라'는 예수님의 성육신으로부터 시작된 나라라고 말할 수 있습니다. 예수님께서 이 땅에 머무신 그 짧은 기간 동안 영원한 하나님 나라가 이루어졌습니다. 여기에서 핵심은 하나님의 어린양이신 예수님의 십자가입니다. 예수님께서 십자가에서 우리가 받아야 할 저주를 대신 감당하셨기에, 저주가 다시 없는 새 하늘과 새 땅이 이루어지는 것입니다. 예수님의 십자가를 믿는 사람은 하나님의 자녀가 되어 하나님 나라를 상속받고, 그리스도인으로서 영생을 얻습니다.

"하나님이 세상을 이처럼 사랑하사 독생자를 주셨으니 이는 그를 믿는 자마다 멸망하지 않고 영생을 얻게 하려 하심이라"(요 3:16).

● 거룩한 성 새 예루살렘

거룩은 에덴동산에서 안식일로 시작되어, 인간과 하나님의 안식으로 나아갔습니다. 이후 떨기나무 거룩과 성막과 제사장의 관유로 이어진 거룩이 '움직이는 성막 500년'에 이어 '움직이지 않는 예루살렘 성전 1,000년' 시대를 열면서 예루살렘 성전이 거룩하게 되었습니다. 그렇게 예루살렘 성전은 거룩한 성 새 예루살렘의 기초가 되었습니다. 예루살렘 성전은 다시 스룹바벨 성전으로 이어졌고, 예수님께서 십자가에서 죽으실 때 성전의 휘장이 찢어짐으로 '너희 몸이 성전'인 시대가 열렸습니다. 이 모든 과정을 거쳐야 비로소 거룩한 성 새 예루살렘이 도래합니다.

예루살렘은 아브라함에게는 약속의 땅이었고, 1,000년 후 다윗에게는 약속을 성취한 땅이 되었습니다. 다윗은 약속의 땅 가나안에서 남북의 중심

새 예루살렘

- **성의 구조** - 길이, 넓이, 높이가 같은 정육면체 형태, 12,000스다디온
- **성의 모습** - 성곽은 벽옥, 성과 길은 맑은 유리 같은 정금
- **열두 문** - 열두 진주문에 열두 지파의 이름이 있고, 열두 천사가 지킴
- **열두 기초석** - 열두 사도의 이름이 새겨져 있고, 각종 보석(벽옥. 남보석, 녹보석 등)으로 장식됨

인 예루살렘을 선택해, 이곳이 하나님의 이름이 거하는 성이 되기를 소망했습니다. 결국 다윗은 난공불락의 성에 살던 여부스 족속을 무너뜨리고 예루살렘을 차지했고, 그의 아들 솔로몬이 그곳에 예루살렘 성전을 세웠습니다. 성전이 세워짐으로 예루살렘은 이스라엘 모든 백성이 모여 거룩한 제사장 나라 제사를 드리는 장소가 되었습니다. 그때로부터 예루살렘은 앗수르, 바벨론, 페르시아, 헬라, 로마가 탐내는 땅이 되었습니다. 예루살렘에 성전이 있었기에 그곳에 예수님의 십자가가 세워졌고, 그곳은 모든 민족에게 복음을 전하는 센터 역할을 하는 곳이 되었습니다.

요한이 새 예루살렘 성 안에 들어가 보니, 열두 천사가 지키는 열두 문에는 이스라엘 열두 지파의 이름이 새겨져 있었고, 성곽의 열두 기초석 위에는 어린양의 열두 사도 이름이 있었습니다. 그곳은 하나님과 어린양께서 성전이 되시는 곳이며, 영광과 존귀와 거룩으로 빛나는 곳이었습니다. 또한 하나님과 어린양의 보좌로부터 생명수의 강이 흘러나와 생명나무가 자라며 열두 가지 열매를 맺고 있었습니다. 모든 저주가 끝난 그곳에서, 생명책에 기록된 그리스도인들은 사망도 애통도 아픔도 없이 영원토록 하나님과 어린양을 섬기며 살아갑니다.

값없이 주시는 생명수의 은혜
하나님께서는 이사야 선지자를 통해 "오호라 너희 모든 목마른 자들아 물로 나아오라 … 값없이 와서 포도주와 젖을 사라"(사 55:1)라고 말씀하셨다. 하나님께서 새롭게 창조하실 새 하늘과 새 땅에서는, 값 없이도 필요한 모든 것을 마음껏 누릴 수 있다. 이는 모든 인생을 하나님의 자녀로 삼으시려는 하나님의 사랑의 마음이다. "내가 생명수 샘물을 목마른 자에게 값없이 주리니 이기는 자는 이것들을 상속으로 받으리라 나는 그의 하나님이 되고 그는 내 아들이 되리라"(계 21:6~7). 하나님께서는 큰 성 바벨론을 멸하시고, 새 예루살렘을 예비하신다. 그 안에서 하나님의 자녀 된 우리는 아무런 대가 없이 기쁨의 생명수를 마시며, 영원한 행복을 누릴 것이다.

6. 마라나타, 오직 그리스도인의 신앙 계 22:16~21

큰글자 일년일독 통독성경 | 532p

모든 만물을 창조하신 후 심히 좋아하셨던 하나님께서 아담이 불순종함으로 죄를 짓자 저주를 내리시고 에덴동산에서 쫓아내셨습니다. 이렇게 아담으로부터 시작된 죄와 저주는 둘째 아담이신 예수 그리스도를 통해 모두 사라집니다. 그래서 '속히 오시리라'라는 예수님의 재림 약속에 사도 요한이 "아멘 주 예수여 오시옵소서"(계 22:20)라고 화답한 것입니다.

이렇게 성경은 에덴동산 이야기로 시작하여 새 에덴 이야기로 끝이 납니다. 그리고 그 사이에서 그리스도인은 '마라나타' 신앙으로 지상명령을 수행하며, 하나님 나라 공직자로 살아갑니다.

그리스도인의 마라나타 신앙고백은 〈요한계시록〉 마지막에 예수님께서 우리에게 마음을 보여주셨기에 가능한 것입니다. 예수님의 마음은 "속히 오리라"라는 말씀에 담겨 있습니다. 이는 사도 요한과, 로마 제국의 지독한 박해와 고난 속에서도 믿음을 지키며 복음을 증거하던 소아시아의 일곱 교회,

마라나타(Marana tha)
'마라나타'는 아람어로, '주여, 오시옵소서'라는 뜻이다. 이는 예수님의 재림을 소망하던 초기 교회 성도들의 신앙고백으로, 당시에는 인사말로도 사용되었다. 바울은 고린도 교회에 보내는 편지 말미에 경고와 간절한 기대를 담아 이 표현을 사용했다. "나 바울은 친필로 너희에게 문안하노니 만일 누구든지 주를 사랑하지 아니하면 저주를 받을지어다 우리 주여 오시옵소서"(고전 16:21~22).

그리고 오늘날 우리를 향한 예수님의 마음입니다.

"성령과 신부가 말씀하시기를 오라 하시는도다 듣는 자도 오라 할 것이요 목마른 자도 올 것이요 또 원하는 자는 값없이 생명수를 받으라 하시더라"(계 22:17). 성부, 성자, 성령 하나님께서 우리를 새 하늘과 새 땅으로 초대하십니다. 그러므로 〈요한계시록〉은 사도 요한과 복음 2세대, 그리고 오늘날의 모든 그리스도인에게 '기쁨의 책'이 아닐 수 없습니다.

예수님의 마음 - 속히 오리라!

- **"보라 내가 속히 오리니** 이 두루마리의 예언의 말씀을 지키는 자는 복이 있으리라"(계 22:7)
- **"보라 내가 속히 오리니** 내가 줄 상이 내게 있어 각 사람에게 그가 행한 대로 갚아 주리라"(계 22:12)
- **"내가 진실로 속히 오리라"** (계 22:20)

기쁨의 책 〈요한계시록〉은 '복된 책'입니다. 말씀을 읽고 듣고 지키는 사람에게 복이 있으며(계 1:3), 주 안에서 죽는 사람에게 복이 있으며(계 14:13), 깨어 있는 사람에게 복이 있으며(계 16:15), 어린양의 혼인 잔치에 청함을 받은 사람에게 복이 있으며(계 19:9), 첫째 부활에 참여하는 사람에게 복이 있으며(계 20:6), 이 예언의 말씀을 지키는 사람에게 복이 있으며(계 22:7), 자기 두루마기를 빠는 사람에게 복이 있다고 증언한 책입니다(계 22:14).

요한은 〈요한계시록〉을 마치면서, 이 말씀을 듣는 모든 사람에게 "기록된 말씀에 더하지도 말고 제하지도 말라"라고 엄중한 경고의 메시지를 전합니다. 그리고 마지막으로, 요한은 예수님의 간절한 마음 "내가 진실로 속히 오리라"(계 22:20)라는 말씀을 모든 그리스도인에게 다시 한번 전하며, 최후 승리의 노래인 마라나타를 고백합니다.

"아멘 주 예수여 오시옵소서"(계 22:20).

기다리는 우리 그리스도인의 사명

예수님께서 "속히 오리라"라고 말씀하시며 우리에게 기대하시는 것은, 아무것도 하지 않는 소극적인 기다림이 아니다. "너희는 가서 모든 민족을 제자로 삼아 아버지와 아들과 성령의 이름으로 세례를 베풀고 내가 너희에게 분부한 모든 것을 가르쳐 지키게 하라"(마 28:19~20). 이는 예수님께서 다시 오심을 약속하시며 하늘로 오르실 때 제자들에게 주신 마지막 명령이었다. 성경을 읽고 성령님을 선물로 받은 우리 또한, 예수님께서 다시 오실 그날까지 '지상명령'의 사명을 다하며 살아가야 한다.

#From the Cross | 십자가로 시작하는 레시피

7. 순교신앙과 하나님 나라 거룩한 공직자 신앙

● 성경에 기록된 히브리인(B.C.15세기), 유대인(B.C.6세기), 그리스도인(A.D.1세기)

성경에 기록된 히브리인, 유대인, 그리스도인의 표면적인 공통점은 이들이 이름을 스스로 정한 것이 아니라, 각 시대에 다른 민족들이 그들을 '하나님을 섬기는 신앙인'으로 인식하고 붙여준 호칭이라는 점입니다. 반면 본질적인 공통점은 하나님께서 히브리인, 유대인, 그리스도인을 통하여 하나님의 계시, 즉 십자가로 향하는(to the Cross) 이야기, 십자가(the Cross) 이야기, 그리고 십자가로부터 시작하는(from the Cross) 이야기를 드러나게 하셨다는 것입니다.

성경은 '하나님의 복, 거룩, 은혜를 담은 신앙의 책'입니다. 하나님의 복, 거룩, 은혜는 신앙인들의 믿음, 소망, 사랑으로 구현됩니다.

1) 히브리인의 제사장 나라 성전 신앙

● 히브리인들의 첫 번째 유월절

성경에 기록된 히브리 사람이란 말은 맨 처음 아브라함에게 붙여진 호칭이었습니다. 아브라함의 조카 롯이 앗수르 도시국가들과의 전쟁에서 사로잡혀갔다는 소식을 소돔의 어느 도망한 사람이 와서 아브라함에게 알리면서 '히브리'가 처음 기록되어 나옵니다.

"도망한 자가 와서 히브리 사람 아브람에게 알리니 그 때에 아브람이 아모리 족속 마므레의 상수리 수풀 근처에 거주하였더라"(창 14:13).

여기서 일반적으로 '히브리'란 말은 '반대편에서 건너오다'라는 뜻을 담고 있습니다. 즉, 아브라함이 하나님을 알리기 위해 유프라테스강을 건너 온 사람이라는 별칭입니다. 이후 아브라함의 후손 요셉이 애굽, 보디발의 감옥에서 술 맡은 관원장에게 "나는 히브리 땅에서 끌려온 자요"(창 40:15)라고 말합니다. 그리고 애굽의 왕 바로는 애굽 총리 직책을 요셉에게 맡기며 그의 신하들에게 요셉을 '하나님의 영에 감동된 사람'이라고 소개합니다. 한마디로 히브리 사람 요셉은 하나님을 섬기는 신앙인이라고 애굽 전역에 공표한 것입니다.

"바로가 그의 신하들에게 이르되 이와 같이 하나님의 영에 감동된 사람을 우리가 어찌 찾을 수 있으리요"(창 41:38).

이후 400년 만에 마침내 애굽의 전직 왕자 모세가 출애굽의 지도자로 바로 왕 앞에 나타납니다. 모세가 바로에게 처음으로 전한 말은 '히브리인의 하나님 여호와의 명령으로 히브리인들의 사흘 길 제사를 요구'하는 것이었습니다. '히브리인의 하나님'은 모세가 이스라엘의 장로들과 함께 애굽 왕을 만날 때 하나님을 소개하는 호칭으로 사용하라고 하나님께서 친히 가르쳐 주신 '문구'였습니다.

"너는 그들의 장로들과 함께 애굽 왕에게 이르기를 히브리 사람의 하나님 여호와께서 우리에게 임하셨은즉 우리가 우리 하나님 여호와께 제사를 드리려 하오니 사흘 길쯤 광야로 가도록 허락하소서 하라"(출 3:18).

사실, 애굽의 왕과 백성들에게 '히브리인'은 수백 년 동안 그저 자신들의 노예에 불과했습니다. 다만 그들이 여호와 하나님을 섬기는 신앙인이라는 사실은 알고 있었습니다. 모세가 바로에게 말한 '히브리인들의 사흘 길 제사' 담론은 400년 전 그들의 조상 아브라함이 하나님의 명령에 순종하여 아들 이삭을 데리고 모리아산까지 갔던 '사흘 길'에 근거한 것이었습니다.

"제삼일에 아브라함이 눈을 들어 그 곳을 멀리 바라본지라 … 내가 이제야 네가 하나님을 경외하는 줄을 아노라"(창 22:4,12).

이는 400년 전, 아브라함 한 가정의 '사흘 길 모리아산 번제 신앙'이, 이제 애굽에서 노예로 살면서 큰 민족을 이루게 된 히브리인 60만 명, 2만 3천 가정이 '사흘 길 광야 제사 공동체 신앙'으로 발전되었음을 의미합니다. 드디어 히브리인들은 각 가정별로 첫 번째 유월절을 지키고 출애굽합니다.

"너희 어린 양은 흠 없고 일 년 된 수컷으로 하되"(출 12:5).

"너희의 가족대로 어린 양을 택하여 유월절 양으로 잡고"(출 12:21).

"일 개월 이상으로 계수된 처음 태어난 남자의 총계는 이만 이천이백칠십삼 명이었더라"(민 3:43).

첫 번째 유월절에 하나님께서는 1년 된 어린양의 피로 히브리인 열두 지파의 장자들을 살리신 후, "그들을 거룩히 구별하여 하나님의 것이 되게 하라"라고 선언하셨습니다. 그리고 이후 하나님의 소유로 구별된 이스라엘 열두 지파의 장자들을 대신하여 레위인이 제사장 나라 공직을 맡게 됩니다. 아마도 인류 역사상 모든 가정의 장자를 공직자로 참여시킨 나라는 히브리인의 제사장 나라가 유일할 것입니다.

"이스라엘 자손 중에서 사람이나 짐승을 막론하고 태에서 처음 난 모든 것은 다 거룩히 구별하여 내게 돌리라 이는 내 것이니라 하시니라"(출 13:2).

"보라 내가 이스라엘 자손 중에서 레위인을 택하여 이스라엘 자손 중에 태를 열어 태어난 모든 맏이를 대신하게 하였은즉 레위인은 내 것이라"(민 3:12).

● 히브리인들, 관유와 성막으로 대성공

드디어 출애굽한 히브리인들은 시내산에 도착합니다. 그곳에서 그들은 하나님께서 주신 설계도대로 거룩한 관유와 성막을 만들었습니다. 하나님께서는 히브리인들에게 관유와 성막을 통해 "내가 거룩하니 너희도 거룩할지어다"라고 말씀하셨습니다.

"몰약, 육계, 창포, 계피, 감람 기름 한 힌을 가지고 거룩한 관유를 만들되 향을 제조하는 법대로 향기름을 만들지니 그것이 거룩한 관유가 될지라"(출 30:23~25).

"너는 관유를 번제단과 그 모든 기구와 물두멍과 그 받침에 발라 그것들을 지극히 거룩한 것으로 구별하라"(출 30:26~29).

"내가 거룩하니 너희도 거룩할지어다"(레 11:45).

모세와 히브리인들은 시내산에서 하나님과 제사장 나라 언약을 맺은 후, '왕' 대신 '대제사장'을, '왕궁' 대신 번제와 유월절을 지킬 중심지인 '성막'을 세움으로써 하나님을 섬기는 제사장 나라 신앙 확립에 대성공을 이루었습니다.

"아론에게 거룩한 옷을 입히고 그에게 기름을 부어 거룩하게 하여 그가 내게 제사장의 직분을 행하게 하라"(출 40:13).

"여호와께서 회막에서 모세를 부르시고 … 누구든지 여호와께 예물을 드리려거든 … 제사장이 그를 위하여 속죄한즉 그가 사함을 받으리라"(레 1:1~2; 4:31).

그리고 히브리인들은 다섯 가지 제사인 번제, 소제, 화목제, 속건제, 속죄제와 세 가지 명절인 유월절, 오순절, 초막절, 그리고 세 가지 절기인 안식일, 안식년, 희년, 그리고 "나무에 달린 자는 하나님께 저주를 받았음이니라"(신 21:23)와 같은 율법을 포함해 613개의 제사장 나라 율법으로 장차 오실 메시아의 십자가 복음을 예표하는 신앙의 밑그림을 계승해 갔습니다.

"세계가 다 내게 속하였나니 너희가 내 말을 잘 듣고 내 언약을 지키면 너희는 모든 민족 중에서 내 소유가 되겠고 너희가 내게 대하여 제사장 나라가 되며 거룩한 백성이 되리라"(출 19:5~6).

"나무에 달린 자는 하나님께 저주를 받았음이니라"(신 21:23).

"율법은 장차 올 좋은 일의 그림자(복음)"(히 10:1).

● 다윗, 예루살렘 성전 건축으로 대성공

아브라함(B.C.20세기) 이후 1,000년 만에, 그리고 모세(B.C.15세기) 이후 500년 만인 B.C.10세기에 히브리인 다윗이 제사장 나라의 제2공직자인 왕으로 기름 부음을 받고 등장했습니다. 그는 군사와 외교면에서 메소포타미아와 이집트 문명을 아우르며, 고대 근동에서 가장 강력한 나라를 세워 세계 평화의 시대를 열었습니다. 다윗 당시 이스라엘의 군인 숫자는 무려 157만 명에 달했습니다.

"이스라엘 중에 칼을 뺄 만한 자가 백십만 명이요 유다 중에 칼을 뺄 만한 자가 사십칠만 명이라"(대상 21:5).

그러나 다윗은 그 많은 군대를 가지고 제국으로 나가지 않았습니다. 오히려 하나님의 말씀인 모세오경(모세율법)에 집중하며 제사장 나라를 이룰 성전 건축을 소망했습니다. 그 이유는 다윗이 〈창세기〉와 〈신명기〉의 기록된 약속들을 깊이 이해했기 때문입니다. 첫째 1,000년 전 아브라함에게 '네 자손에게 애굽강에서 유프라테스강까지 주시겠다'는 약속, 그리고 둘째, 500년 전 모세를 통해 '주위의 모든 대적을 이기게 하시고 안식을 주시겠다'는 하나님의 약속이 지금 바로 실현되고 있음을 깨달았습니다. 그래서 다윗은 바로 이때가 '움직이는 성막'에서 '움직이지 않는 성전' 시대로 전환할 하나님의 계획이 실현될 적기라고 해석한 것입니다.

"여호와께서 … 내가 이 땅을 애굽 강에서부터 그 큰 강 유브라데까지 네 자손에게 주노니"(창 15:18).

"여호와께서 너희에게 너희 주위의 모든 대적을 이기게 하시고 너희에게 안식을 주사 너희를 평안히 거주하게 하실 때에"(신 12:10).

그래서 다윗은 제사장 나라 공직자인 나단 선지자를 불러 이 문제를 상의했습니다. 그날 밤 하나님께서는 나단 선지자를 통해 세 가지 조건으로 '움직이지 않는 예루살렘 성전 건축'을 허락하십니다. 첫째, 하나님께서 성전 건축 설계도를 주신다. "다윗이 이르되 여호와의 손이 내게 임하여 이 모든 일의 설계를 그려 나에게 알려 주셨느니라"(대상 28:19). 둘째, 다윗이 준비한다. "내가 이미 내 하나님의 성전을 위하여 힘을 다하여 준비하였나니 곧 기구를 만들 금과 은과 놋과 철과 나무와 또 마노와 가공할 검은 보석과 채석과 다른 모든 보석과 옥돌이 매우 많으며"(대상 29:2). 셋째, 다윗의 아들 대에 짓는다. "그는 나를 위하여 집을 건축할 것이요 나는 그의 왕위를 영원히 견고하게 하리라"(대상 17:12). "솔로몬이 예루살렘 모리아 산에 여호와의 전 건축하기를 시작하니 그 곳은 전에 여호와께서 그의 아버지 다윗에게 나타나신 곳이요 여부스 사람 오르난의 타작 마당에 다윗이 정한 곳이라"(대하 3:1).

그러므로 결국 히브리인 다윗은 '움직이는 성막 500년' 시대를 마감하고 '움직이지 않는 예루살렘 성전 1,000년' 시대를 열었습니다. 이는 1,000년 후, 예수님께서 예루살렘에서 새 언약과 십자가 단번 제사를 드리기 위한 준비였습니다.

다윗의 아들 솔로몬은 성전 낙성식 때 '땅의 만민이 주의 이름을 알고 주의 백성 이스라엘처럼 하나님을 경외하게 해달라'는 놀라운 기도를 드렸습니다. 이는 1,000년 전 아브라함이 하나님을 경외했으며, 이후 다윗과 솔로몬 시대에 이르러 아브라함의 후손인 모든 히브리인이 하나님을 경외해 왔다는 사실을 반영합니다. 또한 성전 건축을 통해 '이방인의 뜰'이 마련됨으로써 이제 '모든 민족'이 히브리인들처럼 하나님을 경외하는 자들이 되기를 바라는 간절한 기도가 담긴 것입니다.

"그들이 … 와서 이 성전을 향하여 기도하거든 주는 계신 곳 하늘에서 들으시고 이방인이 주께 부르짖는 대로 이루사 땅의 만민이 주의 이름을 알고 주의 백성 이스라엘처럼 경외하게 하시오며"(왕상 8:42~43).

이후에 에티오피아의 스바 여왕이 예루살렘 성전 이방인의 뜰에서 "당신의 하나님 여호와를 송축할지로다"라고 고백하며 하나님께 기도하는 모습이 기록되어 있습니다.

"당신의 하나님 여호와를 송축할지로다 여호와께서 … 당신을 세워 왕으로 삼아 정의와 공의를 행하게 하셨도다 하고"(왕상 10:9).

2) 유대인의 메시아(그리스도) 신앙과 새 언약 소망 신앙

● B.C.8세기 히브리인 1차 멸망

성막과 성전으로 대성공을 이룬 히브리인들은 솔로몬이 죽은 후 '한 민족 두 국가'로 분단되어 약 200년을 유지하게 됩니다. 그러다 B.C.8세기에 이르러 열두 지파 가운데 제사장 나라 사명을 감당하지 못한 열 지파 북이스라엘이 앗수르 제국에 의해 멸망하면서 히브리 민족은 '1차 멸망'을 맞게 됩니다.

"삼 년 후에 그 성읍이 함락되니 곧 … 이스라엘 왕 호세아의 제구년에 사마리아가 함락되매 앗수르 왕이 이스라엘을 사로잡아 앗수르에 이르러 고산 강 가에 있는 할라와 하볼과 메대 사람의 여러 성읍에 두었으니"(왕하 18:10~11).

그때 이사야 선지자가 남유다에 나타납니다. 이사야는 장차 하나님 나라의 통치를 이루실 진정한 사명자로 '하나님의 아들 메시아'가 오실 것을 선언합니다. 이사야가 예언한 메시아는 '기름 부음을 받은' 공직자로서, 삼중직을 모두 감당하는 공직자입니다. 곧 메시아는 하나님의 아들로서, 제사장 나라 제1공직자 대제사장, 제2공직자 왕, 제3공직자 선지자'를 합한 사명자입니다. 그리고 메시아는 하나님의 어린양으로 친히 희생 제물이 되셔서, 제사장 나라 율법을 하나님 나라 복음으로 완성하실 것입니다. 이사야는 메시아의 사명을 예고함으로 히브리 민족이 처한 위기를 소망으로 극복하며 메시아 신앙으로 나아가게 합니다.

"주께서 친히 징조를 너희에게 주실 것이라 보라 처녀가 잉태하여 아들을 낳을 것이요 그의 이름을 임마누엘이라 하리라"(사 7:14).

"여호와께서 내게 기름을 부으사 가난한 자에게 아름다운 소식을 전하게 하려 하심이라"(사 61:1).

"그가 찔림은 우리의 허물 때문이요 그가 상함은 우리의 죄악 때문이라"(사 53:5).

● B.C.6세기 히브리인 2차 멸망

'히브리인의 1차 멸망' 이후 150여 년이 지난 B.C.6세기, 남은 두 지파인 남유다마저 바벨론 제국에 멸망합니다. 이때 설상가상으로 예루살렘 성전도 바벨론 군인들에 의해 불태워지고, 히브리인들은 바벨론 포로로 끌려가게 됩니다.

"바벨론 왕 느부갓네살의 열아홉째 해 오월 칠일에 바벨론 왕의 신복 시위대장 느부사라단이 예루살렘에 이르러 여호와의 성전과 왕궁을 불사르고 예루살렘의 모든 집을 귀인의 집까지 불살랐으며"(왕하 25:8~9).

이는 애굽에서 노예로 살던 히브리인들이 해방된 지 약 900년 만에 가나안 땅 역사에서 완전히 사라지는 사건이었습니다. 그러나 그때 하나님께서는 예레미야 선지자를 보내셨습니다. 그는 바벨론으로 끌려가는 포로들에게, 포로 기간은 70년이며, 이 기간을 통해 하나님의 은혜를 깨닫고 '새 언약'을 소망하게 될 것이라고 선포합니다. "보라 날이 이르리니 내가 이스라엘 집과 유다 집에 새 언약을 맺으리라." 이 말씀이 바로 예레미야 선지자의 '새 언약 예고'입니다.

"여호와의 말씀이니라 보라 날이 이르리니 내가 이스라엘 집과 유다 집에 새 언약을 맺으리라"(렘 31:31).

한편 바벨론 제국은 그들이 여러 나라에서 끌어온 포로들을 구분하여 부르기 위해, 남유다 포로민들을 '유대인'이라 불렀습니다. 그리고 바벨론 포로 70년이 끝나갈 무렵, 바벨론의 벨사살 왕은 유대인들의 완전한 소멸과 재기 불능을 확신했습니다. 그리하여 그는 유대인의 하나님을 멸시하고 바벨론 신들을 높이려는 교만한 마음으로, 예루살렘 성전에서 탈취해 온 성전 기명을 마르둑 신전에서 꺼내와 바벨론 왕궁 잔치의 술잔 그릇으로 사용했습니다.

"예루살렘 하나님의 전 성소 중에서 탈취하여 온 금 그릇을 가져오매 왕이 그 귀족들과 왕후들과 후궁들과 더불어 그것으로 마시더라"(단 5:3).

● 유대인 시작

예레미야 선지자의 예언대로 바벨론 제국은 70년 만에 멸망하고, 새로운 제국 페르시아가 등장합니다. 이때 페르시아 제국을 창건한 고레스 왕은 바벨론 포로였던 유대인들의 신앙과 준비된 모습을 보고 놀라지 않을 수 없었습니다. 그 이유는 두 가지였습니다. 첫째, 유대인들은 바벨론의 수명이 70년이라는 것을 이미 알고 있었습니다. 둘째, 유대인들은 70년 후를 바라보며 예루살렘 성전 재건의 소망으로, 포로 생활 중에도 예루살렘 성전 재건 설계도까지 준비해 두고 있었습니다.

"여호와께서 이와 같이 말씀하시니라 바벨론에서 칠십 년이 차면 내가 너희를 돌보고 나의 선한 말을 너희에게 성취하여 너희를 이 곳으로 돌아오게 하리라…너희를 향한 나의 생각을 내가 아나니 평안이요 재앙이 아니니라 너희에게 미래와 희망을 주는 것이니라"(렘 29:10~11).

"너는 본 것을 다 이스라엘 족속에게 전할지어다"(겔 40:4).

"성전의 벽을 측량하니 두께가 여섯 척이며 성전 삼면에 골방이 있는데"(겔 41:5).

유대인들의 이러한 준비를 본 고레스 왕은 크게 놀라며 마침내 "이스라엘의 하나님은 참 신이시다"라고 고백하게 됩니다. 그리고 고레스 왕은 유대인들을 예루살렘으로 돌려보내며 성전 기명 5,400점을 돌려줍니다. 페르시아 제국은 유대인들에게 투자한 것입니다. 고레스 왕은 예루살렘 성전 건축을 허락하고, 성전 기명들을 모두 성전 안 제자리에 놓을 것을 명령했습니다. 그리고 이후 이를 확인한 다리오 왕은 유대인들에게 자신과 페르시아의 왕자들을 위해 기도해 줄 것을 요청했습니다.

"바사 왕 고레스는 말하노니 … 이스라엘의 하나님은 참 신이시라 너희 중에 그의 백성 된 자는 다 유다 예루살렘으로 올라가서 이스라엘의 하나님 여호와의 성전을 건축하라 그는 예루살렘에 계신 하나님이시라"(스 1:2~3).

"느부갓네살이 예루살렘 성전에서 탈취하여 바벨론으로 옮겼던 하나님의 성전 금, 은 그릇들을 돌려보내어 예루살렘 성전에 가져다가 하나님의 성전 안 각기 제자리에 둘지니라 하였더라"(스 6:5).

"그들이 하늘의 하나님께 향기로운 제물을 드려 왕과 왕자들의 생명을 위하여 기도하게 하라"(스 6:10).

마침내 예루살렘에 스룹바벨 성전이 재건되었고, 유대인들은 장차 오실 메시아를 통해 새 언약이 이루어질 것이라는 신앙을 더욱 확고히 하게 되었습니다.

당시 유대인들이 성전 봉헌식에 숫염소를 열두 마리를 드린 것은, 이스라엘 열두 지파가 미래에 그리스도의 사역을 통해 진정한 회복을 이루리라는 믿음을 나타냅니다. 즉 메시아의 십자가 사역을 통해 히브리 열두 지파가 회복되고, 모든 민족이 구원을 받아 〈요한계시록〉에 등장하는 새 하늘과 새 땅의 성전에 들어가게 될 것을 예고한 것입니다.

"하나님의 성전 봉헌식을 행할 때에 … 이스라엘 지파의 수를 따라 숫염소 열두 마리로 이스라엘 전체를 위하여 속죄제를 드리고"(스 6:17).

이후 유대인들은 페르시아 제국의 파트너로, 당시 세계 최고의 상인들이었던 두로의 상인들까지 예루살렘에 들어와 장사할 정도로 레반트 지역을 활성화시킵니다. 유대인들은 재건된 성전을 중심으로 다시 제사장 나라 거룩한 백성이 되어, 하나님을 섬기는 월등한 신앙인으로 온 세상에 그 모습을 드러내게 되었습니다.

3) 그리스도인의 하나님 나라 신앙

- **A.D.1세기 하나님을 경외하는 유대인들**

일찍이 하나님께서는 예수님이 이 땅에 오시기 400여 년 전, 말라기 선지자를 통해 두 부류의 유대인 모습을 기록하게 하셨습니다. 그중 한 부류는 하나님께 '마음이 빠져버린 형식적인 제사'를 드리는 유대인이었습니다. 다른 한 부류는 아브라함의 번제, 모세의 성막, 다윗의 성전, 이사야의 메시아, 예레미야의 새 언약 소망 신앙을 지닌, 하나님을 진정으로 경외하는 신앙인들이었습니다. 이들은 여호와의 기념책에 기록될 이름들이며, 앞으로 예수 그리스도의 성육신과 공생애에 헌신할 유대인들입니다.

"너희가 내 제단 위에 헛되이 불사르지 못하게 하기 위하여 너희 중에 성전 문을 닫을 자가 있었으면 좋겠도다"(말 1:10).

"그 때에 여호와를 경외하는 자들이 피차에 말하매 여호와께서 그것을 분명히 들으시고 여호와를 경외하는 자와 그 이름을 존중히 여기는 자를 위하여 여호와 앞에 있는 기념책에 기록하셨느니라"(말 3:16).

말라기 선지자 때로부터 400여 년이 지난 A.D.1세기에, 유대인 마리아와 요셉의 헌신과 베들레헴 목자들의 신앙 가운데 그리스도께서 베들레헴에 성육신하셨습니다. 또한 시므온은 성육신하신 그리스도를 안고 하나님을 찬송하는 놀라운 모습을 보여주었습니다.

"마리아가 이르되 주의 여종이오니 말씀대로 내게 이루어지이다"(눅 1:38).

"천사가 이르되 다윗의 동네에 그리스도가 나셨으니 … 목자들은 듣고 본 그 모든 것으로 인하여 하나님께 영광을 돌리고 찬송하며 돌아가니라"(눅 2:10~11,20).

"시므온이 아기를 안고 하나님을 찬송하여 이르되 … 내 눈이 주의 구원을 보았사오니"(눅 2:28,30).

예수 그리스도의 공생애가 시작되자, 이사야와 말라기 선지자의 예언대로 유대인 세례 요한이 등장합니다. 그는 '메시아 새 언약 신앙'으로 세례를 베풀며 예수님의 '하나님 나라' 사역의 문을 열었습니다.

"보라 세상 죄를 지고 가는 하나님의 어린 양이로다"(요 1:29).

"예수께서 세례를 받으시고 곧 물에서 올라오실새 하늘이 열리고 하나님의 성령이 비둘기 같이 내려 자기 위에 임하심을 보시더니"(마 3:16).

그 이후 예수님의 유대인 제자 베드로는 "예수는 그리스도요 살아 계신 하나님의 아들이십니다."라고 고백하며, 메시아 신앙과 새 언약 소망 신앙을 드러냈습니다.

"너희는 나를 누구라 하느냐 … 주는 그리스도시요 살아 계신 하나님의 아들이시니이다"(마 16:15~16).

● 예수님의 마지막 유월절 첫 번째 성찬식 선언

드디어 예수님께서는 유대인 제자들과 함께 예루살렘의 한 다락방에서 마지막 유월절 첫 번째 성찬식을 행하셨습니다. 이때 예수님께서는 "내가 고난을 받기 전에 너희와 함께 이 유월절 먹기를 원하고 원하였노라"(눅 22:15) 라고 말씀하시며, 1,500년 전 애굽에서 시작된 첫 번째 유월절 이후로 이 마지막 유월절의 의미를 밝히시며 두 가지를 선언하셨습니다.

첫째, 이 시간을 기점으로 예수님의 살과 피를 통해 '하나님 나라 새 언약'을 선언하셨습니다(눅 22:20). 이는 애굽에서 시작된 유월절과 시내산 언약이 이제 끝났음을 선언하신 것입니다. 다시 말해, 제사장 나라의 율법은 하나님 나라 복음으로 바뀌었고, 첫 번째 대제사장 아론의 관유는 마지막 대제사장 예수님의 보혈로 바뀌었으며, 유월절 "이날을 기념하라"라는 명령은 "나를 기념하라"라는 말씀으로 바뀌었습니다. 둘째, 예수님께서는 "내 아버지께서 나라를 내게 맡기신 것 같이 나도 너희에게 나라를 맡긴다"(눅 22:29)라고 선언하셨습니다. 이는 예수님의 나라는 더 이상 특정 민족이나 특정 공간에 국한되지 않으며, 바로 제자들, 곧 그리스도인임을 선언하신 것입니다.

마지막 유월절 첫 번째 성찬식이 있은 지 몇 시간이 지나, 예수님께서는 로마 총독 빌라도의 법정에 서시게 됩니다. 그 자리에서 로마인 빌라도는 예수님께 묻습니다. "같은 민족인 유대인 가야바 대제사장과 무슨 문제가 있기에 이런 상황까지 온 것이냐?" 이에 예수님께서 대답하십니다. "내 나라는 이 세상에 속한 것이 아니니라 만일 내 나라가 이 세상에 속한 것이었더라면 내 종들이 싸워 나로 유대인들에게 넘겨지지 않게 하였으리라 이제 내 나라는 여기에 속한 것이 아니니라"(요 18:36). 이 말씀은 '예수님의 나라'는 인간이 세운 세상 나라와 같지 않다는 것을 분명히 하신 것입니다.

● 로마 형틀, 하늘 성소 단번 제사

결국, 빌라도 총독의 명령으로 예수님께서는 로마의 형틀인 나무 십자가에 달리셨습니다. 그러나 그 로마의 형틀 십자가는 마지막 대제사장 예수 그리스도의 단번 제사였습니다. 즉 십자가는 손으로 짓지 아니한 창조에 속하지 아니한 더 크고 온전한 장막 하늘 성소로, 예수님께서 자신의 몸과 피를 희생 제물로 삼아 영원한 속죄를 이루신 것입니다.

"그리스도께서는 장래 좋은 일의 대제사장으로 오사 손으로 짓지 아니한 것 곧 이 창조에 속하지 아니한 더 크고 온전한 장막으로 말미암아 염소와 송아지의 피로 하지 아니하고 오직 자기의 피로 영원한 속죄를 이루사 단번에 성소에 들어가셨느니라"(히 9:11~12).

예수님께서 십자가에서 달려 계신 시간은 '6시간'이었습니다. 마지막 대제사장이신 예수님께서는 아침 상번제 시간인 제삼 시(오전 9시)에 십자가에 오르셨고, 저녁 상번제 시간인 제구 시(오후 3시)에 숨을 거두셨습니다. 이는 이미 1,500년 전 제사장 나라의 대제사장이 하나님께 상번제를 드리던 시간에 맞춰 율법에 따라 정해진 것이었습니다. 이처럼 예수님의 십자가는 단순한 처형 도구로서의 십자가와는 다른, 손으로 짓지 아니한 창조에 속하지 아니한 하늘 성소이며, '관유와 보혈'의 묶임으로 더 온전한 하나님의 장막이 된 것입니다. the Cross (the greater and more perfect tabernacle) = Holy Anointing Oil + Messiah's Blood

"네가 제단 위에 드릴 것은 이러하니라 매일 일 년 된 어린 양 두 마리니 한 어린 양은 아침에 드리고 한 어린 양은 저녁 때에 드릴지며"(출 29:38~39).

"때가 제삼시가 되어 십자가에 못 박으니라 … 제육시가 되매 온 땅에 어둠이 임하여 제구시까지 계속하더니"(막 15:25,33).

예수님께서는 "나의 하나님, 나의 하나님 어찌하여 나를 버리셨나이까?" 라고 외치셨습니다. 왜입니까? 그것은 우리의 죄를 대신해 나무 십자가에서 하나님의 저주와 버림을 당하셨기 때문입니다.

"나무에 달린 자는 하나님께 저주를 받았음이니라"(신 21:23).

"나의 하나님, 나의 하나님, 어찌하여 나를 버리셨나이까"(마 27:46).

이제, 희생 제물이 되신 예수님의 단번 제사로 하나님께서는 길이 참으시는 중에 전에 지은 우리의 죄를 간과하시고, 자기의 의로우심을 나타내시어 믿는 우리를 의롭다 하셨습니다.

"이 예수를 하나님이 그의 피로써 믿음으로 말미암는 화목제물로 세우셨으니 이는 하나님께서 길이 참으시는 중에 전에 지은 죄를 간과하심으로 자기의 의로우심을 나타내려 하심이니"(롬 3:25).

한편, 예수님의 십자가 처형 후 빌라도는 가야바 편에 선 유대인들로부터 청탁을 받습니다. 안식일이 다가오고 있었기에, 나무에 달린 세 명의 유대인의 다리를 꺾어 빨리 죽여 시신을 치우라는 것이었습니다. 가야바 편의 유대인들은 이때 〈신명기〉에 기록된 율법을 지키려는 의도를 가지고 있었습니다.

"유대인들은 그 안식일에 시체들을 십자가에 두지 아니하려 하여 빌라도에게 그들의 다리를 꺾어 시체를 치워 달라 하니"(요 19:31).

"그 시체를 나무 위에 밤새도록 두지 말고 그 날에 장사하여 땅을 더럽히지 말라"(신 21:23).

그런데 그들의 요구는 오히려 예수님이 하나님의 어린양이심을 더욱 분명히 드러내는 결과가 되었습니다. 이는 "그 뼈가 하나도 꺾이지 아니하리라" 한 성경 말씀이 응했기 때문입니다. 예수님께서는 이미 돌아가셔서 뼈가 꺾이지 않으셨지만, 옆에 함께 십자가에 못 박힌 두 강도는 괜히 일찍 죽긴 했습니다.

"군인들이 예수께 이르러서는 이미 죽으신 것을 보고 다리를 꺾지 아니하고 … 이 일이 일어난 것은 그 뼈가 하나도 꺾이지 아니하리라 한 성경을 응하게 하려 함이라"(요 19:32~33,36).

바로 이때 아리마대 부자 요셉이 빌라도에게 찾아가 예수님의 시신을 달라고 요청했습니다. 이는 예수님께서 사망을 이기시고 부활하실 예수님의 장례를 준비하기 위함이었습니다. 그런데 빌라도가 매우 놀랍니다. 왜냐하면, 십자가 처형 후 몇 시간밖에 지나지 않았기 때문입니다. 일반적으로 십자가형을 받은 죄수들은 2~3일간 매달려 있어야 죽는데, 예수님은 너무 빨리 숨지셨던 것입니다. 놀란 빌라도는 로마 백부장을 불러 예수님의 죽음을 확인한 뒤, 시신을 아리마대 요셉에게 넘겨주라 명령합니다.

"아리마대의 부자 요셉이 빌라도에게 가서 예수의 시체를 달라 하니"(마 27:57~58).

"빌라도는 예수께서 벌써 죽었을까 하고 이상히 여겨 백부장을 불러 죽은 지가 오래냐 묻고"(막 15:44).

"이에 빌라도가 내주라 명령하거늘"(마 27:58).

이 일은 가야바 편의 유대인들이 예수님의 죽음을 단순히 율법을 어겨 저주받은 죽음으로 여긴 반면, 아리마대 요셉과 예수님의 제자들은 예수님께서 율법을 완성하시기 위해 저주를 받으시고 우리 죄를 속량하심으로 복음을 이루셨다고 믿은 것입니다.

● 새 휘장을 통한 모든 민족 그리스도인 '우리'

십자가에서 그리스도로서 속죄 제물의 사명을 완수하신 예수님께서 "다 이루었다"라고 선언하셨습니다. 그 순간 예루살렘 건물 성전의 휘장이 위에서 아래로 찢어졌습니다.

"예수께서 … 다 이루었다 하시고"(요 19:30).

"이에 성소 휘장이 위로부터 아래까지 찢어져 둘이 되고"(마 27:51).

이는 1,500년 동안 지속해 왔던 제사장 나라의 율법, 즉 '대제사장이 일년에 한 번 예루살렘 성전의 성소와 지성소 사이 휘장을 열고 지성소에 들어갈 일'이 이제 끝났음을 의미합니다. 놀랍게도 새 휘장이신 예수님의 몸을 통해 '모든 민족'이 '우리'가 되었습니다. 모든 민족이 그리스도인이 되어 거룩하신 하나님 앞에 나아갈 수 있는 새로운 살길이 열렸습니다.

"예수 그리스도의 몸을 단번에 드리심으로 말미암아 우리가 거룩함을 얻었노라"(히 10:10).

"그 길은 우리를 위하여 휘장 가운데로 열어 놓으신 새로운 살 길이요 휘장은 곧 그의 육체니라"(히 10:20).

"모든 민족을 제자로 삼아 아버지와 아들과 성령의 이름으로 세례를 베풀고 내가 너희에게 분부한 모든 것을 가르쳐 지키게 하라"(마 28:19~20).

새 휘장이 열린 지 10여 년 후, 드디어 안디옥에서 2,000년의 헤브라이즘 유대인들과 2,000년의 헬레니즘 헬라인들이 오랜 민족의 경계를 넘어 복음으로 하나가 되었습니다. 이 놀라운 모습을 지켜본 주변 사람들이 외칩니다. "아! 저들은 예수의 사람들, 바로 그리스도인이다." 이때 처음으로 그들이 '그리스도인'이라고 불리게 된 것입니다.

"안디옥에 이르러 헬라인에게도 말하여 주 예수를 전파하니 … 제자들이 안디옥에서 비로소 그리스도인이라 일컬음을 받게 되었더라"(행 11:20,26).

이제, '우리' 모든 민족 그리스도인들은 '하나님을 위하여' 나라와 제사장이 되었습니다.

"그의 아버지 하나님을 위하여 우리를 나라와 제사장으로 삼으신 그에게 영광과 능력이 세세토록 있기를 원하노라 아멘"(계 1:6).

성경, 〈사도행전〉에서 〈요한계시록〉까지, 'from the Cross'의 여정은 '하나님을 위하여' 나라와 제사장이 된 그리스도인들의 신앙 기록입니다. 그리고 지난 2천 년 동안, 그리스도인들의 신앙 사명은 한순간도 멈추지 않고 이어지고 있습니다.

● '우리' 그리스도인, 하나님 나라 거룩한 공직자 신앙

우리는 성령 세례 받은 하나님 나라의 **거룩한 예배자**입니다.

우리는 부활 영생을 믿고 순교신앙으로 사는 **제자들**입니다.

우리는 예수님의 승천과 재림 사이에 지상명령을 수행하는 **전도인**입니다.

우리는 속히 오시리라는 예수님의 재림 약속을 믿는 **마라나타 신앙인**입니다.

우리는 하나님과 어린양이 성전인 거룩한 성에서 영원히 사는 **하나님 나라 백성**입니다.

Appendix
부록

통通프레임 *tong frame*

제사장 나라와 제국
: 성경과 5대 제국
A KINGDOM OF PRIESTS AND EMPIRES

하나님의 기적 (God's Miracle)

제사장 나라 *A Kingdom of Priests*
- 하나님의 용서
- 이웃과 나눔
- 민족과 평화

출애굽기
레위기
민수기
신명기

인간 문명 (Human's Civilization)

제국 *Empires*
- 공성전
- 노예제도(민족우월주의)
- 물질주의

선지자들과 5대 제국

선지자	기간	제국
이사야	520년	앗수르 제국 (티글랏 빌레셀 3세)
예레미야	70년	바벨론 제국 (느부갓네살)
다니엘	200년	페르시아 제국 (키루스 2세)
모세오경 세계화	300년	헬라 제국 (알렉산더)
세례 요한	1000년	로마 제국 (율리우스 카이사르)

하나님 나라 복음
The Good News of the Kingdom of God

- 예수 신분 → 하나님의 아들
- 예수 공로 → 십자가 대속
- 예수 가르침 → 하나님은 사랑

마태복음
마가복음
누가복음
요한복음

통通프레임 이야기

제사장 나라와 제국 : 성경과 5대 제국

성경은 〈창세기〉에서부터 '하나님의 기적'과 '인간의 문명'을 비교하며 하나님의 능력이 얼마나 놀라운지를 밝혀주고 있습니다. 구약성경의 키워드인 '제사장 나라'는 하나님의 용서, 이웃과 나눔, 민족 사이에 평화가 있는 나라입니다. 그리고 인간의 문명을 앞세운 '제국'과 달리 '제사장 나라'는 하나님의 기적이 있는 나라입니다.

인류 역사를 살펴보면 인간들은 각각의 개인이 가정을 이루고, 함께 모여 민족과 나라를 세우게 되면, 힘을 길러 제국으로 나아갔습니다. 성경에서도 애굽(이집트)이 제국으로 팽창해 가려는 흔적들이 나타납니다. 제국은 인간들이 문명을 발전시키면서 힘을 키워 공성전을 벌이고, 전쟁에서 승리하면 노예제도를 만듭니다. 이로써 제국은 물질주의를 추구합니다.

하나님께서는 '모든 민족을 복 받게 하시기 위해' 아브라함의 후손을 택하시고, 그들을 '모든 민족을 위한 한 민족'으로 세워 제사장 나라의 사명을 맡기셨습니다. 그런데 하나님과 제사장 나라 언약을 맺은 이스라엘이 약속의 땅 가나안에 들어간 이후 언약을 저버리자, 하나님께서는 〈레위기〉에서 예고하신 대로, '5대 제국'을 심판의 도구로 삼으셔서 이스라엘을 처벌하셨습니다.

이때 하나님께서는 선지자들을 보내셔서, 제사장 나라와 제국을 대비시키며 하나님의 통치를 선포하게 하십니다. 이사야는 앗수르 제국을, 예레미야는 바벨론 제국을, 다니엘은 페르시아 제국을, 헬라 제국을 지나 세례 요한은 로마 제국을 도구로 하나님의 말씀을 대언합니다. 선지자들은 제사장 나라 율법에서 하나님 나라 복음으로 가는 징검다리로서, 메시아를 예언하는 사명을 감당합니다.

안타깝게도 인간들은 문명을 앞세운 5대 제국의 힘은 알아보면서 하나님의 능력은 끝내 깨닫지 못했습니다. 그러자 하나님께서는 하나님의 아들 예수 그리스도를 이 땅에 보내셔서 십자가 위에서 단번 제사를 드리심으로 제사장 나라를 수렴하는 하나님 나라를 완성하셨습니다.

하나님 나라는 기록된 하나님의 말씀인 사복음서를 통해 잘 알 수 있습니다. 하나님 나라 복음은 예수님의 신분이 '하나님의 아들'이라는 것, 예수님의 공로가 '십자가 대속'이라는 것, 그리고 예수님의 가르침은 '하나님은 사랑이시다'라는 것입니다.

출애굽세대와 만나세대

THE EXODUS GENERATION & THE MANNA GENERATION

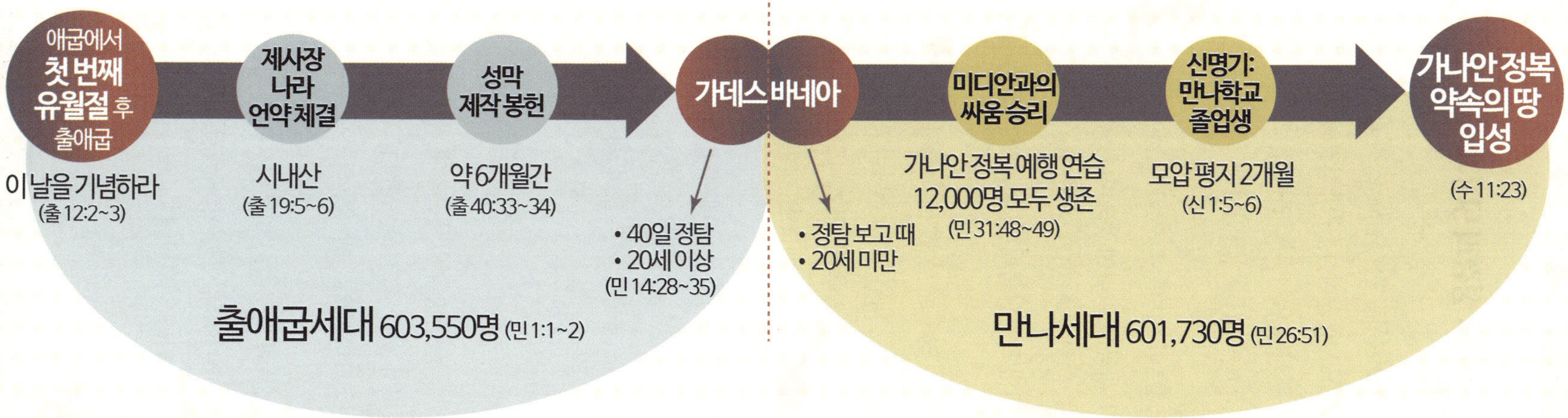

통通프레임 이야기

출애굽세대와 만나세대

'출애굽세대'와 '만나세대'는 원래 있었던 말이 아니라, 통(通)성경에서 만든 신조어입니다. '출애굽세대'는 말 그대로 애굽에서 나온 세대들로, 애굽에서 첫 번째 유월절을 통해 제사장 나라의 기반을 세웁니다. 출애굽세대는 시내산에서 금송아지 우상을 만드는 어리석음도 범했지만, 그 후 하나님과 '제사장 나라' 언약을 맺고 약 6개월간 성막을 제작하고 봉헌하는 데 헌신한 사람들이기도 합니다.

아쉽게도 출애굽세대는 광야 생활을 하면서 '원망'을 일삼았습니다. 그런데 그만 가데스 바네아에서 가나안을 정탐하고 온 열 명의 보고를 듣고 약속의 땅 가나안 대신 다시 애굽으로 돌아가겠다고 주장하는 큰 잘못을 저질렀습니다. 이때 하나님께서 출애굽세대에 대해 진멸을 언급하셨으나 모세의 중재로 목숨을 건집니다. 그러나 그들은 가나안에 들어가지 못하고 40년 동안 광야에서 그들의 생을 다하게 됩니다. 가데스 바네아 정탐 사건을 기준으로 출애굽세대와 만나세대가 나뉩니다.

만나세대는 출애굽세대의 자녀 세대입니다. 그들은 '출애굽 당시 20세 미만'이었던 이들과 '광야에서 태어난 이들'로, 하나님께서 내려주시는 만나를 먹으며 모세를 통해 율법을 제대로 교육 받습니다. 출애굽세대와 달리 그들은 교육과 훈련을 잘 받아 모세에 이어 여호수아에게도 충성했습니다. 모세의 마지막 사명과도 같았던 미디안과의 전쟁에서 만나세대 1만 2천 명은 승리하고 전원 생환합니다. 이 전쟁은 이후에 있을 가나안 정복의 예행 연습이라 할 수 있습니다. 만나세대는 가나안 입성을 앞두고 모세에게 마지막까지 〈신명기〉를 교육받음으로 그들의 자녀 세대에게 율법을 가르칠 수 있는 실력까지도 갖춥니다.

모세가 죽고 만나세대는 여호수아와 함께 5년간의 가나안 정복 전쟁을 성공리에 마쳤고, 제비뽑기를 통해 약속의 땅을 분배받는 큰 은혜를 누립니다.

예레미야 70년 징계, 교육, 안식, 제국 수명 4가지 70년을 통한 새 언약 예고

JEREMIAH'S 70 YEARS - PUNISHMENT, EDUCATION, SABBATH, LIFESPAN OF EMPIRE

징계 70년 포로민들, 성전을 그리워하다 (렘 27:6~7)

교육 70년 멍에는 쉽고 짐은 가볍다 (렘 27:8; 마 11:28~30)

안식 70년 예루살렘, 산여우와 나누다 (레 26:34~35; 애 5:18)

바벨론 제국 수명 70년 No 친바벨론주의자, Yes 영원한 하나님 나라주의자 (렘 25:12)

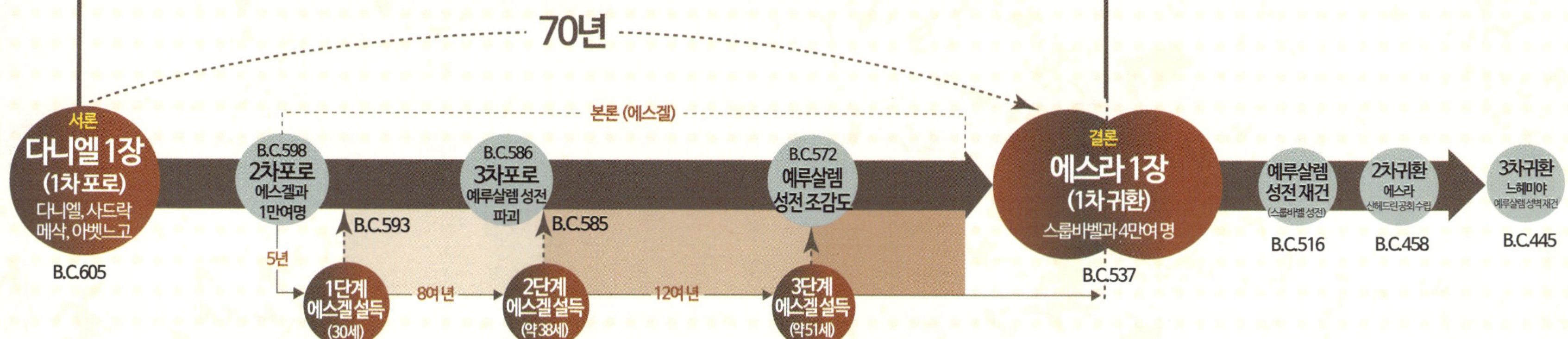

예레미야 70년을 포로민에게

①예루살렘에서 바벨론으로 무대가 바뀐다.
: 바벨론에서 "내가 잠깐 그들에게 성소가 되리라" (겔 11:16)
②예루살렘 성전에서 하나님의 영광이 떠난다 (겔 11:22~24)
③녹슨 가마 예루살렘 소독 : 불은 바벨론 (겔 24:1~14)

쌍무언약의 징계와 은혜언약 (새 언약과 화평 언약)

①마른 뼈 환상 (겔 37:1~14)
②두 막대기 비유 (겔 37:16~23)
③화평 언약 (겔 37:26~28)
(새 언약 예고 (렘 31:31))

영광이 가득한 성전 조감도와 성전을 소망하게 함

①여호와의 영광으로 가득찬 성전 (겔 44:4~8)
: 회당 - 성전을 그리워하는 사람들의 임시모임 거처
②성전에서 흘러나오는 물 (겔 47:1~12)
③여호와 삼마 (겔 48:35)

통通프레임 이야기

예레미야 70년 – 네 가지 70년을 통한 새 언약 예고

예레미야 이전 선지자들은 북이스라엘과 남유다에서 각각 백성들에게 회개를 촉구하며 하나님께로 돌아올 것을 주장했습니다. 그러나 예레미야 선지자는 레위기 26장에 기록된 3단계 포로 징계를 말하며 남유다 백성에게 바벨론에 순순히 항복하고 포로로 끌려갈 것을 외쳤습니다. 예레미야 선지자는 남유다 백성에게 하나님의 뜻을 전하며 '바벨론 포로 70년'이 그들의 죄에 대한 징계이자, 제사장 나라 재교육이고, 예루살렘 땅이 안식하는 것이며, 동시에 바벨론 제국의 수명이라고 예언했습니다.

바벨론 포로 70년 동안 남유다 백성이 하나님의 징계를 달게 받으면, 하나님께서는 은혜 언약으로 그들을 새롭게 하실 것입니다. 이후 그들은 극상품 무화과 열매가 되어 예루살렘으로 돌아오게 될 것입니다. 이때 예레미야는 남유다 멸망 속에서 새 언약을 예고합니다.

"여호와의 말씀이니라 보라 날이 이르리니 내가 이스라엘 집과 유다 집에 새 언약을 맺으리라"(렘 31:31).

한편, 25세의 나이에 1만여 명의 남유다 백성과 함께 '2차 바벨론 포로'로 끌려갔던 에스겔은 바벨론의 그발 강가에서 2차 포로들과 함께 생활하며 하나님께서 주신 3단계 사역을 행하게 됩니다.

"갈대아 땅 그발 강 가에서 여호와의 말씀이 부시의 아들 제사장 나 에스겔에게 특별히 임하고 여호와의 권능이 내 위에 있으니라"(겔 1:3).

- **1단계는 에스겔이 바벨론에 끌려간 지 5년째 되던 해에 하나님의 부르심에 응답해 2차 포로들을 설득하는 일이었습니다.**

첫째, 하나님의 통치 장소(무대)가 예루살렘에서 바벨론으로 바뀐다는 것입니다.

"주 여호와의 말씀에 내가 비록 그들을 멀리 이방인 가운데로 쫓아내어 여러 나라에 흩었으나 그들이 도달한 나라들에서 내가 잠깐 그들에게 성소가 되리라 하셨다 하고"(겔 11:16).

둘째, 예루살렘 성전에서 하나님의 영광이 떠난다는 것입니다.

"그 때에 그룹들이 날개를 드는데 바퀴도 그 곁에 있고 이스라엘 하나님의 영광도 그 위에 덮였더니 여호와의 영광이 성읍 가운데에서부터 올라가 성읍 동쪽 산에 머무르고"(겔 11:22~23).

셋째, 녹슨 가마 예루살렘을 바벨론이라는 불을 이용하여 소독한다는 것입니다.

"가마가 빈 후에는 숯불 위에 놓아 뜨겁게 하며 그 가마의 놋을 달궈서 그 속에 더러운 것을 녹게 하며 녹이 소멸되게 하라"(겔 24:11).

• 2단계는 에스겔이 '마른 뼈 환상'을 보며 '새 언약을 예고' 했습니다. 새 언약은 예수님께서 오심으로 완전하게 성취될 것입니다.

첫째, 마른 뼈 환상입니다.

"너희 마른 뼈들아 여호와의 말씀을 들을지어다 주 여호와께서 이 뼈들에게 이같이 말씀하시기를 내가 생기를 너희에게 들어가게 하리니 너희가 살아나리라"(겔 37:4~5).

둘째, 두 막대기 비유입니다.

"인자야 너는 막대기 하나를 가져다가 그 위에 유다와 그 짝 이스라엘 자손이라 쓰고 또 다른 막대기 하나를 가지고 그 위에 에브라임의 막대기 곧 요셉과 그 짝 이스라엘 온 족속이라 쓰고 그 막대기들을 서로 합하여 하나가 되게 하라 네 손에서 둘이 하나가 되리라"(겔 37:16~17).

셋째, 화평 언약입니다.

"내가 그들과 화평의 언약을 세워서 영원한 언약이 되게 하고 또 그들을 견고하고 번성하게 하며 내 성소를 그 가운데에 세워서 영원히 이르게 하리니"(렘 37:26).

• 3단계는 에스겔은 하나님께서 주신 '여호와의 영광이 가득한 예루살렘 성전 조감도'와 '여호와 삼마'를 포로민들에게 설명하며 성전을 소망하게 했습니다.

"그가 또 나를 데리고 북문을 통하여 성전 앞에 이르시기로 내가 보니 여호와의 영광이 여호와의 성전에 가득한지라 내가 얼굴을 땅에 대고 엎드리니"(겔 44:4).

"그 날 후로는 그 성읍의 이름을 여호와삼마라 하리라"(겔 48:35).

예레미야 70년의 기간을 크게 보면, 1차 포로로 끌려간 다니엘 1장에서 시작해 70년이 지나 바벨론 제국이 멸망하고 페르시아 제국이 등장하면서, 예루살렘으로 귀환하라는 고레스의 조서가 기록된 에스라 1장으로 끝납니다. 〈예레미야애가〉에서의 예레미야의 눈물은 150년 후 3차 귀환의 지도자인 느헤미야의 웃음이 되어, 마침내 '예레미야 70년' 이야기의 대장정이 끝이 납니다.

중간사 400년

400 YEARS OF INTERTESTAMENTAL PERIOD

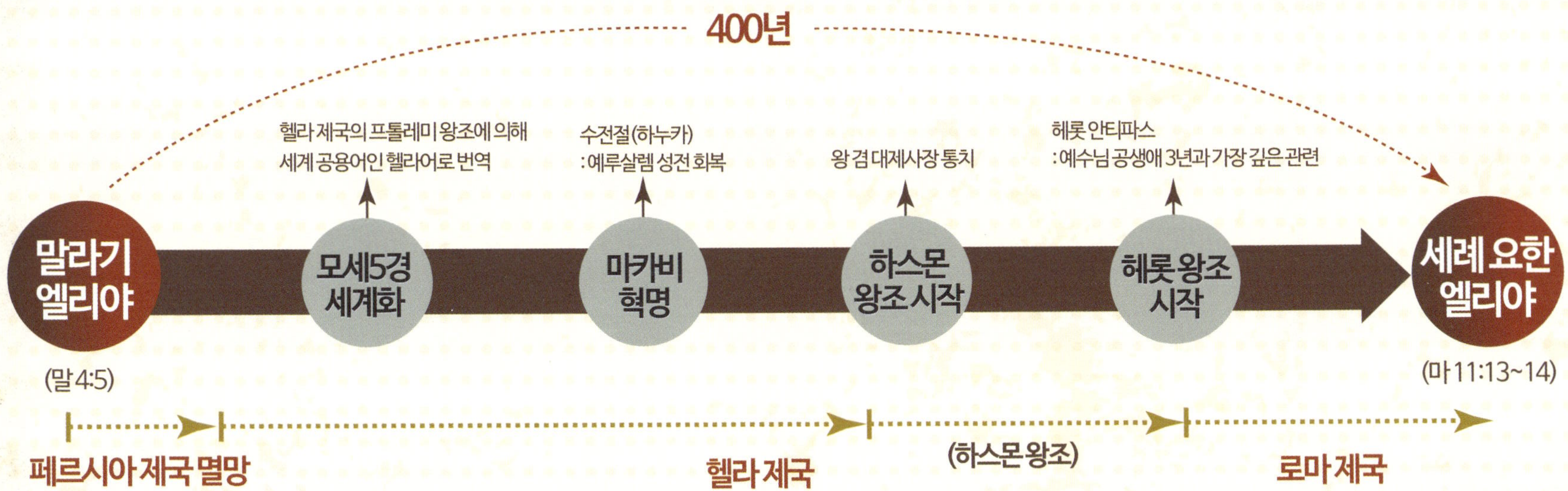

통通프레임 이야기

중간사 400년

'중간사 400년'은 구약성경 마지막 책인 〈말라기〉에서 신약성경 첫 번째 책인 〈마태복음〉사이의 400년을 일컫습니다. 400년 동안 귀환 공동체는 페르시아 제국의 멸망과 헬라 제국의 등장 그리고 헬라 제국의 멸망과 로마 제국의 등장을 보게 됩니다. 특히 귀환 공동체의 유대는 헬라 제국의 지배를 받는 동안, 전반 122년 동안은 이집트 헬라 제국(프톨레미 왕조)의 지배를 받으며 모세오경이 히브리어에서 헬라어로 번역되는 '모세오경의 세계화'를 보게 됩니다.

그 후 유대는 시리아 헬라 제국(셀루커스 왕조)의 지배를 받으면서 강력한 헬라화를 강요받게 됩니다. 그러자 유대는 마카비 혁명을 일으켜 시리아 헬라 제국을 유대에서 철수시키고, 예루살렘 성전을 정결하게 합니다. 이때 수전절 명절이 생깁니다. 마카비 혁명을 성공시킨 하스몬 가문이 왕과 대제사장을 겸하는 하스몬 왕조를 탄생시킵니다. 그러나 80년에 걸쳐 유대를 통치한 하스몬 왕조는 결국 내분으로 로마 제국에게 나라를 내어주게 됩니다. 그 사이에 하스몬 왕조의 2인자였던 에돔족 헤롯이 로마 제국의 도움으로 유대에서 분봉 왕의 자리를 차지하게 됩니다. 로마는 헤롯을 이용하여 예루살렘 성전을 재건축하게 함으로 성전을 로마의 통치 도구로 전락시킵니다.

그렇게 유대가 로마 제국의 식민지가 되고 헤롯의 통치를 받던 때에, 말라기 선지자가 예언한 선지자 엘리야인 세례 요한이 등장해 회개를 촉구하며 '하나님 나라'의 도래를 외칩니다.

"보라 여호와의 크고 두려운 날이 이르기 전에 내가 선지자 엘리야를 너희에게 보내리니"(말 4:5).

"모든 선지자와 율법이 예언한 것은 요한까지니 만일 너희가 즐겨 받을진대 오리라 한 엘리야가 곧 이 사람이니라"(마 11:13~14).

통通프레임 *tong frame*

은혜 언약과 쌍무 언약을 통通으로

GRACE COVENANT AND BILATERAL COVENANT THROUGH TONG

아브라함, 이삭, 야곱 = 은혜 언약 "땅의 모든 족속이 너로 말미암아 복을 얻을 것이라" (창 12:2~3)

- 은혜 언약 기반 위에 출애굽 (출 12:37~42)

모세 언약 = 십계명을 통한 쌍무 언약
"너희가 내게 대하여 제사장 나라가 되며 거룩한 백성이 되리라"
"명령하신 대로 우리가 다 행하리이다" (출 19:5~8)
레위기 제사장 나라 처벌 1, 2, 3단계 법 예고 (레 26장)

- 쌍무 언약 위기 1⇒ 금송아지 사건 (출 32:7~10)
- 쌍무 언약 위기 2⇒ 가데스 바네아 정탐 사건 (민 14:11~12)
- 가나안 정착

다윗 언약 = 성전 건축을 통한 왕권의 지속 약속
"그는 내 이름을 위하여 집을 건축할 것이요
나는 그의 나라 왕위를 영원히 견고하게 하리라" (삼하 7:13)

- 북이스라엘 멸망 (왕하 17장)
- 남유다 멸망 (왕하 25장)

예레미야 = 네 가지 70년을 통한 새 언약 예고
쌍무 언약의 한계를 느끼고, 은혜 언약으로 긍휼을 깨닫다
"보라 날이 이르리니 내가 이스라엘 집과 유다 집에
새 언약을 맺으리라" (렘 31:31)

- 네 가지 70년 (징계, 교육, 안식, 바벨론 제국 수명)
  : 돌 같은 마음을 제거, 살처럼 부드러운 마음으로
- 에스겔의 화평 언약 (겔 37:26~28)
- 말라기 – 엘리야 보내기로 약속 (말 4:5~6)
  "마음을 돌이키게 하리라" (말 4:6)
- 세례 요한(엘리야)의 외침
  : 마음을 돌이키라. 하나님 나라가 가까이 왔다 (마 3:2)

예수님의 십자가 = 새 언약 성취 마지막 유월절과 첫 번째 성찬식

: "다 이루었다" (요 19:30)

"모든 민족을 제자로 삼아 … 너희에게 분부한 모든 것을 가르쳐 지키게 하라" (마 28:19~20)

통通프레임 이야기

은혜 언약과 쌍무 언약을 통通으로

성경에 기록된 하나님의 뜻은 처음부터 끝까지 일관되게 '모든 민족'입니다. 하나님께서는 '모든 민족'을 위해 아브라함 한 사람을 선택하시고, 그들의 후손들로 하여금 '모든 민족을 위한 한 민족' 즉, '제사장 나라'를 세우셨습니다. 이를 위해 하나님께서는 아브라함에게 땅과 자손의 복을 약속해 주시고, 아브라함의 후손들로 하여금 큰 민족을 이루게 하신 것입니다. 이것이 '은혜 언약'입니다.

그 후 하나님의 말씀대로 아브라함의 후손들은 애굽에서 큰 민족을 이루게 되었고, 애굽에서 '제국'을 학습한 후에 출애굽하여 약속의 땅 가나안을 향하게 됩니다. 그 여정 가운데 하나님께서는 이스라엘 백성과 시내산에서 다시 언약을 체결하십니다. 그런데 그 언약은 아브라함 한 사람과 맺으셨던 언약과 달리 하나님과 이스라엘 백성 사이에 서로 지켜야 할 것이 있는 '쌍무 언약', 곧 '제사장 나라' 언약입니다. 그리고 하나님과 이스라엘 백성이 시내산에서 쌍무 언약을 맺은 지 500여 년 후, 하나님께서는 다윗과 언약을 갱신하십니다. 다윗 언약을 통해 '다윗의 자손'으로 오실 기름 부음 받은 이, 예수 그리스도를 준비하십니다.

하나님께서는 시내산에서 이스라엘 백성과 언약을 맺으신 후 단 한 번도 그 약속을 어기신 적이 없으십니다. 그러나 남북 분단 200년 동안 제사장 나라 사명을 감당하지 못한 북이스라엘이 앗수르에 멸망합니다. 이때 이사야가 북이스라엘 멸망을 두고 메시아사상을 예고합니다. 남유다 백성 또한 약속의 땅 가나안에 들어가 900여 년을 지내는 동안 하나님과 맺은 제사장 나라 언약을 지킨 날수를 손에 꼽아야 할 정도였습니다.

그러자 하나님께서는 예레미야 선지자를 통해 〈레위기〉에 기록된 대로 3단계 포로 징계를 받아야 한다고 말씀하십니다. 이것은 하나님과 이스라엘 백성 사이에 '쌍무 언약'이 파기된 것입니다.

남유다 백성은 하나님과 맺은 쌍무 언약을 저버린 것에 대한 처벌로 바벨론에 끌려가 70년 동안 포로 생활을 하게 되는데, 그때 하나님께서는 예레미야 선지자를 통해 다시 크신 은혜와 긍휼을 베푸시며 '새 언약을 예고'하십니다. 이후 예수 그리스도를 통한 새 언약은 진정한 은혜 언약의 회복으로, '모든 민족'이 예수 그리스도의 십자가를 통해 하나님의 자녀가 되는 은혜를 누리게 되는 것입니다.

마지막 유월절 첫 번째 성찬식

THE LAST PASSOVER AND FIRST COMMUNION

'이 날'을 기념하라에서 '나'를 기념하라

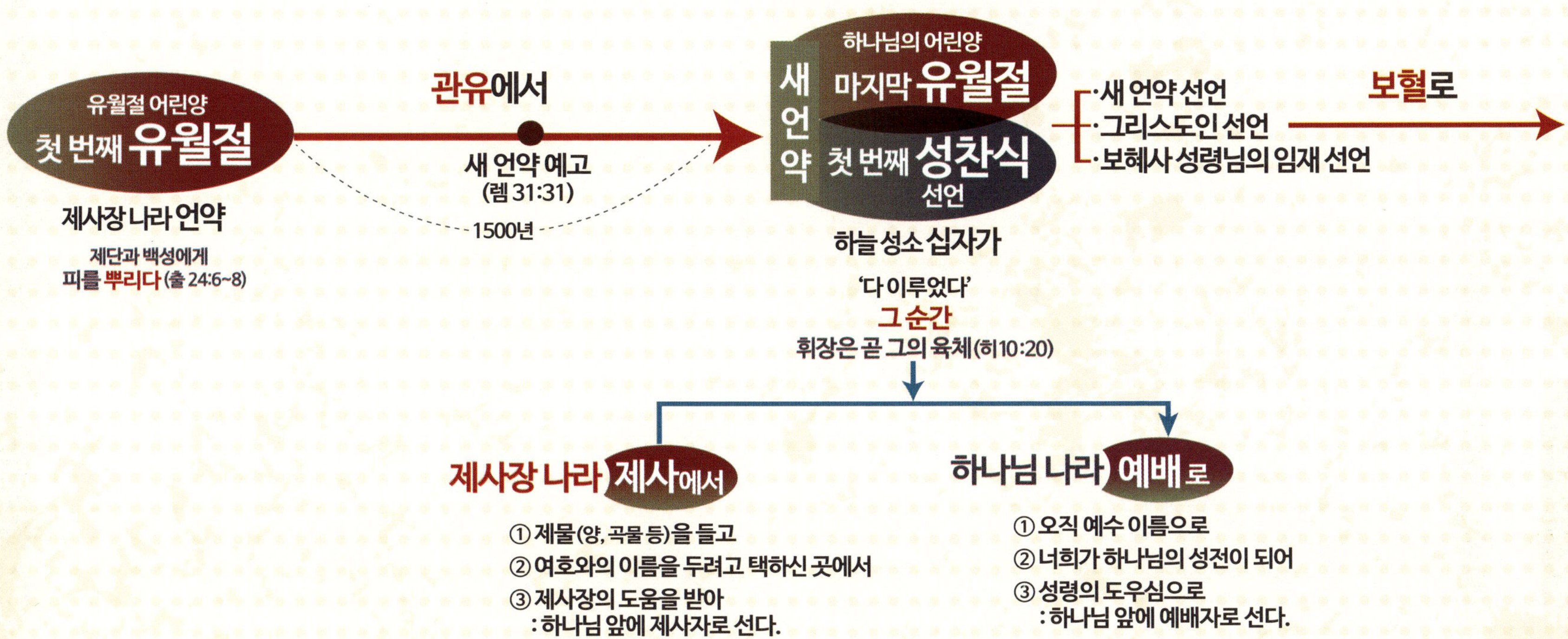

통通프레임 이야기

마지막 유월절 첫 번째 성찬식

첫 번째 유월절은 애굽 왕 바로와 모세의 9차 출애굽 협상이 결렬된 상황 가운데 끝으로 하나님께서 긴급하게 주신 명령이었습니다. 하나님의 명령은 각 가정에서 1년 된 '어린양'을 잡아 피는 집의 문설주와 인방에 바르고, 뼈는 꺾지 않고, 고기는 불에 구워 쓴 나물과 무교병과 함께 허리에 띠를 띠고 급히 먹으라는 것입니다.

그날 밤 히브리인 가정이 순종함으로 장자와 짐승의 초태생들이 모두 살았고, 애굽의 모든 가정에서는 장자들과 짐승의 초태생들이 모두 죽는 일이 일어났습니다. 그러자 애굽의 왕 바로는 이스라엘 백성에게 출애굽을 명령했고, 유월절 다음 날 이스라엘 백성은 기적처럼 애굽에서 나와 자유민이 되었습니다.

하나님께서는 애굽에서 종이었던 이스라엘 백성에게 주신 유월절을 매년 기억하며 '이날'을 반드시 기념하라고 말씀하셨고, 유월절은 이스라엘 백성에게 가장 중요한 명절이 되었습니다.

애굽에서의 첫 번째 유월절 이후 1,500여 년이 지나, 예수님께서는 십자가를 지시기 전날 밤 제자들과 함께 바로 그 유월절을 지키셨습니다. 예수님께서 제자들과 함께 유월절을 마지막으로 지키시고, 떡과 포도주를 가지고 성찬식을 거행하시며 이제부터는 '유월절 이날'이 아닌, '예수님의 살과 피를 기념'하라고 말씀하셨습니다.

"또 떡을 가져 감사 기도 하시고 떼어 그들에게 주시며 이르시되 이것은 너희를 위하여 주는 내 몸이라 너희가 이를 행하여 나를 기념하라 하시고"(눅 22:19).

첫 번째 성찬식에서 예수님께서는 세 가지 선언을 하셨습니다. 첫째 새 언약 선언, 둘째 그리스도인 선언, 셋째 보혜사 성령님의 임재 선언입니다.

성찬식 다음 날 예수님께서는 십자가 위에서 1,500년 된 '제사장 나라'를 완전하게 이루시고, 마침내 '하나님 나라'를 도래하게 하셨습니다. 예수님께서 십자가에서 단번 제사를 드리심으로 예수님의 몸이 새 휘장이 되셨습니다. 이러므로 제사장 나라 제사에서 하나님 나라 예배로 바뀌게 됩니다. 또한 제사장 나라 1,500년을 이끌어온 '관유'가 예수님의 십자가 그 순간부터 '보혈'로 바뀌게 됩니다.

통通프레임 *tong frame*

THE BIBLE AS JESUS' ONE STORY

제사장 나라, 십자가 그 순간, 하나님 나라로

A KINGDOM OF PRIESTS, THE MOMENT OF THE CROSS, THE KINGDOM OF GOD

모리아산 번제
거기서 그를 번제로 드리라(창 22:2)
: 아버지와 아들 – 하나님의 친구
(네 사랑하는 독자 이삭)

움직이는 성막 500년
- 시내산
- 제사장 나라 5대 제사(출 40:17, 33~34)
(번제, 소제, 화목제, 속죄제, 속건제)
- 휘장으로 증거궤를 가리라(출 40:21)

500년

예루살렘 성전 1,000년
- 지성소, 성소, 이방인의 뜰(왕상 8:41~43)
- 땅의 만민이 주의 백성처럼(왕상 8:43)

1000년

제사장 나라

1. 유월절 어린양으로 시작한 나라
2. 하나님의 용서가 있는 나라
3. 이웃 사이에 나눔과 거룩이 있는 나라
4. 민족 사이에 평화가 있는 나라
5. 장자와 성전으로 이끄는 나라

세례 요한
: 하나님 나라가 가까이 왔다(마 3:2)

갈보리산 번제
- **성부 하나님, 성자 예수님**
: 아버지의 원대로 하옵소서(마 26:39)
- **대제사장 예수, 하나님의 어린양, 하늘 성소**
: 오직 자기의 피로 영원한 속죄를 이룸(히 9:12)

십자가 그 순간
- 성전 휘장이 찢어짐(막 15:37~38)
- 예수님의 몸이 휘장(히 10:19~20)

하나님 나라

1. 하나님의 어린양으로 시작한 나라
2. 하나님을 아버지라 부르는 나라
3. 한 영혼이 천하보다 귀한 나라
4. 십자가를 통해서 완성되는 나라
5. 제자와 교회로 이끄는 나라

너희 몸이 성전
(고전 3:16)
- 너희가 성령의 전(고전 6:19)
- 너희가 그리스도의 몸(고전 12:27)
- 하나님 우리 아버지(고후 6:18)

통通프레임 이야기

제사장 나라, 십자가 그 순간, 하나님 나라로

구약성경의 키워드는 '제사장 나라'입니다. 제사장 나라는 유월절 어린양으로 시작한 나라, 하나님의 용서가 있는 나라, 이웃 사이에 나눔과 거룩이 있는 나라, 민족 사이에 평화가 있는 나라, 장자와 성전으로 이끄는 나라입니다. 제사장 나라는 모리아산의 번제, 움직이는 성막 500년, 그리고 예루살렘 성전 1,000년 이야기로 채워져 있습니다.

신약성경의 키워드는 '하나님 나라'입니다. 하나님 나라는 하나님의 어린양으로 시작한 나라, 하나님을 아버지라 부르는 나라, 한 영혼이 천하보다 귀한 나라, 십자가를 통해서 완성되는 나라, 제자와 교회로 이끄는 나라입니다. '하나님 나라'는 "회개하라 천국이 가까이 왔느니라"(마 3:2)라고 선포했던 세례 요한의 예고로부터 본격적으로 시작되어, 십자가 그 순간 "다 이루었다"(요 19:30)라는 예수님의 선언으로 제사장 나라를 수렴하는 하나님 나라가 시작되었습니다. 하나님 나라는 모리아산의 번제를 시작으로 한 '예수님의 갈보리산 번제', 움직이는 성막 500년과 예루살렘 성전 1,000년을 시작으로 한, '온전한 장막 예수님의 십자가 하늘 지성소', 그리고 에스겔의 성전 조감도와 스룹바벨 성전을 거쳐 예수 그리스도를 통해 '너희 몸이 성전'이 됩니다. 이렇게 제사장 나라에서 하나님 나라로 완성되면서 우리는 지금 하나님을 아버지라 부르는 놀라운 그리스도인으로 살고 있는 것입니다.

사도행전 30년

30 YEARS OF ACTS

산헤드린 공회 결정 vs. 예루살렘 공회 결정
('전도인' 죽이는) ('전도인' 세우는)

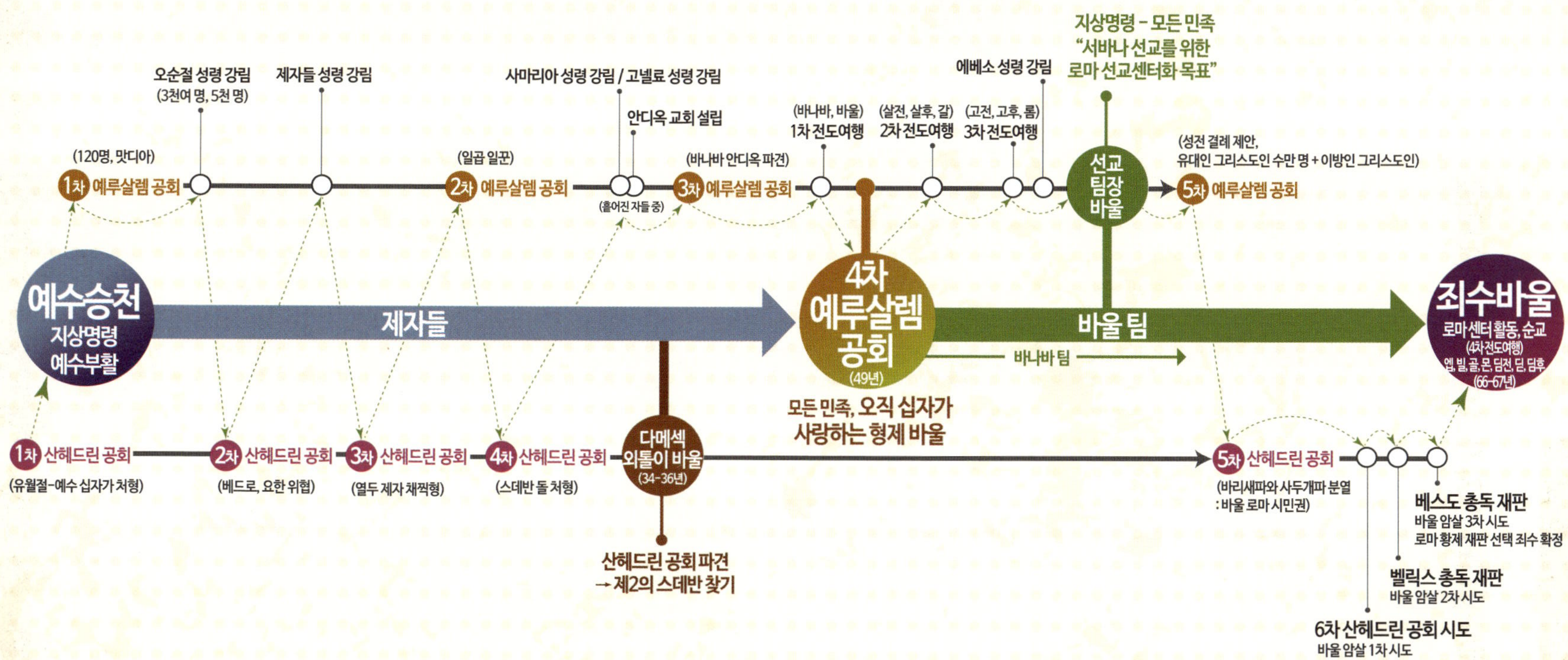

통通프레임 이야기

사도행전 30년

'사도행전 30년' 이야기는 '예수 승천'으로 시작하여 '죄수 바울'로 끝납니다. 그리고 중간에 4차 예루살렘 공회를 기점으로 제자들의 선교 이야기에서 바울팀 선교 이야기로 기록이 집중됩니다. 이 시기 동안 대제사장 세력들이 중심이 된 유대의 종교 자치 기구인 산헤드린 공회는 '전도인을 죽이는' 결정을 내렸고, 이에 반해 사도들이 이끄는 예루살렘 공회는 '전도인을 세우는' 결정을 내렸습니다. 한마디로 '사도행전 30년'은 사도가 된 예수님의 제자들과 성전의 대제사장들 사이에 벌어진 '30년 전쟁사'라고 할 수 있습니다. 사도들은 예수님의 십자가 이후 제사장 나라가 끝나고 하나님 나라가 시작되었다고 선포한 반면, 대제사장들은 여전히 제사장 나라가 유효하다고 주장했기 때문입니다.

1차 예루살렘 공회의 결정에 따라, 가룟 유다의 자리를 대신할 사도로 제비 뽑아 맛디아를 선출했습니다. 그리고 유월절로부터 50일째 되는 오순절에, 성령님께서 마가의 다락방에 모여 있던 120여 명에게 임하셨습니다. 이들은 예루살렘 시내로 나가 각 나라 언어로 '하나님의 큰일'을 담대히 전하며, 본격적인 제자 시대를 열었습니다. 사도들이 예수님의 부활을 증언하고 하나님 나라를 선포하자, 산헤드린 공회는 베드로와 요한을 체포해 2차 산헤드린 공회 재판을 열었고, 이어 사도들을 잡아 3차 산헤드린 공회 재판을 열어 '예수 이름'으로 말하는 것을 금하고 채찍질하여 내보냈습니다. 그러나 사도들은 산헤드린 공회의 위협에도 두려워하지 않고, 오히려 더욱 담대히 복음을 전함으로 예루살렘에 예수님을 믿는 사람의 수가 더욱 늘어났습니다.

그러던 중, 성령 충만했던 예루살렘 교회 안에서도 시험에 드는 일이 발생합니다. 이를 해결하기 위해 사도들은 2차 예루살렘 공회의 결정으로 일곱 명의 월등한 평신도 지도자를 세웁니다. 한편, 산헤드린 공회는 예루살렘 교회를 뿌리부터 흔들기 위해 스데반을 본보기로 삼아 체포하고, 4차 산헤드린 공회 재판을 열어 그를 돌로 쳐 즉결 처형합니다. 이로써 스데반은 초기 교회의 첫 번째 순교자가 됩니다. 스데반의 순교를 시작으로 교회에 대한 본격적인 박해가 일어나지만, 박해를 피해 흩어진 초기 교회 성도들의 발걸음을 통해 오히려 복음은 사마리아와 안디옥까지 퍼지게 되었습니다.

스데반이 순교하던 당시, 증인들의 옷을 지키고 있던 청년 사울은 예수 믿는 사람들을 잡아 옥에 가두기 위해 다메섹으로 가던 중, 부활하신 예수님을 만나게 됩니다. 이 사건을 통해 사울은 단번에 초기 교회 박해자에서 복음 전도자 이방인의 사도로 부름을 받습니다. 그러나 바울의 이 변화를 산헤드린 공회는 물론 예루살렘 공회조차 쉽게 받아들이지 못했습니다. 이로 인해 바울은 다메섹 외톨이가 됩니다.

흩어진 성도들에 의해 안디옥에 교회가 세워지고, 복음이 예루살렘과 온 유대와 사마리아와 땅끝으로 퍼지기 시작하자, 사도들은 3차 예루살렘 공회를 열어 이전에 사마리아에 베드로와 요한을 파송했던 것처럼 이번에는 바나바를 안디옥 교회에 파송합니다. 이때 바나바는 바울을 데리고 동행합니다. 두 사람은 1년 동안 안디옥 교회에서 함께 사역하며 교회를 굳건히 세웠고, 마침내 안디옥 교회는 소아시아 지역으로 바나바와 바울을 전도인으로 파송할 만큼 놀라운 성장을 이루게 됩니다. 그런데 바나바와 바울이 안디옥을 떠나 있는 동안, 어떤 유대인들이 찾아와 "예수를 믿는 믿음으로만 구원받는 것이 아니라, 율법을 지키며 할례도 받아야 한다."라고 가르치면서, 안디옥 교회는 큰 혼란과 갈등에 직면하게 됩니다.

이 문제를 해결하기 위해 바나나와 바울은 예루살렘으로 가서 사도들과 함께 4차 예루살렘 공회를 엽니다. 이 자리에서 할례를 2,000년 동안 이어져 온 유대인의 정결 예식으로 정리하고, 구원은 오직 예수 그리스도의 십자가와 부활을 믿는 믿음으로 이루어진다는 사실을 공식적으로 결의합니다. 즉, 오직 예수 십자가만이 하나님 나라 구원의 기준임을 선언한 것입니다. 또한 바울을 바나바와 같은 '사랑받는 형제'로 결의함으로써, 바울이 복음 전도자로서 마음껏 사역할 수 있는 길을 열어주었습니다.

바울 전도팀은 소아시아를 넘어 유럽까지 복음을 전파했고, 고린도에서 사역하던 중에 〈데살로니가전서〉, 〈데살로니가후서〉, 〈갈라디아서〉를 써 보냅니다. 2차 전도여행을 마친 바울은 또다시 3차 전도여행을 떠나 에베소에 머물며, 두란노 서원에서 2년간 제자들을 가르치며 훈련했습니다. 이 시기에 그는 〈고린도전서〉와 〈고린도후서〉를 써 보냅니다. 그리고 바울은 고린도에서 〈로마서〉를 쓰고, 마지막으로 로마를 거쳐 땅끝이라 여겨진 스페인(서바나)까지 복음을 전하기 위한 계획을 세우고 예루살렘 교회를 방문하여 이 소식을 알립니다.

이때 5차 예루살렘 공회를 열고 바울에게 네 명의 서원자와 함께 유대 정결 예식에 따라 결례를 행할 것을 권합니다. 바울은 예루살렘 공회의 제안을 받아들여 예루살렘 성전에 갔다가 유대인들에게 잡혀 죽을 위기에 처하게 됩니다. 그러나 로마 천부장의 개입으로 위기를 모면한 바울은 오히려 로마 천부장의 협조로 5차 산헤드린 공회를 열어 산헤드린 공회원들에게 마지막 설득을 시도합니다. 하지만 산헤드린 공회의 위협이 거칠어지자, 바울은 의도적으로 부활 신앙을 고백함으로 사두개파와 바리새파를 분열시키고 그곳을 빠져나옵니다. 그날 밤 바울은 천부장의 보호 속에 가이사랴로 이송되고, 다음 날 로마 총독 벨릭스의 재판을 받고 2년간 구금됩니다. 이후 바울은 새로 부임한 로마 총독 베스도의 재판을 받게 되었고, 산헤드린 공회의 살해 위협을 피하기 위해 결국 로마 시민권을 이용해 로마 황제 재판을 요구하며 '죄수의 신분'으로 로마로 가는 길을 선택합니다.

통通프레임 *tong frame*

복음 1세대와 복음 2세대

FIRST AND SECOND GENERATION EVANGELISTS

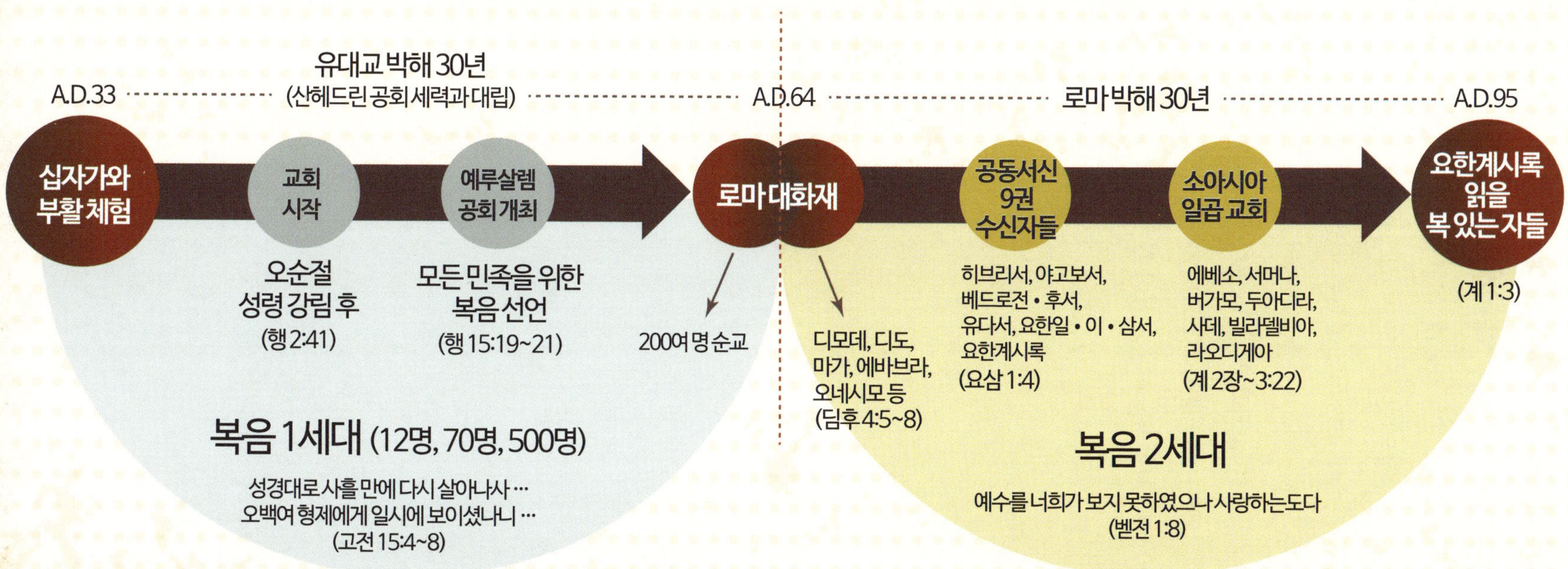

통通프레임 이야기

복음 1세대와 복음 2세대

복음 1세대는 '사도행전 30년' 동안 산헤드린 공회와의 대립과 유대교 유대인들의 핍박 속에서도 전도자들을 세우고 복음을 전한 세대입니다. 즉, 예수님의 12명 제자, 70명 제자, 예수님의 승천을 직접 목도한 500여 명, 그리고 사도 바울입니다.

"내가 받은 것을 먼저 너희에게 전하였노니 이는 성경대로 그리스도께서 우리 죄를 위하여 죽으시고 장사 지낸 바 되셨다가 성경대로 사흘 만에 다시 살아나사 게바에게 보이시고 후에 열두 제자에게와 그 후에 오백여 형제에게 일시에 보이셨나니 그 중에 지금까지 대다수는 살아 있고 어떤 사람은 잠들었으며 그 후에 야고보에게 보이셨으며 그 후에 모든 사도에게와 맨 나중에 만삭되지 못하여 난 자 같은 내게도 보이셨느니라"(고전 15:3~8).

복음 1세대는 예수님의 십자가와 부활을 체험했으며, 오순절 성령 강림 후 본격적으로 제자 시대를 열고 복음을 전했습니다. 그러므로 믿는 이의 수가 3천 명, 5천 명으로 늘어났고, 결국 이방인에게도 복음이 전해져 안디옥에 교회가 세워지는 역사가 일어납니다. 그러나 안디옥 교회에 생긴 할례 문제를 놓고 예루살렘 공회가 열립니다. 이때 오직 예수 십자가만이 하나님 나라 구원의 기준이라고 선언합니다. 그리고 바울도 바나바와 같은 사랑받는 형제로 결의합니다. 이로써 바울은 독자적으로 선교할 수 있는 보증을 얻은 것입니다.

그런데 A.D.64년 로마 대화재 사건이 발생합니다. 이때 로마 제국은 기독교 복음 1세대 지도자 200여 명을 로마 방화범으로 지목하여 잔인하게 처형합니다. 이 사건으로 복음 1세대와 복음 2세대가 나뉘게 됩니다.

복음 2세대는 예수님을 보지는 못했으나 복음 1세대로부터 복음을 전해 받고 예수님을 믿게 된 사람들입니다. 복음 2세대 대표 주자는 바울에게 목회서신을 받은 디모데, 디도를 비롯해 누가, 마가, 아볼로, 에바브라, 두기고, 오네시모 등으로 로마 제국의 박해 속에서 하나님 나라 최후 승리를 믿고 복음을 전한 사람들입니다. 이들은 '공동서신 9권'의 수신자들이며, 사도 요한을 통해 코칭 받은 소아시아 일곱 교회와 함께, 순교신앙과 마라나타 신앙으로 최후 승리를 노래한 신앙 계승자들입니다.

"예수를 너희가 보지 못하였으나 사랑하는도다 이제도 보지 못하나 믿고 말할 수 없는 영광스러운 즐거움으로 기뻐하니"(벧전 1:8).

THE WHOLE BIBLE STORY IN 10 MINUTES

By Dr. Byoungho Zoh
Founder of Bible Tongdokwon, Seoul, Korea
Tongdok Bible App

How happy will it make God our Creator when he hears that, like Stephen did in Acts chapter 7, we understood and spoke the whole Bible Story without getting it wrong, without turning from it to the right or to the left, without crossing the line, in front of a crowd, and within 10 minutes?

The 66 books of the Bible, from Genesis to Revelation, is One Story.

A pre-history from the native country of the universe -the heart of God- is the start of the Genesis story of God's creation, Adam's and Eve's fall, Noah's flood, and the dramatic divine self-identification as a multi-generational God, the "God of Abraham, Isaac and Jacob," the God of Sarah, Rebecca, Rachel and Leah. God called Abraham God's friend and tested his obedience in a burnt offering on Mount Moriah; Isaac reaped 100 times during famine; Jacob established the foundation for the twelve tribes through his sons; Joseph entered Egypt to birth a nation.

400 years later, the Hebrew people leave Egypt after the first Passover. The outward reason for Exodus was Egypt's persecution and enslavement. The real reason for Exodus was to form a Covenant between God and the Israelites to establish a Kingdom of Priests, a dream for all nations. Leviticus is a textbook for holy citizens in a Kingdom of Priests including how to prepare the five types of offerings. Numbers is the story of the Manna Generation who were educated over 40 years in the desert by Moses. Deuteronomy is the story of the Manna Generation's graduation in the desert. Joshua is the story of the founding of a Kingdom of Priests in Canaan with the 48 towns for the Levites at its center. Judges is the story of the 350 years under the Judges' rule when the first-step and second-step punishments of famine and plunder (as recorded in Leviticus) came upon Israel. Ruth is the success story of education in a Kingdom of Priests in the midst of the Judges' rule.

Samuel puts an end to the dark period of Judges through the birth of the Mizpah Generation that ignites the flames of a Kingdom of Priests. Saul becomes the first king of Israel, and the clash between Saul and Samuel was the first of many feuds between a prophet and a King. A shepherd, musician and giant-slayer named David is anointed with holy oil three times to become king, and he shows true loyalty to a Kingdom of Priests by preparing for the construction of the Jerusalem temple for which he is given the title 'God's servant'. Prayers and psalms by David are recorded that opened the gateway to heaven, as well as the story of Job of whom God boasted for his unyielding faith. Solomon completes the construction of the temple, and writes Proverbs, Song of Songs, and Ecclesiastes.

After Solomon's death, Israel's North and South kingdoms are forced to divide for 200 years. During that time, Elijah, Elisha, Amos, and Hosea cry out for the people to return to God while Jonah showcases God's heart towards all nations through the three-day miracle. North Israel is destroyed by Assyria's army in 8th century B.C. despite the many prophets who were sent to persuade Israel to return to God. At the same time, prophets Isaiah and Micah are sent by God to South Judah to prophesy about the Messiah and his birth in Bethlehem. 150 years later when South Judah is destroyed by Babylon's army, prophets Zephaniah, Habakkuk, Nahum, and Joel are appointed to comprehensively evaluate the 500 years of Israel's monarchy. During this time, Jeremiah prophesies the third-step punishment of a Kingdom of Priests upon Israel to unfold in Babylon for 70 years (as recorded in Leviticus – punishment, education, sabbath, lifespan of empire), as well as prophesying a New Covenant written "on the heart" not "on tablets of stone." To the returned captives from Babylon, God gifts I&II Chronicles as motivation to rebuild Jerusalem.

During the 70 years of Babylonian captivity, the people are reborn through the Word of God with the help of Ezekiel. Daniel's four visions sketch out the change of imperial rule from Babylon, Persia, Hellas to Rome and compares this upheaval to the Kingdom of God that will stand forever. The Babylonian empire falls to Persia just as God promised, and the Persian empire invests in the Levant region by facilitating the reconstruction of the Jerusalem temple through Zerubbabel, Haggai, and Zechariah along with the returned captives.

Meanwhile, the Jews who remain in Persia are threatened with death due to Haman the Amalekite's wicked scheme, but manage to overcome this disaster through Queen Esther's political savvy. Ezra then leads the second return of captives to Jerusalem and sets the foundation for the Sanhedrin Assembly. Nehemiah leads the third return of captives to reconstruct the Jerusalem walls. 1,000 years after the founding of a Kingdom of Priests, God makes known His love towards Israel through Malachi and promises to send Elijah to turn the heart of the parents to their children, and the heart of the children to their parents.

God is then silent for 400 years.

In between B.C. and A.D., Jesus Christ is born in Bethlehem to the supreme delight of angels and shepherds. Jesus teaches God's unending love during his three years on earth, and values one soul more precious than the whole universe. At times, Jesus becomes exhausted from showing God's love to the people day and night. Jesus is a pillar to the weak, an advocate for the poor, a healer to the sick and wounded, and a friend to Samaritans, tax collectors and sinners. During Jesus' last week, Jesus turns his last Passover Meal into Holy Communion in fulfillment of the New Covenant. After standing trial before the Sanhedrin Assembly and Pontius Pilate, Jesus is sentenced to be crucified on the Roman empire's legendary torture tool, and turns it into a door to heaven itself. The moment Jesus cried, "It is finished!" on the cross, the curtain of the Jerusalem Temple ripped in two. In fulfilling the laws and the prophets, Jesus reigns victorious on the cross once for all by his own blood and becomes the new and living way through the veil as he embodies the Good News of God's Kingdom. Three days after Jesus' crucifixion, Jesus resurrects from his grave and gives his Great Commission: go and make disciples of all peoples.

The Pentecost experience of the Holy Spirit paves the way for the Disciple Era and the establishment of the Jerusalem Council to spread the Good News of God's Kingdom and strengthen the church despite threats from the Sanhedrin Assembly. On his sixth post-resurrection appearance, Jesus appears to Paul on his way to Damascus and Paul is called to become an apostle for all nations. Paul accompanies Barnabas who is sent by the Jerusalem church on their first missionary journey to Asia Minor. Two years later, the Jerusalem Council meet to discuss the issue of circumcision raised by the Antioch church. The Council rules that the only way to salvation is through the cross of Christ. Also, Paul is acclaimed as a loving brother to the standard of Barnabas during this meeting.

Paul's team embarks on their second and third missionary journeys and sends letters to churches in Thessalonica, Galatia, Corinth, and Rome which are meant for public hearings, not private readings. Towards the end of their third missionary journey, Paul's team decides to spread the Word by traveling across Rome to Spain, a place considered to be the end of the world in those days. When they inform the Jerusalem church of this plan, the Jerusalem Council advises Paul first to visit the Jerusalem temple. But Paul is cornered by his own people who want to kill him. A Roman commander rescues Paul and strategizes to hold another Sanhedrin trial to help Paul attempt at a final persuasion. When the Sanhedrin Assembly's threats reach dangerous heights, Paul ostensibly and avowedly confesses his belief in resurrection, which splits the Sadducees and the Pharisees and makes his escape. That night, Paul is sent to Caesarea under the protection of the Roman Commander and is held under trial by Governor Felix which keeps Paul captive for a further two years.

Paul is subsequently held under trial by the new Governor Festus and ends up using his Roman citizenship, when threats by the Sanhedrin Assembly become unbearable, to be sent to Rome as a prisoner on deck to be tried by the Roman emperor. While waiting for the emperor's trial for two years under house arrest in Rome, Paul preaches the Good News of God's Kingdom and writes Ephesians, Colossians, Philippians, and Philemon. When Paul is released for a short while, he embarks on yet another missionary journey.

In A.D.64, a great fire sweeps over Rome. About 200 Christian leaders and first-generation evangelists are accused of starting the fire and are brutally massacred. Paul also realizes that his time is near and writes his final letter of last will and testament to Timothy. At the same time, first-generation evangelists write to second-generation evangelists Hebrews, I&II Peter, and Jude before their untimely deaths. The letters are written to spur on second-generation faithful to fight the righteous fight under the Roman empire's persecution of Christians, and to preach the gospel to the ends of the earth in the face of martyrdom. St. John outlives all the other first-generation evangelists for a further 30 years and looks after second-generation evangelists who face deadly persecution by the Roman empire. St. John records I&II&III John and proclaims that "God is love." St. John also introduces the lamb of God and the new heavens and the new earth to the seven churches in Asia Minor and closes with the story of Jesus' rapturous return in Revelation.

Opening your Bible opens miracles.
We will multiply our faith and churches through the Tongdok revival movement in the 21st century through God's Word, the Bible.
God's story is the story of life, and our life-story. Amen.

〈10분에 성경 전체 이야기(The Whole Bible Story in 10 Minutes)〉는
미국 저작권청(United States Copyright Office)에 정식 등록된 저작물로,
성경 전체의 핵심 내용을 10분 안에
간결하고 효과적으로 전달하는 독창성을 인정받아
미국 저작권법에 따라 보호받고 있습니다.
본 작품은 전 세계적으로 활용 가능한 교육 및 복음 전도 자료로서
그 가치를 인정받고 있습니다.

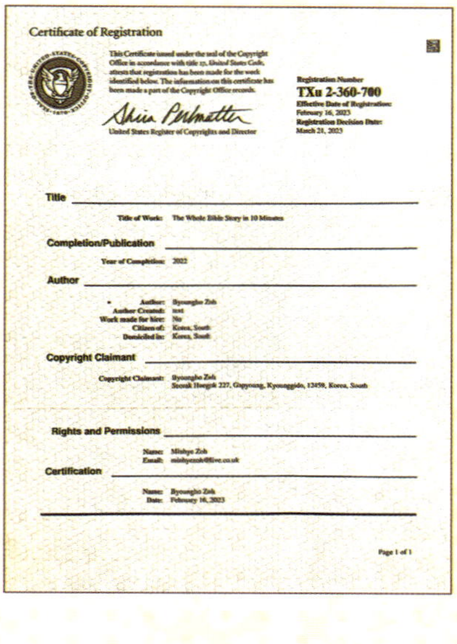

Certificate of Registration

This Certificate issued under the seal of the Copyright Office in accordance with title 17, *United States Code*, attests that registration has been made for the work identified below. The information on this certificate has been made a part of the Copyright Office records.

United States Register of Copyrights and Director

Registration Number
TXu 2-360-700
Effective Date of Registration:
February 16, 2023
Registration Decision Date:
March 21, 2023

Title

Title of Work: The Whole Bible Story in 10 Minutes

Completion/Publication

Year of Completion: 2022

Author

- Author: Byoungho Zoh
  Author Created: text
  Work made for hire: No
  Citizen of: Korea, South
  Domiciled in: Korea, South

Copyright Claimant

Copyright Claimant: Byoungho Zoh
Seorak Hoegok 227, Gapyoung, Kyounggido, 12459, Korea, South

Rights and Permissions

Name: Mishye Zoh
Email: mishyezoh@live.co.uk

Certification

Name: Byoungho Zoh
Date: February 16, 2023

Page 1 of 1

10分で聖書全巻の物語

(通博士　ジョ・ビョンホ)

By Dr. Byoungho Zoh

私たちが使徒の働き７章のステパノのように聖書全体を間違えず、偏らず、線を超えず、人々の前で10分以内に説明できるなら、神はどれほど喜んでくださるでしょうか。

聖書の創世記からヨハネの黙示録まで66巻は一つの物語です。

創世記は、神の天地創造、ノアの洪水の裁き、神の御心を語っている、歴史以前の歴史、原初の歴史の物語から始まります。続いて、モリア山での全焼のささげ物によって神と友となったアブラハム、飢饉に百倍の収穫を見たイサク、十二人の息子で十二部族の柱を立てたヤコブ、この三人の族長のカナンでの物語。そして、ヨセフの時に民族を作るためにエジプトに入国した物語です。400年後、ヘブライ族は初の過越を執り行い、出エジプトします。出エジプトの表面的な理由は、エジプト帝国からの迫害です。しかし、実際は、神がヘブライ族との間に、すべての民族のための世界宣教の夢である「祭司の王国」の契約を結ぶためでした。レビ記は5大ささげ物をはじめとする祭司の王国の聖なる市民学校の教科書であり、民数記は荒野で40年の間、モーセから祭司の王国として教育されたマナ世代の物語であり、申命記はマナ学校の卒業式の説教です。マナ学校の卒業生らが約束の地カナンの48ヶ所の官公庁を中心に祭司の王国を建てる物語がヨシュア記であり、士師記は350年間、祭司の王国への1段階の懲らしめ飢饉と、2段階の懲らしめ略奪の中、士師たちを用いられた救いの物語であり、ルツ記は士師の時代に祭司の王国教育の成功事例の物語です。

サムエルは闇のような士師の時代を終え、ミツパ世代を誕生させ、祭司の王国の花を咲かせます。続いてサウルがイスラエルの初代の王となります。サウルとサムエルの葛藤は、王政500年の間の王と預言者の葛藤の始まりとなります。ダビデは3回油が注がれて王となり、神殿の建築を備え、祭司の王国の忠誠心を高め、神のしもべと認められます。そして、天の門を開いたダビデの様々な詩篇と、神の喜び、天の宝、ヨブの物語があります。ソロモンはすべての民のための神殿を建て、箴言、雅歌、伝道者の書を残します。ソロモンの死後、イスラエルは北王国と南王国に分裂し、200年の間エリヤ、エリシャ、アモス、ホセア、の叫び、すべての国民へ向かう神の御心を悟ったヨナの3日間の奇跡の物語が宣布されます。しかし、様々な預言者の説得にもかかわらず、最後までヤロブアムの罪を歩んだ北イスラエルはB.C.8世紀、アッシリアによって滅びます。この時、預言者イザヤ、ミカはメシアの預言とベツレヘムの誕生を予告します。150年後、南ユダがバビロンによって滅んだ際、預言者ゼパニヤ、ハバクク、ナホム、ヨエルが500年間のイスラエルの王政の評価を包括的に宣言します。この時、エレミヤは祭司の王国の3段階の懲らしめであるバビロン捕囚70、その四つの意味-懲らしめ、教育、安息、帝国の寿命を語り、新しい契約を予告します。 そして、バビロン捕囚の懲らしめを終えエルサレムに帰還する再建世代へ神の未来の賜物、歴代誌が与えられます。

エゼキエルがバビロンで南ユダの捕虜たちに神のみことばで説得することによりユダヤ人が始まります。その間、ダニエルは幻でバビロン、ペルシア、ギリシア、ローマ帝国の変動の下絵を描き、永遠の神の国を預言します。バビロン帝国は神の約束通り70年後、ペルシアに滅ぼされ、ペルシア帝国はゼルバベル、ハガイ、ゼカリヤと共にユダヤ人を帰還させ、エルサレムに神殿を再建させることでレバント地域に投資します。一方、ペルシアに残っていたユダヤ人はアマレク人¬ハマンの企みで滅びの危機に迫りますが、エステルの宴会を通じて危機を乗り越えます。その後、エズラが第2次帰還を指揮いてサンヘドリン公会を設け、ネヘミヤが第3次帰還を指揮いて城壁を再建することで祭司の王国の再建を成し遂げます。祭司の王国を建て始めて1,000年後、神は預言者マラキを通して、これまでイスラエルへの神の愛の告白とエリヤを送り、父の心を子に、子の心を父に向けさせるという約束を与えた後、400年間沈黙されます。

新・旧約の中間時代である400年間、帝国は変動します。ペルシア帝国は滅び、ギリシア帝国が登場します。ギリシア帝国のプトレマイオス朝の時代にモーセ五書がギリシア語に翻訳され、世界化が行われます。続いて、ギリシア帝国のセレウコス朝がエルサレムの聖殿を冒瀆すると、マカビ家が革命を起こし神殿を清めた後、ハスモン朝を建てます。ところが、ハスモン王朝は80年余り、大祭司が王の職を兼任することで、祭司の王国の律法を破ります。その後、ギリシア帝国がローマに滅ぼされ、ユダヤ人はローマ帝国の支配下に入ります。この時期、ローマはエドム族のヘロデ家をユダヤの領主と任命し、エルサレムの神殿を再建させることで、神殿をローマの統治の道具として転落させます。

ちょうどこの時、B.C.(紀元前)とA.D.(紀元後)の分岐点にイエス様が天使たちと羊飼いたちの喜びの中、ベツレヘムでお生まれになります。イエス様は公生涯の3年間、神の愛を語られ、一人の価値を天下よりも尊いものとされました。時にはこの愛のゆえに疲れ果てられました。そして疎外された弱者の頼りになり、サマリヤ人と取税人の友となってくださいます。公生涯の最後の一週間、イエス様はエルサレムで最後の過越、最初の聖餐を通して新しい契約を結ばれた後、第一次サンヘドリン公会議(最高法院)とピラトの裁判を受け、ローマ帝国の刑罰であり、天の聖所である十字架に掛けられました。イエス様が十字架で「完了した」と宣言された瞬間、エルサレム神殿の幕が真ん中から裂けました。こうして、イエス様が律法と預言書の完成としてただ一度ささげられ、私たちのために新しい生きる道となり、天の御国の福音を完成されたのです。十字架で死なれ、三日後復活されたイエス様は、天に昇られる前、あらゆる国の人々に伝えるべき大宣教命令を語られます。

その後、五旬祭の日、聖霊に持たされた12人の使徒が弟子の時代を開き、エルサレム公会議を開きながら、2次、3次、4次サンヘドリン公会議(最高法院)の脅威の中でも、天の御国の福音を宣べ伝え、教会を建てていきます。一方、パウロはダマスコへの道でイエス様に出会った後、異邦人の使徒として召されます。パウロはエルサレム公会議がバルナバをアンティオキア教会に派遣するときに同行することになり、小アジアの第1次伝道旅行をします。2年後、アンティオキア教会に生じた割礼の問題の解決のため、エルサレム公会議が開かれます。この時、ただイエスの十字架が神の国の救いの基準であると宣言します。そして。パウロもバルナバと同じく愛される兄弟として決意します。その後、パウロのチームは2次、3次伝道旅行を行い、テサロニケ、ガラテヤ、コリント、ローマ教会に書簡を送ります。パウロのチームは3次伝道の旅が終わる頃、ローマを経て地の果てであるスペインまで福音を伝えるための計画を立て、エルサレム教会を訪問してこの知らせを伝えます。この時、エルサレム公会義の要請でパウロはエルサレム神殿に行ったのですが、ユダヤ人に捕らえられ死ぬ危機にさらされますが、むしろローマの千人隊長の助けによって第５次サンヘドリン公会義(最高法院)を開き、公会員たちへ最後の説得を試みます。しかし、サンヘドリン公会義の脅威が厳しくなると、パウロは意図的に復活の信仰を告白することでサドカイ派とパリサイ派を分裂させ、そこを抜け出します。その夜、パウロはローマの千人隊長の助けによってカイサリアに無事移動され、翌日、ローマの総督フェリクスの裁判の判決によって２年間拘禁されます。その後、パウロは新しく就任したローマ総督フェストゥスの裁判を受ける中、サンヘドリン公会義の殺害の脅迫から逃れるため、結局、ローマ市民権を用いてローマの皇帝に裁判を要求し、囚人の道を選びます。そこで囚人移送船に乗ってローマに到着します。パウロはローマの獄中で皇帝の裁判を待つ2年間、神の国の福音を伝え、教会論であるエペソ人への手紙、キリスト論であるコロサイ人への手紙、ピリピ人への手紙、ピレモンへの手紙を書き送ります。その後、2年ぶり自由の身となったパウロは再び伝道旅行を進行させます。

ところが、A.D.64年にローマ大火事件が起こります。この時、ローマ帝国はキリスト教福音の第一世代の指導者200人余りをローマの放火犯として指名し、残酷に処刑します。パウロも死が迫っていることを知り、信仰の息子テモテへ遺言のようなテモテへの手紙 第二を書き送ります。ちょうどこの時期、殉教を目の前にした福音第一世代が福音第二世代のための手紙、ヘブライ人への手紙、ペテロの手紙　第一・第二、ユダの手紙を残します。これは、福音の第二世代がローマ帝国の迫害の中で信仰の戦いを戦い抜き、神の国の福音を地の果てまで伝えるように励ますためです。しかし、使徒ヨハネは福音の第1世代として、ローマ大火の以後、30年以上も生き延び、ローマ帝国の迫害の中にいる福音の第二世代に仕える使命を担います。「神は愛」を現わすヨハネの手紙を記録します。

この時、ヨハネの手紙 第一・第二・第三を記録し、勧めながら「神は愛です」と宣言します。そして、使徒ヨハネは、福音2世代が率いる小アジアの七つの教会へ神と子羊の御座、新しい天と新しい地を紹介し、「見よ、わたしはすぐに来る。」というイエス様の切な再臨の約束を伝え、黙示録の物語を終わらせます。

聖書を開けば奇跡が起こります。

神のみことばである聖書を通して、私たちは21世紀において信仰のリバイバル、教会のリバイバルを高めます。アーメン

성경통독 레시피 '10분에 성경 전체 이야기' (중국어)

十分钟看完整个圣经故事

By Dr. Byoungho Zoh

如果我们像使徒行传第七章中的司提反一样，在十分钟之内，在人们面前正确地讲整本 圣经，不带偏见，不越界，上帝会多么高兴？

圣经66卷书，从创世记到启示录，是一个故事.

创世记开始于神创造天地、对挪亚洪水的审判，以及包含神心意的上古历史.随后，亚伯拉罕在摩利亚山献燔祭成为神的朋友，以撒在饥荒中结出百倍的果子，雅各与他的12个儿子建立了12个支派的支柱，这是迦南三位族长的故事.以色列百姓为要成为一个民族，约瑟进入埃及的故事.400年后，希伯来人遵守了第一个逾越节并离开埃及.出埃及的表面原因是埃及帝国的迫害.但实际上，这是在上帝和希伯来人之间，为了所有民族普世宣教的异象，建立祭司王国的圣约.利未记是祭司国度圣民学校的教科书，包括五大献祭.民数记是关于吗哪一代人在旷野四十年的祭司王国中，受摩西教育的故事.申命记是吗哪学校毕业典礼上的讲道.约书亚讲述了吗哪学校的毕业生在应许之地迦南，建立一个以48个政府机构为中心的祭司国家的故事.《士师记》是祭司国350年当中，第一阶段饥荒管教和第二阶段剥削管教期间，通过士师拯救的故事.路得记是士师时代祭司国度教育的成功故事.

撒母耳结束了士师的黑暗时代，诞生了米斯巴一代，使祭司的王国蓬勃发展.随后，扫罗成为以色列的第一位国王.扫罗和撒母耳之间的冲突开始了王国500年期间国王和先知之间的对抗.大卫三次受膏，成为王，准备建造圣殿，增加祭司王国的忠诚，并被认定为上帝的仆人.大卫的许多诗篇，打开诸天，并夸耀上帝，还有一个关于天上宝石约伯的故事。所罗门为万国建造圣殿，留下箴言 、雅歌 、传道书.所罗门死后，南北分裂的200年里，以利亚 、以利沙 、阿摩司 、何西阿的呼声，以及宣告约拿三天神迹的故事，体会了神对以色列人的心意.然而，尽管几位先知的劝说，北以色列最终还是追随了耶罗波安的道路，最后在公元前8世纪被亚述所灭.此时，先知以赛亚和弥迦预言了弥赛亚的预言和伯利恒的诞生.150年后，当南国犹大被巴比伦毁灭时，先知西番雅 、哈巴谷 、那鸿 、约珥全面宣告了500年君主制的评价.此时，耶利米通过谈论被掳到巴比伦七十年的四个意义，即祭司王国第三阶段的惩罚—管教 、教育 、休息和帝国的寿命，来预示新约的到来.上帝未来的礼物，历代志，是赐给重建中的一代人的，他们将在巴比伦被掳之后返回耶路撒冷.

当以西结在巴比伦用神的话语说服南犹大的俘虏时，就开始有了犹太人.与此同时，但以理预言了永恒的神的国度，在异象中勾勒出巴比伦 、波斯 、希腊和罗马帝国的粗略轮廓.正如上帝所应许的那样，巴比伦帝国在七十年内被波斯所灭,波斯帝国对黎凡特地区进行了投资,将犹太人与所罗巴伯、哈该和撒迦利亚一起遣返,并重建了耶路撒冷圣殿.与此同时,留在波斯的犹太人因亚玛力人哈曼的迫害而面临死亡的危险,但他们通过以斯帖的队伍克服了危机.此后,以斯拉率领第二次回归,建立公会,尼希米率领第三次回归,重建城墙,从而重建祭司王国.祭司王国建立一千年后,上帝通过先知玛拉基表达了他的爱,并应许派遣以利亚使父亲的心转向子女,子女的心转向父亲.

帝国在两约之间的400年里发生了波动.波斯帝国崩溃,希腊帝国崛起.希腊帝国托勒密王朝时期,摩西五经被翻译成希腊语并全球化.随后,当希腊帝国的塞琉古王朝亵渎了耶路撒冷的圣殿时,马加比家族起义,清洗了圣殿,建立了哈斯蒙尼王朝.然而,哈斯蒙尼王朝让大祭司兼任国王长达80多年,违反了祭司王国的法律.后来,随着希腊帝国移交给罗马,犹太地区也受到罗马帝国的统治.此时,罗马任命以东希律家族为犹太分封君主,并让他们在耶路撒冷重建圣殿,使圣殿成为罗马统治的工具.

就在这个时候,在公元前和公元后的交际,耶稣在伯利恒降生,天使和牧羊人都充满喜乐.耶稣在三年的公共生活中谈到了上帝的爱,并认为一个灵魂的价值比世界更宝贵.有时他会因为爱而疲倦、疲惫.他成为弱者的依靠,成为撒玛利亚人和税吏的朋友.在他公开生活的最后一周,耶稣在耶路撒冷通过最后逾越节的第一个圣礼缔结了新约,接受了公会和彼拉多的审判,然后挂在十字架上、罗马断头台上和天上的圣所上.当耶稣在十字架上宣布一切都完成的那一刻,耶路撒冷圣殿的幔子从上到下裂开了.这就是耶稣通过一次性献祭、完成律法和先知、成为我们新生活方式的幔子,完成了神国的福音.耶稣在十字架上死后第三天复活,他在升天之前宣布要向万民传福音的大使命.

此后,在五旬节经历了圣灵的十二使徒,不顾第二次、第三次、第四次犹太公会审判的威胁,开启了门徒时代,召开了耶路撒冷会议.传播神国的福音并建造教会.与此同时,保罗在去大马士革的路上遇见耶稣后,就被呼召为外邦人的使徒.当保罗派巴拿巴去耶路撒冷议会的安提阿教会时,保罗陪同他进行了他第一次前往小亚细亚的宣教之旅.两年后,耶路撒冷会议就安提阿教会发生的割礼问题召开.此时,只有耶稣的十字架宣告了神国得救的标准.保罗也决心要像巴拿巴一样成为一位亲爱的弟兄.此后,保罗的团队在第二次和第三次宣教旅行中写信给帖撒罗尼迦、加拉太、哥林多和罗马的教会.在第三次宣教旅程结束时,保罗的团 队制定了通过罗马向地极西班牙传播福音的计划,并拜访了耶路撒冷教会,将这一消息告 知了他们.这时,保罗应耶路撒冷公会的要求,前往耶路撒冷圣殿,被犹太人抓住,面临被杀的危险.然而,当公会的威胁变得严重时,保罗故意承认复活的信仰,分裂撒都该人和法利赛人,并逃离那里.当晚,保罗在罗马指挥官的保护下被送往该撒利亚,第二天,他受到罗马总督腓力斯的审判,并被监禁了两年.后来,当保罗在新任命的罗马总督非斯都审判时,为避免公会的死亡威胁,他最终选择了囚犯的道路,要求罗马皇帝以他的罗马公民身份进行审判.所以,他们乘坐一艘囚犯船到达罗马.保罗在罗马监狱期间,传讲神国的福音,并写了《以弗所书》,《歌罗西书》,《腓立比书》,《腓利门书》,在罗马监狱期间传讲神国的福音.两年后获得暂时自由的保罗又踏上了另一次宣教之旅.

然而,公元64年,罗马发生了大火.此时,罗马帝国以纵火犯的罪名残酷处决了200名第一代基督教福音领袖.保罗知道自己的死期临近,就给信心之子提摩太写了提摩太后书,就像遗嘱一样.就在此时,面临殉道的第一代福音人为第二代福音人留下了书信:《希伯来书》,《彼得前书》,《彼得后书》和《犹大书》.这是为了鼓励福音第二代在罗马帝国的逼迫中打那美好的仗,将神国的福音传到地极.然而,使徒约翰是福音第一代,在罗马大火后又存活了三十年,照顾着遭受罗马帝国迫害的福音第二代.此时,约翰一书、二书和三书被记录并劝诫,宣称"神就是爱".使徒约翰向第二代福音派领导的小亚细亚七个教会介绍了上帝和羔羊的宝座、新天新地,并结束了《启示录》的故事耶稣的殷切应许,主必快再来.

打开圣经就会开启奇迹.有了神的话语圣经,我们将倍增21世纪的信仰复兴运动和教会复兴运动. 阿们.

성경통독 레시피 '10분에 성경 전체 이야기' (태국어)

สรุปเรื่องราวของพระคัมภีร์ทั้งหมด

By Dr. Byoungho Zoh

ถ้าเราจะกล่าวถึงพระคัมภีร์ทั้งหมดอย่างถูกต้อง โดยไม่เอนเอียงและไม่ล้าเส้นไปต่อ หน้าคนทั้งหลายเหมือนอยางสเทเฟนในพระธรรมกิจการบทที่ 7 นั้น พระเจ้าจะทรงพอ พระทัยมากเพียงไร

พระคัมภีร์ทั้ง 66 เล่ม จากพระธรรมปฐมกาลจนถึงพระธรรมวิวรณ์นั้นเป็นเรื่องเดียว

พระธรรมปฐมกาลเริ่มต้นด้วยประวัติศาสตร์ดั้งเดิมที่รวมเรื่องราวสำหรับการทรงสร้างฟ้าและแผ่นดินของพระเจ้า การพิพากษาน้ำท่วมในสมัยโนอาห์ และน้ำพระทัยของพระเจ้า

ต่อมาเป็นเรื่องราวของ 3 คน หัวหน้าเผ่าที่คานาอัน คือ อับราฮัมที่ได้เป็นเพื่อนกับพระเจ้าโดยการถวายเครื่องบูชาที่ภูเขาโมริยา อิสอัคที่ได้เก็บเกี่ยว 100 เท่าในการกันดารอาหาร และยาโคบที่ได้ตั้งเสาของ 12 เผ่าโดยลูกชายทั้ง 12 และเป็นเรื่องราวที่ได้เข้าไปยังประเทศอียิปต์เพื่อสร้างชาติในสมัยโยเซฟ

หลัง 400 ปี ชนชาติฮีบรูได้รักษาเทศกาลปัสกาครั้งแรก แล้วก็ออกจากประเทศ อียิปต์ สาเหตุที่ปรากฏให้เห็นสำหรับการอพยพจากประเทศอียิปต์ก็เพราะการข่มเหงของจักรวรรดิอียิปต์แต่ที่จริงแล้วนั้นเพื่อจะตั้งพันธสัญญาสำหรับอาณาจักรปุโรหิตระหว่างพระเจ้าและชนชาติฮีบรู ซึ่งเป็นความฝันเพื่อพันธกิจโลกเพื่อเห็นแก่ชนทุกชาติ

พระธรรมเลวีนิติเป็นเรื่องราวสำหรับการถวายเครื่องบูชาทั้ง 5 และเป็นตำราเรียนที่โรงเรียนแห่งประชากรที่บริสุทธิ์ของอาณาจักรปุโรหิต พระธรรมกันดารวิถีเป็นเรื่องราว สำหรับรุ่นมานาที่ได้รับการสอนสำหรับอาณาจักรปุโรหิตจากโมเสส ระหว่าง 40 ปี ในถิ่นทุรกันดาร และพระธรรมเฉลยธรรมบัญญัติเป็นการเทศนาในพิธีจบของโรงเรียนมานา

พระธรรมโยชูวาเป็นเรื่องราวของพวกที่จบการศึกษาจากโรงเรียนมานาได้ตั้งอาณาจักรปุโรหิตโดยเอาหน่วยงานราชการ 48 ที่ในคานาอัน ซึ่งเป็นดินแดนแห่งพันธสัญญาเป็นศูนย์กลาง พระธรรมผู้วินิจฉัยเป็นเรื่องราวแห่งความรอดโดยทางบรรดาผู้วินิจฉัยที่ได้ทำในการตีสอนขั้นตอนแรกโดยการกันดารอาหาร ขั้นตอนที่สองโดยการปล้นสำหรับอาณาจักรปุโรหิตระหว่าง 350 ปี และพระธรรมนางรูธเป็นเรื่องราวแห่งตัวอย่างที่ประสบความสำเร็จทางการสอนของอาณาจักรปุโรหิตในสมัยผู้วินิจฉัย

ซามูเอลทำให้สมัยผู้วินิจฉัยที่มืดมนจบลงและให้รุ่นใหม่ปรากฏขึ้น แล้วก็ให้เป็นอาณาจักรปุโรหิตที่ออกดอก

ต่อมาซาอูลได้เป็นกษัตริย์องค์แรกของอิสราเอล ความขัดแย้งระหว่างซาอูลและซามูเอลได้เป็นการเริ่มต้นความขัดแย้งระหว่างกษัตริย์และผู้เผยพระวจนะระหว่าง 500 ปี

ดาวิดได้รับการเจิมด้วยน้ำมันถึง 3 ครั้งแล้วได้เป็นกษัตริย์และเตรียมการสร้างพระวิหาร และทำให้มีความจงรักภักดีของอาณาจักรปุโรหิตสูงขึ้น และได้รับการยอมรับว่าเป็นทาสของพระเจ้า และมีบทกวีหลายบทของดาวิดที่เปิดประตูทางสวรรค์ ความภาคภูมิใจของ พระเจ้า

และเรื่องราวของโยบซึ่งเป็นเพชรพลอยแห่งสวรรค์

ซาโลมอนได้สร้างพระวิหารเพื่อชนทุกชาติ และเขียนพระธรรมสุภาษิต เพลงซาโลมอน และพระธรรมปัญญาจารย์ไว้ ภายหลังความตายของซาโลมอน มีการร้องตะโกนของเอลียาห์ เอลีชา อาโมส โฮเชยา และมีการประกาศเรื่องราวแห่งความมหัศจรรย์ 3 วันของโยนาห์ที่ได้ตระหนักพระทัยของพระเจ้า เพื่อชนชาติทั้งหลายระหว่าง 200 ปีของราชวงศ์ที่แบ่งแยกระหว่างทางเหนือกับทางใต้

แต่ในที่สุดอิสราเอลภาคเหนือที่ทำตามทางแห่งเยโรโบอัมได้ถูกทำลายโดยอัสซีเรียในศตวรรษที่ 8 กคศ. ถึงแม้ว่าบรรดาผู้เผยพระวจนะจะชักจูงจิตใจ เวลานั้นอิสยาห์ มีคาห์ ผู้เผยพระวจนะพยากรณ์ถึงเรื่องพระเมสสิยาห์และการบังเกิดที่เบธเลเฮม

150 ปีต่อมาเมื่อยูดาห์ภาคใต้ถูกทำลายโดยบาบิโลน เศฟันยาห์ ฮาบากุก นาฮูม โยเอล ผู้เผยพระวจนะได้ประกาศอย่างเป็นแบบครอบคลุมถึงการประเมินราชวงศ์ระหว่าง 500 ปี เวลานั้นเยเรมีห์ได้กล่าวถึงความหมาย 4 ประการ(การตีสอน การสั่งสอน การพำนัก และอายุของจักรวรรดิ) ของ 70 ปีแห่งการเป็นเฉลยที่บาบิโลน ซึ่งเป็นการตีสอนขั้นที่ 3 ต่ออาณาจักรปุโรหิต และพยากรณ์ถึงพันธสัญญาใหม่ แล้วได้ประทานพระธรรมพงศาวดารคือของขวัญแห่งอนาคตจากพระเจ้าให้แก่รุ่นแห่งการสร้างใหม่ที่จะสิ้นสุดการตีสอนแห่ง

การเป็นเชลยที่บาบิโลน และกลับไปยังกรุงเยรูซาเล็ม

คนยูดาห์ได้เริ่มต้นโดยเอเสเคียลชักจูงใจเชลยทางยูดาห์ใต้ที่บาบิโลนด้วยพระวจนะของพระเจ้าระหว่างช่วงเวลานั้น ดาเนียลวาดรูปภาพร่างของการเปลี่ยนแปลงแห่งจักรวรรดิบาบิโลน เปอร์เซีย กรีก และโรม ในนิมิตแล้วพยากรณ์ถึงแผ่นดินนิรันดร์ของพระเจ้า

จักรวรรดิบาบิโลนถูกทำลายโดยเปอร์เซียในเวลาครบรอบ 70 ปี ตามพระสัญญา ของพระเจ้า จักรวรรดิเปอร์เซียลงทุนในเขต Levan โดยให้คนยูดาห์พร้อมกับเศรุบบาเบล ฮักกัย เศคาริยาห์ กลับไปและสร้างพระวิหารที่เยรูซาเล็ม

อนึ่ง คนยูดาห์ที่กำลังอาศัยอยู่ในเปอร์เซียเป็นวิกฤติที่จะตายด้วยอุบายของฮามาน คนอามาเลข แต่ได้ผ่านพ้นวิกฤติโดยทางงานเลี้ยงของเอสเธอร์

หลังจากนั้นเอสราได้ตั้งสภาแซนเฮดริน โดยนำการกลับมาครั้งที่ 2 และเนหะมีย์ได้สร้างอาณาจักรปุโรหิตใหม่ขึ้นโดยการสร้างกำแพงใหม่ในการนำกลับมาครั้งที่ 3

1,000 ปีจากการตั้งอาณาจักรปุโรหิต พระเจ้าประกาศยอมรับความรักโดยทางมาลาคีผู้เผยพระวจนะ และประทานพระสัญญาว่า ให้จิตใจของพ่อหันไปหาลูก ให้จิตใจของลูกหันไปหาพ่อโดยใช้เอลียาห์มา หลังจากนั้นพระองค์เงียบนาน 400 ปี

ระหว่าง 400 ปี คือยุคระหว่างพันธสัญญาเดิมและพันธสัญญาใหม่ บรรดาจักรวรรดิมีการเปลี่ยนแปลง จักรวรรดิเปอร์เซียถูกทำลายแล้วจักรวรรดิกรีกปรากฏขึ้น ในราชวงศ์ปโตเลมีของจักรวรรดิกรีกเบญจบรรณถูกแปลภาษากรีกให้เป็นโลกานุวัตน์

ต่อจากนั้นเมื่อราชวงศ์ซิลูซิดของจักรวรรดิกรีกดูหมิ่นพระวิหารเยรูซาเล็ม วงศ์ตระกูลมัคคาบีได้ปฏิวัติแล้วชำระพระวิหาร และได้ตั้งราชวงศ์ฮัสโมเนียน แต่ราชวงศ์ฮัสโม เนียนนั้นมาหาปุโรหิตดำรงตำแหน่งกษัตริย์ในเวลาเดียวกัน จึงละเมิดกฎหมายของ

อาณาจักรปุโรหิตระหว่าง 80 ปี
หลังจากนั้นจักรวรรดิกรีกถูกมอบไปสู่โรม ยูดาห์จึงเข้าภายใต้การปกครองของ
จักรวรรดิโรม เวลานั้นจักรวรรดิโรมแต่งตั้งตระกูลเฮโรดคนเอโดมให้เป็นกษัตริย์เหนือยูดาห์ เพื่อให้สร้างพระวิหารเยรูซาเล็มใหม่ขึ้น จึงให้พระวิหารตกเป็นเครื่องมือแห่งการปกครอง ของโรม ในเวลานั้นเองพระเยซูได้บังเกิดที่เบธเลเฮมในความชื่นชมยินดีของเหล่าทูตสวรรค์

และพวกผู้เลี้ยงแกะในจุดแบ่งระหว่างกคศ. และ คศ.

พระเยซูทรงตรัสถึงความรักของพระเจ้าระหว่าง 3 ปี ซึ่งเป็นช่วงที่รับใช้ และทรงถือว่าคุณค่าของดวงวิญญาณหนึ่งประเสริฐกว่าทั้งโลก บางครั้งพระองค์ทรงเหน็ดเหนื่อยและอ่อนเพลียเพราะความรัก และพระองค์ทรงยอมเป็นเนินเขาส าหรับผู้อ่อนแอที่จะพึ่งพิง และเป็นเพื่อนของชาวสะมาเรียและคนเก็บภาษี

ในระหว่างสัปดาห์สุดท้ายของการรับใช้ พระเยซูทรงท าพันธสัญญาใหม่โดยทางพิธีมหาสนิทครั้งแรกในเทศกาลปัสกาครั้งสุดท้ายที่เยรูซาเล็ม และได้รับการพิพากษาของสภาแซนเฮดรินครั้งที่ 1 และของปิลาตแล้วได้ถูกตรึงบนไม้กางเขนซึ่งเป็นเครื่องมือลงโทษของ โรม และวิสุทธิสถานแห่งสวรรค์

ในวินาทีซึ่งพระเยซูตรัสว่า ส าเร็จแล้วบนไม้กางเขน ม่านในพระวิหารเยรูซาเล็มได้ฉีกขาดตั้งแต่บนตลอดจนถึงล่าง นี่เป็นการที่พระเยซูได้ส าเร็จข่าวประเสริฐแห่งแผ่นดินของพระเจ้า โดยพระองค์ได้ถวายเครื่องบูชาครั้งเดียว ซึ่งเป็นการส าเร็จของพระบัญญัติและหมวดผู้เผยพระวจนะ และได้กลายเป็นม่านแห่งทางชีวิตใหม่เพื่อเรา

ภายหลังความตายบนกางเขนพระเยซูที่ได้เป็นขึ้นมาจากความตายในวันที่ 3 ตรัสสั่งพระมหาบัญชาที่จะประกาศแก่ชนทุกชาติก่อนที่จะเสด็จไปสู่สวรรค์

หลังจากนี้อัครทูตทั้ง 12 ที่ได้ประสบพระวิญญาณบริสุทธิ์ เป็นยุคแห่งสาวก จัดการประชุมที่เยรูซาเล็ม ประกาศข่าวประเสริฐแห่งแผ่นดินของพระเจ้า และบุกเบิกคริสตจักรท่ามกลางวิกฤตแห่งการพิพากษาของสภาแซนเฮดรินครั้งที่ 2 ครั้งที่ 3 และครั้งที่ 4

อนึ่งเปาโลได้พบพระเยซูระหว่างทางดามัสกัสแล้วได้รับการเรียกให้เป็นอัครทูต ส าหรับคนต่างชาติ เปาโลร่วมเดินทางไปกับบารนาบัสเมื่อคริสตจักรอันทิโอกได้ส่งเป็น มิชชันนารีและประกาศข่าวประเสริฐเที่ยวแรกในเขตเอเชียน้อย

2 ปีต่อมา มีการประชุมที่คริสตจักรเยรูซาเล็มเนื่องจากปัญหาที่เกิดขึ้นเรื่องการเข้าสุหนัตในคริสตจักรอันทิโอก ครั้งนั้นได้ประกาศว่าไม้กางเขนของพระเยซูเท่านั้นเป็น
มาตรฐานแห่งความรอดส าหรับแผ่นดินของพระเจ้า และลงมติว่า เปาโลก็เป็นพี่น้องที่ได้รับความรักเหมือนบารนาบัส

หลังจากนี้ทีมเปาโลได้เดินทางประกาศข่าวประเสริฐครั้งที่ 2 และครั้งที่ 3 และได้เขียนจดหมายส่งถึงคริสตจักรเธสะโลนิกา กาลาเทีย โครินธ์และโรม ในเวลาที่ทีมเปาโลใกล้จะเสร็จการเดินทางประกาศครั้งที่ 3 ได้วางแผนที่จะประกาศข่าวประเสริฐโดยผ่านกรุงโรมไปถึงประเทศสเปนซึ่งเป็นที่สุดปลายแผ่นดินโลก จึงแจ้งข่าวนี้โดยการเยี่ยมคริสตจักร
เยรูซาเล็ม

เวลานั ้นเปาโลเข้าไปพระวิหารเยรูซาเล็มเพราะที่ประชุมเยรูซาเล็มได้ฝากฝังไว้ แล้วถูกคนยูเดียจับและเป็นวิกฤตถึงตาย แต่เปาโลลองชักจูงใจดูครั้งสุดท้ายต่อสมาชิกสภาใน ครั้งที่ 5 โดยรับการช่วยเหลือจากนายพันของโรม แต่เมื่อการขู่เข็ญของสภาแซนเฮดริน
รุนแรงขึ ้น เปาโลประกาศยอมรับความเชื่อแห่งการเป็นขึ ้นมาจากความตาย โดยเจตนาให้เกิดการแยกระหว่างพวกสะดูสีและพวกฟาริสีแล้วได้ออกมาจากที่นั่น ในคืนวันนั ้นเปาโลได้ถูกส่งถึงซีซารียาโดยการปกป้องจากนายพันของโรม
วันรุ่งขึ ้นได้รับการพิพากษาโดยเฟลิกส์เจ้าเมืองของโรม แล้วถูกจ าจองนาน 2 ปี
หลังจากนั ้นขณะที่เปาโลได้รับการพิพากษาของเฟสทัสเจ้าเมืองของโรมที่เพิ่งได้รับต าแหน่ง เปาโลเรียกร้องการพิพากษาจากจักรพรรดิของโรมโดยใช้สิทธิพลเมืองของโรม เพื่อ
หลีกเลี่ยงภัยคุกคามความตายของสภาแซนเฮดรินและเลือกทางแห่งนักโทษ ดังนั ้นเปาโลจึงได้ลงเรือขนส่งนักโทษไปถึงยังกรุงโรม
ระหว่าง 2 ปีที่เปาโลอยู่ในคุกที่กรุงโรมรอคอยการพิพากษาของจักรพรรดิ เปาโลได้ประกาศข่าวประเสริฐแห่งแผ่นดินของพระเจ้าและเขียนพระธรรมเอเฟซัสเรื่องคริสตจักร พระธรรมโคโลสี และฟี ลิปปีเรื่องพระคริสต์ และพระธรรมฟี เลโมนแล้วส่ง
และครบ 2 ปีต่อมา เปาโลได้รับเสรีภาพชั่วคราวจึงเดินทางไปประกาศข่าวประเสริฐ อีก แต่ได้เกิดเหตุการณ์ไฟไหม้ใหญ่ที่กรุงโรมในปี 64ในเวลานั ้นจักรวรรดิโรมหมายตัวผู้น า รุ่นที่ 1 ทางข่าวประเสริฐของศาสนาคริสต์ประมาณ 200 คน ว่าเป็นผู้ลอบวางเพลิง และประหารชีวิตอย่างโหดร้าย
เปาโลก็รู้ว่าความตายใกล้เข้ามา จึงเขียนพระธรรม 2 ทิโมธี ซึ่งเป็นเหมือนค าสั่ง
เสียก่อนตายส่งแก่ทิโมธีลูกแห่งความเชื่อ ในเวลานั ้นเองรุ่นที่ 1 แห่งข่าวประเสริฐที่อยู่ใกล้การยอมพลีชีพเขียนจดหมายเพื่อรุ่นที่ 2 แห่งข่าวประเสริฐ เช่น พระธรรมฮีบรู พระธรรม 1, 2 เปโตร และพระธรรมยูดาห์ มีเนื ้อหาเพื่อหนุนใจให้รุ่นที่ 2 แห่งข่าวประเสริฐต่อสู้อย่างเต็มก าลังต่อการข่มเหงของจักรวรรดิโรม และประกาศข่าวประเสริฐแห่งแผ่นดินของพระเจ้าจนถึงที่สุดปลายแผ่นดินโลก
แต่ยอห์นอัครทูตซึ่งเป็นรุ่นที่ 1 แห่งข่าวประเสริฐมีชีวิตอีกกว่า 30 ปี ภายหลัง
เหตุการณ์ไฟไหม้ใหญ่ที่กรุงโรม และเขาดูแลรุ่นที่ 2 แห่งข่าวประเสริฐซึ่งอยู่ในการข่มเหงของจักรวรรดิโรม
ในเวลานั ้นยอห์นได้เขียนพระธรรม 1, 2, 3 ยอห์น เพื่อเป็นการแนะน า และประกาศว่าพระเจ้าเป็นความรัก และยอห์นอัครทูตแนะน าพระที่นั่งของพระเจ้าและของพระเมษโปดก ท้องฟ้าใหม่และแผ่นดินโลกใหม่แก่คริสตจักรทั ้ง 7 ในเขตเอเชียน้อยซึ่งรุ่นที่ 2 แห่งข่าวประเสริฐก าลังรับใช้อยู่ และประกาศถึงพระสัญญาแห่งการเสด็จกลับมาอย่างจริงใจของพระเยซูแล้วจบเรื่องราวพระธรรมวิวรณ์ ...

เมื่อเปิดพระคัมภีร์นั ้นความมหัศจรรย์จะเปิดออก โดยพระคัมภีร์ซึ่งเป็นพระวจนะ ของพระเจ้าพวกเราจะได้เห็นขบวนการแห่งการฟื ้นฟูทางความเชื่อ และการฟื ้นฟูของ
คริสตจักร ... อาเมน

역사순 성경통독
“왜, 역사순으로 통독해야 하는가”

1. 성경 한 권이면 충분합니다.

The Bible as One Story is Wholly Enough in Our Lives.

‘오직 성경’뿐, 세상에는 그 어떤 것도 완벽하거나 충분한 것이 없습니다. 지식도 재물도 권력도 그저 일부나 부분을 만족시켜 줄 뿐입니다. 그러나 계시의 책인 성경은 그 한 권으로 완전하고 충분합니다. 성경은 하나님께서 하나님을 드러내신 계시의 책이기 때문입니다.

성경은 인간에게 필요한 모든 것, 즉 정치, 경제, 사회, 문화, 예술, 외교, 국방, 복지, 개인, 가정, 나라, 제국, 국제 관계, 사랑, 우정, 배신, 꿈, 자연 재난, 질병, 전염병 등 인간사의 모든 것을 다 담고 있으며 우리에게 가장 지혜로운 답을 주는 책입니다. 세상에 어떠한 인간의 지혜도 하나님의 말씀인 성경을 능가할 수 없습니다.

그러므로 성경 한 권이면 충분합니다. 단언컨대 이 사실을 아는 것이 지혜로운 인생입니다. 지혜로운 인생은 헛된 것, 잘못된 것, 진리가 아닌 것을 따르는 인생이 아닌, ‘성경에 기록된’ 대로 창조주 하나님을 알고, 믿고, 순종하고, 체험하고, 하나님께 영광 돌리는 인생을 살기 위해서 ‘성경 한 권이면 충분하다’는 것을 믿는 인생입니다.

2. 하나님의 기적은 인간의 문명을 능가합니다.

God’s Miracle is beyond Human Civilization.

고대의 세계 4대 문명(이집트 문명, 메소포타미아 문명, 인더스 문명, 황하 문명)을 살펴보면, 인간들이 강(江)을 중심으로 함께 모여 도구를 만들고, 문자를 만들고, 정치를 시작했다는 것을 알 수 있습니다. 이는 인간들이 만들어낸 획기적인 ‘문명’이라 할 수 있습니다. 그런데 성경은 〈창세기〉에서부터 메소포타미아 문명권에 있었던 아브라함이 하나님의 명령에 따라 가나안으로 거주지를 옮겼다는 것과, 그 후 아브라함의 후손들이 이집트 문명권인 애굽(이집트)으로 옮겨가 큰 민족을 이루었다는 사실을 기록하고 있습니다. 야곱의 아들인 요셉은 선발대로 먼저 애굽으로 들어갔고, 22년 후 야곱을 비롯한 70명도 애굽으로 이주했습니다.

야곱의 가족들이 약속의 땅 가나안을 잠시(?) 뒤로하고 애굽으로 이주한 것은 '흉년' 때문이었습니다. 흉년과 풍년은 전적으로 하나님의 손에 달려 있습니다. 하나님께서 이른 비와 늦은 비 그리고 햇빛과 바람을 적절히 주시고 인간이 성실하게 논과 밭에 나가서 일하면 풍년이 옵니다. 그러나 인간이 아무리 부지런히 일해도 하나님께서 이른 비와 늦은 비 그리고 햇빛과 바람을 적절히 주시지 않으면 풍년은 어림도 없습니다. 아무리 발전된 문명으로도 인간은 풍년을 조금 도울 수는 있을 뿐, 인간이 풍년을 만들 수는 없습니다.

애굽 사람들은 나일강을 중심으로 최고의 문명을 일으켰습니다. 그들은 나일강을 이용해 당시 최첨단 산업인 농업을 발전시켰고, 목축업은 가증하게 여겼습니다. 그런데 목축업 천재인 야곱의 아들 요셉이 애굽에서 농업을 가지고 국가 위기를 구해냈습니다. 하나님께서는 애굽에 7년간 풍년을 주시고, 이어서 7년간 나일강을 마르게 하시며 흉년을 주셨습니다. 하나님께서는 요셉에게 이 사실을 미리 알게 하셨고, 결국 하나님의 계획대로 아브라함의 후손들을 입(入)애굽하게 하셨습니다.

하나님께서는 이처럼 '7년의 풍년과 7년의 흉년'이라는 하나님의 '기적'을 통해 아브라함의 후손들을 애굽으로 이주시키셨고, 그곳에서 '제국의 폐해'를 민족적으로 경험하게 하셨습니다. 이는 아브라함의 후손들로 하여금 하나님의 큰 그림인 '제사장 나라'를 세우도록 이끄시기 위함이었습니다. 그리고 아브라함의 후손들이 마침내 큰 민족을 이루게 되자, 하나님께서는 '하나님의 때'에 모세를 통해 6개월간 애굽에 있는 애굽 사람들과 아브라함의 후손들 모두에게 하나님께서 어떤 분이신지를 드러내셨습니다.

그러나 애굽의 왕 바로와 바로의 신하들은 교만함으로, 그리고 그들이 발전시킨 문명으로 6개월간 하나님께서 일으키신 아홉 번의 기적에 대항했습니다. 하지만 하나님께서는 애굽에서의 '첫 번째 유월절' 카드로 결국 출애굽을 이끌어내셨습니다. 이 유월절 기적으로 애굽 각 가정의 모든 장자와 짐승의 초태생들은 다 죽음을 맞이했습니다. 반면 히브리 민족의 약 23,000명의 장자들과 짐승의 초태생들은 모두 살았습니다.

애굽에서의 첫 번째 유월절은 애굽 사람들에게 '국가 재난의 날'이 되었습니다. 사실 애굽 사람들은 히브리 민족 각 가정에 아들이 태어났을 때 그 아들들을 나일강에 던져 죽게 했던 극악무도한 자들이었습니다. 제국을 유지하겠다는 애굽의 악한 의도와 교만은 하나님께서 주신 생명을 무참히 살해하는 죄까지도 서슴지 않고 저질렀던 것입니다. 그러므로 그들은 그들의 죄에 대해서는 어떤 처벌도 달게 받아야 했습니다. 그러나 하나님께서 애굽 사람들에 대한 진멸 대신 애굽 각 가정의 장자들과 초태생들이 죽는 선에서 그들에게 자비를 베푸셨습니다.

사태가 이 정도가 되자 결국 애굽은 더 이상 하나님과 대적하지 못하고 히브리 민족을 애굽에서 나가게 해주었습니다. 출애굽은 이렇게 하나님의 기적으로 이루어진 일이었습니다.

그런데 얼마 후, 애굽의 바로와 신하들은 또다시 어리석은 결정을 내리게 됩니다. 모세가 출애굽한 히브리 민족을 곧바로 가나안으로 인도하지 않고 막다른 길인 홍해 쪽으로 인도하자, 애굽은 그들이 포기했던 60만 무임금 유노동 인력에 대한 미련을 버리지 못하고 다시 히브리인들을 추격하기로 결정했습니다. 그들이 또다시 그들의 문명으로 하나님의 기적에 대항했던 것입니다.

이미 고대 근동의 지도를 가지고 있었던 애굽은 지체하지 않고 곧바로 홍해로 향하는 히브리인들을 추격한다면 상황을 다시 바꿀 수 있다고 판단했습니다. 그래서 그들은 특별 병거와 일반 병거를 비롯한 모든 군사력을 총동원해 히브리 민족을 추격합니다. 그러자 출애굽한 히브리 민족은 홍해와 애굽 군대 사이에서 말 그대로 진퇴양난의 처지가 됩니다.

여기에서 참으로 놀라운 사실은 지난 6개월간 하나님의 기적을 체험했음에도 애굽 사람들이 아직도 살아 계신 하나님의 기적보다 자신들의 문명을 더 믿고 신뢰한다는 것입니다. 더 한심한 것은 지난 6개월간 하나님께서 베푸신 아홉 번의 기적과 유월절 기적을 체험하고 출애굽한 히브리 민족의 태도입니다. 그들은 최소한 애굽 사람들보다는 하나님을 더 믿고 신뢰해야 했습니다. 그런데 뒤따라오는 애굽 군대를 보고 히브리 민족은 하나님보다 애굽 군인들을 더 두려워하며 모세를 원망하는 어리석은 모습을 보였습니다.

그러나 드디어 모세의 지팡이를 통해 홍해가 갈라지고 히브리 민족이 홍해를 육지처럼 건너게 되면서 더 이상 애굽은 그들에게 두려운 존재가 되지 못합니다. 뒤쫓아오던 애굽 군대의 특별 병거 600승을 비롯해 애굽 군인들이 모두 홍해에서 끝나기 때문입니다. 하나님의 홍해 기적을 통해 히브리인들은 더 이상 애굽을 두려워하지 않습니다. 하나님의 기적이 인간 문명을 능가한다는 사실을 확실히 보았기 때문입니다.

우리가 성경을 공부하는 이유는 역사의 주인이시며 창조주이신 살아 계신 하나님을 바로 알기 위해서입니다. 인간이 만든 어떤 문명도 하나님의 기적 앞에서는 아무것도 아닙니다. 하나님을 아는 방법은 오직 기록된 하나님의 말씀인 성경을 읽고 공부하는 것뿐입니다. 인간의 지혜로, 깨달음으로, 지식이나 명예나 권력으로 그 어떤 방법으로도 '오직 성경' 외에는 하나님을 알 수가 없습니다.

3. 66권이 한 권인 책 성경

● 그러므로 어느 한 권도 소홀히 할 수 없습니다.

"열 손가락 깨물어 안 아픈 손가락 없다."라는 말과 반대되는 말로 '편애(偏愛)'라는 말이 있습니다. '편애'는 '어느 한 사람이나 한쪽만을 치우치게 사랑한다'는 뜻입니다. 즉, 편애는 공평하지 않다는 것입니다. 편애와 비슷한 용도로 '편식(偏食)'이라는 말도 있는데, '편식'은 '특정한 음식만을 즐겨서 가려 먹는다'는 뜻으로 이는 건강이 염려된다는 의미를 내포하고 있습니다. 그래서 편애와 편식은 고쳐야 하는 삶의 태도나 방식이라 할 수 있습니다.

마찬가지로 그리스도인들 가운데 성경을 편애하거나 편식하는 경우가 의외로 많습니다. 〈창세기〉만 읽는다든지, 〈시편〉만 좋아한다든지, 구약은 싫고 신약만 좋아한다든지, 심지어 〈요한계시록〉만 집중적으로 읽는다고 당당(?)하게 말하는 사람들까지 있습니다. 이는 음식을 편식하는 것보다 훨씬 더 위험한 성경 읽기라 할 수 있습니다.

성경은 〈창세기〉에서 〈요한계시록〉까지 '66권 전체를' 어느 한 권도 소홀함 없이 읽고 공부해야 합니다. 그래야 하나님의 뜻을 모두 알 수 있습니다. 성경 전체를 통해 하나님의 뜻을 알아야 하나님의 뜻대로 살 수 있습니다. 만약 성경을 전체로 읽지 않고 부분으로 읽고 부분으로 공부한다면, 하나님의 뜻을 오해해 하나님의 뜻과 다른 삶을 살게 될 위험이 있습니다. 성경 66권 전체를 읽고 공부하고, 그 다음에 성경 66권 전체의 숲에서 나무와 줄기와 가지와 잎을 살펴보아야 하는 것입니다.

성경은 66장이나 되는 〈이사야〉와 1장으로 된 〈오바댜〉나 〈빌레몬서〉의 '경중(輕重)'이 다르지 않습니다. 그래서 성경은 어느 한 권도 소홀히 할 수 없고, 66권 전체를 통(通)으로 모두 읽고 공부해야 하는 책입니다.

● e.g. 하나님의 러브레터 〈레위기〉

성경 66권 가운데 가장 홀대(?)받는 〈레위기〉를 예로 들겠습니다. 〈레위기〉는 〈창세기〉, 〈출애굽기〉에 이어 성경 전체를 읽기로 결심했다가 성경 읽기를 중단하게 만드는 난(難) 코스입니다. 그러나 〈레위기〉의 가치를 안다면 〈레위기〉는 결코 그런 대접을 받을 책이 아니라는 사실을 깨닫게 됩니다. 〈레위기〉는 우리 인생들을 향한 '하나님의 러브레터'이기 때문입니다.

먼저 세상의 모든 나라가 '국가 통치 체제와 기본권 보장의 기초에 관한 근본 법규'인 헌법(憲法)을 가지고 있듯이 〈레위기〉는 제사장 나라의 헌법과 같은 책입니다. 구약성경의 큰 우산은 '제사장 나라'인데 제사장 나라의 헌법인 〈레위기〉를 포기하면 구약성경 전체를 포기하겠다는 것입니다. 더 나아가 제사장 나라를 모르면 제사장 나라를 모두 수렴한 하나님 나라 또한 수박 겉핥기 수준으로밖에 알 수 없습니다. 그러므로 〈레위기〉를 포함한 구약성경이 기반이 되지 않으면 신약성경은 시작도 할 수 없는 것입니다.

예수님께서는 구약성경의 두 산인 율법과 선지자를 완전하게 하기 위해 오셨다고 말씀하셨습니다. 그런데 율법도 모르고 선지자도 모르는데 율법과 선지자를 완전하게 하셨다는 예수님의 말씀을 무슨 수로 이해할 수 있겠습니까.

〈레위기〉를 어렵게 생각하는 이유는 시작부터 '다섯 가지 제사' 이야기가 나오기 때문일 것입니다. 그런데 하나님께서 제사 제도를 주신 것은 인간들을 귀찮게 하고자 하심이 아닙니다. 하나님께 올려드리는 제사는 인간이 하나님께 죄를 용서받는 길을 여신 것입니다. 공의의 하나님 앞에 죄의 값은 사망입니다. 그런데 죄 지은 인간이 사망의 처벌 대신 하나님께 용서받을 수 있도록 다섯 가지 제사를 통해 길을 열어주신 것입니다.

다섯 가지 제사는 번제, 소제, 화목제, 속죄제, 속건제입니다. 번제는 우리의 생명이 하나님의 것임을 고백하는 제사입니다. 소제는 우리의 모든 소유가 하나님께서 주신 것임을 고백하는 제사입니다. 화목제는 감사의 조건을 이웃과 함께 나누는 제사입니다. 속죄제는 하나님께서 주신 율법을 어겼을 때 그 죄에 대해 용서를 구하는 제사입니다. 그리고 속건제는 이웃에게 피해를 입혔을 때에 하나님과 이웃에게 죄를 고백하고 이웃의 손해를 배상하는 제사입니다. 그러므로 〈레위기〉에 기록된 다섯 가지 제사는 인간이 하나님 앞에 죄를 용서받는 길, 이웃들과 함께 가장 고상하고 품위 있게 사는 길을 열어주신 것입니다.

하나님께서는 〈레위기〉를 통해 제사장 나라의 '명절'인 유월절, 칠칠절(오순절), 초막절을 가르쳐주십니다. 제사장 나라의 명절은 광야에서 배우고 훈련해, 결국 약속의 땅 가나안에 들어가서 지킬 명절들입니다. 먼저, 약속의 땅 가나안 땅에 들어가 출애굽시켜 주신 하나님을 기억하는 명절이 유월절입니다. 그리고 젖과 꿀이 흐르는 가나안 땅에서 유월절 이후 50일이 지나 첫 추수를 하게 되면 그 추수물을 가지고 하나님께 나아가 감사하는 명절이 바로 칠칠절입니다. 초막절은 앞으로 이스라엘 백성이 가나안 땅에서 좋은 집을 짓고 살게 될 것인데 그때 편안한 집에서 나와 초막을 짓고, 일주일간 초막에서 아버지가 아들에게 광야 생활을 말해주며 하나님을 가르쳐주는 명절입니다.

이는 결국 하나님과 '제사장 나라 거룩한 백성' 언약을 맺은 이스라엘 백성이 '모든 민족'을 위해 하나님 중심의 명절을 지키며 하나님을 알고, 하나님을 믿고, 하나님께 순종하며, 하나님을 체험하고, 마침내는 하나님께 영광 돌리는 하나님의 사람들이 되게 하는 것이었습니다.

또한 〈레위기〉를 통해 제사장 나라의 '절기'인 안식일, 안식년, 희년을 가르쳐주십니다. 안식일은 창조주 하나님을 인정하고, 하나님을 예배하며, 인간이 쉼을 가지는 제사장 나라에서 가장 중요한 절기입니다. 안식일은 창세기 1장에서 시작된, 하나님께서 복 주신 날을 기념하는 것입니다. 안식일은 모든 사람이 쉼을 가지는 날입니다. 안식일은 주인과 종과 그 집에 머무는 객과 짐승까지도 쉼을 가지는 날입니다. 이날은 하나님께서 인간에게 주신 최고의 선물입니다.

안식년은 풍년과 흉년이 하나님 손에 달려 있음을 믿고 지키는 절기입니다. 하나님께서 주신 모든 율법을 지켜 행하면 6년간 일하고 매 7년째 쉬어도 인간의 삶을 영위해 가는데 문제가 없다는 것입니다. 그런데 인간들은 하나님의 이 말씀을 믿지 못하고 자신들의 힘과 노력으로 이 땅에서 먹고 산다고 착각합니다. 하나님께서 낮에 햇빛을 주시지 않는다면, 하나님께서 겨울이 지났는데도 봄을 주시지 않는다면, 하나님께서 이른 비와 늦은 비를 깜박 잊고 주시지 않는다면, 하나님께서 봄이 되었는데도 온 세상에 꽃을 피워주시지 않는다면…. 안식년은 하나님께서 주신 명령을 지켜 행하면 인간이 상상할 수 없는 복을 하늘로부터 받게 된다는 하나님의 약속입니다.

희년 또한 하나님께서 주신 놀라운 복이 아닐 수 없습니다. 희년은 어떤 부자 나라도 감당할 수 없는 복지의 최고봉입니다. 하나님께서 제비뽑기를 통해 주신 땅을 매 50년마다 원상 복귀해 주심으로 근본적인 인간의 가난 문제를 해결해 주신 것이기 때문입니다.

이렇게 〈레위기〉는 제사장 나라의 제사와 명절, 그리고 절기를 기록해 주신 하나님의 러브레터입니다. 또한 〈레위기〉는 제사장 나라에서 가장 중요한 제사장에 대한 기록이 있는 하나님의 말씀입니다. 제사장 나라는 '모든 민족'을 복 받게 하기 위해 '하나님의 동역자'가 되기로 하나님과 언약을 맺은 아브라함의 후손들이 하나님께 용서를 받고, 이웃과 나눔을 가지며, 민족 간에 평화를 누리는 나라입니다. 제사장 나라의 백성들은 하나님께 다섯 가지 제사를 드려야 했는데, 제사를 드릴 때에는 반드시 정해진 제물을 가지고, 하나님께서 택하신 곳에 가서, 제사장의 도움을 받아 제사를 드려야만 했습니다.

〈레위기〉는 제사 때 하나님께 드릴 수 있는 제물에 관한 규정, 하나님께서 택하신 곳에 대한 규정, 그리고 제사를 돕는 제사장에 관한 규정이 모두 기록된 책입니다. 그러므로 하나님과 제사장 나라 거룩한 백성 언약을 맺은 아브라함의 후손들은 세상이 두 쪽이 나도 〈레위기〉의 모든 말씀을 단 한 구절도 놓치지 않고 읽고 공부하고 외워야 했습니다.

더 나아가 하나님께서는 모든 부모가 〈레위기〉뿐 아니라 모세오경의 모든 말씀을 가정에서 자녀에게 가르치라고 명령하셨습니다. 하나님의 이 명령은 '반드시' 지켜야 하는 법이었습니다.

그리고 마지막으로 〈레위기〉에는 제사장 나라 거룩한 백성이 하나님께서 주신 모든 율법을 지켜 행했을 때에 받을 복과, 율법을 지켜 행하지 않았을 때에 받을 처벌이 기록되어 있습니다. 이 말씀이 기록된 레위기 26장은 구약성경 전체를 이끄는 선지자들의 교과서였습니다. 선지자들이 레위기 26장에 근거해 이스라엘 백성에게 하나님께서 주신 율법을 지키지 않았을 때에 받을 처벌에 대해 계속해서 경고의 말씀을 전했기 때문입니다. 그러므로 〈레위기〉는 결코 소홀히 해서는 안 될 책입니다.

〈레위기〉 이야기는 성경 66권 가운데 한 권의 샘플일 뿐입니다. 그러므로 성경 66권 모두 중요하며, 어느 한 권도 소홀히 해서는 안 됩니다. 성경은 66권이 한 권인 책이기 때문입니다. 그러므로 성경 66권 가운데 어느 책은 좀 더 중요하고 어느 책은 오늘날과는 맞지 않는다고 주장하거나, 혹은 구약은 옛날 책이고 신약이 현대인에게 더 맞는다고 주장하는 것은 너무나도 무지하고 어리석은 말입니다. 구약의 제사장 나라를 모르면 제사장 나라를 모두 수렴하는 신약의 하나님 나라는 시작도 할 수 없습니다. 그러므로 제사장 나라의 헌법과 같은 〈레위기〉, 하나님의 러브레터인 〈레위기〉를 밑줄 쳐 가며 정말 꼼꼼하게 공부해야 할 것입니다.

4. 구약의 숲 정리

● 구약성경의 전통적 분류

그동안 우리가 구약성경(총 39권)을 분류해 온 전통적 방식은 다음과 같습니다.

① 율법서 (5권) : 창세기, 출애굽기, 레위기, 민수기, 신명기

율법서는 모세가 기록한 율법 다섯 권을 의미합니다. 그래서 '모세오경'이라고도 합니다. 창조로부터 모세 시대까지, 다양한 사건들을 통해 우주 만물과 세계의 창조, 이스라엘 민족의 기원에 대해서 설명해 주고 있습니다. 예수님 시대의 사두개인들은 모세오경만을 성경으로 인정했습니다.

② 역사서 (12권) **: 여호수아, 사사기, 룻기, 사무엘상, 사무엘하, 열왕기상, 열왕기하, 역대상, 역대하, 에스라, 느헤미야, 에스더**

역사서란 역사적인 사건의 기록들로 이루어진 책들을 말합니다. 애굽에서 나온 이스라엘 민족이 가나안을 정복하고 정착하여 살았던 시대부터, 다윗, 솔로몬 등이 다스리던 왕정 시대를 거쳐, 이스라엘 민족이 바벨론과 페르시아에서의 포로 생활을 마치고 귀환하기까지의 역사 기록이 담겨 있습니다.

③ 시가서 (5권) **: 욥기, 시편, 잠언, 전도서, 아가**

시가서(성문서)는 시적인 특성을 가지고 있는 책들의 모음입니다. 시가서는 역사적인 사건을 다루기보다는 한 개인이 하나님을 향하여 고백하는 깊은 신앙의 언어들과 깨달음을 기록하고 있습니다. 특히 전도서와 아가는 시가서 중에서도 다섯 개의 두루마리에 포함되었는데, 다섯 개의 두루마리는 유대인들이 중요 절기 때마다 읽었던 책들입니다. 아가는 유월절에, 룻기는 오순절에, 예레미야애가는 예루살렘 성전의 함락을 슬퍼하며 기억하기 위해 아빕월 구일 금식일에, 전도서는 초막절에, 에스더는 부림절에 읽었다고 합니다.

④ 예언서 (17권) **: 대예언서 – 이사야, 예레미야, 예레미야애가, 에스겔, 다니엘**
소예언서 – 호세아, 요엘, 아모스, 오바댜, 요나, 미가, 나훔, 하박국, 스바냐, 학개, 스가랴, 말라기

예언서는 '선지서'라고도 하며 선지자(예언자)들이 기록한 글을 말합니다. 예언서들은 대예언서와 소예언서로 구분하는데, 이 분류는 선지자들의 예언의 내용을 따진 것이 아니라, 예언의 분량이 많고 적음에 기준한 것입니다. 선지자들은 대제사장처럼 세습되는 직분이 아니었고, 그들은 오직 하나님께서 주권적으로 부르신 사람들이었습니다. 선지자들은 그 시대에 하나님의 율법이 온전히 실행되고 있는지를 날카롭게 묻고 지적했으며, 백성들에게 하나님의 계획과 뜻을 전달하는 역할을 맡았습니다.

● 구약성경을 역사순으로 재배열하기

총 10권으로 쓰인 대하소설이 있다고 상상해 보십시오. 그런데 오늘은 제1권, 내일은 제6권, 모레는 제3권, 그 다음 날은 제9권, 이런 식으로 순서를 왔다 갔다 하면서 읽는다면, 다 읽은 후에도 그 이야기와 인과 관계를 제대로 이해하기가 힘들 것입니다. 그런데 39권으로 되어 있는 구약성경을 읽을 때, 우리가 꼭 그런 식으로 읽고 있습니다. 그나마 1권씩 다 읽지도 않고, 그 안에서도 좋아하는 구절만 몇 구절 선택해서 읽고 있는 것입니다. 넓고 깊은 말씀의 바다에서 큰 호흡으로 마음껏 수영할 생각은 안 하고, 얕은 개울 물가에 앉아서 겨우 발만 담그고 첨벙이는 것이나 다름없습니다.

지금 우리가 가지고 있는 성경책은 앞에서 살펴본 대로 주제별 혹은 장르별로 편집되어 있습니다. 그러다 보니, 지금의 편제만으로는 아무리 여러 차례 반복하여 읽어도 성경의 역사 흐름이 쉽게 정리되지 않습니다. 창세기부터 신명기까지의 율법서, 그리고 여호수아, 사사기, 룻기, 사무엘상, 사무엘하까지는 그런대로 시대 흐름대로 이어지는 편이라, 쭉 읽어가는 데 별 어려움이 없습니다만, 열왕기상, 열왕기하에 들어가고, 또 예언서들까지 등장하기 시작하면 역사 순서라기보다는 분량별(대예언서와 소예언서)로 모아놓아서 여간 힘든 게 아닙니다.

쉬운 예로, 에스라, 느헤미야는 바벨론 포로기 이후에 등장하는 사람들인데, 그들보다 훨씬 앞 시대 사람들인 이사야, 예레미야보다 앞쪽에 배치되어 있습니다. 시간 순서대로 제대로 읽는다면, 이사야, 예레미야 이후에 에스라, 느헤미야를 읽어야 합니다. 역사 순서를 이미 정확하게 알고 있다면 이러한 편제도 어렵지 않겠지만, 대부분의 성도는 성경의 순서가 당연히 역사순일 것이라 생각하고 읽어 나가기 때문에 성경은 읽어도 읽어도 어렵고 이해가 잘 되지 않는 책이라고 생각하는 것입니다.

⑴ 구약성경 시대 구분

그렇다면, 이제부터 구약성경 39권을 역사 순서대로 재배열해 봅시다. 먼저 구약 시대를 다음과 같이 크게 나눕니다.

1) 모세오경 : 원역사, 족장 시대, 모세와 출애굽 시대
***모세오경 이후 : 가나안 정복과 사사 시대**
2) 왕정 500년 : 왕정 시대
3) 페르시아 7권 : 바벨론과 페르시아 시대

⑵ 역사서 배열하기

그렇다면, 이제 앞의 주제별 분류에서 보았던 '율법서' 5권과 '역사서' 12권을 바로 이 네 시대에 각각 알맞게 넣어 보겠습니다. 우선 책별로만 넣어 보면, 아래와 같습니다.

1) **모세오경 : 원역사, 족장 시대, 모세와 출애굽 시대**

: 창세기, 출애굽기, 레위기, 민수기, 신명기 (5권)

가나안 정복과 사사 시대

: 여호수아, 사사기, 룻기 (3권)

2) **왕정 500년 : 왕정 시대**

: 사무엘상, 사무엘하, 열왕기상, 열왕기하, 역대상, 역대하 (6권)

(사무엘상은 마지막 사사로 활동했던 사무엘의 이야기까지 다루고 있으므로, 엄밀하게 말하면 사사 시대와 왕정 시대를 둘 다 포함하고 있는 책입니다. 그리고 역대상의 대부분 내용은 사무엘서와 겹치고, 역대하는 열왕기서와 겹칩니다.)

3) **페르시아 7권 : 바벨론과 페르시아 시대**

: 에스더, 에스라, 느헤미야 (3권)

(3) 시가서 배열하기

그 다음으로는 시가서를 배열해 봅시다. 먼저 시편은 원래 수많은 사람이 1천여 년에 걸쳐 쓴 시들을 모은 책입니다만, 시편의 절반가량이 공식적으로 다윗의 시편이라고 기록되어 있습니다. 그러므로 시편은 다윗의 이야기가 나오는 사무엘상, 사무엘하와 함께 읽는 것도 좋습니다. 그리고 잠언, 아가, 전도서는 그 중심 저자가 솔로몬이라고 보고, 열왕기상 초반부에 나오는 솔로몬 이야기와 함께 읽으면 됩니다. 마지막으로 '욥기'는 시대적 배경이 족장 시대입니다. 아브라함과 비슷한 시대의 사람이라고 생각하면 됩니다. 그래서 창세기와 함께 읽어도 괜찮지만, 전체적인 흐름을 고려하여 욥기를 제외한 시가서 중 시간 흐름상 가장 마지막으로 읽게 되는 시가서인 전도서를 읽고 난 후, 이어서 읽는 것이 좋습니다. 그리고 남은 시편 전체를 읽습니다.

- **시편 ——————————— 사무엘상, 사무엘하와 함께 / 욥기에 이어서**
- **잠언, 아가, 전도서 ————— 열왕기상 1~11장과 함께**
- **욥기 ——————————— 전도서에 이어서**

(4) 예언서 배열하기

이제 남은 것은 예언서 17권인데, 여기가 만만치 않은 부분입니다. 앞서 언급했듯이, 지금 우리가 들고 있는 성경책은 시대순으로 편집하지 않고, 분량이 많은 책은 대예언서로 구분하여 앞쪽에, 분량이 적은 책들은 소예언서로 분류하여 뒤쪽으로 모아놓았습니다. 그래서 멸망한 이스라엘을 바라보며 슬퍼하는 내용의 예언서 뒤에 이스라엘의 멸망이 목전에 있으니 회개하라고 외치는 내용의 예언서가 나오는 것입니다. 그러다 보니 예언서를 성경에 실린 순서대로 읽을 것 같으면 시대가 헷갈리고, 어느 선지자가 먼저 활동했던 사람인지 알 수 없습니다. 성경을 역사순으로 통독할 때에는 분량에 따른 구분법은 잊고, 그 선지자가 활동했던 시대 순서를 기준으로 생각합니다.

예언서들은 모두가 왕정 시대와 포로 시대에 쓰였습니다. 즉, 예언서를 남긴 예언자들이 활동했던 시기가 왕정 시대와 포로 시대였다는 것입니다. 왕정 시대의 예언자들과 포로 시대의 예언자들을 구분하고 활동 순서대로 예언서들을 분류해 보면 다음과 같습니다. 괄호는 비슷한 시대에 활동했던 예언자들을 묶은 것입니다.

- **왕정 500년의 예언서들** (12권)
  : (아모스 · 호세아 · 요나) (이사야 · 미가) (스바냐 · 나훔 · 하박국) 요엘(?)
  (예레미야 · 예레미야애가 · 오바댜)
- **페르시아 7권의 예언서들** (5권)
  : (에스겔) 다니엘 (학개 · 스가랴) 말라기

시대구분	예언서	예언자 주요 활동시기
왕정 시대 예언서들	아모스	북이스라엘 여로보암 2세 때
	호세아	북이스라엘 여로보암 2세 때
	요나	북이스라엘 여로보암 2세 때 (앗수르의 니느웨에서 활동)
	이사야	남유다 웃시야, 요담, 아하스, 히스기야 왕 때
	미가	남유다 요담, 아하스, 히스기야 왕 때
	스바냐	남유다 요시야 왕 시기로 추정
	하박국	남유다 여호야김 왕 시기로 추정
	나훔	남유다 요시야 왕 때 (니느웨를 대상으로 선포)
	요엘	활동 시기 불명확하나, 예루살렘 멸망 전으로 봄
	예레미야	남유다 요시야, 여호아하스, 여호야김, 여호야긴, 시드기야 왕 때
	예레미야애가	예루살렘 멸망 후 예레미야 지음
	오바댜	활동 시기 불명확하나, 예루살렘 멸망 어간으로 봄
바벨론과 페르시아 시대 예언서들	에스겔	남유다 여호야긴, 시드기야 왕, 바벨론 느부갓네살 왕 때
	다니엘	남유다 여호야김, 여호야긴, 시드기야 왕, 바벨론의 느부갓네살 왕, 페르시아 고레스 왕 때
	학개	페르시아 고레스 이후 다리오 1세 때
	스가랴	페르시아 고레스 이후 다리오 1세 때
	말라기	페르시아 다리오 2세 때 (느헤미야와 함께 사역)

(5) 구약성경 전체를 역사순으로 재배열하기

이제 큰 흐름은 잡혔을 것입니다. 위와 같은 흐름은 성경 재배열의 가장 기초적인 골조와도 같습니다. 이제 큰 흐름을 이해했으면 더 세분화된 순서를 볼 차례입니다.

열왕기서에는 이스라엘을 다스렸던 왕들의 이야기가 기록되어 있습니다. 그 가운데 특정 왕이 통치했던 때에 특정 선지자가 출현하여 그 왕의 통치에 대해 지적하고 하나님의 뜻을 전했습니다. 따라서 열왕기서가 흘러가는 가운데 선지자들이 활동한 시기가 있는데, 그 시기를 맞추어 열왕기서 사이사이에 예언서를 끼워 읽어야 어느 왕 때 어떤 선지자가 활동했는지, 나라는 어떤 상황이었고 선지자는 무엇이라 예언했는지 이해할 수 있습니다.

그래서 열왕기서 사이사이에 선지자들이 활동했던 시대가 나오면, 바로 그 부분에 예언서를 넣어서 재배열했습니다. 다소 복잡하긴 하겠지만, 이렇게 성경을 역사 순서대로 '헤쳐 모여' 하는 것이 바로 성경통독의 장점이라 할 수 있습니다.

이렇게 열왕기서와 함께 그때그때 활동했던 예언자들의 예언서들을 맞추어 읽으면 구약성경을 한눈에 보며 역사순으로 읽을 수 있습니다. 특별히 역대기서는 사무엘서, 열왕기서와 같은 시대 내용이 많으므로 왕정 시대를 모두 읽은 뒤 왕정을 총정리하며 읽습니다. 구약성경 전체를 읽는 데 사람마다 다소간 차이는 있겠지만, 집중적으로 성경을 읽는다면 약 36시간 정도면 구약성경 전체를 한 번 통독할 수 있습니다. 아래에 그 순서를 정리했습니다. 성경책 앞뒤에 붙여놓고 보면, 역사 흐름을 살펴 읽어가는 데에 도움이 될 것입니다.

구약 성경통독 순서		
모세오경	원역사와 족장 시대	창 1~11장 → 창 12~50장
	모세와 출애굽 시대 ①	출 → 레
	모세와 출애굽 시대 ②	민 → 신
	가나안 정복 시대와 사사 시대	수 → 삿 → 룻
왕정 500년	왕정 시대 ① 통일 왕국 시대 1	삼상 → 삼하 → 왕상 1~2장
	왕정 시대 ② 통일 왕국 시대 2	왕상 3~11장 → 잠 → 아 → 전 → 욥 → 시
	왕정 시대 ③ 분열 왕국 시대	왕상 12~22장/왕하 1~14장 → 암 → 호 → 욘 → 왕하 15~20장 → 사 → 미
	왕정 시대 ④ 남유다 퇴락기	왕하 21~23장 → 습 → 합 → 나 → 욜 → 왕하 24~25장 → 렘 → 애 → 옵 → 대상 → 대하
페르시아 7권	바벨론 포로 시대	겔 → 단
	페르시아 시대	스 1~4장 → 학 → 슥 → 스 5~6장 → 에 → 스 7~10장 → 느 → 말

5. 신약의 숲 정리

● 신약성경의 전통적 분류

우리가 사용하는 신약성경을 전통적으로 분류해 온 방식은 다음과 같습니다.

① **복음서** (4권) **: 마태복음, 마가복음, 누가복음, 요한복음**

예수님에 관한 네 권의 기록이기 때문에 사복음서라고도 부릅니다. 네 명의 저자가 예수님에 대해서 각자의 관점으로 기록했기 때문에 글의 순서나 강조하는 부분이 저자의 특징에 따라 약간씩 다릅니다. 하지만 네 권의 복음서는 상호보완적입니다. 복음서들은 예수 그리스도를 통해서 인류를 구원하신 하나님의 복음을 전하기 위한 목적으로 기록되었습니다. 그래서 우리는 이 책을 '복음서(Gospel, 복된 소식)'라고 부르고 있습니다.

② **역사서** (1권) **: 사도행전**

사도행전은 초기 기독교의 역사를 기록한 매우 중요한 책입니다. 예수님께서 부활 승천하신 이후, 성령 충만함을 받고 전도 활동을 시작한 제자들의 사역이 생생하게 기록되어 있습니다. 교회의 처음 시작과 기독교가 어떻게 이방 세계로 전파되었는가를 중심 주제로 다루는데, 특히 바울의 전도여행 과정이 자세히 기록되어 있습니다.

③ **바울 서신** (13권)

초기 교회를 위해 쓴 바울의 편지들을 바울 서신이라고 합니다. 처음 세워진 교회들은 어린 아이같이 연약하여서 사도들의 돌봄이 반드시 필요했습니다. 하지만 아시아와 유럽의 많은 교회를 한꺼번에 돌보았던 바울은 직접 방문할 수 없을 경우, 편지를 통해 성도들을 돌보고 양육했습니다.

가) 옥중서신 **: 에베소서, 빌립보서, 골로새서, 빌레몬서**

A.D.61~63년경 바울이 로마 감옥에 갇혀 있을 때 기록하여 보낸 편지들입니다.

나) 목회서신 **: 디모데전서, 디모데후서, 디도서**

바울이 믿고 아끼는 두 동역자 디모데와 디도에게 쓴 편지로, 그들이 당시 책임지고 있던 지역 교회를 잘 지도하도록 교훈하는 내용을 담고 있습니다.

다) 일반서신 : **로마서, 고린도전서, 고린도후서, 갈라디아서, 데살로니가전서, 데살로니가후서**

그 외 바울의 서신들입니다. 초기 교회들을 대상으로 쓰였습니다.

④ **공동서신** (8권) : **히브리서, 야고보서, 베드로전서, 베드로후서, 요한일서, 요한이서, 요한삼서, 유다서**

바울 서신을 제외한 여덟 개의 편지를 의미하는데, 첫째로는 교회 전체가 인정한 서적들이라는 면에서, 둘째로는 수신자가 특정 인물이 아니라 광범위한 독자라는 면에서 '공동서신'이라고 부릅니다. 예수님의 제자였던 베드로와 요한, 예수님의 육신의 동생이었던 야고보와 유다가 쓴 편지들과 함께, 저자를 명확히 알 수 없는 히브리서가 포함됩니다.

⑤ **예언서** (1권) : **요한계시록**

요한계시록은 말세에 관한 예언의 말씀을 다루고 있는 책으로 '묵시록'이라고도 합니다. 요한계시록은 예수님의 제자 중 마지막까지 남아 성도들을 돌보고 사역했던 요한의 책으로, 새 하늘과 새 땅에 대한 소망을 주기 위해 기록되었습니다. 예수님의 재림과 앞으로 이루어질 모든 역사의 미래 및 그 완성을 말씀하고 있습니다.

● 신약성경을 역사순으로 재배열하기

신약성경에서는 예수님의 생애를 다루고 있는 네 개의 복음서를 어떻게 시대 순서대로 읽을 것인가, 그리고 사도행전과 바울의 서선서들을 어떻게 묶어 읽을 것인가라는 두 가지 문제를 해결해야 합니다.

⑴ 신약성경 구분

신약은 전체 시대를 다 합해도 1세기밖에 되지 않습니다. 예수님의 탄생으로 B.C.와 A.D.가 나뉜 뒤 요한이 요한계시록을 기록한 것을 A.D.95~96년으로 보기 때문입니다. 아래 신약성경을 네 부분으로 나눈 것은 주제별이기도 하며, 또 역사적인 시간 흐름도 반영하고 있습니다.

1) 사복음서 : 예수님의 사역

2) 사도행전 30년 : 교회의 시작과 열두 사도들의 사역
바울의 사역과 바울 서신

3) 공동서신 9권 : 공동서신과 요한계시록

⑵ 신약성경 배열하기

그러면 이제 네 분류에 맞춰 신약성경 27권을 배열해 보겠습니다.

1) 사복음서 : 예수님의 사역 – 1차 산헤드린 공회 재판과 빌라도 재판 (4권)

마태복음, 마가복음, 누가복음, 요한복음

2) 사도행전 30년 : 교회의 시작과 열두 사도들의 사역 – 2,3,4차 산헤드린 공회 재판 (사도행전 上)

사도행전 1~12장

3) 사도행전 30년 : 바울의 사역과 바울서신 (사도행전 下와 13권)

가. 1차 전도여행 – 예루살렘 공회 : 사도행전 13장~15:35

나. 2차 전도여행 : 사도행전 15:36~18:22, 데살로니가전 · 후서, 갈라디아서

다. 3차 전도여행 : 사도행전 18:23~19장, 고린도전 · 후서

라. 바울의 예루살렘 여행 – 5차 산헤드린 공회 재판 : 사도행전 20~23장, 로마서

마. 로마에서의 바울 – 로마 대화재 사건
사도행전 24~28장, 에베소서, 빌립보서, 골로새서, 빌레몬서,
디모데전서, 디도서, 디모데후서

4) 공동서신 9권과 요한계시록

히브리서, 야고보서, 베드로전 · 후서, 유다서, 요한일 · 이 · 삼서, 요한계시록

⑶ 신약성경 전체를 시대순으로 재배열하기

신약성경은 마음만 굳게 먹으면, 하루 혹은 이틀이면 통독할 수 있습니다. 특히나 시대 배경이 그리 복잡하지 않아서, 그냥 읽어도 내용을 이해하는 데에 큰 무리가 없습니다. 바울의 서신서 또한 각각의 메시지가 분명하고, 또 독립적으로 읽어도 무방하므로 구약에 비해 역사적 흐름을 살피려는 노력이 덜한 경향이 있습니다.

하지만 신약성경 역시, 시대적 흐름을 생각하면서 읽는 것이 유익합니다. 특히나 신약의 주를 이루는 여러 서신서에는 각각 발신자와 수신자가 엄연히 존재했습니다. 바울의 전도여행과 더불어 그가 쓴 서신서들을 같이 묶어가며 읽는다면, 그 편지가 쓰인 이유, 시대적 상황, 편지 안

에 담긴 바울의 마음 등을 헤아려 이해하는 데에 큰 도움이 됩니다.

신약 성경통독 순서	
사복음서-예수님의 사역 ①	마
사복음서-예수님의 사역 ②	막
사복음서-예수님의 사역 ③	눅
사복음서-예수님의 사역 ④	요
사도행전 30년- 교회의 시작과 열두 사도들의 사역	행 1~12장
사도행전 30년- 바울의 사역과 바울서신 ①	행 13장~18:22 → 살전 → 살후 → 갈 → 행 18:23~19장 → 고전 → 고후
사도행전 30년- 바울의 사역과 바울서신 ②	행 20:1~6절 → 롬 → 행 20:7~28장 → 엡 → 빌 → 골 → 몬 → 딤전 → 딛 → 딤후
공동서신 9권과 요한계시록	히 → 약 → 벧전 → 벧후 → 유 → 요일 → 요이 → 요삼 → 계

출애굽의 경로

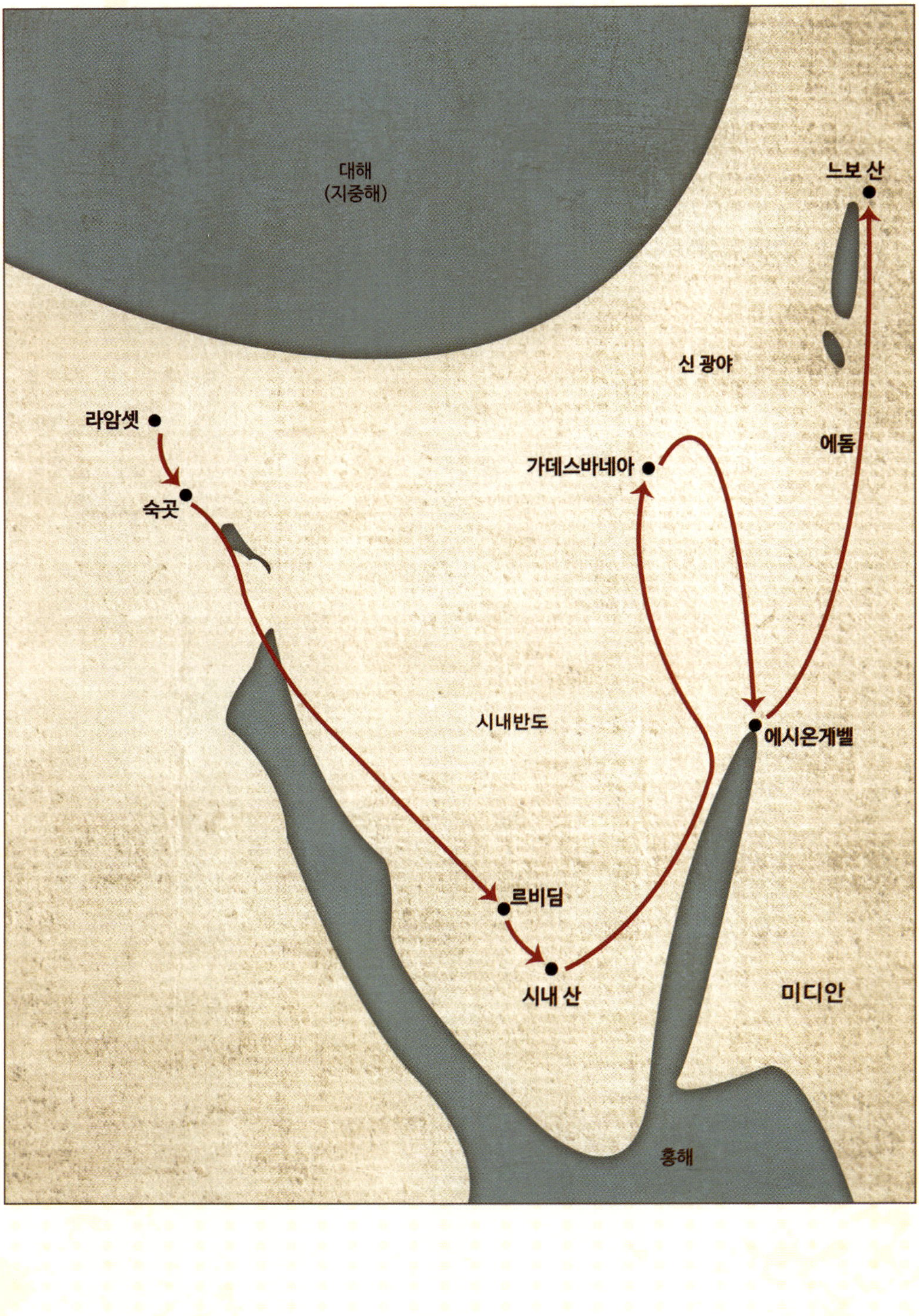

모세의 요단 동편 분배

헤르몬 산
두로
단
게데스
아셀
납달리
동편 므낫세
악고
가버나움
아벡
림몬
골란
아스다롯
갈멜 산
스불론
잇사갈
므깃도
대해
길르앗 라못
길르앗 야베스
서편 므낫세
거라사
사본
세겜
숙곳
마하나임
암몬
실로
에브라임
갓
야셀
단
벧엘
암만
길갈
기브온
베냐민
게셀
여리고
헤스본
예루살렘
느보 산
가드
아스글론
르우벤
헤브론
사해
유다
아산
아랏
모압
브엘세바
길하레셋
시므온
에셈

여호수아 시대 가나안 점령

다윗 시대 정복한 땅

가데스
대해
시돈
다메섹
두로
단
므깃도
길르앗 라못
암몬
욥바
세겜
게셀
랍바
아스돗
예루살렘
가사
사해
동편 사막
브엘세바
모압
에돔
가데스 바네아

열두 지파의 가나안 분배

헤르몬 산
두로
단
아셀
게데스
납달리
동편 므낫세
악고
가버나움
아벡
림몬
골란
아스다롯
갈멜 산
스불론
므깃도
잇사갈
길르앗 라못
대해
길르앗 야베스
서편 므낫세
거라사
사본
세겜
숙곳
마하나임
암몬
실로
에브라임
갓
야셀
단
벧엘
암만
길갈
기브온
게셀
베냐민
여리고
헤스본
예루살렘
느보 산
가드
아스글론
르우벤
유다
헤브론
사해
아산
아랏
모압
브엘세바
길하레셋
시므온
에셈

요나의 사역

성경 속 일곱 번의 무대

바울의 전도여행

1차 전도여행

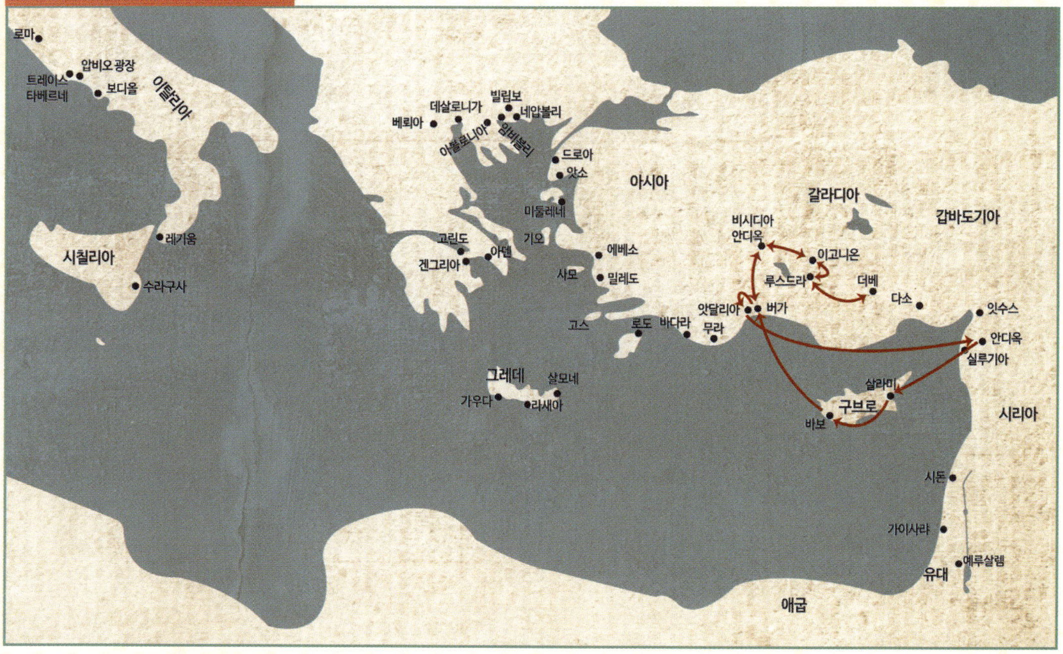

• **핵심 인물 : 바울과 바나바** • **주요 여행 지역 : 소아시아 지방** • **총 여행 기간 : 약 2년**

수리아 안디옥(13:1, 안디옥 교회가 중요한 선교 센터로 역할하여 바울과 바나바를 소아시아 지역 선교사로 파송)→ **실루기아**(13:4)→ **구브로섬의 살라미**(13:5, 유대인의 여러 회당에서 말씀을 전하고, 총독 서기오 바울을 전도)→ **바보**(13:6)→ **밤빌리아의 버가**(13:13, 마가가 전도여행 팀에서 빠지고 예루살렘으로 회항)→ **비시디아 안디옥**(13:14, 세 안식일을 보냄, 안식일에 회당에서 전도, 청함을 받아 다음 안식일에도 전도, 세 번째 안식일에는 무리가 모임, 이를 시기한 유대인들로부터 핍박을 받아 이동)→ **이고니온**(13:51, 유대인의 회당에서 전도, 불순종하는 유대인들로부터 생명의 위협을 받고 이동)→ **루스드라**(14:6, 바울이 나면서 걷지 못하게 된 사람을 일으킴, 이 일을 보고 들은 무리가 바나바를 제우스, 바울을 헤르메스로 여기며 섬기려 하자 두 사람이 옷을 찢으며 말림, 불순종한 유대인들이 무리를 충동질하여 바울을 돌로 쳐서 죽은 줄로 알고 성 밖으로 끌어냄)→ **더베**(14:20, 복음을 전하여 많은 사람을 제자 삼음, 이곳을 기점으로 다시 수리아 안디옥으로 돌아가는 여정이 시작됨)→ **루스드라**(14:21, 돌아오는 길에 들러 제자들을 격려하며 기도를 부탁)→ **이고니온**(14:21, 돌아오는 길에 들러 제자들을 격려하며 기도를 부탁)→ **비시디아 안디옥**(14:21, 돌아오는 길에 들러 제자들을 격려하며 기도를 부탁)→ **밤빌리아의 버가**(14:25)→ **앗달리아**(14:25)→ **수리아 안디옥**(14:26, 귀환, 전도여행 보고)→ **예루살렘**(15:4, 예루살렘 공회에 전도여행 보고)

2차 전도여행

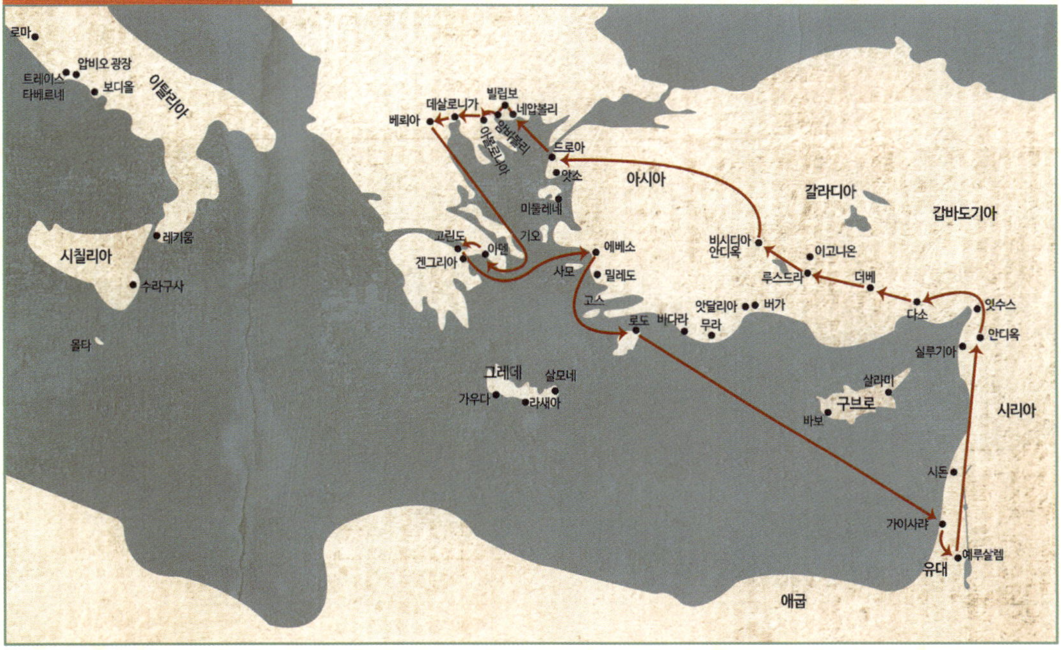

• 핵심 인물 : 바울과 실라　　• 주요 여행 지역 : 성령의 인도하심으로 유럽(마게도냐) 지역으로 건너감

• 총 여행 기간 : 약 3년 (그중 고린도에서 1년 6개월 머묾)　　• 기록된 서신서 : 살전, 살후, 갈

예루살렘→ 수리아 안디옥(15:41, 바울이 실라와 함께 2차 전도여행 출발)→ 길리기아의 다소(15:41)→ 더베(16:1)→ 루스드라(16:1, 디모데의 고향, 이곳에서 디모데 합류)→ 비시디아 안디옥(16:6, 루스드라에서 무시아로 가는 길목에 비시디아 안디옥이 위치함)→ 무시아(16:7)→ 드로아(16:8, 바울이 밤에 환상으로 마게도냐로 가라는 성령님의 지시를 받음, 이곳에서 누가 합류)→ 사모드라게의 네압볼리(16:11, 바울이 성령님의 지시를 따라 배를 타고 마게도냐 지역으로 건너감)→ 빌립보(16:12, 마게도냐 지역의 첫 성, 자색 옷감 장사 루디아 만남, 귀신 들린 여종을 고쳐줌, 귀신 들린 여종이 점을 치면서 돈을 벌게 했던 여종의 주인이 바울 일행을 핍박하고 옥에 가둠, 바울 일행이 옥에서 기도하는 중 지진이 일어나 옥문이 열리는 사건을 계기로 간수가 그리스도를 영접함)→ 암비볼리(17:1)→ 아볼로니아(17:1)→ 데살로니가(17:1, 유대인의 회당에서 많은 수를 전도, 이를 시기한 유대인들의 위협으로 이동)→ 베뢰아(17:10, 신사적인 베뢰아 사람들은 성경을 상고, 그러나 데살로니가의 불순종한 유대인들이 베뢰아까지 따라오자 바울이 먼저 이동)→ 아덴(17:16, 바울이 실라와 디모데를 기다리며 복음을 전하나 몇 사람이 믿음)→ 고린도(18:1, 브리스길라와 아굴라 만남, 실라와 디모데와 합류, 1년 6개월 거하며 말씀을 가르침, 이 기간 동안 데살로니가전서, 데살로니가후서를 써서 보낸 것으로 봄, 이곳을 기점으로 다시 수리아 안디옥으로 돌아오는 여정이 시작됨)→ 겐그레아(18:18)→ 에베소(18:19, 회당에서 유대인들과 변론, 머물러 주기를 청함 받았으나 이동)→ 로도(에베소에서 예루살렘으로 가는 항해로 사이에 위치한 섬)→ 가이사랴(18:22)→ 예루살렘(18:22, 전도여행 보고)→ 수리아 안디옥(18:22, 귀환)

3차 전도여행과 예루살렘 여행

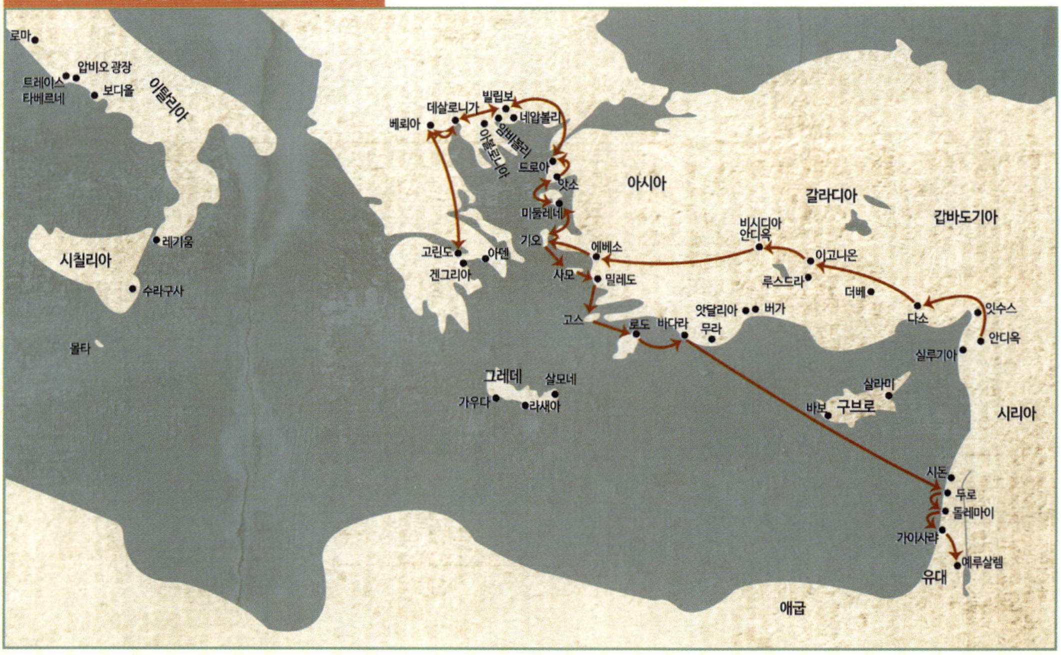

• 핵심 인물 : 바울과 누가 • 주요 여행 지역 : 1, 2차 전도여행지를 돌며 돌봄

• 총 여행 기간 : 약 4년 (그중 에베소의 두란노 서원에서 2년 머묾) • 기록된 서신서 : 고전, 고후, 롬

안디옥(18:23)→ **에베소**(19:1, 두란노 서원을 세워 2년간 머묾, 이때 고린도전서를 씀, 서원에서 하나님 나라를 강론하자 많은 무리가 믿고 모임, 우상의 신상을 만들어 팔던 장사꾼들의 훼방, 소동이 그치고 작별)→ **고린도**(20:1, 석 달 머묾, 이때 로마서를 써서 뵈뵈를 통해 보낸 것으로 봄, 배를 타고 수리아로 가려 했으나 유대인의 훼방 소식을 듣고 마게도냐로 돌아가기로 함)→ **빌립보**(디모데, 두기고, 가이오, 아리스다고, 소바더, 드로비모는 고린도에서 바로 배를 타고 먼저 드로아로 가 있는 상황, 바울과 누가는 불순종한 유대인을 피해 빌립보로 올라와서 배를 탐)→ **드로아**(20:6, 일행 합류, 일주일을 머물며 말씀 강론, 2층에서 말씀을 듣다 졸던 유두고가 떨어져 죽었다가 살아남)→ **앗소**(20:14 바울만 육로를 통해 앗소로 행하고, 다른 일행은 배를 타고 앗소로 와서 바울을 기다렸다가 합류)→ **미둘레네**(20:14)→ **기오**(20:15)→ **사모**(20:15)→ **밀레도**(20:15, 오순절 안에 예루살렘으로 가기 위해 직접 에베소로 가지 않고 에베소 장로들을 밀레도로 초청하여 위로와 격려, 밀레도에서 배를 탐)→ **고스**(21:1)→ **로도**(21:1)→ **바다라**(21:1)→ **두로**(21:3)→ **돌레마이**(21:7)→ **가이사랴**(21:8, 빌립의 집에서 유함, 여러 사람의 만류에도 예루살렘 행 결정)→ **예루살렘**(21:15, 전도여행 보고)

성경통通독 노래
The Song of Bible Tongdok

『성경통독』 20마당의 제목으로 만든 노래입니다.

Lyrics Byoungho Zoh(작사: 조병호)
Composition Tong Orchestra(작곡: 통오케스트라)

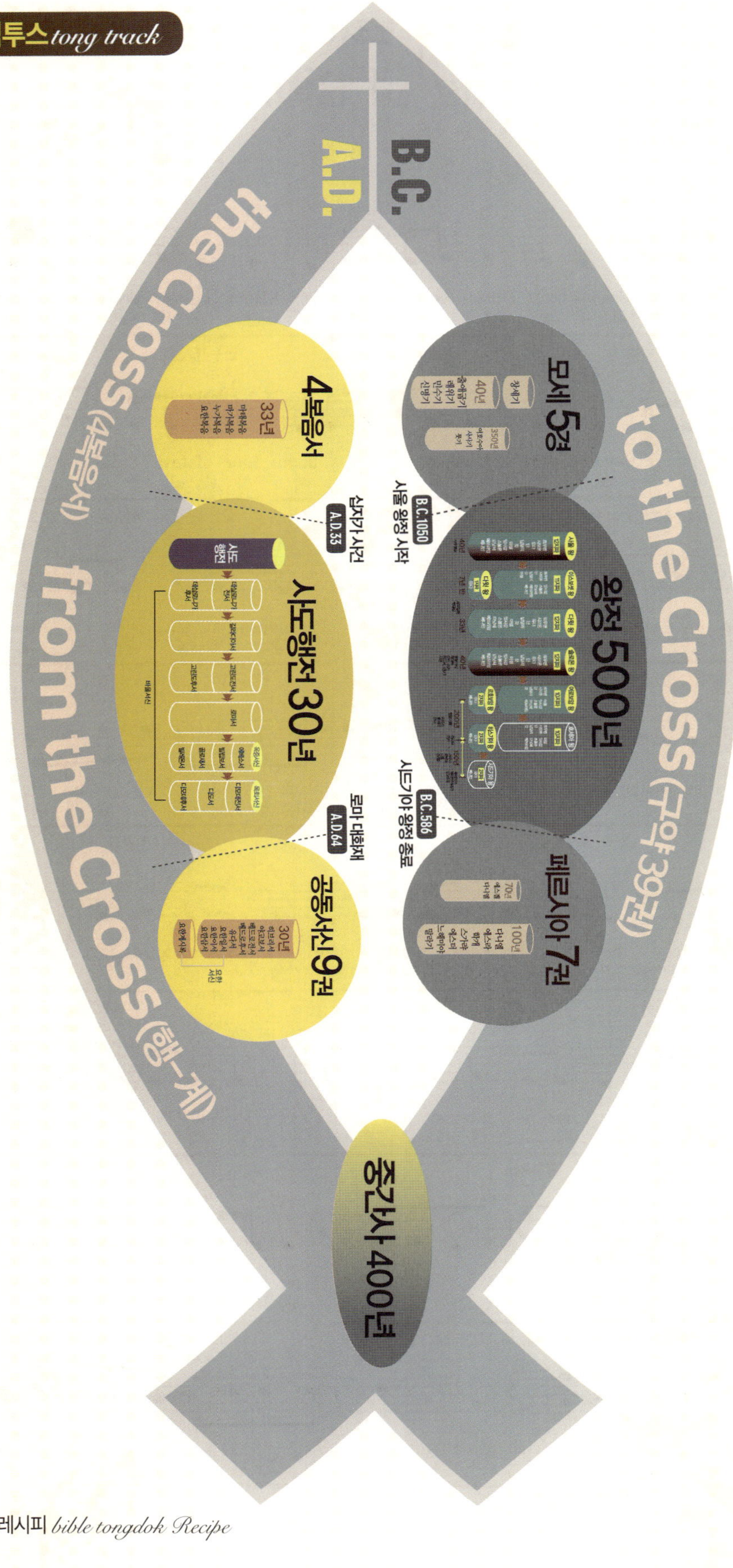
B.C.
A.D.
to the Cross (구약 39권)
the Cross (4복음서)
from the Cross (행-계)
모세 5경
왕정 500년
페르시아 7권
중간사 400년
4복음서
사도행전 30년
공동서신 9권
B.C.1050 사울 왕정 시작
B.C.586 시드기야 왕정 종료
A.D.33 십자가 사건
A.D.64 로마 대화재